HISTOIRE

D'ANGLETERRE

IMPRIMERIE DE H. FOURNIER ET Cⁱᵉ
RUE SAINT-BENOIT, 7

1 = 5 = '3 =

VICTORIA Iʳᵉ,

Reine du royaume uni de la Grande-Bretagne et de l'Irlande.

HISTOIRE
D'ANGLETERRE

DEPUIS LES TEMPS LES PLUS RECULÉS JUSQU'A NOS JOURS

PAR MM.

DE ROUJOUX ET ALFRED MAINGUET

NOUVELLE ÉDITION

augmentée de plus d'un tiers

ET

ENRICHIE D'UN GRAND NOMBRE DE GRAVURES

de Tableaux synoptiques, Cartes géographiques, etc.

TOME SECOND

PARIS

CHARLES HINGRAY, LIBRAIRE-ÉDITEUR

RUE DE SEINE, 10

—

1845

CHARLES Ier,

d'après le portrait original de Van Dyck conservé au Musée du Louvre.

HISTOIRE

D'ANGLETERRE.

———o·⁕·Ẽ⁕·o———

CHARLES 1ᴱᴿ.

(1625 – 164).)

Charles [1] avait vingt quatre ans lorsqu'à la mort de son père il fut proclamé roi d'Angleterre, d'Écosse, de France et d'Irlande, sous le nom de Charles Iᵉʳ. La nation entière vit avec joie son avénement au trône. Les mœurs du nouveau roi étaient, en effet, graves et pures ; sa piété passait pour sincère, son esprit pour juste et droit ; la distinction de ses traits et la dignité de ses manières inspiraient l'affection et le respect ; l'Angleterre crut pouvoir tout espérer de lui pour son bonheur et ses libertés.

Le premier soin de Charles fut de ratifier le traité que son père avait conclu avec le roi de France, Louis XIII, et dont son mariage avec la sœur de ce prince était

---

1. Sceau de Charles Iᵉʳ. Il représente le roi sur son trône, revêtu du costume royal. Légende : CAROLUS. DEI. GRATIA. ANGLIÆ. SCOTIÆ. FRANCIÆ. ET HIBERNIÆ. REX. FIDEI DEFENSOR. Charles, par la grâce de Dieu, roi d'Angleterre, d'Écosse, de France et d'Irlande, défenseur de la foi.

la base; le duc de Buckingham fut envoyé à Paris pour ramener la jeune princesse Henriette en Angleterre. Peu de jours après la célébration du mariage, qui eut lieu à Cantorbery, le 13 juin 1625, le parlement s'assembla (18 juin).

Charles ouvrit la session en personne, et exposa aux chambres l'état embarrassé de ses finances. Son avénement au trône et les cérémonies de son mariage l'avaient entraîné dans des dépenses considérables; son père avait laissé en mourant 700,000 livres de dettes personnelles; en outre, le subside accordé au feu roi n'avait pas couvert la moitié des charges pour lesquelles on l'avait voté. Pour acquitter toutes ces obligations, à la plupart desquelles il était étranger, Charles s'en remettait avec confiance à la générosité de son peuple, et ne doutait pas que le parlement ne lui fournit les moyens d'y faire face avec honneur. Les premières mesures des deux chambres le firent bientôt revenir de cet espoir.

Sans être animée de mauvaises dispositions contre le roi et la cour, la chambre haute détestait Buckingham, qui continuait à jouir auprès du fils de la faveur aveugle dont l'avait entouré le père, et elle voulait à tout prix l'éloigner du gouvernement. L'opposition de la chambre basse, reposant sur des motifs plus sérieux, était plus redoutable encore. A l'austère et nombreuse phalange des *zélés* ou *saints*, dont le but constant était l'extirpation complète du catholicisme et la réformation de l'église sur des bases républicaines, se joignaient tous ceux qui, moins soucieux d'une réforme dans la religion, voulaient dans le gouvernement la suppression des abus, la restriction de la prérogative, la conservation et l'extension des libertés et des droits de la nation. Les communes étaient presque exclusivement composées des membres de ces deux partis. Aussi, avant de s'occuper des besoins du roi, elles décidèrent qu'on lui adresserait une *pieuse pétition*, dans laquelle il serait conjuré d'exécuter sur-le-champ toutes les lois existantes contre les catholiques; en même temps elles ordonnaient l'arrestation d'un de ses chapelains, auteur d'un livre dans lequel elles prétendaient trouver une insulte envers elles-mêmes et une secrète tendance vers le papisme.

L'amitié du roi pour le duc de Buckingham ne leur inspirait pas moins de craintes qu'aux lords; sir Robert Cotton, savant illustre, traduisit l'opinion générale à ce sujet, dans un discours plein de sagesse et de réserve, mais qui prouvait quel sentiment et quelle connaissance les membres les plus modérés avaient cependant de leurs droits et priviléges « Nous ne demandons point au « roi, dit-il, d'éloigner de mauvais conseillers, comme le fit le parlement sous ses « prédécesseurs Henri IV et Henri VI; ni que ceux que le roi aura choisis soient « tenus de prêter serment devant le parlement, comme il est arrivé sous « Édouard II et Richard II; ni que le parlement leur prescrive d'avance la con- « duite qu'ils auront à tenir, comme il crut le devoir faire sous Henri III et « Henri IV; ni même que Sa Majesté promette, comme Henri III, qu'elle fera « toutes choses avec l'assentiment du grand conseil du pays, et rien sans son « aveu; nous exprimons seulement, et en sujets fidèles, nos modestes désirs. « Puisque le roi s'est entouré de conseillers sages, pieux et honorables, nous « souhaitons que, de concert avec eux, il porte remède aux maux de l'état, et « ne se laisse jamais guider par un seul homme ni par de jeunes conseils. »

Les défiances des communes se manifestèrent d'une manière plus sensible encore dans la question des subsides. Il leur avait été démontré que les dépenses pour la marine seule s'étaient réellement élevées à 300,000 livres ; cependant elles n'accordèrent qu'environ la moitié de cette somme, et, pour tenir le roi dans leur dépendance jusqu'à l'entier redressement des abus dont la nation se plaignait, elles ne votèrent les droits de douane, qui d'ordinaire étaient concédés pour toute la durée du règne, que pour une année seulement. Charles, déjà effrayé de l'esprit d'indépendance et d'opposition qui se manifestait dans les deux chambres, fut indigné de cette preuve de méfiance ; il cassa le parlement et résolut de gouverner seul. (12 août 1625).

Son premier objet fut de se procurer de l'argent ; à cet effet, il décréta la levée de plusieurs emprunts forcés, et enjoignit aux officiers de la couronne de mettre à exécution le bill sur les droits de douane, quoiqu'il n'eût pas été voté par la chambre des lords. En même temps, la flotte rassemblée à Plymouth reçut l'ordre de prendre la mer, afin de tenter une expédition contre l'Espagne, puissance avec laquelle on était toujours en guerre ; Cadix, où se trouvaient alors de nombreux bâtiments richement chargés, était le but de l'expédition. Mais aucun de ces moyens ne produisit l'effet qu'on en attendait. Les droits sur les douanes furent perçus avec difficulté ; les emprunts rapportèrent peu d'argent au trésor ; l'expédition contre Cadix échoua complétement, et la flotte rentra à Plymouth, le 8 décembre, après une croisière longue et inutile.

Il fallut de nouveau convoquer le parlement. Cette fois, Charles augurait mieux du résultat de cette mesure. Le temps qui s'était écoulé depuis la dernière session avait été employé à diviser l'opposition. Un rapprochement avait eu lieu entre le comte de Pembroke, grand maréchal d'Angleterre, et le duc de Buckingham, et l'on se croyait sûr de la chambre haute. Afin d'écarter de la chambre basse les membres les plus influents du parti populaire, sept d'entre eux, parmi lesquels étaient sir Édouard Coke et sir Thomas Wentworth, depuis si célèbre sous le nom de Strafford, furent, au moment des élections, nommés shérifs de leur comté, et mis ainsi dans l'impossibilité d'être envoyés au parlement.

Mais cet artifice grossier ne fit qu'irriter plus vivement les communes ; et, dès les premières séances (février 1626), elles nommèrent trois comités : de la religion, des griefs, des malheurs et remèdes, dont le nom disait assez les dispositions et le but. Tous les trois se mirent aussitôt à l'œuvre. Pendant que le comité de religion renouvelait les plaintes habituelles contre le papisme, que celui des griefs dénonçait seize abus comme subversifs des libertés du peuple, et s'élevait contre la conduite du lord trésorier qui continuait à percevoir les droits de douane sans l'autorisation du parlement, le comité des malheurs et remèdes faisait prendre à la chambre la résolution de frapper l'auteur de tous ces maux, ce favori incapable dont la cupidité, l'arrogance, les passions insolentes, compromettaient chaque jour le roi ou le pays. Le duc de Buckingham fut accusé devant la chambre des lords (21 février).

Les dispositions de cette chambre n'étaient pas plus rassurantes, et dans deux circonstances récentes, elle aussi venait de montrer qu'elle était résolue à ne pas abandonner ses droits et priviléges. Au commencement de la session, Charles avait fait enfermer à la tour le comte d'Arundel, dont le fils s'était marié sans son autorisation; aussitôt les lords décidèrent que toute discussion serait suspendue jusqu'à ce que leur collègue leur fût rendu, et, après de longues contestations, le roi fut obligé de céder et de permettre au comte de reprendre sa place au parlement.

L'affaire du comte de Bristol ne se termina pas d'une manière plus heureuse pour la cour. Ambassadeur d'Angleterre en Espagne, au moment où Charles, encore prince de Galles, et Buckingham, s'y étaient rendus, Bristol avait été brutalement destitué de ses fonctions à l'instigation de ce dernier, qui craignait que Jacques ne fût éclairé par lui sur sa conduite à la cour de Philippe IV. Depuis son retour en Angleterre, le comte avait été confiné dans ses terres, avec défense de paraître à la cour, et, lors de la réunion du dernier parlement, Charles, redoutant son inimitié déclarée contre Buckingham, ne lui avait pas adressé de writ de convocation. Le comte se plaignit à la chambre des lords, qui reconnut son droit, et le roi fut contraint de lui adresser une lettre de convocation; mais il lui envoya en même temps la défense de s'en servir et l'ordre de rester dans ses terres. Bristol recourut de nouveau à la chambre, et en attendant que son droit de siéger au parlement fût proclamé, il sollicita la permission d'accuser, de sa résidence, l'homme qui, pour se sauver du châtiment qu'il avait mérité, en privait un autre de sa liberté et de ses priviléges. Afin de détourner le péril qui menaçait son favori, Charles fit aussitôt intenter au comte de Bristol une accusation de haute trahison; mais les lords ordonnèrent que les deux causes seraient examinées successivement, et décidèrent que l'accusation intentée contre le comte de Bristol ne pourrait invalider le témoignage qu'il aurait à rendre contre Buckingham.

Le duc se trouvait alors sous le coup d'une double poursuite. Pour le sauver, Charles se rendit aux Communes. « Je dois vous faire connaître, dit-il aux dépu- « tés, que je ne souffrirai pas que vous poursuiviez aucun de mes serviteurs, encore « moins ceux qui sont placés très-haut et près de moi..... Je désire en outre que « vous pressiez l'affaire de mes subsides, sinon ce sera tant pis pour vous-mêmes, « et s'il en arrive quelque mal, je pense que je serai le dernier à m'en repentir. » Loin d'être arrêtée par ces paroles, la chambre chargea huit de ses membres de soutenir auprès des lords l'accusation contre Buckingham, pendant qu'elle-même préparait un projet de remontrance générale. Mais Charles prévenu cassa le parlement (15 juin), fit brûler sur la place publique le projet de remontrance, et enfermer à la tour les comtes de Bristol et d'Arundel.

Cependant les embarras pécuniaires du roi croissaient de jour en jour; ils étaient encore augmentés par les demandes incessantes de secours que lui adressaient ses alliés d'Allemagne. Mansfeld, Brunswick, le roi de Danemark Christian, chefs de l'union protestante et défenseurs de l'électeur palatin Frédéric, se soutenaient avec peine contre les armes de Tilly et de Walstein, généraux de l'empereur; bientôt même la cause du prince palatin et l'existence du protestantisme en Allemagne semblèrent compromises par la mort de Brunswick et de Mansfeld, et surtout par la perte de la sanglante bataille de Luttern, gagnée par Tilly contre Christian (27 août). Mais Charles ne vit dans ce désastre que le moyen de se procurer de l'argent. Profitant de la douleur que cette nouvelle répandait dans toute l'Angleterre, et sous prétexte de venir en aide à ses alliés, il ordonna la levée des droits de tonnage et de pondage, exigea des villes maritimes de nombreux vaisseaux, et décréta la perception d'un emprunt forcé, avec ordre de jeter en prison ou d'enrôler dans l'armée tous ceux qui refuseraient de payer.

Des actes aussi arbitraires étaient à eux seuls suffisants pour exciter le mécontentement général; la nouvelle de la défaite de Buckingham dans l'île de Rhé vint mettre le comble à l'indignation publique.

Pour se venger du cardinal de Richelieu qui n'avait pas voulu permettre qu'il revînt à Paris poursuivre auprès de la reine Anne d'Autriche, dont il s'était épris, de téméraires succès, Buckingham avait décidé son maître à entrer en guerre avec la France. L'intérêt du protestantisme servit de prétexte; il fallait, disait-on, sauver la Rochelle, assiégée par l'armée royale, et prévenir la ruine des réformés français. Vainement Richelieu représenta qu'une guerre entre l'Angleterre et la France était la ruine des protestants d'Allemagne, Buckingham répondit en se mettant à la tête d'une flotte de quatre-vingt-dix vaisseaux, montée par seize mille hommes, dont trois mille réfugiés français, et en venant débarquer dans l'île de Rhé de la prise de laquelle dépendait le sort de la Rochelle. L'île était mal fortifiée, la garnison peu nombreuse; mais grâce à l'inhabileté de Buckingham, le gouverneur, Thoiras, put s'enfermer avec six cents hommes dans la méchante forteresse de Saint-Martin, et, par une vigoureuse défense, il donna le temps à Richelieu de venir à son secours. Malgré la flotte anglaise, celui-ci parvint à jeter dans l'île un corps de six mille hommes, qui forcèrent les Anglais de se rembarquer, avec une perte de quatre mille soldats, de leurs canons et de leurs bagages (30 octobre 1627).

Cet désastre ne suffit pas pour éclairer Charles sur l'incapacité de son favori et sur l'imprudence de la politique dans laquelle il s'était laissé entraîner; il résolut, au contraire, de préparer aussitôt une nouvelle expédition. Pour se procurer l'argent qui lui manquait, il fit répartir sur les divers comtés la somme de 173,411 livres sterling, nécessaire pour l'armement projeté, avertissant le peuple par une proclamation que si l'argent était payé avec soumission et promptitude, le parlement serait convoqué; que dans le cas contraire, il aviserait à d'autres moyens. Mais l'expression formidable du mécontentement public ne permit pas de mettre cette mesure à exécution, et force fut à Charles de « se confier de nouveau « à l'amour de son peuple en parlement. »

Afin de se rendre la nouvelle chambre des communes favorable, il fit mettre en liberté tous ceux qui, par suite de leur résistance à l'emprunt forcé, avaient été jetés en prison; le comte de Bristol lui-même reçut permission de siéger à la chambre haute.

« Messieurs, dit le roi en ouvrant la session (17 mars 1628), que chacun agisse « désormais selon sa conscience. S'il arrivait (ce que Dieu veuille prévenir) « que, négligeant de me fournir ce que réclament aujourd'hui les besoins de l'état, « vous ne fissiez pas votre devoir, le mien m'ordonnerait d'user alors des autres « moyens que Dieu a mis en mes mains pour sauver ce que compromettrait la folie « de quelques hommes. Ne prenez point ceci pour une menace, je dédaigne de me-

« nacer tout autre que mes égaux ; c'est un avertissement que vous donne celui à qui
« la nature et son devoir ont confié le soin de votre prospérité et de votre salut.
« Il espère que maintenant votre conduite le portera à trouver bons vos précédents
« conseils, et que je vais contracter, par reconnaissance, des obligations qui
« m'engagent à vous appeler souvent auprès de moi. »

Devant ce discours, et celui beaucoup plus menaçant du garde des sceaux, les
communes restèrent impassibles. Dans cette chambre se trouvaient réunis sir
Édouard Coke, le vieux jurisconsulte; sir Thomas Wentworth, qui sortait de la
prison où l'avait fait jeter sa résistance à l'emprunt forcé; Denzil Hollis, ami d'enfance de Charles, mais plus ami encore de la liberté; Pym et Selden, hommes
profondément versés dans la science des droits et des usages du parlement, et une
foule d'autres, connus par leur opposition constante aux prétentions despotiques
de la cour. Une seule pensée les préoccupait tous, « celle de proclamer solennellement leurs libertés, de contraindre le pouvoir à les reconnaître, primitives,
indépendantes, de ne plus souffrir enfin qu'aucun droit passât pour une concession, aucun abus pour un droit [1]. »

Les premières mesures des communes prouvèrent tout à la fois l'esprit de conciliation qui les animait, et leur inflexible volonté d'obtenir les réformes qu'elles
sollicitaient depuis si longtemps. Après quinze jours de session, elles votèrent à
l'unanimité un subside considérable, payable dans le cours d'une année, mais elles
se réservèrent de convertir ce vote en loi au moment où le roi aurait consenti
à la reconnaissance des libertés énoncées dans un bill qu'elle adopta, et qui portait le nom de Pétition des droits. Soumis à l'assentiment de la chambre des lords,
ce bill y fut accepté avec l'amendement suivant, destiné à concilier les droits du
peuple avec ceux du pouvoir royal : « Nous présentons humblement cette pétition
« à Votre Majesté, afin d'assurer nos propres libertés, mais aussi avec le juste
« dessein de laisser intact ce pouvoir souverain dont Votre Majesté est revêtue
« pour la protection, la sûreté et le bonheur de ses sujets. »

Quand le bill ainsi amendé revint aux communes : « Ouvrons nos registres, dit
« M. Alford, et voyons ce qu'ils contiennent : qu'est-ce que le pouvoir souverain?
« Selon Bodin, c'est celui qui est libre de toute condition. Nous reconnaîtrons donc
« un pouvoir légal et un pouvoir royal; donnons au roi ce que la loi lui donne, rien
« de plus. » — « Je suis hors d'état, dit M. Pym, de parler sur cette question, car
« je ne sais où elle réside; notre pétition réclame les lois d'Angleterre; il s'agit ici
« d'un pouvoir distinct de celui des lois; où le trouver? il n'est nulle part, ni dans
« la grande Charte, ni dans aucun statut; où le prendrions-nous pour le concéder? »
— « Si nous adoptons cet amendement, dit sir Thomas Wentworth, nous laisse-
« rons les choses en pire état que nous ne les avons trouvées; nous aurons écrit dans
« une loi ce pouvoir souverain que nos lois n'ont jamais connu [2]. »

La chambre des lords retira son amendement, et la pétition des droits fut solennellement présentée au roi qui, pour obtenir le bill des subsides, avait promis d'y

---

1. Guizot, *Histoire de la révolution d'Angleterre*, t. 1, p. 39.
2. Guizot, p. 46 et suivantes.

donner aussi son assentiment. Mais, le moment venu, au lieu d'une franche adhésion, il fit écrire sous la pétition la réponse suivante : « Le roi veut qu'il soit fait droit suivant les lois et coutumes du royaume, et que les statuts soient mis à exécution ; que ses sujets ne puissent avoir aucun motif de se plaindre de tort ou d'oppression contraires à leurs libertés et à leurs justes droits, à la conservation desquels il se croit obligé autant qu'à ceux de sa prérogative. »

Cette réponse obscure et évasive exaspéra les communes, et, dès le lendemain, elles avaient arrêté qu'une remontrance générale serait présentée au roi, lorsque Charles leur fit défendre de se mêler désormais des affaires de l'état.

Ce message plongea d'abord la chambre entière dans la consternation, et longtemps un triste et morne silence régna dans la salle. A la fin sir Nathaniel Rich se leva : « Il faut parler maintenant, dit-il, ou nous taire à jamais. — Ce n'est pas le « roi, dit le vieux Édouard Coke, c'est le duc qui nous défend de nous mêler des « affaires de l'état. — C'est vrai, s'écria M. Kirton, et j'espère bien que Dieu nous « enverra des cœurs, des bras et des épées, pour couper la gorge à ces ennemis du « roi et de nous. »

Charles fut effrayé; d'ailleurs, il avait absolument besoin des subsides : il se rendit à la chambre des pairs (7 juin) où les communes s'étaient réunies, et ordonnant de rayer sa première réponse, il fit inscrire au-dessous de la pétition des droits : « Soit droit fait, comme il est désiré. » « Maintenant, dit-il, j'ai fait « tout ce qui me regarde. Si ce parlement n'a pas une fin heureuse, ce sera sa « faute, non la mienne; rien ne pourra plus m'être imputé. » Ce discours fut accueilli par d'unanimes acclamations, et les chambres convertirent aussitôt en loi le bill des subsides.

Mais la réforme des principes était seule consommée, et ce n'était rien sans la réforme des pratiques; Buckingham, l'auteur de tous les griefs, restait debout, et le roi continuait de percevoir les droits de douane sans l'aveu du parlement. Les communes résolurent de porter sans délai les derniers coups. Deux nouvelles remontrances furent rédigées : l'une contre le duc; l'autre pour établir que, d'après la Pétition des droits, l'impôt sur les marchandises, comme tous les impôts, ne devait être perçu qu'en vertu de la loi [1]. Mais, avant que ces remontrances lui fussent présentées, Charles prorogea le parlement (26 juin).

Les embarras où l'hostilité de la chambre des communes jetait sans cesse le roi ne l'avaient pas fait renoncer à son projet de secourir La Rochelle, et le comte de Denbigh, beau-frère de Buckingham, avait quitté Plymouth à la tête d'une flotte nombreuse pour venir au secours de la ville assiégée; mais il était trop tard : Richelieu avait enveloppé la place, du côté de la terre, par une circonvallation de trois lieues, garnie de forts et défendue par vingt-cinq mille hommes; du côté de la mer, par une digue de sept cents toises de longueur, ouvrage gigantesque qui fermait complétement l'entrée de la baie de La Rochelle. Denbigh canonna vainement cette digue pendant quinze jours, il ne put parvenir à la forcer et s'en retourna en Angleterre. Buckingham le remplaça dans son commandement, et il allait

1. Guizot, p. 52.

quitter Portsmouth et mettre à la voile pour tenter un nouvel effort, lorsqu'il périt assassiné (23 août). Le meurtrier, nommé Felton, ne chercha point à se sauver, et

Maison où fut assassiné Buckingham.

mourut en déclarant que les remontrances des communes l'avaient convaincu que le duc était la cause des maux dont souffrait la nation, et que lui ôter la vie c'était servir Dieu, son roi et son pays.

La mort de Buckingham plongea le roi dans une profonde douleur ; toutefois il n'en persista pas moins dans ses projets de porter secours aux Rochellois ; mais avant que l'expédition eût mis à la voile, la ville, réduite aux plus horribles extrémités, se rendit (20 octobre). C'était le boulevard, le refuge des réformés de France ; sa perte vint encore ajouter aux nombreux griefs de la nation anglaise contre son souverain.

Le parlement se réunit de nouveau le 30 janvier 1629, et le premier soin de la chambre basse fut de s'informer si le bill des droits avait été exécuté. Lorsqu'elle apprit que dans les copies qui avaient été imprimées et envoyées dans les comtés, Charles avait fait insérer seulement sa première réponse, et que la dernière, qui lui avait été arrachée, avait été complétement supprimée, les attaques recommencèrent. Vainement le roi s'efforça, par des discours conciliants, de calmer l'indignation des esprits ; tous ses efforts, afin d'obtenir le vote des droits de tonnage et de pondage pour le reste de son règne, demeurèrent inutiles; après un mois de session, les communes reçurent l'ordre de s'ajourner (2 mars). Aussitôt que l'orateur eut donné connaissance à la chambre du message royal, sir John Elliot proposa l'adoption d'une nouvelle remontrance contre la levée illégale des droits de douane. L'orateur voulut quitter son siége en déclarant que la session était terminée, mais il y fut ramené de force. « De par Dieu, lui dit Hollis, vous siégerez « jusqu'à ce qu'il plaise à la chambre de sortir. » On ferma les portes, la discussion fut reprise, et l'on adopta la protestation suivante : « 1° Tout individu qui « tentera d'introduire le papisme, l'arminianisme ou autres opinions repoussées par « la véritable et orthodoxe église, sera réputé l'ennemi capital du royaume et de la « communauté ; 2° toute personne qui conseillera de percevoir le tonnage et pon- « dage avant qu'il ait été accordé par le parlement, ou qui contribuera à cette « perception comme fauteur ou instrument, sera réputé l'ennemi capital du « royaume et du gouvernement ; 3° tout négociant ou autre personne qui paiera le « tonnage ou pondage, sans qu'il ait été accordé par le parlement, sera considéré « comme traître et ennemi déclaré des libertés de l'Angleterre. » La chambre s'ajourna au 10 mars suivant. Ce jour-là, Charles se rendit à la chambre des lords. « Jamais, dit-il, je ne suis venu ici dans une occasion plus déplaisante ; « je viens dissoudre le parlement. La conduite séditieuse de la chambre basse en « est la seule cause ; je ne l'impute point à tous ; je sais qu'il y a dans cette chambre « beaucoup d'honnêtes et loyaux sujets ; quelques vipères les ont trompés ou « opprimés. Que les malveillants s'attendent à ce qui leur est dû. Pour vous, « milords de la chambre haute, comptez de ma part sur la protection et la faveur « qu'un bon roi doit à sa fidèle noblesse. »

Conformément à ses menaces, Charles fit informer criminellement contre plusieurs membres des communes qui avaient été préalablement enfermés à la Tour, et obtint contre eux un jugement qui les condamnait à de fortes amendes, et à tenir prison à son bon plaisir.

Quelques jours après la dissolution des chambres, une proclamation annonça l'intention où il était désormais de gouverner sans l'intervention du parlement. « On répand, dans de mauvais desseins, dit-il, qu'un parlement sera bientôt « réuni. Sa Majesté a bien prouvé qu'elle n'avait pour les parlements aucune aver- « sion ; mais leurs derniers excès l'ont décidée, malgré elle, à changer de conduite, « et elle tiendra désormais pour une insolence tout discours, toute démarche qui « tendraient à lui prescrire une époque quelconque pour la convocation de parle- « ments nouveaux. »

Charles entreprenait encore une fois de gouverner sans le concours des chambres. Son premier soin fut de supprimer la principale cause de ses embarras financiers en traitant de la paix avec la France et l'Espagne. Ce lui fut chose facile. Il était de l'intérêt de ces deux puissances rivales de se débarrasser de tous leurs ennemis pour se retrouver avec toutes leurs forces dans la lutte incessante qui avait lieu entre elles. La paix fut signée avec la France le 14 avril 1629; avec l'Espagne le 5 novembre 1630. Depuis cette époque, Charles ne se mêla plus des affaires du continent que pour envoyer quelque secours à son beau-frère l'électeur palatin. Dans l'année 1631, le marquis de Hamilton avec six mille hommes, la plupart Écossais, alla se joindre au roi de Suède, Gustave-Adolphe, qui avait promis de rétablir le palatin en possession dans ses états, et qui, par ses rapides victoires, avait déjà soumis une partie de l'Allemagne. Mais Gustave périt à Lutzen (novembre 1632), avant d'avoir accompli son dessein, et l'électeur ne lui survécut que de quinze jours. Le fils de Frédéric n'eut plus alors d'espoir que dans les représentations des ambassadeurs de Charles auprès des puissances européennes ; mais la faiblesse du roi d'Angleterre et de son gouvernement était trop connue, pour qu'on eût égard aux recommandations de ses envoyés, et le jeune palatin dut renoncer à rentrer jamais en possession de ses états.

Délivré des embarras et des dépenses de la guerre, Charles put se livrer tout entier aux soins du gouvernement intérieur. Depuis la mort de Buckingham, favori incapable et odieux à la nation, cette tâche semblait devenue plus facile ; d'ailleurs, Charles était parvenu à rattacher à-sa cause, par des places et des honneurs, quelques-uns des principaux chefs parlementaires. Le plus célèbre d'entre eux était sir Thomas Wentworth, qui fut créé successivement baron, vicomte, puis comte de Strafford, nommé président de la cour du nord et vice-roi d'Irlande. « Entré au service de la couronne, Strafford prit son pouvoir à cœur, comme il avait fait naguère les libertés du pays, mais sérieusement, fièrement, en ministre habile et rude, non en courtisan frivole et obséquieux. Il s'adonna aux affaires avec passion, bravant toutes les rivalités comme il brisait toutes les résistances, ardent à étendre et à affermir l'autorité royale, devenue la sienne, mais appliqué en même temps à rétablir l'ordre, à réprimer les abus, à dompter les intérêts privés qu'il jugeait illégitimes, à servir les intérêts généraux qu'il ne redoutait pas. Une administration arbitraire, mais forte, conséquente, laborieuse, dédaignant les droits du peuple, mais s'occupant du bien-être public, étrangère aux abus journaliers, aux dérèglements inutiles, subordonnant à ses volontés et à ses vues les grands comme les petits, la cour comme la nation, c'était là son vœu, le caractère de sa conduite, et celui qu'il s'efforçait d'imprimer au gouvernement du roi. A peine le gouvernement de l'Irlande lui fut-il confié, que ce royaume, qui jusque-là n'avait été pour la couronne qu'un embarras et une charge, lui devint une source de richesse et de force. L'armée, que Strafford avait trouvée faible, sans habits, sans discipline, fut recrutée, bien disciplinée, bien payée, et cessa de piller les habitants. A la faveur de l'ordre, le commerce prospéra, des manufactures s'établirent, l'agriculture fit des progrès. Enfin l'Irlande fut gouvernée arbitrairement, durement, souvent même avec une odieuse violence, mais dans l'intérêt de la civilisation commune et du pouvoir royal, au lieu d'être, comme jadis, en proie à l'avidité des employés du fisc et à la domination d'une aristocratie égoïste et ignorante [1]. »

En Angleterre, Laud, évêque de Londres, suivait, dans l'administration des affaires civiles, l'exemple de son ami Strafford. L'agriculture et le commerce re-

---

1. Guizot, p. 68 et suiv.

commencèrent à fleurir à la faveur d'une paix qui avait permis de remettre les impôts les plus pesants; le peuple, dont l'attention n'était plus excitée par les débats du parlement, paraissait ne plus s'occuper que de ses intérêts privés; le pays semblait calme et heureux, et Charles s'applaudissait du parti qu'il avait pris en renonçant à convoquer le parlement; les prodigalités de la cour et les innovations religieuses de Laud vinrent réveiller le mécontentement populaire et tout remettre en question.

Avec ses idées sur les droits, sur les conditions de la royauté, Charles eût cru s'abaisser en restreignant ses dépenses au niveau de ses revenus, et réduire en quoi que ce soit le faste de la cour ainsi que l'ancienne splendeur du trône, eût été pour lui humilier le pouvoir dont il était dépositaire. Aussi ne tarda-t-il pas, quoique en pleine paix, à se trouver réduit aux expédients pour se procurer de l'argent. Bientôt aux impôts du tonnage et du pondage, illégalement perçus, il fallut ajouter des droits nouveaux sur une foule de marchandises; les monopoles abandonnés par Jacques et par Charles lui-même reparurent en aussi grand nombre qu'autrefois, non plus cette fois donnés aux courtisans, pour récompense de leur servilité, mais, ce qui revenait au même pour le peuple, vendus à haut prix à des marchands et à des corporations. En même temps d'énormes amendes frappaient les moindres délits, les moindres infractions à des coutumes ou des ordonnances depuis long-temps tombées en désuétude. En quelques années seulement, elles s'élevèrent à la somme inouïe de plus de six millions. Au mécontentement excité par de pareilles vexations, vinrent bientôt se joindre les craintes excitées par les innovations religieuses de Laud.

« Emanée, à son origine, de la seule volonté du souverain temporel, l'église anglicane avait, comme on l'a vu, perdu par là toute indépendance; elle n'avait plus de mission divine et ne subsistait point par son propre droit. Étrangers au peuple, qui ne les élisait point, séparés du pape et de l'église universelle, jadis leur appui, les évêques et le haut clergé n'étaient que les délégués du prince, ses premiers serviteurs. De bonne heure, l'église anglicane avait senti ce vice de sa nature; mais ses périls et la main redoutable de Henri VIII et d'Élisabeth ne lui avaient pas permis de rien faire pour y échapper. Attaquée à la fois par les catholiques et les non-conformistes, encore chancelante dans ses possessions comme dans ses doctrines, elle se voua sans réserve au service du pouvoir temporel, professant sa propre dépendance et acceptant la suprématie absolue du trône qui pouvait seule la sauver de ses ennemis [1].

Par crainte du puritanisme, Jacques combla les évêques de tant de faveurs, qu'ils reprirent à la fois force et confiance. Ils en vinrent bientôt, tout en proclamant le droit divin du trône, à soutenir que l'épiscopat, lui aussi, n'était point d'institution humaine, et que les évêques tenaient leurs droits non du souverain temporel, mais de Dieu seul. Ce fut la doctrine que Laud entreprit de faire triompher, l'œuvre à laquelle il se consacra avec toute la vigueur et la violence de son caractère.

L'épiscopat n'avait pas de plus redoutables ennemis que les puritains, à quelque

1. Guizot, p. 87.

secte qu'ils appartinssent; ce fut à l'extirpation, à l'extinction complète du puritanisme que Laud visa tout d'abord. On chassa les prêtres non conformistes de toutes
les cures qu'ils occupaient, on les priva de leurs revenus, on les arracha du milieu
des familles où ils avaient trouvé un asile, on en emprisonna un grand nombre. En
même temps, d'incessantes innovations dans la liturgie rapprochaient chaque
jour le culte anglican du culte catholique; des tableaux ornaient les murs des
églises; la table de communion prenait le nom et la forme d'un autel; l'usage du
surplis, objet d'horreur pour les puritains, était impérieusement prescrit à tous
les officiants; on tolérait en outre la publication et la dédicace au roi et à Laud, de
livres où il était dit hautement que la doctrine des évêques anglais pouvait fort
bien s'accorder avec celle de Rome : aussi, telle était la croyance générale dans le
rétablissement prochain du catholicisme, que deux fois le pape fit offrir à Laud
le chapeau de cardinal, et que la fille du duc de Devonshire, s'étant faite catholique,
répondit à l'évêque lui-même qui lui demandait la raison de sa conversion : « Je
« n'aime pas à marcher dans la foule; je vois que Votre Grâce et bien d'autres se
« hâtent vers Rome; je veux y arriver seule et avant vous. »

Par ces innovations et ces tendances papistes, Laud ne s'était jusqu'alors aliéné
que le peuple, les francs tenanciers et la petite noblesse de province, tous fermement attachés au culte réformé. Plus insouciante en matière de religion, par cela
même que ses croyances étaient moins vives, la haute noblesse s'était peu préoccupée de changements qui ne l'avaient pas frappée dans ses intérêts temporels.
Dans son zèle pour l'extension de la puissance épiscopale, Laud ne tarda pas à la
mécontenter aussi. Bientôt, en effet, le droit divin, l'indépendance absolue des
évêques ne fut plus une simple théorie soutenue seulement dans les livres. Cette
doctrine passa dans les faits; ce ne fut plus au nom du roi, mais seulement au nom
des évêques que se tinrent les cours ecclésiastiques, que se rédigèrent tous les actes
relatifs à l'église, et en même temps, chaque jour, la juridiction épiscopale s'agran-
dissait aux dépens de celle des tribunaux ordinaires; chaque jour, dans les fonctions
élevées de l'état, les plus grands seigneurs étaient remplacés par des membres du
clergé; et partout on entendait les prêtres dire que le temps n'était pas éloigné où
un simple ecclésiastique vaudrait autant que le plus fier gentilhomme du royaume.

Ces mesures imprudentes ne pouvaient tarder à porter leur fruit. Le peuple,
voyant son mécontentement partagé par la noblesse, lui donna un plus libre cours,
et bientôt l'Angleterre fut inondée de pamphlets, où l'on s'élevait avec violence
contre les tendances papistes, contre les actes tyranniques de Laud et des évêques.
Colportés de ville en ville, de bourgade en bourgade, ces libelles étaient aussitôt
enlevés, dévorés, commentés, et augmentaient de jour en jour l'exaltation populaire. Pour en prévenir l'explosion, Laud eut recours à de nouvelles rigueurs. Un
jurisconsulte, un théologien et un médecin, Prynne, Burton et Bastwick, auteurs
de plusieurs de ces écrits, furent cités devant la cour étoilée, et, après une procédure de la plus scandaleuse iniquité, condamnés au pilori, à la perte des oreilles,
à une amende de 5,000 livres sterling (75,000 fr.) et à un emprisonnement perpétuel (14 juin 1637). Le jour de l'exécution de ce jugement, un peuple immense
accompagna les condamnés jusqu'au lieu du supplice. « Chrétiens, s'écria Prynne,

« attaché au pilori, si nous avions fait cas de notre propre liberté, nous ne serions
« pas ici; c'est pour votre liberté à tous que nous avons compromis la nôtre;
« gardez-la bien, je vous en conjure; tenez ferme, soyez fidèles à la cause de
« Dieu et du pays, autrement vous tomberez, vous et vos enfants, dans une éter-
« nelle servitude. »

La commisération et l'indignation publique étaient au comble; elles éclatèrent
avec une telle force que Laud, n'osant pas laisser les condamnés dans les prisons de
Londres, les envoya au fond du royaume dans les châteaux forts de Caernavon,

Château de Caernavon.

de Launceston et de Lancastre. Leur marche pendant tout le voyage ressembla à
un triomphe. Partout la foule se pressait sur les pas « des martyrs » heureuse de
leur parler, empressée à leur offrir des secours; même après leur emprisonnement,

leur nom et leurs louanges étaient encore dans toutes les bouches; Laud craignant quelque tentative populaire en leur faveur, envoya Bastwick aux îles Sorlingues, Burton à Guernesey, dans le château de Cornet, Prynne à celui de Montorgueil, dans l'île de Jersey. En même temps de nouveaux règlements restreignirent la liberté de la presse. Il fut défendu expressément d'imprimer aucun livre, quel qu'il fût, sans en avoir préalablement obtenu l'autorisation. Le nombre des imprimeurs fut réduit à vingt pour tout le royaume, et aucun d'eux ne put employer plus de deux ouvriers. Toute autre personne convaincue d'avoir imprimé ou même travaillé à la presse ou à la composition devait être mise au pilori, fouettée publiquement et condamnée en outre au châtiment que la chambre étoilée ou la cour de haute commission voudraient lui infliger.

Ces défenses n'arrêtèrent pas la verve satirique d'un autre puritain nommé John Lilburne.

John Lilburne,
d'après un imprimé de cette époque.

Traduit devant la chambre étoilée, il fut condamné à recevoir cinq cents coups de fouet, au pilori, et à une prison perpétuelle avec doubles fers aux pieds et aux mains. Le jour du supplice, Lilburne lié derrière une charette, fut fouetté par le bourreau jusqu'à son arrivée au pilori; mais insensible à la douleur, il ne cessa de haranguer la multitude qui se pressait sur ses pas; en vain on lui enjoignit de se taire, il fallut le baillonner; alors il tira de sa poche des exemplaires de ses pamphlets, et les jeta au peuple qui s'en saisit avidement, soutenant de ses acclamations le courage du condamné, chargeant Laud et la cour de ses malédictions..

Cependant jusqu'ici ce n'était encore que des rangs du peuple qu'étaient sortis ces courageux défenseurs de la religion et des libertés nationales; « maintenant, « disait-on de toutes parts, l'honneur, qui d'ordinaire réside dans la tête, est, « comme la goutte, descendu aux pieds. » Le procès de John Hampden vint bientôt prouver que le peuple n'était pas seul à s'irriter des mesures arbitraires du gouvernement, et qu'il pouvait compter sur un appui dans la noblesse des comtés.

Dès l'année 1634, des ordonnances royales avaient enjoint à la ville de Londres et aux autres cités maritimes d'avoir à fournir chaque année un certain nombre de vaisseaux armés et équipés. Mais il fallait subvenir à l'entretien de cette flotte. On eut recours à la docilité des juges du banc du roi et l'on obtint d'eux une décla-ration portant « que, la possession d'une flotte nombreuse important à la sûreté et « au bien de tout le royaume, il était juste que tous les comtés contribuassent à sa « formation et à son entretien. » On étendit donc l'effet des ordonnances à toutes les villes du royaume, et chaque comté de l'intérieur fut imposé pour une somme d'argent égale à la valeur des vaisseaux qu'il aurait dû fournir, eu égard à son étendue et à sa richesse. Ce nouvel impôt avait soulevé de nombreuses résistances; la perception en était, disait-on de toutes parts, en opposition aux statuts et à la Pétition des droits, qui portait qu'aucune taxe ne serait levée sur le peuple sans le consentement du parlement. Mais toutes ces réclamations étaient venues se briser contre la servilité des tribunaux, qui justifièrent la légalité de la mesure en décla-rant : « qu'en cas de danger, et pour le bien et la sûreté du royaume, le roi avait « le droit d'imposer et de percevoir la taxe des vaisseaux, et qu'en outre il était « seul juge du danger et de ce qu'il convenait de faire pour le prévenir. » Cette décision avait comblé de joie toute la cour. « Maintenant que le roi, écrivait Straf-« ford, peut légalement imposer une taxe pour l'équipement des vaisseaux, il peut « le faire pour la levée d'une armée; en outre, ce qui a force de loi en Angleterre, « l'a de même en Ecosse et en Irlande. La décision des juges va le rendre aussi « absolu au dedans que formidable au dehors; qu'il s'abstienne de la guerre pendant « un petit nombre d'années, qu'il habitue ses sujets au paiement de cette taxe, et il « se trouvera plus puissant et plus respecté qu'aucun de ses prédécesseurs [1]. »

Mais la nation ne devait pas s'habituer au paiement de cette taxe; chaque jour de nombreux réclamants demandaient qu'il leur fût permis d'en prouver l'illégalité devant les juges du banc du roi; et chaque jour, il est vrai, leur demande était invaria-blement repoussée. Un homme, le célèbre John Hampden parvint enfin à l'obtenir.

Hampden était un gentilhomme du Buckinghamshire. Possesseur d'une grande fortune territoriale, de mœurs douces et simples, il était considéré par tous comme un homme sage, éloigné de tout esprit de faction. Sa conduite, tout en refusant de payer la taxe des vaisseaux, fut en tout conforme à ses habitudes de douceur et de réserve. Sans colère, sans bruit, il demandait seulement à être traduit en jus-tice, représentant que le roi n'était pas moins intéressé que lui à résoudre définiti-vement une telle question. Quoique, membre de la chambre des communes dans les précédentes sessions, il eût constamment voté avec l'opposition, son caractère

1 Mémoires de Strafford.

tranquille et modéré n'effraya point la cour, qui espéra même trouver dans un procès solennel l'occasion d'un nouveau triomphe, et Charles permit le débat. Les juges, à l'exception de quatre, se prononcèrent en effet en sa faveur (décembre 1637); et Hampden fut condamné. Mais ce fut pour le roi une funeste

John Hampden,
d'après le tableau original de Mytens.

victoire Pendant treize jours que dura le procès, le peuple avait entendu énumérer et développer hautement tous les droits qu'il tenait des lois fondamentales du pays. La condamnation de Hampden lui prouva qu'il n'avait plus rien à espérer des magistrats et qu'il ne devait plus mettre sa confiance qu'en lui-même. A la faveur de l'indignation universelle, tous les partis se rapprochèrent; les chefs des mécontents se réunirent et se concertèrent; on n'attendit plus qu'une occasion, et on la trouva dans la sédition qui, environ un mois après, éclata à Edimbourg.

A l'exemple de son père, Charles s'était appliqué, dès le commencement de son règne, à renverser la constitution républicaine de l'église d'Écosse et à rétablir l'épiscopat dans toute son ancienne puissance. Jusqu'alors le succès avait couronné ses efforts. L'épiscopat avait repris sa juridiction; les assemblées religieuses étaient gagnées ou suspendues; la plupart des hautes fonctions de l'état étaient remplies par des évêques; en un mot, tout ce qui se pouvait accomplir loin des regards du peuple avait réussi. Dès qu'il fallut, pour consommer l'œuvre, altérer le culte public, le jour même où pour la première fois la nouvelle liturgie fut mise en vigueur dans la cathédrale d'Édimbourg, tout fut renversé (octobre 1637). Un soulèvement subit et universel amena dans la capitale, de toutes les parties du royaume, une multitude immense, propriétaires, fermiers, bourgeois, artisans, paysans, qui venaient réclamer contre les innovations dont on menaçait leur culte; et soutenir leurs réclamations par leur présence. Quelques mois après, la nation presque tout entière s'était unie par un covenant solennel pour le rejet des nouveaux canons, de la nouvelle liturgie, pour la défense de ses droits, de ses croyances et de ses libertés (février 1638).

Une manifestation si générale ne changea rien aux desseins de Charles; il résolut de recourir à la force, et quoiqu'il eût envoyé en Ecosse le marquis de Hamilton, porteur de quelques concessions, c'était uniquement pour se donner le temps de former une armée. Les lords lieutenants avaient reçu l'ordre de réunir les troupes disciplinées des comtés; dès qu'elles furent rassemblées, toute négociation fut rompue, le commandement de l'armée donné au comte d'Essex, et le roi se rendit à York, où il avait convoqué toute la noblesse du royaume afin qu'elle rendît, selon les coutumes féodales, le service qu'elle lui devait (mars 1639).

Les Écossais s'étaient aussi préparés à la guerre. Tous les hommes en état de porter les armes avaient été enrôlés, les officiers qui servaient sur le continent, invités à revenir dans leur pays pour instruire et former leurs compatriotes, et le commandement de l'armée donné à Alexandre Leslie, officier de fortune qui avait servi avec distinction en Allemagne, sous les ordres du roi de Suède. Les nobles et les gens riches envoyèrent leur vaisselle à la monnaie d'Édimbourg, et des négociations secrètes furent entamées avec le cardinal de Richelieu, qui, mécontent de la cour d'Angleterre, où prévalait l'influence espagnole, fit passer aux insurgés des armes et de l'argent. En peu de temps l'armée de Leslie s'éleva à plus de vingt mille combattants fanatisés par les prédications, la lecture des psaumes, les exhortations mutuelles, et tous prêts à périr pour la sainte cause de la religion.

Les troupes de Charles étaient en nombre supérieur; mais chefs et soldats ne marchaient qu'à contre-cœur contre des adversaires dont ils partageaient les sentiments politiques et religieux. Vainement le roi, dans ses proclamations, accusa les Ecossais de désirer la séparation de la couronne d'Ecosse de celle d'Angleterre, et d'avoir pour but principal le pillage des comtés septentrionaux. On lui opposait les déclarations imprimées dans lesquelles les covenantaires prenant Dieu à témoin de leur loyauté, protestaient que s'ils avaient saisi les armes, c'était pour défendre les droits de leur conscience, et que le roi n'avait qu'à cesser ses innovations religieuses pour les trouver à l'instant les plus fidèles des sujets. Aussi, arrivés en présence de l'armée de Leslie, plusieurs corps anglais refusèrent de combattre, et se débandèrent.

Effrayé de ces dispositions, peu sûr d'ailleurs de sa noblesse, Charles consentit à un arrangement, et le 18 juin 1639 fut conclu un traité qui, sans rien terminer d'une manière définitive, se contentait de stipuler le licenciement des deux armées et la convocation en Écosse d'un synode et d'un parlement.

Une pareille paix ne pouvait être durable. Forts de l'approbation et de la sympathie du peuple anglais, le synode et le parlement écossais ne voulurent rien rabattre de leurs prétentions. Strafford conseillait au roi « de faire rentrer à coups de fouet ces gens-là dans leur bon sens. » La guerre fut de nouveau résolue ; mais, comme toujours, l'argent manquait, les taxes ordinaires étaient insuffisantes, en lever de nouvelles pouvait devenir dangereux ; le roi se décida à convoquer un parlement. On avait surpris une lettre adressée, par les chefs covenantaires, au roi de France pour lui demander des secours, et Charles ainsi que ses conseillers espérèrent que les chambres, indignées de cet appel à un prince étranger, fourniraient avec empressement les moyens nécessaires pour mener vigoureusement la guerre.

Le parlement s'assembla le 13 avril 1640. Il y avait onze ans qu'il n'avait été convoqué, et il se retrouva avec les mêmes idées qu'au jour de sa dernière dissolution. Quoique composées d'hommes modérés et animés de sentiments conciliateurs, les communes étaient dominées par une pensée qui primait toutes les autres : l'examen et le redressement des griefs. Aussi donnèrent-elles peu d'attention aux demandes d'argent de Charles et à la lettre écrite par les covenantaires écossais ; les innovations religieuses de Laud, la concession des monopoles, la taxe des vaisseaux, l'emprisonnement des membres du parlement furent tout d'abord les seuls objets de ses préoccupations. Vainement les lords, sollicités par le roi, exprimèrent l'avis que le vote des subsides devait précéder l'examen des griefs, les communes s'irritèrent d'une délibération qui, prétendaient-elles, portait atteinte au droit qu'elles avaient seules de traiter les questions financières. Cependant, afin de prouver à Charles que leur conduite n'était pas le résultat de dispositions hostiles contre lui, elles prirent en considération un message dans lequel il s'engageait à ne plus percevoir désormais la taxe des vaisseaux, si on voulait lui accorder douze subsides payables en trois ans. Beaucoup de membres se montraient même disposés à consentir à cette proposition et à la convertir en loi, lorsque le roi, ajoutant foi à de faux rapports sur les dispositions de l'assemblée, prononça brusquement la dissolution du parlement, trois semaines après sa convocation (5 mai).

Cet événement exaspéra la nation, et à Londres le ressentiment populaire s'exprima par des hostilités et des violences personnelles contre Laud et les membres de la haute commission ecclésiastique. Les mécontents des deux chambres assurèrent aux commissaires écossais qu'ils étaient prêts à faire cause commune avec les covenantaires pour le maintien de leurs droits et libertés. Instruit de ces dispositions, le parlement d'Écosse persista plus que jamais dans ses exigences, vota des taxes pour soutenir la guerre, et nomma un conseil militaire dont la moitié devait résider à Édimbourg et l'autre moitié accompagner l'armée, qui, promptement reformée par Leslie, se disposait à passer la frontière.

De son côté, Charles ne restait point inactif. Strafford avait obtenu du parlement irlandais des subsides et des soldats. Aux contributions volontaires, fournies en grande partie par les lords et les papistes, on joignit les emprunts forcés, la taxe sur les vaisseaux, etc. Des réquisitions forcées donnèrent au roi dix mille hommes qui se réunirent sur la frontière d'Écosse aux dix mille Irlandais de Strafford. « Mais lorsque, arrivés en face des Ecossais dont ils connaissaient les dispositions amicales, ces soldats virent le covenant flotter sur leurs drapeaux ; lorsqu'ils entendirent le tambour appeler les troupes au sermon et le camp retentir, au lever du soleil, du chant des psaumes et des prières, ils s'attendrirent et s'indignèrent tour à tour, maudissant cette guerre impie, et déjà vaincus, car ils croyaient combattre leurs frères et leur Dieu [1]. » Pour sortir d'embarras, Charles convoqua à York un grand conseil des pairs du royaume (septembre), espérant de cette assemblée plus de docilité que de la chambre des communes; mais aussitôt, deux pétitions, signées l'une par douze lords des plus considérables, l'autre par dix mille habitants de la ville de Londres, sollicitèrent en termes pressants la convocation d'un parlement ; Charles n'osa résister à ces demandes, et donna son consentement. Après avoir conclu avec les Écossais un traité provisoire, il se rendit à Londres où le parlement devait s'assembler le 5 novembre. Les commissaires écossais l'y suivirent, afin de seconder les efforts de leurs amis et partisans.

La dissolution du dernier parlement, composé en grande partie de gens sages et modérés, avait redoublé les griefs et la colère du peuple. Son mécontentement se manifesta dans les élections. La cour ne put faire passer qu'un petit nombre de ses candidats, tandis que tous les membres populaires furent réélus. A leur tête étaient Pym, Hampden, Saint-John, Denzil Hollis, le jeune sir Henri Vane, Hyde, Selden, Rudyart, lord Falkland alors tous unis dans un même dessein, la réforme des abus et la fixation des libertés nationales.

A la chambre des lords, composée d'évêques nommés par le roi, et de pairs dont un grand nombre devaient leur élévation à Charles ou à son père, l'opposition dirigée par les comtes de Bedford et d'Essex, les lords Say et Kimbolton, était en minorité évidente ; mais les partisans de la cour étaient dominés par l'enthousiasme de la nation, et dans presque aucune circonstance ils n'osèrent résister au torrent des réformes populaires.

Les premières mesures des communes prouvèrent qu'elles avaient la conscience de leur force. Le roi, dans son discours, avait recommandé trois choses à l'attention de la chambre : la destruction des rebelles, le paiement de l'armée, la réforme des abus ; on ne s'occupa que de la dernière. Plus de quarante comités furent aussitôt formés pour recevoir les dénonciations qui arrivaient de tous les points du royaume contre tous les actes de la tyrannie : monopoles, taxes illégales, emprunts forcés, arrestations arbitraires, innovations religieuses, usurpations des évêques,

---

1. Guizot, p. 149.

dénis de justice ou prévarications des juges. Dans chaque comté était dressée une liste de tous les officiers de la couronne qui avaient pris part à l'exécution de ces mesures ; plusieurs d'entre eux furent punis par l'amende et l'emprisonnement ; on cassa la sentence portée contre Prynne, Bastwick, Burton, et on les rendit à la liberté ; puis, la chambre résolut de se défaire de ses plus redoutables adversaires en accusant Laud et Strafford de haute trahison devant la chambre des lords.

Strafford avait prévu ce qui devait arriver ; de son gouvernement d'Irlande, où il était lors de l'ouverture des chambres, il avait prié le roi de le dispenser de se rendre au parlement. « Je n'y serai, lui écrivait-il, d'aucun service à Votre Ma- « jesté ; ma présence accroîtra ses périls et me livrera à mes ennemis ; qu'elle me « permette de rester éloigné, en Irlande, à l'armée, où elle voudra ; je pourrai l'y « servir encore, et me soustraire à la ruine qui m'attend. » — « Je ne puis, lui « répondit le roi, me passer ici de vos conseils ; aussi vrai que je suis roi d'Angle- « terre, vous ne courez aucun danger, ils ne toucheront pas un cheveu de votre « tête. » Confiant dans cette assertion, Strafford s'était rendu à Londres. A peine arrivé, il fut, sur l'ordre de la chambre des lords, enfermé à la Tour de Londres (18 décembre) ; Laud n'y fut conduit que quelques mois après. Deux autres ministres et six juges du banc du roi furent aussi décrétés d'accusation ; mais ce n'était pas à eux qu'on en voulait réellement, et ils purent prendre la fuite et se retirer sur le continent. Pendant qu'un comité secret, investi de pouvoirs im- menses, dressait l'acte d'accusation de Strafford, la chambre des communes s'em- parait du gouvernement, que le roi semblait lui avoir abandonné. C'étaient des commissaires pris dans son sein qui réglaient l'administration et l'emploi des sub- sides et des droits de douane dont elle avait décrété la levée ; c'était en son nom, et à ses partisans et à ses membres, qu'elle empruntait l'argent nécessaire pour le paiement des troupes anglaises et écossaises. Le roi pressait le licenciement de ces dernières ; mais c'était là la force principale des communes, aussi elles n'avaient garde de s'en dépouiller. L'armée écossaise fut payée de l'arriéré de sa solde ; on lui alloua même une indemnité de 300,000 livres ; mais on ne se pressa pas de la licencier. « Les Philistins, disait-on, sont encore trop forts pour nous, nous « ne pouvons nous passer de nos alliés. »

Charles donnait son consentement à toutes ces mesures ; il ne sortit de la tor- peur, de l'état d'indifférence où il semblait plongé, que lors de la discussion du bill triennal. Ce bill portait que, tous les trois ans au plus tard, le parlement serait assemblé. Si le roi ne le convoquait pas, douze pairs, réunis à Westminster, de- vaient signer l'ordonnance de convocation ; à leur défaut, les shériffs étaient tenus de faire procéder aux élections, et s'ils manquaient à ce devoir, aux citoyens alors appartenait le droit de s'assembler d'eux-mêmes pour élire leurs députés ; aucun parlement ne pouvait être dissous ni ajourné sans l'aveu des deux chambres, avant cinquante jours de session. Effrayé de cet empiètement sur sa prérogative, le roi fit venir les deux chambres à son palais de White-Hall [1] (23 janvier 1641). « J'ap- « prouve, leur dit-il, la fréquente convocation des parlements ; c'est, j'en conviens,

1. Guizot, p. 169.

« le meilleur moyen de maintenir, entre moi et mon peuple, l'harmonie que je
« désire tant. Mais qu'on remette à des shériffs, à des constables, à je ne sais qui,
« le droit de faire mon office, c'est à quoi je ne puis consentir. » Mais décidées à
ne point reculer, les communes forcèrent l'assentiment du roi; puis poursuivant
avec énergie leurs plans de réforme elles demandèrent, par des motions successives, l'abolition de la chambre étoilée, de la cour de haute commission, en un
mot, de tous les tribunaux d'exception, et commencèrent le procès de Strafford
(22 mars).

« La chambre tout entière y voulut assister, pour soutenir l'accusation de
sa présence. Avec les communes d'Angleterre siégeaient les commissaires d'É-
cosse et d'Irlande, également accusateurs. Quatre-vingts pairs étaient présents
comme juges; les évêques, d'après le vœu violemment exprimé des communes,
s'étaient récusés, comme dans tout procès de vie et de mort. Au-dessus des
pairs, dans une tribune fermée, prirent place le roi et la reine, avides de tout voir,
mais cachant, l'un son angoisse, l'autre sa curiosité. Dans des galeries et sur des
gradins plus élevés se pressaient une foule de spectateurs, hommes, femmes,
presque tous de haut rang, émus d'avance par la pompe du spectacle, la grandeur
de la cause et l'attente qu'excitait le caractère de l'accusé.

« Conduit par eau de la Tour à Westminster, Strafford traversa, sans trouble ni
insulte, la multitude assemblée aux portes; en dépit de la haine, sa grandeur si
récente, son maintien, la terreur même naguère attachée à son nom, commandaient
encore le respect. A mesure qu'il passait, le corps un peu courbé avant l'âge par la
maladie, mais le regard brillant et fier comme dans la jeunesse, la foule s'écartait
et tous ôtaient leur chapeau. L'espérance ne lui manquait point; il dédaignait ses
adversaires, avait bien étudié les charges, et ne doutait pas qu'il ne réussît à se
laver du crime de haute trahison.

« Pendant dix-sept jours, il discuta seul, contre treize accusateurs qui se rele-
vaient tour à tour, les faits qui lui étaient imputés. Un grand nombre furent prouvés invinciblement, pleins d'iniquité et de tyrannie. Mais d'autres, follement exagérés ou aveuglément accueillis par la haine, furent faciles à repousser, et aucun
ne rentrait, à vrai dire, dans la définition légale de la haute trahison. Strafford
mit tous ses soins à les dépouiller de ce caractère, parlant noblement de ses imperfections, de ses faiblesses, opposant à la violence de ses adversaires une dignité
modeste, faisant ressortir, sans injure, l'illégalité passionnée de leurs procédés.
D'odieuses entraves gênaient sa défense; ses conseils, obtenus à grand'peine et
malgré les communes, n'étaient point admis à parler sur les faits ni à interroger
les témoins; la permission de citer des témoins à décharge ne lui avait été accordée que trois jours avant l'ouverture des débats, et la plupart étaient en Irlande.
Dans chaque occasion, il réclamait son droit, remerciait ses juges s'ils consentaient
à le reconnaître, ne se plaignait point de leur refus, et répondait simplement à ses
ennemis qui se courrouçaient des lenteurs suscitées par son habile résistance : « Il
« m'appartient, je crois, de défendre ma vie, aussi bien qu'à tout autre de l'attaquer. »

« Tant d'énergie embarrassait et humiliait les accusateurs. Le débat des faits
terminé, avant que les conseils de Strafford eussent ouvert la bouche et qu'il eût

lui-même résumé sa défense, ils se sentirent vaincus, du moins quant à la preuve
de la haute trahison. L'agitation des communes devint extrême. Un coup d'état
fut résolu. Sir Arthur Haslerig, homme dur et grossièrement passionné, proposa, à
la chambre basse, de déclarer Strafford coupable et de le condamner par acte du
parlement. Ce procédé, qui affranchissait les juges de toute loi, n'était pas sans
exemple, quoique toujours employé dans des temps de tyrannie et toujours qualifié
bientôt après d'iniquité. Quelques notes trouvées dans les papiers du secrétaire
d'état Vane et livrées à Pym par son fils, furent produites comme un supplément
de preuve suffisant pour démontrer la haute trahison. Elles imputaient à Strafford
d'avoir donné au roi, en plein conseil, l'avis d'employer l'armée d'Irlande à dompter l'Angleterre. Les paroles qu'elles lui attribuaient, bien que démenties par le
témoignage de plusieurs conseillers, et susceptibles d'un sens moins odieux, étaient
trop conformes à sa conduite, et aux maximes qu'il avait souvent professées, pour
ne pas produire une vive impression sur les esprits. Le bill *d'attainder* obtint sur-
le-champ une première lecture.

En même temps le procès continuait, car on ne voulait perdre, contre l'accusé,
aucune chance, ni que le péril du coup d'état l'affranchît de celui du jugement
légal. Avant que ses conseils prissent la parole pour traiter la question de droit,
Strafford résuma sa défense; il parla longtemps et avec une merveilleuse éloquence, toujours appliqué à prouver que, par aucune loi, aucun de ses actes n'était
qualifié de haute trahison. La conviction grandissait de moment en moment dans
l'âme de ses juges, et il en suivait habilement les progrès, adaptant ses paroles
aux impressions qu'il voyait naître, profondément ému, mais sans que l'émotion
l'empêchât d'observer et d'apercevoir ce qui se passait autour de lui : « Mylords,
« dit-il en finissant, ces messieurs disent qu'ils parlent pour le salut de la répu-
« blique contre ma tyrannie arbitraire; permettez-moi de dire que je parle pour le
« salut de la république contre leur trahison arbitraire. Nous vivons à l'ombre des
« lois; faudra-t-il que nous mourions par des lois qui n'existent point? Vos ancê-
« tres ont soigneusement enchaîné, dans les liens de nos statuts, ces terribles accu-
« sations de haute trahison; ne cherchez pas l'honneur d'être plus savants et plus
« habiles dans l'art de tuer. Ne vous armez pas de quelques sanglants exemples;
« n'allez pas, en fouillant de vieux registres rongés des vers et oubliés le long
« des murs, réveiller ces lions endormis, car ils pourraient un jour vous mettre
« aussi en pièces, vous et vos enfants. Quant à moi, pauvre créature que je suis,
« n'était l'intérêt de Vos Seigneuries, et aussi celui de ces gages sacrés que m'a lais-
« sés une sainte maintenant au ciel... » (à ces mots il s'arrêta, fondit en larmes, et
relevant aussitôt la tête)... « je ne prendrais pas tant de peine pour défendre ce
« corps qui tombe en ruine, et déjà chargé de tant d'infirmités qu'en vérité j'ai
« peu de plaisir à en porter le poids plus longtemps. » Il s'arrêta de nouveau
comme à la recherche d'une idée : « Mylords, reprit-il, il me semble que j'avais
« encore quelque chose à vous dire; mais ma force et ma voix défaillent; je remets
« humblement mon sort en vos mains; quel que soit votre arrêt, qu'il m'apporte
« la vie ou la mort, je l'accepte d'avance librement; *te Deum laudamus*. »

« L'auditoire demeura saisi d'attendrissement et d'admiration. Pym voulut ré-

pondre ; Strafford le regarda ; la menace éclatait dans l'immobilité de son maintien ; sa lèvre pâle et avancée portait l'expression d'un dédain passionné ; Pym
troublé s'arrêta ; ses mains tremblaient, et il cherchait, sans le trouver, un papier
placé devant ses yeux. C'était sa réponse qu'il avait préparée, et qu'il lut sans que
personne l'écoutât, se hâtant lui-même de finir un discours étranger aux sentiments de l'assemblée, et qu'il avait peine à prononcer.

« Le trouble passe, la colère demeure ; celle de Pym et de ses amis fut au comble ;
ils pressèrent la seconde lecture du bill d'*attainder*. En vain Selden, le plus ancien
et le plus illustre des défenseurs de la liberté, Holborne, l'un des avocats de Hampden, dans l'affaire de la taxe des vaisseaux, et plusieurs autres le combattirent.
C'était maintenant l'unique ressource du parti, car il voyait que les lords ne con-
damneraient point Strafford comme juges et au nom de la loi ; et quatre jours
après, malgré la vive opposition de lord Digby, jusque-là l'un des plus acharnés
accusateurs de Strafford, le bill d'*attainder* fut définitivement adopté.

« A cette nouvelle le roi désolé ne songea plus qu'à sauver le comte, n'importe
à quel prix : « Soyez sûr, lui écrivit-il, sur ma parole de roi, que vous ne souf-
frirez ni dans votre vie, ni dans votre fortune, ni dans votre honneur. » Tout fut
tenté à la fois, avec l'aveugle empressement de la crainte et de la douleur. On
essayait, par des concessions et des promesses, d'adoucir les chefs des communes ;
on conspirait pour faire évader le prisonnier. Mais les complots nuisaient aux
négociations, les négociations aux complots. On fit offrir à sir William Balfour,
gouverneur de la Tour, 20,000 liv. st. et une fille de Strafford pour son fils s'il
voulait se prêter à l'évasion ; il s'y refusa. On lui ordonna de recevoir dans la prison, à titre de gardes, cent hommes choisis, commandés par le capitaine Billing-
sley, officier mécontent ; il en informa les communes. Chaque jour voyait naître
et échouer, pour le salut du comte, quelque nouveau dessein. Enfin le roi, contre
l'avis de Strafford lui-même, fit appeler les deux chambres, et reconnaissant les
fautes du comte, promettant que jamais il ne l'emploierait, fût-ce comme constable,
il leur déclara que jamais aussi aucune raison, aucune crainte ne le feraient consentir à sa mort.

« Mais la haine des communes était inflexible et plus hardie que la douleur du roi ;
elles avaient prévu sa résistance et préparé les moyens de la vaincre. Depuis que
le bill d'*attainder* avait été porté à la chambre haute, la multitude s'assemblait
chaque jour autour de Westminster, armée d'épées, de couteaux, de bâtons, criant :
Justice ! justice ! et menaçant les lords qui tardaient à prononcer. Lord Arundel
fut contraint de descendre de voiture, et, chapeau bas, il pria le peuple de se retirer, s'engageant à presser l'accomplissement de ses vœux. Cinquante-neuf membres
des communes avaient voté contre le bill ; leurs noms furent placardés dans les
rues avec ces mots : *Voici les Straffordiens, traîtres à leur pays.* La chaire retentissait des mêmes menaces ; on prêchait, on priait pour le supplice d'un grand
délinquant. Un coup décisif, jusque-là tenu en réserve, fut résolu : Pym, appelant
la peur à l'aide de la vengeance, vint dénoncer le complot de la cour et des
officiers pour soulever l'armée contre le parlement. Quelques-uns des prévenus
prirent soudain la fuite, ce qui confirma tous les soupçons. Une terreur furieuse

s'empara de la chambre et du peuple. On décréta que les ports seraient fermés, qu'on ouvrirait toutes les lettres venues du dehors.

« D'absurdes alarmes révélèrent et accrurent encore le trouble des esprits. Le bruit se répandit dans la Cité que la salle des communes était minée et près de sauter; la milice prit les armes; une foule immense se précipita vers Westminster. Sir Walter Earl accourut en toute hâte pour en informer la chambre; comme il parlait, MM. Middleton et Moyle, remarquables par leur corpulence, se levèrent brusquement pour l'écouter; le plancher craqua : « La chambre saute! » s'écrièrent plusieurs membres en s'élançant hors de la salle, qui fut aussitôt inondée de peuple; et des scènes de même nature se renouvelèrent deux fois en huit jours. Au milieu de tant d'agitations, des mesures savamment combinées assuraient l'empire des communes et le succès de leurs desseins. A l'imitation du covenant écossais, un serment d'union, pour la défense de la religion protestante et des libertés publiques, fut adopté par les deux chambres; les communes voulurent même l'imposer à tous les citoyens; et sur le refus des lords, elles déclarèrent quiconque s'y refuserait incapable de toute fonction dans l'église et dans l'état. Enfin, pour mettre l'avenir à l'abri de tout péril, un bill fut proposé, portant que ce Parlement ne pourrait être dissous sans son propre aveu. A peine une mesure si hardie excitat-elle quelque surprise; la nécessité de donner une garantie aux emprunts devenus, dit-on, plus difficiles, servit de prétexte; l'emportement universel étouffa toute objection. Les lords essayèrent d'amender le bill, mais en vain : la chambre haute fut vaincue. Le bill d'*attainder* fut soumis à un dernier débat; trente-quatre des lords qui avaient assisté au procès s'absentèrent de la chambre; parmi les présents, vingt-six votèrent pour le bill, dix-neuf contre; il n'y manqua plus que l'adhésion du roi.

« Charles se débattait encore, se croyant incapable d'accepter un tel déshonneur. Il fit venir Hollis, beau-frère de Strafford, et qui, à ce titre, était demeuré étranger à l'accusation. « Que peut-on faire pour le sauver? » lui demanda-t-il avec angoisse; Hollis fut d'avis que Strafford sollicitât du roi un sursis, et que le roi allât en personne présenter sa pétition aux chambres, en leur adressant un discours qu'il rédigea lui-même sur-le-champ; en même temps il promit de tout faire pour décider ses amis à se contenter du bannissement du comte : tout ainsi convenu, ils se séparèrent. Déjà, dit-on, les démarches de Hollis dans la chambre avaient obtenu quelque succès; mais la reine, épouvantée des émeutes chaque jour plus vives, de tout temps ennemie de Strafford, et craignant même, dit-on, d'après les rapports de quelques affidés, qu'il ne se fût engagé, pour sauver sa vie, à révéler tout ce qu'il savait de ses intrigues, vint assiéger son mari de ses soupçons et de ses terreurs; son effroi était si grand qu'elle voulait s'enfuir, s'embarquer, retourner en France, et faisait déjà ses préparatifs de départ. Troublé des pleurs de sa femme, hors d'état de se résoudre seul, Charles convoqua d'abord un conseil privé, puis les évêques. Le seul évêque de Londres, Juxon, lui conseilla de suivre sa conscience; tous les autres, l'évêque de Lincoln surtout, prélat intrigant, longtemps opposé à la cour, le pressèrent de sacrifier un individu au trône, sa conscience d'homme à sa conscience de roi. Il sortait à peine de cette conférence, une

lettre de Strafford lui fut remise : « Sire, lui écrivait le comte, après un long et
« rude combat, j'ai pris la seule résolution qui me convienne; tout intérêt privé
« doit céder au bonheur de votre personne sacrée et de l'état; je vous supplie
« d'écarter, en acceptant ce bill, l'obstacle qui s'oppose à un heureux accord entre
« vous et vos sujets. Mon consentement, Sire, vous acquittera plus devant Dieu
« que tout ce que pourraient faire les hommes; nul traitement n'est injuste envers
« qui veut le subir. Mon âme, près de s'échapper, pardonne tout et à tous avec la
« douceur d'une joie infinie. Je vous demande seulement d'accorder à mon pauvre
« fils et à ses trois sœurs autant de bienveillance, ni plus ni moins, qu'en méritera
« leur malheureux père, selon qu'il paraîtra un jour coupable ou innocent. »

« Le lendemain, le secrétaire d'état Carlton vint; de la part du roi, annoncer à
Strafford qu'il avait consenti au bill fatal. Quelque surprise parut dans les regards
du comte, et pour toute réponse, il leva les mains au ciel, en disant : « *Nolite*
« *confidere principibus et filiis hominum, quia non est salus in illis.* »

« Au lieu d'aller en personne, comme il l'avait promis à Hollis, demander aux
chambres un sursis, le roi se contenta de leur envoyer, par le prince de Galles,
une lettre qui finissait par ce *post-scriptum* : « S'il doit mourir, ce serait une cha-
« rité de lui laisser jusqu'à samedi. » Les chambres la relurent deux fois, et, sans
tenir compte de cette froide prière, fixèrent l'exécution au lendemain.

« Le gouverneur de la Tour, chargé d'accompagner Strafford, l'engagea à prendre
une voiture pour échapper aux violences du peuple : « Non, Monsieur, lui dit le
« comte; je sais regarder la mort en face, et le peuple aussi. Que je ne m'échappe
« point, cela vous suffit; quant à moi, que je meure par la main du bourreau ou
« par la furie de ces gens-là, si cela peut leur plaire, rien ne m'est plus indiffé-
« rent : » et il sortit à pied, précédant les gardes et promenant de tous côtés ses
regards, comme s'il eût marché à la tête de ses soldats. En passant devant la prison de Laud, il s'arrêta; la veille, il l'avait fait prier de se trouver à la fenêtre et
de le bénir au moment de son passage : « Mylord, dit-il en élevant la tête, votre
« bénédiction et vos prières! » L'archevêque étendit les bras vers lui; mais d'un
cœur moins ferme et affaibli par l'âge, il tomba évanoui. « Adieu, Mylord, dit
« Strafford en s'éloignant; que Dieu protége votre innocence! » Arrivé au pied de
l'échafaud, il y monta sur-le-champ, suivi de son frère, des ministres de l'église et
de plusieurs de ses amis, s'agenouilla un moment, puis se relevant pour parler au
peuple : « Je souhaite, dit-il, à ce royaume toutes les prospérités de la terre; vivant,
« je l'ai toujours fait; mourant, c'est mon seul vœu. Mais je supplie chacun de
« ceux qui m'écoutent d'examiner sérieusement, et la main sur le cœur, si le début
« de la réformation d'un royaume doit être écrit en caractères de sang; pensez-y
« bien en rentrant chez vous. A Dieu ne plaise que la moindre goutte de mon sang
« retombe sur aucun de vous! mais je crains que vous ne soyez dans une mauvaise
« voie. » Il s'agenouilla de nouveau et pria un quart d'heure; puis, se tournant
vers ses amis, il prit congé de tous, serrant à chacun la main et leur donnant quelques conseils : « J'ai presque fini, dit-il; un seul coup va rendre ma femme veuve,
« mes chers enfants orphelins, mes pauvres serviteurs sans maître; que Dieu soit
« avec vous et avec eux tous! Grâce à lui, ajouta-t-il en se déshabillant, j'ôte mon

« habit, le cœur aussi tranquille qu'en le quittant pour dormir. » Il appela le bourreau, lui pardonna, pria encore un moment, posa sa tête sur le billot et donna lui-
même le signal. Sa tête tomba; le bourreau la montra au peuple en criant : « Dieu
« sauve le roi ! » De violentes acclamations éclatèrent; plusieurs bandes se répan-

Thomas Wentworth, comte de Strafford, d'après le tableau original de Van-Dyck.

dirent dans la Cité, célébrant à grands cris leur victoire; d'autres se retirèrent
silencieusement, pleins de doute et d'inquiétude sur la justice du vœu qu'ils
venaient de voir accompli [1] (12 mai). »

1. Nous avons extrait de l'*Histoire de la révolution d'Angleterre* par M. Guizot ce remarquable
récit du procès et de la mort de Strafford; nous aurons encore nécessairement quelques emprunts à
faire à cet ouvrage, le plus complet sous le rapport des faits, le plus profond sous le rapport des
appréciations philosophiques, le plus vrai sous le rapport de la physionomie historique, de tous ceux
qui, en France et en Angleterre, ont jusqu'ici traité du règne de Charles Ier.

La mort de Strafford laissait Charles sans conseil et sans soutien, au milieu de courtisans inhabiles et saisis d'effroi. Il résolut alors de se rendre en Ecosse, dans le but de s'y concilier, à quelque prix que ce fût, la faveur de ses compatriotes, et, fort de leur appui, de revenir dompter l'audace du parlement d'Angleterre. Son départ (août 1641) alarma les deux chambres, qui s'ajournèrent aussitôt en nommant deux comités, dont l'un dut suivre le roi en Ecosse et surveiller secrètement ses actions, l'autre siéger à Westminster pour être en mesure d'aviser chaque jour aux nécessités de la situation. Le comité d'Ecosse ne tarda pas à pénétrer le but des concessions de Charles au parlement d'Edimbourg, mais l'on put juger de leur sincérité lorsque l'on sut qu'un gentilhomme écossais, Jacques Graham, comte de Montrose, avait proposé au roi d'assassiner le marquis d'Hamilton, son frère, et le comte d'Argyle, covenantaires influents; et que Charles, tout en repoussant l'assassinat, avait tenté de les faire arrêter par surprise. Au milieu de l'émotion générale causée par une preuve aussi évidente de la duplicité constante et du mauvais vouloir du roi, on apprit tout à coup que, mettant en avant son nom et celui de la reine, les Irlandais s'étaient soulevés, et qu'ils avaient massacré plus de quarante mille Anglais (octobre). A la nouvelle de cette catastrophe, à laquelle il n'avait du reste participé en rien, Charles quitta l'Ecosse et revint à Londres, espérant que, désireuses de rétablir au plus vite la domination anglaise en Irlande, les communes sentiraient le besoin de s'unir intimement à lui; mais elles aussi avaient résolu d'exploiter, à leur profit, la douleur et l'indignation où la nation entière était plongée; et aux demandes de secours que leur adressa Charles, elles répondirent en adoptant et faisant publier une remontrance, espèce d'appel au peuple, où se trouvaient récapitulés tous les anciens griefs, tous les torts du roi, tous les obstacles que le parlement avait surmontés, les périls qu'il avait courus et ceux qui le menaçaient encore (22 novembre). En même temps elles insistèrent plus vivement que jamais pour obtenir de la chambre haute l'adoption d'un bill qui excluait les ecclésiastiques de toutes fonctions civiles, bill qu'elles avaient déjà présenté plusieurs fois aux lords et auquel ceux-ci avaient toujours refusé de donner leur assentiment. « Nous sommes, dirent-elles, les représentants « de tout le royaume; les pairs ne sont que des individus investis d'un simple droit « personnel. Si Leurs Seigneuries refusent de consentir aux actes nécessaires pour « le salut du peuple, les communes, unies à ceux des lords qui sont touchés de « ses périls, s'adresseront seules à Sa Majesté. »

Le peuple applaudissait à ces paroles, et chaque jour de nombreux attroupements de « Têtes Rondes [1] » entouraient la salle de Westminster, insultant, à l'entrée et à la sortie, les évêques et leurs partisans. Des officiers réformés et des jeunes gens dévoués à la cause royale se réunirent de leur côté pour protéger les prélats. On les désigna sous le nom de « Cavaliers. » Des rixes violentes eurent lieu, et le sang coula plusieurs fois dans les rues de Londres. Enfin, effrayés par les menaces incessantes des communes et par le redoublement de la fureur

---

1. *Round Heads*, Têtes Rondes: c'était le nom donné par les courtisans aux gens du peuple et aux bourgeois à cause de la manière dont ils portaient leurs cheveux.

populaire, les évêques renoncèrent à paraître à la chambre des pairs; mais, en se retirant, douze d'entre eux signèrent une protestation dans laquelle ils déclaraient que la violence étant le seul motif de leur retraite, tous les bills qui seraient adoptés sans leur concours seraient nuls et de nul effet (décembre). Les communes saisirent avec empressement cette occasion d'arriver au but vers lequel elles tendaient depuis longtemps, l'exclusion des évêques de la chambre haute. Les signataires de la protestation furent accusés du crime de haute trahison pour avoir voulu invalider et anéantir l'autorité du parlement. Pas une voix dans la chambre des lords ne s'éleva pour les défendre; contre l'attente générale, Charles lui-même ne fit aucune démarche en leur faveur. Cette inaction et cette indifférence apparente du roi étonnaient l'assemblée. Quelques membres l'attribuaient à l'influence des nouveaux conseillers, dont Charles s'était entouré à son retour d'Écosse. Dans les derniers temps, en effet, la crainte des innovations et des excès avait ramené à la couronne plusieurs membres des communes qui naguère s'étaient opposés avec vigueur aux mesures tyranniques de la cour. A leur tête étaient lord Falkland, M. Hyde, sir John Colepepper. En promettant de se laisser désormais guider par leurs avis, Charles était parvenu à se les attacher. Falkland avait été nommé secrétaire d'état; Colepepper, chancelier de l'échiquier; Hyde seul n'avait voulu accepter aucune fonction, pensant qu'il servirait mieux le roi en restant indépendant. Mais le sage libéralisme de ces conseillers ne pouvait longtemps contenir un prince dont toutes les pensées, toutes les actions ne tendaient qu'à un but, le retour de son autorité et l'asservissement du parlement. Les intrigues des courtisans recommencèrent, et bientôt de secrets rapports, de vagues propos sur les projets de la cour vinrent inquiéter les deux chambres. Ces craintes n'étaient que trop fondées.

Le 3 janvier 1642, en effet, sans qu'aucun des nouveaux ministres de Charles eût été consulté ni prévenu, sir Edouard Herbert, attorney général, se rendit à la chambre haute, et, au nom du roi, accusa de haute trahison lord Kimbolton et cinq membres des communes, sir Arthur Haslerig, Hollis, Hampden, Pym et Strodes, pour avoir tenté : 1° de détruire les lois fondamentales du royaume et de ravir au roi son pouvoir légal; 2° d'aliéner le peuple du roi par d'odieuses calomnies; 3° de soulever l'armée contre le roi; 4° d'engager une puissance étrangère, l'Écosse, à envahir le royaume; 5° d'anéantir les droits et l'existence même des parlements; 6° d'exciter, contre le roi et le parlement, des réunions séditieuses afin de réussir par la violence dans leurs criminels desseins; 7° enfin, de provoquer la guerre contre le roi. Sir Edouard requit en même temps la nomination d'un comité chargé d'examiner l'accusation, et demanda que la chambre donnât ordre de s'assurer des accusés.

Informées de cette mesure par un message des lords, les communes déclarèrent aussitôt qu'un pareil acte violait leurs priviléges, qu'il était du droit des prévenus et du devoir des constables de s'y opposer, et que les officiers royaux seraient traduits à sa barre. Un sergent d'armes, envoyé par Charles pour procéder à l'arrestation des cinq membres, reçut de l'orateur l'ordre de se retirer sur-le-champ. Le lendemain, la séance venait de s'ouvrir lorsqu'on apprit que le roi lui-même se rendait au parlement, escorté de trois ou quatre cents hommes. Les cinq membres accusés quittèrent aussitôt la salle et se réfugièrent dans la Cité. Charles, laissant ses gardes à la porte, entre seul dans la chambre, le chapeau à la main, et monte au fauteuil de l'orateur; tous les membres se découvrent et se lèvent. « Messieurs, « dit-il, je suis fâché de l'occasion qui m'amène ici; je vous ai envoyé hier un hé- « raut d'armes, chargé d'arrêter quelques personnes accusées, par mon ordre, de « haute trahison. Nul roi d'Angleterre n'a été plus soigneux que je ne veux l'être « de maintenir vos priviléges; mais vous devez savoir qu'il n'y a de privilége pour « personne dans les cas de haute trahison. Je viens voir si quelques-uns des ac- « cusés sont ici; tant qu'ils siégeront dans cette chambre, je ne puis espérer qu'elle « rentre dans le droit chemin où je la désire sincèrement. Je viens vous dire que je « veux les avoir, quelque part qu'ils se trouvent. Monsieur l'orateur, où sont-ils? » L'orateur tombant à genoux : « Avec le bon plaisir de Votre Majesté, je n'ai ici « point d'yeux pour voir ni de langue pour parler, qu'autant que la chambre, dont « je suis le serviteur, veut bien me le prescrire; je supplie humblement Votre « Majesté de me pardonner si je ne puis faire d'autre réponse à ce qu'il lui plaît de « me demander. » — « A la bonne heure, je vois bien que les oiseaux se sont envolés. « J'attends de vous que vous me les enverrez dès qu'ils reviendront; sinon, je « prendrai des moyens pour les trouver. » Et il quitta le fauteuil, toujours le cha- peau à la main. La chambre demeurait encore immobile; mais de plusieurs coins de la salle s'éleva, au moment de son départ, le cri de : « Privilége! Privilége! »

Les mêmes cris, et d'autres plus menaçants, le poursuivirent jusqu'au palais de White-Hall; et quelques jours après il apprit que les cinq membres devaient être ramenés triomphalement à Westminster par le peuple et les milices. En effet, le 11 janvier, les cinq membres se rendirent par eau à la chambre, escortés de deux mille mariniers dans des bateaux, et de détachements des milices qui suivaient le long de la rivière. Lorsqu'ils abordèrent, ils furent reçus par quatre mille cavaliers du Buckinghamshire, venus exprès pour témoigner de l'innocence de Hampden. En passant devant le palais de White-Hall, la populace se répandit en cris injurieux contre le roi; mais Charles n'était plus là. Il n'avait pu se décider à être témoin du triomphe de ses plus violents adversaires, et s'était, dès la veille, retiré à Windsor, quittant Londres, où il ne devait plus rentrer que pour monter à l'échafaud.

Ce départ, qui dévoilait ses craintes et sa faiblesse, ne fit qu'augmenter la force du parlement. Une seule chose lui manquait encore pour la toute-puissance; c'était le pouvoir militaire. Le choix des gouverneurs, des généraux, la formation des armées étaient encore au nombre des prérogatives de la couronne. Dans une péti- tion, repoussée, il est vrai, par la chambre des lords, les communes demandèrent que le roi remît le commandement de la Tour, des places fortes et de la milice, à des hommes investis de la confiance du parlement. En apprenant ces nouvelles exigences, Charles tint à Windsor un conseil secret. Il y fut résolu que, sous pré- texte de conduire au prince d'Orange, Guillaume II, la princesse Henriette-Marie, qu'il venait d'épouser, la reine se rendrait en Hollande pour se procurer des mu- nitions et des armes, et solliciter le secours des rois du continent; et que, tout en continuant à négocier avec les chambres, Charles se retirerait par degrés vers les comtés du nord où ses partisans étaient nombreux, et que là il en appellerait aux armes.

Pénétrant ces desseins, les communes réclamaient, sans relâche, la sanction royale pour le bill qui excluait les évêques de la chambre haute, et celui qui leur attribuait la nomination des gouverneurs militaires et des commandants de la milice. Après de longues hésitations, le roi apposa sa signature au bill d'exclusion des évêques; mais rien ne put le décider à se dépouiller du pouvoir militaire en consentant au bill de la milice, et il arriva à York sans que cette question eût été décidée.

Des deux côtés l'on regardait la guerre comme imminente, et l'on s'y prépara en continuant à négocier, mais sans que ni l'un ni l'autre parti espérât rien, ou se proposât, même sérieusement, de traiter. « Ce n'était plus l'un à l'autre qu'ils s'adressaient dans leurs déclarations et leurs messages; tous deux parlaient à la nation entière, à l'opinion publique; de cette puissance nouvelle, tous deux semblaient attendre leur force et leur succès. L'origine et l'étendue du pouvoir royal, les priviléges des chambres, les limites du devoir de fidélité imposé aux sujets, la milice, les pétitions, la disposition des emplois, devinrent l'objet d'une controverse officielle où les principes généraux de l'ordre social, la diverse nature des gouvernements, les droits primitifs de la liberté, l'histoire, les lois, les coutumes de l'Angleterre, étaient allégués, expliqués, commentés tour à tour. A l'ouverture du parlement, l'Angleterre n'avait point cru ni voulu tenter une révolution, les dissidents seuls en méditaient une dans l'église; le retour à l'ordre légal, le rétablissement des anciennes libertés, la réforme des abus actuels et pressants; tels étaient, il le croyait du moins, le vœu et l'espoir du pays. Les chefs, eux-mêmes, plus hardis et plus éclairés, ne formaient guère de plus vastes projets; ils s'étaient engagés de jour en jour sans but éloigné, sans système, par le seul développement progressif de leur situation, et pour suffire à d'urgentes nécessités. Au moment de tirer l'épée, tous s'étonnèrent et s'émurent, non que leur cœur fût timide, ni que la guerre civile, en général, eût, aux yeux du parlement et même du peuple, rien d'étrange ou de criminel; il la lisait avec orgueil dans la grande charte, dans son histoire : plus d'une fois il avait bravé ses maîtres, retiré même et donné la couronne, temps déjà si loin de lui qu'il en avait oublié les misères et n'y voyait plus que de glorieux exemples de son énergie et de son pouvoir. Mais c'était toujours au nom des lois, de droits certains et avoués, que la résistance s'était déclarée; or, maintenant les deux partis s'accusaient réciproquement d'illégalité et d'innovation. Tous deux sentaient le besoin de couvrir du manteau de la légalité leurs prétentions et leurs actes; tous deux entreprenaient de se justifier, non-seulement selon la raison, mais selon la loi. A Londres, à York, dans toutes les grandes villes du royaume, les pamphlets, les journaux périodiques [1], irréguliers, se multipliaient, se propageaient en tous sens; questions politiques, religieuses, historiques, nouvelles, sermons, plans, conseils, invectives, tout y prenait place; tout y était

---

1. Avec la première année du long parlement commence en Angleterre l'ère des journaux périodiques. Depuis cette époque jusqu'à la mort de Charles Ier il en parut plus de cent, sous des titres

raconté, débattu ; et dans cette explosion de toutes les pensées, au milieu de cet appel si nouveau à l'opinion du peuple, tandis qu'au fond des démarches et des écrits régnait déjà le principe de la souveraineté nationale aux prises avec le droit divin des couronnes, les statuts, la jurisprudence, les traditions, les usages étaient sans cesse invoqués comme seuls juges légitimes du débat ; la révolution était partout, sans que nul osât le dire, ni peut-être l'avouer [1]. »

À York, où il s'était retiré, et où il avait été suivi par un assez grand nombre de membres des deux chambres, Charles trouva les esprits généralement disposés en sa faveur, et les gentilshommes des comtés septentrionaux lui formèrent rapidement une petite armée avec laquelle il résolut de s'assurer de Hull, où d'immenses magasins étaient réunis sous la garde de sir John Hotham (juillet) ; mais celui-ci lui refusa l'entrée de la forteresse, s'excusant sur les ordres qu'il avait reçus du parlement, et ni les prières ni les menaces de Charles ne purent rien changer à sa détermination

Le roi adressa un message aux chambres pour leur demander justice de cet

différents : *Mercurius aulicus, Mercurius britannicus — rusticus — politicus, Diurnal paper, Diurnal occurences, London intelligencer, A perfect diurnal of some passages in parliament,* etc.

Nous donnons ici un fac-simile du titre de ce dernier. La gravure grossière qui l'encadre représente la chambre des communes.

1. Guizot, p. 266 et suivantes.

attentat à ses droits. Elles répondirent que les places n'étaient point des propriétés personnelles que le souverain pût réclamer en vertu de la loi; qu'il n'en avait la garde que pour la sûreté du royaume, et que le même motif pouvait ordonner au parlement de s'en saisir. A la suite de cette déclaration qui démasquait les projets de la majorité, trente-deux lords et plus de soixante membres des communes, parmi lesquels étaient Hyde et lord Falkland, partirent pour York. Il fut aussitôt voté qu'ils ne pourraient rentrer au parlement sans avoir justifié des motifs de leur absence. En même temps les communes décrétèrent une levée de seize mille hommes, firent transporter à la Tour de Londres les armes qui étaient à Hull, ordonnèrent un emprunt forcé, donnèrent le commandement des troupes disciplinées au général Skippon, celui de la flotte au comte de Warwick, et nommèrent le comte d'Essex général en chef. Les membres des deux chambres qui n'avaient pas suivi Charles à York jurèrent de mourir, s'il le fallait, pour la cause nationale.

Le roi faisait aussi ses préparatifs. Il demanda de l'argent aux diverses classes de la noblesse, et elles s'empressèrent de répondre à son appel; la reine lui envoya de Hollande un vaisseau chargé d'armes et de munitions, avec seize pièces de canon; le clergé et les universités se cotisèrent pour grossir le trésor royal; enfin, des commissions d'équipement furent séparément adressées, d'après l'ancien usage, aux divers comtés. Bientôt dans chaque province, dans chaque paroisse, on leva en même temps des troupes au nom du roi et au nom du parlement; et, quoique la guerre ne fût pas encore déclarée, déjà le sang coulait sur plusieurs points de l'Angleterre.

Ce fut à Portsmouth que s'alluma l'incendie. Le colonel Goring, nommé gouverneur de cette ville par le parlement, s'était déclaré pour le roi, et avait fait prêter serment d'allégeance à ses troupes et aux habitants. Le comte d'Essex vint l'assiéger avec l'armée parlementaire et s'empara de la ville (18 août). Charles proclama immédiatement traîtres Essex et ses officiers, et somma tous ses sujets au nord de la Trent, et à vingt milles au sud de cette rivière, de le rejoindre en armes à Nottingham. Le même jour (22 août), il fit déployer dans une vaste prairie, en présence de sa garde personnelle, de trois mille hommes d'armes et des habitants, un étendard qui portait la devise : « Rendez à César ce qui est à César. » On donna à cette cérémonie le nom de levée de l'étendard, et le parlement la regarda comme une déclaration de guerre.

Lorsque Charles vit rassemblée sous sa bannière l'élite de la noblesse d'Angleterre, il se crut assuré de la victoire. Mais, de ces gentilshommes, la plupart étaient incapables d'endurer les rigueurs de la discipline militaire; plusieurs désapprouvaient cette guerre impie; d'autres, attachés aux principes parlementaires, ne restaient auprès du roi que retenus par un reste d'affection qui ne devait pas tarder à les quitter; beaucoup enfin n'étaient mus que par une ambition démesurée de places, d'honneurs et de commandements. Les catholiques seuls présentaient un dévouement qui pouvait inspirer quelque sécurité, parce que ce qu'ils redoutaient le plus au monde c'était le parlement et son intolérance sans bornes. Charles refusa d'abord leur concours; mais bientôt il se vit dans la nécessité d'accepter les services de tous ses sujets, quelle que fût leur croyance.

De Nottingham, le roi marcha vers Shrewsbury à la tête d'une petite armée dont les rangs se grossirent si promptement, qu'en moins de huit jours il comptait vingt mille combattants sous ses drapeaux; le comte de Lindsey et les princes Rupert et Maurice, neveux du roi et fils de l'électeur palatin, les commandaient.

Le prince Rupert,
d'après le portrait original de Van Dyck.

Composées d'apprentis, de marchands et de bourgeois, les troupes parlementaires marchaient sous les ordres du comte d'Essex; elles rencontrèrent les royalistes à Edge-Hill, et bientôt commença le premier combat sérieux qui eût encore eu lieu entre les deux partis. Il fut long, acharné; mais la victoire resta indécise, et les deux armées en réclamèrent l'honneur; il avait péri près de six mille hommes de part et d'autre (23 octobre). D'Edge-Hill, le roi se rendit à Banbury, dont il s'empara, ainsi que du château de Warwick; et, prenant la route de Londres, il arriva à Brentford, éloigné de sept milles seulement de la capitale, défit les troupes parlementaires qui voulaient s'opposer à sa marche, leur tua cinq cents hommes et s'empara de la ville (12 novembre). Londres et le parlement étaient dans l'effroi; mais, bourgeois et apprentis, tous prirent aussitôt les armes, et le surlendemain du combat de Brentford, Essex, avec vingt-quatre mille hommes, se portait à Turnham-Green, en face de l'armée royale. Charles se retira sur Oxford, où il prit ses quartiers d'hiver.

L'Angleterre tout entière était en proie aux misères de la guerre civile; deux armées vivaient de pillage sur son territoire; les communications étaient interrompues, les opérations commerciales suspendues, et dans un grand nombre de comtés les terres restaient sans culture. Le peuple écrasé par les deux partis d'impôts et de vexations, demandait la paix à grands cris. Le parlement consentit à accepter une suspension d'hostilités offerte par le roi et à envoyer à Oxford une députation chargée de négocier avec lui (janvier 1643); mais, après vingt jours de délibérations et de contestations inutiles, les commissaires furent rappelés. La guerre reprit avec fureur et par tout le royaume

Les premières opérations ne furent point favorables à la cause royale. Au centre, Reading était assiégé et pris par Essex (avril); dans le sud, William Waller, général parlementaire qui avait mérité le surnom de William-le-Conquérant en s'emparant en cinq mois des villes de Portsmouth, Chichester, Malmsbury, continuait ses succès par la prise de Hereford. Dans le nord, lord Fairfax et son fils, sir Thomas, contre-balançaient l'influence du marquis de Newcastle, partisan du roi. Le retour de la reine, qui ramena avec elle un corps nombreux d'auxiliaires étrangers, de l'artillerie et des munitions, ne tarda pas à changer la face des affaires. Dans un engagement livré à Chalgrave, celui de tous les fauteurs de la révolution et des chefs parlementaires que la nation vénérait et chérissait le plus, le célèbre Hampden, fut blessé mortellement (18 juin). Sa mort et de nouveaux succès du roi jetèrent dans Londres la désolation et la terreur. En une semaine, Waller-le-Conquérant avait été défait dans deux combats successifs; le Cornouailles et le Devonshire étaient perdus pour le parlement; Bristol s'était rendu au prince Rupert; les généraux parlementaires, lord Fairfax et Olivier Cromwell [1], avaient été défaits, le premier près d'Atherton-Moor (30 juin), le second à Gains-

---

1. Olivier Cromwell, fils de sir Robert Cromwell, descendant d'une ancienne famille du pays de Galles, était né à Huntingdon, le 25 avril 1599. Après avoir scandalisé ses compatriotes par tous les excès d'une jeunesse débauchée, il changea tout à coup de conduite, se maria, et se jeta dans les exagérations mystiques du puritanisme. En 1628, il fut envoyé au parlement, où il se fit bientôt remarquer par l'amertume et la violence de ses discours, et par la ferveur de sa dévotion. Échauffer le peuple contre la cour, épier, dénoncer, déjouer les projets des royalistes, tel fut le rôle obscur où s'employèrent d'abord son zèle et son activité. Au commencement de la guerre, il fut nommé capitaine dans l'armée parlementaire (il avait alors quarante-trois ans), et bientôt après mérita, par son activité et ses talents, le grade de colonel. Ce fut alors que frappé de l'infériorité de la cavalerie parlementaire qui, composée d'anciens domestiques, de garçons d'auberge et de charrue, était, dans presque toutes les rencontres, battue par les gentilshommes de la cavalerie royale, il résolut, en formant lui-même son régiment, de montrer ce qu'il fallait faire pour remédier à cette infériorité. A cet effet, il parcourut tous les comtés de l'est, recrutant des francs tenanciers ou des fils de francs tenanciers, fanatiques exaltés, faisant la guerre par goût et par conscience. — « Je ne veux pas vous

borough dans le Lincolnshire (30 juillet); les comtés du nord s'étaient, à l'instigation du marquis de Newcastle, déclarés pour le roi; enfin, Charles assiégeait Glocester, la dernière place qui restât au parlement dans l'ouest du royaume, la seule

Vue de la ville de Glocester en 1645.

qui, arrêtant du sud-ouest au nord-est les communications des royalistes, les empêchât d'agir partout de concert.

Londres était dans l'effroi, et la cause du parlement semblait perdue; les lords profitèrent de ces alarmes pour adopter et présenter au vote des communes de nouvelles propositions au roi, plus modérées que toutes celles qui lui avaient été soumises jusqu'alors; elles ordonnaient le licenciement des armées, rappelaient dans les chambres les membres exclus pour avoir suivi Charles, et laissaient à décider, par un parlement et un synode, les questions de la milice et de l'église. Après une violente discussion, la chambre basse prit ces résolutions en considé-

« tromper, leur disait-il, et vous faire croire, comme le porte ma commission, que vous allez com-
« battre pour le roi et le Parlement. Si le roi se trouvait en face de moi, je lui tirerais mon coup
« de pistolet tout comme à un autre; si votre conscience ne vous permet pas d'en faire autant, allez ser-
« vir ailleurs. — » Quelques-uns s'en allaient, mais la plupart restaient, pleins de confiance en lui,
et ceux-là étaient des gens à toute épreuve. Cromwell les astreignit à la discipline la plus sévère,
les obligea à l'entretien le plus soigneux de leurs armes et de leurs chevaux, les habitua à l'ordre,
à l'exactitude, à la vigilance; et par ses discours, ses exhortations et ses prédications, fit passer
en eux le fanatisme religieux qui l'animait. Aussi ce régiment dont les soldats reçurent le surnom
« de côtes de fer, » devint-il bientôt « un séminaire d'où sortirent dans la suite presque tous les
officiers de l'armée. »

ration (7 août); mais le parti de la guerre ne se tint pas pour battu par ce vote : excités par lui, les prédicateurs tonnèrent du haut de leur chaire, des placards affichés au coin de toutes les rues soulevèrent le peuple, et un des aldermen de la Cité vint, suivi de plusieurs milliers d'hommes, apporter une pétition du conseil de la commune, qui sollicitait la continuation des hostilités. On reprit la discussion sur les résolutions, et cette fois elles furent repoussées par quatre-vingt-huit voix contre quatre-vingt-une (9 août). A la suite de ce vote, sept lords, c'est-à-dire presque la moitié de ceux qui étaient restés dans la chambre haute, quittèrent Londres, où ils prétendaient n'avoir plus la liberté de leurs actes.

Le parti victorieux procéda dès lors avec une énergie et une activité remarquables à la défense de sa cause. Pendant que sir Henri Vane, avec trois de ses collègues, était envoyé à Edimbourg pour solliciter le secours d'une armée écossaise, lord Kimbolton, qui venait, par la mort de son père, de succéder au titre de comte de Manchester, recevait une commission pour lever une armée de dix mille hommes dans les comtés de l'est, dévoués au parlement. En même temps, la population de Londres tout entière se portait chaque jour hors de la ville, tambour battant, enseignes déployées, pour travailler aux fortifications dont on avait résolu de l'entourer. En peu de jours, cette œuvre immense fut accomplie, et la défense de la ligne de circonvallation confiée à William Waller. Enfin l'armée d'Essex fut portée au complet, et le comte se mit aussitôt en marche vers Glocester, dont son arrivée fit lever le siége. Il revenait pour protéger Londres, lorsqu'à Newbury il rencontra l'armée royale qui lui disputa le passage (20 septembre). La bataille dura jusque dans la nuit avec un acharnement sans égal, et les deux armées couchèrent, chacune de son côté, sur le champ de bataille; mais le lendemain, lorsque le roi reconnut ses pertes, il se trouva trop affaibli pour recommencer le combat, et se retira sur Oxford. Plus de vingt seigneurs de marque avaient été tués, et parmi eux lord Sunderland, lord Caernavon, « lord Falkland enfin, l'honneur du parti royaliste, toujours patriote quoique proscrit à Londres, toujours respecté du peuple quoique ministre à Oxford. Rien ne l'appelait sur le champ de bataille, et déjà ses amis lui avaient reproché plus d'une fois son inutile témérité : « Mon emploi, répondait-il en riant, ne peut me faire perdre les privi-« léges de mon âge (il avait alors trente-trois ans), et un secrétaire d'état de la « guerre doit être dans le secret des plus grands dangers. » Depuis quelques mois, il les recherchait avec passion; le spectacle des souffrances du peuple, les maux plus grands qu'il prévoyait, l'anxiété de ses vœux, la ruine de ses espérances, le malaise constant de son âme dans un parti dont il redoutait presque également les succès et les revers, tout l'avait plongé dans la plus amère tristesse; son humeur s'était aigrie; son imagination, naturellement brillante et vive, était devenue fixe et sombre; enclin par goût et par habitude à une élégance peu commune, il ne prenait plus aucun soin de ses vêtements ni de sa personne; aucune conversation, aucun travail ne lui plaisait plus; souvent assis la tête dans ses mains, au milieu de ses amis, il ne sortait d'un long silence que pour s'écrier douloureusement « la paix! la paix! » et l'espoir de quelque négociation parvenait seul à le ranimer. Le matin de la bataille, ceux qui l'entouraient s'étonnèrent de le trouver plus gai; il

parut apporter à sa toilette une attention depuis longtemps inaccoutumée. « Si je
« suis tué aujourd'hui, dit-il, je ne veux pas qu'on trouve mon corps dans du linge
« sale. » On le conjura de rester, la tristesse rentra dans tous ses traits. « Non,
« dit-il, depuis trop longtemps tout ceci me brise le cœur; j'espère que j'en serai
« hors avant qu'il soit nuit, » et il alla se joindre en volontaire au régiment de lord
Byron. L'action à peine engagée, une balle le frappa dans le bas ventre. Il tomba
de cheval et mourut sans que personne eût remarqué sa chute, victime d'un temps
trop rude pour sa pure et tendre vertu. [1] »

Lord Falkland,
d'après le portrait original de Van Dyck.

La bataille de Newbury sauvait la cause parlementaire; la signature du traité
avec l'Ecosse vint doubler ses forces. Par un covenant solennel, les deux parle-

1. Guizot, tome I, p. 374, 375.

ments s'engagèrent à défendre la vraie religion et les libertés des deux royaumes, à extirper le papisme, l'épiscopat, l'hérésie et l'impiété; à maintenir l'église d'Écosse dans sa pureté actuelle, et à réformer celle d'Angleterre « conformément à la parole de Dieu. » Le parlement anglais soldait, au prix mensuel de trente-un mille livres sterling, une armée écossaise de vingt-un mille hommes, faisait une avance de cent mille livres pour leur équipement, et leur donnait une récompense au rétablissement de la paix. On assigna pour sûreté de cette promesse les domaines des prélats, des papistes et des royalistes des comtés du nord.

De son côté, et afin de combattre l'influence qui s'attachait au nom du parlement, comme dépositaire des pouvoirs constitutionnels de l'état, Charles résolut d'opposer au parlement de Westminster un parlement composé des membres qui l'avaient suivi, et il convoqua les deux chambres à Oxford pour le 22 janvier 1644. Quarante-trois pairs et cent dix-huit députés des communes obéirent à la sommation [1]. Malgré les preuves nombreuses de fidélité et d'obéissance que lui donna cette assemblée, Charles regretta bientôt de l'avoir convoquée. Tandis qu'il ne mettait son espoir que dans la guerre, la plupart des membres du parlement d'Oxford désiraient par dessus tout la paix, et deux fois ils forcèrent le roi à entrer en pourparlers avec le parlement de Westminster. Aussi Charles ne tarda-t-il pas à se délivrer de ce qu'il appelait « un parlement métis, repaire de lâches et séditieuses motions. » Il fut ajourné, puis dissous après trois mois d'une session à peu près inutile.

La guerre continua avec plus d'ardeur que jamais. Pendant l'hiver, les deux armées principales étaient restées dans l'inaction; mais les hostilités n'avaient pas cessé dans le reste du royaume. Après avoir conclu une suspension d'armes avec les Irlandais (15 sept. 1643), Charles avait rappelé l'armée anglaise qui était dans leur pays. Ces troupes s'avancèrent rapidement contre les parlementaires, qui prirent d'abord le parti de la retraite; mais sir Thomas Fairfax, accouru du Yorkshire, leur livra bataille et fit mettre bas les armes à seize cents hommes (19 janv. 1644). Dans le nord, les Écossais avaient passé la Tweed, pris possession du port de Sunderland, fait leur jonction avec l'armée de Fairfax, et forcé le marquis de Newcastle à se renfermer dans la ville d'York, dont le siége fut aussitôt formé (20 avr.). Au midi, Essex et Waller, renforcés des milices de Londres, marchaient à la tête de deux corps séparés, dans l'intention de cerner le roi ou de l'investir dans Oxford. Charles en sortit aussitôt et se jeta dans Worcester (6 juin); puis, revenant brusquement sur ses pas, il se débarrassa de Waller qu'il atteignit et battit à Copredybridge (29 juin), et se mit à la poursuite du comte d'Essex. Quelques-uns de ses plus habiles conseillers, l'engagèrent alors à profiter de la terreur où ces succès rapides jetaient ses ennemis pour se rapprocher de Londres et traiter franchement et sur des bases modérées avec le parlement. Mais Charles avait résolu de ne rentrer dans Londres qu'en conquérant. Les nouvelles qu'il reçut du nord lui prouvèrent bientôt qu'il lui fallait renoncer à cet espoir.

---

1. Le Parlement de Westminster comptait à cette époque dans la chambre haute vingt-deux lords; dans la chambre basse, trois cent quatre-vingts députés.

Il avait envoyé le prince Rupert au secours de la ville d'York, que défendait Newcastle contre les forces réunies des Écossais, de Fairfax, de Manchester et de Crom-

William Cavendish, duc de Newcastle,
d'après le portrait original de Van Dyck.

well. A l'approche du prince, les parlementaires levèrent le siége et se retirèrent à
Marston Moor. Rupert et Newcastle les suivirent aussitôt et atteignirent bientôt
leur arrière-garde (2 juillet). Les deux armées étaient à peu près d'égale force,
mais tandis que les généraux parlementaires agissaient avec le plus parfait ensemble,
les deux chefs de l'armée royale étaient en complet désaccord sur presque tous les
points, et avaient en outre contre eux « les côtes de fer de Cromwell, » cette cavalerie indomptable qui priait et combattait avec la même ardeur. Ce fut elle qui
décida la victoire. La bataille s'engagea à sept heures du soir; à dix heures, il ne

restait plus un seul royaliste dans la plaine. La poursuite continua jusqu'aux portes
d'York où les débris des troupes de Rupert et de Newcastle se réfugièrent en

Porte de Micklebar à York.

désordre. Les deux généraux y rentrèrent aussi chacun de leur côté, sans se parler,
sans se voir. « J'ai résolu, manda le prince au duc, de partir ce matin avec ma ca-
« valerie et tout ce qui me reste d'infanterie. — Je pars à l'instant même, lui dit
« Newcastle, et vais passer la mer pour me retirer sur le continent. » Le lendemain, en effet, Newcastle s'embarquait pour le continent; Rupert, avec les restes
de son armée, se mettait en marche vers Chester; quinze jours après, York capitula. Les Écossais s'emparèrent encore de la forteresse de Newcastle et prirent
leurs quartiers d'hiver dans le voisinage de leur pays. Tout le nord était au pouvoir des parlementaires.

Dans le sud-ouest, Essex était moins heureux; poursuivi avec vigueur par l'armée
royale, coupé de ses communications avec Londres, il se trouva bientôt resserré
entre la mer et les divers corps commandés par le roi, le prince Maurice et sir
Richard Greenville. Ses soldats effrayés refusèrent de lui obéir, capitulèrent, et
le comte fut contraint de s'enfuir avec quelques officiers dans un bateau jusqu'à
Plymouth (1er sept.). Là, il réclama lui-même une enquête sur sa conduite. « C'est,
« écrivait-il au parlement, le plus rude coup qu'ait jamais reçu notre parti; je ne
« désire rien tant que d'être mis en jugement; de tels échecs ne doivent point de-
« meurer étouffés. »

Depuis longtemps un parti s'était formé dans les communes, qui voulant pousser la réforme dans des voies révolutionnaires et républicaines, cherchait à enlever le commandement général de l'armée au comte d'Essex, auquel il reprochait sa qualité de grand seigneur, sa prudente circonspection et ses ménagements envers le roi. Les intrigues et les calomnies de ce parti étaient parvenues à rendre le comte suspect au peuple et à une grande partie des membres des communes. Dans cette occasion cependant toute division cessa pour faire face au péril; et loin d'accuser Essex, les chambres lui envoyèrent une députation pour le remercier de sa fidélité et le féliciter de n'avoir pas douté de la justice de la patrie. De nouvelles troupes furent aussitôt remises sous ses ordres, Waller et Manchester se joignirent à lui, et peu de jours après, les parlementaires étaient en état de livrer bataille aux royalistes qui étaient en pleine marche sur Londres. Les deux armées se rencontrèrent pour la deuxième fois à Newbury (27 octobre). Le combat fut si opiniâtre, qu'à dix heures du soir le résultat était encore indécis; cependant Charles, dont les pertes étaient considérables, n'osa coucher sur le champ de bataille, et se retira sur Walingford, où, grâce à la division qui existait parmi les chefs de l'armée ennemie, il arriva sans être inquiété.

Ce n'était pas seulement dans le camp et entre les généraux parlementaires que régnaient les querelles et la discorde; des discussions violentes, dont la religion et la politique étaient la base, partageaient les chambres et tout le parti national en deux factions opposées, celle des presbytériens et celle des indépendants.

C'était le parti presbytérien qui, depuis l'assemblée du parlement, avait dominé dans les deux chambres et dirigé la marche des affaires; c'étaient ses membres qui, dans l'armée comme dans le gouvernement civil, remplissaient tous les hauts emplois. Tout en combattant le roi, ce parti aimait la monarchie, ne portait aux lords ni haine ni dédain, croyait ne tenter qu'une réforme légale, et ne souhaitait rien de plus. En matière de religion, il voulait le gouvernement de l'église par des ministres égaux entre eux et délibérant de concert, considérant que c'était là le seul système légitime, la loi même du Christ.

Les vues des indépendants étaient tout autres. A quel titre, disaient-ils, un pouvoir quelconque, papauté, épiscopat ou presbytère, s'arroge-t-il le droit de courber des consciences chrétiennes sous le joug d'une mensongère unité? Toute congrégation de fidèles, habitants ou voisins du même lieu, qui se réunissent librement, en vertu de leur foi commune, pour adorer ensemble le Seigneur, est une église véritable, sur laquelle aucune autre église ne peut prétendre aucune autorité, et qui a droit de choisir elle-même ses ministres, de régler elle-même son culte, de se gouverner enfin par ses propres lois [1]. En politique, leurs idées étaient à peu près les mêmes. « Qu'avons-nous besoin de la noblesse? dit un jour Cromwell « au comte de Manchester; rien n'ira bien tant que vous ne vous appellerez pas « tout simplement M. Montague. » C'était là la pensée du parti; et, quoiqu'il n'osât pas encore l'avouer hautement, il voulait la réforme poussée jusqu'à ses extrèmes limites, c'est-à-dire jusqu'à l'abolition de la noblesse et de la royauté.

---

1. Guizot, tome II, p. 10

Quoique moins nombreux que les presbytériens, les indépendants gagnaient chaque jour dans l'affection et l'estime populaires. A eux en effet appartenaient Fairfax et Cromwell, ces chefs intrépides, qui ne combattaient pas, comme Essex et les généraux grands seigneurs, par contrainte et pour se défendre, mais qui couraient hardiment chercher l'ennemi et le triomphe; c'étaient des indépendants, ces « côtes de fer » qui, à Marston-Moor, avaient décidé la victoire, tandis que dans une circonstance non moins importante les soldats presbytériens d'Essex se soumettaient à une honteuse capitulation. Mais aux presbytériens appartenait encore l'autorité; par leurs partisans étaient remplis la plupart des emplois civils et militaires; il fallait leur enlever le commandement et le pouvoir. Cromwell se chargea de leur porter les premiers coups. Profitant des murmures qu'avait excités dans le peuple l'inaction des généraux parlementaires après la bataille de Newbury, il accusa hautement Manchester dans la chambre des communes. « C'est « maintenant, dit-il, le jour de parler, ou il faut se taire à jamais. Il ne s'agit « de rien moins que de sauver une nation tout ensanglantée, presque mourante. « Si nous ne menons cette guerre de quelque façon plus énergique, plus rapide, « plus efficace; si nous nous conduisons comme des soldats de fortune, sans cesse « appliqués à faire filer la guerre, le royaume se lassera de nous, et prendra en « haine le nom de parlement. Que disent nos ennemis? bien plus, que disent beau- « coup de gens qui étaient nos amis à l'ouverture de ce parlement? Que les « membres des deux chambres ont gagné de grands emplois et dés commande- « ments, qu'ils ont l'épée entre leurs mains, et que, par leur influence dans le « parlement et leur autorité dans l'armée, ils veulent se perpétuer dans leur gran- « deur, et qu'ils ne permettront pas que la guerre finisse, de peur que leur pouvoir « ne finisse avec elle. Si l'armée n'est pas gouvernée de quelque autre façon, si la « guerre n'est pas conduite avec plus de vigueur, le peuple ne la supportera pas « plus longtemps, et vous forcera à quelque paix honteuse. » — « Il n'y a qu'un « moyen de finir tant de maux, dit un membre, c'est que chacun de nous renonce « franchement à soi-même. Je propose qu'aucun membre de l'une ou de l'autre « chambre ne puisse, durant cette guerre, posséder ni exercer aucune charge « ou commandement militaire ou civil, et qu'une ordonnance soit rendue à cet « effet. »

Les presbytériens s'opposèrent vivement à l'adoption d'une proposition dont le but était de leur enlever le pouvoir exécutif, qui leur avait appartenu jusqu'alors, et de mettre l'armée en dehors de l'autorité du parlement; néanmoins, après de longs et violents débats, elle fut adoptée sous le nom « d'ordonnance de renon- cement à soi-même » (9 décembre).

Les presbytériens n'eurent plus d'espoir que dans la chambre haute. Cette chambre avait, en effet, un intérêt puissant à rejeter une proposition qui, attei- gnant presque tous ses membres, la privait désormais de toute influence. Mais tout en étant décidée à la repousser, elle était effrayée des conséquences de son refus et elle s'efforça d'apaiser par d'autres concessions l'exaltation du peuple, qui s'était prononcé avec vigueur en faveur de la motion. On reprit plusieurs procès depuis longtemps abandonnés : celui de lord Mac Guire, comme complice de l'insurrection d'Irlande; celui des Hotham père et fils, qui avaient voulu livrer au roi la place de Hull; et enfin celui de l'archevêque de Cantorbéry, Laud. Comme pour Strafford, il fut impossible de prouver que Laud se fût rendu coupable de haute trahison; néanmoins, après une procédure flagrante d'iniquité, il fut condamné et exécuté (10 janvier 1645); les autres accusés subirent le même sort.

William Laud, archevêque de Cantorbéry,
d'après le portrait original de Van Dyck.

Mais ces concessions aux passions du peuple ne le détournaient pas du but vers lequel le poussaient les indépendants; des pétitions assiégeaient incessamment les deux chambres; quelques-unes demandaient que les lords et les communes ne fissent qu'une seule assemblée; la chambre basse se rendit même en corps auprès des lords pour réclamer l'adoption de l'ordonnance de renoncement à soi-même. Cette démarche fut inutile; la résolution des lords était prise, et l'ordonnance fut rejetée (13 janvier 1645).

Les presbytériens l'emportaient; une autre circonstance semblait encore assurer leur triomphe. La paix, qui devait nécessairement les maintenir au pouvoir, paraissait sur le point de se conclure. Après de longues négociations, il avait été convenu entre Charles et le parlement que quarante commissaires, vingt-trois au nom des parlements des deux royaumes et dix-sept au nom du roi, se réuniraient à Uxbridge pour débattre les conditions d'un traité. Le 30 janvier, en effet, les négociations commencèrent; elles devaient durer vingt-cinq jours. Les parlementaires demandaient que l'épiscopat fût aboli; qu'un livre, intitulé « Direction pour le culte public, » remplaçât le livre de commune prière; que le commandement de l'armée et de la marine fût laissé à la disposition des deux chambres; que les hostilités fussent reprises en Irlande. Après de longs débats, le roi avait enfin consenti à ce que le commandement de la milice fût exercé par des chefs dont les chambres nommeraient la moitié, lorsque arriva à Oxford une lettre du comte de Montrose qui changea ses dispositions.

Montrose était un de ces hommes pour lesquels les difficultés et les dangers semblent être des éléments de succès, les succès des éléments de ruine. Seul, sans ami, sans argent, il avait promis à Charles de faire éclater la guerre civile en Écosse, et il avait tenu parole. A la tête d'un petit nombre de montagnards que ses promesses, son activité et son audace avaient gagnés à la cause royale, il avait commencé les hostilités, et s'était même emparé de la ville de Dumfries (1644). Mais un secours de deux mille Irlandais que Charles lui avait promis n'arrivant point, ses compagnons se débandèrent, et bientôt il se trouva seul, réduit à se cacher de clan en clan, de montagne en montagne. Tout à coup il apprend que douze cents Irlandais viennent de débarquer sur la côte ouest. Aussitôt il court à leur rencontre, arrive dans leur camp, accompagné d'un seul homme, se fait reconnaître et se met à leur tête. Quinze jours après, il avait gagné deux batailles (1er et 12 septembre 1644), enlevé Perth et Aberdeen, soulevé tous les clans du nord, et le 2 février 1645, à Inverlochy, il remportait sur le comte d'Argyle une nouvelle victoire, plus signalée que toutes les autres. En l'annonçant à Charles, il le suppliait de ne pas traiter avec ses ennemis, et s'engageait à venir avant la fin de l'été à son secours avec une brave et nombreuse armée. Ces nouvelles rendirent au roi toute sa confiance, et, malgré les vives instances de ses conseillers, il retira aussitôt toutes les concessions qu'il avait faites. Les vingt jours expirés, le parlement rappela ses commissaires.

Pendant ces négociations, la position des presbytériens avait bien changé : désespérant, pour le moment, d'obtenir des lords l'adoption de l'ordonnance de renoncement à soi-même, les indépendants avaient songé à s'assurer le pouvoir militaire par une autre voie, par la réorganisation de l'armée. Les inconvénients provenant de la multiplicité des chefs et des corps d'armée étaient universellement reconnus; ils en profitèrent pour proposer et faire décréter par les communes la formation d'une armée unique commandée par un seul général, investi du droit de nommer les autres officiers, sauf l'approbation du parlement. Sir Thomas Fairfax devait être ce général. Depuis longtemps l'éclat de sa bravoure, la franchise de son caractère, le bonheur de ses expéditions, l'enthousiasme guerrier dont il animait les soldats, attiraient sur lui les regards. Essex, Waller et Manchester

conservaient leurs titres, mais, soumis à Fairfax, leur pouvoir était par le fait
complétement annulé. La chambre haute voulut en vain résister, les faits étaient
patents, connus de tous : c'était grâce aux divisions existantes entre les chefs
des différents corps parlementaires, qu'après la seconde bataille de Newbury,
le roi, dont on aurait pu facilement détruire l'armée, était rentré sans perte ni
danger à Oxford. Il fallut céder au cri public; le bill pour la réorganisation de
l'armée fut adopté par la chambre haute, et, quelques jours après, Fairfax, appelé
aux communes, y reçut sa nomination officielle et sa commission, de laquelle,
cette fois, était omis l'ordre, jusqu'ici répété dans tous les actes du même genre,
« de veiller à la sûreté de la personne du roi. » — « Cette phrase, dirent les com-
« munes aux lords qui en avaient voté le rétablissement, n'est bonne qu'à embar-
« rasser les soldats, en permettant au roi de se hasarder à la tête de son armée sans
« jamais courir aucun danger. » Les lords persistèrent encore, puis finirent par
céder. Quelques jours après, Essex, Manchester, lord Denbigh et plusieurs autres
se démirent publiquement de commandements qui n'étaient plus qu'un vain titre;
et le lendemain l'ordonnance du renoncement à soi-même, représentée par les
communes, fut adoptée par la chambre haute (3 avril).

Le même jour, Fairfax établit son quartier général à Windsor et commença la
réforme de l'armée, renvoyant la plus grande partie des officiers presbytériens,
disséminant dans les régiments dévoués aux indépendants ceux des soldats d'Essex
et de Manchester qui étaient attachés au parti de leurs anciens généraux. Quelques révoltes eurent lieu; elles furent bientôt étouffées par l'active fermeté de Fairfax et par l'autorité de Cromwell, auquel, sur la demande formelle du général,
on avait accordé, pour se conformer à l'ordonnance de renoncement à soi-même,
un délai de quatre mois, que ses partisans parvinrent à faire successivement et
indéfiniment prolonger.

Par la simple comparaison des armées des deux partis, il était dès lors aisé de
prédire à qui devait en définitive demeurer l'avantage. Divisés par des nuances
d'opinion et des rivalités d'amour-propre, les généraux des troupes royales, que
ne pouvait maintenir l'esprit faible et irrésolu d'un souverain qu'ils ne respectaient
plus, ne voulaient agir que d'après leurs propres inspirations, et leur exemple
entretenait parmi les soldats la débauche et l'insubordination. Chez les parlementaires, au contraire, une direction unique, habile et respectée, imposait à tous
une discipline sévère, une obéissance absolue. Là, point d'orgies et de débauches,
mais, pour se reposer des exercices militaires, la prière et les exhortations mutuelles. Là, les officiers remplissant le rôle de chapelains, fanatisaient leurs soldats par leurs prédications, leurs extases, leurs saints ravissements, visites de
l'esprit divin, et c'était en chantant des hymnes et des psaumes que ceux-ci marchaient au combat, dédaigneux de la mort qui devait leur donner dans le ciel la
couronne du martyre.

Contre de tels ennemis la valeur brillante mais indisciplinée des Cavaliers
devait être inutile. En effet, trois mois s'étaient à peine écoulés depuis l'ouverture
de la campagne, et déjà la supériorité que le roi avait partout en la commençant
n'existait plus. La sanglante bataille de Naseby, livrée le 14 juin 1645, acheva sa

ruine. La perte de ses meilleurs soldats, tués ou pris, de toute son artillerie et de ses munitions, anéantit sa force matérielle; la publication de sa correspondance secrète, trouvée dans ses bagages, détruisit tout ce qui lui restait de puissance morale : elle prouva que jamais il n'avait sincèrement voulu la paix, que jamais il n'avait entendu se lier sérieusement par ses promesses, que sa conduite même vis-à-vis de ses partisans et de ses plus fidèles conseillers n'avait été que fausseté et duplicité continuelles; qu'il ne comptait que sur la force et prétendait toujours au pouvoir absolu, et que malgré ses protestations mille fois répétées, il s'adressait au roi de France et à tous les princes du continent pour en obtenir des secours contre ses sujets Les parlementaires triomphèrent à l'évidence de cette perfidie qu'ils avaient toujours accusée; les royalistes furent degoûtés de son ingratitude; les gens modérés et les neutres perdirent tout respect pour son caractère.

Après cette funeste bataille, Charles, désespéré, irrésolu, s'était d'abord jeté dans Hereford. De là, laissant Bristol, la plus importante des places de l'ouest, sa seule communication avec l'Irlande, à la défense du prince Rupert, il gagna le midi du pays de Galles, où il espérait trouver des hommes et de l'argent, et perdit trois semaines au château de Ragland, résidence du marquis de Worcester, chef du parti catholique et l'un des plus puissants défenseurs de la cause royale. Les nouveaux revers qui, au nord comme au midi, frappaient ses partisans, les instances du prince Rupert lui-même qui, désespérant de sa cause et jugeant tout perdu, lui écrivait pour lui conseiller de traiter de la paix, n'importe à quel prix, vinrent l'arracher aux fêtes et aux plaisirs au milieu desquels il semblait avoir oublié les périls de sa situation. Une seule ressource lui restait, sa jonction avec Montrose, qui continuait en Ecosse le cours de ses succès; il résolut de la tenter. Quittant le pays de Galles, il se dirigea à marches forcées vers le nord, arriva en peu de temps à Doncaster, et s'apprêtait à prendre la route d'Écosse, lorsqu'on apprit que David Leslie, détaché à sa poursuite avec la cavalerie de l'armée écossaise, était près de le joindre, tandis qu'une armée parlementaire lui fermait les chemins du nord. Il fallut rétrograder en toute hâte, et le 29 août il rentrait dans Oxford, accompagné seulement de quinze cents hommes de cavalerie. A peine arrivé, il apprit que l'infatigable Montrose venait de remporter à Kilsyth sur les covenantaires écossais une nouvelle victoire, à la suite de laquelle toutes les villes voisines, Bothwell, Glasgow, Édimbourg, lui avaient ouvert leurs portes. David Leslie était en toute hâte rappelé au secours de sa patrie. Rassuré de ce côté, Charles se porta au secours de Bristol que Fairfax venait d'investir, lorsqu'en route on lui annonça qu'au premier assaut, et presque sans résistance, le prince Rupert avait rendu cette place, la plus forte et la plus importante de l'ouest. Rempli d'indignation à la nouvelle de cette « lâche action » qui complétait sa ruine dans l'ouest, il retira à son neveu tous ses commandements et lui ordonna de repasser sur le continent. Quant à lui, il n'avait plus d'espoir que dans sa jonction avec Montrose, et il se mit de nouveau en marche vers le nord. Atteint et battu dans sa route par le corps du général parlementaire Poyntz, il fut encore forcé de renoncer à son projet. A ce moment d'ailleurs, le vainqueur, le dominateur de l'Écosse, Montrose, n'était plus qu'un fugitif, sans asile et sans soldats. Surpris par Leslie à Philiphaugh, il avait vu, après un combat acharné, son armée dispersée et détruite, lui-même s'était à grand'peine sauvé dans les Highlands. Charles, accablé, abandonné de tous les siens, se dirigea vers Newark, où il arriva n'ayant plus que quatre cents chevaux pour

Restes du château de Newark.

armée, et pour conseiller que son valet de chambre Ashburnham. Mais cette place elle-même n'était pas sûre; et il fallut bientôt la quitter et rentrer de nouveau dans Oxford (7 novembre). De là, jugeant sa position désespérée, voyant toutes les villes qui jusqu'alors avaient tenu pour lui tomber successivement au pouvoir de ses ennemis, le roi écrivit au prince de Galles de se tenir prêt à passer sur le continent, et envoya au parlement un message chargé de demander un sauf-conduit pour quatre négociateurs.

Mais le parlement était moins que jamais enclin à la paix. Cent trente nouveaux membres venaient de remplacer dans la chambre des communes ceux qui avaient suivi le roi, et la plupart s'étaient unis au parti des indépendants. D'ailleurs, une nouvelle preuve de la fausseté du roi, était récemment tombée entre les mains des parlementaires : c'était la copie d'un traité d'alliance conclu par Charles avec les Irlandais révoltés. Il portait qu'une armée irlandaise de dix mille hommes, sous les ordres du comte de Glamorgan, fils du marquis de Worcester, viendrait au secours du roi; en échange de ce secours, les lois pénales établies contre les papistes devaient être abolies, la liberté du culte catholique rétablie, etc. L'indignation de

tous les protestants d'Angleterre fut au comble ; les partisans de la guerre en profitèrent pour faire rejeter les propositions du roi, et Fairfax reçut l'ordre d'investir
Oxford avec toutes ses troupes (avril 1646).

Rester dans cette ville, c'était se résigner à tomber tôt ou tard aux mains de ses
ennemis, Charles essaya d'une dernière ressource. L'armée écossaise, toute composée de presbytériens, voyait avec mécontentement le triomphe des indépendants
et la défaite de ceux qui partageaient leurs opinions religieuses. En s'unissant au
roi, ils pouvaient reprendre le pouvoir qu'ils avaient perdu. Charles résolut de se
confier à eux. Déjà le ministre de France, Montreuil, avait dans plusieurs conférences pressenti les dispositions des chefs écossais à ce sujet. Quelques promesses
vagues et embarrassées étaient, il est vrai, tout ce qu'il avait obtenu d'eux ; mais
Charles ne pouvait plus attendre ; avant trois jours, Oxford allait être complètement investi ; il fallait prendre un parti. Le 27, avril à minuit, il sortit de la ville,
accompagné d'Ashburnham et d'un guide. Neuf jours après, il était à Kelham,
quartier général des Écossais (5 mai). Il y fut reçu avec les marques du plus
grand respect, mais ne tarda pas néanmoins à voir qu'il y était prisonnier ; lorsque
en effet, le soir, il voulut donner le mot d'ordre à la garde que l'on avait placée à
sa porte ; « Pardon, sire, lui dit le comte de Lewen, je suis ici le plus ancien soldat ;
« Votre Majesté permettra que je me charge de ce soin. » Le lendemain l'armée
partit avec lui pour Newcastle

La nouvelle de la fuite du roi et de son arrivée au camp des Écossais remplit la
capitale de la plus vive agitation et frappa les indépendants de terreur. Maîtres de
l'armée, ils dominaient depuis un an Londres et le parlement ; et quoique moins
nombreux que le parti presbytérien, l'emportaient sur lui par l'activité de leurs
affidés, par la nouveauté, l'étendue et l'audace de leurs idées politiques et religieuses. Mais si le roi, venant se joindre à ce dernier parti, lui apportait ses propres
partisans et lui ralliait la masse considérable d'esprits sages et modérés, d'hommes
honnêtes et timides qui, dans la noblesse comme dans la bourgeoisie, redoutaient
le fanatisme et la domination de la multitude, ou aspiraient avant tout après
la paix et le repos, c'en était fait des indépendants. L'opiniâtreté des presbytériens à ne rien rabattre de leurs prétentions religieuses, l'indécision et la
duplicité constante de Charles les sauvèrent du péril. Des propositions avaient
été soumises par les presbytériens à l'adoption du roi. Elles portaient obligation d'adopter le covenant et d'abolir complètement l'église épiscopale ; de
remettre aux chambres, pour vingt ans, le commandement de l'armée, de la
marine et de la milice ; de consentir à la proscription de soixante et onze de ses
plus fidèles amis et à l'exclusion de toute fonction publique pour quiconque avait
pris les armes en sa faveur. Ces propositions étaient dures et les presbytériens
n'y voulaient rien changer ; cependant la reine, Bellièvre le ministre de France,
et tous les amis du roi, le pressaient de les accepter quelles qu'elles fussent.
Tout échoua contre la fierté du roi, ses scrupules religieux et les vaines illusions
dont jusqu'à son dernier jour il ne cessa de se bercer. « Je ne désespère point,
« avait-il écrit quelque temps auparavant à lord Digby, celui de ses courtisans
« qu'il aimait le plus, d'engager les presbytériens ou les indépendants à se joindre

« à moi pour s'exterminer les uns les autres, et alors je deviendrai vraiment
« roi. » C'était là le secret de ses refus, ce fut dans cet espoir qu'il répondit
aux commissaires du parlement que sans repousser absolument leurs propositions, il tenait à les discuter à Londres et à traiter en personne avec les deux
chambres.

Mais indépendants et presbytériens craignaient également de le voir rentrer
dans sa capitale, où il avait encore des partisans dont sa présence eût accru le
nombre et réveillé les espérances. Les deux partis se réunirent pour obtenir qu'il
fût remis aux commissaires du parlement, et que l'armée écossaise se retirât dans
son pays : les presbytériens, dans l'espoir qu'une fois Charles dans leurs mains,
il serait aisé de licencier l'armée anglaise, principale force des indépendants ;
ceux-ci bien décidés à ne pas permettre ce licenciement, et sûrs de s'emparer dès
qu'ils le voudraient de la personne du roi, lorsqu'il ne serait plus protégé par
l'armée écossaise. Tendant ainsi vers un même but, quoique par des motifs différents, tous les membres des deux chambres votèrent qu'au parlement seul il appartenait de disposer de la personne du roi, et décrétèrent la levée d'un emprunt
de 400,000 livres sterling, destiné à acquitter la solde de l'armée écossaise qui
devait en échange se retirer dans son pays, et remettre la personne du roi à des
commissaires nommés par le parlement.

Avant d'accéder à ces conditions, les Écossais firent auprès de Charles les plus
vives instances pour le décider à adopter le covenant ; mais le roi persistant toujours dans son refus, et dans sa demande de se rendre à Londres afin de s'expliquer
personnellement avec le parlement, le traité fut signé, et le 30 janvier 1647
l'armée écossaise commença sa retraite, après avoir remis aux commissaires parlementaires la ville de Newcastle et la personne du roi. Charles fut aussitôt transféré
au château de Holmby.

Le roi dans les mains du parlement, la guerre était finie. Les presbytériens profitèrent habilement du désir de paix qui animait tous les esprits pour faire décréter
par les chambres, qu'après le départ des Écossais et la soumission des royalistes,
il devenait urgent de soulager le pays du fardeau d'une armée désormais inutile ;
qu'en conséquence, on enverrait en Irlande trois régiments de cavalerie et d'infanterie ; qu'on ne conserverait en Angleterre que le nombre d'hommes suffisant
pour le service des garnisons, et six mille chevaux ; et qu'à la seule exception
du général en chef Fairfax, tous les officiers d'un grade supérieur à celui de
colonel seraient renvoyés dans leurs foyers. Obéir à cette mesure, c'était, pour
les indépendants, abdiquer complétement le pouvoir. Aussi, dès que la nouvelle
en parvint au camp, l'armée quitta ses cantonnements de Nottingham, et vint
prendre ses quartiers dans le comté d'Essex, sous le prétexte apparent de se
procurer des subsistances qui manquaient dans une contrée ruinée par la guerre ;
mais, en réalité, pour être plus à portée de correspondre avec ses partisans dans
Londres, et surtout avec son chef véritable, Cromwell, qui était revenu prendre
sa place au parlement, et qui, tout en déplorant dans la chambre le mécontentement et les mauvaises dispositions des troupes, ne négligeait rien pour en perpétuer la durée.

A son instigation, deux conseils militaires furent formés, l'un composé des officiers supérieurs, l'autre d'*agitateurs* nommés par les soldats, tous deux chargés de s'occuper de toutes les mesures importantes pour les intérêts de l'armée. A l'aspect de ce pouvoir nouveau, le parlement fut effrayé. Augmentation de solde, amnistie pour tous les actes illégaux commis pendant la guerre, pensions aux veuves et aux enfants des soldats, il se hâta de tout accorder, et en même temps nomma comme ses médiateurs auprès de l'armée, Cromwell, Ireton son gendre, Fletwood, Skippon, tous généraux affectionnés des troupes, mais tous indépendants et peu disposés par conséquent à remédier à une situation qu'eux-mêmes avaient créée; aussi lorsque les presbytériens, voyant l'inutilité des concessions, résolurent de procéder par des mesures de rigueur, et parvinrent à faire déclarer par les chambres que les troupes qui refuseraient de partir pour l'Irlande seraient immédiatement licenciées, l'insurrection éclata dans tous les régiments, et les deux conseils répondirent que l'armée ne pouvait se séparer sans de plus sûres garanties et qu'elle allait resserrer ses cantonnements.

Il n'y avait plus, pour les presbytériens, aucune illusion possible, et n'ayant pas en eux-mêmes le pouvoir de faire rentrer de tels ennemis dans le devoir, il leur fallait un autre appui. Le roi pouvait seul le leur donner; ils songèrent à un rapprochement, et les lords votèrent que Sa Majesté serait engagée à venir résider plus près de Londres, dans son château d'Oatlands. Sans se prononcer aussi ouvertement, la majorité des communes semblait partager ce désir, et déjà partout le bruit courait que le roi allait bientôt se réunir à son parlement, lorsque tout à coup on apprit qu'il venait d'être enlevé de Holmby par un détachement de l'armée. Le 3 juin, en effet, un cornette des gardes du général, nommé Joyce, était arrivé à Holmby suivi de cinq cents chevaux. Les commissaires du parlement ne pouvaient douter des intentions de Joyce, et ne voulant pas entreprendre une résistance inutile, ils se retirèrent et livrèrent les portes aux survenants. Ceux-ci placèrent des factionnaires à toutes les issues, et le lendemain Joyce informa le roi que ses camarades et lui désiraient le conduire dans un lieu où sa personne serait plus libre et plus en sûreté.

« Et où voulez-vous me conduire? lui dit Charles. — A l'armée, répondit Joyce.
« — Mais de quelle autorité procédez-vous, monsieur Joyce, pour prendre charge
« de ma personne? — De l'autorité de l'armée; ses ennemis cherchent à inonder
« une seconde fois le royaume de notre sang, et elle veut prévenir leurs desseins.
« — Ce n'est point là une autorité légale; je n'en connais point d'autre en Angle-
« terre que la mienne, et, après la mienne, celle du parlement : avez-vous une com-
« mission écrite de sir Thomas Fairfax? — J'ai les ordres de l'armée, et le général
« est compris dans l'armée. — Ce n'est pas là une réponse; le général est la tête de
« l'armée; avez-vous une commission écrite? — La voilà, Sire. » Et en même temps
Joyce montrait de la main les cavaliers qui le suivaient. Le roi se mit à rire. « Je
« n'ai jamais vu jusqu'ici, reprit-il, de pareille commission; mais elle est écrite en
« caractères fort beaux et fort lisibles. Cependant je ne puis sortir d'ici que comme
« contraint, et je pense que vous n'hésiterez pas à me promettre que je serai traité
« avec honneur et respect, et ne serai forcé à rien faire contre ma conscience. Au

« reste, si vous êtes maîtres de ma personne, mon âme est au-dessus de toute
« atteinte. »

Joyce répondit que les principes de ses camarades leur défendaient de violenter
aucune conscience, encore moins celle du souverain ; et sa troupe témoigna, par
ses acclamations, qu'elle approuvait la réponse de son chef. Le roi fut conduit à
Newmarket.

L'entreprise de Joyce n'avait pas été révélée à Fairfax, qui en parut aussi surpris que le parlement lui-même ; elle avait été arrêtée dans le conseil des agitateurs, et on la devait aux insinuations de Cromwell, qui depuis quatre jours
n'avait pas quitté l'armée. Quand il reparut à Westminster, les reproches et les
accusations éclatèrent ; les presbytériens voulaient obtenir son arrestation ; mais
les preuves manquaient, lorsqu'un matin, peu avant l'ouverture de la séance, deux
officiers vinrent trouver Grimstone, député presbytérien. « Naguère, lui dirent-
« ils, dans une réunion d'officiers, on examinait s'il ne conviendrait pas d'épurer
« l'armée pour n'avoir que des gens sur qui l'on pût compter, « Je suis sûr de l'ar-
« mée, a dit le lieutenant général ; mais il y a un autre corps qu'il est bien plus
« urgent d'épurer, la chambre des communes, et l'armée seule peut le faire. » —
« Répéteriez-vous vous-même ces paroles à la chambre ? leur demanda Grimstone.
« — Nous sommes prêts, » et ils l'accompagnèrent à Westminster. La séance était
ouverte, un débat entamé : « Monsieur l'orateur, dit Grimstone en entrant, je
« supplie la chambre d'ordonner que le débat soit suspendu ; j'ai à l'entretenir
« d'une question bien plus puissante, bien plus grave ; il s'agit de sa propre li-
« berté, de sa propre existence, » et il accusa Cromwell, présent à la séance, de
méditer contre la chambre l'emploi de la force armée. « Mes témoins sont là, dit-
« il, je demande qu'ils soient introduits. » Les deux officiers parurent et renouvelèrent leur déclaration. A peine ils s'étaient retirés, Cromwell se leva ; et tombant
à genoux, fondant en larmes, avec une véhémence de paroles, de sanglots et de
gestes qui saisit d'émotion ou de surprise tous les assistants, il se répandit en
pieuses invocations, en ferventes prières, appelant sur sa tête, si quelque homme,
dans tout le royaume, était plus que lui fidèle à la chambre, toutes les condamnations du Seigneur. Puis, se relevant, il parla plus de deux heures du parlement,
du roi, de l'armée, de ses ennemis, de ses amis, de lui-même, abordant et mêlant
toutes choses, humble et audacieux, verbeux et passionné, répétant surtout à la
chambre qu'on l'inquiétait à tort, qu'on le compromettait sans motif, que, sauf
quelques hommes dont les regards se tournaient vers la terre d'Égypte, officiers et
soldats, tous lui étaient dévoués et faciles à retenir sous sa loi. Tel fut enfin son
succès que, lorsqu'il se rassit, l'ascendant avait passé à ses amis, et que, « s'ils
« l'eussent voulu, disait trente ans après Grimstone lui-même, la chambre nous
« eût envoyés à la Tour, mes officiers et moi, comme calomniateurs [1]. »

Mais ce succès ne pouvait être que momentané, et Cromwell n'ignorait pas que
ses ennemis ne tarderaient pas à revenir à la charge. Aussi, dès le lendemain, il
partit pour le quartier général ; quelques jours après son arrivée, l'armée était en

---

1. Guizot, t. II, p. 226 et suivantes.

marché sur Londres, un engagement solennel de soutenir leur cause jusqu'au bout avait été souscrit par tous les régiments; et sous le nom d'*humble représentation*, ils avaient adressé aux chambres, non plus seulement le tableau de leurs propres griefs, mais l'expression hautaine de leurs vœux sur les affaires publiques, la constitution du parlement, les élections, le droit de pétition, la réforme générale de l'état. Enfin, à ces demandes était joint un projet d'accusation contre onze membres des communes, etc., ennemis de l'armée, disait-on, et seuls auteurs des fatales méprises où tombait sur son compte le parlement.

Le 20 juin, le quartier général était à Uxbridge, à quelques milles de Londres. Les chambres effrayées se virent obligées de céder; elles nommèrent des commissaires pour traiter avec ceux des soldats. Les onze membres désignés dans l'*humble représentation* s'étaient retirés d'eux-mêmes.

Cependant les chefs de l'armée, et en particulier Cromwell et Ireton, ne s'abusaient pas sur les avantages actuels de leur situation : s'ils avaient la force, ils n'ignoraient pas que les presbytériens avaient pour eux la majorité de la nation. La lutte n'était donc pas finie; un rapprochement avec le roi pouvait être une garantie pour l'avenir, il fut tenté. Un plan de réorganisation générale du gouvernement et des droits de la nation fut soumis, quoique non officiellement, à l'examen de Charles. Dans ce projet, œuvre extrêmement remarquable élaborée dans le conseil des officiers et rédigée par Ireton, l'armée demandait que désormais le parlement fût élu pour deux ans seulement, et, pendant cette période, indissoluble sans son propre consentement; que la juridiction criminelle de la chambre des lords fût définie et limitée, ainsi que les attributions du grand jury, des juges et des shériffs; que pendant dix ans, le pouvoir du roi sur la milice fût contrôlé par le parlement et un conseil spécial; que chacun fût libre d'adopter le culte qu'il lui plairait; que les droits électoraux et les taxes publiques fussent également répartis, la jurisprudence réformée et réunie en un seul code, etc. Ces propositions étaient plus modérées qu'aucune de celles qui avaient été récemment présentées à l'adoption du roi; elles n'excluaient de l'amnistie que cinq de ses amis, et ne mettait pas le parti royaliste tout entier en interdiction; aussi les conseillers de Charles furent-ils unanimes pour l'engager à les accepter. « Jamais, disaient-ils, couronne si près d'être per-« due n'aurait été recouvrée à si bon marché. » Mais, en ce moment, un violent soulèvement avait lieu dans la Cité contre le parti des indépendants. Des bandes de bourgeois, d'apprentis, de mariniers, d'officiers réformés, assiégeaient Westminster, demandant à grands cris la réinstallation des onze membres et le retour du roi à Londres. La porte des communes fut forcée; on obligea l'orateur de mettre aux voix le rappel du roi, et tous les membres, dominés par la terreur, votèrent pour l'adoption; Ludlow seul eut le courage de son opinion (26 juillet). C'était ce mouvement, dont Charles avait avis, qui motivait son refus d'accéder aux propositions des officiers. « Vous voyez bien, dit-il à ses conseillers, que sans moi « ces gens-là ne peuvent se tirer d'affaire; bientôt ils seront eux-mêmes trop « heureux d'accepter des conditions plus égales. » Et lorsqu'à la nouvelle des événements de Londres, les généraux inquiets vinrent lui présenter officiellement leur projet, il le repoussa dédaigneusement en disant : « Vous ne pouvez pas vous

« passer de moi, vous êtes perdus si je ne vous soutiens. » Mais, à ce moment même, les circonstances étaient bien changées. A leur retour au quartier général, les officiers trouvèrent les deux présidents Lenthal et Manchester et plus de soixante membres des deux chambres qui venaient chercher auprès de l'armée sûreté, liberté et protection, et lui demander son secours pour rentrer à Westminster. L'habileté de Cromwell avait déterminé cette scission, qui devait donner à l'armée le droit de marcher sur la capitale et de rendre le pouvoir à ses partisans.

Cependant la Cité de Londres, toute presbytérienne, se préparait à une défense énergique; dix mille hommes étaient sous les armes; quatre cents barils de poudre et d'autres munitions de guerre, extraites de la Tour, avaient été distribués aux milices commandées par les généraux presbytériens Poyntz, Waller et Massey; le conseil commun venait de voter un emprunt de dix mille livres sterling, et de créer dix-huit nouveaux régiments; les onze membres expulsés avaient repris leur siége; une ordonnance invitait Charles à revenir à Westminster.

Dans cette situation, les officiers en corps firent une dernière tentative près du roi, le conjurant au moins d'écrire à Fairfax une lettre par laquelle il approuverait en général leur plan d'organisation, sauf à se réserver quelques modifications; remercierait l'armée de ses égards pour lui, et désavouerait tout dessein d'assister les presbytériens. Charles hésita; deux jours s'écoulèrent. Pendant ce temps, l'armée s'était mise en marche et déjà elle était arrivée à Hammer-Smith; à son approche, l'enthousiasme militaire et politique des presbytériens s'évanouit et la peur s'empara des plus ardents. Le colonel Rainsborough, envoyé par Fairfax pour reconnaître les approches de la rivière, s'étant présenté devant Southwark, fut accueilli avec des transports de joie par la milice de ce bourg, qui se rangea sous son étendard; les lignes de défense furent abandonnées; instruit de ce qui se passait, le lord maire ordonna l'ouverture des portes. Alors arriva l'adhésion de Charles aux propositions des généraux, mais il était trop tard. Maîtres de la situation, ceux-ci n'avaient plus besoin de son alliance. Le 6 août 1647, l'armée fit son entrée triomphale dans la ville de Londres; Fairfax était à cheval, entouré de ses gardes et d'une foule de gentilshommes, et suivi des présidents et des membres fugitifs des deux chambres. Le maire et le conseil de ville les félicitèrent, et le général se rendit à Westminster, où il réintégra les deux orateurs Lenthal et Manchester; puis alla occuper la Tour, dont le commandement lui fut aussitôt donné. Tous les actes passés du 26 juillet au 6 août, et favorables au parti presbytérien, furent annulés.

L'union la plus intime avait jusqu'alors régné parmi les indépendants; dès que l'autorité leur appartint sans conteste, ils se divisèrent. « Dans les rangs élevés du parti, au sein des communes, dans le conseil général des officiers, les projets républicains devinrent clairs et positifs; le principe de la souveraineté du peuple, et, en son nom, d'une assemblée unique, par lui déléguée, présida seul à leurs actions, à leurs discours, et toute idée d'accommodement avec le roi, n'importe à quels termes, fut traitée de trahison. Au dessous d'eux, dans le peuple comme dans l'armée, éclatait en tout sens le bouillonnement des esprits; sur toutes choses, des réformes, jusque-là inouies, étaient invoquées; de toutes parts s'élevaient des réformateurs. Tous républicains, ces champions populaires poussaient bien au-delà d'une révolution dans le gouvernement leurs pensées et leurs vœux; ils aspiraient à changer la société même, les relations, les mœurs, les sentiments mutuels des citoyens; mais en ceci leurs vues étaient courtes et confuses : les uns épuisaient leur audace à poursuivre bruyamment quelque innovation importante, mais partielle, comme la destruction des priviléges des lords ou des jurisconsultes; aux autres, il suffisait de quelque pieuse rêverie, comme l'attente du règne prochain du Seigneur. quelques-uns, sous le nom de rationalistes, réclamaient pour la raison de chaque individu une souveraineté absolue; quelques autres, les niveleurs, parlaient d'introduire entre les hommes une rigoureuse égalité de droit et de biens [1]. » La situation des chefs du parti, de Cromwell surtout, déjà le but de tous les regards, tarda peu à se ressentir de cette disposition des esprits; on accusa leur tiédeur ou leur ambition, et bientôt les ménagements dont ils usaient avec le roi devinrent l'objet de violents murmures.

En effet, de l'aveu des généraux, Charles était rentré dans son palais d'Hampton-court, et avait repris l'appareil de la royauté. Près de lui étaient accourus ses anciens conseillers, et jusqu'au comte d'Ormond, le chef le plus puissant des royalistes d'Irlande. Cromwell et Ireton étaient en relations suivies avec eux et avec le roi, qui les recevait souvent seuls dans son cabinet; et l'on savait que Charles avait offert à Ireton le gouvernement de l'Irlande, à Cromwell le commandement général des armées, celui de ses gardes, le titre de comte d'Essex, la Jarretière, etc.; en outre, les chambres ayant décidé que les propositions de Newcastle seraient représentées au roi, Cromwell et Ireton lui avaient conseillé de les repousser, l'avaient engagé à demander qu'on négociât sur celles des officiers et avaient soutenu cette demande dans le parlement. Chacun de ces actes augmentait la méfiance et le mécontentement de l'armée : on accusait Cromwell et ses amis d'ambition, de trahison, de mensonge. Une insurrection semblait imminente, et quelques officiers supérieurs en favorisaient ouvertement les progrès.

L'inquiétude de Cromwell était au comble; son ambition voulait s'attacher au parti que couronnerait le succès. Mais quel était ce parti? Les désirs des républicains et des enthousiastes lui semblaient des chimères irréalisables, et qui d'ailleurs ne pouvaient s'allier avec son esprit dominateur et ami de l'ordre. Le roi, il est vrai, était encore une force, son alliance un moyen; mais, instruit par les espions qu'il avait placés autour de lui, de ses moindres démarches et paroles, il ne pouvait ajouter foi à ses promesses. D'une autre part, il n'ignorait pas les menées des presbytériens et des Écossais, et savait que les cavaliers préparaient une insurrection générale. Une lettre que Charles adressait secrètement à la reine et qu'avec l'aide d'Ireton il parvint à intercepter, vint le tirer d'incertitude, au moins vis-à-vis du roi. Charles informait la reine que les deux partis recherchaient également son alliance, et qu'il pensait traiter plutôt avec les presbytériens qu'avec l'armée. « Du reste, ajoutait-il, je suis seul au fait de ma situation; soyez tranquille sur les « concessions que je pourrai faire. Je saurai bien, quand il en sera temps, comment

---

1. Guizot, tome II, p 255.

« me conduire avec ces drôles-là, et au lieu d'une jarretière de soie, je les accommo-
« derai d'une corde de chanvre. »

A la lecture de cette lettre, la détermination de Cromwell fut aussitôt prise; il résolut de se réconcilier avec l'armée et de se débarrasser du roi. La situation de ce prince à Hampton-Court changea tout à coup. Ses courtisans eurent ordre de le quitter; ses gardes furent doublées, sa liberté restreinte; des bruits de trahison, d'enlèvement, d'assassinat, furent répandus parmi ses serviteurs; chaque jour, lui-même recevait des avis anonymes de veiller à sa sûreté. Cromwell paraissait inquiet des dispositions de l'armée, et par toutes les voies insinuait au roi qu'il fallait fuir. Charles s'y décida, et le 11 novembre, à neuf heures du soir, il sortit du palais, et gagna la forêt voisine où l'attendait Ashburnam avec des chevaux. Le lendemain soir, il débarquait dans l'île de Wight où commandait le colonel Hammond, officier dévoué à Cromwell, qui lui avait fait épouser une fille de Hampden. Hammond reçut le roi avec le plus profond respect et lui donna pour logement le château de Caris-brook; mais Charles s'aperçut bientôt qu'il n'avait fait que changer de prison.

Pendant ce temps, Cromwell, par un acte de vigueur et d'audace, reprenait sur les troupes l'ascendant dominateur que ses ménagements pour le roi lui avaient un instant fait perdre. Les agitateurs avaient obtenu que tous les corps de l'armée seraient convoqués à un rendez-vous général, et que là ils manifesteraient leurs opinions et leurs désirs. Cromwell fit d'abord décider qu'au lieu d'un rendez-vous général il y aurait trois rendez-vous partiels. Le premier dut avoir lieu le 15 no-vembre, à Ware, dans le comté de Hertford. Neuf régiments s'y rendirent, quel-ques-uns en proie à la plus violente fermentation, les soldats portant tous à leur bonnet un exemplaire de l'*Accord du peuple*, remontrance adressée par l'armée au parlement, avec cette inscription : « Liberté de l'Angleterre, droit des soldats. » Quelques paroles calmes et fermes, adressées par Fairfax aux régiments les moins animés, parviennent à calmer leur agitation, et il est bientôt interrompu par les cris : « On nous avait trompés; nous voulons vivre et mourir avec notre général! » Mais deux régiments restaient encore, rebelles et sourds à toute remontrance. Cromwell va droit à eux : « Otez-moi ce papier de vos bonnets! » leur dit-il. Tous s'y refusent. Aussitôt, il entre dans les rangs, fait saisir quatorze des plus séditieux, trois sont à l'instant condamnés à mort, et l'un d'eux fusillé sur la place. Intimi-dés par cet acte de vigueur, les autres se taisent et regagnent en silence leurs can-tonnements. Cromwell achève son œuvre en prodiguant en particulier, aux prin-cipaux agitateurs, les promesses et les louanges, avouant qu'il avait eu tort d'espérer un instant dans le roi, ajoutant que le Seigneur l'avait enfin averti de son erreur, s'humiliant devant eux, et toutefois insistant sur la nécessité de maintenir dans l'armée la discipline et l'union, seul gage de leur salut commun.

Pendant ces événements, les presbytériens avaient reconquis la majorité dans les deux chambres; à eux s'étaient ralliés une foule de membres, entraînés d'abord vers les indépendants et qu'effrayait maintenant l'idée du despotisme militaire. Le réta-blissement de la concorde entre les généraux et l'armée les laissait de nouveau isolés aux coups de leurs ennemis, ils résolurent de traiter encore avec le roi, et firent adop-ter dans les deux chambres quatre propositions qui devaient être soumises à Charles et servir de base aux négociations. Elles portaient : que le commandement des forces de terre et de mer appartiendrait pendant vingt ans au parlement, avec pouvoir de le reprendre même plus tard, si la sûreté du royaume semblait l'exiger; 2° que le roi révoquerait toutes ses déclarations, proclamations et autres actes publiés contre les chambres pour les taxer d'illégalité et de rébellion; 3° qu'il annulerait toutes les lettres patentes de pairie accordées depuis son départ de Londres; 4° que les chambres auraient désormais le droit de s'ajourner elles-mêmes au temps et dans le lieu qui leur conviendraient. Mais au moment où ces propositions furent présentées à Charles, il traitait secrètement avec des commissaires écossais; en échange d'avantages accordés à leur patrie, et sous la condition que le régime presbytérien serait établi en Angleterre pour trois ans, terme après lequel une assemblée de théologiens réglerait définitivement avec le roi et les deux chambres la constitution de l'église, ceux-ci s'engageaient à rétablir Charles dans tous ses droits. Le traité fut signé, et il fut convenu que Charles allait faire tous ses efforts pour s'évader de l'île de Wight; que dès qu'il y serait parvenu, il se réfugierait sur les frontières d'Écosse, et qu'aussitôt une armée écossaise se lèverait en sa faveur, pendant que les cavaliers reprendraient les armes dans tout le royaume, et qu'Ormond, à la tête du parti royaliste d'Irlande, débarquerait en Angleterre. Charles repoussa donc les propositions du parlement, et se disposa à quitter secrètement l'île. Mais Hammond avait soupçonné quelque complot; sa vigilance rendit inutiles toutes les tentatives d'évasion.

A la nouvelle du refus fait par le roi d'accepter les propositions du parlement, un membre de la chambre des communes se leva : « Monsieur l'orateur, dit-il, « Bedlam a été préparé pour les fous, et Topheth (l'enfer) pour les rois; le nôtre « s'est conduit naguère comme si Bedlam était le seul séjour qui lui convînt; je « demande humblement que les chambres ne s'adressent plus à lui, et règlent « sans son concours les affaires publiques. Peu m'importe la forme de gouvernement « qu'elles établiront, pourvu qu'il n'y ait ni diables ni rois. » La motion appuyée par Ireton était vivement combattue par les presbytériens, qui semblaient reprendre l'avantage. Cromwell prit la parole. « Monsieur l'orateur, dit-il, le roi est un « homme de beaucoup d'esprit, de grands talents, mais si dissimulé, si faux, qu'il « n'y a pas moyen de s'y fier. Pendant qu'il proteste de son amour pour la paix, « il traite sous main avec les commissaires d'Ecosse pour plonger la nation dans « une nouvelle guerre. L'heure est venue pour le parlement de gouverner et de « sauver seul le royaume; les hommes qui, au prix de leur sang, vous ont défendus « de tant de périls, vous défendront encore avec le même courage, la même fidélité. « N'allez pas, en négligeant de veiller à votre sûreté et à celle du royaume, qui « est aussi la leur, leur donner lieu de croire qu'ils sont trahis et livrés à la rage « de l'ennemi qu'ils ont vaincu pour vous; craignez que le désespoir ne les pousse « à chercher leur salut en vous abandonnant, vous qui vous abandonneriez vous- « mêmes. Combien, de leur part, une telle résolution vous serait fatale, je tremble « de le dire et vous laisse en juger. » Et il se rassit, la main sur son épée[1]. Nulle

---

1. Guizot, t. II, p. 303 et suivantes.

voix ne s'éleva plus, la motion, aussitôt adoptée, fut transmise à la chambre des lords. Là le débat se ranima ; mais une adresse de l'armée vint effrayer les opposants et la motion fut adoptée à la presque unanimité (15 janvier 1648.)

A la publication de cette ordonnance une agitation incroyable éclata dans tout le royaume. Dans presque tous les comtés, dans un grand nombre de villes, les habitants se rassemblaient en tumulte, aux cris de : « Vive le roi ! Dieu et le roi Charles ! » Dans les Galles, les colonels parlementaires Poyer et Powell arborèrent l'étendard royal et soulevèrent tout le pays. En même temps le parlement d'Écosse décrétait la levée d'une armée de quarante mille hommes, pour défendre contre les républicains et les sectaires le covenant et la royauté. A Londres, et malgré la présence de deux régiments, les apprentis et les mariniers prirent les armes, et il fallut leur livrer bataille pour les disperser. Le parti presbytérien profita avec habileté de ce mouvement des esprits, et le 28 avril, malgré tous les efforts des indépendants, les communes, revenant sur leur décision, votèrent, 1º qu'elles n'altéreraient point le gouvernement fondamental du royaume, par un roi, des lords et des communes ; 2º que les propositions offertes au roi à Hampton-Court seraient la base des mesures qu'il était urgent d'adopter pour rétablir la paix publique ; 3º que, malgré le vote du 3 janvier précédent, qui interdisait toute adresse au roi, tout membre serait libre de proposer ce que lui semblerait exiger l'intérêt du pays.

Cromwell avait prévu ce mouvement et avait proposé au conseil des officiers de faire marcher l'armée sur Londres, d'expulser des chambres tous ses adversaires et de s'emparer enfin et à jamais du pouvoir ; mais Fairfax s'était formellement opposé à cette mesure. Cromwell résolut alors de ne pas rester plus longtemps en face d'ennemis qui reprenaient chaque jour le dessus, et de ressaisir par la guerre l'ascendant qui lui échappait. Il demanda et obtint des chambres l'autorisation d'aller combattre les insurgés de l'ouest, et partit à la tête de cinq régiments pour le pays de Galles.

Cependant l'insurrection royaliste s'étendait de plus en plus. Dans le nord, les cavaliers s'étaient emparés de Carlisle et de Berwick et y attendaient l'armée écossaise. La flotte s'était prononcée en faveur du roi, et les matelots, déposant à terre leurs officiers, avaient fait voile pour la Hollande, où le prince de Galles vint se mettre à leur tête. Canterbury, Rochester, Colchester, Sandwich, Douvres, etc., s'étaient déclarés pour les royalistes. A Londres même de continuels rassemblements se formaient aux cris de « Dieu et le roi Charles. » Sept ou huit cents gentilshommes et francs tenanciers des comtés environnants se réunirent et vinrent en armes présenter au parlement une pétition dans laquelle ils demandaient que le roi fût rappelé à White-Hall et rétabli sur son trône avec la splendeur de ses ancêtres. Arrivés à Westminster, ils furent chargés par les troupes qui entouraient la salle des communes, et ne furent dispersés qu'après une vive résistance. Chaque jour des bandes armées traversaient la ville pour aller rejoindre les insurgés des environs ; les lords Holland, Peterborough et Buckingham en sortirent à la tête de mille hommes de cavalerie qu'ils avaient publiquement enrôlés.

La rapidité de ce mouvement effraya les presbytériens eux-mêmes. Ils n'ignoraient pas que si les cavaliers prenaient le dessus, c'en était fait d'eux comme des indépendants. Fairfax reçut ordre de marcher contre les rebelles des environs de Londres, Lambert contre ceux du nord, tous deux avec l'injonction de ne faire aucun quartier. Les bandes indisciplinées des cavaliers ne pouvaient tenir contre les vétérans parlementaires; en moins de quinze jours, Fairfax les avait complétement dispersées, et enfermé leurs débris dans le château de Colchester qu'il bloqua aussitôt de toutes parts (juin).

Dans l'ouest, Cromwell, non moins heureux, avait défait les insurgés, repris les châteaux de Caernavon et de Chepstow, et mis le siége devant celui de Pembroke, leur dernier boulevard.

Ruines du château de Chepstow.

Ces succès rendaient aux presbytériens pleine liberté d'action. Leurs premières mesures furent de faire révoquer la proscription des onze membres bannis par les indépendants et de charger un comité d'examiner les conditions, le temps et les formes de négociations nouvelles à ouvrir avec le roi. Du prompt succès de ces négociations dépendait, pour l'avenir, la puissance du parti. En effet, on venait d'apprendre que Cromwell, maître enfin du château de Pembroke (11 juillet) s'était porté avec une rapidité inouïe à la rencontre des Ecossais qui avaient franchi la frontière. Son triomphe, dont nul ne doutait, devait être la ruine des presbytériens; la paix seule, conclue avant son retour, pouvait les sauver. On décida donc que les négociations s'ouvriraient à l'instant et qu'elles auraient lieu à Newport dans l'île de Wight.

C'était là pour les indépendants un revers éclatant; la majorité était décidément passée du côté de leurs ennemis. Ludlow se rendit auprès de Fairfax, toujours retenu à Colchester par la résistance indomptable des cavaliers. « On complote, lui « dit-il, on veut trahir la cause pour laquelle tant de sang a été versé. On veut à « tout prix faire la paix avec le roi, qui ne se croira pas lié par ses promesses; c'est « du reste ce dont s'inquiètent peu les gens qui poussent le plus à la négociation. « Employer son nom et son autorité à détruire l'armée, c'est là leur unique but. « L'armée a conquis le pouvoir, il faut qu'elle s'en serve pour prévenir sa propre « ruine et celle de la nation. » Mais la modération et la réserve de Fairfax ne pouvaient se prêter aux résolutions énergiques qu'eussent réclamées les circonstances. Il convint que Ludlow disait vrai; assura que lui-même était tout prêt à déployer pour le salut public la force dont il disposait : « Mais il faut, dit-il, que j'y sois positive-« ment invité, et quant à présent, je ne puis me dispenser de poursuivre ce mal-« heureux siége, qui nous retient ici malgré tous nos efforts. » Ludlow s'adressa alors à Ireton que Cromwell avait en partant laissé près du général pour le diriger. « Le moment n'est pas encore venu, dit Ireton, il faut laisser marcher les négocia-« tions et que le péril devienne évident. » Repoussés par l'armée, les républicains eurent recours aux menaces; une pétition, rédigée par Henri Martyn, somma les Communes de se déclarer pouvoir souverain et de répondre enfin à ce que le peuple avait espéré en prenant les armes pour le parlement; une multitude en tumulte, réunie devant les portes de Westminster, soutenait par ses cris ceux qui, dans la chambre, appuyaient la pétition. « A quoi bon un roi et des lords? disait-on de « toutes parts, ce sont des inventions humaines; Dieu nous a faits tous égaux; « des milliers de braves gens verseront leur sang pour ces principes, et nous « sommes déjà quarante mille qui avons signé cette pétition. » Mais la chambre resta ferme. Martyn, voyant l'inutilité des efforts de son parti, se rendit aussitôt, afin de précipiter la crise, auprès de Cromwell.

Les conférences de Newport s'ouvrirent le 15 septembre avec une grande solennité. Vingt des anciens serviteurs ou conseillers du roi avaient été admis à l'aider de leurs avis; les commissaires du parlement étaient au nombre de quinze, cinq lords et dix membres des communes. Sauf quelques modifications peu importantes, leurs propositions étaient semblables à celles d'Hampton-Court. La plupart des conseillers du roi l'engageaient vivement à les adopter, car le temps pressait; tout était perdu si la négociation n'était pas terminée avant le retour de Cromwell, et l'on venait d'apprendre que déjà il en avait fini avec l'armée écossaise.

Après avoir opéré sa jonction avec Lambert, à Knaresborough, dans le comté d'York, Cromwell, dont l'armée s'élevait alors à huit ou neuf mille hommes, avait aussitôt marché à la rencontre des Écossais, plus nombreux du double, et auxquels s'était joint sir Marmaduke Langdale, avec les insurgés des comtés du nord. Il les atteignit près de Preston dans le comté de Lancastre (19 août). Après quatre combats acharnés, livrés en trois jours, l'armée écossaise était dispersée et détruite,

Hamilton leur général prisonnier, et Cromwell marchait sur l'Écosse pour l'envahir à son tour, et ôter aux presbytériens tout espoir de secours de ce côté. Vers la même époque, Colchester, à moitié ruiné, avait capitulé (27 août) et rendu à

Ruines du château de Colchester.

Fairfax la libre disposition d'une armée exaspérée par la résistance, et dont la colère venait de se manifester par l'exécution de deux des plus braves défenseurs de la cause royale. Il n'y avait pas à hésiter. Charles ne se rendit cependant qu'à moitié; il consentait à renoncer au commandement des forces de terre et de mer, et à reconnaître la légitimité de la guerre que lui avait faite le parlement; mais il repoussait formellement l'abolition de l'épiscopat et refusait son adhésion aux proscriptions dont on voulait frapper ses partisans. C'est que, pour lui, cette négociation avait peu d'importance, et n'était qu'un moyen de gagner du temps; il lui fallait la prolonger jusqu'au moment où Ormond, sur le continent depuis six mois, reparaîtrait en Irlande avec les secours que la cour de France lui avait promis, et, soutenu par les catholiques de ce pays, recommencerait une guerre acharnée contre le parlement. « Cette nouvelle négociation, écrivait-il, sera dérisoire comme les « autres; et rien n'est changé dans mes desseins. » Mais bientôt on apprit que Cromwell, laissant Lambert en Écosse, était rentré en Angleterre, et qu'en peu de jours il serait au quartier général; que le parlement était assiégé de pétitions, venues de l'armée, qui demandaient que le roi fût traduit en justice, la souveraineté du peuple proclamée, etc.; enfin que Hammond, gouverneur de l'île de Wight, avait reçu de Fairfax l'ordre de remettre la garde du roi au colonel Ewers, républicain farouche et exalté. Le péril était imminent; Charles, saisi de crainte, étendit au plus vite ses concessions; les conférences furent closes et les commissaires

partirent pour Westminster. Les adieux que le roi leur adressa lorsqu'ils vinrent
prendre congé de lui montrèrent qu'il comprenait enfin les périls qui le menaçaient : « Mylords, leur dit-il, j'ai peine à croire que nous nous revoyions jamais;
« mais que la volonté de Dieu soit faite! je lui rends grâces; j'ai fait ma paix avec
« lui; je subirai sans peur tout ce qu'il lui plaira que les hommes fassent de moi.
« Mylords, vous ne pouvez méconnaître que, dans ma ruine, vous ne voyiez d'avance
« la vôtre et déjà très-prochaine. Je prie Dieu qu'il vous envoie de meilleurs amis
« que je n'en ai trouvé. Je n'ignore rien du complot tramé contre moi et les miens;
« et rien ne m'afflige autant que le spectacle des souffrances de mon peuple, et le
« pressentiment des maux que lui préparent ces hommes qui, toujours parlant du
« bien public, ne s'inquiètent que d'assouvir leur propre ambition. »

Les pressentiments de Charles ne le trompaient pas. Le lendemain, il fut averti
qu'un corps de troupes venait d'arriver dans l'île afin de s'emparer de sa personne;
le duc de Richmond, le comte de Lindsey et le colonel Cook, qui étaient auprès de
lui, le supplièrent aussitôt de fuir; Cook avait des chevaux et un canot tout prêts,
il connaissait le mot d'ordre, et pouvait faire passer le roi au milieu des soldats
qui entouraient la maison. Charles retomba dans ses indécisions accoutumées et
finit par refuser positivement. Le lendemain, il était enfermé au château de Hurst,
situé sur un roc solitaire et inaccessible de la côte du Hampshire.

A la nouvelle de cet événement qui rendait désormais impossible, contre le gré
de l'armée, toute relation entre le roi et le parlement, les presbytériens saisis
de la plus vive indignation firent aussitôt voter par la chambre que l'enlèvement du roi avait été fait à son insu, et après une séance qui dura vingt-quatre
heures, malgré les clameurs et les menaces des indépendants, cent quarante voix
contre cent quatre déclarèrent que les offres du roi étaient propres à servir de
fondement à la paix.

Les indépendants étaient encore vaincus; la peur même n'avait plus d'effet sur
leurs adversaires. Les meneurs du parti déclarèrent que le jour était venu. Le lendemain, 6 décembre, dès le matin, les régiments des colonels Rich et Pride occupèrent la cour, l'escalier, la grande salle et toutes les avenues de Westminster. A
la porte des communes, une liste à la main, se tenait le colonel Pride. Près de
lui, lord Grey de Grooby nommait tous les députés à mesure qu'ils arrivaient, et
Pride, consultant sa liste, faisait arrêter et emmener tous ceux dont le nom s'y
trouvait écrit. On arrêta ce jour-là cinquante-deux presbytériens des plus influents;
d'autres éprouvèrent le même sort le lendemain et le surlendemain. La chambre,
ainsi purifiée, se trouva réduite à environ cinquante membres.

Le lendemain de cette audacieuse violation de la représentation nationale, Cromwell revint prendre son siége à Westminster. « Dieu m'est témoin, dit-il, que je
« n'ai rien su de ce qui s'est passé dans cette chambre; mais puisque l'œuvre est
« consommée, j'en suis bien aise, et maintenant il faut la soutenir. » La chambre,
qui l'avait à son entrée accueilli des plus vives acclamations, lui vota d'unanimes
remerciements pour sa campagne d'Écosse, et lui assigna pour logement le palais
de White-Hall et les appartements même du roi.

Quelques jours après, les communes avaient révoqué tous les actes précédemment adoptés en faveur de la paix, et déclaré, que le roi, coupable de trahison pour avoir fait la guerre au parlement, serait traduit en justice. On institua sur-le-champ une haute cour chargée de le juger [1].

Quand cette ordonnance fut présentée à la sanction de la chambre haute (2 janvier 1649), quelque fierté se ranima dans cette assemblée jusque-là si servile qu'elle semblait avoir accepté sa propre nullité. « Il n'y a point de parlement sans le roi, « soutint lord Manchester; le roi ne peut donc être traître envers le parlement. — « Il a plu aux communes, dit lord Denbigh, d'insérer mon nom dans leur ordon- « nance; mais je me laisserais mettre en pièces, plutôt que de m'associer à une telle « infamie. — Je n'aime point, dit le vieux comte de Pembroke, me mêler d'affaires « de vie et de mort; je ne parlerai point contre cette ordonnance, mais je n'y « consentirai point. » Et les lords présents, au nombre de douze, la rejetèrent à l'unanimité. La chambre basse ne se laissa point arrêter par cette opposition et déclara à l'instant que le peuple étant, après Dieu, la source de tout pouvoir légi- time, les communes d'Angleterre, élus et représentants du peuple, possédaient le pouvoir souverain, et qu'elles engageaient la nation par leurs décrets, quoique le roi et les lords n'y eussent en rien participé. La haute cour reçut ordre de s'oc- cuper aussitôt des préparatifs du procès. Mais la division ne tarda pas à éclater au sein même de cette cour. Fairfax se rendit à la première séance préparatoire et ne reparut plus. Il en fut de même d'Algernon Sydney, dont le nom devint plus tard si célèbre. Sur cent trente-trois membres désignés, à peine put-on en réunir cin- quante-huit. La cour s'occupa néanmoins de régler les formes du procès, ordonna la translation de Charles du château de Hurst à Windsor et de là au palais de Saint- James, et fixa au 20 janvier 1649 sa première séance solennelle.

Ce jour arrivé, elle s'assembla dans la grande salle de Westminster. Le pré- sident et les deux conseils qui l'assistaient prirent place sur des fauteuils élevés sur une estrade; à leurs pieds siégeaient les greffiers; à droite et à gauche étaient les membres de la cour. A la barre, un fauteuil avait été disposé pour le roi et près de lui se tenaient le procureur général et ses deux assistants; derrière, et dans les tribunes, des places avaient été réservées pour le public [2]. L'appel nominal constata seulement soixante-neuf membres présents; après la lecture de l'acte des communes qui constituait la cour, Bradshaw ordonna d'introduire le prisonnier.

La contenance de Charles était assurée et majestueuse. Il entra sans se découvrir, s'assit d'abord, se leva et 1   'a la cour et la foule qui se pressait derrière lui, puis se rassit au milieu du silence universel. Bradshaw se leva : « Charles Stuart, « roi d'Angleterre, dit-il, les communes d'Angleterre, assemblées en parlement, « profondément pénétrées du sentiment des maux qu'on a fait tomber sur cette « nation, et dont vous êtes considéré comme le principal auteur, ont résolu de pour-

---

1. Cette cour devait être composée de cent cinquante-six membres, dont six pairs, trois grands juges, onze baronnets, dix chevaliers et six aldermen de Londres ; tous les autres étaient des hommes impor- tants du parti, choisis dans les communes, l'armée et la Cité. Après le refus fait par la chambre des lords de voter la mise en accusation du roi, la haute cour fut réduite à cent trente-cinq membres. John Bradshaw, jurisconsulte, en fut nommé le président.

2. Voir la gravure séparée « procès de Charles Ier, » et pour l'explication détaillée, le classement des dessins à la fin du volume.

PROCÈS DE CHARLES Iᵉʳ,

d'après la gravure contenue dans Nalson, *Report of the trial of the king Charles the first*, 1684.

« suivre le crime du sang; dans cette intention, elle ont institué cette haute cour de « justice, devant laquelle vous comparaissez aujourd'hui. Vous allez entendre les « charges qui pèsent sur vous. » Le secrétaire lut l'acte d'accusation. Le roi ne parut l'écouter qu'avec indifférence, et le sourire du dédain effleura ses lèvres au passage qui le qualifiait de traître, tyran, meurtrier, ennemi public de l'Angleterre. Interpellé par le président, il déclara qu'il ne reconnaissait pas l'autorité de la cour; qu'il était roi héréditaire et non pas électif, comme le prétendait Bradshaw, et que, quoi qu'il pût lui arriver, il transmettrait sa couronne intacte à sa postérité; que sa cause était celle du peuple d'Angleterre qui ne devait pas souffrir que la force altérât les lois fondamentales du royaume; que les communes, sans les lords, ne possédaient qu'une autorité usurpée, et qu'enfin Dieu lui avait fait une loi de désavouer tout pouvoir illégal, soit qu'il envahît les libertés du peuple, soit qu'il touchât aux droits de la couronne. Il reproduisit les mêmes principes, à peu près dans les mêmes termes, durant trois séances consécutives; et le président, las de le voir mettre constamment en question la juridiction de la cour, finit par déclarer et faire insérer au procès-verbal que le prisonnier, refusant de répondre, ne comparaîtrait plus que pour recevoir son arrêt.

Il devenait important pour le parti de terminer promptement le procès. De jour en jour, la sympathie du peuple pour le roi devenait plus vive. Sur son passage, la foule amoncelée le saluait de ses acclamations et des cris de « Dieu sauve le roi! » On imprimait alors, pour le répandre dans les provinces, un ouvrage intitulé : Εἰκῶν βασιλικὴ [1] (image royale), que l'on attribuait au roi lui-même, et l'on avait à craindre l'effet que ce livre produirait sur la population. En outre, les commissaires d'Écosse protestaient officiellement contre ce qui se passait; et les Provinces Unies avaient décidé l'envoi d'une ambassade chargée d'intervenir en faveur du roi.

Le 25 janvier, la cour s'assembla pour voter sur la condamnation. Le 26, la rédaction de la sentence fut adoptée, et le 27 fut fixé pour le prononcé du jugement. La séance s'ouvrit, selon l'usage, par l'appel nominal. Soixante-sept membres étaient présents. Au nom de Fairfax, une voix de femme, partant de la galerie publique, répondit : « Il a trop d'esprit pour être ici. »

Lorsque le roi eut été introduit, Bradshaw avant de prononcer le verdict de culpabilité lui adressa un long discours où étaient rappelés tous ses torts et tous les mérites du parlement; lorsqu'il déclara que l'accusation avait l'assentiment général du peuple d'Angleterre, la voix de femme qu'on avait déjà entendue s'écria : « Pas de la moitié du peuple! Où est le peuple? où est son consentement? « Olivier Cromwell est un traître! » On reconnut lady Fairfax. Un trouble violent éclata dans l'assemblée; du côté des soldats se faisaient entendre les cris de : « Justice! justice! exécution! » du côté des spectateurs, ceux de : « Dieu sauve le roi! » Les gardes avaient peine à contenir le peuple. Enfin, le calme se

---

1. Cet ouvrage parut le lendemain de l'exécution du roi, et produisit en effet une sensation profonde. C'était une exposition de ses pensées sur les principaux événements de son règne et une justification de sa conduite. Le véritable auteur de ce livre était le docteur Gauden. A la restauration, il reçut pour prix du silence qu'il avait gardé l'évêché d'Exeter, puis le siége plus lucratif de Worcester.

rétablit et Bradshaw, après avoir fini son discours, déclara que la cour consentait à entendre la défense du prisonnier, pourvu qu'il renonçât à contester sa juridiction. « Je ne demande qu'une chose, dit le roi, c'est d'être entendu par les
« lords et les communes, sur une proposition qui importe bien plus à la paix du
« royaume et à la liberté de mes sujets qu'à ma propre conservation. »

A ces paroles, une vive agitation se manifesta dans la cour et dans l'assemblée ;
quelques juges semblaient ébranlés. La cour était dans un embarras extrême. Elle
se retira dans une salle voisine, et après une heure de délibération rentra en
séance en déclarant que la demande de Charles Stuart était rejetée.

On fit alors une seconde lecture de l'acte d'accusation, et celle de la sentence
suivit immédiatement. Elle était conçue en ces termes : « La cour, convaincue que
« Charles Stuart est coupable des crimes dont il est accusé, le déclare tyran, traître,
« meurtrier, et ennemi public du bon peuple d'Angleterre; ordonne qu'il sera mis
« à mort en séparant sa tête de son corps. » Charles écouta cette lecture sans émotion, et se contenta de sourire avec dédain et de lever les yeux au ciel. Quand elle
fut achevée, il insista de nouveau pour parler; mais Bradshaw fit un signe, et les
gardes entraînèrent le prisonnier, en faisant retentir à ses oreilles les cris de :
« Justice! justice! exécution! » — « Pauvres gens, s'écria Charles, pour un schel-
« ling, on leur en ferait dire autant contre leurs chefs! »

L'exécution du jugement avait été fixée à trois jours. Charles, assisté de l'évêque
de Londres, Juxon, consacra tout ce temps à de pieux exercices. Plusieurs lords,
le prince Rupert, le marquis d'Hertford, le duc de Richmond, essayèrent de pénétrer
jusqu'à lui; mais il leur fit répondre, en sollicitant leurs prières, que ses dernières
heures devaient être employées à se préparer à paraître devant Dieu, et il ne voulut
voir que ses deux derniers enfants qui étaient restés à Londres, la princesse Élisabeth et le jeune duc de Glocester, âgés, l'une de douze et l'autre de huit ans. Il les
prit sur ses genoux, leur donna quelques conseils de père, et dit au jeune prince
qui s'étonnait de ses larmes : « Mon cher cœur, ils vont couper la tête à ton père. »
L'enfant le regardait fixement et d'un air très-sérieux. « Fais attention, mon
« enfant, à ce que je te dis; ils vont me couper la tête et peut-être te faire roi;
« mais tu ne dois pas être roi tant que tes frères Charles et Jacques seront en vie,
« car ils couperont la tête à tes frères s'ils peuvent les attraper, et ils finiront par
« te couper aussi la tête; je t'ordonne donc de ne jamais te laisser faire roi par
« eux. — Je me laisserais plutôt hacher en morceaux, » répondit l'enfant tout
ému. Le roi sourit, l'embrassa encore une fois, ainsi que sa fille, les bénit tous les
deux en pleurant, puis, s'arrachant de leurs bras, se remit en prières.

Ce jour-là, 29 janvier, la haute cour s'était réunie pour signer l'ordre d'exécution. On eut grand'peine à rassembler les commissaires; tous étaient inquiets et
préoccupés; Cromwell seul se livrait aux plus grossiers accès de sa bouffonnerie
accoutumée, barbouillant d'encre le visage de Henri Martyn qui venait pour signer
après lui, amenant avec de grands éclats de rire ceux des membres de la cour
qui, déjà effrayés de l'avenir, se refusaient à apposer leur nom sur l'acte fatal.
On recueillit enfin cinquante-neuf signatures, et l'ordre d'exécution fut remis au
colonel Hacker.

Le 30 janvier 1649, Charles dormit paisiblement jusqu'à quatre heures du matin ; alors il réveilla Herbert, son valet de chambre, en lui disant : « Ce jour est celui de « mon second mariage, je dois être convenablement paré pour me réunir à mon « divin Jésus. » Il désigna lui-même les vêtements qu'il voulait porter, et prit deux chemises, « car il fait froid, dit-il, et si je frissonnais, mes ennemis diraient « que j'ai peur. Je ne crains pourtant pas la mort, et je bénis Dieu de m'y voir si « bien préparé. » Juxon passa ensuite une heure seul avec lui, et à dix heures le colonel Hacker vint lui annoncer qu'on l'attendait à White-Hall, où l'échafaud avait été dressé.

Une haie de soldats bordait la route de Saint-James au palais ; Charles la suivit à pied. Quand il fut arrivé, il demanda à être conduit dans son ancienne chambre à coucher, et employa les deux heures qui lui restaient en prières ou en conversations pieuses avec Juxon. Il apprit alors que les ambassadeurs des Provinces-Unies, Albert Joachim et Adrien de Pauw, étaient arrivés à Londres et avaient sollicité une audience des communes et de Fairfax ; que son fils, le prince de Galles, avait envoyé un blanc-seing où toutes les conditions qui devaient sauver son père pouvaient être insérées, et étaient d'avance accordées et scellées. Mais ces efforts étaient demeurés inutiles. Au bout de deux heures, en effet, Hacker vint annoncer que tout était prêt : « Marchez, lui dit Charles ; je vous suis. »

A l'extrémité de la longue salle des banquets on avait pratiqué dans la muraille une ouverture à laquelle l'échafaud attenait de plain-pied. La plate-forme était tendue de noir ; deux bourreaux masqués se tenaient à l'extrémité ; au dessous, des régiments de cavalerie et d'infanterie contenaient la foule des spectateurs. Charles s'avança d'un air ferme et recueilli, et, devant cet appareil de mort, sa contenance ne perdit rien de sa dignité, de son calme et de sa sérénité. La plupart des assistants étaient hors de la portée de la voix ; néanmoins il prit la parole, et, s'adressant au petit nombre de personnes qui l'entouraient, il protesta de son innocence, et expliqua les motifs qui avaient dirigé sa conduite : « Si j'avais « voulu, dit-il, être un roi absolu, si j'avais consenti à suivre la route de l'arbi- « traire, à décider les questions gouvernementales par le tranchant du glaive, je ne « serais pas ici. Je meurs martyr du peuple. Puisse Dieu ne pas le charger de ce « crime! L'Éternel voit mon cœur ; je meurs chrétien suivant la foi de l'église « d'Angleterre comme elle me fut transmise par mon père. » Et, se tournant vers Juxon, il lui dit : « Ma cause est bonne, et j'ai pour moi un Dieu source de toute « miséricorde. » — « Vous n'avez plus qu'un pas à faire, répondit Juxon ; il est diffi- « cile et plein d'angoisse, mais il est court! et vous portera de la terre au ciel. » — « Je passe, dit le roi, d'une couronne corruptible à une couronne incorruptible! » Alors il posa sa tête sur le billot, fit une courte prière, et donna le signal à l'exécu- teur en étendant les mains. La tête fut tranchée d'un seul coup. L'un des bour- reaux s'en saisit et la présenta aux spectateurs, en criant d'une voix forte : « Voici « la tête d'un traître! » De longs et sourds gémissements se firent entendre ; beau- coup de gens se précipitaient au pied de l'échafaud pour tremper leurs mouchoirs dans le sang du roi ; les compagnies de cavalerie dispersèrent à l'instant la multi- tude dans toutes les directions. Lorsque le cadavre eut été enfermé dans le cercueil,

Cromwell voulut le voir. Il le considéra attentivement : « C'était là, dit-il, un corps bien constitué et qui promettait une longue vie. »

Le corps du roi, remis au comte de Richmond, fut embaumé et déposé à Windsor, dans la chapelle de Saint-Georges, près des restes de Henri VIII et de sa troisième femme, Jeanne Seymour. Sur le cercueil furent gravés ces seuls mots :

CHARLES, ROI.

Costumes du temps de Charles Ier.

STATUE DE CHARLES Iʳ A CHARING-CROSS.

RÉPUBLIQUE.

(1649 – 1653)

Le jour même de la mort de Charles Iᵉʳ, la chambre des communes fit publier à Cheapside une ordonnance qui déclarait traître « qui- « conque proclamerait à sa « place Charles Stuart, son « fils, communément ap- « pelé le prince de Galles, « ou toute autre personne « à quelque titre que ce « fût. » Le 7 février, cette déclaration fut confirmée par un acte ainsi conçu : « L'expérience ayant dé- « montré que la royauté « est, dans ce pays, inutile, « onéreuse et dangereuse pour la liberté, la sûreté et le bien du peuple, dès ce « jour elle est abolie. » Un nouveau grand sceau fut adopté ¹ (la gravure en avait été ordonnée dès le 9 janvier); sur sa face était figurée la carte d'Angleterre et d'Irlande, et les armes de ces deux pays; le revers portait la représentation de la chambre des communes, avec cet exergue proposé par Henri Martyn : « L'an pre- mier de la liberté restaurée par la bénédiction de Dieu. » Les statues de Charles Iᵉʳ, élevées à la Bourse, à Charing-Cross, et dans d'autres lieux, furent abattues; et, sur le piédestal, on écrivit ces mots : « Exit tyrannus regum ultimus anno libertatis

---

1. Ce sceau n'existe plus, et l'on ne possède que celui de l'année 1651 qui est du reste, sauf la date, absolument semblable au premier. C'est celui-là que nous donnons ici. La légende porte ces mots : THE GREAT SEALE OF ENGLAND 1651, *le grand sceau d'Angleterre* 1651. Le contre-sceau, ou revers, portant la représentation de la chambre des communes, est placé en cul-de-lampe à la fin de ce chapitre. On y lit en légende : IN. THE. THIRD. YEARE. OF. FREEDOME. BY. GODS. BLES SING. RESTORED. 1651, *Dans la troisième année de la liberté restaurée par la bénédiction de Dieu.*

« Angliæ restitutæ primo, anno Domini 1648 [1]. Jan. 30. » Le 6 février, la veille du jour où les communes avaient solennellement prononcé l'abolition de la royauté, elles avaient déclaré, après de longs débats et à la majorité de quarante-quatre voix contre vingt-neuf, « que la chambre des pairs, inutile et dangereuse, était désormais supprimée. »

Elles confièrent ensuite à cinq membres, Lisle, Scot, Ludlow, Holland et Robinson, dont l'intégrité, le désintéressement et l'amour du bien public étaient reconnus de tous, la nomination, sauf approbation de la chambre, de trente-cinq personnes qui devaient composer un conseil exécutif, rééligible tous les ans. Cinq pairs, les comtes de Pembroke, de Salisbury, de Denbigh, de Mulgrave, et lord Grey de Werke, en firent partie; presque tous les autres membres furent pris dans la chambre des communes. Le conseil, ainsi formé, se partagea pour l'expédition des affaires en différents comités, et choisit Bradshaw pour son président. Le secrétaire pour la correspondance étrangère était Milton. Les décrets du conseil furent rendus au nom des « gardiens des libertés d'Angleterre. » La chambre exigea des juges la promesse de fidélité à la république; remplaça le petit nombre de ceux qui se refusèrent à ce serment, et consentit à réadmettre tous les députés expulsés par Pride qui désavouèrent publiquement la déclaration que les concessions de Charles fournissaient une base suffisante pour l'organisation du gouvernement. Elle se trouva dès lors composée de cent cinquante membres environ.

Jusqu'alors les indépendants avaient montré de la modération dans leur triomphe; mais, pour quelques esprits fanatiques et exaltés, ce n'était pas assez du sang de Charles 1er, il fallait encore celui de ses défenseurs, de ses complices. Le duc de Hamilton, le comte de Holland, Goring, comte de Newport et de Norwich, lord Capel et sir John Owen, faits prisonniers dans les derniers combats livrés par Cromwell et Fairfax, avaient déjà été condamnés quelques mois auparavant par la chambre des communes, Hamilton à une amende de 100,000 livres sterling, et les autres à une prison perpétuelle; mais on voulait du sang. La résolution de la chambre fut annulée, et une haute cour de justice instituée pour juger ces partisans de la royauté. Ils invoquèrent en vain les lois de la 'guerre, alléguant qu'ils avaient obtenu quartier; Hamilton, Écossais, n'avait d'ailleurs agi que par les ordres du parlement d'Écosse. Bradshaw, président de la haute cour, lui répondit que s'il était duc d'Hamilton en Écosse, il était comte de Cambridge en Angleterre, et que le quartier accordé sur le champ de bataille pouvait remettre au fourreau le glaive du vainqueur, mais n'était pas une sauvegarde contre la vengeance des lois. Les cinq accusés furent condamnés à mort par la cour. La sentence du duc de Hamilton et celle de lord Capel, confirmées à l'unanimité par la chambre, reçurent immédiatement leur exécution. Lord Holland comptait de nombreux amis parmi les indépendants, et les larmes de sa femme lui obtinrent un sursis; mais les saints se révoltèrent: Holland était un apostat de la cause! Après une vive contestation, sa mort fut résolue à la majorité d'une seule voix. Une seule voix aussi, celle du prési-

---

1. Vieux style; l'année anglaise ne se réglait pas encore sur le calendrier grégorien et commençait le 24 mars.

dent Lenthal, sauva Goring. Owen aussi fut acquitté. Charles, prince de Galles, et Jacques, duc d'York, ainsi qu'un grand nombre de lords et de gentilshommes, furent condamnés au bannissement et leurs biens confisqués.

Ce fut de l'armée, où les opinions des niveleurs avaient fait de rapides progrès, que vint la première opposition au nouveau gouvernement. John Lilburne était à la tête de ces sectaires; et quoique, afin de lui fermer la bouche, on eût voté en sa faveur une indemnité de 3,000 livres sterling, il présenta à la chambre une pétition dans laquelle il blâmait énergiquement la mesure qui bornait à six mois, en deux années, la durée des sessions du parlement, et livrait durant dix-huit mois le gouvernement de la nation au conseil d'état. Son exemple fut imité. Nombre d'autres pétitionnaires demandèrent qu'un parlement nouveau fût élu tous les ans, et qu'aucun membre ne pût être réélu deux années de suite; qu'un comité de la chambre exerçât le pouvoir suprême; que l'acte de renoncement à soi-même devînt obligatoire; que les commandements dans l'armée ne fussent que temporaires; que la haute cour de justice et le conseil d'état, instruments possibles de tyrannie, fussent abolis; que les procédures se fissent en langue anglaise; qu'on supprimât l'excise et les douanes; qu'on vendît les terres des délinquants pour indemniser les partisans de la bonne cause; qu'on réformât la religion « selon la volonté de Dieu; » que nul ne fût poursuivi pour cas de conscience; qu'on abolît les dîmes, et qu'on fixât à 100 livres sterling par an le traitement des ministres du Seigneur. Dans une série de pamphlets, Lilburne réclamait en outre pour tous les citoyens une égale distribution de propriétés et de pouvoir. L'un de ces libelles fut déclaré séditieux par le parlement, et un ordre du conseil emprisonna son auteur et trois de ses principaux adhérents. En même temps, Fairfax défendit, sous des peines sévères, les réunions d'officiers et de soldats qui tendaient à mettre le désordre dans l'armée.

Ces mesures ne suffirent pas pour ramener le calme. Le parlement avait décidé d'envoyer un corps d'armée en Irlande, et les régiments qui devaient être employés à cette expédition avaient été désignés par la voie du sort; mais ils refusèrent de marcher sous prétexte que ce n'était qu'un artifice pour éloigner du royaume les véritables amis de la patrie, quand leur présence était nécessaire pour établir sur une base durable les libertés de la nation. On fut obligé d'en venir à des mesures de rigueur, et l'un des mutins fut fusillé. Une foule de mécontents accompagnèrent son corps couvert de branches de romarin trempées dans son sang, et ces funérailles, où des cris de vengeance furent proférés, annoncèrent au parlement qu'il était urgent de prendre des mesures énergiques. Plusieurs régiments ayant annoncé l'intention de se réunir et de marcher sur Londres, furent arrêtés dans leur résolution par l'activité de Fairfax et de Skippon, et la chambre déclara coupables de haute trahison les soldats qui tenteraient de changer le gouvernement. Le colonel Reynolds dissipa à Banbury un corps rassemblé par le capitaine Thompson pour venger « septante-sept fois » les souffrances de Lilburne et des martyrs, ses compagnons d'infortune. Près de Bedford, Fairfax et Cromwell réduisirent un corps nombreux de cavalerie et d'infanterie à mettre bas les armes, firent exécuter un cornette et deux caporaux, et, après une détention de quelques jours, dispersèrent huit cents prisonniers dans divers régiments. Ces avantages déconcertèrent les plans des niveleurs, et firent avorter les soulèvements partiels préparés dans divers comtés. Le parlement, le conseil d'état, et celui de l'armée, en rendirent grâce au ciel, en assistant à un service solennel, et la ville de Londres leur offrit un banquet à Grocer-Hall. Le président Lenthal y reçut du lord-maire l'épée de l'état comme jadis la recevaient les rois; il s'assit à la place d'honneur, ayant à sa droite le lord général Fairfax, et à sa gauche le président du conseil d'état, Bradshaw.

Cependant, la situation de l'Irlande méritait toute l'attention du parlement. Le duc d'Ormond y avait proclamé le prince de Galles, sous le nom de Charles II; et lord Inchinquin dans le Munster, les régiments écossais dans l'Ulster, le conseil suprême à Kilkenny, et la masse des habitants catholiques s'étaient déclarés pour lui et avaient reconnu Ormond pour son lieutenant; les généraux parlementaires étaient bloqués, Monk à Belfast, Coote à Londonderry, Jones à Dublin; le prince Rupert, avec les vaisseaux qui s'étaient déclarés pour le roi, gardait et protégeait les côtes.

Cromwell reçut du parlement la charge de lord lieutenant et la mission de faire rentrer l'Irlande sous sa dépendance; une armée de douze mille vétérans, avec un approvisionnement considérable de munitions de guerre et de bouche, fut réunie à Milford-Haven. Après avoir appelé solennellement la bénédiction de Dieu sur ses armes, Cromwell, entouré d'une brillante compagnie de gardes du corps, prit la route d'Irlande (juillet 1649). Mais, avant son arrivée, le commandant de Dublin, Jones, avait surpris l'armée royale à Rathmines; l'artillerie, les tentes, les munitions, le bagage, étaient tombés dans les mains des vainqueurs qui firent trois mille prisonniers. Cromwell arriva peu de jours après la victoire de Rathmines. Sa première opération fut d'assiéger Drogheda, ville forte défendue par une garnison de deux mille cinq cents hommes d'élite. Deux assauts furent donnés sans succès; mais au troisième, commandé par Cromwell lui-même, les soldats parlementaires pénétrèrent dans la ville, et la saccagèrent de fond en comble. Le massacre dura cinq jours; la garnison fut passée au fil de l'épée, et mille infortunés sans défense, réfugiés dans la cathédrale, y furent immolés impitoyablement. De Drogheda, Cromwell se rendit à Wexford dont un traître livra la citadelle. Les scènes d'horreur et de meurtre y recommencèrent; trois cents femmes furent égorgées au pied d'une croix, et cinq mille habitants périrent sur les places, dans les rues, et dans les maisons. A la suite de ces événements, lord Broghil ramena à la cause républicaine les régiments séduits par Inchinquin, et les garnisons de Kinsale, de Cork, de Bandon, d'Youghall, reconnurent l'autorité parlementaire.

Cromwell ne donna, durant l'hiver, qu'un petit nombre de jours de repos à ses troupes, et, dès le 29 janvier 1650, il se remit en campagne, à la tête d'une belle armée de vingt mille hommes. Il éprouva peu de résistance dans le Connaught, le Leinster et le Munster, et en peu de mois il réduisit la plupart des villes et châteaux des comtés de Tipperary, Limerick et Kilkenny, dont il fit mettre à mort presque toutes les garnisons. Exaspérés par tant de cruautés, ses ennemis se défendirent dès lors avec le courage du désespoir, et Cromwell, pour épargner ses soldats, fut obligé d'accorder des capitulations honorables aux dernières forteresses qu'il attaqua. Après s'être emparé de la ville forte de Clonmel, il laissa à Ireton le soin de terminer la conquête de l'Irlande, et retourna en Angleterre, où le rappelait le parlement, pour une entreprise plus importante et plus difficile.

Au moment où Ormond avait proclamé en Irlande le fils de Charles Ier, il avait engagé le jeune prince à venir lui-même soutenir ses prétentions. Mais, retenu à la cour de Saint-Germain par les charmes d'une maîtresse, Charles n'arriva à Jersey qu'après la désastreuse bataille de Rathmines. Là, deux commissaires, envoyés par le parlement d'Écosse, qui, après la mort de son père, l'avait proclamé roi d'Écosse, d'Angleterre, de France et d'Irlande, vinrent le trouver et lui offrir la couronne, mais à de rigoureuses conditions; Charles devait s'engager à approuver le covenant; à se gouverner par les conseils du parlement pour les affaires civiles et militaires, et par ceux de l'assemblée des saints pour les affaires ecclésiastiques; à bannir de sa cour tous ses amis et les serviteurs de son père, tous les royalistes qui comme Montrose avaient exposé leur vie pour sa cause; tous ceux enfin qui n'avaient pas juré le covenant. Charles hésita longtemps; il préférait se rendre en Irlande, où on le reconnaissait pour roi sans conditions. Les succès de Cromwell le forcèrent à traiter avec les Écossais; il consentit à une conférence, et fixa la petite ville de Breda, en Hollande, pour le lieu de la réunion. Son but était surtout de gagner du temps en attendant les résultats de la commission secrète qu'il avait donnée à Montrose.

Montrose était en effet parti pour l'Écosse, à la tête de cinq cents aventuriers allemands. Il avait recruté quelques hommes dans les Orcades et avait reparu dans les Highlands, espérant, avec le secours des clans des hautes terres, vaincre le parti des covenantaires, et remettre Charles sur le trône par la seule force de ses armes. Mais son nom avait perdu l'influence magique qui faisait accourir jadis les montagnards sous sa bannière. Attaqué par David Leslie avec quatre mille hommes, près de Corbiesdale (17 avril 1650), il se vit abandonné de ses troupes. Lui-même, trahi par un ami auquel il s'était confié, fut livré aux covenantaires. La haine de ces fanatiques l'accabla de toutes les indignités, de tous les outrages. Aux portes d'Edimbourg, les magistrats qui l'attendaient le firent placer sur une charrette, les bras liés d'une corde et la tête nue; vingt-trois officiers, compagnons de son malheur, marchaient deux à deux devant lui, précédés par le bourreau. Quelques jours après, son procès commença. Montrose parut devant le parlement avec un maintien calme et plein de dignité, et se défendit avec noblesse et grandeur. Mais il était condamné d'avance. Il fut pendu à un gibet haut de trente pieds; sa tête, coupée sur un échafaud, fut clouée à la porte de la prison, ses bras aux portes de Perth et de Stirling, ses jambes à celles de Glasgow et d'Aberdeen, son corps enterré par le bourreau, avec ceux des malfaiteurs (21 mai 1650). Plusieurs autres officiers d'une haute naissance subirent le même sort.

Ces exécutions firent connaître à Charles que, s'il voulait régner en Écosse, il lui fallait se soumettre sans réserve aux conditions des commissaires. Il écrivit au parlement une lettre où il blâmait l'entreprise de Montrose, protestait qu'elle avait été faite à son insu, et signa un traité par lequel il s'engageait : à adhérer au covenant; à ne jamais permettre le libre exercice de la religion catholique en

Irlande, ni en aucune partie de ses états; à reconnaître l'autorité de tous les parlements tenus depuis la dernière guerre; à administrer les affaires civiles avec l'avis du parlement, les affaires religieuses avec celui de l'église. Le 2 juin 1650, il s'embarqua sur une flotte de sept vaisseaux que lui confia le prince d'Orange, et arriva en sûreté au détroit de Cromartie. Les Écossais le reçurent avec les honneurs dus à son rang, et le parlement vota une somme annuelle de 9,000 livres sterling pour les dépenses de sa maison. Avant son arrivée, une sentence de bannissement avait été prononcée contre la plupart de ses compagnons.

L'arrivée de Charles en Écosse était le motif du rappel de Cromwell. Ce général fut accueilli à Londres avec acclamations. On lui donna pour résidence le palais de Saint-James, et une dotation considérable en terres devint la récompense de ses exploits. Peu de jours après, Fairfax fut nommé général en chef de l'armée destinée à combattre en Écosse, et Cromwell, lieutenant général. Fairfax, qui désapprouvait cette guerre faite à des presbytériens en violation du covenant, prétexta sa mauvaise santé, résigna sa commission, et se retira dans ses domaines patrimoniaux du Yorkshire. Le commandement en chef de toutes les troupes levées ou à lever par ordre du parlement fut remis à Cromwell.

Avec son activité ordinaire, il avait passé la Tweed (juillet) avant que les levées écossaises eussent quitté leurs comtés respectifs, et ce ne fut qu'à Leith qu'il rencontra l'armée ennemie; mais durant un mois, et par une tactique qui fatiguait excessivement les troupes anglaises, le général Leslie parvint à éviter tout engagement. A la fin ses conseillers firent violence à sa prudence, et le déterminèrent à combattre.

L'affaire s'engagea près du château de Dunbar (3 septembre 1650). Les lanciers écossais, soutenus par une formidable artillerie, rompirent d'abord la cavalerie anglaise, et se précipitèrent sur l'infanterie qui s'avançait; mais Cromwell, s'adressant à son régiment, s'écria : « Que le Seigneur se lève et dissipe ses ennemis! » et aussitôt il fondit sur les lanciers avec tant de vigueur qu'il les mit en déroute complète. Une terreur panique saisit les Écossais; ils jetèrent bas les armes, et se sauvèrent de toutes parts, laissant sur le champ de bataille trois mille morts, leur artillerie, leurs munitions, leurs bagages, et dix mille prisonniers. La défaite de Dunbar amena la reddition de Leith, d'Édimbourg, et de toute la contrée voisine du Forth.

Le comité de l'église se répandit en lamentations sur les causes de cette calamité nationale et l'attribua surtout à l'impiété des « méchants » qui formaient la société du roi. Charles seul ne regarda pas le désastre de Dunbar comme un grand malheur et il en conçut l'espoir de se délivrer de la tyrannie des mystiques exaltés dont il était le servile instrument. Il se mit en relation avec les royalistes des montagnes et leurs chefs, Athol, Huntley et Murray, et, sortant un jour de Perth, sous le prétexte d'une chasse à l'oiseau, échappa à ses surveillants par une fuite rapide, et se dirigea vers les Highlands; mais, atteint par le colonel Montgomery qui lui montra deux régiments de cavalerie à peu de distance, il fut ramené à Perth où il donna pour excuse un avis d'après lequel on avait dû, le jour même, le livrer à Cromwell. Cette escapade (*start*) fit triompher, dans le conseil d'Écosse, le parti qui approuvait l'exécution du dernier roi et blâmait la concession d'autorité faite à son fils, ne fût-elle que nominale. Deux ministres presbytériens, Guthrie et Gillespie, étaient les chefs de ces énergumènes qui comptaient de nombreux amis dans le parlement et dans l'église. Afin de réparer le désastre de Dunbar, le comité des états autorisa Gillespie à prêcher une sorte de croisade dans les comtés de Galloway, Renfrew, Ayr, Dumfries, et Wighton, où dominait le rigorisme le plus prononcé. Les sermons du missionnaire rassemblèrent en peu de temps cinq mille hommes de cavalerie, sous les ordres de Kerr et de Strachan. Ces troupes inspirées refusèrent d'abord d'obéir à Leslie, mirent en question la légitimité même de la guerre, et présentèrent au comité des états une remontrance par laquelle elles déclaraient que le traité fait avec le roi était illégal et criminel, et accusaient les gouvernants d'avoir le projet d'envahir l'Angleterre. Après de vains efforts pour adoucir ces fanatiques, le parlement condamna la remontrance comme séditieuse, fit disperser les troupes rebelles, et pour augmenter l'autorité de Charles ordonna la célébration de son couronnement (1er janvier 1651). Le parlement déclara Strachan traître et apostat, proscrivit ses adhérents, et permit au jeune roi, qui avait forcé ses amis à satisfaire la sévérité de l'église par une pénitence publique, de prendre le commandement de l'armée et marcher à l'ennemi avec Leslie et Middleton, qui le servaient en qualité de lieutenants.

Charles signala sa nouvelle autorité par une audacieuse résolution. Dépassant l'armée écossaise, Cromwell venait par une pointe hardie de s'emparer de la ville de Perth (2 août 1651). Charles l'imita aussitôt. La route d'Angleterre était libre; il s'y jeta espérant qu'à son arrivée tous les royalistes et les mécontents viendraient se joindre à lui. Le 6 août, il entrait dans Carlisle, ayant l'avantage de trois journées de marche sur l'armée anglaise. Mais Cromwell avait prévu ce mouvement; il détacha Lambert et Harrisson avec chacun trois mille hommes de cavalerie afin d'inquiéter l'arrière-garde et les flancs de l'armée royale, laissa Monk en Écosse avec cinq mille hommes seulement, et, suivi de dix mille soldats, prit en hâte la direction d'York. Charles s'avançait avec la plus grande rapidité, et avait déjà atteint Worcester. Malgré ses proclamations et ses appels aux royalistes fidèles, son armée ne s'était pas augmentée et il ne comptait pas plus de douze mille hommes sous ses drapeaux. Cependant la terreur régnait dans Londres et déjà l'on accusait Cromwell de s'entendre avec le roi, lorsque le général parut tout à coup devant Worcester. Une multitude de corps détachés s'étaient réunis à lui, et plus de trente mille hommes composaient son armée. Durant quelques jours, diverses attaques partielles abattirent et relevèrent successivement les espérances des deux partis; enfin, le 3 septembre, un combat terrible s'engagea sous les murs de Worcester. Après une lutte acharnée, les royalistes plièrent et s'enfuirent en désordre dans les rues de la ville. Charles, à cheval au milieu d'eux, les conjurait de reprendre courage et de le suivre encore au champ de bataille; mais ils jetèrent leurs armes. « Tuez-moi donc, leur criait le prince; je ne dois pas survivre à votre honte! » L'ennemi pénétrait alors dans Worcester, les amis du monarque l'obligèrent à pourvoir à sa sûreté.

Le parlement mit aussitôt à prix la tête de Charles Stuart, et menaça des peines de la haute trahison quiconque lui donnerait asile, ou lui porterait des secours. Des troupes à cheval parcoururent tous les comtés ; les magistrats exercèrent une stricte surveillance sur les havres et ports de mer, et firent des recherches dans toutes les maisons suspectes. Mais ce fut en vain.

Charles avait quitté le champ de bataille suivi seulement d'une soixantaine de compagnons. Sur l'avis du comte de Derby, il renvoya ces amis, trop faibles pour résister longtemps aux détachements qui le poursuivaient, et presque seul alla chercher un refuge à Boscobel-Cottage, métairie écartée, appartenant à un gen-

Boscobel - Cottage.

tilhomme royaliste du Staffordshire. Là, pour le déguiser, on lui teignit les mains et le visage, on lui coupa les cheveux au ras de la tête, on lui donna les habits grossiers d'un ouvrier, et on lui mit une cognée à la main. Durant quelques jours, il n'eut pour lit qu'un peu de paille sous les arbres, et pour nourriture que le pain grossier de la ferme ; il fut même obligé, à plusieurs reprises, de monter sur un chêne d'où il vit passer à ses pieds les soldats qui le cherchaient. Ce chêne, vénéré depuis dans la contrée, reçut à la restauration le nom de chêne royal. Charles parvint enfin à gagner Bristol où il arriva déguisé en domestique. Là, il retrouva lord Wilmot, un de ses plus dévoués serviteurs, qui le détermina à se rendre à Trent près de Sherburn, chez le colonel Windham, cavalier, dont la fidelité lui était connue. Après plusieurs jours employés à chercher un navire dont le capitaine voulût bien transporter un seigneur et son valet sur les côtes de France, Wilmot en trouva un à Charmouth ; mais, au jour fixé, le navire ne parut point dans la baie. Il fallut se séparer de nouveau. Charles entra hardiment dans la petite ville de Bridport avec Windham, auquel il servait de domestique, et traversa un corps de quinze cents soldats prêt à s'embarquer pour une expédition dans l'île de Jersey. Pendant ce temps, et après bien des recherches, Wilmot avait rencontré le capitaine de son vaisseau ; mais cet homme avait découvert la vérité, et rien ne put le déterminer à renouveler son premier engagement. On retint un second navire à Southampton ; il fut mis en réquisition pour un transport de troupes. Enfin, le colonel Gunter parvint à s'assurer d'un bateau charbonnier à New-Shoreham. En soupant dans ce dernier lieu avec Tattershall, le maître du bâtiment, Charles s'aperçut que celui-ci le regardait fixement, comme un homme qui cherche à retrouver ses souvenirs. Tattershall en effet prit à part Gunter, se plaignit d'avoir été trompé, et déclara qu'il reconnaissait le passager pour le prince de Galles, mais il lui promit, en invoquant le nom de Dieu, de le déposer sain et sauf sur les rivages de France. Le lendemain, en effet, le prince et lord Wilmot abordèrent à Fécamp, sur les côtes de Normandie, après quarante jours de périls presque continuels, auxquels Charles n'avait échappé que par son sang-froid et son adresse, et par la fidélité inviolable de tous ceux à qui il avait été obligé de se confier.

La victoire de Worcester avait consolidé dans les trois royaumes le triomphe de la république. Les îles de Man, de Scilly, de Jersey, de Guernesey, ne tardèrent pas à se soumettre. En Irlande, Ireton avait poursuivi sans relâche la carrière de triomphes ouverte par Cromwell. La forteresse de Trecogham, défendue avec une rare vaillance par lord Fitzgerald, tomba malgré ses efforts sous les coups des républicains ; Duncannon, Charlemont, Carlow, Waterford, capitulèrent. Enfin, après une résistance opiniâtre, Limerick ouvrit ses portes. Ce fut la dernière con- quête d'Ireton ; il mourut d'une maladie pestilentielle qui ravageait l'Irlande occi- dentale (novembre 1651). Aussi bon général que politique éclairé, Ireton était le seul qui, par sa haute vertu, son désintéressement et l'énergie de son caractère, eût pu prendre quelque ascendant sur Cromwell. Sa mort et la retraite de Fairfax laissèrent la république exposée presque sans défense aux projets ambitieux du lord général. Le corps d'Ireton fut, par ordre du parlement, transporté à Lon- dres, exposé sur un lit de parade au palais de Sommerset, et inhumé parmi ceux des rois, dans la chapelle de Henri VII.

Ludlow remplaça Ireton au commandement de l'armée. Les catholiques, las de la guerre, ne tardèrent pas à mettre bas les armes, et, au mois de mai 1652, l'Ir- lande se trouva conquise en totalité. Le général Lambert avait d'abord succédé à Ireton dans les fonctions de lord député ; mais la veuve d'Ireton, fille de Crom- well, ayant épousé Fleetwood, on rappela Lambert, et Fleetwood reçut, avec le titre de lord député, le commandement général des troupes et la direction de l'ad- ministration civile, pour laquelle on lui adjoignit quatre commissaires. Afin d'as- surer à jamais la pacification du pays, on eut recours à l'expatriation forcée. Un acte du parlement bannit à perpétuité tous les officiers catholiques, en leur per- mettant d'enrôler les soldats qui avaient servi sous leurs ordres et de passer avec eux au service des puissances étrangères. Quarante mille hommes en état de porter les armes abandonnèrent en peu de mois une patrie qui n'avait plus pour eux que des rigueurs. Les femmes, les enfants, dont les maris et les pères avaient suc- combé aux chances de la guerre ou aux ravages de la peste, ou que l'envahissement de leurs demeures réduisait à la plus extrême détresse, furent jetés par milliers sur des vaisseaux qui faisaient voile pour les Indes occidentales, et on les envoya périr, pour la plupart, sur les rivages ou dans les forêts du Nouveau-Monde. On fait monter à plus de cent mille le nombre de ces déportés catholiques.

Le sort des propriétaires fut réglé par un acte parlementaire intitulé : « Acte pour la constitution d'Irlande. » Les biens de tous les grands possesseurs de terres condamnés à mort furent confisqués. Les royalistes qui avaient porté les armes et obtenu capitulation perdirent les deux tiers de leurs propriétés; les catholiques qui ne s'étaient pas prononcés ouvertement en faveur du système parlementaire, un tiers seulement de leurs terres, et l'on accorda pleine et entière amnistie à ceux qui ne possédaient pas en tout une valeur de 10 livres sterling de revenu. On parqua, pour ainsi dire, les catholiques dans le Connaught et dans le comté de Clare, au-delà du Shannon; les comtés de Waterford, de Limerick, de Tipperary dans le Munster; d'Antrim, de Down, d'Armagh dans l'Ulster; de West-Meath et East-Meath, du Roi et de la Reine dans le Leinster, furent partagés entre les Anglais à qui l'état devait plusieurs années de solde, ou qui avaient avancé des fonds pour aider à la conquête de l'Irlande. Les confiscations faites dans les comtés de Kildare, de Dublin, de Cork et de Carlow furent réservées pour les besoins du gouvernement, et l'on affecta celles des autres comtés au paiement de la dette publique. Jamais contrée conquise n'avait été soumise à des traitements aussi rigoureux. Un grand nombre de propriétaires dépossédés refusèrent, malgré les sévères proclamations des commissaires, de se transporter dans le Connaught et le Clare. Ils se réunirent, se retirèrent dans des marais, formèrent des corps armés, et ne subsistèrent que des déprédations qu'ils exercèrent sur les usurpateurs de leurs terres. On les appelait *rapperees* ou *tories* [1]. Dans certains districts, on mit leurs têtes à prix, deux cents livres sterling pour celle d'un chef de bande; quarante livres pour un simple royaliste ou tory.

La loi martiale vint ajouter son sanglant arbitraire aux rigueurs des ordonnances. On punissait de mort quiconque possédait des armes; toute réunion de quatre personnes fut déclarée illégale et factieuse. On obligea tous les catholiques à se munir de passe-ports, ne fût-ce que pour s'éloigner d'un mille, et même pour aller vendre des denrées aux marchés, et tout Irlandais transplanté, rencontré sur la rive gauche du Shannon, pouvait être tué par le premier venu sous prétexte de violation des lois. On outrageait incessamment ces malheureux dans ce qu'ils avaient de plus cher, et leurs propriétés, leur liberté, leur vie étaient à la merci des colons étrangers, des chefs de postes militaires, de tous les petits tyrans qui les environnaient.

Les Irlandais avaient principalement combattu pour le maintien de leur religion, et lorsqu'ils se soumirent, on leur avait promis qu'ils ne seraient pas contraints à assister aux cérémonies d'un culte que réprouvait leur conscience. Mais dès qu'ils cessèrent d'être à craindre, non-seulement on imposa une amende à ceux qui, le dimanche, se dispensaient d'assister au service paroissial, mais on enleva leurs enfants pour les élever en Angleterre. On proposa le serment d'abjuration à tous

---

1. Ce surnom, devenu celui des membres du parti aristocratique en Angleterre, dérivait du mot *tornighim* qui signifie poursuivre pour piller.

les jeunes gens âgés de vingt-un ans, et sur leur refus on les condamna à la prison
et à la perte des deux tiers de leurs propriétés. Les prêtres catholiques reçurent
l'ordre de quitter l'Irlande sous peine de mort, et la même peine fut attachée au
crime de leur donner asile. La persécution fut terrible. L'espoir des récompenses
animait les délateurs. Nombre de prêtres ne purent cependant se déterminer à
abandonner leurs ouailles dans la détresse. Cachés dans les marais, dans les
cavernes des montagnes, ils en sortaient la nuit, bravant tous les périls, pour
distribuer à leurs frères opprimés les consolations de la religion.

La condition de l'Écosse ne fut pas beaucoup plus heureuse.

Tandis que Cromwell détruisait à Worcester l'armée écossaise, Monk se rendait
maître de Stirling et envoyait à Londres, comme un trophée, les archives nationales
et les insignes et vêtements royaux conservés dans cette place que la présence
d'un vainqueur n'avait jamais souillée. Il s'emparait à Ellet, dans le comté d'Angus,
des membres des comités des états et de l'église, de plusieurs pairs, et des personnes les plus considérables de la noblesse, qu'il dirigeait sur la capitale de l'Angleterre; et, se rejetant sur Dundee, il enlevait d'assaut cette place et en massacrait
tous les habitants. Les villes de Montrose, de Saint-Andrews, d'Aberdeen,
effrayées, demandèrent à capituler, ainsi que la plupart des forteresses. Pour
tenir constamment les Écossais en respect, le parlement fit ériger des citadelles en
pierre à Ayr, Perth, Inverness, Leith, et traverser les montagnes par une longue
chaîne de postes militaires. Alors, maître absolu, il abolit toute autorité qui ne
dérivait pas de la sienne. Des juges anglais furent envoyés pour remplacer les
membres des cours de justice. Les domaines de la couronne devinrent propriétés
nationales; enfin, on annonça aux Écossais que le parlement d'Angleterre entendait incorporer les deux états dans une même république. Cette mesure parut à
toute la nation le comble du malheur; les ministres, en chaire, défendirent au
peuple de s'y conformer; mais les commissaires anglais, forts de la puissance de
l'épée, rassemblèrent à Dalkeith les représentants des comtés et des bourgs, et
ne leur laissèrent d'autre alternative qu'une adhésion complète à cette réunion ou
la ruine de leur patrie. Dans une seconde assemblée tenue à Édimbourg, vingt-un
députés furent choisis pour traiter à Westminster, avec les commissaires du parlement, des conditions de la réunion.

Partout victorieuse sur son territoire, la république faisait aussi respecter son
pavillon à l'étranger. Un des premiers soins du conseil avait été de relever la marine de l'état de dépérissement où l'avaient laissée tomber les Stuarts. Grâce aux
efforts du comité maritime, et surtout aux dispositions habiles, aux mesures éclairées de sir Henri Vane, le pouvoir naval de l'Angleterre ne tarda pas à briller d'un
nouveau lustre. Blake, officier de l'armée de terre, déjà illustre par sa belle
défense des villes de Taunton et de Wells, avait remplacé le comte de Warwick
dans le commandement de la flotte et reçu l'ordre d'aller combattre le prince
Rupert qui, à la tête de la flotte révoltée, croisait depuis longtemps dans le canal
d'Irlande et dont les pirateries avaient causé des pertes immenses au commerce
anglais. Rupert fut contraint de gagner les côtes de Portugal, et trouva un abri
dans les eaux du Tage. L'amiral Blake le suivit avec dix-huit vaisseaux et demanda

au roi de Portugal, Jean, la permission de l'attaquer. Le roi s'y étant refusé, Blake se vengea sur le commerce portugais, et força Jean, effrayé, à solliciter un accommodement.

Les talents de l'amiral anglais allaient avoir pour se développer un plus vaste théâtre. Depuis longtemps, les Provinces-Unies, étaient divisées en deux partis, le parti démocratique ou bourgeois, et le parti aristocratique, composé des nobles, du clergé et du bas peuple. A la tête de ce dernier était le stathouder Guillaume II, prince d'Orange. Imitant son beau-père, Charles Iᵉʳ, mais plus heureux que lui, ce prince était parvenu à étendre son pouvoir au détriment des libertés publiques ; mais à sa mort [1] (1650), le parti démocratique reprit le dessus ; le stathoudérat fut aboli à perpétuité, et le pouvoir exécutif confié à un magistrat appelé grand pensionnaire, qui était garde des sceaux, chargé des affaires étrangères et directeur des États généraux. Ce triomphe de la cause démocratique fit concevoir au parlement anglais le projet d'une union qui devait faire des Provinces-Unies, de l'Angleterre, de l'Écosse et de l'Irlande une seule et vaste république ; et l'un des principaux membres du conseil d'état, Saint-John, lord grand juge, fut désigné pour aller en Hollande conduire cette importante négociation avec les États généraux. Saint-John hésita avant d'accepter. Quelques années auparavant, Dorislaus, envoyé de la république, avait été assassiné à La Haye, par six Écossais de la suite de Montrose ; Antony Asham, ambassadeur en Espagne, avait éprouvé le même sort à Madrid. Il partit cependant, et fut reçu avec les plus grands honneurs ; mais il s'aperçut bientôt que les États ne semblaient pas disposés à accéder aux propositions dont il était porteur. La populace, toute dévouée à la maison d'Orange, manifesta hautement par des sifflets et des murmures son peu de penchant pour l'union projetée, et Saint-John, exaspéré par ces insultes, par celles que lui ou les gens de sa suite recevaient journellement des royalistes anglais réfugiés à La Haye, prit congé des États. « Je vois, dit-il en les quittant, que vous attendez pour vous « décider l'issue de la guerre avec l'Écosse. » (La bataille de Worcester n'était pas encore livrée.) « Beaucoup de membres du parlement prétendaient en effet qu'il « nous fallait d'abord finir cette affaire, ce qui ne sera pas long, puis attendre vos « envoyés. Je pensais mieux de vous, et m'étais trompé sur votre compte. Mais, « croyez-moi, vous vous repentirez bientôt d'avoir rejeté mes offres d'alliance. »

Le retour de Saint-John en Angleterre fut en effet signalé par une mesure qui devait porter un coup terrible au commerce et à la marine des Provinces-Unies. Courtiers de l'Europe, les Hollandais avaient jusqu'alors presque exclusivement accaparé le transfert, sur leurs vaisseaux, des provenances des divers pays. C'était cette position qu'il fallait leur ravir. « L'Angleterre et les Provinces-Unies, dit sir « Henri Vane, ayant toutes deux besoin de commerce, sont irréconciliables ; il « faut de trois choses l'une : ou bien que les deux peuples soient confondus en un « seul, ou bien que l'Angleterre subjugue la Hollande, ou enfin que, par tout un « système de prohibitions ou d'entraves, la première écrase la seconde. »

---

1. Huit jours après la mort de Guillaume II, sa femme donna naissance à un fils ; ce fut le célèbre Guillaume III, qui devait un jour régner sur l'Angleterre.

De ces trois choses, la dernière seule était possible ; elle fut réalisée par l'adoption de « l'acte pour l'accroissement de la marine et l'encouragement de la navigation en Angleterre. » Cet acte, que l'on doit regarder comme la source de la prospérité commerciale et maritime de l'Angleterre, déclarait : « que désormais il ne serait importé ni exporté aucunes denrées ni marchandises dans toutes les colonies appartenant à la république en Asie, Afrique ou Amérique, que sur des vaisseaux construits en Angleterre, propriétés de sujets anglais, et dont l'équipage serait pour les trois quarts composé de matelots anglais ; que les marchandises et denrées d'Europe ne pourraient être apportées en Angleterre que par des vaisseaux anglais ou appartenant au pays qui produisait lesdites denrées ; que les poissons de toute espèce qui n'auraient pas été pêchés par des vaisseaux anglais, paieraient, pour être importés en Angleterre, un double droit de douane, etc., etc. »

Cet acte détruisait les deux principales branches du commerce hollandais, le colportage des denrées et la pêche maritime, aussi les États se hâtèrent-ils d'envoyer en Angleterre des ambassadeurs chargés de reprendre les négociations sur le projet d'union, et de demander du moins la suspension de « l'acte de navigation. » Ces demandes furent rejetées. La guerre était la suite obligée de ce refus ; et des deux côtés on s'y prépara ; une rencontre qui eut lieu dans les Dunes entre Blake et Van Tromp, amiral hollandais, en fut le premier acte. Les Anglais y eurent l'avantage et s'emparèrent de deux vaisseaux ennemis (17 mai 1652).

A la nouvelle de ce combat, les États envoyèrent à Londres le grand pensionnaire de Pauw pour déclarer que Tromp n'avait point eu l'intention d'attaquer la flotte anglaise, qu'il préparait sa chaloupe afin d'aller complimenter l'amiral Blake, lorsque cet officier avait donné l'ordre de commencer le feu. Le parlement fermant l'oreille à ces explications, répondit que le gouvernement anglais attendait satisfaction entière de toutes les pertes auxquelles les États l'avaient exposé par leurs préparatifs et leurs attentats, et qu'il exigeait d'eux une alliance qui unirait indissolublement les deux nations. Ces conditions étaient inadmissibles ; et de Pauw ayant perdu tout espoir de conciliation, retourna en Hollande. La guerre fut solennellement déclarée aux Provinces-Unies (19 juillet). Elle fut d'abord heureuse pour la république. Blake s'empara de l'escadre destinée à protéger les bâtiments de pêche hollandais, tandis que Van Tromp, envoyé pour s'opposer à ses tentatives, essuyait une tempête furieuse qui dispersa ses vaisseaux et lui fit perdre cinq frégates dont les Anglais s'emparèrent. Mais Tromp ne tarda pas à prendre sa revanche. Le 30 novembre, il rencontra Blake qui avait établi sa croisière dans les Dunes. Quoique inférieur en nombre de près de moitié, l'amiral anglais accepta intrépidement le combat ; il fut battu, perdit cinq grands vaisseaux, et ne dut son salut qu'à l'obscurité de la nuit.

Cette victoire rendait les Hollandais maîtres de la mer ; et Tromp put, pendant quelque temps, attacher à son grand mât un balai, emblème de son triomphe. Tandis que les États se livraient à l'enivrement du triomphe, le parlement redoublait d'efforts pour réparer sa disgrâce. Deux officiers distingués de l'armée de terre, les colonels Dean et Monk, furent adjoints à Blake, et le 18 février 1653, les deux flottes se trouvèrent en présence près du cap de la Hogue. Le combat dura deux jours; Blake y fut dangereusement blessé, Van Tromp regagna la Hollande sans être poursuivi; mais, quoique la perte en hommes fût à peu près égale des deux côtés, la victoire resta décidément aux Anglais, qui prirent ou coulèrent à fond un grand nombre de vaisseaux ennemis.

Vaisseaux anglais au dix-septième siècle.

Ce combat glorieux termina dignement la quatrième année de la république, mais ne la sauva pas des dangers plus immédiats qui la menaçaient à l'intérieur.

Depuis ses campagnes d'Irlande et d'Ecosse, Cromwell exerçait une immense action sur tous les esprits. Chef d'une armée nombreuse et dévouée, couronné par la victoire, courtisé par les envoyés étrangers, qui sollicitaient l'appui de son in-fluence, revêtu d'une puissance morale qui lui donnait sur la nation un empire plus étendu que le vaste pouvoir dont il semblait redevable à la volonté du parlement, ce général pouvait sans présomption se livrer aux rêves les plus hardis des âmes ambitieuses. On pressentit bientôt les projets qu'il nourrissait. A son retour de l'armée (décembre 1651), il avait réuni chez le président Lenthal les principaux officiers de l'armée et plusieurs membres de la chambre, et là avait mis en discus-sion la question de savoir quelle forme de gouvernement convenait le mieux à l'An-gleterre, une république pure ou une espèce de monarchie républicaine. Les officiers

se prononcèrent pour la république, les gens de loi pour la monarchie tempérée.
« Mais, dans ce cas, leur dit Cromwell, qui choisiriez-vous pour roi? » — « Charles
« Stuart ou le duc d'York, répondit-on, s'ils adhéraient aux principes posés par le
« parlement; autrement, le jeune duc de Glocester, dont l'âme neuve encore rece-
« vrait aisément des impressions favorables aux libertés nationales. » Cromwell
s'était attendu à un autre résultat; néanmoins il vit avec satisfaction que le gouvernement monarchique avait encore des partisans, même parmi les membres du
parlement.

Cependant un grand nombre de députés commençaient à s'effrayer des projets
du lord général et de son influence sur les soldats. Afin de lui enlever ce qui faisait
sa principale force, ils demandèrent et obtinrent le licenciement du quart de l'armée, et une réduction proportionnelle dans les taxes de guerre; peu de mois après,
ils proposèrent encore une réduction nouvelle. Cromwell répondit à ces mesures
par d'autres non moins habiles, en faisant remettre à l'ordre du jour deux questions depuis longtemps ajournées : celle de la dissolution du parlement actuel et
l'acte d'amnistie. Lui-même présenta sur cette dernière question un projet dont les
dispositions clémentes devaient lui concilier tous les esprits modérés, et discréditer
auprès de la majorité de la nation les républicains qui les repoussaient. En
même temps, et à son instigation, six officiers se présentèrent à la barre de la
chambre, pour inviter, au nom de l'armée, le parlement à s'occuper des grandes
améliorations attendues par le peuple, de la réforme des lois et des abus, du
paiement des arriérés, de la propagation de la religion, et non d'enlever à l'état
ses défenseurs.

En remettant à l'ordre du jour la question de la dissolution, Cromwell avait
espéré que le parlement fixerait le terme de ses séances à une époque peu éloignée.
Son dessein était alors de faire confier l'autorité souveraine à un conseil de quarante personnes sous sa présidence; mais, se défiant de ses projets, la chambre avait
remis au 4 novembre 1654 l'époque de sa séparation. Cromwell essaya de la faire
revenir sur cette détermination, et d'obtenir une dissolution immédiate. En cas de
refus, il était décidé à employer la force, et l'on en débattit les moyens dans une
réunion d'officiers et de membres du parlement assemblés au palais de White-Hall.
Durant la conférence, le colonel Ingoldsby prévint le lord général que le parlement
délibérait en ce moment, non sur la dissolution, mais sur les moyens de se compléter par de nouvelles élections. Cromwell prit à l'instant la résolution d'agir. Il se rendit à la chambre accompagné de ses mousquetaires, et, laissant les militaires sous le
vestibule, il entra paisiblement dans la salle et s'assit à sa place accoutumée. Durant
quelques moments il parut suivre attentivement les débats; mais, comme le président se disposait à mettre aux voix la proposition, il se tourna vers Harrison et
lui dit à l'oreille : « N'est-il pas temps d'en finir? — Prenez garde, répondit le
« colonel, l'entreprise est périlleuse. Songez-y à deux fois. » Cromwell continua
d'écouter, et l'on allait recueillir les voix lorsqu'il dit encore à Harrison : « Il est
temps, et il le faut, ou jamais! » Il se leva pour parler, ôta son chapeau et
s'exprima d'abord avec une extrême modération; mais son langage s'anima et
s'éleva graduellement à toute la véhémence de la colère. Il accusa les membres du

parlement d'égoïsme intéressé, de tyrannie, d'ambition, d'impiété, de déni de justice; ils ne voulaient que perpétuer un pouvoir inique, qu'accroître désordonnément leur fortune : le temps était venu; le Seigneur les désavouait..... Sir Peter Wentworth l'interrompit : « Est-ce là, dit-il, un langage parlementaire? Et par qui « ces paroles offensantes nous sont-elles adressées? Par un serviteur que nous avons « trop aimé, que notre bonté sans exemple, si ce n'est notre faiblesse, a fait tout « ce qu'il est aujourd'hui! » Cromwell remit alors son chapeau sur sa tête, et s'avança en donnant des marques de la plus violente agitation : « Il faut que ce « bavardage finisse, s'écria-t-il; » et, frappant fortement du pied sur le plancher, comme s'il donnait un signal, il ajouta : « Retirez-vous, vous n'êtes pas « un parlement; par pudeur, retirez-vous; cédez à des hommes plus dignes; vous « n'êtes pas un parlement, vous dis-je. » La porte s'ouvrit et livra passage au colonel Worseley, suivi d'une vingtaine de mousquetaires. « Est-ce ainsi que l'on « agit? s'écria Henri Vane. Une telle action n'est-elle pas contraire à toute morale, « à toute honnêteté? — Qui donc parle ainsi? répliqua Cromwell. Sir Henri Vane! « sir Henri Vane. Mais c'est un fourbe; c'est lui qui n'a pas d'honnêteté. Que le ciel « nous délivre de sir Henri Vane! Et toi, Whitelock, qui es-tu? un juge préva- « ricateur, un avocat de mauvaises causes! Et toi, Marten? un vil débauché! Toi, « Challoner? un ivrogne! Toi, Wentworth? un adultère! » Dans sa colère, Cromwell désigna ainsi successivement nombre de membres du parlement comme gens déshonorés, de mœurs corrompues, objets de scandale et de honte pour l'église et les hommes de piété; puis, se tournant vers ses gardes, il leur ordonna de faire évacuer la salle. Le colonel Harrison porta la main sur le président, et l'arracha de son fauteuil; Algernon Sidney ne quitta son siége que contraint par la force; mais tous les autres se levèrent et marchèrent vers la porte; Cromwell reprit alors : « C'est vous qui m'y avez forcé. J'ai prié nuit et jour le Seigneur de me donner la « mort plutôt que de m'obliger à cette action. S'il y a en cela quelque faute, vous « en êtes coupables. — Mais, dit l'aldermen Allen, il n'est pas encore trop tard « pour revenir sur ce qui a été fait. — C'est bien à toi de parler ainsi, reprit Crom- « well, toi, enrichi par tes malversations, et qui devrais être en jugement! » et il ordonna de l'arrêter. Lorsque la salle fut vide, le lord général porta les yeux sur la masse et dit encore : « Que ferons-nous de ce hochet? Allons, allons, ôtez-le, « il ne sert plus à rien. » Il fit alors fermer les portes, et rentra dans ses appartements de White-Hall (20 avril 1653).

La chambre était dissoute de fait, sinon de droit; mais le conseil d'état ne se crut pas atteint par cette mesure, et il se rassembla le même jour sous la présidence de Bradshaw. Cromwell entra dans la salle de ses délibérations et dit aux conseillers présents : « Soyez les bienvenus si vous n'êtes ici que par zèle et comme « de simples citoyens; mais vous ne formez plus un conseil d'état; il est dissous, « ainsi que le parlement. » — « Mylord, répondit courageusement Bradshaw, nous « n'ignorons pas l'action étrange que vous avez commise ce matin, et dans peu « d'heures toute l'Angleterre en sera informée. Mais vous vous êtes trompé : le « parlement ne saurait être dissous; aucune puissance sur la terre ne peut le dis- « soudre que lui-même. Nous protestons hautement. »

Telle fut la fin de ce long parlement, qui, durant douze années, avait successivement défendu et reconquis pour le peuple les libertés nationales, et les avait ensuite usurpées. Malgré la gloire dont il avait couvert l'Angleterre par la conquête de l'Écosse et de l'Irlande, et par la création d'une marine rivale de celle des Hollandais, la nation presque tout entière sembla applaudir à sa chute. Quelques mécontents seuls allèrent attendre dans la solitude le jour de la vengeance. L'armée toute dévouée au lord général déclara qu'elle voulait vivre et mourir avec lui et pour lui ; les saints rendirent gloire au Seigneur « qui avait brisé les « forts, afin qu'au lieu de la puissance d'hommes mortels, la cinquième monarchie « pût être établie sur la terre ; » les royalistes regardèrent cet événement comme un pas immense vers la restauration du fils de Charles Ier.

Après avoir renversé le parlement, Cromwell ne s'arrogea cependant pas à lui seul le pouvoir suprême ; il reconnut que les esprits n'étaient pas suffisamment préparés à cette importante révolution, et qu'il lui fallait ménager encore pendant quelque temps les fanatiques dont il s'était servi. Conformément à leurs avis, il établit un conseil d'état composé de treize membres, en mémoire de Jésus-Christ et de ses douze apôtres. Il en fut de droit le président ; huit officiers supérieurs y maintenaient l'ascendant de l'armée.

Après de longues consultations avec ce conseil, Cromwell prit la détermination de convoquer un nouveau parlement ; mais n'osant pas s'en remettre pour l'élection des députés au choix de la nation, il fit recueillir secrètement les avis des églises congréganistes de chaque comté sur les personnes « craignant Dieu et haïssant la convoitise. » On forma une liste générale de tous les noms compris dans leurs rapports, et le conseil, en présence de Cromwell, désigna cent trente-neuf représentants pour l'Angleterre, six pour la principauté de Galles, six pour l'Irlande, et quatre seulement pour l'Écosse. Les élus reçurent une sommation signée du lord général de se trouver à White-Hall, le 4 juillet 1653, « afin de remplir un office de frère dans un emploi particulier. » Presque tous obéirent, et se réunirent le 4 juillet, dans la chambre du conseil de White-Hall, au nombre de cent vingt. Dans un discours long et habile où la justification de sa conduite était cachée sous le voile du plus religieux mysticisme, Cromwell les félicita sur la mission qu'ils avaient à remplir et que Dieu leur confiait par le choix de l'armée, canal ordinaire de ses miséricordes. « L'avenir, leur dit-il en finissant, se découvre à mes yeux « comme dans une sainte vision. Quel merveilleux spectacle m'est offert! Appelés à « combattre avec l'Agneau contre ses ennemis, vous êtes arrivés au seuil de la « porte, à l'accomplissement des promesses et des prophéties. Dieu va retirer son « peuple du gouffre des mers et conduire Israël à sa demeure, hors des îles de « l'Océan. » Après ce discours, qui produisit un tel effet que ses auditeurs crurent que « l'esprit de Dieu parlait en lui et par lui, » Cromwell déposa sur la table un acte de sa main, scellé de son sceau, qui leur conférait la suprême autorité pour quinze mois, à charge de la transmettre après ce temps à une autre assemblée dont ils auraient choisi les membres.

Ce singulier parlement, où chacun ne devait son élection qu'à sa réputation de sainteté, était principalement composé d'hommes sans naissance, sans richesses, et connus seulement par l'exagération de leur piété. Parmi les plus exaltés, était un marchand de cuir de Londres, nommé *Praise-God-Barebone*, mot à mot *Louez-Dieu* [1] *os décharné*. Ce nom ridicule devint bientôt celui de l'assemblée elle-même qui ne fut plus désignée que sous le nom de « Parlement Barebone. »

Le premier acte de cette réunion de « saints » fut de chercher le Seigneur. Le lendemain du jour où Cromwell leur avait remis leurs pouvoirs, fut consacré à ce pieux exercice. Depuis huit heures du matin jusqu'à six heures du soir, tous restèrent en prières, et « à leur grande satisfaction, le Christ fit sentir sa présence et répandit son esprit dans les cœurs de beaucoup d'entre eux plus vivement qu'il ne l'avait encore fait. » Alors seulement ils commencèrent à s'occuper de leur mission en se partageant en comités pour l'expédition des affaires, et ils y déployèrent aussitôt le zèle et la sévérité inflexible qu'ils apportaient dans l'acccomplissement de leurs devoirs religieux. En peu de temps, l'organisation du trésor fut améliorée ; les règlements de l'excise revisés, la comptabilité soumise au plus sévère contrôle, les emplois inutiles supprimés ; on arrêta qu'un nouveau code serait rédigé pour mettre enfin d'accord les statuts informes, surannés, contradictoires, inapplicables, dont se composaient le droit et la jurisprudence de l'Angleterre. Ensuite déclarant qu'il y avait urgence à poursuivre l'Antéchrist et à combattre Satan lui-même dans son fort, le parlement confisqua les deux tiers des biens des dissidents papistes, abolit le droit de présentation aux cures, décida que le corps des paroissiens choisirait dorénavant son pasteur, et mit à l'ordre du jour l'examen de la question de suppression des dîmes et de leur remplacement par une compensation. Ces mesures, si sages pour la plupart, mécontentèrent tous ceux qui vivaient des abus qu'elles supprimaient, et cinq mois ne s'étaient pas écoulés que le nouveau parlement avait conquis la haine de l'armée, du clergé, du barreau et de la nombreuse classe des employés. Cromwell, qui était loin d'avoir trouvé dans cette assemblée la soumission qu'il en attendait, et qui se repentait vivement de l'avoir convoquée, profita de cette disposition des esprits pour s'en débarrasser. Il fut aidé dans ses desseins par les divisions qui régnaient au sein du parlement lui-même, entre les indépendants, ses partisans, et les anabaptistes, fanatiques incorrigibles, qui se croyaient appelés à consolider le règne de Jésus-Christ et de ses saints sur la terre. Ils voulaient que l'on déclarât la guerre à la Hollande ; Dieu même, disaient-ils, avait donné cette contrée aux Anglais ; là, devaient se réunir les saints, afin d'aller arracher de son siége la prostituée de Babylone, et d'établir le royaume de Jésus-Christ sur le continent. Quand ils apprirent que Cromwell s'était ouvertement opposé à cette guerre impolitique, ce fut à lui qu'ils adressèrent leurs outrages, et il devint pour eux l'homme du péché, l'ancien serpent, la bête de l'Apocalypse. Cromwell les fit venir ; discuta avec eux dans leur style, leur rendit reproche pour

---

1. A cette époque, la plupart des *saints* avaient changé leurs prénoms de Henry, Edward, William, qu'ils regardaient comme trop mondains, contre ceux de Hézékiah, Habbakuk, Joshuah, Zorobabel, etc. ; souvent même une maxime pieuse remplaçait ces prénoms qui n'étaient point encore assez religieux ; dans un jury du comté de Sussex, figuraient les noms suivants : *Sois-pacifique* Heaton ; *Tue-le-péché* Pimple ; *Livre-le-saint-combat-de-la-foi* White. Le frère de *Louez-Dieu* Barebone, se faisait appeler *Si-Dieu-n'était-pas-mort-pour-toi-tu-aurais-été-damné* Barebone.

reproche, et les renvoya sans les avoir intimidés, mais résolu à s'en délivrer.

Le 12 décembre 1653, jour fixé pour l'exécution de ce dessein, ses partisans se trouvèrent réunis de bonne heure dans la chambre. Alors, le colonel Sydenham, prenant la parole et faisant une critique amère de tous les actes nuisibles à la prospérité de l'Angleterre que le parlement avait adoptés, déclara qu'il ne voulait plus y siéger, et proposa de se rendre en masse à White-Hall afin de remettre le pouvoir aux mains dont on le tenait. Les indépendants adoptèrent bruyamment sa proposition, et, précédés par le président, sortirent pour se rendre auprès de Cromwell. Les anabaptistes, au nombre de vingt-sept, restaient seuls saisis de stupeur, lorsque le colonel White entra avec une compagnie de soldats, fit évacuer la salle et en emporta les clefs.

Pendant ce temps, le président, précédé du porte-masse et suivi des secrétaires, de Sydenham et de tout le parti indépendant, arriva à White-Hall, et présenta à Cromwell un acte en vertu duquel la chambre résignait en ses mains le pouvoir suprême. Le lord général feignit la surprise; un tel fardeau lui semblait trop pesant; enfin, vaincu par les instances du conseil des officiers, il convint de se rendre à leurs désirs si la majorité des membres du parlement adhérait à l'acte de résignation. Les signatures arrivèrent en foule, et quatre jours après la dissolution de la chambre une nouvelle constitution fut publiée.

C'était le 26 décembre 1653. Le lord général, à travers une double haie de soldats, se rendit en carrosse de White-Hall à Westminster. Il était précédé des échevins, des juges, des commissaires du sceau, et du lord-maire; venaient ensuite le conseil d'état et le conseil de l'armée. Un fauteuil de parade, placé sur un riche tapis, était préparé dans la salle de la chancellerie. Cromwell, vêtu d'un simple justaucorps et d'un manteau de velours noir, se plaça debout devant le fauteuil entre les deux commissaires du sceau. Le général Lambert prit alors la parole, et rappelant les derniers événements, déclara que les circonstances exigeaient un gouvernement qui réunît des conditions de force et de stabilité; en conséquence, il venait, au nom de l'armée et des trois nations, supplier Son Excellence le lord général d'accepter la haute fonction de « protecteur de la république. »

L'un des secrétaires du conseil lut ensuite l'acte d'institution du gouvernement. En vertu de cet acte, le pouvoir législatif résidait dans le lord protecteur et le parlement, avec cette clause, que tout acte du parlement aurait force de loi après un délai de vingt jours, même sans le consentement du protecteur. Le parlement ne pouvait être ajourné ni dissous que de son propre consentement, pendant les cinq premiers mois de la session; et, en cas de dissolution, une nouvelle assemblée devait être convoquée dans l'espace de trois années. Le nombre des membres était fixé à quatre cents pour l'Angleterre, trente pour l'Écosse, vingt pour l'Irlande, et le droit de représentation transporté de tous les petits bourgs aux villes importantes. Tout citoyen possédant un bien de deux cents livres sterling avait le droit de voter, pourvu qu'il ne fût pas catholique. Le pouvoir exécutif résidait dans la personne du lord protecteur, agissant avec l'avis d'un conseil d'au moins treize membres; il disposait des forces de terre et de mer, traitait avec les puissances étrangères, faisait la paix et la guerre, et nommait les grands fonctionnaires de l'état, sous l'approbation du parlement. Les revenus du protecteur étaient fixés à 100,000 livres sterling par an. L'armée devait s'élever à trente mille hommes : deux tiers d'infanterie, un tiers de cavalerie. Le protecteur réglait l'état de la marine selon la nécessité. Le parlement faisait les lois et votait les impôts. Toutes les personnes ayant foi en Jésus-Christ avaient droit à une égale protection, à l'exception des catholiques et des épiscopaux. Cromwell était nommé lord protecteur; au conseil appartenait le droit d'élire ses successeurs. Le parlement prochain devait se réunir le 3 décembre 1654; jusqu'à cette époque, le lord protecteur pouvait lever les impôts et gouverner par ordonnances.

Cromwell, la main levée, jura d'observer et de faire observer tous les articles de cet acte; et Lambert, à genoux, lui offrit une épée dans le fourreau, emblème d'une autorité constitutionnelle et pacifique. Les commissaires lui présentèrent le sceau de l'état, et le lord-maire lui donna l'épée de commandement. Ces cérémonies terminées, Cromwell retourna en grande pompe à White-Hall. L'acte qui établissait le protectorat fut rendu public par une proclamation lue sur les places et dans les carrefours par les hérauts d'armes. La république n'existait plus que de nom.

CROMWELL.

OLIVIER CROMWELL,

PROTECTEUR.

(1653-1658.)

Lasse[1] de révolutions, dégoûtée des guerres civiles, fatiguée de l'oppression des corps militaires, la nation anglaise vit généralement avec satisfaction l'élévation de Cromwell au pouvoir suprême, et les premières mesures que prit le protecteur ne trahirent pas ses espérances. Il surveilla la répartition et la levée des impôts, cantonna les troupes de manière à éviter leurs déprédations accoutumées, conféra les principaux emplois à des hommes qui méritaient la confiance publique, et spécifia les délits que l'on pouvait qualifier de haute trahison. Les services réels qu'il rendait à l'état ne ramenèrent cependant pas les ennemis implacables qu'il s'était faits parmi les républicains inflexibles et les « saints ». Feakes et Powell, prédicateurs anabaptistes, l'appelaient en chaire : « scélérat, hypocrite et parjure, à qui la mort était due à « plus de titres qu'au dernier tyran ». Cromwell se conduisit d'abord à leur égard avec modération ; puis peu à peu et sans bruit, les principaux opposants perdirent les emplois qu'ils possédaient dans l'armée, dans l'église, dans la magistrature ;

1. Sceau de Cromwell pour l'Irlande. Légende : OLIVARIVS. DEI. GRA. REIP. ANGLIÆ. SCOTIÆ. ET HIBERNIÆ. ETC., PROTECTOR. *Olivier, par la grâce de Dieu, protecteur de la république d'Angleterre, d'Écosse, d'Irlande, etc.* Cromwell à cheval ; dans le champ à droite, écusson aux armes d'Irlande, surmontées de celle de Cromwell. Dans le fond, la ville de Dublin.

quelques-uns des plus exaltés furent menacés de la prison et forcés de donner caution de leur conduite future; la Tour renferma le général Harrison, qui avait jadis contribué à la dissolution du long parlement, et les prédicateurs Feakes et Powell. L'intérêt l'emporta bientôt sur la sévérité des principes, et beaucoup de ces sectaires se résignèrent à conserver leurs emplois comme un moyen efficace de travailler à l'établissement du règne de Jésus-Christ et des saints.

L'élévation de Cromwell ne produisit en Irlande que des murmures peu dangereux; mais l'Ecosse ne resta pas aussi paisible. Charles y entretenait de nombreuses relations; il jugea le moment favorable pour opérer un soulèvement, et bientôt les lords Athol, Angus, Seaford, Kenmure et d'autres rejoignirent dans les montagnes les comtes de Glencairne et de Balcarras, et commencèrent les hostilités sous la conduite de lord Middleton, envoyé du continent par Charles pour les commander. Le général Monk, nommé gouverneur de l'Ecosse, réduisit promptement cette insurrection, et Cromwell incorpora définitivement l'Ecosse à l'Angleterre (1654).

L'administration vigoureuse et vigilante du protecteur semblait devoir faire perdre aux royalistes l'espoir d'une restauration; mais, par le fait, la concentration de tous les pouvoirs publics dans les mains d'un seul homme doublait les chances de Charles. En effet, Cromwell mort, le gouvernement était désorganisé et le pays retombait dans une anarchie qui devait favoriser le retour des Stuarts. De là les nombreuses tentatives d'assassinat faites contre la personne du protecteur. Le premier complot qui fut découvert avait pour but de l'assassiner sur la route de Hamptoncourt, de surprendre la capitale, et de proclamer Charles II. Trois des conjurés furent arrêtés : l'un d'eux s'avoua coupable, donna tous les renseignements qu'il possédait, et reçut sa grâce; les deux autres, Vowell et Gérard, furent condamnés à mort et exécutés. Cromwell fit avertir le prince exilé que si de pareilles tentatives se renouvelaient, il se croirait autorisé à user de représailles.

Le jour même où la tête de Gérard tombait sur l'échafaud, le glaive du bourreau vengeait aussi le peuple anglais d'un attentat à la sûreté publique, commis par don Pantaléon Sa, frère de l'ambassadeur portugais. Don Pantaléon, dans l'intention de punir une insulte personnelle, s'était rendu à la Bourse, accompagné de plusieurs personnes armées, et avait tué par méprise un homme tout à fait étranger à sa querelle. Le peuple, considérant ce meurtre comme un attentat à l'honneur national, demanda à grands cris la punition de ceux qui l'avaient commis. Cromwell fit réunir les coupables, et, nonobstant les priviléges des ambassadeurs, réclamés par la cour de Portugal, renvoya don Pantaléon et ses complices devant les tribunaux. Quatre Portugais furent condamnés à mort; le protecteur usa d'indulgence envers trois d'entre eux, coupables surtout d'avoir obéi à leur maître; mais aucune sollicitation ne put le déterminer à faire grâce à don Pantaléon, qui perdit la vie aux acclamations furieuses d'une foule immense. La cour de Portugal avait besoin de l'alliance de l'Angleterre, et ce fut le jour même de l'exécution de son frère que l'ambassadeur signa le traité de paix qu'il était venu solliciter (10 juillet).

Quelques mois auparavant, la paix avait aussi été conclue avec les Provinces-Unies. Les États n'avaient fait la guerre qu'avec regret, et, tout en combattant, n'avaient jamais cessé de négocier. Deux défaites consécutives les forcèrent à adopter les conditions qu'ils avaient d'abord hautement repoussées. Le 2 juin 1653, les flottes anglaise et hollandaise s'étaient rencontrées près du cap Nord-Fore-land ; les Hollandais commandés par Van Tromp, de Ruyter et de Witt, les Anglais par Monk. Le combat dura deux jours, avec des chances égales ; mais, le troisième jour, Blake ayant rejoint la flotte anglaise à la tête de dix-huit vaisseaux, une terreur panique s'empara des ennemis, qui s'enfuirent en laissant vingt-un bâtiments de guerre dans les mains de leurs adversaires. Une seconde défaite plus terrible encore, et dans laquelle périt le célèbre Van Tromp (31 juillet 1653), força les États à se soumettre ; après de longues négociations, la paix fut signée, le 5 avril 1654. L'Angleterre renonçait à l'idée d'incorporer les deux républiques en une seule ; au droit de visite sur les vaisseaux hollandais ; à toute indemnité, excepté à celles relatives aux pertes éprouvées par le commerce anglais dans l'Inde, lesquelles devaient être réglées par arbitres ; de leur côté, les États s'engagèrent à reconnaître dans la Manche la suprématie du pavillon anglais ; à ne donner asile sur leur territoire à aucun ennemi de la république ; et, par un article secret, à ne jamais rétablir le stathoudérat et à ne point souffrir que le jeune prince d'Orange fût par la suite nommé au commandement de la flotte ou de l'armée. ·

La France et l'Espagne recherchèrent aussi l'amitié du protecteur et l'alliance de l'Angleterre. Cromwell ne repoussa pas ces ouvertures, mais il n'était pas encore assez solidement assis au pouvoir pour s'immiscer dans une guerre étrangère en prenant parti pour l'une ou l'autre de ces puissances rivales, et ne se pressa de conclure avec aucune des deux.

La convocation d'un parlement avait été spécifiée dans l'acte d'institution du protectorat. La nouvelle assemblée se réunit le 3 septembre 1654; Cromwell en fit l'ouverture avec une pompe plus que royale. Son discours dura plus de trois heures. Il rappela l'état d'agitation où la nation, à la clôture du dernier parlement, avait été jetée par les niveleurs, par les doctrines des partisans de la monarchie du Christ, par les hommes qui condamnaient tout clergé soumis à des règles comme babylonien et antichrétien, par les manœuvres des jésuites, enfin par les guerres avec la Hollande, la France et le Portugal, qui détruisaient le commerce et nuisaient à l'industrie nationale. Le tableau de la situation actuelle présentait au contraire d'immenses améliorations : la réduction des impôts, la cessation de ces prédications enthousiastes dues au premier inspiré venu, la paix avec la Hollande et le Portugal, des traités de commerce avec le Danemark et la Suède, des transactions du même genre commencées avec l'Espagne et la France. « La terre promise s'ouvrait donc « pour les trois nations, et le devoir du parlement était de les y introduire sans « regretter les ognons d'Égypte. »

Le premier acte de la nouvelle assemblée fut de nommer son président. Lenthall, orateur du long parlement, était porté par les partisans de Cromwell ; Bradshaw, par les républicains ; Lenthall fut élu. Néanmoins, il fut bientôt facile de reconnaître que les ennemis de la domination du protecteur étaient en majorité. En effet, la première discussion importante [mit en question l'autorité même de Cromwell. Un membre proposa que la chambre se formât en comité pour décider si le gouvernement devait continuer à résider dans une seule personne et un parlement, et malgré les efforts des « courtisans », la motion fut adoptée. Dans le comité, la discussion fut extrèmement vive; Bradshaw, Scot et Haslerig, déclarèrent qu'ils considéraient le gouvernement actuel comme émané d'un pouvoir incompétent. Les partisans du protecteur répondirent que le peuple l'avait approuvé et que cette décision ne pouvait être soumise à aucune révision; que le salut public avait exigé qu'on mît un frein à l'autorité du parlement, et que ce frein résidait dans le protecteur que la Providence elle-même avait désigné, et que le peuple avait adopté. Après de longs débats, un compromis fut proposé, mais Cromwell ne voulut pas courir le risque de l'événement. Après avoir fait occuper par ses soldats les principaux postes de la Cité, il réunit les députés et leur déclara nettement que, appelé par Dieu et reconnu par le peuple, il ne quitterait sa place que par la volonté de Dieu et du peuple. Il n'avait rien sollicité; il eût mieux aimé vivre dans la plus humble des positions, mais il avait vu un grand devoir à remplir et il s'y était résigné. L'acte d'institution auquel il avait prêté serment de fidélité, ainsi qu'eux-mêmes, avait établi à jamais que le pouvoir suprême résiderait dans un seul individu et le parlement. Il avait acquiescé à cet acte parce qu'il était conçu de manière à ce que le parlement et le protecteur se servissent de freins mutuels. Maintenant, si quelques articles peu essentiels demandaient des changements utiles, il était prêt à les accorder; mais il ne souffrirait jamais que les membres d'un corps de l'état siégeassent en désavouant l'autorité d'où émanaient leurs pouvoirs. Ils allaient donc signer la promesse de ne consentir à aucun changement dans la forme du gouvernement composé d'un individu et du parlement; ceux qui refuseraient seraient exclus de la chambre. Le président Lenthall signa immédiatement; en peu de jours, près de trois cents signatures suivirent la sienne; les républicains refusèrent et furent bannis du parlement, mais leur exclusion ne rendit pas au parti de Cromwell l'ascendant qu'il s'était flatté d'obtenir.

Une chute de voiture, qui mit en danger les jours du protecteur, donna lieu de réfléchir aux conséquences probables de sa mort, et renouvela la discussion. Lambert, après un long discours sur les inconvénients de l'élection, proposa au parlement d'assurer la dignité de protecteur à la seule famille de Cromwell, selon les lois de l'hérédité. Deux cents voix contre quatre-vingts rejetèrent cette proposition et décidèrent que le successeur du protecteur serait choisi par la chambre. Cromwell ne laissa percer aucun symptôme de mécontentement; il attendait l'époque où il lui serait possible de renvoyer constitutionnellement dans leurs foyers ces représentants ennemis de sa puissance, et il souffrit même qu'ils procédassent à la révision de l'acte d'institution. Enfin, le 22 janvier 1655, comme ils allaient passer à la troisième lecture d'un nouvel acte dont l'effet devait être de limiter son pouvoir, Cromwell les convoqua dans la chambre peinte. « Vous vous présentez devant moi, « leur dit-il, comme un parlement, avec un président à votre tête. Mais qu'avez-« vous fait en cette qualité? rien du tout. Je ne sais point assembler des phrases, « mais je vous dirai que dans l'espace de cinq mois vous n'avez pas passé un seul « bill, pas présenté une seule adresse, et vous n'avez communiqué qu'une seule « fois avec moi. Peut-être direz-vous que vous avez fait beaucoup de choses? Oui,

« vous avez encouragé les cavaliers à comploter contre la république. et les nive-
« leurs à s'entendre avec les cavaliers ; vous avez fomenté des dissensions, favorisé
« les inepties des fanatiques, et, par vos lenteurs à voter l'impôt, forcé les soldats
« à vivre à discrétion chez les citoyens. Croyez-vous que je me soucie du protectorat
« héréditaire dans ma famille ? Il n'en est rien. Le Seigneur m'inspire et ma con-
« science ne dément aucune de mes assertions. Vous pensez que je ne puis lever
« d'argent sans votre secours ; mais je suis fait aux difficultés, et l'aide de Dieu ne
« m'a jamais manqué. Le peuple paiera parce qu'il en connaîtra la nécessité, car
« cette nécessité vient de Dieu ; mais Dieu ne peut pas souffrir plus longtemps que
« ceux qui ont reçu les enseignements de son esprit osent dire que les actes qu'il a
« ordonnés ne viennent que des hommes. Vous n'êtes plus utiles à la nation, et je
« vous déclare que le parlement est dissous. » Les adversaires de Cromwell se
récrièrent ; l'acte d'institution voulait que chaque session durât cinq mois, et il
s'en fallait de douze jours que ce terme ne fût atteint. Le protecteur répondit à ces
objections en déclarant que, puisqu'on avait adopté les mois lunaires pour la solde
de l'armée et de la marine, le même calcul devait déterminer la longueur des sessions parlementaires.

La dissolution de cette chambre renversa tous les projets des républicains, qui
perdirent avec elle le seul appui réel sur lequel ils pussent compter. Cromwell
congédia les officiers dont la conduite lui semblait équivoque, et les remplaça par
des chefs dévoués à ses intérêts.

Les tentatives des royalistes n'eurent pas plus de succès que celles des républicains. Charles, fixé à Cologne, correspondait avec ses partisans, se tenant prêt à
passer en Angleterre au premier avis ; le 11 mars avait été marqué pour le jour d'un
soulèvement général. Lord Wilmot, comte de Rochester, parut en effet dans les
comtés du nord, et Joseph Wagstaff dans ceux de l'ouest. Wagstaff pénétra dans
la ville de Salisbury avec deux cents cavaliers, et proclama le roi sur la place du
marché ; mais personne ne prit parti en sa faveur. Forcé de se retirer, il voulut
se rendre dans le comté de Devon, mais la plupart de ses gens le quittèrent et les
autres mirent bas les armes devant un détachement d'infanterie. Quelques soulèvements partiels dans le Hampshire, le Shropshire, et d'autres comtés, eurent le
même résultat. Cromwell remit en exécution les lois sévères qui existaient contre
les prêtres catholiques et les cavaliers, fit enfermer les principaux membres de la
noblesse anglaise jusqu'à ce qu'ils eussent donné caution de leur conduite future,
et ordonna la levée sur les biens des royalistes d'un impôt montant au dixième du
revenu. Pour prévenir le renouvellement de ces complots, et aussi pour s'assurer
le dévouement des sommités de l'armée, il divisa l'Angleterre en quatorze gouvernements militaires, qu'il confia à autant d'officiers ayant le titre de majors généraux
avec des pouvoirs immenses. A eux appartenait le droit de lever des troupes dans
certaines circonstances, d'apaiser les insurrections, de percevoir les taxes publiques, d'arrêter et d'emprisonner toutes les personnes suspectes. Le despotisme
militaire, voilà ce que la nation avait gagné par douze années d'efforts et de
combats.

Cependant l'alliance du protecteur était à l'envi sollicitée par les cours d'Espagne et de France. Pendant quelque temps encore, Cromwell se tint avec ces deux puissances dans les termes d'une simple neutralité; mais déjà sa décision était prise. L'Espagne était, avec les Provinces-Unies, la seule puissance maritime qui pût lutter contre l'Angleterre. Cromwell résolut de détruire sa marine et de s'emparer de ses colonies, première force de tout pouvoir naval. Deux expéditions secrètement préparées eurent pour mission, l'une de saisir les galions venant des Indes, l'autre d'envahir les colonies de l'Amérique espagnole. La première, commandée par l'amiral Blake, pénétra dans la Méditerranée, s'empara sous prétexte de représailles de bâtiments français dont l'Angleterre avait, disait-il, à se plaindre, châtia les puissances barbaresques de Tunis, d'Alger et de Tripoli, exigea d'eux la promesse de respecter le pavillon anglais (mars 1655), et revint attendre devant Cadix l'arrivée de la flotte de la Plata. Il y resta si longtemps que les Espagnols commencèrent à soupçonner son projet. Le roi d'Espagne, tout en affectant de croire le protecteur incapable d'une si honteuse infraction aux traités qui liaient encore les deux puissances, donna ordre à son escadre de surveiller la flotte anglaise. Blake ne trouva pas dans ses instructions d'autorisation suffisante pour se permettre de l'attaquer, et revint à Plymouth.

L'amiral Penn commandait la seconde expédition, qui portait trois mille hommes de débarquement sous les ordres du général Venables. Il recruta aux Antilles anglaises dix mille royalistes déportés, Écossais, Anglais et Irlandais (avril 1655), et débarqua avec eux sur les côtes d'Hispaniola ou Haïti. Cette armée s'avança sur la ville de Santo-Domingo, et dès le premier engagement se retira en désordre avec une perte de plus de mille hommes. Venables, ayant invoqué le Seigneur, fit pendre, pour l'exemple, quelques fuyards, chassa du camp les femmes de mauvaise vie, et ordonna un jeûne solennel. Mais c'était de courage que manquaient ses soldats, et le jeûne, les prières, les purifications, ne leur en rendirent pas. Il fallut abandonner l'entreprise. Les deux chefs se rembarquèrent et cherchèrent à se dédommager en opérant une descente dans l'île de la Jamaïque. Les Espagnols étaient en trop petit nombre pour se défendre; ils s'enfuirent dans les montagnes, et les Anglais prirent possession de l'île (7 mai). Cette acquisition semblait alors de peu d'importance, aussi Cromwell, mécontent, fit à leur retour enfermer Penn et Venables à la Tour, et ne leur rendit la liberté que lorsqu'ils eurent donné leur démission.

A la nouvelle de ces expéditions, l'ambassadeur d'Espagne avait fait entendre de vives réclamations. Cromwell lui répondit qu'il était tout prêt à faire la paix, aux deux conditions suivantes: liberté de commerce pour l'Angleterre dans les Indes-occidentales; abolition complète de l'inquisition en Espagne. Ces conditions étaient dérisoires et l'ambassadeur demanda ses passe-ports. Le lendemain, Cromwell signait avec la France un traité dans lequel Louis XIV donnant au protecteur le nom de frère, renouvelait avec l'Angleterre les relations de commerce et d'amitié. La France indemnisait les commerçants anglais de toutes les pertes qu'ils avaient éprouvées durant les précédentes hostilités, et s'engageait, avec l'aide de vaisseaux et de soldats anglais, à attaquer les Espagnols dans les Pays-Bas, et à s'emparer de Dunkerque qui resterait à l'Angleterre. Un article secret interdisait le territoire de la république aux agents et amis du prince de Condé, et réciproquement excluait du royaume de France Charles Stuart, son frère le duc d'York, Ormond, Hyde, et quinze autres proscrits.

Tous les ennemis de Cromwell, niveleurs, républicains, anabaptistes, royalistes, se réunirent pour blâmer hautement la guerre avec l'Espagne; vainement le protecteur publia un manifeste où il énuméra une foule de griefs, plus ou moins exagérés, qu'il reprochait à cette puissance; le mécontentement n'en fut pas moins général, et plusieurs des capitaines de la flotte rassemblée à Portsmouth déclarèrent que leur conscience ne leur permettait pas de servir dans cette guerre impie. Le beau-frère de Cromwell, Desborough, parvint à calmer les esprits. Blake et Montague prirent le commandement de l'escadre et parurent bientôt devant Cadix (avril 1656), qu'ils avaient l'intention d'attaquer ainsi que Gibraltar; mais les Espagnols étaient sur leurs gardes, et les amiraux anglais jugèrent impossible de tenter un coup de main. Ils parcoururent la Méditerranée, insultèrent Malaga, et revinrent à Lisbonne pendant qu'une division de la flotte, sous les ordres du capitaine Stayner, attaquait huit vaisseaux espagnols revenant de l'Amérique, en détruisait quatre et s'emparait de deux, dont l'un chargé d'une valeur de 200,000 livres sterling en or.

Cette somme n'était cependant pas suffisante pour combler le déficit causé dans le trésor par les dépenses de la guerre. En outre, des réclamations s'étaient élevées contre le droit que s'arrogeait le protecteur de percevoir l'impôt sans qu'il eût été voté par la chambre; Cromwell n'osa pas ordonner en ce moment la levée de taxes additionnelles, et se résolut à convoquer le parlement.

Quoique les principaux républicains eussent été emprisonnés ou mis, par des poursuites criminelles, dans l'impossibilité de siéger à la chambre, le résultat des élections fut loin d'être favorable au gouvernement; mais cette fois Cromwell ne commit pas la faute de laisser ses ennemis prendre possession de leur siége Le jour de l'ouverture du parlement, les soldats eurent ordre d'occuper les portes de la salle d'assemblée et de n'admettre que les membres qui étaient porteurs d'un certificat délivré par le conseil. Il en résulta l'exclusion de plus de cent personnes qui furent déclarées incapables de siéger pour cause d'immoralité ou de culpabilité.

Dans son discours d'ouverture (17 septembre 1656), le protecteur s'étendit sur les dangers qui menaçaient le gouvernement et la religion à l'intérieur comme à l'extérieur. Le premier de leurs ennemis était l'Espagne, esclave du pape, à qui l'on devait appliquer ces paroles de l'Écriture : « Je mettrai une inimitié entre sa race et ta race. » Il y avait encore Charles Stuart qui avait levé une armée pour envahir l'Angleterre à l'aide des Espagnols; il y avait les papistes et les cavaliers toujours prêts à se soulever; les niveleurs qui avaient recherché l'alliance de la cour de Madrid; les hommes de la cinquième monarchie qui s'unissaient aux niveleurs, comme Hérode à Pilate, pour que le Christ pût être mis à mort. Le remède à tant d'efforts combinés pour renverser le gouvernement c'était la guerre; mais la guerre ne pouvait se faire sans argent; il était donc urgent de voter promptement des subsides suffisants.

Cependant, les membres exclus de la chambre avaient réclamé, dans une protestation énergique, contre cette audacieuse violation des priviléges parlementaires.

Un des membres du conseil répondit que le droit de vérifier la régularité des
élections ayant été dévolu au conseil par l'acte d'institution, le droit d'enquête
sur la capacité des membres lui appartenait aussi. Les partisans de Cromwell
étaient en majorité, et l'on passa à l'ordre du jour sur la réclamation. La guerre
contre l'Espagne fut déclarée juste et politique, et l'on vota un subside de 400,000
livres sterling; mais le mode de perception de cet impôt développa une si grande
diversité d'opinions que, durant plusieurs mois, il devint impossible d'obtenir
une solution. La chambre même détourna son attention de cette importante
affaire pour la porter sur les progrès d'une secte nouvelle instituée par un enthousiaste, nommé George Fox. Elevé dans les exercices de la piété la plus austère,
George Fox, fils d'un tisserand de Drayton, s'était exalté au point qu'il se crut
inspiré, visité de l'Esprit, et prétendit avoir reçu du ciel la mission de rappeler les
hommes à la simplicité du christianisme primitif. Ses prédications communiquèrent
la parole de l'Esprit à un nombre considérable d'enthousiastes. Bientôt ces nouveaux
croyants, qui prirent le nom de *quakers* ou trembleurs, parce qu'un tremblement
de tous leurs membres annonçait la venue de l'Esprit divin, attirèrent les regards
des magistrats; des peines sévères furent portées contre eux, mais les punitions
ne firent que les encourager dans leurs doctrines. L'un des disciples de Fox,
Jacques Naylor, jadis officier-payeur dans le régiment de Lambert, dépassa bientôt
son maître dans ses visions; il s'imagina que le Christ était incarné en lui, et permit
à quelques femmes exaltées de l'adorer; il fut arrêté comme blasphémateur. La
chambre voulut le juger et le déclara coupable. Le malheureux subit d'abord deux
heures de pilori et reçut trois cent dix coups de fouet. Remis au pilori quelques
jours après, il eut la langue percée avec un fer rouge, fut marqué au front de la
lettre B, et envoyé à Bristol, où il fit son entrée sur un cheval sans selle, la tête
tournée vers la queue; il fut ensuite fouetté dans les cinq principaux quartiers de
la ville, puis enfermé dans un cachot. Ce cruel martyre lui valut plus de partisans
que ses doctrines erronées. Sa condamnation avait d'ailleurs excité un grand mécontentement parmi le peuple, non à cause de la sévérité du châtiment, mais à cause
de l'empiétement de la chambre sur l'autorité judiciaire. « A quoi, disait-on, ser-
« vent les tribunaux, si le parlement peut les mettre de côté, et, sans instructions,
« sans formalités, infliger des châtiments arbitraires pour des crimes non prouvés? »

Ces murmures vinrent à propos pour aider Cromwell dans l'exécution d'un
projet que son ambition méditait depuis longtemps. Sa puissance était déjà bien
grande : il avait placé le titre de protecteur au niveau de celui des rois, et il ne
pouvait acquérir plus d'autorité, plus de gloire, plus de renommée qu'il n'en
possédait; mais il voulait, en se faisant déclarer roi, assurer la couronne à ses
descendants et par là même l'affermir sur sa tête.

S'autorisant du mécontentement que le peuple avait témoigné au sujet de la
condamnation de Naylor, il écrivit à la chambre, en sa qualité de gardien des
libertés publiques, et lui demanda par quel motif, sur quel fondement, elle
avait pris de pareilles mesures sans sa participation. Le parlement ne voulut pas
reconnaître qu'il avait dépassé ses pouvoirs; mais Cromwell avait obtenu ce qu'il
désirait, qui était d'attirer l'attention publique sur les défauts de la constitution

actuelle et sur la nécessité de renfermer l'autorité de la chambre dans des limites infranchissables. Il réussit encore mieux à se concilier la faveur populaire en abandonnant aux attaques du parlement les majors-généraux dont il savait que le despotisme était odieux à la nation. La découverte d'un complot contre sa vie vint encore en aide à ses desseins. Déjà, dans les conversations particulières, ses partisans avaient insisté sur la nécessité d'asseoir le gouvernement sur des bases inébranlables; à la faveur du complot tramé contre lui, quelques membres allèrent jusqu'à parler du rétablissement de la royauté; enfin, le 28 février 1656, l'alderman Pack, appelant l'attention du parlement sur l'état d'instabilité du gouvernement, déclara qu'à ses yeux le meilleur remède à cette situation était « que le lord protecteur fût supplié de prendre le titre de roi; » et demanda à donner lecture d'un bill qu'il avait rédigé. Cette proposition excita un violent tumulte, mais les partisans de Cromwell étaient en grande majorité dans la chambre, et cent quarante-quatre voix contre cinquante-quatre décidèrent que la lecture du bill aurait lieu. C'était tout un plan nouveau de gouvernement par suite duquel le souverain pouvoir devait être exercé par Cromwell, concurremment avec deux chambres formant le parlement. Après de longs débats, le bill fut adopté, ainsi que le nom de roi pour désigner le titre qui serait donné au protecteur. Suivi de toute la chambre, le président se rendit à White-Hall pour faire part à Cromwell de cette décision et le prier d'y avoir égard. Cromwell eut alors recours à ses artifices ordinaires, joua la surprise, et répondit enfin que son esprit était effrayé, consterné à la pensée d'un tel fardeau, et qu'il sollicitait du temps afin de demander conseil à Dieu et à son propre cœur. Quelques jours après et à plusieurs reprises, la chambre revint à la charge; il répondit qu'il conservait des doutes, et que tant que ces doutes subsisteraient, sa conscience ne lui permettrait pas de consentir à ce que l'on exigeait de lui. On nomma une commission pour résoudre ses scrupules, et après quelques conférences avec elle il déclara enfin à ses amis qu'il était décidé à accepter. Mais à cette nouvelle le mécontentement de l'armée se manifesta plus vivement que jamais. A la tête des opposants était Lambert, commandant général de l'armée; Desborough, beau-frère du protecteur, major dans cinq comtés; Fletwood, son gendre, lord député d'Irlande. A eux se joignirent la plupart des officiers, et tous signèrent une pétition adressée à la chambre dans laquelle ils disaient « qu'ils voyaient avec peine que quelques hommes « voulaient rétablir l'ancienne servitude; qu'ils conjuraient le parlement de soutenir « la bonne vieille cause pour laquelle ils avaient exposé leur vie et à laquelle ils « étaient prêts à la sacrifier de nouveau. »

Cette énergique manifestation prouva à Cromwell qu'il lui fallait renoncer à ses ambitieuses espérances. Il manda les députés à White-Hall et leur dit que ni ses propres réflexions ni les arguments de la commission n'avaient pu le convaincre; qu'il ne saurait gouverner avec le titre de roi et que telle était sa réponse définitive. Toutefois ses amis ne se tinrent pas pour battus et conservèrent le nouvel acte constitutionnel en y remplaçant seulement le titre de roi par celui de protecteur. L'acte ainsi modifié fut de nouveau présenté à Cromwell qui l'accepta. Une inauguration solennelle constata la nouvelle puissance dont il était revêtu. Sur une estrade élevée dans la grande salle de Westminster on disposa un trône magnifique, devant lequel le protecteur fut revêtu d'un manteau de pourpre et d'hermine par le président de la chambre, qui lui ceignit l'épée de commandement et lui remit une Bible reliée en orfévrerie et un sceptre en or massif. Après le serment et les prières d'usage, Cromwell prit place sur le trône, ayant à sa droite l'ambassadeur de France et à sa gauche celui de Hollande. D'un côté le comte de Warwick portait l'épée de l'état, de l'autre le lord-maire tenait celle de la ville de Londres. La femme du protecteur et les autres membres de sa famille, les lords

Élisabeth Bourchier, femme de Cromwell,
d'après un pamphlet du temps, dans lequel elle est appelée « Élisabeth, lady protectrice et souillon (drudge). »

du conseil, Lisle, Whitelock et Montague, ayant chacun une épée nue, étaient rangés derrière le trône (26 juin).

Le nouvel acte d'institution donnait à Cromwell le droit de désigner son successeur immédiat, établissait une seconde chambre dont le protecteur nommait les membres, sauf l'approbation des communes, renfermait dans des bornes raisonnables le droit de judicature, et laissait à la chambre des communes celui de vérifier les pouvoirs de ses membres. La somme annuellement consacrée à l'entretien des armées de terre et de mer était portée à un million sterling, et la liste civile demeurait fixée à 300,000 livres.

Pendant que Cromwell consolidait ainsi son pouvoir à l'intérieur, Blake continuait à faire triompher au dehors le pavillon de l'Angleterre. Ayant appris que les galions du Pérou s'étaient réfugiés, pour éviter sa poursuite, à Santa-Cruz dans l'île de Ténériffe, il alla les y chercher, força l'entrée du port sous le feu de sept batteries et des vaisseaux espagnols, et, après quatre heures d'un combat acharné, s'empara de toute la flotte ennemie. Ce fut son dernier triomphe. Depuis près de

Robert Blake,
d'après le portrait original de Briggs.

trois ans il tenait la mer presque sans interruption; il fut atteint du scorbut, et mourut au moment même où son vaisseau rentrait à Plymouth (mai 1657). Cromwell honora par de pompeuses funérailles le plus grand homme de mer que l'Angleterre eût possédé jusqu'alors; ses glorieux restes furent déposés dans la chapelle de Henri VII à Westminster.

En exécution du traité conclu avec la France, sir John Reynolds, avec un corps de six mille hommes, était débarqué à Calais (mai 1657), et s'était joint à l'armée royale commandée par Turenne. Les Espagnols opposèrent aux alliés le frère

naturel de Philippe IV, l'infant don Juan d'Autriche, auquel se réunirent les
royalistes anglais commandés par le duc d'York et les exilés français sous la
conduite du prince de Condé. La seule opération importante de la campagne fut
le siége et la prise de Mardyck par l'armée de Turenne (23 septembre). Mardyck
reçut une garnison moitié anglaise et moitié française.

Le 28 janvier 1658 le parlement reprit ses séances. Conformément au nouvel
acte d'institution, le protecteur avait nommé les membres de « l'autre chambre. »
Ses deux fils, Richard et Henri, huit pairs d'ancienne création royale, plusieurs
membres du conseil, quelques gentlemen de haute naissance et de grande richesse
territoriale, des jurisconsultes et des officiers en nombre à peu près égal, tels
étaient les hommes que Cromwell avait choisis. Deux des anciens pairs seulement
se présentèrent : c'étaient les lords Eure et Falconberg, ce dernier époux d'unedes
filles du protecteur. Quelques républicains aussi avaient été nommés membres de
cette chambre, afin que leur opposition y vînt se briser contre la masse des partisans de Cromwell. Parmi eux était John Haslerig; mais il refusa de quitter la
chambre des communes, dont la porte avait été rouverte aux membres exclus à la
précédente session. Son éloquence républicaine, soutenue par la masse des hommes
énergiques qui étaient rentrés avec lui, ne tarda pas à alarmer de nouveau le
protecteur.

A l'instigation de Haslerig la chambre mit en question la légalité des pouvoirs
accordés aux successeurs des anciens lords; c'était mettre en question l'autorité
de Cromwell lui-même. Vainement celui-ci rappela aux communes les attaques
incessantes des papistes, la ligue des cavaliers et des niveleurs, l'invasion que
préparait Charles Stuart, les maux que produirait la discorde, la nécessité d'une
grande union; vainement, prenant Dieu et les anges à témoin qu'il n'avait pas
recherché la dignité dont il était revêtu, il déclara qu'il en remplirait les devoirs,
et saurait conserver aux nouveaux lords les droits dont ils devaient jouir en vertu
du dernier acte d'institution; avis, prières, menaces, tout fut inutile, et il ne put
décider les communes à reconnaître les droits de l'autre chambre. Cependant les
difficultés se multipliaient de jour en jour. Depuis cinq mois l'armée était sans
paie; et le protecteur, sans argent, ne pouvait lever d'impôts qu'avec le consentement du parlement qui le refusait; Charles Stuart menaçait d'une descente;
les royalistes se préparaient à l'accueillir; d'une autre part, les chefs de l'opposition faisaient circuler une pétition pour demander le rétablissement de la
république. Cromwell se détermina à frapper un nouveau coup. Un matin, il monte
dans une voiture à deux chevaux, et, suivi de dix de ses gardes seulement, il se
fait conduire au parlement. En vain Fleetwood, qui devinait son projet, veut-il
en suspendre l'exécution : « Non, s'écria Cromwell, par le Dieu vivant! je veux
« dissoudre encore ce parlement factieux. » Il se présente à la chambre des communes; rappelle aux membres ce qu'il a fait pour la gloire de la nation et le peu
qu'ils font eux-mêmes; peint avec énergie la situation difficile de l'état, et raconte
les tentatives des ennemis de la nation qui osent publiquement enrôler des hommes
pour Charles Stuart. « Dieu m'a donné l'ordre, ajoute-t-il, de prévenir de tels
« malheurs; il est temps de mettre fin à votre session : je dissous ce parlement, et

« que Dieu soit juge entre vous et moi! » Amen! répondirent plusieurs voix. Quelques arrestations, des patrouilles d'infanterie et de cavalerie, imposèrent silence aux mécontents, et assurèrent la tranquillité de la ville.

Charles Stuart, ayant reçu de l'Espagne un secours de cent cinquante mille piastres, préparait en effet à Ostende une expédition pour l'Angleterre; Ormond vint même à Londres sous un déguisement, afin de s'assurer des ressources réelles et du nombre des partisans du roi. Il trouva moyen de conférer sans être découvert avec des hommes de tous les partis : royalistes, niveleurs, presbytériens rigides et modérés; mais la plupart, en promettant de seconder le retour de Charles, demandaient que ce prince débarquât avec des forces respectables, et refusaient de se compromettre inutilement. Richard Willis, traître d'une espèce nouvelle qui, tout en ayant la confiance de Charles Stuart, était convenu avec le protecteur de lui révéler les projets des royalistes, mais à condition qu'il conserverait sous le secret les noms qu'il voudrait cacher, et que jamais il ne serait employé à rendre témoignage contre aucun accusé; Richard Willis désapprouva l'entreprise de Charles, et pour en empêcher l'exécution fit part à Cromwell de la présence d'Ormond dans la capitale, en instruisant aussitôt celui-ci des ordres donnés pour l'arrêter.

Ces menées continuelles et le complot ourdi par le cavalier Sexby et le soldat républicain Syndercomb, exaspérèrent le caractère naturellement doux et clément de Cromwell. On arrêta un grand nombre de personnes compromises dans les intrigues du marquis d'Ormond, et une nouvelle cour de justice, procédant sans l'assistance du jury, fut créée pour les juger. Sir Henry Slingsby, gentilhomme catholique, qui avait tenté de corrompre la garnison et délivré des commissions de Charles Stuart; et le docteur Hewet, théologien épiscopal, un des agents les plus actifs du prétendant, furent condamnés à mort et exécutés. Cromwell renvoya les autres conspirateurs devant les tribunaux ordinaires qui, plus sévères que la haute cour, en condamnèrent plusieurs au dernier supplice.

Au mois de février 1658, l'Angleterre et la France renouvelèrent leur traité d'alliance, et l'armée combinée, renforcée de trois mille Anglais, entreprit le siége de Dunkerque. Don Juan, le duc d'York, et le prince de Condé, accoururent pour forcer les lignes des assiégeants; Turenne alla au-devant d'eux dans les dunes qui bordent la mer du Nord, et les attaqua avant que leurs canons et leurs munitions fussent arrivées (14 juin). L'armée espagnole fut détruite; le duc d'York, après avoir perdu la moitié des hommes qu'il commandait, ne dut la vie qu'à la rapidité de son cheval. Dunkerque capitula peu de jours après, et le roi de France en remit les clefs à l'ambassadeur d'Angleterre. Gravelines, Ypres, et la plupart des villes des bords de la Lys, se rendirent successivement.

La bataille des Dunes, au gain de laquelle la bravoure et la fermeté des vieux régiments parlementaires avait puissamment contribué, la possession de Dunkerque, nouveau Calais donné par Cromwell à l'Angleterre, enfin les victoires des flottes anglaises mettaient le comble à la gloire et à la puissance du protecteur. Toutes les puissances recherchaient son amitié; il était médiateur entre le roi de Suède et l'électeur de Brandebourg, entre la Hollande et le Portugal; Louis XIV le traitait de frère. A l'intérieur, il gouvernait sans contrôle ; et cependant des dangers de toute nature menaçaient son gouvernement ; des chagrins de toute espèce minaient son existence. L'armée, sa principale force, était mécontente : les officiers, à cause de ses usurpations et de ses prétentions au pouvoir royal ; les soldats, parce que leur solde était arriérée. La guerre, et par suite la suspension du commerce avec l'Espagne, lui avait enlevé, en ruinant un grand nombre de négociants, la possibilité de contracter un emprunt ; et s'il convoquait un parlement, il avait à redouter les intrigues et l'opposition des républicains. Entouré de faux amis et d'ennemis irréconciliables, il sentait que le moindre incident pouvait amener le renversement de son pouvoir. Les conspirations nombreuses ourdies contre sa personne ajoutaient à ses soucis la crainte perpétuelle d'être assassiné. S'il faut en croire les écrivains royalistes, il multipliait les précautions, portait une cuirasse sous ses habits, et ne se séparait jamais de son épée, de son poignard et de ses pistolets ; dans ses courses, il se détournait des routes directes et ne revenait jamais par le chemin qu'il avait pris en sortant ; la nuit il inspectait lui-même la garde de son palais, et chaque jour changeait de chambre à coucher. Ces inquiétudes continuelles le menaient rapidement au tombeau ; la mort d'Élisabeth Claypole, celle de ses filles qu'il aimait le plus, vint lui porter le dernier coup. Cromwell, le meilleur des fils, des époux et des pères, négligea le soin des affaires publiques et sa propre santé pour assister sa fille chérie à son lit de mort ; il ne lui survécut que peu de temps. Un mois après, le 3 septembre, jour anniversaire des victoires de Dunbar et de Worcester, il rendit le dernier soupir. Ses ministres annoncèrent « qu'il était monté au ciel, porté sur les ailes des prières des saints, et embaumé « dans les larmes de son peuple. »

Olivier Cromwell était âgé de cinquante-neuf ans. Il laissait trois filles : lady Falconberg, lady Fleetwood, lady Rich ; et deux fils, Richard et Henri.

« Cromwell n'eut pas l'affection des Anglais, mais il eut leur confiance. Il leur fallait de la sécurité, du repos, une grandeur qui imposât aux ennemis extérieurs de la révolution et aux intérêts commerciaux ennemis de l'Angleterre ; il fallait une administration qui comprît tous les partis et n'appartînt à aucun ; qui fût instruite de toutes les idées de ce temps, et n'en professât exclusivement aucune, qui se servît de l'armée, et ne se mît point à sa suite. Cromwell donna tout cela. Les classes laborieuses ne protestèrent point contre son despotisme, parce qu'elles se trouvèrent intéressées comme lui à ce que les partis cessassent de disputer, ne pouvant s'entendre ; parce que les résultats matériels de la révolution subsistaient. On avait exigé, sous Charles Ier, le vote libre de l'impôt, parce qu'on était fatigué de nourrir les évêques, les chapitres, les grands seigneurs et les intrigans de cour : l'administration de Cromwell était probe, économe, bien entendue, et ne rétribuait point de sinécures. On s'était révolté contre la tyrannie religieuse des évêques et les prétentions renaissantes des papistes : sous Cromwell, chacun professait librement ses croyances, les papistes seuls n'étaient point tolérés, encore en Irlande jouissaient-ils, sous l'administration habile et modérée de son second fils Henri, de plus de liberté que par le passé. Enfin, au commencement de la révolution, on avait mieux aimé cesser de travailler et combattre, que d'attendre la ruine du commerce extérieur et de l'industrie manufacturière : Cromwell faisait la loi aux étrangers dans les ports de l'Angleterre comme sur leurs propres marchés. L'existence même d'une nombreuse armée se trouvait, dans ce système, n'être pas sans utilité; car la haute opinion qu'on avait d'elle obligeait les gouvernements étrangers à des complaisances que le génie altier de Cromwell n'eût pas seul obtenues. L'Angleterre, riche, active, puissante, respectée comme elle ne l'avait jamais été sous ses rois, le fut par l'habileté avec laquelle Cromwell ménagea les ressources et les forces créées par la révolution. Cromwell n'eut à combattre que les têtes des divers partis qu'il avait successivement trompés ou vaincus. Il eut raison contre les royalistes, parce qu'ils étaient ennemis du pays; contre les presbytériens, parce qu'ils étaient intolérants et ne comprenaient pas la révolution; contre les niveleurs, parce qu'ils demandaient l'impossible; enfin contre les républicains exaltés, parce qu'ils ne représentaient pas l'opinion générale. Mais il eut tort contre une classe de patriotes éclairés qui tenaient à la république non par fanatisme, mais par raison, et qui voulaient que les résultats de la révolution fussent garantis par des institutions capables de survivre à l'homme dont la capacité et les intentions pouvaient d'abord suffire. Parmi ceux-ci, il eut d'infatigables ennemis : les uns, ses anciens collègues au parlement; les autres, ses lieutenants sur les champs de bataille; d'autres, ses complices dans la mort de Charles Ier. Tous l'avaient admiré et le haïssaient d'autant plus. A chaque tentative nouvelle qu'il eut à repousser de leur part, il reprit un peu plus du régime ancien, et prépara ainsi les voies de la contre-révolution. Il n'eut point le tort impardonnable de rétablir le privilége héréditaire des fonctions dans l'état, et refusa la royauté. On croit que le terme de sa vie marqua celui de ses ressources, et qu'il eût retenu difficilement quelques années de plus un pouvoir à la fois si envié et si détesté [1].

1. Armand Carrel. *Histoire de la contre-révolution en Angleterre sous Charles II et Jacques II.*

Costumes du temps de Cromwell, d'après la carte d'Angleterre de Speed.

RICHARD CROMWELL

ET INTERRÈGNE.

(1658–1660.)

A peine [1] Cromwell eut-il exhalé son dernier soupir que le conseil s'assembla. La délibération fut courte, et l'ordre aussitôt envoyé de proclamer Richard Cromwell protecteur. Quoique aucun acte de la main de Cromwell, quoique aucun témoin autre que Thurloe, secrétaire du protecteur, ne pût confirmer la réalité de cette désignation, il ne se manifesta cependant point alors d'opposition à l'élévation de Richard Cromwell, et les adresses de félicitation de l'armée, de la marine, du clergé, des bourgs, des villes et des comtés, conçues dans les termes d'une adulation outrée, accompagnèrent les lettres de condoléance : « Élie, disait-on, laissait son manteau et son esprit à Élysée. » Les princes étrangers sollicitèrent l'amitié du nouveau protecteur, et les royalistes s'étonnèrent d'un assentiment qui semblait éloigner à jamais le but de leurs espérances.

Richard Cromwell s'était rarement occupé des affaires publiques du vivant de son père. Homme de plaisir avant tout, il avait d'abord fréquenté les royalistes qui, moins rigides que les presbytériens, l'admettaient à leurs orgies et lui emprun-

---

1. Sceau de Richard Cromwell. — Légende. — RICHARDVS. DEI. GRA. REIPVBLICÆ. ANGLIÆ. SCOTIÆ. ET. HIBERNIÆ. ETC. PROTECTOR. *Richard, par la grâce de Dieu, protecteur de la république d'Angleterre, d'Écosse, d'Irlande, etc.* Richard à cheval. Dans le champ à droite, un écu écartelé aux armes d'Angleterre, d'Écosse et d'Irlande avec l'écusson des Cromwell sur le tout. Dans le fond, la Tamise et la ville de Londres.

taient de l'argent. Puis il s'était retiré dans ses terres, à Hursley, dans le Hampshire, où il s'était marié et vivait en gentilhomme campagnard, lorsque son père le nomma lord du commerce, chancelier de l'université d'Oxford, et enfin membre de la chambre des pairs. La vie toute pacifique que Richard avait menée jusqu'alors ne tarda pas à servir de prétexte à l'ambition et aux menées des officiers. La république, disaient-ils, était l'ouvrage de l'armée, et la première charge devait en appartenir à un militaire; la nomination de Richard, qui n'avait jamais tiré l'épée, était un déshonneur pour les hommes dont le sang avait été versé pour la sainte cause. Ces plaintes étaient suggérées par Fleetwood, qui s'était flatté de l'espoir de succéder à Cromwell. En effet, à la mort du protecteur, Fleetwood aurait pu facilement s'emparer de la magistrature suprême; mais son caractère irrésolu ne lui suggéra que des démarches timides, des prières, des délibérations sans résultat, tandis qu'il fallait agir avec rapidité et vigueur. Après la nomination de Richard, il espéra du moins pouvoir faire restreindre à l'administration civile l'autorité du nouveau protecteur et se faire donner le commandement absolu des armées; et ses partisans rédigèrent dans ce sens une pétition énergique qui fut présentée aux communes et à Richard lui-même. On conseillait au protecteur d'anéantir l'espoir des factieux en faisant arrêter leurs chefs; mais Richard adopta un parti plus modéré, et nomma Fleetwood lieutenant-général de l'armée, en répondant aux pétitionnaires que la constitution de l'état lui défendait de se départir du commandement en chef. Les officiers ne se sentant point soutenus, affectèrent de paraître satisfaits; mais au fond leur mécontentement subsistait aussi vif que jamais, et ils ne cessèrent point leurs réunions et leurs menées secrètes.

Les funérailles du feu protecteur vinrent détourner l'attention publique de ces intrigues. Elles furent célébrées avec une pompe extraordinaire. Trois salles tendues de drap noir précédaient la chambre funèbre où le corps de Cromwell était couché sur un lit de parade, revêtu d'habillements royaux et entouré d'une innombrable multitude de cierges allumés; deux trophées à ses armes s'élevaient de chaque côté; l'une de ses mains tenait un sceptre et l'autre un globe; derrière sa tête était érigé un trône sur lequel reposait une couronne impériale. Lorsque le corps eut été porté dans le caveau qu'on lui avait préparé, une effigie du protecteur fut placée sur le trône couronne en tête et exposée pendant deux mois aux empressements de la foule.

Peu de jours après les obsèques de son père, Richard convoqua un parlement. Afin d'obtenir une représentation dont les membres lui fussent favorables, il abandonna le système électoral indiqué jadis par le long parlement et adopté par Cromwell, mode qui privait les bourgs les moins considérables de leurs droits d'élection, pour les transporter aux comtés; et il revint au système pratiqué sous la monarchie. Les bourgs lui donnèrent en effet cent soixante-cinq députés soumis à son influence, l'Irlande et l'Écosse en envoyèrent chacune trente tout aussi dévoués. C'était à peu près la moitié du nombre total des membres de la chambre.

Dès les premiers jours, trois partis bien distincts se dessinèrent dans l'assemblée: les partisans du protecteur; les républicains au nombre de cinquante, tout au plus, mais éloquents, énergiques, accoutumés aux formes et à la tactique parlementaires et dans les rangs desquels étaient Vane, Haslerig, Lambert, Brad-shaw, Ludlow, Nevil, Scot, etc.; les modérés ou neutres, dont les opinions secrètes penchaient en faveur de Charles Stuart : parmi eux, on doit compter lord Fairfax qui, en conservant les apparences républicaines, désirait réellement le retour du prince exilé (janvier 1659).

Le premier bill qui fut proposé avait pour objet la reconnaissance de Richard, comme légitime successeur de son père. Les républicains se récrièrent. Ils n'avaient pas, disaient-ils, d'aversion personnelle pour Richard ; mais où était l'acte de nomination par Cromwell? Où étaient les témoins qui l'avaient vu signer? La puis-sance du protecteur elle-même avait-elle été légale? La discussion s'envenima, et de part et d'autre on en vint aux récriminations. Les républicains énuméraient les actes d'oppression commis sous le gouvernement de Cromwell; les partisans de Richard répondaient par des exemples pareils de la conduite de leurs adversaires, sous le long parlement; enfin, après de longs débats, on convint par accommode-ment que la reconnaissance de Richard, comme protecteur, ferait partie d'un bill futur, et qu'on limiterait alors celles de ses prérogatives qui mettaient en danger les libertés de la nation. Les députés s'occupèrent ensuite de l'institution et des pouvoirs de « l'autre chambre. » Ce fut un nouveau sujet de discorde; cette chambre, instituée par une représentation tronquée et décimée par la force, n'avait aucun titre légal. On finit cependant par l'admettre comme formant provisoirement une des deux sections du parlement, et les communes consentirent à traiter d'af-faires avec elle sans cependant lui reconnaître aucune supériorité.

Un comité des griefs avait été nommé, et accueillait chaque jour un grand nombre de plaintes sur des actes d'oppression, de prodigalité, de tyrannie, d'extorsion. A la suite de ces plaintes, l'ordre fut donné de mettre en jugement Boteler, l'un des majors-généraux. Les officiers prirent l'alarme, et une fermentation extraordinaire se manifesta dans l'armée. Jusqu'à ce moment on ne connaissait que deux partis parmi les généraux, l'un attaché à Richard et dans lequel on distinguait son beau-frère, lord Falconberg, Charles Howard, créé vicomte par Cromwell, Ingoldsby, Whalley et Goffe; l'autre composé des partisans de Fleetwood. Le premier s'as-semblait à White-Hall, le second à Wallingford-House. Il en parut tout à coup un troisième sous l'influence de Desborough et de Lambert; il se réunissait à Saint-James et devint bientôt plus nombreux que les deux premiers. Lors de l'accusation de Boteler, ce dernier parti rédigea une « humble représentation et pétition » où il se plaignait des privations qu'on faisait supporter aux militaires, de l'arriéré de leur solde, des menaces et poursuites dirigées contre les patriotes, et du mépris où semblait tombée la bonne vieille cause. Richard, à qui cette pétition fut remise, l'envoya à la chambre des communes; mais celle-ci ne s'en occupant pas, les offi-ciers irrités obtinrent de la faiblesse du protecteur la permission de se constituer en conseil permanent. Ce nouveau conseil décida aussitôt que la cause commune était en danger, et qu'il était nécessaire de confier le commandement de l'armée à un chef digne de sa confiance. Les officiers des milices de la Cité et six cents soldats aux ordres du colonel Pride adhérèrent à ces représentations. Le pouvoir du protecteur était de nouveau menacé, ses partisans se décidèrent enfin à agir.

A leur instigation, la chambre des communes arrêta que toute assemblée militaire tenue sans le consentement du protecteur et du parlement était illégale, destitua tout officier qui refuserait de signer la promesse de ne jamais attenter aux priviléges du parlement, et déclara que le commandement de l'armée appartenait aux trois corps de l'état réunis, et qu'il serait exercé par le protecteur. Cette motion fut regardée par les officiers comme une déclaration de guerre, et Desborough, au nom des généraux, alla sommer son beau-frère Richard de dissoudre le parlement, lui déclarant que s'il refusait d'employer l'autorité civile, ils auraient recours à la force des armes; qu'il fallait qu'il se décidât, et qu'il serait soutenu ou abandonné par l'armée selon qu'il prendrait parti pour ou contre elle. Richard consulta son conseil privé; la plupart des membres, par crainte de l'armée, conseillèrent la dissolution. Les communes furent en conséquence sommées de se retirer (22 avril), et obéirent; mais jamais coup d'état ne fut plus désastreux pour son auteur. La chambre était en effet le seul soutien de Richard. Dès ce moment, il sembla qu'il eût signé sa propre déposition, et le gouvernement parut quelque temps rester sans chef. Si l'autorité était quelque part, c'était dans les mains de Fleetwood, commandant de l'armée; mais il n'eut pas assez de caractère pour s'emparer à l'instant du pouvoir, et se rattacha d'abord au parti des généraux rassemblés à Saint-James, puis aux républicains qui se montrèrent en force et demandèrent la restauration du long parlement, illégalement dissous il y avait quelques années. L'anarchie commençait à se faire craindre; les royalistes intriguaient plus vivement que jamais en faveur de Charles II; les officiers, comme dernière ressource, obtempérèrent au vœu des républicains (8 mai).

Soixante-dix membres seulement du long parlement se rassemblèrent sous la présidence de Lenthal. Il en existait beaucoup d'autres à Londres en ce moment, royalistes ou presbytériens exclus par Pride en 1648, et qui en 1649 avaient refusé de signer l'engagement mis pour condition à leur réadmission. Ils espéraient cette fois pouvoir reprendre leur place au parlement; mais lorsqu'ils se présentèrent, un détachement de soldats leur refusa l'entrée. La plupart des membres qui composaient la chambre actuelle étaient des hommes habiles, énergiques, inébranlables dans leurs convictions, qui voulaient reprendre la révolution au point où Cromwell l'avait arrêtée, et concevaient le noble espoir de la faire triompher quand de toutes parts elle était trahie. Mais, dès leur réunion, ils se virent en butte à la haine et au mépris du peuple qui les traitait de *rump parliament, reste de parlement, parlement croupion*. La défaveur dont ils étaient l'objet ne les ébranla cependant pas. Ils nommèrent aussitôt un conseil d'état ou comité de sûreté, et notifièrent aux ambassadeurs leur réintégration comme pouvoir suprême des trois royaumes.

Bientôt des adhésions importantes leur arrivèrent. Monk, gouverneur de l'Écosse, Lockhart, général de l'armée de Flandres, offrirent leurs services; Montague présenta les respects et la soumission de la flotte. Restait encore l'armée d'Irlande; Henri Cromwell qui la commandait et que les soldats adoraient, pouvait ou soutenir par les armes les droits de son frère, ou reconnaître le nouveau gouvernement, ou se déclarer en faveur de Charles Stuart. Mais, d'un caractère irrésolu, il perdit du temps à délibérer, et lorsqu'il voulut arborer l'étendard royal, un partisan du parlement surprit le château de Dublin, et entraîna les soldats. Forcé de s'excuser et de paraître en suppliant devant le parlement, il reçut comme une grâce l'autorisation de se retirer dans l'obscurité de la vie privée. La chambre ordonnait en même temps à Richard Cromwell de quitter les appartements royaux qu'il occupait encore à White-Hall, transférait ses dettes, qui s'élevaient à vingt-neuf mille livres sterling, au compte de la nation, lui donnait deux mille livres pour subvenir à ses besoins le plus pressants, et votait un revenu annuel de dix mille livres pour lui et ses héritiers, donation qui ne fut jamais réalisée [1].

Richard Cromwell,
d'après une miniature par Cooper.

Le parlement eut bientôt d'autres craintes que celles que pouvait lui inspirer Richard. Les généraux, réunis à Wallingford-House, ne tardèrent pas à vouloir lui imposer leur loi. Sous le titre de « choses que les officiers ont dans l'esprit, » ils avaient présenté quinze demandes et articles parmi lesquels était une déclaration

1. Ce fils, sans gloire, d'un grand homme, passa sur le continent à l'époque de la restauration ; il y demeura vingt années, obtint ensuite la permission de revoir sa patrie, et mourut à Cheshnut, âgé de quatre-vingt six ans.

formelle portant qu'ils reconnaissaient Fleetwood pour commandant en chef des armées de terre ; mais la chambre ne céda pas et répondit aux demandes des officiers en décrétant que la charge de général en chef serait abolie, les grades intermédiaires entre celui de colonel et de lieutenant général supprimés, tous les brevets militaires révoqués; un comité de neuf membres fut chargé de désigner ceux qui méritaient de recevoir de nouveaux brevets. Au lieu du commandement des forces de terre et de mer, Fleetwood reçut le grade de lieutenant général. Ses partisans murmurèrent ; cependant ils furent obligés de se résigner; mais leur haine ne tarda pas à se manifester.

Depuis la mort d'Olivier Cromwell, Charles Stuart observait avec attention le cours des événements; en voyant l'état incertain de la nation, et les dissensions qui régnaient entre ses ennemis, il annonça enfin aux chefs royalistes qu'il était décidé à passer en Angleterre. Un grand complot fut ourdi dans tous les comtés, et le 1ᵉʳ d'août 1659 fixé pour le soulèvement général. Charles devait se rendre en Bretagne sous un déguisement et s'y procurer les facilités de passer dans le Cornwall ou le pays de Galles ; le duc d'York, à la tète de six cents vétérans fournis par le prince de Condé, devait tenter une descente sur les côtes de Kent, et le duc de Glocester le suivre et l'appuyer avec quatre mille Anglais exilés que commandait à Ostende le comte de Marsin; mais Richard Willis, qui continuait le métier d'espion qu'il avait fait sous Cromwell tout en présidant à Londres le comité royaliste nommé le Nœud, dévoila tout le projet à Thurloe. Le conseil de sûreté ordonna aussitôt des levées, demanda des renforts aux armées de Flandre et d'Irlande, rassembla les milices, fit faire des arrestations, et obligea les cavaliers reconnus pour tels à quitter la capitale et à fournir des cautions. La plupart des insurrections furent aisément comprimées. Sir Georges Booth fut le seul qui arbora les couleurs royales avec quelque succès. Il parvint à s'emparer de la ville de Chester, et, réuni au colonel Morgan, marcha sur Nantwich ; mais Lambert le surprit par une marche rapide, tua le colonel Morgan et une trentaine de cavaliers, fit trois cents prisonniers, et mit tout le reste en fuite. Charles Stuart fut encore obligé d'ajourner sa descente.

Le parlement n'avait échappé au danger de l'insurrection royale que pour tomber devant la force brutale de l'armée. Enhardi par sa victoire, Lambert revint dans la capitale avec ses soldats, et ses officiers présentèrent de nouveau à la chambre une pétition, dans laquelle ils demandaient le grade de commandant en chef pour Fleetwood, et celui de major-général pour Lambert. Cette pétition fut dénoncée par Haslerig comme attentatoire à l'autorité du parlement, et il demanda que Lambert fût envoyé à la Tour. Les généraux ne se tinrent pas pour battus, et, quelques jours après, Desborough présenta une seconde pétition en tous points semblable à la première, où l'on demandait de plus que quiconque accuserait sans fondement les serviteurs de l'état fût traduit en justice et puni. Haslerig et son parti parurent un moment effrayés; mais trois des régiments alors à Londres, Monk en Ecosse, et Ludlow en Irlande, offrirent à la chambre leurs services. Elle reprit courage, destitua Lambert, Desborough et sept colonels ; ôta à Fleetwood le commandement de la milice, et nomma un comité de sept membres chargé du gouvernement de l'armée. Deux régiments d'infanterie et quatre compagnies de cavalerie vinrent occuper la cour du palais en protestant qu'ils voulaient vivre et mourir avec le parlement. Lambert ne s'arrêta pas devant ces démonstrations, et fit aussitôt marcher trois mille hommes sur Westminster. Le zèle des défenseurs de la chambre s'éteignit tout à coup, et le parlement, reconnaissant que toute résistance de sa part était inutile, déclara qu'il ne se rassemblerait plus, et laissa au conseil des officiers le soin de pourvoir à une nouvelle forme de gouvernement et à la tranquillité publique. Les fonctions de commandant en chef furent à l'instant déférées à Fleetwood, celle de major-général à Lambert, et un comité de sûreté de vingt-trois membres fut chargé de l'administration civile (octobre).

Les royalistes jugèrent, et avec raison, que les circonstances leur devenaient favorables. Les agents de Charles II redoublèrent d'activité; leurs intrigues s'adressèrent principalement au général Monk. Cet officier, qui commandait en Écosse depuis la bataille de Worcester, s'était tenu éloigné des intrigues de cour, n'avait point flatté le protecteur, point sollicité de faveurs, point fait parade de piété; c'était un homme adroit, habile, et possédant l'art d'envelopper ses pensées, ses projets, ses opinions, d'un voile impénétrable. Tous les partis le regardaient comme à eux. Cromwell, instruit de quelques démarches faites près de lui par les agents de Charles, lui avait écrit en plaisantant : « On dit qu'il existe en Ecosse « un rusé compère, nommé George Monk, qui n'attend que l'occasion de rendre « service à Charles Stuart; usez, je vous prie, de diligence pour le faire saisir et « me l'envoyer. » Après la chute de Richard, Fleetwood lui ôta une partie de sa cavalerie, et les républicains destituèrent ceux des officiers qu'il estimait le plus. Monk regarda ces actes comme des affronts personnels; mais quoique dès ce moment il fût gagné à la cause de Charles Stuart, il n'osa cependant se prononcer encore. L'expulsion du parlement et l'élévation de Fleetwood et de Lambert lui fournirent l'occasion d'agir. Il le fit avec sa prudence, sa circonspection ordinaires ; et tout en ne parlant que de rétablir le parlement et de défendre les anciennes lois et libertés du pays, il s'assura du château d'Édimbourg et de la citadelle de Leith, plaça une garnison affidée à Berwick et à Newcastle, leva une nombreuse cavalerie, et se disposa à entrer en Angleterre.

Il était de la plus haute importance pour les officiers de Wallingford-House de réduire au plus vite ce redoutable adversaire; Lambert quitta Londres, à la tête de sept mille hommes, pour marcher contre lui. Monk, qui avait tout à gagner de la temporisation, arrêta sa marche en envoyant à Londres trois députés pour traiter avec le comité de sûreté. Après de longues discussions, un accommodement fut conclu ; mais lorsqu'il fallut le signer, Monk découvrit ou feignit de découvrir dans sa rédaction tant d'articles obscurs qu'il obtint qu'une seconde négociation avec Lambert serait entamée à Newcastle. Il profita de ce délai pour licencier les soldats qui lui étaient suspects, les remplacer par des Écossais dévoués, convoquer à Berwick une convention des états d'Écosse, et en obtenir une somme de 60,000 livres. Pendant que ces artifices prolongeaient le séjour de Lambert dans le nord, dans le midi les citoyens se prononçaient contre le despotisme militaire, et refusaient de payer tout impôt qui ne serait pas voté par un parlement libre ; le commodore Lawson se déclarait pour le parti républicain, et remontait la Tamise avec son escadre jusqu'à Gravesend; Portsmouth recevait dans ses murs Haslerig et Morley; les troupes que Fleetwood avait envoyées à leur poursuite se joignaient à eux, et tous ensemble s'avancèrent vers la capitale. Le comité de sûreté, effrayé, prit la résolution de convoquer un nouveau parlement; mais les soldats ne lui obéissaient déjà plus; ils se rendirent devant la maison du président Lenthal, et le saluèrent, comme représentant du parlement et lord général de l'armée, par trois décharges de mousqueterie. Desborough se sauva près de Lambert; Fleetwood, dans son mystique langage, prétendit que « le Seigneur lui avait craché au visage,» et il alla s'agenouiller lâchement devant le président auquel il remit son brevet. Le parlement Croupion, ayant Lenthal à sa tête, reprit triomphalement possession de la chambre (26 décembre 1659), nomma un comité chargé du gouvernement de l'armée, ordonna aux régiments rassemblés dans le nord de rentrer dans leurs quar-tiers respectifs, rappela quelques membres exclus, expulsa les partisans du comité de sûreté, destitua Lambert et ses adhérents, cassa les officiers par eux choisis, organisa l'armée sur un nouveau plan, établit un conseil d'état, et prescrivit un serment qui repoussait à jamais la royauté et la famille des Stuart.

Pendant ces événements, Monk avait suscité à l'armée de Lambert un redoutable adversaire. Par de secrètes assurances d'appui, il avait engagé Fairfax, disposé depuis longtemps à embrasser la cause de la monarchie, à se mettre à la tête des royalistes du Yorkshire, et à s'emparer de la ville d'York. Fairfax réussit dans ce dessein, pendant que Monk, sans se déclarer, s'avançait en même temps contre Lambert; le message du parlement qui avait dissous l'armée de ce général, lui permit d'entrer sans combat dans la ville d'York, où, quoique bien décidé à marcher sur Londres, il attendit que le parlement lui envoyât l'invitation de se rendre à Westminster. Alors seulement il prit la route de la capitale, déclarant hautement qu'il venait pour soutenir le parlement, et qu'il regardait comme impos-sible le rétablissement de la monarchie. A son arrivée à Londres, il fut invité à se rendre à la chambre où il fut reçu avec de grands honneurs (février 1660). Peu de jours après, le parlement mettait à l'épreuve la sincérité de ses déclara-tions. Le conseil commun de la Cité de Londres, composé en majorité de pres-bytériens royalistes, s'était arrogé une autorité indépendante, recevait les adresses des comtés voisins, tendant à obtenir un parlement libre et complet, selon les anciennes lois fondamentales du pays, et y répondait dans le même sens. Monk fut chargé de punir cette rébellion. On lui intima l'ordre d'arrêter onze des principaux membres du conseil commun, d'enlever les chaînes tendues dans les rues et les poteaux qui les soutenaient, et de détruire les portes et les herses. Le général n'était pas la dupe des parlementaires; il savait que leur intention était de le compro-mettre aux yeux des habitants de la Cité et de ses propres soldats, et de lui retirer ensuite son commandement; mais, avec son habileté ordinaire, il sut faire tourner leurs projets contre eux-mêmes. Après avoir forcé ses soldats mécontents à obéir aux ordres du parlement, il réunit les officiers et leur fit écrire une lettre qu'il signa avec eux, par laquelle ils se plaignaient d'avoir été choisis pour servir d'in-struments aux ressentiments des députés contre les citoyens, et demandaient que les places vacantes dans le parlement fussent immédiatement remplies. Sans attendre la réponse, il retourna dans la cité, rassembla un conseil commun (le dernier avait été dissous par le parlement), déclara qu'il se présentait cette fois comme ami, et qu'avec le secours des citoyens il obtiendrait certainement pour la nation un parlement complet et libre. De bruyantes acclamations accueillirent son discours, et l'attitude du peuple et des soldats montra au parlement qu'il fallait céder. Les membres exclus en 1648 reprirent leurs siéges à la chambre, après avoir été visiter Monk, qui dans un long discours leur déclara qu'un gouvernement républicain et une église presbytérienne modérée étaient indispensables à la nation. Les membres réintégrés, la plupart royalistes ou presbytériens, étaient au nombre de cent quatre-vingt-quatorze; le parti indépendant ne comptait pas plus de quatre-vingt-neuf membres. En voyant rentrer les députés jadis chassés par eux, Haslerig et ses amis les plus ardents s'étaient retirés (21 février).

Les lords qui composaient l'ancienne chambre des pairs réclamèrent alors leur réintégration au parlement; mais Monk, qui craignait encore de trop s'avancer et qui redoutait le mécontentement des soldats, leur déclara que la chambre dont ils avaient fait partie avait cessé d'exister à la mort de Charles Ier, et que la nécessité seule, et non le droit, légitimait les séances des communes actuelles. La chambre basse reconstituée annula les votes qui avaient rapport à la mort du roi et à l'expulsion des presbytériens de la chambre, choisit un nouveau conseil d'état dont la plupart des membres étaient royalistes, nomma Monk général en chef des armées des trois royaumes, l'adjoignit à Montague dans le commandement de la flotte, vota en sa faveur une somme de 20,000 livres sterling, rétablit le conseil commun, mit en liberté tous les cavaliers faits prisonniers en diverses circonstances, leva le séquestre apposé sur leurs biens, emprunta 60,000 livres sterling pour payer la solde courante de l'armée, déclara que la confession de foi presbytérienne était celle de l'Angleterre, et fixa le 15 mars pour l'époque de sa dissolution, et le 25 avril pour la réunion d'un parlement libre composé d'une chambre des lords et d'une chambre des communes.

De toutes parts cependant l'opinion royaliste se faisait jour. On priait pour Charles Stuart dans les églises; le conseil commun osa dire dans une adresse qu'il n'était pas opposé à la restauration du fils de Charles Ier; la chambre elle-même rapporta le fameux engagement en faveur d'une république, sans roi et sans chambre des pairs. Cependant Monk n'osait encore proclamer Charles II, dans la crainte d'une vive opposition de la part de la chambre et de la multitude de ses adhérents. Enfin, le 16 mars 1660, après plusieurs dissolutions et réinstallations illégales, le long parlement termina, en se dissolvant, une carrière commencée dix-neuf ans auparavant. Il avait d'abord mérité l'admiration et la reconnaissance de la nation en défendant les droits du peuple et en opposant une énergique résistance aux usurpations de la couronne; mais ensuite sa marche incertaine et les intrigues ambitieuses de quelques-uns de ses membres produisirent l'anarchie et le despotisme militaire. La postérité toutefois lui doit des hommages, car ce fut lui qui posa, définit et consolida la plus grande partie des libertés nationales dont jouit aujourd'hui l'Angleterre.

Monk n'attendait que la dissolution du parlement pour entrer en relation avec les agents de Charles Stuart et il s'aboucha aussitôt avec sir George Grenville qui lui remit un message du roi conçu en termes très-flatteurs pour lui. Monk le lut et répondit qu'il s'estimait heureux de pouvoir enfin exprimer son dévouement à la cause royale, mais, qu'entouré d'hommes suspects, il se voyait obligé de garder encore le plus profond secret. Il rédigea alors pour le roi une lettre dans laquelle il lui demandait une déclaration conciliante qu'il pût, en temps opportun, communiquer au parlement, et où il lui conseillait de promettre une amnistie générale, le paiement des arrérages dus à l'armée, la confirmation des ventes nationales, et la liberté de conscience. Après avoir lu cette lettre à Grenville, il la déchira et en jeta les morceaux au feu en invitant l'envoyé à graver dans sa mémoire ce qu'elle contenait, et à le répéter au roi. Grenville partit à l'instant pour Bruxelles où Charles l'accueillit comme un messager du ciel. Cette couronne si longtemps attendue, et qu'il avait désespéré de recouvrer jamais, lui était donc enfin rendue presque sans conditions. Il se hâta de rédiger la proclamation que lui demandait Monk, et de la lui envoyer. Le général s'en montra satisfait, et pria Grenville de la garder jusqu'au moment où il serait possible de s'en servir.

Les élections étaient alors commencées, et cavaliers, têtes rondes, républicains, royalistes, presbytériens, tous intriguaient pour obtenir une majorité de leur opinion. Ces derniers étaient sans contredit les plus nombreux, mais la division régnait parmi eux. Les uns, opposés au despotisme militaire, l'étaient aussi au retour du roi qui devait leur ramener l'épiscopat; les autres ne voulaient remettre Charles sur le trône qu'aux conditions proposées à son père dans l'île de Wight; d'autres enfin, et c'étaient les plus nombreux, moins honnêtes et moins fervents dans leur foi, envisageaient sans crainte le retour de l'épiscopat, et voyaient surtout dans une restauration le moyen d'obtenir des honneurs et des richesses. Ils se joignirent aux cavaliers, et presque partout triomphèrent de leurs opposants. L'armée toutefois témoignait beaucoup de mécontentement et gémissait de la ruine de la bonne vieille cause pour laquelle elle avait versé son sang; les officiers craignaient de perdre les propriétés qu'ils avaient acquises; les soldats entrevoyaient un prochain licenciement et la perte des arrérages de leur solde. Beaucoup d'officiers accoururent à Londres; mais Monk, déjà muni, au nom du roi, du brevet de lord général des armées des trois royaumes, et sûr de l'appui des milices de la Cité, au nombre de plus de quatorze mille hommes, leur ordonna de retourner à leur poste, et renvoya des corps tous les soldats qui refusèrent la promesse de se soumettre au nouveau parlement. Ce mécontentement des troupes fit concevoir à Lambert, qui s'était échappé de la Tour où il avait été renfermé par ordre du conseil, l'espoir de rendre le pouvoir à son parti; et il se rendit dans le Warwickshire, où il rassembla six compagnies de cavalerie et plusieurs compagnies d'infanterie. Mais attaqué près de Daventry par le colonel Ingoldsby, qui de régicide était devenu royaliste, il fut abandonné de ses troupes, fait prisonnier, et conduit à la Tour de Londres, avec ses principaux officiers (avril).

Le 25 avril le parlement se rassembla. Monk y prit place comme représentant du Devonshire. Sir Harbottle Grimstone, presbytérien partisan de la royauté, fut nommé président. Les lords qui avaient siégé en 1648 se réunirent de leur côté, sous la présidence du comte de Manchester; mais ceux qui avaient fait partie du parlement d'Oxford n'osèrent pas encore se présenter. Le premier acte de la chambre des pairs fut de demander aux communes une conférence à l'effet de s'entendre sur les conditions que l'on exigerait du roi pour son retour; mais Monk avait promis « de rétablir Charles libre de tout engagement dans ses anciens royaumes; » et il résolut de mettre obstacle à la tenue de cette conférence. Le jour où elle devait avoir lieu, au milieu de la séance des communes, Grenville fit remettre au lord général une lettre cachetée aux armes royales. Monk feignit beaucoup de surprise en les reconnaissant, et donna le paquet au président. Il contenait des lettres du roi aux deux chambres, à l'armée, à la flotte, au conseil commun et à la Cité. Un écrit accompagnait les lettres adressées aux deux chambres : c'était la déclaration demandée par Monk, et connue depuis sous le nom de déclaration de Breda.

« Nous ne désirons rien tant, disait Charles, qu'une exacte observation de la justice, et nous sommes prêt d'y ajouter tout ce que raisonnablement on peut attendre de notre indulgence. Afin que la crainte du châtiment n'engage pas ceux qui se sentent coupables à persévérer dans le crime et à empêcher qu'on ne rende la tranquillité à l'état, en s'opposant au rétablissement du roi, des pairs, de la monarchie et des peuples qui la composent, chacun dans ses droits légitimes, anciens et fondamentaux, nous déclarons, par ces présentes, que nous accordons un libre et général pardon, lequel nous serons prêt, quand nous en serons requis, de sceller du grand sceau d'Angleterre, à tous nos sujets, de quelque qualité qu'ils soient, qui, dans quarante jours après la publication de cette déclaration, s'en tiendront à notre présente grâce, et en feront leur soumission par un acte public, promettant d'être à l'avenir de bons et fidèles sujets; de laquelle grâce nous n'exceptons personne que ceux que notre parlement jugera à propos d'excepter; hors ceux-là, tous les autres, quelque coupables qu'ils soient, doivent se reposer sur notre parole comme sur la parole d'un roi, que nous donnons solennellement par la présente déclaration; entendant qu'aucun crime de ceux qu'ils auront commis contre nous ou contre le feu roi notre père, avant cette même déclaration, ne s'élève en jugement contre eux, et ne soit mis en question à leur préjudice, à l'égard de leurs vie, liberté, non pas même autant qu'il est en nous, à l'égard de leur réputation, par aucun reproche, ni terme, qui les distingue de nos autres sujets; car notre vouloir et plaisir royal est que dorénavant, parmi nos sujets, soient mises en oubli toutes marques de discorde, de séparation, de différents partis : désirant avec passion qu'ils lient ensemble une amitié et une correspondance parfaite pour l'établissement de nos droits et des leurs, dans un libre parlement, les conseils duquel nous prétendons suivre, sur notre parole royale.

« Et parce que les passions des hommes et l'iniquité des temps ont produit dans les esprits diverses opinions touchant la religion, et que de là sont nés des partis et des animosités mutuelles, pour contribuer à les adoucir par le commerce et la facilité de converser les uns avec les autres, nous donnons la liberté aux consciences, et déclarons que dorénavant personne ne sera inquiété sur les opinions différentes en matière de religion, pourvu que l'on n'abuse point de cette indulgence pour troubler l'état; et nous sommes prêt à approuver les actes qu'il semblera bon au parlement de nous présenter après une mûre délibération, pour confirmer et établir plus solidement ce dernier acte.

« De plus, comme il est arrivé dans les révolutions qui affligent depuis quelques années ce royaume, qu'il s'est fait plusieurs dons et acquêts de biens que les possesseurs pourraient être contraints à restituer selon les lois, nous déclarons que notre bon plaisir est que tous les différends et tous les procès qu'on pourra intenter sur ce point soient terminés dans le parlement; ce tribunal étant le plus propre à procurer aux intéressés la juste satisfaction à laquelle ils peuvent prétendre.

« Enfin, nous déclarons que nous sommes disposé à donner consentement à tous les actes du parlement touchant les articles ici exprimés, de même qu'à ce qui concerne les arriérés dus aux officiers et soldats de l'armée du général Monk, que nous promettons de recevoir à notre service avec la paie dont ils jouissent maintenant. »

A la lecture de cette pièce, le rétablissement de la royauté dans la famille des Stuarts fut voté par acclamation, et l'on prétendit trouver dans les intentions annoncées par la déclaration non-seulement les motifs, mais les conditions du rappel. Vainement quelques presbytériens représentèrent que ce que l'on avait jadis exigé de Charles Ier avant sa rupture avec le parlement, on devait l'obtenir de son fils; que les contestations renaîtraient bientôt si la portion d'autorité qu'il convenait de rendre à celui-ci n'était d'avance fixée; et qu'il serait honteux que tant de sang eût été versé pour rien. On leur objecta qu'il n'y avait pas de temps à perdre; que les révolutionnaires pouvaient dans quelque nouveau trouble ressaisir leurs avantages, et qu'il fallait s'en remettre aux lumières et à la droiture du monarque. La majorité se paya de telles raisons. Aveugle, si elle crut en effet que ce témoignage d'une confiance sans bornes aurait pour la nation le même résultat que les réserves commandées par la prudence; mais bien peu excusable si, comme il le paraît, la peur la décida seule à cet appel aux sentiments d'un prince que tant de préjugés, d'intérêts et de ressentiments devaient empêcher de reconnaître les fautes de son père [1]. »

La considération des puissances étrangères suivit de près la soumission des sujets. Charles fut invité par les Espagnols à retourner dans les Pays-Bas avec offre d'une de leurs villes pour s'y embarquer; la France, naguère encore toute dévouée à Cromwell, fit assurer le nouveau souverain de son affection et de son respect, et l'engagea à rentrer en Angleterre par Calais. Le roi se rendit aux sollicitations des Provinces-Unies, dont le peuple lui avait toujours témoigné une affection sincère. Les États-Généraux en corps vinrent le recevoir à La Haye.

Il quitta cette ville pour s'embarquer sur la flotte de Montague, et fit voile pour Douvres, où Monk le reçut à la tête de la noblesse (25 mai 1660). Charles l'appela son bienfaiteur, l'embrassa, et le fit monter dans le carrosse royal. Une population innombrable couvrait la route, et de Douvres à la capitale, la marche

---

Armand Carrel, p. 79 et suiv.

du roi fut une procession triomphale. A Blackheath il trouva l'armée en bataille,
et il traversa les rangs aux acclamations des soldats. Les maisons de la capitale,
depuis le pont de Londres jusqu'à White-Hall, étaient toutes tapissées, et les milices
bordaient les rues. Les protestations d'attachement et les adresses de félicitations
de tous les corps de l'état durèrent jusqu'au soir. Resté enfin avec ses confidents
intimes : « J'ai eu certainement bien tort de ne pas venir plus tôt, leur dit Charles,
« car tous ceux que j'ai vus aujourd'hui m'ont protesté qu'ils avaient constamment
« désiré ma restauration ! »

Costumes du temps de Charles II.

STATUE DE CHARLES II, A CHELSEA.

CHARLES II.

(1630-1685)

Après [1] de longs et inutiles efforts pour remonter sur le trône de ses pères, Charles se trouvait rentré dans leur héritage sans presque y avoir concouru de lui-même; il venait satisfaire le besoin de sécurité qui s'était emparé de toutes les classes de la population, et sans condition, sans garanties, il fut reçu, par des sujets honteux de leur révolte, en souverain qui pardonne, en père qui reprend sur ses enfants une autorité quelque temps méconnue. Au milieu des réjouissances du retour et des fêtes du couronnement, les espérances que donnait l'avenir se trouvèrent augmentées par le choix des conseillers rassemblés autour du trône. Presbytériens et royalistes y furent appelés, sans distinction de parti : le choix de deux ministres presbytériens, Calamy et Baxter, comme chapelains du roi, surprit encore davantage. Le marquis d'Ormond, le comte de Southampton, sir Edouard Nicholas et sir Edouard Hyde, créé comte de Clarendon, furent les principaux ministres de Charles. Ce dernier, tout à la fois chancelier et premier ministre, était de tous les amis du roi celui qui pouvait revendiquer la plus grande part dans

1. Sceau de Charles II. Légende : CAROLVS. II. DEI. GRA. MAGNÆ. BRITANNIÆ. FRANCIÆ. HIBERNIÆ. REX. FIDEI. DEFENSOR. 1660. *Charles II, par la grâce de Dieu, roi de la Grande-Bretagne, de France, d'Irlande, défenseur de la foi.* Charles assis sur son trône, en costume royal. Dans le champ à droite et à gauche, la harpe d'Irlande et la rose d'Angleterre couronnées.

son retour en Angleterre. Il avait su dominer l'humeur variable de Charles, et, s'attachant sans cesse à pallier ses écarts, à vanter des vertus que l'inaction, disait-il,
empêchait de paraître, il avait plus que tout autre préparé les voies à son rétablis-

Hyde, comte de Clarendon,
d'après le portrait original de Peter Lely.

sement. Ses sages avis ne purent cependant obtenir de Charles qu'il maîtrisât pendant quelque temps son penchant effréné pour le plaisir. Dès l'entrée du roi dans
Londres, mistriss Barbara Palmer avait fixé les regards de ce prince; ambitieuse,
elle accepta bientôt un hommage qu'elle avait recherché; ce fut ainsi que Charles
inaugura son règne et ses débauches. A son exemple, la cour et le peuple entier se
précipitèrent à la poursuite des jouissances de toute sorte, et les mœurs devinrent
aussi relâchées qu'elles avaient été sombres et sévères. Mais cette dissolution apportait au moins un bienfait; elle faisait cesser l'aigreur des haines de partis qui
avaient désolé l'Angleterre. Chacun voulait oublier ou faire oublier le passé, et ce
sentiment nouveau activa aussi la marche de la réaction politique.

En présence de la crainte qu'inspirait le retour de l'anarchie républicaine, la
déclaration de Breda avait remporté un facile triomphe. Le roi, sans renoncer
au rôle de maître légitime, avait réussi à rassurer tous les partis; il avait laissé à

la nation le soin de venger son père, garanti les propriétés et proclamé la tolérance religieuse. Les ennemis de la royauté, ces indépendants abattus par Cromwell, demeuraient ses seuls adversaires, mais ils étaient devenus ceux de la nation et ce fut contre eux que la réaction commença.

Le parlement, qui ne portait encore que le nom de *Convention*, comme ayant été convoqué sans la participation de Charles, exerçait des pouvoirs dont l'origine était illégitime; un acte lui donna la sanction royale et le constitua. Il accepta d'abord au nom de la nation le pardon gracieux du roi, puis, jaloux de montrer son zèle et son dévouement, il poursuivit avec énergie les juges du dernier souverain. C'était à lui de déterminer les exceptions qu'on devait mettre au pardon offert par la déclaration de Breda, et il voulut les étendre si loin que Charles fut obligé de s'opposer à ces sanguinaires démonstrations de loyauté. Cependant, à la prière des deux chambres, une proclamation royale déclara que tous ceux des juges du feu roi qui ne se rendraient pas en prison dans un délai de quinze jours, n'auraient point de part à l'amnistie. Quarante-neuf de ces juges, qu'on flétrit du nom de régicides, vivaient encore; quelques-uns s'échappèrent, d'autres furent saisis dans leur fuite, et dix-neuf eurent la confiance d'obéir à la proclamation. Avec eux furent enveloppés dans la proscription sir Henri Vane et Lambert, quoique ni l'un ni l'autre n'eussent siégé au procès de Charles Ier; mais le premier était un de ceux qui avaient le plus contribué à la mort de Strafford; les récents efforts du dernier pour la cause de la république l'avaient signalé comme un homme dangereux. En exécution de l'acte qu'on osa appeler « acte d'amnistie et d'oubli, » les vingt-neuf régicides qui s'étaient constitués prisonniers ou qui avaient été arrêtés, furent livrés à une commission spéciale. Par un autre bill, toutes les sentences et les procédures judiciaires passées au nom de la république et du protecteur furent ratifiées et l'on passa à la fixation du revenu. Quoique composées en partie de presbytériens, les communes étaient entraînées par le mouvement réactionnaire; d'ailleurs, d'après la générosité qu'elles porteraient dans le vote du revenu du roi, on devait apprécier la sincérité de leur retour aux principes de la légitimité. D'un autre côté, tous les monarques de l'Europe augmentant leurs forces et leurs dépenses, l'honneur de l'Angleterre exigeait des sacrifices qui missent le pays à la hauteur des autres nations. Ces considérations amenèrent la chambre à livrer l'argent du peuple avec une profusion dont jusqu'alors il n'y avait point eu d'exemple. Un revenu de 1,200,000 livres sterling (30,000,000 francs), le plus considérable qu'aucun monarque d'Angleterre eût encore possédé, fut assigné au roi, sans préjudice des autres sommes qui lui furent accordées, ainsi qu'à ses frères, à sa mère et à ses sœurs. Tous les biens appartenant à la couronne, qui pendant la révolution avaient été distribués aux serviteurs de la république, durent être restitués sans indemnité. Enfin, aux droits de *purveyance* et de garde-noble, abolis par le long parlement, on substitua un droit régulier de 100,000 livres sterling. Un autre acte décréta la levée des sommes nécessaires aux dépenses de la marine et du licenciement de l'armée.

La clôture de la session (13 sept.) reporta tous les regards sur le procès des régicides. La cour, composée de trente-quatre commissaires, cavaliers, généraux et chefs du parlement, lords et conseillers de Cromwell, etc., jugea les accusés d'après le principe proclamé par les deux chambres comme l'un des fondements de la constitution anglaise, « qu'aucune personne, aucune autorité, pas même le peuple entier, agissant soit par lui, soit par ses représentants, n'avait le pouvoir de contraindre par corps un roi d'Angleterre. » C'était prononcer d'avance la condamnation des accusés. Pas un d'entre eux ne désavoua sa conduite dans le procès de Charles Ier, et tous furent condamnés à mort; mais on sursit pour ceux qui s'étaient livrés, et il n'y en eut que dix d'immolés d'abord; six juges du roi, Harrisson, Scot, Carew, Clements, Jones et Scrope : ce dernier s'était livré lui-même, mais la fermeté de ses opinions républicaines le perdit; puis Axtel, commandant des gardes de la haute cour de justice; Hacker, qui avait été chargé de l'exécution du roi; Coke, procureur général, et enfin Hugh Peters, prédicateur furieux dont l'éloquence avait excité au régicide. Jusque sur l'échafaud, tous glorifièrent la cause pour laquelle ils mouraient. Le reste des condamnés fut distribué dans les prisons. L'entraînement ordinaire dans ces sortes de représailles fit descendre le supplice jusque sur les morts, et donna lieu à des actes aussi barbares que ridicules : on tira des caveaux de Westminster les cadavres de Cromwell, d'Ireton et de Bradshaw; on les traîna dans les rues pour les suspendre au gibet de Tyburn (octobre 1660).

La mort du jeune duc de Glocester (septembre) et celle de la princesse d'Orange (24 décembre), frère et sœur du roi, donna aux saints un texte pour annoncer que le ciel prenait en main leur querelle et vengeait lui-même ces sanglantes réactions; mais un soulèvement des millénaires sembla les justifier, et donner raison à la cour en montrant que les espérances des républicains et des sectaires n'étaient point encore entièrement éteintes. Venner, enthousiaste connu par divers complots sous Cromwell, sortit dans les rues de Londres, suivi de quelques fanatiques enflammés par ses discours. Ils étaient soixante, bien armés, invincibles et même invulnérables selon leur croyance; ils se répandirent en proclamant le royaume de Jésus, tuèrent un grand nombre de citoyens, puis, poussés par un détachement de gardes, se retranchèrent dans une maison où l'on fut obligé de les massacrer. Le peu qu'on en tira vivants furent jugés, condamnés et exécutés (janvier 1661). Cet incident fournit au chancelier Clarendon de nouvelles armes pour arriver à l'établissement dominant de la religion anglicane, dessein dont il avait commencé l'exécution en réintégrant dans leurs siéges les évêques qui vivaient encore, et en faisant restituer aux évêchés et aux chapitres les biens qui leur avaient jadis appartenu. Clarendon ne s'en était point tenu là. Dans une assemblée de théologiens réunis au palais de Savoy, il avait fait discuter les moyens de concilier le presbytérianisme avec les formes du culte anglican; et, redoutant sur ce point le mécontentement et l'opposition du parlement, jusqu'alors si docile que le roi l'avait surnommé « le bon parlement, » il l'avait congédié dans l'espoir d'obtenir de nouvelles élections plus favorables (29 décembre 1660).

Du reste, on pouvait pressentir déjà, par ce qui se passait en Écosse, le sort réservé aux presbytériens d'Angleterre. Depuis Cromwell, ce pays était régi par un gouvernement militaire. Charles, se souvenant de la gêne où il s'était trouvé parmi les sectaires écossais, penchait à laisser subsister cet état de choses; mais, vaincu par les sollicitations du lord écossais Lauderdale, il consentit à permettre le rétablissement du parlement. Middleton, qui gouvernait alors, profita de cette mesure pour rétablir aussi l'épiscopat; il réintégra les prélats d'Écosse dans le parlement et commença à poursuivre les presbytériens. Un acte annula toutes les lois portées depuis l'année 1633, comme entachées de violence; et l'existence légale des sectes se trouva mise au néant. A ces ressorts légitimes on joignit la terreur. Le marquis d'Argyle, l'un des chefs presbytériens qui s'étaient le plus signalés par leur opposition à Charles Ier, fut la première et la plus célèbre des victimes (28 mai 1661). Après quelques autres exécutions, le reste des covenantaires reçut son pardon; un acte solennel déclara le covenant contraire aux lois.

En Angleterre, les conférences du palais de Savoy n'amenèrent, comme le ministère l'avait prévu, aucun résultat. Muni de cette preuve de la répugnance des sectes à rentrer dans l'ordre légal, fort des inquiétudes qu'il avait semées sur leur esprit remuant, Clarendon se présenta devant les nouvelles communes, composées de propriétaires, d'avocats, de marchands et de gens en place, et tous royalistes ou zélés anglicans; il leur fit un sombre tableau des dangers qui menaçaient le pays; et la chambre, émue par ses discours, ordonna que ses membres recevraient publiquement, à un certain jour, la communion suivant la liturgie anglicane; et que le covenant écossais ainsi que l'acte du même nom adopté dans le parlement presbytérien en 1643, seraient brûlés par la main du bourreau. Le même arrêt frappa celui qui nommait les juges du feu roi et tous les bills dirigés contre l'autorité royale. Un bill, dit des corporations, ordonna à tout fonctionnaire de prononcer, outre le serment ordinaire d'allégeance et de suprématie, une déclaration ainsi conçue : « Je crois qu'il n'est pas permis, sous quelque prétexte que ce puisse être, de prendre les armes contre le roi. J'abhorre cette détestable maxime qu'on peut prendre les armes par autorité du roi contre sa personne ou contre ceux qui agissent en vertu de ses commissions. » En même temps le pouvoir militaire, les forces de terre et de mer, les places fortes, le droit de paix et de guerre, étaient remis à la disposition du roi, et les gouverneurs, officiers et soldats astreints à prêter un serment analogue à celui que prescrivait l'acte des corporations. Enfin, comme le roi avait dû, à son retour, prendre à sa charge l'arriéré des dépenses de la république, et que les dettes de la couronne étaient devenues fort pesantes, la chambre y subvint par le vote de fonds considérables. Comme la monarchie, l'épiscopat reprit son ancien éclat. La rentrée des évêques à la chambre haute fut votée, et une loi nouvelle porta le dernier coup au presbytérianisme. L'acte *d'uniformité* ordonna à tous les ministres, sous peine d'être privés de leurs bénéfices et poursuivis d'après les lois antérieures à la révolution, de se conformer au culte de l'église anglicane, suivant le livre des prières nouvellement revu; de déclarer par serment qu'ils approuvaient tout ce qui était contenu dans ce livre; de se présenter aux évêques, pour recevoir d'eux l'ordination; et de renouveler leur serment au roi comme chef de l'église anglicane. Enfin, pour prévenir tout murmure, la presse fut enchaînée par des formalités aussi rigoureuses que celles jadis décrétées par Laud, et contre lesquelles la nation s'était soulevée. La réaction était complète.

Pendant la dernière guerre avec l'Espagne, Cromwell s'était vu naturellement engagé à soutenir dans sa révolte le Portugal qui s'était soustrait, en 1640, à la domination de Philippe IV, et avait proclamé roi Jean, duc de Bragance. A la restauration, Jean IV demanda à Charles le renouvellement de cette alliance, et pour la rendre plus étroite, lui offrit la main de Catherine de Bragance, sa fille,

Catherine de Bragance,
d'après le tableau conservé à la bibliothèque Pepsienne.

une dot de 500,000 livres sterling et les deux forteresses de Tanger en Afrique et de Bombay dans les Indes orientales. En vain, pour détourner Charles d'une alliance qui devait rendre inutiles toutes ses tentatives pour faire rentrer le Portugal sous sa domination, le roi d'Espagne offrit-il tour à tour de doter toutes les princesses de l'Europe; la politique de Louis XIV, qui avait été l'intermédiaire de ce mariage, prévalut, et ce monarque trouva ainsi moyen de soutenir indirectement le Portugal, qu'il avait promis à l'Espagne de ne point défendre (mai 1662).

Au milieu des fêtes du mariage du roi, eurent lieu les derniers procès faits à la république. Trois régicides, Berkstead, Okey et Cobbet, saisis en Hollande, furent conduits à Londres, jugés et exécutés. La mort de Vane et de Lambert, qui depuis plus de deux ans languissaient en prison, avait été sollicitée par le parlement. Ils furent mis en jugement et condamnés. Lambert montra une telle faiblesse, que la rigueur des juges tomba devant elle; on lui fit grâce de la vie, et relégué à

Guernesey, il y vécut près de trente ans, et mourut catholique romain. Vane soutint la grande réputation qu'il avait acquise dans les orages du long parlement : « J'aurais pu, dit-il, me dérober par la fuite aux vengeances qui m'atteignent « aujourd'hui ; mais, à l'exemple des grands hommes de l'antiquité, j'ai voulu « m'exposer à périr pour la défense de la liberté. J'étais résolu à rendre témoignage « par mon sang à l'honorable cause pour laquelle je me suis déclaré. » Sa mort termina la sanglante série d'exécutions qui avait commencé à Strafford.

Les premiers ferments d'opposition au gouvernement de Charles furent soulevés par les questions religieuses. Sous le nom général de non-conformistes, l'église anglicane persécutait à la fois les anabaptistes, les millénaires, les presbytériens et les catholiques ; or ceux-ci avaient à la cour de puissants appuis et de hautes espérances. Le roi préférait la religion catholique à toute autre, comme le plus puissant auxiliaire du pouvoir absolu ; le duc d'York, son frère, avait pour elle un penchant encore plus décidé ; la reine Catherine ainsi que la reine-mère étaient catholiques zélées, et la cour était remplie de prêtres papistes attachés à ces deux princesses. Tout ceci détermina Charles à insister pour que les ministres et la chambre basse fissent une distinction en faveur des catholiques. Vainement Clarendon et Southampton lui représentèrent qu'un sentiment qui survivait à tous les autres dans le cœur des Anglais était la haine du papisme ; le roi ne tint pas compte de ces raisons, et excité par des courtisans ennemis de Clarendon, et par ceux qui voulaient pousser la royauté dans la voie de l'absolutisme, il publia une déclaration d'indulgence, dans laquelle il rappelait l'article de la déclaration de Breda qui promettait la liberté de conscience. « Nous nous sommes d'abord « appliqué, disait-il, à bien établir l'uniformité de l'église anglicane en tout ce qui « concerne la discipline, les cérémonies et le gouvernement, et restons ferme dans « la résolution de la maintenir ; mais en ce qui regarde les peines portées contre « ceux qui, tenant une conduite paisible, font difficulté néanmoins, par délica- « tesse d'une conscience mal guidée, de se conformer à l'église anglicane, et pra- « tiquent sans scandale les dévotions convenables à leurs principes, nous voulons « nous faire un soin particulier, autant qu'il est en notre pouvoir, et sans porter « aucune atteinte aux priviléges du parlement, d'engager aux prochaines sessions « la sagesse des deux chambres à concourir avec nous à quelque acte qui nous « autorise, avec l'approbation universelle, à l'exercice du pouvoir dispensatif que « nous croyons attaché à notre personne. » Malgré les réserves et les limitations adroites de cette ordonnance et les raisons assez plausibles invoquées en faveur de la tolérance, cette doctrine ne fit point de prosélytes, et ne servit qu'à éveiller l'attention sur les bruits de l'abjuration du roi qui s'étaient déjà répandus. Dans la chambre haute, le chancelier même se mit au nombre des opposants, et toute disposition d'accommodement fut rejetée. La chambre basse protesta contre un acte qui donnait une existence légale au schisme, et présenta au roi une adresse dans laquelle elle le priait de bannir du royaume les prêtres romains et les jésuites que sa tolérance y avait attirés en grand nombre (1663). Obligé de céder, Charles rendit la proclamation demandée, mais il sut en éluder l'effet au moyen de restrictions concernant les prêtres attachés à la reine mère et à son épouse. Il fut très-sensible à cet échec, et ne le pardonna pas à Clarendon auquel il reprochait déjà son peu d'égards pour sa maîtresse favorite, mistriss Palmer, qu'il avait créée comtesse de Castlemaine, puis duchesse de Cleveland, et dès lors il ne chercha plus qu'à échapper à son parlement et à son ministre. La cour tout entière, maîtresses, favoris, courtisans ambitieux ou mécontents, était soulevée contre Clarendon, et prête à aider le roi dans ses tentatives d'affranchissement; le comte de Bristol entreprit de traduire le chancelier devant la chambre des pairs. Parmi les divers chefs de l'accusation portée contre lui était le conseil donné au roi de vendre Dunkerque à Louis XIV. En effet, Charles manquant d'argent, obligé de payer la dot stipulée par le contrat de mariage de sa sœur avec le duc d'Orléans, frère du roi de France, avait consenti à céder Dunkerque à ce souverain moyennant 4,000,000 de livres tournois (octobre 1662). Nulle voix ne s'était élevée à cette époque pour blâmer cette transaction honteuse et contraire aux intérêts du pays, mais la haine n'oublie rien, et ce fut un des principaux griefs qu'on articula contre Clarendon, lorsqu'on le vit baisser dans la faveur du roi. L'accusation ne fut cependant pas admise par les lords, et le chancelier sortit victorieux de cette épreuve.

Excepté en ce qui touchait la religion anglicane, le parlement se montrait toujours prêt à céder aux désirs du roi; aussi, au commencement de la session nouvelle (mars 1664), Charles réclama la révocation du bill triennal en vertu duquel les chambres étaient autorisées à s'assembler d'elles-mêmes au bout de trois années, quand le roi se refusait à les appeler. Les deux chambres révoquèrent aussitôt le bill, se contentant de stipuler, et cela sans s'assurer de quelque garantie, que l'interruption des assemblées ne durerait au plus que trois ans. En revanche elles redoublèrent la sévérité des lois contre les dissidents; l'acte des *conventicules* ordonna que « si cinq personnes au-dessus du nombre dont une famille était composée s'assemblaient pour quelque exercice de religion, chacun des acteurs et des assistants subirait les peines de la prison, de l'amende, et de la déportation en cas de récidive. » Cette rigueur était d'accord avec le système de Clarendon; mais une autre mesure, dans laquelle la nation, le roi et les chambres semblèrent se réunir fut emportée malgré la résistance du chancelier; ce fut la guerre contre la Hollande.

Des négociants s'étaient plaints à la chambre basse de ne pas jouir des avantages du traité conclu par Cromwell avec les Provinces-Unies, et renouvelé au nom du roi. En outre, la compagnie pour le commerce d'Afrique, dont le duc d'York était le directeur, trouvait des rivaux formidables dans les commerçants hollandais qui ayant élevé des forts sur la côte d'Afrique, molestaient les agents anglais et excitaient même contre eux les indigènes. Les communes déclarèrent que ces intérêts étaient de première importance, et promirent leur concours pour en appuyer le maintien. Le roi s'empara de cette promesse. Il espérait, au moyen d'une guerre, abattre la faction populaire dont le grand pensionnaire Jean de Witt était l'âme, et dont il redoutait les intelligences avec les restes du parti républicain en Angleterre; relever la fortune de la maison d'Orange, alliée à la famille royale; enfin, trouver, dans les captures qu'il comptait faire, et dans le vote d'abondants subsides le moyen de sortir de ses embarras financiers. Des réclamations furent, pour la forme, adressées aux États-Généraux; et, sans attendre leur réponse, Charles expédia secrètement sir Robert Holmes à la côte d'Afrique avec une flotte de vingt-deux vaisseaux pour prendre le château du Cap Corse, sur lequel l'Angleterre prétendait des droits. Outrepassant ses pouvoirs, Holmes s'empara des établissements du Cap vert, de l'île de Gorée, et de plusieurs bâtiments de commerce hollandais; puis, traversant l'Atlantique, il prit possession de la Nouvelle-Amsterdam, qu'il nomma New-York, du nom du duc son protecteur. Les États-Généraux se plaignirent, Holmes fut désavoué, et un an fixé comme délai pour le redressement des griefs. C'était éluder une satisfaction, les États le sentirent; et Ruyter, qui croisait dans la Méditerranée avec l'amiral anglais Lawson, pour châtier les corsaires barbaresques, reçut aussitôt des ordres secrets. Sous prétexte de rechercher les pirates des Canaries, il fit voile pour la Guinée avec des forces considérables (1664). Toutes les conquêtes des Anglais furent enlevées, et les hostilités dirigées ensuite sur leurs établissements d'Amérique. Lawson avait soupçonné l'entreprise de Ruyter; à son retour il fit partager ses appréhensions au roi, et l'embargo fut mis sur cent trente-cinq vaisseaux hollandais; dès qu'on reçut des nouvelles certaines, ces bâtiments furent déclarés de bonne prise, et Charles dénonça solennellement la guerre aux Provinces-Unies (janvier 1665).

Sa flotte se composait de cent quatorze vaisseaux sous les ordres du duc d'York, assisté de deux lieutenants, le prince Rupert et le comte de Sandwich; vingt-deux mille hommes la montaient. Pendant plus d'un mois elle insulta les côtes de Hollande et croisa dans la mer du Nord; mais un vent d'est la repoussa sur les côtes d'Angleterre, où la flotte hollandaise, forte de cent treize vaisseaux, la rencontra (13 juin). A la suite d'un combat acharné, les Hollandais, ayant perdu dix-huit de leurs meilleurs navires, regagnèrent leurs côtes. Pour relever sa fortune, de Witt prit lui-même le commandement de la flotte et somma Louis XIV, aux termes d'un traité d'alliance offensive et défensive conclu en 1662, de venir à son secours.

Malgré le peu de désir qu'il avait de compromettre sa marine naissante dans une lutte avec un ennemi redoutable, Louis fut obligé de se conformer à ce traité, et déclara la guerre à l'Angleterre (février 1666). Ruyter était de retour de la Guinée, ramenant dans leurs ports, sans grand dommage, les bâtiments de commerce hollandais. La lutte devenait égale. Cependant placé entre la Hollande et la France, Charles pouvait profiter de la supériorité de sa flotte sur chacune de celle de ses ennemis pour les accabler l'une et l'autre avant leur réunion; mais, au lieu d'en agir ainsi, les deux commandants de la flotte anglaise se séparèrent. Rupert alla à la rencontre du duc de Beaufort, parti de Toulon, et Monk à la recherche des Hollandais, qu'il ne tarda pas à rencontrer. Après un combat de quatre jours, les Anglais furent forcés de se retirer dans leurs ports, et Ruyter alla se poster à l'embouchure de la Tamise; mais l'escadre de Monk, promptement réparée, se réunit enfin à celle du prince Rupert, et toutes deux vinrent attaquer l'amiral hollandais (4 août). La nuit seule mit fin à un combat terrible. Le lendemain, Ruyter, voyant ses vaisseaux dispersés et ses marins découragés, céda à la nécessité, et se retira dans ses ports. Les Anglais, restés maîtres de la mer, vinrent les y insulter; Holmes entra dans la rade de Vlie, où il brûla cent cinquante navires marchands et plusieurs vaisseaux de guerre.

Cependant, Charles commençait à reconnaître qu'il ne retirerait pas de cette guerre les avantages qu'il s'en était promis. La Hollande avait des alliés, lui n'en avait point; tout le littoral, depuis l'extrémité de la Norvége jusqu'aux côtes de Bayonne, était ennemi. Il fit faire quelques propositions d'accommodement, et enfin on convint d'établir des conférences à Bréda. Ses envoyés demandèrent immédiatement une suspension d'armes, mais de Witt fit rejeter cette clause; il avait découvert l'occasion de frapper un coup qui devait le venger. Charles était fort arriéré par les dépenses de la marine; jugeant que les États-Généraux ne s'étaient déterminés à la guerre qu'avec répugnance, que d'un autre côté la France n'avait contre lui d'autre motif d'hostilité que le traité d'alliance de 1662, il pensa que la paix était infaillible, et inspiré par une économie hors de saison, fit désarmer les plus grands vaisseaux, ne conservant que deux escadres de frégates légères pour croiser dans la Manche et dans la mer du Nord. De Witt ne l'ignorait pas, aussi prolongea-t-il les négociations de Bréda jusqu'au moment où la flotte hollandaise fut complétement réparée; alors Ruyter parut tout à coup dans la Tamise (juin 1667), emporta le fort de Sheerness, à l'entrée de la Medway, s'avança dans cette rivière, brûla plusieurs navires, et se retira presque sans aucune perte en détruisant dans la Tamise un grand nombre de bâtiments. Deux tentatives sur Portsmouth et Plymouth, quoique infructueuses, et une nouvelle attaque dans la Tamise, achevèrent de répandre l'alarme sur toute la côte et jetèrent la terreur dans Londres même. On reprit les négociations. Cette fois les États avaient intérêt à n'y mettre aucune opposition. En effet, à la mort de Philippe IV (1665), Louis XIV, en s'appuyant sur une coutume de Brabant, appelée droit de dévolution, avait revendiqué les Pays-Bas espagnols comme héritage de sa femme, l'infante Marie-Thérèse, et sur le refus de l'Espagne de faire droit à ses réclamations, il était entré dans les Pays-Bas à la tête d'une puissante armée. Ses progrès rapides alarmèrent les États, qui se hâtèrent d'aplanir les difficultés qui s'opposaient encore à la paix. Le traité de Bréda, signé le 10 juillet 1667, laissa les puissances en possession de ce qu'elles avaient acquis pendant la guerre. L'Angleterre conserva en Amérique Albany et New-York; mais elle y perdit la Nouvelle-Écosse, et dans les Indes occidentales quelques positions maritimes que la France se fit donner; l'île de Puloroone dans la mer des Indes, dont la propriété était le premier prétexte des hostilités, demeura aux Hollandais.

Cette guerre inutile et ruineuse, l'échec qui en avait hâté la conclusion, la paix peu honorable qui l'avait suivie, et d'autres calamités intérieures, avaient indisposé la nation. Dès l'hiver de 1664 la peste avait envahi Londres et emporté, en moins d'une année, près de quatre-vingt-dix mille habitants. A peine remise de ce désastre, la capitale se vit en proie à un incendie qu'un vent violent entretint pendant trois jours et trois nuits (sept. 1666). Quatre cents rues, formant les deux tiers de la capitale, treize mille deux cents maisons, quatre-vingt-neuf églises, y compris la cathédrale de Saint-Paul, furent réduites en cendres, et deux cent mille individus se trouvèrent sans asile.

La cause de ce malheur était évidente. Les rues de Londres étaient étroites, les maisons en bois, et un vent d'orage avait soufflé pendant trois jours. Mais le peuple

LONDRES AVANT L'INCENDIE DE 1666,

d'après une gravure de Hollar.

ne se satisfit pas de ces explications; il l'attribua, ceux-ci aux républicains, ceux-là aux papistes, et comme ces derniers étaient l'objet de la haine publique, ce fut sur eux que l'accusation s'arrêta. Les préventions du peuple servirent de prétexte aux adversaires de la cour pour instituer un comité chargé de « s'enquérir de l'insolence des papistes et des progrès du papisme; » et le roi se vit dans la nécessité de promulguer de nouvelles ordonnances contre les catholiques. Par un acte, dit *des cinq milles* (31 octobre 1665), « il fut défendu à tout ministre dissident, qui n'aurait pas prêté le serment de soumission, de s'approcher à plus de cinq milles, excepté en voyage, des lieux où il avait enseigné ou prêché depuis l'acte général d'oubli, sous peine d'amende et d'emprisonnement. »

Quoique Charles eût jusqu'alors obtenu du parlement à peu près tout ce qu'il avait demandé, il ne pouvait se dissimuler que ses penchants catholiques et absolutistes lui avaient fait, surtout dans la chambre basse, un grand nombre d'ennemis, et il commençait à sentir que le blâme et l'opposition remontaient jusqu'à sa personne. Pour donner un autre cours à cette disposition des esprits il résolut d'abandonner Clarendon à l'animosité des partis. L'inflexible politique du chancelier les avait tous mécontentés. Les sectaires le regardaient comme leur ennemi déclaré et n'attribuaient qu'à ses avis la persécution religieuse; les catholiques, puissants à la cour, n'étaient maintenus que par lui; les royalistes, qui avaient considéré la restauration comme une reprise de possession du pays pour leur parti, avaient été déçus dans leurs espérances par la part que Clarendon avait faite aux libertés publiques; enfin, au milieu de cette cour dissolue le comte avait gardé une inflexible dignité, ne s'abaissant à complaire ni aux maîtresses ni aux associés des plaisirs du roi. La vente de Dunkerque à la France, l'arriéré de la marine, et la guerre contre la Hollande dont on lui attribuait la malheureuse issue, parce qu'il s'était opposé aux hostilités, servirent de prétexte. Le grand sceau lui fut ôté et donné à sir Orlando Bridgeman. Southampton était mort depuis trois mois, et l'Angleterre perdit tout à coup deux habiles ministres. Mais l'éloignement du chancelier ne suffisait pas à ses ennemis. Une accusation fut dressée contre lui dans la Chambre des communes. Les lords la repoussèrent, il est vrai; mais prévoyant que tôt ou tard les passions populaires auraient le dessus, et qu'alors il obtiendrait peu de justice de juges prévenus, Clarendon s'éloigna, et du continent où il s'était retiré il adressa aux lords un mémoire, qui ne servit qu'à faire prononcer son bannissement [1] (déc. 1667).

Lorsque le ministère anglican, auquel présidait Clarendon, succomba, il était arrivé au terme de ce que ses principes lui permettaient de faire pour la contre-révolution; et celle-ci demandant alors le renversement de la religion anglicane et la ruine de l'opposition parlementaire, elle était forcée de remettre ses destinées en d'autres mains. Le parti catholique n'ayant encore qu'une existence précaire et non avouée, il n'y avait que des hommes ambitieux, sans principes et sans religion, qui pussent être appelés pour gouverner dans cette voie inique. Ces hommes se trouvèrent dans les libertins réunis depuis longtemps autour du roi, et qu'on

---

1. Clarendon mourut à Rouen en 1674. C'est pendant son exil qu'il composa son *Histoire de la Rébellion, depuis l'année 1641 jusqu'au rétablissement de Charles II en 1660*.

accusait dans le public d'être les fauteurs de ses égarements. Néanmoins l'arrivée
au pouvoir des pernicieux amis de Charles II ne suivit pas immédiatement la chute
de Clarendon. La transition fut faite par une sorte de ministère mixte auquel
appartenait encore le duc d'Ormond, et que le secrétaire d'état Trévor et le chancelier Bridgeman recommandaient par de bonnes intentions et de l'habileté. Ce
ministère voulut s'assurer le concours des chambres par une démonstration de politique extérieure qui flattât les penchants de la nation. La puissance de Louis XIV,
ses conquêtes dans les Pays-Bas espagnols, et la soumission rapide de la Franche-
Comté avaient éveillé la jalousie des Anglais; sir William Temple fut envoyé à La
Haye et réussit, en fort peu de temps, à conclure avec la Hollande, plus effrayée
encore que l'Angleterre, un traité destiné à opposer une digue aux envahissements
du monarque français. La Suède accéda à ce traité qui, de là, prit le nom de *triple
alliance* (janvier 1668). Les puissances contractantes s'engagèrent à proposer et à
imposer leur médiation pour terminer la guerre entre la France et l'Espagne.
Louis XIV comprit bien que cette ligue était uniquement dirigée contre lui; mais
son intérêt lui commanda de dissimuler; il avait fait avec l'empereur un traité secret
pour le partage de la monarchie espagnole, dans le cas où le roi d'Espagne mour-
rait sans postérité, ce qui paraissait plus que probable; craignant que l'empereur,
alarmé par l'extension subite de la puissance de la France, ne revînt sur ses engagements, il signa le traité d'Aix-la-Chapelle, par lequel il resta en possession des
places conquises en Flandre, et s'engagea à rendre la Franche-Comté (2 mai 1668).
Cette paix, due aux efforts d'une sage politique, fut relevée avec art dans le discours du roi au parlement, et l'on espérait que les communes en témoigneraient
leur satisfaction par le vote d'abondants subsides. Les demandes d'argent, précédées d'une pompeuse énumération des avantages du traité, étaient d'ailleurs appuyées
sur la nécessité de faire respecter la médiation de l'Angleterre. Ces raisons firent
peu d'impression sur les communes, qui n'en continuèrent pas moins l'enquête sur
l'administration de Clarendon, et sur l'arriéré de la marine pendant la dernière
guerre. Cette enquête, menée rigoureusement et sans égards pour la cour, prouva
qu'un million et demi de livres sterling avait été dépensé sans qu'on pût rendre
compte de leur emploi, et le roi, sur lequel tombait l'accusation, ne pût, malgré
les concessions qu'il fit aux communes contre les dissidents, obtenir que la moitié
des fonds qu'il demandait. Le parlement fut prorogé (5 mai).

Cette obligation d'acheter chaque vote par des concessions tenait la couronne
dans une dépendance continuelle; ce fut alors que Charles tourna décidément ses
vues du côté de l'alliance avec la France, dans la pensée qu'avec l'aide de cette
puissance il réussirait à secouer le joug du parlement, à affermir son pouvoir, et
à céder sans contrôle au penchant qui le portait à favoriser les catholiques. Les
conseillers secrets dont il était entouré, et que l'on désignait sous le nom de *cabale*
du roi, étaient propres à servir ces projets, et ils ne tardèrent pas à éloigner les
membres de la dernière administration qui contrariaient encore leurs vues.
Ormond dut se démettre du gouvernement de l'Irlande, Bridgeman céda, peu de
temps après, les sceaux à Ashley-Cooper, connu depuis sous le nom de comte de
Shaftesbury. D'abord partisan de Charles Iᵉʳ, puis du parlement, Ashley s'était

insinué dans la confiance de Cromwell; influent sur les presbytériens, il fit servir son crédit au rétablissement de la famille royale, et acquit la faveur du roi; inquiet, turbulent, insatiable dans son ambition, inépuisable dans ses ressources, il ne recula jamais devant les partis extrêmes; sa fertilité d'expédients le rendait précieux; sa liberté d'esprit finit par en faire un homme dangereux. Avec lui quatre autres confidents partageaient la confiance de Charles. Buckingham, qui n'avait d'autres titres que ses penchants dissolus; Henri Bennet, comte d'Arlington, homme médiocre que sa parfaite indifférence mettait d'accord avec tous les systèmes; sir Thomas Clifford, hardi, impétueux, influent sur les communes par son éloquence; et le comte de Lauderdale, Écossais, presbytérien par conviction et persécuteur de ses religionnaires, armé de tous les vices d'un ambitieux subalterne, et instrument d'autant plus sûr de l'arbitraire, qu'il remplaçait par une implacable obéissance le talent qui lui manquait. Arlington et Clifford étaient secrètement catholiques, Ashley et Buckingham ne croyaient à rien; Lauderdale agissait contre sa religion. Ces hommes s'étaient emparés de la haute direction des affaires bien avant le renvoi des derniers ministres; leur influence, quelque temps secrète, ne tarda pas à se montrer à découvert par l'impulsion qu'elle donna à la marche de l'arbitraire. Ce fut par la restauration du papisme que la cabale voulut commencer. Le duc d'York avait secrètement embrassé le catholicisme et poussait vivement le roi à l'imiter. Dans une conférence mystérieuse, tenue en présence du duc, des comtes d'Arundel, d'Arlington et de Clifford, et dans laquelle Charles se plaignit de l'obligation où il était de professer une religion qu'il n'approuvait pas, il fut décidé que le meilleur moyen de rétablir le catholicisme en Angleterre était de s'assurer l'appui et le concours du roi de France; lord Arundel et sir Richard Bellings, secrétaire de la reine, partirent aussitôt pour Paris afin de demander à Louis un secours d'argent qui pût dispenser le roi de l'obligation de convoquer le parlement et lui fournir les moyens de réprimer les insurrections que pourrait causer sa conversion. Charles offrait en échange sa coopération à la conquête de la Hollande que méditait alors Louis XIV. Ces offres furent favorablement accueillies, et la sœur du roi, Henriette, duchesse d'Orléans, qui vint visiter son frère à Douvres, hâta la conclusion d'un traité secret qui fut signé dans cette ville le 22 mai 1670.

Les principaux articles portaient : « Que le seigneur roy de la Grande-Bretagne étant convaincu de la vérité de la religion catholique et résolu d'en faire sa déclaration, requérait l'assistance de Sa Majesté Très-Chrétienne, laquelle voulant contribuer au bon succès d'un dessein si glorieux, promettait de donner audit seigneur roy de la Grande-Bretagne la somme de deux millions de livres tournoises et s'obligeait en outre d'assister de troupes Sa Majesté de la Grande-Bretagne jusqu'au nombre de six mille hommes de pied; que s'il échéait cy après au roi Très-Chrétien de nouveaux titres et droits sur la monarchie d'Espagne, ledit seigneur roy de la Grande-Bretagne assisterait Sa Majesté Très-Chrétienne de toutes ses forces tant par terre que par mer, pour lui faciliter l'acquisition desdits droits; que lesdits seigneurs roys ayant chacun en son particulier beaucoup plus de sujets qu'ils n'en auraient besoin pour justifier dans le monde la résolution qu'ils avaient prise de mortifier l'orgueil des estats généraux des Provinces-Unies des Pays-Bas, et d'abattre la puissance d'une nation qui s'était si souvent noircie d'une extrème ingratitude envers ses propres fondateurs, Leurs Majestés déclareraient et feraient la guerre conjoinctement avec toutes leurs forces de terre et de mer auxdits estats généraux; que le roy de France se chargerait de la guerre sur terre, en recevant de l'Angleterre une force auxiliaire de six mille hommes; que sur mer Charles fournirait cinquante et Louis trente vaisseaux de guerre; et que, pour mettre le roy d'Angleterre en état de soutenir les frais de ces armements, il lui serait payé pendant la guerre, et annuellement, la somme de trois millions; que Sa Majesté de la Grande-Bretagne se contenterait pour sa part de conquête de l'île de Walcheren, de celle de Cassants (Cadzand), et de la ville de l'Ecluse (Sluys); qu'enfin, comme la dissolution des estats généraux pouvait apporter quelque préjudice au prince d'Orange, neveu du roy de la Grande-Bretagne, lesdits seigneurs roys feraient leur possible à ce que ledit prince trouvàt ses avantages dans la continuation et fin de cette guerre. »

Ce que Charles avait en vue en signant ce traité était moins le rétablissement du catholicisme en Angleterre, tentative dont il redoutait les conséquences, que le moyen de se procurer de l'argent pour subvenir à ses plaisirs; et dans sa guerre impolitique à la Hollande, il ne voyait que les richesses des prises qu'il comptait faire, et que l'augmentation d'autorité qu'allait lui donner la possession d'une armée et d'une flotte. Cependant, pour arriver à ces résultats, de grandes dépenses étaient préalablement nécessaires. Le parlement, effrayé par les immenses préparatifs de la France et de la Hollande, avait, il est vrai, consenti un subside considérable pour l'armement d'une flotte d'observation; mais la somme n'était pas encore suffisante, il fallut recourir à d'autres moyens. Shaftesbury les trouva.

Le long parlement avait introduit l'usage d'emprunter de l'argent aux capitalistes de Londres sur la garantie de la foi publique, et la ponctualité avec laquelle ces engagements furent remplis avait créé entre l'état et les particuliers un nouveau système de crédit. La restauration l'adopta. Les banquiers continuèrent à porter à « l'Echiquier » tout l'argent que les capitalistes leur avaient confié en dépôt, et à l'avancer sur la créance des subsides parlementaires, qui, lorsqu'ils étaient perçus, servaient à les rembourser. A la suggestion de Shaftesbury, le roi, après s'être emparé de ces capitaux, en refusa le remboursement, en annonçant par une proclamation que la sûreté du royaume l'exigeait ainsi, mais que les créanciers de l'état recevraient un intérêt de 6 p. %, et que la suspension de paiement ne durerait pas plus d'un an (1672). Grâce à cette mesure, qui ruina un grand nombre de banquiers et de négociants et produisit une longue cessation d'affaires, une somme de 1,300,000 livres sterling fut à la disposition des ministres, et le roi put se passer des subsides du parlement. On ne s'arrêta pas là dans la voie de l'arbitraire. Afin de fonder le principe de la souveraineté absolue, de la simple autorité du roi les lois martiales furent rétablies et l'acte de navigation suspendu, ainsi que toutes les lois pénales votées par le parlement contre les papistes et les non-conformistes. C'était reprendre formellement possession du pouvoir de dispenser de l'exécution des lois.

Sans attendre que la guerre fût déclarée aux Provinces-Unies, le ministère, tenté par l'appât d'une riche cargaison, avait ordonné à sir Holmes de s'emparer de la flotte de commerce hollandaise qui revenait du Levant; mais les États-Généraux, par une juste défiance, avaient armé cette flotte; elle échappa sans grande perte, et cet acte de piraterie, le premier essai de la politique du système, fut un échec complet (mars 1672). Dès lors il fallait déclarer la guerre. Le roi de France était prêt; on mit en avant quelques motifs honteusement futiles, et les hostilités furent dénoncées. La Suède avait été détachée de la triple alliance, l'évêque de Munster et l'électeur de Cologne étaient entrés dans la ligue, et quand Louis XIV se prononça, tout semblait se réunir pour accabler les Provinces-Unies.

Pendant que l'armée française entrait en campagne, forte de cent vingt mille hommes et dirigée par Turenne, Condé, Luxembourg, les premiers généraux du siècle, sous le commandement suprême de Louis, la flotte de ce prince s'était réunie à celle de Charles, pour faire avec elle une descente en Zélande. Ruyter marcha à la rencontre des escadres combinées et les joignit dans la rade de Solebay (6 juin). Le combat fut opiniâtre et la victoire indécise; cependant la descente projetée ne put avoir lieu. Mais sur terre les progrès de Louis XIV étaient tellement rapides, que la Hollande se vit bientôt menacée d'une entière conquête. L'invasion ne fit que rendre plus vives les dissensions intérieures qui depuis longtemps agitaient la république. Soutenu par la populace, toujours dévouée à la maison de Nassau, le parti aristocratique se réveilla et fit donner à Guillaume III, prince d'Orange, le commandement général de l'armée. « Guillaume était un jeune homme de vingt-deux ans, froid, positif, opiniâtre, cachant dans un corps malade et chétif l'ambition la plus profonde et la moins soucieuse des moyens; esprit supérieur, âme forte et impénétrable, cœur sombre et dur jusqu'à la férocité. C'était Jean de Witt qui l'avait élevé, espérant diriger vers le bien du pays les talents précoces d'un homme dont il devinait l'ambition : il en fut fatalement récompensé. » Le parti aristocratique accusa le grand pensionnaire des malheurs qui fondaient sur le pays, et demanda à grands cris le rétablissement du stathoudérat. De Witt qui craignait l'élévation du prince d'Orange plus que les conquêtes du roi de France, et préférait la perte de quelques provinces à celle de la liberté, détermina l'envoi d'une députation chargée de traiter de la paix; mais les exigences des rois alliés furent telles qu'il valait mieux pour les Hollandais périr que d'y souscrire. La guerre continua. Alors le parti aristocratique profita de l'exaltation du peuple pour faire soulever toutes les villes en faveur du prince d'Orange, qui fut nommé stathouder, et exciter contre Jean de Witt une violente émeute, dans laquelle l'illustre républicain fut massacré avec son frère (20 août). Du reste cette crise sauva la Hollande. Repoussant les avances des deux rois qui lui offraient une part dans le démembrement de sa patrie, le prince d'Orange réussit à éveiller les craintes de l'Europe sur les succès de Louis, et à faire déclarer en sa faveur l'empereur et l'électeur de Brandebourg. En même temps les Hollandais prenaient les mesures de défense les plus désespérées. On ouvrit les écluses et on perça les digues ; toute la contrée fut inondée; des vaisseaux de guerre vinrent se ranger autour d'Amsterdam et la défendre. Les progrès du monarque français furent arrêtés.

Cependant le manque d'argent avait forcé Charles à réunir le parlement (février 1673). Sans se préoccuper de la politique extérieure, l'attention des communes se porta sur l'administration intérieure. Pour remplir les places vacantes dans les communes, Shaftesbury avait, en sa qualité de chancelier, expédié des *writs* d'élection, privilége que la chambre prétendait posséder exclusivement. Cet abus de pouvoir et bien d'autres, tels que la fermeture de l'échiquier, la suspension de l'acte de navigation, les enrôlements forcés, l'établissement d'une armée permanente, et surtout l'édit d'indulgence, avaient mis à découvert les projets des ministres contre la religion et la liberté. La chambre annula les writs illégaux, et demanda formellement que le roi révoquât l'édit d'indulgence, en déclarant que le pouvoir législatif résidant dans le roi et dans les deux chambres, la prérogative royale seule ne s'étendait pas jusqu'à annuler les actes que ces trois pouvoirs avaient adoptés. Charles répondit qu'il dissoudrait le parlement plutôt que de se laisser dicter la loi par ses ennemis, et soumit la question à la chambre des pairs. Dans cette occasion, Shaftesbury se prononça contre la cour. Abandonné par Charles dans l'affaire des élections, il avait reconnu qu'il n'y avait aucun fonds à faire sur un prince prêt à sacrifier tout, ministres, amis, courtisans, à sa tranquillité et à la paisible jouissance d'ignobles plaisirs; il résolut en conséquence de préparer sa paix avec les chefs populaires, et déclara que, malgré son respect pour la prérogative, il ne se permettrait pas de la placer dans la balance avec un corps aussi auguste que la chambre des communes. L'opposition de Shaftesbury détermina un vote contraire aux désirs du roi. L'embarras de Charles était extrême; il ne voulait point céder; mais d'un autre côté le renvoi des chambres avant que les subsides eussent été votés, allait le laisser sans argent. Les conseils et les promesses de Louis XIV, qui craignait, en ce moment surtout où il avait besoin du concours de Charles, de le voir engager une lutte semblable à celle dans laquelle le dernier roi avait succombé, le décidèrent à ne pas rompre avec son parlement. Louis promettait, au retour de la paix, de lui fournir des troupes et de l'argent pour recouvrer les droits qu'il aurait momentanément abandonnés. Dès lors Charles n'hésita plus à faire des concessions qu'il espérait pouvoir bientôt retirer, et il annula son édit d'indulgence. Les communes accordèrent les subsides demandés; mais, non contentes de l'avantage qu'elles venaient d'obtenir et effrayées du grand nombre de catholiques qui exerçaient dans l'armée et sur la flotte des commandements importants, elles adoptèrent un bill qui avait pour but d'exclure les papistes des emplois publics, en forçant tous les fonctionnaires à prêter le serment (*test*) d'allégeance et de suprématie, à recevoir la communion selon le rite de l'église anglicane, et à déclarer « qu'il ne se faisait pas de transsubstantiation dans le sacrement de la cène du Seigneur, ni avant ni après la consécration. » Ce bill passa dans la chambre haute, grâce à l'appui de Shaftesbury, et le roi n'osa pas lui refuser sa sanction. Mis immédiatement en vigueur, il força le duc d'York, Jacques, à se démettre de sa charge de grand amiral, Clifford à quitter la trésorerie, et tous les catholiques à résigner leurs emplois. L'attitude nouvelle de ces derniers justifiait du reste les craintes dont l'acte du test était l'expression. Anne Hyde, fille du comte de Clarendon, que Jacques avait séduite et épousée, était morte catholique romaine, et le duc avait saisi cette occasion de déclarer hautement sa conversion. Dès lors il était devenu l'âme des projets du parti et avait fini par emporter l'assentiment de Charles au rétablissement du catholicisme. L'acte du test renversa les projets du duc, et le roi, préférant son repos à tout autre intérêt, l'abandonna. Néanmoins Jacques, aussi déterminé que son frère était inconstant, ne renonça point à ses plans; son mariage avec une princesse de Modène, mariage conclu malgré les vives représentations du parlement, donna un nouveau gage à la foi dont il s'était fait le défenseur.

La seconde campagne contre la Hollande (1673) n'offrit rien d'important sur mer ni sur terre. Trois batailles navales aussi indécises que celle de Solebay n'eurent pour effet que de ruiner la marine anglaise au profit de celle de Louis XIV, et d'exciter le mécontentement de la nation. Aussi la première demande des communes, lors de la réunion du parlement (octobre), fut la mise en accusation des ministres. Elles attaquèrent le principe de la guerre contre la Hollande, guerre injuste et ruineuse, qui mettait l'Angleterre à la merci du roi de France, et votèrent une adresse au roi pour le prier de faire la paix avec les États. Prorogé après quelques jours de session, le parlement revint plus violent, demandant un jeûne public, énergique témoignage de sa sollicitude pour la religion anglicane. Devant cette attitude menaçante les ministres durent se retirer. Shaftesbury avait fait sa paix avec le parti populaire; Buckingham se défendit en accusant la conduite du roi; Clifford avait déjà fait place à sir Thomas Osborne, créé ensuite comte de Danby; Lauderdale et Arlington seuls demeurèrent, mais la chambre les somma de comparaître devant elle. Pour sauver ses deux ministres, forcé d'ailleurs par les représentations énergiques des deux chambres, le roi se hâta de conclure la paix avec la Hollande et prorogea le parlement. Par le traité signé le 28 février 1674, les États reconnurent la suprématie du pavillon anglais, que leurs navires et leurs flottes durent dorénavant saluer dans toutes les mers du nord, et s'engagèrent à payer à Charles la somme de 800,000 florins.

Suivre en apparence une marche conforme aux intérêts de l'Angleterre, tout en continuant les relations secrètes avec la France; à l'intérieur, se départir de la protection trop évidente accordée aux papistes et conspirer secrètement avec eux; procéder contre la représentation nationale par la corruption et la division, en attendant que le système des coups d'état pût être repris, tel fut le plan que se proposa la nouvelle administration dont Danby était le chef. Toutefois ce ministre ne fut pas mis complétement au courant des rapports particuliers de Charles avec Louis XIV. Le duc d'York était l'intermédiaire des deux souverains. Par son entremise, il fut convenu que Charles prorogerait le parlement jusqu'au commencement de l'année 1675, et recevrait, pour le temps de cette prorogation, 1,500,000 livres tournois; qu'ensuite il le convoquerait pour en obtenir des subsides, et que si les subsides étaient refusés ou que l'opposition fît des efforts pour changer la paix avec la Hollande en déclaration de guerre contre la France, Charles dissoudrait le parlement et recevrait une pension plus forte, réglée sur ses besoins. Provisoirement Louis XIV consentait à ce que Charles lui offrît, ainsi qu'à la Hollande, une médiation qu'on saurait rendre vaine, mais qui satisferait la nation anglaise.

Sir William Temple, homme que sa haute intégrité, son patriotisme et sa haine contre la France, avaient rendu populaire, fut en effet envoyé auprès des États; mais ses instructions, vagues et contradictoires, étaient faites pour ôter à sa mission toute chance de succès. Aucune des puissances belligérantes ne songeait d'ailleurs à traiter. Le prince d'Orange était parvenu à tourner contre Louis XIV les craintes que la maison d'Autriche inspirait jadis à l'Europe, et à former contre la France une coalition dans laquelle étaient entrés l'empereur, le roi d'Espagne, le roi de Danemark, le duc de Lorraine et la plupart des princes d'Allemagne. Il ne restait plus à Louis d'autre allié que la Suède; mais la France avait pour elle la ferme volonté de son roi, le génie de ses généraux et sa puissante unité. Dans les trois campagnes de 1674, de 1675 et de 1676, elle fut presque partout victorieuse, et par la conquête de la Franche-Comté se dédommagea de l'abandon forcé des Provinces-Unies. Les succès de Duquesne et la mort de Ruyter, tué dans un combat naval près de Messine (22 avril 1676), lui assuraient l'empire de la mer. Ces victoires déterminèrent enfin la formation d'un congrès qui s'ouvrit à Nimègue sous la médiation de l'Angleterre. Mais les négociations y furent menées sans vigueur; et la campagne de 1677, désastreuse pour les alliés, put seule donner quelque force et quelque sérieux aux instances de la Grande-Bretagne.

Jusqu'à cette époque Charles, dont Louis continuait à acheter la neutralité à prix d'or, était parvenu, par des prorogations fréquentes, à se soustraire aux énergiques réclamations de son parlement. Il ne put cependant empêcher que dans la session de 1677 les chambres ne lui présentassent une adresse où, après avoir exposé l'excessive grandeur de la France, elles insistaient sur la nécessité de garantir la Flandre espagnole de la rapacité du monarque français, et ajoutaient que le roi devait compter sur leur assistance et sur celle de tous ses sujets pour être mis à même de prendre l'attitude convenable à la dignité de l'Angleterre. Malgré ces promesses, telle était la défiance qu'inspiraient Charles et ses ministres, que lorsqu'il s'agit d'accorder le subside de 600,000 livres sterling demandé par le roi, les communes refusèrent tout vote d'argent avant que la guerre à la France eût été formellement déclarée. Cette résistance rejeta Charles dans ses perplexités. D'un côté, Louis XIV lui promettait deux millions de plus pour le faire persister dans l'alliance secrète, mais de l'autre le parlement et la nation témoignaient énergiquement leur mécontentement. Charles était trop ami de son repos et de ses plaisirs, pour engager avec les chambres une lutte dans laquelle il n'était soutenu ni par le peuple ni par une force armée suffisante. Il céda aux observations de Danby, ennemi déclaré de la France et partisan du prince Guillaume. Afin d'engager le roi peu à peu et malgré lui dans la querelle, Danby lui représenta que puisque les communes promettaient 600,000 livres sterling et ne demandaient, pour les accorder, que quelques démonstrations en faveur de la Hollande, il fallait faire ce qu'elles désiraient; qu'avec leur argent on lèverait des troupes pour faire la guerre à la France, et que, ces troupes une fois levées, le roi disposerait d'elles comme il l'entendrait et contre l'opposition elle-même, si cela était nécessaire. Ayant gagné ce point, Danby écrivit immédiatement au prince d'Orange qu'il fallait qu'aussitôt la campagne finie, il vînt en Angleterre, que Charles était disposé à s'allier à lui contre Louis XIV, et que cette alliance, s'il le désirait, pourrait être cimentée par son mariage avec la princesse Marie, fille du duc d'York.

A la fin de l'année 1677, Guillaume vint en effet à Londres, et Danby fit alors part au roi du désir qu'avait le prince de s'unir à une fille de son frère. Charles hésita quelque temps et finit cependant par consentir; mais il fallait encore obtenir l'adhésion du duc d'York au mariage d'une de ses filles avec un prince protestant. Charles y parvint, moitié par autorité, moitié en représentant à son frère que l'Angleterre était effrayée de lui voir professer les doctrines du papisme, mais que s'il donnait sa fille à un prince protestant, elle reconnaîtrait que sa religion n'était qu'une conviction privée qu'il ne voulait imposer à personne, pas même à ses enfants. Le mariage fut conclu (4 nov.), et peu de jours après suivi de l'adoption d'un projet de traité que l'on devait soumettre aux puissances belligérantes. Lord Feversham fut envoyé à Paris pour inviter le roi de France à y adhérer, s'il ne voulait voir l'Angleterre s'armer contre lui. A cette communication, Louis éclata en reproches contre Charles, repoussa avec hauteur son plan de pacification, et quoique le monarque anglais lui fît dire par l'ambassadeur français à Londres qu'il ne voulait pas la guerre et cédait seulement aux exigences de sa situation, Louis suspendit aussitôt le paiement de sa pension.

Lorsque le parlement se réunit, au commencement de l'année 1678, Charles informa les deux chambres qu'il avait conclu une alliance offensive et défensive avec les États-Généraux, et qu'ayant échoué dans ses efforts auprès de la France pour amener la paix par la voie de la persuasion, il allait tâcher d'y réussir par la force; il demandait en conséquence les subsides nécessaires à l'armement de quatre-vingt-dix vaisseaux et de quarante mille hommes. Après de longues discussions, causées par la défiance qu'inspiraient le roi et son ministre, le subside fut enfin voté. Mais Louis s'était hâté de frapper des coups décisifs. Pendant que sa flotte, rappelée de Messine, se tenait prête à protéger les côtes de France, lui-même entrait en Flandre, s'emparait des villes d'Ypres et de Gand, et menaçait Bruxelles, siége du gouvernement espagnol dans les Pays-Bas. A cette nouvelle, le cri de guerre devint général en Angleterre. La chambre des communes établit aussitôt un impôt de capitation, et, par la vigueur de ses représentations, força le roi, qui n'avait point cessé ses négociations secrètes avec Louis, à envoyer immédiatement un corps de troupes sur le continent. La paix rendit bientôt cette démonstration inutile. Depuis longtemps les États-Généraux, rentrés dans la possession intégrale de leur territoire, désiraient la cessation d'une guerre, pour eux sans profit, et qui ne devait tourner désormais qu'à l'agrandissement de la France ou de l'Espagne ou à l'augmentation de pouvoir du prince d'Orange; mais soutenus par ce prince, qui voulait à tout prix la continuation de la guerre, leurs alliés s'étaient jusqu'alors opposés à la paix. La prise d'Ypres et de Gand décida les États à négocier séparément avec la France, et le traité fut signé le 11 août 1678 à Nimègue. Cette négociation séparée était la ruine de la coalition; les alliés de la Hollande ne tardèrent pas à suivre son exemple. Ce fut l'Espagne qui paya les frais de la guerre. Elle fut forcée d'abandonner à la France la Franche-Comté et plusieurs villes importantes de la Flandre.

La paix de Nimègue, si glorieuse pour Louis XIV qui en avait dicté les conditions, redoubla le mécontentement de la nation anglaise contre son roi. Tandis
qu'il pouvait faire de l'Angleterre l'arbitre de l'Europe, et l'élever ainsi au plus
haut degré de gloire où elle fût jamais parvenue, il avait vendu secrètement son
alliance à Louis, et avait acheté la tranquille jouissance de plaisirs ignobles au prix
de l'honneur et des intérêts de son peuple. Aussi les défiances de la nation contre
lui devenaient-elles de jour en jour plus vives. Il ne formait aucune entreprise,
ne faisait aucune déclaration où l'on ne soupçonnât quelque honteux mystère,
où l'on ne vît quelque tentative vers le pouvoir absolu et le rétablissement du
catholicisme. Telle était la disposition des esprits, quand le bruit se répandit
qu'une vaste conspiration papiste venait d'être découverte.

Le 12 août 1678, le roi se promenait sur la terrasse du château de Windsor

Vue de la terrasse du château de Windsor.

lorsque le nommé Kirkby, s'approchant de lui : « Sire, dit-il, restez au milieu de « ceux qui vous accompagnent, car vos ennemis ont formé le dessein de vous ôter « la vie, et vous pouvez être frappé dans ce lieu même. » Interrogé sur cette étrange révélation, cet homme dit qu'il la tenait de Tongue, ecclésiastique, de qui il avait appris que deux personnes, nommées Grove et Pickering, s'étaient engagées à assassiner le roi, tandis que Wakeman, médecin de la reine, devait tenter de l'empoisonner. Tongue confirma tous ces détails qui lui avaient été communiqués par un certain Titus Oates, catholique qui, devenu, disait-il, suspect aux jésuites, était depuis ce temps persécuté par eux.

Toutes ces déclarations parurent si vagues et si contradictoires, que le roi refusa d'y croire et désira qu'elles restassent ignorées, de crainte qu'elles ne produisissent parmi le peuple une impression dangereuse; mais le duc d'York, qui se trouvait compromis dans ces révélations, insista pour que l'on prît des informations plus positives; c'était aussi ce que demandait Titus Oates. Avant de se présenter devant le conseil, il se rendit chez sir Edmundbury Godfrey, juge de paix renommé par son activité, et affirma devant lui, sous serment, que : le pape se considérant comme en droit de prétendre à la possession de l'Angleterre et de l'Irlande, d'après l'hérésie du souverain et du peuple de ces pays, avait, en conséquence, pris la souveraineté de ces deux royaumes qu'il avait remise entre les mains des jésuites, comme patrimoine de saint Pierre. Plusieurs seigneurs catholiques avaient été désignés par le pontife pour remplir les principales charges de l'état. Lord Arundel devait être créé chancelier; lord Powis, trésorier; sir William Godolphin, garde du sceau privé; Coleman, secrétaire du duc d'York, secrétaire d'état; Langhorne, jurisconsulte célèbre, chargé de toutes les affaires des papistes, attorney général, lord Bellasis, général des armées; lord Peters, lieutenant général, et lord Stafford, trésorier. Le roi, que les jésuites nommaient *le bâtard noir*, avait été jugé solennellement par eux et condamné comme hérétique. Oates ajoutait que le père *La shee*, ce qui signifiait le père *Lachaise*, confesseur du roi de France, avait offert 10,000 livres à celui qui parviendrait à assassiner le roi d'Angleterre. La même somme avait été également offerte à sir Georges Wakeman pour empoisonner Charles; mais celui-ci avait demandé 15,000 livres qui lui avaient été accordées. De peur que ces moyens ne vinssent à manquer, quatre scélérats avaient été payés par les jésuites, au prix de vingt guinées par homme, pour poignarder le roi à Windsor. Grove et Pickering, pour achever de rendre le succès certain, étaient chargés de tirer sur Charles avec des balles d'argent. Le premier devait recevoir pour son salaire 1,500 livres; l'autre, qui était dévot, s'était contenté de trente mille messes. Pickering, ajoutait Oates, aurait déjà exécuté son dessein, si la pierre de son pistolet ne fût tombée une fois et l'amorce une autre.

Le délateur alla jusqu'à dire que lui-même était chargé de la mission spéciale de porter aux jésuites des lettres, toutes relatives au dessein d'assassiner le roi. L'incendie de Londres était l'œuvre des jésuites; plusieurs autres incendies avaient été projetés, et les moyens à prendre pour y parvenir avaient même été rédigés par écrit. Vingt mille catholiques de Londres étaient prêts à se lever en masse, et Coleman avait donné 200,000 livres pour encourager les rebelles d'Irlande. La couronne devait être offerte au duc d'York, à condition qu'il promettrait d'extirper la religion protestante; dans le cas où il refuserait de consentir à de telles proposi- tions, on devait s'emparer de lui.

Quoique Titus Oates fût le plus infâme de tous les hommes, quoique successive- ment anabaptiste, anglican et catholique, il eût tour à tour renoncé à toutes ces religions; quoique des vices infâmes l'eussent fait chasser d'un vaisseau où il avait été aumônier, et plus tard du collége des jésuites à Saint-Omer; quoiqu'il eût été condamné comme parjure, et qu'en développant devant le conseil son horrible fable, tissu d'absurdités et de contradictions, il se fût trahi et coupé plusieurs fois, il fut écouté avec transport par le peuple, toujours crédule en proportion de ses haines et de ses terreurs. D'ailleurs, au milieu de ses ridicules inventions, quelques faits se trouvaient appuyés par des indiscrétions échappées au duc d'York; d'autres reçurent par l'événement une sorte de confirmation. Ainsi Oates avait dit que le secrétaire de la duchesse d'York, le jésuite Coleman, avait été nommé par le pape son secrétaire d'état en Angleterre. On fit des perquisitions chez ce Coleman, et l'on trouva dans ses papiers plusieurs lettres qui roulaient sur de vastes intrigues papistes. Dans l'une, il disait : « Nous avons entre les mains un grand ouvrage; il s'agit de convertir trois royaumes, et par là d'arriver à l'entière ruine de l'hé- résie pestilentielle qui a dominé longtemps dans le nord. Il n'y a jamais eu plus de grandes espérances d'un heureux succès depuis la mort de la reine Marie. Dieu nous a donné un prince, le duc d'York, qui servira d'instrument à ce glorieux ouvrage..... J'ai peine à croire que je veille quand je vois que ce prince, dans le siècle où nous vivons, est capable d'un tel degré de zèle, qu'il ne met rien en com- paraison du salut de son âme et de la conversion de ce royaume..... Dites au roi (Louis XIV) qu'il faut qu'il envoie beaucoup d'argent. Il n'est rien qu'on ne puisse faire ici par l'argent; c'est la logique qui persuade tout à notre cour. »

Cette lettre paraissait déjà une confirmation sans réplique de la vérité des dépo- sitions d'Oates, lorsqu'un événement imprévu vint augmenter encore les terreurs du peuple, et achever de le convaincre de la réalité de la conspiration. Le juge Godfrey, qui s'était employé avec la plus grande activité pour découvrir les machi- nations des papistes, disparut tout à coup. On le trouva quelques jours après aux environs de Londres percé de son épée; ses bagues étaient restées à ses doigts et son argent dans sa bourse. Quand on déshabilla le corps, on trouva autour du cou une trace violette profondément marquée. Si Godfrey s'était suicidé ou bien s'il avait d'abord été étranglé puis percé de sa propre épée par ses assassins, pour faire croire que lui-même s'était donné la mort, c'est ce que l'on ne sut jamais. Des gouttes de cire, répandues sur les habits du juge, firent dire qu'il avait été assassiné de nuit et par des prêtres, car on ne se servait alors de cire que dans les églises et les maisons des grands seigneurs. D'ailleurs, Godfrey avait encouru la haine des papistes en accueillant les révélations d'Oates. C'était assez pour con- vaincre le peuple qu'eux seuls avaient commis le crime, et telle était l'effervescence des esprits qu'il y aurait du danger à prétendre le contraire. On fit à Godfrey de magnifiques funérailles, tout le clergé anglican y assista. L'immense population de Londres suivit le cercueil, tantôt silencieuse et morne, tantôt poussant des cris,

RUINES DU CHATEAU DE CARLISLE

non de regret, mais de colère. Les hommes étaient armés, les chaînes de fer étaient tendues dans les rues, et les palissades dressées aux portes comme si l'on eût craint quelque violence de la cour ou des papistes.

Médaille frappée à l'occasion de la mort de sir Edmundbury Godfrey [1].

Il n'y avait que le parlement qui pût détruire ces erreurs et ramener la nation au calme et à des mesures plus sages; mais lui-même montra plus de crédulité encore que le peuple. Le mot terrible de complot se répéta et se communiqua sur-le-champ d'une chambre à l'autre. Les chefs de l'opposition ne voulaient pas laisser échapper cette occasion d'exciter les passions populaires tandis que les courtisans, craignant d'être soupçonnés de déloyauté en défendant les prétendus assassins de leur roi, gardaient le silence et n'osaient repousser le torrent de l'opinion. Danby crut avoir trouvé dans cette affaire le moyen de conquérir la popularité qu'il ambitionnait, et montra un zèle qui allait jusqu'à la fureur. Charles était la seule personne du royaume qui traitât le complot avec le plus profond mépris. Il fit tout ce qu'il put pour empêcher une enquête dont il prévoyait que ses ennemis se serviraient pour jeter la terreur dans le royaume et s'attaquer à son frère et à lui-même. En effet, afin de propager l'alarme et de l'augmenter encore, les chambres demandèrent au roi qu'un jeûne solennel fût ordonné; que tous les papiers qui tendraient à jeter quelques lumières sur l'horrible conspiration, fussent soumis à la chambre; que tous les papistes sortissent de Londres; que l'accès à la cour fût refusé à toute personne inconnue et qui exciterait le soupçon, et enfin que la milice de Londres et de Westminster se tînt prête à marcher. Les chambres déclarèrent ensuite que, d'après la révélation d'Oates, un complot infernal avait été tramé et conduit par les papistes pour assassiner le roi et détruire la religion protestante, et malgré les

1. Cette médaille représente sur la face Godfrey étranglé par des mains appartenant à des personnages qu'on ne voit pas. On lit en légende : MORIENDO. RESTITVIT. REM. E. GODFREY. *En mourant, Godfrey a sauvé l'État.* — Sur le revers, Godfrey déjà mort, placé et soutenu sur un cheval par un de ses assassins, est conduit au champ où on le trouva gisant; un autre papiste marche devant en tenant son épée. — Légende: EQVO CREDITE TEVCRI; *Troyens, croyez au cheval.*

accusations dirigées contre les mœurs du dénonciateur, accusations dont il avait reconnu la vérité, il n'en fut pas moins recommandé au roi par le parlement, logé à White-Hall et encouragé, par une pension annuelle de 1,200 livres sterling, à continuer d'inventer de nouvelles fourberies.

Médaille frappée en l'honneur de Titus Oates [1].

Cette conduite ne pouvait manquer de susciter d'autres délateurs. William Bedloe, homme encore plus infâme, s'il est possible, qu'Oates lui-même, parut après lui sur la scène. Comme Titus, il était de basse extraction, et avait été condamné pour différents vols. Arrêté à Bristol et envoyé à Londres, il déclara devant le conseil qu'il avait vu le corps de sir Edmundbury Godfrey à Somerset-House où demeurait la reine. Il ajouta qu'un domestique de lord Bellasis lui avait offert 4,000 livres, s'il voulait se charger de l'emporter. Questionné sur le complot, il prétendit d'abord n'en avoir aucune connaissance, et affirma également n'avoir eu aucune espèce de relation avec Oates.

Mais le jour suivant, ayant réfléchi qu'il valait mieux partager les avantages de ce dernier, il revint sur sa déclaration, et tâcha de faire accorder, autant que possible, sa narration avec celle d'Oates qui avait été publiée ; afin de rendre la sienne plus importante, il ajouta quelques circonstances de son invention encore plus effrayantes et plus absurdes que les précédentes. Dix mille hommes, déclara-t-il, devaient partir de Flandre et débarquer à Burlington-Bay pour s'emparer du fort de Hull. Les lords Powis et Peters avaient entrepris de mettre sur pied une armée dans le Radnorshire. Cinquante mille hommes dans la ville de Londres étaient prêts à prendre les armes. Le roi devait être assassiné, les protestants massacrés, et le royaume offert à quelqu'un qu'on ne lui avait pas nommé, à condition qu'il consentirait à le tenir de l'église. La partie la plus effrayante de cette déclaration fut que l'Espagne devait envahir l'Angleterre avec quarante mille hommes qui se tenaient tout prêts à Saint-Yago, sous l'habit de pèlerins. Tel était l'aveuglement des esprits, qu'on ajouta foi à cette nouvelle absurde, sans réfléchir qu'alors l'Espagne était hors d'état de lever même dix mille hommes pour défendre ses propres états. Bedloe, pour donner plus de confiance au peuple dans sa déclaration, publia un pamphlet qui avait pour titre : « Narration et découverte impartiale de l'horrible

---

1. La face de cette médaille représente le roi se promenant dans son parc ; derrière lui est un homme armé d'un fusil et prêt à le mettre en joue. Légende : THE POPISH PLOTT (*sic*). *Le complot papiste.* — Revers : Portrait de Titus Oates, et en légende : DISCOVERED BY MEE (*sic*). T. OATES. *Découvert par moi T. Oates.*

complot formé par les papistes, pour brûler et détruire les villes de Londres et de Westminster, ainsi que leurs faubourgs, etc., par le capitaine William Bedloe, engagé précédemment dans l'affreuse conjuration, l'un des affidés des papistes, et chargé par eux des préparatifs de l'incendie. »

La chambre des communes profita de ce redoublement des terreurs populaires pour passer vote sur vote contre les catholiques; on pressa l'adoption par les lords du bill qui avait pour but l'éloignement de la cour de tous les réfractaires papistes. Le bill fut voté. Malgré ses prières et ses larmes, et quoiqu'il protestât que quelle que fût sa religion, elle demeurerait secrète entre Dieu et son âme et qu'elle ne paraîtrait jamais dans sa conduite publique, le duc d'York n'obtint une exception en sa faveur qu'à une majorité de deux voix. « Je voudrais, dit un « membre de la chambre, qu'il ne restât ni un homme ni une femme papiste, ni « un chien ni une chienne papiste, pas même un chat papiste pour miauler autour « de notre roi. »

Le procès des accusés compromis par les dénonciations d'Oates et de Bedloe commença. Aucune voix ne s'éleva pour sauver ces hommes, dont la plupart étaient innocents, et dont les autres n'étaient coupables que de vœux impuissants et irréfléchis. Complices des fureurs populaires, les cours de justice et la chambre haute condamnèrent à mort les jésuites Coleman, Ireland, Grove, Pickering et une foule d'autres, et, pendant deux années, l'échafaud ruissela du sang de ces victimes d'une cupidité infâme, de l'aveuglement de la nation et des vues secrètes de quelques meneurs ambitieux. Ces derniers qui, suivant le mot de Shaftesbury, se servaient d'Oates et de Bedloe comme de gens tombés du ciel pour sauver l'Angleterre de la tyrannie, ne s'en tinrent pas à la punition de quelques esprits égarés; ils voulaient atteindre plus haut et renverser le ministre Danby. Montagu, ambassadeur en France, leur en fournit les moyens, en produisant à la chambre basse, dont il était membre, une dépêche du grand trésorier par laquelle il avait été chargé de proposer à Louis XIV, moyennant la somme annuelle de six millions, des conditions de paix honteuses et contraires à l'intérêt de l'Angleterre. Au bas de cette lettre et de la main de Charles, étaient ces mots : « Cette lettre est écrite par mon ordre. « Charles, roi. » Cette phrase seule devait suffire à justifier Danby, dont la haine contre la France était d'ailleurs connue, en prouvant qu'il n'avait écrit la dépêche que sur un ordre formel; mais les communes voulaient pénétrer jusqu'au fond les négociations mystérieuses du roi avec Louis XIV, et, pensant que le procès du ministre leur en fournirait les moyens, elles l'accusèrent de haute trahison devant la chambre des pairs (déc. 1678). Il était tellement évident que dans cette circonstance Danby n'était pas le vrai coupable, que les lords rejetèrent l'accusation. Les communes insistèrent énergiquement, et le roi, tremblant pour son ministre, profita de ce conflit entre les deux chambres pour les proroger et bientôt après les dissoudre (janvier 1679). Telle fut la fin d'un parlement, qui, à une année près, avait eu la même durée que ce règne. Pendant ces dix-sept années, il représenta fidèlement les modifications successives qui s'étaient produites dans l'esprit de la nation. Tant que celle-ci flottait entre la crainte du despotisme et celle de la liberté absolue, il composa avec la royauté et se tint à égale distance de ces deux extrémités également dangereuses. Peu à peu il perdit, comme la nation, l'impression produite par les excès commis au nom de la liberté, pendant que les renouvellements partiels, fournis par les élections dont l'esprit répondait aux progrès des mécontentements populaires, introduisaient dans son sein, des presbytériens ardents pour le triomphe de leur foi; des patriotes, qui n'avaient de zèle pour aucune croyance; des disgraciés maîtres de tous les secrets de la cour; enfin des hommes qui professaient ouvertement les principes républicains. Ce furent ces derniers surtout qui, visant au renversement de la famille régnante, poussèrent le parlement dans les mesures qui motivèrent sa dissolution, et décidèrent le roi à en appeler à la nation.

Mais les espérances que Charles avait fondées sur la convocation d'une nouvelle assemblée ne tardèrent pas à s'évanouir. Tous les membres de l'opposition furent réélus, et une grande partie des anglicans, dont les opinions étaient en général favorables à la royauté, remplacés par des presbytériens. Pour ôter tout prétexte à leurs déclamations contre les tendances papistes de la cour, le roi engagea son frère à se retirer momentanément sur le continent (3 mars); mais les communes se montrèrent peu touchées de cette mesure, et elles insistèrent plus vivement encore que ne l'avait fait la dernière chambre, pour que les lords admissent l'accusation portée contre Danby. Vainement Charles crut leur imposer silence, en déclarant que son ministre n'avait rien fait que par ses ordres, et qu'en conséquence il le déchargeait de l'accusation dirigée contre lui; on nia énergiquement que la prérogative royale pût mettre un ministre à l'abri de la vindicte publique, et les lords, entraînés, ordonnèrent l'arrestation de Danby.

Effrayé des dispositions hostiles du parlement, privé du seul ministre dans lequel il eût confiance, Charles résolut de s'abriter derrière la popularité de sir William Temple. Celui-ci représenta au roi que les inquiétudes de la nation étant extrêmes, il fallait nécessairement un nouveau remède pour rétablir cette bonne intelligence, si importante à la sûreté du roi et du peuple; qu'il était également dangereux pour la constitution comme pour la tranquillité publique, de tout refuser au parlement dans sa disposition présente et de lui tout accorder; que s'il plaisait à Sa Majesté d'introduire au conseil des personnages en possession de la confiance du peuple, il y avait peu d'apparence que les demandes fussent poussées plus loin, et que si l'on en faisait d'exorbitantes, Sa Majesté, soutenue par un tel conseil, aurait moins d'embarras à les refuser; enfin que les chefs du parti populaire, honorés de la faveur de leur roi, rabattraient quelque chose de cette violence par laquelle ils s'efforçaient actuellement de s'attacher la multitude. Charles se rendit à ces raisons et composa, avec Temple, un conseil de trente membres qu'il promit de consulter désormais sur tous ses actes. Le nouveau ministère fut choisi dans le sein de ce conseil. Le comte d'Essex, fils du général parlementaire, succéda à lord Danby dans la place de grand trésorier; les autres ministres étaient le comte de Sunderland, le vicomte Halifax et William Temple lui-même. Shaftesbury, alors l'idole du peuple, fut nommé président du conseil, malgré l'avis de Temple, qui prédit tout ce qu'on avait à craindre en laissant un homme aussi dangereux prendre part à l'administration.

Cette prédiction ne tarda pas à s'accomplir. Ennemi déclaré du duc d'York, Shaftesbury s'efforçait depuis longtemps de le faire exclure de la succession à la couronne, afin de faire arriver à sa place, sur le trône, le duc de Monmouth [1], fils naturel du roi, qu'il gouvernait à son gré. Aussi, à son instigation, les communes, que la composition plus libérale du nouveau ministère n'avait pas désarmées, déclarèrent que : « l'attachement du duc d'York au papisme et l'espoir de le voir monter sur le trône avaient puissamment encouragé les conspirations et les desseins des papistes contre le roi et l'église protestante. » Cette déclaration allait être suivie de l'adoption d'un acte qui prononçait l'exclusion du duc de la succession à la couronne, lorsque Charles, de l'avis de son conseil et malgré l'opposition de Shaftesbury qui se prononça ouvertement pour l'exclusion, fit présenter aux communes un bill qui, sans détruire le droit du duc d'York à la succession, limitait tellement son autorité lorsqu'il serait parvenu au trône, que la religion et les libertés du pays ne pouvaient rien avoir à redouter de ses attaques. Mais, soulevée par les cabales de Shaftesbury et par les excitations des républicains, dominée en outre par sa haine contre le papisme, la chambre rejeta les propositions du roi, et à la majorité de soixante-dix-neuf voix adopta le bill d'exclusion. Il y était déclaré : « qu'à la mort du roi, la souveraineté appartiendrait à l'héritier le plus proche après le duc d'York, et que si ce prince paraissait en Angleterre, il serait, ainsi que ceux qui soutiendraient son titre, jugé comme coupable de haute trahison. » En même temps la chambre discutait cinq projets de loi, tous empreints du même caractère d'animosité et qui tous ressuscitaient les prétentions des premières années du long parlement : l'un ordonnait de rechercher les membres qui s'étaient vendus à la cour sous les deux précédents ministères, ses motifs rappelaient fort ceux du célèbre acte contre les délinquants ; les autres avaient pour but : d'expulser des communes tous ceux qui occupaient des fonctions rétribuées ; d'ordonner le licenciement des troupes régulières ; de régler les assemblées périodiques de la milice, c'était presque le même que Charles Ier avait refusé de sanctionner ; le dernier, appelé le bill d'*habeas corpus* [2], motivé par les emprisonnements illégaux ordonnés par les différents ministères de Charles II, avait pour objet de rendre de pareils actes désormais impossibles. Il porte : que sur la requête écrite ou faite par fondé de pouvoir de toute

---

1. Le duc de Monmouth était fils naturel de Charles et de Lucy Walters, femme dissolue qui, sous la république, passa en Hollande dans le seul but de devenir la maîtresse du roi. Le fruit de ces amours naquit à Rotterdam, le 9 avril 1649, et fut confié à un gentilhomme, nommé Crofts, dont il garda le nom jusqu'au moment où Charles, remonté sur le trône de ses pères, le créa baron de Kindale, comte de Duncaster et duc de Monmouth, et lui fit épouser la comtesse de Buccleugh, l'héritière la plus riche de toute l'Écosse. L'affection sans bornes que Charles témoignait à ce jeune homme, fit croire longtemps qu'il avait l'intention de le reconnaître pour son successeur, à l'exclusion du duc d'York.

2. Plusieurs écrivains ont paru croire que cet acte d'*habeas corpus* introduisait dans la jurisprudence anglaise un principe nouveau, celui de la liberté individuelle. C'est une grave erreur. Ce principe était depuis longtemps regardé comme un droit. « Aucun homme libre, dit la Grande Charte, ne sera pris ni emprisonné, ni dépossédé de ce qu'il tient librement, ou de ses libertés ou de ses libres coutumes, ni ne sera mis hors la loi ni exilé, ni privé de quelque chose en aucune façon, ni nous ne marcherons contre lui, *ni ne l'enverrons en prison* que par le légal jugement de ses pairs ou par la loi du pays. » (Grande Charte, article 48, à la page 248 du tome Ier de cette histoire.) Depuis, une

personne emprisonnée pour quelque crime que ce soit (à moins que par le *warrant* (ordre) d'emprisonnement elle ne soit accusée de trahison ou de félonie), le lord chancelier, ou l'un des douze grands juges, doit, lecture faite du warrant, délivrer un writ (c'est le writ d'*habeas corpus*, ainsi nommé parce qu'il commence par ces mots), ordonnant que la personne (*corpus*) du prisonnier sera immédiatement produite par le geôlier et présentée devant lui ou l'un des juges, qui dans le délai de deux jours déclarera si le délit est cautionnable, et, dans ce cas, fera élargir provisoirement le prisonnier contre le dépôt de la caution; que tout officier ou geôlier qui négligera ou refusera de se conformer au writ d'*habeas corpus*, ou qui refusera au prisonnier ou à son conseil une copie du warrant d'emprisonnement, paiera à la partie lésée 100 livres sterling (200 livres en cas de récidive), et sera destitué de son emploi; que toute personne mise en liberté sur un writ d'*habeas corpus* ne pourra être emprisonnée pour la même cause, sous peine pour celui qui en aurait donné l'ordre d'une amende de 500 livres; que toute personne prévenue d'un crime de trahison ou de félonie, exprimé dans l'acte d'emprisonnement, sera jugée dans la première session des assises, ou alors aura le droit de réclamer son élargissement provisoire moyennant caution; qu'aucun habitant de l'Angleterre, excepté dans certains cas déterminés par le statut lui-même, ne sera envoyé en prison au-delà des mers, en dedans ou en dehors des possessions du roi, sous peine pour celui qui commettra un pareil acte de payer une amende de 500 livres en faveur de la partie lésée, d'être déclaré incapable d'aucun emploi public, d'encourir les pénalités du statut de *præmunire*, sans pouvoir être jamais relevé de son incapacité par le pardon du roi. Telle est la substance de cet important statut. Adopté par la chambre haute et sanctionné par le roi, il devint l'un des plus solides fondements des libertés anglaises.

La discussion de ces divers bills, qui semblaient reporter le pays au temps de Charles Ier, n'empêcha pas les communes de demander avec instance à la chambre des lords l'annulation des lettres de grâce données par le roi à Danby et la mise en accusation de ce ministre. Elles exigeaient qu'en cette occasion les évêques qui formaient à la chambre haute un parti dévoué à la cour, fussent éloignés, non-seulement pendant le procès du comte, mais pendant qu'on discuterait la validité des lettres de grâce. La demande de l'éloignement des prélats pendant le procès était

---

foule d'anciens statuts avaient confirmé ces prescriptions de la Grande Charte (voyez les statuts des 5e, 25e et 28e années d'Édouard III , § 9, 3 et 4). Sous le règne de Charles Ier, la *pétition des droits* avait stipulé qu'aucun homme libre ne serait emprisonné sans que la cause de cette peine ne lui fût expliquée, de manière à ce qu'il pût s'en justifier conformément aux lois. Le statut de la seizième année du règne de ce prince va plus loin encore. « Si quelqu'un, dit-il, est privé de sa liberté par ordre d'une cour illégalement constituée ou par l'ordre du roi lui-même, ou par celui de qui ce soit du conseil privé, il lui sera délivré, sur la demande de son conseil, un acte d'*habeas corpus* pour se présenter devant la cour du banc du roi ou celle des plaids communs, lesquelles devront, dans le délai de trois jours, décider s'il y a ou non cause légale d'emprisonnement, et en conséquence faire justice ainsi qu'il appartiendra. » L'acte passé sous le règne de Charles II n'eut donc pas pour objet de poser un principe qui était universellement reconnu, mais d'obvier aux abus à la faveur desquels le gouvernement était parvenu à priver les citoyens de la jouissance de ce droit fondamental. Il y parvint en déterminant d'une manière positive les moyens d'obtenir le writ d'*habeas corpus*, et en établissant des pénalités rigoureuses contre tous ceux, quels qu'ils fussent, qui refuseraient de s'y conformer.

basée sur les lois ecclésiastiques qui ordonnaient au clergé de s'abstenir dans toute cause capitale ; mais cette prohibition ne pouvait s'appliquer à la discussion relative à la validité du pardon, et la chambre haute se prononça dans ce sens. Aussitôt, les communes déclarèrent qu'elles suspendraient leurs travaux jusqu'à ce qu'on eût fait droit à leur requête. La querelle s'envenimant, le roi se hâta de saisir le prétexte de ce conflit pour proroger un parlement dont il redoutait la violence. Peu de temps après, et sans consulter son conseil, il en prononça la dissolution (18 juillet 1679).

L'opposition de la chambre des communes et le mécontentement de la nation, avaient eu du retentissement en Écosse. Depuis la restauration, ce pays gémissait sous le gouvernement tyrannique du duc de Lauderdale, et pendant la première guerre de Hollande une insurrection y avait éclaté. Elle était causée par la rigoureuse application des lois concernant le rétablissement de l'épiscopat, et par la mise à exécution de l'acte des conventicules. Dalziel et Drummond, officiers qui avaient servi Charles Ier dans la guerre civile, furent lancés sur l'Écosse, et les rigueurs redoublèrent. Dalziel forçait les habitants à se rendre aux églises où officiaient les prêtres anglicans, menaçant de faire brûler vifs tous ceux qui s'y refuseraient. Le peuple prit les armes, et, dans quelques endroits, le covenant fut renouvelé. Dalziel marcha contre les insurgés, les joignit sur les hauteurs de Pentland, dans l'ouest, et rompit leurs rangs dès la première charge (septembre 1666). Les supplices recommencèrent. Vainement le duc d'Hamilton et quelques-uns des principaux seigneurs écossais s'adressèrent-ils au roi lui-même : « Je vois bien, « leur répondit Charles, que Lauderdale s'est conduit durement envers vous, mais « je ne vois pas qu'il ait agi contre mes intérêts. » Cette infâme réponse donnait libre carrière à la tyrannie du ministre; aussi les poursuites contre les conventicules furent-elles poussées avec plus de rigueur que jamais. On cantonna des troupes chez les suspects, on força même chaque chef de famille à répondre de ceux qui l'entouraient, et quiconque résistait était enlevé, transporté dans un autre comté et privé de toute ressource; enfin les montagnards, de tout temps ennemis acharnés des habitants des basses terres, furent déchaînés contre eux; sous prétexte de châtier les covenantaires et de disperser les conventicules, ils dévastèrent tout le pays. Malgré ces persécutions, le nombre des assemblées prohibées continua à se multiplier. Tous les dimanches, les sectaires se réunissaient en troupes pour la célébration de leur culte, autour d'une grande perche fixée dans un vallon, sur une montagne, ou au milieu d'un terrain marécageux, et, fanatisés par les prédications de leurs ministres et de quelques énergumènes, s'excitaient à braver et même à exterminer leurs oppresseurs. Sharp, archevêque de Saint-Andrew, presbytérien apostat, persécuteur de ses frères, leur était particulièrement odieux. Déjà plusieurs tentatives d'assassinat avaient eu lieu contre lui, lorsqu'un jour il fut rencontré sur la route de Saint-Andrew par une troupe de furieux, qui, regardant ce hasard comme un avis du ciel, fondirent sur lui, l'arrachèrent de sa voiture et le laissèrent mort sur la place (2 mai 1679). Ce meurtre fut le signal du soulèvement. Dans tout l'ouest, les sectaires se réunirent en corps nombreux; un léger succès qu'ils remportèrent à Loudon-Hill sur Graham de Claverhouse, envoyé pour les disperser, donna une nouvelle extension à la révolte. Aussitôt, Charles dirigea contre eux des forces considérables commandées par le duc de Monmouth. Le duc rencontra les covenantaires près de Bothwell-Castle, entre Hamilton et Glasgow, position qui n'étant accessible que par le pont de Both-

Vue du pont de Bothwell

well pouvait être défendue avec succès contre toutes les forces du roi. Mais les rebelles ne savaient que discuter sur le dogme, et leur nombre ne s'était accru que pour augmenter leur faiblesse. Après quelques instants de résistance, ils abandonnèrent le pont et livrèrent le passage à Monmouth, qui se jeta aussitôt sur eux et les dispersa de tous côtés. Sept cents furent tués dans leur fuite, douze cents faits prisonniers (22 juin 1679). On fit grâce à ceux qui promirent de vivre paisiblement; trois cents environ, qui s'obstinèrent à rejeter cette condition, furent embarqués pour la Barbade, et périrent dans la traversée. Monmouth resta en Écosse, et par sa modération et sa douceur, parvint promptement à opérer la soumission du pays et à lui rendre enfin la tranquillité.

Quoique les covenantaires écossais eussent été poussés à l'insurrection par les rigueurs du gouvernement de Charles, leur fanatisme insensé et leur exaltation furieuse firent tourner ce soulèvement au profit du roi. Les partisans de l'église anglicane et de l'épiscopat y virent à quel excès se livreraient les presbytériens si leur parti l'emportait. D'un autre côté, tous les gens modérés et amis de la paix qu'inquiétaient déjà l'exclusion du duc d'York et les désordres probables d'une succession contestée, furent effrayés par ce commencement de guerre civile dont les auteurs n'étaient point sans ressemblance avec les révolutionnaires d'Angleterre. Une maladie subite, qui mit en danger les jours du roi, vint donner plus de force à ces sentiments et redoubler toutes ces terreurs; aussi la nouvelle de son rétablissement fut-elle saluée par des démonstrations de joie non équivoques et presque générales.

Pendant la maladie de Charles, le duc d'York était revenu secrètement à Londres. Il montra à son frère le parlement et le conseil formé d'après les indications de Temple, comme un ramas de factieux avec lesquels il fallait rompre. La véritable opinion du pays, disait-il, était celle qui s'était si vivement exprimée en faveur du roi pendant que ses jours étaient en danger. Charles n'était que trop porté de lui-même à penser ainsi, pour hésiter à suivre les conseils de son frère. Il lui en témoigna d'abord sa reconnaissance en exilant en Hollande le duc de Monmouth, qui s'était déjà fait un parti important en Écosse, et en autorisant Jacques à aller prendre le gouvernement de ce pays; en même temps Shaftesbury fut dépouillé de la présidence du conseil, qui lui-même cessa bientôt d'être réuni. Ces mesures déterminèrent Temple et Essex à quitter leurs emplois; le comte de Sunderland, Laurent Hyde, beau-frère du duc d'York, et lord Godolphin, devinrent les conseillers intimes du roi, et le soutinrent dans sa résolution de ne point assembler le parlement, dont les élections faites avant la maladie de Charles avaient été toutes favorables au parti populaire.

Cependant la réaction qui s'était opérée en faveur du roi n'était ni assez violente ni assez générale pour que le refus d'assembler les chambres n'excitât pas un vif mécontentement. Charles était assiégé de pétitions venues de tous les coins du royaume, et dans lesquelles on réclamait avec instance la prompte convocation du parlement. Les partisans de la cour répondirent à ces écrits par des adresses conçues dans le sens opposé et dans lesquelles ils témoignaient la plus vive horreur pour les révolutionnaires qui voulaient imposer leur volonté au souverain. La querelle devint très-vive entre les *pétitionnaires* et les *abhorrans*, dénominations qui furent bientôt changées contre celles plus injurieuses de *whigs* ou brigands presbytériens, et de *tories* ou bandits papistes [1].

Le besoin d'argent et le refus de Louis XIV d'accéder aux demandes de Charles (celui-ci demandait quatorze millions pour trois ans, et Louis n'en voulait donner que trois), forcèrent le roi de céder aux désirs des pétitionnaires et de réunir

---

1. Nous avons déjà donné l'origine du mot *Tory* (voy. t. II, p. 76). Celui de *Whig* vient de *Whiggamore*, nom donné aux paysans écossais qui, en 1646, s'armèrent pour la défense du covenant, et qui avaient été surnommés ainsi, soit à cause du mot whiggam, qu'ils employaient en conduisant leurs chevaux, soit du mot whig, boisson de lait aigre qui formait un des principaux articles de leurs repas. Le nom de *Whiggamore*, par abréviation *Whig*, devint bientôt la désignation d'un ennemi du roi Charles Ier. Sous Charles II, on le donna aux adversaires de la cour. Les dénominations de whig et de tory perdant avec le temps ce qu'elles avaient d'injurieux, servent encore aujourd'hui à désigner, l'une, les défenseurs des libertés publiques et les partisans des réformes modérées; l'autre, le parti le plus attaché à la royauté, à l'épiscopat, aux intérêts de la grande propriété, le plus opposé à toutes les innovations.

le parlement (1680, 21 octobre). Son langage y fut plus fier que d'habitude; il annonça aux chambres qu'il était disposé à donner à la religion anglicane tous les gages possibles de maintien, mais qu'il ne souffrirait jamais qu'on ravît à son frère un droit sacré. Il termina en recommandant vivement à tous les membres l'union et la concorde.

Ces exhortations furent sans effet sur les communes. Elles commencèrent par exprimer leur mécontentement pour le retard mis à les réunir, déclarèrent que les *pétitionnaires* avaient bien mérité du pays, exclurent un membre qui avait signé une contre-pétition et nommèrent un comité chargé d'exercer des poursuites contre tous les *abhorrans*. Un grand nombre d'entre eux fut, au mépris de l'acte d'*habeas corpus*, arrêté et jeté en prison. Le bill d'exclusion du duc d'York vint ensuite, et passa à une majorité considérable; mais la chambre haute le repoussa. Afin de se faire pardonner ce refus, et de prouver qu'il n'était pas causé par leur faveur pour le papisme, les lords commencèrent le procès du comte de Stafford, vénérable vieillard compromis par les dépositions d'Oates. Malgré son innocence évidente, cinquante voix contre trente le déclarèrent coupable de conjuration contre son souverain, et Charles, pour faire sa cour aux préjugés de la nation et apaiser les communes, laissa exécuter un octogénaire qui pendant toute la durée de la guerre civile et sa vie entière était, au milieu de mille dangers, resté fidèle à ses princes légitimes. Malgré sa haine pour le papisme, le peuple de Londres protesta contre cette lâcheté des lords et du roi, et lorsque le vieux comte, prêt à courber sa tête blanchie sous la main de l'exécuteur, protesta de son innocence : «Nous vous « croyons, mylord, nous vous croyons, lui cria-t-on de toutes parts; que le ciel « vous bénisse! » (29 décembre). Le comte de Stafford fut la dernière victime des dénonciations d'Oates.

Cette concession des lords et du roi aux passions des communes, ne put cependant parvenir à les calmer. Ce que voulaient les divers partis de la chambre basse c'était l'exclusion du duc d'York; les uns, pour favoriser l'avénement du duc de Monmouth, les autres en vue du rétablissement de la république. L'opposition des lords au bill d'exclusion excita au plus haut degré leur colère, et la chambre déclara qu'elle ne pouvait accorder aucun subside au roi jusqu'à ce que le bill fût passé. Bientôt perdant toute mesure, et suivant la même marche que le long parlement sous Charles Ier, elle alla jusqu'à attaquer la religion anglicane au profit des protestants non-conformistes, et sembla dès lors travailler non plus pour maintenir le roi dans les limites de la constitution, mais pour préparer une révolution nouvelle. « Je demande, dit un jour un de ses membres, que nous retournions dans nos « provinces, pour apprendre au peuple comment on traite ses représentants. « Notre cause est la sienne; il la soutiendra par l'épée. » Charles observait ces excès avec joie, jugeant bien que leur effet inévitable serait de lui ramener des partisans. Au bout de quelque temps, il prononça la dissolution du parlement (1681, 18 janvier) et en convoqua un nouveau pour le 21 mars suivant, non qu'il espérât de cette assemblée des dispositions plus favorables à son égard, il savait que les électeurs lui étaient presque tous opposés; mais il voyait que le reste et par conséquent la majeure partie de la nation désapprouvait les violences

des communes, et il voulait prouver qu'il avait tenté toutes les voies de conciliation et que la faute n'en était pas à lui s'il se trouvait forcé de gouverner sans
parlement.

Afin de soustraire la nouvelle assemblée aux influences hostiles de la ville de
Londres, Charles la convoqua à Oxford. Soixante pairs signèrent, contre le choix
de cette ville, une adresse qui fut présentée par le comte d'Essex : les députés et
les lords, y était-il dit, seraient à Oxford exposés aux poignards des papistes, tandis que Westminster était un lieu sûr. « Ceci, dit le roi, est votre opinion, et non
« la mienne. » Ce fut sa seule réponse, et il se rendit à Oxford, escorté par ses
gardes. Shaftesbury, les représentants de Londres, les chefs populaires, le suivirent accompagnés de plusieurs milliers de bourgeois armés et portant sur leurs
chapeaux l'inscription : « Point de papisme, point d'esclavage! » Le discours du roi
aux chambres réunies fut digne et sévère. Charles récapitula tout ce qu'il avait fait
depuis trois ans pour donner satisfaction à la nation. Cette si prompte convocation
du parlement était une nouvelle preuve du soin religieux qu'il mettait à remplir
ses obligations; dans ce moment même il était disposé à adopter tout expédient au
moyen duquel, en cas d'accession d'un prince catholique à la couronne, l'administration serait assurée aux protestants; mais jamais il ne consentirait à ce que de
vaines terreurs servissent de prétexte au renversement de l'ancien gouvernement;
jamais il ne se départirait de sa résolution de maintenir invariablement l'ordre
habituel de succession. Conformément à ces paroles, un des ministres proposa de
statuer que Jacques fût banni, sa vie durant, à cinq cents milles des côtes de
l'Angleterre; qu'à la mort de son frère il pût prendre le titre de roi; mais que les
pouvoirs du gouvernement fussent exercés par un régent, au nom du monarque
absent. Dans ce projet la régence devait appartenir d'abord à la princesse d'Orange,
puis à lady Anne, sa sœur, et durer jusqu'à la majorité du fils légitime de Jacques,
s'il en avait un et qu'il fût élevé dans la foi protestante. Les grands propriétaires
catholiques devaient être bannis du royaume, et leurs enfants retenus pour être
élevés dans la religion anglicane. Cet expédient, qui en laissant à Jacques le titre
de roi ne détruisait pas le principe d'hérédité, fut rejeté par la chambre des
communes; l'exclusion pure et simple du duc pouvait seule la satisfaire.

Espérant forcer le roi, en lui refusant les subsides, à se soumettre à tout ce
qu'elle exigeait, elle remit aussitôt en discussion tous les bills qui avaient motivé
la dissolution du dernier parlement. Mais Charles avait pris sa résolution. Par
l'entremise du duc d'York, et à la condition de se détacher insensiblement de
l'alliance de l'Espagne et d'adhérer en tout point à la politique de Louis XIV vis-
à-vis de l'Europe, il avait obtenu de ce prince une pension de 2,000,000 de fr.
pour l'année courante; et de 1,500,000 fr. pour les trois années suivantes. Il
n'hésita plus dès lors à se débarrasser des ennuis que lui causaient les communes,
et, se rendant un jour brusquement à la chambre des lords, il prononça la dissolution immédiate du parlement (28 mars).

Cette mesure soudaine, qui montrait chez le roi la détermination bien arrêtée de
ne pas céder, causa tant d'étonnement au parti révolutionnaire qu'elle abattit sur-
le-champ son courage ; les opposants, craignant que Charles n'appuyàt le coup

qu'il venait de frapper par quelque acte plus violent encore, se hâtèrent de quitter Oxford et de se retirer chez eux.

La dissolution du parlement d'Oxford fut suivie de la publication d'un manifeste par lequel le roi instruisit la nation de ce qui s'était passé. « J'ai essuyé, disait-il, « de mauvais procédés et jusqu'à des attaques irrespectueuses ; mais rien ne pourra « altérer mon zèle pour la religion protestante et la constitution, et mes sujets bien- « aimés doivent être convaincus que je réunirai le parlement avant l'expiration du « terme fixé par le bill triennal. » L'effet que produisit ce manifeste fut immense. Sans intrigues, sans combats, mais par un simple déplacement de ces immenses forces que le parti de l'exclusion n'avait pu entraîner jusqu'à la guerre civile, la royauté, tout à l'heure prête à succomber, redevint toute puissante; ses adversaires, abandonnés, perdirent jusqu'à leur existence comme parti. Tous les ordres d'inté- rêts, toutes les nuances d'opinions, réunies pour ne pas vouloir de guerre civile et pour faire cesser une perturbation qui devait y conduire, acceptèrent les nouvelles promesses du roi, sinon comme une garantie de liberté, au moins comme un gain de temps. Tous ceux qui, par principes, par passion ou par intérêt, ne se laissèrent point entraîner dans ce mouvement général des esprits, durent se cacher ou se taire ; la dernière classe du peuple leur demeura seule favorable [1]. »

Le haut clergé, qui avait été menacé comme la cour, regarda cette victoire comme sienne; il fit lire au peuple dans toutes les églises le manifeste du roi, et déclama dans les chaires contre ceux qui, sous prétexte de combattre le papisme, avaient voulu ramener le régime révolutionnaire. De toutes les parties du royaume arri- vèrent des adresses en réponse à la déclaration du roi. Les comtés, les cités, les bourgs [2], les corporations, les tribunaux, les grands jurys [3], se hâtèrent d'ad- hérer au changement qui venait de s'opérer. L'administration de la ville de Lon- dres resta cependant étrangère à ce mouvement ; et lorsque, sur de vagues dénon- ciations, Shaftesbury fut arrêté et traduit en jugement, le grand jury, encore composé de whigs, prononça un *ignoramus*, ce qui voulait dire que, faute de preuves, il n'y avait pas lieu à mettre le prévenu en accusation.

1. Armand Carrel, p. 232.

2. En Angleterre, on appelle cité (*city*) les villes incorporées, qui sont ou ont été le siége d'un évêché.

Un bourg (*borough*), était autrefois une ville incorporée, qui quoique n'étant point une cité, avait le droit d'envoyer un ou plusieurs *bourgeois* (*burgess*) au parlement. Maintenant c'est ce seul droit qui fait donner à la ville le nom de bourg, qu'elle soit ou non incorporée.

On donne le nom d'incorporée (*incorporated*), à toute ville ou place qui, par suite d'une charte de corporation, jouit du privilége de nommer elle-même ses magistrats. Les corporations sont créées par lettres patentes du souverain, ou par acte du parlement ; elles sont dissoutes par acte du parle- ment, par la remise de leur privilége entre les mains du roi, par la forfaiture de leur charte, lors- qu'elles abusent de leurs franchises ou les laissent tomber en désuétude. Tomlins' *Law Dictionnary*, à chacun de ces articles.

3. Il y a en Angleterre plusieurs sortes de jurys. Le grand jury, qu'on pourrait appeler aussi jury d'accusation par opposition au petit jury qui est le jury de jugement, est composé de vingt-trois membres choisis parmi les personnes les plus considérables du comté, et aussi parmi les francs tenan- ciers qui ont droit de faire partie du jury ordinaire. Le grand jury décide s'il y a ou non lieu à suivre contre les prévenus. Ses fonctions sont à peu près les mêmes que celles de nos chambres *de mise en accusation*.

Le parti victorieux reconnut alors que jusqu'à l'expiration du pouvoir des shé-rifs, magistrats et juges du parti whig, c'est-à-dire jusqu'à la fin de l'année 1681, il lui était impossible de donner suite à ses desseins; à cette époque, il les reprit avec une ardeur à laquelle le retour du duc d'York vint ajouter une force nouvelle.

Pendant son séjour en Écosse, Jacques avait d'abord affiché la modération, mais bientôt son caractère intolérant et ses penchants despotiques l'emportant sur le désir de se concilier les Écossais par la douceur, il sévit avec une impitoyable rigueur contre le reste des covenantaires. Quelques centaines d'entre eux s'étaient réunis sous la conduite de deux ministres, Cameron et Cargyll, en déclarant qu'ils ne reconnaissaient ni Charles ni Jacques Stuart. Les soldats de Jacques marchèrent contre eux, et en tuèrent un grand nombre; les prisonniers furent torturés et mis à mort en présence du duc. Jacques s'adressa bientôt à de plus hautes victimes. Parmi les lords des articles [1], deux surtout, le duc d'Hamilton et le comte d'Argyle, lui étaient particulièrement odieux. « Ces hommes, disait-il, « sont trop riches et trop puissants pour des sujets. » Bientôt, sous le plus frivole prétexte, Argyle fut accusé de haute trahison, traduit devant une commission spéciale et condamné à mort. Il parvint à s'évader de prison et se réfugia en Hollande. Ses biens furent saisis et confisqués.

Mais c'était en Angleterre surtout que le duc d'York voulait hâter la marche de la contre-révolution, et depuis longtemps il suppliait son frère de le rappeler auprès de lui. Charles finit par y consentir.

Le retour de Jacques à Londres (mai 1682) fut salué par les cris de joie des tories, qui trouvaient que la réaction allait encore trop lentement. On résolut d'abord de soustraire complétement la cité de Londres à l'influence des whigs. De nouveaux shérifs, nommés par l'influence de la cour, furent inaugurés par un détachement de la milice; et, au milieu de violences et d'irrégularités sans exemple, un lord maire tory fut placé à la tête de la Cité. Les anciens shérifs, les membres du der-nier jury furent poursuivis, et condamnés pour la plupart. Enfin, pour assurer la perpétuité de cette toute-puissance du roi on procéda à une mesure de la plus haute importance, à la reprise des chartes de corporation, bases de la liberté municipale. Un ordre de *quo warranto* [2] fut porté contre la cité de Londres; on prétendit que sa charte de corporation était annulée par deux offenses dont les magistrats de la Cité s'étaient rendus coupables; les juges dévoués à la cour condamnèrent la ville, et elle dut payer fort cher le rétablissement de ses priviléges, et soumettre à l'avenir les nominations de ses principaux magistrats à l'approbation du roi.

---

1. Le parlement d'Écosse ne se composait pas, comme celui d'Angleterre, de deux chambres, mais d'une seule dans laquelle les évêques siégeaient avec les lords et les députés de la bourgeoisie. Toutes les questions étaient discutées préalablement dans un comité nommé *les lords des articles*, et composé de huit lords ecclésiastiques, huit lords temporels et huit députés de la bourgeoisie, nommés par les seize membres des deux premiers ordres; le reste de l'assemblée sanctionnait ou rejetait les décisions prises dans ce comité, sans pouvoir les discuter.

2. Ordre dirigé contre toute personne ou toute corporation qui empiète sur les droits de la cou-ronne, pour qu'elle vienne justifier en vertu de quel titre elle a agi ainsi.

Cet exemple effraya toutes les autres communes du royaume; elles se hâtèrent de composer à prix d'argent pour le maintien de leurs priviléges municipaux; la cour réorganisa leurs institutions en se réservant le droit de confirmation des fonctionnaires et celui d'annuler tout ce qu'elle croirait fait contrairement à ses intérêts.

Contre tous ces empiétements, que l'entraînement de l'opinion faisait approuver, le peu de whigs qui osaient encore envisager l'idée de la résistance n'avaient plus d'autre ressource qu'une conspiration. Déjà en 1681, pendant la maladie de Charles, Monmouth et les lords Grey et Russell, excités par Shaftesbury, étaient convenus, le roi mourant, de prendre les armes pour s'opposer à la succession du duc d'York. La guérison de Charles et le procès de Shaftesbury avaient abattu ces complots; les entreprises de la cour les relevèrent. Des soulèvements furent organisés à Londres, à Bristol, dans les comtés de Chester et de Devon; mais les chefs des conjurés ne purent s'entendre sur la conduite qu'il faudrait tenir lorsque ces soulèvements seraient une fois déclarés; Shaftesbury, furieux de ne pouvoir faire prévaloir ses idées, et perdant d'ailleurs tout espoir de succès, passa en Hollande, où il mourut trois mois après. Ce ne fut qu'après son départ que la conjuration prit un caractère déterminé. Le duc de Monmouth, ayant perdu son conseiller habituel, se lia plus particulièrement avec le comte d'Essex, et celui-ci finit par se convaincre que les amis de la liberté ne pouvaient rien tenter sûrement qu'en s'étayant du nom du duc, de sa popularité, tant en Écosse qu'en Angleterre, et en faisant valoir son droit à la couronne. Il amena à cette opinion lord Russel, qui entreprit de faire entrer Algernon Sydney dans les mêmes vues. Sydney qui, dans le cours d'une longue et vertueuse carrière, avait eu le rare avantage de soutenir jusqu'au bout la révolution, et de rester étranger à la condamnation de Charles Ier; de résister à Cromwell et de comprendre que la révolution vivait encore dans sa dictature; d'exercer des emplois sous la restauration, et de conserver des opinions républicaines, non pas secrètes, mais déclarées et connues de tout le monde, Sydney résista longtemps aux prières de lord Russel. Il estimait peu le duc de Monmouth, et en voulait beaucoup plus à la royauté qu'à Charles II et au duc d'York. « Que m'importe, disait-il, qu'un roi d'Angleterre s'appelle Jac- « ques d'York ou Jacques de Monmouth ! » Mais Russel lui représentant que son opinion était celle d'une très-faible minorité, qu'il y avait en Angleterre d'invincibles préventions contre la république : — « Eh bien ! dit-il, puisqu'il faut subir la « royauté, mieux vaut pourtant un roi dont les droits soient équivoques, il ména- « gera la liberté. » De ce moment Sydney compta parmi les amis de Monmouth. A son tour, il initia lord Howard, homme indigne de son amitié, mais qui l'avait obtenue en se parant d'opinions semblables aux siennes. Lord Grey, et Hampden, petit-fils du célèbre patriote, entrèrent les derniers dans l'association [1].

Cependant à côté de ce complot de grands seigneurs s'était formée une autre réunion de conspirateurs subalternes dont lord Howard faisait partie. D'anciens républicains, des officiers de l'armée de Cromwell, des marchands et même des

1. A. Carrel, p. 252.

artisans composaient cette réunion, dans laquelle un plan avait été formé pour assassiner le roi et son frère. Rumbold, l'un des membres, possédait sur la route de New-Market, où les princes étaient allés passer l'été, une propriété nommée Rye-House. On proposa d'attendre dans ce lieu le retour de Charles et de Jacques,

Rye-House.

et de les assassiner à leur passage. Mais avant que rien eut été décidé, un incendie qui força le roi et son frère à regagner Londres plus tôt qu'à l'ordinaire, fit évanouir tout le projet. Ce retard alarma plusieurs des conspirateurs, qui pour s'assurer l'impunité découvrirent le complot au conseil privé. Rumsey, l'un d'eux, avoua ce qu'il tenait d'Howard sur les hauts conjurés, et dénonça les relations des mécontents écossais avec ces chefs. Russell, Essex, Sydney, Hampden et une foule d'autres furent aussitôt saisis et envoyés à la Tour; Monmouth et lord Grey échappèrent aux recherches; lord Howard, arrêté aussi, acheta son salut en dévoilant tous les détails de la conspiration (juin 1683).

Trois des conjurés secondaires furent d'abord exécutés; ils reconnurent en mourant la justice de leur arrêt. Le procès de lord William Russel, qui fut commencé quelque temps après, excita la curiosité et l'attention générales, tant à cause de l'intérêt qu'inspirait le noble caractère de l'accusé que parce que les débats allaient faire positivement savoir s'il était réel que les chefs du parti whig se fussent compromis dans les projets des conspirateurs inférieurs. Le suicide du comte d'Essex, qui s'était donné la mort dans sa prison le matin même du jour du procès, devint fatal à ses coaccusés. On se servit contre eux de cet événement, comme d'un aveu de culpabilité. Howard déclarait en outre que Russel s'était deux fois réuni à Monmouth, Essex, Grey, Sydney et Hampden ; que la première fois on avait discuté sur le lieu le plus favorable pour commencer une insurrection, et la seconde, sur la convenance qu'il y avait à envoyer un agent en Écosse. Russel, en reconnaissant qu'il s'était trouvé aux réunions dont parlait Howard, affirma qu'on n'y avait traité aucun des sujets pour lesquels il était accusé ; mais les jurés étaient tous de zélés royalistes ; après une courte délibération, ils déclarèrent l'accusé coupable, et il fut condamné à mort. Les plus grands efforts furent tentés auprès de Charles et du duc d'York pour obtenir d'eux, sinon la grâce de l'illustre condamné, au moins une commutation de peine. Les deux princes furent inexorables : « Si je ne prends pas sa vie maintenant, dit le roi, il aura bientôt la « mienne. »

Le jour de la mort de lord Russel (23 juillet) fut publiée la fameuse déclaration de l'université d'Oxford. Par cet acte, l'université niait que l'autorité civile dérivât originairement du peuple ; qu'il existât entre le prince et ses sujets un contrat tacite dont la non exécution de la part d'une des parties entraînerait la rupture des obligations de l'autre ; et elle enjoignait à tous professeurs, tuteurs, et catéchistes, d'enseigner à leurs élèves que la soumission à toute ordonnance du souverain devait être complète, absolue et sans exception de la part d'aucun état ou d'aucune classe d'hommes.

Quelques mois après l'exécution de lord Russell, sir Algernon Sydney parut devant la cour du banc du roi, dont on avait donné la présidence à un juge nommé Jeffryes, qui s'était fait remarquer dans les précédents procès par l'impudeur avec laquelle il interprétait contre les accusés les lois et les témoignages. Sydney déploya dans sa défense une énergie, une éloquence qui excitèrent l'admiration générale. Howard était le seul témoin qui déposât contre lui, et la loi en exigeait d'eux. Jeffryes présenta au tribunal, comme un second témoignage contre l'accusé, un manuscrit écrit de sa main et trouvé dans ses papiers, lequel discutait la légitimité du pouvoir des rois en général. Sydney déclara que ce manuscrit, composé depuis plusieurs années, n'était que la réfutation d'un ouvrage récemment publié sur le gouvernement. Jeffryes répondit que l'action d'écrire un papier criminel, quoiqu'on n'en fît pas usage, était un acte de trahison, et que *scribere* était *agere*. En conséquence Sydney fut condamné.

Lorsqu'il entendit prononcer sa sentence, il s'écria : « Alors, mon Dieu, ô mon « Dieu ! sanctifie mes souffrances, et n'impute mon sang, ni au pays, ni à la ville ! « Mais si ce sang innocent doit être vengé, qu'il retombe sur ceux-là seuls dont la « malice me persécute pour ma droiture ! » A ces mots Jeffryes se leva furieux :

« Et moi, dit-il, je prie Dieu de vous donner les dispositions convenables pour
« paraître dans l'autre monde, car je vois que vous n'y êtes pas préparé. — Mylord,
« reprit Sidney en avançant le bras, voilà mon pouls; voyez, il ne bat pas plus
« fort qu'à l'ordinaire. Grâce à Dieu, jamais je ne fus plus calme qu'en ce moment. »
Sydney mourut comme Russell, avec courage et dignité (7 décembre). Son nom est
resté cher au peuple anglais comme celui d'un des plus nobles martyrs de la liberté.

Sir Algernon Sydney.

Les vengeances de la cour s'exercèrent ensuite sur le reste des conjurés, et comme
quelques Écossais s'étaient affiliés aux conspirateurs, on rattacha au complot de
Rye-House toutes les poursuites dirigées en Écosse contre les covenantaires. Une
horde de justiciers se répandit dans ce pays, pendant que Jeffryes allait persé-
cuter les whigs dans les comtés d'Angleterre.

Le duc de Monmouth fut redevable de sa grâce aux sollicitations du marquis
d'Halifax, qui, pour se fortifier contre l'ascendant du duc d'York, s'efforça de
réconcilier Charles avec son fils. Après s'être assuré des intentions du roi, Halifax

envoya à Monmouth dans sa retraite une note par laquelle il lui annonçait « que s'il désirait se mettre en position d'être pardonné, il devait se constituer prisonnier, et révéler tout ce qu'il savait en s'en remettant complétement au bon plaisir du roi. » Monmouth obéit. Introduit auprès de Charles et du duc d'York, il avoua à genoux la part qu'il avait prise aux plans des conspirateurs, entra dans tous les détails de leurs projets; mais protesta à son père qu'il était innocent de tout projet contre sa vie. Il demanda ensuite pardon à son oncle, et lui promit que s'il survivait au roi, il serait le premier à tirer l'épée pour défendre ses droits au trône. Après s'être abaissé au rôle de délateur, il prétendit ensuite persuader à ses amis qu'il n'avait rien révélé qui pût compromettre les accusés alors en jugement. Le roi eut connaissance de cette sorte de rétractation, et il exigea que le duc mît par écrit tout ce qu'il avait avoué, c'est-à-dire l'existence d'un complot, non contre la vie de Sa Majesté, mais dans l'intention d'opérer une révolution. Monmouth reçut ensuite l'ordre de ne jamais paraître devant le roi.

L'implacable vigueur dont le duc d'York avait fait preuve dans tout le cours de ces événements, l'impulsion qu'il avait su donner à la réaction, lui firent pendant quelque temps abandonner par son frère tout le soin du gouvernement; mais sa conduite fut si peu mesurée, ses intentions pour le rétablissement du papisme si évidentes, que le roi commença à s'en alarmer. La mésintelligence qui depuis long-temps existait entre les deux frères finit par éclater. « Vous pourrez plus tard, « si bon vous semble, » dit un jour le roi au duc, « vous exposer à recommencer « vos courses sur le continent; quant à moi, je suis trop vieux et veux rester ici. » Une autre fois Charles s'emporta jusqu'à dire : « Il n'y a pas de milieu ; il faut que « l'un des deux frères fasse un voyage, et ce sera le cadet plutôt que l'aîné. »

Cette mésintelligence une fois reconnue, la cour devint le théâtre d'intrigues mystérieuses que le temps n'a pas encore expliquées. Monmouth, qui n'avait pas cessé d'entretenir une correspondance avec son père, revint secrètement en Angle-terre, et, avec l'aide du marquis d'Halifax et de la duchesse de Portsmouth [1], maî-tresse du roi, il était parvenu à obtenir le consentement de Charles à un projet qui consistait à assembler un parlement, à donner au duc de Monmouth un com-mandement important, à exiler le duc d'York, et à remettre en vigueur les lois contre les papistes, lorsque la mort presque subite du roi vint empêcher l'exécution de ces desseins. Le 2 février 1685, Charles éprouva une attaque d'apoplexie, à la suite de laquelle il languit pendant quatre jours. L'archevêque de Canterbury, les évêques de Londres, de Durham, d'Ély, de Bath et Wells, l'assistèrent durant ces quatre jours; mais lorsqu'on lui proposa l'administration du sacrement, selon le rite de l'église anglicane, il répondit simplement : « J'y penserai. » Le duc d'York lui demanda alors à l'oreille s'il voulait un prêtre catholique. « Faites-en

---

1. Louise de Kerouël, duchesse de Portsmouth, était une des filles d'honneur d'Henriette d'Angle-terre, duchesse d'Orléans, sœur du roi Charles II. Louis XIV, qui voulait avoir auprès de Charles quelqu'un qui dirigeât la conduite de ce prince conformément à ses vues, la lui fit présenter lors du traité secret conclu à Douvres, en 1670. Elle réussit promptement à captiver le luxurieux monarque, qui en fit sa maîtresse et la créa successivement baronne de Petersfield, comtesse de Fareham, et duchesse de Portsmouth.

« venir un pour l'amour de Dieu, dit le roi, mais pourvu que cela ne vous expose « à aucun danger. » L'ecclésiastique Huddleston fut introduit secrètement, reçut la confession du roi, lui administra l'eucharistie et l'extrême-onction, et se retira; mais cette circonstance fut bientôt connue dans tout le palais. Charles mourut le lendemain 6 janvier.

Charles II,
d'après l'original de sir Peter Lely.

Ce prince a été l'objet des jugements les plus contradictoires. Les uns ont fait de lui un Tibère, les autres le modèle des souverains. Charles était aussi loin de l'un que de l'autre. Pour lui le problème de la royauté était réduit à ces termes : vivre à sa guise et en repos. C'était là tout son système politique; c'était le but auquel il sacrifia tout, amis, ministres, courtisans; ce fut la cause de ses intrigues secrètes, de ses dissimulations continuelles. « Il était nécessaire, disait-il, qu'un roi trom-

« pàt ses conseillers, ses amis, ses parents et le peuple, afin de n'être pas trompé
« lui-même. » Il en arriva qu'il fut bientôt deviné, et qu'en déguisant constamment
sa pensée il ne trompa en réalité que lui-même. Esclave des femmes, soumis à leurs
intrigues, il exerça, par l'ostentation de son immoralité, la plus pernicieuse influence sur les classes élevées de ses sujets, et sa cour devint une école de vices où
l'on n'attacha de honte qu'à l'observation des lois de la morale. Pensionnaire de
l'étranger, il perdit comme souverain toute puissance indépendante, et, par ses
extorsions, par les interprétations forcées des lois, par les jugements iniques de ses
tribunaux, il prépara la chute définitive de sa dynastie.

Charles ne laissa point d'enfants légitimes, mais il avait reconnu neuf enfants
naturels : le duc de Monmouth, fils de Lucy Walters; la comtesse d'Yarmouth,
fille de lady Shannon; les ducs de Southampton, de Grafton, de Northumberland,
la comtesse de Lichfield, nés de lady Castlemaine, duchesse de Cleveland; le duc
de Saint-Alban et la comtesse de Derventwater, de Nelly Gwin et de Marie Davies,
toutes deux actrices; enfin le duc de Richmond, fils de la duchesse de Portsmouth.

Vue de Norwich.

JACQUES II.

(1685 – 1688)

Quelques [1] heures après la mort du roi, Jacques réunit le conseil privé. « On m'a « fait passer, » dit-il aux membres assemblés, « pour « un homme entièrement « dans les principes du pou- « voir arbitraire, et ce n'est « pas la seule calomnie qu'on « ait répandue contre moi. « Soyez néanmoins convain- « cus que je ferai tous mes « efforts pour conserver le « gouvernement, tant dans « l'église que dans l'état, tel « qu'il est établi par les lois. « Je sais que les principes de « l'église anglicane sont favorables à la monarchie et que tous les membres de « cette église se sont toujours montrés bons et fidèles sujets; aussi prendrai-je « toujours soin de la défendre et de la soutenir. Je sais aussi que les lois d'Angle- « terre suffisent pour me rendre un aussi puissant monarque que je puisse souhaiter « de l'être, et comme je n'ai pas l'intention de me départir des justes droits et « prérogatives de la couronne, aussi n'envahirai-je jamais les priviléges de mes « sujets. »

Ces paroles si inattendues dans la bouche d'un prince que l'on avait toujours

1. Contre-sceau de Jacques II. Légende : JACOBVS. SECVNDVS. DEI. GRATIA. MAG. BRITAN-NIÆ. FRANCIÆ. HIBERNIÆ. REX. FIDEI. DEFENSOR. *Jacques II, par la grâce de Dieu, roi de la Grande Bretagne, de France et d'Irlande, défenseur de la foi.* Jacques à cheval, en costume d'empereur romain. Dans le fond la ville de Londres.

considéré comme l'ennemi déclaré de la religion et des libertés nationales, répandit dans toute l'Angleterre l'espoir et la joie, et de tous les points du royaume arrivèrent des adresses remplies de protestations de fidélité et de dévouement. Mais quelques jours suffirent pour montrer le peu de sincérité de ces belles promesses.

Jacques II,
d'après l'original de Kneller.

Les communes avaient accordé à Charles II, pour toute la durée de son règne, le montant des droits de douane et le produit de l'accise; mais, le roi mort, au parlement seul appartenait le droit de disposer de cet impôt. Jacques en ordonna la perception de sa seule autorité. Les préjugés religieux de la nation ne furent, pas plus que les prérogatives parlementaires, l'objet de son respect; et le premier dimanche qui suivit son avénement, il se rendit publiquement à la messe.

Les principaux offices de la couronne restèrent néanmoins entre les mains des protestants. Le comte de Rochester et son frère lord Clarendon, tous deux fils de l'ancien ministre de Charles II, furent nommés, l'un grand trésorier, l'autre lord chambellan. Malgré leur attachement connu à la religion anglicane, Jacques espé-

rait tout obtenir de l'affection sincère qu'ils lui portaient. L'ambition de Sunderland et d'Halifax lui répondait de leur soumission et de leur obéissance; ils
demeurèrent au pouvoir. D'ailleurs les véritables ministres n'étaient point ceux
qui en portaient le nom; toutes les mesures importantes étaient l'œuvre d'un conseil
secret composé de la reine Marie d'Est, des directeurs de cette princesse et de ceux

Marie d'Est,
d'après l'original de sir Peter Lely.

du roi, des lords catholiques Arundel et Bellasyse, et de l'Irlandais Talbot. Un des
premiers actes de ce comité fut de sévir contre les dénonciateurs des papistes pendant le dernier règne. Titus Oates fut mis en jugement sous l'accusation de parjure,
accusation qu'il était aisé de justifier, et condamné à une énorme amende, au fouet
en deux jours différents, au pilori cinq fois l'année, et à la prison pour le reste de
ses jours (9 mai). La fustigation fut exercée avec une telle rigueur qu'on ne put
douter que le dessein de la cour était d'arracher d'Oates l'aveu de son parjure ou de
le faire expirer sous les coups; mais il resta inébranlable, et le peuple vit dans sa
fermeté la confirmation de la vérité de ses dépositions[1].

1. Oates vécut jusqu'au règne de Guillaume III, qui le fit mettre en liberté et lui accorda une pension de 400 livres.

Le parlement s'assembla le 19 mai. Jamais la brigue et la violence n'avaient été employées avec autant de succès que dans les élections qui venaient d'avoir lieu. Par suite de la révision des chartes opérée à la fin du dernier règne, ce n'était plus le peuple, mais les corporations qui élisaient; et les nominations des membres qui les composaient devant être revêtues de l'approbation du roi, on avait eu soin d'en éloigner tous les hommes dont on redoutait l'opposition. On eut ainsi une chambre basse composée presque entièrement de tories exaltés. Sûr de leur soumission, le roi ne prit même pas la peine de dissimuler ses intentions devant eux. Après avoir dit dans son discours d'ouverture qu'il comptait que son revenu serait assuré pour toute sa vie, comme sous le règne de son frère, « je connais, ajouta-t-il un raison-« nement populaire qu'on pourrait faire valoir contre ma demande : c'est que me « fournir par intervalles quelques faibles subsides, serait un sûr moyen de rendre « les assemblées du parlement plus fréquentes; mais comme c'est aujourd'hui la « première fois que je vous parle du haut du trône, je dois vous déclarer franche-« ment qu'un expédient de cette nature ne réussirait pas, et que le meilleur moyen « de m'engager à vous assembler souvent est d'en user toujours bien avec moi. »

Les communes accordèrent au roi, sa vie durant, le revenu dont Charles II était en possession à sa mort; mais en votant dans leur adresse des remercîments pour le discours royal, elles ajoutèrent qu'elles se reposaient entièrement sur la promesse de Sa Majesté de soutenir la religion anglicane, religion qui leur était plus chère que la vie même; expression timide mais non équivoque des défiances que leur inspiraient, malgré leur dévouement, les tendances catholiques du roi.

La chambre des pairs ne se montra pas moins favorable au nouveau souverain. Elle déchargea les lords papistes et le ministre Danby de l'ancienne accusation des communes, et révoqua même la sentence rendue contre le comte de Stafford. Mais l'adoption de ce dernier bill eût été une justification trop éclatante des catholiques, une condamnation trop solennelle des erreurs des protestants : il ne passa point à la chambre des communes. Le bruit d'une insurrection en Écosse et d'une descente de Monmouth en Angleterre interrompit la session; les deux chambres déclarèrent que leurs vies et leurs fortunes étaient à la disposition du roi, passèrent un bill de haute trahison contre Monmouth et votèrent unanimement un subside de 40,000 livres sterling. Alors, le roi pria les députés et les pairs de se rendre dans leurs comtés, afin d'y veiller au maintien de l'ordre, et les chambres s'ajournèrent.

Le duc de Monmouth vivait à La Haye dans l'intimité du prince d'Orange, s'at-tendant chaque jour à être rappelé en Angleterre, lorsqu'il apprit la mort presque subite de Charles II et l'avénement du duc d'York. Dès lors il ne pouvait plus compter sur l'appui de Guillaume, qui, devenu l'héritier présomptif du trône d'Angleterre, n'avait aucun intérêt à soutenir des prétentions rivales des siennes. Il se retira à Bruxelles. Là, cédant aux sollicitations des Anglais et des Écossais qui, fuyant les persécutions de Charles II, s'étaient, en grand nombre, réfugiés dans les Pays-Bas, il se décida à tenter une invasion en Angleterre. Déjà le comte d'Argyle avait préparé, pour son propre compte, une expédition à Rotterdam. A la suite d'un entretien secret avec Monmouth, il fut convenu que l'expédition for-merait deux divisions : l'une d'Écossais, sous les ordres du comte; l'autre d'Anglais, commandée par le duc. Les exilés des deux nations, républicains pour la plupart, exigèrent de Monmouth la promesse de ne prendre le titre de roi que dans le cas où cela serait nécessaire au succès de leurs efforts, et de le résigner ensuite.

Argyle partit le premier pour l'Écosse avec trois petits vaisseaux et des armes pour cinq mille hommes, et vint débarquer à Cantyre. Il y publia les déclarations apportées de Hollande, et appela ses anciens vassaux à la défense de leur seigneur, sous l'étendard de la religion et de la liberté. Mais le conseil d'Écosse était depuis longtemps informé des desseins du comte, et toute la milice du royaume avait déjà pris les armes. Cependant, les caméroniens, si cruellement persécutés sous le règne de Charles II par le duc d'York, et depuis l'avénement de ce dernier au trône, par le duc de Queensberry et le comte de Perth, commissaires du roi, accoururent auprès d'Argyle. Ils ne tardèrent pas à reconnaître qu'ils ne combattaient pas pour les mêmes intérêts. Des dissensions funestes s'élevèrent en outre entre les hommes des montagnes et ceux des basses terres, et bientôt Argyle, cerné de tous côtés, abandonné de ses propres soldats, fut obligé de prendre la fuite. Il fut fait prisonnier au passage de la Clyde (17 juin), et conduit à Édimbourg. On se contenta de constater l'identité de sa personne, et on l'envoya à l'échafaud.

Monmouth ne partit du Texel qu'un mois après Argyle, et suivi seulement d'environ quatre-vingts exilés; mais il emportait des armes et des équipements pour cinq mille hommes, persuadé qu'il lui suffirait de paraître, pour que les mécontents vinssent en foule se ranger sous son étendard. Il se présenta au petit port de Lyme, dans le Dorsetshire, et prit possession de cette ville où il publia la déclaration qu'il avait préparée en Hollande : il venait défendre et venger la religion protestante, les lois, les droits et les priviléges de l'Angleterre, contre le duc d'York traître et tyran qu'il accusait d'avoir empoisonné le feu roi. En quatre jours il eut une armée de trois mille hommes, et marcha sur Taunton, où il fut reçu comme le sauveur de la patrie; il y prit le titre de roi, sous le nom de Jacques II, mit à prix la tête du duc d'York, déclara les deux chambres séditieuses si elles ne se séparaient immédiatement, et s'empara des villes de Bath et de Bridgewater. Mais l'audace, qui seule pouvait le faire réussir, lui fit défaut. La nouvelle du triste sort d'Argyle vint abattre sa confiance, et il n'osa marcher sur Londres. Une surprise de nuit qu'il tenta sur les troupes royales campées à Sedge-Moor manqua par suite de la lâcheté de ses officiers, et la fuite devint bientôt l'unique moyen de salut des insurgés. Monmouth abandonna le camp de Sedge-Moor, suivi de lord Grey; mais les deux fugitifs furent découverts cachés dans un fossé, sous un amas de fougère, et conduits à Kingwood, d'où on les transféra dans la capitale.

Monmouth devait peu s'attendre à trouver grâce devant un roi qu'il avait tant outragé. Il écrivit cependant à Jacques une lettre suppliante, en lui promettant des révélations qui le consolideraient sur le trône. Amené avec Grey à White-Hall, les bras liés derrière le dos, il fut présenté à Jacques, se précipita aux pieds du roi, et implora son pardon en pleurant. Jacques resta inflexible, et le duc, ramené à la Tour, reçut l'avis de se préparer à la mort dans les quarante-huit heures.

L'infortuné ne pouvait se résoudre à mourir. Il écrivit lettres sur lettres au roi ainsi qu'aux deux reines, sollicita de Jacques une seconde entrevue, offrit de se faire catholique, et enfin demanda un sursis de quelques jours. Mais lorsqu'il eut reconnu l'inutilité de ses efforts, il ne pensa plus qu'à se préparer à la mort, et la subit avec courage (15 juillet). Il était âgé de trente-six ans.

Jacques, duc de Monmouth, d'après l'original de Riley.

L'exécution du duc fut le prélude de l'horrible boucherie dans laquelle périrent ses partisans. Le colonel Kirke et l'implacable Jeffryes commencèrent la tournée de vengeance que l'on nomma la campagne de Jeffryes. En entrant dans Bridge-water, Kirke fit pendre dix-neuf habitants sans aucune procédure; à Dorchester, Jeffryes fit conduire au supplice vingt-neuf individus, parce qu'ils avaient refusé de s'avouer coupables; quatre-vingts autres personnes y furent exécutées dans les vingt-quatre heures, et plus de deux cents furent déportées, comme esclaves, en Amérique, après avoir subi le châtiment ignominieux du fouet. Le massacre juridique recommença à Exeter, à Salisbury, à Taunton et à Wells. La terreur marchait devant Jeffryes et ses acolytes militaires; les routes étaient jalonnées des têtes et des membres des victimes; pas un village où l'on ne vît exposé un cadavre : pas une ville où l'on ne rencontrât à chaque pas les hideux trophées de la cruauté du grand-juge. Jacques recevait journellement le rapport des opérations de Jeffryes, et sa joie n'éclatait jamais plus vivement que lorsqu'il apprenait que des torrents de sang avaient coulé. « Voilà, disait-il, comme on règne, voilà comme on conserve « un trône attaqué ! » Jeffryes, à son lit de mort, déclara que des ordres exprès avaient constamment réglé ses actions, et que cette horrible boucherie n'avait pas encore satisfait le prince qui la lui avait commandée. Plus de huit cents accusés périrent victimes de cette justice expéditive. Un nombre plus considérable encore alla mourir esclave dans les défrichements de l'Amérique, et l'on ne saurait compter tous les malheureux condamnés à la prison et à l'amende.

Afin d'affermir pour toujours la puissance absolue qu'il ambitionnait, Jacques conçut le projet de conserver une armée permanente, d'y placer des officiers catholiques, nonobstant l'incapacité dont ils étaient frappés par la loi du Test, et de modifier l'acte d'*habeas corpus* dont les dispositions lui enlevaient une partie des victimes qu'il avait marquées. Son discours aux chambres réunies (9 novembre) ne dissimula point cette intention. Il déclara que l'expérience de la dernière révolte ayant fait connaître qu'on ne pouvait compter sur la milice, il demandait un nouveau subside pour le maintien des forces additionnelles qu'il avait levées. « Que « personne, ajouta-t-il, ne se formalise de voir dans cette armée quelques officiers « n'ayant pas rempli les formalités requises par le test; la plupart d'entre eux me « sont connus... Je les juge propres à être employés sous mes ordres, et vous « déclare franchement qu'après avoir profité de leurs services en un temps de « besoin et de danger, je ne veux pas les exposer à un affront ni m'exposer moi- « même à être privé de leurs secours dans le cas où une autre rébellion me les « rendrait nécessaire. » Mais le parlement commençait à s'alarmer de toutes ces mesures du roi en faveur des catholiques; l'intention de conserver à son service une armée considérable et composée en partie de papistes, redoubla ces craintes. En ce moment d'ailleurs l'Angleterre était devenue l'asile des protestants chassés de France par suite de l'impolitique révocation de l'édit de Nantes. Les réfugiés faisaient de lamentables récits des cruautés dont leurs coréligionnaires et eux-mêmes avaient été victimes, et de toutes parts on se récria contre l'esprit d'intolérance du papisme. Sans égard pour les déclarations de Jacques en faveur des officiers catholiques, la chambre des communes, refusant de reconnaître au roi le pouvoir dispensatif, déclara dans son adresse, « qu'elle se croyait obligée de « représenter à Sa Majesté que la loi avait déclaré ces officiers inhabiles aux emplois « qu'ils occupaient, et que cette incapacité ne pouvait être levée que par un acte « du parlement. » En outre, au lieu de la somme de 1,200,000 livres demandée par le ministère, elle n'en accorda que 700,000, stipula même qu'elle votait ces subsides, non pour qu'on augmentât l'armée mais pour que la milice fût rendue plus utile, enfin, sollicitant le renvoi des officiers papistes, auxquels elle promit toutefois un bill d'indemnité. Jacques n'avait pas un pressant besoin de cet argent;

il avait mis de l'ordre dans ses finances, et résolu à perdre plutôt la somme offerte que de consentir au renvoi des officiers, il manda les députés, et leur déclara, d'un ton de colère, que leur conduite lui donnait lieu de se repentir des promesses qu'il leur avait faites dans son discours d'ouverture. La crainte d'une rupture intimida tellement la chambre que, le lendemain, Coke, député de Derby, s'étant écrié, en faisant allusion aux paroles royales : « ne sommes-nous pas Anglais, et quelques « mots durs nous feront-ils oublier nos devoirs? » la chambre, surprise de cette hardiesse, envoya l'orateur courageux à la Tour. Elle prit cependant la résolution de persévérer dans son opposition. La chambre des lords s'étant montrée animée des mêmes dispositions, Jacques prorogea le parlement (20 novembre), résolu de décider par sa seule prérogative ce qu'il ne pouvait obtenir constitutionnellement du vote des deux chambres.

Pour arriver à ce but, on demanda en secret leur opinion aux juges du banc du roi, et l'on destitua, sous divers prétextes, ceux qui ne reconnaissaient pas au souverain le pouvoir dispensatif; puis, lorsqu'on fut assuré de l'avis de toute la cour, le cocher d'un catholique, nommé sir Edward Hales, reçut de son maître l'ordre de l'accuser d'avoir contrevenu à la loi du Test, en conservant, quoique catholique, sa commission de colonel; et il lui intenta, devant la cour du banc du roi, une action tendante à le faire condamner au paiement de la somme de 500 liv. accordée par la loi aux dénonciateurs. Hales se défendit en prouvant qu'il avait été dispensé par le roi de se soumettre à la loi du Test, et la cour décida que la dispense des lois pénales ayant fait de tout temps et faisant partie de la prérogative du souverain, il n'y avait pas lieu à sévir contre l'accusé. Cette décision de la cour donnait à Jacques une autorité qui ne demeura pas oisive entre ses mains. Quatre seigneurs catholiques, les lords Powis, Arundel, Bellasyse et Dover, furent aussitôt admis au conseil privé; le marquis de Halifax, qui manifestait de l'opposition à toutes ces mesures, perdit son emploi de garde des sceaux, qui fut donné à Arundel.

Les faveurs prodiguées aux catholiques furent bientôt suivies d'agressions directes contre l'église établie. Comme les prédicateurs exhortaient leurs auditeurs à se maintenir dans la foi de l'église anglicane, Jacques ordonna aux évêques de leur prescrire de changer le sujet de leurs sermons, et, en cas de refus, de les suspendre de leurs fonctions. Sharp, doyen de Norwich, ne tint pas compte de cette défense, et l'évêque de Londres, au lieu de prononcer la suspension, se contenta de l'inviter à garder désormais le silence. Furieux de cette modération, le roi décréta sur-le-champ la formation d'une commission extraordinaire, constituée sur le modèle de l'ancienne haute cour ecclésiastique et avec les mêmes attributions, lui donna Jeffryes pour président, et fit traduire l'évêque de Londres et le docteur Sharp devant elle. Tous deux furent indéfiniment suspendus de leurs fonctions (août 1686). En même temps, Jacques, confiant dans l'appui d'une armée nombreuse qu'il tenait réunie près de Londres, au camp de Hounslow-Heath, favorisait la réouverture des églises catholiques, la fondation de nombreux couvents de tous ordres, et se décidait à révoquer l'acte du Test de sa propre autorité. Craignant cependant l'opposition de son beau-frère Rochester, il le fit engager à se convertir; malgré l'affection sincère qu'il portait au roi, Rochester refusa et fut privé de sa charge de grand trésorier.

Avant de mettre son projet à exécution, Jacques voulut s'assurer l'appui des protestants non-conformistes. Dans les derniers parlements du règne précédent, c'étaient les républicains et les non-conformistes qui avaient composé ou conduit la majorité et remué si puissamment l'opinion publique; mais ils s'étaient perdus lorsque, après avoir abattu le papisme, ils avaient menacé l'église établie. En s'unissant à eux et en leur garantissant le libre exercice de leur culte, à la condition qu'ils reconnaîtraient aux catholiques la même liberté, Jacques espérait les ramener à leurs anciennes attaques contre l'église anglicane, se concilier le peuple d'Écosse, presque entièrement presbytérien, et, en Angleterre, cette partie riche et considérable de la population qui, au commencement de la révolution, avait détruit l'épiscopat, et, sous le dernier règne, avait tant souffert de la persécution des tests anglicans. En conséquence, on tira des archives, pour les rappeler au public, les procédures relatives aux persécutions exercées contre les dissidents, sous le ministère de Clarendon et dans la réaction qui suivit la dissolution du dernier parlement de Charles II; puis, lorsque, par tous les moyens possibles, on se fut efforcé de prouver aux non-conformistes que les catholiques étaient leurs amis naturels et les anglicans les ennemis communs des deux cultes, on fit des ouvertures aux principaux des différentes sectes, pour savoir s'il leur conviendrait d'appuyer dans les corporations et au parlement la révocation des tests. Quelques uns se laissèrent convaincre, entre autres Penn, le quaker, qui devint le plus fervent comme le plus sincère apôtre de la nouvelle doctrine; plusieurs autres s'engagèrent dans cette manœuvre par haine contre les anglicans; mais la majorité des non-conformistes hésita à se confier à la tolérance d'un prince qui s'était montré si impitoyable pour les caméroniens et les cargilites.

Afin de les rassurer, les presbytériens d'Écosse furent encouragés à reformer leurs assemblées; la prudence seule leur était recommandée; on leur fit sentir en outre que c'était à Jacques qu'ils devaient une si grande faveur, et qu'il fallait la mériter par leur dévouement au pouvoir royal. En même temps, un quaker fut fait lord maire de Londres; plusieurs presbytériens, signalés comme ennemis du gouvernement sous le dernier règne, furent élevés aux fonctions de juge de paix et d'alderman; enfin, au mois de février 1687, l'ordonnance qui devait légaliser ces nominations et suspendre les lois pénales contre les dissidents, fut publiée en Écosse. Comme le nombre des catholiques était peu considérable dans ce pays, le roi avait pensé qu'il lui serait facile d'obtenir du parlement écossais l'abolition de l'acte du Test, précédent avantageux pour arriver au même but en Angleterre. Les Écossais, toutefois, répondirent que leurs pères ayant encouru le reproche d'avoir vendu leur roi, ils ne voulaient pas mériter celui d'avoir vendu leur Dieu, et pour toute grâce accordèrent aux catholiques la liberté d'exercer leur culte dans l'intérieur de leurs maisons. Le roi donna l'ordre à son commissaire de proroger le parlement, et, sans hésiter davantage, de sa propre autorité et « en vertu de sa prérogative « royale et de son pouvoir dispensatif, auxquels tous ses sujets devaient une obéis- « sance sans réserve, » il accorda, par une proclamation, liberté entière de conscience aux quakers, aux presbytériens et aux catholiques; permettant l'exercice des cultes dans les maisons et chapelles, et suspendant toutes les lois pénales qui frappaient les dissidents. Une proclamation semblable fut peu de temps après publiée en Angleterre (4 avril 1687).

Mais les non conformistes protestants ne se faisaient point illusion sur les motifs des avantages qui leur étaient offerts; et, tout en votant au roi des adresses de remerciement, ils se joignirent aux anglicans dans les réclamations élevées par ceux-ci contre les prétentions de Jacques au pouvoir absolu. Ils connaissaient trop bien ce prince et son esprit d'intolérance, pour se fier à ses promesses; et d'ailleurs, l'administration de Jacques en Irlande, la manière dont il traitait les protestants que la violence de la réaction forçait à quitter ce pays, ne découvrait que trop le fond de ses projets. Jacques ne se proposait pas moins que la réalisation du plan tenté en 1641 par les catholiques insurgés, au prix du sang de quarante mille protestants anglais. Il voulait tirer la population catholique irlandaise de l'abaissement, recruter l'armée anglaise parmi cette jeunesse qui pullulait dans l'ignorance, le fanatisme et la misère; se faire là, sous les ordres d'officiers papistes, une armée toute nationale, réserve puissante qu'il trouverait un jour, si les Anglais se montraient moins dociles [1] : il avait en outre formé le dessein de chasser d'Irlande les colons établis par Cromwell, comme trop imbus des idées d'indépendance de l'Angleterre, et voulait que toutes les incapacités motivées sur des opinions religieuses fussent abolies, que les catholiques fussent admissibles aux emplois publics, et que les individus soupçonnés de nourrir des principes dangereux fussent écartés des rangs de l'armée. Pour arriver à ce but, le duc d'Ormond, gouverneur de l'Irlande à la mort de Charles II, fut rappelé. Jacques y envoya Clarendon, en qualité de lord lieutenant. Clarendon, qui blâmait au fond du cœur les vues de son souverain, s'y conforma cependant avec zèle. Des catholiques entrèrent au conseil privé, au banc des juges, dans des charges de shérifs, et dans toutes les magistratures, et douze prélats du rite romain reçurent des traitements annuels. Cependant ce ne fut pas à Clarendon, mais à Richard Talbot, créé récemment comte de Tyrconnel, homme ambitieux, habile, énergique, que le roi confia l'exécution de la partie la plus importante de ses projets, la réforme de l'armée. Tyrconnel procéda à cette mesure avec une incroyable vigueur. Tout officier soupçonné, à tort ou à raison, d'attachement aux doctrines révolutionnaires, fut renvoyé dans ses foyers. La plupart de ces hommes disgraciés allèrent offrir leurs services au prince d'Orange, Guillaume, et composèrent plus tard une partie de l'armée qu'il conduisit en Angleterre. Les autres répandirent l'alarme dans toute l'Irlande. Les Anglais protestants se crurent à la veille d'un massacre général, et nombre de familles vendirent leurs biens à vil prix, pour venir chercher un refuge en Angleterre. La conduite de Tyrconnel fut approuvée par le roi; il fut nommé gouverneur à la place de Clarendon, qui plus sage, plus modéré dans ses mesures, fut rappelé et disgracié comme son frère Rochester.

Le but de Tyrconnel était non-seulement de ménager à Jacques un parti catho-

---

1. A. Carrel, p. 301.

lique formidable; il nourrissait encore un autre projet, celui de rendre sa patrie indépendante de l'Angleterre, si le roi mourait sans enfant mâle, et que la princesse d'Orange héritât de la couronne. Louis XIV lui accordait secrètement son appui, et lui avait promis des secours en temps opportun. Tyrconnel parvint à évincer les protestants de toutes les fonctions publiques, et, par des menaces ou des promesses, à retirer les chartes de priviléges jadis accordées aux villes et bourgs. Il les remplaça par d'autres actes qui devaient assurer la nomination au parlement de sujets dévoués à la cour. Quand il se crut assez puissant pour défier toute opposition, il sollicita la permission de convoquer le parlement dont il se proposait d'obtenir la restitution des biens enlevés sous la république aux catholiques et aux émigrés. Jacques était fort disposé à entrer dans les vues de Tyrconnel, mais ses conseillers lui montrèrent qu'en adoptant cette mesure il allait prononcer la séparation de l'Irlande de la couronne d'Angleterre. « Cet homme, « s'écria lord Bellasyse, est assez insensé pour causer la ruine de dix royaumes! » Le roi n'osa donner son consentement.

En Angleterre, les catholiques enthousiastes ne pressaient pas avec moins d'impatience le triomphe de leur parti, et ne cachaient plus leur intention de rendre leur religion dominante. Non contents d'avoir fondé des colléges catholiques, ils résolurent de s'emparer des universités protestantes, et par elles de l'éducation. Dans une première tentative pour saisir la direction de l'université de Cambridge, ils furent repoussés; mais après une lutte assez longue, ils réussirent à s'emparer de tous les emplois dans celle d'Oxford. L'opinion publique était encore émue de cet événement, quand on intercepta en Hollande plusieurs lettres des jésuites de Liége à ceux de Fribourg. Ces lettres contenaient un détail circonstancié des projets de l'ordre, de ce qu'il avait déjà gagné en Angleterre, de ce qu'il espérait encore; elles apprenaient que Jacques venait d'être affilié à la société de Jésus, et annonçaient l'élévation future du père Peters, chef du parti des catholiques, à la dignité de cardinal. Tous ces événements avaient jeté dans la nation un mécontentement extrême, ce fut cependant ce moment que Jacques choisit pour dissoudre le parlement (2 juillet).

Avant de procéder aux nouvelles élections, le roi voulut s'assurer des dispositions des électeurs dans chaque comté. Trois commissaires, que l'on désigna par le nom de *régulateurs*, furent chargés de visiter tous ceux qui étaient connus pour avoir quelque crédit, et de leur poser les trois questions suivantes : « Si vous « êtes choisi pour être membre du parlement, voulez-vous consentir à faire abolir « le Test et les lois pénales contre les dissidents? — Voulez-vous donner votre suf- « frage à telle personne, que Sa Majesté désignera? — Voulez-vous vivre en repos « et en paix avec vos voisins, de quelque religion qu'ils soient, tant dans le royaume « que dehors? » De ces trois questions les deux premières reçurent pour réponse un refus presque général. A l'ambiguité de la troisième, on répondit d'une manière ambigüe : qu'on vivrait en paix avec tout le monde autant que le permettraient les intérêts de Sa Majesté et du gouvernement établi par les lois.

La cour, battue dans son appel à l'opinion, ajourna encore la convocation d'un parlement, et au commencement de mai 1688, un nouvel édit de tolérance fut publié.

Dans un préambule, le roi se disait encouragé à renouveler « sa première ordon-
« nance, par le grand nombre d'adresses de remerciements et d'assurances ver-
« bales qu'il avait recueillies. » Les heureux effets de cette ordonnance avaient déjà
été suffisamment appréciés, suivant lui, par tous les hommes sages ; on avait joui
de la paix la plus profonde : « Si quelques changements, ajoutait-il, avaient été
« faits dans les employés civils et militaires, c'est que le bien du service avait exigé
« que l'on renvoyât les hommes opiniâtrément attachés au maintien des tests,
« l'abolition de ces sortes d'engagements ayant été reconnue nécessaire au repos
« et à la prospérité du pays. » Le roi terminait par l'assurance formelle qu'un parlement serait convoqué, au plus tard, dans le mois de novembre.

Le premier édit avait été publié par la voie de la presse officielle. Pour répandre
le second parmi la population, les catholiques obtinrent du conseil un ordre qui
prescrivait aux évêques anglicans de le faire lire deux fois dans toutes les églises
de leurs diocèses. C'est ainsi qu'après la dissolution soudaine du parlement d'Oxford, Charles II avait, en 1681, porté à la connaissance de tous les Anglais les
motifs qui l'obligeaient à se passer du concours du parlement. A cette époque, les
évêques s'étaient empressés de seconder la cour ; mais s'ils avaient consenti à soutenir alors les doctrines du pouvoir absolu contre les presbytériens, ils redevinrent
indépendants vis à vis des catholiques. Avant le jour fixé pour la première lecture
de la proclamation, ils s'assemblèrent à Londres chez l'archevêque de Cantorbéry.
« Il est illégal, dirent-ils, de dispenser des lois dans des circonstances contraires
« au but même de ces lois. — Le roi n'a pas le pouvoir de faire un acte illégal. —
« D'autre part, il est considéré par les lois comme ne pouvant mal faire. — Donc,
« la déclaration actuelle sur la liberté de conscience ne peut être regardée comme
« émanée du roi, puisqu'elle est illégale. — Conséquemment, et sans manquer à
« l'obéissance, les évêques peuvent ne point obéir à l'ordre de publier la déclara-
« tion. » Telles furent les bases d'une requête au roi rédigée et signée par les
évêques de Saint-Asaph, d'Ely, de Chester, de Londres, de Bath et Wells, de
Bristol et de Peterborough, et par l'archevêque de Cantorbéry. Elle fut présentée
la veille du jour où la première lecture de la proclamation royale devait être faite
dans les églises de Londres ; à défaut de parlement, l'église servait d'organe à
l'opinion. Jacques, irrité, manda les évêques, leur reprocha de combattre le pouvoir dispensatif qu'ils avaient soutenu d'écrits et de paroles quand il était d'accord
avec leurs vues ; leur déclara qu'il voulait être obéi, et, après avoir écouté leurs
raisons et leurs excuses, il mit la pétition dans sa poche, et les renvoya ; mais
pendant la nuit la pétition fut imprimée, et dès le lendemain matin elle était
répandue dans toutes les rues. Jacques en fut indigné, et résolut de faire poursuivre les évêques pétitionnaires ; ils furent sommés de paraître devant le conseil
privé (8 juin). A cette nouvelle, la plus grande agitation régna dans Londres, et
le roi reconnut alors, mais trop tard, le tort qu'il avait eu d'entreprendre cette
poursuite. Lorsque les évêques allèrent au conseil, tous les travaux furent suspendus. L'immense population de Londres, sortie des maisons, se tint dans les rues
voisines du palais, attendant la décision des conseillers, et lorsqu'on apprit que les
prélats allaient être conduits à la Tour par la Tamise, la foule se précipita sur les

quais pour se trouver sur leur passage; les cris les plus menaçants étaient proférés : mais quand cette multitude exaspérée vit paraître les évêques, et que ceux-ci, étendant la main pour réclamer du calme, lui donnèrent la bénédiction, elle s'agenouilla, se recueillit, puis se dispersa consternée et silencieuse [1].

Sur ces entrefaites, la reine mit un fils au monde (10 juin 1688). Le roi témoigna la joie la plus vive à l'apparition de cet héritier du trône si ardemment désiré, et qui délivrait ses amis de la crainte que leur inspirait l'avénement jusqu'alors probable de la princesse d'Orange. Mais à l'instant même on publia une foule d'écrits et de pamphlets qui révoquaient en doute la réalité de cette naissance. Jamais, disaient les uns, la reine n'avait paru en état de grossesse, et l'on avait eu soin d'éloigner, durant sa prétendue délivrance, la princesse de Danemark, la seconde fille de Jacques. Suivant les autres, elle avait fait une fausse couche au troisième mois, et l'enfant avait été introduit au moyen d'une bassinoire entre les draps, d'où l'avait tiré la sage-femme pour le montrer aux assistants. Selon d'autres encore, le prince royal était mort au bout de quelques heures, et l'on avait opéré une substitution. Ces propos, répétés de bouche en bouche, produisirent une telle impression sur l'esprit du peuple que la majorité de la nation considéra comme une imposture la naissance d'un héritier de la couronne, et que les gens sages eux-mêmes la regardèrent comme douteuse.

Six jours après cet événement, les évêques furent conduits de la Tour à la cour du banc du roi, au milieu d'un concours immense de l'élite de la population. Leurs avocats demandèrent à prouver que l'arrestation avait été illégale, ce qui leur fut refusé; mais les juges consentirent à ce que les prélats fussent mis en liberté en s'engageant, sur caution, à reparaître dans quinze jours. Le 8 juillet, jour de la seconde audience, ils traversèrent la ville, accueillis par des transports plus vifs encore que ceux qui avaient éclaté jusque-là. L'accusation leur reprochait de s'être rendus coupables à la fois de désobéissance et de rébellion, comme ayant adressé au roi, fait imprimer et répandu une requête dans laquelle, sous prétexte de motiver leur refus, ils attaquaient l'autorité royale et excitaient au mépris de cette autorité. Les avocats de la couronne ne purent empêcher ceux des évêques de mettre en question le pouvoir dispensatif du roi, et ce fut sur la constitutionnalité de ce pouvoir que le tribunal eut à prononcer. Si le roi, avançaient les défenseurs, n'a pas le pouvoir de dispenser des lois, les évêques ont donc pu résister à un ordre émané de ce pouvoir; ils ont pu supplier le roi de ne pas exiger d'eux ce qu'en conscience ils ne croyaient pas pouvoir accorder; ils ont enfin pu permettre que leur requête respectueuse et loyale, comme elle est, fût imprimée et répandue; et les avocats prouvèrent que le pouvoir de dispenser des lois pénales, n'était autre chose que le pouvoir absolu sous une appellation différente, pouvoir contesté par le parlement sous le dernier règne, dans l'affaire de la déclaration d'indulgence, et plus tard, dans celle du ministre Danby. La réplique des avocats de la couronne excita à plusieurs reprises l'indignation de l'auditoire. L'issue du procès ne pouvait cependant être douteuse. Sur quatre juges qui composaient la

1. A. Carrel, p. 364.

cour, deux approuvaient la requête des évêques, et le jury, quelque soin qu'on eût pris de le bien composer, n'était pas à la dévotion des catholiques. Les accusés furent acquittés.

Médaille frappée à l'occasion du procès des sept évêques [1].

Pendant que le procès se jugeait, le roi, effrayé des manifestations populaires, avait cru prudent de se retirer au camp de Hounslow-Heath; il passa la nuit sous la tente, attendant la décision du jury, qui fut connue le lendemain, 9 juillet, de grand matin. Aussitôt que le mot d'acquittement eut été prononcé, la foule qui entourait le palais se dispersa, portant de tous côtés la nouvelle, qui arriva ainsi jusque dans le camp, où les soldats firent éclater leur joie. Leurs cris instruisirent Jacques de l'échec qu'il venait d'essuyer. Il abandonna Hounslow-Heath avec précipitation, et il rentra dans Londres qu'il trouva illuminée et retentissante d'allégresse; démonstration d'autant plus blessante pour lui que la ville était restée froide et silencieuse pendant les fêtes de la naissance du prince de Galles.

Le dénouement de ce procès prouva aux catholiques qu'ils n'avaient plus à compter sur les tribunaux, que le peuple commençait à ne plus les craindre et que l'armée elle-même se refusait à embrasser leur cause. Ils résolurent de laisser au temps l'affermissement de leur domination, espérant dans l'héritier mâle de Jacques pour protéger leurs usurpations. Mais le procès des évêques avait commencé une lutte nouvelle; la nation se sentait forte; animée par l'échec que venait de subir le pouvoir royal, elle regardait l'insurrection comme possible, et c'était

1. La face de cette médaille représente le primat dans son costume archiépiscopal. Légende : GVIL. SANCROFT. ARCHIEPISC. CANTVAR. 1688. *Guillaume Sancroft, archevêque de Cantorbéry,* 1688.
Revers : — Les bustes des sept évêques, avec leurs noms en légende : GVIL. EPS. ASAP. *Guillaume, évêque d'Asaph.* FRANC. EP. EL. *François, évêque d'Ely.* IOAN. E. CICESTR. *Jean, évêque de Chichester.* HENR. EP. LONDON. *Henri, évêque de Londres.* IOH. EP. BATH ET WELLS. *Jean, évêque de Bath et Wells.* THO. EP. PETRI BVRG. *Thomas,·évêque de Peterborough.* IOHAN. EP. BRISTOL. *Jean, évêque de Bristol.*

assez pour qu'elle la jugeât légitime : dans une telle voie, les peuples ne reviennent point sur leurs pas.

Alors, comme en 1640, les hommes de la haute noblesse furent encore les chefs du peuple; mais non plus cette fois avec la généreuse inexpérience qui naguère les avait emportés au-delà de leurs principes et de leurs vœux. Sachant ce qu'ils avaient à compromettre et à gagner à ce jeu d'une révolution devenue inévitable, ils sentirent qu'il leur convenait de la commencer, pour qu'elle ne se fît pas contre eux. Une simple révolution de palais pouvait trancher brusquement la question entre les catholiques et la religion protestante, entre la royauté de droit divin et la royauté consenti. Ils se décidèrent à l'entreprendre, et si ce fut dans leur intérêt particulier de classe et pour garantir leurs priviléges, ce fut aussi dans le plus général des intérêts de l'Angleterre, l'intérêt de l'ordre. Pour recouvrer les libertés indispensables à sa prospérité et à l'état de ses lumières, la nation ne se serait point ébranlée sans que de longs troubles suivissent, sans que sa distribution en classes et en sectes religieuses recommençât à faire naître des partis religieux et politiques ennemis l'un de l'autre; elle n'eût pas touché au gouvernement sans se reporter ensuite sur l'état vicieux de la société et de la constitution de la propriété; c'étaient tous ces dangers que l'aristocratie voulait éviter. Pour relever les libertés nationales incompatibles avec les tendances absolutistes d'une famille de souverains catholiques et rétablir la royauté constitutionnelle telle quelle était nécessaire aux besoins politiques du pays et à leurs intérêts particuliers, les hommes de la haute aristocratie jetèrent les yeux sur le prince d'Orange [1].

Depuis longtemps quelques seigneurs avaient pris les devants, afin d'engager le prince à se prononcer ouvertement contre Jacques. Lord Mordaunt, depuis comte de Peterborough, l'un de ceux qui, au commencement de ce règne, s'étaient fait remarquer par une vigoureuse opposition à l'établissement de l'armée permanente, s'était rendu en Hollande dès l'année 1686; mais plus ardent que discret, il n'avait reçu du prince que des assurances générales sur l'intérêt qu'il portait à la conservation des libertés anglaises. Après Mordaunt, le comte de Shrewsbury qui, au milieu des conversions au catholicisme dont la cour d'Angleterre était le théâtre, avait renoncé à cette religion pour embrasser le protestantisme, était venu, en 1687, exposer au prince d'Orange les dispositions de la noblesse d'Angleterre et l'état général des affaires. Il n'en avait reçu aussi que de vagues protestations. La naissance du prince de Galles vint donner aux négociations un caractère plus décidé. Le prince recommanda aux nombreux agents que depuis longtemps il entretenait en Angleterre, de travailler à rallier l'église anglicane et les non-conformistes, et, au commencement de juin 1688, l'amiral Russel, cousin germain de celui qui avait été décapité sous Charles II, vint en Hollande annoncer à Guillaume la réussite à peu près complète de cette union. Il était chargé en outre des offres de services d'un grand nombre de personnages considérables, et de demander au prince s'il était en mesure de prévenir un soulèvement général, suite probable des entreprises que les catholiques pouvaient encore tenter. Guillaume

1. A. Carrel, p. 375.

réclama alors une invitation formelle d'un nombre assez grand de personnages importants, tant en leur propre nom qu'en celui de leurs partisans, et déclara qu'il était prêt à répondre à cet appel. De retour en Angleterre, Russel s'aboucha avec Sydney, frère de l'infortuné Algernon; et de concert avec Mordaunt et Shrewsbury, il sonda la plupart des premiers personnages de l'état, afin de procurer au prince l'invitation qu'il demandait pour agir contre le roi Jacques II. Halifax et le comte de Nottingham hésitèrent à se compromettre en signant cette invitation, mais on s'assura qu'il n'y aurait point d'opposition à craindre de leur part. Danby, le comte de Devonshire, une foule d'autres seigneurs, trois des principaux officiers de l'armée, Trelawney, Kirke et lord Churchill, enfin les évêques, dont le procès venait de se terminer, entrèrent avec zèle dans le projet d'appeler le prince d'Orange. Lord Churchill répondit en outre de la princesse Anne de Danemark, sur laquelle il exerçait par sa femme un ascendant complet, et dont les intérêts, d'ailleurs, avaient été complétement séparés de ceux du roi son père par la naissance d'un prince de Galles. La correspondance de ces agents avec le prince était fort active; chaque jour de nouveaux alliés se joignaient au parti de la révolution, et, malgré le nombre croissant de ceux qu'on mettait dans la confidence, le secret était bien gardé, parce que en effet toutes les chances de succès étaient pour ceux qui conspiraient; le gouvernement de Jacques était devenu trop faible pour attirer des transfuges.

Enfin, au mois d'août 1688, Russel, Sydney, Johnston, parent de ce dernier, et Shrewsbury, quittèrent l'Angleterre pour n'y rentrer qu'avec le prince d'Orange. Ils étaient porteurs des lettres d'invitation réclamées par Guillaume, et de la requête des lords d'Angleterre, acte destiné à autoriser le prince aux yeux de ceux qui demanderaient à quel titre un étranger se présentait pour défendre la liberté anglaise. Cette pièce importante conciliait toutes les opinions au seul objet qu'on avait fait ressortir comme le but de l'insurrection, l'affranchissement de l'Angleterre. Elle énumérait les griefs du pays contre Jacques depuis l'enlèvement des chartes de corporation, à la fin du règne précédent; puis, s'appuyant sur le peu de foi qu'avait la nation presque entière dans la réalité de la naissance d'un prince de Galles, elle s'étendait sur toutes les circonstances de la grossesse et de l'accouchement de la reine, et s'efforçait, par une discussion aussi habile que minutieuse, de démontrer qu'il y avait eu en effet supposition d'enfant. La requête était confidentiellement avouée par des hommes appartenant aux partis les plus opposés : des torys rigoristes, des whigs aussi avancés que Russel et Algernon Sydney, des partisans et des adversaires de Monmouth; la force des choses avait triomphé de toutes les dissidences d'opinion. Cette déclaration décida le prince d'Orange à envahir les états de son beau-père. La principale condition du succès, le vœu de l'Angleterre, était assurée; il ne s'agissait plus que d'assembler des forces suffisantes pour le cas où les troupes de Jacques, lui restant fidèles, le mettraient en état de repousser la force par la force. Il fallait en outre obtenir le concours de la république des Provinces-Unies, et intéresser en Europe, au succès de l'entreprise, assez d'états pour que la Hollande, se dégarnissant d'une partie de ses forces en faveur du prince d'Orange, ne fût pas exposée sans défense à l'ambition de Louis XIV.

Ce changement si important pour l'Angleterre, qui réunissait dans une seule pensée tous les partis du royaume, n'était qu'un épisode dans la vaste combinaison européenne qu'avait suggérée à Guillaume d'Orange sa haine incessante contre la France. En face de Louis XIV, le premier des souverains catholiques, le prince hollandais avait réuni le protestantisme en un corps dont il s'était fait la tête, et auquel il ne manquait que l'accession de l'Angleterre. La paix de Nimègue, brusquement imposée à l'Europe par la France, par suite de l'abandon de la Grande-Bretagne, avait prouvé à Guillaume que pour combattre avec avantage le monarque français, il fallait mettre ce pays du côté des alliés. C'était là pour lui qu'était toute la question. Il s'agissait de savoir qui des deux, de Guillaume ou de Louis, disposerait de l'Angleterre. Les usurpations accomplies par Louis XIV, depuis la paix de Nimègue, sur le Rhin, dans les Pays-Bas, en Italie; ses prétentions à la domination universelle, son insupportable orgueil, lui avaient attiré la haine de tous les états de l'Europe. La révocation de l'édit de Nantes leur donna l'espoir de se venger enfin, lorsqu'ils virent que cet acte, aussi impolitique qu'infâme, privait leur ennemi commun d'une partie de sa noblesse, mettait dans leurs rangs des alliés pleins d'énergie et de fureur, et détruisait ce calme, cette unité de sentiment qui avaient fait jusqu'alors la force de la France. Puissances protestantes, états catholiques, le saint-siége lui-même, tous avaient tant d'injures à venger qu'ils saisirent avec ardeur l'occasion que Louis leur offrait; et le 9 juillet 1686, à l'instigation de Guillaume d'Orange, une ligue défensive contre la France fut secrètement conclue à Augsbourg entre l'empereur, les rois d'Espagne et de Suède, les Provinces-Unies, les électeurs palatin et de Saxe, et les cercles de l'empire. Cette ligue fut complétée par l'accession du duc de Savoie et de l'électeur de Bavière, par l'accord de tous les princes d'Italie, enfin, par l'adhésion secrète du pape Innocent XI. L'ambition de Louis XIV avait bouleversé l'équilibre européen, à tel point que la vieille lutte du protestantisme et du catholicisme allait se renouveler, mais sous des noms politiques, comme étant la lutte de la liberté de l'Europe contre la monarchie universelle du roi de France, et avec cette différence que non-seulement la maison d'Autriche mais même la cour de Rome embrassaient la cause des protestants, et que cette ligue dont le chef, Guillaume, était le représentant, semblait se réunir pour faire plier Louis XIV à la fois sous la volonté de Rome et sous celle des protestants [1]. L'Angleterre seule manquait encore à la coalition. Depuis la restauration des Stuarts, retenu par une espèce de vasselage vis-à-vis de la France, le peuple anglais haïssait Louis XIV dans ce gouvernement de jésuites qu'il soutenait contre le mépris de l'Europe entière. Il ne fallait, pour déterminer l'explosion de tant de mécontentements, qu'une circonstance qui permît à Guillaume de s'emparer de l'Angleterre, toute prête à se livrer à lui. Cette circonstance était trouvée. Guillaume communiqua ses projets aux confédérés d'Augsbourg et même au pape; et telle était la haine que leur inspirait Louis XIV, tel était leur désir de mettre l'Angleterre dans la coalition, que tous

---

1. Lavallée, p. 263.

approuvèrent cette expédition d'un gendre contre son beau-père, d'un prince protestant contre un roi catholique [1].

Cependant Guillaume cachait toujours le but réel de ses armements, et laissait courir le bruit, tantôt qu'ils étaient destinés à punir les Algériens qui avaient inquiété le commerce de la Hollande, tantôt qu'il se proposait de venir au secours des protestants de France, ou bien encore de s'opposer aux Français qui envahissaient alors l'électorat de Cologne. A la fin, Louis XIV découvrit le mystère; il publia un manifeste violent contre le pape et la maison d'Autriche, qui encourageaient un protestant à détrôner un roi catholique; il avertit Jacques, lui offrit tous ses secours et lui demanda avant tout la jonction des flottes française et anglaise pour barrer le chemin au prince d'Orange. Jacques ne voulut rien croire; son ministre Sunderland l'engageait à repousser les offres du roi de France, et à ne point s'aliéner ses sujets en s'appuyant sur l'étranger; d'ailleurs il avait lui-même une si aveugle confiance dans la légitimité de ses droits et dans l'affection de ses sujets, qu'il s'abstint de toute démonstration qui pût laisser voir qu'il cherchait à pourvoir à sa sûreté. Louis XIV, effrayé de cette imprudente sécurité, déclara aux États-Généraux (14 sept. 1688) qu'il existait entre lui et le roi d'Angleterre une si étroite alliance qu'il considérerait toute tentative contre ce prince comme un attentat à sa propre couronne. Guillaume n'en continua pas moins ses apprêts, et sollicita la ligue d'Augsbourg de commencer les hostilités. Quoique dégoûté de son allié, qui persistait dans son opiniâtre aveuglement et le désavouait hautement, Louis XIV résolut de le défendre malgré lui, en commençant la guerre. Il pouvait attaquer la Hollande, afin de contraindre Guillaume à rester pour la défendre; mais Louis avait à cœur de se venger des princes allemands qui, si longtemps soldés et secourus par la France, l'avaient abandonné dans la dernière guerre et venaient de se liguer de nouveau contre lui; il résolut de porter la guerre sur le Rhin. Cette faute, en réunissant dans un seul intérêt les puissances encore hésitantes de l'Allemagne, et en donnant à Guillaume toute liberté d'action, facilita l'invasion de ce prince et accéléra la révolution d'Angleterre.

Laissant à la ligue d'Augsbourg le soin de pourvoir à la défense de l'empire, le prince d'Orange pressa ses préparatifs, rassembla soixante vaisseaux, sept cents transports, quatre mille cinq cents cavaliers, onze mille fantassins, outre un grand nombre de seigneurs anglais et un corps de réfugiés français. Le noyau de son armée était formé de six régiments anglais de quatre mille hommes, qui étaient au service des Provinces-Unies depuis 1667, et dont Jacques avait inutilement demandé le retour. Pour protéger la Hollande contre Louis XIV, Castagna, gouverneur des Pays-Bas espagnols, les électeurs de Brandebourg et de Saxe, le landgrave de Hesse-Cassel, avaient promis de remplacer par leurs soldats les troupes que le prince d'Orange allait employer contre Jacques.

La nouvelle de la marche des Français sur le Rhin fit enfin perdre à ce monarque un peu de sa sécurité; il commençait à comprendre le but des armements de Guillaume, et voyait que l'éloignement des Français le laissait à la merci de

---

1. Lavallée, p. 267 et suiv.

son gendre. Il offrit alors à la Hollande d'entrer dans la coalition contre la France, mais il ne reçut point de réponse. Jacques s'en prit à Sunderland de ce qui n'était que le fait de son peu de perspicacité, l'accusa de l'avoir trahi, et le renvoya. Sunderland reçut sa disgrâce comme le meilleur service que pût lui rendre Jacques : elle devait le justifier auprès d'un nouveau maître. Après son renvoi, la cour se livra avec précipitation et désordre à quelques préparatifs de résistance. La flotte, commandée par lord Darmouth, reçut l'ordre de veiller sur les mouvements de l'amiral Herbert, qui commandait les forces maritimes de Guillaume ; une armée de trente mille hommes fut formée des troupes anglaises campées aux environs de Londres, des régiments venus d'Écosse, moins mal disposés pour le roi que les troupes anglaises, enfin des Irlandais envoyés par Tyrconnel, et sur lesquels on pouvait compter. Le comte de Feversham fut nommé commandant en chef de cette armée ; le roi demeura à Londres, occupé à conférer avec les évêques anglicans pour obtenir d'eux qu'ils s'employassent à une réconciliation entre lui et leur église. Ceux-ci, engagés déjà dans la conjuration, mirent à la paix des conditions exorbitantes et ne demandèrent pas moins que le rétablissement des choses dans l'état où Jacques les avait trouvées à son avénement. A leur grand étonnement, le roi accéda à toutes les concessions. Il fit restituer à la ville de Londres ses chartes, cassa la commission ecclésiastique, qui déjà n'existait plus que de nom, rétablit les universités dans leurs priviléges, remit dans leurs places les membres qu'il en avait dépouillés, envoya des ordres pour que, dans le royaume, les chartes fussent rendues aux villes qui en avaient été privées; enfin il s'engagea à convoquer, aussitôt que le calme serait rétabli, un parlement libre, et offrit de donner satisfaction publique sur la naissance du prince de Galles.

Cette dernière enquête n'eut pas plus de succès que la restitution des chartes et les divers redressements de griefs; la nation regarda ces réparations comme un effet de l'intervention du prince d'Orange, et rien d'ailleurs ne garantissant pour l'avenir le retour du roi à la constitution, elle ne cessa point d'avoir les regards tournés vers le libérateur qu'elle attendait. Jacques ne tarda pas à justifier l'opinion qu'on avait de son peu de sincérité. Une furieuse tempête ayant obligé la flotte hollandaise à rentrer dans ses ports dont elle était déjà sortie, il se crut sauvé; et, changeant tout à coup de langage, revint sur ses concessions. Les lettres de convocation pour un parlement étaient prêtes à partir, il suspendit leur envoi; il avait publié un acte d'amnistie pour tous les délits auxquels la querelle des tests avait donné lieu, il le révoqua. Les catholiques sentirent renaître leurs espérances.

Cependant le prince d'Orange était parti de nouveau (11 novembre 1688), portant sur ses bannières sa devise : « Je maintiendrai; » et plus bas : « La religion protestante et les libertés de l'Angleterre. » Un vent favorable le fit passer rapidement devant la flotte royale, que le même vent retenait sur la côte, et il arriva à Torbay (15 novembre), où il débarqua sans obstacle, le jour anniversaire de la conspiration des poudres, presque au moment où la nouvelle de son départ arrivait en Angleterre. Le roi, qui l'attendait vers le nord, se vit obligé, afin de faire face à cette attaque, de ramener toutes ses forces dans l'ouest; la plaine de Salis-

bury fut fixée pour lieu de rassemblement de l'armée royale. Pendant ce mouvement, qui dura près de dix jours, le prince d'Orange resta dans la ville d'Exeter,
qui lui avait ouvert ses portes, se bornant à faire distribuer son manifeste et la
requête des lords d'Angleterre, et évitant tout appel à cette portion considérable
de la population, qui eût voulu plus qu'un changement de souverain. L'armée de
Jacques, dont les chefs étaient d'intelligence avec le prince, devait être attaquée
par la défection, et le prince ne se souciait pas de se faire d'autres soldats dont il
pouvait cesser d'être maître. Le peuple, ne trouvant dans le manifeste rien qui
parlât à ses besoins, demeura donc calme et froid; Jacques, pour son malheur,
interpréta cette indifférence en sa faveur. Au lieu d'aller à Salisbury, afin de contenir les mécontents par sa présence, il demeura dans Londres; enfin la nouvelle
des défections qui commençaient, lui fit sentir la nécessité de se rendre lui-même
dans son camp; il n'arriva que pour être témoin de l'abandon de lord Churchill,
du duc de Grafton, du colonel Barklay, qu'un grand nombre d'autres avaient
déjà précédés. Cependant les bas officiers et les soldats étaient, comme le peuple,
étrangers aux projets du parti orangiste, et, par les mêmes raisons que le peuple,
indifférents à un changement qui ne leur promettait aucun avantage. Jacques
ne sut point apprécier ces dispositions : au lieu de livrer une bataille qui lui eût
peut-être été favorable, il fit rétrograder ses troupes, et dans ce mouvement des
régiments entiers furent conduits au prince par leurs chefs.

Feversham avait à peine évacué Salisbury, que le prince d'Orange marcha sur
cette ville, en ralliant tous les corps qui passaient à lui. La fortune se décidant
dès lors en sa faveur, un grand nombre de villes s'empressèrent d'adhérer à
l'entreprise. Au cri de ralliement, « un parlement libre, » poussé par la noblesse
qui partout était à la tête du mouvement, la bourgeoisie répondit ainsi que le
peuple, mais sans qu'il y eût danger de bouleversement, car ce cri représentait
l'ordre, la loi, enfin une habitude de la vie politique connue de tous.

Le roi s'était replié sur Londres avec ce qui lui restait de troupes; abandonné
de ses conseillers ordinaires, il manda près de lui tous les seigneurs protestants
qui se trouvaient dans la capitale, fit un appel à leur dévouement, leur déclara
qu'il consentait à la convocation d'un parlement libre et au renvoi des catholiques,
et envoya au prince, pour le lui annoncer, le marquis d'Halifax, le comte de Nottingham et lord Godolphin, qui furent chargés de prendre les mesures nécessaires
pour assurer la liberté des élections. Mais la question n'était plus là : il s'agissait
de savoir qui, du roi ou du prince d'Orange, convoquerait ce parlement; or, la
situation du roi était déjà tout à fait désespérée, car sa seconde fille, Anne et le
prince de Danemark, son époux, étaient passés au prince, et les défections n'étaient
plus que des voyages faits publiquement de Londres au camp des Orangistes.
Les commissaires envoyés par le roi auprès de Guillaume ne purent en obtenir une
audience, et le prince continua à s'avancer vers la capitale. Alors Jacques désespéra de sa cause. Laissant là les négociations avec le prince d'Orange, il se décida à
suivre l'exemple de sa femme, qui, accompagnée du prince de Galles, s'était réfu-
giée sur le continent, et il disparut furtivement. Pour accroître la confusion qu'il
pensait faire naître par son absence, il ne donna aucune instruction aux autorités,

jeta lui-même le grand sceau dans la Tamise, et fit passer au comte de Feversham l'ordre de licencier les troupes réunies aux environs de la capitale, ordre qui eut un commencement d'exécution, de sorte que Londres se trouva inondée de soldats débandés et sans solde, et que les désordres commencèrent. Les maisons des papistes furent pillées et brûlées, les chapelles détruites, les ambassadeurs des puissances catholiques insultés. Dans le tumulte, Jeffryes, déguisé en matelot et cherchant à gagner la Tamise, tomba entre les mains de la populace; il fut arraché avec peine, les habits déchirés et le visage ensanglanté, à cette foule en furie, et déposé à la Tour. Il y mourut quelque temps après.

Durant quelques jours, après la fuite du roi, personne n'osa prendre l'autorité ; enfin le lord maire se décida à convoquer les membres du conseil privé et les lords présents à Londres. Cette assemblée fit armer la milice bourgeoise, rétablit l'ordre, et envoya une députation au prince d'Orange pour le prier de se mettre à la tête du gouvernement, jusqu'à la convocation d'un parlement. Sur son invitation, le prince s'approcha de Londres, mais il s'arrêta à Windsor, ce qui déplut au peuple de la capitale, maintenu encore plus sévèrement par les magistrats depuis l'approche de l'armée orangiste. La froideur qui avait saisi les habitants des comtés, quand ils s'aperçurent que la révolution ne se faisait pas pour eux, gagna ceux de la capitale, et leur inspira une espèce d'intérêt pour Jacques. Justement, on apprit alors que ce prince que l'on croyait déjà sur le continent, était en route pour revenir à Londres. Jacques s'était en effet embarqué sur un bateau douanier, et se dirigeait vers la France, lorsqu'il fut rencontré par les bâtiments de la croisière, qui le ramenèrent à terre. A cette nouvelle, le conseil provisoire avait chargé lord Feversham de se rendre près de lui avec deux cents gardes, afin de le préserver de toute insulte. L'arrivée de Feversham avait rendu au malheureux roi quelque espoir, et il avait résolu de retourner dans sa capitale. Son entrée y fut saluée par les acclamations de la populace, qui en était déjà à regretter ce qui avait été fait.

Ce retour contrariait les vues de Guillaume, qui ne voulait ni s'emparer de la personne de Jacques, ni paraître le forcer à abdiquer, et désirait que toute la conduite de ce prince semblât le résultat de ses propres déterminations. Pour l'effrayer et le décider à prendre de nouveau la fuite, et sous prétexte de le protéger contre toute insulte, il fit d'abord occuper par un bataillon de soldats hollandais le palais de White-Hall, puis indiqua au roi le château de Ham, appartenant à la comtesse de Lauderdale, comme un séjour où il serait plus en sûreté. Jacques, à la merci des gardes hollandaises, et craignant que son palais ne devînt bientôt une prison, demanda à gagner Rochester, ville voisine de la mer. C'était ce que demandait Guillaume. Il y fit conduire le roi par ses Hollandais, et là lui laissa toute liberté de s'enfuir.

Jacques avait à peine quitté Londres que Guillaume y entra furtivement. Arrivé au palais de Saint-James, il remit son manifeste aux pairs qui s'y trouvaient réunis au nombre de soixante-dix, les invita à aviser aux moyens de convoquer un parlement libre, et se retira sans dire un seul mot du roi. Les pairs, imitant cette réserve, répondirent en s'engageant par un acte d'association à ne point abandonner la cause de la religion protestante, des lois et des libertés de l'Angleterre, « jus-

« qu'à ce qu'elles fussent tellement assurées, par un libre parlement, qu'il n'y eût
« plus à craindre de retomber sous le papisme et l'esclavage. »

Cependant la question était toujours la même : qui devait convoquer un parlement libre? le prince ou le roi? Question fort grave, parce qu'elle dépendait
d'une détermination à prendre d'abord à l'égard de Jacques. Celui-ci trancha
bientôt lui-même la difficulté. Arrivé à Rochester, il avait hésité quelques jours,
dans l'espoir qu'on aurait recours à lui pour le rétablissement de l'ordre, mais enfin,
convaincu de son isolement et cédant aux sollicitations de la reine, qui avait déjà
gagné Calais avec son fils, le prince de Galles, il s'embarqua secrètement pour la
France (23 décembre 1688).

Dès lors l'assemblée des lords n'hésita plus, et elle offrit au prince d'Orange
l'administration provisoire du royaume. Guillaume, pour donner un caractère plus
légal à ses pouvoirs, demanda qu'ils fussent sanctionnés par le conseil qui représentait la ville de Londres, et par les membres de tous les parlements convoqués
sous le règne de Charles II, qui se trouveraient à Londres. Il avait déjà reconnu
chez les lords un attachement aux principes de la royauté légitime, peu d'accord
avec la direction qu'il se proposait d'imprimer aux événements, et songea à le
neutraliser par le concours de ces députés des communes, qui avaient si violemment poursuivi l'exclusion de Jacques de la succession au trône.

La chambre basse qui se trouva ainsi formée justifia ses calculs ; elle lui adressa
des remerciements, et l'invita à faire procéder aux élections. Guillaume ayant
réuni les lords et les députés leur dit brièvement, « qu'il allait expédier les writs
« d'élection suivant leur désir; qu'il userait, dans l'intérêt de l'état, du pouvoir
« qu'ils lui confiaient ; que si la religion et les libertés du pays lui devaient en effet
« quelque chose, il continuerait à bien mériter du pays par son attachement à ces
« grands intérêts. » Du reste il laissa procéder aux élections en toute liberté, sans
chercher à les influencer; et comme, des anciens partis, nul n'était dominant, tous
les intérêts, toutes les opinions furent représentés. Le 22 janvier 1689, les deux
chambres se réunirent sous le nom de Convention, ainsi que cela avait eu lieu
pour le parlement de la restauration.

La Convention allait avoir à rétablir la constitution, et à redresser les griefs de
la nation, griefs énoncés dans le manifeste du prince d'Orange, point de départ de
la révolution. Déjà en Hollande ce manifeste avait été l'objet de vives discussions.
Les lords qui s'étaient adressés à Guillaume n'avaient d'autre but commun que
celui d'expulser les jésuites, et d'autre lien entre eux que cet intérêt aristocratique
qui tendait à prévenir l'explosion populaire par laquelle avait commencé la révolution de 1640; ils ne voulaient qu'opposer un protestant aux catholiques, et aux
classes inférieures un roi. Mais le reste des réfugiés, appartenant aux indépendants
poursuivis dans les premières années de la restauration, aux presbytériens persécutés
sous Clarendon, aux whigs, si longtemps victimes de la réaction d'Oxford, aux partis
d'Argyle et de Monmouth, protestait à peu près contre tout ce qui s'était fait sous la
restauration. Conduits par un certain Wildman, ancien agitateur de l'armée de
Cromwell, ils voulaient effacer à la fois de la constitution le règne de Jacques et celui
de Charles. De peur d'alarmer le haut clergé et une grande partie de la noblesse,

intéressés dans les actes de ces deux règnes, le prince s'était refusé à admettre leur exposé de griefs ; cependant il avait fait entrer dans son manifeste la mention des principaux abus du règne de Charles II., en les attribuant à l'influence occulte ou déclarée de Jacques, qu'on faisait ainsi le seul coupable ; les deux partis avaient remis, jusqu'au succès de la commune entreprise, une plus ample explication.

Le moment était venu, et cette lutte des intérêts divers allait recommencer ; mais les proportions des deux partis n'étaient plus les mêmes et les vues s'étaient modifiées par la marche des événements. Les lords qui avaient accompagné Guillaume, étaient venus se fondre dans une aristocratie retenue par la crainte d'altérer le principe monarchique en procédant contre Jacques. Quant à Wildman et à ses amis, interprètes de la minorité républicaine vaincue au parlement d'Oxford, ils étaient comme perdus au milieu d'une majorité formée par les classes moyennes, dont les idées étaient moins tranchées. La nouvelle chambre des communes n'était ni républicaine, ni presbytérienne, ni anglicane ; elle était le produit de vingt-huit années de progrès que la nation avait faits malgré les Stuarts et les jésuites, depuis ce parlement presbytérien qui, pour renverser la république, avait si imprudemment fait la restauration [1]. Ces vingt-huit années avaient appris à l'Angleterre : que la royauté était nécessaire et que la légitimité seule était mauvaise ; qu'il fallait un roi, mais un roi qui dût son titre au consentement de la nation et à des conditions faites d'avance par elle ; et qu'enfin on ne devait plus avoir à défendre les lois, la religion, les lumières, contre les doctrines de la prérogative royale si longtemps traduites par les deux principes de l'obéissance passive et de la non-résistance. Telle était l'opinion de la majorité dans les communes, les deux déclarations suivantes, votées après une longue délibération, en furent l'expression.

« Le roi Jacques, ayant tenté de renverser la constitution du royaume en violant « le contrat originel entre le roi et le peuple ; ayant, par le conseil des jésuites et « autres méchantes gens, violé les lois fondamentales, et s'étant retiré hors du « royaume, a abdiqué le gouvernement, et par là le trône est devenu vacant. »

« L'expérience a appris qu'un royaume protestant ne saurait s'accorder avec le « gouvernement d'un roi papiste. »

Ces deux déclarations, portées à la chambre haute, y soulevèrent un violent orage. Quand on en vint à les discuter en détail, on demanda quel était ce contrat originel entre le peuple et le roi, et les craintes jalouses de l'aristocratie qui, sous Charles II et sous Jacques, avaient tant de fois prêté leur appui à l'arbitraire, réclamèrent en faveur du caractère indélébile de la royauté légitime, existant de droit, avant même de prêter le serment de maintenir les institutions. Cependant la première partie de la déclaration fut emportée par une majorité de cinquante-trois voix contre quarante-six. Mais le principe de la légitimité triompha dans le vote de la conclusion concernant la vacance du trône. Une majorité, il est vrai peu considérable, fit décider que Jacques n'avait pu abdiquer le gouvernement ; qu'il avait seulement déserté le royaume, et qu'ainsi le trône n'était pas vacant [2].

1. A. Carrel, p. 419 et suiv.
2.   *Id.* p. 421.

La crainte d'altérer la pureté du principe monarchique n'était pas le seul motif qui faisait rejeter la déclaration de la vacance du trône : avant de reconnaître que le trône était vacant, une partie des opposants tenait à savoir qui le remplirait. Les uns voulaient un régent; les autres qu'on proclamât la princesse Marie, et qu'on renvoyât Guillaume en Hollande; ceux-ci qu'on donnât la couronne au prince seul; l'opinion la plus générale, et c'était celle des communes, voulait qu'on associât le prince et la princesse. Il fut décidé qu'une conférence aurait lieu entre les deux chambres sur la question de la vacance du trône.

Pendant tous ces débats sur le nouvel établissement de la couronne, Guillaume vivait retiré au palais de Saint-James, ne recherchant point la popularité, ne courtisant aucun parti, peu accessible, sinon à ceux qui lui donnaient avis de ce qui se passait, et ne laissant pas échapper un mot qui trahît sa pensée. Cette conduite était grande si elle était sincère, et, si elle n'était pas sincère, elle était sage. Le prince était en outre naturellement froid, et au milieu des intrigues qui s'agitaient, il entrait peut-être aussi du dégoût dans sa froideur. Il savait aussi que l'Angleterre avait besoin de lui; qu'il n'avait qu'à l'abandonner à son sort pour la livrer aux vengeances du roi Jacques ou aux désordres de l'anarchie, et qu'enfin il ne s'y trouvait pas un homme de sa taille et capable de maîtriser les partis. Cependant en laissant trop de latitude à la discussion, il pouvait compromettre les résultats de son entreprise. Si jusque-là il avait gardé le silence, c'est qu'il ne voulait parler qu'au moment décisif. Ce moment était venu, il le comprit, et manda près de lui les chefs des divers partis qui arrêtaient dans la chambre des lords le vote des déclarations : « Vous avez vu, leur dit-il, que je n'ai cherché ni à intimider ni à flatter « personne. On parle d'une régence : cela sera fort sage ; mais qu'on n'y songe pas « pour moi, je ne saurais accepter cette dignité. Il en est qui veulent couronner la « princesse : personne n'apprécie mieux que moi ses vertus et ses droits ; mais je « dois dire que je ne suis pas homme à prendre les ordres d'une coiffe, ni à tenir « la couronne par les cordons d'un tablier. Je ne me mêlerais de rien que ce ne fût « à charge de tout faire par moi, et pour toute ma vie. Si d'autres pensent diffé- « remment, qu'ils se hâtent de prendre un parti. La royauté me séduit peu ; et, « dès que je ne me croirai plus utile à la nation anglaise, je sais où les affaires de « l'Europe m'appellent. »

Le prince était sûr de la soumission entière de son épouse. Celle-ci avait en effet repoussé l'offre de la couronne que lui fit faire Danby, partisan déclaré de la princesse, mais qui redoutait d'avoir pour maître Guillaume d'Orange; et elle avait répondu qu'elle ne voulait être que la femme du prince, rien de plus, et qu'elle ne regarderait point comme ses amis ceux qui chercheraient à mettre la division entre elle et son époux.

La déclaration de Guillaume prouva aux lords qu'avec son dédain apparent pour la royauté, ce prince était pressé d'en finir, et qu'il fallait ou le satisfaire ou renoncer à son appui. De son côté Guillaume tenait trop au succès de la guerre qu'il avait allumée du sein de la Hollande contre Louis XIV, pour se résoudre, comme il le disait, à abandonner l'Angleterre, qui devait en être l'âme ; d'ailleurs, après les sacrifices qu'il avait imposés à la Hollande pour la réussite de ses desseins, il ne pouvait rentrer dans ce pays que la couronne d'Angleterre sur la tête. Cette position respective des deux partis amena un compromis. Les opposants se laissèrent convertir à l'opinion qui prévalait déjà dans les communes, et Guillaume consentit à partager le titre souverain avec la princesse Marie, tout en conservant pour lui seul l'exercice du pouvoir. Cette marche adoptée, les lords adhérèrent au vote des communes sur la vacance du trône, et prenant même les devants sur la chambre basse, ils se hâtèrent de déclarer Guillaume et Marie roi et reine d'Angleterre.

Dans les communes, un grand nombre de membres se montraient plus empressés de pourvoir à l'établissement des garanties de la liberté qu'à la nomination d'un successeur au trône. Il fallait accomplir le premier vœu de la révolution de 1640. Alors le parlement avait dépassé le but, et vainqueur de la royauté absolue, il avait été renversé par un dictateur militaire; puis, délivré de cette domination violente, il s'était jeté dans les bras du pouvoir royal pour échapper à l'anarchie. Mais vingt ans de lutte contre ce pouvoir rétabli sans garanties, avaient mûri la prudence de la nation, et c'était en en fixant les garanties qu'elle voulait préluder à l'établissement d'un pouvoir nouveau. Un comité avait été chargé par la chambre de préparer des garanties pour les droits et les libertés publiques, et il fut convenu que l'offre de la couronne à Guillaume et à Marie serait précédée d'une énumération des actes arbitraires commis par Jacques, et d'une déclaration des droits réclamés par la nation en opposition à ces actes. Le comité voulait en outre, pour prévenir à jamais les abus du pouvoir royal, y apporter des limitations précises en réformant plusieurs des lois anciennes et en en votant de nouvelles; mais Guillaume, désireux d'échapper à ces limitations menaçantes pour sa prérogative, fit décider par ses partisans, en majorité dans la chambre, que cette tâche serait réservée à la sagesse d'un parlement régulièrement convoqué par un roi. L'assemblée vota ensuite l'exclusion du trône de tout prince papiste, et prit en considération la déclaration des lords qui conféraient la couronne à Guillaume et à Marie.

Le nouveau serment d'allégeance et de suprématie fut ainsi conçu : « Je jure que je serai fidèle à Leurs Majestés le roi Guillaume et la reine Marie. » L'ancien serment disait : « au roi, mon juste et légitime souverain; » les mots juste et légitime furent rayés. Cette suppression résumait la pensée entière de la révolution, telle que la concevait la majorité des deux chambres. La minorité y adhéra, parce qu'elle regardait toujours Jacques comme ayant seul droit à ce titre de « juste et légitime souverain », et que, par la rédaction opposée, elle n'était forcée de considérer Guillaume que comme le roi de fait.

La princesse d'Orange arriva de Hollande le 12 février; le lendemain matin, les deux chambres, précédées de leurs orateurs lord Halifax et M. Powle, se rendirent au palais. Le prince et la princesse d'Orange prirent place sur une estrade en forme de trône, et les deux chambres leur furent présentées. Lord Halifax s'avançant alors donna lecture de la déclaration des droits adoptée par le parlement. Elle était ainsi conçue :

« Les pairs et les communes du royaume, rassemblés en corps complet et repré-

« sentatif de toute la nation, agissant comme leurs ancêtres l'ont fait en pareille
« circonstance pour le maintien de leurs anciens droits, déclarent que :

« 1° Le prétendu pouvoir de suspendre l'exécution des lois par l'autorité royale,
« sans le consentement du parlement, est contraire aux lois ;

« 2° Le prétendu pouvoir de dispenser des lois ou de l'exécution des lois par
« l'autorité royale, comme il a été usurpé et exercé en dernier lieu, est contraire
« aux lois ;

« 3° L'érection d'une cour ecclésiastique, ou de toute autre cour, est contraire
« aux lois et pernicieuse ;

« 4° Toute levée d'argent pour l'usage de la couronne, sous prétexte de la préro-
« gative royale, sans qu'elle ait été accordée par le parlement, ou pour un plus
« long temps ou d'une autre manière qu'elle n'a été accordée, est contraire aux
« lois ;

« 5° C'est un droit des sujets de présenter des requêtes au roi, et tous emprison-
« nements et toutes poursuites pour ce sujet, sont contraires aux lois ;

« 6° Lever ou entretenir une armée dans le royaume, en temps de paix, sans le
« consentement du parlement, est une chose contraire aux lois ;

« 7° Les sujets qui sont protestants peuvent avoir des armes pour leur défense ;

« 8° Les élections des députés au parlement doivent être libres ;

« 9° Les discours faits ou tenus dans les débats au parlement ne doivent être
« recherchés ou examinés dans aucune cour ni dans aucun autre lieu que dans le
« parlement même ;

« 10° On ne doit point exiger des cautionnements excessifs, ni imposer des
« amendes exorbitantes, ni infliger des peines trop rudes ;

« 11° Les jurés doivent être choisis sans partialité ; ceux qui sont choisis pour
« jurés dans les procès de haute trahison, doivent être membres des commu-
« nautés ;

« 12° Toutes concessions ou promesses de donner les confiscations des bien
« des personnes accusées, avant leur conviction, sont contraires aux lois et nulles ;

« 13° Pour trouver du remède à tous ces griefs, pour corriger, pour fortifier
les lois et les maintenir, il est nécessaire de tenir fréquemment des parlements.

« Les pairs et les communes prétendent et demandent ce qui est spécifié ci-des-
« sus, comme étant indubitablement leurs droits et leurs libertés, et qu'aucune
« déclaration, aucun jugement, aucune procédure, au préjudice desdits droits et
« libertés, ne puisse à l'avenir être tirée à conséquence, ou produite en exemple.

« Dans la confiance où ils sont que Son Altesse, achevant l'ouvrage qu'elle a si
« glorieusement commencé, les maintiendra dans tous ces droits, et les préservera
« de tous autres attentats contre leur religion, leurs lois et leurs libertés, ils ont
« résolu et résolvent :

« Que Guillaume et Marie, prince et princesse d'Orange, soient déclarés roi et
« reine d'Angleterre, etc., pour posséder la couronne et la dignité royale pendant
« leur vie et la vie de celui des deux qui survivra ; et que le seul et entier exercice
« du pouvoir royal reste dans la main du prince d'Orange, au nom desdits prince
« et princesse, pendant qu'ils seront tous deux en vie ; et qu'après leur décès, ladite

« couronne et dignité royale appartiendra aux héritiers issus du corps de ladite
« princesse, et, au défaut d'une telle lignée, à la princesse Anne de Danemark et
« aux héritiers issus de son corps; et, au défaut d'une telle lignée, aux héritiers
« procréés dudit prince d'Orange. »

Le prince d'Orange répondit :

« Nous acceptons la couronne que vous nous offrez; et comme je n'avais point
« d'autre intention en venant ici que de conserver votre religion, vos lois et vos
« libertés, vous pouvez être assurés que je m'efforcerai de les maintenir, et que je
« serai toujours prêt à concourir de tout mon pouvoir à tout ce qui sera du bien-
« être et de la gloire de cette nation. »

La révolution de 1688 était consommée.

Vue du château de Windsor. — Cour intérieure.

MAISON D'ORANGE ET DE STUART.

GUILLAUME III ET MARIE.

(1689 – 1702)

La [1] révolution qui venait de s'opérer avait, par le fait, placé encore une fois le principe de la souveraineté du peuple au-dessus de celui de la souveraineté de droit divin : des termes mêmes de la Déclaration des droits, il ressortait que le pouvoir royal n'était plus que l'effet d'un contrat entre le prince et la nation; mais la précipitation avec laquelle se font les changements politiques, la crainte de laisser descendre jusqu'aux masses le débat des garanties sur lesquelles doit se baser un gouvernement libre, avait ôté à la majorité des whigs, premiers appuis de Guillaume dans la chambre des communes, la liberté d'action nécessaire à une révision complète de la constitution. La chambre n'avait pas voulu prolonger la discussion, et rejetant du pacte toutes les conditions qui intéressaient l'avenir et devaient limiter les prérogatives de la couronne, elle n'avait admis dans la Déclaration des droits que

1. Sceau de Guillaume et de Marie. Légende : GVLIELMVS. III. ET. MARIA. II. DEI. GRATIA. ANGLIÆ. FRANCIÆ. ET. HIBERNIÆ. REX. ET. REGINA. FIDEI. DEFENSATORES. (*sic*). Guillaume III et Marie II, par la grâce de Dieu roi et reine d'Angleterre, de France et d'Irlande, défenseurs de la foi. *Le roi et la reine assis sur leur trône, la main sur le globe, symbole de la royauté. Entre eux un écusson aux armes d'Angleterre, d'Écosse et d'Irlande, surmonté de celles de Nassau.*

l'énumération des griefs passés, c'est-à-dire des abus qu'avait entraînés l'exercice du pouvoir royal, sans ôter à ce pouvoir les prérogatives, sources premières de ces abus. Le nouveau monarque était toujours maître des chambres par l'autorité absolue qu'il conservait sur les corporations municipales, et par l'influence immense que cette autorité lui donnait dans les élections; il pouvait convoquer, ajourner, proroger ou dissoudre à son gré le parlement, ce qui lui donnait la faculté de se passer du concours de cette assemblée, quand il le jugerait convenable; le conseil privé qui entourait le roi, et qui seul, dans l'esprit de la constitution, était responsable des actes du gouvernement, demeurait entièrement livré au bon plaisir du souverain, qui pouvait le changer ou modifier à son gré; au pouvoir royal étaient attachés le droit de nommer à tous les grands emplois de l'état, et le commandement suprême de la milice et des forces militaires; c'est-à-dire que le souverain avait entre les mains à peu près les mêmes instruments de corruption et de violence, que ses prédécesseurs. On avait admis le roi des whigs avec la royauté des torys.

En arrivant au pouvoir Guillaume trouva dans la nation et les chambres deux partis bien tranchés : les torys, inébranlables soutiens de la royauté légitime, qui avaient abandonné le prince dès qu'il s'était agi de le déclarer roi; les whigs, qui avaient par ce choix fait triompher une partie de leurs doctrines. Aussi ce fut sur les whigs que Guillaume s'appuya tout d'abord. Ils furent placés en grande majorité dans le conseil privé, dans les emplois de l'administration et de la cour, et pour augmenter le nombre des places, au lieu d'un chancelier, d'un grand trésorier et d'un grand amiral, le roi forma trois commissions du grand sceau, de la trésorerie et de l'amirauté. Le comte de Shrewsbury fut nommé premier secrétaire d'état; jeune encore, mais plein de talents, il avait été l'un des premiers et des plus habiles promoteurs de la révolution. Cependant les torys étaient un parti puissant; puissant par le nombre, par la considération, par la richesse, puissant surtout par l'influence de la religion, car il était appuyé par l'église anglicane, et en possession de tous les bénéfices et de toutes les chaires. Guillaume résolut de le ménager. Dans ses négociations secrètes en Hollande, il avait assuré aux membres de l'église anglicane qu'il regardait leur discipline comme plus convenable que le presbytérianisme à la nature d'un gouvernement monarchique, et en arrivant à Londres il était allé, quoique calviniste, communier dans une des paroisses de ce culte. Il voulut donner au parti anglican un nouveau gage de ses intentions, en nommant deuxième secrétaire d'état le comte de Nottingham, l'un des chefs les plus distingués du parti tory, et quoique ce seigneur se fût déclaré contre l'élévation du prince d'Orange à la place de Jacques. Cette nomination, agréable aux torys, déplut à leurs adversaires. Les choix du comte de Danby et du marquis d'Halifax, comme président du conseil et garde du sceau privé, furent également suspects aux deux partis. Le premier de ces hommes d'état avait pris une part fort active à la révolution, les torys le repoussaient donc; il avait été l'un des ministres les plus décriés de Charles II et mis en accusation par les communes, les whigs ne pouvaient en conséquence le recevoir parmi eux. Halifax, disgracié il est vrai sous Jacques II, avait fait rejeter sous Charles II le bill d'exclusion, et concouru à l'enlèvement des chartes ; il n'offrait de garantie ni aux torys ni aux whigs. Ainsi Guillaume ne fit aucun choix dont la convenance ne fût contestée par l'un ou l'autre parti ; mais ce qui contribua le plus à indisposer la nation contre lui, ce fut la préférence qu'il donna à quelques étrangers pour les emplois de confiance auprès de sa personne.

Les deux chambres n'avaient jusqu'alors été réunies et n'avaient agi que sous le nom et avec le caractère d'une « Convention », c'est-à-dire d'une assemblée extraordinaire, et il ne pouvait y avoir d'assemblée régulière et véritablement constitutionnelle que le parlement, dont l'essence était de ne pouvoir être convoqué que par un roi. Aucun acte ne pouvait passer pour législatif, s'il n'émanait d'un parlement réel. Mais tenter en ce moment de consulter le pays par de nouvelles élections eût été trop hasardeux ; de l'avis de son conseil, Guillaume se borna à inviter les deux chambres à changer leur titre de « Convention » en celui de parlement. Ce changement fut l'objet d'un débat sérieux, surtout dans la chambre haute, où les torys étaient nombreux. Ils soutenaient que la Convention convoquée par le prince d'Orange, alors revêtu seulement d'une autorité provisoire, purement administrative et plutôt de fait que de droit, ne pouvait se conférer à elle-même le titre de parlement. Cet argument avait un but secret, celui de faire considérer comme nulle l'élection de Guillaume ; mais les whigs l'attaquèrent en face, et, s'appuyant sur le principe de la souveraineté du peuple, ils déclarèrent qu'il suffisait que la nation eût été réellement représentée dans la Convention pour que tous les actes passés par elle fussent bons et valides. Quant au changement que l'on demandait, tous les éléments d'un parlement régulier existaient : un roi, deux chambres ; et rien n'empêchait que tout ne rentrât dans l'ordre accoutumé. Cette opinion prévalut et la Convention fut changée en parlement.

Le 1er mars 1689 les deux chambres furent appelées à prêter serment. Beaucoup de membres s'absentèrent sous divers prétextes, d'autres quittèrent leurs sièges plutôt que de remplir cette formalité, et parmi ces derniers, huit évêques, dont cinq étaient du nombre de ceux que Jacques avait mis en jugement. L'inviolabilité du droit héréditaire, qu'ils admettaient comme article de foi, ne permettait pas, selon eux, de reconnaître d'autre roi que Jacques. A la tête de ces prélats, dont la conduite fut approuvée par une partie du haut clergé anglican, était Sancroft, archevêque de Cantorbéry et primat d'Angleterre, celui-là même qui avait été le chef de l'opposition ecclésiastique contre l'ancien roi. Cette scission fut alors désignée sous le nom de *schisme des non-jureurs.* Pour y mettre fin, les communes votèrent un bill qui obligeait tous les ecclésiastiques à prêter le serment requis, sous peine d'une suspension de six mois et de privation absolue de leurs bénéfices. Cette résolution, vivement attaquée dans la chambre haute, y fut cependant adoptée, mais avec cet adoucissement, qu'il serait fait des pensions aux récusants.

D'autres questions s'agitèrent ensuite qui intéressaient également le clergé. Guillaume avait fort à cœur que les non-conformistes protestants fussent légalement autorisés à l'exercice public de leur culte ; il voulait aussi que les presbytériens et les anglicans se réunissent pour ne plus former qu'une église, ou du moins que tous fussent également admissibles aux bénéfices ecclésiastiques et aux emplois publics ;

tel fut le but où tendaient les bills *de tolérance* et *de compréhension* qu'il soumit à l'adoption des chambres. Le premier de ces actes avait pour effet de relever tous les dissidents, les catholiques exceptés, des peines portées contre eux ; le second de réconcilier les plus modérées de ces sectes avec l'église anglicane, et de les admettre au partage des bénéfices ecclésiastiques et des fonctions publiques. De ces deux bills, le premier seul fut adopté ; quand la chambre des communes fut saisie du second, elle demanda par une adresse que, comme il s'agissait de matières ecclésiastiques, l'assemblée du clergé fût d'abord convoquée pour en délibérer. Le roi y consentit, et convoqua les deux chambres ecclésiastiques. Bien accueilli par la chambre haute, composée de prélats dévoués au gouvernement, le bill fut porté à la seconde chambre, formée du clergé inférieur ; mais là il n'eut pas le même succès. Les anglicans, qui s'étaient alliés avec les non-conformistes au moment du danger dont Jacques les menaçait, trouvèrent, une fois le péril passé, que c'était déjà trop d'avoir accordé le bill de tolérance ; qu'admettre les non-conformistes dans le sein de l'église anglicane, c'était y introduire la confusion ; qu'adopter leurs cérémonies, c'était encourager l'esprit de révolte et d'innovation. En conséquence, le projet fut rejeté.

Ce rejet ne liait point le parlement, juge suprême des décisions du clergé comme de toutes celles des corps publics. Mais les torys séculiers ne voyaient pas l'union des sectes à l'église anglicane avec moins de répugnance que le clergé ; le projet ouvrait en effet aux non-conformistes non-seulement la carrière des emplois ecclésiastiques, mais aussi celle des emplois civils. La résistance des torys se trouvait d'ailleurs d'accord avec le vœu secret des whigs, qui formaient la majorité dans les communes. En effet, les presbytériens étaient une classe nombreuse, concourant aux élections municipales et parlementaires, qu'il était important d'avoir pour soi ; un corps puissant dont le zèle pour ses protecteurs était d'autant plus ardent, qu'il était plus opprimé. En les admettant aux emplois publics, ce besoin de protection cessait ; tandis que s'ils demeuraient privés des faveurs du gouvernement, ils devaient continuer à former un parti d'opposition d'autant plus vigilant et plus zélé, que les torys anglicans se montraient plus favorables aux empiétements du pouvoir. Ouvertement ou secrètement, whigs et torys s'accordaient donc pour repousser le bill proposé. Guillaume, reconnaissant cette disposition des esprits, jugea plus sage de ne pas insister pour l'adoption de son projet.

Placé ainsi entre deux partis acharnés l'un contre l'autre, divisés de principes et d'intérêts, mais tous deux également portés à le contrarier dans ses vues, le roi n'éprouvait pas moins d'embarras dans les affaires de l'état que dans celles de la religion.

Parmi les torys, les uns se déclaraient ouvertement *jacobites*, c'est-à-dire, partisans du roi déchu, les autres, plus adroits, se contentaient d'afficher un grand zèle pour la prérogative royale ; telle était la marche de Nottingham. Guillaume ne connaissait qu'imparfaitement la constitution anglaise ; Nottingham lui présenta avec détail tous les droits qu'il prétendait être attachés à la couronne, remontrant à ce prince qu'il devait maintenir tous ces droits avec fermeté. En agissant ainsi, Nottingham, organe et appui du parti tory, éveillait l'ambition dominatrice

de Guillaume, et l'amenait insensiblement à regarder les whigs comme les ennemis
de la monarchie et à les écarter du pouvoir.

La conduite de ces derniers contribuait d'ailleurs à détruire de jour en jour la
confiance que le roi avait d'abord mise en eux. En effet, beaucoup d'hommes de
ce parti, animés de sentiments réellement patriotiques, avaient vu dans la révolution autre chose que le remplacement de Jacques par Guillaume. A leurs yeux ce
grand événement avait eu pour but de forcer le pouvoir royal à agir conformément aux intérêts de la nation, à respecter, à protéger les droits et libertés auxquelles celle-ci pouvait légitimement prétendre ; et pour compléter l'œuvre de 1688,
ils voulaient remédier, par l'action incessante des chambres sur le gouvernement,
aux lacunes de la Déclaration des droits.

A ces hommes au cœur droit, aux vues honnêtes, se joignirent d'abord tous les
ambitieux frustrés dans leurs espérances, puis toute la faction jacobite, dont le seul
but était d'entraver la marche du gouvernement. De là un noyau d'opposition qui
subsista pendant tout le règne de Guillaume, et qui, selon ses vues et ses intérêts,
appuyant tantôt le parti whig, tantôt le parti tory, mit obstacle à la formation
d'une majorité déterminée dans un sens ou dans un autre, et rendit continuellement variable, incertaine et tracassière la politique de la chambre des communes.
Guillaume ne tarda pas à éprouver l'effet de ces dispositions. La chambre, accueillant favorablement la réclamation d'une indemnité en faveur de la Hollande, avait
voté 600,000 livres sterling en dédommagement des sacrifices faits par ce pays
pour les intérêts de l'Angleterre. Mais lorsqu'il s'agit de fixer le revenu de la
couronne, c'est-à-dire la liste civile qui, suivant l'usage, devait être votée pour la
durée du règne, elle décida que le revenu serait voté annuellement, ou seulement
pour un très-petit nombre d'années, et le fixa à un chiffre bien inférieur à celui
du revenu des deux derniers rois. En outre, jusqu'alors la liste civile n'avait pas
eu seulement pour objet de pourvoir à l'entretien de la maison du roi ; elle comprenait aussi les dépenses du service public ordinaire, et le tout s'appréciait au
commencement du règne, pour toute la durée de la vie du prince : la chambre
divisa ces deux branches de dépenses, fixa un revenu particulier pour la couronne,
et ordonna que le reste des deniers publics serait employé désormais sous l'ins-
pection du parlement. On soumit aux communes des aperçus des dépenses des
diverses branches de l'administration, et les fonds votés furent strictement appliqués à chaque service particulier. Ce grand principe de la spécialité introduit
sous Charles II, a été invariablement observé depuis la révolution. C'est à ce principe, qui transférait au parlement une partie du pouvoir exécutif, que l'Angleterre fut redevable du haut rang qu'elle prit dès-lors dans la politique européenne.
Ces restrictions, dues pour la plupart au parti whig, offensèrent vivement le roi,
auquel elles semblèrent dictées par le désir de l'asservir, et parurent une preuve
de méfiance injurieuse et d'odieuse ingratitude, après les services qu'il avait rendus
à la nation.

Ces préoccupations dans le gouvernement intérieur, ainsi que l'état de l'Irlande
et de l'Écosse, écartaient Guillaume de son but principal, la guerre, et le réduisait
à suivre des yeux, sans pouvoir y prendre personnellement part, celle qu'il avait

soulevée contre le roi de France. En effet, à peine établi sur le trône, il avait négocié l'accession de l'Angleterre à la ligue d'Augsbourg. Mais Louis XIV, en face de l'Europe entière, ne s'était point effrayé. A la nouvelle du débarquement de Guillaume, il avait déclaré la guerre à la Hollande; il la déclara ensuite à Guillaume lui-même, comme usurpateur du trône d'Angleterre; à l'empereur; au roi d'Espagne, et à tous les autres princes confédérés; mit sur pied trois cent cinquante mille hommes, envoya quatre armées en Flandre, sur le Rhin, en Italie et aux Pyrénées, et en rassembla en Bretagne une cinquième destinée à détrôner le nouveau roi d'Angleterre. De son côté, Guillaume avait invité, dès le 16 avril 1689, la chambre des communes à prendre en considération les relations du royaume avec la France; il en avait reçu les plus fortes assurances de concours, et le 7 mai suivant, au nom de la Grande-Bretagne, avait déclaré la guerre à Louis XIV. Mais Jacques conservait un parti en Angleterre, il en avait un en Écosse, et toute l'Irlande catholique était pour lui; c'étaient autant de semences de troubles civils et d'embarras domestiques que le roi de France se proposait de nourrir. Avant de se joindre aux puissances alliées, il fallait donc que l'Angleterre eût consommé sa révolution en Ecosse et en Irlande.

En Écosse le dénouement fut rapide. Le despotisme catholique de Jacques ayant pesé dans ce pays, sur les presbytériens, masse de la nation, la déclaration de Guillaume, à son débarquement en Angleterre, fut reçue des Écossais comme un signal et un gage de liberté. Les chefs du parti presbytérien, accourus de tous côtés, se réunirent à Edimbourg, et provoquèrent une insurrection générale. Le marquis d'Athol, le duc d'Hamilton, politique ambitieux, et lord Stair, non moins entreprenant qu'Hamilton, prirent la direction des intérêts de Guillaume. Le 14 mars 1689, une convention s'assembla, nomma pour son président Hamilton, et forma un comité chargé de rédiger un acte d'accusation contre Jacques. A l'unanimité, moins cinq voix, ce prince fut déclaré déchu du trône, qui fut offert au prince et à la princesse d'Orange. Une déclaration de droits stipula, comme garanties du nouveau pacte, l'abolition de l'épiscopat, et des sûretés contre les poursuites criminelles qui avaient été un si puissant instrument d'oppression sous les derniers règnes. Trois députés, au nombre desquels était le comte d'Argyle, fils de celui que Jacques avait fait périr sur l'échafaud, se rendirent à Londres pour offrir la couronne d'Écosse à Guillaume et à Marie, qui l'acceptèrent en jurant l'observation des articles votés par la Convention (21 avril 1689).

Jacques avait cependant encore conservé quelques partisans en Ecosse. Graham de Claverhouse, vicomte de Dundee, était le plus intrépide, le plus habile et le plus dévoué de ces rares défenseurs du roi déchu. Il s'était signalé depuis longtemps par son fanatisme politique et religieux. Gordon, commandant du château d'Édimbourg, soutenait encore avec lui une cause perdue; mais il ne tarda pas à être forcé de capituler (13 juin). Dundee, se jetant dans les montagnes, rassembla un corps de six mille montagnards enthousiastes, et, après divers succès, surprit l'armée nationale à Killicrankie, et la força d'abord de se replier avec perte; mais au moment où il se croyait assuré de la victoire, il fut blessé à mort et tomba dans les mains de ses ennemis (6 août). Après sa mort la division se mit entre les chefs

de son parti, et son armée fut dispersée. La guerre était dès lors à peu près terminée, et l'Écosse tout à fait perdue pour Jacques.

Il ne restait plus à ce prince que l'Irlande; mais ce pays lui offrait de grandes
ressources et de grandes espérances. Voulant, avant tout, s'établir solidement en
Angleterre et en Écosse, Guillaume ne s'était point d'abord occupé de l'Irlande, que
Tyrconnel avait continué à maintenir pour le souverain déchu. Après avoir amusé
quelque temps le nouveau roi d'Angleterre par des négociations et des promesses,
Tyrconnel avait levé le masque, désarmé tous les Irlandais qui ne reconnaissaient
pas Jacques, et ses agents avaient hâté l'arrivée de ce prince. Jacques, qui avait
reçu du roi de France une hospitalité toute royale et la promesse d'un puissant
secours pour recouvrer ses royaumes, était parti de Saint-Germain le 1er février
1689, s'était rendu à Brest où Louis XIV avait réuni une flotte d'invasion, et le
21 mars il était débarqué sans obstacle à Kinsale, d'où il avait gagné Dublin, se

Vue de Kinsale.

trouvant, grâce aux soins de Tyrconnel, à la tête d'une armée catholique de
quarante mille hommes.

L'amiral anglais Herbert, chargé par Guillaume de couper le chemin à la flotte
de Jacques, l'avait manquée; il était allé la chercher sur les côtes d'Irlande, et
l'avait atteinte dans la baie de Bantry; mais elle était renforcée d'une nouvelle
escadre française, partie de Brest sous le commandement de Château-Renaud.

Le combat s'engagea, dura tout un jour, et la flotte anglaise fort maltraitée se retira vers les rochers de Scilly, tandis que les Français regagnèrent tranquillement les côtes d'Irlande (1ᵉʳ mai).

Cependant Jacques n'avait pas tardé à faire éclater en Irlande le manque de capacité qui lui avait fait perdre le trône d'Angleterre. Il avait marché sur les provinces du nord, où les protestants étaient le plus en force et se déclaraient pour le nouveau roi. Comme son armée était très-supérieure à la leur, il parcourut le pays en vainqueur; mais tout à coup il se vit arrêté dans sa marche par la résistance énergique des habitants de Londonderry, ville d'ailleurs peu forte. Au lieu de l'assiéger vigoureusement lui-même et de briser ce commencement de résistance, il en fit former le blocus par son armée, et se hâta de retourner à Dublin, où il avait convoqué un parlement irlandais.

Ce parlement, presque entièrement composé de catholiques, commença par reconnaître à Jacques le titre de roi, reconnaissance inutile, si elle n'avait point eu d'autre objet. Mais la couronne d'Irlande avait été jusqu'alors moins annexée que subordonnée à celle d'Angleterre, et le parlement saisit l'occasion de s'affranchir de cette dépendance. C'est ce que prouva le bill qui ordonna qu'à l'avenir les actes du parlement d'Angleterre n'auraient plus force de loi en Irlande, et que l'appel des jugements rendus par les tribunaux de ce dernier pays ne pourrait être porté en Angleterre. Devenue nation indépendante, l'Irlande devait donc commencer par reconnaître d'elle-même le roi qui jusqu'alors lui avait été imposé. Jacques entièrement à la merci de ses partisans, eût vainement tenté de s'opposer à ces mesures. L'impuissance où il était de résister à la réaction violente qui s'opérait, le força aussi à donner son consentement à la révocation de *l'acte de colonisation*, porté sous Charles II, pour confirmer *l'établissement* de Cromwell. Depuis cet acte, les propriétaires qui tenaient leurs biens des concessions du protecteur, en avaient joui en pleine sécurité, et tous ces biens étaient devenus l'objet de ventes et de reventes, de partages, etc.; plusieurs catholiques en avaient même acquis. Ce fut cet état de choses, qui subsistait depuis environ quarante ans, que le parlement de Dublin renversa. Il déposséda, sans distinction, sans réserve, sans indemnité, tous les propriétaires actuels, et réintégra les héritiers de ceux qui avaient été chassés par Cromwell.

Jacques se rassura contre le danger qui pouvait naître d'une telle mesure, en songeant que la plupart de ceux que l'acte dépouillait étaient en révolte contre lui et en promettant d'indemniser les catholiques dépossédés par de nouvelles confiscations. En effet, le parlement irlandais vota un bill *d'attainder* contre tous les rebelles, et pour en grossir le nombre on y comprit toutes les personnes qui, ayant des biens en Irlande, résidaient même depuis longtemps en Angleterre, à moins que par un retour, rendu impossible par la guerre, elles ne se soumissent au gouvernement du roi. Une foule immense fut frappée par cet acte, dans lequel il était stipulé que Jacques ne pourrait user à l'égard des proscrits de son droit de faire grâce. Outre ces proscriptions individuelles, les protestants furent persécutés en masse, privés de leurs temples, de leurs universités, de leurs écoles. Il leur fut défendu, sous peine de mort, de se réunir, même pour prier Dieu : étrange application de la la liberté de conscience, dont Jacques s'était proclamé l'apôtre en entrant en Irlande.

Cependant Londonderry, après avoir souffert toutes les horreurs de la famine, avait reçu un secours d'Angleterre, et forcé l'armée jacobite à quitter ses murs; les habitants d'Inniskilling, autre ville qui s'était déclarée pour Guillaume, avaient pris l'offensive, et remporté sur les catholiques un léger avantage; néanmoins les forces supérieures de Jacques maintenaient le pays, lorsqu'enfin, six mois après la descente de ce prince, une armée anglaise quitta l'Angleterre, sous le commandement du maréchal de Schomberg, protestant qui avait émigré de France à la révocation de l'édit de Nantes.

Schomberg débarqua le 13 août près de Carrickfergus, à la tête de seize mille hommes, et s'empara de Belfast, de Newry et de Dundalk sans rencontrer beaucoup de résistance. De son côté Jacques, avait reçu de France un renfort commandé par le duc de Lauzun, et son armée, bien supérieure à celle de Schomberg, força ce général de se tenir sur la défensive. Ruinées par la disette et les maladies, les troupes anglaises s'affaiblirent de jour en jour; la guerre leur devint même si désastreuse, que les communes, qui s'assemblèrent le 19 octobre 1689, exhalèrent hautement leur mécontentement, et demandèrent que le roi nommât des commissaires pour aller constater sur les lieux l'état de l'armée et les causes de son affaiblissement.

Ces manifestations, venues des whigs, témoignaient de leur profond ressentiment de la faveur dont les torys jouissaient auprès du roi, et avaient pour objet de faire éloigner de l'administration les hommes qui leur étaient odieux, Nottingham, Halifax et le marquis de Caermarthen (Danby). Leur aigreur fut encore augmentée par le bill d'amnistie que Guillaume fit proposer au parlement, dans le but d'arrêter le cours des haines politiques et calmer les inquiétudes de ceux qui avaient pris part au gouvernement du dernier roi. Les whigs, accusant Guillaume de chercher à se faire ainsi parmi les jacobites des instruments d'arbitraire, voulurent mettre des exceptions à cette proposition, et la chambre des communes nomma plusieurs comités, chargés de rechercher les abus commis sous le règne précédent, et même sous celui de Charles II. Quelques-uns des ministres actuels, plusieurs membres de la chambre des pairs et presque tous les torys se trouvaient compromis par ces recherches, et le marquis d'Halifax crut même devoir céder à l'orage et se retirer de l'administration.

La querelle fut encore plus vive au sujet du bill des corporations. L'enlèvement des chartes pendant l'avant-dernier règne avait changé tout le système électoral au profit des torys et de l'autorité absolue. Les whigs, maîtres des communes, ne se contentèrent pas de rétablir les choses dans leur premier état, elles ajoutèrent que l'enlèvement des chartes étant illégal, tous ceux qui les avaient livrées et tous ceux qui avaient concouru à ces actes de spoliation, seraient exclus des corporations pendant sept ans, ce qui fermait à un grand nombre de torys, durant cet espace de temps, l'entrée aux emplois municipaux et à la chambre des communes. Ce bill, vivement attaqué dans la chambre haute, y passa cependant à la majorité d'une voix; il ne fallait plus que la sanction royale pour le convertir en loi, et Guillaume se trouvait ainsi l'arbitre du sort des deux partis.

Les torys, menacés dans leur existence politique par ce bill, prodiguaient au roi les assurances et les promesses; ils avaient d'ailleurs pour eux de s'être montrés de tout temps les plus fermes défenseurs du pouvoir royal et de s'appuyer sur les anciennes familles, la grande propriété territoriale et l'autorité de l'église. Aux yeux du roi, au contraire, les whigs étaient un parti intraitable, imbu de théories républicaines, ennemi de la royauté qu'il s'étudiait à mutiler, couvrant enfin du prétexte de la liberté une ambition et une cupidité insatiables. Deux fois Guillaume avait réclamé des communes, où ils dominaient, une liste civile convenable pour tout son règne, et ses demandes avaient toujours été repoussées; il avait été obligé de faire de grands sacrifices pour se procurer des avances, était sans crédit et sans argent; et, loin de reconnaître que c'était à sa parcimonie intempestive que cet état de souffrance était dû, la chambre basse rédigeait encore une adresse où elle faisait du gouvernement la critique la plus amère et la plus capable d'indisposer la nation contre lui.

Désespérant, d'un côté, de ramener à ses vues les whigs, dont il avait lieu d'être si mécontent, et de l'autre, craignant de se confier aux torys, dont il ne croyait pas qu'il pût jamais être ni aimé, ni fidèlement servi, Guillaume eut un moment où feignit d'avoir la pensée de retourner en Hollande, et d'abandonner à la reine la conduite du gouvernement. Quelques-uns de ses ministres auxquels il fit part de ce dessein obtinrent qu'il y renonçât. Alors il laissa entrevoir la résolution où il était d'aller terminer en personne la guerre d'Irlande.

Cette résolution à peine connue, whigs et torys prirent le parti de s'y opposer; les premiers, de peur que le roi ne leur échappât avant qu'ils ne l'eussent réduit à sanctionner le bill des corporations; les seconds, dans la crainte qu'il ne chassât Jacques de l'Irlande, et ne leur enlevât l'espoir secret qu'ils avaient fondé sur le succès de l'entreprise de ce prince. Le parlement prépara une adresse, dans laquelle il alléguait le danger auquel le climat malsain de l'Irlande allait exposer la personne du monarque. Mais Guillaume avait fait ses réflexions et arrêté son plan : sans attendre qu'on lui présentât cette adresse, il se rendit à la chambre haute, y fit appeler les communes, et, sous prétexte que la guerre exigeait tous ses soins, prorogea le parlement (27 janvier 1690). Quelques jours après, il en prononça la dissolution (6 février).

Ce coup d'autorité, qui frappa les whigs de stupeur et d'indignation, fit triompher les torys : les bills votés contre eux se trouvaient annulés par la dissolution des chambres, et ils étaient par conséquent affranchis de la crainte que ces actes leur avaient inspirée. Les principaux membres du parti se rendirent aussitôt auprès du roi, pour l'assurer qu'ils étaient disposés à lui accorder, dans le prochain parlement, le revenu et les subsides qu'il avait inutilement demandés jusqu'ici, et Guillaume leur prouva sa reconnaissance en conférant à plusieurs d'entre eux des emplois publics importants.

Les élections se firent, et les torys eurent presque partout l'avantage. Ne voulant pas laisser refroidir leur zèle à son égard, Guillaume se hâta de convoquer le nouveau parlement (20 mars 1690). Sir John Trevor, tory, garde des archives sous le dernier roi, fut nommé orateur. C'était un homme habile, artificieux, sans conscience, qui se fit fort d'attirer dans le parti de la cour un grand nombre de membres whigs, torys et jacobites, pourvu qu'on lui fournît de l'argent pour les acheter. Guillaume se prêta de grand cœur à ces tentatives de corruption, et Trevor, en récompense de ses services, fut nommé commissaire du grand sceau. D'ailleurs, les deux partis se disputaient la faveur du roi par des concessions faites à l'envi; aussi la liste civile fut-elle, comme Guillaume l'avait demandé, portée au même taux que celle de ses deux prédécesseurs; cependant la perception des fonds sur lesquels elle devait être levée fut limitée à quatre ans.

L'empressement que mettaient les whigs à adopter les mesures proposées par le roi, ne leur avait cependant pas rendu la faveur de ce prince. Ils ne perdirent pas courage et parvinrent à amener leurs adversaires sur un terrain où ils étaient certains d'avoir l'avantage, en proposant un bill par lequel Guillaume et Marie étaient reconnus comme *légitimes souverains*, et les actes du dernier parlement déclarés bons et valides. Les torys se trouvaient par là dans une position difficile. Ils ne pouvaient s'opposer à ce bill sans donner un démenti au dévouement dont ils venaient de faire parade, et sans compromettre leur crédit naissant; l'adopter, c'était renoncer hautement aux doctrines qu'ils avaient professées précédemment. Ce fut néanmoins ce dernier parti auquel ils se décidèrent. Alors les whigs les soumirent à une épreuve plus dure encore; ils proposèrent un nouveau test qui obligeait tous les fonctionnaires publics, sans exception, à *abjurer le roi Jacques*. Rien ne pouvait heurter plus rudement la doctrine des torys qui, en voulant bien obéir à Guillaume comme roi *de fait*, se réservaient toujours de ne reconnaître que Jacques pour roi *de droit*. Mais Guillaume, par politique, ne voulut pas exposer ses nouveaux partisans à une épreuve aussi périlleuse; il mit fin à ces débats en ajournant le parlement (21 mai).

Les affaires du continent n'avaient alors rien d'alarmant. Les secours envoyés en Irlande par Louis XIV avaient forcé ce prince à rappeler une partie de ses troupes du Rhin; l'incendie du Palatinat, qu'il ne pouvait plus garder, avait soulevé contre lui l'Allemagne entière; trois armées, levées par la Hollande et l'empire, avaient refoulé les Français dans la Lorraine et dans l'Alsace. Guillaume résolut de partir pour l'Irlande, quoique l'Angleterre fût alors dans des dispositions peu favorables. La prorogation subite du parlement avait entièrement compromis le roi vis-à-vis du parti qui l'avait porté au trône, et il osait à peine se confier au parti opposé, auquel il avait cependant remis les emplois et le soin de l'administration En outre, la stagnation des affaires, les revers essuyés sur mer et en Irlande, les pertes que la guerre avec la France causait au commerce anglais, l'augmentation des impôts, le défaut de crédit, tenaient la nation dans un état de défiance et de mécontentement que les manières froides, réservées, les habitudes solitaires de Guillaume n'étaient pas faites pour dissiper. Mais le roi comptait sur la puissance des intérêts qui l'avaient placé sur le trône pour l'y maintenir au moment du danger, et d'ailleurs il se flattait que les succès de ses armes en Irlande lui ramèneraient l'opinion.

Guillaume ne connaissait pas toute l'étendue du péril qui le menaçait, et qui n'attendait que son départ pour éclater. Une conspiration s'était formée en Écosse, tramée par des hommes qui avaient concouru à la révolution de ce pays, et que des espérances déçues avaient rejetés dans le parti de Jacques. Le duc d'Hamilton, chargé des fonctions de commissaire du roi près du parlement écossais, n'avait rien obtenu des nombreuses demandes qu'il avait faites pour sa famille et ses protégés, et il n'exerçait ses fonctions qu'avec le désir de se venger du roi. Montgomery, l'un des trois députés qui étaient venus offrir à Guillaume la couronne d'Écosse, furieux de n'avoir non plus rien obtenu de ce prince, avait résolu de tout tenter pour lui arracher sa couronne. Il fit entrer dans ses vues les lords Annandale et Ross, et parvint à se ménager un parti parmi les membres les plus jeunes du parlement écossais. En même temps, il se rapprocha des jacobites dont une partie s'engagea à le seconder; plusieurs pairs torys et épiscopaux, qui s'étaient absentés du parlement pour ne pas prêter serment au nouveau roi, y rentrèrent et prêtèrent ce serment « afin de faire triompher la bonne cause. » Mais leur petit nombre n'eût pas suffi pour donner la majorité au parti si la conduite d'Hamilton ne leur fût venue en aide. Agissant contrairement aux instructions qu'il avait reçues du roi avec la charge de commissaire, Hamilton refusa de sanctionner les bills destinés à consacrer les conséquences de la révolution, et par cette conduite s'aliéna le parlement, qui repoussa toutes les demandes de subsides. Hamilton licencia alors une partie de l'armée d'Écosse, quoique la guerre ne fût pas entièrement éteinte; et grâce au mécontentement causé par ces mesures, la disposition des esprits devint telle que les conjurés pouvaient se flatter d'entraîner facilement toute la nation dans la rébellion. Pour obtenir un succès complet et durable, ils résolurent de faire entrer l'Angleterre dans l'entreprise, et trouvèrent des auxiliaires parmi les torys catholiques et protestants, à la tête desquels étaient Clarendon, l'oncle de la reine, et plusieurs membres de la chambre haute. Ils se mirent alors en communication avec Jacques en Irlande, et Marie d'Est en France. Celle-ci fit part du complot à Louis XIV, qui lui fournit des sommes considérables et promit de faire paraître sa flotte sur les côtes au moment décisif.

Mais cette combinaison, fondée sur des intérêts particuliers, échoua par l'incompatibilité même de ces intérêts. Les promesses libérales de Jacques aux trois chefs écossais excitèrent l'indignation des jacobites, qui rompirent aussitôt avec eux. D'un autre côté, Guillaume, instruit de la conduite perfide ou insensée d'Hamilton, lui donna un successeur qui faisant connaître quelles avaient toujours été les intentions du roi, lui rallia la majorité de la nation. Alors les presbytériens et les whigs se séparèrent des torys; et les trois chefs du complot, Montgomery, Annandale et Ross, dans la crainte d'être arrêtés, jugés et punis comme rebelles, se hâtèrent de dénoncer eux-mêmes la conspiration; sur leurs déclarations, la reine fit mettre à la Tour Clarendon et les principaux jacobites anglais.

Pendant ce temps une flotte française de soixante-huit vaisseaux de ligne, partie de Brest pour coopérer avec les conspirateurs, parut en vue de Plymouth. Elle était sous les ordres de Tourville. L'amiral Herbert, qui commandait la flotte anglo-hollandaise, hésitait à attaquer des forces supérieures aux siennes; mais sur l'ordre formel de la reine, il engagea l'action (10 juillet 1690) à la hauteur de Beachy-Head, sur la côte de Sussex, fut battu, et se réfugia dans la Tamise, abandonnant la mer aux Français, qui balayèrent la Manche, inquiétèrent les côtes de l'Angleterre, et firent même une descente à Teignmouth, où ils brûlèrent quatre vaisseaux de guerre et huit vaisseaux marchands. La reine fit mettre Herbert à la Tour. Les terreurs d'une invasion française, et la connaissance du complot écossais dont le conseil avait fait répandre les détails dans le public, produisirent une réaction générale en faveur de Guillaume; les succès de ce prince en Irlande achevèrent l'heureux changement qui s'était fait dans les esprits.

Parti de Londres le 4 juin 1690, Guillaume avait abordé à Belfast le 14, avec des renforts qui portaient l'armée anglaise à trente-six mille hommes. Il trouva Jacques conserservant partout la supériorité, grâce à l'affaiblissement des troupes du maréchal de Schomberg. Résolu de frapper un coup décisif, et n'étant pas venu en Irlande « pour laisser, comme il le disait, croître l'herbe sous ses pieds », il marcha sans délai contre son adversaire. Jacques se retira derrière la rivière de la Boyne, dans une position avantageuse, où il s'arrêta, décidé à courir les chances d'une bataille, malgré l'avis de son conseil de guerre, qui l'engageait à rétrograder derrière le Shannon pour traîner la guerre en longueur et laisser l'armée anglaise se dissoudre sans combat par l'effet du climat et des maladies, tandis que la flotte française, maîtresse de la mer, intercepterait tous les secours qui arriveraient d'Angleterre.

Le matin du 11 juillet, Guillaume arriva sur le bord opposé de la Boyne. Pendant qu'il reconnaissait la position de l'ennemi, un coup de feu lui effleura l'épaule, et tua un homme et deux chevaux à côté de lui. Le bruit de sa mort se répandant aussitôt, passa jusqu'en France. « Cette fausse nouvelle fut reçue à Paris avec une joie indécente : on illumina les maisons, on sonna les cloches ; on brûla dans plusieurs quartiers des figures d'osier qui représentaient le prince d'Orange ; on tira le canon de la Bastille, non point par ordre du roi, mais par le zèle inconsidéré d'un commandant [1]. » Guillaume n'avait cependant pas même été blessé ; le lendemain 12 juillet, il fit passer la Boyne à ses troupes sur trois points différents, et engagea le combat. Pendant longtemps il se maintint des deux côtés avec égalité. Alors le duc de Schomberg passa la rivière à la tête des protestants français, et leur montrant les troupes françaises qui combattaient pour Jacques II : « Cama-« rades, dit-il, voilà vos persécuteurs, » et, donnant l'exemple, il s'élança presque seul au milieu de la cavalerie irlandaise, où il fut bientôt entouré et grièvement blessé à la tête. Ses troupes accoururent aussitôt, et firent sur les Irlandais une décharge précipitée et imprudente, qui, au lieu de dégager leur général, l'étendit mort sur la place. La mort de Schomberg jeta la confusion dans les troupes anglaises ; les Irlandais, déjà ébranlés, se rallièrent et reprirent leurs postes ; mais leur chef Hamilton ayant été blessé et fait prisonnier, ils commencèrent à plier et ne tardèrent pas à abandonner précipitamment le champ de bataille, laissant quinze mille des leurs sur la place ; les Anglais ne perdirent que cinq mille hommes. Jac-

---

1. Voltaire, *Siècle de Louis XIV.*

ques, qui était resté sur la hauteur de Dunmore spectateur du combat, n'eut pas plutôt vu la fortune tourner contre lui, qu'il s'enfuit en hâte à Dublin sans chercher à rallier ses troupes. Avec plus de courage il aurait pu empêcher la dispersion de son armée, que le vainqueur n'avait pas même inquiétée dans sa fuite ; d'ailleurs, la victoire navale de Beachy-Head compensait largement la défaite de la Boyne. Mais Jacques ne songea qu'à sa sûreté personnelle, et le lendemain de son arrivée à Dublin il gagna Waterford, où il s'embarqua pour la France. Quelques jours après, Guillaume était maître de la capitale de l'Irlande. Il fit publier une déclaration où il garantissait le pardon à tous les individus de la classe du peuple qui avaient marché contre lui, sous la condition de rentrer dans leurs foyers, et de rendre leurs armes avant le 1er août 1690. Il y eut ordre à tous fermiers de terres appartenant aux catholiques d'en retenir les produits jusqu'à ce qu'on leur eût fait connaître en quelles mains ils devaient les remettre. Les chefs les plus obstinés de la révolte, déclarés coupables d'avoir violé les lois du royaume, appelé les Français et autorisé les déprédations commises sur les protestants, furent exceptés du pardon général jusqu'à ce qu'ils eussent mérité leur grâce par leur conduite subséquente.

Guillaume s'était mis à la poursuite de l'armée irlandaise. Après avoir été forcé par le colonel jacobite Sarsfield de lever le siége d'Athlone, il alla investir Limerick (19 août). Sarsfield se jeta encore dans cette place, et le força de nouveau à renoncer à son entreprise. Ces échecs, joints aux incommodités d'un temps pluvieux et malsain, déterminèrent le roi à laisser la conduite de la guerre à ses généraux, et à repasser en Angleterre (5 septembre). Le 2 octobre il ouvrit la session en exposant aux communes qu'il n'avait épargné jusque-là ni ses soins ni sa personne, que c'était à leur tour d'aviser à mettre l'armée et la flotte en état de soutenir l'alliance existante avec les puissances européennes, et qu'il regarderait comme ennemi de sa personne et du royaume quiconque s'opposerait à la discussion de ces matières préférablement à toute autre. Les succès de la guerre d'Irlande, les craintes qu'avaient inspirées la dernière expédition maritime des Français et la conspiration des jacobites, tout concourait à disposer la nation en faveur de Guillaume ; les communes votèrent à l'unanimité 4,000,000 sterling pour l'entretien de l'armée et de la marine. Mais cette union des partis ne dura qu'un moment, et la lutte recommença bientôt. Comme les whigs, au moment de la terreur panique qu'avait fait naître le désastre de la flotte, s'étaient montrés les plus empressés à secourir la reine et son conseil, Guillaume les protégea contre les entreprises des torys. Néanmoins, lorsqu'ils voulurent intenter une accusation contre Caermarthen, chef des torys dans le ministère, le roi éluda cette attaque, et pour mettre fin aux querelles, le 5 janvier 1691 il ferma la session en annonçant aux chambres qu'il allait se rendre en Hollande pour les affaires du continent.

La dernière campagne, celle de 1690, avait été à l'avantage de la France, mais sans produire de grands résultats. Victor Amédée, duc de Savoie, qui avait accédé à la ligue d'Augsbourg, avait été défait à Staffarde par le maréchal de Catinat (18 août) ; le maréchal de Luxembourg avait remporté la célèbre victoire de Fleurus sur le prince de Waldeck et les confédérés, et sur mer Tourville avait

battu la flotte anglo-hollandaise à Beachy-Head. Mais la défaite de Jacques II
sur la Boyne avait rendu ces victoires inutiles. Guillaume pouvait se considérer
comme débarrassé de son rival; néanmoins, voulant en finir tout à fait avec lui,
il envoya en Irlande de nouvelles troupes anglaises et écossaises, en donnant au
Hollandais Ginckel, qu'il avait nommé au commandement général, l'ordre de terminer la guerre, à quelque prix que ce fût. Quant à lui, voyant sa position se
raffermir en Angleterre, et impatient d'aller combattre en personne le roi de
France, il passa sur le continent, afin d'y ranimer la coalition.

Il fit à La Haye une entrée triomphale (26 janvier 1691), fut accueilli par des
feux de joie, des illuminations, et complimenté à l'hôtel-de-ville; il assista aux

Hôtel-de-ville de La Haye.

assemblées des États-Généraux, qu'il informa de ses succès en Angleterre et en
Irlande, en les assurant de son zèle et de son attachement inaltérable pour son
pays natal. Un congrès formé de la plupart des princes et de tous les plénipotentiaires de la confédération l'attendait à La Haye : Guillaume en présida l'assemblée
avec cet ascendant que lui donnaient son habileté, sa nouvelle grandeur, et l'éclat

d'une victoire récente. Il fut convenu que la ligue mettrait sur pied deux cent vingt mille hommes ; l'Espagne, l'empire et l'Angleterre devaient fournir chacune vingt mille soldats ; les Provinces-Unies, à elles seules, en mettaient sur pied trente-cinq mille. Guillaume s'engagea à venir au secours du duc de Savoie, vivement pressé par Catinat, et l'on arrêta d'un commun accord la teneur d'un manifeste contre Louis XIV, dans lequel les confédérés s'engageaient à ne faire aucune paix avec ce prince jusqu'à ce qu'il eût souscrit aux conditions que cet acte énonçait. Les principales conditions auxquelles on voulait obliger le roi de France étaient : qu'il ferait réparation au saint-siége de la hauteur avec laquelle il avait soutenu le privilége de son ambassadeur ; qu'il rétablirait la situation de la France et des états limitrophes dans les proportions fixées par le traité de Munster ; qu'il abolirait dans son royaume toutes taxes et impôts exorbitants, et rendrait à *tous* ses sujets leurs droits, libertés et priviléges.

A l'issue du congrès, Guillaume se mit à la tête de l'armée hollandaise pour aller combattre les Français, qui étaient entrés en campagne. En effet, Louis XIV après avoir porté son armée de Flandre à cent mille hommes, était venu en prendre le commandement, et assiégeait Mons. Cette ville, clé de la Belgique, ne put résister à la science de Vauban. Guillaume marcha vainement à sa délivrance, il n'osa attaquer la formidable armée qui couvrait le siége, et Mons se rendit (9 avril 1691) [1]. Du reste, ce fut l'unique fruit des préparatifs immenses faits pour cette campagne. Louis, après la prise de Mons, laissa l'armée au maréchal de Luxembourg, qui, inférieur en nombre, refusa constamment la bataille jusqu'à moment où Guillaume, ayant aussi quitté l'armée alliée en chargeant le prince de Waldeck de la mettre en quartiers d'hiver, Luxembourg tomba sur son arrière-garde et la mit en déroute (19 septembre 1691).

Sur le Rhin, l'électeur de Brandebourg fut constamment tenu en échec par le maréchal de Lorges ; dans le Piémont, malgré les efforts des alliés pour secourir le duc de Savoie, et le renfort de trois régiments de réfugiés français envoyé par Guillaume à ce prince, Catinat continua ses succès, et s'empara des places les plus fortes ; dans la Catalogne enfin, le duc de Noailles s'empara d'Urgel, et l'escadre du comte d'Estrées bombarda Barcelone : partout l'avantage était encore resté au roi de France.

Les armes de Guillaume étaient plus heureuses en Irlande. Au commencement de la saison, le roi de France avait envoyé dans ce pays un convoi considérable de munitions de tous genres, des soldats et des officiers français. Tyrconnel était arrivé au mois de janvier avec douze bâtiments chargés de secours de même nature. L'armée jacobite avait été réformée, et le commandement en chef de toutes les troupes irlandaises donné à M. de Saint-Ruth, officier français d'un mérite distingué. La première opération de Saint-Ruth devait être de protéger Athlone, devant laquelle Ginckel avait mis le siége ; mais le général français arriva trop tard, la ville avait été enlevée d'assaut par Ginckel avec une intrépidité et un talent qui lui valurent de Guillaume le titre de comte d'Athlone. Quoique inférieur en nombre

1. Lavallée, p. 281.

ce général voulut profiter de l'ardeur et de la confiance dont la prise d'Athlone avait enflammé ses soldats, et il marcha aussitôt au-devant de Saint-Ruth, qui s'était retranché à Anghrim; mais il fut repoussé avec une grande perte; et dans une attaque nouvelle, il se voyait encore culbuté, lorsque Saint-Ruth vint à être tué d'un coup de feu tiré au hasard. L'armée jacobite, privée de son chef, fut mise en pleine déroute, et se retira sur Limerick, seule place importante qui restât

Vue de Limerick.

à Jacques dans toute l'Irlande. Ginckel vint aussitôt l'investir (25 août); à l'aide de nouveaux renforts et de quelques bâtiments de guerre qui remontèrent le fleuve, il parvint à la bloquer complétement. La résistance fut vive; mais la ville n'avait à attendre aucun secours, et des négociations ne tardèrent pas à être entamées : les lords justiciers arrivèrent au camp le 1er octobre, et les conférences eurent pour résultat la célèbre capitulation de Limerick, qu'on étendit à toutes les places du royaume qui étaient encore au pouvoir des Irlandais (4 octobre).

« Les lords justiciers d'Irlande s'engageaient, au nom du roi, à assurer aux catholiques romains, pour l'exercice de leur religion, autant de liberté que les lois de l'Irlande en comportaient, et qu'ils en avaient eu sous le règne de Charles II. Tout citoyen, sans distinction, à l'exception d'un petit nombre d'individus condamnés à la confiscation de leurs biens ou à l'exil, fut appelé à jouir de la protection des lois, et réintégré dans ses biens et priviléges, sous la condition de se soumettre au gouvernement actuel, et de prêter serment de fidélité à Guillaume et à Marie. Afin de mettre un terme aux violences des partis, il fut convenu que personne de part et d'autre ne serait attaqué ou poursuivi en justice pour aucun délit antérieur, et ne serait comptable pour aucune rente, terre ou maison dont il aurait joui depuis le commencement de la guerre. Tout seigneur et gentilhomme nom compris dans l'exception fut autorisé à garder une épée, une paire de pistolets et un fusil. On accorda à tout individu la liberté de se retirer avec sa famille et ses effets où bon lui semblerait, l'Angleterre et l'Écosse exceptées. Il fut stipulé que les officiers et soldats au service de Jacques, qui voudraient passer la mer, seraient autorisés à marcher en corps jusqu'au lieu de leur embarquement, pour être transportés sur le continent avec les officiers et les soldats français ; que ceux qui aimeraient mieux demeurer en Irlande, pourraient librement disposer de leurs personnes, après avoir toutefois remis leurs armes à des commissaires nommés à cet effet ; que tous les prisonniers de guerre, de part et d'autre, seraient mis en liberté ; qu'aucun de ceux qui voudraient sortir du royaume n'y serait retenu pour dettes, ni pour aucun autre prétexte. » Les lords justiciers s'engagèrent à faire ratifier ces divers articles par Leurs Majestés dans le délai de huit mois, et à faire tous leurs efforts pour qu'ils fussent également ratifiés et confirmés par le parlement d'Angleterre.

Telle est la substance du traité de Limerick, considéré dès lors par les Irlandais catholiques comme la grande charte de leurs libertés civiles et religieuses. Les soldats se dispersèrent et regagnèrent leurs foyers. Douze mille catholiques seulement aimèrent mieux s'exiler de leur patrie que de se soumettre au nouveau gouvernement. La réduction de l'Irlande était consommée, et Guillaume souverain des trois royaumes de fait comme de nom.

Tandis que ce prince était sur le continent, les mécontents d'Angleterre, profitant de son absence, ourdirent un nouveau complot pour renverser son gouvernement et remettre Jacques sur le trône. Il y eut un rapprochement entre quelques torys, à la tête desquels se trouvait encore Clarendon, qui avait été relâché sans procès à la suite du *complot écossais*, et quelques whigs disgraciés ; des négociations furent également entamées entre les évêques réfractaires et quelques presbytériens. Preston et Ashton, deux des conjurés, furent choisis pour aller en France communiquer le projet à Jacques et à Louis XIV. Mais Guillaume avait des intelligences dans le conseil de Jacques, comme celui-ci en entretenait dans la cour du nouveau souverain ; les deux envoyés furent saisis au moment où ils allaient s'embarquer. Les preuves étaient évidentes ; ils furent mis en jugement et condamnés à mort. Preston seul sauva ses jours par des révélations fort étendues sur toutes les intrigues dans lesquelles torys et whigs étaient entrés depuis le commencement de la révolution. Ces aveux éclairèrent Guillaume sur la corruption qui l'entourait ; cependant il préféra encore fermer les yeux sur la conduite des whigs, qui avaient donné les mains à cette trahison. Les évêques réfractaires, compromis dans cette affaire, furent sommés une fois encore de se rallier franchement au gouvernement et de prêter les serments. Sur leur refus, on leur appliqua la loi, et ils furent remplacés sur leurs siéges par les ecclésiastiques les plus distingués par leurs lumières et leur modération. Une vive polémique s'engagea à ce sujet entre les adversaires et les partisans du gouvernement, et l'opinion se souleva de nouveau contre Guillaume, contre lequel ses ennemis avaient toujours raison lorsqu'ils lui reprochaient de sacrifier les ressources de l'Angleterre pour satisfaire sa haine personnelle contre Louis XIV. L'énormité des impôts nécessités par la guerre de France eût suffi seule à exciter le mécontentement populaire; un acte aussi barbare qu'impolitique vint, sur ces entrefaites, donner aux plaintes formulées contre le gouvernement du roi un fondement nouveau et plus réel.

Les montagnards d'Écosse continuaient toujours, au nom de Jacques, une sorte de guerre de déprédation et de pillage. Après avoir essayé inutilement d'acheter à prix d'argent leur soumission, le roi avait publié une proclamation offrant pardon et amitié à tous les chefs de clans qui auraient prêté serment à son gouvernement avant le 1er janvier 1692. Tous, à l'exception d'un seul, Macdonald de Glencoe, le prêtèrent, avec l'assentiment secret de Jacques. Cependant, effrayé des menaces portées dans la proclamation, Macdonald se présenta enfin le 31 décembre 1691 devant le commandant du fort William. Celui-ci n'ayant point qualité pour lui administrer le serment, Macdonald fut obligé de gagner avec son monde Inverary, où il n'arriva qu'un jour ou deux après l'expiration du délai; là il prêta serment devant le shérif, puis il regagna paisiblement son clan. Les ministres d'Écosse prirent occasion de ce retard pour représenter au roi que les Macdonalds étaient une race de brigands et de rebelles, dont il fallait faire un exemple terrible, et Guillaume délivra, suivant les termes franchement barbares de la jurisprudence écossaise, des *lettres de fer et de feu*, dans lesquelles on lisait cette clause : « Quant à cette tribu (la tribu de Glencoe), ce sera un acte convenable de justice publique d'exterminer cette horde de brigands. » L'officier qui fut chargé de l'exécution était allié aux Macdonalds; il vint prendre quartier avec ses soldats dans la vallée de Glencoe, fut reçu sans défiance, traité comme ami pendant deux semaines, et le quinzième jour, pour prix de l'hospitalité qu'il avait reçue, il donna l'ordre aux siens de massacrer le vieux chef, sa famille et sa tribu, dès qu'ils seraient plongés dans le sommeil. Trente-huit personnes furent victimes de cette boucherie; cent cinquante environ échappèrent, grâce à des soupçons qui les firent se tenir sur leurs gardes, et les satellites de Guillaume, emportant tout ce qu'ils pouvaient, mirent le feu aux habitations et laissèrent les femmes et les enfants sans abri, sans vêtements, sans nourriture, périr dans les neiges.

Cet acte imprima la terreur aux montagnards, mais le nom de Guillaume en reçut une flétrissure ineffaçable, et l'horreur qu'il inspira ne contribua pas peu à donner une nouvelle énergie aux efforts que ses ennemis, à la tête desquels était Louis XIV, tentaient pour le renverser.

Dans la dernière campagne, Louis avait été forcé de rester sur la défensive. Sa flotte, quoique victorieuse l'année précédente, avait craint de s'engager avec la flotte anglaise. Cependant Guillaume, désormais paisible possesseur des trois royaumes, allait en diriger toutes les forces contre la France; la ligue, que Louis s'était flatté d'écraser, le menaçait d'une invasion redoutable. Il résolut dans son intérêt bien plus que dans celui de Jacques, de pénétrer en Angleterre avec des forces considérables, afin de replacer la couronne sur la tête de l'ancien roi.

Dans ce dessein, il fit préparer, avec la plus grande célérité, une flotte à Toulon et une autre à Brest, et leur donna l'ordre de se réunir sur les côtes de Normandie au plus tard vers le milieu de mars, sous le commandement de Tourville, afin d'attaquer la flotte anglaise avant qu'elle eût fait sa jonction avec celle de Hollande. Des vaisseaux de transport pour vingt mille hommes furent rassemblés sur les côtes.

Pendant ce temps les intrigues les plus actives étaient renouées avec les mécontents et les jacobites d'Angleterre. Guillaume, en passant en Hollande (5 mars 1692) pour diriger les opérations militaires, leur avait laissé le champ libre; ils avaient profité de son absence pour lever secrètement à Londres deux régiments de cavalerie, et huit autres, tant infanterie que cavalerie, dans le Lancashire. Jacques avait des intelligences avec un grand nombre de lords, whigs, torys et jacobites; il comptait principalement sur Marlborough, Godolphin, Halifax, Shrewsbury, même sur Caermarthen, le principal ministre de Guillaume, sur l'amiral Russel, qui commandait la flotte anglaise, et enfin sur la princesse Anne, qui s'était réconciliée avec son père et possédait l'affection du parti de la haute église.

Les choses ainsi disposées, Jacques, avant de partir pour rejoindre l'armée qui devait le rétablir, publia à Saint-Germain et fit répandre par toute la Grande-Bretagne un manifeste annonçant qu'il arriverait avec une armée française suffisante pour briser le joug sous lequel gémissaient ses fidèles sujets, mais pas assez considérable pour mettre en danger leurs libertés; il promettait d'ailleurs de la congédier dès qu'il serait rétabli dans la possession de ses trois royaumes. Il avertissait son peuple que les commencements de l'usurpateur seraient sans doute, comme les commencements de Néron, l'époque la moins odieuse de son règne; mais que les artisans de l'élévation de cet homme vivraient assez pour maudire leur ouvrage et sentir le poids d'une tyrannie qui ne tarderait pas à se développer; que d'ailleurs, en supposant que l'usurpation se prolongeât tout le temps de sa vie, il laisserait à ses descendants un droit incontestable, qu'ils ne cesseraient jamais de soutenir, ce qui exposerait le royaume à tous les maux des guerres civiles. Il prenait l'engagement solennel de protéger l'église d'Angleterre et de la maintenir dans tous ses droits et priviléges, ainsi que dans toutes ses possessions; proclamait la résolution où il était d'employer dans un parlement légal toute son influence pour faire obtenir à tous ses sujets la liberté de conscience, ce qui pouvait seul assurer la prospérité de la nation, et assurait pour le passé une amnistie générale, mais en exceptant du pardon un si grand nombre de personnes de tout rang, qu'elle parut illusoire. Le style de vainqueur, de conquérant et de maître irrité qu'affectait Jacques dans cette pièce ne contribua pas à son succès.

La reine Marie, chargée de la régence en l'absence de Guillaume, fit elle-même imprimer et publier aussitôt, avec une réponse, la déclaration de son père; de nombreuses arrestations eurent lieu; la bourgeoisie de Londres et de Westminster prit les armes et la reine la passa en revue; enfin, Marie fit écrire à l'amiral Russel qu'on répandait le bruit d'une trahison de la flotte en faveur de Jacques, mais

qu'elle avait dans l'amiral et dans tous les officiers une entière confiance. Tous
déclarèrent en effet qu'ils étaient prêts à donner leur vie pour le maintien de Guillaume et de Marie. De son côté, Guillaume avait pressé le départ de la flotte de
Hollande, qui prit la mer plus tôt qu'on ne l'avait espéré. Louis XIV, qui ne doutait pas que ses deux flottes de Brest et de Toulon ne fussent réunies à temps, avait,
en partant pour la Flandre, donné ordre à Tourville de chercher la flotte anglaise
et de la combattre avant qu'elle eût fait sa jonction avec celle de Hollande. Mais
les vents contraires empêchèrent la jonction des escadres françaises, tandis que ces
mêmes vents favorisèrent celle des flottes d'Angleterre et de Hollande. Néanmoins
Tourville, fidèle aux ordres qu'il avait reçus, et ayant Jacques à bord de son vaisseau, chercha la flotte ennemie et lui livra bataille (19 mai) entre le cap de la
Hogue et l'île de Wight. Le combat dura dix heures; mais les forces étaient trop
inégales, et la flotte française fut forcée de battre en retraite. Poursuivie par l'ennemi, elle se dispersa dans les ports de la côte, débarqua les troupes qu'elle portait
et perdit quatorze vaisseaux qui furent brûlés dans la rade de la Hogue et le port
de Cherbourg. Alors l'armée qui devait passer en Angleterre s'échelonna sur les
côtes, où l'on craignait un débarquement de la part des alliés; le plan de campagne fut renversé et tout l'espoir de Jacques de nouveau ruiné.

La bataille de la Hogue eut un immense retentissement en Angleterre. Plus importante par son résultat que par les pertes qu'elle fit essuyer à la marine française,
cette victoire assurait à l'Angleterre, sur laquelle Louis XIV avait tenu suspendue
la menace d'une nouvelle guerre civile, la certitude de la paix intérieure.

En Flandre, Guillaume fut moins heureux. Louis XIV se porta, avec cent mille
hommes, devant Namur, la plus forte place des Pays-Bas, et en forma le siége.
Guillaume essaya, avec une armée égale en nombre, de secourir la place; mais
il fut tenu constamment en échec par Luxembourg, et, malgré ses efforts, Namur
se rendit (30 juin). Après ce siége, Louis XIV quitta les Pays-Bas, en détachant
de l'armée plusieurs corps qu'il envoya sur le Rhin et dans le Piémont. Ainsi
affaiblie l'armée française fut attaquée à l'improviste entre Steinkerque et Enghien
(4 août), et d'abord mise en déroute, mais bientôt elle fut ralliée par Luxembourg, reprit l'offensive, et Guillaume repoussé, battu, fut obligé de se retirer
sous Bruxelles.

Les opérations militaires sur les autres points du continent étaient moins favorables à la France. L'empereur avait subjugué les Hongrois révoltés et réduit les
Turcs à se tenir sur la défensive; dès-lors, il pouvait disposer de toutes ses forces
pour la guerre contre la France. En Espagne, la guerre était languissante; mais,
en Piémont, Catinat n'avait pu empêcher Victor-Amédée, duc de Savoie, d'entrer en Dauphiné et de ravager toute la vallée de la Durance (août).

Pendant cette campagne, la découverte d'un nouveau complot formé pour assassiner le roi tandis qu'il était en Flandre, retentit par toute l'Europe. Trois officiers,
deux Français et un Hollandais, avaient formé ce projet. On publia qu'ils agissaient
à l'instigation de la France, mais ce complot ne produisit pas en Angleterre une
réaction aussi favorable à Guillaume que celle déterminée par la découverte de
la conspiration écossaise. La défaite de Steinkerque avait fâcheusement réagi sur

l'opinion, et à son retour (20 octobre) le roi eut à combattre dans le parlement une violente opposition, formée des whigs sincères que mécontentait la marche et quelquefois les persécutions du gouvernement, des ambitieux de ce parti exclus des faveurs royales, et de cette fraction puissante des torys jacobites qui, depuis l'avènement de Guillaume, avaient toujours été ses ennemis. L'emprisonnement sans motif réel du comte de Marlborough, de plusieurs lords, ainsi que d'un nombre considérable d'autres personnes, et l'accusation qui sur de futiles soupçons avait été portée contre eux comme complices du projet de descente de Jacques, les mortifications essuyées par la princesse Anne de Danemark, de la part de la reine, fournirent un aliment à cette opposition, et une occasion pour taxer d'arbitraire et d'odieux le gouvernement du roi. Les lords déclarèrent que l'arrestation de Marlborough avait été faite en violation de l'acte d'*habeas corpus* et de leurs privi-léges, et Guillaume, pour empêcher l'affaire d'aller plus loin, fut obligé de donner décharge au comte et à tous ceux qui avaient été arrêtées avec lui. Dans les communes, l'opposition souleva une vive discussion au sujet des « désastres de la « marine et de l'armée, » qu'elle attribua à la préférence du roi pour les étrangers, et à la composition d'un ministère formé en grande partie de torys, qui ne pouvaient soutenir avec zèle un ordre de choses dont ils avaient combattu l'établissement. Mais, malgré les efforts des whigs, le roi conserva ses ministres torys, ôta même le commandement de la flotte au whig Russel, dont il soupçonnait les intrigues avec le roi Jacques, et après le vote d'un subside de plus de 4,000,000 pour la continuation de la guerre, il mit fin à la session (14 mars 1693), et repassa en Flandre, sans avoir sanctionné aucune des mesures votées dans le parlement.

Malgré son attitude imposante, la France commençait à être épuisée par l'entretien des quatre cent mille hommes de troupes qu'elle tenait constamment sur pied depuis quatre ans; ses ennemis avaient d'ailleurs peu souffert, et les résultats des opérations militaires s'étaient bornés pour elle à quelques villes prises, à quelques provinces ravagées, quelques vaisseaux détruits sans grand profit. La misère publique était fort grande, et Louis XIV, inquiet des murmures qui s'élevaient autour de lui, fit des propositions de paix très-modérées. Mais Guillaume avait besoin de la guerre pour se maintenir sur le trône; il remontra aux alliés que s'arrêter en ce moment, quand la France était dans l'épuisement, quand on devait s'attendre à un soulèvement populaire, surtout parmi les calvinistes, c'était perdre le fruit de tous leurs efforts; qu'il fallait profiter de l'union où, pour la première fois, se trouvait toute l'Europe pour combattre l'ennemi commun. Les propositions de la France furent rejetées, et la campagne de 1693 s'ouvrit.

Elle ne fut pas heureuse pour les alliés. Louis XIV avait fait de grands préparatifs pour rendre les opérations décisives, et dès le commencement de la campagne, Guillaume, par une marche imprudente, s'engagea avec quarante mille hommes seulement en présence de l'armée française forte de cent mille. Sa situation était désespérée, mais il fallait livrer bataille, et Louis ne voulut jamais consentir à exposer sa personne royale au hasard d'un combat. Il laissa Guillaume se retirer et retourna à Versailles. Après son départ, Luxembourg attaqua le roi d'Angleterre près du village de Nerwinde et remporta sur lui une victoire complète (29 juillet).

Mais Guillaume mit tant d'habileté dans sa retraite, et tant de promptitude à réunir de nouveau son armée, que le maréchal ne tira de sa victoire aucun avantage, et ne put rien entreprendre d'important le reste de la campagne. La prise de Charleroi par les Français, après un mois de siége, la termina en Flandre.

Sur le Rhin, une grande partie de la saison se passa en dévastations et en pillages; le Palatinat fut de nouveau ravagé par les Français. La prise d'Heidelberg, qui fut mise à sac pendant vingt-quatre heures, rappela à l'Allemagne les scènes d'horreur de la guerre de trente ans. En Catalogne, la forte place de Roses, investie par terre et par mer, se rendit après un mois de siége, au maréchal de Noailles et à l'amiral d'Estrées. En Italie, les alliés cherchaient à pénétrer de nouveau dans le Dauphiné; mais ils trouvèrent partout Catinat devant eux. Alors ils assiégèrent Pignerol, qu'ils abandonnèrent bientôt pour marcher contre le général français, dont les mouvements menaçaient Turin. Les deux armées se rencontrèrent à la Marsaille (4 octobre 1693). Après un combat opiniâtre, une charge à la baïonnette de vingt bataillons français décida la victoire et rendit Catinat maître de tout le Piémont.

Sur mer, la guerre n'était pas moins vivement soutenue. Le combat de la Hogue, malgré tout le retentissemcent qu'eut cette victoire en Angleterre, n'avait pas été un grand désastre pour la marine française; on eut bientôt réparé les pertes qui en étaient résultées, et Tourville et d'Estrées se virent, en peu de temps, à la tête de deux flottes de quatre-vingt-dix vaisseaux de ligne. Tourville alla croiser sur la côte de Portugal pour attendre un grand convoi de bâtiments marchands anglais et hollandais qui revenaient du Levant, escortés par vingt-sept vaisseaux de guerre. Il le rencontra à la hauteur du cap Saint-Vincent, battit son escorte, coula ou prit douze vaisseaux de guerre, les deux tiers des bâtiments de commerce, et retourna triomphant à Toulon (16 juin 1693). « Cette défaite coûta aux alliés plus de 40,000 hommes et jeta la consternation dans leur commerce. C'était, du reste, moins par ses flottes que par ses corsaires que la France dominait les mers. Il sortait continuellement des ports de France des escadres montées par Duguai-Trouin, Jean-Bart, Forbin, Pointis, Ducasse, qui pillaient les côtes d'Espagne, essayaient des débarquements en Écosse et en Irlande, enlevaient tous les convois. On trouvait les corsaires français partout, affrontant de gros navires, perçant de grandes flottes, semblant se jouer des vents comme des ennemis; ils revenaient ensuite rapporter les dépouilles des marchands de Londres ou d'Amsterdam à Dunkerque, à Dieppe, au Hâvre, à Saint-Malo. En neuf ans, cette dernière ville avait capturé deux cent soixante-deux bâtiments de guerre et trois mille trois cent quatre-vingts bâtiments marchands. Les Anglais, pleins de fureur, vinrent la bombarder avec une flotte de vingt vaisseaux, et lancèrent sur elle un brûlot immense qui l'aurait détruite de fond en comble s'il n'avait éclaté à une demi-lieue en mer. La guerre prit un caractère d'atrocité que l'incendie du Palatinat avait provoqué et s'étendit jusque dans les colonies européennes. Les Anglais dévastèrent Saint-Domingue et la Martinique; les Français ruinèrent la Jamaïque et Terre-Neuve.[1] »

1. Th. Lavallée, t. III, p. 293.

Guillaume, à son retour de Hollande (29 octobre 1693), trouva la nation dans le plus violent mécontentement; ses ministres torys, devenus impopulaires, étaient accusés de trahir les intérêts de la nation; lui-même se plaignait amèrement de ses amiraux. Il rendit à Russel le commandement de la flotte et songea à se récon-cilier avec les whigs, quoiqu'il n'ignorât pas que la plupart de ses anciens amis, irrités de sa conduite à leur égard et des tendances de son gouvernement, étaient profondément engagés dans des intrigues avec le roi Jacques; il les fit venir, leur prouva qu'il était bien instruit, et, sur le repentir qu'ils témoignèrent, non-seule-ment il leur déclara qu'il oubliait entièrement le passé, mais il le leur prouva en confiant des emplois importants à plusieurs d'entre eux. Déjà, avant son départ pour la Hollande, il avait nommé garde des sceaux John Somers, un des hommes les plus distingués du parti. Le mécontentement causé par les désastres maritimes était dirigé principalement contre Nottingham, depuis si longtemps secrétaire d'état. Guillaume le remplaça par Shrewsbury. Par là, les whigs se trouvèrent en majorité dans le conseil, mais ils avaient encore à lutter contre l'expérience, la capacité et la dextérité de Caermarthen et de Godolphin.

Le parlement s'étant rassemblé (7 novembre 1693), le roi reconnut franchement « le peu de succès de la campagne sur terre, et les désastres éprouvés sur mer, » mais il s'en servit pour insister davantage sur la continuation rigoureuse de la guerre et pour demander des votes de fonds convenables. Les communes, d'un concert unanime, ordonnèrent pour l'année suivante la levée de quatre-vingt-trois mille soldats et de quarante mille matelots, votèrent des subsides considérables pour l'entretien des troupes, et mirent ainsi le roi en état de repousser les propo-sitions de paix de la France. Ces concessions une fois faites à l'honneur et aux nécessités du pays, les divisions recommencèrent entre les partis. Dans la chambre basse, les torys étaient trop puissants pour accepter sans lutte le nouveau change-ment de ministère; mais leur opposition s'apaisa peu à peu, grâce à des distri-butions d'argent faites à propos. A cette époque, la corruption en était arrivée à un tel point que cette action du gouvernement sur la chambre était tacitement admise; les sommes dépensées pour acheter des votes ou faire taire l'opposition se nommaient *argent de silence* (hush-money).

Des débats sans fruit n'absorbèrent cependant point tout le cours de la session. Elle fut signalée par l'établissement de la banque d'Angleterre, après quoi le parlement fut prorogé (15 avril 1694). Vers le milieu de mai, Guillaume repartit pour la Hollande reprendre le commandement de l'armée alliée.

Jusqu'alors, Louis XIV avait conservé presque partout la supériorité, mais il s'épuisait, et les alliés le sentant, avaient doublé leurs forces. Comme on manquait en France d'argent et de recrues, tous les généraux reçurent ordre de se tenir sur la plus stricte défensive et l'effort de la guerre fut porté en Catalogne, dans l'es-poir qu'en poussant vivement l'Espagne, la plus faible puissance de la ligue, de grands succès contre elle décideraient la fin de la guerre. Le maréchal de Noailles commença en effet par des conquêtes; il attaqua et défit les Espagnols sur la rivière de Ter (27 mars 1694), s'empara de plusieurs places et se porta, avec trente mille hommes, devant Barcelone pour l'assiéger de concert avec la flotte de Tourville.

La prise de cette ville, qui pouvait avoir la plus sérieuse influence sur l'issue de la guerre, fut rendue impossible par l'arrivée de l'amiral Russel que Guillaume avait envoyé dans la Méditerranée. Tourville gagna Toulon, et Noailles se retrancha sur sa ligne d'opérations.

Dans les Pays-Bas, le principal événement de la campagne fut une tentative de Guillaume pour pénétrer dans la Flandre française; Luxembourg la déjoua, mais dans la rapidité de son mouvement pour fermer le passage à son adversaire, il découvrit la forte place de Huy, dont les alliés s'emparèrent aussitôt. Du reste, inférieur en forces, le maréchal évita toujours soigneusement un engagement général, et la campagne se passa en manœuvres jusqu'au milieu d'octobre, que les deux armées prirent leurs quartiers d'hiver.

Sur le Rhin, la guerre languissait, et en Piémont, le duc de Savoie avait déjà entamé des négociations secrètes avec la France. Ce fut sur les côtes de France que les forces maritimes anglaises et hollandaises tentèrent les efforts les plus sérieux, pour détruire à son foyer l'active piraterie des Bretons et des Normands qui désolait leur commerce. Brest fut le point sur lequel on dirigea une tentative de débarquement. Mais Jacques était instruit de ces projets par ses agents à Londres, et quand les bâtiments des alliés se présentèrent devant Brest (7 juin), la cour de France, avertie, avait déjà envoyé Vauban mettre les côtes en état de défense. Les Anglais y perdirent sept cents soldats, quatre cents marins et un navire, sans avoir causé de grands dommages. Pour se venger de ce désastre, l'amiral Berkeley alla bombarder Dieppe et le Hàvre, parcourut toute la côte de Cherbourg à Dunkerque et regagna l'île de Wight, après avoir porté partout la terreur. Les alliés demeurèrent maîtres de la mer.

Guillaume fit valoir cet avantage au parlement, à l'ouverture de la session suivante (12 novembre 1694). Il exposa aussi que les progrès des armes françaises étaient enfin arrêtés, et qu'en soutenant ce premier succès, on devait prochainement procurer la paix à l'Europe. La chambre des communes s'était montrée, dans toutes les sessions précédentes, d'une libéralité extrême à l'égard des votes de fonds; elle ne se démentit point cette fois encore, et accorda au roi un subside de près de 5,000,000 sterling. Mais ce vote fut acheté par une concession longtemps disputée : le *bill triennal* reçut enfin la sanction que le roi avait refusée dans les trois sessions précédentes. Le bill triennal était le fondement, le soutien du pouvoir des communes. Il devait sa naissance au parlement qui établit la république; la restauration le mit de côté, ainsi que bien d'autres garanties de liberté; il était destiné à recevoir une consécration nouvelle de la révolution de 1688. Ce bill établissait que la réunion et la réélection fréquente des parlements étant les gages d'une union heureuse et d'une harmonie constante entre le roi et le peuple, aucun parlement n'aurait désormais une durée de plus de trois ans; après ce laps de temps le gouvernement devait faire un nouvel appel à l'opinion publique dans les élections. L'acte renouvelait la clause du bill voté sous le règne de Charles II, contre l'interruption des séances du parlement pendant plus de trois années; mais il omettait les dispositions par lesquelles le parlement presbytérien de 1641 avait pourvu à l'exécution de cette clause sans l'intervention de la couronne, en ordonnant aux magistrats de procéder aux élections en vertu de la constitution, lorsque le roi refuserait de le faire.

Le bill triennal fut reçu par la nation comme une nouvelle charte de liberté, mais la joie publique et la session du parlement furent tout à coup interrompues par la mort de la reine Marie qui succomba, le 28 décembre 1694, à une atteinte de

Marie, d'après l'original de Wischer.

la petite vérole. La mort de cette princesse, qui s'était toute sa vie complétement effacée derrière le roi son époux, donna occasion aux torys de soulever en dehors et dans le sein du parlement la question de savoir si le droit de Guillaume au trône d'Angleterre n'était pas éteint avec la reine Marie, la couronne ne lui ayant été déférée qu'en sa qualité d'époux de la fille aînée de Jacques. Cette proposition fut mise en avant à la chambre des pairs par le comte de Nottingham, fortement repoussée par Bentinck, comte de Portland, et rejetée sans plus ample discussion. Cette nouvelle tentative des torys en faveur de la légitimité ne servit qu'à donner à Guillaume la certitude de l'aversion qu'ils avaient pour lui; d'ailleurs, il ne manquait pas d'autres raisons pour leur retirer sa confiance. Depuis qu'il leur avait remis l'autorité, chaque année de leur administration avait été marquée par des conspirations contre son gouvernement. En outre, il ne doutait pas que ses ennemis n'eussent toujours été avertis à l'avance des entreprises qu'il voulait tenter, et que cette communication ne leur eût été faite directement ou indirectement par les membres de son conseil.

La corruption était alors portée à un tel point, qu'en procédant à l'examen des comptes de l'état, les communes reconnurent que les revenus publics avaient été dilapidés par les fonctionnaires les plus élevés. Sir John Trevor, l'orateur, convaincu d'avoir reçu de la cour des sommes d'argent considérables qu'il avait employées à corrompre des membres du parlement, fut forcé d'abdiquer le fauteuil et chassé de la chambre. Plusieurs membres furent expulsés pour la même cause, et une accusation de malversation et de concussion fut intentée au duc de Leeds [1], président du conseil. L'enquête finit par compromettre un si grand nombre de personnes de marque, que whigs et torys craignirent également d'aller plus avant, et que le roi jugea à propos de détourner l'attention publique sur des matières moins dangereuses pour la considération de son gouvernement. Il se rendit à la chambre, remercia le parlement des subsides qu'il avait accordés, lui signifia son intention de passer sur le continent, l'assura qu'il confierait l'administration des affaires à des hommes d'une capacité et d'une fidélité reconnues, et recommanda aux députés et aux lords d'apporter encore plus de vigilance qu'à l'ordinaire au maintien de la tranquillité publique; le parlement fut alors prorogé au 18 juin 1695. Avant de s'embarquer pour la Hollande, le roi forma un conseil de régence dans lequel se trouvèrent appelés Somers, Shrewsbury et Godolphin. Le nom du duc de Leeds, désormais flétri dans l'opinion publique, n'y figura point. La princesse Anne, son mari et Marlborough en furent également exclus, peut-être à cause de la connaissance qu'avait Guillaume de leurs intrigues avec Jacques; la nation y vit un acte de jalousie contre la princesse, et jugea défavorablement cette exclusion. Enfin, vers le milieu de mai, le roi quitta l'Angleterre pour aller prendre le commandement des forces des alliés.

Le fort de la guerre fut encore, cette année (1695), dans les Pays-Bas. L'empereur était toujours en lutte contre les Turcs; le duc de Savoie, en négociation secrète avec la France, ne faisait aucun effort pour opérer une diversion puissante dans le midi; enfin l'Espagne, quoique puissamment soutenue par la marine anglaise, avait d'abord à défendre son territoire envahi. Quant à la France, tel était alors son épuisement, que Louis XIV se trouva encore forcé de rester sur la défensive contre des ennemis dont il avait triomphé si souvent et sans interruption; la population était considérablement diminuée, la souffrance générale;

---

1. Thomas Osborne, créé successivement comte de Danby, marquis de Caermarthen et duc de Leeds.

enfin , le maréchal de Luxembourg venait de mourir , et avait pour successeur Villeroi, courtisan intrigant et incapable.

Ce fut contre cet adversaire que Guillaume entra en campagne. Avec soixante-dix mille hommes, il vint assiéger Namur, où le maréchal de Boufflers, qui commandait sous Villeroi, se jeta avec trente bataillons. Malgré les tentatives du général français pour distraire Guillaume du siége de Namur, ce prince réduisit la place à capituler au bout de deux mois (2 septembre).

Sur le Rhin, le maréchal de Lorges fut repoussé par le prince de Bade, qui commandait l'armée de l'empire; mais des troupes ayant été détachées de part et d'autre pour renforcer les armées de Flandre, les deux adversaires demeurèrent dans leurs quartiers le reste de la campagne.

En Piémont, le duc de Savoie, contre l'avis de ses alliés, entreprit le siége de Casal et prit la place en quatorze jours, au grand étonnement des confédérés, qui ne savaient point que c'était un sacrifice par lequel le roi de France achetait l'inaction du duc pendant le reste de la campagne.

En Catalogne, Noailles avait été remplacé par le duc de Vendôme. L'amiral Russel, quoique soutenu de renforts d'impériaux venus d'Italie, n'ayant point été appuyé par les Espagnols, n'obtint pour tout fruit de la campagne, que d'obliger les Français à défendre leurs conquêtes, et d'interdire la Méditerranée aux flottes de Louis XIV.

Du côté de l'Océan, lord Berkeley bombarda Saint-Malo (4 juillet), Granville (6 juillet), Dunkerque (1er août) et Calais (16 août), mais sans beaucoup de succès. Enfin, l'escadre envoyée en Amérique pour agir de concert avec les Espagnols contre Saint-Domingue, revint en Angleterre sans avoir rien exécuté et dans l'état le plus déplorable. Malgré tous les efforts de la nation pour entretenir un nombre considérable d'escadres différentes, le commerce avait beaucoup à souffrir des corsaires français qui infestaient l'Océan. La principale source de ces calamités était dans les intelligences qu'entretenaient avec la France les mécontents d'Angleterre.

Toutefois, Guillaume (21 octobre) fut reçu à Londres comme un conquérant, au milieu des réjouissances et des acclamations du peuple, encore dans l'enthousiasme de la prise de Namur. Les torys seuls ne purent cacher le chagrin qu'ils éprouvaient de ce glorieux événement. Guillaume, qui redoutait leur opposition dans les communes où ils étaient en majorité , prit la résolution de dissoudre les chambres. Il n'y avait pas eu d'élections depuis cinq ans et le *bill triennal* avait limité l'existence du parlement actuel au 25 mars de l'année 1696. Il sembla au roi plus à propos de devancer ce terme, pour se soustraire aux enquêtes entamées dans la dernière session et aussi dans la pensée que les élections, influencées par la magie des succès militaires, se feraient en faveur de la cour.

Pendant le cours des opérations électorales, Guillaume, par le conseil de ses principaux confidents, se décida à parcourir le royaume, afin de disposer les populations en sa faveur. Il fit violence à ses habitudes de retraite, parut aux courses de Newmarket, visita plusieurs seigneurs dans leurs terres, et termina sa tournée dans les comtés par une entrée solennelle à Oxford. Il retira bientôt le fruit de ces

efforts : les élections lui furent favorables ; les whigs y obtinrent la supériorité et
arrivèrent en grande majorité dans la chambre des communes.

Le choix de l'orateur, Foley, déjà élu dans le dernier parlement, ne tarda pas
à démontrer quel était l'esprit de la chambre basse. La majorité des whigs, quoique
bien disposée pour le roi, était animée de cette tendance à limiter le pouvoir de la
couronne qui avait déjà porté tant d'ombrage à Guillaume, et elle se trouvait soutenue en cela par la minorité tory toujours prête à appuyer les mesures propres à
contrarier le gouvernement. Le roi, dans son discours, insista fortement sur l'importance des affaires du continent et sur les besoins de l'armée et de la flotte; mais
la chambre, après l'avoir assuré de son concours, commença par procéder à des votes
de garanties nouvelles pour la liberté, et reprit le *bill de haute trahison*, repoussé
par la couronne dans les derniers parlements. Ce bill, connu sous le nom d'acte de
la septième année de Guillaume, fut une des mesures les plus libérales de ce règne.
Le crime de haute trahison, très-vaguement défini par les lois antérieures à
Edouard III, avait été, sous le règne de ce prince, l'objet d'une législation plus
précise; mais l'application de la loi était encore soumise à des interprétations fort
arbitraires. Avant la révolution, beaucoup de décisions avaient violé à la fois et
les droits naturels et la lettre de la loi; une tendance à interpréter tout contre
l'accusé avait été grossièrement déployée dans les dernières années du règne de
Charles II. L'acte nouveau remédia à une partie de ces abus. D'après ce bill, l'accusé doit recevoir copie de l'acte d'accusation, la liste des jurés et celle des témoins
à charge ; il a le droit de forcer à comparaître les témoins à décharge et d'avoir
un défenseur ; les deux témoins exigés par la loi pour prouver la culpabilité, doivent déposer, sinon sur les mêmes faits, du moins sur des faits relatifs à la même
espèce de trahison ; enfin, les accusations pour crime de haute trahison sont limi-
tées aux cas énoncés dans le bill.

Le roi surmonta sa répugnance pour cet acte, de crainte que le parlement ne fît
attendre ou ne diminuât les subsides. En échange de sa sanction, il obtint sans
difficulté le vote de 5,000,000 sterling, qui lui étaient nécessaires pour défrayer les
dépenses de la guerre dans la campagne suivante.

Mais l'adoption du bill de haute trahison ne suffit point pour calmer l'opposition.
Elle s'éleva ensuite contre les concessions de terres que le roi faisait à ses favoris,
presque tous Hollandais, et força ce prince à révoquer un don fait à William Bentinck, comte de Portland. Les ennemis du gouvernement profitèrent de cette discussion pour répandre dans le royaume des bruits défavorables sur les profusions
du roi pour les étrangers, sur la rapacité de ceux-ci ; et l'opinion, animée par une
foule de pamphlets qui représentaient l'Angleterre comme livrée au pillage des
parvenus du continent, menaçait de se tourner de nouveau contre Guillaume,
lorsqu'un incident soudain, résultat des intrigues entretenues par les jacobites,
vint réagir sur la nation.

Jacques, après avoir vu ses espérances détruites par la défaite de la flotte
française à la Hogue, avait souscrit une déclaration dictée par les whigs avec
lesquels il était alors en correspondance, et qui promettait les garanties les plus
étendues aux libertés et à la religion de l'Angleterre. Cette déclaration avait pro-

duit un effet tout contraire à celui qu'il en attendait. Les torys et les catholiques anglais lui reprochèrent de mutiler et de dégrader la royauté, de se réduire à n'avoir pas plus d'autorité que le doge de Venise. Mais ce qui le surprit, ce qui le déconcerta le plus, ce fut d'apprendre que les whigs, ceux-là même qui avaient rédigé la déclaration, voyant la facilité avec laquelle il avait accepté toutes les conditions qu'elle renfermait, se persuadèrent et répandirent le bruit qu'il ne les avait acceptées qu'avec l'intention de les éluder dès qu'il serait rétabli. Bientôt après, les whigs avaient été rappelés à la tête du gouvernement, et Jacques put se convaincre qu'ils n'avaient jamais été de bonne foi avec lui. Il était évident que, dans l'état actuel des affaires, ils étaient dévoués plus que jamais à Guillaume; qu'ainsi il n'y avait plus à compter sur un soulèvement en Angleterre, où les jacobites seuls n'étaient pas assez forts et étaient comprimés par la crainte. Il fallait les affranchir de la terreur que leur inspirait l'usurpateur, et le moyen le plus simple, le plus sûr et le plus expéditif d'arriver à ce but, c'était d'aller droit à la personne de Guillaume et de lui arracher le trône avec la vie. Il fallait seulement préparer les choses de manière à pouvoir profiter du trouble et de la confusion que cet événement ne manquerait pas de produire; concerter avec les jacobites un mouvement de tout le parti; s'entendre avec le gouvernement français et en obtenir un secours capable de protéger l'entreprise.

Louis XIV entra dans ce projet avec d'autant plus d'ardeur, que la France épuisée désirait vivement la paix et que lui-même était fort las de la guerre. Il fut donc arrêté que douze à quinze mille hommes, avec des vaisseaux de transport, se rassembleraient entre Dunkerque et Calais, et que Jacques se rendrait sur les côtes aussitôt que l'expédition serait préparée. George Barclay, colonel des gardes de ce prince, avait engagé, à Londres, un assez grand nombre de mécontents pour exécuter le projet formé contre la personne de Guillaume; c'étaient des militaires anglais, écossais, irlandais, la plupart catholiques. L'ordre de l'attaque était déjà réglé : il ne s'agissait plus que d'épier le jour et l'heure où le roi passerait au lieu marqué par Barclay; mais ce fut précisément au moment où celui-ci se croyait le plus assuré du succès de son complot, que tout fut découvert. Le 23 février 1696, dans la nuit, plusieurs conspirateurs furent arrêtés, et le lendemain une proclamation apprit au public l'existence et la découverte de la conspiration. On reçut avis en même temps qu'une flotte française stationnait entre Dunkerque et Calais. Un cri d'horreur se fit entendre de toutes parts. Les deux chambres allèrent en corps exprimer au roi leur profonde indignation et l'assurer de leur entier dévouement. Russel prit la mer pour aller combattre la flotte ennemie. Jacques, ignorant ce qui se passait en Angleterre, était parti de Saint-Germain (28 février), mais à peine arrivé à Calais, il apprit que la plupart des conjurés étaient arrêtés et que toute la nation se prononçait avec fureur contre cet attentat. La flotte française se retira dans ses ports, et Jacques retourna à Saint-Germain.

Dans le procès des conspirateurs, plusieurs des accusés déclarèrent qu'on leur avait montré une commission de Jacques, et le bruit se confirma en Angleterre et à l'étranger que ce prince avait autorisé l'assassinat. Son nom et sa cause furent désormais associés à cette odieuse tentative, qui n'eut pour effet que d'affermir

Guillaume sur le trône et de rallier autour de lui la nation et le parlement. Les deux chambres votèrent une adresse dans laquelle elles déclarèrent qu'elles tireraient vengeance de tous les ennemis du roi et de leurs adhérents, en cas que Sa Majesté fût frappée de mort violente. L'acte d'*habeas corpus* fut suspendu, les catholiques bannis à dix milles de Londres et de Westminster, et il fut dressé un acte d'association, par lequel les signataires s'engageaient à reconnaître Guillaume pour vrai et légitime souverain, à le défendre contre tout agresseur, particulièrement contre Jacques et le prétendu prince de Galles, et à venger sa mort contre quiconque y aurait pris part. La même proposition fut adoptée par la chambre des pairs. Les communes passèrent en outre un bill qui déclarait incapable d'exercer aucun emploi public et d'avoir séance au parlement quiconque refuserait de s'engager dans l'association.

Dès que la perception des impôts qui devaient fournir le subside voté au commencement de la session eut été réglée, le roi prorogea le parlement (27 avril), et se rendit en Flandre. La campagne, si on peut lui donner ce nom, se passa sans événement remarquable et ne fut signalée que par l'inaction des deux armées commandées par Villeroi et par le roi Guillaume. La paix commençait à être désirée d'une grande partie des puissances belligérantes, et Louis XIV l'avait déjà offerte plusieurs fois inutilement; selon les habitudes de sa diplomatie, il cherchait à traiter séparément avec ses ennemis. Déjà il avait écarté le moins belliqueux, mais non pas le moins embarrassant, le pape. Innocent XI, qui avait pris part à la formation de la ligue, était mort; mais ses successeurs, Alexandre VII et Innocent XII, n'avaient pas changé de politique; Louis négocia avec le dernier, et l'apaisa par des concessions. Il réussit aussi à détacher de la ligue le duc de Savoie, et fit avec ce prince un traité d'alliance. Le duc rentra dans tous ses états : Pignerol, la clé de l'Italie, lui fut cédé; à ces conditions il unit ses troupes à celles du roi de France, et, à la fin de la campagne, força l'empereur et l'Espagne à reconnaître la neutralité de l'Italie. La guerre cessa donc dans le Milanais

Louis XIV aurait bien voulu, comme à l'époque du traité de Nimègue, traiter séparément avec les autres puissances, et principalement avec les États de Hollande, mais Guillaume fit échouer toutes ses tentatives. Ce prince avait à cœur que la paix ne fût concertée qu'avec ses alliés, et qu'elle fût glorieuse pour l'Angleterre. Des préliminaires avaient été déjà arrêtés; mais l'empereur, quoique engagé dans une guerre ruineuse avec les Turcs, et malgré la nullité complète des opérations militaires sur le Rhin, refusa d'y accéder; l'Espagne, n'ayant aucun intérêt direct à la cessation des hostilités, peu pressée d'ailleurs en Catalogne par l'armée de Vendôme, soutint l'empereur dans son refus.

Dès que Guillaume vit les négociations rompues, il regagna l'Angleterre. Le 20 octobre il ouvrit la session en annonçant aux chambres qu'après huit ans de guerre l'ennemi faisait des ouvertures pour la paix générale; « mais, ajoutait-il, je « suis sûr que vous serez de mon opinion; le seul moyen de traiter avec la France, « c'est de traiter l'épée à la main. » Les deux chambres, et surtout les communes, lui répondirent par des adresses pleines de zèle et d'enthousiasme, et la chambre basse s'engagea d'avance à défrayer toutes les dépenses nécessaires à la guerre, sur terre et sur mer, ainsi qu'à l'amortissement de la dette publique, provenue du déficit des fonds votés. Plus de 6,000,000 furent affectés à la guerre, et un crédit de 5,000,000, établi sur des impôts extraordinaires, fut consacré à amortir la dette.

Cette session fut signalée par un dernier épisode des procès intentés aux auteurs du dernier complot en faveur de Jacques. Sir John Fenwick, officier général, engagé dans la conspiration, avait été arrêté au moment où il allait passer en France, et il avait eu la malheureuse pensée de faire, avant même l'ouverture de son procès, des révélations compromettantes pour les principaux conseillers du roi; car nul d'entre eux, à cette époque, n'était innocent du crime de correspondance avec les ennemis de l'état. Entre des personnages considérables dont le roi avait besoin et un partisan déclaré de Jacques, déjà sous la main de la justice, le choix ne pouvait être douteux : Guillaume sacrifia leur accusateur. Deux témoins, comme la loi l'exigeait, étaient prêts à déposer contre Fenwick; pour le sauver, son épouse fit disparaître l'un d'eux; alors le parlement, violant lui-même le bill de trahison récemment voté, suppléa par un acte spécial au défaut de preuves légales; et cette atteinte aux lois, bien qu'elle soulevât des réclamations générales, n'en conduisit pas moins Fenwick à l'échafaud.

Guillaume ferma la session (16 avril 1697), en annonçant qu'il allait repartir pour la Flandre, et que l'état des affaires sur le continent étant de nature à prolonger son absence, il laisserait l'administration du royaume entre les mains de personnes sûres. Le comte de Sunderland, l'ancien ministre de Jacques, qui jusqu'alors ne l'avait aidé qu'en secret de ses conseils, et qui avait été le principal médiateur de sa réconciliation avec les whigs, fut nommé membre du conseil privé et lord chambellan. En même temps l'amiral Russell fut créé comte d'Orford et John Somers élevé à la pairie et aux fonctions de lord chancelier d'Angleterre. Après ces nominations, le roi s'embarqua pour la Hollande le 26 août 1697, afin d'être à portée de surveiller les négociations relatives à la paix générale.

Arrivé en Flandre, il y déploya un appareil militaire plus imposant encore que les années précédentes; mais déjà toutes les puissances étaient convenues d'accepter pour la paix la médiation de la Suède, dont le roi, Charles XI, s'était retiré de la ligue dès le commencement de la guerre, pour demeurer neutre; et les plénipotentiaires étaient réunis à Ryswick, ceux de l'Espagne exceptés. Afin de presser la conclusion de la paix, Louis XIV avait rassemblé en Flandre une armée de cent vingt mille hommes, commandée par Catinat, Boufflers et Villeroi, et pendant que les négociations traînaient en longueur, il s'empara de la ville d'Ath, sous les yeux même de Guillaume (juin 1697).

L'Espagne se refusait toujours à traiter; la prise de Carthagène, entrepôt de toutes les richesses de l'Amérique septentrionale, et celle de Barcelone, la décidèrent à cesser les hostilités. L'empereur, encouragé par ses succès contre les Turcs et par l'appui du czar Pierre Ier, qui les pressait en Crimée, hésitait encore; alors Guillaume donna ordre au comte de Portland, son confident diplomatique et son ami particulier, de s'aboucher avec le maréchal de Boufflers, et, au milieu des deux armées, un premier traité fut conclu avec la France (20 septembre) par les Provinces-Unies, l'Espagne et l'Angleterre. Louis rendit toutes les conquêtes qu'il avait faites depuis le traité de Nimègue, et consentit à ce que les principales places des Pays-Bas espagnols fussent occupées par des garnisons hollandaises ; il reconnut Guillaume III comme roi d'Angleterre, et promit de ne donner aucune assistance aux Stuarts.

L'empereur se résigna alors à traiter aussi pour lui-même et pour l'empire (30 octobre). La France rendit toutes les villes acquises depuis le traité de Nimègue, sauf Strasbourg ; elle céda Fribourg, Brisach et Philipsbourg, et abandonna toutes les têtes de pont qu'elle avait sur la rive droite du Rhin. Elle restitua à Léopold, fils de Charles V, la Lorraine, sauf Saarlouis.

Telle fut l'issue d'une guerre longue et sanglante qui avait épuisé la France et l'Angleterre d'hommes et d'argent, entièrement ruiné le commerce de cette dernière, et accumulé sur les deux états rivaux une dette nationale qui peu à peu était devenue un fardeau insupportable. Cependant Guillaume III et le principe protestant étaient en définitive restés vainqueurs ; Louis XIV avait été obligé d'abandonner les portes de l'Allemagne, acquises par le traité de Westphalie ; et si le roi d'Angleterre n'avait point complétement assouvi son ambition et ses désirs de vengeance, du moins il s'était consolidé sur le trône et avait obligé Louis XIV à renoncer formellement aux promesses sacrées faites au roi Jacques.

Ce malheureux monarque avait en vain réclamé l'admission de son ministre aux négociations de Ryswick. Alors il publia un long manifeste où, cherchant à justifier toute sa conduite, il appuyait ses droits sur l'intérêt de la religion catholique et de la légitimité. Les protestants, qui y étaient traités d'hérétiques, furent révoltés, et les princes catholiques crurent cette pièce rédigée de concert avec Louis XIV pour semer la division entre eux. Un second manifeste, adressé spécialement aux puissances protestantes, n'eut pas plus de succès, et n'attira à Jacques que des réfutations, où sa conduite tyrannique, comme souverain, était exposée sous le jour le plus odieux. Le congrès refusa de recevoir communication officielle de ces manifestes.

Après la conclusion du traité de Ryswick, Guillaume retourna en Angleterre (novembre). Il y fut accueilli avec enthousiasme, comme l'auteur de la paix de l'Europe ; mais lorsqu'il annonça aux deux chambres qu'il croyait que l'Angleterre ne pourrait se considérer comme en sûreté, si on ne continuait à tenir sur pied l'armée de terre, le souvenir des tentatives despotiques faites avant lui par Jacques se réveilla ; aussi les communes, en votant au roi une adresse de remerciement pour le rétablissement de la paix, en accordant les subsides nécessaires pour combler le déficit causé par la guerre, décidèrent, à une majorité de près de quarante voix, et malgré les énergiques efforts des partisans de la cour, que les troupes levées depuis 1680 seraient réduites à dix mille hommes.

A cette mortification que la chambre basse fit subir au roi se joignirent les attaques qu'elle dirigea contre Sunderland, désigné par l'opinion générale comme ayant conseillé au roi le maintien de l'armée, attaques qui effrayèrent à tel point ce ministre, que, malgré les instances de Guillaume, il résigna sa place de chambellan. Trois ans étaient écoulés depuis la convocation du parlement, le roi en prononça la dissolution, conformément aux dispositions du bill triennal (7 juillet 1698)

Peu de temps après, Guillaume passa en Hollande pour veiller aux négociations secrètes entamées entre lui et le roi de France au sujet de la succession du roi d'Espagne Charles II. Marié en premières noces à Marie d'Orléans, nièce de Louis XIV, en secondes à une princesse de Bavière, ce monarque n'avait eu d'enfants d'aucun de ses mariages ; « vieillard à trente-neuf ans, il traînait une vie agonisante au milieu des intrigues qui se croisaient autour de son lit de mort pour sa succession. » Les principaux prétendants à cette succession étaient [1] : Louis, dauphin de France, comme fils de Marie-Thérèse, fille aînée de Philippe IV; Joseph-Ferdinand, fils de l'électeur de Bavière, comme arrière-petit-fils de Philippe IV; Léopold, comme petit-fils de Philippe III, et, en faisant passer son droit au fils cadet qu'il avait eu d'un second mariage, l'archiduc Charles. Marie-Thérèse avait, il est vrai, lors de son mariage, renoncé aux droits qui pouvaient lui échoir à la couronne d'Espagne; mais Louis XIV prétendait que la validité de cette renonciation était subordonnée au paiement de la dot de la princesse, et que cette dot n'ayant pas été payée, la renonciation se trouvait par cela même annulée. Si cet argument était admis, le droit du dauphin était évidemment le meilleur ; en cas contraire, la monarchie espagnole devait appartenir à Joseph-Ferdinand de Bavière, de préférence à l'archiduc Charles. « Mais Léopold avait pour lui le nom d'Autriche, l'union constante des deux branches autrichiennes, et la haine de ces deux branches contre la maison de Bourbon. »

C'était cependant pour le prince électoral de Bavière que penchait Charles II, et il avait même fait son testament en sa faveur ; mais la reine d'Espagne était toute dévouée à l'empereur; elle parvint à faire déchirer le testament, et bientôt il parut certain que l'archiduc serait déclaré héritier de la monarchie espagnole. Louis, perdant alors tout espoir de faire triompher les prétentions du dauphin, s'adressa à Guillaume, devenu depuis la paix de Ryswick l'arbitre de l'Europe, et, comme unique moyen d'éviter une guerre terrible et de conserver l'équilibre européen, lui proposa un partage de la monarchie espagnole entre les trois concurrents.

Des négociations s'ouvrirent dans le plus profond secret, et le 10 octobre 1698, fut signé à La Haye, entre l'Angleterre, la France et les Provinces-Unies, le traité qui prit le nom de premier traité de partage. Par ce traité, les trois puissances s'accordaient à reconnaître pour roi d'Espagne, à la mort de Charles II, le fils de l'électeur de Bavière, alors âgé de cinq ans. Ce jeune prince devait posséder l'Es-

1.

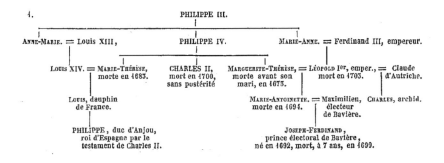

pagne et ses dépendances en Europe et en Amérique, à l'exception de Naples, de la
Sicile, de la Sardaigne, de la province de Guipuscoa, de Fontarabie, Saint-Sébastien, Final, et des possessions de l'Espagne dans la Toscane, qu'on abandonnait à
la France, qui renonçait dès lors à ses prétentions sur la succession espagnole.
Quant à l'empereur, les puissances contractantes lui réservaient le Milanais, donné
en souveraineté à son second fils l'archiduc Charles. Le traité devait être communiqué à Léopold et à l'électeur de Bavière par le roi d'Angleterre et les États-
Généraux; si l'un ou l'autre de ces deux princes refusait d'acquiescer à ces arrangements, la part qui lui était échue devait demeurer en séquestre jusqu'à ce qu'un
accommodement eût terminé toute contestation. L'électeur de Bavière accéda à ces
arrangements, l'empereur s'y refusa hautement.

Ce traité était un triomphe pour la diplomatie française; la France échangeait
des droits contestables et qui, dans tous les cas, ne pouvaient triompher que par
les armes, contre la possession assurée et pacifique de nouvelles provinces. Mais
Guillaume avait prévu que si l'on était obligé d'en venir aux armes, l'électeur
de Bavière, prince sans pouvoir, serait bientôt mis à l'écart; qu'alors la question
s'agiterait seulement entre Louis et l'empereur, et il redoutait l'énorme accroissement de puissance que la victoire devait donner à l'un ou à l'autre de ces deux
princes. L'équilibre européen eût été dès lors entièrement rompu. Il était donc de
l'intérêt des deux puissances commerçantes du nord, l'Angleterre et la Hollande,
de donner la monarchie espagnole à la maison de Bavière, dynastie nouvelle, dès
lors opposée d'intérêts avec l'empereur. La France, un pied sur Naples et l'autre
sur la Toscane, devait opposer une digue puissante aux progrès que l'acquisition
du Milanais faisait faire à la puissance de l'Autriche en Italie. Guillaume n'était
point inquiété par l'importance des cessions faites à la France dans la Méditerranée, il n'entrait point encore dans les vues de l'Angleterre d'étendre sa puissance
de ce côté.

La prépondérance que l'habileté de son nouveau roi donnait à l'Angleterre dans
les affaires de l'Europe, et la gloire qui en rejaillissait sur le pays, ne pouvaient
cependant désarmer l'opposition qui s'était formée contre lui dans le parlement
au sujet de la conservation d'une armée permanente. Néanmoins, et malgré la
résistance qu'il avait rencontrée dans les communes, Guillaume ne renonça pas à
ses desseins; et en quitant l'Angleterre, il avait laissé à ses ministres l'ordre de
conserver seize mille hommes de troupes au lieu de dix mille que le parlement avait
accordés. Cette mesure, si elle eût été exécutée, eût fait naître une nouvelle lutte
entre la couronne et les communes, et cette lutte, le ministère, dans l'état de désunion où il se trouvait, était d'autant moins en mesure de la soutenir, que les
élections nouvelles avaient envoyé à la chambre basse beaucoup d'hommes, partisans, il est vrai, des principes de la révolution, mais qui ne paraissaient pas fort
dévoués à la personne du roi.

Dans son discours d'ouverture de la session (6 décembre 1698), le roi n'en renouvela pas moins ses insinuations au sujet du maintien de l'armée de terre. « Pour
« conserver, disait-il, à l'Angleterre le poids et l'influence qu'elle a actuellement
« dans les conseils et les affaires du continent, il est nécessaire que l'Europe voie

« que vous ne vous manquez pas à vous-mêmes. » C'était toucher le point le plus délicat de la situation présente, et la chambre, irritée de voir que malgré le vote des communes précédentes, le roi songeait à maintenir sur pied un nombre de troupes plus considérable que celui qui avait été fixé, décida que le contingent des troupes à la solde de l'Angleterre serait réduit à sept mille hommes, et que ce nombre ne comprendrait que des soldats nés dans le royaume. Elle excluait ainsi de l'effectif militaire tous les corps de réfugiés français que Guillaume avait formés depuis le commencement de la dernière guerre, et les régiments de gardes hollandaises dont il s'était constamment entouré, au grand mécontentement de la nation. Les ministres, redoutant de s'opposer ouvertement à l'expression d'un vœu qui était celui de l'opinion publique, laissèrent passer le bill sans résistance.

Guillaume fut si indigné de cette conduite des ministres et du parlement, qu'il menaça de nouveau d'abandonner le gouvernement, et il écrivit dans cette intention un discours qu'il devait prononcer aux deux chambres; mais ses conseillers intimes parvinrent à le détourner d'un tel dessein, et le déterminèrent même à sanctionner le bill qui l'offensait si vivement. Il se rendit à la chambre des pairs, y manda les communes, et leur dit que, dans son opinion, la nation ainsi dégarnie de troupes serait trop exposée, et qu'il regardait comme un devoir pour les chambres de pourvoir à la sûreté du royaume par l'entretien de forces nécessaires; que cependant, et bien qu'on eût mal usé à son égard en voulant le priver de ses gardes hollandaises, il consentait à sanctionner le bill pour éviter toute mésintelligence entre le souverain et le parlement. Les communes lui votèrent une adresse de remerciements, l'assurant qu'il pouvait se reposer de sa sûreté sur l'attachement sans bornes du peuple anglais à sa personne sacrée et à son gouvernement. Trompé par ce semblant de retour, le roi crut alors pouvoir faire une dernière tentative pour conserver ses Hollandais. Il adressa lord Ranelagh aux communes avec un message dans lequel il leur annonçait que les gardes étaient sur le point de s'embarquer, mais qu'il leur serait bien reconnaissant, si elles permettaient qu'il les retînt. Loin de céder à ses désirs, les communes lui présentèrent une adresse où elles lui témoignèrent leur surprise de ce qu'il insistait sur une chose contraire à la constitution qu'il était venu rétablir; en même temps elles lui rappelaient la déclaration par laquelle il avait promis le renvoi des troupes étrangères, ajoutant que le bonheur du royaume dépendait d'une entière confiance entre la nation et le roi; que rien n'était plus propre à établir cette confiance que de laisser la garde de sa personne à ses propres sujets, qui avaient déjà fait pour elle tant de sacrifices. Guillaume fut contraint d'acquiescer à la ferme résolution de la chambre, et les Hollandais furent transportés dans leur pays.

La situation respective du roi et de la nation se dessinait pour la première fois bien nettement. Dans cette opposition des communes se peignait le sentiment national profondément blessé par les préférences du souverain pour ses compatriotes et par ses préoccupations continuelles pour les intérêts de la Hollande, à laquelle on l'accusait de sacrifier ceux de l'Angleterre. Le dégoût profond dont la connaissance de ces dispositions remplissait le cœur du roi, fut encore augmenté par la direction donnée par l'opposition aux débats parlementaires. L'esprit d'intervention dans tous les actes de la couronne, que les communes avaient déjà manifesté par les enquêtes des parlements précédents sur l'administration publique, éclata plus que jamais dans les recherches auxquelles on soumit l'usage que le roi avait fait de sa prérogative. Nonobstant sa promesse de ne pas disposer des biens confisqués en Irlande, avant qu'un acte du parlement en eût fixé l'emploi, Guillaume avait distribué ces biens à ses favoris, et il avait réussi à empêcher dans la chambre haute l'adoption d'un bill déjà passé dans la chambre basse pour appliquer la vente de ces terres au service public. Les communes, irritées, nommèrent une commission chargée de faire une enquête à ce sujet, adoptèrent de nouveau un bill qui affectait la vente des biens confisqués au soulagement des sujets anglais; et afin de prévenir toute résistance de la part des lords, auxquels la constitution ne permettait pas d'amender les bills de finance, elles annexèrent ce bill à celui des subsides. Pour obtenir les fonds dont il avait besoin, le roi se vit obligé de le sanctionner. Enfin la chambre entama une enquête si sévère sur l'administration de la marine, que lord Orford (l'amiral Russel), menacé d'être accusé de concussion, aima mieux céder au torrent et résigner ses emplois. La clôture de la session (4 mai 1699) mit fin à cet orage parlementaire; mais les votes des communes avaient désorganisé le ministère. Le roi, avant de repartir pour la Hollande, le reconstitua, en y faisant entrer des membres du parti tory, qui commençait à reprendre faveur auprès de lui.

Le dernier ministère était demeuré complétement étranger aux négociations relatives à l'Espagne; les nouveaux conseillers ne furent pas initiés davantage aux intrigues soulevées sur le continent par le traité de partage. Ce traité n'avait pu rester longtemps un secret pour la cour de Madrid : le roi d'Espagne avait été indigné de voir des étrangers partager sa monarchie de son vivant, et afin de déjouer tous les plans des puissances contractantes, il avait nommé pour son héritier universel le petit prince de Bavière. Mais, au commencement de l'année 1699, cet enfant mourut. Cette mort, qui annulait le testament du roi d'Espagne, nécessitait la reconstruction du traité de partage sur de nouvelles bases. Guillaume, de sa résidence de Loo, entama avec Louis XIV de nouvelles négociations, qui marchèrent avec la plus grande lenteur et ne produisirent d'abord qu'une remontrance véhémente de l'ambassadeur d'Espagne à Londres. Celui-ci menaça Guillaume d'en appeler à la nation anglaise et de présenter des remontrances formelles aux deux chambres à la prochaine session; l'aigreur se mit entre les deux cours, et les ambassadeurs furent rappelés de part et d'autre. On apprit par cet éclat qu'il y avait sur le tapis des arrangements politiques entre les puissances au sujet de l'Espagne, que Guillaume en faisait son affaire personnelle, et qu'il tenait son gouvernement d'Angleterre soigneusement à l'écart. Les esprits furent vivement indisposés en voyant que le roi séparait entièrement ses affaires de celles de la nation, et le ministère, sentant que la chambre basse lui ferait un crime de sa faiblesse et de la dépendance où le retenait le souverain, se refusa à subir l'épreuve du parlement. Tous les whigs se retirèrent du conseil, et furent remplacés par des torys. Lord Somers seul demeura, résolu à faire tête à l'orage, qui recommença avec la session.

Les communes ne pouvaient s'attaquer à la politique extérieure; tout était demeuré un secret, et d'ailleurs le premier traité de partage n'existait plus ; le second, en cours de négociation, n'était pas encore ; cependant, décidées de prouver au roi leur mécontentement, et ne pouvant s'en prendre à lui-même, elles l'attaquèrent dans la personne de ses ministres. Lord Somers devint l'objet de leurs poursuites ; on l'accusa de faire exercer la piraterie pour son compte dans les mers d'Amérique, à l'occasion d'un navire qu'il avait contribué à fréter pour poursuivre les pirates dans ces mers, et qui avait été lui-même saisi en flagrant délit de piraterie. Somers n'eut pas de peine à prouver qu'il était innocent, et la chambre, repoussée sur ce point, se rejeta sur les confiscations d'Irlande.

Après avoir énuméré toutes les concessions de terres faites par le roi, elles lui présentèrent une adresse dans laquelle elles déclaraient que ceux qui avaient provoqué ces concessions avaient manqué grièvement à leur devoir, et abusé de la confiance qui leur était accordée. Guillaume, mécontent, ayant répondu qu'après la longue guerre qui venait d'endetter la nation, les mesures efficaces que prendraient les communes pour diminuer cette dette et soutenir le crédit public, contribueraient mieux que leurs démarches actuelles à l'honneur, à la prospérité et à la sûreté du royaume, la chambre déclara aussitôt que celui qui avait suggéré cette réponse avait voulu exciter la défiance et la mésintelligence entre le roi et son peuple ; ensuite elle ordonna l'impression de tout ce qui avait été fait dans le parlement au sujet des confiscations d'Irlande ; arrêta que tout membre du conseil privé qui aurait obtenu des dons exorbitants, était coupable de haute malversation ; nomma une commission chargée de vendre les terres confisquées au plus offrant ; enfin décida qu'on subviendrait aux dépenses du gouvernement par le produit de ces ventes. Ce dernier bill fut encore annexé aux subsides de l'année, afin de le soustraire aux amendements de la chambre haute. Après quelque hésitation, Guillaume y donna son consentement, mais il ne put dissimuler son courroux ; il devint sombre et morose, et ses ennemis ne manquèrent pas de tirer de sa mauvaise humeur une preuve de son aversion pour le peuple anglais. Une adresse fut ensuite proposée, pour demander qu'à l'exception du prince George de Danemark, aucun étranger ne fût admis dans les conseils du roi en Angleterre et en Irlande. Cette démarche était dirigée contre les conseillers hollandais du roi, mais avant que l'adresse pût être présentée, Guillaume ordonna au chancelier de fermer la session (11 mai 1700).

Le roi, qui depuis son élévation sur le trône avait passé d'un parti à un autre, suivant l'état de ses affaires et l'opposition qu'il avait rencontrée, après s'être convaincu de l'impossibilité qu'il y avait de gouverner avec un ministre whig à la tête d'une administration composée de torys, céda aux instances de ces derniers en faisant redemander les sceaux à lord Somers ; mais, d'un autre côté, préoccupé des affaires du continent et débarrassé du parlement, il ne s'arrêta point à reconstituer son ministère, et se hâta de passer en Hollande pour mettre la dernière main au second traité de partage.

Ce traité, qui fut signé le 13 mai 1700, substituait au fils de l'électeur de Bavière l'archiduc Charles, comme roi d'Espagne, ajoutait la Lorraine aux provinces concédées à la France, et dédommageait le duc de Lorraine par le don du

Milanais. Par ce moyen, en abandonnant l'Espagne à la maison d'Autriche, on l'isolait complétement de l'Italie.

Cependant Charles II n'apprit pas sans courroux ce nouvel outrage des puissances. Pour se venger de leur intervention dans ses affaires, il résolut de faire un nouveau testament, par lequel l'archiduc Charles serait nommé héritier de la monarchie espagnole. L'empereur fut invité à envoyer son fils à Madrid, escorté de dix mille hommes, pour assurer ses droits à la succession qu'on lui réservait. Mais une telle démarche eût soulevé à l'instant la France, l'Angleterre et la Hollande contre l'empereur; les négociations qui suivirent pour lever cet obstacle, traversées par les intrigues des divers partis opposés à la reine dans le conseil d'Espagne, firent naître la mésintelligence entre les cours de Vienne et de Madrid, tandis que la conduite habile du marquis d'Harcourt, ambassadeur de France, se conciliait les esprits de la fraction du conseil d'Espagne qui voulait sauver l'intégrité de la monarchie en faisant échoir la succession à un Bourbon, mais sous la condition que les deux couronnes de France et d'Espagne ne seraient jamais réunies sur une même tête. Assuré des dispositions de ce parti, et la vieille haine des Espagnols pour la maison d'Autriche aidant, d'Harcourt espéra par un coup de vigueur faire pencher la balance en faveur de la maison de Bourbon, et amener le roi d'Espagne à laisser toute la monarchie à un prince de cette famille. De concert avec le cardinal de Porto-Carrero, chef du parti espagnol, le marquis quitta la cour et alla prendre le commandement d'une armée française rassemblée sur la frontière. Alors tous les membres du conseil qui redoutaient le démembrement de l'Espagne pressèrent le roi d'éviter le danger d'une guerre avec la France, en nommant pour son héritier le duc d'Anjou, petit-fils de Louis XIV. Le roi consulta son confesseur, qui, d'accord avec les partisans de la France, appuya cet avis; il écrivit au pape Innocent XI : le saint père, dont le premier axiome politique était l'indépendance de l'Italie et l'abaissement de la maison d'Autriche, répondit au roi dans le même sens, et Charles II cédant enfin à ce concert d'opinions, appela à la couronne d'Espagne le duc d'Anjou, second fils du dauphin, sous condition qu'il renoncerait pour lui et ses héritiers à tous ses droits sur la couronne de France (2 octobre 1700). Vingt-huit jours après avoir signé ce testament, qui lui inspirait la plus profonde répugnance, le roi d'Espagne mourut (1er novembre).

Dès que le roi fut mort, le conseil d'Espagne notifia aux puissances le testament, qui avait été jusqu'alors tenu dans le plus profond secret, et s'occupa d'obtenir l'adhésion de Louis XIV. De l'issue de cette démarche dépendait la paix de l'Europe. Louis XIV accepterait-il la succession entière pour son petit-fils, conformément aux dernières volontés du roi d'Espagne, ou se contenterait-il de la portion qui lui était assignée à lui-même par le traité de partage? Sa décision ne tarda pas à être connue : de l'avis de son conseil, le roi de France opta pour le testament, congédia son petit-fils avec ces mots devenus célèbres : « Il n'y a plus de Pyrénées, » et le 4 décembre 1700 le nouveau roi partait pour l'Espagne.

Quelque ressentiment qu'inspirât au roi Guillaume la conduite du monarque français, conduite si contraire aux engagements qu'avait pris ce prince, il témoigna à cet égard une réserve et une indifférence si complète, qu'on le crut quelque

temps d'accord avec Louis XIV. Mais ce n'était là qu'un trait du caractère de Guillaume ; il cachait ses sentiments jusqu'à ce qu'il eût sondé ceux des autres puissances de l'Europe, et qu'il eût vu jusqu'à quel point il pouvait compter sur le
concours de ses sujets anglais.

Dès son retour à Londres il compléta l'ascendant des torys dans le ministère : lord Godolphin fut replacé à la tête de la trésorerie, et lord Rochester, le
principal organe de la haute église, fut nommé lord-lieutenant d'Irlande, avec
faculté de séjourner en Angleterre, afin de prêter au gouvernement l'appui de son
influence sur le parti tory. Robert Harley, chef de ce parti dans les communes, et
l'un de ceux qui s'étaient jusqu'alors opposés aux mesures de la cour avec le plus
de violence et d'habileté, fut chargé de modérer et de diriger la chambre basse.
Comme la nouvelle administration ne pouvait compter sur la majorité du parlement, le roi se détermina à le dissoudre et en convoqua un pour le 6 février 1701.

La mort du roi d'Espagne et les affaires du continent ne devaient pas être l'unique objet des délibérations du nouveau parlement. Pendant l'absence du roi, le
duc de Glocester, fils unique de la princesse Anne, était mort (30 juillet 1700),
laissant la succession protestante, telle qu'elle avait été établie à la révolution,
reposer sur deux existences, celle de Guillaume, qui commençait à sentir les
atteintes de l'âge, et celle de la princesse Anne. Il s'agissait de décider qui serait
appelé à succéder au trône après ces deux personnes, ou du prince de Galles, fils
de Jacques II, ou de l'électrice Sophie de Hanovre, petite-fille de Jacques Ier. La
maison de Hanovre se montrait peu empressée de recueillir un héritage aussi peu
stable que la couronne d'Angleterre ; mais Guillaume, qui tournait déjà ses vues
vers une seconde coalition contre la France, avait résolu de les attacher par-là à la
politique de l'Angleterre.

De leur côté les jacobites avaient repris courage en voyant disparaître le principal obstacle qui s'opposait aux intérêts du prince de Galles ; ils n'ignoraient pas
que les whigs avaient peu de sympathie pour de petits souverains allemands habitués à exercer un pouvoir despotique et engagés dans tous les démêlés de la diète
impériale ; et ils avaient envoyé à Saint-Germain un émissaire, chargé de proposer à Jacques la couronne pour son fils, après la mort de la princesse Anne ;
mais ils mettaient pour conditions que le jeune prince serait élevé en Angleterre.
Jacques pensant que livrer son fils, c'était en faire un protestant, sacrifia de nouveau ses intérêts à ses convictions religieuses, et repoussa encore cette occasion de
rendre la couronne à sa famille.

Cette solution n'était pas encore connue en Angleterre, et les esprits étaient dans
une grande agitation lorsque le nouveau parlement se rassembla (10 février 1701).
Les élections avaient été, en général, faites dans le sens des torys, et Robert Harley
fut nommé orateur de la chambre basse à une grande majorité ; mais l'état encore
indécis des négociations entamées à Saint-Germain enleva pendant le reste de la
session la fraction tory-jacobite à l'influence du ministère. Le roi, dans son discours
au parlement, lui recommanda principalement deux choses : de pourvoir au maintien de la succession dans la ligne protestante, et de prendre en sérieuse considération l'état où le testament du roi d'Espagne allait mettre l'Europe. Le premier

soin des communes fut de régler l'ordre de succession au trône. Harley proposa qu'avant de rien déterminer on établît, en forme de préliminaires, les conditions qu'auraient à remplir ceux qui seraient appelés à gouverner l'Angleterre. Il observa qu'à la révolution de 1688 la constitution avait été révisée avec trop de hâte, que des sécurités avaient été négligées, et il présenta ces raisons sous un jour si favorable qu'il ne s'éleva pas la moindre opposition. Par cette conduite, les torys atteignaient deux buts : ils jetaient à la fois le blâme sur les whigs, qui avaient livré sans garanties l'Angleterre à Guillaume, et sur ce prince comme ayant transgressé les limites de la constitution. Les articles du bill de limitation, qu'ils firent adopter, étaient en effet pour la plupart des censures implicites du gouvernement du roi. Cet acte était ainsi conçu :

« 1° Quiconque, par la suite, viendra à posséder la couronne d'Angleterre, sera de la communion de l'église d'Angleterre, telle qu'elle est établie par les lois.

« 2° S'il arrive que la couronne passe à l'avenir entre les mains d'une personne qui ne sera pas née en Angleterre, la nation ne pourra être engagée, sans le consentement du parlement, en aucune guerre qui aura pour objet la défense de territoires et de domaines non appartenant à l'Angleterre.

« 3° Quiconque possédera la couronne à l'avenir ne pourra sortir des états d'Angleterre, d'Écosse ni d'Irlande, sans le consentement du parlement.

« 4° A partir du moment où les limitations stipulées par le présent acte auront force de loi, toutes les affaires et matières relatives au bon gouvernement de ce royaume, qui rentrent dans les attributions assignées au conseil privé par les lois et coutumes du royaume, seront décidées dans le conseil ; et toutes les résolutions prises sur ces affaires seront signées par ceux des membres du conseil qui les auront conseillées ou approuvées [1].

« 5° Lorsque l'acte de limitation aura son plein et entier effet, comme il est dit ci-dessus, aucune personne, née hors des royaumes d'Angleterre, d'Écosse ou d'Irlande, ou des territoires de leur dépendance (quand même elle serait naturalisée, à l'exception de celles qui seraient nées de parents anglais), ne sera apte à faire partie du conseil privé, à être membre de l'une ou de l'autre chambre du parlement, ou à jouir d'aucun office ou place de confiance, soit civile, soit militaire, ni à recevoir de la couronne aucun don de terres, maisons ou héritages, soit sous son nom, soit sous le nom d'autrui.

---

1. D'après la constitution, les rois d'Angleterre avaient un conseil privé où toutes les affaires importantes devaient se décider à la majorité des voix, sauf l'adhésion ultérieure du souverain. Il ne tarda pas à en arriver que le roi plaçant sa confiance particulièrement dans quelques-uns des conseillers, les consultait à l'exclusion des autres. Après la restauration, un nouvel usage s'établit insensiblement : le ministère, ou le cabinet, obtenait d'abord du roi l'approbation des mesures qu'il voulait prendre, puis les soumettait au conseil privé, qui les ratifiait pour la forme. Sous Guillaume, les affaires de l'état furent presque complétement enlevées à la connaissance du conseil privé. C'était pour ramener les choses aux anciens principes constitutionnels qu'on inséra dans l'acte de limitation la clause relative au conseil privé, clause que les ministres firent révoquer quelques années après. Aujourd'hui les proclamations et les ordres émanent encore du conseil privé ; mais quoique ce corps soit très-nombreux, les membres n'ayant séance que lorsqu'ils sont personnellement convoqués par les ministres, ceux-ci n'en peuvent guère attendre d'opposition.　　(HALLAM, trad. Borghers, p. 321-322.)

« 6° Aucune personne tenant de la couronne soit une pension, soit une place lucrative, ne pourra être membre de la chambre des communes.

« 7° Dès que lesdites limitations auront leur effet, comme il est dit ci-dessus, les salaires des juges seront réglés d'une manière fixe, et leurs commissions porteront désormais la clause : *Quamdiu se bene gesserint;* de telle sorte qu'ils ne puissent plus être destitués que pour conviction de quelque crime, ou sur la demande des deux chambres du parlement.

« 8° Aucun pardon scellé du grand sceau d'Angleterre ne pourra prévaloir contre une accusation intentée en parlement par la chambre des communes.

« 9° La confiscation ne fera plus partie des peines prononcées contre les crimes de haute trahison. »

Les communes décidèrent ensuite que la princesse Sophie, duchesse douairière d'Hanovre, serait déclarée héritière de la couronne dans la ligne protestante, après Sa Majesté et la princesse Anne, et que l'acte de limitation des prérogatives de la couronne aurait son effet à dater de l'avénement de ladite princesse Sophie.

Ce fut un parlement tory qui éleva à la constitution ce puissant rempart contre les empiétements du pouvoir, comme pour prouver que les mesures populaires n'étaient pas plus l'œuvre des whigs que celles des torys, et que les deux partis se décidaient en toutes circonstances, non pas d'après leurs principes, mais suivant leur position ou leurs intérêts du moment. Du reste *l'acte d'établissement*, comme on le nomma aussi, résumait l'effet produit par tout le règne de Guillaume; il indiquait clairement que ce prince n'avait retiré de son système de tenir la balance entre les partis, d'autre fruit que celui de s'aliéner complétement l'affection des whigs et des torys. Forcé de renoncer à se servir des premiers, il s'était jeté entre les bras des seconds, et ceux-ci, sentant bien le besoin qu'il avait de leur concours, se préparaient à le lui faire acheter en le forçant de soumettre sa politique personnelle aux intérêts et à la direction des ministres et des chambres. La nouvelle situation où la mort du roi d'Espagne avait placé l'Europe, mettait Guillaume et le parlement en présence, et c'était sur ce terrain que la question du pouvoir allait se décider.

Profondément blessé de l'inobservation par Louis XIV du second traité de partage, le roi aspirait à former une nouvelle coalition contre cet ennemi qu'il voyait échapper, plus puissant qu'auparavant, à son influence. En conséquence, il communiqua aux chambres un mémoire des États-Généraux, et leur demanda leur avis et leur assistance sur ce qui en faisait l'objet. Les États l'informaient qu'ils avaient reconnu le duc d'Anjou comme roi d'Espagne, en se réservant toutefois de stipuler, de concert avec leurs alliés, les conditions qui leur paraîtraient nécessaires au maintien de la paix en Europe; ils réclamaient de l'Angleterre, en cas que les négociations entamées avec Louis XIV fussent infructueuses, les secours convenus dans le traité d'alliance de 1677, c'est-à-dire vingt vaisseaux de guerre et dix mille hommes de troupes, et demandaient en outre l'envoi d'un ministre anglais à La Haye pour coopérer à ces négociations. Les communes, après avoir pris communication des traités invoqués, autorisèrent les négociations, et garantirent, le cas échéant, l'exécution de ces traités.

Satisfait de ce premier avantage, Guillaume tourna les yeux vers le continent pour saisir la première occasion de rupture qui lui serait donnée par le roi de France. Ce dernier ne tarda pas à lui en offrir une. Tout en cherchant à persuader aux puissances que l'acceptation du testament de Charles II était un acte de nécessité; que le maintien du traité de partage eût été la guerre, puisque l'empereur refusait d'y adhérer; que la conservation intégrale de la monarchie espagnole au profit d'un Bourbon, qui deviendrait bientôt étranger à sa famille, était moins opposée à l'équilibre européen que la réunion à la France des provinces qui lui étaient assignées par le traité de partage, Louis démentait lui-même ces paroles de modération. Il s'était fait secrètement autoriser par le nouveau roi d'Espagne, Philippe V, à remplacer dans les Pays-Bas les garnisons des États par des garnisons françaises, et tout à coup vingt mille hommes surprenant les Hollandais s'emparèrent des places sans coup férir (20 février 1701). C'était une violation complète du traité de Ryswick, et l'oubli formel de la première garantie que Guillaume avait cherchée dans le traité de partage, en excluant la France de la possession des Pays-Bas espagnols, qui lui auraient donné la double facilité d'envahir la Hollande et l'Angleterre.

Le roi d'Angleterre et les États-Généraux demandèrent à Louis XIV de retirer immédiatement ses troupes des Pays-Bas espagnols, de remettre, comme places de sûreté contre lui-même, dix des plus fortes villes à des garnisons hollandaises, et les villes d'Ostende et de Nieuport à des garnisons anglaises; enfin de faire confirmer par son petit-fils tous les priviléges commerciaux à eux précédemment assurés par l'Espagne, et de leur garantir également la jouissance de tous les avantages qui seraient accordés par la suite aux Français. Pour toute réponse, Louis XIV offrit le renouvellement du traité de Ryswick.

Guillaume s'attendait à ce refus; il y comptait pour animer la nation anglaise, et la faire concourir à ses desseins. Il communiqua d'abord la négociation à la chambre basse, en lui promettant de la tenir au courant de ce qui se ferait. Les communes, soupçonnant que son intention était de les conduire plus loin qu'elles ne voulaient aller, se firent d'abord communiquer le traité de partage, et dans leur réponse au message royal, elles désapprouvèrent ce traité comme conclu sans l'avis du parlement, et très-dangereux dans ses conséquences pour le royaume et pour la paix de l'Europe. Le roi dissimula son ressentiment, et ne répondit point; il reçut avec le même flegme une remontrance que les lords lui adressèrent à ce sujet, quoiqu'elle lui fût d'autant plus sensible que les ministres en avaient favorisé le vote, et qu'il vît clairement que leur intention était de le traverser dans sa politique extérieure et de le faire dépendre de leur crédit dans le parlement. Néanmoins il ne changea point de conduite vis-à-vis d'eux, se confiant aux événements pour en arriver à ses fins. Il fit part à la chambre basse (31 mars) de la réponse du roi de France, qui faisait présumer une rupture. Les communes renouvelèrent leurs assurances de secours aux États-Généraux, mais elles insistèrent auprès du roi pour qu'il continuât la négociation, et évitât de compromettre la paix. Quoique mécontent de voir que la chambre semblait désapprouver une coalition nouvelle, Guillaume n'en fit rien paraître; cédant même aux instances de ses ministres, il reconnut le nouveau roi d'Espagne, à la grande consternation de l'empereur qui, déjà prêt à commencer la guerre, avait envoyé une armée en Italie pour prendre possession du duché de Milan, comme fief de l'empire.

Tout semblait, sur le continent, tourner en faveur de la France; le nouveau pape Clément XI se montrait attaché aux intérêts de cette puissance; les Vénitiens, portés pour l'empereur, refusaient de se déclarer; Louis XIV s'assurait de la plupart des princes de l'empire, travaillait activement à mettre de son parti les états du midi de l'Europe, et après avoir tenté vainement d'engager la Hollande dans une négociation séparée, l'entourait de fortifications menaçantes.

Guillaume remit alors à la chambre des communes un nouveau mémoire des Provinces-Unies, dans lequel elles exposaient le danger de leur situation. L'opinion publique commençait en ce moment à se prononcer contre la marche que suivait la chambre. Non contente du blâme public qu'elle avait jeté par son adresse sur le traité de partage, elle avait résolu de poursuivre les derniers ministres whigs et le principal négociateur du traité, le comte de Portland. Après de violents débats sur l'état de la nation, elle avait, dans le but de les flétrir et de rendre impossible leur retour au pouvoir, dressé un acte d'accusation contre les lords Orford, Somers et Montague, comte d'Halifax; mais la chambre des lords ne voulut point se prêter à ce vil désir de vengeance, et acquitta les accusés.

Cette conduite, dans des circonstances que la situation des affaires de l'Europe rendait si graves, mécontenta vivement la nation. Les whigs envenimèrent encore ce mécontentement en insinuant, entre autres choses, que Louis XIV avait trouvé moyen de mettre dans ses intérêts la majorité des communes, et leurs efforts pour soulever l'opinion publique contre les torys réussirent enfin à amener une réaction favorable aux desseins du roi. Le 18 mai, une pétition revêtue des signatures des premiers magistrats et propriétaires du comté de Kent fut présentée à la chambre basse; les pétitionnaires sommaient le parlement d'avoir égard à la voix du peuple, et de fournir au roi le moyen de secourir ses alliés avant qu'il fût trop tard. La chambre déclara la pétition insolente et séditieuse, fit emprisonner ceux qui l'avaient présentée; mais cette rigueur ne fit que diriger sur les prisonniers l'intérêt public. Visités et caressés par les chefs du parti des whigs, ils furent considérés comme des martyrs de la liberté, et accrurent l'énergie des démonstrations populaires. Un nouveau mémoire fut envoyé à l'orateur avec une lettre, où il lui était ordonné au nom de deux cent mille Anglais de le remettre à la chambre des communes. Dans cette pièce, la chambre était accusée de pratiques odieuses et illégales, avertie de mieux remplir ses devoirs, qui étaient tous spécifiés ainsi que les griefs dont la nation avait à se plaindre. Le mémoire[1] finissait par ces mots : « Les Anglais ne doivent pas plus être esclaves du parlement que des rois; notre nom est *légion*, et notre nombre est immense. » Les communes, intimidées par ces manifestations réitérées, reconnurent qu'elles avaient encouru la haine de la nation, qui commençait à demander hautement la guerre contre la France; et changeant de conduite, elles saisirent l'occasion que leur offrit le roi, en venant

---

1. Cet écrit était de Daniel de Foe, dont la réputation, alors peu étendue, a grandi avec le temps.

sanctionner le bill d'établissement, pour lui présenter une adresse par laquelle elles promettaient de le soutenir dans toutes les alliances qu'il jugerait à propos de contracter avec l'empereur et les autres états, pour opposer une digue à la puissance de la France. C'était précisément le vote pour lequel le roi avait travaillé assidûment, bien qu'à couvert, tout le cours de la session ; pour lequel il était resté pacifique pendant l'attaque dirigée contre ses derniers ministres. Il tenait désormais dans ses mains le droit d'agir à sa volonté ; aussi, après le vote des subsides, il se hâta de fermer la session (24 juin), et s'embarqua pour la Hollande, afin de poursuivre les négociations avec les puissances qu'il se proposait de réunir de nouveau contre Louis XIV. Avant son départ, il donna au comte de Marlborough le commandement des troupes destinées pour la Hollande, et le nomma son plénipotentiaire auprès des États-Généraux. Il n'en était pas à reconnaître seulement alors les grands talents du comte, et c'était uniquement par inimitié qu'il l'avait laissé dans l'obscurité pendant toute la durée de son règne ; mais sentant sa santé décliner de jour en jour, il céda au besoin de s'assurer un instrument actif et intelligent dans une guerre qu'il n'était plus en état de diriger lui-même.

Arrivé en Hollande il harangua les États, les exhorta à ne plus compter que sur leur courage et leurs épées pour la défense de leurs libertés, visita les frontières, donna des ordres pour la défense du pays, et s'occupa de cimenter la nouvelle *grande alliance*. Les trois puissances placées à la tête de la coalition étaient l'Angleterre, la Hollande et l'empereur, qui avait déjà commencé les hostilités en Italie ; les autres membres de l'alliance, le roi de Danemark, l'électeur palatin, le duc de Holstein, les électeurs de Hanovre et de Brandebourg, furent engagés dans la confédération par les subsides de l'Angleterre et de la Hollande ; l'électeur palatin avait à satisfaire de vieilles haines contre la France ; celui de Brandebourg avait reçu de Léopold la promesse d'être reconnu comme roi de Prusse, nouveau titre dont l'empereur ne vit pas la portée. « Guillaume favorisa de toutes ses forces l'élection de cette royauté protestante et militaire, qui devait refouler l'influence autrichienne au midi de l'Europe, et donner, pour ainsi dire, au protestantisme son empereur. »

L'objet de la *grande alliance* n'était point de disputer le trône d'Espagne au roi Philippe V, puisque ce prince avait été déjà reconnu des puissances maritimes. Le traité conclu à La Haye (7 septembre) déclarait que : « les puissances se proposaient de procurer à Sa Majesté impériale une satisfaction raisonnable touchant la succession d'Espagne, à l'Angleterre et aux Provinces-Unies une sûreté satisfaisante pour leurs terres, commerce et navigation. » Les alliés s'engageaient à conquérir principalement les Pays-Bas pour la Hollande, Milan, Naples et la Sicile pour l'empereur, les possessions espagnoles en Amérique pour l'Angleterre ; à ne pas traiter séparément, à ne jamais souffrir que les deux couronnes de France et d'Espagne fussent réunies, « et spécialement que les Français se rendissent maîtres de l'Amérique espagnole, ou qu'ils y envoyassent des vaisseaux pour exercer leur commerce directement ou indirectement. »

De son côté Louis XIV, voyant l'orage se former, travaillait à le conjurer par ses

négociations. Contre l'empereur, il chercha d'abord des alliances dans l'empire ;
un traité avec l'électeur de Bavière assura à celui-ci le gouvernement héréditaire
des Pays-Bas espagnols : à ce prix la France put compter sur l'alliance du prince
et de son frère l'électeur de Cologne. L'électeur de Saxe, engagé dans une guerre
avec le jeune roi de Suède, Charles XII, voulut demeurer neutre ; les électeurs de
Mayence, de Trèves, les cercles de Bavière, de Souabe et de Franconie, tous
déclarant conserver la neutralité, firent avec l'électeur de Bavière un traité de
défense mutuelle, qui devait plus tard les engager dans le parti de la France.

Assuré sur sa frontière orientale par des alliances ou des neutralités qui lui donnaient près de la moitié de l'Allemagne, Louis chercha à fermer l'Espagne aux
Anglais, l'Italie aux Allemands, en s'attachant le Portugal et le Piémont. Le Portugal pouvait craindre de retomber sous le joug de l'Espagne, une fois que ce
royaume serait devenu plus puissant par le secours de la France. Le Piémont,
enfermé entre le Milanais espagnol et la France, avait à redouter d'être absorbé
par la prépondérance de la maison de Bourbon. La diplomatie française triompha
de ces obstacles. Une alliance de soixante ans, qui datait de l'époque où la France
avait aidé le Portugal à se soustraire à la domination de Philippe II, suffit pour
rassurer cet allié et pour l'engager à embrasser le parti de Louis XIV. Quant au
duc de Savoie, il fut nommé généralissime des armées de France et d'Espagne en
Italie, et sa fille devint reine d'Espagne en épousant Philippe V.

Tel était l'état de l'Europe : divisée en deux partis, elle attendait encore, en se
préparant à la guerre, l'issue qu'amèneraient les négociations suivies par les alliés
afin d'obtenir une satisfaction à l'amiable, lorsqu'un incident, une faute du roi de
France, vint offrir à Guillaume l'occasion d'éclater.

Guillaume était encore à sa résidence de Loo, lorsque le roi Jacques II termina
une existence depuis longtemps vouée exclusivement aux pratiques d'une dévotion
minutieuse. Ce prince mourut à Saint-Germain, dans la soixante-septième année
de son âge (16 septembre 1701). Louis XIV, touché par les larmes de la veuve du
malheureux monarque, et poussé par madame de Maintenon, reconnut le prince
de Galles, alors âgé de treize ans, comme roi d'Angleterre. Quoiqu'en même temps
il publiât un manifeste pour justifier sa conduite, en déclarant qu'il n'avait prétendu accorder au prince de Galles qu'un titre purement honorifique, l'Angleterre
se montra unanime dans l'expression du ressentiment que lui inspirait « la présomption du roi de France. » Guillaume se prépara à repasser en Angleterre pour
mettre à profit cette conjoncture nouvelle, et réclamer le concours énergique du
parlement. Cependant sa santé était sérieusement compromise ; il ne pouvait plus
le cacher ; les médecins déclarèrent même qu'il n'avait plus que quelques semaines
à vivre. Mais quoiqu'il sentit lui-même que sa fin n'était pas éloignée, il concentra
tout le reste de ses facultés dans un seul but, la ruine du roi de France, et avec
une diligence et une force d'esprit étonnantes, il consolida la confédération et régla
le plan des opérations. A son instigation, les cercles d'Allemagne sortirent de
leur neutralité, et les princes de ce pays se mirent à la solde des Hollandais. Un
traité subsidiaire fut conclu avec le roi de Prusse, qui s'engagea à fournir un
nombre de troupes déterminé. L'empereur convint de mettre en campagne quatre-

vingt-dix mille hommes ; le contingent des États-Généraux fut fixé à cent deux mille, et celui de l'Angleterre à quarante mille, outre ses deux flottes qui devaient agir de concert avec les alliés.

Le 4 novembre, le roi était de retour en Angleterre. N'attendant que de l'opposition de la part des torys, il résolut d'en revenir aux whigs, ses premiers partisans ; et quoiqu'il ne renvoyât pas les torys des postes qu'ils occupaient, il se guida par les avis des chefs du parti contraire, et ce fut dès lors Somers qui dirigea réellement la politique intérieure. D'après l'avis de son nouveau conseil il cassa le parlement, et en convoqua un pour le 13 décembre.

La victoire demeura aux whigs dans les élections ; cependant la nomination de Robert Harley, comme orateur des communes, prouva que les torys avaient encore conservé quelque force dans la chambre. Néanmoins le discours de Guillaume fut reçu avec un enthousiasme général (31 décembre) ; le roi rappelait l'outrage que Louis XIV avait fait à la nation en reconnaissant le prétendu prince de Galles ; les dangers auxquels l'élection de Philippe V en Espagne exposait le commerce anglais ; il annonçait au parlement les traités conclus avec les alliés ; lui montrait les puissances les yeux attachés sur l'Angleterre, attendant en suspens la décision du peuple anglais pour fondre sur le despote qui menaçait d'anéantissement la religion protestante ; lui déclarait que le moment était venu pour l'Angleterre de prendre en main la balance de l'Europe, et de marcher à la tête de la cause protestante ; puis, entrant dans les sentiments qu'il avait reconnu de tout temps comme puissants sur les communes, il leur déclarait que désormais chaque année le contrôle des dépenses publiques leur serait soumis ; qu'il veillerait lui-même au sévère emploi des fonds ; il les conjurait d'oublier toutes les vaines disputes et les animosités fatales, comme il voulait oublier lui-même les plus graves offenses commises contre sa personne, et de tromper par leur unanimité les espérances de l'ennemi.

Les adresses des lords et des communes, votées le 1er et le 5 janvier 1702, répondirent à cet appel avec chaleur. Dès le 6, le secrétaire d'état Vernon communiqua aux chambres, par l'ordre du roi, les traités qui formaient la base de la *grande alliance*, et whigs et torys s'empressèrent à l'envi d'y adhérer. L'opinion publique hautement manifestée entraînait les deux factions, et il ne s'agissait plus pour elles que de se devancer dans le concours apporté à l'exécution des projets de Guillaume. Le contingent de quarante mille hommes pour l'armée, de quarante mille pour la marine, fut voté sans opposition, et la quotité et l'assiette de l'impôt rapidement fixées ; puis un bill d'*attainder* fut passé contre le « prétendu prince de Galles. » Ensuite, en vertu d'un autre acte, combattu à la fois par les torys et les jacobites, et adopté à la majorité d'une seule voix, tous les fonctionnaires publics, tous les membres du clergé et des universités, et tous les instituteurs, furent assujétis à un serment par lequel ils reconnaissaient Guillaume comme roi légitime, et niaient que le prétendu prince de Galles eût aucun droit à la couronne.

Ces travaux incessants achevaient de ruiner la constitution épuisée de Guillaume ; cependant il se proposait d'assister à l'ouverture de la campagne suivante, dont il avait réglé les opérations pendant son séjour en Hollande, et il en activait les préparatifs, lorsqu'une chûte de cheval qu'il fit le 11 février, le conduisit en peu de temps aux portes du tombeau. Le 8 mars 1702 il expira, dans la cinquante-deuxième année de son âge, après un règne de treize ans. Ses restes furent déposés dans la chapelle de Henri VII, à l'abbaye de Westminster.

Guillaume III, d'après l'original de Wischer.

Une fermeté d'âme inébranlable, la hauteur d'idées d'un grand politique, telles étaient les qualités dominantes de Guillaume. Il laissa la réputation d'un général à craindre, quoiqu'il eût perdu beaucoup de batailles. Sombre, retiré, sévère, sec, silencieux, il ne fut jamais populaire chez ses nouveaux sujets, que d'ailleurs il n'aimait pas lui-même. La Hollande et les Hollandais eurent seuls son affection ; et l'Angleterre ne fut pour lui qu'un pays étranger, dont il chercha à utiliser les ressources pour la réussite de ses desseins. L'effet que produisit sa mort peignit, mieux que tout, le rôle que ce prince avait joué dans le monde. En Angleterre, elle fut accueillie froidement; en Hollande, la consternation devint à l'instant générale; les États furent convoqués; les membres de cette assemblée, après un long silence de crainte et d'étonnement, s'abandonnèrent publiquement aux plaintes et aux regrets, comme en un malheur public, et jurèrent de mourir pour la patrie, comme si elle eût perdu son seul défenseur; en France, la joie, contenue avec peine à la cour, éclata dans tout Paris; à Rome enfin, on ne s'astreignit pas même aux règles de la bienséance, de bruyantes réjouissances saluèrent la mort de ce redoutable adversaire du catholicisme.

Costumes du temps de Guillaume III.

MAISON DE STUART.

ANNE.

(1702 – 1714)

L'acte [1] d'établissement voté sous le dernier règne appelait la princesse Anne, seconde fille de Jacques II, à succéder à Guillaume. Cette princesse, qui était alors dans sa trente - huitième année, monta sur le trône à la satisfaction générale de tous les partis. Les whigs ne pouvaient qu'applaudir au titre révolutionnaire que la reine avait à la couronne ; et comme Anne avait été élevée dans les idées d'un anglicanisme rigoureux, tel que le professaient les torys ; qu'elle regardait ces derniers comme les amis de la monarchie et les vrais enfants de l'église, ce parti professa toujours un inviolable attachement à sa personne et à ses intérêts. Enfin les jacobites virent avec plaisir son élévation, espérant que si elle n'avait point de postérité, ce qui paraissait probable, les sentiments de la nature la porteraient à changer l'ordre de succession en faveur de son frère le prince de Galles. Anne était connue

1. Sceau de la reine Anne après la réunion de l'Angleterre et de l'Écosse. Légende : BRITANNIA. ANNO. REGNI. ANNÆ. REGINÆ. SEXTO. *La Grande-Bretagne, l'an six du règne de la reine Anne.* Une femme personnifiant la Grande-Bretagne, assise, une lance dans la main droite, la gauche appuyée sur un écu aux armes d'Angleterre (les trois lions passants) et d'Écosse (le lion rampant) ; à gauche, sortant d'une même tige et surmontés de la couronne royale, la rose d'Angleterre et le chardon d'Écosse.

pour son attachement exclusif à l'église anglicane ; mais c'était là le seul sentiment
qu'elle eût à elle. Dès son enfance, habituée à subir le joug de ceux qui l'entouraient, elle prêtait son nom aux actes de leur volonté, et jamais souverain ne fut
plus qu'elle étranger à l'éclat de son règne. Tandis qu'autour du trône les intrigues des partis se disputèrent la direction de cette docile volonté, au dehors les
armes anglaises l'emportèrent sur les premières puissances militaires de l'époque,
et au dedans la lutte des ambitions, le choc des idées et des opinions donnèrent à la
littérature et aux sciences cet essor brillant qui signala en Angleterre l'aurore du
xviiie siècle. Cependant les sentiments religieux dans lesquels se réfugie toute
l'énergie de la volonté chez les âmes faibles, devaient commander des ménage-

Sarah Jennings, duchesse de Marlborough,
d'après l'original de sir Peter Lely.

ments à ceux qui gouvernaient la nouvelle reine. Aussi la comtesse de Marlborough,
femme impérieuse et habile, qui était dans son intimité depuis sa plus tendre
enfance et exerçait sur elle le plus singulier ascendant, avait appris à ménager la

reine sur ce point. Bien que favorite, ou plutôt dominatrice absolue de sa souveraine, elle cédait à des convictions qu'il eût été dangereux de heurter, et quoique attachée de cœur au parti whig, s'était associée aux principes des torys, le seul parti qui eût pu jusqu'alors trouver faveur auprès d'Anne, comme défenseur, avant tout, du clergé. Telle était la princesse appelée à poursuivre les vastes desseins politiques formés par le dernier roi.

Mais Guillaume avait un digne successeur dans le comte de Marlborough. Maître

John Churchill, duc de Marlborough,
d'après l'original de Kneller.

par sa femme de l'esprit de la reine, celui-ci se prépara à jouer dans l'état le premier rôle, dont l'avait jusqu'alors écarté la défiance d'un prince jaloux de toute grandeur voisine de la sienne. Quoique lié de tout temps avec les whigs, il se prêta facilement à une alliance avec les torys, et leur abandonna l'administration intérieure, se réservant de tenir les finances et l'amirauté dans sa dépendance. A sa prière, lord Godolphin, avec qui il était allié, accepta la place de grand trésorier; et quoique le prince George de Danemark, mari de la reine, fût revêtu du titre de grand amiral, un conseil placé sous le contrôle de l'amiral Churchill, frère du comte, dirigea les affaires de la marine. Nommé lui-même généralissime et plénipotentiaire près des États-Généraux, gouvernant à la fois la reine par sa femme et deux des principaux départements par ses amis, Marlborough était pour ainsi dire le véritable successeur du feu roi.

Le ministère était d'ailleurs presque autant whig que tory. Pour lui concilier le premier parti, deux whigs importants furent nommés, l'un, le duc de Somerset, chancelier, l'autre, le duc de Devonshire, président du conseil; de telle sorte que, Marlborough et Godolphin n'étant torys que de nom, le gouvernement reçut par le fait une direction entièrement whig. Aussi une scission ne tarda pas à se manifester dans le ministère au sujet de la principale question, la politique extérieure. Lord Rochester, vice-roi d'Irlande, et ses amis ne voulaient point entrer dans les plans de Guillaume, et ils insistaient pour que l'Angleterre se bornât au rôle d'auxiliaire, que lui traçaient les traités conclus sous Charles II avec les États-Généraux; Marlborough soutint que l'honneur national était lié par les engagements du dernier roi; que le rôle de l'Angleterre était de se mettre à la tête des adversaires de la France; et, appuyé par les whigs du cabinet, il entraîna la majorité. Lord Rochester, mécontent, se retira, et fut remplacé par un autre tory, le duc d'Ormond.

Les torys s'étant montrés constamment opposés à la guerre, leur prédominance dans le conseil, envisagée comme le résultat probable de l'avénement de la reine, devait jeter l'alarme parmi les puissances confédérées. Mais le premier discours d'Anne à son conseil privé, sa déclaration aux chambres, dans laquelle elle affirma qu'elle était résolue à adopter la politique du dernier roi et à maintenir les alliances contractées pour la défense de l'Europe, ne tardèrent pas à rassurer les membres de la ligue. Marlborough alla lui-même confirmer ces assurances aux États-Généraux; le 4 mai 1702, la Hollande, l'Angleterre et l'empereur déclarèrent à la fois la guerre à la France.

Déjà, dès le printemps de 1701, trente mille Impériaux, commandés par le prince Eugène [1], étaient entrés en Italie; Catinat, envoyé contre eux, ne put s'opposer à leur passage, et le Milanais était menacé. Louis XIV envoya Villeroi pour prendre le commandement des mains de Catinat; mais le nouveau général ne marqua son séjour en Italie que par des revers. Le duc de Vendôme, qui le remplaça au printemps suivant, reprit l'offensive, passa l'Oglio, chassa Eugène du Mantouan; et à

---

1. François-Eugène de Savoie-Carignan était fils d'Eugène Maurice, comte de Soissons, petit-fils du duc de Savoie, Charles Emmanuel Ier, et d'Olympe Mancini, si fameuse sous le règne de Louis XIV par les procès d'empoisonnement dans lesquels elle fut compromise et qui la forcèrent à s'exiler de France. Son fils se ressentit de la mauvaise renommée de sa mère, et lorsqu'il demanda à Louis XIV d'abord une abbaye, ensuite un régiment, il fut refusé. Alors il alla offrir ses services à l'empereur. « Ne vous semble-t-il pas que j'aie fait une grande perte? » dit Louis à ses courtisans!

la suite d'un combat (15 août 1702) dans lequel les Impériaux furent repoussés, occupa tout le Modénais.

Tous les princes du nord de l'Allemagne se trouvaient dans la coalition ; mais la guerre de Pologne entre Charles XII et l'électeur de Saxe, roi de ce pays, enlevait à ce dernier tout moyen de coopérer à la lutte contre la France ; et, de son côté, le roi de Prusse, retenu par le voisinage du conquérant suédois, ne pouvait fournir les troupes qu'il avait promises. La guerre commença néanmoins sur le Rhin, au printemps de l'année 1702. L'armée de l'empire, commandée par le prince Louis de Bade, s'empara de Landau et pénétra en Alsace à la vue de Catinat, qui demeura aussi inactif qu'en Piémont. Mais une diversion puissante força le prince de Bade à rétrograder. L'électeur de Bavière avait déclaré la guerre à l'empereur en s'emparant d'Ulm, et il cherchait à opérer sa jonction avec l'armée française, commandée par Villars, lieutenant de Catinat. Villars passa le Rhin, malgré le prince Louis, tomba sur lui à Fiedlingen (14 octobre), le battit et le poussa dans les montagnes de la Souabe. Le prince, ayant reçu des renforts, reprit l'offensive, et Villars fut forcé de remettre à l'année suivante sa jonction avec l'électeur. Sur le Bas-Rhin, malgré la prise de Kairserwert par les Hollandais, auxquels était opposé Boufflers, les opérations restèrent douteuses jusqu'au moment où Marlborough prit le commandement. Il s'annonça dès lors comme l'homme le plus fatal à la grandeur de la France qu'on eût vu depuis plusieurs siècles. A la tête d'une armée de soixante mille hommes, il passa la Meuse, et poursuivit Boufflers qui se retirait devant lui, abandonnant la Gueldre espagnole, Venloo, Ruremonde, Liége, qui furent occupées par l'armée alliée.

Repoussés en Italie, en Souabe et en Flandre, les Français n'étaient pas plus heureux sur mer. L'amiral sir George Rooke avait transporté des troupes de terre commandées par le duc d'Ormond pour s'emparer de Cadix, et avait échoué dans cette entreprise ; mais au retour, apprenant qu'une escadre française escortant un fort convoi de galions espagnols venant d'Amérique était entrée dans le port de Vigo, il résolut de tenter un coup de main qui le dédommageât de son échec. Deux mille hommes, débarqués à quelque distance, s'emparèrent d'un fort et d'une batterie qui commandaient le port ; les vaisseaux, de leur côté, se précipitèrent à l'entrée et prirent la flotte française entre deux feux. Château-Renaud, qui la commandait, fit mettre le feu à quinze vaisseaux et douze galions ; mais il ne put empêcher l'amiral anglais de s'emparer de vingt bâtiments et d'une valeur d'environ sept millions de piastres. Cette affaire fut un véritable désastre pour les marines française et espagnole.

La flotte anglaise envoyée en Amérique eut moins de succès : l'amiral Benbow avait été chercher le Français Ducasse dans les parages de Saint-Domingue ; mais l'insubordination de ses officiers, qui le laissèrent combattre presque seul contre toute l'escadre ennemie, le força à se réfugier à la Jamaïque ; toutefois ce combat n'eut aucun résultat avantageux pour la France, et fit peu de sensation en Angleterre.

Le dernier parlement du règne de Guillaume ayant été dissous (2 juillet 1702) ; le nouveau, où les torys étaient en grande majorité, s'assembla le 20 octobre

et décela tout d'abord un violent esprit de réaction contre la mémoire du dernier
roi ; les whigs et les non-conformistes remarquèrent aussi avec inquiétude que ni
dans le discours de la couronne, ni dans l'adresse des communes, les phrases qui
touchaient aux affaires religieuses, ne parlaient de tolérance. Bientôt, en effet, les
torys, s'abandonnant à la haine à la fois politique et religieuse qu'ils portaient aux
non-conformistes, résolurent de profiter de leur prépondérance pour les réduire à
l'impuissance. Ils ne voyaient dans ces dissidents qu'une secte d'intrigants, formant
une grande partie de cette faction des whigs qui avaient entraîné l'Angleterre,
depuis le dernier règne, dans une guerre ruineuse ; ils les considéraient comme les
éternels ennemis de la hiérarchie, et nommaient trahison tout sentiment de modération envers ceux qu'ils appelaient les déserteurs de l'église anglicane. Forts des
bruits semés à l'avance dans le public contre les sectes, ils préparèrent, dans les
communes, un bill destiné à interdire aux non-conformistes l'accès aux emplois,
accès qui, depuis le règne de Guillaume, leur était ouvert par la simple soumission
au test adopté pour les fonctionnaires publics. Ce bill, nommé de *conformité occasionnelle*, portait que tous ceux qui, ayant prêté le serment du test pour des places
de confiance ou des magistratures municipales, fréquenteraient ensuite des assemblées de non-conformistes, ne pourraient plus occuper leurs emplois, paieraient
une amende de 100 livres sterling, et de plus 5 livres sterling pour chacun des
jours qu'ils auraient passés encore dans l'exercice de ces emplois, après s'être
trouvés auxdites assemblées ; qu'ils seraient incapables d'exercer aucune place si
ce n'est après une année entière de *conformité*, et qu'en cas de récidive les peines
et le temps de l'exclusion seraient doublés. Des changements et des adoucissements
furent proposés inutilement, et le bill passa dans la chambre basse à une grande
majorité ; mais dans la chambre haute, où les whigs conservaient une grande partie
de leur crédit, il souleva une violente opposition. Néanmoins il fut adopté, avec
des amendements que les communes rejetèrent ; alors il demeura suspendu, et
les deux chambres, suivant l'usage qu'elles observaient dans leurs fréquentes contestations, publièrent chacune un exposé de leurs procédés en forme d'appel à la
nation. La reine intervint ; mais la dispute continuant, et la couronne désespérant
d'amener les chambres à un accommodement, le 27 février 1703 le parlement fut
prorogé.

Les torys avaient un appui imposant dans la convocation du clergé, dont
l'influence et l'action étaient redevenues considérables, et grâce aux prédilections particulières de la reine, bientôt ils triomphèrent dans l'église et dans l'état.
Lord Marlborough lui-même ressentit quelque atteinte de la haine que ses alliés
politiques du moment portaient aux whigs. Arrivé en Angleterre vers la fin de
novembre 1702, il fut solennellement remercié par les communes, créé duc par la
reine, et gratifié d'une pension de 5,000 mille livres sterling sa vie durant. Mais
sur la proposition que fit la reine de rendre cette pension reversible aux héritiers
mâles du duc, les torys des communes se récrièrent tellement que Marlborough
pria la reine de retirer sa demande. Plus heureux dans ce qui regardait ses opérations militaires, il fit agréer la demande des États-Généraux qui, effrayés des
immenses préparatifs de Louis XIV pour la campagne suivante, sollicitaient l'aug-

mentation du contingent des troupes anglaises sur le continent. L'effectif fut porté de quarante à cinquante mille hommes, sous la condition toutefois que la Hollande cesserait tout commerce et toute correspondance avec la France et l'Espagne. En effet, même après la déclaration de guerre, les Hollandais avaient continué de trafiquer avec les Français, ce que le commerce anglais voyait d'un œil jaloux et mécontent.

Au commencement d'avril 1703 le duc de Marlborough repassa en Hollande, où la campagne avait déjà été ouverte par les Prussiens qui s'emparèrent de Rheinberg. Villeroi, qui commandait en chef l'armée française, retenu par les ordres de sa cour, refusa constamment la bataille que lui offrait le généralissime anglais, et ce fut sur le Rhin qu'eurent lieu les plus importantes opérations. Tandis que l'électeur de Bavière battait les Autrichiens à Scharding et à Auberg, occupait Ratisbonne, où la diète de l'empire était assemblée pour prononcer sa déchéance, et enfin s'emparait de tous les passages du Danube, Villars, franchissant le Rhin, prenait Kehl, traversait la forêt Noire malgré le prince Louis de Bade, et opérait sa jonction avec l'électeur à Dutlingen, dans le haut Danube (12 mai 1703). Son intention était de pousser jusqu'à Vienne, et de profiter de la révolte fomentée en Hongrie par Ragotzki; mais l'électeur préféra la conquête du Tyrol à ce mouvement, qui eût peut-être amené la paix. Il échoua dans son dessein, et se vit bientôt rappelé pour défendre ses états contre deux armées, celle du prince de Bade et celle du comte de Styrum, qui se formait dans la Franconie. L'électeur se réunit de nouveau à Villars; tous deux repoussèrent le prince de Bade, et, empêchant sa jonction avec Styrum, ils battirent ce dernier près de Donawert (20 septembre 1703).

Une diversion importante vint rétablir les affaires de l'empereur. Vendôme avait été rappelé du Tyrol, où il devait appuyer les opérations de l'électeur de Bavière entravées par la défection du duc de Savoie. De peur d'être complétement à la merci du roi de France, ce prince avait définitivement traité avec l'empereur, qui payait son concours de la cession du Montferrat et du Novarrais. La défection du duc de Savoie faisait tourner la fortune du côté des alliés; elle ramenait la guerre des bords de l'Adige sur les Alpes, aux portes de la France, et isolait le royaume de Naples, où l'empereur allait pouvoir pénétrer sans combat : l'Italie semblait donc perdue pour l'Espagne. Une autre défection, celle du roi de Portugal, sollicitée par l'Angleterre, ouvrait l'Espagne elle-même en permettant aux alliés de jeter de tous côtés des troupes dans la Péninsule. Le traité par lequel cette défection s'accomplit fut négocié par Methuen, ambassadeur d'Angleterre près la cour de Lisbonne. Ce chef-d'œuvre de la diplomatie britannique livra complétement le Portugal à l'influence anglaise. Depuis cette époque, industrie, agriculture, commerce, politique, tout fut entre les mains de l'Angleterre, dont le Portugal devint en quelque sorte une colonie.

En informant les chambres de ces succès, la reine, à l'ouverture de la session (9 novembre 1703), annonça hautement le dessein formé par les puissances de conquérir l'Espagne pour la maison d'Autriche. Les communes, entrant dans ces vues, augmentèrent de huit mille hommes le contingent des troupes de terre; ces troupes devaient former le noyau d'une armée d'invasion en Espagne. Les communes revinrent ensuite au bill de *conformité occasionnelle*, et l'adoptèrent de nouveau en adoucissant les peines et diminuant les amendes. Mais l'influence des whigs, qui dominait dans la chambre haute, jointe à celle des torys modérés, fit encore repousser le bill par les lords. Le comte de Nottingham, l'un des ministres, irrité de cet échec, et désespérant d'obtenir de la reine le renvoi des ducs de Somerset et de Devonshire, se retira du conseil, où il fut remplacé par Harley qui, quoique tory, dut sa promotion à l'influence de Marlborough. Ce fut aussi à l'occasion de ces changements, que Saint-John, si célèbre depuis sous le nom de lord Bolingbroke, fit son entrée au conseil ; il fut nommé secrétaire à la guerre.

La session ne fut marquée que par l'acte en faveur du clergé, connu sous le nom *Queen-Anne's Bounty*. A l'occasion de son jour de naissance (7 février 1704), Anne envoya un message aux deux chambres pour les informer qu'elle souhaitait affecter le revenu que la couronne tirait des dîmes et des premiers fruits à l'accroissement des revenus du clergé pauvre. Un bill sanctionna l'aliénation de ce revenu, et les chambres, pour seconder les intentions de la reine, donnèrent pouvoir à toutes personnes de contribuer par legs ou par donations à l'accroissement des bénéfices. Le fonds provenant de ces libéralités, qui ne se montait à cette époque qu'à 17,000 livres sterling, s'accrut de jour en jour, et forme actuellement une des sources de richesses du clergé anglican.

Pendant le cours de la session, le second fils de l'empereur, l'archiduc Charles, que son père avait proclamé roi d'Espagne sous le nom de Charles III, arriva en Angleterre pour se mettre à la tête des troupes qui devaient le suivre en Portugal, afin de l'aider à envahir l'Espagne, son nouveau royaume. Il s'embarqua le 17 janvier 1704 pour Lisbonne, après avoir transmis à la reine les demandes de secours de l'empereur.

La situation où se trouvait ce prince était en effet des plus déplorables. Les révoltés de Hongrie s'étaient rendus formidables par leurs succès ; toutes les places fortes du Danube, jusqu'à Passau, étaient au pouvoir de l'électeur de Bavière, qui menaçait Vienne, et l'empereur se voyait sur le point d'être chassé de ses états ; mais la coalition avait des forces plus redoutables que jamais, et dont le secret résidait dans l'union de trois hommes qu'une haine égale contre la France fit agir comme un seul homme : le duc de Marlborough ; Heinsius, créature de Guillaume, élevé par lui au poste de grand pensionnaire de Hollande, première dignité de la république depuis que le stathoudérat se trouvait aboli de fait par la mort de Guillaume, et le prince Eugène, capitaine de premier ordre, grand homme d'état, qui était maître des conseils de l'empereur plus que l'empereur lui-même.

Afin de sauver l'Autriche de la ruine qui la menaçait, il fut convenu entre eux que les forces des alliés se joindraient en Allemagne, et comme l'opposition des États-Généraux était à craindre, par la répugnance qu'ils auraient à laisser éloigner leurs forces des frontières, Heinsius prit sur lui d'obtenir le consentement des États. Alors Marlborough fit mine de menacer la frontière de France par un mouvement sur la Moselle, et tandis que les maréchaux de Villeroi et de Tallard se tenaient en garde contre cette tentative, il disparut, passa le Rhin, le Mein et le Necker (3 juin 1704) et se trouva au cœur de l'empire, au grand étonnement de l'Europe. Des lettres interceptées et un courrier du prince de Bade lui apprirent que les Français étaient sur le point de joindre les Bavarois, en traversant la forêt Noire, et qu'ils devaient marcher de concert sur Vienne. Alors il se réunit aux Impériaux à Ulm (2 juillet), marcha droit aux Bavarois retranchés à Schellenberg, et les rejeta sur la rive droite du Danube. Ce combat livra aux alliés le passage du Lech, et ouvrit la Bavière. Des négociations entamées pour détacher l'électeur de la France n'ayant eu aucun succès, les états de ce prince furent impitoyablement ravagés. Pendant ce temps Tallard passait le Rhin et accourait au secours de l'électeur, qu'il joignit à Augsbourg; mais Eugène suivait son mouvement et arriva en même temps que lui à Hochstett, où il se réunit à l'armée anglo-hollandaise (10 août). Marlborough et Eugène, avec cinquante-deux mille hommes, se trouvaient en présence d'environ soixante mille Bavarois et Français, sous le commandement de l'électeur et des maréchaux de Marsin et de Tallard.

Avantageusement postée sur une hauteur près d'Hochstett, couverte par le Danube et les villages fortifiés de Bleinheim et de Lutzingen, l'armée gallo-bavaroise semblait maîtresse de livrer ou de refuser la bataille à l'ennemi. Il n'en fut pas ainsi. Malgré les difficultés de la position, Marlborough et Eugène se décidèrent à l'attaque; après une lutte longue et acharnée, ils forcèrent l'électeur et le maréchal de Marsin à se mettre en retraite dans le plus grand désordre, laissant Tallard prisonnier. Douze mille hommes, qui tenaient encore dans Blenheim, furent forcés de se rendre. L'armée française était presque entièrement détruite; de soixante mille hommes, on n'en rassembla pas plus de vingt mille effectifs : les vainqueurs eurent près de cinq mille morts, et près de huit mille blessés. Telle fut cette bataille célèbre, qui en Angleterre a le nom de Pleinheim, en Allemagne de Bleintheim, et en France d'Hochstett. Près de cent lieues de pays furent regagnées par les alliés en mois d'un mois; la Bavière entière fut occupée par l'empereur; la France se vit menacée d'une invasion, et déjà les alliés, dans la joie de leur triomphe, ne parlaient plus que de la réduire aux limites qu'elle avait avant Richelieu.

La campagne, qui se termina dans le nord par la prise de Landau (23 novembre) et de Traerbach, ne fut, au midi, guère moins désastreuse pour la France. Vendôme achevait lentement la conquête du Piémont, tandis que les Impériaux s'emparaient du Mantouan, du Modénais et menaçaient le Milanais. En Espagne, où la marine anglaise avait porté la guerre, Philippe V était heureux du côté du Portugal, qu'il avait envahi, grâce à l'inactivité du gouvernement de ce pays et à la mésintelligence survenue entre les auxiliaires anglais et hollandais arrivés avec l'archiduc Charles; mais d'un autre côté il perdait Gibraltar, emportée par un coup de main de George Rooke. Cet amiral avait échoué dans une tentative sur Barcelone; la négligence de la garnison espagnole de Gibraltar lui fit concevoir l'espoir de s'emparer de cette redoutable forteresse, clé de la Méditerranée. Après une canonnade de quelques heures, un corps de troupes fut débarqué, prit d'assaut une redoute à mi-chemin entre le môle et la ville, et aussitôt le gouverneur de ce fort imprenable demanda à capituler. L'amiral prit possession de Gibraltar au nom de la reine d'Angleterre (juillet 1704). Bientôt après il donna la chasse à la flotte française, commandée par le comte de Toulouse, et l'atteignit (13 août) à la hauteur de Malaga. Un combat meurtrier, interrompu par la nuit, s'engagea entre les deux flottes qui se séparèrent avec une perte égale de part et d'autre. Cependant le comte de Toulouse, pour éviter un nouvel engagement, se retira à Toulon.

Ces succès des armes anglaises exercèrent une puissante influence sur l'état des partis à l'intérieur. Le crédit du duc de Marlborough près de la reine s'en accrut considérablement, et la duchesse profita de ces heureuses conjonctures pour rapprocher Anne du parti whig; les torys eux-mêmes contribuèrent à ce rapprochement par la conduite partiale qu'ils tinrent à l'égard du duc dans le parlement. Les deux chambres, convoquées le 29 octobre 1704, manifestèrent tout d'abord dans leurs adresses l'esprit différent qui les animait; les lords, whigs en majorité, félicitèrent la reine du glorieux succès de ses armes sous le duc de Marlborough, sans daigner parler de l'amiral Rooke, qui appartenait au parti tory. Les communes, par représailles, mirent de pair dans leurs congratulations la bataille d'Hochstett et celle de Malaga; néanmoins, les subsides pour la poursuite de la guerre furent votés rapidement et avec unanimité, et les torys se réservèrent de manifester leur haine contre les whigs en reprenant et en adoptant pour la troisième fois le bill de *conformité*. De son côté, la chambre des lords persista dans son opinion. Après une discussion de pure forme, destinée à soumettre tous les arguments à la reine, qui était présente, ce bill fut rejeté à la majorité de vingt et une voix. Alors la lutte des deux chambres redescendit sur le terrain d'une discussion de priviléges, et la dispute devenant fort vive, la reine prit le parti de proroger le parlement (14 janvier 1705).

Le retour du duc de Marlborough en Angleterre pendant l'intervalle des campagnes, contribua encore à affermir à la cour le crédit déjà puissant des whigs. Le duc fut reçu par Anne avec des honneurs extraordinaires; les communes elles-mêmes s'associèrent aux désirs de la reine, qui combla le général de faveurs nouvelles, et aliéna en sa faveur les domaines de la couronne à Woodstock et à Wooton. Sir Georges Rooke, le conquérant de Gibraltar, fut mis de côté, et le commandement de la flotte fut transféré à sir Cloudesley Shovel, qui était lié avec les whigs. L'administration subit aussi une modification dans le même sens : le sceau privé passa au comte de Newcastle, l'un des membres les plus influents du parti whig; le duc de Montague, le comte de Peterborough et lord Cholmondeley entrèrent au conseil; lord Cutts fut mis à la tête des forces militaires de l'Irlande pour contrebalancer l'influence du duc d'Ormond, vice-roi.

L'année précédente, le duc de Marlborough n'avait pu exécuter son dessein d'envahir la France par l'Alsace, pendant que la consternation répandue par la bataille d'Hochstett et la destruction de l'armée française en Allemagne assuraient à ce plan toutes les chances de succès. Le prince Louis de Bade avait opposé à ce projet une résistance opiniâtre, soit par jalousie de la réputation de Marlborough, soit parce qu'il répugnait à lui, catholique, de laisser prendre un tel avantage aux puissances protestantes du Nord. Cette année, Marlborough réussit à s'assurer la coopération du prince, et il résolut de mettre son plan d'invasion à exécution par la Moselle ; c'était le prince de Bade qui devait cette fois entrer en France par l'Alsace.

Mais Louis XIV avait eu le temps de réparer ses pertes; il avait fait des efforts extraordinaires, et mis sur pied, à l'ouverture de la campagne, des forces égales à celles des alliés. Villars, que l'électeur de Bavière avait, pour son malheur, fait rappeler l'année précédente, venait de terminer dans les Cévennes une obscure campagne contre les révoltés protestants; il reparut à la tête des armées, et fut opposé à Marlborough, tandis que Marsin devait mettre obstacle à l'entrée du prince de Bade; enfin Villeroi, renforcé des débris de l'armée de l'électeur de Bavière, devait opérer en Flandre sur la Meuse, en avant des deux autres armées. Le prince de Bade et Marlborough se virent forcés de reculer, et la guerre menaçait alors de se reporter sur le sol de l'Allemagne. C'était l'intention de Villars ; mais la cour de France avait résolu de frapper les grands coups en Flandre : elle retira à Villars la moitié de son armée pour renforcer celle de Villeroi ; l'électeur de Bade reprit alors l'offensive, se bornant toutefois à assiéger les places fortes de l'Alsace, sans vouloir coordonner ses mouvements à ceux de l'armée anglo-hollandaise. De son côté celle-ci, bien que commandée par Marlborough, était gardée à vue par les députés des États-Généraux, qui s'opposaient à toute entreprise hasardeuse, de telle sorte que le duc, après avoir repoussé Villeroi, se vit obligé par eux à refuser la bataille dont le général français lui présentait l'occasion. En vain il adressa des remontrances aux États-Généraux, en vain l'opinion publique força ceux-ci à casser le général hollandais qui avait refusé d'engager l'action, l'occasion était perdue et la campagne de Flandre manquée.

En Italie, les Français se préparaient à faire le siége de Turin, seule ville qui restât au duc de Savoie, lorsque Eugène accourut d'Allemagne. Par une marche habile et rapide, il se porta sur l'Adda, franchit le fleuve et attaqua Vendôme. Il fut repoussé avec une perte de trois mille hommes; mais sa diversion avait sauvé Turin.

Pendant ce temps, le chef d'escadre Pointis, secondé par le maréchal de Tessé, avait fait une vaine tentative pour reprendre Gibraltar; il avait été complétement battu par l'amiral anglais (23 avril 1705) ; mais les troupes de Tessé se retournèrent contre l'armée anglo-portugaise qui tentait l'invasion de l'Espagne par l'Estramadure, et la refoulèrent en Portugal. Le mauvais succès constant des tentatives faites contre les provinces de l'ouest, de tout temps attachées à la couronne de Castille, convainquit les alliés qu'il n'y avait d'invasion possible en Espagne que par l'est, où les provinces de Catalogne et d'Aragon, en haine pour le roi choisi par les Castillans, ne demandaient qu'à s'insurger en faveur de la maison d'Autriche. Sept mille hommes furent donc détachés de ce côté, et lord Peterborough s'embarqua avec l'archiduc Charles et le prince de Hesse-Darmstadt, qui avait amené un renfort de troupes allemandes. Des proclamations, au nom de Charles III, furent répandues pour soulever le pays, et le 27 août les troupes furent débarquées à peu de distance de Barcelone, dont lord Peterborough forma le siége, malgré la répugnance des deux princes. Après trois semaines d'efforts sans résultats, à l'attaque du fort Monjouich, qui domine la ville, par un hasard heureux, « une bombe

« des assiégeants crève dans le fort sur le magasin des poudres, et le fait sauter ;
« le fort est pris, la ville capitule. Le vice-roi parlemente avec Peterborough, à la
« porte de cette ville. Les articles n'étaient pas encore signés, quand on entend tout
« à coup des hurlements. « Vous nous trahissez, » dit le vice-roi à Peterborough ;

Charles Mordaunt, comte de Peterborough,
d'après l'original de Kneller.

« nous capitulons avec bonne foi, et voilà vos Anglais qui sont entrés dans la ville
« par les remparts. Ils égorgent, ils pillent, ils violent. — « Vous vous méprenez, »
« répondit le comte ; « il faut que ce soient les troupes du prince de Darmstadt. Il n'y
« a qu'un moyen de sauver votre ville : c'est de me laisser entrer sur-le-champ avec
« mes Anglais ; j'apaiserai tout, et je reviendrai à la porte achever la capitulation. »
« Il parlait d'un ton de vérité et de grandeur qui, joint au danger présent, per-
« suada le gouverneur : on le laissa entrer. Il court avec ses officiers ; il trouve des

« Allemands et des Catalans qui, joints à la populace de la ville, saccageaient les
« maisons des principaux citoyens ; il les chasse, il leur fait quitter le butin qu'ils
« enlevaient ; enfin, ayant tout apaisé, il retourne à cette porte et signe la capitu-
« lation. Les Espagnols étaient confondus de voir tant de magnanimité dans des
« Anglais, que la populace avait pris pour des barbares impitoyables, parce qu'ils
« étaient hérétiques [1]. » Cette belle conduite disposa si favorablement les esprits
que toute la Catalogne, à l'exception de la forteresse de Roses, proclama Charles III,
exemple que les royaumes d'Aragon et de Valence s'empressèrent bientôt de
suivre.

Après la campagne, le duc de Marlborough visita Vienne, où l'empereur lui
conféra la dignité de prince de l'empire ; de là il passa à Berlin, en Hanovre et à
La Haye, pour préparer les opérations de l'année suivante et établir un parfait
concert entre les alliés. La guerre menaçait de s'éterniser, car le parti qui la favorisait, les whigs, acquéraient de jour en jour en Angleterre plus de prépondérance
dans le gouvernement. Un nouveau membre de ce parti, lord Cowper, fut nommé
garde des sceaux en remplacement du tory Nathan Wright ; Godolphin s'était rapproché ouvertement des whigs, et Marlborough ne cachait plus les liens qui l'avaient
de tout temps attaché à ce parti. Tous ces changements, et surtout la dissolution
du parlement, tory par excellence, avaient exaspéré cette dernière faction, qui
proclamait par tout le royaume le danger où allait se trouver l'église ; de son côté,
l'administration fit les plus grands efforts pour influencer les élections ; et selon
son désir, les whigs y obtinrent une immense majorité. Le discours de la couronne
vint prouver encore davantage que tout était désormais sous l'influence de ce
parti. La reine répéta qu'elle était résolue à déposer Philippe V et à porter
Charles III sur le trône d'Espagne ; elle déclara que le cri poussé par les torys
« l'église est en danger, » était un cri de factieux ; enfin elle informa les chambres
que, tout en veillant avec tendresse au bien de l'église établie, elle était fermement
décidée à assurer aux non-conformistes une inviolable tolérance. Les adresses des
chambres furent rédigées sur le même ton. Les torys, qui ne déguisaient plus leur
opposition ouverte contre la cour, se compromirent tout à fait vis-à-vis de la reine
par l'introduction d'un bill destiné à appeler l'électrice Sophie de Hanovre en
Angleterre, afin que, disaient-ils, si la reine mourait ou devenait faible d'esprit
au point de n'être plus que le jouet et l'instrument de ses conseillers, l'Angleterre
eût quelque sécurité dans la présence de la princesse qui était appelée à lui succéder à la couronne. Cette proposition, dont Anne fut profondément blessée, n'eut
pas de suite. Les whigs attaquèrent à leur tour leurs adversaires sur leur propre
terrain. La question : l'église est-elle en danger ? discutée à la chambre haute, fut
résolue par la négative, et tous ceux qui soutenaient l'affirmative déclarés ennemis
de l'église, de la reine et du royaume. Ce vote décida la défaite des torys, qui de
ce moment n'eurent plus de ressources que dans les intrigues du palais (1706).

Un parlement whig devait pousser la guerre avec une vigueur nouvelle. La

---

1. Voltaire, *Siècle de Louis XIV*. Ce récit est confirmé par une lettre de l'archiduc Charles à la
reine Anne, écrite à cette occasion ; elle est citée dans les *Somers's tracts*, t. XIII, p. 418.

nouvelle assemblée augmenta encore l'effectif de l'armée de terre, et vota quarante mille hommes pour les Pays-Bas, dix mille pour l'armée de Portugal et cinq mille pour celle de Catalogne : Louis XIV avait fait aussi de grands préparatifs pour rendre la campagne décisive; partout il avait envoyé des renforts : en Espagne, pour reconquérir l'est de la Péninsule; en Italie, pour assiéger Turin; sur le Rhin, pour repousser le prince de Bade au-delà du fleuve; enfin, en Brabant, quatre-vingt mille soldats devaient protéger la Flandre que Marlborough se préparait à envahir avec une armée de soixante-dix mille hommes. Mais les Français étaient commandés par Villeroi, général présomptueux, incapable, et, pour le malheur de la France, n'aspirant qu'à livrer bataille. Marlborough, qui avait laissé échapper malgré lui, l'année précédente, une pareille occasion en présence d'un général bien supérieur, Villars, se hâta de saisir celle-ci; il profita, avec son habileté accoutumée, des avantages que lui offraient les mauvaises dispositions de Villeroi, l'attaqua près du village de Ramillies (23 mai 1706), le mit en déroute complète après un combat acharné, le poursuivit à une distance de cinq lieues du champ de bataille, et lui prit son bagage, son artillerie, près de cent vingt drapeaux, six cents officiers et six mille soldats. Huit mille environ avaient été tués. Villeroi, perdant la tête, abandonna entièrement tout le pays que couvraient encore les débris de son armée; et, de Louvain, où la poursuite avait cessé, il se porta du côté de la frontière de France, en jetant dans les places fortes des garnisons qui ne purent les empêcher de tomber au pouvoir de l'ennemi. La bataille d'Hochstett avait ravi à la France la Bavière et l'électorat de Cologne, celle de Ramillies lui enleva les Pays-Bas espagnols, à l'exception du Hainaut et du Luxembourg, et il ne lui restait plus qu'une armée battue et découragée. Villeroi, comdamné par le cri général, fut rappelé, et pour le remplacer on tira du Piémont Vendôme, qui passa le reste de la campagne dans une stricte défensive.

Avant de quitter le Piémont, Vendôme était occupé à couvrir le siége de Turin, manqué dans la dernière campagne, et que dirigeait le maréchal La Feuillade; il partit comme le prince Eugène s'avançait de nouveau pour délivrer la ville. La cour de France le remplaça par le duc d'Orléans, depuis régent, et le maréchal de Marsin; mais elle remit à ce dernier des ordres secrets, qui lui enjoignaient de s'opposer à toute action décisive; et ces ordres entraînèrent la perte de l'armée. En effet, Eugène s'avançait sur la Doria, il fallait se résoudre à lui laisser forcer les lignes françaises, trop étendues pour être défendues, ou lui livrer bataille; l'armée étant supérieure en nombre, le duc d'Orléans insistait pour ce dernier parti, les soldats demandaient à grands cris le combat, lorsque Marsin exhiba ses ordres écrits. Pendant qu'on délibérait, Eugène passe la Doria, tombe sur les lignes (5 septembre), écrase un tiers de l'armée, tandis que le reste, hésitant entre les ordres de Marsin et ceux de Lafeuillade, qui se contredisent, se met en déroute complète, abandonnant tout son bagage; Marsin est tué, le duc d'Orléans blessé, et l'ennemi étonné, qui croyait avoir seulement délivré Turin, se voit maître de la campagne. Le Piémont, le Milanais, le Mantouan sont perdus, les duchés de Parme et de Modène abandonnés, et le chemin de l'Italie fermé aux armées françaises.

En Espagne, la guerre, quoique faiblement poussée par les alliés, ne fut guères moins désastreuse pour la France; le siége de Barcelone, tenté par Philippe V et le maréchal de Tessé, fut presque aussitôt levé, par suite de l'abandon de la flotte française, qui se retira devant l'amiral Leake. Charles III entra en triomphe à Madrid.

La position de la France était critique. Louis XIV semblait menacé d'une ruine prochaine; toutes ses frontières étaient découvertes, sur les Alpes, en Alsace, en Flandre, et même du côté de l'Espagne; enfin l'Angleterre était maîtresse de la mer. Un moment il écouta le conseil d'abandonner l'Espagne à son sort, et de réserver à la France la possession du Pérou et du Mexique en y envoyant Philippe V; mais une politique plus noble lui fit bientôt abandonner ce projet. Sa diplomatie, fidèle à ses maximes, travaillait sans cesse en secret à semer la division parmi les alliés; elle avait tenté en vain d'amener les Hollandais à faire une paix particulière, en leur offrant d'immenses avantages commerciaux..Après le désastre de Ramillies, elle parla ouvertement de traiter, et sollicita, par l'entremise de l'électeur de Bavière, l'ouverture d'un congrès. Mais Marlborough fit échouer toutes les négociations; la guerre satisfaisait à la fois son ambition et son avarice. Il fit sentir aux États-Généraux que l'occasion était favorable pour abattre complétement la puissance de la France et assurer la liberté de l'Europe; la continuation de la guerre fut décidée.

Condamnés à ne faire qu'une sourde opposition contre un système politique contraire à leurs vues, les torys représentaient avec raison Marlborough comme un homme insatiable, sacrifiant par la prolongation d'une guerre ruineuse les intérêts de sa nation à son intérêt personnel, mais tous les efforts de leur haine ne purent rien contre le crédit du duc et de la duchesse. La puissance des whigs reçut encore une sorte de consécration de la conclusion d'un traité pour lequel ils avaient inspiré à la reine une sorte de passion, et qu'ils réussirent à mener à bonne fin. Cet acte, c'était la réunion en un seul royaume de l'Écosse et de l'Angleterre.

Guillaume avait senti de bonne heure le besoin de relier fortement à l'Angleterre l'Écosse, foyer d'intrigues pour les jacobites et pour la France; mais la part qu'il prit au massacre de Glencoe, le sacrifice qu'il fit des intérêts du commerce écossais aux jalousies commerciales des Anglais et des Hollandais, ses compatriotes, sacrifice qui entraîna la ruine de deux compagnies formées en Écosse, l'une pour le commerce des côtes d'Afrique, l'autre pour la colonisation de l'isthme de Darien, avaient rendu son nom et son règne odieux aux Écossais; aussi regarda-t-il l'union comme impraticable pour lui. Néanmoins il recommanda plus d'une fois cette mesure au parlement anglais, et de son lit de mort il adressa un message à ce sujet aux communes. La reine Anne, dans son premier discours au parlement anglais, insista de même sur la nécessité de réunir les deux royaumes, et les adresses des chambres autorisèrent le gouvernement à nommer des commissaires des deux nations pour stipuler les conditions d'un traité d'union; mais ces commissaires ne purent s'entendre, et leur assemblée fut dissoute (1702).

En Angleterre, jacobites et torys s'opposaient à cette mesure; les premiers la regardaient comme un obstacle à la restauration du prince de Galles; les seconds, comme devant produire une augmentation de pouvoir pour les whigs, en consacrant dans l'un et l'autre royaume les conséquences de la révolution, et réunissant dans leurs mains les ressources des deux états. En Écosse, l'union avait pour adversaires les jacobites, dont le chef était le duc d'Hamilton, et les républicains, ayant à leur tête Fletcher de Saltoun, membre du parlement écossais. Aucun acte d'établissement n'ayant assuré dans ce pays, comme en Angleterre, la réversion de la couronne à la ligne protestante, le choix du successeur de la reine était encore à la disposition du parlement, et le progrès des idées de liberté, ravivées par la révolution de 1688, l'esprit d'indépendance qu'inspirait la prédominance du presbytérianisme, tendaient à rendre antipathique à la nation écossaise toute communauté d'existence politique avec l'Angleterre. La révolution, en consacrant le presbytérianisme, avait adouci l'esprit intolérant de cette secte; l'activité des esprits se tournant alors des discussions religieuses vers les luttes politiques, avait produit un retour salutaire au respect de la liberté individuelle; des institutions plus larges, des principes plus élevés avaient tiré le pays de l'espèce d'abaissement où il était demeuré sous les Stuarts, et l'indépendance de la nation semblait être l'idée commune de tous les partis qui fractionnaient le parlement. Aussi, aux premières démarches de la cour pour amener l'union des deux royaumes, le parlement écossais fut-il unanime dans sa réponse : des actes destinés à mettre hors de toute atteinte la religion de la majorité, le gouvernement presbytérien de l'église, les intérêts commerciaux particuliers du pays, enfin la liberté complète de l'Écosse pour le choix d'un successeur au trône, furent aussitôt adoptés. Mais l'assemblée écossaise alla plus loin que le parlement anglais dans les garanties de liberté qu'elle voulut imposer à ce successeur : elle se proposa de soumettre au pouvoir législatif tous les droits du pouvoir exécutif, et notamment celui de décider souverainement de la paix et de la guerre, ce qui, en restreignant l'action de la couronne, tendait directement à isoler l'Écosse de la marche politique que l'Angleterre pouvait suivre à l'avenir. Ce système, produit par le chef du parti républicain, Fletcher, était appuyé par les jacobites, qui voyaient opposer par là une barrière insurmontable à la réunion des deux royaumes sous le sceptre des successeurs hanovriens, seuls concurrents redoutables des Stuarts. Le parti qu'on appelait les whigs d'Écosse, et qui se rattachait aux whigs d'Angleterre, était d'accord avec les jacobites et les républicains en ce qui concernait les limitations; mais au sujet de la succession et de l'union, une séparation bien tranchée existait entre eux. Les whigs voulaient les princes hanovriens, les jacobites ou *cavaliers*, comme on les nommait, s'y opposaient de toutes leurs forces; les républicains seuls, indifférents sur le choix d'un successeur, n'insistaient que sur les limitations, qui en effet eussent ôté au souverain le pouvoir d'être dangereux. Ces limitations, telles que les proposa Fletcher, éloignaient, par leur caractère exclusivement national, toute chance de réunion avec l'Angleterre : elles furent adoptées sous le nom de bill de sûreté (1703). Ce bill ordonnait, en substance, que le vingtième jour après le décès de la reine, le parlement s'assemblerait et que, pendant l'interrègne, le pouvoir exécutif serait remis entre les mains des membres du parlement résidant à Édimbourg; qu'aucun étranger ou *Anglais* ne serait apte à siéger comme membre du parlement; que la nomination d'un successeur serait faite dans cette assemblée, mais que le successeur nommé serait autre que le successeur à la couronne d'Angleterre, à moins qu'il n'eût été stipulé préalablement des conditions propres à assurer l'honneur du royaume, le droit indépendant d'assemblée et le pouvoir gouvernemental du parlement, enfin la religion, la liberté et le commerce de la nation écossaise contre toute influence anglaise ou étrangère. Malgré les manifestations énergiques de la population, le duc de Queensberry, commissaire de la reine en Écosse, refusa la sanction royale à cet acte, expression réelle du vœu national. A son tour, le parlement suspendit le vote des subsides; les partisans du gouvernement furent flétris des noms de traîtres et d'esclaves; le droit de refuser sa sanction fut contesté à la couronne en plein parlement; et des membres allèrent jusqu'à menacer d'obtenir par l'épée ce qu'on leur déniait. Cette effervescence céda cependant aux temporisations du commissaire royal; et, dans l'intervalle de plusieurs prorogations successives, des distributions de pairies, de places, de promesses, affermirent les défenseurs de la couronne et gagnèrent à celle-ci de nouveaux appuis.

Néanmoins, à la session suivante (1704), le parlement reprit l'acte de sûreté avec un zèle qui devint bientôt l'enthousiasme le plus violent. La nation était animée du même esprit d'indépendance, et des hommes de toutes les classes, parcourant les rues, déclamaient avec chaleur contre l'influence exercée par l'Angleterre, et menaçaient de sacrifier, comme traître à la patrie, tout fauteur des intérêts étrangers. Le commissaire royal, épouvanté, conseilla alors à la reine de sanctionner le bill de sûreté dans lequel il avait réussi à faire introduire quelques adoucissements; entre autres la modification de la clause qui excluait du trône d'Écosse les souverains appelés à la couronne d'Angleterre. A ce prix on devait obtenir des subsides, ou bien il fallait se résigner à voir l'armée se débander faute de paie, circonstance dangereuse dans l'état de fermentation où étaient les esprits. Cette dernière considération détermina lord Godolphin à céder aux vœux du parlement écossais, bien qu'une semblable concession fournît contre lui des armes aux torys d'Angleterre. Ils ne manquèrent pas, en effet, de publier partout que Godolphin, en faisant sanctionner l'acte de sûreté, avait résolu de rendre la réunion des deux pays impossible, et de se ménager en Écosse des ressources pour asservir le parlement et changer l'ordre de succession fixé par les lois. Mais c'était précisément sur l'*Union* que Godolphin comptait pour neutraliser les effets du bill de sûreté.

Cet acte blessait trop les susceptibilités anglaises pour demeurer inaperçu; les communes d'Angleterre (décembre 1704) passèrent, par représailles, un acte apportant de sévères restrictions au commerce de l'Écosse avec le royaume, et déclarant étranger dans tous les domaines de la couronne, tout Écossais qui ne s'y rattachait point par les liens d'un service personnel. Whigs et torys se réunirent pour l'adoption de ce bill, nommé bill d'aliénation, que l'union seule de deux royaumes devait avoir le pouvoir d'abroger. Le parlement écossais répondit à cette manifestation en votant qu'aucune démarche ultérieure n'aurait lieu pour opérer l'Union, tant que le bill d'aliénation ne serait point révoqué (1705). Aussitôt cette révocation eut lieu dans la session suivante du parlement anglais, avec le même concert de la

part des whigs et des torys ; alors la couronne fut autorisée par les parlements
d'Angleterre et d'Écosse à nommer les commissaires chargés de rédiger les conditions du traité, et la négociation marcha sans interruption. Le 16 avril 1706, les
commissaires s'assemblèrent pour la première fois à White-Hall, et le 23 juillet
suivant, les articles du traité étaient définitivement arrêtés et présentés à la reine;
enfin le même jour, un ordre était donné de poursuivre, selon toute la rigueur des
lois, quiconque se permettrait des discours, des libelles, ou même des paris touchant la réunion ; tant était grand l'intérêt que le gouvernement whig prenait
au succès de cette mesure, qu'il craignait de la compromettre en la laissant descendre sur le terrain de l'opinion publique, où il ne pouvait la défendre qu'à armes
égales.

Le 3 octobre 1706, le duc de Queensberry donna connaissance au parlement
écossais des articles du traité d'union, qui avaient été tenus secrets jusqu'à ce
moment. Toute l'Écosse fut alors saisie d'une effervescence telle qu'il n'y en avait
point eu de semblable depuis la restauration. Les jacobites voyaient dans le traité
la ruine des espérances du prétendant ; la noblesse, avec la perte de son parlement,
l'anéantissement de toute sa dignité et de toute son influence ; le commerce écossais,
un assujétissement complet au commerce anglais. Le peuple s'écria tout d'une voix
que son indépendance était sacrifiée à la trahison et à la corruption ; que l'église
presbytérienne allait devenir la vassale des épiscopaux anglais ; et ces dernières
craintes furent si vives que les presbytériens se rapprochèrent des cavaliers, même
dans le parlement, où l'opposition éclata avec la dernière violence, tandis qu'au
dehors les soulèvements populaires recommencèrent. Les caméroniens se réveillèrent, se formèrent en régiments et se portèrent à Dumfries, où le traité fut brûlé
publiquement sur la place du marché. Le duc d'Hamilton les encourageait en secret
et se préparait déjà à se mettre à leur tête pour marcher sur Édimbourg, lorsque
la crainte de compromettre leur cause par une rupture ouverte, et peut-être la prudence que lui commandaient les mesures militaires prises par le ministère, le firent
renoncer à ce projet. Cependant la population d'Édimbourg était déjà soulevée ;
elle assiégeait les négociateurs du traité dans leurs maisons, et menaçait de massacrer les membres du parlement favorables à la réunion. Queensberry disposa
alors une force militaire imposante autour des bâtiments où se tenait l'assemblée,
avec ordre de faire feu contre quiconque refuserait d'évacuer les rues au premier
son du tambour, et il pressa avec vigueur l'adoption du traité, malgré tous les
dangers qui l'entouraient au milieu d'une population qui, dès qu'il sortait, tirait
sur ses gardes et poursuivait sa voiture. Cependant le péril devint tel, et l'opposition du parlement se montra si forte, que le commissaire désespéra un moment
de réussir ; il exprima le désir d'ajourner le parlement, pour laisser passer la fureur
publique, et travailler en secret les membres de l'assemblée ; mais Godolphin,
qui appréhendait qu'en voulant temporiser on n'échouât complétement, insista
pour que cette grande affaire fût poursuivie et terminée au plus vite. Des troupes
furent disposées par toute l'Écosse ; par promesses et par corruption le commissaire gagna les chefs du parti mixte et tous ceux qui flottaient encore ; il désarma
le ressentiment du clergé presbytérien, en insérant dans le traité un article fon-

damental, qui déclarait la discipline presbytérienne l'unique et inaltérable gouvernement de l'église d'Écosse, détacha les caméroniens des cavaliers, et enfin flatta le commerce de l'espoir d'être indemnisé des pertes qu'il avait souffertes sous le règne de Guillaume. Une somme de 20,000 livres sterling, que la reine prêta secrètement à la trésorerie d'Écosse, vint à l'appui de ces négociations. Sans apaiser les clameurs du peuple, Queensberry s'assura du moins la majorité dans le parlement; enfin, aidé du duc d'Argyle, des comtes de Montrose, de Steafield et de Stair, il répondit aux objections qui s'élevèrent dans cette assemblée, de manière à affaiblir sinon à détruire la force de ces objections, et à fournir à la majorité qu'il avait acquise par ses largesses des raisons plausibles d'assentiment. Chaque article donna néanmoins lieu aux débats les plus opiniâtres : d'un côté, les défenseurs de l'Union invoquaient les raisons politiques et même l'intérêt particulier de l'Écosse; de l'autre, les adversaires du progrès, Athol, Annandale, Belhaven, Fletcher de Saltoun et Hamilton protestaient au nom des plus nobles sentiments, de la liberté, de l'amour de la patrie; et leurs éloquentes déclamations trouvaient de l'écho dans toute la population écossaise. Mais ces généreuses protestations vinrent toutes se briser contre le vote silencieux de la majorité. Hamilton lui-même, dont les paroles pathétiques avaient d'abord retenti dans tous les cœurs écossais, sembla plus tard acquiescer à l'Union par son silence : une lettre reçue de Saint-Germain était venue lui défendre de s'opposer à la mesure, de peur qu'une telle opposition n'aliénât la bonne volonté que l'on supposait à la reine en faveur du prétendant.

Ainsi se trouva annulée l'existence nationale de l'Écosse, en dépit d'une résistance violente et en face d'un peuple exaspéré. Après qu'il eut réglé quelques matières secondaires et se rattachant à l'exécution du traité, le parlement fut ajourné le 25 mars 1707, pour ne plus se réunir jamais. L'Écosse ne devait plus avoir d'autre souverain, d'autre parlement que ceux de l'Angleterre.

L'acte d'union portait en substance :

« Qu'à partir du 1er mai suivant, et pour toujours, les deux royaumes d'Angleterre et d'Écosse seraient réunis en un seul royaume qui prendrait le nom de Grande-Bretagne; que la succession du royaume de la Grande-Bretagne demeurerait à la princesse Sophie, électrice et duchesse douairière de Hanovre, et à ses héritiers protestants, conformément aux actes déjà passés dans le parlement d'Angleterre; que tous les sujets de la Grande-Bretagne jouiraient sans distinction des mêmes droits, priviléges de commerce, et autres exemptions et immunités ; que le royaume uni serait représenté par un parlement unique, qui devait recevoir le nom de parlement de la Grande-Bretagne; que le corps entier des pairs écossais, à chaque parlement nouveau, élirait seize de ses membres pour le représenter à la chambre haute; que tous les pairs d'Écosse, élus pour siéger au parlement ou non, prendraient rang immédiatement après les pairs d'Angleterre de leur degré existant à l'époque de l'Union (les ducs après les ducs, les marquis après les marquis), et avant ceux qui seraient créés postérieurement à cet acte, et qu'ils jouiraient de tous les priviléges des pairs d'Angleterre, excepté de celui de siéger à la chambre haute; que le nombre des représentants de l'Écosse, dans les communes, ne dépasserait pas quarante-cinq membres, dont les deux tiers devaient être nommés par les comtés, et l'autre tiers par les bourgs; que l'église épiscopale d'Angleterre et l'église presbytérienne d'Écosse resteraient ce qu'elles étaient avant l'Union; que la monnaie, les poids et les mesures seraient les mêmes; enfin que les deux parties du royaume uni seraient soumises aux mêmes droits d'accise et de douane à l'entrée et à la sortie; mais de telle sorte que quand l'Angleterre leverait un impôt de 2,000,000 livres sterling, l'Écosse n'en paierait que 48,000 et toujours dans la même proportion. »

A peine le duc de Queensberry eut-il prorogé le parlement, qu'il se hâta d'aller jouir de son triomphe en Angleterre; il partit pour Londres, et fut reçu aux environs de la ville par plus de quarante seigneurs en voiture et environ quatre cents gentilshommes à cheval; hommage significatif, qui indiquait combien on sentait l'importance de cet acte pour l'accroissement de la puissance anglaise. Sans perdre de temps, le gouvernement résolut d'en presser l'adoption dans le parlement anglais. Tout était préparé pour obtenir une adoption pure et simple, et pour écarter toute discussion sur le fond du traité. Il fut en effet voté dans les deux chambres à une majorité considérable, et reçut aussitôt la sanction royale.

Le 24 avril 1707, la reine prorogea le parlement, en lui annonçant qu'à la prochaine session, et conformément à l'acte d'Union, il représenterait l'Angleterre dans le premier parlement britannique, qui fut en conséquence convoqué pour le 23 octobre suivant. Les Écossais partisans de la nouvelle mesure arrivèrent alors à la cour, où la reine leur distribua des titres et des honneurs; et le 1er mai, de publiques actions de grâces furent adressées au ciel pour l'heureux succès de cet acte important. De toutes les parties de l'Angleterre affluèrent des adresses de félicitation; l'université d'Oxford, cette mère nourrice du torysme, resta seule muette. L'Écosse aussi demeura dans le plus profond silence : les Écossais se regardaient comme vendus, et en effet, cette mesure grande et politiquement nécessaire, avait été obtenue par des moyens qui devaient répugner à la masse de la nation; et en ce moment elle n'avait pas assez de calme pour prévoir les immenses avantages qu'elle en retirerait dans l'avenir.

Fiers de ce succès, les whigs firent sentir plus durement encore à leurs adversaires le poids de leur pouvoir, en éliminant de temps à autre un des torys demeurés encore au conseil, et le remplaçant par un whig : ce fut ainsi que le gendre du duc de Marlborough, le comte de Sunderland, fut nommé secrétaire d'état. Mais Harley, le chef et l'espoir du parti, demeurait encore inébranlable, et il attendait tranquillement le moment d'agir en se contentant d'habituer la reine à l'écouter et à lui accorder sa confiance; sa haine vigilante surveillait tous les whigs et le triomphant Marlborough. Celui-ci, alors à l'apogée de sa gloire, ne paraissait avoir rien à craindre d'un si faible adversaire : vainqueur à Ramillies, il se préparait à faire plus encore, à envahir la France. Toutefois ses alliés, quoique non divisés entre eux, ne montraient plus le même concert dans leurs opérations; Léopold était absorbé dans la conquête de l'Italie, ce rêve des empereurs d'Allemagne; le duc de Savoie ne songeait qu'à s'affermir dans ses états reconquis, sans se soucier d'avancer les affaires de la coalition; enfin, dans les Pays-Bas, les députés des

Etats-Généraux s'opposaient à toute entreprise qui écartât leur armée de la frontière hollandaise. Louis XIV, repoussé dans ses offres de paix, avait fait de nouveaux efforts. Dès la fin de la dernière campagne, il avait envoyé à Philippe V, en Espagne, le maréchal de Berwick avec un corps d'armée qui ramena ce prince à Madrid et chassa les alliés de la Castille (12 octobre 1706). Le duc d'Orléans, bientôt après, amena de nouveaux renforts. A cette nouvelle, lord Galway, qui commandait l'armée alliée de Portugal, s'avança contre Berwick pour le repousser hors de la Castille avant sa jonction avec le duc d'Orléans. Le 14 avril 1707, il parut devant les lignes franco-espagnoles, dans la plaine d'Almanza, sur les confins de Valence et de Murcie; Berwick était préparé à le recevoir et la bataille s'engagea (25 avril 1707). Après six heures de carnage, les assaillants furent repoussés et mis en déroute; lord Galway et le général portugais Das Minas, tous deux blessés, échappèrent avec peine, abandonnant à l'ennemi cinq mille hommes tués, blessés ou prisonniers, leur artillerie, leurs drapeaux, leurs munitions et leur bagage. L'armée alliée était détruite. Le duc d'Orléans arrivant sur ces entrefaites, s'empara d'Almanza, de Sarragosse, réduisit les deux provinces de Valence et d'Aragon, et termina la campagne par la prise de Lérida.

Villars n'avait pas moins de succès contre l'armée de l'empire. Le prince de Bade était mort, et avait eu pour successeur le margrave de Baireuth, général médiocre. Villars, après l'avoir forcé à repasser le Rhin, franchit lui-même le fleuve, força et détruisit les lignes de Stolhofen (22 mai 1707), mit à contribution les pays de Bade, de Wurtemberg, de Franconie, et répandit la terreur dans les bassins du Necker, du Mein et du haut Danube.

Cependant ces progrès furent bientôt arrêtés par une entreprise que Marlborough avait concertée avec le prince Eugène, et qui fut exécutée par ce dernier et le duc de Savoie : c'était le siége de Toulon, grand arsenal de la marine française. Sous la conduite de ces deux princes, trente à quarante mille hommes entrèrent en France (11 juillet 1707) par le col de Tende, tandis qu'une flotte combinée d'Anglais et de Hollandais, commandée par sir Cloudesley-Shovel, vint bloquer le port de Toulon. Mais la ville avait eu le temps de se mettre sur un pied de défense respectable; une levée en masse de la noblesse des provinces avait renforcé sa garnison; enfin Louis XIV tira de toutes ses armées des troupes pour secourir la place, et concentrer en Provence une force redoutable. Après une suite d'attaques meurtrières et vivement repoussées par les assiégés, le duc de Savoie, craignant d'être coupé dans une province aride comme la Provence, força Eugène à lever le siége, et tous deux repassèrent les Alpes; alors la flotte anglo-hollandaise se retira, après avoir détruit une partie des fortifications et huit vaisseaux de ligne, et l'amiral Cloudesley-Shovel, laissant une partie de ses forces dans la Méditerranée, regagna l'Angleterre. Une tempête terrible l'engloutit, lui et sa flotte presque entière, en vue des côtes (22 octobre 1707).

Malgré son peu de succès, le siége de Toulon avait toutefois tenu en arrêt les forces de Louis XIV. Pour secourir la ville, Villars, obligé de détacher une partie de son armée, repassa le Rhin et rentra en Alsace; et Vendôme, dans les Pays-Bas, recula devant Marlborough qui, désespérant de rien entreprendre dans cette campagne, mit ses troupes en quartier d'hiver, et retourna en Angleterre pour assister à la première session du parlement de la Grande-Bretagne.

Quoique toujours puissants, les whigs n'avaient plus au même degré la confiance de la reine; la défaite d'Almanza, ainsi que l'échec de Toulon, avaient relevé les espérances de leurs adversaires; mais de tous les dangers qui les menaçaient, le plus grand s'élevait à la source même de leur crédit : la duchesse de Marlborough avait une rivale. Une parente, Abigaïl Hills, plus connue depuis sous le nom de

Abigaïl Masham.

mistriss Masham, que la duchesse avait retirée de la misère pour la placer auprès du duc de Glocester, fils d'Anne, s'était élevée, après la mort du jeune prince, à l'emploi de femme de chambre de la reine, et de femme de chambre confidente. Les torys, qu'alarmaient le pouvoir des whigs, les jacobites, qui cherchaient à disposer la reine en faveur du prétendant, virent le parti qu'on pouvait tirer de la nouvelle favorite, et travaillèrent, non sans succès, à la mettre dans leurs intérêts. Le mot d'ordre devint de délivrer la reine de la tutelle dans laquelle la tenaient Godolphin et les Marlborough; de la rendre reine de fait comme elle l'était de nom : la faveur de mistriss Masham eut dès lors une base politique.

Godolphin, Marlborough et surtout la duchesse ne tardèrent pas à s'apercevoir de la grande et croissante influence qu'acquéraient Harley et mistriss Masham; et malgré les assurances de confiance de la reine, ils insistèrent sur le renvoi du secrétaire. Anne ne pouvait s'y résoudre, et refusa; pendant quelque temps, Godolphin et Marlborough ne parurent pas au conseil; les torys, pleins d'espoir, se pressaient déjà autour de la reine, lui prodiguant les assurances de leur dévouement; mais ils virent bientôt qu'ils s'étaient exagéré leur crédit. Dans une des séances du conseil, Harley, chargé de soumettre aux membres convoqués une affaire de politique étrangère, fut interrompu par le duc de Somerset, qui déclara qu'on ne pouvait s'occuper de ces matières en l'absence du trésorier et du général; les autres whigs appuyèrent son avis, et le conseil se sépara brusquement. Le lendemain, la reine manda près d'elle le duc de Marlborough, lui annonça que Harley résignait sa place, et qu'elle la donnait à Henry Boyle, chancelier de l'échiquier. La disgrâce de Harley entraîna la démission de trois autres torys, entre autres de Saint-John, qui fut remplacé par sir Robert Walpole, membre déjà important de la chambre des communes.

Pendant ce temps, Louis XIV avait préparé une expédition qui devait débarquer le prétendant en Écosse, avec un corps de troupes françaises. Tout promettait le succès à une semblable tentative. Le peuple écossais était encore sous le coup du traité d'Union et de tous les changements, suites de ce traité, qui lui en avaient fait encore davantage sentir l'amertume; un grand nombre des principaux de la haute aristocratie, la majorité de la petite noblesse et les deux tiers de la population étaient irrités jusqu'au désespoir de ce qu'ils appelaient l'indignité de l'union. La violence impolitique avec laquelle les nouvelles lois pour la levée des impôts étaient exécutées semblait, de la part du ministère anglais, comme un dessein formé de pousser la nation à quelque tentative désespérée pour rompre un traité qu'il avait ménagé avec tant de zèle. Des essaims de recenseurs, collecteurs, et autres officiers venus d'Angleterre, couvraient l'Écosse, et appliquaient les règlements administratifs avec une rigueur plus voisine de la tyrannie qui accompagne la conquête, que d'accord avec les droits d'un peuple libre. Les amis des Stuarts profitèrent de ces conjonctures; ceux même qui s'étaient montrés de tout temps les plus opposés au rétablissement de la famille déchue, en étaient venus à le souhaiter ardemment, comme l'unique moyen de secouer un joug d'autant plus dur et insupportable qu'il était plus nouveau et plus inattendu. La défense du pays était d'ailleurs dans l'état le plus complet d'abandon. Il n'y avait en Écosse que deux mille hommes de troupes malintentionnées; les places fortes tombaient en ruines, nulle part on n'avait rassemblé de munitions; l'argent destiné à indemniser le commerce écossais était déposé au château d'Édimbourg, qui n'était point défendu, et qu'un coup de main pouvait mettre au pouvoir d'un ennemi résolu; une flotte hollandaise récemment naufragée sur les côtes avait laissé des munitions, de l'artillerie, des fusils et de l'argent qui devaient tomber au pouvoir des Français aussitôt qu'ils seraient débarqués ; l'acte de sécurité avait mis des armes entre les mains de la population, et ces armes n'avaient point été retirées, quoique l'acte, depuis l'union, eût été révoqué ; les clans de montagnards conservaient pour leurs anciens souverains une affection qui ne demandait que l'occasion d'éclater ; enfin un grand nombre de whigs écossais étaient prêts à se joindre aux jacobites, et en Angleterre ceux qui favorisaient l'invasion et ceux qui craignaient une révolution ébranlaient le crédit public en réclamant de la banque d'Angleterre une masse énorme de fonds ; en un mot, tout promettait que si les troupes françaises débarquaient, la nation écossaise entière se leverait pour concourir à la restauration des Stuarts.

Dans cette périlleuse conjoncture les whigs recoururent aux moyens ordinaires : suspension de l'*habeas corpus*, arrestations de suspects, armement et envoi de vaisseaux dans la Manche ; mais l'insuffisance des mesures prises par la France les servit mieux que leurs précautions. L'expédition projetée n'avait été préparée ni avec assez de mystère ni avec assez de rapidité, et le gouvernement anglais avait eu le temps de prendre ses mesures ; il envoya à la poursuite de l'amiral français, Forbin, une flotte de quarante vaisseaux, qui le força à rentrer à Dunkerque sans combat, et avec la perte d'un de ses bâtiments (mars 1708). La tentative n'alla pas plus loin.

Revenus de leur terreur, les ministres n'en furent que plus ardents à resserrer les nœuds de l'alliance des états européens contre Louis XIV, et à presser le succès de la guerre, qui recommença plus vive que jamais. Il fut résolu entre les alliés qu'on porterait les grands coups dans les Pays-Bas, tandis que le duc de Savoie, sur qui l'on ne pouvait compter pour des entreprises vigoureuses, se contenterait d'inquiéter la frontière française du côté des Alpes ; que l'empereur s'abandonnerait à l'exécution de son projet favori, celui de faire reconnaître sa puissance et celle de son fils à toute l'Italie, et que des troupes auxiliaires de l'empire rétabliraient la fortune des alliés en Espagne.

C'était aussi pour les Pays-Bas que Louis XIV avait fait les plus grands apprêts. Dès l'ouverture de la campagne il opposait cent mille hommes, commandés par Vendôme et par le duc de Bourgogne, aux quatre-vingt mille hommes des alliés. Son armée s'était déjà emparée de Gand, Bruges, Ypres, et investissait Oudenarde, lorsque Eugène, qui venait de tirer de l'Allemagne de nouveaux renforts, rejoignit Marlborough pour secourir la place. A leur approche les Français repassèrent l'Escaut ; les alliés les poursuivirent, les attaquèrent, et à la faveur de la mésintelligence qui régnait entre les deux généraux français, les défirent (11 juillet 1708). Cependant Vendôme arrêta les suites de cet échec par une retraite habile, et rallia son armée sous les murs de Gand, de Tournay et d'Ypres ; mais il ne put empêcher les alliés de franchir la frontière française et d'investir Lille, une des plus fortes villes de l'Europe, et la clé de la France (13 août 1708). Vauban, par de nouveaux ouvrages, avait augmenté les défenses de cette place, et il en eût peu coûté pour la préserver d'un siége ; mais la mésintelligence qui continuait à diviser les généraux français entrava toutes les opérations, et la ville se vit réduite à capituler (23 octobre 1708). En vain, pour sauver au moins la citadelle, le duc de Bavière tenta une diversion sur Bruxelles (26 novembre); Marlborough, qui couvrait le siége conduit par Eugène, détacha quelques troupes qui forcèrent l'électeur à gagner Namur, et le gouverneur de Lille, Boufflers, reçut un ordre de Louis XIV pour rendre la citadelle (8 décembre). Aussitôt les alliés reprirent Gand, Bruges, et mirent à contribution la Flandre française, l'Artois et la Picardie maritime. La France était ouverte; un parti d'aventuriers hollandais pénétra même jusqu'à Sèvres, et s'empara d'un des officiers du Dauphin, croyant prendre le Dauphin lui-même. Telle était la suite du mauvais choix des généraux, et de cette défiance qui poussait Louis XIV à ne jamais leur laisser le pouvoir de disposer selon leurs vues des forces qu'ils commandaient.

L'importance de ces événements influa sur les opérations des armées du Rhin, qui furent nulles. En Italie, l'empereur faisait reconnaître Charles III par le pape comme roi d'Espagne, et le duc de Savoie ajoutait de nouvelles places aux forteresses dont il s'était emparé pour couvrir sa frontière du côté de la France. En Espagne, les alliés laissèrent le duc d'Orléans prendre Tortose et achever la soumission du royaume de Valence; mais le nouveau général anglais, Stanhope, fit au nom de la reine une conquête nouvelle, celle de l'île de Minorque (30 septembre 1708), dans laquelle il mit garnison anglaise. Ce poste important devait servir, ainsi que Gibraltar, à établir l'empire de la marine anglaise dans la Méditerranée, et ce fut encore un des fruits que l'Angleterre retira de la guerre de la succession d'Espagne; l'amiral Leake s'était aussi emparé de la Sardaigne.

Pendant que les généraux whigs couvraient de gloire les armes britanniques, le crédit du parti était en Angleterre menacé de nouveaux dangers. D'un côté, les intrigues de Harley, des torys et des jacobites, ainsi que l'irritation qui s'était mise dans les rapports de la duchesse de Marlborough avec la reine, sapaient de plus en plus la confiance qu'Anne avait toujours eue en elle et en son mari; de l'autre, une opposition menaçante se formait parmi les whigs mécontents. Une association, nommée la *junte* whig, dans laquelle on comptait le gendre même du duc, Sunderland, et les lords Somers, Wharton, Halifax et Orford, peu satisfaits de leur part dans l'administration, se préparait à attaquer Marlborough et Godolphin dans le prochain parlement.

Cette union toutefois n'avait pas de consistance. Elle avait pris naissance dans des ambitions non satisfaites; la mort du prince George de Danemark, qui laissait plusieurs charges disponibles, amena un remaniement dans les emplois ministériels et donna les moyens de dissoudre la ligue des mécontents. Lord Wharton eut la vice-royauté d'Irlande, Somers, la présidence du conseil, et lord Orford fut nommé premier commissaire de l'amirauté.

Cet accroissement de puissance ne fit que rendre plus pesante à la reine la domination du parti whig; mais la dissolution du dernier parlement, en vertu du bill triennal, avait amené de nouvelles élections, et le résultat de ces élections, tout en faveur des whigs, avait prouvé qu'un ministère tory n'aurait pu se maintenir en présence des chambres. La reine se soumit donc, et continua ses secrètes conférences avec Harley et les torys par l'entremise de mistriss Masham, en attendant qu'une occasion favorable s'offrît de se débarrasser de conseillers qui lui étaient devenus odieux.

Les succès des alliés dans la dernière campagne avaient complétement abattu le roi de France. L'hiver de 1709, par sa rigueur extraordinaire, avait ajouté aux maux de la guerre ceux de la stérilité et de la disette; l'état était sans ressources, le peuple sans pain. Quoique déjà plusieurs fois Louis eût adressé aux alliés des propositions de paix, qui toutes avaient été durement repoussées, Torcy, ministre des affaires étrangères, fut envoyé en Hollande faire de nouvelles ouvertures. Le grand pensionnaire Heinsius, jadis menacé de la Bastille par Louvois lorsqu'il n'était que simple envoyé de la république hollandaise, ne chercha point à exercer d'insolentes représailles; mais de concert avec les alliés il exigea tout d'abord la reconnaissance de Charles III comme souverain de la monarchie espagnole, et l'accession du roi de France Louis XIV à la coalition, afin de détrôner son petit-fils. Louis ne devait posséder dorénavant l'Alsace qu'à titre de suzeraineté; en outre il s'engageait à céder Strasbourg, Neu-Brisach, Landau à l'empereur; Lille, Condé, Maubeuge, Furnes, Menin, Ypres, à la Hollande; Exilles et Fenestrelles au duc de Savoie; à démolir Dunkerque et les places d'Alsace; à reconnaître la reine Anne, le roi de Prusse, l'électeur de Hanovre; à consentir au dépouillement des électeurs de Bavière et de Cologne, etc. A ce prix, les coalisés consentaient à un armistice de deux mois, pendant lesquels on mettrait à exécution les mesures prises contre le roi d'Espagne; après quoi on traiterait de la paix. L'arrivée de Marlborough et d'Eugène à La Haye, loin d'accélérer la négociation, ne fit que la rendre plus épineuse. Eugène devait sa puissance sur le conseil de Vienne à ses talents politiques et militaires, il avait donc besoin de la guerre pour se soutenir; d'ailleurs il était ennemi personnel de Louis XIV. Les négociateurs français se tournèrent du côté de Marlborough, et l'attaquant par son côté faible, ils lui offrirent quatre millions, s'il voulait faire conclure la paix à des conditions plus douces. Mais le duc voyait en Angleterre le nombre de ses ennemis s'augmenter chaque jour, et son crédit s'évanouir à la cour; il sentait que la continuation de la guerre et de nouvelles victoires pourraient seules maintenir son influence dans sa patrie; il déclina donc les offres de Louis XIV, et répondit aux menaces qu'on lui fit de publier sa correspondance secrète avec Jacques II, son fils et le Prétendant, par une confirmation absolue de l'ultimatum signifié.

Louis XIV résolut de tout tenter plutôt que de subir ces dures propositions. « Puisqu'il faut faire la guerre, dit-il, mieux vaut la faire à mes ennemis qu'à mes « enfants. » Il en appela à son peuple des insultes qu'il recevait, écrivit aux gouverneurs des provinces, aux évêques, aux villes, et fit fondre sa riche vaisselle, exemple qui ne fut imité que par un petit nombre de ses courtisans. La famine, qui chassait le peuple sous les drapeaux, lui donna une armée, foule confuse, il est vrai, mal armée, mal habillée, sans discipline et presque sans officiers, qui se montait à cent mille hommes. A la tête de ces troupes il plaça Villars, le seul général auquel la fortune fût restée fidèle. Pour réchauffer le zèle attiédi de la noblesse française, « le maréchal de Boufflers, couvert d'honneurs et d'infirmités, demanda au roi de servir sous Villars, moins ancien que lui de dix ans : « S'il arri-

« vait malheur à votre général dans une bataille décisive, lui dit-il, votre armée
« serait ruinée, et la France avec elle. » Et les deux maréchaux, aux acclamations
des soldats, restèrent pendant toute la campagne dans le plus parfait accord. »

Les alliés commencèrent leurs opérations par la prise de Tournay, et se dirigèrent
ensuite sur Mons ; Villars se porta au secours de cette ville, et le 7 septembre 1709
les deux armées se trouvèrent en présence, quatre-vingt mille hommes du côté des
alliés, soixante-dix mille du côté des Français. Deux jours se passèrent à s'observer
de part et d'autre ; Marlborough attendait du renfort, et Villars se retranchait dans
les bois qui entourent le village de Malplaquet. Dans la nuit du 9 au 10, les alliés
se rangèrent en bataille, et l'attaque des retranchements français commença dès le
matin. Après un horrible carnage, qui dura jusqu'à trois heures de relevée, Villars, blessé dans le combat, mit son armée en retraite sur Maubeuge, Valenciennes
et Condé. Les vainqueurs, après une légère poursuite, campèrent sur le champ de
bataille, jonché de vingt mille de leurs soldats et de dix mille Français. Ces derniers se retirèrent avec artillerie et bagages, et même avec quelques drapeaux
enlevés à l'ennemi. Ils n'avaient, en définitive, perdu que le terrain. La bataille
de Malplaquet, la plus sanglante de toute la guerre, avait pour objet la possession
de Mons ; la retraite de l'armée française entraîna la prise de la place.

Les succès de Louis XIV sur le Rhin compensèrent cet échec. Le général des
Impériaux, Merci, fut arrêté dès son entrée dans la haute Alsace par le comte du
Bourg, qui le défit complètement (26 août). En Italie et en Espagne, la guerre,
sans activité, était sans résultat.

La bataille de Malplaquet, tout en relevant le moral des troupes françaises,
n'avait rien changé à la triste situation où se trouvait Louis XIV, au milieu d'une
nation découragée et en proie à tous les maux que la guerre entraîne ; son plus
grand désir était toujours d'obtenir une paix devenue indispensable à son royaume,
et il chercha à renouer les négociations rompues au commencement de l'année ;
mais il ne put amener les alliés à renoncer à la condition qu'ils imposaient : que
lui-même détrônât son petit-fils ; les négociations furent rompues.

Le ministère profita de cette vaine tentative pour déclarer, à l'ouverture du
parlement (15 novembre), que les propositions de Louis XIV n'étaient qu'un
manège pour semer la mésintelligence parmi les alliés, et quoiqu'il fût évident
pour les esprits les moins prévenus que le désir de la paix était réel chez le roi de
France, les communes, instruments dociles des ministres, votèrent de nouveaux
impôts pour la continuation de la guerre. Mais ce que ne pouvaient faire ni la volonté
de la reine, ni les efforts constants des torys et des jacobites, fut amené par un
incident, au fond sans importance, mais qui ébranla enfin le crédit des whigs,
jusque-là fortement assis sur la masse de la nation. Ce fut le procès du docteur
Sacheverel, recteur de Saint-Sauveur en Southwark. Esprit étroit et vulgaire,
mais remuant et ambitieux, Sacheverel, tiré de la misère par les whigs, s'était
élevé en tournant contre ses bienfaiteurs l'influence qu'ils lui avaient laissé
prendre, et s'était acquis une espèce de popularité parmi les anglicans rigoristes,
en déclamant à tout propos contre les non-conformistes. Comme, en Angleterre,
la politique se mêle fréquemment aux sermons des prédicateurs, Sacheverel, poussé

sans doute par ses amis de l'église anglicane, proclama que l'église était en danger,
et déclama contre le principe de la révolution, contre le droit de résistance légitime au souverain : c'était s'attaquer aux whigs, champions et représentants de
cette doctrine. Les sermons de Sacheverel, répandus avec profusion parmi le
peuple, causèrent quelque émotion ; mais cette agitation se serait calmée d'elle-
même, comme tant d'autres, si un membre des communes n'avait dénoncé Sacheverel à la chambre. C'était placer encore une fois les torys et les whigs en présence ;
c'était mettre encore en cause la révolution de 1688. Sacheverel fut décrété d'accusation, et l'affaire portée solennellement devant la cour des pairs (27 février 1710) ;
où les orateurs choisis par les communes pour exercer la poursuite, plaidèrent
avec éloquence pour les principes consacrés par la chute des Stuarts. Sacheverel
était mis en jugement, non pas pour avoir attaqué ce qui s'était fait à la révolution,
mais pour avoir soutenu que la révolution n'était pas un cas de résistance à l'autorité suprême, et conséquemment qu'elle n'était pas une exception à la doctrine
de l'obéissance passive absolue. L'accusation avait donc à prouver, d'abord, qu'il
y avait eu résistance dans la révolution, ensuite qu'il était légitime, en certains
cas, de prendre les armes contre la loi ; sujet délicat à traiter par des ministres
et des avocats liés d'intérêt avec la couronne, surtout en présence de la reine, qui
assistait aux débats. Ils s'en tirèrent avec courage, et établirent franchement les
principes des whigs. Les grandes questions de la révolution, c'est-à-dire celles
de la résistance et de la tolérance, furent posées et résolues nettement, tandis que
Sacheverel et ses défenseurs, forcés de se retrancher derrière le rempart des
interprétations, des distinctions sophistiques, échouèrent complétement. Le docteur fut déclaré coupable à la majorité de dix-sept voix, et suspendu pendant trois
ans ; ses discours furent brûlés par la main du bourreau. Cette peine si légère,
en proportion de l'appareil déployé pour le jugement du coupable, était, selon les
whigs, une marque de mépris pour lui ; mais les torys l'attribuèrent à la crainte
que les juges avaient de l'animadversion publique, et proclamèrent l'arrêt comme
un triomphe remporté sur leurs adversaires. C'en était en effet un véritable. Par
leurs manœuvres pendant toute la durée du procès, ils étaient parvenus à réveiller
dans toute la nation le vieux fanatisme anglican. Partout on répétait que l'église
était en péril, et Sacheverel, parcourant l'Angleterre, fut accueilli dans toutes les
villes comme un martyr de la sainte religion. Les torys profitèrent de ce réveil
des préjugés populaires, pour entamer enfin ce gouvernement, qui avait grandi
sans cesse depuis sept ans. La reine était toute prête à seconder ce mouvement
des esprits. De plus en plus dominée par mistriss Masham, elle avait enfin
secoué le joug de la duchesse de Marlborough, et prouva bientôt aux whigs
que tout leur crédit était ruiné, en donnant la place de lord chambellan au duc
de Shrewsbury, qui avait en dernier lieu voté avec les torys, et qui entretenait des relations fort étroites avec Harley ; peu de temps après, Sunderland,
gendre du duc de Marlborough, fut dépouillé de son emploi de secrétaire d'état,
en dépit des remontrances de la duchesse, du duc, de l'ambassadeur des États-
Généraux, et de celui de l'empereur. Anne assura ces derniers, qui pressentaient
dans ces mesures un changement de politique, qu'ils n'avaient rien à craindre

de ce côté, et qu'elle laisserait à Marlborough le commandement des armées. Godolphin lui-même ne tarda pas à être sacrifié. Il reçut l'ordre de remettre le

Sidney, comte de Godolphin,
d'après l'original de sir Godfrey Kneller.

portefeuille de la trésorerie; son emploi fut distribué entre des commissaires, placés sous la direction de Harley, nommé chancelier de l'échiquier. Enfin, comme les whigs avaient toujours la prépondérance dans le parlement, il fut dissous, malgré les vives représentations des membres du parti whig qui restaient encore au conseil, et qui n'eurent plus alors qu'à donner leur démission.

Lord Somers, président du conseil, eut pour successeur lord Rochester; Cowper, lord-chancelier, fut remplacé par Simon, depuis lord Harcourt; Boyle, secrétaire d'état pour les affaires étrangères, par Henri Saint-John; sir Robert Walpole, secrétaire au département de la guerre, par Georges Granville, et lord Wharton, vice-roi d'Irlande, par le duc d'Ormond; enfin la charge du grand amiral, lord Orford, fut distribuée à des commissaires.

Quoique exclusivement composé de torys, le nouveau ministère était loin d'avoir l'unité désirable pour gouverner avec ensemble et vigueur, et satisfaire aux exigences de l'opinion. Le membre le plus important était Harley, homme d'un caractère froid, et ennemi des partis extrêmes. Une haine jalouse l'animait contre la supériorité de l'un de ses associés, Saint-John; aussi avait-il cherché d'abord à maintenir au pouvoir Cowper et Walpole; déçu dans ses espérances de ce côté, il s'efforçait, en ménageant les whigs modérés, de s'en faire un rempart contre les torys fanatiques et contre Saint-John. Le ministère n'était complétement d'accord que sur un point, sa haine contre Marlborough; mais lui retirer le commandement de l'armée était chose impossible, tant que durerait une guerre qu'il avait illustrée par ses victoires. La paix devint dès lors le but de la nouvelle administration.

C'était aussi ce que cherchait toujours Louis XIV, abattu par le sentiment des misères de toute sorte qui assiégeaient son royaume. Il obtint enfin que deux de ses envoyés seraient admis à négocier, non pas à La Haye, dont le séjour leur était interdit, non pas directement avec les alliés, qui ne daignèrent pas y consentir, mais dans une ville obscure, Gertruydenberg, et seulement avec deux députés des États-Généraux, chargés de signifier aux représentants du roi la volonté des alliés, et de recevoir d'eux des réponses négatives ou affirmatives, sans discussion. Louis XIV consentit à toutes les conditions qui lui avaient été imposées l'année précédente; il promit même un million par mois pour défrayer les armées alliées employées à détrôner son petit-fils; mais les puissances continuant à exiger qu'il le détrônât lui-même, il rappela ses ambassadeurs, et la guerre recommença.

Villars, qui devait soutenir le principal effort des alliés, ayant en tête des forces presque doubles des siennes, et de plus Eugène et Marlborough, ne put empêcher la prise de Douai (mai 1710), Béthune, etc.; mais en ce moment, les hostilités prenaient en Espagne une importance qui devait hâter la fin de la lutte.

Lord Stanhope, qui venait de figurer avec éloquence parmi les commissaires chargés d'accuser Sacheverel, était passé dans la Péninsule avec des renforts, et joint au général de l'empereur, Staremberg, il avait battu Philippe V à Almenara, et l'avait rejeté dans l'Aragon; il le battit de nouveau près de Saragosse (10 août 1710), et fit entrer Charles III à Madrid (28 septembre). Mais au milieu de ces désastres, privé du secours de Louis XIV, qui avait retiré ses troupes dès le commencement de la campagne pour défendre ses propres états, repoussé même de la Castille, Philippe avait pour lui la nation espagnole, qui se rallia encore autour de sa personne, et bientôt il se retrouva à la tête d'une armée. Un général lui manquait; Louis XIV lui envoya Vendôme, disgracié depuis la malheureuse campagne signalée par la prise de Lille. Vendôme réorganisa les troupes espagnoles; et Philippe, solennellement reconnu de nouveau comme souverain national, rentra en triomphe dans sa capitale (2 décembre); les alliés évacuèrent la Castille. Vendôme les poursuivit sans relâche; par une marche rapide il atteignit les Anglais de Stanhope à Brihuega (8 décembre), les battit et les força à se rendre prisonniers de guerre; de là il se porta contre Staremberg, le joignit à Villa-Viciosa, et le défit entièrement (10 décembre). L'Aragon était encore une fois perdu pour les alliés, et la Catalogne entamée.

Cet événement était de nature à influer sur l'issue de la guerre, que le ministère anglais n'était pas encore assez fort pour terminer de lui-même. Les élections, qui, grâce à l'influence de la couronne, se terminèrent à l'avantage des torys, lui donnèrent enfin plus de liberté d'action. Les communes se hâtèrent de prouver leur dévouement à la nouvelle administration en choisissant pour orateur Bromley, celui qui le premier avait présenté le bill de conformité occasionnelle, et en annulant contre tout droit un grand nombre d'élections de whigs. La réaction fut telle que le duc de Marlborough, à son retour des Pays-Bas, fut non-seulement privé des remerciements que les chambres avaient coutume de lui adresser, mais attaqué dans l'opinion publique et insulté par la populace. Il n'était plus question que de son avarice, de ses fraudes, de ses extorsions, de son insolence, de son ambition. Il n'y eut pas jusqu'à son courage et ses talents qu'on ne révoquât en doute. La chambre des lords, où le parti de la couronne avait été renforcé par une création de pairs, se montra animée du même esprit que les communes, et exprima sur la conduite des affaires extérieures un blâme justifié en quelque sorte par le peu de succès des alliés en Espagne. La chambre basse se prononçait encore plus violemment à cet égard, et proposait de mettre en jugement la dernière administration. Mais Harley n'était nullement porté à ces excès, et sa prudence s'alarma de ce manque de modération. En enflammant les esprits contre le dernier ministère, il ne se proposait que de préparer les voies à la conclusion de la paix générale. Ce pas était encore dangereux, car la nation, malgré les charges ruineuses de la guerre, était saisie d'une sorte de fureur belliqueuse, et se repaissait d'idées de gloire et de conquêtes. Il fallait donc, pour donner le change à ces idées, prendre les mesures les plus capables d'exciter son mépris et son indignation contre ceux qui avaient allumé ou entretenu en elle cet enthousiasme, et qui avaient été ses idoles. Le fut vers ce but qu'Harley dirigea, autant qu'il le put, tous les mouvements des communes. Pour écarter plus sûrement les whigs du pouvoir, la chambre basse, passivement obéissante, alla même jusqu'à voter un bill qui changeait totalement le principe de l'élection au parlement. L'acte de qualification parlementaire, comme on l'appela, exigea que désormais les représentants des comtés et des bourgs possédassent, en biens-fonds, un revenu de 600 et de 300 livres sterling, afin, disait-on, d'exclure des fonctions de membre du parlement les officiers de l'armée et de la marine, mais en réalité pour donner la prépondérance dans le parlement à la propriété foncière, qui était en grande partie entre les mains des torys, et écarter à jamais les whigs, la plupart grands capitalistes et industriels.

Cependant, comme toute mesure vigoureuse semblait répugner à Harley, il se forma en dehors de lui et dans le sein du ministère une ligue des torys les plus ardents, dont les chefs étaient Rochester et Saint-John. Cette ligue aurait certainement réussi à renverser le ministre dirigeant, mais Rochester mourut, et un événement destiné à être fatal au ministre, vint le rendre plus puissant que jamais.

Un réfugié français, nommé Guiscard, dont la pension avait été supprimée, s'était mis, pour se venger, au service de la cour de France comme espion. Sa correspondance ayant été interceptée, il fut cité devant le conseil; là il refusa de répondre, et demanda à parler en particulier à Saint-John, son ancien protecteur.

Refusé, il n'écouta plus qu'une fureur insensée, et Saint-John se trouvant hors de sa portée il se jeta sur Harley, qui vint à passer près de lui, et le frappa d'un canif dont il s'était saisi.

Harley, quoique blessé légèrement, fut longtemps à se rétablir, et le hasard qui l'avait rendu victime d'une tentative dont Saint-John était peut-être l'objet, excita en sa faveur une sympathie universelle. Tous les soupçons de papisme, d'intelligences avec la France et avec le prétendant, que ses ennemis avaient soulevés contre lui, se trouvèrent dissipés comme par enchantement. Les deux chambres exprimèrent dans des adresses la part qu'elles prenaient à la conservation du

Robert Harley, comte d'Oxford et de Mortimer,
d'après l'original de sir Godfrey Kneller.

ministre ; et la reine, sur leurs recommandations, l'éleva à la dignité de grand trésorier, et à la pairie en lui conférant le titre de comte d'Oxford et de Mortimer.

Cependant Harley était à ce moment même engagé dans des négociations sérieuses avec la France pour la conclusion de la paix. L'empereur Joseph Ier venait de mourir ; cette mort, qui ouvrait à son frère l'archiduc Charles le chemin de l'empire, changeait complétement la face des affaires. Permettre à ce prince de réunir la dignité d'empereur et de roi d'Espagne, c'était accorder à la maison d'Autriche la prépondérance qu'on disputait depuis dix ans à la maison de Bourbon. Le ministère profita avec empressement de cette position ; néanmoins, en prorogeant le parlement (12 juin 1711), la reine protesta qu'elle persévérait dans l'intention d'appuyer les efforts de Charles pour conquérir le trône d'Espagne ; et Marlborough, conservé dans son commandement, regagna les Pays-Bas.

Ce fut la dernière campagne du duc ; tout semblait conspirer à réprimer l'essor de son ambition militaire. La jalousie des torys, les intérêts du ministère, les affections de la cour, la politique européenne, tout tendait à favoriser les partisans de la paix ; l'opinion publique commençait à s'alarmer de la dette que la guerre faisait peser sur l'Angleterre ; et d'ailleurs, le peu de succès des alliés en Espagne faisait désespérer de la cause de Charles III. Pendant cette dernière campagne, le génie de Marlborough brilla encore d'un vif éclat. Il força les lignes de Villars, que celui-ci avait nommées le *nec plus ultrà* du général anglais ; s'empara, après vingt jours de siége, de Bouchain, boulevard formidable de la frontière française ; et quand il mit ses troupes en quartiers d'hiver, les alliés se trouvaient en possession de l'Escaut depuis Tournai, de la Meuse presque jusqu'à la Sambre, et de toute la partie navigable de la Lys. Ils avaient réduit la Gueldre espagnole, le duché de Limbourg, le Brabant, la Flandre, et la plus grande partie du Hainaut ; enfin ils étaient maîtres de la Scarpe, et, par la prise de Bouchain, ils s'étaient ouvert une entrée jusque dans le cœur de la France. Mais les négociations, secrètement entamées pour la paix avec Louis XIV, continuaient toujours, et au commencement de novembre 1711, des préliminaires étaient signés à Londres entre la France et la Grande-Bretagne ; ils furent aussitôt communiqués aux représentants des États-Généraux et de Charles, qui venait d'être élu empereur sous le nom de Charles VI. Les confédérés se récrièrent vivement contre l'Angleterre, qui, en négociant à leur insu, avait violé la première condition de l'alliance. L'empereur adressa une circulaire aux princes de l'empire pour réclamer leur concours persévérant dans la guerre contre la France ; et, à la requête de Marlborough et des whigs, l'électeur de Hanovre, héritier présomptif du trône d'Angleterre, adressa à la reine un mémoire contre les préliminaires. Mais rien ne fit dévier le ministère de sa marche ; Marlborough pouvait par de nouvelles victoires soutenir, relever même le parti whig ; il fallait l'annuler par la paix. Malgré l'opposition des puissances alliées du continent, il fut décidé qu'un congrès s'assemblerait à Utrecht, le 1er janvier 1712, pour traiter de la paix.

Ce fut au milieu de la guerre de pamphlets que se faisaient, au sujet des préliminaires, Addison et Congrève pour les whigs, Bolingbroke, Prior et Swift pour les torys, que s'ouvrit la session du parlement (7 décembre 1711). « Je suis heu- « reuse, dit la reine aux chambres assemblées, de pouvoir vous annoncer que, « nonobstant les artifices de ceux qui se plaisent à la guerre, le lieu et l'époque « d'un congrès pour traiter de la paix sont déjà fixés. » C'était contre Marlborough qu'était dirigée cette phrase ; les communes allèrent plus loin, en portant contre le duc une accusation de concussion. Anne saisit avidement cette occasion de se débarrasser enfin complétement de lui : afin, déclara-t-elle en plein conseil, que l'accusation pût être examinée avec impartialité, elle dépouilla le duc de tous ses emplois. Délivré de ce redoutable adversaire, le ministère fit échouer les efforts du prince Eugène, qui vint en Angleterre pendant la session pour appuyer de sa présence le parti de la guerre. Walpole, dont les talents, l'activité, le zèle ardent pour les intérêts des whigs, donnaient beaucoup d'embarras aux communes, se vit recherché pour un ancien compte de finances et expulsé de la chambre. De nouvelles accusations furent dirigées contre Marlborough ; et tandis que ces votes frappaient tout ce qui appuyait le parti whig, l'adoption du bill de conformité occasionnelle, bien que fort adouci, rétablissait la prépondérance absolue de l'anglicanisme et par là même celle des torys.

Appuyé par un concours aussi énergique de la part du parlement, le ministère put hâter le rétablissement de la paix. Tandis que Prior et l'évêque de Bristol, Robinson, envoyés de la reine Anne au congrès d'Utrecht, semblaient traiter ouvertement avec les plénipotentiaires des puissances alliées, une négociation secrète et fort active entre Saint-John et Torcy, ministre des affaires extérieures de Louis, aplanissait, sans s'inquiéter des confédérés, toutes les difficultés qui pouvaient s'opposer à la conclusion de la paix entre la France et l'Angleterre. Cependant, pour ne pas paraître déserter brusquement la coalition, le duc d'Ormond fut envoyé comme successeur de Marlborough dans les Pays-Bas, mais avec l'ordre secret de ne livrer aucun combat aux troupes du roi de France. Afin de témoigner leur mécontentement de la disgrâce de Marlborough, et de montrer qu'ils ne comptaient plus sur le concours du ministère anglais, les États-Généraux retirèrent au nouveau général le commandement de leurs troupes, qu'ils avaient jusqu'alors confié au duc, et le conférèrent au prince Eugène.

Leur défiance ne tarda pas à être complétement justifiée. Ormond s'était joint à Eugène, qui allait passer l'Escaut, afin d'attaquer Villars et d'investir le Quesnoy, place dont l'occupation devait faire pénétrer les alliés encore plus avant dans l'intérieur de la France, lorsque les stipulations secrètes avec Louis XIV furent définitivement arrêtées ; une suspension d'armes fut aussitôt conclue entre les deux couronnes, et le ministère envoya au général anglais l'ordre de cesser toute opération offensive. Les alliés crièrent à la trahison, et l'opposition attaqua impétueusement la conduite des ministres ; mais la majorité protégea le cabinet par un vote de confiance.

Les articles des préliminaires secrètement arrêtés entre les cabinets de France et d'Angleterre furent communiqués aux deux chambres ; Louis s'y engageait à reconnaître Anne et ses successeurs dans la ligne protestante ; à abandonner les Pays-Bas, Naples et le Milanais à l'Autriche ; à prendre les mesures nécessaires pour empêcher la réunion des couronnes de France et d'Espagne sur une seule tête ; à démolir le port de Dunkerque ; il consentait à la formation d'une barrière de places belges, occupées par les Hollandais. En réponse à cette communication, les communes présentèrent à la reine une adresse de remerciements ; et la chambre haute, repoussant la proposition faite par lord Wharton de prier Anne qu'il ne fût conclu aucun traité sans la participation des alliés, approuva de même la conduite du ministère, qui se hâta de terminer la session (21 juin 1712) par un discours dans lequel il prit acte de ces adresses pour établir que le parlement avait approuvé les articles, bases du traité à conclure ultérieurement.

Les troupes allemandes à la solde de l'Angleterre et même celles de l'électeur de Hanovre avaient refusé de se retirer avec les troupes anglaises du théâtre de la guerre, et le prince Eugène, encore soutenu par des forces supérieures à celles de Villars, put continuer le siége du Quesnoy, dont il s'empara ; de là il se porta devant Landrecies, et envoya sur le territoire français des partisans qui poussèrent jusqu'à Reims et Soissons. La consternation était générale en France; des courtisans conseillaient à Louis XIV de se retirer sur la Loire, de peur d'être surpris à Versailles; une faute d'Eugène ne tarda pas à délivrer le roi et la France de tant d'inquiétudes. Confiant dans la supériorité de ses forces, qui le rendaient maître du pays, le prince n'avait pas même cherché à rapprocher ses magasins du gros de son armée, et ils étaient encore à Marchiennes, sur la Scarpe, place dont les communications n'étaient protégées que par un petit camp situé à cinq lieues de là, à Denain. Villars, feignant d'attaquer l'armée qui faisait le siége de Landrecies, dirigea pendant la nuit trente bataillons sur Denain, et attaqua à la fois et le camp de communication et Marchiennes. Le camp fut emporté (24 juillet), l'armée qui le défendait prise ou dispersée. Eugène, après avoir vainement essayé de passer l'Escaut pour venir à son secours, se retira en désordre sur Landrecies, dont il leva le siége. Marchiennes se rendit quelques jours après, avec sa garnison et d'immenses approvisionnements de toute espèce. Le combat de Denain ne fut pas une de ces victoires savantes, mais sans résultat, qui ne jettent qu'un éclat momentané, ce fut un de ces succès populaires qui sauvent un pays. Les Français s'étaient emparés de tous les approvisionnements des alliés, et avaient coupé leur ligne d'opérations : « Villars reprit l'offensive, s'empara de Douai, du Quesnoy, de Bouchain, sans qu'Eugène osât faire un mouvement pour sauver ces places. En trois mois les alliés perdirent cinquante-trois bataillons pris ou tués, deux cents canons, d'énormes amas d'armes et de munitions; et ces succès n'avaient pas coûté aux Français quinze cents hommes. »

Cet éclatant retour de fortune accéléra les négociations d'Utrecht, un moment suspendues à la déclaration de l'armistice par le ministère anglais. Le duc de Savoie, le premier, fut amené à consentir aux offres de la France; après lui vint le roi de Portugal. Effrayé par une entreprise de Duguay-Trouin sur Rio-Janeiro, capitale du Brésil, et n'ayant plus d'ailleurs à compter sur l'appui de l'Angleterre, il accéda aux propositions de la France. La Hollande et l'empereur s'opiniâtraient encore à continuer la guerre; mais les ministres anglais ne tardèrent pas à faire sentir aux États-Généraux que le duc de Savoie et le Portugal s'étant détachés de la confédération, tout l'effort de la guerre allait retomber sur leur pays, et en ajoutant Tournay aux places de la barrière, ils les déterminèrent à donner aussi leur adhésion aux préliminaires.

Au mois d'avril 1713 tous les confédérés, l'empereur excepté, avaient signé les

conditions qui devaient former la base du traité. Le 11, la paix fut conclue entre
les puissances belligérantes, à l'exception de l'empereur et de l'empire, qui ne
voulaient pas accéder à la reconnaissance de Philippe V comme roi d'Espagne.
Par le traité d'Utrecht 1° le roi de France s'obligeait à reconnaître la reine Anne et
la succession protestante ; à abandonner le prétendant et à l'éloigner de ses états ;
à faire raser les fortifications et combler le port de Dunkerque dans un délai limité ;
il cédait à la Grande-Bretagne Terre-Neuve, la baie d'Hudson, Saint-Christophe
et l'Acadie (Nouvelle-Écosse), en Amérique ; Philippe V était reconnu roi d'Espagne et des Indes, mais l'Angleterre conservait ses conquêtes, Gibraltar et
Minorque, et obtenait en Espagne certains avantages commerciaux, au détriment
de la France et des Provinces-Unies.

2° Le roi d'Espagne cédait à l'empereur, qui protestait, les Pays-Bas espagnols,
le Milanais, la Sardaigne et le royaume de Naples.

3° Le duc de Savoie était confirmé par les puissances dans la possession du
Montferrat, à lui concédé par l'empereur ; le roi de France lui restituait la Savoie,
ainsi que Fenestrelles et Exilles, en échange de la vallée de Barcelonnette ; le roi
d'Espagne lui cédait la Sicile et une partie du Milanais ; enfin le duc prenait
le titre de roi des Deux-Siciles.

4° Le roi d'Espagne cédait la Haute-Gueldre à l'électeur de Brandebourg, que
les puissances reconnaissaient comme roi de Prusse et prince de Neufchâtel.

5° Le roi de France promettait de remettre à la Hollande, pour le compte de
l'empereur, tout ce que ses troupes occupaient dans les Pays-Bas, sous la condition que les électeurs, alliés de la France, seraient rétablis dans leurs états ; il
consentait à ce qu'une barrière fût formée dans les Pays-Bas contre la France, par
les villes de Furnes, Ypres, Menin, Tournay, Mons, Charleroi, Namur et Gand,
qui seraient occupées par les Hollandais, le gouvernement civil restant à l'empereur. Aucune province, ville ou forteresse des Pays-Bas ne devait jamais être
cédée, transférée ni donnée à la France, à quelque titre que ce pût être.

Quant à l'exécution du traité, en ce qui concernait l'empereur, qui refusait d'y
accéder, et la Catalogne qui, repoussant l'amnistie proclamée en faveur de tous
les partisans de la maison d'Autriche en Espagne, s'était déclarée indépendante,
elle fut remise aux soins des parties intéressées, c'est-à-dire des rois de France et
d'Espagne, libres dès lors de défendre leurs droits et de pousser leurs avantages,
en tant qu'ils ne seraient pas contraires à l'équilibre politique établi par le traité
d'Utrecht. Le 4 mai 1713, la paix fut proclamée solennellement : il y avait onze ans
complets que la guerre avait été déclarée.

Louis XIV, maître désormais de réunir toutes ses forces contre l'empereur et
l'empire, qui épousait la querelle de son chef, concentra une armée de cinquante
mille hommes sur le Rhin ; Villars en prit le commandement. Après avoir mis à
couvert la partie de la Flandre que le traité d'Utrecht laissait à la France, et
malgré Eugène, campé sous Philipsbourg, le maréchal s'empara de Spire et de
trois autres places, passa le Rhin à Strasbourg, força le camp de Fribourg et
s'empara de cette ville. Alors s'ouvrirent entre les deux généraux des négociations qui se terminèrent par les traités de Rastadt pour l'empereur (6 mars 1714),

et de Bade pour l'empire (7 septembre). Ces traités n'engagèrent que la France,
l'empereur et l'empire : l'empereur ne reconnut pas Philippe V pour roi d'Espagne, et celui-ci garda ses prétentions sur le Milanais, Naples et les Pays-
Bas. Par le traité de Rastadt, l'empereur céda à la France Strasbourg et Landau,
qui lui avaient été offerts à Utrecht, Huningue et Neu-Brisach, avec leurs fortifications, la souveraineté de l'Alsace, que, pour obtenir la paix, Louis XIV eût
peut-être abandonnée quelques mois plus tôt; enfin il rendit aux électeurs de
Bavière et de Cologne tous leurs états, qu'il avait déjà distribués. Le traité de Bade
enleva à la France jusqu'à l'ombre de ce protectorat que les traités de Westphalie
lui avaient acquis sur l'Allemagne, et l'Autriche ne rencontra plus cette rivale
pour balancer sa domination dans l'empire et dans l'Italie, mais, à la place de la
France, deux puissances secondaires, désormais indispensables à l'équilibre européen, la Prusse et la Savoie, moins importantes par la grandeur de leurs possessions
que par leur position et surtout leur organisation militaire.

La Hollande, complétement sacrifiée, n'avait obtenu, en échange de ses sacrifices,
que la vaine satisfaction de mettre garnison dans huit places fortes, afin de se
garantir des terreurs d'envahissement que lui causait la France, et elle n'avait pas
même acquis la haute Gueldre, dont elle s'était flattée de devenir maîtresse et qui
avait été concédée à la Prusse. Tombée au dernier rang des puissances secondaires,
elle n'eut plus depuis cette époque d'autre direction politique que celle de l'Angleterre. Ce n'était plus, comme le dit plus tard le grand Frédéric, qu'une chaloupe
à la remorque d'un vaisseau de ligne.

De toutes les puissances, celle qui gagnait le plus, qui triomphait véritablement
dans ces traités, c'était l'Angleterre. Elle enlevait à la France l'alliance du Portugal,
qui s'était jeté dans ses bras pendant la guerre et qui depuis lors suivit toutes les
impulsions de la politique anglaise. Par cette alliance et par la possession de Gibraltar
et de Minorque, elle balançait l'influence française dans la Péninsule, et l'effaçait
même par les traités de commerce, exclusifs de toute autre nation, qu'elle conclut
avec l'Espagne. Avec le monopole commercial des possessions espagnoles et portugaises, elle acquérait elle-même des colonies avantageuses, et réglait tout de façon
à s'assurer la domination des mers au détriment de ses ennemis et de ses alliés; elle
sacrifiait sourdement les intérêts et préparait adroitement la décadence de la Hollande, qui fut désormais pour elle une vassale, et paya cher l'acharnement qu'elle
avait montré dans la grande ligue. Dès lors, elle rendit permanentes ses relations
continentales, eut les princes allemands à sa solde, l'Autriche pour alliée, s'in-
terposa dans toutes les questions de territoire au profit de ses vaisseaux, et joua
désormais le rôle principal dans les guerres par ses subsides, dans les traités par ses
stipulations commerciales. Enfin, grâce aux traités d'Utrecht pour l'extérieur, et
pour l'intérieur, grâce à son union avec l'Écosse, à l'établissement de sa dynastie
protestante, à la fondation de son crédit, elle allait marcher dans une voie indéfinie
de progrès et de grandeur [1].

La reine Anne, qui avait poursuivi avec tant de chaleur la conclusion du traité,

1. Lavallée, p. 574-575.

pensait qu'en donnant la paix à l'Europe, elle allait assurer la sienne propre et goûter les douceurs d'une administration tranquille : elle se trompait. Les cabales et les intrigues des whigs, les projets des jacobites, les discordes survenues dans son ministère même et la faiblesse résultant de ce défaut d'union l'agitèrent sans interruption, et, en dérangeant sa santé, ne tardèrent pas à la conduire au tombeau.

Godolphin venait de mourir, et Marlborough, effrayé de la violence de ses ennemis, avait pris le parti de conjurer la tempête par un exil volontaire; il s'était réfugié dans les Pays-Bas. L'abaissement complet du parti whig et l'élévation d'Harley firent concevoir de nouvelles espérances aux jacobites, et ils chargèrent Mesnager, un des agents français qui avait le plus contribué à la réussite des négociations relatives à la paix, de plaider près de la reine la cause du Prétendant. Anne souffrit qu'on lui parlât de son frère, non par affection pour lui, mais par suite de l'aversion constante qu'elle eut toujours pour la maison de Hanovre. Deux causes concoururent cependant à faire avorter ces tentatives : d'abord l'indécision et les artifices de Harley, qui ne cherchait peut-être qu'à se concilier le parti en flattant ses espérances, sans vouloir les réaliser; ensuite le manque de capacité et de caractère des jacobites, l'absence de dessein formé et de la résolution nécessaire pour gagner la confiance de la reine et pour triompher de sa timidité. Cependant le duc d'Hamilton parvint à se faire nommer ambassadeur en France; mais il mourut presque aussitôt à la suite d'un duel, et cette chance de succès fut entièrement perdue pour ses associés par la nomination d'un autre ambassadeur, complétement étranger au parti. Les jacobites espéraient, il est vrai, sur une fraction du parti tory, qui, attachée au droit d'hérédité légitime, inclinait pour le Prétendant; mais l'autre fraction, plus considérable, craignant pour la sûreté de l'église les entreprises d'un successeur catholique, était attachée à la succession protestante aussi sincèrement que les whigs, qui, formant un corps compact, animé d'un dessein unique, dirigeaient tous leurs mouvements vers un seul but, l'avénement de la maison de Hanovre à la mort de la reine. Ce n'était du reste ni par principes ni par patriotisme qu'ils suivaient cette voie; un grand nombre d'entre eux, et des plus importants, avaient longtemps entretenu une correspondance secrète avec le Prétendant en même temps qu'avec l'électeur; mais ils comprenaient que Jacques III ne les accueillerait jamais qu'avec défiance, tandis qu'en frayant le chemin du trône aux Hanovriens, l'administration leur serait nécessairement dévolue à l'avénement de ces princes, qui leur devraient tout.

Les discussions relatives à l'Écosse, qui s'élevèrent dans la session de 1713, prouvèrent encore plus que tout le reste avec quelle facilité les divers partis sacrifiaient leur foi politique et leurs principes à l'intérêt du moment. Les Écossais se plaignaient : 1° d'être dépouillés de leur conseil privé; 2° de ce qu'on avait étendu à l'Écosse les lois anglaises de haute trahison; 3° de l'incapacité d'être créés pairs de la Grande-Bretagne, dont un vote du parlement avait frappé les pairs écossais dans une des dernières sessions; 4° d'un nouvel impôt établi sur la drèche; et le lord écossais Findlater proposa formellement, dans la chambre haute, le rappel de l'Union (1er juin 1713). Dans ce débat, les deux grands partis changèrent de rôle : les torys, qui avaient combattu l'établissement de l'Union, votèrent pour qu'elle fût maintenue; et les whigs, auteurs de cette mesure, se réunirent pour en emporter la révocation, sacrifiant ainsi leurs principes, leur caractère de parti national et l'avenir du royaume, au désir de blesser leurs adversaires et de se venger de leurs propres mécomptes. Toutefois ils échouèrent : une faible majorité de quatre voix prononça le maintien de l'Union.

Le 8 août 1713 ce parlement, que l'on avait surnommé le *pacifique*, fut dissous, conformément aux dispositions du bill triennal. Les élections ramenèrent encore un parlement tory; mais dans l'intervalle qui précéda l'ouverture de la nouvelle session, et tandis que les whigs, quoiqu'en dehors de l'administration et en grande minorité, luttaient victorieusement d'activité et de talents, les discordes qui agitaient le ministère étaient devenues plus vives et rendaient le pouvoir encore plus faible. A l'occasion de la paix d'Utrecht, Saint-John, le principal négociateur du traité, avait été nommé vicomte de Bolingbroke. Jeune, ardent, ambitieux, il ne cachait point ses dédains pour Oxford; et réellement supérieur à son rival, il aspirait à être non pas le premier, mais le seul ministre, tandis que Harley, politique froid, temporiseur, irrésolu, savait à peine, arrivé au sommet du pouvoir, quel usage il devait faire de sa puissance. Avec l'aide de lady Masham, Bolingbroke réussit à saper le crédit d'Oxford, qui songea dès lors sérieusement à se retirer.

Au milieu de cette crise qu'ils auraient pu exploiter à leur profit, les jacobites se laissaient tromper ou se trompaient eux-mêmes en consumant toute leur activité dans des correspondances secrètes, des assemblées inutiles, toujours bercés dans leur espoir par les promesses vagues des chefs du parti tory, qui ne montraient aucune hâte d'en venir aux effets. Des gentilshommes de campagne, une populace ameutée, des gens d'église bigots ou intrigants, ne sont point ceux qui relèvent les trônes ou mènent à fin des révolutions; et le jacobitisme n'avait de force réelle qu'en Écosse, où il se confondait avec les préjugés nationaux, avec le sentiment d'indépendance, de liberté, de patriotisme que l'union avec l'Angleterre avait mortellement blessé.

Cependant la croyance que tout était prêt pour la restauration du Prétendant, vaguement répandue par tout le royaume, appuyée de faux bruits d'armements préparés par Louis XIV, était entretenue par les whigs, qui en firent la base de leur système d'opposition. Une série de motions vigoureuses de leur part marqua le cours de la session, qui s'ouvrit le 16 février 1714. Ce fut principalement dans la chambre des lords, où ils étaient à peu près en même nombre que les torys, qu'ils entreprirent la lutte. Ils revinrent sur la nécessité de faire sortir le Prétendant de la Lorraine, où ce prince s'était réfugié, mirent en discussion la question de savoir si la succession protestante était ou non en danger, question dans laquelle le ministère ne l'emporta que de douze voix; proposèrent de mettre à prix la tête du Prétendant, motion qui passa avec cet adoucissement, « en cas qu'il mît le pied dans le royaume; » enfin une réunion des chefs du parti provoqua, de la part du prince électoral de Hanovre, la demande d'un *writ* qui l'aurait autorisé à siéger dan la chambre des pairs, en sa qualité de duc de Cambridge, et par conséquent à fixer son séjour en Angleterre. C'était ce que la reine redoutait par-dessus tout ; elle parvint, par ses instances auprès de tous les membres de la famille électorale, à conjurer l'effet de cette demande.

Si les whigs l'emportaient quelquefois dans la chambre des lords, celle des communes était le boulevard du torysme et l'appui du ministère. Steele, un des premiers écrivains du parti whig, fut expulsé de la chambre pour avoir publié un pamphlet violent appelé *la Crise*, et par représailles de la condamnation prononcée dans la chambre haute contre les libelles torys. Mais, pendant ce temps, lord Wharton, ayant découvert d'obscures menées jacobites, les signala à la chambre haute, où elles soulevèrent une telle clameur, que le ministère fut obligé de se joindre aux whigs dans les mesures que ceux-ci proposèrent contre le Prétendant et ses partisans.

La clôture de la session (9 juillet 1714) fut le signal d'une dernière lutte, d'une lutte désespérée entre Oxford et Bolingbroke. Tous deux firent des avances aux whigs ; Oxford se vit repoussé, et ce fut à Bolingbroke qu'ils accordèrent le privilége d'être leur jouet. Tandis que ce dernier négociait avec eux, il se servait de lady Masham pour ravir à Oxford tout crédit sur l'esprit de la reine, et bientôt le chef de la trésorerie reçut l'ordre de se démettre de ses fonctions (27 juillet).

Les adversaires de Harley l'eurent à peine renversé, que l'indécision s'empara d'eux ; il n'y avait aucun projet arrêté pour son remplacement, et la plus grande confusion régnait à la cour et dans le cabinet. La nuit qui suivit le renvoi du trésorier, la séance du conseil se prolongea tellement qu'Anne, déjà malade et brisée par toutes ces agitations, fut saisie, au sortir, d'une affection léthargique, contre laquelle les médecins déclarèrent tous leurs remèdes inutiles. Cependant rien n'avait encore été décidé pour le remplacement du trésorier ; alors les conseillers se rendirent de Londres à Kensington, où la reine avait été transportée, et ils reprenaient leurs délibérations, lorsque deux whigs, membres du conseil privé, les ducs de Somerset et d'Argyle, informés de l'état désespéré où se trouvait la reine, entrèrent dans la salle, déclarant que dans l'état des choses il était de leur devoir d'assister aux délibérations ; le duc de Shrewsbury, en secret d'accord avec eux, se lève, les remercie, les invite à prendre place, puis on procède au remplacement de Harley. Après une courte délibération, le conseil convient de recommander à la reine le duc lui-même comme l'homme le plus propre à remplir la place de lord trésorier ; Anne avait alors repris l'usage de ses sens, elle approuva la nomination. Ce coup de vigueur déconcerta l'ambition et les desseins secrets de Bolingbroke, et de ceux des membres du cabinet qui pouvaient pencher pour le Prétendant. Tous les whigs ayant droit de séance au conseil se hâtèrent d'y revenir, et les mesures propres à assurer l'avénement de l'électeur de Hanovre [1] furent prises avec une telle rapidité, que les jacobites durent renoncer pour le moment à toutes leurs espérances.

Anne mourut le lendemain matin (1er août 1714). Cette circonstance avait été prévue, et un acte voté en 1705 sous le ministère whig avait nommé un conseil de

---

[1]. La princesse Sophie était morte quelque temps auparavant. Son fils Georges était alors l'héritier présomptif du trône de la Grande-Bretagne.

régence que devaient composer les sept personnes qui occuperaient, à la mort de la reine, les offices d'archevêque de Cantorbéry, de lord chancelier, lord trésorier, lord du sceau privé, lord grand amiral, lord président de la cour du banc du roi, lord président du conseil privé. Ces sept conseillers devaient s'adjoindre un certain nombre de personnages que le successeur aurait désignés dans trois listes déposées entre les mains de l'archevêque primat, du lord chancelier et du résident de Hanovre. Dix-huit pairs étaient portés sur ces listes, et tous appartenaient au parti whig ; ils proclamèrent l'électeur de Hanovre sous le nom de Georges Ier, au milieu de la stupeur silencieuse de leurs adversaires.

Anne,
d'après l'original de Kneller.

Anne mourut dans sa cinquantième année, la treizième de son règne. Souveraine incapable, femme peu éclairée, bigote, faible et sans caractère, sa nature débonnaire, son humeur charitable lui avaient mérité l'amour des Anglais et le surnom populaire de *la bonne reine Anne*.

LITTÉRATURE, BEAUX-ARTS. — Depuis la mort de Shakespeare jusqu'au commencement du XVIIIe siècle l'histoire littéraire de l'Angleterre n'offre réellement que deux grands noms, Milton et Dryden. De Charles Ier à la Restauration il n'y a que Milton (Waller, le panégyriste de Cromwell, Davenant, Denham, Drummond et une foule d'autres petits poëtes au style lourd, emphatique, affecté, obscur, sont à peine lisibles aujourd'hui), et même à cette époque, ce n'est guère que dans des écrits politiques et religieux que le génie de Milton s'est révélé : le *Paradis perdu* n'existe point encore. A défaut de ce chef-d'œuvre, les écrits polémiques du secrétaire de la république, si éloquents, si brillants d'imagination, si remplis de nobles et majestueuses pensées, lui auraient valu l'immortalité [1].

Au retour de Charles II, Milton, « qui n'avait jamais aimé les rois, » se démit

---

1. Les plus remarquables de ces écrits sont : *De la réformation touchant la discipline de l'église en Angleterre* ; *Doctrine et discipline du divorce rétablies pour le bien des deux sexes* ; l'*Iconoclaste*, réponse à l'*Eikon Basiliké* ; *Défense du peuple anglais* contre l'écrit de Saumaise en faveur de la mémoire de Charles Ier ; *État des rois et des magistrats* ; *Seconde défense*, nouvelle justification du meurtre de Charles Ier contre la brochure d'un chanoine de Cantorbéry, etc., etc. Voici, dans ce dernier écrit, les nobles conseils que Milton adresse à Cromwell :

« O toi, dit-il, auquel notre pays doit ses libertés, réfléchis souvent au cher gage que la terre, qui t'a donné la naissance, a confié à tes soins : la liberté qu'elle espéra autrefois de la fleur des talents et des vertus, elle l'attend maintenant de toi ; elle se flatte de l'obtenir de toi seul. Honore les vives espérances que nous avons conçues, honore les sollicitudes de ta patrie inquiète. Respecte les regards et les blessures de tes braves compagnons qui, sous ta bannière, ont hardiment combattu pour la liberté ; respecte les ombres de ceux qui périrent sur le champ de bataille ; respecte les opinions et les espérances que les états étrangers ont conçues de nous, de nous, qui leur avons promis pour eux-mêmes tant d'avantages de cette liberté, laquelle, si elle s'évanouissait, nous plongerait dans le plus profond abîme de la honte ; enfin respecte toi toi-même ; ne souffre pas, après avoir bravé tant de périls pour l'amour des libertés, qu'elles soient violées par toi-même ou attaquées par d'autres mains. Tu ne peux être vraiment libre que nous ne le soyons nous-mêmes. Telle est la nature des choses : celui qui empiète sur la liberté de tous est le premier à perdre la sienne et à devenir esclave. »

Citons encore un passage de son *Areopagitica*, discours pour la liberté d'imprimer sans licence (*a speech for the liberty of unlicens'd printing*), adressé au parlement :

« Tuer un homme, c'est tuer une créature raisonnable ; tuer un livre, c'est tuer la raison, c'est tuer l'immortalité plutôt que la vie. Les révolutions des âges souvent ne retrouvent pas une vérité rejetée, et faute de laquelle des nations souffrent éternellement.

« Le peuple vous conjure de ne pas rétrograder, d'entrer dans le chemin de la vérité et de la vertu. En considérant dans ma pensée cette noble et puissante nation qui se lève, comme un homme fort après le sommeil, il me semble voir un aigle muant sa puissante jeunesse, allumant ses regards non éblouis au plein rayon du soleil de midi, ôtant, à la fontaine même de la lumière céleste, les écailles de ses yeux longtemps abusés, tandis que la bruyante et timide volée des oiseaux qui aiment le crépuscule fuit en désordre. Supprimerez-vous cette moisson fleurie de connaissances et de lumières nouvelles qui ont grandi et qui grandissent encore journellement dans cette cité ? Établirez-vous une oligarchie de vingt monopoleurs, pour affamer nos esprits ? N'aurons-nous rien au-delà de la nourriture qui nous sera mesurée par leur boisseau ? Croyez-moi, Lords et Communes, je me suis assis parmi les savants étrangers ; ils me félicitaient d'être né sur une terre de liberté philosophique, tandis qu'ils étaient réduits à gémir de la servile condition où le savoir était réduit dans leur pays. J'ai visité le fameux Galilée, devenu vieux, prisonnier de l'Inquisition pour avoir pensé en astronomie autrement qu'un censeur franciscain ou dominicain. La liberté est la nourrice de tous les grands esprits ; c'est elle qui éclaire nos pensées comme la lumière du ciel. »

« A cet énergique langage, dit Chateaubriand, auquel nous avons emprunté la traduction de ce passage, on reconnaît l'auteur du *Paradis perdu*. Milton est un aussi grand écrivain en prose qu'en vers ; les révolutions l'ont rapproché de nous, ses idées politiques en font un homme de notre époque. »

de la place de secrétaire pour les affaires étrangères, qu'il avait occupée pendant toute la durée de la république, et s'envelit dans la retraite. C'est là, qu'aveugle, il dicta à ses filles son immortel *Paradis perdu*.

Pendant qu'il écrivait cette œuvre sublime, pleine d'une individualité, d'une originalité si puissantes, « la restauration des Stuarts opérait une révolution complète dans le goût et la manière des écrivains anglais. Abandonnant les traditions nationales, ils commencèrent alors à prendre quelque chose de la régularité et du caractère de la littérature française. Charles avait retenu de ses courses un penchant aux mœurs étrangères. La duchesse de Portsmouth, maîtresse du roi, Saint-Evremond et le chevalier de Gramont, exilés à Londres, poussèrent de plus en plus la cour de Charles II à l'imitation de la cour de Louis XIV [1]. » Hamilton, Buckingham, Rochester, Shaftesbury, auteurs licencieux, représentants exacts de leur époque, mirent dans leurs productions le poli, l'élégance, la légèreté qui caractérisaient les écrivains français de ce temps. Butler seul resta encore Anglais de cœur et de style. Poëte à l'esprit mordant, au sens mâle et sûr, il stigmatisa dans son *Hudibras* ces hommes de la révolution, qu'il avait vus présenter leurs mains à toutes les chaînes, et, après avoir immolé le père, se courber sous le joug du fils.

Le poëme d'*Hudibras* eut pendant un demi-siècle une incroyable vogue, tandis que l'on connaissait à peine le *Paradis perdu* de Milton. L'obscurité des allusions, la prétention continuelle à l'esprit, l'affectation et le pédantisme du style, en rendent aujourd'hui la lecture difficile et ennuyeuse. Il n'en est pas de même des chefs-d'œuvre de Dryden, de Dryden qui, dit Pope, « apprit à unir le mètre varié, le vers plein d'harmonie, la longue et majestueuse période et l'énergie divine. » Poésie descriptive et lyrique, fables, comédies, tragédies, satires, critique dramatique, traductions, le génie de Dryden a tout embrassé. Ses satires, ses fables, ses critiques et ses dialogues sur la poésie dramatique sont encore entre les mains de tous. Depuis la mort de Milton, en 1674, jusqu'à la sienne, en 1700, Dryden eut, pour ainsi dire, le monopole de la poésie anglaise. Son nom clot bien un siècle illustré déjà par ceux de Shakespeare et de Milton dans la littérature, par ceux de Bacon, Harvey, Hobbes, Locke et Newton dans les sciences et la philosophie.

Le règne de la reine Anne, qui commence le siècle suivant, est dans les lettres comme dans la politique une des plus brillantes époques de l'histoire d'Angleterre. Au moment où la Grande-Bretagne humiliant la vieillesse de Louis XIV, battait ses généraux, entamait ses provinces, elle semblait aussi attirer à soi cette belle civilisation des lettres qui avait illustré le grand siècle. Alors Addison, Pope, Prior, Parnell, Swift, Jay, Arbuthnot, Daniel de Foe, Steele, Bolingbroke, Congrève, Farquhar, Vanbrugh florissaient à la fois. Reflet du siècle de Louis XIV, le siècle de la reine Anne est la belle époque de la littérature anglaise classique. Alors s'acheva, dans la poésie, l'invasion du goût français commencée sous Charles II; le génie d'Albion, qui ne céda pas à nos soldats, céda à nos écrivains. Mais si les poëtes anglais, quel que fût d'ailleurs leur génie, ne purent se soustraire à l'in-

---

1. Chateaubriand, *Essai sur la littérature anglaise*, t. II, p. 213.

fluence française, si les écrivains critiques prirent pour règle du goût les règles données par nos grands auteurs; s'ils présentèrent les ouvrages de ces derniers comme des modèles qu'il fallait suivre et qu'eux-mêmes imitaient tout les premiers, il n'en fut pas de même des écrivains politiques. Dans leurs pamphlets, dans leurs revues, Daniel de Foe, Swift, Steele, Addison, restèrent Anglais de style et d'*humour*.

C'est avec ces hommes que commence en Angleterre la grande autorité des écrits périodiques, et l'usage de traiter dans les journaux la politique, la religion et la morale. « Il avait paru pendant la révolution de 1640 plusieurs journaux anglais (*Voyez* tome II, page 30), mais cette mode n'avait été, comme la publication même des discours du parlement, qu'un droit momentané et pour ainsi dire une licence de guerre civile. Cromwell et les Stuarts avaient ramené la censure; elle dura même pendant les six premières années de Guillaume. Plus tard parurent deux recueils puritains, *la Revue*, de Daniel de Foe; *l'Observateur*, de l'Estrange; enfin Steele et Addison, organes du parti whig, publièrent *le Tatler* (le Babillard), *le Spectator* (le Spectateur), *le Guardian* (le Mentor), recueils périodiques qui, par la nouveauté des idées, par l'élévation des doctrines littéraires, philosophiques et politiques, par le nerf, le piquant de la polémique, exercèrent une grande influence sur l'esprit public. « Mais pour la verve politique, rien n'est comparable à l'*Examiner* (l'Examinateur), de Swift, revue qui était principalement destinée à humilier Marlborough au profit du ministère tory, et à la rédaction de laquelle prenait part le ministre Bolingbroke, homme d'esprit éminent, et lui-même écrivain distingué [1]. »

Quels qu'aient été cependant le talent, l'esprit, la verve déployés par tous ces écrivains dans cette polémique ardente, qui, du point de vue de chaque parti, traitait sous toutes leurs faces les plus hautes questions de politique et de gouvernement, ce n'est point par-là qu'ils ont mérité de voir leurs noms passer à la postérité.

---

[1]. Nous ne pouvons résister au désir de citer un exemple de cette polémique satirique dans laquelle excellait l'auteur de *Gulliver*. On y reconnaîtra, dit M. Villemain, auquel nous empruntons la traduction de cette citation, cette *humour*, cette gaieté originale et sérieuse que possèdent les Anglais.

Swift prend au mot les whigs qui comparaient le duc de Marlborough aux plus grands généraux romains; il suit le parallèle, en opposant au modeste appareil du triomphe antique les marques substantielles de reconnaissance qu'a recueillies le général anglais.

« A Rome, dit-il, au plus haut point de sa grandeur, un général vainqueur, après l'entière soumission des ennemis, avait en récompense un triomphe, peut-être une statue dans le Forum, un bœuf pour le sacrifice, une robe brodée pour la cérémonie, une couronne de laurier, un trophée monumental avec des inscriptions. Quelquefois cinq cents ou mille médailles étaient frappées à l'occasion de la victoire, dépense qui, étant faite en l'honneur du général, doit, nous l'admettons, compter dans les frais; enfin quelquefois il avait un arc-de-triomphe. Voilà, autant que je puis me le rappeler, toutes les récompenses que recevait un général vainqueur, au retour de ses plus belles expéditions, après avoir conquis un royaume, traîné captifs le roi, sa famille et ses grands, fait du royaume une province romaine, ou du moins un état dépendant et humble allié de l'empire. Maintenant, de toutes ces récompenses, je n'en trouve que deux qui fussent un profit réel pour le général : la couronne de laurier, qui était faite et envoyée aux dépens du public, et la robe garnie. Encore je ne puis découvrir si cette dernière dépense était payée par le sénat ou par le général. Cependant je veux adopter l'opinion la plus large, et quant au reste, j'admets tous les frais du triomphe comme argent comptant dans la poche du général; et, d'après ce calcul, nous allons établir deux comptes

« L'état de l'Europe, la guerre, la paix, la succession protestante, tout cela est maintenant question oubliée, talent perdu, verve éteinte, selon la loi éternelle de ces controverses politiques qui passionnent si vivement les contemporains. » Ce qui fera vivre éternellement Daniel de Foe, cet homme que l'âcreté et la virulence de ses pamphlets conduisirent à la Tour, c'est son *Robinson Crusoé*, « ce chef-d'œuvre de narration candide, cette touchante exhortation au travail et à l'espérance en Dieu; » ce qui fera, plus que son *Examiner* et son conte du *Tonneau*, vivre la mémoire de Swift, ce sont ses *Voyages de Gulliver*, « cette piquante satire de la société, conte de fées pour les enfants, triste et amère parodie pour les hommes. » Ce qu'on lira toujours de Steele et d'Addison, ce sont les excellents chapitres de littérature, de morale et de philosophie, dont ils ont enrichi *le Spectateur*; ce sont les articles de critique dramatique dans lesquels tous deux s'efforçaient de bannir du théâtre anglais, l'un l'obscénité habituelle, l'autre l'irrégularité barbare qui le déshonoraient; ce sont les œuvres dans lesquelles, joignant l'exemple au précepte, ils mirent en pratique sur la scène les règles dont ils prescrivaient l'observation dans leurs écrits.

Le théâtre anglais, si florissant sous le règne de Jacques et pendant les premières années de celui de son fils, se trouva arrêté au milieu de son développement et de sa gloire par l'intolérance du puritanisme exagéré qui, dès le commencement de la révolution de 1640, domina dans la nation. Un statut du parlement, en date du 2 septembre 1642 et renouvelé le 22 janvier 1648, prescrivit la fermeture des salles de spectacle et de tous les endroits de plaisir. Quoique ces ordonnances n'eussent pas été révoquées, on commença pendant le protectorat à les éluder peu à peu, et si l'on n'osa encore rouvrir les théâtres où se jouaient jadis les chefs-d'œuvre

curieux, celui de la reconnaissance romaine et celui de l'ingratitude anglaise, et nous ferons la balance :

RECONNAISSANCE ROMAINE.				INGRATITUDE ANGLAISE.	
	liv. st.	s.	d.		liv. st.
Encens et pot de terre pour le brûler.....	4	10	»	Woodstock............................	40,000
Un bœuf pour le sacrifice...............	8	»	1	Bleinheim.......	200,000
Une robe garnie.......................	50	»	»	Prélèvements sur les postes	100,000
Une couronne de laurier...............	»	»	2	Mildenheim.......	50,000
Une statue............................	100	»	»	Tableaux, diamants....................	60,000
Un trophée.	80	»	»	Concession de Pall-Mall................	40,000
Mille médailles de la valeur d'un sol pièce.	2	1	8	Emplois............	100,000
Un arc de triomphe...................	500	»	»		
Un char de triomphe du prix d'un carrosse				Total..	540,000
moderne.....	100	»	»		
Dépenses casuelles du triomphe..........	150	»	»		
Total.....	994	11	11		

« C'est ici le compte des profits avoués de chaque côté.

« Supposons que le général romain eût fait de plus quelques acquisitions, on peut aisément les déduire, et la balance sera encore loin d'être égale, si nous considérons que tout l'or et l'argent des sauve-gardes et des contributions, et toutes les prises de quelque valeur faites à la guerre, étaient exposés à tous les yeux dans le triomphe, et ensuite placés au Capitole pour le service public. Ainsi, somme toute, et les choses mises au pire, nous ne sommes pas aussi ingrats que les Romains, lorsqu'ils étaient le plus généreux. »   (Villemain, *Histoire littéraire du* xviiie *siècle*.)

des anciens dramatistes, on s'y préparait insensiblement par la représentation de farces (*drolls*), qui n'avaient d'autre mérite que de réveiller peu à peu dans la nation le goût des spectacles. Ces farces produisirent l'effet cherché : le peuple s'y porta avec passion, et peu de temps après, en 1656, le poëte Davenant put ouvrir,

Cette gravure est le frontispice d'une collection de « Farces » (*Drolls*) publiée par Francis Kirkman, en **1672**. Ces farces, jouées avec un succès inouï pendant les guerres civiles, le protectorat et même sous la restauration, firent laisser de côté les pièces de Shakespeare. Ce frontispice représente la scène avec tous les acteurs.

par tolérance, une petite salle qui ne portait pas encore le nom de théâtre, mais où
l'on donnait néanmoins des représentations dramatiques. A son retour, Charles II
leva toutes les prohibitions, et les théâtres se rouvrirent; mais alors une généra-

Intérieur de théâtre vers 1680.

tion nouvelle avait surgi, le goût s'était modifié; Shakespeare, Ben-Jonson, Fletcher,
Beaumont, Massinger, délaissés pendant vingt années, étaient tombés dans le plus
complet discrédit. L'influence de la France se faisait sentir au théâtre comme partout ailleurs, et ce fut aux dramatistes français qui parurent avant Corneille, ce fut
aux romans de la Calprenède et de Scudéri que l'on emprunta le modèle et le style
des tragédies héroïques qui furent en vogue pendant les vingt premières années de
la restauration. Dryden n'échappa pas à l'influence de ce mauvais goût. « Dryden,
qui d'ailleurs était un très-grand génie, dit Voltaire, met dans la bouche de ses
héros amoureux ou des hyperboles de rhétorique ou des indécences. » Ce dernier
défaut était surtout remarquable dans les comédies de cette époque : des obscénités
grossières, la peinture de sales débauches, qui rendaient la représentation de
ces pièces complétement impossible aujourd'hui, étaient alors le seul moyen d'attirer et de charmer le public. « Il faut chercher, dit Hallam, la cause de ce fait
dans l'état de la société elle-même, avilie aussi bien que corrompue, en partie par
l'exemple de la cour, en partie par la vie des tavernes, habitude qui était devenue
bien plus générale après la restauration qu'avant. » Dans ses comédies, écrites en
partie vers le milieu du règne de Guillaume III, Congrève fut le premier qui sut
ramener au théâtre l'honnêteté et la décence, et donner au goût du public un ton
de raffinement qu'il n'a jamais perdu depuis, et qui, ne permettant plus à la
comédie d'amuser le public par de grossières plaisanteries, l'a forcément amené à
charmer par la peinture exacte et fidèle des caractères, par la mise en relief des
ridicules, et a fait naître les œuvres remarquables de Steele, de Farquhar et de
Vanbrugh.

La Grande-Bretagne, si riche en grands hommes dans toutes les parties des

lettres et des sciences, était loin d'avoir dans les arts la même fécondité. Malgré
les encouragements prodigués aux artistes par Charles Ier, Cromwell, Charles II,
et par plusieurs grands seigneurs, deux hommes seuls, depuis le règne de Jacques,
méritent d'être placés à côté des grands noms que nous avons cités, ce sont les
deux architectes Inigo Jones et Christophe Wren, l'auteur de la cathédrale de
Saint-Paul. Quant aux autres arts, pas un seul indigène pour les représenter dignement; comme sous Henri VIII et sous Élisabeth, le monopole de la haute peinture continua à rester entre les mains d'artistes appelés de l'étranger. Van Dyck
est parmi eux le seul dont le nom mérite de passer à la postérité.

Cathédrale de Saint-Paul, à Londres.

TABLEAU GÉNÉALOGIQUE DES MAISONS DE STUART ET DE BRUNSWICK-HANOVRE.

(LES NOMS DES ROIS ET REINES SONT SEULS EN LETTRES MAJUSCULES.)

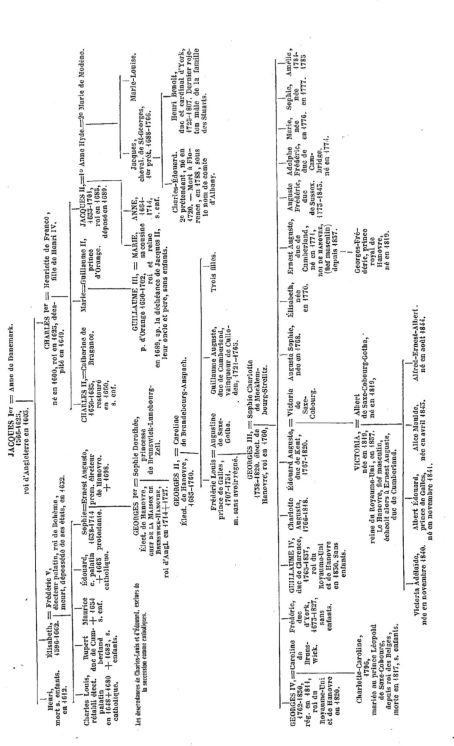

MAISON DE BRUNSWICK-HANOVRE.

GEORGES IER.

(1714 - 1727)

Georges [1], fils aîné de la princesse Sophie, à laquelle l'acte d'établissement avait conféré la couronne d'Angleterre après la mort de la reine Anne (*Voyez* pour la transition de la maison de Stuart à celle de Brunswick-Hanovre, le tableau généalogique ci-contre), avait été sans opposition proclamé roi en Angleterre, en Écosse et en Irlande. Le nouveau souverain ne montra pas grand empressement à venir prendre possession du trône auquel il était appelé ; et quoiqu'il pût craindre que son absence ne fût mise à profit par les partisans du chevalier de Saint-Georges, il ne débarqua en Angleterre que six semaines après que la mort d'Anne lui eut été annoncée. Georges quittait avec peine son électorat de Hanovre, patrimoine de sa famille, pour aller occuper un trône ébranlé pendant le dernier siècle par tant de révolutions successives ; il abandonnait avec regret sa petite cour, où du moins il gouvernait en maître absolu, pour aller régner sur un

---

1. Sceau de Georges Ier. Légende : GEORGIVS. DEI. GRATIA. MAGNÆ. BRITANNIÆ. FRANCIÆ ET. HIBERNIÆ. REX. FIDEI DEFENSoR. *Georges, par la grâce de Dieu, roi de la Grande-Bretagne, de France et d'Irlande, défenseur de la foi.* Le roi assis sur un trône dont le dais est surmonté d'un écusson aux armes d'Angleterre ; à droite et à gauche deux femmes personnifiant la Justice et la Force.

peuple divisé d'opinions et dirigé par une aristocratie factieuse. Ces sentiments,
connus du public, étaient peu faits pour diminuer l'impopularité qui pesa sur lui
dès son arrivée en Angleterre. Georges avait alors cinquante-cinq ans, était
étranger aux mœurs, aux usages, aux lois, à la constitution du pays, en ignorait

Georges 1er.

complétement la langue, et, ce qui n'était pas propre à lui concilier l'affection de
son nouveau peuple, il laissait en Hanovre sa femme [1], enfermée dans une prison,
et amenait avec lui une maîtresse en titre, symbole ordinaire de dépravation et de
despotisme.

---

1. Sophie-Dorothée, fille du duc de Brunswick-Lunébourg–Zell; elle avait été forcée par sa mère à
épouser Georges, alors prince électoral de Hanovre, malgré l'attachement qui l'unissait au comte de
Kœningsmark. Le comte profita un jour de l'absence du prince pour s'introduire dans la chambre de

Georges n'ignorait pas ces dispositions, et agit en conséquence ; il ne fit point la faute qu'avait commise Guillaume III en voulant se concilier les whigs et les torys ; il ne chercha pas à tenir la balance entre les deux factions, n'appela point au pouvoir les principaux de l'un et de l'autre parti. C'était aux whigs qu'il devait d'être monté sur le trône sans difficulté ; il leur en témoigna exclusivement sa reconnaissance, en retirant aux torys, pour les leur donner, tous les emplois de l'administration, depuis les plus élevés jusqu'aux moins importants [1]. Cette mesure qui lui valut, de la part de la faction préférée, un appui d'autant plus sincère qu'il était fondé sur l'intérêt personnel, devait nécessairement faire un grand nombre de mécontents. Le parti tory tout entier proclama comme imminente la ruine de l'église ; des troubles violents éclatèrent dans plusieurs villes, et le peuple, soulevé, forma de tumultueux rassemblements au cri de : « A bas les whigs ! « Sacheverel pour toujours. » Le prétendant profita de ces circonstances. A la nouvelle de la mort de la reine Anne, il s'était rendu en toute hâte à Versailles, dans l'espoir que Louis XIV reconnaîtrait ses droits au trône de la Grande-Bretagne. Mais Louis ne voulait pas replonger son peuple épuisé dans une guerre nouvelle ; on fit entendre au chevalier de Saint-Georges que le roi désirait qu'il quittât la France sans délai, et il lui fallut regagner la Lorraine. Ce fut de là, qu'espérant dans les troubles qui agitaient l'Angleterre, il publia et fit répandre dans le pays un manifeste qui ne produisit aucun effet. Avec le manque d'habileté qui le caractérisait, il parlait dans ce manifeste des bonnes intentions que sa sœur la feue reine avait pour lui, et dont la prompte mort de cette princesse l'avait seule empêché de profiter. C'était appeler sur les derniers conseillers de la reine et sur ses partisans la vengeance du nouveau souverain. En effet, dans sa proclamation pour la convocation du parlement (le dernier avait été, selon l'usage, dissous peu de temps après l'avénement du roi), Georges signala les mauvais desseins de quelques hommes contraires au nouvel ordre de succession ; et intervenant lui-même directement dans les élections, chose qu'aucun roi ne s'était encore permise, il exprima le désir que ses affectionnés sujets eussent surtout en vue, dans les choix qu'ils allaient faire, ceux de leurs concitoyens qui s'étaient toujours distingués par un ferme attachement à la succession protestante. Les électeurs répondirent pleinement à ce vœu, et envoyèrent à la chambre des communes une majorité whig considérable. Georges ouvrit lui-même la session (17 mars 1715) ; mais comme il

---

la princesse ; mais en sortant il fut saisi et étranglé par des assassins apostés dans l'antichambre. Enfermée dans le château d'Alten, la princesse protesta sans cesse de son innocence, affirmant qu'elle n'avait admis le comte que pour recevoir ses derniers adieux ; et lorsque, longtemps après cet événement, son mari lui fit des offres de réconciliation : « Si ce dont je suis accusée est vrai, répondit- « elle fièrement, je suis indigne de partager sa couche ; si l'accusation est fausse, il est indigne de « moi. Je n'accepte point ses offres. » Elle mourut dans sa prison, après y être restée trente-deux ans.

2. Lord Halifax fut nommé premier commissaire de la trésorerie ; lord Townshend et lord Stanhope, secrétaires d'état ; le comte de Cowper, lord-chancelier ; le duc de Wharton, garde du sceau privé ; le duc de Sunderland, lord-lieutenant d'Irlande ; le duc d'Argyle, général des forces royales en Écosse ; le duc de Devonshire, grand-maître de la maison du roi ; le duc de Somerset, général de la cavalerie ; sir Robert Walpole, trésorier-général de l'armée, et chargé en outre de la direction de la chambre des communes ; Marlborough fut réintégré dans le commandement en chef de l'armée ; Nottingham eut la présidence du conseil privé, etc., etc.

ignorait complétement l'anglais, il se contenta d'adresser aux membres assemblés la phrase suivante, qu'il avait apprise par routine : « Mylords et Messieurs, j'ai « ordonné à mon chancelier de vous faire connaître en mon nom les motifs de la « convocation de ce parlement. » Cela fait, il remit au lord chancelier un discours écrit, dont celui-ci donna lecture aux deux chambres. La partie la plus importante de ce discours était une censure du traité d'Utrecht, qui laissait pressentir les mesures de rigueur dont étaient menacés les derniers ministres de la reine Anne.

Les deux chambres s'associèrent à ces dispositions : les lords, en déclarant dans leur adresse qu'ils ne doutaient pas que Sa Majesté, avec l'aide du parlement, ne rétablît bientôt la considération du peuple anglais à l'extérieur, et ne prouvât à l'Europe que les atteintes que l'honneur du pays avait reçues ne devaient pas être attribuées à la nation en général ; les communes, en annonçant la résolution de rechercher et de punir les ministres coupables. Ces adresses ne passèrent point cependant sans opposition. Sir William Wyndham, chef du parti tory, s'attaqua même à la proclamation que le roi avait publiée en convoquant le parlement, et la taxa d'inconstitutionnelle et de dangereuse pour la liberté électorale ; mais ses justes récriminations furent accueillies aux cris de : « à la Tour ! à la Tour ! » et il reçut l'ordre de quitter l'assemblée. Cent vingt-neuf membres l'accompagnèrent en protestant. La chambre décida alors que Wyndham serait réprimandé par l'orateur « comme ayant commis une grave injure envers Sa Majesté, et abusé de « la liberté de la parole. » Ceci était le prélude des persécutions auxquelles le parti dominant allait se livrer contre ses adversaires. Peu de temps auparavant, tous les papiers de Bolingbroke, de Strafford, un des négociateurs du traité d'Utrecht, de Prior, ambassadeur en France, récemment rappelé, avaient été saisis ; le 9 avril la copie de tous ces documents fut déposée par le secrétaire de la trésorerie, Stanhope, sur le bureau des communes, et un comité secret de vingt-un membres, avec Walpole pour président, nommé pour les examiner. Deux mois après (9 juin), Walpole annonça à la chambre qu'il avait un rapport à lui présenter ; mais auparavant, il demanda que l'orateur délivrât un warrant d'accusation contre plusieurs membres de la chambre qu'il nomma, et parmi lesquels étaient Prior et Harley, frère du comte d'Oxford. Ils furent aussitôt saisis et emprisonnés. En terminant la lecture du rapport, Walpole accusa Henri Saint-John, vicomte Boling- broke, de haute trahison, malversations, etc., et autres crimes. Lord Coningsby, grand juge en Irlande, se leva alors : « Le président du comité, dit-il, a accusé la « main, moi j'accuse la tête ; il accuse l'écolier, moi le maître ; j'accuse Robert, « comte d'Oxford et de Mortimer, de haute trahison et de plusieurs autres crimes « et manœuvres coupables. » La chambre vota aussitôt ces deux accusations, qui furent bientôt suivies de celles du duc d'Ormond et du comte de Strafford.

Les principales charges qui pesaient sur les accusés portaient sur les articles pré- liminaires secrètement arrêtés entre les ministres d'Angleterre et de France ; sur l'armistice et ses funestes effets ; sur l'occupation de Gand et de Bruges, pour servir les Français aux dépens des alliés, et surtout sur l'indication fournie par le duc d'Ormond au général de l'armée française pour l'aider à s'emparer de la ville de Tournai, et forcer par-là les Hollandais à consentir à la cessation de la guerre.

De toutes ces charges une seule, la dernière, pouvait sembler un cas réel de trahison. Mais il faut observer qu'au moment où les ministres faisaient donner cet avis, l'Angleterre n'était plus en guerre avec la France, et que s'il y avait trahison indigne vis-à-vis des alliés qu'on abandonnait ainsi, on ne pouvait dire qu'il y en eût envers le pays, puisque cet avertissement n'avait pour objet que de faciliter la conclusion d'une paix que l'on pouvait avec raison regarder comme avantageuse. Mais la majorité des communes voulait une condamnation capitale, et malgré l'opposition des torys et même celle de plusieurs légistes éminents du parti whig, l'accusation de haute trahison fut admise.

Bolingbroke n'avait pas attendu le commencement de ces mesures, et dès le 25 mars il s'était retiré en France, convaincu que ses ennemis « voulaient cimenter « de son sang le nouvel édifice royal. » Ormond avait suivi cet exemple; toujours incertain et irrésolu, Oxford resta en Angleterre. La chambre des lords, saisie de l'acte d'accusation porté contre lui par les communes, ordonna son emprisonnement à la Tour; Bolingbroke et Ormond furent sommés de se présenter à la barre le 10 septembre suivant; n'ayant pas comparu, ils furent, par contumace, déclarés coupables de haute trahison, leurs biens furent saisis, et le grand maréchal d'Angleterre reçut l'ordre d'effacer du registre des pairs leurs noms et leurs armoiries.

Ces mesures redoublèrent le mécontentement général. Déjà les sentiments qui animaient la masse de la nation s'étaient publiquement manifestés; la populace de Londres avait insulté tous ceux qui avaient célébré l'anniversaire de la naissance du roi (28 mars), tandis que le lendemain, jour anniversaire de la restauration, toute la ville resplendissait d'illuminations, retentissait des éclats d'une joie tumultueuse, et que les vitres de tous ceux qui refusaient d'illuminer étaient brisées à coups de pierres. Lorsque Oxford fut conduit à la Tour, il fut accompagné par une foule innombrable, qui maudissait hautement ses persécuteurs et criait de toutes parts : « La haute église ! Sacheverel, Oxford, Ormond pour toujours ! »

Le gouvernement sévit avec rigueur contre les agitateurs : un maître d'école qui niait le droit de Georges à la couronne fut fouetté à travers la ville avec tant de cruauté, qu'il en mourut quelques jours après; en même temps la chambre des communes adoptait le bill connu sous le nom de *riot-act*, acte contre l'émeute. Ce bill portait que si douze personnes, illégalement assemblées, refusaient de se séparer après l'injonction qui leur en aurait été faite et la lecture de la loi, elles seraient déclarées coupables de félonie, sans qu'aucune d'elles pût invoquer les priviléges du clergé. Le roi fut en outre investi du pouvoir de suspendre l'*habeas corpus* et de s'assurer des personnes suspectes; une récompense de 100,000 livres sterling fut promise à qui s'emparerait du Prétendant, mort ou vif; on ordonna la levée de vingt nouveaux régiments; six membres de la chambre des communes, parmi lesquels était sir William Wyndham, furent arrêtés et emprisonnés; enfin, comme une vive agitation se manifestait en Écosse, et qu'un soulèvement en faveur du prétendant s'y préparait ouvertement, les deux chambres adoptèrent une loi qui obligeait toutes les personnes suspectes à donner caution, et déclarait que le tenancier qui resterait fidèle pendant que son seigneur prendrait les armes pour le Prétendant, deviendrait propriétaire des terres qu'il tenait à rente, et que les

biens acquis par un homme qui se rendrait coupable de haute trahison, retour-
neraient par cela seul au propriétaire primitif. A peine ces mesures étaient-elles
prises, que la rébellion éclata.

Quoique Louis XIV eût renoncé à soutenir ouvertement les droits du chevalier
de Saint-Georges, il ne pouvait se résoudre à abandonner complétement la cause
qu'il avait si longtemps défendue; et par de secrets secours d'argent il avait aidé
le Prétendant à préparer au Havre un petit armement, destiné à faire une descente
en Écosse. Les jacobites de ce pays, d'intelligence avec tous ceux que mécontent-
tait l'Union ou qu'avaient frappés les rigueurs exercées par les ministres de
Georges, n'avaient pas cessé de presser le Prétendant de venir parmi eux, l'assurant que la Grande-Bretagne tout entière n'attendait que sa présence pour se
soulever contre les Hanovriens. Ormond et Bolingbroke, embrassant ouvertement
son parti, lui donnaient les mêmes conseils, et négociaient secrètement avec les
torys. Jacques était prêt à partir lorsque Louis XIV mourut (1er septembre 1715).
Cette mort porta un coup funeste à ses projets. Le duc d'Orléans, qui, après avoir
fait casser le testament de Louis XIV, avait été déclaré régent du royaume pendant
la minorité du jeune roi Louis XV, abandonna complétement la politique du feu
roi; lord Stairs, ambassadeur d'Angleterre, compagnon assidu de ses plaisirs et de
ses débauches, avait su habilement gagner sa confiance en lui persuadant « que ses
intérêts et ceux du roi d'Angleterre étaient communs, et qu'ils se devaient soutenir
mutuellement, puisque tous deux étaient dans le même cas, Georges à l'égard du
Prétendant, le duc à l'égard du roi d'Espagne, qui, dans le cas où Louis XV,
enfant chétif et malingre, viendrait à mourir, ne manquerait pas, malgré ses
renonciations, de réclamer la couronne de France, héritage légitime du duc. »
Cependant les jacobites d'Écosse, ignorant ce changement de politique, avaient
continué à espérer vivement dans l'appui de la France; d'ailleurs, ils étaient trop
avancés pour reculer, et le 6 septembre, le comte de Mar, à la tête de trois cents
de ses vassaux, leva l'étendard du Prétendant, qu'il proclama à Castletown sous
le nom de Jacques III. Il fut joint par les lords Huntley, Tullibardine, Lovat,
Kinmure, par les clans jacobites, avec lesquels il s'empara de Perth, et bientôt
se trouva en état de tenir tête au duc d'Argyle, qui était parti de Londres avec
dix mille hommes pour s'opposer à ses progrès.

Pendant ce temps, le comte de Derwentwater et M. Forster avaient réuni une
force considérable dans le Northumberland. Soutenus par dix-huit cents Écossais
détachés de l'armée du comte de Mar, ils avaient proclamé le Prétendant à
Warkworth, Penrith, Lancastre, et étaient entrés dans Preston; mais là ils furent
atteints par les troupes du roi, qui investirent cette ville et les forcèrent à se
rendre (12 novembre). Le comte de Mar ne fut guère plus heureux en Écosse. Le
jour même où ses amis étaient faits prisonniers dans Preston, il livra bataille
au duc d'Argyle près de Dumblane, et quoique la valeur des Highlanders rendît
la victoire indécise, il fut obligé d'abandonner le champ de bataille, et bientôt
après les villes de Perth, Dundee et Montrose. Ce fut à ce moment, et lorsque ses
affaires étaient en si mauvais état, que le Prétendant débarqua près d'Aberdeen
(26 décembre). Au lieu de se mettre en personne à la tête de l'armée du comte de

Mar, il s'amusa à jouer au roi, s'occupant de son couronnement, créant des pairs et des chevaliers, lançant des proclamations maladroites où, malgré les recommandations que lui avait faites Bolingbroke, perçait la haine héréditaire des Stuarts pour la religion anglicane. Ce n'était pas ainsi qu'il pouvait relever une cause déjà si compromise. Lord Lovat et plusieurs autres de ses partisans ne tardèrent pas à se rallier au gouvernement; lui-même, abandonnant la partie avant qu'elle fût tout à fait perdue, s'embarqua de nuit sur un vaisseau français; le comte de Mar et quelques-uns des chefs insurgés l'accompagnaient. Son départ mit fin à la rébellion; les débris de l'armée insurgée se dispersèrent aussitôt, et cherchèrent un asile dans les montagnes du nord de l'Écosse.

Le gouvernement déploya contre les chefs de cette insurrection une sévérité implacable et odieuse. La révolte une fois comprimée, il eût été habile, et c'était l'avis de plusieurs partisans de la nouvelle dynastie, de prévenir désormais ces tentatives de rébellion par un acte d'amnistie générale. Il était évident pour tous que la plupart des insurgés n'avaient soutenu le Prétendant que par suite de l'exaspération où les avaient jetés les mesures violentes du parti whig; et l'on savait que parmi les chefs jacobites qui avaient été arrêtés, les plus zélés et les plus importants étaient tout prêts, si on leur faisait grâce de la vie, à s'engager sur l'honneur à ne plus porter les armes contre le roi. Mais Georges était implacable dans ses ressentiments, et resta sourd à tous les conseils de clémence. Les comtes de Derventwater, de Nithisdale, de Carnwath et de Wintoun, le vicomte Kenmure et les lords Widdrington et Nairn furent traduits à la barre de la chambre haute, et condamnés à mort. Les plus grands efforts furent de nouveau tentés pour arracher ces nobles victimes à l'échafaud; les deux chambres étaient inondées de pétitions en leur faveur; le comte de Nottingham, président du conseil, seconda même à la chambre des pairs la rédaction d'une adresse, dans laquelle on faisait appel à la clémence du roi. Tout fut inutile. La chambre des communes, pour s'éviter l'ennui et l'odieux de rejeter toutes les pétitions qui lui étaient adressées, s'ajourna jusqu'après l'exécution des condamnés; le roi répondit à l'adresse des lords en retirant à Nottingham et à tous ses parents et alliés les emplois qu'ils occupaient dans le gouvernement. Tous les condamnés furent exécutés (24 février et 17 mars 1716), à l'exception de Nithisdale, que sa mère parvint à faire échapper de la Tour sous des habits de femme. Une commission spéciale fut nommée pour juger les autres prisonniers; un grand nombre d'entre eux furent décapités ou pendus; mille environ obtinrent la grâce d'être déportés aux colonies.

La rébellion n'existait plus, mais le mécontentement de la nation était porté au plus haut degré; le grand nombre et la sévérité des condamnations, la contenance intrépide des victimes à leurs derniers moments, avaient excité la pitié et l'indignation générales. Les ministres furent effrayés de cette disposition des esprits, et craignant que, faites sous de telles influences, les prochaines élections n'amenassent un parlement hostile, qui ferait retomber sur eux la violence de leurs mesures, ils prirent la résolution odieuse d'annuler ce que la nation avait toujours considéré comme un des principaux bienfaits de la révolution, le bill qui limitait à trois ans la durée du parlement, et de porter le terme des sessions à sept années. Ils n'ignoraient pas la gravité de la mesure qu'ils allaient tenter, et l'opposition qu'elle rencontrerait parmi la nation électorale, qui se trouverait par là privée des moyens de contrôler, à des intervalles rapprochés, la conduite de ses représentants ; ce fut ce qui les détermina à présenter d'abord le projet à la chambre des lords. En effet, si le bill passait à la chambre haute, son adoption définitive était certaine, car on était sûr des communes, qui avaient déjà prodigué au gouvernement les preuves de dévouement, et qui devaient d'ailleurs accueillir avec faveur une mesure qui leur donnait un aussi long bail d'indépendance et d'impunité vis-à-vis de leurs électeurs ; si, au contraire, il devait être rejeté par les lords, on avait évité aux membres ministériels des communes l'adoption d'une mesure hautement impopulaire, et dont l'odieux leur aurait été préjudiciable aux prochaines élections. En conséquence, la proposition fut produite à la chambre des lords par le duc de Devonshire (10 avril), qui représenta que les élections triennales ne faisaient qu'exciter et qu'entretenir l'esprit de parti ; qu'elles excitaient et fomentaient des inimitiés au sein des familles ; qu'elles étaient la source de dépenses ruineuses, et l'occasion d'intrigues de la part des princes étrangers ; qu'il était du devoir d'une sage assemblée de remédier à un mal qui pouvait entraîner de funestes conséquences, surtout dans l'état actuel de la nation, alors que le feu de la révolte n'était encore qu'assoupi. L'opposition à une mesure aussi inconstitutionnelle devait être et fut en effet fort vive. Néanmoins le cabinet l'emporta, et le bill fut adopté par soixante-neuf voix contre trente-six (17 avril). La précipitation indécente avec laquelle la discussion de la proposition avait été menée répondait bien à la honte des motifs qui avaient déterminé les ministres à la produire. Une protestation énergique, à laquelle adhérèrent trente pairs, et dans laquelle on réfutait sévèrement les motifs mis en avant par l'administration, fut consignée sur les registres de la chambre.

Dans les communes, la discussion fut plus ardente et mieux soutenue. Aux arguments du ministère on répondit : que quant aux dépenses occasionnées par les élections, ces dépenses étaient entièrement volontaires, et que si elles étaient un mal réel, ce dont on convenait d'ailleurs, il fallait les prévenir par une loi particulière, sans pour cela détruire la constitution et priver le peuple du droit d'intervenir souvent dans le choix de ses représentants ; que d'ailleurs, l'adoption d'un terme de sept années pour la durée des législatures, loin de mettre un terme à la corruption, ne devait avoir d'autre effet que de l'augmenter encore, car il était évident que toutes les manœuvres honteuses contre lesquelles on s'élevait seraient pratiquées avec plus d'activité que jamais, lorsqu'elles auraient pour effet d'assurer pour beaucoup plus longtemps la possession des fonctions parlementaires. Quant aux scènes de troubles et de tumultes qui avaient lieu dans les *hustings*, le bill actuel devait les rendre, il est vrai, moins fréquentes, mais non pas moins vives, et si l'on voulait remédier à ce mal, il fallait le faire de même par une mesure spéciale. Quant à l'influence que des réélections fréquentes donnaient aux puissances ennemies de l'Angleterre, il fut démontré que, depuis l'adoption de l'acte triennal, dix parlements s'étaient succédé, plusieurs d'entre eux pendant que le pays était en pleine guerre, que les dissensions intérieures étaient fort grandes, les ennemis extérieurs puissants et actifs, et que jamais les élections ne s'étaient ressenties de l'influence de ces ennemis. Un des membres les plus distingués de l'opposition, M. Shippen [1], démasquant les véritables raisons des ministres, montra que tous ces arguments entassés n'avaient qu'un but, celui de préserver l'administration contre les risques des prochaines élections, et que c'était elle et non le peuple qui avait à craindre les machinations des ennemis. « Une des principales raisons données tant dans le « préambule du bill que dans ces débats, c'est, dit-il, que la désaffection du peuple « est si grande, et les ennemis du gouvernement au dedans comme au dehors si « vigilants, que de nouvelles élections détermineront de nouvelles émeutes, feront « revivre la rébellion, et détruiront la paix et la sécurité du gouvernement, mal- « heurs qui seraient tous prévenus par la continuation du parlement actuel. Je « répondrai au ministère que nous n'avons pas à nous enquérir s'il s'est ou non « rendu odieux au peuple. Les ministres doivent être plutôt l'objet de notre défiance « que de notre faveur; et peu doit nous importer qu'on les renverse, le gouverne- « ment subsistera toujours. » Toutes ces objections portaient sur la convenance et l'utilité de la mesure; elle fut attaquée plus vivement encore sous le rapport de la constitutionnalité. « Les électeurs, dirent les orateurs de l'opposition, nous ont « confié leur mandat pour trois années, eux seuls peuvent nous autoriser à le « prolonger davantage; car il est bien évident que si nous avons le droit de nous « continuer pendant une année, un mois, un jour seulement au-delà du terme pour « lequel nous avons été élus, rien ne nous empêche, au lieu de quatre ans, d'ajouter « quarante années à nos législatures, et même de nous rendre perpétuels. » Malgré ces raisons décisives, la proposition fut adoptée par deux cent soixante-quatre voix contre cent vingt-une.

Les débats auxquels donna lieu la révocation de l'acte triennal présentèrent le spectacle honteux que whigs et torys avaient déjà donné si souvent, de deux partis changeant de rôle, d'opinions et de langage, suivant que le leur commandaient leurs intérêts particuliers et leur ambition frustrée ou satisfaite. Cette fois les libertés et les droits du peuple abandonnés et attaqués par les whigs, ces préten- dus soutiens des intérêts populaires, étaient défendus avec chaleur par les torys, partisans de la monarchie de droit divin et de l'obéissance passive. Les exemples de cette mobilité, qui contredisait à chaque instant le sens du nom pris par chaque parti, deviennent de plus en plus fréquents dans le cours de cette histoire. C'est qu'en effet, avec l'organisation aristocratique de la chambre des communes, les véritables intérêts du peuple ne pouvaient jamais être embrassés et défendus avec conviction et sincérité, ni par les torys ni par les whigs; on ne songeait à lui

1. Au milieu de la corruption qui régnait depuis longtemps et régna longtemps encore dans toute la Grande-Bretagne, Shippen fut du très-petit nombre de ceux qui restèrent purs et inaccessibles aux séductions des divers partis. Quoique complétement opposé d'opinions à sir Robert Walpole, il demeura constamment son ami. « Robin et moi sommes deux honnêtes gens, disait-il; il est réellement pour le roi Georges, comme moi pour le roi Jacques; mais quant à tous ces autres, ajoutait-il en désignant plusieurs membres de la chambre, ils désirent seulement des places sous le roi Georges ou sous le roi Jacques. » Walpole, de son côté, déclarait souvent qu'il ne dirait pas quels étaient les membres du parlement accessibles à la corruption, mais qu'il dirait quel était celui qui n'était pas corruptible, et que ce membre était Shippen.

que lorsqu'on avait besoin de son concours et de sa voix puissante pour renverser des adversaires en possession d'un pouvoir que l'on enviait, et ce ne fut jamais que dans l'opposition, à quelque parti qu'elle appartint d'ailleurs, et uniquement par suite des nécessités de sa position, que la nation trouva des défenseurs.

Le triomphe éclatant remporté par le parti ministériel dans la question du bill septennal redoubla sa confiance et son orgueil, et plongea les torys dans un tel abattement qu'ils n'essayèrent même pas de s'opposer à une nouvelle infraction de la constitution, au rappel de la clause de l'acte d'établissement qui interdisait au roi de sortir du royaume. A peine Georges eut-il obtenu la révocation de cette prohibition, qu'il prononça la clôture de la session, et, laissant pendant son absence le gouvernement du royaume au prince de Galles, s'embarqua pour le Hanovre, où l'appelaient les intérêts de son électorat.

Pendant que la succession d'Espagne mettait aux prises toutes les puissances méridionales et occidentales de l'Europe, la guerre avait agité aussi les nations septentrionales. A l'avénement du jeune roi Charles XII au trône de Suède, le Danemark, la Pologne et la Russie avaient cru le moment venu de dépouiller cette puissance de la prépondérance que depuis Gustave-Adolphe elle exerçait dans le Nord. Mais Charles battit tous ses ennemis, renversa du trône de Pologne l'électeur de Saxe, Frédéric-Auguste, que défendait le czar Pierre Ier, et fit élire à sa place Stanislas Leczinski. La défaite du héros suédois à Pultawa et sa captivité à Bender, permirent aux alliés de reprendre leurs projets. Auguste remonta sur le trône de Pologne, et le roi de Danemark, Frédéric IV, s'empara d'une partie des provinces que depuis le traité de Westphalie la Suède possédait en Allemagne. Au retour de Charles XII dans ses états, Frédéric craignit de ne pouvoir conserver toutes ses conquêtes; pour s'en assurer au moins une partie, il céda à Georges les duchés de Brême et de Verden, moyennant une somme d'environ 150,000 livres sterling et l'accession de ce prince à la coalition formée contre la Suède (1715). Quoique Georges ne fût entré dans la ligue que comme électeur de Hanovre et non comme roi de la Grande-Bretagne, les alliés espéraient bien que ce dernier pays ne tarderait pas à prendre parti dans la lutte. En effet, une escadre anglaise fut envoyée dans la mer Baltique, sous le prétexte de protéger le commerce britannique contre les déprédations des diverses puissances belligérantes, mais en réalité pour contraindre Charles XII à se soumettre aux demandes des confédérés. Cette conduite excita à un tel point la colère du roi de Suède, qu'il entra aussitôt en communication avec les jacobites d'Angleterre et le Prétendant, promettant à ce dernier, s'il voulait tenter une nouvelle invasion, de se joindre à lui avec douze mille vétérans suédois.

Mais Georges avait déjà pris ses mesures contre les tentatives de Charles. Profitant avec habileté des craintes que les projets de Philippe V, qui voulait s'affranchir des obligations du traité d'Utrecht et surtout de la renonciation à la couronne de France, causaient au duc d'Orléans, il avait entamé avec ce prince et les États-Généraux un traité d'alliance offensive et défensive. Dominé par l'abbé Dubois, qui recevait une pension de Georges, et désireux d'assurer, en cas de mort du roi Louis XV, sa succession au trône de France, le duc d'Orléans signa ce traité (4 janvier 1717) avec une hâte qui étonna les ministres anglais eux-mêmes. « Il faut, écrivait à Townshend Stanhope, qui avait suivi Georges en Hanovre, il « faut que le régent soit bien inquiet de l'état de ses affaires, ou qu'il soit bien « peu au courant des nôtres, pour s'être autant pressé de conclure ce traité. Mais, « quelles que soient ses raisons, je crois que je suis en droit de féliciter Sa Majesté « de la conclusion de cette convention. » Le traité stipulait en effet que le roi très-chrétien (Louis XV n'y fut désigné que sous ce nom, tandis que Georges y portait le titre de roi de France) prendrait toutes les mesures nécessaires pour que le Prétendant quittât Avignon, où il s'était réfugié; que ce dernier ne pourrait, sous aucun prétexte, rentrer en France ou en Lorraine; qu'aucun des sujets rebelles du roi d'Angleterre ne trouverait asile en France; que le traité d'Utrecht, en ce qui concernait la démolition de Dunkerque, serait exécuté à la satisfaction de Sa Majesté britannique; que le port de Mardyck serait détruit, « Mardyck pour lequel, disaient les Anglais eux-mêmes, la France aurait dû faire la guerre, et non une ligue pour le détruire ». Les intérêts de la Hollande étaient protégés par l'article qui portait que les puissances contractantes resteraient en possession de toutes les places qui leur avaient été attribuées par le traité d'Utrecht. En échange de ces stipulations, honteuses pour la France, le roi Georges et les États garantissaient l'exécution des articles du traité d'Utrecht relatifs à la succession au trône de France, et aux renonciations sur lesquelles elle était fondée; enfin, une clause particulière fixait le nombre de vaisseaux et d'hommes qui serait fourni par chacune des puissances en cas de troubles intérieurs ou d'attaque du dehors dans les états de l'une d'elles.

Pendant que Georges se prémunissait ainsi du côté de la France contre les intrigues et les tentatives des jacobites et du Prétendant, ses affaires se compliquaient dans le nord. Afin de terminer sa contestation avec le roi de Suède, il avait promis à ce prince sa médiation pour la conclusion de la paix moyennant la cession définitive des duchés de Brême et de Verden. Mais Charles s'était refusé à toute espèce d'accommodement dont la restitution des deux duchés ne serait pas la base, et, secrètement d'accord avec Albéroni, poursuivait activement ses plans d'invasion. Une grave mésintelligence survenue entre Georges et le czar les rendait plus redoutables que jamais. Depuis longtemps Pierre cherchait à prendre pied dans l'empire, et dans ce but il avait tenté de s'emparer du Mecklembourg à la faveur de troubles qui s'étaient élevés dans cet état entre le duc, son neveu, et les sujets de ce prince. Georges et le roi de Danemark s'étaient vivement opposés à ces desseins; de là une rupture que le baron de Gortz, premier ministre de Charles XII, exploitait habilement, pour réconcilier son maître avec le czar. En même temps, les intrigues des jacobites de la Grande-Bretagne, fomentées par les ministres suédois et espagnols, redoublaient d'activité. Georges, alarmé, repassa en Angleterre, et sa première mesure en arrivant à Londres (janvier 1717) fut de faire arrêter le comte de Gyllenborg, ambassadeur du roi de Suède, et de s'emparer de tous ses papiers, malgré les protestations que les ministres des cours étrangères et notamment l'ambassadeur d'Espagne firent entendre contre cette violation du droit des gens. Peu de temps après, Georges obtint des États-Généraux l'arrestation du baron de Gortz, alors en Hollande, et la saisie de la correspondance de ce ministre avec Gyllenborg dévoila tous les détails de la conspiration formée pour l'invasion de l'Angleterre.

Cette correspondance fut communiquée au parlement, et peu de jours après, le roi, confiant dans l'effet qu'elle avait dû produire, adressa aux communes un message dans lequel il informait la chambre basse des dangers qui menaçaient la nation, et demandait un subside extraordinaire, qui le mît en état d'obtenir satisfaction du roi de Suède; mais les dispositions des communes n'étaient point aussi favorables que Georges se l'imaginait. Tous ces embarras où le pays se trouvait jeté provenaient uniquement des mesures prises par le roi en faveur, non de l'Angleterre, mais de son électorat, et un grand nombre de membres se récrièrent vivement contre une politique qui allait engager le pays dans une guerre sérieuse, et cela pour l'agrandissement et l'avantage exclusif du Hanovre. L'opposition à cette politique n'était pas d'ailleurs concentrée dans la chambre. Townshend, secrétaire pour les affaires étrangères, l'avait désapprouvée hautement, et avait dû en conséquence résigner son emploi, qui fut donné au duc de Sunderland. Quoiqu'il eût accepté en échange la place de vice-roi d'Irlande et continué à siéger dans le cabinet, ses dispositions étaient connues, ainsi que celles de Walpole et de plusieurs autres membres du ministère. Sûre de leur appui tacite et du concours de leurs amis, l'opposition se montra plus vive que jamais, et ce ne fut qu'à une majorité de quatre voix qu'un subside extraordinaire de 250,000 livres fut voté. Le soir même, le gouvernement d'Irlande fut retiré à Townshend. Le lendemain, malgré les instances du roi, Walpole remit les sceaux de l'échiquier; Devonshire, Orford, Methuen et Pulteney suivirent son exemple. Une nouvelle administration fut formée. Stanhope, qui avait secondé de tout son pouvoir la politique du roi, fut élevé au poste de premier lord de la trésorerie, et de chancelier de l'échiquier; Sunderland et Addison, le poëte, furent secrétaires d'état (26 avril) [1]. Le parti whig se trouva dès lors divisé en deux fractions : l'une, qui continua à soutenir le gouvernement; l'autre, qui suivant la direction de Walpole fit quelquefois cause commune avec l'opposition tory.

Ces événements ne furent pas perdus pour le comte d'Oxford. Prisonnier à la Tour depuis deux années, il vit que le moment était venu pour lui de recouvrer sa liberté. Son plus redoutable ennemi, Walpole, était hors du pouvoir, le parti whig désuni, la nouvelle administration trop peu solidement établie pour risquer de se rendre impopulaire par d'inutiles mesures de rigueur; il demanda à la chambre des lords que l'on prononçât enfin sur son sort, et, conformément à sa requête, un jour fut fixé pour l'ouverture du procès à Westminster-Hall. Après la lecture de l'acte d'accusation et le développement du premier chef, lequel chargeait Oxford du crime de haute trahison, lord Harcourt, ancien collègue du comte et son ami dévoué, se leva et demanda, avant qu'on allât plus loin, à soumettre une motion à ses collègues; les lords s'étant retirés dans la salle de leurs séances, Harcourt

---

1. Les autres emplois, moins importants sous le rapport politique, furent remplis par le duc de Kingston, lord du sceau privé; le comte de Berkley, premier lord de l'amirauté; le duc de Newcastle, lord chambellan; le duc de Bolton, vice-roi d'Irlande.

représenta qu'on perdrait un temps considérable à débattre tous les points de l'accusation, et que, puisque la condamnation du comte et la confiscation de tous ses
biens devaient être la suite de la preuve du crime de haute trahison, il suffisait
de prononcer d'abord sur le premier chef de l'acte d'accusation. Après quelques
débats, la motion, appuyée par les torys et les whigs dissidents, fut adoptée et
signifiée aux communes. Celles-ci refusèrent de se soumettre à une marche aussi
contraire à tous les usages judiciaires, et réclamèrent une conférence entre les
deux chambres. Après deux mois de contestations dans lesquelles ni lords ni communes ne voulurent rien céder de leurs prétentions, les lords déclarèrent que leur
intention était de procéder sans délai au jugement d'Oxford. Sans égard à cette inti-
mation, les communes s'ajournèrent. Alors les pairs se rendirent à Westminster,
ordonnèrent que le comte fût amené à la barre, sommèrent ses accusateurs de
comparaître, et après un quart-d'heure d'attente prononcèrent l'absolution de
l'accusé et sa mise en liberté (août).

L'arrestation de Gortz et de Gyllenborg n'avait pas fait renoncer le roi de Suède
à ses projets d'invasion ; mais, entouré d'ennemis, sans argent, sans alliés, il fut
obligé d'en différer l'exécution, et prêta même l'oreille à une réconciliation temporaire avec Georges. Elle eut pour premiers effets la mise en liberté de Gyllenborg et de Gortz. Mais ces deux ministres ne furent pas plutôt libres qu'ils reprirent
leurs projets, et cherchèrent partout des ennemis au roi d'Angleterre. Ils les
eurent bientôt trouvés dans le czar Pierre Ier et Albéroni. Gortz profita habilement
de la fureur où l'opposition de Georges aux projets du czar sur le Mecklembourg
avait jeté le prince moscovite, pour le déterminer à quitter la coalition formée
contre la Suède et à se réconcilier avec Charles XII, et il parvint à faire accéder
le czar aux préliminaires d'un traité d'alliance offensive et défensive, par un des
articles duquels les deux souverains s'engageaient à replacer le Prétendant sur le
trône d'Angleterre. Le péril qui menaçait Georges était plus sérieux que jamais,
lorsqu'au moment où tout se préparait pour l'exécution de ce plan redoutable,
Charles fut tué au siège de Frederickshall, en Norvége (11 décembre 1718).
La mort de ce prince amena un changement complet dans la politique suédoise ;
les États du royaume, annulés sous Charles XII, s'emparèrent du pouvoir en appelant au trône la sœur cadette du roi défunt, au détriment du fils de sa sœur aînée,
firent exécuter Gortz, et rompirent les négociations avec la Russie (mars 1719).

Délivré de tout souci de ce côté, Georges avait encore dans Albéroni un formidable ennemi. Les plans gigantesques formés par ce ministre ne tendaient à rien
moins qu'à recouvrer les Pays-Bas, Naples, Milan, enfin toutes les provinces que
le traité d'Utrecht avait enlevées à l'Espagne pour les donner à l'empereur, et à
dépouiller le duc d'Orléans de la régence au profit de son maître Philippe V, qui
s'assurait ainsi la disposition immédiate des forces de la France, et, en cas de mort
de Louis XV, la succession au trône. Les trois adversaires qu'Albéroni rencontrait
dans l'exécution de ce vaste plan étaient l'empereur, le duc d'Orléans, et Georges Ier,
allié du régent et garant de l'exécution du traité d'Utrecht. Il avait agi contre le
premier, en le faisant attaquer par les Turcs, et en envoyant dans la Méditerranée
un armement considérable, qui avait pris possession de la Sardaigne (octobre 1717);

contre le second, par les intrigues qu'il fomentait en France ; contre le troisième, en s'unissant aux desseins de Charles XII, et en favorisant le débarquement du Prétendant en Angleterre.

« Alors l'Angleterre, la France et la Hollande resserrèrent leur alliance, et firent un projet de traité entre l'Espagne et l'Autriche, auquel il fut résolu de faire accéder ces deux puissances, de gré ou de force. L'Autriche y adhéra. Le traité devint alors la quadruple alliance : l'empereur devait reconnaître Philippe V, qui renoncerait aux Pays-Bas, à Naples et au Milanais ; il acquérait la Sicile en échange de la Sardaigne, qui serait cédée à Victor-Amédée, roi de Savoie; il promettait de donner l'investiture des duchés de Parme et de Toscane à un fils de Philippe V, lorsque les souverains de ces états, qui n'avaient pas d'héritiers, viendraient à mourir, et dès ce moment le roi d'Espagne était autorisé à entretenir dans ces duchés six mille hommes de troupes neutres. Le traité fut, comme celui de la triple alliance, l'œuvre de Dubois, qui en fut récompensé par le portefeuille des affaires étrangères ; il remercia le roi Georges de la place dont le régent l'avait honoré : « Je souhaite avec passion, lui dit-il, d'en faire usage pour le service de Sa Majesté « britannique, dont les intérêts me seront toujours sacrés [1]. »

Albéroni refusa d'accéder à ce traité, et une flotte de plus de trois cents voiles, dont trente vaisseaux de guerre, débarqua en Sicile une armée de trente mille hommes. Seule des puissances signataires du traité, l'Angleterre vint au secours de l'empereur menacé ; c'est que seule elle y avait un intérêt sérieux et immédiat. Ce n'était pas l'invasion dont le menaçait Albéroni qui l'inquiétait et l'effrayait; c'était le développement subit qu'avait pris, sous la main vigoureuse du cardinal-ministre, cette Espagne, mutilée, amoindrie, et que l'on croyait épuisée et sans ressources ; c'était surtout l'accroissement rapide de sa puissance navale. Que la France revînt à sa vraie politique, à l'alliance intime des deux maisons de Bourbon que Louis XIV avait résumée par ces mots : « Il n'y a plus de Pyrénées ! » et c'en était fait de la suprématie maritime de l'Angleterre. C'était à ce danger qu'il fallait parer dès le principe : le cabinet de Londres n'hésita pas. Une flotte nombreuse partit pour la Méditerranée; sir Georges Byng, qui la commandait, eut ordre, si son intervention pacifique n'arrêtait pas les Espagnols, de défendre par la force les états de l'empereur. Byng relâcha d'abord à Cadix, et transmit à Albéroni la copie de ses instructions. Le ministre répondit qu'aucune puissance n'avait rien à voir dans la querelle de l'Espagne avec l'empereur; qu'il ne pouvait croire que, sous le masque de la modération, l'Angleterre voulût attaquer une puissance avec laquelle elle était en pleine paix; que, du reste, il n'avait rien à changer aux mesures qu'il avait ordonnées, et que Byng exécutât ses ordres, s'il le pouvait. Alors l'amiral anglais fit voile pour la Sicile, où les Espagnols, déjà maîtres de toute l'île, pressaient activement le siége de Messine, se mit à la recherche de leur flotte, et lui livra en vue de Syracuse un combat qui se termina par sa destruction presque complète (11 août 1718).

A la nouvelle de cette odieuse violation du droit des nations, la cour de

---

1. Lavallée, t. III, p. 392.

Madrid fit retentir l'Europe de ses plaintes, et des ordres furent aussitôt envoyés dans tous les ports d'Espagne et des Indes pour que partout l'on usât de représailles contre les Anglais. Albéroni appela le Prétendant en Espagne, le reçut comme roi d'Angleterre, et lui prépara une escadre de dix vaisseaux et une armée de six mille hommes, dont le duc d'Ormond eut le commandement ; en même temps, redoublant ses intrigues en France, il formait, par l'intermédiaire du prince de Cellamare, ambassadeur d'Espagne à Paris, un complot pour enlever le régent et s'assurer de la personne de Louis XV. Mais Dubois surveillait toutes ces menées : le prince de Cellamare fut arrêté, ses papiers saisis, toutes les personnes compromises dans le complot jetées en prison, et la guerre fut déclarée à l'Espagne (janvier 1719). Le régent tenait à justifier les paroles que Georges avait adressées à son parlement en lui annonçant sa rupture définitive avec la cour de Madrid : « Je me flatte, avait dit le roi, que les chambres me donneront les moyens de « venger l'Angleterre ; et j'ose leur promettre que mon bon frère, le régent de « France, y concourra par les mesures les plus vigoureuses. »

Malgré les efforts de l'opposition, qui n'hésita pas à taxer la victoire de l'amiral Byng d'infraction odieuse aux traités les plus solennels, et d'agression perfide, contraire à toutes les lois qui régissent les nations civilisées, une majorité considérable donna au ministère les moyens d'anéantir complétement cette marine espagnole qui pouvait par la suite disputer à l'Angleterre l'empire des mers.

L'aide impolitique de la France rendait la chose encore plus facile. Le maréchal de Berwick [1] avait passé les Pyrénées, pris Fontarabie et Saint-Sébastien, et pendant ce temps une escadre française brûlait les vaisseaux et les chantiers espagnols (juin 1719) : « Afin, écrivait Berwick au régent, que le gouvernement de l'An- « gleterre puisse faire voir au parlement qu'on n'a rien négligé pour anéantir la « marine d'Espagne. »

Albéroni essaya vainement de tenir tête à tous ces ennemis. L'armement préparé pour le Prétendant avait été dispersé par une tempête, et à moitié détruit ; Messine fut obligée de se rendre à une armée autrichienne, secondée par la flotte de l'amiral Byng (octobre) ; une expédition anglaise menaçait l'Amérique espagnole : il fallut se soumettre. Albéroni, sacrifié par son maître, quitta le pouvoir et l'Espagne, et Philippe V adhéra au traité de la quadruple alliance (25 janvier 1720).

Quelques mois auparavant (22 juillet 1719), la bonne intelligence avait été rétablie entre le Hanovre et la Suède ; mais ce résultat, de même que les avantages remportés contre l'Espagne, n'avaient été obtenus que par la plus odieuse déloyauté. Ce qui, à la mort de Charles XII, avait décidé les états de Suède à rompre les négociations pendantes entre ce prince et le czar, négociations dont le but était une invasion en Angleterre et la reprise des duchés de Brême et de Verden, c'était

---

1. Jacques Fitz-James, duc de Berwick, fils naturel du duc d'York, depuis Jacques II. Après la révolution de 1688, il prit une part active à toutes les tentatives faites pour replacer son père sur le trône. Quand la cause de ce prince fut désespérée, il se fit naturaliser français, commanda avec éclat les troupes franco-espagnoles pendant la guerre de succession, et fut fait maréchal de France.

la promesse faite par Georges de l'alliance de l'Angleterre pour aider les Suédois
à reconquérir la Livonie et les autres provinces dont la Russie s'était emparée.
Mais lorsque, confiants dans ces promesses, les États eurent rompu avec Pierre,
Georges rappela sa flotte de la Baltique et abandonna la Suède à la fureur du
czar, qui envahit le pays avec quarante mille hommes, brûlant les villes, les
villages, les châteaux, massacrant tout sur son passage. Alors, complétement à
la merci de la diplomatie britannique, ce malheureux pays passa par tout ce
que Georges voulut lui imposer, céda définitivement au Hanovre les duchés de
Brême et de Verden, au Danemark le duché de Sleswick, reconnut Auguste
comme roi de Pologne, abandonna la Poméranie à la Prusse. Pour prix de toutes
ces concessions, Georges devait lui procurer la paix avec la Russie à des conditions modérées; mais lorsqu'il eut obtenu tout ce qu'il désirait, il s'inquiéta peu
de remplir ses promesses; et la Suède, envahie de nouveau, vit, sans pouvoir les
défendre, ses villes brûlées, ses ports détruits, ses frontières ravagées. Alors
seulement Georges se décida à intervenir. Une escadre anglaise, envoyée dans la
Baltique, força les Russes à se retirer, et le czar, moyennant la cession de la Livonie, de l'Ingrie, de l'Estonie et de la Carélie, consentit enfin à la paix. Elle fut
signée à Nystadt, le 13 septembre 1721.

Pendant ces négociations honteuses où, dit un historien anglais lui-même, s'en-
sevelit l'honneur britannique, et dont tout l'avantage fût recueilli par le Hanovre,
le ministère avait voulu profiter des dispositions favorables de la majorité des
deux chambres pour perpétuer la domination du parti whig.

Des dissentiments violents avaient éclaté entre le roi et le prince de Galles; ils
avaient pris naissance dans la popularité que le prince s'était acquise, pendant sa
régence temporaire, par quelques mesures de clémence envers les prisonniers de la
dernière insurrection, et ils en étaient venus à un tel point que le roi ordonna à
son fils de quitter le palais de Saint-James, et fit signifier à tous les pairs, et aux
membres du conseil privé, que ceux d'entre eux qui rendraient visite au prince de
Galles cesseraient d'être reçus à la cour. Tous ceux qui tenaient à la fois des emplois
auprès du prince et du roi furent obligés d'opter. L'opposition avait dans cette
circonstance un rôle tout tracé : elle se rallia autour du prince de Galles, et prit
hautement sa défense contre les persécutions auxquelles il était en butte de la
part du roi et du ministère. Cette manœuvre habile du parti tory effraya le
cabinet, qui craignit qu'à la mort du roi, son fils n'appelât nécessairement aux
affaires ceux qui avaient si chaudement embrassé sa cause. Les chambres, il est
vrai, étaient toutes deux favorables au ministère actuel; mais, en montant sur le
trône, le nouveau souverain pouvait annuler la majorité whig de la chambre haute,
comme l'avait fait la reine Anne, par une nombreuse création de pairs. Quant à
la chambre des communes, l'événement avait prouvé que les électeurs envoyaient
presque toujours au parlement une majorité dévouée au parti dont les chefs étaient
au pouvoir à l'époque des élections. Pour se prémunir contre tout danger, le
le ministère résolut d'immobiliser dans la chambre des lords la domination des
whigs, par le vote d'un bill qui ôterait à la couronne le droit d'augmenter de
plus de six le nombre des pairs de la Grande-Bretagne; ce nombre atteint, il n'y

aurait plus eu de nomination possible qu'en cas d'extinction de titre. En conséquence, le duc de Somerset représenta à la chambre haute que le nombre des lords s'étant considérablement accru [1], surtout depuis les derniers temps, il convenait de parer d'avance aux inconvénients qui pourraient résulter de la création de nouveaux pairs; et, dans un message, le roi déclara que sa préoccupation pour l'indépendance des parlements lui faisait un devoir de sacrifier à leur sécurité à venir les droits mêmes de sa prérogative.

Personne dans les chambres ni dans la nation ne pouvait s'en laisser imposer par ces raisons; et quoiqu'il fût de l'intérêt évident de la chambre des lords d'adopter un bill qui constituait sur des bases encore plus solides le pouvoir de l'aristocratie, l'opposition à la proposition fut si vive que le ministère crut devoir en ajourner le vote. Mais le roi tenait à la voir adoptée, et, à la session suivante, il la recommanda vivement dans son discours d'ouverture (décembre 1719). Elle fut en effet adoptée par la chambre des pairs, et portée aux communes, où le ministère espérait cette fois la faire triompher. Pendant l'intervalle des sessions, les whigs dissidents avaient été activement circonvenus, et plusieurs d'entre eux, cédant aux suggestions de leurs amis de la chambre haute, ou craignant de favoriser, par un échec infligé au ministère, la rentrée des torys au pouvoir, s'étaient ralliés à la mesure. Walpole, presque seul de tous ses amis politiques, resta inébranlable dans son refus de la soutenir. Dans un discours remarquable, il fit si bien voir combien il était important au bien du pays que la pairie fût toujours ouverte pour récompenser les grands talents, les actions éclatantes, les services longs et signalés; il prouva si bien que ce qui maintenait l'aristocratie si ferme, si vigoureuse en Angleterre, tandis qu'elle était si dégénérée dans tous les autres pays, c'était cette faculté qu'elle possédait de s'assimiler tout ce qu'il y avait de puissant et de généreux dans les classes inférieures; que ce qui la rendait chère à la nation, c'était que celle-ci savait que les rangs ne lui en étaient pas fermés, et qu'ils étaient accessibles au talent et à la vertu sans naissance et même sans richesse; enfin il exposa avec tant de force toutes les raisons qui s'opposaient à l'adoption du bill, que tous ses amis, qui l'avaient un instant abandonné, revinrent à son avis, et que la proposition fut rejetée par une majorité de 269 voix contre 177 (19 décembre). Malgré cette défaite signalée, les ministres ne résignèrent pas leurs emplois. Une affaire plus grave allait bientôt les forcer à la retraite.

A la fin du règne d'Anne, au moment où les torys renversaient les whigs du pouvoir, le remplacement par Harley de l'habile lord trésorier Godolphin avait porté un coup violent au crédit public. Pour le relever et rassurer les esprits,

---

1. A la mort d'Élisabeth le nombre des pairs était de 59 ; à l'époque de la présentation du bill de 220, ainsi classés :

Le prince de Galles et le duc d'York.	2
Ducs.	22
Comtes.	73
Vicomtes.	13
Barons.	68
Archevêques et évêques.	26
Pairs d'Écosse.	16

Harley résolut d'établir clairement et de régulariser l'état de la dette nationale, que les dernières guerres avaient considérablement augmentée. Un comité spécial, nommé par les communes, fut chargé de fixer d'une manière précise les dettes des différents départements, qui n'étaient point encore liquidées. Ces dettes se montaient à environ 15,000,000 sterling; elles furent réunies en une seule, pour le paiement de laquelle on ouvrit un emprunt de pareille somme, productif d'intérêts à 6 pour 100; et afin d'attirer les capitalistes par l'espoir de bénéfices considérables, on concéda à tous les souscripteurs le monopole du commerce dans la mer du Sud, et on les incorpora en société sous le nom de « gouverneur et compagnie de la Grande-Bretagne pour le commerce dans les mers du Sud et en Amérique. » Mais les Indes-Occidentales avaient été, par le traité d'Utrecht, conservées à l'Espagne; et le droit exclusif de les approvisionner, pendant trente ans, de nègres enlevés à la côte d'Afrique, ainsi que celui d'envoyer chaque année dans les Indes un seul vaisseau chargé de denrées anglaises et d'un tonnage déterminé, furent les seuls priviléges commerciaux que Philippe V consentit à accorder à la compagnie. Le renouvellement des hostilités et diverses autres circonstances avaient jusqu'alors empêché celle-ci de profiter de ces faibles avantages; et cette affaire, qui devait faire affluer en Angleterre les produits des mines du Potose et du Mexique, n'avait encore donné que de minces résultats. Ce fut alors que le directeur sir John Blunt proposa au chancelier de l'échiquier, M. Aislabie, un vaste plan destiné à relever complétement les affaires de la Compagnie, et en même temps à procurer au trésor des avantages considérables. Il ne s'agissait de rien moins que d'une réduction importante de la dette publique, qui se montait alors à 48,000,000 sterling environ. Dès l'année 1717, on s'était occupé de réduire cette somme énorme, en donnant aux créanciers de l'état le choix entre le remboursement au pair de leurs capitaux et la réduction de l'intérêt, de 6 à 5 pour 100. Presque tous avaient opté pour la réduction; mais l'avantage obtenu par cette mesure était moins considérable que l'on ne s'y était attendu, parce qu'il existait environ pour le tiers de la dette des rentes non rachetables, à 89, 96 et 99 ans de terme, auxquelles le gouvernement servait un intérêt de 6 à 8 pour 100 et dont les détenteurs n'avaient pas consenti à la réduction. Tant qu'on ne pourrait racheter et rembourser ces rentes, il ne fallait pas compter sur une réduction importante de la dette. On cherchait les moyens d'arriver à ce but, lorsque sir John Blunt offrit au gouvernement une somme de sept millions et demi sterling contre l'autorisation de retirer, aux conditions dont la Compagnie pourrait convenir avec les créanciers de l'état, les rentes qui se trouvaient entre leurs mains. Il s'engageait à racheter toutes ces rentes dans le délai de vingt-six ans. En échange de tous les avantages qu'elle offrait, la Compagnie n'exigeait du gouvernement que certains priviléges commerciaux; et pour le montant des créances qu'elle aurait acquises, que l'intérêt des sommes remboursées, à 5 pour 100 pendant les six premières années et à 4 pour les années suivantes, jusqu'au moment où l'état voudrait racheter les capitaux. Des conditions, si défavorables en apparence pour ceux qui les proposaient, devaient nécessairement cacher quelque indigne spéculation, et cela seul eût dû suffire pour les faire rejeter par les ministres; mais l'or de la Compagnie avait déjà gagné plusieurs d'entre eux, les autres furent séduits par la perspective de la prochaine réduction de la dette, et la proposition fut, de l'avis unanime du cabinet, portée à la chambre des communes. Elle y trouva un redoutable adversaire dans Walpole, l'homme le plus éclairé de l'époque en matière de finance. Walpole montra que tout le succès du projet reposait sur l'augmentation de la valeur des actions, augmentation que l'on ne pouvait obtenir qu'en promettant aux acquéreurs des dividendes considérables et des bénéfices qui ne se réaliseraient jamais, puisqu'ils n'étaient basés sur rien de positif ; que c'était détourner l'industrie et le commerce de leurs véritables voies pour encourager la funeste pratique de l'agiotage, et qu'on allait exposer à une perte certaine une foule d'imprudents qui, séduits par de trompeuses promesses et par l'appât d'un gain facile, ne manqueraient pas d'échanger les produits certains de leur travail contre les chances de richesses imaginaires. Mais ces sages avis ne furent pas écoutes ; la chambre comme le ministère était séduite et aveuglée, et les propositions de la Compagnie furent adoptées à une immense majorité (avril 1720). Pour qu'elle pût trouver les sept millions et demi qu'elle s'engageait à payer au gouvernement, elle fut autorisée à ouvrir des souscriptions et à accroître son capital par toutes les voies qu'elle jugerait convenables. C'était là tout le secret de l'opération. En effet, pendant ces discussions, les actions de la Compagnie, qui étaient originairement de 100 livres sterling, avaient considérablement monté ; en peu de temps et grâce au bruit que les directeurs firent répandre de la prochaine cession par l'Espagne d'une partie du Pérou en échange de Gibraltar et de Minorque, échange qui allait donner aux opérations commerciales de la Compagnie une étendue illimitée, elles avaient triplé de valeur. Une souscription d'un million sterling fut alors ouverte au taux de 300 livres pour chaque action au capital nominal de 100 livres. En moins de deux jours elle fut entièrement couverte ; une seconde souscription, au taux de 400 livres par action de 100 livres, fut remplie avec le même engouement ; les directeurs continuèrent à manœuvrer avec tant d'habileté, qu'un mois après, une troisième souscription de 4 millions sterling, au taux énorme de 1,000 livres par chaque action de 100, fut non-seulement entièrement couverte, mais que ces actions de 1,000 livres furent revendues le double au bout de quelques jours. Un mouvement prodigieux dans les fortunes devait être le résultat d'une hausse aussi incroyable et aussi rapide. Alors on vit se reproduire en Angleterre toutes les scènes que le fameux système de Law avait fait naître en France quelques mois auparavant. *Exchange-Alley* (l'allée de la Bourse) devint à Londres ce que la rue Quincampoix avait été à Paris. Un incroyable esprit de cupidité et d'ambition s'empara de la nation tout entière ; une seule idée : faire fortune, préoccupait toutes les têtes. Hommes ou femmes, riches ou pauvres, jeunes ou vieux, nobles ou roturiers, torys, whigs ou jacobites, lords, députés, prêtres, fonctionnaires, négociants, jurisconsultes, industriels, agriculteurs, citadins et campagnards, encombraient journellement les avenues de la Bourse ; toutes les professions étaient délaissées pour l'agiotage le plus scandaleux. La spéculation ne se borna pas aux actions de la mer du Sud ; chaque jour voyait éclore quelque nouvelle compagnie de commerce, quelque association qui, à l'instar de la Compagnie du Sud, promettaient à leurs souscripteurs des bénéfices certains et illimités. Un grand nombre de ces compagnies s'étaient formées sous le patronage des plus grands seigneurs de l'Angleterre ; le prince de Galles lui-même s'était mis à la tête d'une association qui avait pour objet l'exploitation des mines de cuivre du pays de Galles, et il y réalisa un bénéfice de 40,000 livres sterling [1]. La Compagnie du Sud fut effrayée de la multiplicité de ces entreprises qui, n'ayant pour la plupart aucune base solide, devaient s'écrouler avant peu, et par leur chute ébranler la confiance publique et son propre crédit. Elle obtint de la chambre des communes plusieurs bills qui prohibaient la formation de ces sociétés ; mais il était trop tard, le coup était porté. La crainte fit bientôt place à la confiance, et dès que les actions de la Compagnie commencèrent à fléchir, rien ne fut plus capable d'arrêter leur chute. A 2,000 livres à la fin de juin, elles étaient tombées à 135 au commencement de novembre ; la ruine et la misère étaient dans un nombre immense de familles, l'effroi dans toute la nation. On se rappela alors les sages paroles de Robert Walpole, et ce fut vers lui que se tournèrent tous les yeux, comme vers le seul homme qui pût tirer le pays de l'abîme où il était plongé.

A la suite d'une réconciliation entre le roi et le prince de Galles ménagée par ses soins, Walpole était rentré au ministère en qualité de trésorier de l'armée. Il entreprit avec dévouement la tâche pénible que le vœu de la nation lui imposait. Il fallait relever le crédit public, sauver la Compagnie du Sud, dont la ruine eût porté un coup funeste aux finances du royaume, et indemniser une partie des victimes de ses manœuvres. Pour cela il fit remettre à la Compagnie 5,000,000 de livres sterling sur les sept et demi qu'elle devait verser au trésor ; les biens confisqués des directeurs et les bénéfices antérieurs de la société lui procurèrent 7,000,000, avec lesquels il indemnisa ceux qui avaient le plus souffert ; enfin, pour relever les actions dont personne ne voulait plus, il en fit accepter pour 18,000,000 par la Banque et par la Compagnie des Indes-Orientales.

Grâce à cet habile arrangement, le crédit public ne tarda pas à se rétablir ; mais il fallait que justice fût faite des auteurs de cette effroyable spéculation. Un comité secret de la chambre des communes fut nommé pour faire une enquête sur tous ces funestes événements. Il fut prouvé que le comte de Sunderland, M. Aislabie, M. Craggs, parmi les ministres ; les deux maîtresses du roi, mademoiselle Schu-

---

1. On ne saurait calculer le nombre de projets qui furent alors mis en circulation. Les noms de quelques-uns d'entre eux, qui trouvèrent de nombreux souscripteurs, montreront à quel degré en étaient arrivées la cupidité et la crédulité publiques :

Société pour construire et reconstruire des maisons dans toute
     l'Angleterre, au capital de. . . . . .3,000,000 liv. st. (75,000,000 fr.)
—   pour une roue donnant un mouvement perpétuel. . . 1,000,000
—   pour assurer les maîtres contre les vols de leurs domes-
     tiques. 3,000,000
—   pour garantir contre les voleurs. . . . .   «

Une de ces sociétés avait pour objet de monter une entreprise dont l'on ne pouvait faire connaître le secret avant deux mois, mais qui devait produire les plus grands avantages : tous les ans 100 livres de dividende pour chaque action de 100 livres. Le jour où cette séduisante spéculation fut annoncée, le directeur reçut pour 2,000 livres de souscription, avec lesquelles il décampa le soir même.

lemberg, duchesse de Kendal, et la comtesse de Platen, ainsi qu'un grand nombre de fonctionnaires haut placés, avaient reçu de la Compagnie des sommes énormes, sans parler des bénéfices que leur position leur avait permis de faire. Aislabie fut chassé de la chambre des communes, enfermé à la Tour; on confisqua ses biens. M. Craggs mourut de la petite vérole, au moment où son procès allait commencer; le comte de Sunderland dut à la réputation de désintéressement qu'il avait eue jusqu'alors, et surtout à ses nombreux amis politiques dans le parlement, d'être déchargé de l'accusation de concussion qui pesait sur lui. On n'osa suivre contre les maîtresses du roi, malgré la haine générale qui les entourait; mais quatre des directeurs de la Compagnie, membres des communes, et plusieurs députés compromis dans ses opérations, furent chassés de la chambre, dépouillés de leurs biens, et déclarés incapables de remplir à l'avenir aucune fonction.

Malgré son acquittement, Sunderland était devenu tellement impopulaire qu'il dut résigner la place de lord trésorier, premier ministre. Il fut remplacé par Walpole, qui obtint enfin le poste qu'il ambitionnait depuis si longtemps, et que ses hauts talents lui méritaient. Le comte de Stanhope, secrétaire d'état pour les affaires étrangères, était mort récemment à la suite d'une discussion violente qui avait eu lieu à la chambre des pairs : lord Townshend lui succéda. Lord Cowper, M. Pulteney et M. Methuen étaient rentrés au ministère en même temps que Walpole.

L'immense popularité qu'avaient value à ce ministre ses mesures habiles dans l'affaire de la Compagnie du Sud, son union intime avec Townshend et les principaux membres du ministère, la réconciliation des deux fractions du parti whig, suite de l'arrivée au pouvoir des chefs de la fraction mécontente, donnèrent à la nouvelle administration une telle force, que jusqu'à la fin du règne de Georges Ier l'opposition parut presque complétement annulée. Walpole put alors revenir aux sentiments de tolérance civile et religieuse qui formaient la base de la doctrine politique des whigs, et dont ils ne s'écartaient que lorsque leur pouvoir et leurs intérêts étaient menacés. Un bill, présenté par le parti de la haute église, et motivé en apparence par les progrès qu'avaient faits, pendant et depuis les affaires de la Compagnie du Sud, l'immoralité, la luxure et l'irréligion, mais destiné en réalité à restreindre la liberté précédemment accordé aux non-conformistes, fut combattu par le ministère et rejeté; et, malgré l'opposition acharnée des évêques et des anglicans fanatiques, les quakers furent relevés de l'incapacité à remplir les fonctions civiles et même à exercer leurs droits de citoyens, que faisait peser sur eux la formule du test. Ils furent dispensés, en prêtant serment, de prononcer les mots « en présence du Dieu tout-puissant, » énonciation à laquelle s'opposaient leur doctrine et leur conscience. L'esprit de tolérance déployé par le ministère s'étendit de la religion à la politique. Bolingbroke, qui depuis le commencement de ce règne vivait en exil sur le continent, obtint, surtout grâce à l'intercession de Walpole, de rentrer en Angleterre et d'être remis en possession de ses biens. Mais, contre son espoir, son siége à la chambre des pairs ne lui fut pas rendu. C'était une mesure que l'ancien chef des torys ne pouvait attendre que du triomphe de son parti. Aussi, dès son arrivée en Angleterre Bolingbroke se voua-t-il à la tâche honteuse de renverser les hommes auxquels il devait la restitution de ses biens et son retour dans sa patrie. Le concours d'un homme doué de talents aussi éminents était pour l'opposition une acquisition précieuse, mais l'influence de Walpole sur le roi [1], les chambres et la nation, était trop solidement établie pour que de longtemps encore il fût possible de l'ébranler.

Sir Robert Walpole,
d'après l'original de Jarvis.

Walpole, à son avénement au pouvoir, avait trouvé les affaires dans un état de complication, que le congrès assemblé à Cambrai pour la solution de toutes

1. A l'occasion d'un complot jacobite découvert et réprimé par Walpole, Georges lui donna une marque éclatante de son affection et de sa reconnaissance. Jusqu'alors les ministres dirigeants avaie nt été pris dans la chambre des pairs, le roi voulut en conséquence porter Walpole à la pairie ; mais , pour plusieurs motifs, celui-ci refusa cet honneur. La chambre des communes était l'arène où il pouvait le mieux déployer ses grands talents financiers ; c'était là d'ailleurs que s'exerçait le plus puissamment son influence personnelle, enfin il considérait comme plus conforme à l'esprit de la

les questions qui divisaient les principales puissances européennes, n'avait pu jusqu'alors réussir à faire cesser. Après la chute d'Albéroni et l'accession de Philippe V au traité de la quadruple alliance, les différends qui depuis si longtemps existaient entre les cours de France et de Madrid s'étaient enfin apaisés ; comme gage de réconciliation, la fille de Philippe V, alors âgée de trois ans, avait été fiancée au jeune roi Louis XV, âgé de treize ans ; et l'aîné des infants avait épousé une fille du régent. Ce rapprochement, qui promettait de se changer bientôt en alliance intime, effrayait avec raison l'Angleterre ; grâce à son union avec la France, l'Espagne allait pouvoir recréer sa marine, relever son commerce, reprendre enfin parmi les états maritimes le rang auquel l'appellait sa position, et réclamer avec plus de force que jamais la restitution de Minorque et de Gibraltar, qui lui avait été secrètement promise par le roi Georges, pour prix de son accession à la quadruple alliance.

D'un autre côté, la Suède et la Russie étaient sur le point de conclure un traité, dont l'effet devait être la restitution au duc de Holstein du duché de Sleswick, que Georges avait garanti au Danemark, et à la Suède des duchés de Brème et de Verden. Contre ces deux puissances, le roi aurait pu s'assurer l'appui de l'empereur, mais c'eût été à des conditions trop désavantageuses à l'Angleterre pour que le parlement voulût jamais y accéder. En échange de son alliance et de l'investiture des duchés de Brème et de Verden, Charles VI exigeait le paiement d'un million sterling et la reconnaissance de la Compagnie d'Ostende, grande association commerciale qu'il avait fondée dans cette ville pour faire le commerce de l'Inde, et qui devenait pour la Compagnie anglaise des Indes-Orientales une rivale redoutable contre laquelle le parlement avait énergiquement protesté.

La majorité de Louis XV, la mort de Dubois et celle du régent (août et décembre 1723), ces deux hommes si dévoués à l'Angleterre, vinrent compliquer encore ces difficultés qui semblaient inextricables. D'heureux hasards, l'incapacité du duc de Bourbon, premier ministre de Louis, l'habileté de Walpole et de Townshend, tirèrent l'Angleterre de ce mauvais pas. Le duc de Bourbon, dont la maîtresse (la marquise de Prie) était pensionnée par l'Angleterre, fut aisément amené à persévérer dans l'alliance britannique ; le désir de consolider son pouvoir auprès du jeune roi de France lui fit faire une faute plus grave encore. Afin que Louis lui fût redevable du choix de son épouse, il rompit le mariage convenu entre ce prince et l'infante d'Espagne, sous prétexte de l'extrême jeunesse de la princesse et du besoin immédiat que le trône avait d'héritiers. La petite infante, qui depuis plusieurs années était en France, fut brusquement renvoyée en Espagne, et le duc de Bourbon donna au roi une épouse qui n'apportait à la France aucun

constitution britannique que le chef de l'administration appartînt à la chambre des communes, doctrine qui, depuis cette époque, a fréquemment été mise en pratique. Walpole, en refusant la dignité de pair pour lui-même, l'accepta pour son fils, qui fut créé baron Walpole de Norfolk. Les lettres-patentes qui lui conférèrent la pairie portent que : « Par ses nombreux services envers le roi et sa patrie, sir Robert Walpole avait été jugé digne d'être élevé au rang de pair du royaume ; mais que puisqu'il aimait mieux mériter les plus hauts titres que de les porter, l'honneur dû au père serait conféré au fils, etc.» Quelque temps après Walpole fut créé chevalier de la Jarretière ; c'était la première fois qu'en dérogation aux statuts, un *commoner* était admis à faire partie de cet ordre.

avantage présent ni futur, la fille de Stanislas Leczinski, roi sans états. Philippe ressentit vivement l'affront qui lui était fait; et déclarant que rien ne pourrait désormais le rapprocher de la France, il rappela aussitôt ses ambassadeurs au congrès de Cambrai. L'empereur venait aussi de rappeler les siens. Ce prince, se voyant sans enfants mâles, avait fait en 1718, sous le nom de *pragmatique-sanction*, un règlement par lequel il appelait à sa succession ses filles, par ordre de primogéniture. Il demanda au congrès que cette pragmatique fût garantie par les états qui avaient des plénipotentiaires à Cambrai; et ne pouvant vaincre les refus de la Hollande et de l'Angleterre, qui mettaient pour condition à cette garantie la suppression de la Compagnie d'Ostende, il se retira du congrès, qui par le fait se trouva dissous. Le mécontentement de l'empereur et du roi d'Espagne amena entre eux un rapprochement qui fut bientôt suivi d'un traité (traité de Vienne, 30 avril 1725) par lequel les souverains confirmèrent, en ce qui les regardait, les articles du traité de la quadruple alliance; Philippe reconnaissait en outre la pragmatique-sanction, et la validité de la charte de la Compagnie d'Ostende. On crut généralement alors à l'existence d'articles secrets relatifs au mariage d'un infant avec une archiduchesse, à la reprise par l'Espagne de Minorque et de Gibraltar, et à la restauration du Prétendant sur le trône d'Angleterre. Georges, qui était à cette époque dans son électorat, profita habilement de l'inquiétude que ce traité donnait à la cour de Versailles, pour resserrer les liens mutuels qui attachaient l'Angleterre et la France, et conclure avec cette puissance et la Prusse, à Hanovre, une contre-alliance dans laquelle entrèrent la Hollande, le Danemark, et plus tard la Suède elle-même.

Toutes ces négociations et ces alliances reçurent des deux chambres une approbation presque unanime. Des subsides ainsi qu'une augmentation considérable dans les troupes de terre et de mer, furent votés avec enthousiasme, et lorsque le comte de Palm, ministre de l'empereur, pour répondre au discours prononcé par Georges à l'ouverture de la session de 1727, publia et répandit dans tout le royaume un mémoire où il niait de la manière la plus solennelle l'existence d'articles secrets dans le traité de Vienne, en appelait du roi à la nation, et demandait réparation pour le tort que des imputations injurieuses avaient fait à son maître, les communes, d'une voix unanime, adoptèrent une adresse, dans laquelle elles témoignaient toute l'indignation que leur avait fait éprouver le mémoire insultant pour Sa Majesté, publié par le ministre de l'empereur, et assuraient le roi de leur dévouement et de leur concours. Le comte de Palm reçut l'ordre de quitter le royaume. La guerre parut dès lors inévitable. L'empereur, qui avait réussi à détacher la Prusse du traité de Hanovre et avait fait alliance avec Catherine de Russie, veuve de Pierre-le-Grand, était prêt à entrer en Hollande à la tête d'une armée de trente mille hommes; déjà quelques légers engagements avaient eu lieu dans les Indes-Occidentales, où les Anglais bloquaient dans leurs ports les galions espagnols; Philippe commença formellement les hostilités en faisant investir Gibraltar. Mais aucune des puissances n'avait un intérêt réel à la guerre. Walpole, partisan déclaré de la paix, qui seule pouvait permettre au commerce anglais de prendre tout son développement, trouva les mêmes idées dans le cardinal de Fleury, qui avait remplacé le duc de Bourbon, disgracié ; la mort de l'impératrice Catherine, qui privait l'empereur d'un puissant allié, seconda leurs communs efforts, et les préliminaires d'une paix générale ne tardèrent pas à être signés à Vienne. Les traités qui, antérieurement à l'année 1725, unissaient les diverses puissances furent provisoirement rétablis : l'empereur consentit à la suspension de la charte de la Compagnie d'Ostende pendant sept années ; le siége de Gibraltar et le blocus des ports d'Amérique furent levés ; les prises faites par l'Angleterre et l'Espagne réciproquement restituées ; enfin un congrès dut s'assembler à Soissons pour terminer d'une manière définitive tous les différends.

Après avoir donné connaissance au parlement de ces arrangements pacifiques, Georges prononça la clôture de la session (15 mai 1727), et partit, comme il le faisait tous les ans, pour ses états de Hanovre. En route, il fut subitement saisi d'une attaque de paralysie, à la suite de laquelle il expira en arrivant à Osnaburg (10 juin). Il était âgé de soixante-huit ans.

Costumes du temps de Georges Ier.

GEORGES II.

(1727 — 1760.)

Le [1] fils de Georges Ier avait quarante ans lorsqu'il monta sur le trône sous le nom de Georges II. Malgré son ignorance à peu près complète de la langue et de la constitution anglaise, malgré le flegme et l'étroitesse minutieuse de son caractère, son irascibilité rancunière, sa cupide avarice, son peu de goût et d'amour pour la littérature, les sciences et les arts, l'avénement de ce prince fut vu avec faveur par la nation. Un de ces mots heureux, que les courtisans prêtent de tout temps aux princes, ou qu'ils prennent soin d'embellir et de répandre, avait commencé sa popularité. Lorsque l'on vint annoncer à son père qu'il était appelé par le peuple anglais au trône de la Grande-Bretagne, il s'était, dit-on, écrié : « Quant à moi, « je n'ai pas une goutte de sang dans les veines qui ne soit anglais, et à la dis- « position de l'Angleterre. » Cette exclamation, appuyée de plusieurs autres mots

---

1. Sceau de Georges II. Légende : GEORGIVS. II. DEI. GRATIA. MAGNÆ. BRITANNIÆ. FRAN-CIÆ. ET. HIBERNIÆ. REX. FIDEI. DEFENSOR. *Georges II, par la grâce de Dieu, roi de la Grande-Bretagne, de France et d'Irlande, défenseur de la foi.* Le roi, la couronne en tête, assis sur son trône, au-dessus duquel est un écusson aux armes d'Angleterre. A sa droite, et sous son trône, un personnage représentant la Discorde enchaînée et tenue par Hercule personnifiant la Force ; derrière l'Abondance et la Sagesse. A la gauche du roi, debout, la Grande-Bretagne armée d'une lance, et portant au bras gauche un écu miparti d'Angleterre et d'Écosse ; derrière, la Paix tenant des palmes à la main.

du même genre, fut accueillie en Angleterre avec d'autant plus d'enthousiasme qu'elle contrastait avec la froideur manifestée par Georges Ier pour ses nouveaux sujets. Les mauvais procédés dont le prince avait eu à souffrir pendant le règne de son père, avaient augmenté encore et rendu durable cette popularité naissante.

Georges II.

On pensait généralement que l'avénement du nouveau roi amènerait un changement de cabinet. Pulteney, qui regardant comme au-dessous de ses talents l'emploi secondaire qu'il occupait dans le ministère Walpole, était rentré dans l'opposition ; Bolingbroke et le parti tory que soutenait mistriss Howard, maîtresse de Georges II, avaient depuis longtemps travaillé dans ce but, et n'avaient rien négligé pour lui présenter les conseillers de son père, et les whigs en général, comme ses ennemis personnels. L'affection déclarée du roi pour quelques membres de la faction tory rendait ce parti certain de la victoire ; mais les whigs avaient un puissant soutien dans la reine Caroline [1]. Cette princesse avait gardé le souvenir des respectueux égards que Walpole lui avait toujours témoignés, même au plus fort de sa rupture avec le feu roi. Elle représenta à son époux le danger qu'il y aurait dans la formation d'un cabinet tory et dans le rappel au pouvoir d'un homme (Bolingbroke) compromis par ses intrigues avec le Prétendant, et lui fit comprendre que dans l'état de complication où étaient encore les affaires extérieures, il y avait nécessité de conserver une administration familiarisée avec elles, et depuis si longtemps habituée à les diriger avec succès. Ces observations l'emportèrent sur les penchants du roi, et, sauf quelques modifications sans importance, les ministres furent confirmés dans leurs emplois.

Les chambres s'assemblèrent le 27 juin. Dans son discours d'ouverture, le roi déclara qu'il avait la ferme intention de maintenir intacte la constitution de l'église et celle de l'état, et de persévérer dans les alliances que son père avait contractées avec les puissances étrangères. Aussitôt après le vote d'une liste civile de 830,000 livres sterling (20,750,000 fr.) pour toute la durée du règne, le parlement fut dissous, suivant l'usage, et convoqué pour le mois de janvier de l'année 1728.

Les élections ne changèrent rien aux forces respectives des partis, et la nouvelle chambre des communes fut tout autant que la précédente dévouée au ministère. Le roi, à l'ouverture de la session, annonça la prochaine réunion du congrès de Soissons; il ajouta néanmoins que la lenteur de l'Espagne à exécuter les préliminaires signés l'année précédente, le mettait dans la nécessité de continuer les préparatifs de guerre. Dans leur réponse, les deux chambres enchérirent l'une sur l'autre dans l'expression de leur dévouement à Sa Majesté; mais lorsque le ministère vint demander aux communes le vote d'une somme de 230,923 livres destinés à conserver douze mille Hessois à la solde de l'Angleterre, l'opposition, peu nombreuse, il est vrai, mais représentée par des hommes d'un talent éminent, William Wyndham, Pulteney, Shippen, combattit de toute sa force l'emploi de ces mercenaires. L'économie positive qui résultait de l'adoption de ces troupes, de préférence aux soldats anglais, l'emporta sur les arguments des opposants, et deux cent quatre-vingt voix contre quatre-vingt-quatre donnèrent victoire au ministère.

La mention dans le budget des dépenses d'une somme de 250,000 livres, sans autres détails que ces mots : « Employée pour le service public, afin de conserver et rétablir la paix en Europe, » fut pour l'opposition un nouveau sujet de récriminations. Déjà l'on avait reproché à Walpole, et non sans raison, d'avoir recours à la corruption pour s'assurer un grand nombre de voix au parlement; cependant jusqu'alors les choses s'étaient faites avec mystère, et jamais le budget n'avait contenu la mention d'une somme que l'on eût pu supposer destinée à cet usage. Il semblait que maintenant le ministre jetât le masque. Aussi M. Pulteney protesta-

---

1. Caroline Wilhelmine, fille du margrave d'Anspach, avait épousé Georges, alors prince de Galles, en 1705. Sans paraître avoir aucune influence sur son époux, elle le gouvernait complétement, « grâce, dit Coxe, l'auteur de la *Vie de Walpole*, à une douceur, une prudence et une habileté telles, que ce prince, si jaloux de son autorité, n'eut jamais le moindre soupçon de l'empire que la reine exerçait sur lui. »

t-il avec énergie contre une manière de rendre compte de l'emploi des deniers publics, qui, si elle était admise, aurait été une espèce d'autorisation accordée au ministère de continuer ses manœuvres corruptrices, et il décida la chambre à voter au roi une adresse, dans laquelle Sa Majesté était suppliée de fournir un état détaillé de l'emploi de la somme qui faisait l'objet du débat. Georges refusa nettement de satisfaire à la demande des communes en déclarant qu'un compte public et détaillé de toutes les dépenses ne pouvait être donné sans préjudice pour l'état. Walpole exposa ensuite que les négociations extérieures avaient absorbé la plus grande partie de ces fonds, et qu'il serait impossible de gouverner si la manière dont chaque shelling avait été employé devait être sue du monde entier. Trop de membres de la chambre étaient intéressés à ce que les choses restassent dans le vague et le mystère, pour que ces raisons n'eussent pas un plein succès; et la majorité donna à Walpole un bill d'indemnité en votant à la fin de la session un crédit que le ministère avait pouvoir d'employer sans en rendre compte.

Le congrès de Soissons s'était réuni, et l'un de ses premiers effets avait été le complet rétablissement de la paix entre la France et l'Espagne. Les stipulations arrêtées entre les plénipotentiaires de ces deux puissances portaient, que don Carlos, fils de Philippe V, hériterait des duchés de Parme et de Plaisance à la mort du dernier prince de la maison de Farnèse, et que six mille Espagnols seraient envoyés dans le duché. L'empereur, irrité de cette dérogation au traité de la quadruple alliance, qui avait stipulé que les duchés seraient occupés par six mille hommes de troupes neutres, rompit aussitôt son alliance avec l'Espagne. Rien ne pouvait être plus agréable à l'Angleterre. Charles VI se refusait à donner à Georges II l'investiture des duchés de Brême et de Verden, et la mésintelligence que ce refus entretenait entre les deux souverains s'était encore accrue par suite d'un nouveau désaccord au sujet des affaires du Hanovre. Par sa rupture avec l'Espagne, et l'alliance de cette puissance avec la France, l'Autriche allait se trouver isolée. Pour compléter cet isolement, Walpole résolut de renouer définitivement avec l'Espagne; et, par l'intermédiaire du cardinal de Fleury, premier ministre de Louis XV, il parvint à conclure avec cette puissance un traité définitif, qui rétablit la paix entre les cours de Londres et de Madrid (novembre 1729). Par cette convention, qui fut signée à Séville, les anciens traités étaient confirmés; chaque puissance s'engageait à restituer les prises par elle faites; la cour de Madrid indemnisait les négociants anglais des pertes qu'ils avaient éprouvées. Un des articles stipulait qu'en cas d'opposition de l'empereur à l'occupation par six mille Espagnols des duchés de Parme et de Plaisance, dont la possession était garantie à l'infant don Carlos, la Grande-Bretagne joindrait ses forces à celles de l'Espagne et de la France, pour l'obliger à se soumettre.

Le traité de Séville souleva un violent orage dans les communes. Jusqu'alors l'opposition avait été faible et désunie, sans consistance et sans système; les torys, quoique assez nombreux et quoique dirigés par un homme de talent, sir William Wyndham, se sentaient de moins en moins soutenus par l'opinion de la nation, et leur résistance au ministère faiblissait faute d'écho au dehors. Les whigs dissidents étaient moins nombreux, mais compensaient cette infériorité numérique par la force morale qui manquait aux torys. Les noms de leurs chefs, lord Carteret, dans la chambre des lords, William Pulteney aux communes, signalés par de nombreux services rendus à la liberté et à la dynastie nouvelle, devaient d'ailleurs rallier tous les mécontents qui eussent craint de s'unir aux torys, champions exclusifs de la prérogative royale; mais la puissance numérique des uns et la force morale des autres étaient des avantages que le défaut d'entente avait rendus inutiles, jusqu'à ce que la vieille habileté de Bolingbroke et sa haine contre Walpole fût enfin parvenue à effectuer une alliance durable entre les deux partis. Dès ce moment l'opposition, formant un seul corps bien discipliné, bien compacte, procédant dans ses attaques contre l'administration avec système, ensemble et régularité, devint réellement redoutable. Le traité de Séville lui fournit un motif d'attaque très-plausible, qu'elle ne laissa pas échapper; car, quoique évidemment avantageux au commerce de l'Angleterre, il exposait le pays à l'éventualité d'une guerre avec l'Autriche. Ce fut là le texte de l'opposition. S'appuyant en outre sur le silence gardé par le traité au sujet de Minorque et de Gibraltar, elle accusa le ministère de vouloir abandonner ces deux places; ses arguments acquéraient une nouvelle force de l'indignation de l'empereur, qui remplissait alors l'Europe de ses récriminations contre la perfidie de l'Angleterre, défendait à tous les Anglais de commercer dans ses états, et faisait de grands préparatifs militaires. Néanmoins, plusieurs motions dans lesquelles on proposait de frapper d'un blâme la conduite du ministère furent rejetées dans la chambre des communes comme dans celle des lords.

Battue sur ce point, mais trop puissante pour se laisser abattre par un échec, l'opposition renouvela ses attaques au sujet d'un bill présenté par Walpole, à l'effet d'empêcher les puissances étrangères de contracter des emprunts en Angleterre sans en avoir préalablement obtenu l'autorisation de Sa Majesté. Une tentative de l'empereur pour emprunter 400,000 livres à Londres était l'occasion de ce bill; il fut adopté malgré les efforts de l'opposition, qui ne fut pas plus heureuse lorsqu'elle voulut faire rejeter le crédit demandé par le ministère pour continuer à entretenir des troupes allemandes à la solde de l'Angleterre. Cependant une minorité de cent soixante-neuf voix montra combien les adversaires des ministres avaient gagné en union et en puissance. Le 15 mai 1730, le roi prononça la clôture de la session. Dans un discours violent, principalement dirigé contre les écrivains politiques de l'opposition, et notamment contre Pulteney et Bolingbroke, propriétaires du recueil périodique intitulé le *Craftsman* (l'Ouvrier), Georges les appelait « des incendiaires qui, par un ignoble esprit d'envie et de dénigre-
« ment, s'efforçaient continuellement, dans de scandaleux libelles, de lui enlever
« l'affection de son peuple, de déshonorer son gouvernement, et de semer la
« défiance dans les deux chambres du parlement. » C'était la première fois que les controverses politiques, droit de tout homme libre, étaient ainsi dénoncées du haut du trône. L'esprit et les termes dans lesquels elles étaient attaquées firent aux whigs autant de tort que le fait lui-même [1].

---

1. Voici la réponse que le *Craftsman* fit à ce discours : « Les rois, dit l'écrivain, qui sont les sources de l'honneur, devraient être semblablement les sources de la vérité, et ne jamais souffrir qu'elle fût souillée par rien de faux et de trompeur. Jamais les exigences de leurs affaires et de leur position ne

Le but principal de Walpole, en renouant avec l'Espagne, avait été d'acquérir par l'alliance de cette puissance une force morale qui lui permît d'agir plus efficacement auprès de l'empereur, afin d'obtenir de lui ce que Georges désirait si ardemment, l'investiture des duchés de Brême et de Verden. Un moyen lui était offert pour arriver à ce résultat. Charles VI, en manifestant son intention positive de s'opposer à l'entrée, stipulée par le traité de Séville, des troupes espagnoles en Toscane, avait en même temps déclaré qu'il était disposé à acquiescer à ce traité si les puissances contractantes voulaient s'engager à reconnaître la *pragmatique-sanction*. D'accord avec la France, l'Angleterre s'était toujours refusée à cette reconnaissance; mais les motifs qui jusqu'alors avaient fait de l'alliance avec la France une chose si importante pour la Grande-Bretagne n'avaient plus en ce moment la même puissance. La solidité de l'établissement de la maison de Hanovre et la soumission graduelle du parti jacobite rendaient plus difficile le succès d'une insurrection intérieure, et diminuaient les dangers qui seraient résultés de la coopération de la France en faveur du Prétendant. L'intérêt de l'Angleterre était donc de s'assurer, par une alliance avec l'empereur, la tranquille possession de ses états d'Allemagne. Elle le tenta même au risque de mécontenter la France, et des négociations furent secrètement entamées. Les instructions données à M. Robinson, ministre d'Angleterre près de la cour de Vienne, portaient : « qu'ayant de justes sujets de craindre que l'intention de la France ne fût, ou de laisser les affaires de l'Europe dans l'état d'incertitude et de suspension où elles étaient actuellement, ou même d'entraîner les puissances dans une guerre générale, et cela dans le but de détruire à son profit l'équilibre européen, le roi Georges avait été conduit à voir avec faveur toute proposition qui aurait pour effet le maintien de la paix générale, fallût-il pour cela s'engager à garantir la pragmatique sanction, engagement qui, quoique non contraire aux traités qui liaient Sa Majesté, serait inévitablement vivement désagréable à la France et à l'Espagne.» En considération de cet acquiescement de l'Angleterre aux désirs de l'Autriche, M. Robinson devait demander l'accession de l'empereur au traité de Séville et son concours dans toutes les mesures qui auraient pour effet la jouissance paisible des possessions du roi en Allemagne.

Ces propositions, bien accueillies par l'empereur, faillirent être rendues irréalisables par les prétentions exagérées de Georges en faveur du Hanovre. Enfin, après d'interminables négociations, les ministres prirent sur eux d'autoriser M. Robinson à signer le traité, en laissant en suspens toutes les affaires relatives au Hanovre sur lesquelles on ne pouvait s'accorder de suite, pour en faire l'objet d'une négo-

---

devraient être telles qu'ils fussent obligés pour s'en tirer d'en imposer au public par des mensonges. Ils devraient laisser ce rôle à leurs ministres, hommes tout disposés à l'accepter, et toujours tenir leur personne à l'abri d'imputations de ce genre.... Une autre chose, complétement indispensable dans les souverains, s'ils veulent rendre leurs personnes populaires et leurs règnes heureux, c'est une tenue noble et un langage courtois. L'épithète « très-gracieux * » a toujours été donnée à nos souverains; ils devraient faire en sorte de la mériter toujours dans la communication publique de leurs sentiments.

Crafstman, volume 5.

* C'est le titre donné aux rois et reines d'Angleterre. « His ou her most gracious Majesty, » Sa très-gracieuse Majesté.

ciation ultérieure. Par ce traité, qui prit le nom de second traité de Vienne pour le distinguer de celui de 1725, l'empereur garantissait la complète suppression de la compagnie d'Ostende et la succession de don Carlos aux duchés de Parme et de Toscane ; sans accéder au traité de Séville, il consentait à l'introduction des troupes espagnoles en Italie. L'Angleterre adhérait à la pragmatique sanction ; mais en stipulant qu'aucun mariage n'aurait lieu entre les archiduchesses d'Autriche et les fils de Sa Majesté catholique (mars 1731). Ces deux articles mécontentèrent vivement la France et l'Espagne ; mais ces circonstances mêmes ne firent qu'accroître la satisfaction que le traité causa à l'Angleterre, et que mettre les torys dans l'impossibilité d'accuser le gouvernement de favoriser l'ascendant de la France en lui sacrifiant l'amitié de l'Autriche. Le traité de Vienne renversa tous les plans de l'opposition, montra la fausseté de ses sinistres prédictions, et obligea les torys, forcés dans leurs positions, de changer tous leurs plans d'attaque. Vaincus sur le terrain de la politique extérieure, il se rejetèrent sur ce que Pulteney appelait « les griefs domestiques. » L'existence d'une armée permanente était un sujet favorable pour les récriminations. Après qu'on eut déployé pour et contre la mesure tous les arguments qui, depuis près de quarante ans, avaient déjà et si souvent été répétés, la question fut encore tranchée en faveur du ministère par une majorité de deux cent quarante-une voix contre cent soixante-onze. La grande affaire de la session (1732) fut le bill introduit par Walpole pour faire revivre l'ancien impôt sur le sel, impôt qui devait lui permettre de diminuer de moitié la taxe de deux shellings par livre qui pesait sur les terres. C'était un essai que Walpole voulait tenter avant de donner suite aux plans de réforme financière dont il s'occupait depuis longtemps. Le débat fut long et animé. « Peut-il être permis, s'écria Pulteney, de songer au rétablissement d'un pareil impôt ! Deux ans à peine se sont écoulés depuis que le roi « nous a exhortés à décharger les pauvres des taxes qui leur étaient le plus onéreuses ; la chambre a jugé que c'était l'impôt sur le sel qu'il fallait supprimer, « comme celui que supporte plus difficilement la classe indigente, et qui gêne le plus « le commerce du royaume ; quelle raison peut-on avoir pour changer de sentiment, « pour aggraver la situation du pauvre en soulageant un petit nombre de riches, « plus intéressés que le peuple dans la taxe sur les terres ? » Walpole répondit que l'impôt sur le sel, réparti sur toutes les classes du peuple, devenait, par le grand nombre de consommateurs, si léger, qu'il était à peine sensible ; qu'à l'époque où il existait, jamais personne ne s'en était plaint, tandis que la taxe sur les terres, frappant exclusivement sur les propriétaires, partie minime de la population, était injuste, inégale, et avait déjà eu pour effet de ruiner plusieurs tenanciers. L'adoption de la proposition encouragea Walpole dans la réalisation de son grand projet, l'extension de l'excise.

Les premiers droits d'excise établis en Angleterre l'avaient été par le long parlement durant les guerres civiles de la révolution. Ils portaient sur l'ale, la bière, le cidre, et en général sur les boissons fabriquées dans le pays. Dès leur établissement, ces impôts produisirent de fréquentes et violentes émeutes, et ce fut seulement en promettant leur abolition à la fin de la guerre, qu'on put déterminer le peuple à les supporter. Mais, la paix rétablie, le parlement, au lieu de remplir sa promesse, soumit aux droits d'excise de nouveaux articles, se proposant d'aller encore plus loin à mesure que le peuple s'habituerait à cet impôt. Sous la restauration, l'accroissement du mécontentement général détermina le rappel de toutes les taxes autres que celles établies sur la bière, l'ale et le cidre. Ainsi réduite et produisant un revenu d'environ 660,000 livres sterling, l'excise fut alors divisée en deux parties : l'une, appelée l'excise temporaire, parce que le montant n'en fut accordé au roi Charles II que pour la durée de sa vie; l'autre, nommée excise héréditaire, parce qu'on la céda perpétuellement à la couronne en échange de l'abandon par elle fait des droits de tutelle, de garde-noble et de pourvoyance. Comme la seule garantie que le roi possédât pour l'entière exécution de ce marché était l'honneur du parlement, les communes, afin de prouver leur bonne foi, firent pour la perception des droits d'excise des lois tellement sévères qu'en beaucoup de circonstances elles étaient réellement inquisitoriales et tyranniques, et pouvaient être, à juste titre, considérées comme une violation de la propriété privée et de la liberté individuelle. L'horreur de ces mesures oppressives se réveilla plus forte que jamais lorsque, avant que Walpole eût fait connaître ses plans, avant même qu'il les eût définitivement arrêtés, l'opposition fit courir le bruit que son intention était d'appliquer le droit d'excise à tous les objets de consommation. Une fermentation extraordinaire se manifesta dans toute la nation, et le mot excise devint un signal d'agitation, un motif d'inquiétude, un sujet de terreur, à l'égal du nom du Prétendant.

Tel était l'état des esprits lorsque le parlement se réunit (janvier 1733). Dans son discours, le roi fit vaguement allusion aux projets de Walpole, et plus directement aux clameurs qui s'étaient élevées dans la nation, en avertissant les deux chambres de la nécessité de s'occuper activement de l'expédition des affaires publiques, en ajoutant que rien ne serait plus propre à donner poids et crédit à leurs résolutions que d'éviter des dissensions et des haines déraisonnables, et en les engageant à ne pas se laisser détourner par des raisons fausses et spécieuses des véritables intérêts du pays.

Ces passages furent avidement saisis par l'opposition. Sir John Barnard, membre pour Londres, déclara qu'il ne savait pas ce qu'on entendait par des dissensions et des haines déraisonnables; « et si quelqu'un, ajouta-t-il en se tournant vers Wal- « pole, était assez présomptueux pour essayer d'en imposer à la chambre par des « raisons fausses et spécieuses, il y a ici assez d'hommes probes et intelligents pour « le démasquer. Maintenant, continua-t-il, la nation paraît agitée de grands sujets « de crainte, comme si quelque attentat à nos libertés, quelque chose de préjudi- « ciable à notre commerce, devait être consommé dans cette session. D'où vient « cette terreur? Je n'en sais rien; mais ce qui est certain, c'est qu'elle existe, et « que nous devons saisir la première occasion de rassurer le peuple, et de le con- « vaincre qu'il peut se reposer sur l'honneur et l'intégrité des membres de cette « chambre. »

Walpole répondit que l'administration ne formait aucun projet nuisible au commerce, ni incompatible avec les libertés de la nation ou l'honneur du parlement. « D'ailleurs, ajouta-t-il, avant de se plaindre d'être lésée, il faudrait d'abord que

« la nation eût réellement ressenti quelque dommage. Alors, ce serait le devoir
« de la Chambre d'écouter ses plaintes, et, s'il était possible, d'y faire droit; mais
« souvent on apprend au peuple à se plaindre, et, par des pratiques déloyales, on
« lui fait croire à des maux imaginaires, avant qu'il ait réellement ressenti le
« moindre tort. » L'adresse fut votée sans opposition.

Ce fut le 15 du mois de mars que Walpole fit connaître aux chambres son projet
de modification de l'excise. Le temps qui s'écoula jusqu'à ce moment fut activement employé des deux côtés : par le ministère, à mettre la dernière main à son
œuvre; par l'opposition, à enflammer jusqu'à la frénésie l'irritation populaire. Les
écrivains et les orateurs torys, sonnant la trompette d'alarme d'un bout du royaume
à l'autre, affirmaient que le projet du ministre avait pour but de renverser la
constitution, d'annihiler le parlement, de rendre au roi le pouvoir absolu, et de
soumettre à une inquisition permanente la personne et les biens de tous les
citoyens. Des *meetings* furent tenus dans la plupart des grandes villes, et beaucoup
de bourgs et de cités, y compris celle de Londres, si souvent en arrière du mouvement du siècle, ordonnèrent expressément à leurs représentants de s'opposer,
par tous les moyens possibles, à l'adoption d'une mesure qu'on ne connaissait pas
encore. Des rassemblements tumultueux furent organisés dans les rues de la capitale, et, le 15 de mars, par les soins des officiers des différents quartiers et
paroisses de la Cité, une multitude de peuple fut envoyée assiéger les portes de la
chambre des communes afin d'influencer par ses cris et ses manifestations le vote
de la législature.

Ce fut au milieu de toute cette agitation, de tous ces obstacles, que Walpole
développa son plan. Au lieu de la mesure générale que l'on attendait, et qui devait
soumettre aux droits d'excise tous les objets de consommation, le ministre demandait seulement la conversion en droits d'excise des droits de douane qui portaient
sur le vin et le tabac. La différence entre les deux droits consistait en ce que les
droits de douane étaient des taxes imposées par le parlement sur les denrées
importées de l'étranger, qui devaient être payées par l'importateur à l'entrée
de ces denrées en Angleterre; les droits d'excise étaient des taxes payables par le
marchand en détail, seulement au fur et à mesure de la consommation. Le but de
Walpole était, si l'expérience qu'il allait faire réussissait, de convertir tous les
droits de douane en droit d'excise ou de consommation; mesure qui, rendant inutiles et impossibles la contrebande et les fraudes qui avaient lieu journellement,
aurait fait recouvrer au trésor des sommes considérables dont il était frustré chaque année. Entrant dans les détails, Walpole divisait toutes les denrées en deux
classes, les marchandises taxées et les non taxées. La première classe comprenait
un petit nombre d'articles de consommation générale; la seconde, les choses les
plus nécessaires à la vie et toutes les matières premières exigées par les manufactures. Liberté d'importation pour toutes les nécessités de la vie et les matières premières; tel était le caractère distinctif de ce projet. Les conséquences de cette
mesure avaient pour effet inévitable de réduire partout le prix de la main-d'œuvre,
et de mettre par cela même les manufacturiers anglais en position d'éloigner tous
les concurrents des marchés étrangers, en même temps que de fournir à la consom-

mation intérieure aux prix les plus réduits. Le génie de Walpole avait découvert cette importante vérité, et mis en pratique les théories qui devaient plus tard faire la gloire d'Adam Smith et d'autres écrivains économistes. Mais il avait à lutter contre l'ignorance de son temps, la mauvaise foi d'une opposition systématique, les passions furieuses d'une multitude égarée; il échoua.

Incapable ou insoucieuse de comprendre les avantages de ce plan, l'opposition le combattit surtout par les arguments qu'elle savait devoir faire effet sur le peuple. Si des fraudes étaient commises, dit-elle, c'est que les lois étaient mal exécutées. D'ailleurs, il était constant que ces fraudes n'étaient pas à beaucoup près aussi considérables que le prétendait le ministère. Le projet n'avait qu'un but, celui d'arriver à l'établissement d'une excise générale, qui mettrait aux mains du pouvoir un nouvel essaim d'officiers et d'agents de tout genre, qui rendrait son influence plus grande et plus dangereuse encore.

Cependant, malgré les efforts de l'opposition, et quoique un grand nombre de whigs, partisans du ministère, se fussent joints à elle pour obéir aux prescriptions de leurs commettants, l'admission de la proposition fut mise aux voix à deux heures du matin, et décidée par deux cent soixante-cinq voix contre deux cent cinq. Cette nouvelle exaspéra à tel point la multitude qui entourait la chambre des communes, qu'elle se fût portée contre Walpole à des actes de violence sans la prompte intervention de son fils et de quelques amis.

Le bill fut soumis de nouveau à la chambre et lu une première fois le 4 avril, malgré toutes les motions contraires. Mais l'exaltation de la nation ne faisait que redoubler; la chambre était assiégée de pétitions adressées par les principales villes du royaume; partout des rassemblements tumultueux avaient lieu. Alors Walpole réunit ses collègues et ses adhérents; après leur avoir dit qu'il était toujours convaincu de la sagesse et de l'excellence de son plan, il ajouta que, dans l'état d'irritation où était alors la nation, il serait impossible de le mettre à exécution sans employer la force armée; que la perception des impôts par la force serait, selon lui, la ruine des libertés de l'Angleterre; qu'en conséquence, si leur intention était de continuer à soutenir le bill, il demanderait à l'instant au roi la permission de se retirer. Le projet fut abandonné.

A cette nouvelle, la joie la plus extravagante se répandit parmi le peuple; les cloches sonnèrent, des feux de joie furent allumés dans toutes les rues, et le premier ministre brûlé en effigie. L'opposition se croyait dès lors sûre du renversement du ministère; mais Walpole lui prouva qu'il n'était point vaincu, en demandant fièrement à la chambre un vote de confiance qui fut emporté par une majorité de quatre vingt-cinq voix, et en obtenant du roi le renvoi de six lords qui tenaient des emplois de la couronne, et qui avaient, à l'occasion du projet d'excise, voté avec l'opposition.

Pendant que l'Angleterre était absorbée dans ces débats intérieurs, de nouveaux sujets de discorde avaient pris naissance en Europe. Auguste II, roi de Pologne et électeur de Saxe, était mort au mois de février précédent, et deux candidats au trône de Pologne s'étaient présentés : Auguste, fils du précédent roi, dont les prétentions étaient soutenues par l'Autriche et la Russie; et Stanislas Leczinski, qu'appuyait

Louis XV, son gendre. La diète polonaise s'asssembla pour élire un de ces candidats.
Les intérêts opposés des puissances mettaient Walpole dans un grand embarras.
Il n'était pas moins désireux que l'Autriche et la Russie d'éloigner Stanislas du
trône; mais il voulait en même temps éviter de mécontenter la France en prenant
une part active à l'exclusion de ce prince. Il ordonna donc au résident anglais à
Varsovie d'agir avec la plus grande prudence; de se déclarer en toute occasion
pour la liberté de l'élection, et de n'agir en faveur d'Auguste qu'avec le plus
grand mystère. Malgré ces intrigues et les démonstrations hostiles de la Russie
et de l'Autriche, qui avaient fait avancer sur les frontières de Pologne chacune
un corps d'armée de trente mille hommes, Stanislas fut élu et proclamé roi de
Pologne. Aussitôt les ministres de Russie et d'Autriche protestèrent contre l'élection, et quatre-vingt mille hommes, franchissant la frontière, marchèrent sur
Varsovie. Stanislas, effrayé, s'enfuit à Dantzig où, à peine secouru par les Français, il lui fut impossible de tenir. Il parvint à s'échapper, et se réfugia en France
(juin 1734). La Pologne fut forcée de reconnaître Auguste.

La France, qui avait lésiné sur les secours qu'elle envoyait aux Polonais, fut
indignée du renversement d'un allié qu'elle venait de perdre par sa faute, et résolut
alors de se venger sur l'empereur. Elle s'adjoignit la Sardaigne et l'Espagne qui
regrettait toujours ses possessions d'Italie, et commença les hostilités. Le maréchal
de Berwick passa le Rhin, s'empara du fort de Kehl, occupa la Lorraine, força le
prince Eugène, qui lui était opposé, à se retirer sur le Necker, et assiégea Philipsbourg où il fut tué, mais dont les Français se rendirent maîtres (octobre 1734).

Pendant ce temps, Villars était entré en Italie et avait pris Tortone; mais, accablé par l'âge et les maladies (il était âgé de quatre-vingts ans), il remit le commandement au maréchal de Coigny qui, après deux sanglantes batailles, força les
Impériaux à retraverser le Pô. L'infant don Carlos, débarqué à Naples, battait de
son côté les Autrichiens à Bitonto, et soumettait la Sicile.

Ainsi pressé de toutes parts, l'empereur réclama de Georges les secours stipulés
par le second traité de Vienne. L'Angleterre était engagée dans cette cause, non-
seulement par le traité, mais aussi par la part qu'elle avait prise au renversement
de Stanislas en refusant de reconnaître la validité de son élection. Néanmoins, la
réclamation de l'empereur donna naissance dans le cabinet à une grande diversité
d'opinions. Le roi et lord Harrington, ministre des affaires étrangères depuis que
Townshend, désapprouvant la politique exclusivement pacifique de Walpole, avait
quitté le pouvoir, inclinaient ainsi qu'une partie du ministère, pour que l'on fît
droit aux demandes de l'Autriche. Walpole seul était opposé à cette mesure. L'Angleterre commençait à peine à jouir des bienfaisants effets de la paix extérieure et
de la tranquillité domestique. Une guerre continentale nécessiterait l'établissement
de nouveaux impôts, quand les taxes étaient aussi lourdes que le peuple pouvait
les supporter, et cela à l'approche d'un renouvellement du parlement. Si encore les
intérêts de l'Angleterre avaient été directement engagés dans cette lutte, il y eût eu
possibilité de la faire agréer par la nation; mais plonger le pays dans une guerre
continentale, dans le simple but de donner un roi à la Pologne, c'était vouloir risquer, sans résultat important, de compromettre la popularité du gouvernement.

Pour ne pas cependant contrarier trop ouvertement les désirs du roi, Walpole, sans refuser à l'empereur les secours de l'Angleterre, répondit que Georges, regrettant vivement la rupture qui avait eu lieu, allait faire tous ses efforts pour amener les parties contendantes à un accommodement amiable; que, la querelle s'étant élevée à propos des affaires de Pologne auxquelles il n'avait pris d'autre part que celle d'une médiation pacifique, il ne paraissait pas évident au roi qu'il y fût engagé aucunement; et que, quoique toujours disposé à remplir ses promesses vis-à-vis de l'empereur, il lui fallait, avant de jeter son peuple dans une guerre générale, être bien convaincu qu'il y était obligé par ses engagements; qu'en conséquence, il allait d'abord examiner avec attention les allégations des deux parties, et consulter ses alliés. Cette réponse dilatoire devait donner aux élections le temps de se faire, et laissait Walpole libre, dès qu'il se serait assuré de sa majorité, de prendre le parti qu'il jugerait le plus convenable.

Pendant ces négociations, la session (c'était la dernière de ce parlement) avait commencé (janvier 1734). L'opposition, toujours dirigée au dehors par Bolingbroke, et dans les communes par Windham et Pulteney, était plus puissante que jamais. Après avoir harcelé le ministre sur toutes les questions de politique intérieure et extérieure, elle réunit toutes ses forces pour emporter le rappel de l'acte qui fixait à sept ans, au lieu de trois, la durée des parlements. Lorsque tous les arguments, pour ou contre cette importante motion, eurent été épuisés, Wyndham, qui avait dirigé toute la discussion, (Pulteney n'osant ouvertement combattre un bill que, quelques années auparavant, il avait soutenu de tous ses efforts,) Wyndham reprit la parole, et termina ainsi son discours : « Supposons un homme sans « principes, sans naissance et sans fortune, élevé par le caprice des circonstances « au rang de premier ministre; supposons qu'il ne se soit entouré que de gens qu'il « aura créés, aussi peu jaloux de l'estime qu'indifférents à la honte; supposons que, « mettant de côté le bien de son pays, il n'ait d'autre but que de s'agrandir et « d'agrandir ses favoris; que, dans la conduite des relations extérieures, il accorde « exclusivement sa confiance à des hommes que la nature de leur éducation rend « incapables de servir leur patrie, d'obtenir quelque crédit, et de donner du poids « à leurs négociations; supposons encore que, d'après de pareils éléments d'admi- « nistration, les vrais intérêts de la nation soient négligés ou malentendus, que sa « gloire soit ternie, sa considération entamée, son commerce insulté, ses mar- « chands, ses gens de mer pillés et massacrés, et qu'il ferme les yeux sur tous ces « désastres tant que son ministère n'est point en péril; supposons qu'il possède des « richesses immenses, dépouilles de la nation, et qu'il ait composé son parlement « d'hommes qui vendent leurs voix après avoir acheté leurs places; que, dans un « tel parlement, si l'on veut faire quelques tentatives pour examiner ses actions « ou pour soulager le peuple des maux qu'il lui cause, il soit mis à couvert de toute « atteinte par une majorité corrompue, dont l'argent du trésor public stipendie le « dévouement; qu'il se glorifie de cette supériorité scandaleuse, qu'il affecte une « domination insolente sur les sujets les plus distingués par l'éclat de leurs familles « ou par leur mérite; que, n'ayant aucune vertu, il essaie de ridiculiser les vertus « des autres quand elles lui résistent; supposons (ce qui, j'espère, n'arrivera

« jamais) qu'avec ce ministre et ce parlement, le trône soit occupé par un prince
« sans lumières, faible, capricieux, dévoré d'ambition et rongé d'avarice ; j'espère,
« je le répète, que cela n'arrivera jamais ; mais si cela arrivait, pourrait-il exister
« rien de plus malheureux qu'une nation gouvernée par un pareil prince, unique-
« ment conseillé par un pareil ministre, lequel aurait un tel parlement pour appui ?
« Nous n'avons pas, je le sais, le pouvoir de prévenir l'existence d'un tel roi et
« d'un tel ministre, mais nous pouvons prévenir celle d'un parlement semblable ;
« et comme il serait d'autant plus funeste que la loi lui accorderait une existence
« plus longue, je demande avec instance le rappel du bill septennal. »

Walpole répliqua à cette furieuse invective. Sans s'occuper de Wyndham, il alla
chercher derrière lui le véritable chef de l'opposition, l'artisan de toutes les haines
soulevées contre le ministère, Bolingbroke : « Monsieur l'orateur[1], dit-il, après les
« allusions, les descriptions, les suppositions que vous venez d'entendre, je deman-
« derai la permission de faire une peinture à mon tour. Lorsque ces orateurs par-
« lent de ministres dépourvus de tout sentiment d'honneur et de vertu, d'autres
« pourraient aussi, j'en suis sûr, avec autant et peut-être avec plus de justice,
« parler de ces anti-ministériels, de ces faux patriotes, qui n'ont jamais eu, eux non
« plus, ni vertu ni honneur, et qui, dans tout le cours de leur opposition, ont été
« uniquement poussés par des motifs de haine et de colère contre ceux qui n'ont
« pas satisfait à tous leurs désirs, ou qui ont déjoué leurs intrigues secrètes. Je n'en
« dirai cependant rien, et je me bornerai à supposer, moi aussi, qu'il existe dans ce
« pays, ou dans telle autre malheureuse contrée que vous voudrez, un de ces
« hommes qui se croit pourvu de talents si grands et si étendus, de qualités si émi-
« nentes, qu'il se considère comme la seule personne capable de conduire les affaires
« de la nation, et qu'il baptise en conséquence du nom de « stupide » tous ceux
« qui ont l'honneur d'être préposés à l'administration du royaume ; je suppose cet
« homme accompli assez heureux pour avoir attiré dans son parti quelques per-
« sonnes d'ancienne famille, de grande fortune, douées réellement de grands talents,
« ainsi que d'autres que la malignité de leurs cœurs ou quelque furieux désappoin-
« tement pousse aux moyens désespérés ; je suppose toutes ces personnes dirigées
« dans leur conduite politique par lui et par lui seul, répétant en public, comme
« en particulier, les paroles qu'il a mises dans leur bouche, lançant le venin qu'il
« leur a infusé, et cependant détestant au fond du cœur ce chef, exécration du
« genre humain, qu'ils suivent néanmoins si aveuglément ; je suppose encore cet
« homme dans un pays où il ne devrait pas être, et où il n'est rentré que grâce
« à un excès de bonté et de miséricorde, s'efforçant par tous les moyens, par tous
« les artifices possibles, d'anéantir la source même de cette miséricorde ; je le sup-
« pose dans ce pays, contractant sans cesse des relations et des amitiés avec les
« ambassadeurs des princes ennemis de son souverain ; et lorsqu'il arrive que ces
« étrangers ont besoin de connaître un secret politique de haute importance, je
« suppose qu'ils s'adressent à ce même homme, et que lui leur répondît : « Je vous

---

1. Au parlement anglais, les orateurs, parlant de leur place et sans monter à la tribune, s'adressent non à la chambre, mais au président.

« le saurai ; dites-moi ce que vous désirez qui soit fait, je le ferai faire » ; et là-
« dessus, il met un discours ou deux dans la bouche de ses créatures ou de ses
« nouveaux prosélytes ; ce que désire l'étranger, il en fait faire la motion dans le
« parlement ; puis, lorsqu'une requête si juste est repoussée, lui, ses créatures et
« ses suppôts, répandent l'alarme dans tout le royaume, criant de tous côtés :
« Citoyens, notre pays est enveloppé dans d'inextricables difficultés, dont tous
« nos efforts tendent à le tirer ; mais un ministre corrompu, une majorité gagnée,
« nous en refusent les moyens.... » Je pourrais pousser mes suppositions beaucoup
« plus loin ; mais c'est assez ; dites-moi seulement, en admettant qu'un tel homme
« puisse exister, si son existence n'est pas pour l'humanité le comble de la digrâce
« et du malheur ? » Après cette écrasante réplique aux suppositions de Wyndham,
Walpole entra froidement dans le développement et la discussion des motifs qui,
selon lui, devaient faire rejeter la motion ; elle fut en effet repoussée par deux
cent quarante-sept voix contre cent quatre-vingt-quatre.

Le discours du ministre porta un coup terrible à l'opposition. La plus grande
partie des whigs, qui avaient consenti à devenir les instruments de Bolingbroke,
l'abandonnèrent. Pulteney lui-même, effrayé de son impopularité, lui conseilla de
s'ensevelir dans la retraite. Bolingbroke suivit ce conseil lorsque, par le résultat des
élections générales qui eurent lieu peu de temps après, il vit qu'il n'y avait plus
pour lui de chance de revenir au pouvoir, ni même de rentrer à la chambre des
pairs. « Mon rôle est fini, écrivit-il à Wyndham, et celui qui reste sur le théâtre
« quand son rôle est terminé, mérite d'être sifflé. »

Des efforts extraordinaires furent faits des deux côtés pendant les élections. Tous
les moyens possibles de corruption furent ouvertement mis en œuvre ; Walpole y
dépensa 60,000 livres sterling (1,500,000 francs) de sa fortune personnelle. Le
résultat général fut en faveur du ministère. « En somme, » écrivait le duc de Newcastle, membre du cabinet, à Horace Walpole, « notre parlement est bon ; mais
« pas si bon que la reine et sir Robert se l'imaginent. Il faudra bien du soin,
« de l'attention et de l'habileté, pour le faire marcher droit et tenir le peuple en
« belle humeur. » Le vote de l'adresse constata une majorité de quatre-vingt-une
voix. Aussi, peu de débats importants signalèrent cette session ; le roi en prononça
la clôture le 15 mai 1735, et se rendit aussitôt en Hanôvre, voyage que, comme
Georges Ier, il avait pris l'habitude de faire presque chaque année, malgré le
déplaisir bien connu que ces absences causaient à la nation. La reine fut, comme
d'ordinaire, chargée de la régence.

Pendant ce temps, des négociations actives avec les cours de Vienne, de Madrid
et de Paris, avaient continué. Le grand objet de Walpole était de rompre l'alliance
inquiétante qui unissait les deux dernières, et de décider chacune d'elles à traiter
séparément avec l'empereur, sans cependant fournir lui-même aucun secours à ce
prince alors réduit à de telles extrémités que, convaincu du prochain démembrement de l'empire, il fut sur le point de rappeler ses troupes dans ses possessions
héréditaires, en abandonnant le reste à ses ennemis. Pour arriver à ce but, il fallait
offrir au cardinal de Fleury un avantage qui eût le double effet de lui donner intérêt
à faire la paix, et qui l'obligeât à traiter en arrière de l'Espagne. L'abandon de la

Lorraine à la France réunissait ces conditions; il fut proposé à l'empereur, qui y consentit aussitôt, et la négociation s'ouvrit sur cette base, malgré l'opposition de l'Espagne, dont le ministre Patinho fut tellement irrité de ce qu'il appelait la trahison de Fleury, qu'il proposa au conseil de suspendre à l'instant même tout commerce avec la France. Mais ce ressentiment n'eut pas de suite, et un traité de paix générale fut signé à Vienne sur les bases proposées par l'Angleterre et sous sa médiation (3 octobre 1735). Stanislas abdiqua la couronne de Pologne, et reçut en dédommagement les duchés de Lorraine et de Bar, lesquels devaient, à sa mort, être réunis à la couronne de France. Le duc de Lorraine, François Etienne, fils de Léopold Ier et époux de Marie-Thérèse, fille aînée de Charles VI, fut déclaré héritier du dernier Médicis, grand-duc de Toscane. Les royaumes de Naples et de Sicile, avec les présides de Toscane, furent donnés à don Carlos, qui céda Parme et Plaisance à l'empereur. Le roi de Sardaigne obtint les pays de Tortone et de Novare. Enfin, la pragmatique sanction de Charles VI fut reconnue et garantie par toutes les puissances européennes.

Chose singulière, cette paix, qui avait valu aux deux branches de la maison de Bourbon la Lorraine et les Deux-Siciles, fut accueillie par la nation anglaise avec une vive satisfaction; l'opposition elle-même resta muette. Ce que l'on vit surtout dans ce traité, ce fut que, sans dépense d'hommes ni d'argent, malgré les désirs évidents du roi, partisan déclaré de la guerre, et au milieu de la division du cabinet, Walpole avait maintenu l'Angleterre en paix, rétabli la tranquillité de l'Europe, et affaibli l'alliance qui unissait les cours de France et d'Espagne. Ce fut le plus beau triomphe de sa politique pacifique; le sceptique Bolingbroke en fut lui-même étonné : « Si les ministres anglais, dit-il, sont pour quelque chose dans tout ceci, « ils sont plus habiles que je ne les croyais; s'ils n'y sont pour rien, ils ont plus de « bonheur qu'ils ne le méritent. »

Ces dispositions bienveillantes du parlement contrastaient avec la turbulence des basses classes, qui se soulevèrent plusieurs fois à propos d'une taxe établie sur les liqueurs fortes, dans le but d'en diminuer la consommation; de fréquentes émeutes tenaient les habitants de Londres dans l'alarme, lorsqu'un événement du même genre, mais d'une nature plus grave, eut lieu dans la ville d'Édimbourg. A l'occasion de l'exécution d'un contrebandier nommé Wilson, les soldats qui accompagnaient le condamné avaient été insultés et même attaqués à coups de pierres par la populace. Poussé à bout, Porteous, commandant du détachement, ordonna à sa troupe de faire feu; plusieurs personnes furent tuées ou blessées. Pour avoir tiré sur des citoyens sans en avoir reçu l'ordre des magistrats civils, Porteous fut traduit en jugement et condamné à mort; mais, eu égard aux circonstances de la cause, la reine, régente pendant l'absence de son époux, accorda au condamné un sursis de six semaines, afin que toute l'affaire fût soumise à un nouvel examen. L'annonce du sursis exalta à un tel point la fureur de la population d'Édimbourg, que dans la soirée du jour originairement fixé pour l'exécution, un grand nombre d'habitants de toutes classes se réunirent en silence, forcèrent les portes de la prison, traînèrent Porteous sur la place des exécutions, et le pendirent à la perche d'un teinturier. Cet acte de vengeance fut accompli avec un tel ensemble, une telle rapidité, que la multitude était dispersée avant que la force armée eût eu seulement le temps de se réunir. Cette affaire occupa une grande partie de la session de 1737, et se termina par le vote d'un bill qui ordonna l'emprisonnement du lord-maire d'Édimbourg, le déclara incapable de remplir jamais, dans la Grande-Bretagne, aucun office de magistrature, abolit la garde municipale de la ville, et condamna la corporation d'Édimbourg à une amende de 2,000 livres au profit de la veuve de Porteous. Accueilli avec indignation par toute la population écossaise, ce bill eut pour effet d'assurer la réélection des pairs écossais qui siégeaient avec l'opposition.

Une circonstance venait de rendre tout à coup à celle-ci la force que le traité de Vienne lui avait enlevée. Pulteney avait présenté une motion tendante à ce qu'une requête fût adressée au roi, pour qu'il plût à Sa Majesté de constituer sur sa liste civile, au prince de Galles tout récemment marié, un revenu de 100,000 livres sterling au lieu de 50,000 que le prince recevait, cette somme étant depuis son mariage devenue tout à fait insuffisante. Cette demande fut soutenue avec énergie par un jeune député nommé William Pitt [1], qui débutait alors dans la carrière politique qu'il devait remplir avec tant d'éclat. Mais Georges, oubliant qu'avant de monter sur le trône il avait joui d'un revenu de 100,000 livres sterling prélevées sur la liste civile de son père, laquelle n'était que de 700,000 livres, tandis que la sienne dépassait 800,000 livres sterling, se refusa à la demande de son fils; les ministres, liés par son inflexible volonté, furent obligés de s'opposer à la motion en déclarant que son adoption serait un empiètement sur la prérogative royale. Elle ne fut néanmoins repoussée que par une faible majorité de trente voix. Ce rejet eut pour résultat une rupture complète entre le roi et son fils, qui se joignit aussitôt à l'opposition. On vit alors se renouveler ce qui était arrivé sous le règne précédent : pendant que les ministres se réunissaient à Saint-James, l'opposition, que Bolingbroke dirigeait toujours par l'intermédiaire de Wyndham, tenait conseil à Leicester-House, résidence du prince de Galles.

Ces événements portèrent un coup terrible au crédit des ministres en ralliant à leurs adversaires tous les esprits ambitieux qui tenaient à se ménager le futur souverain, et en couvrant l'opposition de la popularité du prince de Galles, que la nation se prit à chérir dès qu'elle le crut persécuté. Un coup plus funeste encore pour Walpole fut la mort de la reine, sa constante et judicieuse protectrice (20 novembre 1737).

Les premiers embarras sérieux lui vinrent de l'Espagne. Les Anglais n'avaient pas tardé à abuser du droit que les traités d'Utrecht et de Séville leur concédaient, d'envoyer tous les ans en Amérique un vaisseau chargé de marchandises; de là les visites des capitaines espagnols sur les bâtiments anglais, visites accompagnées de

---

1. William Pitt était alors simple cornette dans un régiment de cavalerie. Au renouvellement du parlement, il avait été envoyé à la chambre des communes par le *bourg pourri* d'Old-Sarum, que son grand-père avait acheté à cet effet. Les bourgs-pourris, comme on les appela dans la suite, étaient des localités jadis importantes, mais dépeuplées avec le temps, et qui, quoique n'étant plus souvent composées que de quelques maisons, avaient conservé leurs anciens priviléges et étaient restées en droit d'envoyer toujours le même nombre de députés au parlement.

vexations, de rapines et de saisies. Déjà depuis longtemps l'Angleterre retentissait
des plaintes poussées par les marchands qui faisaient le commerce des Indes-Occidentales; elles prirent à cette époque plus de force que jamais. Des récits fabuleux
sur la cruauté des Espagnols étaient colportés dans tout le royaume [1]; les deux
chambres du parlement étaient inondées de pétitions de tout genre; chaque jour,
à la barre, des marins, des capitaines de vaisseau, venaient raconter les cruautés
dont ils avaient été les victimes. Un sentiment unanime agitait la nation : « la mer
libre ! » tel était le cri poussé de toutes parts. La guerre était le vœu général,
celui du roi, du parlement, de l'Angleterre, presque entière; celui de la majorité
même du cabinet : Walpole seul y était opposé. C'est qu'en effet la guerre, c'était
le renversement de toute sa politique, la destruction de tous les résultats que ses
pacifiques efforts avaient obtenus jusque-là. Sous son habile administration l'Angleterre, tranquille au dedans comme au dehors, était entrée dans la voie d'un
progrès rapide; les vexations des Espagnols n'avaient pas empêché son commerce
de s'étendre au loin, ses manufactures de prospérer, la richesse nationale d'aller
toujours en s'augmentant. La guerre remettait tout en question; car Walpole
prévoyait bien que l'Espagne ne resterait pas seule, et que la France viendrait
bientôt se jeter dans la querelle. Qui pouvait prévoir l'issue d'une lutte avec
deux puissances, dont l'une avait toujours sous la main une arme terrible, le
Prétendant? D'autres raisons moins nobles déterminaient aussi Walpole à résister
à l'entraînement de la nation. Dans l'intérêt de son pouvoir, il redoutait le moment
où l'augmentation forcée des impôts jetterait le mécontentement dans le peuple, qui
tout entier aux misères de la situation présente, oublierait alors que cette guerre
qu'il maudissait c'était lui qui l'avait demandée à grands cris. Il résolut donc de ne
rien épargner pour maintenir la paix. Cependant, comme il était impossible de
ne pas paraître tenir compte du sentiment qui animait la nation tout entière, il ne
s'opposa point au vote d'une adresse au roi, dans laquelle la chambre des communes priait Georges d'employer tous ses efforts pour obtenir le redressement des
griefs dont ses sujets avaient à se plaindre, l'assurant qu'au cas où ses remontrances
auprès de la cour d'Espagne seraient sans effet, il trouverait dans la chambre aide
et appui pour toutes les mesures que l'honneur et la justice lui commanderaient
de prendre. Des négociations furent entamées avec la cour de Madrid. Mais on
ne pouvait pas s'entendre. Le cabinet espagnol consentait à indemniser, et encore
dans de certaines limites, les sujets anglais lésés dans leur commerce; mais il ne
voulait pas qu'on lui parlât seulement de renoncer au droit de visite, et c'était
justement là ce que réclamait la nation anglaise. Après bien des négociations,
tout ce que Walpole put obtenir, ce fut une convention par laquelle Sa Majesté
catholique s'engageait à payer, dans le délai de quatre mois, au roi de la Grande-

---

1. Un capitaine de vaisseau nommé Jenkins racontait que, saisi par un garde-côte espagnol, il
avait été pendu trois fois au grand mât de son navire, une fois avec un des mousses à ses pieds; et il
montrait, enfermée dans une boîte qu'il portait toujours sur lui, une oreille que le capitaine du garde-
côte lui avait coupée, en lui disant d'aller la porter au roi Georges, auquel il en aurait fait autant s'il
s'était trouvé là. Ces absurdes récits trouvaient créance parmi le peuple, et accroissaient chaque
jour son exaspération.

Bretagne, pour indemnités dues aux sujets britanniques, 95,000 livres sterling, somme de laquelle il fallait déduire 68,000 livres réclamées par le cabinet de Madrid comme lui étant dues par la Compagnie de la mer du Sud ; deux ministres plénipotentiaires devaient se rendre à Madrid pour y régler définitivement les prétentions respectives des deux couronnes au sujet du commerce et de la navigation, soit en Europe, soit en Amérique, ainsi que les limites de la Floride et de la Caroline et des autres points en litige ; les conférences devaient être terminées dans le terme de huit mois (janvier 1739)

Lorsque cette convention fut rendue publique, ce ne fut partout qu'un cri de colère et d'indignation. En effet, elle ne remédiait à rien ; l'indemnité accordée était dérisoire, et il n'était pas dit un seul mot dans tout le traité de ce droit de visite contre lequel protestait l'Angleterre. Ce fut principalement sur ce point que portèrent les attaques de l'opposition dans la chambre des communes. Néanmoins, après de longs et énergiques débats, la motion faite par M. Horace Walpole, d'une adresse au roi en remerciement de la convention, fut adoptée par deux cent soixante-deux voix contre deux cent trente-deux. C'était la plus faible majorité que le ministère eût jamais obtenue. L'opposition en redoubla d'ardeur, et résolut de frapper un coup dont elle pensait que l'effet sur la nation serait décisif.

Le lendemain, sir William Wyndham prit la parole : « J'ai vu avec la plus pro-« fonde douleur, dit-il, que la convention, cette honteuse, cette fatale mesure, a « été approuvée par une majorité de vingt-huit voix, et maintenant je me lève « pour m'acquitter envers mon pays, du dernier devoir que j'aurai désormais à « remplir comme membre de cette chambre. J'avais espéré que les arguments « produits dans les débats, arguments que l'on n'a pu réfuter, auraient convaincu « la majorité ; j'avais espéré qu'elle aurait écouté au moins une fois la voix de la « raison, qu'elle aurait tenu à prouver quelle n'était point une faction ameutée « contre les libertés et les biens de ses compatriotes. Je l'avais espéré surtout, en « pensant qu'en quelque endroit que j'aie été depuis qu'il est question de cette « honteuse convention, j'ai entendu toutes les voix s'élever pour l'accuser, pas « une seule pour la défendre. N'est-il pas étrange que, dans ces murs, l'élo-« quence d'un seul homme ait un si puissant effet, et que la voix unanime d'un « peuple souffrant et malheureux en produise si peu ? De deux choses l'une : ou la « majorité de cette chambre est déterminée par des arguments secrets qui n'ont « pas été produits, ou mon manque absolu d'intelligence m'a empêché de com-« prendre ceux qui ont été déployés devant nous. Dans le premier cas, je crois « que je ne puis avec honneur continuer à siéger dans une assemblée déterminée « par des motifs que je n'ai point ici la liberté de qualifier ; dans le dernier, « je dois me considérer comme tout à fait impropre à remplir les fonctions de « représentant de la nation. Je dis donc adieu à cette chambre, et j'en appelle à « une autre assemblée, complétement libre et dégagée de toute influence secrète : « c'est elle qui jugera ma conduite et celle de mes amis. Puisse le Tout-Puissant, « qui a tant de fois interposé sa main miséricordieuse en faveur des droits et des « libertés de cette nation, lui continuer sa protection dans cette périlleuse con-« joncture, lorsque l'insolence de ses ennemis au dehors et l'influence de la cor-

« ruption au dedans la menacent, elle et sa constitution, d'une ruine complète. »

Ce discours, écouté par la minorité dans le plus profond silence, remplit le parti ministériel d'étonnement et de colère. Henry Pelham, membre du cabinet, se leva impétueusement et allait demander l'envoi de Wyndham à la Tour; mais il fut arrêté par Walpole, qui prévit les orages qu'une pareille proposition allait soulever et les désordres qu'elle ferait éclater dans le pays, si elle était adoptée : « Monsieur « l'orateur, dit-il en prenant la parole, la détermination que le préopinant et son « parti ont l'intention de prendre ne me cause nul regret. Les vrais amis de la « nation leur sont, au contraire, obligés de ce qu'ils veulent bien lever le masque « et faire ainsi leur déclaration publique. On peut se défendre contre une rébellion « ouverte; il est difficile de le faire contre des traîtres cachés. La faction dont je « parle ne s'est jamais assise dans cette chambre, ne s'est jamais jointe aux mesures « du gouvernement que dans le but de lui nuire, et pour servir les intérêts du « papisme et du Prétendant. Celui qui est maintenant l'organe de cette faction a « été jadis emprisonné comme chef de ces traîtres, qui depuis vingt-cinq ans « conspirent la ruine de leur pays et celle de la famille qui nous gouverne, pour « mettre sur le trône un Prétendant papiste. Arrêté par la vigilance du gouver-« nement, il ne dut son pardon qu'à la clémence royale. Aujourd'hui je ne crains « qu'une chose, c'est que lui et ses amis ne nous soient pas longtemps aussi « agréables que les paroles qu'il vient de prononcer aujourd'hui; car je me rap-« pelle que dans l'affaire d'Atterbury [1], son prélat favori, ils avaient pris une « résolution pareille. Ils se retirèrent comme des traîtres qu'ils étaient, mais « leur retraite n'ayant pas le détestable effet qu'ils en attendaient, ils revinrent « bientôt reprendre leurs places. Depuis lors, ils ont persévéré dans leur perfidie, « dans leurs traîtreuses intentions de renverser le gouvernement. Mais j'espère « que leur conduite unira plus fermement que jamais tous les amis du gouverne-« nement actuel, et que ceux qui, quoique avec de bonnes intentions, se sont « laissé entraîner, reviendront de leur erreur, aujourd'hui que la trompette de la « rébellion est si audacieusement sonnée. »

Il y avait beaucoup d'exagération dans cette violente invective. La gravité de la situation avait fait sortir Walpole de sa modération ordinaire. Il était vrai que, peu de temps après l'avénement de Georges Ier, Wyndham avait été arrêté avec quelques membres des deux chambres; mais rien ne pouvait faire supposer que, depuis ce temps, il eût conservé aucune relation avec le Prétendant. Sa conduite loyale dans le parlement avait fait oublier les erreurs d'un premier attachement politique, et personne n'avait jamais mis en doute l'intégrité de ses principes. Il tint sa parole, et se retira avec tout son parti. La retraite de l'opposition laissa respirer le cabinet, et le reste de la session se passa sans difficulté.

Pendant ce temps, les plénipotentiaires anglais s'étaient rendus à Madrid; mais leurs conférences avec les commissaires espagnols n'aboutirent à aucun résultat.

---

1. Atterbury, évêque de Rochester, compromis en 1722 dans un obscur complot jacobite, avait été traduit en jugement, dépouillé de sa dignité épiscopale, et condamné à un bannissement perpétuel.

L'Espagne demandait que l'Angleterre rappelât ses vaisseaux de la Méditerranée, et voulait faire de la reconnaissance du droit de visite la base de la négociation. Ces conditions étaient trop exorbitantes, même pour le pacifique Walpole; les négociations furent rompues, et la guerre formellement déclarée à l'Espagne (19 octobre 1739). Un grand tort de Walpole, c'est de n'avoir pas su prévoir qu'il n'y avait pas d'arrangement possible avec l'Espagne, et que, tôt ou tard, il faudrait en venir à cette extrémité; un tort plus grand encore, c'est, lorsqu'il se vit forcé d'abandonner la politique pacifique que tous ses efforts avaient jusque-là tendu à faire triompher, de n'avoir pas résigné le pouvoir. Il offrit, il est vrai, sa démission au roi; mais il n'insista pas pour la faire accepter. A ce moment, sa résignation volontaire eût été la preuve que l'amour de son pays dirigeait seul toute sa conduite. Sa persistance à rester aux affaires et à diriger encore une politique qui n'était pas la sienne et qu'il désapprouvait, trahit une ambition égoïste et un amour désordonné du pouvoir, que ses ennemis allaient exploiter pour le renverser.

A la grande mortification des ministres, l'opposition vint, lors de l'ouverture du parlement, reprendre sa place à la chambre. Elle rentra en criant victoire, et en faisant observer que la déclaration de guerre était l'apologie et l'explication la plus complète de sa conduite passée et présente. « Chacune des phrases de la décla-« tion de guerre, dit M. Pulteney, est l'écho de nos raisonnements, et il n'y a « pas une des raisons que l'on donne maintenant pour la justifier, qui n'eût eu « une égale force avant la signature de la convention. » Fidèle à ce principe de toutes les oppositions systématiques de refuser aux gouvernants les moyens d'exécuter les choses que l'on réclame, la coalition des whigs dissidents et des torys, tout en demandant que la guerre fût poussée avec la plus grande vigueur, ne cessa point d'entraver la marche du gouvernement par ses attaques quotidiennes. Un bill, proposé pour faciliter le recrutement de la flotte, excita de telles clameurs qu'il fallut le retirer; les subsides seuls furent votés sans difficulté. Le commencement de la guerre fut heureux, et la prise de Porto-Bello par l'amiral Vernon (3 décembre 1739) sembla un instant calmer la violence des partis. Une adresse de félicitation au roi fut unanimement votée; mais, bientôt après, l'insuccès complet d'une tentative faite sur Carthagène par le même officier, vint refroidir l'enthousiasme et ranimer la division au sein des partis. Le ministère lui-même était dans le plus complet désaccord. Les collègues de Walpole, fatigués du joug despotique que son désir de tout faire par lui-même leur imposait depuis si longtemps, se sentant soutenus par la formidable opposition des communes, s'étaient mis en rébellion ouverte contre lui. Aussi c'était maintenant à lui seul que s'adressaient toutes les attaques. M. Sandys, député connu par la violence de ses discours, présenta un acte d'accusation contre le premier ministre. Le discours de Sandys contenait l'histoire complète de l'administration de Walpole, et il faisait porter l'accusation sur trois chefs principaux : les affaires étrangères, les affaires intérieures, la conduite de la guerre. Après s'être étendu longuement sur les mesures inconstitutionnelles, sur les menées corruptrices de Walpole : « Si l'on demande, ajouta-t-il, pourquoi « j'impute tous ces maux à une seule personne, je répondrai : c'est parce que cette

« seule personne a accaparé toutes les branches du gouvernement ; parce que cette
« seule personne s'est emparée de l'entière direction des affaires ; parce qu'elle a
« monopolisé toutes les faveurs de la couronne ; disposé de tous les emplois, civils,
« militaires, ecclésiastiques ; distribué les pensions, les titres, les cordons ; parce
« qu'elle a fait dépendre d'une soumission aveugle à ses volontés, pour les élec-
« teurs comme pour les membres de cette assemblée, leur avancement et même la
« continuation de leur emploi ; parce qu'elle a déclaré, dans cette chambre même,
« que celui-là était un ministre digne de pitié, qui ne congédiait pas un fonc-
« tionnaire qui, dans le parlement, n'approuvait pas toutes les mesures du gouver-
« nement. » Il terminait en faisant la motion d'une adresse, dans laquelle le roi
serait supplié d'éloigner pour jamais sir Robert Walpole de sa présence et de ses
conseils.

Les principaux orateurs de l'opposition, Pulteney, William Pitt, depuis quelques années seulement à la chambre et déjà admiré pour sa vigueur et l'éclat de
son éloquence, Littleton et une foule d'autres (Wyndham était mort l'été précédent), prirent la parole après Sandys. Le débat, commencé à une heure de
l'après-midi, durait depuis douze heures lorsque Walpole se leva pour répondre.
Il le fit avec calme et modération, prouvant avec facilité que toutes les accusations amoncelées contre lui étaient générales, vagues et incertaines ; rien de précis,
pas un fait nettement articulé ; il repoussa avec indignation l'imputation de corruption, défiant son adversaire, avec une incroyable audace et à la stupéfaction de
ses amis, de citer un seul fait de ce genre. Deux cent quatre-vingt-dix voix contre
cent six prouvèrent à l'opposition que, si un grand nombre de membres étaient
disposés à se joindre à elle pour renverser le ministre, peu d'entre eux consentaient à s'associer à un acte de punition et de vengeance contre un homme qui avait
rendu de si grands services à l'Angleterre. Une motion semblable, présentée dans
la chambre des lords par lord Carteret, chef de l'opposition dans cette assemblée,
n'eut pas un meilleur résultat. Le prince de Galles, présent au débat, s'abstint
de voter.

Mais cet avantage ne sauvait Walpole que temporairement : le parlement était
arrivé au terme de sa durée ; il fut dissous (25 avril 1741), et l'on procéda à de
nouvelles élections. C'était là que devait se décider le sort du ministre. La majorité
de la nation lui était ouvertement hostile ; ses collègues eux-mêmes conspirèrent
contre lui. Le duc de Newcastle, Wilmington et d'autres membres du cabinet
s'unirent à l'opposition pour faire triompher les ennemis de Walpole ; aussi presque partout, les élections furent défavorables, sinon au ministère, du moins au
premier ministre. Il voulut toutefois faire tête à l'orage. Battu dès les premières
séances de la nouvelle chambre des communes, à propos d'une élection contestée,
il tenta encore un nouvel effort. Afin de mettre le prince de Galles de son côté, il
détermina le roi à offrir à son fils une augmentation de revenu de 100,000 livres et
le paiement de ses dettes, à la condition qu'il se retirerait de l'opposition. Le
prince refusa d'écouter aucune proposition tant que Walpole serait à la tête de
l'administration. Si l'amour du ministre pour le pouvoir n'avait pas été plus fort
que son respect pour l'opinion publique, ce refus, après l'échec qu'il avait subi dans

la chambre des communes, eût dû l'avertir qu'il n'avait plus qu'à se retirer; mais il voulut attendre encore. Enfin, le 28 janvier, dans une autre vérification d'élection, il eut contre lui une majorité de seize voix. Alors il déclara qu'il ne reparaîtrait plus à la chambre des communes (3 février). Le parlement fut ajourné au 18 février; le 9, Walpole fut promu à la pairie sous le titre de comte d'Orford, et le 11 il se démit de tous ses emplois.

Ce fut Pulteney que le roi chargea de la composition d'un nouveau ministère.

William Pulteney, comte de Bath,
d'après l'original de Jervas.

Celui-ci était alors dans une position difficile. Plusieurs fois, pour écarter les soupçons qu'on voulait jeter sur son désintéressement, il avait proclamé sa détermination invariable de ne jamais accepter aucun emploi du gouvernement; cependant, il tenait à se réserver la direction de la nouvelle administration. Dans ce but, au lieu de choisir les nouveaux ministres parmi ses amis, les whigs dissidents, et d'en former une administration homogène, il partagea les emplois entre quelques-uns des chefs de l'opposition et une partie des collègues de Walpole. Le duc de Newcastle, son frère Henri Pelham, et lord Wilmington, membres du dernier cabinet, rentrèrent dans le nouveau en qualité de secrétaire-d'état, de payeur-général, et de premier lord de la trésorerie; Sandys fut nommé chancelier de l'échiquier; Carteret, chef de l'opposition whig à la chambre des pairs, secré-taire-d'état pour les affaires étrangères. En accolant les uns aux autres des hommes de partis différents, Pulteney, qui s'était réservé dans le cabinet un siége sans por-tefeuille, espérait jouer le rôle d'arbitre, et, en tenant la balance entre les deux partis, les dominer réellement tous les deux. Quelques jours suffirent pour lui démontrer la grossière erreur qu'il avait commise; sans influence parmi ses col-lègues, il avait en même temps, par ces transactions faites à l'insu de ses amis des communes, perdu toute leur confiance. Il le comprit, et demanda au roi le titre de comte de Bath, avec lequel il entra dans la chambre des pairs. Dès lors il fut com-plétement annulé, et son existence politique terminée.

Tous ces arrangements, qui ne satisfaisaient complétement aucun parti, causè-rent dans le pays, comme dans la chambre, autant d'étonnement que d'indignation. Sans parler des torys déçus dans leur espoir d'arriver au pouvoir, une portion con-sidérable des whigs, qui avaient combattu Walpole, étaient restés en dehors de la combinaison imaginée par Newcastle et Pulteney. Cette faction, qui avait pour chef le vieux lord Cobham, un des principaux officiers généraux de ce temps, et qui se composait d'un assez grand nombre de jeunes députés d'un mérite éminent, dont les principaux étaient Georges Littleton, les quatre frères Grenville, William Pitt, témoigna hautement son mécontentement, et le parlement fut encore le théâtre des plus vives dissensions. On ne tarda pas à s'apercevoir que le chan-gement avait été opéré dans les hommes, mais nullement dans les choses, et le seul effet produit par le renvoi de Walpole fut de fortifier et de consolider la poli-tique qu'il avait suivie. En effet, le premier acte de la nouvelle administration fut d'appliquer au service des dépenses un million sterling provenant du fonds destiné à l'amortissement de la dette publique, mesure qui, prise antérieurement par Walpole, avait soulevé contre lui les tempêtes de l'opposition; une motion ten-dant au rappel du bill septennal fut repoussée par suite de l'opposition de Sandys et de Pulteney, qui naguère en avaient soutenu une semblable.

En formant le nouveau cabinet, le roi, qui ne s'était séparé de Walpole que malgré lui, avait secrètement imposé aux ministres l'obligation de le protéger contre les poursuites auxquelles le parti victorieux pourrait vouloir le soumettre. Cet engagement était soupçonné des *Cobhamites*. Forcer le ministère à l'avouer, au milieu de l'irritation qui existait encore contre Walpole, c'était dépopulariser com-plétement le cabinet. Une proposition tendant à ce qu'une enquête fût faite sur la conduite du comte d'Orford, pendant les vingt années de son administration, fut portée à la chambre des lords (9 mars 1743). Combattue par lord Carteret et par Pulteney, elle fut rejetée à une majorité de deux voix seulement; mais les minis-tres qui, par cette opposition, s'étaient compromis aux yeux du peuple, ne purent empêcher aux communes la nomination d'un comité chargé de procéder à l'examen des actes de Walpole pendant les dix dernières années. Les membres de ce comité, tous ennemis acharnés de l'ancien ministre, se livrèrent à cet examen avec l'activité de la haine; mais, ne trouvant dans tous les actes publics aucun motif d'accusation, ils voulurent soumettre à leurs interrogatoires les agents que Walpole avait employés pour le service secret. Dans une période de dix ans, une somme de 1,147,211 livres sterling avait été absorbée par ce service, et l'on espérait trouver dans l'emploi de cette somme des armes terribles contre le ministre. Mais les agents de Walpole refusèrent unanimement de répondre, et ajoutèrent qu'ils avaient reçu du roi l'ordre de dire que Sa Majesté seule avait le droit de connaître l'emploi de ces fonds, et qu'elle ne pouvait en permettre la divulgation. Ainsi arrêtés dans leurs investigations, les commissaires se bornèrent à présenter aux communes deux rapports remplis d'une foule d'imputations diverses contre Walpole; mais aucune de ces charges n'était assez précise pour donner lieu à une accusation, et l'affaire fut abandonnée. Elle fut néanmoins reprise l'année suivante, mais sans plus de succès. La mort ne tarda pas à délivrer Walpole de l'inimitié constante de ses ennemis (18 mars 1745).

Que Walpole ait été un des plus habiles ministres que l'Angleterre ait jamais possédés, c'est ce que l'on ne saurait nier; l'état de richesse et de bien-être auquel sa politique extérieure et ses mesures financières élevèrent son pays, sont des preuves évidentes de la vérité de cette assertion. Ses ennemis eux-mêmes, en adoptant tous ses plans de conduite, rendirent tacitement hommage à la sagesse de ses vues. Mais il n'est pas si facile de le laver de l'accusation de corruption. On peut dire pour sa défense que par ce moyen, et au milieu des circonstances les plus difficiles, il parvint à maintenir la tranquillité et la paix au dedans comme au dehors, en achetant l'amitié des cours étrangères, en pratiquant partout de secrètes intelligences, en pensionnant des serviteurs habiles et dévoués. Mais c'est acheter la paix trop cher que de l'acheter au prix de l'honneur; et si, comme on a toute raison de le croire, d'après le peu de cas qu'il faisait du désintéressement et de la vertu, une partie des dépenses secrètes fut employée à gagner la chambre des communes, de pareils actes impriment une tache ineffaçable à sa mémoire.

Dès avant la retraite de Walpole, de graves événements étaient survenus en Europe. Le 20 octobre 1740, l'empereur Charles VI était mort, et, conformément à la pragmatique-sanction, sa fille Marie-Thérèse avait pris possession de ses états, associant au gouvernement son mari, François, duc de Lorraine, qu'elle porta comme candidat à l'empire. Mais les rois d'Espagne, de Sardaigne, de Prusse, les électeurs de Bavière et de Saxe protestèrent contre la pragmatique-sanction; plusieurs des princes d'Allemagne élevèrent des prétentions sur une partie de la succession de Charles VI; l'électeur de Bavière, Charles-Albert, la revendiqua tout entière en se fondant sur un testament de Ferdinand Ier. Les prétentions de Charles-Albert furent vivement appuyées, non par Fleury, ardent ami de la paix, mais par toute la noblesse et la nation françaises, qui, avides de guerre, voyaient dans la ligue formée contre la maison d'Autriche la possibilité de s'enrichir de quelque importante province, et « de porter au trône des Césars une famille dévouée aux Bourbons. » Fleury résistait avec peine, un événement imprévu l'entraîna.

Le roi de Prusse Frédéric-Guillaume Ier était mort, laissant à son fils Frédéric II un royaume coupé, divisé, sans frontières, mais aussi un trésor de 40 millions et une belle armée de soixante mille hommes. La ligue générale qui menaçait l'Autriche était, pour le nouveau souverain, une occasion d'agrandir et de reformer ses états, qu'il ne laissa pas échapper. Il revendiqua la Silésie, et, sur le refus de Marie-Thérèse de la lui abandonner, l'envahit à la tête d'une armée de quarante mille hommes, et s'en empara après avoir complétement battu à Molwitz (20 avril 1741) une armée autrichienne envoyée contre lui. La victoire de Molwitz détermina l'accession de Fleury à la ligue formée contre Marie-Thérèse, et un mois après (18 mai) un traité était signé à Nymphembourg entre la France, l'Espagne et la Bavière, pour le partage des états autrichiens entre les princes d'Allemagne. L'électeur de Bavière devait être nommé empereur, la France être mise en possession des Pays-Bas. Les rois de Prusse, de Pologne, de Sardaigne, accédèrent à ce traité. Aussitôt l'armée française, renforcée de trente mille Bavarois, entre en Autriche, s'empare de Passaw et de Lintz; le roi de Prusse pénètre en Moravie, l'électeur de Saxe en Bohème, les Espagnols débarquent en Italie, et pendant que Marie-Thérèse, attaquée de tous côtés, cherche un refuge chez les Hongrois, Charles-Albert se fait couronner roi de Bohème, puis empereur sous le nom de Charles VII (21 janvier 1742). Marie-Thérèse semblait perdue : les fautes des Français, l'ineptie du nouvel empereur, le dévouement des Hongrois, enfin les secours de l'Angleterre la sauvèrent.

Fidèle à sa politique pacifique, Walpole s'était contenté d'offrir sa médiation : le nouveau ministre des affaires extérieures, lord Carteret, prit des mesures plus énergiques. Sans déclarer encore la guerre aux adversaires de Marie-Thérèse, il aida cette princesse par ses subsides, et parvint à détacher de la ligue plusieurs de ses ennemis. Moyennant la promesse d'une partie du Milanais, le roi de Sardaigne embrassa la cause de Marie; le roi de Prusse, désintéressé par la cession de la Silésie, qui lui fut faite à l'instigation de l'Angleterre, se retira de la coalition; l'armée française, réduite de moitié par ces défections et isolée de toutes parts, fut refoulée dans Prague, qu'il lui fallut bientôt évacuer (2 janvier 1743).

Enivré de ces succès, lord Carteret résolut de porter la guerre en France même. Par ses ordres lord Stairs prit à Francfort-sur-le-Mein le commandement d'une armée de cinquante mille Anglo-Allemands, et marcha au-devant du prince de Lorraine pour opérer sa jonction avec lui, et pénétrer ensuite en Alsace. A Aschaffembourg, il fut rejoint par le roi Georges et son fils, le duc de Cumberland; mais ses dispositions étaient si mal prises, que le duc de Noailles, qui commandait l'armée française, parvint à couper ses communications au-dessus et au-dessous de cette ville; et lorsque, menacé d'être affamé, il voulut rétrograder vers Hanau, il trouva tous les passages interceptés, hérissés d'artillerie, et au village de Dettingen, l'armée française fermant l'issue du défilé. Georges et ses soldats n'avaient plus qu'à périr en combattant ou à mettre bas les armes, lorsque le duc de Gramont, qui gardait Dettingen, abandonne ce poste pour aller offrir la bataille dans la plaine. A ce coup de fortune inattendu, les Anglais reprennent courage, et, par des prodiges de bravoure, changent en victoire brillante un combat qui devait consommer leur ruine (27 juin 1743).

Après la bataille de Dettingen, et plutôt par suite de la mésintelligence qui régnait entre les généraux français que par l'effet de cette victoire, toute l'Allemagne fut évacuée par les troupes françaises. Charles VII, abandonné de ses alliés, dépouillé de ses états, avait imploré la paix de Marie-Thérèse, et le 27 juin, jour de la bataille de Dettingen, il obtint un traité par lequel il renonçait à ses prétentions sur l'Autriche, s'engageait ainsi que l'empire à demeurer neutre pendant la continuation de la guerre, et laissait Marie-Thérèse en possession de la Bavière jusqu'à la conclusion de la paix générale. La renonciation de l'empereur et l'évacuation de l'Allemagne par les Français semblaient avoir fait disparaître tous les motifs de guerre; la France d'ailleurs offrait la paix; mais, fière de ses succès, Marie rejeta toutes les propositions d'accommodement, et conclut à Worms (2 septembre 1743) un traité d'alliance avec Georges, les États-Généraux, le roi de Sardaigne et l'électeur de Saxe, dans le but secret d'enlever la couronne impériale à Charles VII, de reprendre la Silésie, de conquérir l'Alsace et la Lorraine, de chasser les Bourbons de l'Italie, etc.

La guerre continua donc. Les commencements de l'année 1744 furent signalés par un avantage remporté dans la Méditerranée sur l'amiral anglais Matthews, par les escadres combinées de France et d'Espagne, que la flotte britannique voulait empêcher de sortir de Toulon. La mauvaise issue de ce combat causa en Angleterre une indignation que l'opposition exploita avec empressement. Matthews, traduit devant une cour martiale, fut déclaré incapable de servir désormais dans la marine britannique.

Les discussions violentes qui avaient lieu chaque jour au parlement entre les divers partis, le mécontentement général de la nation, qui accusait hautement le ministère et le roi d'avoir entraîné la Grande-Bretagne dans une guerre continentale pour les seuls intérêts du Hanovre, les rapports et les encouragements secrets de quelques jacobites, persuadèrent au gouvernement français que le moment était favorable pour exciter un soulèvement en Angleterre en jetant sur les côtes le Prétendant Jacques III, ou son fils Charles-Édouard. Une armée de débarquement, sous le commandement de Maurice, comte de Saxe, fut réunie sur le littoral de la Manche, et Charles-Édouard, alors à Rome, reçut l'invitation de se rendre en France. Les troupes s'embarquèrent sur une escadre commandée par M. de Roquefeuille; mais un ouragan violent, qui rejeta la flotte sur les côtes de France, fit échouer et abandonner l'expédition (mars 1744).

Jusqu'alors l'Angleterre et la France n'avaient été en hostilité vis-à-vis l'une de l'autre que comme alliées respectives des puissances belligérantes. A cette époque, elles entrèrent franchement dans la lice, et le 26 avril, après avoir signé à Francfort, avec l'empereur, les rois de Prusse et de Suède et l'électeur palatin, un traité pour le maintien de Charles VII, le recouvrement des états de ce prince et la garantie de la Silésie à la Prusse, la France déclara formellement la guerre à l'Angleterre. Deux armées, commandées par le duc de Noailles et le maréchal de Saxe, envahirent la Flandre et s'emparèrent en peu de temps de Courtrai, Menin, Ypres; la nouvelle de l'entrée du prince Charles de Lorraine en Alsace suspendit le cours de ces avantages, et Noailles marcha au secours de cette province. Mais, avant l'arrivée des Français, Charles de Lorraine avait repassé le Rhin, rappelé en Allemagne par les succès du roi de Prusse, qui à la tête de quatre-vingt mille hommes avait envahi la Bohême : Prague était prise, Vienne dans la terreur. L'arrivée du prince de Lorraine, l'isolement où le laissèrent les Français, forcèrent le roi de Prusse à se retirer en Saxe ; mais pendant ce temps Charles VII était rentré vainqueur dans sa capitale (novembre).

Les Espagnols n'étaient pas moins heureux en Italie. Profitant de la défection du roi de Sardaigne et de la neutralité à laquelle l'Angleterre avait forcé le roi de Naples, don Carlos, l'Autriche avait d'abord poussé les Espagnols jusque sur le territoire napolitain ; mais alors don Carlos avait repris les armes, et, toujours battant, ramené les Autrichiens jusqu'à Bologne. Pendant ce temps, trente mille Espagnols se réunissaient en Provence à vingt mille Français, passaient les Alpes, et remportaient sur le roi de Sardaigne la bataille de Coni (30 septembre).

Ces événements avaient excité en Angleterre un mécontentement que ne suffit pas à calmer l'arrivée de l'amiral Anson, de retour après quatre ans d'absence d'une expédition dans l'Amérique du Sud, qui s'était terminée par la prise de bâtiments espagnols richement chargés. L'opposition de la chambre des communes, dirigée par le parti cobhamite et soutenue par la virulente éloquence de William Pitt, reprochait sans cesse au ministère une guerre qui n'était faite, disait-elle, que pour les intérêts électoraux du roi, et qui grevait la nation d'énormes impôts, tous employés à stipendier des Hanovriens et des étrangers que l'on comblait d'incessantes libéralités, tandis que les troupes anglaises étaient négligées et mal payées. « On ne peut plus en douter, s'écriait Pitt, ce grand, « ce puissant, ce formidable royaume n'est plus considéré que comme une dépen- « dance, comme une province d'un misérable électorat. En prenant à notre solde « les troupes hanovriennes, les plus mauvaises de l'Europe, on ne fait que « mettre la dernière main au plan depuis longtemps formé et suivi avec une si « rare persévérance pour asservir notre malheureuse nation. » Les outrageantes invectives de Pitt étaient surtout dirigées contre lord Granville (Carteret ; il était devenu comte de Granville par la mort de sa mère), qu'il appelait un « exécrable « ministre, instrument pervers des plus honteux desseins, qui semblait s'être « enivré de cette potion dont l'effet était, au dire des poëtes, d'effacer de l'esprit « des hommes le souvenir de leur patrie. » Ces attaques, quoique incessantes, n'auraient pas suffi à ébranler le crédit de Granville, si elles n'avaient été secondées par les dispositions secrètes de quelques-uns des membres du cabinet. Wilmington, premier lord de la trésorerie, était mort, et le roi l'avait remplacé par Henri Pelham, qui fut fait aussi chancelier de l'échiquier (juillet 1743). Homme de sens et de modération, mais de talents ordinaires, Pelham était soutenu par le duc de Newcastle, son frère aîné, personnage médiocre, mais qui, par son immense fortune, exerçait dans les communes et dans le pays une influence considérable. Les deux frères voyaient avec jalousie le crédit que lord Granville s'était acquis sur l'esprit du roi en favorisant l'amour de ce prince pour ses possessions de Hanovre ; prévoyant, en outre, que son impopularité ne lui permettrait pas de résister longtemps aux attaques de l'opposition, ils résolurent de se séparer de lui pour n'être pas entraînés dans sa chute, et s'abouchèrent avec les cobhamites, leur proposant la formation d'un nouveau cabinet, dont lord Granville serait exclu, où les principaux du parti entreraient, et qui prendrait pour bannière la réduction des subsides payés aux troupes hanovriennes. Malgré son attachement pour lord Granville, Georges fut obligé de céder à la coalition et de recevoir la démission de son ministre favori. Le nouveau cabinet fut bientôt formé (novembre 1744) : Pelham, qui conserva la direction de l'administration, le duc de Newcastle; lord Chesterfield, chef de l'opposition dans la chambre haute ; lord Cobham et quelques-uns des jeunes membres de sa coterie, y représentèrent toutes les nuances du parti whig. Quelques torys importants prirent aussi place dans la nouvelle administration, qui fut nommée le ministère aux larges bases (*broad bottomed*). De tous les chefs de l'opposition, Pitt seul avait été laissé en dehors, Georges n'ayant jamais voulu consentir à donner un emploi à un homme dont les violentes attaques étaient montées jusqu'à sa personne ; mais le duc de Newcastle avait promis d'employer tous ses efforts à vaincre les répugnances royales, et Pitt soutint franchement le nouveau cabinet. Du reste, lui excepté, il ne restait plus dans la chambre des communes aucun homme capable de faire et de diriger une opposition sérieuse. Aussi, quoique la conduite du nouveau ministère ne différât en rien de celle du précédent, quoiqu'il continuât à garder les Hanovriens à la solde de l'Angleterre, quoiqu'il s'opposât à la révocation de l'acte septennal, révocation que tous ses membres avaient jadis incessamment réclamée, aucun orage ne s'éleva dans le parlement.

Sur le continent, les événements prenaient une tournure favorable pour les alliés de l'Angleterre. L'empereur Charles VII était mort (20 janvier 1745), et aussitôt Marie-Thérèse avait envahi la Bavière; le jeune électeur, forcé d'abandonner sa capitale, à la veille d'être chassé de tous ses états, entama alors avec la reine de Hongrie des négociations, qui furent suivies d'un traité dans lequel Marie, reconnaissant le titre d'empereur dont Charles VII avait été revêtu, s'engageait à rendre au nouvel électeur de Bavière tous ses états ; de son côté, ce prince se désistait de toute prétention à la succession de Charles VI, père de Marie-Thérèse, adhérait à la pragmatique-sanction, et promettait de donner sa voix au grand duc de Lorraine, époux de la reine, lors de l'élection d'un nouvel empereur. Ce traité faisait disparaître les principaux motifs de la guerre : la France fit alors des propositions de paix sur des bases très-modérées ; mais l'Angleterre et l'Autriche résolurent de profiter de l'avantage que leur donnait sur leurs ennemis la neutralité de la Bavière et rejetèrent toutes les offres d'accommodement. La guerre continua donc. La Hollande, qui jusqu'alors s'était tenue en dehors des hostilités, fut entraînée par l'Angleterre, et joignit ses soldats aux Anglais et Hanovriens avec lesquels le duc de Cumberland, second fils de Georges, marchait au secours de la ville de Tournay, assiégée par les Français. Complétement battu à Fontenoy par le maréchal de Saxe (16 mai 1745), le duc fut rejeté derrière le canal d'Anvers, après avoir vu prendre, sans pouvoir l'empêcher, les villes les plus importantes de la Flandre.

Les armes franco-espagnoles n'étaient pas moins heureuses en Italie. Gênes s'était déclarée pour les Bourbons; l'infant don Philippe et le maréchal de Maille-bois avaient gagné sur les Autrichiens la bataille de Bassignano (27 septembre), et à la suite de cette victoire Alexandrie, Parme, Plaisance, Milan, avaient ouvert leurs portes. Mais en Allemagne, Frédéric, abandonné à lui-même, luttait avec peine contre Marie-Thérèse; et malgré le gain de la bataille de Friedberg (11 mai), il n'avait pu empêcher cette princesse de faire élire son mari empereur sous le nom de François Ier. La perpétuation de la dignité impériale dans la maison d'Autriche était ce que Frédéric avait voulu prévenir; ce résultat obtenu malgré ses efforts, il n'avait plus de motif pour continuer la guerre, et fit des propositions de paix. Marie les rejeta d'abord; les batailles de Prandnitz et de Kesseldorf, gagnées par Frédéric sur les Autrichiens et les Saxons, et surtout les sollicitations de l'Angle-terre, les lui firent accepter. Elle adhéra au traité qu'avaient déjà passé à Dresde les rois de Prusse et d'Angleterre. Frédéric garda la Silésie et reconnut l'époux de Marie comme empereur (janvier 1745). Les électeurs palatin et de Saxe accé-dèrent à ce traité, qui priva la France et l'Espagne de leurs principaux alliés, et fit retomber sur elles tout le poids de la guerre.

Tandis que sur le continent l'Angleterre compensait par l'habileté de ses négo-ciations l'infériorité de ses armes, elle obtenait sur mer des avantages signalés. Dans la Méditerranée, dans l'Océan, dans la mer d'Amérique, ses flottes battaient les escadres françaises et espagnoles; ses corsaires s'enrichissaient par la prise de nombreux bâtiments de commerce. Une expédition préparée à Boston s'empara (juin 1745) de l'île du Cap-Breton, position importante, qui assurait à l'Angleterre la possession de la Nouvelle-Écosse et protégeait ses pêcheries de Terre-Neuve.

Cependant une occasion s'offrait pour la France de réparer et au-delà ces échecs. Le fils du chevalier de Saint-Georges, Charles-Édouard, saisissant le moment où le roi Georges était en Hanôvre, la plus grande partie des soldats anglais sur le continent, les flottes dispersées au loin, venait de débarquer presque seul sur la côte occidentale de l'Écosse; et, avant que la régence établie par le roi eût pris des mesures suffisantes pour s'opposer à ses progrès, il avait réuni un nombreux corps de montagnards dévoués avec lesquels il était entré à Perth et à Édimbourg, avait proclamé son père roi de la Grande-Bretagne (16 septembre) et complétement battu à Preston-Pans le général Cope, qui s'était porté à sa rencontre avec ce qu'il avait pu réunir de troupes (21 septembre).

Si, à ce moment, le cabinet de Versailles eût soutenu le prince par un corps de cinq ou six mille Français, de l'argent, de l'artillerie et des munitions, c'en était probablement fait de la maison de Hanôvre. Une grande partie de l'Écosse était encore disposée en faveur des Stuart, l'Angleterre dégarnie de troupes, et la nation peu attachée à ses nouveaux souverains, ne se serait pas levée en masse pour les défendre. Mais la France n'envoya ni hommes ni munitions, et les succès du prince, ainsi que les efforts des lords Kilmarnoch, Balmerino, Lovat, et de quelques autres partisans, ne rallièrent à sa cause qu'un petit nombre de sei-gneurs écossais et quelques clans de montagnards; le reste de la nation attendit l'événement pour se déclarer.

Cependant le gouvernement, revenu de sa stupeur, avait pris des mesures éner-

giques. Le roi accourut du Hanôvre; six mille auxiliaires hollandais furent transportés en Angleterre; les troupes des Pays-Bas rappelées; les milices mises sur
pied; des corps de volontaires organisés; de nombreuses escadres envoyées pour
surveiller les côtes de France et intercepter les secours d'hommes et de munitions
qui pourraient être envoyés à Charles-Édouard; le parlement, convoqué, commença par assurer le roi de son inaltérable dévouement, et lui en donna des
preuves en votant quarante mille soldats, soixante mille matelots, 161 millions de

Costumes militaires du temps de Georges II.

subsides, et en suspendant l'habeas corpus. Un grand nombre de personnes suspectes furent arrêtées, et la tête du jeune Prétendant mise à prix.

Ces dispositions ne refroidirent pas l'ardeur et le courage de Charles-Édouard.
Exalté par ses derniers succès, il entra en Angleterre à la tête de cinq mille montagnards seulement, espérant qu'à son passage tous les jacobites viendraient se
rallier à lui. Le 6 novembre, il investit Carlisle, qui se rendit aussitôt sans essayer
de se défendre et sans donner au maréchal Wade, qui était à Hexham avec les
auxiliaires hollandais et les troupes revenues de Flandre, le temps d'accourir

à son secours. Après avoir proclamé Jacques III roi de la Grande-Bretagne, Édouard partit de Carlisle, s'empara sans résistance du château de Kendal, des

Ruines du château de Kendal.

villes de Lancastre et de Preston, et arriva à Manchester où deux cents Anglais environ se joignirent à lui. Le 4 décembre, il entrait dans la ville de Derby, tournant le duc de Cumberland et ses troupes qu'il laissait à une journée derrière lui ; aucune armée ne protégeait plus Londres dont il n'était qu'à cent milles. La terreur et la confusion commençaient à régner dans cette ville ; des ordres furent aussitôt donnés pour la formation d'un camp à Finchley-Common ; les milices du Middlesex se tinrent prêtes à marcher ; on forma des régiments de volontaires et le roi annonça l'intention de se mettre lui-même à la tête de ces troupes. Mais il n'en eut pas besoin. Arrivé à Derby, Charles-Édouard avait vu avec effroi et désespoir que les habitants, qu'il croyait devoir se soulever à son approche, restaient partout calmes et indifférents. La division s'était d'ailleurs mise dans son armée, et les mon-

LE PRÉTENDANT CHARLES EDOUARD,
d'après le portrait original possédé par M. A. Williams de Cheltenham

tagnards manifestaient hautement leur impatience de retourner chez eux. A la suite d'un conseil de guerre où les opinions les plus diverses furent produites, on se détermina à regagner l'Écosse. La retraite se fit en bon ordre : attaquée par les dragons que le duc de Cumberland avait lancés à sa poursuite, par les troupes du maréchal Wade, par les milices du Cumberland et du Westmoreland, la petite armée du prince arriva le 19 décembre à Carlisle sans avoir été entamée; le 25, elle était à Glasgow. Renforcée par quelques troupes venues de France et d'Irlande, elle alla mettre le siège devant Stirling. Le général Hawley sortit aussitôt d'Édimbourg, rentré depuis le départ d'Édouard sous l'autorité royale, pour venir au secours de la place assiégée. Mais, attaqué auprès de Falkirk par le prince et ses montagnards, il fut complétement battu, et s'enfuit vers Édimbourg, abandonnant au vainqueur son artillerie et ses bagages (17 janvier 1746).

Alors on jugea nécessaire d'envoyer le duc de Cumberland en Écosse. Il était aimé des soldats, et l'on espérait que la présence d'un prince du sang produirait une impression favorable sur les Écossais. A la nouvelle de l'arrivée du prince à Linlithgow, Édouard leva le siége de Stirling, repassa le Forth, et vint établir son quartier général à Inverness. Le duc de Cumberland, s'étant assuré des postes importants de Perth et de Stirling en y laissant les bataillons hessois à la solde de l'Angleterre, s'approcha d'Aberdeen, où il fut rejoint par une foule de seigneurs écossais. Le 12 avril, il passa la Spey, sans opposition de la part de l'ennemi, qui aurait pu défendre les approches de la rivière. A Nairn, il apprit que les révoltés s'étaient avancés d'Inverness à Culloden, à neuf milles de l'armée royale, dans le dessein de lui livrer bataille. Le Prétendant avait quitté en effet Culloden pendant la nuit, dans l'intention de surprendre le duc; mais la faim, la fatigue et la privation de sommeil ralentirent la marche de ses soldats, qui ne purent atteindre l'armée royale avant le point du jour. Le projet était manqué ; ce fut avec peine qu'on décida le prince à retourner à Culloden. Là, son armée se dispersa pour chercher des vivres ; les plus faibles succombèrent à la lassitude et s'endormirent. Un long repos ne leur fut pas permis. Le duc s'était porté en avant; dès qu'il aperçut les montagnards, il disposa son armée, et à une heure après midi la canonnade commença. Les rebelles, mal secondés par leur artillerie et impatients du feu continuel et terrible de celle de l'ennemi, s'élancèrent impétueusement sur la gauche du duc et mirent un régiment en désordre; mais deux bataillons soutinrent les fuyards et rétablirent le combat. Au même moment, les dragons du général Hawley et les montagnards du comté d'Argyle accoururent le sabre à la main. Cette charge rompit et culbuta les rebelles; en moins d'une demi-heure leur armée fut détruite et la campagne couverte de morts. Le duc de Cumberland souilla sa victoire par une barbarie inutile : les troupes reçurent ordre de ne faire aucun quartier; après le combat, elles furent envoyées sur le champ de bataille pour massacrer tous les malheureux qui respiraient encore.

Édouard, entraîné par les fuyards, passa la Ness à Nairn, et se réfugia chez un Écossais fidèle, à Strutharrick, où le vieux lord Lovat l'attendait. Là, tout espoir étant évanoui, il renvoya tous ceux qui l'avaient suivi. Pendant quatre mois, il erra d'asile en asile, sans vêtements, sans pain, miné par la fatigue et la maladie, et sans cesse menacé de tomber entre les mains de ses ennemis. Souvent travesti et reconnu presque aussitôt, il fut forcé mille fois de confier ses jours à des hommes indigents qui savaient que sa tête était mise à prix, et qu'ils s'enrichiraient en le trahissant; mais aucun d'eux ne voulut de cet or infâme. Enfin il fut recueilli le 17 septembre par un corsaire de Saint-Malo, abordé à la côte de Lochnannach, et aborda à Roseau, près de Morlaix, le 10 octobre, après avoir heureusement évité la poursuite de deux vaisseaux anglais. La malheureuse issue de cette expédition, du reste facile à prévoir, enleva aux Stuarts leurs dernières espérances; leur parti était complétement anéanti, et aucun effort ne fut plus désormais tenté pour le relever. Le Prétendant, son valeureux fils, Charles-Édouard, et le duc d'York, depuis cardinal, se retirèrent en Italie, où ils vécurent et moururent dans l'indifférence et l'oubli. Avec eux finit la maison royale de Stuart.

Pendant ces événements, une nouvelle crise, fondée sur des ambitions et des intérêts personnels, avait eu lieu dans le ministère. Les comtes de Granville et de Bath, soutenus par l'affection secrète de Georges II, s'étaient créé, dans le parlement et au dehors, un parti faible encore, il est vrai, mais autour duquel pouvaient venir se grouper tous les espoirs déçus, toutes les ambitions non satisfaites. Pour prévenir ce danger, les frères Pelham résolurent de s'assurer de nouveaux appuis en faisant entrer dans le ministère quelques hommes importants restés jusqu'alors en dehors des emplois publics, et notamment William Pitt, pour lequel ils demandèrent la secrétairerie de la guerre. Le roi, constant dans son aversion pour Pitt, s'y refusa positivement. Alors le ministère en masse donna sa démission. Elle fut acceptée; Granville fut nommé secrétaire d'état, et Bath lord trésorier. Mais ce triomphe de la volonté personnelle du roi dura peu; l'opinion publique se manifesta avec une telle vivacité, que Bath refusa le poste qui lui était offert, et que Granville, qui était déjà entré en fonctions, se décida à donner sa démission. Le ministère dissous le 11 février 1746 se reconstitua le 14 à la demande du roi. Pitt, au lieu de la secrétairerie de la guerre, obtint l'emploi de vice-trésorier d'Irlande, sinécure secondaire, mais lucrative, dont il consentit à se contenter momentanément. Le zèle avec lequel il soutint au parlement le système d'alliances continentales si cher au roi, qu'il avait combattu naguère avec tant d'énergie, l'ardeur avec laquelle il seconda la demande d'une dotation de 25,000 livres sterling en faveur du vainqueur de Culloden, le fils favori de Georges, furent bientôt après récompensés par le poste de payeur général de l'armée.

La bataille de Culloden avait été suivie de persécutions rigoureuses contre les révoltés. Aussitôt après l'action, le duc de Cumberland avait pris possession d'Inverness, ordonné l'exécution de trente-six déserteurs et fait ravager le pays par des régiments de cavalerie. Au mois de mai, il conduisit son armée vers les montagnes jusqu'au fort Auguste, et de là envoya encore à la recherche des fugitifs, portant partout le fer et la flamme. On fit ensuite le procès aux rebelles qui avaient été arrêtés. Toutes les prisons d'Angleterre, depuis la capitale jusqu'aux provinces septentrionales, étaient remplies de ces infortunés; la plupart y périssaient misérablement. Des cours de justice s'ouvrirent, et les supplices commencèrent. Dix-sept officiers jacobites subirent, à Kennington-Common, près de

Londres, l'horrible peine réservée aux cas de haute trahison. Neuf à Carlisle, six à Brumpton, sept à Penrith, onze à York, périrent du même supplice. La foule des rebelles fut déportée aux plantations d'Amérique. Ceux des principaux chefs qui étaient tombés aux mains du gouvernement, Kilmarnoch, Balmerino, Derwentvater et le vieux lord Lovat, furent condamnés à mort par leurs pairs et décapités.

Lord Lovat,
d'après le portrait fait par Hogarth, le matin même de son exécution.

Ces sanglantes vengeances soulevèrent bien des murmures dans la nation, mais le ministère, qui comptait dans ses rangs toutes les grandes influences du pays, n'avait à redouter aucune opposition. Toutes ses demandes étaient adoptées par le parlement aussitôt que présentées ; et, quoique dans l'année 1746 l'Angleterre n'eût eu, sur mer comme sur le continent, que des revers à enregistrer; quoique, à la fin de juillet, la France fût maîtresse de la Flandre, du Brabant et du Hainaut, des subsides énormes furent votés par les communes sans aucune résistance.

La campagne de 1747 ne fut pas plus heureuse pour les armes britanniques. Le duc de Cumberland l'avait ouverte dans les Pays-Bas; et, quoique à la tête d'une armée de plus de cent mille hommes, anglais, allemands et hollandais, il devait y perdre sa facile gloire de Culloden. Afin d'empêcher le maréchal de Saxe, qui commandait les troupes françaises, d'investir Maëstricht, il avait pris, près du village de Lawfeld, une position qui couvrait cette place importante. Le maréchal résolut de forcer le passage, et le 21 juin le combat s'engagea sur toute la ligne. La valeur déployée par les soldats anglais, rendue inutile par les mauvaises dispositions de leur commandant, ne fit que retarder la défaite de l'armée confédérée. Celle-ci put néanmoins se reformer sous le canon de Maëstricht, et le maréchal de Saxe, forcé de renoncer à son projet, se borna à attaquer Berg-op-Zoom, la plus forte place du Brabant hollandais. La reddition de cette ville, regardée jusqu'alors comme imprenable, termina la campagne (16 septembre).

L'habileté des amiraux et des marins anglais répara les échecs dus à l'incapacité du duc de Cumberland. Deux escadres françaises avaient été préparées à Brest, l'une destinée à reprendre le cap Breton, l'autre à escorter un convoi de bâtiments marchands de la compagnie des Indes. Les amiraux Anson et Warren furent dépêchés avec dix-sept vaisseaux pour les enlever l'une et l'autre. Après un engagement obstiné, les Français furent obligés de céder au nombre et d'amener leur pavillon; neuf bâtiments tombèrent au pouvoir de l'ennemi (3 juin). Au mois d'octobre suivant, l'amiral Hawke obtint un avantage semblable, et captura sept bâtiments de ligne.

Cependant, les puissances belligérantes commençaient toutes à se lasser d'une guerre sans résultats décisifs, et déjà, depuis longtemps, des pourparlers avaient eu lieu entre elles. L'investissement de Maëstricht par le maréchal de Saxe, au commencement de la campagne de 1748, décida la cessation des hostilités. Des négociations s'ouvrirent à Aix-la-Chapelle, et amenèrent un traité qui pacifia l'Europe (7 octobre). Toutes les puissances semblaient avoir hâte d'en finir avec la guerre, et l'on s'accorda promptement à prendre pour base du traité la restitution mutuelle des conquêtes. La France, que ses succès mettaient en position d'exiger la cession d'une partie des Pays-Bas, se contenta de l'abandon, fait à un Bourbon d'Espagne, des duchés de Parme et de Plaisance. Les questions de la contrebande et du droit de recherche, causes de la guerre avec l'Espagne, ne reçurent aucune solution; il n'en fut pas même fait mention. L'Angleterre, malgré ses victoires navales, restitua toutes ses conquêtes. Cette paix, qui ne compensait par aucun avantage positif et palpable les dépenses énormes que la guerre lui avait causées (sa dette s'élevait alors à près de deux milliards), fut cependant accueillie avec une satisfaction générale par le peuple anglais, accablé sous le poids d'énormes impôts; les esprits clairvoyants comprirent que la ruine des marines espagnole et française était pour l'Angleterre un avantage plus solide que quelques possessions lointaines. D'ailleurs, à ce moment même, l'habileté, le courage, la persévérance de quelques-uns de ses enfants jetaient dans l'Inde, sur une base solide, les fondements de ce vaste empire qui fait aujourd'hui sa force et sa grandeur. La compagnie des Indes n'était plus, comme au temps d'Élisabeth, cette association de

marchands qui obtenait à grand'peine le droit d'établir quelques misérables comptoirs dans les îles et sur les côtes de l'Inde ; c'était déjà une puissance, politique et
militaire autant que commerciale, possédant en propre un territoire, une armée,
des tribunaux ; faisant la paix et la guerre.

Avant de passer au récit des événements qui amenèrent ces heureux résultats,
nous allons présenter un aperçu rapide de l'histoire, des institutions politiques,
sociales et religieuses des peuples sur lesquels les Anglais conquirent de tels
avantages. C'est une étude indispensable pour arriver à comprendre comment, en
moins d'un siècle, quelques milliers d'Européens ont pu soumettre presque complétement à leur domination, un pays immense et peuplé de plus de cent millions
d'individus.

Costumes civils. — 1725-1730.

L'INDE AVANT LA CONQUÊTE ANGLAISE.

HISTOIRE JUSQU'A LA CONQUÊTE MAHOMÉTANE.—RELIGION, LOIS ET MŒURS.
— Les plus anciennes notions historiques que nous ayons sur l'Inde viennent
d'Hérodote. Il nous apprend qu'une partie de ce pays formait une des vingt-
quatre satrapies du vaste empire de Darius [1]. Alexandre-le-Grand, dans ses conquêtes (333-323 av. J.-C.), n'alla pas plus loin que l'Hyphase (le Beyah), la
plus à l'est des cinq branches de l'Indus, d'où regagnant l'Hydaspes (le Jelum),
il descendit l'Indus jusqu'à la mer. Après sa mort, toute cette partie de son
empire devint la proie d'un de ses généraux, Séleucus Nicator (301 av. J.-C.). Successivement occupée par les Séleucides, les Arsacides [2], les Sassanides [3], elle fut
réunie, l'an 652 ap. J.-C., au vaste royaume des califes, qui portèrent l'étendard
de l'islamisme jusqu'aux dernières limites de l'ancienne Bactriane. Lorsque ces
conquérants commencèrent à perdre dans la mollesse cette vigueur guerrière et ce
fanatisme enthousiaste qui leur avait valu l'empire, une tribu de Tartares, originaire des monts Altaï et connue sous le nom de Turcs, après avoir étendu sa domination sur une grande partie des Tartares de l'Asie, s'était fixée dans les déserts
sablonneux situés entre l'Oxus (Amou Daria) et la mer Caspienne. Les califes songèrent à relever la force de leurs armées en y incorporant ces valeureux voisins;
des Turcs furent appelés au commandement des troupes et au gouvernement des
provinces. De serviteurs des califes, ils en devinrent bientôt les maîtres. Les Tahé-
rites, les Soffarides et les Samanides, familles dont les fondateurs avaient été d'heureux rebelles, se partagèrent les provinces orientales de l'empire. Vers l'an 960,
Alp-Tékin, gouverneur pour les Samanides de la province de Ghazna (du nom de
la capitale Ghazni), secoua leur joug, se rendit indépendant et fonda la dynastie des
Ghaznévides. Mahmoud, son petit-fils, soumit à ses armes une partie de la Perse
et de l'Afghanistan. C'est lui qui, le premier, importa la domination mahométane
dans l'Inde proprement dite, et c'est à lui que commence réellement l'histoire de
ce vaste pays. Jusqu'alors elle reste enveloppée d'un voile mystérieux et impénétrable, car on ne peut donner le nom d'histoire aux fabuleuses légendes que nous
ont transmises les poëmes mythologiques des Indous. Une chose résulte néanmoins
de l'étude de leurs livres religieux, de leurs lois, de leurs tables astronomiques et
de ces gigantesques monuments découverts près d'Éléphanta et d'Ellora, c'est qu'à
une époque fort reculée, la civilisation de l'Inde était déjà fort avancée. Mais tandis
qu'en Europe cette civilisation, lente à se développer, marcha, dès qu'elle eut fait

---

1. Le major Rennel, dans sa *Géographie d'Hérodote*, pense que cette satrapie comprenait le
Penjaub et tout le pays arrosé par les cinq branches de l'Indus, ainsi que celui qui longe ce fleuve
depuis le Népaul jusqu'à la mer.

2. Arsace Ier, simple soldat dans l'armée d'Antiochus II, descendant de Séleucus Nicator, se rend
indépendant dans un canton de la Parthie, et prend le titre de roi des Parthes (256-253 av. J.-C.). Ses
successeurs (les Arsacides) s'agrandissent aux dépens des Séleucides. Arsace VI (Mithridate Ier)
conquiert la Babylonie, la Perside, enfin tous les pays entre l'Euphrate et l'Indus (144-136).

3. Ardéchir (Artaxercès), fils de Sassan, se révolte contre Artaban IV (226 ap. J.-C.); élève sur
les débris du royaume des Arsacides le second empire de Perse, et fonde la dynastie des Sassanides.

les premiers pas, sans presque s'arrêter un seul instant, dans l'Inde elle resta complétement stationnaire : croyances religieuses, mœurs, usages, costumes, tout est resté immuable comme les temples d'Ellora, taillés dans leurs montagnes de granit. Cette éternelle immobilité est due principalement à une organisation sociale qui, imposée par les livres saints comme un dogme religieux, a été par cela même respectée dans tous ses détails, et s'est maintenue jusqu'à nos jours telle qu'elle avait été établie. Nous allons en exposer succinctement les points les plus importants.

La religion des Indous était dans le principe un monothéisme pur, qui, avec le temps et par suite du penchant naturel des hommes pour les signes extérieurs, a dégénéré en polythéisme. Bhrim était le dieu de cette religion. Dans le livre sacré des Védas [1], il se dépeint lui-même en ces termes : « J'ai existé de toute éternité, et « resterai éternel. Je suis la cause première de tout ce qui arrive à l'Orient comme « à l'Occident, au Nord comme au Sud, en haut comme en bas ; je suis tout, plus « ancien que tout ; le roi des rois ; la vérité ; l'esprit de la création ; la création elle- « même ; je suis la pénétration, la clarté, la pureté, enfin je suis le tout-puissant. »

La représentation physique des principaux attributs de ce dieu a donné naissance à l'idolâtrie actuelle des Indous. Désignés sous le nom de Brahma, Wischnou, Schiva, les trois grands attributs du tout-puissant, créer, conserver, détruire, formèrent d'abord une trinité symbolique (Trimurti), qui fut allégori-

La Trinité indoue,
d'après une sculpture provenant d'un temple souterrain, et déposée au musée d'*India-House*.

quement représentée au moyen d'une tête colossale qui porte trois figures tournées de différents côtés, comme celle de Janus. L'unité divine fut ainsi changée en tri-

1. La religion des Indous est renfermée en entier dans les Védas, le plus ancien des livres saints qui existent dans l'Inde.

nité. On n'en resta pas là. Bientôt les trois grands attributs du tout-puissant furent personnifiés séparément, et transformés chacun en une puissance, une divinité, qui eut sa représentation [1], son culte particuliers. Puis à ces dieux, qui tous procédaient exclusivement du tout-puissant, on joignit les héros qui s'étaient illustrés par leur courage ou leurs vertus, les éléments, les corps célestes, les fleuves, certaines espèces d'arbres et d'animaux, de telle sorte que le nombre de dieux et de déesses invoqués par les peuples de l'Inde s'élève actuellement à plus de trois millions.

La métempsycose est un des points les plus essentiels de la croyance des Indous. Suivant que, dans la vie, un homme s'est distingué par ses bonnes ou ses mauvaises

1. Brahma, personnification du pouvoir créateur de la divinité, est représenté généralement avec quatre têtes, symbole, soit des quatre éléments dont il composa le monde, soit des quatre livres des

Brahma.　　　　　　　　　Schiva

Védas dont chacun sortit de sa bouche sacrée. Il tient dans ses quatre mains : un vase pour l'eau d'ablution, préliminaire essentiel du sacrifice ; un rosaire pour la prière, une feuille du livre des Védas, une cuiller pour l'eau lustrale.

actions; son âme doit à sa mort passer à un état meilleur ou pire; dans le corps
d'un roi, d'un brahmine, d'une divinité, ou dans celui d'un animal, quelquefois

Wischnou, second attribut de la divinité, personnification du pouvoir conservateur; Schiva, troisième attribut, personnification de la destruction ou plutôt de la reproduction, (dans le système
religieux des Indous, où l'on ne meurt que pour renaître sous une forme nouvelle, la destruction

Wischnou.

c'est la recréation) sont tous deux représentés avec les emblèmes relatifs à leurs diverses aventures
sur la terre, où ils descendirent, disent les Védas, sous différentes formes pour délivrer l'humanité
de l'ascendant fatal qu'avait pris l'esprit du mal. Ces transformations furent nommées *avatar*, ou
incarnations. Les Indous reconnaissent neuf incarnations de Wischnou et deux de Schiva.

même d'un végétal. Néanmoins, d'après la doctrine des brahmines, la migration de l'âme n'est pas absolue ou inévitable; on peut la racheter à force de piété, de vertu et de ponctualité à suivre les préceptes des Védas, surtout ceux qui honorent Dieu uniquement par amour et par reconnaissance, et non par crainte de châtiment ou par espoir de récompense; alors l'âme de ces élus peut, sans migration aucune, atteindre de suite à la félicité éternelle, *Nivani*, ce qui, selon ces mêmes doctrines, est le retour de l'âme à sa haute origine, et sa réunion avec son essence divine [1]. C'est là la cause de la scrupuleuse attention avec laquelle sont observées toutes les prescriptions religieuses; c'est la cause de ces pratiques de dévotion, de ces mortifications que s'imposent quelques Indiens pendant leur existence entière; c'est à cette doctrine que l'on doit attribuer ce mépris de la vie que montrent la veuve qui monte sur le bûcher à la mort de son époux, le pèlerin qui court se noyer dans le Gange, ou se faire écraser sous les roues d'une idole; c'est à elle que l'on doit, sans aucun doute, le maintien d'une organisation sociale qui, quoique complétement contraire au sentiment d'égalité inné dans le cœur de l'homme, a subsisté pendant si longtemps, et subsiste encore sans aucune altération.

Bhrim, disent les Védas, a créé quatre espèces d'hommes dont chacune forme une caste particulière. Ce sont les brahmines (prêtres), les kétrys (guerriers), les vaysiahs (cultivateurs), les sudras (serviteurs). Les brahmes sont sortis de sa tête, les kétrys de son bras, les vaysiahs de son ventre, les sudras de ses pieds.

Par suite de la noblesse de leur origine (la bouche est considérée comme la source de la sagesse), les brahmines sont supérieurs à tout le reste des hommes. Ils se sont réservé le sacerdoce, la médecine, l'instruction; de ces différentes vocations, dérivent les classes qui existent parmi eux, et dont les prêtres occupent la plus élevée. A eux appartient l'interprétation des livres sacrés, et comme toutes les lois indoues sont contenues dans les livres saints, c'est, à vrai dire, à eux qu'appartient aussi, presque exclusivement, le pouvoir judiciaire. Mais « qu'il soit ou non instruit dans la science des Védas, et quel que soit l'état qu'il exerce, un brahmine est toujours une divinité puissante que l'on doit toujours honorer : aussi les brahmines sont-ils vénérés même par les rois [2]. Leurs biens sont libres de tout impôt; punir leurs fautes de la peine de mort ou d'une punition corporelle serait un crime irrémissible.

La seconde caste est celle des kétrys ou guerriers; outre l'état militaire, cette classe peut exercer aussi le commerce, l'industrie et l'agriculture. La loi permet aux kétrys d'entendre la lecture des Védas et les autres livres sacrés, mais non de les lire et de les expliquer eux-mêmes. C'est à cette caste qu'appartiennent la plupart des rois et des princes indous.

La troisième caste, celle des vaysiahs, comprend les commerçants, les agricul-

---

1. Biornstierna, *Tableau politique et statistique de l'empire britannique dans l'Inde*, traduction de M. Petit de Baroncourt, p. 55.

2. *Lois de Menou*, chap. IX, p. 313-319. Menou, que les Indous considèrent comme le fils de Bhrim, est l'auteur supposé d'un célèbre code de lois intitulé : *Manara-Dharma-Shastra* (recueil des lois de Menou). Ce vaste code, traité de morale autant que de législation, est écrit en langue sanscrite et en vers. On croit qu'il a été composé vers le XIe siècle avant Jésus-Christ.

COSTUMES INDOUS.

Mariage d'un Brahmine, tiré de l'Inde Française de M. Beauvoy.

teurs et les artisans ; chaque métier formant pour ainsi dire une caste séparée, qui ne se mélange même pas par le mariage.

Les sudras, qui composent la quatrième caste, sont les serviteurs nés des trois autres classes. « Un sudra, dit la loi de Menou, fait ce qu'il y a de mieux lorsqu'il sert un brahmine, ensuite un kétry, et enfin, à leur défaut, un vaysiah. Celui qui

Vaysiah et Sudra.

sert fidèlement un brahmine parviendra certainement, à l'époque de la migration de son âme, dans une caste supérieure. »

« La loi de Menou permet aux trois premières castes de s'allier entre elles par le mariage, mais seulement en secondes noces ; alors, l'homme d'une caste supérieure peut épouser une femme d'une caste suivante, tandis que la femme ne peut jamais épouser un homme de caste inférieure à la sienne. Pour conserver sa caste, il faut que l'on soit issu de père et de mère égaux en naissance. Un fils de brahmine ne peut pas être brahmine si sa mère ne l'est pas également ; étrange anomalie, condamnée par le bon sens plus encore que par nos mœurs européennes. Les sudras ne peuvent se marier que dans leur caste ; un mélange avec les sudras produit une race souillée. Mais ces prohibitions ne purent triompher de la loi de nature ; ces unions eurent lieu fréquemment, et il en naquit des enfants qui n'appartenaient à aucune caste. On finit par trouver des places pour caser ces excroissances sans rien déranger à l'ordre social ; bien plus elles servirent à développer encore et à compléter le système sur lequel il était basé. Les fonctions, les professions, les divers emplois, connus dans le siècle où le législateur écrivit, avaient été répartis par lui entre les différentes castes. Mais, depuis cette division, certains arts, certaines industries, certains métiers, étaient nés des progrès de la société, et étaient devenus nécessaires. On divisa en classes nouvelles les hommes nés du mélange des anciennes castes, et on attacha chacune de ces classes à la culture de nouveaux arts, à la pratique de tel ou tel métier, jusqu'à ce qu'ils fussent divisés en autant de classes qu'il y avait de professions diverses, chaque métier ayant à peu près la même organisation que les anciennes corporations européennes [1]. La plus vile de ces races est celle des pahrias, qui, du reste, ne forment pas aujourd'hui une caste puisqu'ils sont rejetés en dehors de toutes les castes ; on peut dire que c'est une race ou peuplade spéciale. Leur abaissement est poussé à un tel degré que, si l'ombre seule d'un pahria venait à se refléter sur un brahmine, celui-ci en serait souillé et obligé d'aller se jeter dans les eaux du Gange pour se purifier de cette insigne profanation [2].

Le gouvernement était chez les Indous monarchique et absolu. « Un roi, dit Menou, est formé des parties qui entrent dans la composition des divinités gardiennes de l'univers, et, par conséquent, surpasse tous les mortels en gloire ; comme le soleil, il brûle le cœur et les yeux ; aucune créature humaine ne saurait le regarder en face ; il est le feu et l'eau, il est le dieu de la justice, il est le génie de la richesse, il est le régent des eaux et le seigneur du firmament. Un roi, ne fût-il encore qu'un enfant, ne saurait être considéré comme un simple mortel : car il ne l'est pas : c'est une puissante divinité qui se montre sous une forme humaine. Il est la colère et la mort. Celui qui hait le roi par une erreur de son intelligence ne saurait manquer de périr ; car le roi applique aussitôt toutes les puissances de son esprit à la destruction de cet homme. » Le mode d'administration du royaume était aussi simple que l'idée fondamentale du gouvernement. L'autorité royale était transmise intacte à un certain nombre de vice-rois ou de gouverneurs de provinces. Le vice-roi déléguait de même à un certain nombre de subordonnés cette autorité à lui transmise par le monarque, et qui demeurait ainsi une et entière jusqu'au dernier degré de l'échelle hiérarchique [3].

Cette organisation sociale, cette séparation en castes, qui, d'une seule nation, fait pour ainsi dire autant de peuples qu'il y a de castes diverses, jointe à la nature molle, efféminée, indolente des Indous, suffit à expliquer la facilité que ce peuple a toujours offert à la conquête. Qu'importe la domination étrangère aux sudras, aux pariahs, à toutes les races souillées, qui forment la masse du peuple ? Leur condition ne saurait en aucun temps être pire qu'elle n'est sous l'empire des lois

1. De Warren, *l'Inde anglaise en* 1843, t. II, p. 297.
2. Biornstierna, p. 102.
3. James Mill, *History of British India*; Barchou de Penhoën, *Histoire de la conquête et de la fondation de l'empire anglais dans l'Inde*, t. I, p. 164.

qui les ont toujours régis ; aussi, tant qu'on ne la gênera pas dans l'exercice de son culte, l'Inde se soumettra-t-elle sans résistance à tous les conquérants qui se rendront maîtres du pays.

Les lois de Menou et les livres saints, la conservation immuable de l'organisation qu'ils établissent, nous ont fait connaître l'histoire religieuse et sociale des Indous ; mais rien jusqu'ici n'est venu jeter le jour le plus léger sur les événements dont s'est composée l'histoire politique de ces peuples, depuis l'origine du monde jusqu'aux invasions du sultan Mahmoud. C'est de la conquête mahométane que date l'histoire de l'Indoustan.

Conquête mahométane. — Ce fut vers l'an 1000 que le sultan Mahmoud, le Ghaznévide, « tourna sa face du côté de l'Inde, » suivant l'expression de l'historien persan Ferishta. Vainqueur dans neuf expéditions successives (1000-1028) d'une foule de petits princes, dont les principaux étaient les rajahs d'Oojeen, de Gwalior, de Kallinger, de Kanojee, de Dehli et d'Adjmir, il conquit tout le pays compris entre l'Indus, les montagnes de l'Adjmïr et du Malwah, au midi, et les bouches du Gange, à l'est. Un siècle environ après sa mort son empire fut divisé. Les provinces contiguës aux deux rives de l'Indus restèrent au pouvoir de ses descendants ; mais la partie orientale fut envahie par une tribu d'Afghans qui habitaient la ville de Gour dans le Caboul. Après de longues guerres, Mahomet le Gouride s'empara de tout l'empire de Mahmoud, et s'agrandit encore à l'est (1158-1184). Ses successeurs pénétrèrent jusque dans le Dekhan ; mais ils n'y fondèrent aucun établissement permanent. L'extension qu'ils donnèrent à l'empire Afghan ne fit qu'en rendre la conquête plus facile. Le désordre et l'anarchie y régnaient de toutes parts lorsque Timour-Leng[1] franchit l'Indus à la tète de ses redoutables Mogols (1397). Semant dans tout l'Indoustan le meurtre et la dévastation, Timour ne resta point dans le lieu de ses victoires ; mais, au choc terrible du conquérant, tous les liens de l'empire s'étaient brisés, et, après son départ, une foule de petits états se formèrent, les uns mahométans, les autres indous, qui se proclamèrent et restèrent indépendants, jusqu'à ce qu'en 1526 Baber, descendant de Timour et de Gengis-Khan, envahit de nouveau l'Indoustan à la tête de dix mille Mogols. Les divisions qui régnaient entre les souverains du pays aidèrent aux succès de ce nouveau conquérant ; tout se soumit. Baber resta dans les pays qu'il avait conquis, et établit à Dehli le siége de son empire. C'est le véritable fondateur de la dynastie mogole. Sous son petit-fils Akbar, l'empire fut agrandi de toutes parts ; il comprenait alors tous les pays situés entre l'Indus, le mont Himalaya, le golfe de Bengale et le Dekhan. Akbar est le plus grand des empereurs du Mogol. « Son nom, « dit Ferishta, vit et vivra sans cesse pour transmettre aux siècles à venir la gloire « de la maison de Timour ; il vivra pour devenir un modèle à tous les rois de l'uni-« vers. » Son administration sage, habile, bienveillante pour les Indous, cent fois

---

1. Timour-Leng (Tamerlan), était né en 1336, à Kech, dans le Djaggathaï, près de Samarkand, et descendait de Gengis-Khan par les femmes. Il succéda en 1360 à son oncle Seif-Eddyn, comme prince de Kech, se révolta en 1363 contre le khan du Djaggathaï, le tua, et se fit proclamer khan à sa place. Ce fut alors qu'il commença ses gigantesques expéditions.

plus nombreux que leurs vainqueurs [1], lui assura pendant tout son règne l'affection de ces peuples.

Akbar divisa l'empire en seize subahs ou vice-royautés [2] que gouvernait un
subahdar, délégué immédiat et représentant de l'empereur. Chaque vice-royauté
se subdivisait elle-même en districts régis par un *phousdar* ou *nabab*, représentant
du subahdar, comme celui-ci l'était de l'empereur. Lorsqu'un nabab mourait, le
subahdar était en droit de lui donner un successeur; mais cette nomination devait
être soumise à l'approbation du grand mogol. Subahdars et nababs étaient donc
des fonctionnaires publics révocables au moindre caprice de l'empereur, et il entrait
dans l'esprit ombrageux du despotisme impérial de les changer souvent. C'était le
seul moyen de leur ôter la possibilité d'acquérir un pouvoir dont ils n'auraient pas
tardé à profiter pour se rendre indépendants [3]. Après le subahdard et le nabab
venait le *dewan*, fermier général des revenus de la province, dont toute l'autorité
s'exerçait par l'intermédiaire d'un autre fonctionnaire appelé le *zemindar*. Le
zemindar partageait le pays, dont il avait à percevoir les revenus, en un certain
nombre de parties, et distribuait chacune de ces parties, soit à des cultivateurs
individuellement, soit à des villages collectivement, par l'intermédiaire de leurs
chefs. C'était lui qui était chargé de faire rentrer dans les caisses du dewan le
montant des terres ainsi affermées; ces fonctions importantes l'investissaient nécessairement d'un pouvoir considérable. Le commandement des troupes lui appartenait pour tout ce qui avait rapport à son office; il exerçait en outre la juridiction
civile et criminelle, d'après le Koran et les coutumes du pays. Dans les cas relatifs
à la religion, les cadis et les brahmines étaient appelés pour expliquer, les uns la
loi mahométane, les autres la loi indoue.

En dehors des vice-royautés administrées par les subahdars, il y avait encore les
états qui reconnaissaient la suzeraineté du grand mogol, mais dont le gouvernement avait été laissé aux souverains indigènes. À l'exception d'un impôt payé par
les rois de ces états, les choses étaient et sont, jusqu'à ce jour, restées pour eux
absolument telles qu'elles étaient avant la conquête; on y retrouve le système complet de l'organisation indoue primitive.

---

1. La population musulmane de l'Inde s'élevait à environ dix millions d'hommes ; elle se recrutait
incessamment d'aventuriers persans, tartares ou arabes, qui venaient chercher fortune dans l'Inde,
sous la protection de l'empereur ou de ses vice-rois. Disséminée dans les grandes villes, les places de
commerce, les postes militaires, la population mahométane y remplissait la plupart des emplois du
gouvernement, se superposant sans se mélanger à la population indoue, qui partout conserva sa religion, ses mœurs, ses habitudes, et souvent jusqu'à ses formes politiques.

2. Alhahabad, Agra, Oude, Adjmir, Amenabad, Bahar, Bengale, Delhi, Cachemire, Caboul, Lahore,
Multan, Malwah, Berar, Candesh, Ahmednuggur.

3. On raconte qu'un nabab nouvellement nommé, partant de Dehli pour se rendre dans son gouvernement, se plaça sur son éléphant le visage tourné vers la queue, et fit la route de cette façon, afin,
disait-il, de voir venir son successeur.

L'affaiblissement graduel du pouvoir central ne devait pas tarder à changer cet état de choses : les
nababs, en commençant par ceux des provinces les plus éloignées, s'affermirent peu à peu dans leurs
gouvernements ; au lieu du revenu total de leurs provinces, ils n'en firent plus d'abord passer à Dehli
qu'une somme moindre et déterminée d'avance, et finirent peu à peu par devenir tout à fait indépendants. On les menaçait bien d'une grande armée qui devait incessamment partir de Dehli pour les
aller châtier, mais cette grande armée n'arrivait jamais. Les nababs finirent ainsi par demeurer en
paisible possession de leurs gouvernements.

L'empire présentait ainsi de singuliers constrastes dans ses institutions. Sur le trône était le grand mogol, possesseur, du moins en apparence, d'une autorité sans limites. Les subahdars, ses délégués, représentaient dans les provinces le pouvoir absolu; au dessous, ou à côté d'eux, se trouvaient un grand nombre de princes indigènes, de rejetons des anciens souverains dont la domination avait précédé de bien des siècles la conquête mogole. Les uns et les autres déléguaient leur autorité à une multitude de fonctionnaires, par les mains desquels ils administraient et gouvernaient. Puis, au dessous de cette hiérarchie aristocratique et administrative, se trouvait le village, sorte de municipalité, de république, dont l'origine se perdait dans la nuit des temps, et dont la constitution était demeurée invariable sous tous les gouvernements qui s'étaient successivement remplacés sur le sol de l'Inde. Le village présentait en effet tellement peu de surface, qu'il pouvait entrer dans les édifices politiques les plus différents; il avait néanmoins assez de consistance pour ne pas être brisé dans leur chute [1].

---

1. Un village est une certaine étendue de terrain comprenant quelques centaines ou quelques milliers d'acres de terre labourable; il ressemble à une corporation ou à une municipalité, quand on le considère politiquement. Il a une sorte de gouvernement, qui est composé comme il suit : Le *potail*, espèce de maire ou bourgmestre, a la surintendance générale des affaires; il arrange les querelles, veille au maintien du bon ordre, touche les revenus du village. Le *carnum* tient registre des frais de culture et de tout ce qui s'y rapporte; le *tallier* fait la recherche des crimes, des fautes, des délits; il escorte et protége les personnes qui voyagent d'un village à l'autre; le *totie* est chargé de la garde et de la mesure des moissons; le *gardien des limites* est chargé de donner tous les témoignages en ce qui les concerne; le *commissaire des eaux et des étangs* distribue les eaux suivant les besoins de l'agriculture; le *brahmine* remplit les cérémonies du culte public, le *maître d'école* enseigne aux enfants à lire et à écrire. Il y a aussi le *calender brahme*, ou astronome, qui annonce les époques favorables ou défavorables pour les semailles; le *forgeron* et *charpentier*, qui confectionne les instruments d'agriculture et bâtit les cabanes; le *potier*, le *porteur d'eau*, le *barbier*, le *gardeur de bétail*, le *médecin*, la *danseuse*, le *musicien* et le *poëte*. C'est sous cette forme de gouvernement que les habitants de la campagne ont vécu de temps immémorial. Les bornes de ces villages ont été rarement altérées; les villages eux-mêmes ont été quelquefois désolés par la guerre, la famine et la peste, mais les mêmes familles ont continué d'y faire leur résidence, d'y avoir leurs intérêts, et ils ont conservé leur nom pendant les siècles. Les habitants ne se mettent point en peine des révolutions de l'empire; tant que le village demeure entier, ils ne s'inquiètent point à quel souverain il appartient; quel que soit ce souverain, l'économie intérieure du village n'en demeure pas moins invariable; quoi qu'il arrive, le *potail* demeure toujours le chef des habitants; il est à l'abri des révolutions politiques dans ses fonctions de juge, de magistrat, de collecteur du revenu public. Ces villages sont ainsi une sorte de république, immuable base des monarchies chancelantes de l'Orient. Dans la plupart d'entre eux, il existe même une sorte de communauté des biens et des travaux qui permet à chacun de profiter de quelque manière de l'assistance de tous les autres. L'impôt dû par le village étant d'abord prélevé, les habitants se partagent ensuite le reste de la moisson, en proportion de la quantité de terre que chacun a défrichée. Les uns vont au marché, les autres s'occupent de la culture, de la moisson, etc., et chacun a de la sorte ses occupations particulières, qui profitent à tous; état de choses d'où résultent des avantages analogues à ceux que procure ailleurs la division du travail.

La quotité générale des impôts est ainsi décrite dans le rapport d'un comité du parlement chargé, en 1810, d'un examen sur les affaires de l'Inde : « Par la coutume du gouvernement indou, les cultivateurs ont droit à la moitié de la moisson de riz qui est le produit des pluies périodiques; ils ont droit aux deux tiers environ de celle provenant des moyens artificiels d'arrosement. Tandis que la moisson est encore sur pied, la quantité des grains en est examinée en présence des habitants et des employés du village; elle est estimée par des personnes étrangères à celui-ci, que l'habitude a rendues expertes, habiles à estimer le montant du produit d'une étendue de terre quelconque, et qui d'ailleurs sont aidées dans ce travail par la comparaison du produit de l'année avec celui des années précédentes, constaté par les registres du village. La part du gouvernement étant alors fixée, déter-

Ces contrastes puissants, ces mœurs si différentes, qui, mettant obstacle à la fusion des deux nations en une seule, isolaient les conquérants, et rendaient les indigènes complétement indifférents à la gloire ou à la puissance de l'empire, devaient nécessairement lui ôter toute stabilité. Il était évident qu'aussitôt qu'une main ferme cesserait de contenir les éléments disparates dont il se composait, la dissolution commencerait. Les vastes conquêtes d'Aureng-Zeb, petit-fils d'Akbar, ne firent que hâter ce moment.

Aussi profond politique qu'habile et vaillant guerrier, ce prince, après avoir emprisonné son père Shah Jehan, vaincu et fait périr ses frères qui lui disputaient le trône, se fit couronner à Dehli en 1659. Il gouverna avec vigueur et habileté, soumit à sa domination le Thibet, le Dekhan, les riches royaumes de Golconde et de Beejapore, et porta à son apogée la gloire et la puissance de la dynastie mogole. Mais son bras de fer était à peine suffisant pour maintenir dans son intégrité un empire aussi étendu; et déjà même, dans la dernière moitié de son règne, les invasions des Mahrattes [1], dont Sevajee fondait la puissance, celles des Afghans, des Sykhs [2], les révoltes des gouverneurs de provinces, faisaient pressentir la prochaine dissolution de l'empire. Des ennemis plus redoutables encore que les Afghans, les Sykhs et les Mahrattes, les Anglais avaient pris pied dans l'Inde.

minée d'avance, elle est payée soit en nature, soit en argent. Des produits du jardinage, dont la culture est plus dispendieuse et plus difficile, le gouvernement prend une plus petite portion. D'après le docteur Buchanan, qui fit un voyage dans le royaume de Mysore, la moisson était partagée comme il suit, entre le cultivateur et le souverain, sous le gouvernement de Tippoo-Saïb, demeuré le même qu'au temps de Hyder-Ali. La moisson devait rester dans le champ jusqu'au paiement de l'impôt; le paiement effectué, le grain était immédiatement partagé, toujours sur place, en un certain nombre de parts ou de tas. Un tas consistait généralement en cent boisseaux (chaque boisseau pesant environ trois kilog.), qu'on distribuait de la façon suivante : Pour les dieux, c'est-à-dire pour les prêtres, il était déduit vingt-cinq seers (chaque seer était le tiers d'un boisseau); pour les brahmes mendiants, autant; pour l'astrologue et les brahmes du village, un seer chacun; pour le barbier, le potier, le porteur d'eau, le vasaradava, à la fois charpentier et forgeron, deux seers chacun; pour le mesureur, quatre seers; pour l'adesca, une sorte de bedeau, sept seers; pour le chef du village, huit seers, avec lesquels il était obligé de subvenir aux sacrifices du village; pour le comptable, dix seers : toutes réquisitions qui demeuraient les mêmes, quelle que fût la grosseur du tas, pourvu qu'il dépassât vingt-cinq boisseaux. Toutes ces portions retirées, le tas de grain était mesuré de nouveau. Alors sur chaque candaca, c'est-à-dire sur chaque mesure équivalant à cinq demi-boisseaux, il était déduit un demi-seer pour les gardes de nuit du village, deux seers et demi pour le comptable, autant pour le chef du village, enfin l'épaisseur d'un pouce au-dessus de terre, mêlé à de la bouse de vache, dans le but de le purifier, devenait le lot du conducteur des eaux. Le total de ces diverses déductions sur un tas de vingt candacas ou de cent dix boisseaux, était de 5 et demi pour 100 sur le produit brut; il revenait en outre sur le net 10 pour 100 au collecteur du revenu. Le reste du tas était alors partagé par portions égales entre le roi et le cultivateur; ce dernier n'obtenait qu'à peine une compensation pour son travail et les frais de culture : le bénéfice total de la terre allait au souverain.

(Barchou de Penhoën, t. i, p. 340 et suiv.)

1. Les Mahrattes ne formaient dans l'origine que quelques tribus sauvages, grossières, à peine civilisées, mais intrépides et guerrières (elles appartenaient à la caste militaire des Ketrys), habitant les régions montagneuses qui s'étendent des frontières du Guzerate jusqu'à celles du Beejapore. Elles étaient soumises au roi de Beejapore. Sevajee, fils d'un Indou au service de ce prince, se révolta contre lui, le défit, le tua, s'empara de la plus grande partie de ses états, et lutta avec succès contre Aurengzeb. A sa mort, son royaume occupait, sur les rives occidentales de l'Inde, une étendue de quatre cents milles de longueur sur cent vingt de largeur.

2. Les Sykhs, populations guerrières, habitant un pays situé entre l'Indus et le Gharra, appartenaient aussi à la classe des Ketrys.

AURENG-ZEB RECEVANT LA TÊTE D'UN DE SES FRÈRES.

d'après une miniature indoue conservée au Cabinet des Estampes de la Bibliothèque Royale de Paris.

ETABLISSEMENT DES ANGLAIS DANS L'INDE.

DE LA FIN DU RÈGNE D'ELISABETH AU TRAITÉ DE PONDICHERY, EN 1654. — Nous avons vu au règne d'Élisabeth les premières tentatives faites par la Compagnie des marchands de Londres pour partager avec les Hollandais et les Portugais les bénéfices du commerce de l'Inde (voyez tome I, p. 734 et suivantes). Dans les dix années qui suivirent l'expédition du capitaine Lancaster, huit autres voyages furent entrepris et donnèrent des résultats à peu près semblables. Ces expéditions avaient exclusivement été dirigées vers les îles de l'Océan indien, Sumatra, Java, Amboyne; il était cependant important d'ouvrir des relations de commerce avec le continent; mais c'était une entreprise difficile à cause de la jalousie et des prétentions exclusives des Portugais et des Espagnols (le Portugal était alors sous la domination de l'Espagne); et, quoique la paix régnât en Europe entre l'Angleterre et cette puissance, plusieurs combats eurent lieu entre les navires de la Compagnie anglaise et ceux des Portugais. En 1612, le capitaine Best défit ces derniers dans deux actions successives, et ses victoires permirent aux Anglais d'établir à Surate leur première factorerie. Best parvint même à conclure avec les gouverneurs mogols de Surate et d'Ahmenabad un traité, ratifié par un firman impérial, qui portait, entre autres dispositions : « qu'il y aurait paix perpétuelle entre les sujets du grand Mogol et ceux du roi d'Angleterre; que ceux-ci auraient droit d'importer dans les états du grand Mogol toutes les denrées qu'ils voudraient, à la condition de payer un droit de trois et demi pour cent de la valeur; qu'il serait loisible au roi d'Angleterre d'avoir un ambassadeur auprès du grand Mogol. » Jacques, à la sollicitation de la Compagnie, envoya à l'empereur un ambassadeur chargé de resserrer ces relations d'amitié, et d'obtenir la permission d'établir des comptoirs dans ses états. Sir Thomas Roë, homme d'une grande habileté, fut choisi pour cette mission. Il débarqua à Surate en grande pompe, et se dirigea avec une suite nombreuse vers Adjmir, où résidait l'empereur Jehanghire, successeur d'Akbar. Quoiqu'il fût reçu par ce souverain avec des honneurs inaccoutumés, sir Thomas Roë ne tarda pas à s'apercevoir que le succès de ses négociations était menacé par les intrigues des missionnaires portugais. Cependant, à force de persévérance et d'adresse, il réussit à faire confirmer le précédent traité, et obtint, pour la Compagnie, l'autorisation d'entretenir des agents anglais dans les principales villes de l'empire, et d'établir un comptoir à Hoogly, alors le grand marché où le Bengale s'approvisionnait des denrées étrangères (1617).

Les Hollandais n'avaient pas vu avec moins de jalousie que les Portugais les progrès rapides des Anglais dans l'Inde, et leurs prétentions au monopole exclusif du commerce dans les Moluques et autres îles à épices avaient amené entre eux et la Compagnie de fréquentes hostilités. Après de longues contestations, les deux gouvernements parvinrent à conclure un arrangement qui conciliait leurs prétentions respectives. Il y était dit : qu'il y aurait restitution mutuelle des vaisseaux et propriétés saisies ; que le commerce de poivre à Java serait fait par les deux nations ; que les Anglais auraient la liberté de commerce à Pullicate et sur la côte de Coromandel, à la condition de payer la dépense de la garnison ; qu'ils auraient le tiers du commerce des Moluques et de Banda, et les Hollandais les deux tiers, à charge pour les uns et les autres de supporter les frais de la garnison dans la même proportion ; un conseil composé de quatre membres de chaque compagnie fut formé pour surveiller l'exécution du traité. Mais les intérêts des deux nations étaient trop opposés pour que la bonne intelligence pût durer longtemps entre elles. Les Anglais, plus faibles que leurs rivaux, ne tardèrent pas à les accuser d'injustice et d'oppression. Un événement inattendu amena une rupture complète. Neuf Anglais, neuf Japonais et un Portugais, furent tout à coup arrêtés à l'île d'Amboyne par ordre des autorités hollandaises, et jetés en prison sous la prévention d'avoir ourdi une conspiration pour surprendre la garnison hollandaise et s'emparer de l'île (1623). Mis à la torture et vaincus par les tourments, quelques-uns des prisonniers avouèrent le crime dont on les accusait ; tous furent condamnés à mort et exécutés. Lorsque cette nouvelle parvint en Angleterre, elle y produisit une indicible sensation. Une gravure, où l'on avait représenté les Anglais expirant sur le chevalet, au milieu des plus horribles tourments, fut répandue dans tout le royaume, et excita au plus haut degré la fureur du peuple. Jacques, assiégé de pétitions, qui, toutes demandaient une vengeance exemplaire, fit mettre l'embargo sur les vaisseaux hollandais qui se trouvaient dans les ports anglais jusqu'à ce que satisfaction eût été donnée par les États. Non-seulement cette satisfaction ne fut point accordée, mais encore les Anglais abandonnèrent à leurs rivaux le commerce des îles à épices, et pendant quelque temps, soit à cause de l'insuffisance du capital de la Compagnie, de quelque vice radical de la constitution, ou des dépenses occasionnées par le maintien d'une force navale considérable, soit par suite de la formation d'une seconde Compagnie des Indes autorisée par le roi, ou bien encore à raison des mauvaises dispositions de quelques princes indigènes, le pouvoir des Anglais dans l'Inde déclina sensiblement, et la Compagnie tomba dans la plus profonde détresse. La réunion des deux sociétés rivales et l'augmentation de capital qui en fut la suite, l'autorisation obtenue par les bons offices de M. Houghton, chirurgien très en faveur auprès de l'empereur Shah Jehan, fils de Jehanghire, de former un nouvel établissement à Hoogly ; enfin la cession sur la côte de Coromandel d'un petit territoire sur lequel s'éleva le fort Saint-Georges (1741), et où furent jetés les fondements de Madras, ne tardèrent pas à relever les affaires des Anglais. La guerre civile qui éclata alors en Angleterre entre Charles Ier et le parlement vint encore arrêter les progrès de la Compagnie, et de 1642 à 1657, le commerce avec l'Inde fut ouvert à tous les marchands anglais qui voulaient s'y engager ; mais, à la fin de cette période, Cromwell confirma dans toute leur force les priviléges de l'ancienne société. Sous la restauration, ces priviléges furent considérablement étendus ; une nouvelle charte investit la Compagnie du droit de juridiction civile dans ses établissements, et lui accorda le pouvoir de faire la guerre et de con-

clure la paix avec les infidèles de l'Inde. En outre, en 1668, Charles, trouvant plus
onéreuse qu'utile la possession de Bombay, que sa femme Catherine de Bragance
lui avait apporté en dot, céda cette ville à la Compagnie; elle y transporta en 1687
le siége de la présidence sur tous ses autres établissements de l'Inde.

Ses relations commerciales s'étendirent dès lors de plus en plus sur les deux
côtes de l'Indostan; mais elles étaient fréquemment traversées et arrêtées par
les dispositions hostiles des princes du pays, qu'excitait contre les Anglais la
jalousie des Portugais et des Hollandais. La faiblesse de ces princes, les discussions et les guerres qui survenaient incessamment entre eux, leur esprit de
rébellion contre la domination du grand Mogol, encouragèrent les Anglais à ne
pas se borner vis-à-vis d'eux à la simple défensive, et à tourner leurs vues vers les
conquêtes territoriales. Les instructions des directeurs indiquèrent à leurs agents
cette voie nouvelle dans laquelle ils devaient entrer : « L'accroissement de notre
revenu territorial, y était-il dit, doit être tout autant que notre commerce l'objet
de nos soins assidus. Tandis que vingt accidents peuvent interrompre notre commerce, c'est ce revenu qui doit maintenir nos forces; c'est lui qui nous rendra une
nation dans l'Inde. Sans lui nous ne serions qu'un plus ou moins grand nombre
de marchands ayant la faculté de trafiquer là seulement où il n'est de l'intérêt de
personne de nous prévenir. » Résolue à se poser en pouvoir politique et militaire,
la Compagnie envoya en 1686 le capitaine Nicholson au Bengale, avec dix vaisseaux de guerre et six compagnies de soldats; il avait ordre de saisir et de fortifier le poste de Chittagong (actuellement Islamabad), ville située à l'embouchure de la rivière de ce nom, sur le golfe de Bengale. L'expédition, mal conduite,
échoua, et les Anglais, assaillis par toutes les forces du nabab du Bengale, se
virent obligés d'abandonner cette province et de se retirer à Madras avec tout ce
que possédait la Compagnie.

La conduite des Anglais irrita vivement l'empereur Aureng-Zeb, qui occupait
alors le trône de Dehli. Jusqu'alors il avait été favorablement disposé pour eux;
mais leurs prétentions à s'établir de force dans ses états excitèrent son courroux,
et il donna aussitôt l'ordre de les expulser de tous les pays de sa domination. Les
factoreries de Surate, de Masulipatam, de Visigapatam, furent saisies; Bombay
assiégé et pris, le gouverneur bloqué dans le château, les facteurs de la Compagnie
enchaînés et promenés ainsi par toute la ville. Dans cette extrémité, les Anglais se
décidèrent à implorer la clémence d'Aureng-Zeb. Deux de leurs facteurs, les reins
ceints d'une corde et les mains enchaînées, allèrent se jeter aux pieds de l'empereur. Apaisé par leurs prières, persuadé d'ailleurs par la facilité de sa victoire que
jamais les Anglais ne pourraient devenir dangereux, Aureng-Zeb revint à ses premiers sentiments d'amitié, et consentit à restituer à la Compagnie ses anciens établissements.

Les revers mêmes qu'elle venait d'essuyer ne firent que rendre plus vifs que
jamais les désirs de celle-ci de s'assurer dans l'Inde un pouvoir indépendant du
grand Mogol et de ses nababs, et, pour arriver à ce but, elle se hâta de traiter
avec un prince du pays de l'achat de Tegnapatam, petit port sur la côte de Coromandel, qu'elle entoura aussitôt de murs et de boulevards, en changeant son nom

contre celui de fort Saint-David. Neuf ans après (1698), une occasion lui fut donnée d'étendre encore ses possessions, qu'elle ne laissa point échapper. Azim-Ooshaun, fils d'Aureng-Zeb, et vice-roi du Bengale, avait formé le projet de détrôner son père, comme celui-ci avait détrôné le sien, ou du moins de s'assurer contre ses autres frères la succession à l'empire. Pour l'exécution d'un pareil projet, de l'argent et des bras étaient nécessaires : la Compagnie lui promit l'un et l'autre. En échange d'une somme considérable, elle obtint la cession des villages de Chuttanuttee, de Govindpore et de Calcutta, avec les districts qui en dépendaient. Le fort William s'éleva petit à petit, près du village de Calcutta, qui s'accrut tellement à l'ombre de ces murs protecteurs, que neuf années après il devint le siége d'une présidence.

Ces succès et les avantages positifs qui en résultaient excitèrent plus vivement que jamais l'envie des négociants anglais que le monopole de la Compagnie excluait des bénéfices du commerce avec l'Inde, et celle-ci dut redoubler de sévérité pour prévenir les tentatives incessantes des *interlopers* [1]. Dans l'année 1691, la cour des directeurs ordonna aux capitaines de vaisseaux de la Compagnie de s'emparer de tous les interlopers, quels qu'ils fussent, et de les amener à Bombay, devant la cour de l'amirauté. Plusieurs y furent condamnés à mort, comme des pirates dont les déprédations étaient cause des différends qui survenaient entre le grand Mogol et les Anglais. Ces actes, que l'on pouvait avec raison taxer d'arbitraires, furent vivement incriminés par tous les ennemis de la Compagnie, et la chambre des communes, inondée de pétitions qui sollicitaient du parlement un nouveau système d'administration pour les affaires de l'Inde, prévenue elle-même contre une société dont elle n'avait jamais confirmé la charte et qui s'attribuait un pouvoir de juridiction aussi exorbitant, demanda au roi de dissoudre la Compagnie, afin de la reconstituer sur de nouvelles bases. Le roi remit l'affaire aux mains du conseil privé; mais celui-ci, sans égard pour la demande des communes, accorda à la Compagnie le renouvellement de sa charte. Irritée du peu de succès de ses représentations, la chambre déclara alors : « Que c'était le droit de tout Anglais de faire le commerce dans les Indes-Orientales et toutes les autres parties du monde, à moins que cette faculté n'eût été retirée par un acte du parlement. » Une enquête fut entamée sur tous les actes de la Compagnie; l'examen de ses livres mit à jour un grand nombre d'abus. Depuis la révolution de 1688, les dépenses de l'intérieur s'étaient élevées de 1,200 livres par an à la somme énorme de 90,000 livres, et l'on prouva que la plus grande partie de cet argent avait été employée à acheter le consentement de quelques-uns des ministres du roi et des membres du parlement au renouvellement de la charte de la Compagnie. Danby, duc de Leeds et président du conseil, avait reçu 5,000 guinées, et le roi lui-même 10,000. La chambre des communes, après avoir décrété le duc de Leeds d'accusation, déclara que la charte de l'ancienne Compagnie lui serait retirée dans le délai de trois années, et que les priviléges qu'elle contenait seraient mis immédiatement à l'en-

---

1. On donnait ce nom à tous ceux qui tentaient de faire directement le commerce avec l'Inde, en dehors et en dépit de la Compagnie et de ses agents.

chère et adjugés au plus offrant. Alors les interlopers se réunirent, et, par une avance de 2,000,000 de livres sterling faite au gouvernement, obtinrent un bill qui leur accordait le privilége exclusif du commerce avec les Indes-Orientales. Il y eut alors deux Compagnies rivales, l'une constituée par charte, en vertu de la prérogative royale, l'autre, par un bill provenant de l'autorité parlementaire. Pendant plusieurs années toutes deux ne songèrent qu'à se procurer à prix d'or l'appui exclusif de la chambre des communes ; enfin, fatiguées d'une lutte qui épuisait leurs ressources respectives, elles se réunirent et prirent le nom, qu'elles ont toujours conservé depuis, de « COMPAGNIE-UNIE DES MARCHANDS FAISANT LE COMMERCE DES INDES-ORIENTALES » (2 juillet 1701).

Une organisation nouvelle fut la suite de la fusion des deux Compagnies en une seule. Jusqu'alors les possesseurs de fonds engagés dans le commerce des Indes avaient eu le droit, quel que fût d'ailleurs le chiffre de leur capital, de faire partie de l'assemblée dite *des propriétaires*, et de concourir à la nomination des directeurs chargés de l'expédition des affaires. Depuis l'union, un capital d'au moins 500 liv. sterling devint nécessaire pour être admis à l'assemblée des propriétaires, un de 200 livres pour pouvoir être élu membre de la cour des directeurs. Divisée en dix comités, cette cour, dont les membres étaient soumis chaque année à la réélection, demeura chargée de la direction générale de toutes les affaires civiles, politiques et commerciales; le président en était le représentant officiel.

Les possessions de la Compagnie dans l'Inde furent alors partagées en trois présidences : Bombay, Madras et Calcutta ; chacune d'elles, souveraine dans l'étendue de sa domination, avait un gouverneur, qui, assisté d'un conseil, était chargé de l'administration et du pouvoir exécutif. Les employés de la Compagnie se divisaient en employés du service civil ou employés du service militaire; les premiers portant le nom d'écrivains, facteurs, marchands de première et de seconde classe. Les écrivains tenaient les registres, faisaient les écritures, s'occupaient des menus détails du négoce; au bout de cinq ans ils devenaient facteurs, au bout de trois autres années marchands de seconde classe, puis marchands de première classe. Les membres du conseil et le président étaient choisis parmi ces derniers. Les employés du service civil commençaient leur carrière à seize ans comme écrivains; avant de quitter l'Angleterre, ils s'engageaient par contrat à servir, moyennant une certaine somme d'argent, pendant un espace de temps déterminé, partout où il plairait à la Compagnie de les envoyer.

Après avoir ainsi complété son organisation, la Compagnie prit soin de faire reconnaître son droit exclusif au commerce de l'Inde. Plusieurs décisions judiciaires, fortifiées de dispositions législatives, établirent que tout sujet britannique qui se rendait aux Indes, ou qui résidait dans ce pays, sans autorisation préalable de la Compagnie, était censé faire le commerce et considéré comme en infraction avec la loi ; que la Compagnie avait dès lors pouvoir de le faire arrêter, et de l'envoyer en Angleterre, où il devait être poursuivi criminellement, etc., etc.; enfin, et moyennant l'avance faite au gouvernement de plusieurs sommes importantes, la Compagnie fit proroger, d'abord jusqu'en 1726, puis jusqu'en 1766, son privilége qui devait expirer en 1711.

Délivrée de toute concurrence, appuyée sur une organisation vigoureuse, avec plus d'un demi-siècle de monopole assuré, la Compagnie allait s'occuper plus activement que jamais de ses plans d'agrandissements territoriaux. L'affaiblissement incessant de l'empire mogol favorisa ses vues ambitieuses.

La mort d'Aurengzeb, arrivée en 1707, avait été le signal de la décadence de l'empire. Sous le règne de son successeur, Shah-Alum, et pendant la guerre civile qui, à la mort de ce prince (1714), éclata entre ses quatre fils, les Mahrattes étendirent leurs conquêtes au sud de l'empire, les Radjpoutes se rendirent tout à fait indépendants et les Sykhs ravagèrent les provinces de Lahore et de Dehli. Jehandar-Shah, vainqueur et meurtrier de ses autres frères, fut bientôt détrôné par son neveu Feroksir, qui, après un règne de sept années marqué par des rébellions et des invasions continuelles, périt aussi lui-même à la suite d'une révolte. Sous son faible successeur, Mohammed-Shah, la ruine de l'empire s'acheva. Déjà les Rohillas, peuplade de race afghane, s'étaient emparés des provinces du nord; de tous côtés les nababs se mettaient en rébellion ouverte; enfin, en 1739, Nadir-Shah [1] envahit les provinces occidentales, et pénétra jusqu'à Dehli. Après avoir incendié la capitale, et massacré cent mille habitants, le farouche vainqueur se retira sans daigner renverser du trône l'imbécile Mohammed, mais en emportant avec lui les incommensurables richesses accumulées depuis des siècles dans le trésor impérial, et en se faisant céder toutes les provinces à l'ouest de l'Indus. L'empire, déjà à demi ruiné, ne se remit pas de ce choc terrible; le subahdar du Bengale, Aliverdy-Khan, celui du Dékhan, Nizam-el-Mulk [2], se déclarèrent complétement indépendants; ceux d'Oude, d'Allahabad, de Delhi, d'Agra, à cause de leur proximité, reconnurent encore la suzeraineté de l'empereur; mais cette suzeraineté n'était plus que nominale et sans pouvoir réel.

Pendant ces événements, la puissance territoriale des Anglais s'était considérablement accrue. En 1715, ils avaient obtenu de l'empereur Feroksir le don de trois villages situés près de Madras, la cession de l'île de Diù, à l'entrée du port de Masulipatam, enfin l'autorisation d'acheter les zemindaries de trente-sept villages, près de leurs établissements du Bengale. Le désordre qui régna dans l'empire après l'invasion de Nadir semblait devoir rendre encore plus facile l'exécution de leurs projets d'agrandissement; mais alors ils trouvèrent dans les Français établis dans l'Inde un obstacle plus redoutable que tous ceux qu'ils avaient rencontrés jusqu'à cette époque dans la jalousie des puissances européennes rivales, et dans l'inimitié des princes du pays.

Les Français s'étaient montrés tard dans l'Inde, et jusqu'à Colbert les tentatives

---

1. Nadir-Shah, alors roi de Perse, était fils d'un berger du Khoraçan, et fut d'abord conducteur de chameaux. Lorsqu'en 1722, la dynastie des Sophis fut renversée du trône de Perse par les Afghans, et la famille royale massacrée tout entière, à l'exception d'un fils de Hussein-Shah, nommé Thamasp, Nadir se joignit aux quelques partisans qui restaient encore à ce prince, et sous le nom de Thamasp-Koolie-Kan (chef des esclaves de Thamasp), leva une troupe de bandits avec lesquels il chassa l'usurpateur afghan, et remit Thamasp sur le trône (1730), en régnant toutefois sous le nom de ce prince. Bientôt, fatigué de gouverner sous le nom d'un autre, Nadir voulut s'asseoir lui-même sur le trône, et se fit proclamer shah de Perse (1736).

2. Mot à mot, *le soutien de l'état*; son véritable nom est Sheye-Koolie-Khan.

faites par de hardis aventuriers n'avaient eu pour résultat aucun établissement solide et permanent. Colbert comprit tout le parti qu'il était possible de tirer, pour la prospérité de la France, du commerce de l'Orient; il créa en conséquence une Compagnie française des Indes-Orientales sur le modèle de celles de Hollande et d'Angleterre, et la dota même de priviléges dont ne jouissaient pas ces dernières. Madagascar, malgré les malheurs qu'on y avait déjà éprouvés et qu'on était disposé à considérer comme purement accidentels, Madagascar, qui avait un sol fertile, une population nombreuse, qu'on se flattait de trouver intelligente et docile, fut choisie encore cette fois comme le berceau des établissements naissants.

De 1665 à 1670, la Compagnie y fit quelques expéditions; déçue dans ses espérances, elle rendit l'île au gouvernement, et dirigea ses vues sur Surate, pour en faire le centre de son commerce. Déjà entrepôt des produits de plusieurs contrées voisines, Surate se présentait pour ainsi dire tout naturellement. La Compagnie voulait encore un port indépendant au centre de l'Inde. A l'époque où Louis XIV envahissait la Hollande, elle fit une tentative sur un de ceux de l'île de Ceylan, occupé par les Hollandais. La flotte française repoussée se présenta devant Trinquemale, qui se rendit sans résistance; elle s'empara encore sur la côte de Coromandel de Saint-Thomas, conquête que l'on fut obligé d'évacuer deux années après. La célèbre ambassade du roi de Siam à Louis XIV ayant eu lieu en 1684, Louis XIV essaya de tirer parti en faveur de la Compagnie des bonnes dispositions de ce souverain; il envoya une escadre chargée de lier des relations de commerce entre les deux pays. Enfin, en 1683, les Français, qui avaient déjà fait quelques tentatives pour remonter le Gange, obtinrent du grand Mogol la permission de faire le commerce dans les provinces de Bengale, Bahar et Orissa, à la charge par eux de payer un droit déterminé sur les marchandises qu'ils vendaient ou achetaient. En vertu de ces priviléges, les négociants français établirent quelques comptoirs au Bengale; le principal était à Chandernagor, à quinze ou seize lieues de la mer, sur la rivière de Hoogly. Un autre établissement important fut, vers la même époque, fondé à Pondichéry, sur la côte de Coromandel.

Les Français possédaient encore non loin de la côte orientale de Madagascar deux îles que les Portugais avaient découvertes, nommées Cerné et Mascarhenas, et abandonnées ensuite. Lorsqu'une partie des colons français de Madagascar eut été massacrée par les indigènes, ceux qui échappèrent se réfugièrent dans la plus grande de ces îles. Leur nombre ne tarda pas à être grossi par des naufragés de toutes nations, et l'établissement acquit quelque importance. La Compagnie en demanda alors la cession au gouvernement, et cette demande ayant été accueillie, elle y fit aussitôt élever un fort qu'elle nomma le fort Bourbon, et qui donna son nom à l'île entière. Sur ces entrefaites, le hasard ayant fait découvrir çà et là des pieds de caféyers sauvages, le gouverneur en fit venir d'Arabie quelques centaines de plants, qui réussirent à merveille. Comme l'Arabie seule fournissait alors du café au reste du monde, c'eût été une immense source de prospérité pour la nouvelle colonie; malheureusement l'île n'avait point de ports. Alors les regards se tournèrent vers Cerné, dont les Hollandais avaient pris possession en 1598, et à laquelle ils avaient donné le nom d'île Maurice, en l'honneur de Maurice, prince d'Orange. Ils y avaient fait quelques établissements; mais leur colonie du Cap les avait rendus promptement inutiles, et ils avaient abandonné l'île, après en avoir détruit tous les édifices. Les Français, profitant de cet abandon, s'en emparèrent en 1721, et la nommèrent Ile de France. Quelques colons de Bourbon vinrent s'y établir, et la Compagnie réunit ses deux îles sous un même gouvernement. Elle n'avait pu cependant y former encore un établissement solide, lorsqu'en 1734 Mahé de La Bourdonnais fut nommé gouverneur. Aussitôt tout changea de face. Les habitants, pauvres, sans industrie, sans commerce, sans agriculture, n'avaient ni magasins, ni fortifications, ni soldats, ni vaisseaux. La Bourdonnais leur donna tout cela. Ingénieur, architecte, agriculteur, il forma des ouvriers pour tous les états, introduisit dans les îles la culture des graines nécessaires à la vie des habitants, ainsi que celle de la canne à sucre et de l'indigo, éleva des magasins, des arsenaux, des fortifications; et, quelques années après son arrivée, de ces îles où l'on ne trouvait que de grossières embarcations à peine bonnes pour la pêche, sortirent quatre bâtiments, de deux à cinq cents tonneaux, dont toutes les parties jusqu'au moindre clou avaient été fabriquées dans la colonie.

Pendant ce temps, et sous la main habile d'un autre homme de génie, les établissements français du Bengale et de la côte de Coromandel n'avaient pas pris un moindre développement. Nommé d'abord gouverneur de la colonie formée au Bengale, Dupleix, fils d'un des directeurs de la Compagnie des Indes, n'avait pas tardé à la tirer de l'état de dépérissement où elle était tombée. Quand on le vit consacrer sa puissante fortune à l'accroissement du commerce avec les indigènes et à la construction de nombreux navires qu'il envoyait trafiquer jusqu'en Chine, les colons arrivèrent en foule à Chandernagor. Des maisons s'y élevèrent de tous côtés, et en peu de temps le commerce de la France au Bengale devint un objet d'envie pour toutes les autres colonies européennes. Tant de talents et de si beaux résultats valurent bientôt à Dupleix le gouvernement de Pondichéry, et le titre de directeur-général des établissements français dans l'Inde (1742).

A cette époque, la bonne harmonie qui avait si longtemps subsisté entre la France et l'Angleterre commençait à s'altérer. Le pacifique Walpole avait été renversé du ministère, et tout faisait craindre une prochaine rupture. Bientôt en effet, la France et l'Angleterre, après s'être pendant quelque temps combattues comme auxiliaires, l'une du roi de Prusse, l'autre de Marie-Thérèse, entrèrent dans la lutte comme parties principales. Les hostilités s'étendirent à leurs possessions coloniales. Une escadre anglaise vint menacer Pondichéry et les établissements français de la côte de Coromandel. La situation des Français était critique; car quoique, aussitôt après son arrivée à Pondichéry, Dupleix eût commencé à fortifier la ville jusqu'alors sans défense, les fortifications n'étaient point encore achevées, et la garnison ne se montait qu'à environ quatre cents hommes. Mais à la nouvelle de la déclaration de guerre, La Bourdonnais, nommé au commandement des forces navales de la Compagnie française des Indes, était parvenu, par des prodiges d'habileté, d'industrie et de persévérance, à équiper une petite flotte avec laquelle il s'était dirigé vers les mers de l'Inde. Le 6 juillet 1746, il rencontra la

flotte anglaise, força le passage après un engagement très-vif, et délivra Pondichéry. Très-maltraités dans le combat, les Anglais avaient été obligés d'aller
relâcher dans l'île de Ceylan. La Bourdonnais profita de leur retraite pour exécuter
un projet qu'il méditait depuis longtemps, et vint mettre le siége devant Madras,

Madras.

le principal établissement des Anglais sur la côte de Coromandel. Cette ville et le
territoire adjacent comptaient déjà une population d'environ 250,000 habitants,
Arméniens, Mahométans, Hindous, Parsis, Topasses[1]; mais on ne pouvait faire
fond sur elle, et la véritable défense de Madras consistait seulement en trois cents
soldats anglais et un corps de cipayes[2] assez important. Après un siége de cinq
jours, la ville capitula. Lié par ses instructions qui lui défendaient expressément
de s'emparer d'aucun établissement ennemi pour le conserver, La Bourdonnais
s'engagea à restituer Madras à l'Angleterre contre le paiement d'une rançon déterminée. Mais cet engagement était complétement contraire aux grands desseins formés par Dupleix pour l'agrandissement de la puissance française dans l'Inde,
dessein dont la base était l'expulsion de tous les Anglais, jusqu'au dernier, de la

1. Race née du mélange des Portugais avec les femmes indigènes.
2. Cipayes, en anglais *sepoys*, du mot indou *sipahi*, qui veut dire guerrier. C'étaient des indigènes
enrôlés au service des diverses puissances européennes.

côte de Coromandel. En sa qualité de gouverneur des établissements français, il prétendit avoir seul le droit de prononcer sur le sort de Madras ; et quand La Bourdonnais quitta la ville avec sa flotte pour se soustraire aux tempêtes qui, dans ces parages, éclatent pendant les premiers jours de la mousson du nord, Dupleix en fit prendre possession, sans avoir égard aux termes du traité, et malgré toutes les représentations que La Bourdonnais lui avait adressées sur la violation d'engagements qu'il considérait comme sacrés. A son départ de Madras, La Bourdonnais, dont ces funestes débats avaient prolongé le séjour, fut assailli par une tempête qui détruisit une partie de ses vaisseaux. Destitué de son gouvernement, il partit pour la France dans l'intention de se justifier ; mais de nombreux mémoires, signés par les habitants de Pondichéry, furieux de ce qu'il avait voulu restituer Madras aux Anglais, avaient prévenu contre lui et la cour et le peuple. A son arrivée à Versailles, il fut arrêté et jeté à la Bastille, où il demeura deux ans au secret, sans pouvoir obtenir jugement. Enfin, au bout de trois années, son innocence fut solennellement reconnue ; mais sa santé était détruite, ses biens perdus ; il mourut peu de temps après, victime des calomnies et des intrigues de ses ennemis.

Dupleix avait à peine pris possession de Madras que le nabab d'Arcot réclama cette place, qui se trouvait dans son gouvernement. Sur le refus de Dupleix de la lui livrer, il envoya son fils avec une nombreuse armée et l'ordre d'en chasser les Français. Jusqu'alors les Européens, se faisant une idée exagérée de la force des indigènes, avaient affiché le plus grand respect pour le grand Mogol et les gouverneurs qui le représentaient dans les provinces, et jamais ils n'avaient ouvertement résisté à leurs volontés. Mais Dupleix avait deviné leur faiblesse réelle, et ne les craignait pas. Paradis, qui commandait dans Madras, reçut l'ordre de marcher au-devant de l'armée du nabab ; avec douze cents hommes, il la mit, en peu d'instants, dans une déroute complète. Dupleix profitant de l'étonnement produit par cette victoire, vint mettre le siége devant le fort Saint-David, possession de la Compagnie anglaise, située à douze milles au sud de Pondichéry ; mais la place était forte et défendue par une garnison européenne. L'entreprise échoua (décembre 1746). Une seconde attaque (mars 1747) n'eut pas plus de succès ; l'arrivée d'une escadre anglaise sur la côte rappela les Français à la défense de Pondichéry.

Au lieu d'imiter les fautes du cabinet de Versailles, qui avait destitué La Bourdonnais et laissait Dupleix sans secours, le ministère britannique s'était mis en devoir de réparer l'échec subi à Madras, et de s'opposer à l'ascendant naissant des Français en envoyant dans l'Inde une flotte nombreuse, avec quatorze cents hommes de troupes de débarquement. L'amiral Boscawen, qui commandait l'expédition, avait ordre de reconquérir Madras dans Pondichéry même. Mais l'amiral, marin habile, n'entendait rien aux opérations d'un siége. En présence d'un adversaire tel que Dupleix, il entassa fautes sur fautes ; et, après trente et un jours de tranchée ouverte, fut obligé de lever le siége, avec perte d'un millier d'hommes. Dupleix exploita cette victoire avec son habileté ordinaire, en envoyant à tous les nababs, au subhadar du Dékhan, et au grand Mogol lui-même, des lettres où il leur faisait part de cet important événement. Possesseurs de Madras, vainqueurs du nabab d'Arcot, triomphants de nouveau à Pondichéry, les Français, dit un auteur anglais, furent dès lors considérés, dans tout l'Indoustan, comme le plus puissant des peuples européens. Mais, avant que Dupleix eût pu tirer parti contre les Anglais du prestige qui entourait alors le nom français, la paix d'Aix-la-Chapelle, dont une des conditions était la reddition de Madras, vint suspendre les hostilités dans l'Inde (1748).

La cessation de la guerre rendait inutiles les troupes que les compagnies anglaise et française avaient entretenues pendant la durée des hostilités, et des sociétés jusqu'alors purement commerciales ne pouvaient tenir à leur solde des forces aussi considérables. Ne voulant pas, néanmoins, les renvoyer en Europe, elles trouvèrent moyen de les conserver, sans obérer leurs finances, en les faisant passer au service des princes indigènes comme auxiliaires dans leurs contestations avec leurs voisins. Le premier de ces princes qui sollicita l'appui des Européens fut Sahujee, rajah de Tanjore, petite principauté qui occupe à peu près tout l'espace enfermé et arrosé par les différentes branches de la rivière Cavery. Sahujee, dépossédé par son frère Pretaupa Sing, s'était réfugié au fort Saint-David, et avait réclamé l'appui des Anglais afin de rentrer en possession de ses états, offrant à la Compagnie, pour prix de leur assistance, le territoire et le fort de Devi-Cottah. Par sa position sur la rivière Coleroon, que pouvaient remonter les vaisseaux du plus fort tonnage, cette place était d'autant plus importante que, sur toute cette côte, depuis Masulipatam jusqu'au cap Comorin, la Compagnie ne possédait pas un seul port capable de recevoir des vaisseaux de trois cents tonneaux. L'offre de Sahujee fut donc acceptée avec empressement, et quatre cents Anglais, soutenus par un corps de mille cipayes, entrèrent dans le royaume de Tanjore, et commencèrent les hostilités par l'attaque de la place qui leur était promise; mais Devi-Cottah était plus fort qu'ils ne s'y attendaient, et ils furent repoussés et obligés de rentrer au fort David. Une nouvelle tentative, mieux dirigée, détermina Pretaupa Sing à demander à traiter. Les Anglais donnèrent alors un des premiers exemples de cette politique machiavélique qui allait désormais devenir leur règle de conduite dans l'Inde. Pour prix de la cession à eux faite par Pretaupa Sing de la ville et du territoire de Devi-Cottah, ils renoncèrent à soutenir Sahujee, l'allié pour lequel ils avaient pris les armes; et, sans l'intervention de l'amiral Boscawen, ils l'auraient même livré à son rival.

Pendant que ces événements avaient lieu, Dupleix était, de son côté, engagé dans des opérations de la plus haute importance. Le Carnatique, théâtre de ces opérations, est cette partie de la côte de Coromandel qui, bornée par la rivière de Kistna au nord, s'étend au midi jusqu'aux branches les plus septentrionales de la Cavery. Le Carnatique dépendait du subah du Dékhan; il était gouverné par le nabab d'Arcot. A cette époque, la succession à ce gouvernement était réclamée par un grand nombre de compétiteurs. Dupleix comprit qu'en embrassant, et en faisant triompher par l'aide des forces françaises la cause d'un des princes rivaux, il obtiendrait de sa reconnaissance, non-seulement des avantages commerciaux, mais de vastes concessions de territoire qui donneraient à la France un ascendant complet sur

tout le midi de l'Indoustan. Chunda-Saheb, le plus puissant et le plus habile de ces
concurrents, avait déjà depuis longtemps contracté avec Dupleix une alliance
intime; ce fut lui que le gouverneur français résolut de soutenir; un corps de
quatre cents Français et de deux mille cipayes alla se joindre à son armée. L'effet
de ce secours fut décisif. Vainqueur d'Anwar-al-Dien, le plus redoutable de ses
rivaux, qui périt dans le combat, Chunda-Saheb entre sans coup férir dans
Arcot. Mohammed-Ali, fils d'Anwar, se réfugie dans Tritchinopoly, ville presque

Fort de Tritchinopoly.

imprenable, et de là il envoie solliciter le secours des Anglais et celui de Nassir-
Jung, fils de Nizam-al-Mulk, et subahdar du Dékhan après la mort de son père.
Nassir-Jung marche au secours de Mohammed-Ali à la tête d'une armée de trois
cent mille hommes, dit-on; le capitaine Lawrence, officier anglais de la plus
grande habileté, vient le joindre avec six cents Européens. Hors d'état de tenir
tête à des forces aussi considérables, les Français et leurs alliés rentrent à Pondichéry. Le triomphe de leurs ennemis paraissait certain; mais Nassir-Jung mécontente les Anglais en leur refusant un territoire, voisin de Madras, qu'il leur avait
promis, et Lawrence rentre au fort Saint-David. Livré à lui-même, Nassir-Jung
n'était pas en état de lutter contre le génie de Dupleix. Celui-ci exploite le mécontentement de quelques chefs afghans qui se trouvaient dans l'armée du subahdar,

et les excite secrètement à la révolte en leur promettant de les faire soutenir au premier appel par un corps de huit cents Français que commandait le capitaine de Latouche. Pendant ce temps, M. d'Auteuil, avec trois cents hommes, s'empare de Masulipatam et de la pagode de Trivadi, à onze milles seulement du fort Saint-David. Ces succès intimident Nassir-Jung; il demande à traiter. Dupleix y consent; mais, pendant que le traité se ratifie à Pondichéry, les chefs afghans, instruits d'une négociation qui allait faire avorter leur complot, expédient un émissaire à de Latouche. Celui-ci, ignorant la conclusion de la paix, accourt en toute hâte, et avec ses huits cents Français, trois mille cipayes et dix canons, il attaque sans hésiter l'armée innombrable du subahdar. Dès le commencement du combat, Nassir-Jung périt assassiné par les Afghans; ceux-ci proclament subahdar du Dékhan Muzuffer-Jung, petit-fils de Nizam-al-Mulk, qui avait disputé le trône à Nassir-Jung, et qui, vaincu par lui, était traîné prisonnier à sa suite.

C'est à Pondichéry qu'a lieu la reconnaissance solennelle de Muzuffer-Jung comme subahdar du Dékhan. Le premier, Dupleix lui rend hommage, revêtu d'un superbe costume oriental, dont le prince lui avait fait présent. Muzuffer-Jung, à son tour, dans l'exubérance de sa joie et de sa reconnaissance envers son sauveur et son allié, proclame Dupleix, au nom du grand Mogol, nabab du Carnatique, avec plein pouvoir d'en percevoir les revenus comme il l'entendrait. Il cède, en outre, à perpétuité, à la Compagnie française, un district autour de Pondichéry, d'un revenu de 960,000 roupies; un autre district, près de Karikal, de 6,000 roupies; et enfin, la ville de Masulipatam, de 140,000 roupies de revenu. Chunda-Saheb est nommé nabab d'Arcot, mais seulement en qualité de lieutenant de Dupleix (décembre 1750).

Muzuffer-Jung quitte alors Pondichéry, et se met en route pour Hyderabad, sa capitale, à la tête de son armée, et emmenant avec lui un corps de trois cents Français commandés par le marquis de Bussy, le plus habile des lieutenants de Dupleix. Au passage d'un défilé, les mercenaires afghans, mécontents de la manière dont on avait récompensé leurs services, se révoltent de nouveau, et Muzuffer-Jung tombe sous leurs coups. Cette mort semblait devoir ruiner toute l'œuvre de Dupleix; mais Bussy était là. Sans s'émouvoir, il se hâte de rassembler les ministres et les principaux officiers du prince, et leur représente la nécessité de s'entendre promptement sur le choix d'un successeur. Le fils de Muzuffer-Jung, encore enfant, et trois fils de Nassir-Jung, que le Nizam traînait à sa suite étroitement gardés, se trouvaient alors dans le camp. Bussy expose qu'un enfant n'est pas propre aux circonstances où l'on se trouvait, et propose d'élever à la dignité de subahdar l'aîné des trois princes qu'on avait sous la main. Les principaux officiers se rendent à cet avis, et Salabat-Jung est proclamé le même jour.

Le nouveau subahdar, malgré la faiblesse de son caractère, la médiocrité de ses talents et son éducation imparfaite, comprend que l'appui de Bussy est sa seule condition d'existence; il se jette donc franchement dans les bras des Français, s'empresse de confirmer les avantages que son prédécesseur leur a faits, et se montre disposé à les augmenter encore. Dès lors toutes les tourmentes, tous les obstacles qui s'opposent à l'élévation et à la consolidation de son pouvoir, viennent se briser contre la sagesse et la fortune de son jeune commandant et l'énergie compacte de sa petite troupe. C'est en vain que Chazi-Ouddin, son frère aîné, obtient du grand Mogol le titre de subahdar du Dékhan, et veut lui disputer le pouvoir; c'est en vain que les Mahrattes lancent contre lui les flots tumultueux de leur cavalerie rapide et terrible, ils doivent céder à la supériorité européenne : Bussy les foudroie, les écrase, les fait rentrer dans leurs limites. Salabat-Jung leur dicte une paix avantageuse, et, à l'ombre de Bussy, règne heureux et tranquille.

Ces étonnants succès répandirent dans tout l'Indoustan la gloire du nom français; les indigènes étaient saisis d'admiration, les Anglais de stupeur. De tous leurs alliés, Mohammed-Ali, assiégé dans Tritchinopoly, était le seul qui leur fût resté fidèle. La compagnie, comprenant l'importance de cette position, la clé du Carnatique, s'engage à la défendre de tous ses efforts ; mais le gouvernement du fort Saint-David ne pouvait disposer que de biens faibles moyens, et, en outre, son officier le plus habile, le major Lawrence, venait de partir pour l'Angleterre. On réunit cependant six cents hommes, européens et indigènes, avec lesquels le capitaine Cope est envoyé au secours de Tritchinopoly; mais, aussi lâche qu'incapable, Cope rentre bientôt au fort David sans avoir rien fait pour la délivrance de Mohammed-Ali. Une seconde expédition, commandée par le capitaine Gingen, n'est pas plus heureuse; Chunda-Saheb vient au-devant de la troupe ennemie, la rencontre à Volconda et lui livre bataille. Au premier choc les Anglais lâchent pied, laissant les cipayes soutenir seuls un combat inégal; Chunda-Saheb, vainqueur, retourne au siége de Tritchinopoly, et le presse avec une nouvelle vigueur. Le gouvernement de Madras était plongé dans la consternation. Alors un jeune lieutenant nommé Robert Clive, d'abord écrivain au service de la Compagnie, mais qui, emporté par son génie guerrier, avait quitté le service civil pour celui des armes où il s'était déjà signalé par des traits d'une incroyable audace, présente au conseil un plan hardi, mais de la réussite duquel il répond, si on veut lui en confier l'exécution. Il ne s'agit de rien moins que de délivrer Tritchinopoly par une attaque soudaine contre Arcot, la capitale du Carnatique. Clive expose que cette place est dégarnie de troupes, qu'il sera facile de s'en emparer, et qu'immanquablement Chunda-Saheb quittera tout pour venir au secours de sa capitale. Ce projet hardi autant que sage, est adopté. A la tête d'un corps de cinq cents hommes, dont deux cents Anglais seulement, Clive marche sur Arcot, et malgré une garnison de onze cents indigènes, s'empare de la ville ainsi que du fort qui la domine. Il y est bientôt assiégé lui-même par le fils de Chunda-Saheb et une armée de dix mille hommes, assistée d'un corps français. Le fort est vieux, à moitié démantelé, il offre brèche de toutes parts; mais Clive fait passer son courage indomptable dans le cœur de chacun de ses soldats. Indigènes et Européens se multiplient comme leur chef, et, après cinquante jours d'assauts presque continuels, forcent l'ennemi à lever le siége (décembre 1751). Clive se hâte de mettre à profit l'impression produite par ces succès. Renforcé d'un corps de deux cents Anglais venus de Madras, il se met à la poursuite de l'ennemi, et le bat complétement. Au bruit de cette victoire, six cents cipayes, qui jusqu'alors avaient servi avec les Français, passent aux Anglais; la plupart des alliés de Chunda-Saheb suivent cet exemple.

Les officiers que Dupleix envoie à son secours, incapables de lutter contre l'activité et l'audace de Clive, contre la vieille expérience de Lawrence, qui est revenu d'Angleterre, se font battre successivement. Chunda-Saheb, abandonné de ses soldats , entre en négociations avec le chef des troupes du rajah de Tanjore ; confiant dans la promesse que celui-ci lui fait de le conduire sain et sauf à Karikal, il se remet entre ses mains et le lendemain périt assassiné. Le corps français qui l'accompagnait est forcé de se rendre ; Dupleix, naguère encore maître de tout le Carnatique, n'y possède plus que l'imprenable forteresse de Gingee. Ces revers le

Gingee.

trouvent calme et inébranlable. A la place de Chunda-Saheb, il nomme un nouveau nabab, Mortiz-Ali, qui lui amène cinq mille hommes. Sa fortune, son crédit engagés gagnent à sa cause quatre mille Mahrattes et un corps de Mysoréens, et il ouvre la campagne de 1753 en bloquant de nouveau Tritchinopoly. Mais Law, le commandant des troupes françaises, se laisse battre deux fois par Lawrence : Tritchinopoly est dégagé. Cependant les Anglais, à leur tour, éprouvent un revers signalé. Ils tiraient de Madras leurs vivres et leurs munitions ; Dupleix apprend qu'un convoi considérable leur est expédié de cette ville, protégé par l'élite de leurs soldats européens ; il le fait attaquer par les Français et les Mahrattes, l'enlève, et détruit la plus grande partie de l'escorte.

Ce succès, et l'annonce d'un renfort de douze cents Français venant d'Europe, relevèrent tous les courages. Les brillants avantages obtenus par Bussy dans le Dékhan faisaient d'ailleurs compensation aux revers essuyés dans le Carnatique. Bussy avait si habilement su profiter de son influence sur l'esprit du subahdar du Dékhan, qu'il en avait obtenu pour la Compagnie française la cession des quatre provinces importantes de Mustapha-Naghar, Ellore, Rajah-Mundy et Chicacole (les Circars du Nord). Ces possessions, y compris Masulipatam et Condawair, rendaient les Français maîtres des côtes de Coromandel et d'Orissa, sur une longueur de six cents milles et une profondeur de soixante, formant un territoire compact, hérissé de places de guerre, limité par la mer et par des chaînes de montagnes impénétrables, dans la partie la plus industrieuse et la plus commerçante de l'Inde, et dont le revenu territorial s'élevait à 14 millions de francs; c'est-à-dire que la France atteignait tout d'un coup un degré de puissance auquel l'Angleterre n'arriva qu'après quarante ans d'efforts et de victoires. La corruption et la lâcheté du gouvernement de la métropole, les vues étroites et la cupidité stupide des actionnaires de la Compagnie française, allaient intervenir pour arrêter ce développement gigantesque [1].

Depuis longtemps le ministère britannique, incessamment sollicité par la Compagnie de Londres, avait fait des remontrances énergiques au cabinet de Versailles au sujet de la guerre qui avait lieu dans l'Inde, guerre dans laquelle il prétendait que Dupleix avait été l'agresseur. Le cabinet de Versailles consentit d'autant plus volontiers à ce que des négociations s'ouvrissent à ce sujet, que la Compagnie française se plaignait elle-même de la direction donnée aux affaires. Dans les résultats magnifiques obtenus par Dupleix et Bussy, elle n'avait vu que la gêne momentanée apportée dans ses finances par les opérations militaires; incapable d'apprécier l'avenir de richesse et de puissance qui s'ouvrait devant elle, elle ne demandait qu'une chose, des dividendes immédiats; et, croyant que la paix seule pouvait les lui donner, elle la réclamait avec instance. Le ministère anglais, bien au courant des affaires de l'Inde, profita habilement de l'ignorance du gouvernement français et de l'aveugle cupidité de la Compagnie, pour leur représenter Dupleix, dont il redoutait par dessus tout le génie, comme le seul obstacle à la cessation des hostilités, et pour obtenir que la conduite des négociations lui fût retirée. Dupleix fut rappelé, et Godeheu, un des directeurs de la Compagnie française, financier à vues étroites et mesquines, complétement ignorant des affaires de l'Inde, et incapable de juger de la situation de la Compagnie autrement que par la différence qui existait entre l'actif et le passif, fut nommé pour le remplacer et traiter de la paix. Dès son arrivée à Pondichéry, Godeheu témoigna un désir de conclure la paix à tout prix, que Saunders, le commissaire anglais, exploita habilement. Une trêve de trois mois fut aussitôt conclue (11 octobre); avant son expiration, le traité était signé (26 décembre 1754). Il portait : « que les deux Compagnies cesseraient à jamais d'intervenir dans la politique intérieure de l'Inde; que leurs agents renonceraient à toute dignité, à toute charge, à tout honneur conféré par les princes du pays; que toutes les places, toutes les provinces

1. De Waren, tome Ier, p. 95.

occupées par les deux Compagnies seraient restituées au grand Mogol, à l'exception de celles qui leur appartenaient avant la guerre; que les possessions des deux Compagnies seraient mises sur un pied complet d'égalité; que chaque nation n'aurait dans les Circars que quelques comptoirs, en nombre égal, et sans aucun revenu territorial. »

Cette transaction inqualifiable donnait aux Anglais tout ce pour quoi ils avaient vainement combattu, tandis que les Français abandonnaient tous les avantages qu'ils possédaient. En effet, s'engager à ne plus intervenir dans la politique intérieure de l'Inde, c'était reconnaître implicitement Mohammed-Ali, l'allié des Anglais, comme nabab du Carnatique; c'était, de plus, livrer le soubah du Dékhan à ses ennemis. La mise sur un pied complet d'égalité des possessions des deux nations, c'était l'abandon sans compensation des magnifiques acquisitions territoriales de Bussy. Néanmoins le traité fut ratifié avec empressement par le gouvernement incapable et corrompu qui pesait alors sur la France. « Il est douteux, » dit à ce sujet l'historien anglais Wilkes, « qu'aucune nation ait jamais fait d'aussi grands sacrifices à l'amour de la paix que les Français en firent à cette occasion. »

Avant la conclusion de cette paix, qui annulait tous les résultats de douze années d'efforts et de travaux, Dupleix était parti pour l'Europe; il s'y vit refuser par la Compagnie jusqu'au paiement de 15 millions de francs qu'il avait avancés de sa propre fortune. Vainement il voulut l'actionner devant la justice, le gouvernement arrêta la procédure, et celui dont le génie avait mis son pays à même de régner sur 35 millions d'habitants et sur la moitié de l'empire du grand Mogol, mourut de douleur dans l'humiliation et la misère.

L'infâme traité que Godeheu avait conclu, et que le ministère français avait eu la honte de ratifier, ne procura même pas cette paix à laquelle on avait fait de si grands sacrifices. Godeheu et Saunders étaient à peine partis pour l'Europe que le gouvernement de Madras joignit ses troupes à celles de Mohammed-Ali, qui avait été solennellement proclamé nabab du Carnatique, pour l'aider à soumettre quelques princes amis de la Compagnie française. Celle-ci se trouva dans la nécessité de soutenir ses alliés et les hostilités recommencèrent; elles n'avaient cessé que le temps nécessaire pour permettre aux Anglais de ruiner l'influence de la France.

La guerre que se faisaient dans l'Inde les Compagnies anglaise et française avait seule troublé la tranquillité profonde dont l'Europe avait joui depuis la paix d'Aix-la-Chapelle. Rarement on avait vu luire de plus beaux jours. « Le commerce florissait de Pétersbourg à Cadix; les beaux-arts étaient partout en honneur; on voyait entre toutes les nations une correspondance mutuelle; l'Europe ressemblait à une seule famille réunie après ses différends [1]. » En Angleterre, l'influence de ce calme général s'était fait tellement sentir, que les luttes parlementaires elles-mêmes avaient cessé, « pour faire place à ces manœuvres souterraines, à ces complications d'in-

---

1. Voltaire, *Siècle de Louis XV*, ch. 31.

trigues purement personnelles, qui, dans les pays libres, occupent si tristement
l'activité des esprits lorsque les circonstances leur refusent un plus noble aliment. »
Une opposition nouvelle, composée de fractions de partis divers, s'était un instant
formée, et à défaut d'orateurs et de talents éminents, elle avait pris pour appui le
prince de Galles, Frédéric, qui était une seconde fois ouvertement brouillé avec
son père. La mort du prince, arrivée en 1751, rompit le seul lien qui maintint
ensemble tous ces éléments hétérogènes, et délivra le ministère de toute inquiétude. Le danger qui le menaçait n'était pas en dehors, mais au dedans de lui.
En réunissant dans l'administration dont ils étaient les chefs les hommes les plus
éminents du parlement, Pitt, Henri Fox, William Murray, etc., les deux Pelham
avaient cru consolider à jamais leur pouvoir et le mettre à l'abri de toute attaque
redoutable. En effet, il en fut ainsi pendant quelque temps ; mais, à la fin, ces
hommes se lassèrent de croupir dans des emplois secondaires, indignes de leur
talents. Pour désarmer les préventions du roi, et obtenir enfin le poste de secrétaire-d'état, objet unique de ses désirs, Pitt n'avait rien négligé ; nombre de fois il
avait donné des preuves éclatantes de sa conversion ; nombre de fois il avait supplié
le duc de Newcastle « de lui prêter son appui dans un lieu où il en avait si grand
besoin, et où il avait tant à cœur de consacrer le reste de sa vie à effacer son
passé, » rien n'avait pu désarmer la rigueur du roi et la haine du duc de Cumberland. La patience de Pitt se lassa à la fin, et, lorsque après la mort de Pelham
(1754), le duc de Newcastle, devenu premier ministre, lui refusa la place qu'il
ambitionnait, il ne ménagea plus rien, et devint bientôt l'un des familiers d'une
coterie qui, soutenue par la princesse douairière de Galles et son favori, lord Bute,
chef de la maison du jeune héritier présomptif, affectait de jeter du blâme sur
les actes du ministère et la direction de la politique personnelle du roi. Les complications survenues dans les affaires de l'Europe lui donnèrent bientôt une occasion de se prononcer ouvertement.

Le traité d'Aix-la-Chapelle avait remis à des négociations ultérieures la solution
de plusieurs points en litige entre les gouvernements anglais et français. Ces contestations portaient principalement : 1° sur les limites de l'Acadie, ou Nouvelle-
Écosse, que les Anglais étendaient jusqu'au fleuve Saint-Laurent, et que les Français, au moyen des forts qu'ils avaient bâtis dans l'isthme, resserraient dans la
Péninsule, entre Terre-Neuve et la Nouvelle-Angleterre ; 2° sur la propriété que
chaque nation s'attribuait de Sainte-Lucie, la Dominique, Saint-Vincent et Tabago,
dans les petites Antilles. Après cinq années de discussions, on n'était pas parvenu
à s'entendre, et tout faisait prévoir que les armes auraient à décider la question.
Déjà, en Amérique, quelques hostilités avaient éclaté sur les frontières contestées.
Un parlementaire français avait été assassiné par la garnison du fort anglais de
la Nécessité, et ce fort, immédiatement assiégé par les Français, s'était vu forcé de
se rendre à discrétion (mai 1754). Ces hostilités partielles ne constituaient cependant pas une rupture définitive, et les négociations continuaient toujours ; mais
l'Angleterre, décidée à la guerre, résolut de frapper, avant qu'elle fût déclarée,
un coup qui, dès le principe, lui assurât l'avantage dans la lutte. Le général
Braddock fut envoyé en Amérique avec un armement considérable qui devait

envahir immédiatement le Canada, pendant que l'amiral Boscawen enlèverait l'escadre française qui portait des renforts dans ce pays. Mais Braddock, officier qui s'était distingué sur le continent, ignorait complétement la guerre de piéges et d'embuscades, telle qu'elle se faisait en Amérique; il fut, dans sa marche sur le fort Duquesne, communication du Canada avec la Louisiane, attaqué au milieu d'un étroit défilé par les Français et les Indiens, leurs alliés; presque tout son corps fut anéanti, lui-même tué; un jeune officier américain, Washington, sauva à grand'peine les débris des troupes anglaises. L'amiral Boscawen, quoique moins malheureux, ne parvint pas non plus à accomplir sa mission; il s'empara de deux vaisseaux de l'escadre française, mais il ne put empêcher les autres d'arriver au Canada avec les renforts qu'ils portaient. Pour se venger de ces échecs, le cabinet britannique donna l'ordre à ses flottes d'enlever tous les bâtiments de commerce français qui, sur la foi de la paix, parcouraient les mers sans défense (juin 1755). Trois cents navires marchands furent ainsi saisis, perte irréparable pour la France, qui, au moment d'une guerre maritime, se trouvait privée du concours de cinq à six mille matelots expérimentés.

La guerre devait nécessairement suivre une si honteuse violation du droit des gens; le cabinet de Versailles se contenta cependant de demander réparation. Mais l'Angleterre était préparée à la guerre; ses armées étaient sur pied, ses flottes équipées, et pour protéger ses états d'Allemagne contre les attaques de la France, Georges avait conclu avec la Russie et le grand-duc de Hesse-Cassel (juin et septembre 1755) deux traités en vertu desquels quarante mille Russes et douze mille Hessois étaient pris à la solde de la Grande-Bretagne. On répondit au gouvernement français par un refus positif de satisfaire à ses réclamations, tant qu'il n'aurait pas fait droit aux prétentions de l'Angleterre en Amérique (janvier 1756).

Ce furent les traités avec la Hesse et la Russie qui fournirent à Pitt le prétexte qu'il attendait pour se déclarer. A l'ouverture du parlement (octobre 1755), dans la discussion de l'adresse, il revint à ses anciennes déclamations contre l'influence de l'intérêt hanovrien, accablant les ministres des traits les plus acérés, ne ménageant pas même le duc de Cumberland, et montrant la banqueroute comme la conséquence imminente d'un système de subsides qui épuisait le pays au profit d'un misérable électorat. Malgré ses efforts et ceux de son ami Legge, chancelier de l'échiquier, l'adresse fut votée conformément aux désirs du ministère. Les deux opposants furent immédiatement destitués de leurs emplois; et dans la réorganisation du cabinet, Fox, déjà membre de l'administration, fut nommé à la place de secrétaire d'état, objet de l'ambition de Pitt.

Les traités qu'il venait de conclure ne rassuraient pas encore assez le roi sur les dangers que pouvaient courir ses possessions continentales, et il saisit avec empressement une occasion qui s'offrit à lui de se fortifier par une alliance nouvelle, celle du roi de Prusse. Depuis la cession de la Silésie à Frédéric, Marie-Thérèse n'avait point d'autre pensée que de reconquérir cette province, et dans son désir de trouver partout des ennemis à la Prusse elle alla jusqu'à songer à obtenir l'alliance de la France, cette rivale si longtemps implacable de la maison d'Autriche. Georges instruisit Frédéric de ce projet, et détermina ce prince, inquiet des résultats d'une pareille alliance, à signer avec lui un traité par lequel la Prusse et l'Angleterre s'engageaient à ne pas souffrir que des troupes étrangères, à quelque nation qu'elles appartinssent, entrassent en Allemagne (16 janvier 1756). Cette convention, purement défensive, ne faisait aucun tort aux intérêts de la France, dont la seule politique était, avant toutes choses, de maintenir le continent en paix, afin de pouvoir porter tous ses efforts sur la mer, et ensuite de s'efforcer d'entraîner dans la guerre contre l'Angleterre, l'Espagne, la puissance la plus intéressée, après elle, à l'abaissement de la marine britannique. Mais madame de Pompadour, maîtresse de Louis XV, avait été habilement circonvenue par Marie-Thérèse, qui n'avait pas rougi de l'appeler *sa chère amie et belle cousine;* elle décida le roi à signer un traité d'alliance avec l'Autriche (1er mai). Durant les négociations qui amenèrent ce funeste traité, la France avait formellement déclaré la guerre à l'Angleterre. Les premières opérations ne furent point à l'avantage de la Grande-Bretagne Après avoir fait saisir tous les vaisseaux anglais qui se trouvaient dans les ports de France, le cabinet de Versailles avait envoyé le marquis de Montcalm au Canada avec des renforts; et pendant que des démonstrations pour une descente en Angleterre étaient faites sur les côtes de Normandie, une armée française de douze mille hommes, commandée par le duc de Richelieu, débarquait à Minorque, et entreprenait le siége du fort Saint-Philippe, la plus forte place de l'Europe après Gibraltar. L'amiral Byng, fils du vainqueur de Syracuse, fut envoyé dans la Méditerranée au secours des assiégés; mais une telle incurie et une telle insouciance des intérêts publics régnait alors dans l'administration britannique, que, quoique prévenue depuis longtemps et de tous côtés du projet des Français, l'amirauté ne fit rien pour empêcher leur débarquement dans l'île de Minorque; et que, bien qu'on eût sur rade de nombreux bâtiments, on ne donna à Byng qu'une flotte insuffisante et mal équipée. Arrivé à Gibraltar, l'amiral reconnut l'impossibilité où il était de dégager Minorque que protégeait une escadre française commandée par M. de La Galissonnière, et en écrivit aussitôt aux ministres; ceux-ci, ayant insisté pour l'exécution immédiate de leurs ordres, Byng vint alors offrir le combat à la flotte française, mais sans espoir de succès. Il fut en effet extrêmement maltraité, et obligé de regagner Gibraltar. Malgré l'échec de la flotte anglaise, l'issue du siége était encore incertaine. Tous les assauts avaient échoué, et les maladies se mettaient dans le camp des assiégeants. Richelieu fit tenter un dernier effort. Gravissant à l'envi le roc escarpé sur lequel Saint-Philippe est bâti, ses soldats parvinrent, malgré un feu terrible, à s'emparer de trois des cinq forts qui défendaient la place. Alors le général anglais demanda à capituler (27 juin).

La défaite de Byng, et la soumission de Minorque, qui en avait été la suite, produisirent en Angleterre une sensation si profonde, que les ministres effrayés, résolurent de faire retomber sur l'amiral les torts dont ils étaient les premiers coupables. On ne pouvait reprocher à Byng qu'un peu d'hésitation et de découragement, car il était prouvé que les forces mises sous ses ordres étaient insuffisantes; le duc de Newcastle lui-même l'avait fait observer à l'amiral Anson, premier lord de l'amirauté, lequel avait dédaigneusement répondu : « que l'escadre de Byng était

« suffisante pour battre tout ce que les Français pouvaient avoir de vaisseaux dans la Méditerranée; » mais il fallait une victime au courroux populaire; épargner Byng, c'était se perdre soi-même : l'amiral fut sacrifié. Immédiatement destitué, il reçut ordre, dès son retour en Angleterre, de prendre l'hôpital de Greenwich pour prison, et l'on commença à instruire son procès.

Hospice des invalides de la marine, à Greenwich.

Cependant d'autres désastres étaient venus se joindre à ceux qui causaient une si profonde consternation. De graves revers frappaient les armes britanniques dans l'Inde et en Amérique, et dans ces deux pays les colonies anglaises étaient dans un péril imminent. L'irritation des esprits augmentait de jour en jour; Pitt s'en rendit l'interprète à la chambre des communes; expression de l'indignation publique, ses tonnantes invectives contre les ministres excitaient un enthousiasme universel. Le cabinet comprit alors qu'il ne pouvait lutter plus longtemps contre un pareil adversaire, et le duc de Newcastle fit enfin consentir le roi à lui donner la place de secrétaire d'état; mais Pitt refusa nettement d'entrer dans une administration dont le duc ferait partie. Après avoir, pendant quinze jours, essayé inutilement d'une foule de combinaisons, Newcastle fut obligé de donner sa démission. Alors le duc de Devonshire fut nommé premier lord de la trésorerie et premier ministre; Pitt fut secrétaire d'état; Temple, son beau-frère, remplaça l'amiral Anson à l'amirauté; Legge rentra à l'échiquier.

Un des premiers embarras qui attendaient le nouveau ministère était le procès de Byng. Traduit devant une cour martiale, Byng, acquitté sur le chef de lâcheté, fut déclaré coupable de négligence, ce qui, aux termes du code militaire, entraînait la peine capitale; mais en même temps ses juges le recommandèrent avec instance à la miséricorde du roi, et accompagnèrent leur sentence d'une lettre aux lords de l'amirauté, dans laquelle ils les suppliaient d'intercéder auprès de Georges pour le condamné. La plupart des officiers de la flotte de Byng appuyèrent ces prières en rendant hautement justice à la valeur que l'amiral avait déployée dans le combat. Le cabinet aurait bien voulu le sauver, mais, sans influence auprès du roi, il ne pouvait compter dans cette question sur l'appui de l'opinion publique pour lutter contre les intrigues des anciens ministres et vaincre la cruelle inflexibilité de Georges. La sentence fut exécutée, et Byng fusillé sur le pont du vaisseau qu'il commandait.

La mort de l'amiral ne calma pas le mécontentement populaire ; les échecs que les armes britanniques continuaient à recevoir en Amérique ; l'imminence d'une guerre en Allemagne, guerre qui n'avait d'autre motif que la défense des possessions électorales du roi; la présence sur le sol de l'Angleterre d'un corps de troupes hanovriennes, maintenant qu'il n'y avait plus d'invasion à redouter, tout contribuait à enflammer les passions de la multitude. La nouvelle administration, dans laquelle deux hommes seulement, Pitt et Legge, étaient populaires, contrecarrée dans toutes ses mesures par l'aversion du roi et du duc de Cumberland, et par l'influence puissante des hommes qu'elle avait exclus du pouvoir, n'avait ni l'unité ni la force que demandaient les circonstances. Georges, se trompant sur les causes du mécontentement général, crut pouvoir en profiter pour se débarrasser de ministres qu'il haïssait ; à son instigation, le duc de Cumberland, nommé au commandement des troupes hanovriennes en Allemagne, déclara qu'il ne pouvait accepter une telle responsabilité tant que le pouvoir resterait entre les mains d'hommes dans lesquels il n'avait pas confiance, et sur la coopération desquels il ne pouvait compter. Aussitôt, Pitt et Legge furent destitués (avril 1757); Temple l'avait été peu de temps auparavant.

Cette mesure inattendue produisit dans la nation une incroyable sensation. Les fonds tombèrent tout à coup; des rassemblements eurent lieu dans plusieurs villes; il n'y avait qu'une voix pour demander le rappel de Pitt et de Legge : le conseil commun de Londres leur remit solennellement le diplôme de citoyen enfermé dans une boîte d'or, et cette manifestation des sentiments unanimes de la capitale fut imitée par les principales villes du royaume.

Dans sa précipitation à se débarrasser de Pitt et de ses collègues, le roi n'avait même pas songé à leur trouver des successeurs. Il croyait pouvoir, à tout événement, compter sur le concours empressé du duc de Newcastle; mais, avant de rentrer au ministère, le duc voulait que l'enquête sur l'affaire de Minorque, qui était encore pendante à la chambre des communes, fût complétement terminée, et il refusa de se charger de la formation d'un cabinet. Georges s'adressa successivement à tous les hommes politiques importants; tous échouèrent. Après trois mois de tentatives inutiles, le roi reconnut, en versant des larmes de rage, qu'il lui fallait subir un joug qu'il détestait, et il fit offrir à Pitt de reprendre le ministère aux

William Pitt, comte de Chatam, d'après l'original de Hoare.

conditions qu'il voudrait fixer. Celui-ci, dépouillant cette fois de futiles animosités, eut la sagesse de s'associer les hommes puissants qu'il avait rejetés de sa première administration. Le duc de Newcastle, que son immense clientèle rendait membre indispensable de tous les cabinets, reprit l'emploi de premier lord de la trésorerie; lord Anson fut remis à la tête de l'amirauté; Fox, réduit par le désordre de ses affaires à chercher dans les fonctions publiques un moyen d'existence, accepta le poste secondaire, mais lucratif, de payeur-général de l'armée; Temple fut garde du sceau privé; Legge redevint chancelier de l'échiquier, et Pitt reprit son emploi de secrétaire-d'état. Sans en avoir le titre, il était par le fait le véritable chef du cabinet, et ses collègues ne tardèrent pas à avoir la preuve que, pour tout ce qui regardait la conduite de la guerre et des négociations propres à en assurer le succès, il était décidé à ne souffrir aucune contradiction. La première fois qu'une de ses propositions rencontra dans le conseil une opposition un peu sérieuse, il menaça de donner immédiatement sa démission. Dès ce moment tout se tut devant lui. Comme ses ministres, le roi fut obligé de faire le sacrifice de ses opinions particulières. Jusqu'à la fin de sa vie, il ressentit cette humiliation, et, forcé de se soumettre, ne put jamais prendre sur lui de le faire de bonne grâce. Il considéra toujours Pitt comme un maître qui lui était imposé, et le duc de Newcastle comme un serviteur sans foi, qui l'avait livré aux mains de son ennemi.

Relever l'Angleterre de l'abaissement où elle était tombée depuis l'avénement de la maison de Hanovre, et anéantir la puissance de la France, telle était l'idée qui avait poussé Pitt à rechercher le pouvoir, qui l'avait soutenu dans toutes ses luttes, qui, avant qu'il fût en état de s'imposer de vive force, l'avait fait s'humilier devant Georges pour désarmer les préventions de ce prince; aussi se voua-t-il à cette œuvre avec une énergie, une activité, une persévérance que rien ne put abattre et que les difficultés et les dangers semblaient augmenter encore. Ce fut sur l'administration intérieure que son attention dut se porter d'abord. Un tel esprit d'indifférence pour le bien public, suite naturelle de la vénalité, de la corruption et de l'égoïsme qui régnaient partout, s'était emparé de tous les fonctionnaires, depuis les plus élevés jusqu'aux moins importants, que la plupart des services publics étaient dans un état complet de langueur, d'abandon et de désordre. On recherchait avec avidité et par tous les moyens possibles les fonctions du gouvernement, mais seulement pour les avantages pécuniaires et les honneurs qu'elles procuraient, et sans s'inquiéter aucunement des obligations qu'elles imposaient. C'était ce vice radical qu'il fallait guérir avant tout. Pitt s'y employa avec une vigueur devant laquelle tout devait plier, et ses collègues les premiers. Voulant inaugurer sa nouvelle administration par un coup d'éclat, et sachant que la ville de Rochefort, en France, offrait en ce moment une conquête facile, il donna ordre qu'un armement considérable fût préparé dans un délai très-rapproché. Lord Anson lui objectant qu'il était impossible que cet armement fût terminé pour l'époque qu'il fixait : « Il le sera, mylord, lui répondit Pitt; car je vous préviens que, s'il ne « l'est pas, je signalerai votre négligence au roi, et demanderai votre accusation à « la chambre des communes. » Devant une volonté aussi inflexible, toutes les impossibilités devaient s'évanouir; l'armement fut prêt au jour marqué. Sir Edouard Hawkes, commandant les forces navales, les généraux Mordaunt et Conway, chefs des troupes de débarquement, eurent ordre de se diriger sur les côtes de France et de faire une descente à Rochefort, ou à toute autre place qui semblerait d'un accès facile. L'incapacité et l'irrésolution de sir John Mordaunt firent échouer l'expédition, qui revint en Angleterre sans avoir rien fait. Mais ce n'était plus le temps où de pareils échecs passaient inaperçus. Pitt tenait à prouver à tous ceux qu'il employait pour le service de l'État qu'il y aurait désormais plus de danger pour eux à mal faire leur devoir qu'à l'accomplir en entier. Il demanda à la chambre des communes, dont Mordaunt était membre, l'autorisation de le mettre en jugement, et son procès fut aussitôt commencé.

D'autres revers plus graves rendaient nécessaires ces mesures de rigueur. Le duc de Cumberland venait d'essuyer de nouvelles humiliations sur le continent, théâtre de ses anciennes infortunes. Il avait ouvert la campagne en Hanovre avec une armée de cinquante mille hommes; mais, incapable de tenir tête aux Français qui avaient envahi l'électorat, il s'était retiré à la hâte derrière le Weser. Ce fleuve ne le mit pas à l'abri de la poursuite de l'armée ennemie, qui vint l'attaquer à Hasten-beck où il s'était retranché (25 juillet 1757); vaincu, il se vit bientôt acculé aux environs de Stade sur l'Elbe, et dans cette situation désespérée, conclut à Closter-Seven avec le maréchal de Richelieu, commandant de l'armée française, une convention en vertu de laquelle l'armée hanovrienne s'engageait à ne plus servir du reste de la guerre; l'électorat devait rester entre les mains des Français jusqu'à la signature de la paix (7 septembre).

La nouvelle de cette convention produisit en Angleterre plus d'étonnement encore que de douleur. On ne pouvait comprendre comment un général s'était cru en droit de disposer de territoires appartenant au roi, sans y avoir été préalable-ment autorisé par le souverain lui-même. C'est que tout le monde et les ministres eux-mêmes ignoraient que le duc de Cumberland n'avait agi que d'après les ordres secrets de son père. Instruit de la situation critique où le prince se trouvait à Stade, ainsi que de son intention de tenter, pour se dégager, un effort désespéré, Georges avait craint que dans cette tentative l'armée hanovrienne ne fût complé-tement taillée en pièces, et il avait résolu de la sauver par une convention qu'il se proposait de désavouer ensuite. Des ordres formels furent donc envoyés au duc de Cumberland pour qu'il eût à traiter immédiatement avec le maréchal de Richelieu; et le duc, forcé d'obéir, signa la convention qui causait une stupeur si générale. Cependant, lorsque la nouvelle en arriva à Londres, le roi ne parut ni moins sur-pris ni moins indigné que ses ministres; et quand ceux-ci lui firent observer qu'il était nécessaire de désavouer la convention, il tomba d'accord avec eux, et assura même qu'il était tellement opposé à une capitulation, qu'il avait préparé pour son fils une lettre dans laquelle il lui ordonnait formellement de combattre. Alors l'indignation contre le duc de Cumberland ne connut plus de bornes, et l'on alla jusqu'à proposer dans le conseil de faire une enquête sur sa conduite. Néanmoins cette proposition n'eut pas de suite.

A son retour en Angleterre, le duc apprit la perfidie dont il était victime. Il lui était facile de se disculper complètement; mais le faire eût été compromettre trop gravement son père. Il consentit à lui faire le sacrifice de son honneur, et garda le silence; résolu cependant à ne plus jamais occuper sous son règne aucune fonction, il donna aussitôt sa démission de tous ses emplois.

La convention de Closter-Seven, si funeste pour l'Angleterre, avait en outre singulièrement compliqué la position déjà très-critique où se trouvait alors le roi de Prusse, contre lequel Marie-Thérèse était parvenue, par ses habiles négocia-tions, à tourner les armes de tous ses voisins. La Russie, détachée de l'alliance de l'Angleterre, la Suède et la Saxe, avaient formé avec la France et l'Autriche une coalition redoutable à laquelle il ne semblait pas que Frédéric pût résister. Cependant, grâce à son génie, à son incomparable activité, et à une armée de cent cinquante mille hommes, qui n'avait pas sa pareille en Europe, ce prince avait d'abord victorieusement tenu tête à ses ennemis. Sans attendre que la guerre eût été déclarée pour entrer en campagne, et avant même que ses adversaires eussent signé leurs traités d'alliance, il envahit la Saxe, surprit Dresde (août 1756), bloqua avec la moitié de son armée l'électeur de Saxe à Pirna, avec l'autre moitié battit à Lowositz les Autrichiens qui accouraient au secours des Saxons (1er octobre); puis, revenant sur Pirna, força l'électeur à capituler (15 octobre).

A la nouvelle de cette agression, le corps germanique, à l'exception du Hanovre, de la Hesse et du Brunswick, déclara Frédéric perturbateur de la paix publique, et tous les cercles eurent ordre de préparer leurs contingents. Mais, ils n'étaient pas encore entrés en campagne, que déjà Frédéric avait pénétré en Bohême, mis le siége devant Prague, et battu le prince Charles de Lorraine, qui arrivait au secours de cette ville avec soixante-dix mille hommes (mai 1757). Un revers éclatant annula tant de succès. Complétement vaincu à Kollin par l'Autrichien Daun (19 juin), Frédéric fut obligé de lever le siége de Prague et de se retirer sur Bautzen. En quelques mois, sa position, naguère si brillante, devint presque désespérée; quatre-vingt mille Autrichiens le chassaient de Bohême; l'armée des cercles, réunie à vingt-cinq mille Français, s'avançait à sa rencontre; les Suédois entraient dans la Poméranie; les Russes prenaient Memel; et, à ce moment, la convention de Closter-Seven le privant du seul allié qui lui restât, ouvrait aux Français la route de la Saxe et du Brandebourg. Tout le monde le croyait perdu; les fautes de ses ennemis le sauvèrent. Au lieu de se joindre aux contingents des cercles, l'armée du duc de Richelieu, occupée à la maraude, reste dans le Hanovre; les Russes retournent hiverner dans leur pays; enfin, l'armée franco-allemande, qui s'avançait sur la Saal, était dans un tel désordre qu'elle ne pouvait compter pour un ennemi sérieux. Frédéric marche droit à elle, l'atteint à Rosbach, et la bat si complétement qu'elle ne se rallie que dans les montagnes de Thuringe (5 novembre). Alors il se porte au-devant des Autrichiens, les attaque à Lissa, leur tue quinze mille hommes, et les met en pleine déroute (5 décembre).

A la nouvelle de ces succès, Georges, sûr d'être efficacement appuyé par son allié, ne songea plus qu'à délivrer le Hanovre des Français. Conformément à la convention de Closter-Seven, les troupes avaient été dispersées dans divers cantonnements. Le roi les en rappelle, les réunit à Stade sous le commandement du prince Ferdinand de Brunswick, et, sous prétexte des excès commis par les Français dans l'électorat, déclare que la convention de Closter-Seven est rompue. Aussitôt Ferdinand passe l'Oder et le Weser, chasse les Français de Brunswick, de Hanovre, de Brême, les rejette derrière le Rhin dans le plus grand désordre (avril 1758), le franchit après eux, les atteint à Crevelt, leur tue sept mille hommes, et s'empare de tous les bords du fleuve.

Ces revers, dus surtout à l'incapacité des généraux que madame de Pompadour envoyait à la tête des armées, n'étaient pas les seuls que les Français eussent à supporter. Pitt, profitant de la guerre continentale qui occupait sans but les forces de la France, se disposait à ruiner sa marine, à lui enlever ses colonies. Portée à cinquante mille hommes, l'armée du Canada reçut pour chefs les généraux Abercombrie, Amherst, Wolfe, officiers d'une habileté et d'un courage reconnus, et bientôt, l'île du cap Breton, investie par le général Amherst, tomba au pouvoir des Anglais. Six vaisseaux de ligne et cinq frégates, qui se trouvaient dans le port de Louisbourg, furent pris ou détruits. Abercrombie, moins heureux d'abord, échoua dans ses tentatives pour s'emparer des forts français établis sur les lacs Georges et Champlain, et fut battu complétement par le marquis de Montcalm; mais il répara bientôt cet échec en réduisant les forts Frontenac et Duquesne situés sur le Saint-Laurent et l'Ohio.

Pendant ce temps, une escadre, envoyée sur les côtes d'Afrique, s'emparait du fort Saint-Louis au Sénégal et de l'île de Gorée, et, dans les Indes occidentales, les colonies françaises de la Guadeloupe, de la Désirade et de Marie-Galande, étaient forcées, après une opiniâtre résistance, de se rendre aux amiraux Hopson et Barrington. Les côtes de France elles-mêmes n'étaient point à l'abri des attaques des marins anglais; l'amiral Howe détruisit le fort et le bassin de Cherbourg, ainsi que vingt-sept vaisseaux qui s'y trouvaient, sans avoir perdu un seul matelot; et telle était l'audace inspirée par ces succès, qu'un corps de trois mille hommes, débarqué aux environs de Saint-Malo, à Saint-Cast, osa s'aventurer dans l'intérieur du pays. Cette fois la témérité des Anglais fut sévèrement punie; entourés par les milices bretonnes, ils furent tous rejetés dans la mer ou taillés en pièces. Mais cet échec se perdit dans le nombre des victoires remportées par les flottes, escadres et corsaires britanniques, dont chaque jour apportait la nouvelle en Angleterre.

Une telle succession de triomphes remplit la nation d'un indicible enthousiasme. La Grande-Bretagne avait enfin recouvré son ancienne renommée; et, brisant les entraves que la corruption, l'esprit d'intrigue et l'intérêt personnel, avaient imposées à son énergie et à son ardeur pour la gloire, elle reprenait fièrement l'ascendant qu'elle avait jadis exercé en Europe. Dans l'exaltation causée par tant de succès, les querelles de partis s'étaient éteintes, et tous les sentiments, toutes les passions, s'étaient fondus dans un sentiment unique, celui de l'admiration pour le grand ministre auquel on les devait. Toute opposition avait disparu du parlement; on n'y faisait plus qu'enregistrer sans discussion toutes les demandes présentées par le ministre. Matelots, soldats, subsides énormes pour le roi de Prusse et les troupes hessoises et hanovriennes, tout était accordé avec enthousiasme. L'Angleterre était déjà remboursée au centuple par la prise de riches colonies, de soixante-quatre vaisseaux de guerre, et d'un nombre immense de bâtiments inférieurs et de commerce.

Les revers qui frappaient sa marine, la perte de ses colonies auraient dû montrer au cabinet de Versailles combien était fausse la politique dans laquelle il s'était engagé; mais la Pompadour ne pouvait pas abandonner sa *chère amie, sa cousine* l'impératrice. Un deuxième traité fut signé à Versailles, tout entier, comme le premier, à l'avantage de Marie-Thérèse. La France s'y engageait à entretenir en

Allemagne une armée de cent mille hommes, à prendre à sa solde les troupes suédoises, à faire élire roi des Romains le fils aîné de Marie, à ne pas traiter avec l'Angleterre avant que le roi de Prusse n'eût restitué la Silésie à l'Autriche. Les armées d'Allemagne furent renforcées, et l'on forma de nouveau un plan de descente en Angleterre. Deux flottes, l'une à Brest sous M. de Conflans, l'autre à Toulon sous M. de La Clue, devaient se réunir pour protéger le débarquement en Angleterre d'une armée de quarante mille hommes, tandis qu'une escadre formée de corsaires, et sous le commandement de Thurot, intrépide marin, terreur du commerce anglais, partirait de Dunkerque pour aller inquiéter les côtes de l'Irlande, et y soulever le peuple mécontent; des bateaux plats pour le transport des troupes étaient préparés dans tous les ports depuis Brest jusqu'à Dunkerque. Mais tous ces préparatifs furent rendus inutiles par les dispositions du cabinet britannique, par l'audace et l'habileté de ses marins. Quatre flottes, dans la Méditerranée, dans l'Océan et dans la Manche, surveillaient tous les mouvements des amiraux français; et, pendant que le commodore Rodney brûlait dans le port même du Hâvre les bateaux de transport qui y étaient rassemblés, l'amiral Boscawen vint attaquer la flotte de Toulon dans la rade où elle était à l'ancre. Cette audacieuse tentative fut repoussée avec tant de vigueur que les Anglais durent regagner Gibraltar pour se radouber. M. de La Clue aurait pu profiter de ce moment pour franchir le détroit sans être inquiété; mais il perdit du temps, et, lorsqu'il parut en vue de Gibraltar, Boscawen, complétement réparé, se porta à sa poursuite. Un coup de vent dispersa sept des vaisseaux français, les sept autres se trouvèrent exposés aux efforts de toute la flotte anglaise. Néanmoins, un furieux combat s'engagea en vue de Lagos, sur les côtes de Portugal. Après une lutte acharnée, M. de La Clue dut céder au nombre; cinq de ses navires furent pris ou détruits, lui-même succomba à ses blessures (18 août). Cette défaite et l'incendie des bâtiments de transport rendaient le projet de descente impraticable; le gouvernement français ne voulut cependant pas y renoncer, et la flotte préparée à Brest reçut l'ordre de prendre la mer. Mais les côtes étaient si étroitement gardées par les escadres britanniques, que M. de Conflans ne put sortir du port qu'à la faveur d'un ouragan, qui chassa l'amiral anglais, sir Edouard Hawkes, sur les rivages d'Angleterre. Alors, au lieu de traverser immédiatement la Manche comme le portaient ses instructions, M. de Conflans s'amuse à courir sur une escadrille anglaise, et donne ainsi à Hawkes le temps de revenir au-devant de lui. Les deux flottes se rencontrèrent à Belle-Isle. Avec vingt et un vaisseaux contre vingt-trois, M. de Conflans pouvait énergiquement disputer la victoire; cependant, le combat à peine engagé, il prit honteusement la fuite, espérant opérer facilement sa retraite au milieu des écueils inconnus aux Anglais, qui bordaient la côte de Bretagne. Mais la plupart des vaisseaux qui suivirent son mouvement échouèrent sur des basfonds; l'avant-garde put se sauver à l'île d'Aix; l'arrière-garde, abandonnée seule aux attaques de la flotte ennemie, fut prise presque tout entière après une défense héroïque. Thurot n'était pas plus heureux. Parti de Dunkerque quelque temps avant la bataille de Belle-Isle, il avait débarqué en Irlande, pris la ville de Carrick-Fergus, délivré les prisonniers français qui s'y trouvaient, puis s'était

QUÉBEC.

remis en mer. Mais, rencontré par une escadre de vaisseaux de ligne, il fut battu et périt dans le combat. C'en était fait de la marine de la France, et désormais les Anglais purent attaquer ses colonies, enlever ses bâtiments de commerce, insulter ses côtes, sans avoir à craindre de la rencontrer devant eux. Aussi les opérations en Amérique furent-elles décisives.

Assaillis de tous côtés, affaiblis par des combats continuels dont aucun renfort ne réparait les pertes, les Français avaient concentré leurs forces pour la défense du Canada. Alors, un vaste plan d'ensemble pour la conquête de cette importante colonie fut adopté entre les généraux anglais, et mis à exécution dès le commencement de la campagne. Le brigadier général Wolfe, à la tête d'un corps considérable, alla mettre le siége devant Québec, capitale de la province; pendant qu'il en commençait l'investissement, le général Amherst marcha sur le fort Ticonderago; il devait, après s'en être emparé, traverser le lac Champlain, et venir rejoindre Wolfe sous les murs de Québec. Un troisième corps, sous la conduite du brigadier Prideaux, devait se rendre maître du fort de Niagara, de la place forte de Montréal sur le Saint-Laurent, et, ces conquêtes terminées, se trouver au rendez-vous général sous les murs de Québec. Mais ce plan, habilement combiné, et appuyé par une armée de quarante mille hommes, était, malgré l'extrême faiblesse des Français, d'une exécution trop compliquée pour réussir complétement. Une résistance opiniâtre retint Amherst devant Ticonderago pendant plusieurs mois; et, lorsqu'enfin ce fort tomba en sa puissance, la saison était trop avancée pour qu'il pût aller rejoindre Wolfe devant Québec. Des obstacles semblables s'opposèrent à la marche de Prideaux, et Wolfe se trouva seul au rendez-vous.

S'emparer avec ses seules forces d'une ville bâtie sur un plateau escarpé, au confluent de deux rivières, et dont les derrières étaient protégée par des forêts impénétrables, semblait chose impraticable. Wolfe ne désespéra cependant pas du succès. Une foule de tentatives infructueuses, la maladie, les murmures de ses soldats, ne purent le décourager. Son opiniâtre persévérance et l'heureux résultat d'une attaque nocturne, vinrent enfin couronner ses efforts. Parvenu, après des peines inouies, sur le plateau où la ville est assise, il força le marquis de Montcalm, gouverneur de Québec, à une bataille rangée dans laquelle la supériorité de ses forces devait lui assurer l'avantage. Dès le commencement de l'action, les deux généraux tombèrent mortellement blessés; Wolfe eut, en mourant, la satisfaction de voir ses ennemis en fuite (10 septembre 1759). Cinq jours après la bataille, Québec capitula. Le reste des Français tint pendant une année encore dans Montréal; mais, n'étant pas secouru, il fallut se rendre, et le Canada fut entièrement soumis à l'Angleterre.

Sur terre les succès étaient plus partagés. Le prince Ferdinand de Brunswick, opposé aux deux armées françaises commandées par le duc de Broglie et le maréchal de Contades, fut battu à Bergen par le premier (13 avril 1760), et forcé par le second de rétrograder jusqu'à Osnabruck, laissant toute la Hesse et la Westphalie au pouvoir des Français. Mais à Minden, il prit sur les deux généraux ennemis réunis une revanche éclatante qui le remit en possession de la Westphalie

(1er août), et il eût poussé les Français jusqu'au-delà du Rhin s'il n'eût été obligé de courir au secours du roi de Prusse. Seul contre les armées coalisées de la France, de l'Autriche, de la Russie, de la Saxe et de la Suède, ce prince avait jusqu'alors soutenu la guerre avec une incroyable énergie, réparant chaque revers par une rapide et éclatante victoire. Mais ses forces s'épuisaient dans cette lutte inégale; et il en était réduit à se tenir sur la défensive. L'Angleterre du reste n'en demandait pas davantage; tout ce que voulait Pitt, c'était d'empêcher que la France ne fît sur le continent des conquêtes qui, lorsqu'on traiterait de la paix, donneraient au cabinet de Versailles les moyens de racheter les colonies qu'on lui avait enlevées.

Ce fut au milieu de tant de succès que Georges termina sa longue carrière et un règne qui, par le passage au pouvoir de deux grands ministres, Robert Walpole et William Pitt, fut un des plus prospères et un des plus glorieux que l'Angleterre eût encore comptés. Il avait alors soixante-dix-sept ans (25 octobre 1760).

Costumes civils. — 1748-1760.

GEORGES III.

(1760 – 1820)

Georges III[1], fils du prince de Galles, Frédéric, et de la princesse Augustine de Saxe-Gotha, avait à peine vingt-deux ans lorsqu'il succéda à son grand-père, Georges II. La situation du nouveau souverain, lorsqu'il monta sur le trône, différait complétement de celle de ses deux prédécesseurs. Les deux premiers rois de la maison de Hanovre, ne possédant ni ces droits héréditaires qui souvent tiennent la place du mérite, ni ces qualités personnelles qui quelquefois suppléent au manque de titres, n'avaient jamais été populaires. Ils avaient, il est vrai, trouvé dans l'occasion un appui ferme et sincère contre le prétendant légitime; mais cet appui ne leur avait pas été accordé pour l'amour d'eux; en soutenant énergiquement la dynastie hanovrienne de leur bourse et de leur épée, les whigs l'avaient fait d'après des principes tout à fait indépendants d'un royalisme d'affection, et seulement pour la défense d'un système religieux et politique qui aurait été mis en danger par la chute des nouveaux souverains. Quant aux torys, les plus modérés d'entre eux considéraient la dynastie étrangère comme un mal qu'il fallait endurer de peur d'un mal plus grand encore; aux yeux des autres, l'électeur de Hanovre était le plus odieux des usurpateurs et des tyrans. Les rois d'Angleterre se virent donc,

1. Contre-sceau de Georges III. Légende : GEORGIUS TERTIUS DEI GRATIA BRITANNIARUM REX FIDEI DEFENSOR. *Georges III par la grâce de Dieu, roi des Bretagnes, défenseur de la foi.* Le roi à cheval, en costume de guerre.

pendant de longues années, un objet d'aversion pour plusieurs de leurs sujets, sans inspirer à aucun un attachement sincère et personnel. A la fin du règne de Georges II, cette antipathie éprouvée par une moitié de la nation contre la maison de Brunswick s'était évanouie, mais sans qu'aucun sentiment d'affection l'eût remplacée. Il y avait, il faut le dire, dans le caractère du vieux roi, bien peu de ces choses qui inspirent l'estime et la tendresse. Étranger au pays, à ses habitudes et à sa langue, passionnément attaché à sa terre natale dont il avait toujours fait passer les intérêts avant ceux de l'Angleterre, époux infidèle, mauvais fils et plus mauvais père, il n'avait pas même les qualités qui rendent la nullité supportable. Aussi, quoique sous son règne la Grande-Bretagne se fût élevée au plus haut point de puissance et de gloire, sa mort ne causa pas le moindre regret. A l'avénement de son petit-fils un changement complet se manifesta tout à coup dans les sentiments de la nation. C'est que, pour la première fois depuis la reine Anne, l'Angleterre voyait monter sur le trône un prince né et élevé dans le pays, ne l'ayant jamais quitté, partageant ses mœurs, ses goûts, ses habitudes, exempt par conséquent de ces prédilections étrangères qui avaient jeté ses prédécesseurs dans une politique si antipathique à leurs sujets. D'ailleurs l'âge, la figure, les manières agréables, ce qu'on savait du caractère et des mœurs du nouveau roi, tout était propre à lui concilier la faveur publique; whigs et torys s'empressèrent à l'envi autour de lui.

La situation de ce dernier parti était alors bien différente de ce qu'elle avait été sous les premiers rois de la maison de Hanovre. Pendant tout le règne de Georges Ier et près de la moitié de celui de Georges II, un tory, même modéré, avait été regardé comme l'ennemi de la maison régnante et exclus de toutes les faveurs de la couronne; on ne créait pairs et baronnets, doyens et évêques, que des hommes du parti whig; la noblesse de province, naguère en possession presque exclusive des fonctions administratives et judiciaires des comtés, avait été, à cause de ses opinions, complétement dépossédée en faveur d'hommes de basse naissance, de petits propriétaires, partisans dévoués de la maison de Hanovre et des whigs. Par degrés, il se fit quelques pas vers une réconciliation. Sous le ministère de Walpole, un grand nombre de whigs influents, à la tête desquels était l'héritier présomptif du trône, furent amenés par leur hostilité contre le ministre à faire une alliance avec les torys modérés. Après la chute de Walpole, on leva l'interdit mis sur ce parti, et si les principales places de l'administration continuèrent à être données aux whigs, les torys obtinrent des fonctions secondaires qui suffirent pour le moment à calmer le ressentiment des plus ambitieux. Pendant les quinze années qui suivirent, les deux factions s'habituèrent de plus en plus à laisser reposer leur haine : une mesure habile, prise par Pitt pendant son premier ministère, le bill pour l'établissement de la milice, permit aux torys et aux jacobites qui, par délicatesse de conscience, se tenaient encore à l'écart, de se rallier insensiblement et avec honneur à la maison de Hanovre. A la tête de cette milice, destinée à combattre, non dans un intérêt de parti, mais pour la défense du pays menacé par les nvasions de la France, Pitt appela les principaux propriétaires des comtés, classe dans laquelle s'étaient jusqu'alors recrutés les jacobites et les torys exaltés. Presque tous voyant la cause des Stuarts perdue sans espoir, et fatigués de se tenir dans l'opposition et l'isolement, profitèrent de la transition honorable qui leur était offerte; bientôt on les vit se grouper à Leicester-House, autour du jeune héritier présomptif du trône, depuis Georges III. Telle était donc, à l'avénement de ce prince, la situation des partis: au pouvoir, dans les hauts emplois de l'administration, les diverses fractions qui depuis l'avénement de la maison de Hanovre, avaient formé la grande ligue whig [1]; dans un assez grand nombre d'emplois secondaires et serrés autour de l'héritier du trône, les torys complétement transformés, complétement guéris de leurs penchants jacobites, et disposés à reporter à la maison de Hanovre les principes de religion monarchique qu'ils n'avaient point abandonnés.

Par l'éducation qu'il avait reçue, et par suite de ses propres souvenirs d'enfance, Georges III devait naturellement être attiré vers ce dernier parti. Les vexations que, pour complaire à Georges II, Walpole avait suscitées au prince Frédéric, son père; l'état de vasselage auquel il avait vu le feu roi réduit par l'influence de quelques grandes familles whigs, maîtresses du parlement, et surtout les conseils de sa mère, princesse imbue de tous les principes du gouvernement arbitraire particulier aux petits princes d'Allemagne, toutes ces circonstances avaient fait une profonde impression sur son esprit; et, lorsqu'il monta sur le trône, il était décidé, en écartant du pouvoir les hommes qui, séparés ou réunis, l'avaient constamment occupé depuis Walpole, à délivrer la couronne de l'espèce d'esclavage qui pesait sur elle, et à reprendre dans le choix de ses ministres, dans la conduite des affaires, dans la distribution des emplois et des faveurs, cette liberté à laquelle ses prédécesseurs avaient été obligés de renoncer. Pour appui dans l'exécution de ce dessein, Georges avait sa mère d'abord, puis le comte de Bute, Écossais, que cette princesse avait placé à la tête de sa maison.

Il n'était cependant pas possible de songer pour le moment à la réalisation de ces projets. Renverser brusquement un cabinet, dont le chef venait d'élever l'Angleterre au plus haut point de gloire qu'elle eût jamais atteint, et cela pendant que la guerre qu'il avait conduite avec tant de succès durait encore, était chose impraticable; il fallait au moins attendre que la paix eût rendu moins nécessaire

---

1. Le parti whig se partageait alors en trois fractions principales, celle des Pelham, des Grenville et des Bedford, toutes trois représentées au ministère par leurs membres les plus influents. La première, à laquelle appartenaient les puissantes maisons de Devonshire, de Richmond, de Grafton, de Portland, de Rutland, de Hertford, de Fitz-William, etc., avait pour chef le duc de Newcastle, premier lord de la trésorerie. C'était la plus importante sous le rapport de la noblesse, de la fortune et de l'influence parlementaire. A la tête de la seconde, celle des Grenville, était Richard, comte Temple, garde du sceau privé, homme de grandes richesses, d'une activité incessante, caractère ambitieux, turbulent et peu scrupuleux. Son frère, Georges Grenville, était trésorier de la marine; l'alliance de Pitt, qui avait épousé la sœur des Grenville, donnait à cette fraction une puissante influence politique. Le duc de Bedford, lord-lieutenant d'Irlande, couvrait de son nom et de son crédit la bande *Bloomsbury*, troupe d'hommes dissolus, pleins de talent et d'audace, ennemis redoutables si on les eût laissés dans l'opposition, et que l'on avait calmés par de riches fonctions. A ces diverses fractions appartenaient Henri Fox, William Murray, Legge, Hardwicke, Charles Pratt, Nugent, Townshend, Elliot, North, Barrington, etc., tous hommes considérables par leur éloquence ou leurs talents, et que le ministère avait eu soin de s'attacher par des faveurs ou des emplois.

au pays le grand ministre qui était à la tête des affaires. Georges le comprit, et dès ce moment ses efforts tendirent tous vers la cessation de la guerre. Son premier discours au parlement fut composé dans ce but. Après avoir rappelé qu'il était né et avait été élevé en Angleterre, et s'être glorifié de ce qu'il pouvait porter le nom d'Anglais, après s'être étendu longuement sur les succès de la Grande-Bretagne et de ses alliés, sur l'état de son commerce et de ses forces navales et militaires : « voici, « ajouta-t-il, dans quelle situation j'ai trouvé les choses à mon avénement au « trône. Heureux de cette glorieuse prospérité, j'aurais été plus heureux encore si « j'avais trouvé mes royaumes jouissant des bienfaits de la paix. Mais, puisque « l'ambition, les injustes usurpations, les desseins dangereux de mes ennemis ont « rendu la guerre juste et nécessaire, je suis résolu, aidé de votre puissant et bien- « veillant concours, à la poursuivre avec énergie, afin d'atteindre ce but de tous « mes vœux, une paix honorable et sûre. Je me repose donc sur votre zèle pour « soutenir nos fidèles alliés et notamment le roi de Prusse, et pour me fournir « les moyens d'amener, par une guerre vigoureuse, nos ennemis à faire promp- « tement la paix. » Ce discours faisait clairement connaître les dispositions paci- fiques du roi ; il n'y eut plus moyen de se méprendre sur ses intentions réelles, lorsque l'on sut que les passages relatifs à la continuation de la guerre, ajoutés par Pitt au projet primitif donné par Georges lui-même, n'avaient été acceptées par le roi qu'après de grandes difficultés ; néanmoins les deux chambres, celle des communes surtout, semblèrent, dans leurs adresses, partager plutôt l'ardeur belliqueuse du ministre que les désirs pacifiques du roi : « Nous pouvons assurer « Votre Majesté, dit la chambre basse, que vos fidèles communes, désireuses de « rendre votre règne glorieux et triomphant dans la guerre, heureux et honorable « dans la paix, concourront de tout leur pouvoir à toutes les mesures nécessitées « pour la vigoureuse continuation des hostilités, et qu'elles accorderont avec em- « pressement et plaisir tous les subsides qui seront nécessaires pour atteindre ce « but, et soutenir le roi de Prusse ainsi que les autres alliés de l'Angleterre. » Con- formément à ces promesses, la chambre, après avoir fixé à 800,000 livres sterling la liste civile du roi, accorda sans discussion 20 millions de subsides. La nation supportait gaîment tous ces sacrifices. Confiante dans le ministre habile qui la gou- vernait, elle savait que chaque jour une conquête nouvelle la dédommageait de ses avances. La nouvelle de la prise de Pondichéry, le dernier des établissements qui restaient aux Français dans l'Inde, vint justifier sa confiance.

Le traité de 1756 n'avait mis que momentanément un terme aux différends qui existaient entre les Compagnies des Indes anglaises et françaises, et, contrairement à ce qui avait été stipulé, les Anglais dans le Carnatique, Bussy dans le Dekhan, continuaient à prêter le secours de leurs armes aux souverains indigènes. Cepen- dant, les instructions pacifiques données par la Compagnie française à ses agents empêchant ces différends de dégénérer en hostilités sérieuses, Clive avait profité de ce demi-état de paix pour retourner en Angleterre rétablir sa santé altérée par les fatigues et l'influence du climat. Il y fut accueilli par des transports d'enthou- siasme ; et pendant que son habile rival, Dupleix, se voyait réduit à disputer à la Compagnie française les restes d'une fortune perdue à son service, Clive, fêté, exalté, enrichi, était promu à la présidence de Madras, et recevait de Georges le grade de lieutenant-colonel dans l'armée britannique. Pendant son absence, de graves événements se passaient au Bengale.

L'établissement formé par la compagnie à Calcutta avait grandi rapidement sous le gouvernement juste et pacifique d'Aliverdy Khan, soubahdar du Bengale. Mais Aliverdy Khan mourut au mois d'avril 1756, laissant le gouvernement à son petit-fils Suraj-u-Dowlah, qui était loin de partager la bienveillance que son grand-

Suraj-u-Dowlah et ses dix fils,
d'après le tableau conservé au musée de la Société Asiatique de Calcutta.

père avait toujours témoignée aux Anglais. A la haine qu'il portait aux étrangers se joignit chez Suraj-u-Dowlah le désir de s'emparer des richesses que les négociants anglais s'étaient acquises par le commerce; et bientôt, sous prétexte que la Compagnie avait fortifié Calcutta sans son autorisation, il se mit en marche contre cette ville, à la tête d'une armée nombreuse. Deux cent soixante-quatre Européens et deux mille indigènes formaient alors toute la garnison de Calcutta. Commandée par Clive, animée par son génie et son indomptable audace, cette petite troupe aurait peut-être pu se maintenir contre la cohue désordonnée qui composait l'armée du soubab ; mais Clive était en Angleterre, et, à l'approche de l'ennemi, les chefs du gouvernement et des troupes furent les premiers à abandonner la ville. Découragés par cette fuite honteuse, les cipayes et la plupart des soldats européens imitèrent l'exemple de leurs chefs ; cent cinquante hommes seulement, commandés par M. Holwell, membre du conseil, s'enfermèrent dans le fort William ; ils furent bientôt obligés de se rendre. Furieux de n'avoir trouvé dans la ville que 50,000 roupies au lieu des millions qu'il espérait, Suraj-u-Dowlah fit jeter ses prisonniers dans un cachot appelé le trou noir (the black hole), espèce de cave sans air et si étroite, que ces infortunés pouvaient à peine y tenir serrés les uns contre les autres. Le lendemain matin, cent vingt-trois d'entre eux étaient morts suffoqués (juin 1756).

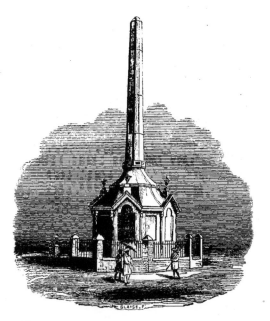

Monument élevé à Calcutta à la mémoire des Anglais qui périrent dans le *Black hole*.

Dès que la nouvelle de la prise de Calcutta parvint à Madras, on résolut, toute affaire cessante, de recouvrer cette ville. Clive venait d'arriver d'Angleterre ; on mit sous ses ordres neuf cents Européens et quinze cents cipayes, et le 2 janvier 1757, l'expédition, transportée sur une flotte de cinq vaisseaux de la marine royale et de cinq vaisseaux de la Compagnie, commandés par l'amiral Watson, se présenta devant Calcutta. La garnison que Suraj-u-Dowlah avait laissée en se retirant ne put tenir contre l'ardeur de Clive et de ses soldats; la ville fut reprise; le fort d'Hoogly éprouva le même sort.

A cette nouvelle, le soubab rassemble son armée, et se dispose à marcher de nouveau sur Calcutta. On venait alors d'apprendre dans l'Inde que la guerre avait recommencé entre la France et l'Angleterre. Suraj-u-Dowlah fait proposer au conseil de l'établissement français de Chandernagor, de se joindre à lui contre les Anglais. Les Français n'avaient au Bengale qu'environ trois cents soldats, mais leur artillerie était considérable et bien servie; unis à la nombreuse armée du soubab qu'ils auraient dirigée et soutenue, ils pouvaient réparer les fautes commises sur la côte de Coromandel; malheureusement l'incapacité qui avait déterminé le rappel de Dupleix et fait conclure le traité de Pondichéry, présidait toujours à la politique de la Compagnie. Non-seulement le conseil de Chandernagor refuse l'offre de Suraj-u-Dowlah, mais il fait proposer au gouvernement de Calcutta de s'abstenir réciproquement de toute hostilité, malgré la guerre qui existait alors en Europe entre la France et l'Angleterre. Une pareille proposition était à ce moment le salut des Anglais; on l'accueillit avec empressement, et deux commissaires furent aussitôt chargés de rédiger le traité de neutralité.

Pendant ce temps Suraj-u-Dowlah avait marché vers Calcutta; le 2 février, il était devant la ville avec quarante mille hommes. A son approche, une grande partie des Indous au service de la Compagnie désertèrent; les habitants des campagnes n'osaient plus porter de vivres dans la ville; si les Français se fussent alors joints au soubab, c'en était fait des Anglais. Clive n'avait à sa disposition que dix-neuf cents Européens et huit cents cipayes; il se décide cependant à attaquer pendant la nuit le camp de Suraj-u-Dowlah. Mais, trompée par les brouillards et l'obscurité, sa petite troupe s'égare et n'arrive que le matin devant les avant-postes ennemis où elle est à l'instant entourée de tous côtés; Clive ne regagne son camp qu'avec peine, et en laissant cent soixante des siens tués ou blessés. Quelque peu heureuse qu'eût été cette audacieuse attaque, elle eut tous les résultats d'une victoire; Suraj-u-Dowlah, effrayé, demanda sur-le-champ à traiter. Par une convention signée le 9 février, il s'engagea à restituer aux Anglais tous les comptoirs dont il s'était emparé, leur permit de fortifier Calcutta, leur accorda le droit de battre monnaie, enfin, confirma tous les priviléges dont ils avaient joui jusqu'alors. Peu de temps après, inquiet des événements qui avaient lieu à Dehli, capitale de l'empire mogol, et craignant d'être troublé dans la possession de sa vice-royauté, il sollicita une alliance offensive et défensive avec la Compagnie, proposition que le conseil de Calcutta, plus habile que celui de Chandernagor, se hâta d'accepter. Clive se décide alors à profiter de la supériorité que lui donne cette alliance pour chasser complétement les Français du Bengale. Le traité de neutralité n'était pas encore signé: avec cette déloyauté dont il devait donner tant de preuves, il en fait suspendre la conclusion, et marche sur Chandernagor. Les Français implorent le secours de Suraj-u-Dowlah; mais celui-ci craint de se brouiller avec la Compagnie, et refuse d'intervenir autrement que par des remontrances dont Clive ne tient aucun compte. Chandernagor, défendu seulement par deux cents Européens, ne peut résister aux Anglais quatre fois plus nombreux et renforcés encore de troupes

. nouvellement venues d'Angleterre et de Bombay; une capitulation est signée (14 mars 1757); le commandant de la garnison française, Law, se retire avec ses deux cents hommes sur le territoire du soubab.

La prise de Chandernagor et la puissance toujours croissante de la Compagnie effraient Suraj-u-Dowlah. Reconnaissant alors la faute qu'il a faite en refusant de soutenir les Français, il accueille Law et sa troupe avec faveur, leur permet de résider à Cossimbuzar, et leur fournit des vivres, de l'argent et des armes. Mais Clive pénètre ses desseins; il voit qu'il ne peut y avoir de sécurité pour les Anglais, tant que Suraj-u-Dowlah gouvernera le Bengale, et sur-le-champ il forme le projet de se débarrasser de lui. Conformément au traité d'alliance passé entre la Compagnie et ce prince, il commence par exiger l'expulsion des Français du Bengale. Suraj-u-Dowlah refuse d'abord, éclate en reproches contre Clive, menace de faire décapiter l'agent anglais envoyé auprès de lui, puis finit par céder, et donne ordre aux Français de se retirer sur les frontières de la province de Bahar. Clive, satisfait sur ce point, n'en poursuit qu'avec plus d'ardeur le reste de ses desseins; les circonstances lui offrent de puissants auxiliaires.

Par sa tyrannie, sa cupidité, son avarice, Suraj-u-Dowlah s'était fait de nombreux ennemis parmi ses plus riches sujets, et s'était aliéné une partie de ses troupes; tous les mécontents s'étaient groupés autour de Meer Jaffier, trésorier de l'armée, personnage auquel sa position donnait une importance relevée encore par son mariage avec la sœur du dernier soubab, Aliverdy-Khan. En butte à la haine ouverte du soubab, et tremblant pour sa vie, Meer Jaffier se décide à prendre l'initiative : un riche Arménien, nommé Osmischund, va de sa part trouver le résident anglais, Wats, et lui expose que le soin de sa propre conservation oblige Meer Jaffier à prendre les armes contre Suraj-u-Dowlah; que l'armée, tout entière à la dévotion du trésorier, est prête à se joindre à lui, si les Anglais veulent l'assurer de leur appui. Wats communique aussitôt cette proposition à Clive, qui court à Calcutta pour la soumettre au gouvernement. Il fait voir aux membres du conseil qu'en présence de la haine jusqu'alors contenue, mais certaine, du soubab contre les Anglais, il n'y a de sécurité pour eux que dans le renversement de ce prince, que jamais plus belle occasion ne se présentera, et qu'il faut savoir en profiter. Tous les membres se rangent à son avis; l'amiral Watson seul, représente qu'il est infâme de renverser un prince avec lequel on vient de conclure une alliance; mais la majorité l'emporte et l'on rédige un projet de traité avec Meer Jaffier. En échange du concours que les Anglais lui prêtent, le conseil stipule : que Meer Jaffier paiera, comme indemnité des pertes éprouvées lors de la prise de Calcutta : à la Compagnie 10,000,000 de roupies; aux habitants de la ville 5,000,000; aux Indous 2,000,000; aux Arméniens 700,000; aux troupes de terre et de mer 5,000,000; et de plus à chaque membre du conseil 280,000; que tous les comptoirs français au Bengale seront supprimés, et tous les Français bannis du pays; que la Compagnie possédera, au même titre que les Zemindars possédaient leurs districts, un vaste territoire à l'entour de Calcutta.

Ce projet est aussitôt communiqué à l'agent de Meer Jaffier, Osmischund, qui l'approuve, mais qui, pour prix de ses services et sous peine de révéler tout le complot au soubab, demande pour lui 5 pour 100 sur l'argent du trésor, et le quart des bijoux de Suraj-u-Dowlah. Le conseil refuse d'abord d'accéder à ces exorbitantes prétentions ; mais on était entre les mains d'Osmischund, et d'ailleurs d'autres circonstances rendaient la situation critique. Malgré le traité de paix de Pondichéry, Bussy était resté dans le Dekhan à la cour de Salabat-Jung, et son influence sur ce prince n'avait fait que croître de plus en plus. L'on savait que Suraj-u-Dowlah était depuis longtemps en correspondance avec lui, et tout faisait craindre qu'il ne se déterminât à venir joindre lès forces dont il disposait à celles du soubab du Bengale, pour marcher ensemble contre les Anglais. Chaque jour la nouvelle de son arrivée se répandait, et quoique le fait ne se confirmât pas, sa vraisemblance faisait vivement désirer au conseil la conclusion définitive du traité avec Meer Jaffier. Les prétentions d'Osmischund y mettaient seules obstacles. Alors Clive, peu scrupuleux sur le choix des moyens, proposa de rédiger deux traités, l'un dans lequel la stipulation demandée par Osmischund serait insérée, l'autre dans lequel elle serait omise et qui serait soumis dans le plus grand secret et avec la plus grande diligence à la signature de Meer Jaffier, pendant qu'on amuserait Osmischund en lui communiquant le premier. A l'exception de Watson, tous les membres du conseil donnèrent leur approbation à cette ignoble supercherie ; mais le refus de l'amiral arrêtait encore une fois la conclusion de l'affaire ; un des membres du conseil contrefit sa signature, et le faux traité fut montré à Osmischund, tandis que le véritable était envoyé à Meer Jaffier. Dès que l'on eut la signature de ce dernier, on résolut de commencer les hostilités.

Après avoir adressé à Suraj-u-Dowlah une lettre dans laquelle il énumérait tous les griefs que la Compagnie avait contre lui, l'inexécution du traité, sa correspondance avec Bussy, les secours et la protection donnés aux Français, etc., Clive partit de Chandernagor où s'étaient réunies toutes les forces anglaises, et marcha à la rencontre du soubab qui avait concentré ses troupes à Plassaje. Clive n'avait que deux mille Européens et deux mille cipayes à opposer aux cinquante mille fantassins et aux vingt mille cavaliers de Suraj-u-Dowlah, mais il savait que la plus grande partie de cette armée était sous le commandement de Meer Jaffier, c'est-à-dire toute prête à passer aux Anglais, et, sans hésiter, il engagea le combat (23 juin 1757). La défection de la moitié des troupes du soubab détermina la fuite de l'autre moitié, et les Anglais demeurèrent maîtres du champ de bataille, sans avoir perdu plus de cinquante hommes, tués ou blessés. Clive proclama aussitôt Meer Jaffier soubab des provinces de Bengale, Bahar et Orissa, et quelques jours après, l'installa solennellement à Moorsedabad (29 juin). Le lendemain, Suraj-u-Dowlah, arrêté dans sa fuite, périt assassiné. La mort de ce prince et l'intronisation du protégé de la Compagnie rendaient, par le fait, les Anglais souverains du Bengale.

La côte de Coromandel n'allait pas tarder à devenir le théâtre d'événements aussi heureux pour l'Angleterre. A l'époque de la déclaration de guerre, en 1756, le gouvernement français avait résolu de frapper dans l'Inde un coup décisif. Le comte de Lally-Tollendal, Irlandais qui avait suivi les Stuarts et depuis ce temps servi la France avec distinction, fut investi du gouvernement général des établissements français dans l'Inde; une flotte de douze vaisseaux et frégates commandée par M. d'Aché le transporta à Pondichéry avec un corps de deux mille hommes et un grand nombre de volontaires (28 avril 1758). Il arrivait dans un moment favorable. Clive était au Bengale, et les établissements anglais de la côte de Coromandel dégarnis de troupes; mais homme d'un courage incontestable et très-versé dans la tactique militaire de l'Europe, Lally ignorait complétement et la guerre et la politique de l'Inde. Son caractère orgueilleux, entêté, impatient de toute observation, ne lui permettait pas de modifier l'idée qu'il avait une fois conçue, et pour lui le système de Dupleix, le seul cependant dont on eût pu espérer des succès, n'était qu'une insigne folie. Assiéger Madras dès son arrivée, et, cette ville prise, faire voile immédiatement avec toutes ses forces pour le Bengale, afin d'en chasser les Anglais, tel était le plan que Lally avait formé et soumis à l'approbation de la Compagnie et du gouvernement français. Pour être exécutable, ce plan demandait le concours d'une partie des princes du pays; mais c'était ce que Lally ne voulait pas admettre; dès le premier jour de son arrivée il montra tout ce qu'on devait attendre de lui. A peine débarqué, il résolut de mettre le siége devant le fort Saint-David, et comme les autorités de Pondichéry ne pouvaient réunir aussi promptement qu'il le désirait le nombre de koolies (porte-faix) dont il avait besoin pour le transport de ses munitions et bagages, il suppléa à ceux qui lui manquaient en faisant saisir de force et employer pêle-mêle au transport de ses canons et de ses vivres, tous les indigènes qu'il rencontra, brahmines, kétrys, sudras, pahrias, sans distinction de castes et de métiers. « Dans un pays où chaque caste a sa vocation, sa profession particulière, dont personne ne change, ne peut jamais changer, c'était blesser toutes les croyances, renverser toutes les conditions; c'était attaquer à la fois l'ordre social et religieux. » Aussi la plupart des indigènes se hâtèrent-ils de quitter Pondichéry, et ceux qui avaient été enrôlés désertèrent-ils en masse. Vainement les membres du conseil s'empressèrent d'exposer au gouverneur les conséquences funestes que devaient engendrer de pareils procédés; Lally n'accueillit ces sages remontrances que par des emportements qui lui aliénèrent tous les esprits. La reddition du fort de Saint-David et des places de Condalore et de Devi-Cottah qu'il attribua à l'excellence de son système le rendirent encore plus intraitable. Alors, au lieu de profiter de la position de Bussy dans le Dekhan, pour s'adjoindre une partie des forces du subahdar et marcher aussitôt sur Madras qu'on savait dégarni de troupes, il commet la faute impardonnable de rappeler cet officier, et va perdre son temps dans une expédition contre le rajah de Tanjore. Le manque d'argent et de vivres, et surtout les mauvaises dispositions des indigènes, exaspérés par les violences que Lally leur avait fait et leur faisait encore subir, rendirent la route longue, difficile, périlleuse; et, faute de bras pour le transport des bagages et des canons, on arriva devant Tanjore sans artillerie et presque sans munitions. Le siége, poussé mollement, durait depuis plus d'un mois lorsque le bruit se répandit qu'un engagement avait eu lieu entre M. d'Aché et la flotte anglaise de l'amiral Pococke, et que ce dernier, vainqueur, était débarqué à Karikal pour couper la retraite aux Français. Sans attendre la confirmation de ce bruit, Lally lève le siége à la hâte, encloue ses

canons, détruit ses munitions et ses bagages, et l'armée reprend la route de Pondichéry, exténuée de fatigue, de faim et de soif, et sans cesse harcelée dans sa
retraite par la cavalerie tanjoréenne. En rentrant à Pondichéry, Lally y trouva la
flotte française qui avait en effet livré aux Anglais un combat meurtrier et sans
résultat décisif. La nouvelle que l'amiral Pococke était sur le point de recevoir
des renforts, détermina M. d'Aché à aller mettre ses bâtiments en sûreté à l'île
de France, sans tenter un nouveau combat; et, quoi que pussent lui dire le
gouverneur et les membres du conseil, il persista dans cette résolution funeste.
Le départ de la flotte et l'échec éprouvé à Tanjore, semblaient devoir rendre
impossible l'exécution des projets de Lally contre Madras, mais rien ne pouvait
le faire renoncer à une idée qu'il avait conçue. Pour se procurer l'argent dont il
manquait complétement, il se décida à s'emparer d'Arcot, capitale de Mohammed-
Ali. La trahison ouvrit aux Français les portes de la ville (4 octobre); malheureusement, les habitants avaient eu le temps de mettre leurs richesses en sûreté;
les trésors que l'on espérait trouver se bornèrent à quelques milliers de roupies.
Lally n'en persista pas moins dans son projet, et, rejoint par Bussy qui, après
d'énergiques remontrances, avait dû obéir et abandonner le Dekhan, il alla mettre
le siége devant Madras avec une armée de deux mille sept cents Européens et de
quatre mille cipayes. Mais les Anglais avaient eu le temps de préparer une vigoureuse défense; des renforts de troupes étaient arrivés d'Europe et du Bengale, et
la garnison comptait deux mille cinq cents Européens et autant d'indigènes; aussi,
après trois mois d'un siége que la désertion de ses cipayes, la mutinerie de ses
soldats, le manque d'argent et de munitions empêchèrent de pousser avec vigueur,
Lally fut obligé de battre en retraite. Le retour de la flotte française à Pondichéry vint un instant relever son espoir. Après avoir livré à l'escadre de l'amiral
Pococke un nouveau combat, aussi indécis et aussi meurtrier que le précédent,
M. d'Aché avait forcé le passage et était entré dans Pondichéry; mais il n'amenait
avec lui qu'environ deux cents hommes et 600,000 francs, et à peine arrivé, il
repartit pour l'île de France.

　　Les nouvelles du Dekhan n'étaient pas moins affligeantes. Aussitôt après le
départ de Bussy, les Anglais n'ayant plus à redouter ses talents et son influence
sur le soubab, étaient entrés en négociations avec plusieurs des rajahs du pays et
avec Salabat-Jung lui-même, pendant que le colonel Forde, détaché par Clive de
l'armée du Bengale avec cinq cents Anglais, deux mille indigènes et une bonne
artillerie, débarquait à Vizagapatam. Après s'être joint à quelques princes indigènes, Forde se porta à Peddapore à la rencontre de M. de Conflans, officier lâche
et incapable, que Lally avait envoyé pour remplacer Bussy dans la garde des
Circars du nord. Quoique ses forces fussent au moins égales à celles des Anglais,
M. de Conflans fut battu et courut se réfugier dans Masulipatam où il fut aussitôt
assiégé. Masulipatam était la plus forte et la plus importante place de la côte;
Salabat-Jung et son armée, ainsi qu'un corps français, s'avançaient en toute hâte
à son secours, et la position de Forde, menacé de tous côtés, devenait critique;
cependant, au premier assaut, M. de Conflans demanda à capituler et rendit la ville.
A peine le drapeau anglais était-il arboré, que Salabat-Jung arriva avec son armée.

Forde alla au-devant de lui, non plus en ennemi, mais en allié. En effet, le soubab perdant la confiance qu'il avait eue jusqu'alors dans la supériorité des Français, et voyant les Anglais victorieux de tous côtés, avait résolu de s'assurer leur alliance contre les rivaux qui depuis le départ de Bussy lui disputaient le trône du Dekhan. Un traité fut bientôt signé. Salabat-Jung céda à la Compagnie les districts dépendants de Masulipatam, de Condawair et de Walcarmanaz; s'engagea à ne plus permettre aux Français de former aucun établissement dans ses états, et promit d'en renvoyer, dans le délai de quinze jours, tous ceux qui s'y trouvaient encore; les Anglais, de leur côté, s'engagèrent à soutenir le soubab contre tous ses ennemis en général, et contre son frère Nizam-Ali en particulier.

Les Français, chassés du Dekhan, ne tardèrent pas à l'être aussi de la côte de Coromandel. Lally avait concentré ses forces à Conjeveram, pour couvrir Arcot, menacé par les Anglais. Après plusieurs opérations indécises, un engagement sérieux eut lieu entre les deux armées près de Trivatore. Les Anglais y furent vainqueurs, Bussy fait prisonnier; Arcot, Karikal, et presque toutes les places occupées par les Français, capitulèrent. Rejeté dans Pondichéry, Lally y fut aussitôt assiégé; la flotte de l'amiral Pococke, maîtresse de la mer par l'obstination de d'Aché à rester à l'île de France, s'établit dans la rade et compléta le blocus. Entouré d'ennemis que lui avaient faits ses emportements et son opiniâtreté, Lally ne pouvait compter que sur lui-même; il demandait de l'argent, et chacun cachait le sien; du soulagement à ses soldats excédés de gardes et de corvées, et personne ne se prêtait à les suppléer. Néanmoins, à force d'activité et de courage, avec onze cents hommes contre vingt mille, il parvint à retarder pendant sept mois la prise de la ville. Enfin, après qu'on eut mangé tous les animaux, chiens, chevaux, éléphants, qui se trouvaient dans la place, le moment arriva où il n'y avait plus que pour vingt-quatre heures de vivres. Sommé alors par le conseil de demander une capitulation, Lally refusa de le faire, et se borna à ne pas s'opposer à l'occupation de la ville (15 janvier 1761). La garnison fut faite prisonnière de guerre; les fortifications furent rasées, les magasins, les églises, et les principaux édifices démolis. Le drapeau blanc flottait encore dans le Carnatique, sur les forteresses de Gingee et de Thiagar; mais toutes deux, isolées et sans espoir de secours, ne tardèrent pas à subir le même sort que Pondichéry. La France n'avait plus dans l'Inde entière que les comptoirs de Surate et de Calicut.

Lally quitta Pondichéry au milieu des reproches et des insultes de toute la population; il fut, ainsi que les officiers de l'armée et les agents de la Compagnie, transporté en Angleterre. Là, apprenant que des bruits défavorables à son honneur étaient répandus en France, il obtint du ministère britannique la permission de se rendre à Paris pour se justifier. Mais le gouvernement français était heureux de trouver une victime sur laquelle il pût faire retomber l'indignation causée par tous les malheurs qui, depuis si longtemps, affligeaient le pays. Lally, à peine arrivé, fut jeté à la Bastille, et son procès commença. Quelque grands qu'eussent été ses torts, quelque abus d'autorité qu'il eût commis, quelques fautes qu'il eût faites dans la conduite de la guerre, ce n'étaient pas là des crimes que la loi française punit de la peine capitale; mais le ministère avait besoin de sa mort; et après dix-huit mois du procès le plus scandaleux, le plus infâme, il fut condamné à être décapité, et conduit à l'échafaud un bâillon à la bouche.

Peu de temps après la prise de Pondichéry et l'expulsion totale des Français des Indes, les armes anglaises se signalèrent encore par l'occupation de la Dominique, dans les Indes-Occidentales, et par celle de Belle-Isle, sur les côtes de Bretagne. Belle-Isle était un poste important pour la France, en ce qu'il commandait une grande étendue de côtes, et offrait un refuge assuré aux corsaires de cette nation. Une première tentative faite contre l'île par le commodore Keppel, échoua complétement, et cinq cents hommes y perdirent la vie. Un second débarquement protégé par le feu de la flotte, eut plus de succès. Après trois mois d'un siége

Attaque de Belle-Isle.

périlleux et meurtrier, Le Palais, capitale de l'île, se rendit; sa soumission entraîna celle de l'île entière. L'Angleterre était moins heureuse sur le continent. Là, les opérations, sans résultat décisif, se traînaient dans de continuelles alternatives de succès et de revers. Battu à Closter-Camp par les Français, le prince de Brunswick était à son tour vainqueur à Willighausen, pendant que Frédéric, toujours au moment d'être accablé par le nombre de ses ennemis, était toujours sauvé d'une ruine imminente par leurs divisions ou par leurs fautes.

La France parut enfin se lasser de cette guerre sans but, et de laquelle elle n'avait recueilli jusqu'alors d'autre fruit que la perte de ses colonies, la ruine de sa marine et de ses finances. Tous ses alliés, à l'exception de Marie-Thérèse, soupiraient après le retour de la paix; l'entrée de lord Bute dans le cabinet, par suite de la démission concertée du comte de Holderness, fit espérer au duc de Choiseul, alors premier ministre de France, que des ouvertures pacifiques pourraient être

accueillies avec faveur. Elles furent faites par l'intermédiaire de l'ambassadeur de
Russie, et admises par le ministère britannique. Le moment était favorable pour le
cabinet de Versailles. A l'incapable roi d'Espagne, Ferdinand, venait de succéder son frère Charles III, roi des Deux-Siciles, prince intelligent, de dispositions
moins pacifiques que son prédécesseur, et animé d'une ardente pensée de vengeance contre l'Angleterre. Lorsque, vingt ans auparavant, ce prince s'était joint
à la première coalition formée contre Marie-Thérèse, une flotte anglaise avait paru
dans la baie de Naples, et le commandant avait brutalement signifié à Charles
qu'il lui fallait, avant une heure, choisir entre un traité de neutralité et un bombardement. Le traité fut signé, mais depuis ce jour, le prince humilié avait juré
une haine mortelle au nom anglais. D'ailleurs, Bourbon, il n'avait pu voir sans
douleur l'abaissement où Pitt avait réduit les Bourbons de France; roi d'Espagne,
il s'effrayait pour son pays, qu'il voulait régénérer, des immenses progrès de
la puissance navale de l'Angleterre. Aussi le duc de Choiseul l'amena-t-il facilement à former une alliance plus intime avec la France, et au moment même
où des ouvertures de paix étaient faites au cabinet de Saint-James, le duc négociait avec Charles III et son fils Ferdinand, roi des Deux-Siciles, le fameux traité
connu sous le nom de *Pacte de famille*. Par ce traité, Choiseul proposait : que
tous les souverains de la maison de Bourbon formassent entre eux une alliance
perpétuelle, offensive et défensive; qu'ils se garantissent mutuellement leurs
états, déclarassent ennemis de tous quiconque le deviendrait de l'un d'eux; s'en-
gageassent à ne jamais faire d'alliance séparée avec aucune puissance de l'Europe; s'ouvrissent réciproquement leurs ports et frontières, et assimilassent en
tout les sujets de leurs alliés à leurs propres sujets, de telle sorte que les peuples
de la France, de l'Espagne, des Deux-Siciles, de Parme et de Plaisance, ne formassent « qu'une seule et même famille. »

Pendant que le cabinet de Versailles pressait la conclusion de ce traité si important pour lui, M. de Bussy, ambassadeur de France à Londres, avait présenté à Pitt
les propositions de son gouvernement. Ces propositions portaient : 1° Que le Canada
serait définitivement cédé et garanti à l'Angleterre sous quatre conditions, savoir :
le libre exercice de la religion catholique pour les colons, la liberté pour les sujets
français de quitter le pays, l'exacte fixation des limites, la faculté pour les Français de pêcher et de faire sécher leurs pêches aux bancs de Terre-Neuve; en compensation de ce dernier avantage, les fortifications du Cap Breton, dont la restitution était exigée par la France, ne devaient point être relevées; 2° que la France
rendrait Minorque et le fort Saint-Philippe; que l'Angleterre, de son côté, restituerait la Guadeloupe et Marie-Galante; 3° que la Dominique et Saint-Vincent
seraient possédées par les Caraïbes, sous la protection des Français; 4° que Sainte-
Lucie serait rendue à ces derniers, et que Tabago, sous de certaines conditions,
resterait à l'Angleterre; 5° que, vu qu'il devait être également avantageux aux
deux pays de s'abstenir de tout projet de conquêtes militaires dans l'Inde, le traité
conclu entre Godeheu et Saunders, en 1755, serait pris pour base du rétablissement
de la paix en Asie; 6° que l'Angleterre garderait au Sénégal, soit l'île Saint-Louis,
soit Gorée, mais serait tenue de remettre l'une de ces deux îles à la France, ainsi

que de rendre Belle-Isle avec l'artillerie qui s'y trouvait à l'époque de la conquête ; 7° qu'en retour de ces diverses cessions, la France évacuerait la Hesse, le Hanau, et toute la partie de l'électorat de Hanovre qu'occupaient ses troupes ; 8° que la paix séparée qui serait signée entre la France et l'Angleterre ne porterait atteinte à aucun traité, et ne serait point préjudiciable à l'impératrice-reine ; que le roi de la Grande-Bretagne prendrait l'engagement de pourvoir à ce qu'aucune portion de l'armée du prince Ferdinand ne se joignît au roi de Prusse, et que, de leur côté, les Français se retireraient de Francfort, Wesel et Gueldres ; 9° que les prises navales faites avant la guerre, seraient rendues. Cette restitution n'était point absolument exigée comme une condition essentielle de la paix, mais on s'en rapportait à la justice du roi et des tribunaux d'Angleterre.

Pendant que la discussion s'ouvrait sur ces propositions, le pacte de famille était signé à Madrid (15 août). Déjà Pitt soupçonnait qu'une négociation secrète était entamée entre la France et l'Espagne ; il n'en douta plus lorsque Bussy lui remit un mémoire dans lequel le duc de Choiseul, laissant entrevoir les dispositions de la cour de Madrid vis-à-vis de l'Angleterre, demandait, comme moyen d'assurer une paix solide et avant de passer à la discussion des propositions de la France, que la Grande-Bretagne commençât par donner satisfaction à l'Espagne sur quelques motifs de plaintes. Il réclamait notamment : la restitution de quelques prises faites durant la guerre ; le privilége pour les Espagnols de pêcher à Terre-Neuve ; la démolition des établissements que les Anglais avaient formés dans la province de Honduras, en Amérique. Pitt comprit aussitôt la portée de cette étrange intervention ; mais, confiant dans les forces de la Grande-Bretagne, il refusa nettement d'admettre l'Espagne dans les négociations, et fit à son tour connaître ses conditions pour la paix. Il exigeait que la France abandonnât le Canada sans conditions ; refusait la restitution du cap Breton ; accordait le droit de pêcher à Terre-Neuve, mais contre la démolition des fortifications de Dunkerque ; consentait à l'échange de Minorque contre la Guadeloupe et Marie-Galante ; exigeait l'évacuation de l'Allemagne sans conditions ; remettait aux deux Compagnies des Indes les négociations relatives à ce pays, refusait de rendre les vaisseaux saisis et de cesser les secours fournis par l'Angleterre au roi de Prusse tant que ce prince n'aurait pas recouvré la Silésie. De pareilles conditions étaient la continuation de la guerre, car la France ne pouvait y accéder tant qu'il lui resterait un soldat et un écu. M. de Bussy fut rappelé. Afin de mettre l'Espagne en demeure de se prononcer, Pitt fit aussitôt demander au premier ministre de Charles III, don Ricardo Wall, un désaveu du mémoire présenté par l'ambassadeur français. Wall se contenta d'affirmer qu'en consentant à ce que la France s'interposât pour l'aplanissement des difficultés qui existaient entre la Grande-Bretagne et l'Espagne, Sa Majesté catholique n'avait aucunement eu l'intention d'offenser le roi d'Angleterre ; du reste, il refusa d'abandonner aucune de ses réclamations, avoua que la plus parfaite harmonie existait entre les cours de Versailles et de Madrid, et ne cacha pas qu'en conséquence de ce bon accord, le roi très-chrétien avait offert d'assister Sa Majesté catholique, dans le cas où la discussion pendante entre la Grande-Bretagne et l'Espagne se terminerait par une rupture.

Au reçu de cette réponse, Pitt, plus convaincu que jamais des dispositions hostiles de Charles III, et pénétrant l'intention où était ce prince de ne se déclarer que lorsqu'il serait en mesure d'entrer efficacement dans la querelle, proposa au conseil de rappeler immédiatement l'ambassadeur anglais de Madrid, et sans attendre que l'Espagne en vînt à des hostilités ouvertes, de paralyser ses ressources en saisissant un convoi qui apportait à Cadix les galions d'Amérique. Mais Pitt n'était plus, comme sous Georges II, le maître du conseil. En butte à la jalousie de ses collègues, à cause de sa supériorité, il s'était aliéné la plupart d'entre eux par ses manières hautaines et ses exigences despotiques. Il en était d'ailleurs qui, de bonne foi, n'approuvaient point toute sa politique, et notamment le but qu'il avait le plus à cœur, l'abaissement complet et la ruine de la France. Tout en convenant qu'il avait trouvé le pays dans l'humiliation, et l'avait élevé à l'apogée de sa gloire, ils soutenaient avec raison que vouloir continuer la guerre jusqu'à ce que la France fût ruinée, c'était renoncer à jamais à la paix, et ruiner en même temps l'Angleterre, écrasée déjà sous le poids des plus lourds impôts.

Dans un ministère aussi peu d'accord, il n'avait pas été difficile à lord Bute, soutenu de toute l'influence du roi et de la cour, de prendre une position importante; ce fut lui qui, le premier, s'opposa à l'adoption de la proposition de Pitt. Le conseil tout entier, à l'exception de lord Temple, se rangea à son avis. On accordait bien que l'Espagne avait suivi une marche singulière, et qu'elle avait dû être poussée par les intrigues du cabinet de Versailles; mais on pouvait encore espérer dans l'effet de vigoureuses remontrances; d'ailleurs, au moment où les finances du royaume étaient gravement obérées, il n'était pas sage de s'engager dans une nouvelle guerre, et surtout de la commencer par des mesures violentes, peu honorables, contraires à toutes les notions du droit public, et qui auraient pour effet certain d'aliéner l'Europe de l'Angleterre. La question fut discutée dans trois conseils successifs; après un dernier effort, Pitt, voyant qu'il devait renoncer à l'espoir de ramener ses collègues à son avis, manifesta l'intention où il était de quitter le ministère : « J'ai été appelé, dit-il, à l'administration des « affaires publiques par la voix du peuple ; c'est envers lui que je me suis tou- « jours considéré comme comptable de ma conduite. Je ne puis donc rester plus « longtemps dans une situation où je serais responsable de mesures qu'il ne m'est « plus permis de diriger. » Lord Granville, président du conseil, répondit à cette déclaration inattendue. « Notre honorable collègue, dit-il, paraît décidé à nous « quitter; je ne puis, en vérité, le regretter, car autrement il nous aurait for- « cés nous-mêmes à nous séparer de lui; en effet, s'il pense avoir seul le droit de « consulter Sa Majesté, à quoi bon sommes-nous réunis ici? Lorsqu'il parle de sa « responsabilité envers le peuple, il tient le langage de la Chambre des communes, « et oublie qu'ici nous ne sommes responsables qu'envers le roi. Il est possible « qu'il soit convaincu de sa propre infaillibilité; mais il nous reste encore à acqué- « rir une semblable conviction avant que nous puissions soumettre nos intelligences « à sa seule direction, et nous joindre à lui dans les mesures qu'il propose. »

Persévérant dans sa résolution de quitter le ministère, Pitt se rendit au palais de Saint-James, et remit sa démission entre les mains du roi (5 octobre). Le roi la reçut avec aisance et fermeté, déclarant qu'il adhérait formellement à l'opinion de la majorité de son conseil, et qu'il se serait trouvé dans le plus grand embarras si, au lieu de rejeter la mesure proposée, tous ses ministres l'avaient appuyée. Néanmoins, il exprima à Pitt tous les regrets qu'il éprouvait de la retraite d'un si habile conseiller, et pour lui prouver combien il appréciait ses hauts mérites et les services qu'il avait rendus à l'état, il lui offrit les récompenses les plus élevées qu'il fût au pouvoir de la couronne de donner, la chancellerie du duché de Lancastre, ou le gouvernement du Canada, sinécure à laquelle on aurait attaché un traitement de 5,000 livres sterling. Pitt refusa ces emplois, mais il accepta une pension de 3,000 livres, reversible sur ses enfants et petits-enfants, et la pairie pour sa femme, qui fut créée baronne de Chatam, avec réversion à sa postérité mâle. Lord Egremont, fils du grand tory William Wyndham, remplaça Pitt; le duc de Bedford fut nommé garde du sceau privé à la place de lord Temple, le seul membre du cabinet qui se fût retiré avec le secrétaire-d'état.

La presse s'empara avec avidité de tous ces événements; un grand nombre de journaux et de pamphlets reprochèrent violemment à Pitt les faveurs qu'il avait acceptées en quittant le ministère; plusieurs allèrent même jusqu'à l'accuser de s'être vendu à la cour, et d'avoir, pour de l'argent et des honneurs, déserté ses principes et le poste où il pouvait les faire triompher. Ces clameurs ébranlèrent tellement la popularité de l'ancien ministre qu'il se crut obligé de se justifier; il le fit dans une lettre qu'il adressa au greffier en chef de la Cité : mais au bout de quelques semaines, ces fâcheuses impressions étaient déjà complétement oubliées; et le jour de l'installation du lord-maire, Pitt fut, dès son apparition à Guildhall, salué par les acclamations de la multitude, tandis que lord Bute était l'objet des insultes de la populace, et que le roi lui-même était accueilli avec une significative froideur.

Le parlement se réunit peu de temps après la retraite de Pitt (3 novembre). Quel que fût le désir du roi de terminer au plus tôt la guerre avec la France, il ne crut pas prudent de le manifester ouvertement, en ce moment surtout où des adresses venues de toutes les parties du royaume félicitaient Pitt sur sa conduite politique et notamment sur la vigueur avec laquelle il avait dirigé les opérations militaires; aussi, après avoir rappelé dans son discours aux chambres réunies, les événements heureux qui avaient signalé cette année : « Je suis bien résolu, « continua-t-il, à pousser vivement la guerre et à remplir avec la fidélité la « plus scrupuleuse mes engagements envers mes alliés. Telle est la conduite que « je ne cesserai de tenir, jusqu'à ce que mes ennemis, frappés de leurs pertes et « de leur détresse, et sensibles aux maux de tant de nations, se prêtent enfin à « d'équitables conditions d'accommodement. Soyez convaincus que dans la négo- « ciation de la paix, comme dans la poursuite de là guerre, aucune considération « ne pourra me faire oublier ce qu'exigent l'intérêt de mes états, l'honneur et la « dignité de ma couronne. » Malgré ce discours belliqueux, les vues pacifiques de Georges et de plusieurs ministres étaient si bien connues, qu'un grand nombre de députés, jaloux de s'attirer la faveur royale, s'élevèrent avec force contre la guerre continentale et la continuation des subsides au roi de Prusse. Mais, quelle que fût, sur cette question, l'opinion particulière de Georges et de plusieurs membres du cabinet, il était pour le moment impossible d'abandonner brusquement des alliés avec lesquels on était lié par des traités récents; les subsides, à toute réduction desquels les ministres s'opposèrent, furent votés par une majorité considérable.

Cependant la marche des événements avait justifié la politique que Pitt avait tenté de faire prévaloir à l'égard de l'Espagne. Sans adopter les mesures violentes proposées par ce ministre, le cabinet voulut s'éclairer sur les conséquences qui pouvaient résulter, pour l'Angleterre, du traité conclu entre les cours de Versailles et de Madrid, et il donna ordre au comte de Bristol, son ambassadeur en Espagne, de demander communication de cet acte, ou tout au moins des articles qui pouvaient affecter les intérêts de la Grande-Bretagne. Mais alors les galions d'Amérique étaient en sûreté dans les ports de la Péninsule; les opérations militaires prenaient, en Allemagne, une tournure favorable à la France : l'Espagne crut ne devoir pas dissimuler plus longtemps. En réponse aux sommations de l'ambassadeur anglais, don Ricardo Wall récapitula tous les griefs que son pays avait contre l'Angleterre, accusant le cabinet de Saint-James de rejeter les concessions raisonnables qu'avait offertes la France, afin d'achever de ruiner sa puissance coloniale et maritime, et de pouvoir ensuite anéantir de même celle de l'Espagne. Il ajouta que Sa Majesté catholique croyait de son devoir de ne pas souffrir qu'un monarque, son allié et son parent, se soumît à des conditions aussi injurieuses que celles qui lui avaient été proposées, et en reconnaissant qu'un traité d'alliance avait été signé entre son souverain et le roi de France, il refusa formellement de s'expliquer en rien sur la nature des stipulations qu'il contenait. Une pareille réponse équivalait à une rupture; Bristol demanda aussitôt ses passe-ports, et le 4 janvier 1762, la guerre fut déclarée à l'Espagne. Georges exposa au parlement les causes qui avaient réduit le gouvernement à cette extrémité, et réclama le concours des deux chambres pour mettre l'Angleterre en état de tenir tête à ce nouvel ennemi. Lords et communes furent unanimes dans leur approbation de toutes les mesures prises par le roi; mais, à cette occasion, une opposition violente se déchaîna de nouveau à la chambre des lords contre la continuation de la guerre continentale, et une motion fut présentée, qui tendait au rappel immédiat des troupes britanniques envoyées en Allemagne. Ce n'était pas, dit-on à l'appui de la motion, au moment où l'Angleterre allait se trouver engagée dans une nouvelle guerre, au moment où elle pouvait redouter une invasion, que l'on devait laisser en Allemagne des troupes que la supériorité des forces continentales de la France rendait d'ailleurs tout à fait inutiles. Après une vive discussion, la motion fut repoussée, mais ce rejet donna lieu à une énergique protestation qui fut consignée sur les registres de la chambre, et à laquelle adhéra un des ministres, le duc de Bedford.

Aussitôt que les hostilités avaient été déclarées, l'Espagne et la France s'étaient efforcées d'engager le Portugal dans leur querelle, afin de priver par là l'Angleterre d'un allié ancien et fidèle, et de lui fermer la source d'un commerce dont elle retirait les plus grands avantages. Pour ajouter à l'effet d'un mémoire que les ambassadeurs français et espagnols remirent au roi Joseph, de fortes armées furent rassemblées sur la frontière portugaise. Après avoir exposé dans ce mémoire l'intérêt qu'avaient toutes les puissances maritimes à se réunir, afin d'abaisser les prétentions exorbitantes de l'orgueil britannique, le duc de Choiseul et don Ricardo Wall engageaient Sa Majesté très-fidèle à rompre toute relation avec l'Angleterre, et à se joindre à la France et à l'Espagne. Joseph ayant répondu à ces demandes par un refus formel, les troupes espagnoles eurent ordre de passer la frontière, et, en peu de jours, Miranda, Bragance, Moncorvo, Almeida et plusieurs autres villes tombèrent en leur pouvoir. Incapable de résister avec ses seules forces, Joseph réclama le secours de Georges III, et aussitôt la chambre des communes fut invitée, par un message royal, à mettre la couronne en état de venir au secours du plus fidèle allié de l'Angleterre. Pitt appuya avec la plus grande énergie la demande de subsides faite par le ministère, et, comme plusieurs orateurs avaient parlé en faveur de la paix, il soutint que les hostilités devaient au contraire être poussées avec plus de vigueur que jamais; que la France épuisée était hors d'état de faire une résistance sérieuse, tandis que l'Angleterre, indemnisée au centuple par ses conquêtes des sacrifices qu'elle avait faits, possédait encore, malgré tout ce qu'on pouvait dire du mauvais état de ses finances, des ressources qui lui permettaient de faire triompher toutes ses prétentions. Les subsides demandés furent votés, un corps de huit mille hommes envoyé en Portugal, et des expéditions dirigées contre les principales colonies espagnoles.

Tout en continuant la guerre avec cette vigueur, Georges et son ministre favori, lord Bute, en désiraient la fin aussi ardemment que jamais. Mais l'Angleterre s'était engagée à conserver la Silésie au roi de Prusse, et la situation presque désespérée de ce prince, à la fin de la dernière campagne, semblait éloigner plus que jamais la possibilité d'obtenir ce résultat. Entouré de tous côtés par ses ennemis, Frédéric paraissait en effet réduit aux dernières extrémités et incapable de soutenir la lutte plus longtemps, lorsqu'un événement inattendu vint subitement relever sa fortune. L'impératrice de Russie, Élisabeth, mourut (5 janvier 1762), et laissa la couronne à son neveu, Pierre III. Admirateur enthousiaste de Frédéric, Pierre, à peine monté sur le trône, non content de se détacher de la coalition formée contre ce prince, fit alliance avec lui, et lui envoya un secours de vingt-quatre mille hommes. Il périt, il est vrai, quelques mois après, assassiné par sa femme, Catherine d'Anhalt, qui se fit couronner impératrice; mais avant que Catherine, qui déclara vouloir rester neutre, eût rappelé ses troupes d'Allemagne, Frédéric avait eu le temps de se dégager, et déjà, reprenant l'avantage, il songeait à tirer vengeance de ses dernières défaites. C'eût été éterniser la guerre : Georges résolut de le contraindre à la paix en lui retirant les subsides de l'Angleterre. Cette mesure fit éclater la division qui régnait sourdement dans le cabinet. Pendant l'administration de Pitt, le duc de Newcastle, forcé de reconnaître l'incontestable supériorité de ce grand homme d'état, avait fini par se soumettre à son ascendant, et chef titulaire du ministère, il en avait abandonné la direction au secrétaire pour les affaires extérieures. Lorsque Pitt donna sa démission, Newcastle avait espéré pouvoir enfin reprendre la prééminence dans le conseil; mais cet espoir fut de nouveau trompé, et lord Bute, soutenu par la faveur royale, devint

par le fait, quoique sans en avoir le titre, le chef de l'administration; bientôt
même, insultes sur insultes furent prodiguées au lord trésorier, pour le forcer à
donner sa démission. Newcastle supporta longtemps ces humiliations; enfin, il lui
fallut reconnaître que tout était perdu pour lui à la cour, et il n'attendit plus qu'une
occasion de donner à sa retraite le prétexte d'un dissentiment sur une question
nationale. La discontinuation des subsides du roi de Prusse la lui fournit. Il protesta contre la nouvelle politique que l'on paraissait vouloir suivre à l'égard de ce
prince, et ne pouvant faire prévaloir son opinion, se retira (mai 1762). Lord
Bute le remplaça à la tête de la trésorerie.

Par la retraite du chef de la ligue whig et la promotion de Bute à la place de
lord trésorier, le parti tory obtenait l'ascendant suprème dans le cabinet. Le premier ministre était tory; lord Egremont, qui avait remplacé Pitt comme secrétaire-d'état, était tory; un ancien jacobite, sir Francis Dashwood, fut nommé
chancelier de l'échiquier. Il y avait cependant encore un grand nombre de whigs
dans le conseil, mais l'appui du roi et de la cour donnait à leurs adversaires une
supériorité d'influence à la faveur de laquelle le système gouvernemental de
Georges allait enfin pouvoir se développer tout à l'aise; désormais le roi ne serait
plus un mannequin dans les mains d'une coalition de sujets; il ne serait pas forcé
de renvoyer des ministres qu'il aimait, comme son grand-père avait été forcé de
renvoyer lord Carteret; de prendre pour conseillers des hommes qu'il détestait,
comme Georges II avait été forcé de prendre Pitt; mais en même temps, le système
des trafics parlementaires allait cesser; ni électeurs, ni députés ne seraient plus
achetés avec les fonds secrets. Délivrer la Grande-Bretagne de la corruption et
des cabales oligarchiques, la détacher de ses alliances continentales; mettre un
terme à une guerre coûteuse et sanglante, tel était le programme de lord Bute;
il le résumait par ces deux mots : *prérogative* et *probité* [1]. Ce fut par la paix qu'il
en commença l'exécution.

Malgré la retraite de Pitt, l'impulsion donnée à la nation anglaise par la main
vigoureuse de ce ministre était telle, que la guerre avait continué avec la même
vigueur et les mêmes succès qu'auparavant. Le pacte de famille n'avait point
empêché la prise des colonies françaises de la Martinique, de la Grenade, de Saint-
Vincent, de Sainte-Lucie. Quant à l'Espagne, l'expulsion de ses troupes du Portugal, la perte de Cuba, des Philippines, de douze vaisseaux et de plus de 100
millions, durent lui faire vivement regretter de s'être engagée dans la guerre;
aussi lorsque le roi de Sardaigne fit, à l'instigation de lord Bute, des propositions
de paix à la cour de France, elles furent acceptées avec empressement; le duc de
Nivernois et le duc de Bedford partirent aussitôt, en qualité de ministres plénipotentiaires, l'un pour Londres et l'autre pour Paris.

A la nouvelle de l'ouverture des négociations, une forte opposition se manifesta

---

1. Nous avons emprunté la plus grande partie des détails que nous donnons ici et que nous don-
nerons par la suite sur la politique des premiers ministres de Georges III, à un article extrêmement
remarquable, publié dans la *Revue d'Édimbourg* par l'honorable Babington Macaulay, secrétaire de
la guerre pendant le ministère de lord Melbourne. Cet article a été reproduit dans la *Revue britannique*, livraisons de novembre et décembre 1844.

dans la nation. Une succession non interrompue de conquêtes et de victoires avait donné aux esprits des idées exagérées de la puissance anglaise, et le peuple ne voulait point qu'on s'arrêtât tant qu'il resterait à la France et à l'Espagne une seule colonie, ne réfléchissant pas qu'agir ainsi eût été s'interdire pour jamais une paix sincère et durable. La ville de Londres surtout, dont le commerce avait pris une extension immense pendant la guerre et par suite de la ruine de la marine française, la ville de Londres voulait à tout prix la continuation des hostilités ; ses représentants au parlement reçurent pour instructions de n'accepter aucun traité qui ne conserverait point à la Grande-Bretagne la totalité de ses conquêtes. A la faveur de cette aversion générale pour la paix, l'esprit de parti se réveilla plus violent que jamais, et réveilla à son tour une furie plus terrible et plus funeste encore, l'esprit d'animosité nationale. Bute, Écossais, avait rempli les bureaux, l'armée, la marine « d'Erskines, de Macdonalds, de Macgillivrays, *qui ne parlaient pas chrétien* et dont quelques-uns ne portaient pas de culottes[1], » et par cette conduite inconsidérée, à la rancune du whig contre le tory, il avait fait se joindre la rancune de l'Anglais contre l'Écossais. D'innombrables pamphlets déploraient le malheur de l'Angleterre « envahie par une nouvelle race de sauvages, enfants de la ladrerie et de la famine, plus cruels et plus rapaces que les Pictes et les Danois ; » d'autres s'attaquant directement à Bute, expliquaient la haute position où cet homme jusqu'alors inconnu était tout à coup arrivé, par ses relations adultères avec la princesse mère, et rappelaient sans cesse que depuis que le poignard de Felton s'était plongé dans le sein du duc de Buckingham, aucun favori n'avait été mis à la tête du gouvernement. De pareilles excitations ne devaient pas manquer de porter leur fruit. En effet, fréquemment attaqué dans sa chaise à porteurs, Bute n'osa bientôt plus sortir dans les rues sans se déguiser, et plus d'une fois la populace, qui avait adopté pour le désigner un tire-bottes (jack-boot, mauvais calembour fait sur ses nom et prénom de Jack Bute), brûla sur la place publique un tire-bottes attaché à un jupon, associant ainsi dans sa haine le symbole du ministre à celui de la princesse douairière de Galles.

Cependant Bute ne se laissa point ébranler par ces manifestations, et poussa les négociations relatives à la paix avec une telle activité que le 3 novembre les articles préliminaires furent signés. Mais à ce moment même l'inquiétude le saisit. Les chambres allaient se réunir ; le traité serait le premier sujet de discussion, et il était probable que Pitt et la grande ligue whig, soutenus par les clameurs de la multitude, le combattraient à outrance. Or Bute, qui avait répudié les moyens employés par les précédents cabinets pour se procurer un parlement dévoué, pouvait-il, surtout dans les circonstances présentes, compter sur une majorité ? Georges Grenville qui était chargé de la direction des communes, était-il assez habile, assez fort pour en conquérir une ? D'ailleurs, frère de Temple, beau-frère de Pitt, le voudrait-il sincèrement ? Sur tous ces points, Bute doutait, et il résolut de se chercher un autre auxiliaire. Il y avait dans le cabinet même un homme dont la logique vive et mâle avait souvent dans les débats lutté avec bon-

---

1. B. Macaulay.

heur contre la rhétorique passionnée de Pitt, dont le talent pour l'intrigue égalait le talent oratoire, dont l'audace ne reculait devant aucune difficulté, devant aucun danger, et qui ne s'embarrassait pas plus de scrupules que de craintes. C'était Henri Fox, payeur général de l'armée. Mais ami et disciple de Walpole, longtemps lié intimement avec le duc de Cumberland, il avait toujours été considéré comme le plus whig des whigs, et était abhorré à la fois des torys et des Écossais. Ce fut cependant à lui que Bute s'adressa. Fox n'était pas difficile à gagner; égal de Pitt par la parole, supérieur à lui comme homme d'affaires, il l'avait un instant dépassé dans la carrière politique, puis s'était vu lui-même complétement distancé. L'espoir d'une revanche lui souriait, et Bute le trouva tout prêt à oublier ses querelles avec les torys et les Écossais, pour reconquérir les avantages qu'il avait eus autrefois sur son illustre rival. En conséquence, l'alliance fut bientôt conclue. On promit à Fox que s'il parvenait à tirer le gouvernement de la situation embarrassante où il se trouvait, il en serait récompensé par la pairie, et il fut chargé de remplacer Grenville dans les débats de la chambre des communes.

Fox avait espéré que son influence assurerait à la cour le cordial appui de quelques whigs influents qui étaient ses amis personnels, et notamment celui du duc de Cumberland et du duc de Devonshire; mais il fut complétement desappointé dans cet espoir, et reconnut au contraire qu'il lui fallait compter sur l'opposition du prince du sang que la nation considérait le plus, et sur celle de la grande maison de Cavendish. Dans cette position, il fit comprendre à Bute que le cabinet ne pouvait se sauver qu'en employant la tactique de Walpole, et plus largement que Walpole n'eût osé l'employer lui-même; les bureaux du payeur-général devinrent donc un bazar de votes; des centaines de membres eurent là des tête-à-tête avec Fox, qui ne les laissa pas sortir sans leur faire emporter le salaire de l'infamie. On paya ainsi dans une seule matinée une somme de 25,000 livres (625,000 fr.); le vote au plus bas prix coûtait 200 guinées [1].

A la corruption on joignit l'intimidation; le duc de Devonshire fut grossièrement dépouillé de ses fonctions de chambellan, et Georges raya de sa main le nom du duc de la liste de ses conseillers privés. Des hauts fonctionnaires, la persécution s'étendit jusqu'aux plus infimes employés, et l'on destitua jusqu'à des gardes-côtes et des douaniers. Ces moyens odieux augmentèrent encore le mécontentement populaire, mais Bute avait atteint son but; et sûr de sa majorité, il présenta sans crainte au parlement rassemblé (25 novembre) les préliminaires signés entre les cabinets de Saint-James, de Versailles et de Madrid. D'après les stipulations contenues dans ces préliminaires, la France cédait à l'Angleterre : en Amérique la Nouvelle-Écosse, le Canada et toutes ses dépendances, avec le Cap Breton et les autres îles du golfe Saint-Laurent, réservant aux catholiques romains le droit d'exercer leur religion, et la faculté de quitter le pays dans un délai fixé; le Mississipi, dans toute sa longueur, devenait la limite des établissements anglais dans le nord de l'Amérique; on laissait à la France la liberté de la pêche dans le golfe Saint-Laurent, à trois lieues des îles, et, hors du golfe, à quinze lieues du Cap

1. B. Macaulay.

Breton; les pêcheurs français eurent pour barraquer et pour sécher leur poisson, les îles de Saint-Pierre et de Miquelon, que l'Angleterre abandonnait à la France, mais sans que celle-ci pût y élever des fortifications. La Martinique, la Guadeloupe, Marie-Galante et la Désirade étaient restituées à la France; l'Angleterre gardait la Grenade et les Grenadines, Saint-Vincent, la Dominique et Tabago. En Afrique, cette puissance conservait le Sénégal, la France reprenait Gorée. Dans l'Inde, la Grande-Bretagne rendait les comptoirs que la France possédait avant la guerre, à la condition qu'il n'y serait pas envoyé de troupes. En Europe, l'île de Minorque était restituée à l'Angleterre en échange de Belle-Isle; la France évacuait le Hanovre, et tout ce qu'elle avait pris en Allemagne; le port de Dunkerque devait être comblé, conformément aux stipulations du traité d'Aix-la-Chapelle. Enfin, l'Espagne cédait à l'Angleterre la Floride et ses autres possessions dans l'Amérique du nord à l'est et au sud-est du Mississipi, et lui concédait le droit de couper du bois de campêche dans la baie de Honduras; elle était dédommagée de ces pertes par la cession de la Louisiane, que la France lui abandonnait comme l'ayant entraînée dans la guerre.

Fox proposa aux communes de manifester leur adhésion à ces préliminaires par une adresse de remerciement. L'absence de Pitt, retenu chez lui par une violente attaque de goutte, faisait espérer aux ministres qu'ils auraient l'avantage dans les débats comme dans le vote, lorsque, le jour de la discussion, un bruit d'applaudissements partit des rangs de la multitude qui se pressait dans la cour de la chambre, la porte s'ouvrit, et Pitt parut escorté par ses domestiques. Avec l'aide de ses amis il se traîna jusqu'à sa place, et soutenu par deux d'entre eux, prit la parole pour s'opposer au vote de l'adresse « Quelles que soient, dit-il, les douleurs auxquelles « je suis en proie, je n'ai point voulu, dussé-je y perdre la vie, laisser passer ce « jour sans venir protester, avec tout ce qui me reste de forces, contre un traité « qui obscurcit tout l'éclat d'une guerre glorieuse, sacrifie les intérêts les plus « chers de la Grande-Bretagne, et doit la faire traiter de nation sans foi, puis- « qu'elle ne rougit point d'abandonner ses alliés. » Alors il rappela les conditions que lui-même avait naguère proposées, fit voir combien elles étaient plus avantageuses à l'Angleterre, plus défavorables à la France que celles qu'on accordait à cette puissance après de nouvelles victoires, et soutint que, les restitutions consenties par le gouvernement, et notamment l'autorisation concédée aux Français de pêcher à Terre-Neuve, donnaient à ceux-ci la facilité de rétablir leur marine. Son discours, interrompu de temps à autre par les souffrances, dura plus de trois heures, et excita une émotion générale; néanmoins l'adresse fut votée à une forte majorité. Les préliminaires, violemment attaqués à la chambre des lords, y furent défendus avec une habileté remarquable par lord Bute; et, comme aux communes, la majorité se prononça en faveur du ministre. Le traité de paix définitif fut signé à Versailles le 10 février 1763.

Seuls de toute l'Europe, Marie-Thérèse et Frédéric étaient restés en guerre; mais Frédéric, délivré des Russes et des Suédois, avait promptement repris l'avantage, et bientôt ses victoires avaient forcé l'empire à la neutralité : alors Marie, désespérant de réduire, laissée à elle-même, un ennemi qui avait su résister à une formidable coalition, consentit à poser les armes; la paix de l'Allemagne fut conclue à Hubertsbourg (15 février). Frédéric garda la Silésie, et promit sa voix pour faire élire roi des Romains Joseph, le fils aîné de l'impératrice : l'électeur de Saxe recouvra ses états; la Suède évacua la Poméranie prussienne.

« Ainsi se termina la guerre de Sept-Ans, guerre qni coûta un million d'hommes, et après laquelle il n'y eut rien de changé en Europe, si on regarde seulement aux territoires, et tout, si l'on regarde à l'influence politique, et aux rapports entre les états belligérants. La France dépensa un milliard et deux cent mille hommes pour subir la honte d'un nouveau traité de Bretigny; elle cessa d'être regardée comme la première puissance militaire du continent, et vit tout l'éclat de sa vieille gloire éclipsée par celle d'un petit état qui s'honorait jadis d'être à sa solde et sous sa protection, et qui maintenant, par la force d'opinion que lui donnait la lutte inégale qu'il avait soutenue, était devenu une puissance de premier ordre. L'Autriche se décida, sans retour, à marcher dans la nouvelle voie politique que Marie-Thérèse avait ouverte; elle se résigna à ne plus dominer que dans les pays du midi; elle abandonna de bonne grâce son influence sur l'Allemagne du nord; et acceptant la création de la monarchie prussienne, ne songea plus qu'à bien vivre avec elle[1]. » De toutes les puissances belligérantes, une seule retira de cette guerre un bénéfice réel, immédiat et immense, ce fut l'Angleterre qui, maîtresse des mers par la ruine des marines française et espagnole, possédant dans toutes les parties du globe de vastes et opulentes colonies[2], commença dès lors à dominer le monde par les richesses d'un commerce que les lointaines découvertes des Byron, des Wallis, des Cook, les travaux des Bridgewater et des Brindley[3] allait étendre encore, par la puissance d'une industrie dont les merveilleuses inventions de Watt, d'Arkwright, de Crompton, allaient centupler la puissance. Tous ces résultats, elle les devait au génie de ce grand ministre, qui « par la vigueur de son esprit, son habileté, sa prudence, avait arraché l'Angleterre à l'état de faiblesse et de pusillanimité où elle était tombée, avait réveillé son énergie, réconcilié tous les partis en les unissant pour la défense commune, et assuré au pays la jouissance d'une paix profonde au milieu de l'univers en proie aux calamités de la guerre. » Ces immenses services, la nation ne les avait pas oubliés, et l'admiration et la reconnaissance qu'elle avait témoignées à Pitt au moment de sa retraite par ses acclamations et par des adresses venues de toutes les parties du royaume, elle continuait à les lui prouver par son hostilité et sa haine contre le favori qui lui avait succédé.

1. Théophile Lavallée, t. III, p. 479.

2. L'Angleterre qui, à la paix de Westphalie en 1648, ne possédait hors de chez elle que les îles de Jersey et de Guernesey, possédait à la paix de Paris en 1763, c'est-à-dire cent quinze ans après : en Europe, Jersey et Guernesey, Gibraltar, Minorque; en Afrique, Sainte-Hélène, l'île de Sénégal et des forts et comptoirs sur la rivière de Gambie et sur les côtes de Guinée; en Asie, Bombay, l'île de Salsette; le fort Saint-David, Madras, Gondelore et la prééminence sur toute la côte de Coromandel, Calcutta et la quasi-souveraineté du Bengale; en Amérique, la Barbade, Saint-Vincent, la Barboude, Saint-Christophe, Newis, Antigoa, Montferrat, la Dominique, la Grenade, la Jamaïque, Bahama, les Bermudes, des stations dans la baie de Honduras, les côtes du continent septentrional depuis la Caroline jusqu'à la Nouvelle-Écosse, Terre-Neuve et presque toutes les îles de ces mers, et enfin le Canada.

3. Francis Egerton, comte de Bridgewater, en faisant construire par Brindley le canal qui porte son nom, commença le réseau de voies aquatiques qui sillonnent aujourd'hui l'Angleterre dans tous les sens.

La cour avait regardé comme son triomphe définitif, l'approbation donnée par les chambres au traité de paix avec la France et l'Espagne. « C'est maintenant, « disait la princesse-mère, que mon fils est réellement roi. » Bute, maître du parlement, semblait désormais inébranlable, et Georges se félicitait hautement d'être enfin délivré de la servitude qu'avait subie son aïeul, affirmant que jamais le pouvoir ne serait rendu à ces magnats du parti whig qui avaient enchaîné ses prédé-

James Stuart, comte de Bute,
d'après le portrait original de Ramsay.

cesseurs. Cependant de nouvelles difficultés attendaient son favori. En proposant au parlement de soumettre à un droit de quatre shellings par barrique, le poiré et le cidre, boissons principalement à l'usage du peuple, et d'étendre à la perception de ce droit les lois et règlements de l'accise, Bute donna à l'opposition jusqu'alors faible et désunie un motif d'attaque plausible et plus réel que ceux qu'elle avait pu avoir jusqu'alors. La mesure était d'ailleurs d'autant plus impolitique que les comtés frappés plus particulièrement par la nouvelle taxe, avaient toujours été des comtés torys. Tous les arguments, qui en 1733 avaient été produits avec tant de force contre sir Robert Walpole, furent reproduits en cette occasion; toutes les objections qui avaient été faites alors le furent de nouveau, et cette fois fortifiées de la vigoureuse éloquence de Pitt, qui s'élevant surtout contre l'admission des officiers de l'accise dans la demeure des particuliers, prononça ces paroles fameuses : « la « maison de chaque citoyen est son château-fort. » Le bill passa néanmoins dans les deux chambres; mais seulement à une faible majorité. Ce vote donna naissance à des manifestations populaires semblables à celles qui avaient eu lieu sous le ministère de Walpole; cependant Bute n'imita pas sir Robert, qui sans essayer de lutter contre le torrent avait retiré sa proposition, et le bill fut converti en loi.

L'audace opiniâtre du ministre à soutenir une mesure contre laquelle l'opinion publique se prononçait avec tant de violence, indiquait une si grande conscience de sa force, et prouvait si clairement que l'appui du roi lui était assuré en toute occasion, que ses ennemis en furent alarmés et presque découragés; tout à coup, à l'étonnement de l'Angleterre entière, il donna sa démission, et quelques efforts que fît le roi pour le retenir, persista à vouloir rentrer dans la vie privée (avril 1763). Cette retraite fut l'objet d'une foule de conjectures contradictoires. La véritable raison était le peu d'appui que Bute rencontrait parmi ses collègues; une lettre qu'il écrivit à un de ses amis avant de se retirer explique clairement les motifs de sa conduite. « Je suis, dit-il, seul de mon parti dans le cabinet, et je « n'ai à la chambre des lords que deux adhérents pour me soutenir (les lords Den- « bigh et Pomfret); les deux secrétaires d'état gardent le silence, le lord chef de « la justice (William Murray, élevé à la pairie sous le titre de comte de Mansfield) « parle contre moi tout en votant pour moi, et le terrain sur lequel je marche est « si peu solide que je crains non-seulement de tomber, mais encore d'entraîner « mon auguste maître dans ma ruine; il est temps que je me retire. »

La retraite de Bute, suivie de celles de sir Francis Dashwood et de Fox qui fut promu à la pairie sous le nom de lord Holland, amena un remaniement dans le cabinet. George Grenville fut nommé premier lord de la trésorerie et chancelier de l'échiquier, lord Egremont et lord Halifax restèrent secrétaires d'état pour les affaires étrangères et pour l'intérieur. Une place dans le cabinet fut offerte à Pitt; mais il mit à son acceptation des conditions si exorbitantes que le roi ne put y accéder; il demandait le renvoi de tous ceux qui avaient coopéré de quelque manière que ce fût à la conclusion de la paix de Paris, et allait jusqu'à exiger que les dispositions du traité fussent modifiées.

Le nouveau chef du ministère était un homme d'intelligence et de capacité, d'une grande habileté pratique et d'une application infatigable, mais, en même temps, d'une confiance présomptueuse, d'une raideur impatiente de toute contradiction, et manquant en outre de la hauteur de vues nécessaire pour diriger une administration. Beau-frère et jadis ami et collègue de Pitt, il s'était acquis la haine de cet homme d'état en restant au ministère après sa retraite. Grenville se trouva donc tout d'abord dans une situation des plus difficiles. En butte aux hostilités de Pitt et de ses amis, il était en outre considéré par la nation comme un instrument de la cour, et surtout de lord Bute, qui ne s'était, disait-on, retiré du ministère que pour diriger plus sûrement, d'accord avec la princesse mère, les résolutions anti-libérales du roi. Cette croyance à un conseil occulte que présidaient lord Bute et la princesse de Galles était si forte qu'elle résista à toutes les dénégations, et qu'elle pesa pendant bien des années sur tous ceux qui succédèrent à ce ministre, quels que fussent d'ailleurs le patriotisme et l'esprit libéral dont ils eussent auparavant donné des preuves.

Quoique Grenville prétendît appartenir au parti whig, son penchant pour les mesures arbitraires et violentes l'avait fait regarder par les hommes de ce parti comme un apostat de leur cause, et c'est ce qui l'avait désigné au choix de Georges. Ses premiers actes donnèrent la mesure de son caractère violent et tyrannique.

Pendant les deux derniers règnes, la presse avait pris en Angleterre une prodigieuse extension ; d'innombrables pamphlets, journaux et revues, étaient publiés, où toutes les questions, tous les événements, toutes les nouvelles politiques se commentaient et se discutaient suivant le parti auquel appartenait chaque recueil, et suivant l'homme politique qui le patronait. A son arrivée au pouvoir, Bute, pour répondre aux attaques incessantes dont il était l'objet de la part des feuilles de l'opposition, avait fondé un recueil intitulé le *Briton*. Aussitôt M. John Wilkes, membre du parlement pour Aylesbury, homme connu pour son esprit mordant, son audace et son immoralité, fit paraître le *North-Briton*, et dans ce journal il attaqua, avec une violence dont jusqu'alors la presse anglaise n'avait pas donné d'exemple, non-seulement lord Bute, mais aussi tous les compatriotes du comte. Au dire de Wilkes, la Tweed servait de ligne de démarcation entre tout ce qui était noble et tout ce qui était vil ; au sud de cette rivière tout était honneur, vertu et patriotisme ; au nord tout était mensonge, méchanceté, abjection. Le *North-Briton* ne ménageait pas davantage la famille royale, ni le roi lui-même ; et, dans le 45° numéro, Sa Majesté fut littéralement accusée de mensonge. Bute avait dédaigné tous ces outrages, et s'était abstenu d'employer contre Wilkes aucun moyen de répression ; mais le nouveau chef du ministère était trop jaloux de son pouvoir pour permettre qu'on attaquât impunément le gouvernement ; à peine installé, il donna l'ordre à lord Halifax de délivrer un *warrant* général[1], en vertu duquel l'imprimeur et l'éditeur du *North-Briton* furent, ainsi que Wilkes, arrêtés et provisoirement incarcérés. Traduit devant la cour de Westminster, Wilkes demanda l'annulation, comme illégal, du warrant général en vertu duquel il avait été arrêté, et la cour déclara, par l'organe du grand-juge Charles Pratt, que quoique le warrant général ne fût pas illégal, puisqu'il était justifié par de nombreux précédents, M. Wilkes devait être mis en liberté à raison de son privilége de membre des communes, attendu que le privilége parlementaire n'était forfait que pour crimes de trahison, félonie ou rupture de la paix publique, et que M. Wilkes n'était prévenu que d'avoir écrit un libelle.

Dans sa défense, Wilkes avait accusé le ministère de n'avoir eu recours au moyen de persécution employé contre lui que parce qu'il n'avait pu réussir à le corrompre.

---

1. C'est-à-dire un *warrant* dans lequel personne n'est nommé, et en vertu duquel les messagers d'état peuvent saisir tous ceux qu'ils soupçonnent du délit que l'on poursuit.

Il n'en fallut pas davantage pour lui attirer la faveur du peuple. Des milliers de pamphlets et de journaux prirent hautement sa défense, et bientôt il devint, aux yeux de la multitude, le plus grand, le plus pur patriote qui eût illustré l'Angleterre depuis les jours d'Algernon Sydney ou de Hampden.

Ces événements n'étaient pas de nature à diminuer l'impopularité du nouveau cabinet : la mort de lord Égremont vint le priver à ce moment même d'un de ses plus fermes soutiens en lui enlevant celui de ses membres qui avait seul pu maintenir la bonne harmonie entre Georges et le chef de l'administration. En effet, le roi n'avait pas tardé à voir combien il s'était trompé sur le compte de son premier ministre. Grenville, il est vrai, détestait le peuple, et méprisait l'opinion de la multitude, mais il ne reconnaissait d'autre autorité que celle du parlement, et après elle, celle des ministres, qui, selon lui, devaient gouverner la cour aussi despotiquement que le parlement la nation. Jusqu'alors lord Egremont était parvenu à modérer la rigueur de ces idées gouvernementales, mais lui mort, elles se firent jour dans toute leur violence. La position de Grenville devint dès-lors singulière. Odieux à la nation, qui ne voyait en lui que l'instrument de lord Bute, il ne l'était pas moins au roi, et cela, justement parce qu'il avait exigé de ce prince la promesse de ne plus consulter son favori, et que, soupçonnant que cette promesse n'avait pas été observée, il l'avait sommé d'avoir à choisir entre eux deux. Georges qui, quelques jours auparavant, se félicitait d'être enfin sorti d'esclavage, ne pouvait supporter longtemps un maître plus exigeant et plus dur que ceux dont il venait de secouer le joug. Il espéra obtenir de Pitt des conditions plus douces ; et, à son instigation, lord Bute fit des ouvertures à cet homme d'état. Dans une première entrevue, Georges et son ancien ministre parurent si bien tomber d'accord, que Pitt, croyant avoir par ses explications amené le roi à consentir à la formation d'un ministère exclusivement whig, s'aboucha aussitôt avec le duc de Newcastle, duquel il s'était rapproché depuis quelque temps, et dès le lendemain, il soumettait au roi le nom de ceux que tous deux avaient choisis pour collègues. Mais cette fois, Georges se montra moins facile et refusa de se séparer entièrement des hommes qui, en dernier lieu, s'étaient ralliés à ses vues ; Pitt, de son côté, déclara nettement qu'il était impossible de composer un ministère solide sans un renouvellement complet du cabinet, et si l'on ne faisait entrer dans la nouvelle administration les nobles et grandes familles qui avaient constamment soutenu la maison de Hanovre. On ne put s'entendre, et après une longue discussion, Georges trouvant Pitt inébranlable, termina la conférence en disant : « Je vois, monsieur Pitt, « que cela ne se fera pas ; il y va de mon honneur, et c'est mon honneur que je dois « consulter avant tout. » Rebuté par cette tentative infructueuse, et ne sachant plus d'ailleurs à qui s'adresser, le roi se décida à conserver son ministère, sauf quelques modifications : Grenville resta premier lord de la trésorerie ; lord Sandwich remplaça lord Egremont ; le duc de Bedford, négociateur de la paix avec la France et à cause de cela même presque aussi impopulaire que lord Bute, fut appelé à la présidence du conseil et donna son nom au cabinet.

L'entrée du duc de Bedford dans le ministère n'améliora point la position du roi vis-à-vis de ses conseillers. Grenville, étroitement ligué avec la faction dont le duc était le chef, et convaincu qu'on ne le conservait que parce qu'il n'y avait à choisir qu'entre lui et les whigs, dont il regardait le retour au pouvoir comme impossible, devint un maître plus dur encore qu'auparavant ; depuis l'enseigne Joyce et le président Bradshaw, aucun roi d'Angleterre n'avait été forcé d'écouter un langage pareil à celui que le premier ministre et le duc de Bedford obligèrent Georges de subir [1].

Sous quelques rapports cependant, Grenville contentait les passions de la cour : c'était par ses procédés arbitraires, et ses persécutions contre la presse. A l'ouverture du parlement (15 novembre 1763), il exposa à la chambre des communes toute l'affaire de Wilkes, et fit décider, par une majorité considérable, « que le 45e numéro du *North-Briton*, libelle scandaleux, séditieux et plein de faussetés, serait brûlé par la main du bourreau ; et que le privilége parlementaire ne s'étendait pas à la publication de libelles séditieux, et ne devait point arrêter le cours de la justice dans la prompte et efficace répression d'un délit aussi grave et aussi dangereux. » Wilkes trouva de puissants défenseurs dans la chambre haute ; plusieurs hommes importants, et le duc de Cumberland lui-même, votèrent en sa faveur ; cependant la majorité de la chambre finit par donner son approbation aux décisions des communes ; mais, lorsqu'on voulut mettre à exécution celle des résolutions qui ordonnait la destruction, par la main du bourreau, du numéro 45 du *North-Briton*, une émeute violente eut lieu ; les shérifs et les officiers municipaux, assaillis à coups de pierres, couverts de boue et d'ordures, furent, ainsi que le bourreau, obligés de se retirer ; et, à la place du journal, la populace livra aux flammes un tire-bottes et un jupon.

Sûr de la majorité au parlement, Grenville s'émut peu de ces indices du sentiment public ; cependant, les suites de cette affaire vinrent lui montrer que l'opinion populaire trouvait des appuis dans une partie importante de la nation. Wilkes et les imprimeurs et éditeurs du *North-Briton*, qui avaient été arrêtés en vertu du warrant général, ayant intenté des poursuites en dommages et intérêts contre les messagers d'état, pour emprisonnement illégal, la cour des Plaids communs, devant laquelle furent portées ces actions, fit droit aux demandes de tous les plaignants, et adjugea à Wilkes 1,000 livres sterling de dommages et intérêts. En cette occasion le lord grand-juge, Charles Pratt, revenant solennellement sur sa première opinion, déclara qu'après plus mûr examen, il regardait les warrants généraux comme illégaux. « S'il en était autrement, dit-il, le gouverne-
« ment pourrait déléguer et députer qui que ce soit de ses messagers, ou même le
« dernier individu de la classe du peuple pour dresser des interrogatoires, saisir,
« emprisonner, en un mot pour faire tout ce que les officiers de justice les plus
« élevés peuvent faire et ordonner. Je suis loin, ajouta-t-il, de désirer qu'une
« déclaration de cette importance n'ait d'autre fondement que mon opinion. Il doit
« en être référé aux douze juges, et il y a même une cour encore plus auguste et
« plus élevée (la cour des lords), dont le jugement est décisif, et devant laquelle
« cette question doit être examinée. Si ces juridictions supérieures déclarent mon

[1] B. Macaulay.

« opinion erronée, je me soumettrai comme il convient; je m'inclinerai avec res-
« pect sous la verge; mais, il faut que je le dise, je ne pourrai m'empêcher de la
« regarder comme une verge de fer, destinée à châtier le peuple de la Grande-
« Bretagne. » Cette déclaration fut accueillie avec enthousiasme, et le conseil commun ordonna que le portrait du grand-juge serait placé à Guildhall, comme témoi-

Charles Pratt, comte de Cambden,
d'après le portrait original de Dance.

gnage de la reconnaissance de la Cité de Londres, pour l'indépendance et la fermeté
inflexible que ce magistrat avait déployée dans la question des warrants. Dublin et
une foule d'autres villes importantes suivirent l'exemple de Londres, en envoyant
à M. Pratt, comme naguère à Pitt, des adresses de félicitations et le droit de
bourgeoisie.

Ces manifestations de l'esprit public, et les témoignages de sympathie ardente
qui furent prodigués à Wilkes à la suite d'un duel qu'il avait eu avec une créature
de lord Bute, et dans lequel il avait été dangereusement blessé, n'arrêtèrent pas

la majorité de la chambre dans son approbation des mesures prises par le ministère contre le propriétaire du *North-Briton*. Wilkes fut traduit à la barre des communes ; et, après de longs débats, la chambre décida que « attendu que le 45ᵉ numéro du *North-Briton*, déjà déclaré libelle séditieux, contenait des expressions de l'insolence la plus inouïe envers Sa Majesté, et des calomnies grossières contre les deux chambres du parlement ; que l'autorité de tout le corps législatif y était audacieusement bravée ; que cet écrit avait une tendance manifeste à ravir au roi l'affection du peuple, à détourner les citoyens de l'obéissance aux lois, et à exciter de coupables insurrections contre le gouvernement, M. Wilkes serait exclu de la chambre, et que le bourg d'Aylesbury aurait à procéder à l'élection d'un autre représentant (janvier 1764). » Battue en toute rencontre sur cette affaire, l'opposition ne se découragea point ; et, peu de temps après l'exclusion du député d'Aylesbury, sir William Meredith proposa à la chambre de déclarer « qu'un warrant général, délivré à l'effet d'arrêter et saisir l'auteur, les imprimeurs et les distributeurs d'un libelle séditieux, quoique émis suivant ce qui se pratiquait dans l'administration, et quoique des warrants de ce genre eussent été souvent admis par la cour du banc du roi, n'était point autorisé par la loi. » C'était mettre encore une fois en cause la conduite du ministère ; aussi, cette motion souleva-t-elle des débats acharnés. Les ministres justifièrent leur conduite en citant de nombreux précédents, et en faisant remarquer que Pitt lui-même, lorsqu'il était secrétaire d'état, avait deux fois délivré un warrant général. Alors Pitt prit la parole ; après avoir dit que tout ce que la couronne et les ministres pouvaient désirer était accompli par les résolutions votées contre le livre et la personne de M. Wilkes, il ajouta qu'il était du devoir de la chambre de faire justice à la nation, et de satisfaire la constitution et la loi violées. Il nia que les précédents pussent servir d'excuse, et fit observer que lorsqu'il avait fait lui-même usage de ces warrants, il savait très-bien qu'ils étaient illégaux, mais que sacrifiant, dans un temps de guerre et de danger public, toute considération d'intérêt personnel à la sûreté générale, pour laquelle il aurait au besoin exposé sa tête, il s'était permis un acte extra-légal contre un étranger tout récemment arrivé de France, et dont les projets secrets paraissaient dangereux pour la tranquillité du royaume. Il établit entre les deux cas une distinction très-marquée. « Qu'y a-t-il donc de si terrible dans un libelle, s'écria-t-il, pour « qu'il soit nécessaire de recourir à ce formidable instrument, qui renverse tout ce « qui sert de rempart au bonheur et à la sûreté des citoyens ? Déjà, par les votes « précédents, la chambre a consenti à la perte de son privilége ; déjà elle a mis la « liberté personnelle de tout représentant de la nation à la merci du procureur- « général de Sa Majesté ; si elle rejette cette motion, elle se déshonore aux yeux du « siècle présent, et aux yeux de la postérité, qui lui reprochera d'avoir sacrifié à « la fois ses propres priviléges et la liberté des sujets, sous un prétexte entiè- « rement faux, et secrètement regardé comme tel par ceux même qui le mettent « en avant. »

Dans la suite de son discours, Pitt ayant éclaté en reproches contre les ministres qui avaient privé de leurs emplois les militaires qui avaient voté avec l'opposition, Grenville nia qu'aucune pareille mesure eût été prise ; mais à ce moment même, le général A'Court, à qui on venait de retirer le commandement d'un régiment, se leva, et se mit à se promener sans rien dire au milieu de la salle. Un incroyable tumulte accueillit ce silencieux démenti donné aux paroles du ministre; il redoubla lorsque l'orateur, ayant appelé M. Barré par son titre de colonel, celui-ci lui répondit: « Vous m'avez donné, monsieur l'orateur, un titre auquel je n'ai plus droit. « Je ne suis plus colonel; on m'a ôté mon régiment. » La discussion qui semblait épuisée recommença au milieu d'un désordre jusqu'alors sans exemple. Jamais la chambre n'avait présenté un pareil spectacle. Comme la motion de sir William Meredith était une question de vie ou de mort pour le ministère, chaque parti était au complet; les malades mêmes des deux camps s'étaient fait apporter dans la chambre. « On aurait dit, écrivait Horace Walpole à un de ses amis, qu'un « mandat d'amener avait été recruter le parlement jusque dans le fond des hôpi- « taux; le plancher de la chambre, encombré de lits et de couvertures, ressemblait « à la Piscine de Bethesda. » A sept heures du matin on alla aux voix : contre l'attente générale, 232 votes contre 218 décidèrent que la motion de sir William Meredith serait ajournée à quatre mois.

Une majorité de quatorze voix n'était pas faite pour consolider le ministère; sa situation devint plus critique que jamais. Le budget était en déficit, et songer à imposer de nouveau les objets de consommation, alors que le mécontentement causé par la taxe sur le cidre n'était pas encore calmé, c'était s'exposer à une explosion populaire; d'un autre côté, mettre de nouvelles charges sur les terres, c'était s'aliéner tout à fait la chambre des communes presque entièrement composée de propriétaires terriens. Dans cette perplexité, le cabinet adopta l'idée funeste qu'avait conçue le roi d'imposer les colonies américaines; et le 10 mars 1764, Grenville présenta au parlement une série de résolutions tendantes à soumettre à de certains droits une partie des denrées importées en Amérique. Ce fut le premier pas fait dans cette voie fatale qui devait conduire l'Angleterre à la perte de la plus importante de ses colonies.

Pour donner une connaissance complète des causes qui amenèrent cette révolution inattendue, il est indispensable de remonter jusqu'à la formation des premiers établissements anglais sur le continent américain, et de présenter un exposé rapide de leur histoire et de leur prodigieux développement.

Le Vénitien Cabot, au service de Henri VII, découvrit le premier les côtes orientales de l'Amérique du nord, mais n'y forma aucun établissement; ce fut seulement sous le règne d'Élisabeth, que Walter Raleigh jeta sur ces côtes les premiers fondements d'une colonie à laquelle il donna le nom de Virginie, en l'honneur de la Reine-Vierge. Cet essai réussit faiblement jusqu'au moment où Jacques Ier vint au secours de la colonie naissante. Deux associations composées, l'une de négociants de Londres, l'autre de marchands de Plymouth et d'autres villes maritimes, se formèrent sous les auspices du roi, pour coloniser tout ce qui était connu dans l'Amérique septentrionale. Ce territoire, qui comprenait la partie située entre le 34e et le 35e degré de latitude, fut divisé en deux portions égales. L'une, qui conserva le nom de Virginie, échut à la compagnie de Londres; l'autre prit le nom de Nouvelle-Angleterre (1606).

La Virginie prospéra bientôt tellement, qu'en 1619 beaucoup d'établissements s'étaient déjà formés, et même étendus à une grande distance du chef-lieu, James-Town. A cette époque, une assemblée générale des habitants fut convoquée; onze bourgs envoyèrent des députés chargés de les représenter. Le système représentatif se trouva ainsi transplanté dans la colonie; le gouverneur fut investi du pouvoir exécutif; un conseil nommé par la compagnie tenait lieu de chambre haute, et la réunion des *burgesses* ou députés des bourgs, formait la chambre basse.

En 1624, Jacques, de son autorité privée, annula la charte qu'il avait accordée à la compagnie de Londres, et confisqua tous ses droits et priviléges au profit de la couronne. Il respecta cependant la forme du gouvernement de la colonie, dont la population s'accrut bientôt d'un nombre considérable de citoyens anglais qui fuyaient les dissensions politiques et religieuses sous lesquelles l'Angleterre gémissait.

Pendant le règne suivant, les émigrations augmentèrent tellement que de nouvelles colonies se formèrent de toutes parts; la Nouvelle-Angleterre se peupla de puritains rigides. Ces hommes, qui abandonnaient leur patrie pour fuir les persécutions religieuses, devinrent persécuteurs à leur tour, et bannirent du milieu d'eux tous les pasteurs dont la croyance n'était pas entièrement conforme à la leur. Ceux-ci, suivis de leurs partisans, se retirèrent dans les contrées voisines où ils commencèrent de nouveaux établissements; le Connecticut, le Maine, le New-Hampshire, et d'autres états, furent ainsi fondés. Ils se constituèrent en démocratie pure, et la tolérance, en matière de religion, fut un des premiers statuts de leur gouvernement. Cette conduite leur valut une prompte prospérité.

A cette époque, la mère-patrie était déchirée par les guerres civiles, et ce ne fut que longtemps après, que le gouvernement métropolitain régularisa ces établissements par des chartes qui sanctionnèrent ce qui existait.

Aucun événement important n'arriva dans les colonies pendant la révolution d'Angleterre. Elles profitèrent de l'espèce d'oubli où on les laissa pour perfectionner leur administration intérieure, et s'unir entre elles par des pactes fédératifs; aussi, lorsque la restauration vint leur faire craindre que Charles II n'eût l'intention d'attenter à leurs libertés, l'assemblée générale de Massachussetts fut convoquée, et, tout en reconnaissant l'autorité du roi, elle déclara : 1° que les citoyens avaient le droit de choisir annuellement leur gouverneur, leurs représentants et tous les magistrats; 2° que le gouvernement ainsi constitué était investi de tout pouvoir législatif et exécutif sur les habitants de la colonie; 3° que tout impôt ou taxe, préjudiciable au pays ou contraire à ses lois, serait une violation de ses droits.

La Nouvelle-Angleterre employa ensuite tous ses efforts à éluder *l'acte de navigation*. Longtemps regardé comme un des statuts commerciaux les plus habiles et les plus politiques, cet acte fut cependant reconnu par la suite plus nuisible qu'utile à la mère-patrie, et ce fut une des causes principales qui amenèrent la séparation de l'Amérique. En vertu de quelques-unes des stipulations qu'il contenait, les provenances des colonies ne pouvaient être exportées que pour l'Angleterre, et seulement sur des vaisseaux anglais : toute importation dans les colonies était également interdite si elle n'avait lieu par des vaisseaux anglais et chargés en

Angleterre. Ces prohibitions, passées d'abord inaperçues, excitèrent bientôt les
plaintes et les réclamations les plus vives de la part des colons. L'assemblée du
Massachussetts déclara que l'adoption de pareils statuts avait été une violation des
droits, libertés et priviléges des sujets du roi dans la colonie, puisqu'ils n'étaient pas
représentés dans le parlement qui avait mis de telles restrictions à leur commerce.
L'acte continua cependant à être exécuté dans toute sa rigueur, et les libertés des
colonies coururent de grands périls jusqu'au moment où Jacques II fut renversé du
trône par Guillaume d'Orange. Ce prince ménagea ses sujets du Nouveau-Monde
qui, en revanche, le secondèrent dans ses guerres contre la France. Sous son règne
et celui de la reine Anne, les Américains, aidés de quelques vaisseaux anglais,
attaquèrent les possessions françaises et espagnoles dans le Canada, l'Acadie et les
Florides, et s'emparèrent de plusieurs villes. Anne, toutefois, ne se montra pas
reconnaissante. Lord Cornbury, nommé par elle gouverneur de la province de
New-York, voulut imposer les habitants de sa propre autorité. L'assemblée législative défendit de lui obéir, et déclara « qu'imposer les sujets de Sa Majesté, dans
la colonie, sans le consentement de leurs représentants, était une violation de la
propriété du peuple. » Le gouvernement anglais, forcé de rappeler lord Cornbury,
ne fit point alors assez d'attention à cette déclaration de principes sur laquelle les
Américains fondèrent depuis leur résistance.

Anne ne fut pas mieux conseillée dans une autre tentative. Chaque colonie avait
jusqu'alors accordé à ses gouverneurs une somme considérable à titre de présent.
Le ministère, pensant que cet usage plaçait les gouverneurs dans la dépendance de
leurs administrés, ordonna que dorénavant le salaire de chacun d'eux serait fixé
pour toute la durée de ses fonctions. Le Massachussetts et le New-York se refusèrent à cette mesure, bien convaincus qu'en abandonnant ses droits dans des affaires
de peu d'importance, on s'expose à des concessions plus grandes. Trois fois leurs
assemblées furent dissoutes, trois fois les mêmes citoyens furent réélus. Le gouvernement prodigua en vain les promesses et les menaces. « Il vaut mieux, répondirent les représentants, que les libertés du peuple lui soient enlevées de force,
que lâchement cédées par lui-même. » Tel était l'esprit de liberté qui animait les
colonies d'Amérique. La guerre de Sept Ans, dans laquelle leurs armes furent d'un
puissant secours à l'Angleterre pour la conquête de la Louisiane et du Canada,
aguerrit et disciplina leurs milices, forma leurs généraux, et les mit en état de
soutenir la lutte qu'allaient faire naître la conduite inhabile et les prétentions
dominatrices du gouvernement anglais.

A l'époque où le ministère présenta aux chambres les résolutions dont nous
avons parlé plus haut, le droit qu'avait la mère-patrie à taxer ses colonies était,
aux yeux de tous les Anglais, tellement incontestable, que pas une voix ne s'éleva
pour s'opposer à l'adoption des mesures proposées. C'était principalement à cause
de l'Amérique qu'avait été entreprise la dernière guerre; et une grande partie de
la dette contractée à cette époque l'avait été pour la défense des colonies; il semblait
donc tout naturel qu'elles contribuassent à l'acquittement d'engagements pris à
cause d'elles. Aussi le roi, en prorogeant le parlement (19 avril 1764), put-il, sans
que personne se récriât, « se féliciter des sages règlements qui avaient été faits

pour augmenter les revenus publics. » Mais quelques mois s'étaient à peine passés que la nouvelle de l'accueil fait par les Américains à « ces sages règlements » vint troubler l'heureuse sécurité dans laquelle vivaient le gouvernement, le parlement et la nation.

La connaissance des résolutions du parlement anglais était parvenue en Amérique dans un moment qui n'était pas propre à les faire accepter en silence. Pendant tout le temps de leur domination au Canada, les Français avaient déployé dans leurs rapports avec les Indiens au milieu desquels ils vivaient, une modération et une bienveillance qui leur avaient valu l'amitié de ces peuples. Leurs successeurs n'imitèrent point cette sage conduite. S'arrogeant la propriété exclusive du territoire, les Anglo-Américains s'efforçaient journellement et par tous les moyens possibles, d'expulser les Indiens, non-seulement des terres sur lesquelles ils chassaient, mais encore de leurs propres habitations. Vainement ceux-ci s'adressèrent-ils aux gouverneurs anglais, leurs plaintes restèrent toujours sans réponse. Alors, réduits au désespoir, ils résolurent de se faire justice eux-mêmes, et formèrent un vaste plan d'hostilités, qui consistait à réunir toutes leurs forces pour faire, au moment des récoltes, une attaque générale contre les établissements anglais les plus reculés, et les détruire complétement. L'entreprise s'exécuta en partie, et les frontières de la Virginie, du Maryland et de la Pensylvanie, ravagées avec une impitoyable cruauté, ne furent bientôt plus qu'un désert. Des forts importants tombèrent au pouvoir des Indiens; des corps considérables de troupes anglo-américaines furent attaqués, battus et massacrés; tous les convois de marchandises interceptés et pillés. Ce fut au moment où cette invasion répandait la terreur et la désolation dans toute la colonie qu'arriva la nouvelle des taxes imposées par le parlement britannique. Attaqués dans leurs biens par les Indiens, dans leur commerce par l'Angleterre, les Américains ne voyaient partout que la ruine et la misère, et pendant quelque temps le désespoir s'empara de tous les esprits. Les provinces de la Nouvelle-Angleterre, qui avaient toujours pris l'initiative lorsqu'il s'était agi de leurs libertés, relevèrent la tête les premières; et, niant que la mère-patrie eût le droit d'imposer des taxes aux colonies, puisque celles-ci n'étaient pas représentées dans le parlement, elles protestèrent contre les prétentions et les actes de l'Angleterre par des résolutions vigoureuses qui furent transmises à leurs agents à Londres pour être par eux mises sous les yeux du conseil privé. Cet exemple fut rapidement imité par la plupart des autres provinces : l'état de Pensylvanie envoya en Angleterre Benjamin Franklin, déjà l'un des hommes les plus célèbres et les plus populaires de toute l'Amérique anglaise. Fils d'un pauvre fabricant de chandelles de Boston, Franklin, d'abord simple ouvrier imprimeur, était devenu, par la seule force de sa volonté et de son génie, industriel habile, savant profond, écrivain éminent, homme d'état consommé. Telle était déjà sa popularité et la confiance qu'on avait en lui, qu'il fut chargé des pouvoirs de presque toutes les provinces. Il avait pour instructions de s'opposer absolument au vote de toutes les mesures qui auraient pour but d'imposer de nouvelles taxes aux peuples de l'Amérique sans leur consentement.

Ces manifestations, non plus que les protestations énergiques que Franklin fit entendre, dès son arrivée en Angleterre, n'arrêtèrent pas Georges et ses ministres dans la poursuite de leurs desseins. « Ce que j'ai vu jusqu'à présent de votre conduite, « dit le roi aux chambres réunies lors de l'ouverture du parlement (janvier 1765), « me donne la confiance que vous saurez déployer autant de fermeté que de sagesse « en assurant cette obéissance aux lois, ce respect à l'autorité législative du « royaume, qui importent tant à la sûreté commune, et en établissant des règle- « ments propres à lier et à fortifier toutes les parties de mes états, pour leur avan- « tage mutuel. » A la suite et comme conséquence de ces discours, Grenville soumit à l'adoption de la chambre des communes une proposition dont il avait annoncé la présentation à la session précédente, et qui avait pour but d'appliquer aux colo- nies d'Amérique les droits de timbre auxquels la Grande-Bretagne était soumise. Chose singulière, cette mesure à laquelle on avait déjà songé plusieurs fois, mais devant laquelle on avait toujours reculé, depuis que Walpole avait dit : « Celui qui la proposera sera plus hardi que moi ; » cette mesure, qui allait jeter l'Angle- terre dans une guerre longue et ruineuse, et qui allait lui faire perdre la plus importante de ses colonies, ne souleva presque aucune discussion dans le parle- ment. Pitt, malade, n'avait pu se rendre à la chambre, et soit que les députés considérassent les droits de la métropole comme incontestables, soit que la ques- tion leur parût de peu d'importance, « jamais, dit un témoin oculaire, débats ne furent plus languissants. » Un instant seulement, la discussion parut se réveiller. Un député, Charles Townshend, ayant terminé par ces paroles un discours en faveur du bill : « Ces enfants établis par nos soins, nourris par notre bonté, pro- « tégés par nos armes, se refuseront-ils, maintenant qu'ils ont acquis plus de « forces et de richesses, à nous aider à supporter nos charges écrasantes ? — Des « enfants établis par vos soins ! s'écria le colonel Barré avec indignation ; non, car « c'est votre oppression qui les a forcés de fuir en Amérique et de chercher un « refuge dans un pays inculte, où, après avoir supporté tous les maux qui peu- « vent accabler l'humanité, ils ont prospéré malgré vous. Eux, nourris par votre « bonté ! non, car c'est parce que vous les avez abandonnés qu'ils ont grandi. « Lorsque vous avez commencé à vous occuper d'eux, vous n'avez eu d'autre soin « que de leur envoyer des agents chargés de comploter contre leurs libertés, d'en- « venimer leurs actions, de piller leurs biens... Eux, protégés par vos armes ! non, « car ce sont eux au contraire qui viennent de prendre les armes pour votre « défense : ce sont eux qui, laissant de côté les travaux d'une active industrie, ont « arrosé de leur sang les frontières du pays, tandis que, dans l'intérieur, les « épargnes des familles étaient consacrées à votre soulagement. Soyez-en bien per- « suadés, le même esprit de liberté qui animait ce peuple dès son origine l'animera « toujours. Je connais l'Amérique ; j'ai vécu dans ce pays ; le peuple est jaloux de « ses libertés, il saura les défendre ; mais la prudence me défend de m'expliquer « davantage ; je me tais. » Le général Conway, qui avait aussi fait la guerre en Amérique, parla dans le même sens ; mais ces protestations généreuses et pré- voyantes restèrent isolées, et sans daigner seulement recevoir les pétitions des diverses provinces américaines, la chambre adopta l'acte du timbre à une immense majorité. Dans la chambre des lords, pas une seule voix ne s'éleva contre le bill, qui fut adopté à l'unanimité; le roi se hâta de lui donner sa sanction, et le 22 mars il devint loi de l'état.

Malgré le succès obtenu par ses ministres à l'occasion de cette mesure dont Georges avait le premier conçu l'idée, la bonne harmonie était loin de régner entre ce prince et le cabinet. Les ministres avaient en effet pris, vis-à-vis du monarque, une attitude qui devait tôt ou tard amener une collision. Contrariant sans cesse la volonté royale dans des détails secondaires et personnels, Grenville et Bedford portaient dans cette résistance des formes très-peu respectueuses, se plaignaient hautement d'une influence occulte qu'ils ne pouvaient écarter, et faisaient toujours apparaître comme dernier argument la menace de leur démission. Georges, repoussé dans toutes les tentatives qu'il avait faites pour former un nouveau cabinet, était forcé de se soumettre; une insulte à ses sentiments intimes lui fit enfin perdre patience. Pendant la session de 1765, il était tombé si gravement malade, que durant plusieurs jours on craignit pour sa vie. L'héritier présomptif n'avait que deux ans, il fallut prévoir le cas d'une minorité; le ministère songea à présenter au parlement un bill qui réglât le mode de formation de la régence chargée, en cas de mort du roi, de gouverner le royaume. « Georges désirait qu'on lui laissât le pouvoir de nommer le régent par son testament; mais les ministres craignaient ou affectaient de craindre que, si on lui accordait cette faculté, il ne désignât sa mère ou même le comte de Bute. Ils insistèrent donc pour introduire dans le bill une clause qui limitait le choix du roi à la famille royale. Ayant ainsi exclus Bute, ils pressèrent Georges III de leur permettre d'exclure aussi, par des termes exprès, la princesse douairière de Galles, prétendant que si son nom était porté sur le bill de régence, la chambre des communes l'en effacerait brutalement. Le roi consentit, quoiqu'à contre-cœur; mais, par la discussion qui eut lieu dans les deux chambres, il devint bientôt évident pour lui qu'il avait été menacé d'un danger chimérique. En effet, un grand nombre de membres prirent l'initiative, et demandèrent que le nom de la princesse fût inséré dans le bill. Les ministres ne pouvaient décemment attaquer la mère de leur maître, et l'opposition, qui détestait Grenville plus encore que la mère du roi, se garda bien de le tirer d'embarras. Le nom de la princesse de Galles fut donc compris parmi ceux des personnes qualifiées pour la régence.

« Dès ce moment, le ressentiment du roi ne connut plus de bornes : le mal présent lui sembla le pire de tous; la *junte* des magnats whigs ne pouvait le traiter plus mal que ses ministres actuels. Il ouvrit son cœur à son oncle le duc de Cumberland. Le duc n'était pas un homme aimable sans doute, mais il était de ceux auxquels on peut se fier; caractère intrépide, âme vigoureuse, ayant au plus haut degré le sentiment de l'honneur et du devoir, sachant dire la vérité à ses amis et à ses ennemis. Comme rien ne tempérait ce caractère naturellement sévère, il avait été longtemps le plus impopulaire des hommes. Ses cruautés, après la bataille de Culloden, lui avaient valu le surnom de *boucher*; et pendant longtemps l'on ne crut pas exagérer en le déclarant capable des plus noires actions. Toutefois, la répulsion qu'il avait inspirée commençait à se calmer depuis qu'il vivait dans la retraite. Le prince avait d'ailleurs témoigné hautement son opposition au système

de la cour; en outre, l'avénement de lord Bute avait fait naître une animosité si
violente contre les Écossais, qu'on blâmait quelquefois son Altesse Royale d'avoir
épargné tant de Camerons et de Macphersons, envahisseurs des emplois publics.

« Quoique le duc eût à se plaindre personnellement du jeune roi, la conscience
de ses devoirs, comme prince du sang, lui fit entreprendre de briser la servitude
où gémissait son neveu, en réconciliant les whigs et le trône à des conditions également honorables pour tous. En conséquence de cette résolution, il partit pour
Hayes, résidence de Pitt. »

Depuis plus d'un an, Pitt, sous prétexte de maladie, s'était enfermé dans
cette demeure, sans vouloir communiquer avec personne; et, sourd aux sollicitations de ses amis, il n'avait pas paru une seule fois à la chambre de toute la
session de 1765. « La vérité était que, possédant toute la considération que peuvent
donner l'éloquence et d'immenses services rendus à l'état, il ne voulait plus se prodiguer en se montrant souvent en public, et c'était autant à l'affectation qu'à la
goutte qu'il fallait attribuer son invisibilité. Il ne put cependant refuser d'admettre
le duc de Cumberland; mais ses réponses aux propositions de ce prince furent
hautaines, déraisonnables, presque inintelligibles. Tout ce qu'on put comprendre
à travers un nuage de phrases vagues et très-peu gracieuses, fut qu'il ne voulait
pas, pour le moment, accepter le pouvoir. En effet, son beau-frère, lord Temple
venait de concevoir une nouvelle combinaison de gouvernement. La haine de lord
Bute et de la princesse-mère avaient pris possession exclusive de l'âme de Temple.
Il s'était brouillé avec son frère Georges Grenville, parce que celui-ci s'était associé
au favori et à la douairière. Maintenant que Georges paraissait être l'ennemi de Bute
et de la princesse, Temple méditait une réconciliation de famille. Les trois frères,
comme on appelait Pitt, Grenville et Temple, pouvaient faire un cabinet sans
demander ni l'appui de Bute, ni celui de la ligue whig. Tel était le motif pour
lequel Temple cherchait à dissuader Pitt d'accéder aux propositions du duc de
Cumberland. Pitt n'était pas convaincu, mais son beau-frère exerçait sur lui une
influence que personne n'avait jamais eue. Ils étaient anciens amis, proches
parents; si les talents et la réputation de Pitt avaient été utiles à Temple, la
bourse de Temple, dans un temps d'extrême détresse, avait été utile à Pitt [1]; leur

1. Pitt, originairement pauvre, et trop désintéressé pour avoir profité de son passage au pouvoir
pour s'enrichir, devait à deux circonstances singulières la fortune considérable qu'il possédait alors.
La célèbre duchesse de Marlborough, l'héroïne des whigs, lui avait légué en mourant (1744) une somme
de dix mille livres sterling (250,000 fr.), en récompense « de ses efforts pour la défense des lois et
des libertés du pays. » Vingt ans plus tard, au moment où lord Bute remplaçait Pitt au ministère et
signalait la paix de Paris, un ancien membre de la chambre des communes, sir William Pynsent, whig
exalté qui s'était retiré dans ses domaines lorsque, vers les dernières années du règne de la reine
Anne, les torys reprirent un moment le dessus, crut apercevoir une étroite analogie entre ce qui
s'était passé dans sa jeunesse et ce qui avait lieu alors, entre l'élévation de Harley et celle de Bute,
entre la paix d'Utrecht et celle de Paris, entre la disgrâce de Marlborough et celle de Pitt. Ce dernier
remplaça dès lors dans ses affections son ancienne idole, le duc de Marlborough; et pour réparer autant
qu'il était en lui les injustices de Georges, sir William Pynsent laissa à Pitt en mourant sa fortune
entière, qui s'élevait à 3,000 liv. st. de revenu. Ces deux legs ne furent pas les seuls que Pitt dut à
l'esprit de parti : « circonstance, dit un historien moderne, qui constitue un nouveau trait de ressemblance entre l'illustre orateur anglais et les grands hommes de l'antiquité, que leurs admirateurs
s'honoraient d'inscrire sur leurs testaments. »

politique ne les avait jamais divisés ; deux fois ils étaient entrés ensemble dans le
cabinet, deux fois ils en étaient sortis ensemble. Pitt ne voulut donc pas entendre
parler de redevenir ministre sans son principal allié. Dans cette position, le duc
de Cumberland conseilla au roi de se soumettre à la nécessité, en conservant Grenville et Bedford. Ce n'était pas en effet en ce moment que l'on pouvait laisser
impunément vaquer les fonctions publiques. L'état incertain du gouvernement
avait relâché tous les ressorts de l'administration ; des rassemblements qui en
d'autres temps eussent été sans conséquence se changeaient en émeutes, et grandis-
saient même rapidement jusqu'à l'insurrection. Les deux chambres du parlement
furent assiégées par les tisserands de Spitalfields ; l'hôtel Bedford fut assailli par
une populace furieuse, et il fallut y mettre une garnison de cavalerie et d'infanterie. Quelques-uns attribuaient ces troubles aux amis de Bute, d'autres aux amis
de Wilkes ; mais quelle qu'en pût être la cause, la sécurité publique en était compromise. Le roi, forcé de dévorer sa mortification, informa ses ministres que son
intention était de les maintenir en place. Après lui avoir adressé une longue remontrance, ceux-ci consentirent à rester au pouvoir ; mais ils exigèrent de Georges sa
parole royale qu'il ne consulterait plus lord Bute, et le forcèrent à retirer au
frère de ce seigneur une place qu'il s'était engagé à ne jamais lui ôter tant qu'il
régnerait.

« Le roi se trouvait prisonnier dans son palais autant que l'avait été Charles Ier
dans l'île de Wight. Tel était le fruit d'une politique qui, quelques mois auparavant,
se glorifiait d'avoir à jamais garanti le trône des lois dictées par d'insolents sujets.
Dans son extrême détresse, Georges eut encore recours au duc de Cumberland,
et le duc eut encore recours à Pitt. Celui-ci désirait réellement reprendre la
direction des affaires, et il avoua que les conditions offertes par le roi étaient
tout ce que pouvait souhaiter un sujet ; mais Temple fut inexorable, et Pitt déclara
qu'à son grand regret il ne pouvait rien faire sans le concours de son beau-frère.
Alors, le duc ne vit plus qu'un moyen de délivrer son neveu : c'était de former un
cabinet avec les whigs sans le secours de Pitt. Les difficultés de ce projet semblaient presque insurmontables. La mort et la désertion avaient cruellement
éclairci les rangs du parti qui naguère dominait l'état, et le duc n'avait à choisir
qu'entre deux classes, celle des hommes devenus trop vieux pour les hauts emplois,
et celle des hommes qui n'avaient encore rempli aucun poste d'importance : il
fallait faire un ministère avec des invalides ou de jeunes recrues. Mais si les
hommes que l'on peut appeler les seconds fondateurs du parti whig, car ils devaient
le régénérer après un demi-siècle de honte et de dépravation, n'avaient que très-
peu l'expérience des affaires et du parlement, ils se présentaient du moins purs
de cette immoralité politique qu'on reprochait justement à l'ancienne faction corrompue par une longue prospérité ; ils étaient prêts à apporter dans les affaires
publiques les mêmes principes de vertu qui réglaient leur vie privée ; et ils
n'eussent jamais consenti à assurer le succès des mesures les plus salutaires aux
dépens de la probité et de l'honneur [1]. »

1. T. B. Macaulay.

Le chef de cette faction respectable était le marquis de Rockingham, homme d'une immense fortune, de beaucoup de sens, d'un caractère irréprochable, et qui, sans être un orateur, possédait à un haut degré quelques-unes des qualités de l'homme d'état. Ce fut à lui que le duc de Cumberland s'adressa. Ses propositions furent accueillies, et le cabinet Grenville put enfin être remplacé. Le marquis de Rockingham devint le premier lord de la trésorerie; Newcastle, si longtemps

Charles Wentworth, marquis de Rockingham,
d'après l'original de sir Joshua Reynolds.

chef reconnu des whigs, ne pouvait guère être exclus du cabinet : on le fit garde du sceau privé. Un gentilhomme de province, nommé Dowdeswell, intègre et d'un esprit facile, fut chancelier de l'échiquier; le général Conway, qui avait servi sous le duc de Cumberland, et qui était très-attaché à son Altesse Royale, fut le ministre dirigeant de la chambre des communes; l'autre secrétaire-d'état fut le duc de Grafton, grand seigneur whig, alors dans la fleur de l'âge, et de qui l'on attendait beaucoup. Il y avait longtemps qu'on n'avait vu un ministère animé de meilleures intentions; mais aussi on ne se rappelait pas d'en avoir vu un plus faible en talents oratoires et en expérience administrative. L'opinion générale était qu'il tomberait le premier jour de la session. « C'est une étoffe d'été, disait Townshend, elle ne sera « pas de mise l'hiver. » En cette conjoncture, lord Rockingham sut apprécier et rallier à lui un auxiliaire plus éloquent que Pitt, plus homme d'affaires que Grenville, et qui avait une intelligence supérieure à celle de tous les deux : c'était un jeune Irlandais, appelé Edmond Burke, arrivé depuis peu à Londres pour y chercher fortune. Quelques écrits politiques et philosophiques d'une haute portée attirèrent sur lui l'attention du marquis de Rockingham, qui en fit son secrétaire particulier et le fit entrer au parlement.

Le parti avait besoin d'auxiliaires, car il faisait à cette époque, par la mort du duc de Cumberland, une perte presque irréparable. Le duc avait formé le cabinet ; il était son principal appui ; son rang et son nom balançaient, en quelque sorte, la renommée de Pitt ; comme médiateur entre les whigs et la cour, il ne pouvait être remplacé ; enfin, la force de son caractère suppléait à la faiblesse des ministres, parmi lesquels il n'y avait pas un homme dont la supériorité réelle, reconnue et acceptée par tous, fît marcher avec vigueur et dans une même voie, toutes les volontés hésitantes ou divergentes. Ce manque de direction et par cela même d'unité, était surtout fâcheux pour un cabinet qui, en outre d'une opposition redoutable, avait à lutter contre la mauvaise volonté constante de la cour et du roi. En effet, quoique enchanté que les whigs l'eussent délivré d'un joug odieux, Georges n'avait nullement renoncé à ses préventions contre le parti de ses libérateurs, et il avait trouvé, pour le seconder dans ses entreprises et dans ses résistances secrètes contre ses ministres, une foule d'hommes qui, n'appartenant ni aux whigs ni aux torys, mais se disant seulement *amis du roi*, étaient tantôt avec, tantôt contre le cabinet ; amis perfides, ennemis insaisissables, toujours prêts, sur un signe de leur maître, à s'unir à tous les partis, à les attaquer et à les contre-miner tous. Arrêté à chaque pas par les intrigues de cette coterie, le ministère avait encore à faire face aux difficultés d'une situation qui empirait tous les jours. Le commerce, paralysé par les discussions avec les colonies, languissait et laissait sans emploi une multitude énorme d'ouvriers dont la détresse avait encore été augmentée par une année stérile ; le paupérisme, cette plaie hideuse qui depuis trois cents ans déjà dévorait l'Angleterre, allait toujours s'agrandissant ; et pour comble de maux, l'attitude de l'Amérique devenait de plus en plus hostile.

Lorsque l'on avait appris dans ce pays l'adoption de l'acte du timbre, le mécontentement populaire avait fait explosion. L'acte fut réimprimé avec une tête de mort figurée à la place des armes d'Angleterre, et on le colporta dans les rues de New-York sous le titre de « folie de l'Angleterre et ruine de l'Amérique. » Les enseignes des vaisseaux furent hissées à mi-mât en signe de deuil ; les cloches des églises sonnèrent des glas funèbres comme pour un jour de mort. L'indignation générale ne tarda pas à se manifester par des signes plus énergiques ; dans beaucoup de villes des rassemblements tumultueux eurent lieu ; des dépôts d'armes furent pillés, des canons enlevés ; à Boston, les archives de l'amirauté furent livrées aux flammes ; les maisons des officiers publics dont on avait à se plaindre envahies et détruites. L'assemblée de la Virginie déclara, dans une protestation vigoureuse, qu'à elle seule appartenait le droit d'imposer les habitants de sa colonie; que l'acte du timbre était injuste, inconstitutionnel, illégal, et avait pour but manifeste d'anéantir les libertés du pays. Celle du Massachussets alla plus loin : elle invita les assemblées de toutes les autres provinces à envoyer chacune un député à New-York, afin d'aviser en commun à la conduite que devait tenir l'Amérique. Le 7 octobre 1765, jour fixé pour la réunion de ce premier congrès, les députés de neuf provinces se trouvèrent à New-York. Quatre colonies, le New-Hampshire, la Virginie, la Caroline du nord et la Géorgie, n'étaient point représentées parce que leurs assemblées locales ne siégeaient point lorsque arriva la décision de celle de Massachussets, et n'avaient pu nommer des députés. Les représentants des neuf autres provinces votèrent une pétition au roi et à la chambre des communes et un mémoire à la chambre des lords. Tout en y faisant profession de fidélité à la couronne et d'une *juste subordination* au parlement, ils déclaraient que les habitants des colonies jouissaient des mêmes droits que ceux de la Grande-Bretagne; que de même que le peuple anglais ne pouvait être taxé que par ses représentants, le peuple américain ne pouvait être constitutionnellement imposé que par ses assemblées locales; ils exposaient d'ailleurs, que les profits du commerce des colonies étant absorbés par la Grande-Bretagne, l'Amérique, par cette voie détournée, contribuait largement à tous les subsides; enfin, ils réclamaient l'abrogation de la loi du timbre, et celle des autres actes qui imposaient au commerce américain des restrictions préjudiciables. Ce qui était plus important et plus grave que toutes ces protestations, c'était la réunion même des députés des provinces en congrès. Par là, la base de la grande fédération des États-Unis se trouva posée, et les habitants des diverses provinces s'habituèrent à l'idée d'avoir une représentation commune, et d'agir comme nation.

L'opposition contre l'acte du timbre ne se borna pas à ces mesures légales; une association se forma à New-York et dans le Connecticut, dont les membres, prenant le nom *d'enfants de la liberté*, s'engagèrent à se rendre à leurs propres frais dans toute l'Amérique, pour y défendre les libertés du pays; partout des manifestes éloquents exhortèrent le peuple à s'unir pour résister à l'oppression, et partout les distributeurs du timbre furent obligés de renoncer à leurs fonctions.

Les affaires d'Amérique donnèrent naissance, en Angleterre, à trois opinions, qui toutes avaient de chaleureux avocats. Les partisans de la première, à la tête desquels étaient le roi et la cour, voulaient que l'on soutînt l'impôt du timbre par la force, au risque même d'une guerre; ceux de la seconde, c'est-à-dire toute l'opposition, prétendaient au contraire que le parlement britannique n'étant pas constitutionnellement compétent pour taxer les colonies, l'acte du timbre était complétement nul. Entre ces deux extrêmes s'était formée la troisième opinion; ceux qui la soutenaient admettaient que le parlement était légalement compétent pour taxer l'Amérique, mais ils reconnaissaient que ce qui était légal en droit, ne l'était pas toujours en équité, et que l'acte du timbre émané de la compétence constitutionnelle du parlement n'en était pas moins une mesure impolitique, une ressource fiscale, qui ne devait produire que des mécontentements et des haines. Cette dernière doctrine était celle du cabinet, qui, en conséquence, proposa aux

chambres de déclarer d'abord, que l'autorité législative du parlement anglais était suprême dans tous les cas, puis de révoquer l'acte du timbre. Pitt était revenu cette année prendre sa place à la chambre. Sans combattre l'administration qui s'efforçait par tous les moyens possibles de gagner ses bonnes grâces et de l'appeler dans son sein, et tout en rendant justice aux bonnes intentions de Rockingham et de ses collègues, Pitt se fit, au sujet des propositions soumises aux communes, l'organe de l'opposition. « La taxation, dit-il, n'est point une partie du gouverne-
« ment ou du pouvoir législatif; une taxe n'est autre chose que le don volontaire
« des communes. Les trois ordres du royaume concourent également à la législa-
« tion; mais le concours des pairs et de la couronne à l'établissement d'une taxe
« n'est nécessaire que pour revêtir cette taxe de la forme de loi : le don vient des
« communes seules. Il fut un temps où la couronne, les barons et le clergé possé-
« daient les terres; alors les barons et le clergé faisaient des allocations à la cou-
« ronne; ils donnaient et concédaient ce qui leur appartenait. Depuis, les com-
« munes sont devenues les propriétaires du sol; la propriété des lords, comparée à
« celle des communes, est une goutte d'eau dans l'Océan. Cette chambre représente
« les propriétaires des terres, et ces propriétaires représentent virtuellement le reste
« des habitants. C'est pourquoi, lorsque dans cette chambre nous donnons et accor-
« dons, nous ne donnons et n'accordons que ce qui est à nous. Mais en imposant
« la taxe américaine, que faisons-nous? Nous, communes de la Grande-Bretagne,
« nous donnons et accordons à Sa Majesté, quoi? notre propriété? non; nous don-
« nons et accordons la propriété des communes d'Amérique. Cela est littéralement
« absurde. La distinction entre la législation et la taxation est essentiellement
« nécessaire à la liberté, car la couronne et les pairs sont des pouvoirs législatifs
« aussi bien que les communes, et si la taxation était une affaire de simple législa-
« tion, la couronne, les pairs auraient le droit de taxer aussi bien que les com-
« munes. Quelques-uns s'imaginent que les colonies sont virtuellement représen-
« tées dans la chambre. Qu'on me dise donc qui est-ce qui représente ici un Amé-
« ricain? Est-ce le député d'un comté de ce royaume? est-ce le représentant d'un
« bourg?... d'un bourg qui n'a peut-être jamais vu ceux qui le représentent; car
« c'est là la partie pourrie de notre constitution... (the rotten part of the constitu-
« tion) [1], partie qui ne peut durer un siècle, et qu'il faudra amputer, si elle ne
« tombe pas d'elle-même. L'idée d'une représentation virtuelle de l'Amérique dans
« cette chambre est bien l'idée la plus déplorable qui soit jamais entrée dans la tête
« d'un être humain : elle ne mérite point une réfutation sérieuse. Les communes
« d'Amérique, représentées par les diverses assemblées des colonies, ont toujours
« été en possession d'exercer leur droit constitutionnel, d'accorder en don l'argent
« qui leur appartient. Elles eussent été esclaves si elles n'eussent point joui de ce
« droit. D'un autre côté, ce royaume, comme le suprême pouvoir gouvernant et
« législatif, a toujours eu la prérogative d'assujettir les colons par ses lois, par ses
« règlements et ses restrictions en matière de commerce, de navigation et de
« manufactures : en un mot, il a le droit de tout faire hormis de leur prendre leur

---

1. Allusion aux bourgs pourris, rotten boroughs.

« argent dans la poche sans leur consentement. Et c'est là que je trace la ligne,
« *quam ultra citraque nequit consistere rectum.* »

Grenville, le représentant le plus ardent de la doctrine contraire, le partisan le
plus acharné des moyens de répression violente, répondit à Pitt : « J'avoue, dit-il,
« qne je ne puis comprendre la différence que l'on veut établir entre les taxes
« extérieures et les taxes intérieures. Elles sont les mêmes, en effet, c'est par le
« nom seul qu'elles diffèrent. On accorde, et cela ne peut être mis en doute, que ce
« royaume possède un pouvoir législatif, suprême et souverain sur l'Amérique; or,
« la taxation est une partie de ce pouvoir souverain : c'est une branche de la législa-
« lation. Le droit de taxer est et a été exercé sur ceux qui ne sont point, qui n'ont
« jamais été représentés. Il est exercé sur la Compagnie des Indes-Orientales, sur
« les marchands de Londres, sur les capitalistes; il fut exercé sur le comté de
« Chester et sur l'évêché de Durham avant que l'un et l'autre fussent représentés
« dans le parlement. Cette doctrine est si vraie que, lorsque je proposai de
« taxer l'Amérique, j'interpellai à plusieurs reprises les membres de cette assem-
« blée de déclarer, s'ils avaient quelque objection à faire contre le droit du parle-
« ment, et que personne ne répondit à mon appel. Protection et obéissance sont
« réciproques. La Grande-Bretagne protége l'Amérique : l'Amérique est tenue de
« prêter obéissance à la Grande-Bretagne : sinon, qu'on m'apprenne à quelle
« époque les Américains ont été émancipés. Lorsque la protection de ce royaume
« leur manque, ils sont toujours prêts à l'invoquer; c'est pour eux que la nation
« s'est engagée tout récemment dans une dette immense; et lorsqu'on les appelle à
« contribuer pour une faible part aux dépenses publiques, à des dépenses dont ils
« sont en partie la cause, voilà qu'ils renient votre autorité, qu'ils insultent vos
« officiers, qu'ils en viennent presque à une révolte ouverte. Du reste, c'est aux
« factions de cette chambre que l'esprit séditieux des colonies doit son origine. Il
« est des orateurs qui s'embarrassent fort peu des conséquences de ce qu'ils disent,
« pourvu que leurs paroles remplissent les vues de l'opposition à laquelle ils appar-
« tiennent. On nous répète que nous marchons sur un terrain fragile; on nous
« avertit de nous attendre à la désobéissance; qu'est-ce faire autre chose, je vous le
« demande, qu'inviter les Américains à résister à la loi? qu'encourager leur obsti-
« nation par la perspective d'un appui dans cette chambre? »

Dès que Grenville eut cessé de parler, Pitt reprit la parole. « Je suis accusé,
« dit-il, d'avoir donné naissance à la sédition en Amérique, laquelle est, dit-on,
« presque en révolte ouverte. Eh bien ! oui; je me réjouis de ce que l'Amérique a
« résisté.Trois millions d'habitants, morts à tous sentiments de liberté, au point de
« se soumettre à l'esclavage, auraient été d'excellents instruments pour asservir le
« reste des sujets britanniques. Je ne suis point courtisan des Américains, et je
« défends la cause de l'Angleterre, en soutenant que le parlement doit exercer sa
« juridiction sur l'Amérique; qu'il a le droit de lui imposer des restrictions. Oui,
« notre pouvoir législatif sur les colonies est souverain et suprême. Lorsqu'en
« effet deux pays sont liés l'un à l'autre comme l'Angleterre et ses colonies, il faut
« nécessairement que le plus puissant régisse l'autre, mais il faut qu'il le régisse
« de telle sorte que les principes fondamentaux qui leur sont communs à tous

« deux n'éprouvent aucune atteinte. Or, il y a une différence complète entre des
« taxes levées pour produire un revenu, et des droits imposés pour régulariser le
« commerce, quoiqu'il puisse incidemment résulter quelque revenu de ces droits.
« Maintenant, je dirai aux partisans des moyens violents de répression que, dans
« une bonne cause, sur le terrain de la justice, nul doute que l'Angleterre n'ait
« assez de force pour écraser l'Amérique; mais sur le terrain où vous vous êtes
« placés, à propos de cet acte du timbre, criante injustice contre laquelle beaucoup
« de membres et moi tout le premier, sont ici prêts à lever la main, croyez-moi,
« votre triomphe ne serait rien moins que certain. Si l'Amérique tombe, elle tom-
« bera comme l'homme fort de l'Écriture ; elle embrassera les colonnes de l'état, et
« renversera la constitution avec elle. Les Américains, j'en conviens, n'ont point
« agi en toutes choses avec prudence et modération; ils se sentaient lésés : ils ont
« été poussés à l'exagération par l'injustice. Les punirez-vous des torts qui sont
« votre ouvrage? Ah ! plutôt, que la prudence et la modération se montrent de ce
« côté; je suis garant pour l'Amérique qu'elle suivra cet exemple. Il y a dans une
« pièce de Prior deux vers sur la conduite d'un homme envers sa femme que je
« ne puis m'empêcher de vous adresser, tant ils sont applicables à vous et à vos
« colonies :

> « Be to her faults a little blind :
> « Be to her virtues very kind [1].

« Je conclus en disant que l'acte du timbre, fondé sur un principe entièrement
« faux, doit être rapporté entièrement, absolument, et immédiatement. D'un
« autre côté, l'autorité souveraine de ce royaume sur les colonies doit être pro-
« clamée dans les termes les plus forts qu'on pourra trouver, et l'on doit déclarer
« que cette autorité s'étend à tous les points de législation. Réglons le commerce
« des Américains; imposons des lois à leurs manufactures; exerçons, en un mot,
« tous les pouvoirs, hors celui de prendre leur argent sans leur consentement. »

D'accord avec Pitt, seulement sur la révocation immédiate de l'acte du timbre,
le ministère persista à soutenir que le parlement avait eu le droit d'imposer les
colonies, et fit partager cette doctrine à la chambre. En conséquence, deux actes
furent passés, le premier qui maintenait les droits absolus de l'Angleterre, l'autre
qui rapportait le bill sur le timbre (mars 1766).

Le rappel de ce bill ne fut pas la seule mesure libérale prise par lord Rockingham. Sur sa proposition, les chambres modifièrent la taxe sur le cidre dans ses dispositions les plus impopulaires, et proclamèrent l'illégalité des warrants-généraux
et de la saisie des papiers dans une accusation de libelle, coutumes tyranniques
qui, dans le procès de Wilkes, avaient justement indigné la nation. Il faut encore
ajouter, à l'honneur de lord Rockingham, que son ministère fut réellement le
premier qui eut le courage et la vertu de s'abstenir d'acheter des voix au parlement. Cette conduite noble et éclairée ne put cependant pas donner au cabinet la
force qui lui manquait. En butte à la haine de Georges, Rockingham voyait

---

1. « Que vos yeux soient un peu fermés pour ses fautes ;
« Qu'ils soient ouverts pour ses vertus. »

toutes ses mesures entravées par la coterie des amis du roi, tandis que d'un autre côté les amis de la liberté, dans leur enthousiasme pour Pitt, considéraient comme autant d'ennemis ceux qui détenaient un pouvoir auquel cet ancien ministre ne participait pas. Rien n'aurait dû, ce semble, s'opposer à l'alliance de ces deux hommes d'état; sur toutes les questions importantes leurs vues étaient les mêmes; ils se ressemblaient par l'intégrité et le désintéressement; unis, ils ralliaient tout le parti whig, et annihilaient la coterie de la cour et des amis du roi. Mais à cette époque, et par suite des souffrances qu'il avait éprouvées et qu'il éprouvait encore, Pitt ne jouissait plus de la plénitude de son génie; chaque jour il devenait plus bizarre, plus excentrique. La cour profita de cet égarement momentané de ses hautes facultés pour le gagner, et le roi entreprit de séduire lui-même le seul homme capable de renverser les whigs sans l'obliger à reprendre Grenville. Louanges, caresses, promesses lui furent prodiguées; c'était lui seul, lui disait Georges, qui pouvait anéantir les factions, et défier toutes les coteries, whigs et torys, Rockingham, Bedford et Grenville. Lorsqu'on jugea que ces flatteries avaient produit leur effet, le duc de Grafton et le chancelier Northington, d'accord avec le parti de la cour, donnèrent leur démission, en déclarant au roi que le seul parti qu'il eût à prendre était de se mettre entre les mains de l'homme que tout le royaume appelait au pouvoir. Aussitôt le marquis de Rockingham reçut sa démission, et Pitt fut chargé de composer un cabinet dont il désignerait à son gré tous les membres. « Je compte sur vous, lui écrivit le roi, convaincu que vous m'aiderez « de toutes vos forces à éteindre les distinctions de partis, et à rétablir cette subor- « dination envers le gouvernement qui peut seule préserver la liberté du danger « de dégénérer en licence (juillet 1766). »

Investi de pouvoirs aussi étendus, Pitt résolut de réunir dans l'administration qu'il allait diriger, les hommes les plus importants de tous les partis, à l'exception du duc de Newcastle et de Grenville, alors objets de son aversion. Mais, dès le principe, ce plan rencontra d'invincibles obstacles. Le premier vint de l'homme qui jusqu'alors avait été le plus fidèle allié de Pitt, de lord Temple. Pitt ne voulant pas pour lui-même le titre de chef du cabinet, offrit à son beau-frère les fonctions de premier lord de la trésorerie. Temple consentit à les accepter; mais, sincère-ment dévoué au parti whig, il voulait donner à son avénement le caractère du triomphe de ce parti, et faire entrer dans le nouveau cabinet plusieurs de ses amis politiques. Ce désir n'était pas compatible avec les idées de Pitt, qui repoussa en maître absolu tous les hommes que Temple lui présenta; une querelle violente éclata entre les deux frères : elle fut suivie d'une rupture complète. Privé de l'ha-bileté insinuante et conciliatrice de lord Temple, Pitt se trouvait seul chargé, avec son esprit altier, impatient de toute contradiction, de la tâche difficile de négocier avec les individus, de ménager les transactions et les rapprochements qu'impose la formation d'un ministère. Son orgueil fut abreuvé d'incessantes humi-liations. Il s'était persuadé que tous ceux auxquels il voudrait faire des proposi-tions s'empresseraient d'accepter ses offres; mais la connaissance que l'on avait de son caractère impérieux et tyrannique, le ton de supériorité hautaine avec lequel il traita ceux mêmes qu'il voulait se ménager, lui attirèrent presque partout des refus. Il fut alors forcé de revenir aux amis de lord Temple; mais ces offres tardives, et par cela même blessantes, ne pouvaient être et ne furent pas acceptées. Enfin, et après des peines infinies, Pitt arriva à former un cabinet tel que le roi le désirait, dans lequel les principaux amis de ce prince étaient placés, et qui ne contenait pas, à l'exception de ces hommes, quatre personnes qui eussent jamais agi de concert. Le duc de Grafton et lord Northington qui, en se retirant du cabinet Rockingham, avaient amené la dissolution de ce ministère, furent récompensés de leur défection par les places de premier lord de la trésorerie et de président du conseil. Le général Conway fut maintenu dans ses fonctions de secrétaire-d'état à l'intérieur, et eut lord Shelburne pour collègue aux affaires étrangères; Charles Pratt, qui avait été promu à la pairie sous le titre de comte de Cambden, devint lord-chancelier; Charles Townshend fut chancelier de l'échiquier et chargé de la direction des communes. Quant à Pitt, déclaré premier ministre, il n'accepta pour lui-même que le titre, à peu près sans fonctions, de gardien du sceau privé, se réservant de diriger l'ensemble du gouvernement; et comme un de ces usages dont on ne se départit jamais en Angleterre, exige que le gardien du sceau privé appartienne à la chambre des lords, il consentit à quitter les communes, et fut promu à la pairie sous le titre de vicomte Pynsent et de comte de Chatham.

Jamais événement n'excita une surprise pareille à celle qui se manifesta dans le public lorsqu'on connut la composition du nouveau ministère et que l'on vit ainsi réunis des hommes appartenant aux opinions les plus diverses : patriotes et courtisans, whigs et torys, amis douteux, ennemis déclarés, n'ayant jamais eu les uns avec les autres aucune relation. Mais ce qui causa un étonnement encore plus grand, ce fut l'acceptation de la pairie par Pitt. « Tout le monde, dit lord « Chesterfield dans une de ses lettres, est confondu de cette détermination. Jamais, « je l'imagine, on n'a rien vu, rien entendu de pareil. Qu'un homme dans la plé- « nitude de sa puissance et arrivé au but que se proposait son ambition, quitte « l'assemblée qui lui avait valu cette puissance et qui seule pouvait lui en assurer « la durée, pour se retirer dans cet hospice des incurables qu'on appelle la chambre « des pairs, c'est une chose si invraisemblable que je n'en ai voulu rien croire « tant que je n'ai pas eu de preuves positives. Mais le fait est certain; nous avons « maintenant un comte de Chatham, M. Pitt n'existe plus en aucune façon. » Lord Chesterfield disait vrai : il ne restait plus rien de ce Pitt, idole de la nation. Ceux même qui avaient le plus aimé le grand orateur des communes étaient les plus animés contre le nouveau pair. La Cité de Londres avait préparé une fête splendide pour célébrer l'avénement au ministère de son homme d'état favori; mais lorsque la gazette annonça que l'objet de cet enthousiasme était un comte, la fête fut aussitôt contremandée, et la ville retentit d'invectives contre « le nouveau William Pulteney, déserteur de la cause de la liberté »

Les premières mesures de lord Chatham furent du reste de nature à justifier les accusations que de toutes parts on lançait contre lui. L'année ayant été stérile, le prix du blé était très-élevé, et des bruits de monopole et d'accaparement excitaient dans le peuple une fermentation dangereuse. Pour apaiser les esprits, le ministère

se décida à mettre un embargo sur l'importation des grains. Cette mesure, prise
en l'absence des chambres, dépassait les limites constitutionnelles du pouvoir
royal; mais il était facile de la justifier par la force des circonstances, et elle
n'eût été pour le cabinet la cause d'aucun embarras, si lors de la réunion du parlement (novembre 1766), Chatham n'avait eu l'idée de la défendre en alléguant un
prétendu droit discrétionnaire inhérent à la couronne, qui dispensait les dépo-
sitaires du pouvoir de la nécessité de demander aux chambres un bill d'indemnité.
Ce principe qui avait naguère égaré et compromis la royauté, fut énergiquement
combattu par lord Temple et par le lord grand-juge Mansfield, le premier juris-

William Murray, comte de Mansfield,
d'après l'original de Joshua Reynolds.

consulte de l'Angleterre, le défenseur habituel de la royauté; et les deux chambres
s'associèrent à leurs paroles en votant un bill d'indemnité qui, tout en approuvant
les mesures prises par les ministres, condamnait solennellement les principes par
lesquels ils prétendaient les justifier.

Le cabinet avait alors à lutter contre toutes les fractions du parti whig. Chatham voulut essayer de dissoudre cette opposition formidable. Mais même dans ces circonstances difficiles, il ne put modérer l'irritabilité de son humeur, adoucir la hauteur dédaigneuse de ses manières, et après bien des efforts, il n'arriva qu'à se faire de nouveaux ennemis et à s'aliéner des personnages considérables de son propre parti. Ces échecs, les embarras de la situation, les reproches de ses collègues, les clameurs de ses ennemis, et surtout le violent chagrin qu'il ressentit de la perte de sa popularité, aggravèrent le désordre que les souffrances physiques avaient apporté dans ses facultés; il tomba dans une sombre mélancolie à laquelle se joignait une telle irritabilité nerveuse, qu'il lui fut bientôt absolument impossible de s'occuper d'aucune affaire. Retiré à la campagne, il resta pendant près de deux années complétement étranger à tout ce qui se passait dans l'état.

Ainsi livré à lui-même et privé de l'appui de celui dont l'autorité pouvait seule maintenir ensemble les éléments discordants dont il se composait, le ministère allait tous les jours s'affaiblissant. Il comptait cependant parmi ses membres un homme jeune, actif, doué de grands talents et d'une éloquence qui, au dire de Burke, dépassait celle de Pitt lui-même; c'était le chancelier de l'échiquier, Charles Townshend. Mais, dévoré d'ambition, Townshend, loin de soutenir le cabinet, ne songeait qu'à le renverser, afin de le remplacer par un autre, dont il aurait été le chef. C'était en flattant les principes et les vues personnelles du roi qu'il espérait parvenir à ce but; et dans cette pensée il avait fait voter par les chambres (mars 1767) un bill qui imposait des droits sur le verre, le papier, les couleurs, le thé, etc., importés d'Angleterre dans les colonies américaines. Cette conduite commençait déjà à porter ses fruits; déjà Townshend avait obtenu pour sa femme la pairie, pour son frère le gouvernement de l'Irlande; tout faisait croire qu'il allait être chargé de former une nouvelle administration, lorsqu'une mort soudaine vint l'arrêter dans ses ambitieux projets (4 septembre 1767). Dès-lors un remaniement du cabinet devenait indispensable. Pitt étant toujours hors d'état de s'occuper d'affaires, le ministère se reconstitua sous la direction du duc de Grafton. Lord North, payeur-général, financier habile, homme d'expérience et de pratique, doué en outre d'un rare talent de discussion, remplaça Townshend; l'accession de quelques amis du duc de Bedford, en assurant à la nouvelle administration l'appui d'une partie de l'opposition, lui donna quelque stabilité, mais non pas une puissance suffisante pour surmonter les difficultés de la situation.

Le parlement ayant accompli ses sept années d'existence légale, on procéda à de nouvelles élections. Elles eurent lieu au milieu des scènes habituelles de désordre et de corruption, mais nulle part l'agitation ne fut plus grande qu'à Londres et dans le comté de Middlesex. Le fameux éditeur du *North-Briton*, Wilkes, était revenu de France, et quoique encore sous le coup des deux années de prison auxquelles il avait été condamné par contumace, il brigua les suffrages des électeurs du comté de Middlesex, et fut élu à la presque unanimité, aux acclamations tumultueuses de la populace. Il résolut alors de purger sa contumace, se présenta devant la cour du banc du roi, qui maintint les condamnations prononcées contre lui, et se constitua de lui-même prisonnier. Il était évident que tant que sa peine ne serait point accomplie, Wilkes ne pouvait occuper son siége au parlement; mais le peuple de Londres s'indigna de ce qu'il appelait une violation du privilége parlementaire, et le jour de l'ouverture des chambres (10 mai 1768), une multitude exaltée assiégea les portes de la prison où son idole était enfermée; une lutte avec la force armée s'ensuivit, dans laquelle vingt personnes furent tuées ou blessées.

Cette énergique démonstration ne fit qu'aggraver l'indignation populaire, et donner naissance à de nouveaux excès. Les émeutes succédaient aux émeutes; le lord maire Harley, opposé au parti de Wilkes, n'était plus en sûreté dans la maison de ville (Mansion-House), journellement assaillie par une populace furieuse, et,

Émeute devant Mansion-House.

pour comble de maux, ces insurrections, déjà si dangereuses par elles-mêmes, menaçaient de se grossir encore de coalitions de mariniers, de portefaix et d'ouvriers de tout genre, empressés de profiter du désordre pour obtenir une augmentation de salaire. Le ministère, hésitant, embarrassé, sans prudence pour prévenir ces excès, était sans force pour les réprimer. Ce fut cependant ce moment que lord Chatham choisit pour donner sa démission de la place de garde du sceau privé. Il n'avait tant tardé à résigner des fonctions que depuis longtemps il ne remplissait plus, que pour attendre quelque occasion de le faire avec éclat et dans des circonstances qui lui rendissent la popularité qu'il avait perdue. Ce moment lui semblait venu. Le cabinet était en butte à la haine générale; c'était à lui qu'on reprochait toutes les difficultés du moment; c'était son manque de prévoyance qu'on accusait des désordres et des troubles qui avaient ensanglanté la capitale. Si, en effet, dès l'arrivée de Wilkes en Angleterre, les ministres avaient mis immédiatement à exécution la condamnation qui pesait sur lui, ils lui eussent enlevé, avec la possibilité de se présenter personnellement aux élections, la plus grande partie de ses chances; mais la faute faite et Wilkes élu, il était d'une politique sage et prudente de lui accorder son pardon. On le mettait par là dans l'impossibilité de se faire passer pour un martyr de la liberté, et on ôtait tout prétexte aux manifestations populaires. Cette puissance dont le ministère était accusé de faire parade contre un homme chéri du peuple, on lui reprochait de ne pas la déployer contre l'étranger. Louis XV venait alors d'acheter la Corse à la république de Gênes, et de la réunir au royaume de France. Indignés de se voir vendus comme des esclaves, les Corses s'étaient opposés par les armes à l'occupation de l'île par les Français, et Pascal Paoli, leur chef, avait imploré le secours de l'Angleterre. Mais le cabinet ne jugeait pas que la possession de la Corse par la France valût une guerre avec cette puissance, et il resta sourd à cet appel; lord Shelburne, secrétaire d'état pour les affaires extérieures, qui ne partageait pas l'opinion de ses collègues, dut résigner ses fonctions. En donnant sa démission à la suite de ces événements, Chatham indiquait clairement qu'il blâmait à la fois la politique du ministère à l'intérieur comme à l'extérieur, à l'égard de Wilkes comme à l'égard des Corses et de la France, et il espérait, par cette manifestation éclatante, recouvrer cette popularité qu'il avait toujours tant ambitionnée. Il fut complétement trompé dans ses espérances. Sa démission n'excita pas plus l'attention que celle d'un constable ou d'un clerc de paroisse; « il était déjà aussi oublié que s'il eût reposé dans les caveaux de Westminster » (octobre 1768).

Cependant, malgré toute son impopularité, et quoique toutes les fractions du parti whig, à l'exception de celle des Bedfords, se fussent réunies contre lui, le ministère avait encore la majorité au parlement; il la fit servir à satisfaire sa haine contre le député de Middlesex; la chambre basse, sur la motion d'un de ses membres, déclara, à la majorité de 216 voix contre 136 : « Que John Wilkes, « convaincu d'avoir imprimé et publié plusieurs libelles séditieux, obscènes et « impies, et condamné pour ce fait, par jugement de la cour du banc du roi, à « vingt-deux mois de prison, serait expulsé de la chambre. »

Cette persécution maladroite, contre un homme peu dangereux par lui-même, redoubla sa popularité et ne fit que créer au ministère de nouveaux embarras. Wilkes, soutenu par la Cité de Londres, ne pouvait abandonner la partie. Il se porta de nouveau candidat pour le siége de Middlesex. Un alderman de la Cité, qui se chargea de soutenir sa candidature, représenta aux électeurs que si le ministère pouvait une fois leur dire quel était l'homme qu'ils ne devaient pas nommer, il en viendrait bientôt aussi à leur dire quel était celui qu'ils devraient choisir. Wilkes fut réélu à l'unanimité moins cinq voix (16 février 1769).

La chambre ne se montra pas moins opiniâtre que les francs-tenanciers du Middlesex; le lendemain de l'élection, et malgré les efforts de l'opposition, elle déclara Wilkes inhabile à faire partie du parlement actuel, attendu qu'il en avait déjà été expulsé. Nonobstant cette déclaration, Wilkes fut unanimement réélu une troisième fois; une troisième fois aussi la chambre déclara sa nomination nulle et non valable. Un nouveau *writ* d'élection fut expédié. Pour mettre enfin un terme à cette lutte scandaleuse entre les électeurs et la chambre, un des membres des communes, le colonel Luttrell, d'accord avec la majorité, se démit de son siége et se déclara candidat pour Middlesex en concurrence avec Wilkes. Telle était alors l'excitation populaire, que les amis de Luttrell tremblèrent sérieusement pour sa vie, et que des paris pour ou contre sa mort s'ouvrirent de tous côtés. Cependant, grâce aux mesures prises par l'autorité, les opérations électorales se firent avec ordre; 1143 voix se déclarèrent pour Wilkes, 296 pour Luttrell. C'était tout ce que demandaient le ministère et la chambre. Le lendemain, un membre des communes proposa de déclarer qu'attendu l'incapacité déjà déclarée de Wilkes de siéger au parlement, son compétiteur était valablement élu. Après deux jours des plus vifs débats, la motion fut adoptée par 197 voix contre 143 (15 avril).

Wilkes et ses partisans étaient vaincus sur le terrain électoral; la presse vint à leur secours. Un champion terrible se leva contre le ministère : c'était Junius. Sous ce pseudonyme, un écrivain, dont le nom véritable est encore un mystère, avait commencé à faire paraître dans le *Public Advertiser* une suite de lettres dans lesquelles il critiquait avec une violence extrême la politique et les actes du cabinet. Un style clair, concis, élégant et vigoureux, des pensées énergiques et élevées, une raillerie amère, impitoyable, qui ne reculait devant rien; une connaissance approfondie des lois et de la constitution, de l'histoire et des usages du parlement; les informations les plus étendues, les plus complètes sur les sujets les plus secrets, tout indiquait dans Junius un des hommes politiques les plus importants de l'époque; aussi ses lettres produisirent-elles une sensation extraordinaire. Partout on se les arrachait, et dévorées aussitôt que publiées, elles allaient porter jusqu'aux confins les plus reculés de l'Angleterre la haine et le mépris pour le gouvernement et pour Georges lui-même. Vainement le ministère espéra, en sévissant contre l'éditeur du *Public Advertiser*, arrêter la violence de l'écrivain mystérieux; la persécution ne fit qu'accroître son audace.

A l'extérieur, les embarras du cabinet n'étaient pas moindres. L'abrogation de l'acte du timbre avait fait éclater la plus vive satisfaction dans toutes les colonies américaines; mais cette satisfaction même était de nature à alarmer sérieusement le cabinet de Saint-James : c'était la joie insolente du triomphe et non l'expression de la reconnaissance. En effet, les Américains avaient compris qu'ils ne devaient pas attribuer l'adoption de cette mesure à la bienveillance de la mère-patrie, mais bien à l'attitude énergique qu'ils avaient prise; d'ailleurs à côté du bill d'abrogation était l'acte déclaratoire, qui prouvait aux colons que l'Angleterre conservait toujours l'intention de les soumettre à ses taxes, et qu'elle attendait seulement une occasion plus favorable. L'événement ne tarda pas à prouver combien cette méfiance était fondée. Le ministère Rockingham était à peine renversé lorsque le nouveau chancelier de l'échiquier, Charles Townshend, proposa et fit adopter par le parlement diverses taxes sur le verre, le papier, les couleurs et le thé que les colonies recevaient d'Angleterre. Le droit de la mère-patrie à réglementer et à taxer le commerce extérieur avait été accepté par les Américains eux-mêmes, qui jusqu'alors ne s'étaient opposés qu'à l'extension de ce droit aux impôts intérieurs; cependant le vote des nouvelles taxes excita une fermentation universelle. Le peuple de Boston se réunit à Faneuil-Hall, où siégeait l'assemblée provinciale,

Faneuil-Hall, Boston.

et forma aussitôt une grande association dont tous les membres s'engagèrent à renoncer complétement à l'usage des objets soumis aux taxes. Des associations analogues furent établies dans les autres colonies; partout la force armée devint nécessaire pour maintenir le peuple prêt à s'insurger.

Ces graves événements auraient demandé à eux seuls toute l'attention du cabinet, mais l'opposition lui laissait à peine le loisir de s'en occuper. Junius, redoublant d'audace, terrassait et traînait dans la boue les ministres et leurs défenseurs; et, à ce moment même, un ennemi non moins redoutable que le mystérieux pamphlétaire, lord Chatham, réconcilié, non-seulement avec ses beaux-frères, lord Temple et Georges Grenville, mais encore avec le marquis de Rockingham et les autres chefs du parti whig, reparut à la tribune de la chambre haute. L'état des colonies poussées à l'insurrection par des mesures arbitraires; la position de la Grande-Bretagne seule, et sans alliés en face de l'union de toutes les branches de la maison de Bourbon, et forcée par cet isolement de supporter silencieusement la conquête de la Corse par les Français; le principe de la représentation nationale audacieuse-

ment violé par l'expulsion de Wilkes, tels étaient les griefs que son éloquence
allait exploiter contre le ministère. L'illustre orateur s'éleva surtout contre l'expulsion de Wilkes : « La constitution du pays, dit-il, a été manifestement violée. .
« je reconnais et je révère le pouvoir légitime de la chambre des communes; mais,
« dans son propre intérêt, je voudrais l'empêcher de s'arroger une juridiction que
« la constitution de l'état lui refuse, de peur qu'en usurpant une autorité à
« laquelle elle n'a point droit, elle ne vienne à perdre celle qui lui appartient
« légitimement. J'affirme qu'elle a trahi ses commettants et violé la constitution.
« Sous prétexte d'appliquer la loi, elle a fait une loi à elle seule. On me dit que la
« chambre des communes, lorsqu'elle agit juridiquement, n'a pas de loi pour la
« diriger et qu'elle ne consulte que sa propre sagesse; que son jugement est loi,
« et que si elle juge mal, c'est à Dieu seul qu'on peut en appeler. Ainsi donc tous
« les généreux efforts de nos ancêtres, toutes ces luttes glorieuses qu'ils ont soute-
« nues pour s'assurer à eux-mêmes et transmettre à leurs descendants une loi
« connue, une règle certaine, se réduiraient à ce résultat, qu'au lieu d'être assu-
« jettis au pouvoir arbitraire d'un roi, nous serions soumis au pouvoir arbitraire
« d'une chambre des communes? Alors je demande ce que nous aurons gagné au
« change. La tyrannie est exécrable sous toutes les formes, mais jamais plus que
« lorsqu'elle est exercée par plusieurs. Heureusement, tel n'est point l'état des
« choses; nous avons la grande Charte, nous avons le livre des statuts, nous
« avons le bill des droits; c'est sur ces grandes bases de la constitution que je m'ap-
« puie pour demander que la chambre des lords prenne en considération la cause
« du mécontentement général, et particulièrement la conduite de la chambre basse
« à l'égard de Wilkes. »

Au milieu des débats passionnés que souleva cette proposition, le lord chancelier
Cambden se leva : « J'ai accepté le grand sceau sans conditions, dit-il; mais je
« n'ai pas entendu pour cela être traité avec mépris par Sa Majesté, je veux dire
« par les ministres de Sa Majesté; j'ai cependant essuyé ce mépris; je suis las de
« le souffrir. Pendant quelque temps, j'ai contemplé avec une indignation muette
« les mesures arbitraires du premier ministre. Souvent mon visage triste, ma tête
« baissée, ont rendu témoignage dans le conseil des impressions de mon esprit;
« je ne me contiendrai pas plus longtemps; j'exprimerai mes sentiments avec une
« entière franchise, et je dirai que si on ne trouve pas un expédient pour apaiser
« les murmures que le ministère a fait naître par sa conduite violente et tyran-
« nique, je ne réponds pas que le peuple poussé au désespoir ne se charge lui-même
« du redressement de ses griefs et ne se fasse justice de ses propres mains. »

Cette incroyable diatribe sortie de la bouche d'un ministre remplit l'assemblée
de stupeur, et par sa violence même passa le but qu'elle voulait atteindre. La
chambre, un instant ébranlée par le discours de lord Chatham, craignit, après
celui du lord chancelier, d'être soupçonnée de prendre la défense des agitateurs, et
la motion fut rejetée (janvier 1770).

Après cet éclat, lord Cambden ne pouvait rester au pouvoir; les sceaux lui furent
retirés. On eut beaucoup de peine à lui trouver un successeur, personne ne voulant entrer dans un ministère battu en brèche de tous côtés; enfin les sollicitations

personnelles du roi déterminèrent M. Yorke, second fils du comte de Hardwicke, un des membres importants du parti whig, à accepter le poste de chancelier. Mais trois jours après (20 janvier), accablé sous les témoignages de réprobation que cette apostasie lui attira de toute part, il se tua de désespoir. Au même moment, le marquis de Granby, commandant en chef des forces du royaume, se démit de ses emplois, afin de prouver son opposition au système du chef du cabinet. Alors, découragé par ces défections, dégoûté d'ailleurs de la vie politique par les attaques incessantes de Junius, le duc de Grafton donna sa démission. Lord North, tout en restant chancelier de l'échiquier, le remplaça comme premier lord de la trésorerie;

Frédéric North, comte de Guildford.
d'après l'original de Dance.

quelques modifications de peu d'importance eurent lieu dans les emplois secondaires du cabinet; le grand sceau fut mis en commission (28 janvier). C'était à peine un changement de personnes; c'était encore moins un changement de système; aussi l'opposition recommença-t-elle ses attaques avec plus d'énergie que jamais. Elle trouva un vigoureux concours dans la bourgeoisie de la Cité. Le conseil communal, présidé par M. Beckford, le nouveau lord-maire, homme médiocre, mais auquel son immense fortune et son intimité avec Pitt donnaient une énorme influence, convoqua une assemblée d'environ trois mille des notables de la bourgeoisie, et soumit à leur approbation et à leur signature une remontrance à Sa Majesté.

Cette remontrance exposait d'abord que, par l'effet d'une influence secrète qui, depuis le commencement du règne, avait dominé les diverses administrations, la majorité de la chambre des communes avait enlevé au peuple ses droits les plus chers..... « Il y a un temps, ajoutait-on, où il peut être moralement « démontré que les hommes qu'on appelle représentants du peuple cessent de « l'être en réalité ; ce temps est maintenant arrivé : la chambre des communes « ne représente pas le peuple.... mais nous ne souffrirons pas, nous en prenons « Dieu à témoin, que nos libertés nous soient artificieusement dérobées. Conquises « par le courage de nos ancêtres, elles seront conservées par le courage de leurs « descendants. » La remontrance finissait par une prière au roi de dissoudre le parlement et d'éloigner pour jamais de ses conseils des ministres impopulaires.

Ce violent manifeste fut présenté, en grande pompe, à Georges, par le lord-maire, le conseil commun, les shériffs et un nombreux corps de bourgeois de la Cité. Après l'avoir lu jusqu'au bout, le roi répondit qu'il serait toujours prêt à recevoir les requêtes et à écouter les plaintes de ses sujets ; mais qu'il voyait avec peine qu'en cette circonstance ils se fussent laissé égarer au point de lui présenter « une « remontrance irrespectueuse pour lui, injurieuse pour le parlement, inconciliable « avec les principes de la constitution, et à laquelle, par conséquent, il ne pouvait « point avoir égard » (14 mars).

Cette réponse excita la colère de lord Chatham ; il proposa à la chambre haute de déclarer que ceux qui avaient mis de telles paroles dans la bouche du roi étaient des conseillers dangereux, et à son tour il signala « cette influence secrète, pernicieuse, inconstitutionnelle, basse et perverse tout ensemble, qui n'avait jamais cessé de dominer le trône depuis l'avénement de Georges III. » Il avoua que lui-même en avait été dupe pendant son dernier ministère, et qu'on avait abusé de sa loyale confiance jusqu'au jour où il avait enfin pu se convaincre que jamais il ne serait permis à une administration indépendante d'avoir quelque durée. Néanmoins sa motion fut rejetée. Il la fit suivre d'une autre par laquelle il engageait la chambre des pairs à demander elle-même au roi la dissolution du parlement. Cette seconde tentative n'eut pas plus de succès que la première ; mais peu importait à Chatham ; ce qu'il recherchait surtout dans cette lutte acharnée, c'étaient les applaudissements de la multitude, et cette popularité pour laquelle il avait si souvent changé de convictions et de principes.

Battue en sa personne à la chambre des lords, l'opposition, aussi ardente et aussi opiniâtre aux communes, n'y était guère plus heureuse ; presque toutes ses motions vinrent successivement échouer devant la majorité compacte dont disposait le ministère. La fin de la session (19 mai 1770) mit momentanément un terme à cette lutte acharnée, qui recommença à l'ouverture du parlement.

Un événement survenu dans l'intervalle des deux sessions donna de nouvelles armes aux adversaires du cabinet. Le roi d'Espagne, Charles III, et le duc de

Choiseul, premier ministre du roi Louis XV, songeaient toujours à prendre leur revanche de la dernière guerre. Les troubles d'Amérique, les émeutes de l'intérieur, les violences des partis, l'état d'abandon où depuis la paix avait été laissée la marine anglaise, leur firent croire que le moment était enfin venu; mais Louis XV répugnait à commencer une guerre qui lui enlèverait à la fois son repos et l'argent de ses plaisirs. Charles III résolut de lui forcer la main en s'engageant avec l'Angleterre dans une querelle où Louis, lié par le pacte de famille, serait obligé de le soutenir.

Les Anglais s'étaient emparés, en 1765, des îles Falkland, et y avaient formé le petit établissement du port Egmont. Ces îles pouvaient être considérées comme une dépendance du continent américain, concédé à l'Espagne par la bulle du pape qui avait réglé le partage du Nouveau-Monde. Cependant la cour de Madrid avait vu silencieusement l'usurpation des Anglais, lorsque tout à coup, sans revendication préalable, sans déclaration de guerre, une flotte partie de Buenos-Ayres débarqua au port Egmont, prit possession de la colonie, embarqua les Anglais sur leurs vaisseaux et les renvoya en Angleterre.

A la nouvelle d'un acte de violence dont il était facile de comprendre le but, le cabinet de Saint-James s'occupa activement de réorganiser la marine. Des primes furent offertes aux gens de mer, et l'on enrôla de force de nombreux matelots au moyen de la *presse*. Cette dernière mesure excita de vives clameurs. Plusieurs marins enrôlés ainsi en vertu de warrants émanés de l'amirauté furent mis en liberté par les ordres du lord-maire et de Wilkes, qui, à peine sorti de prison, avait été nommé alderman; et, à l'instigation des meneurs de l'opposition, les matelots de la marine marchande présentèrent au roi une pétition par laquelle ils protestaient contre l'inopportunité et l'illégalité de la presse. Le gouvernement s'inquiétait fort peu de ces entraves; en s'occupant de la réorganisation de la flotte, son but était surtout d'effrayer l'Espagne par une démonstration de force. La possession des îles Falkland ne lui semblait pas d'assez grande importance pour qu'il se décidât sérieusement à une guerre avec l'Espagne et la France coalisées, et cela au moment où il avait à lutter contre l'esprit d'insurrection de ses colonies d'Amérique. Aussi, sans écouter les déclamations belliqueuses des journaux de l'opposition, qui voulaient que la guerre fût immédiatement déclarée, lord North se contenta de demander au cabinet de Madrid le désaveu de ce qui s'était passé au port Egmont et la restitution de l'établissement entre les mains des Anglais.

Cette politique fut taxée de faiblesse par l'opposition; lord Chatham surtout se fit remarquer par la violence de ses accusations. Après une injurieuse sortie contre les Espagnols, qu'il traita de peuple vil, orgueilleux, insolent; dans les ministres duquel il n'avait, dit-il, jamais rien trouvé qui ressemblât à de la droiture ou à de la dignité, mais qu'il avait au contraire toujours vus bassement astucieux et misérablement menteurs, il s'attaqua au cabinet britannique et l'accusa d'avoir, par son incurie, livré l'Angleterre sans défense à l'ambition de la maison de Bourbon. Il prédit que si le pouvoir restait encore un mois aux mains des mêmes hommes, la Grande-Bretagne serait rayée du rang des nations, et que, dans un tel état de choses, il n'y avait pour le pays d'autre salut que de rappeler au pouvoir les chefs de ces grandes familles whigs auxquelles la maison de Hanovre devait sa couronne. D'accord avec l'opposition sur toutes les questions, Chatham s'en sépara cependant sur celle de la *presse* des matelots. « Je veux, dit-il, décla-« rer ma façon de penser sur une question que l'on s'est efforcé de dénaturer par « toutes sortes de moyens, afin d'entraver la marche du gouvernement. Mon opi-« nion n'est sans doute pas populaire; mais je suis fermement convaincu, et qui-« conque connaît l'organisation de la flotte britannique en est convaincu comme « moi, que sans la presse il est impossible d'équiper aucun armement convenable. « Cela posé, que doit-on penser de ces hommes qui, au moment du danger, s'ef-« forcent d'enlever à leur pays ses moyens les plus formidables de défense? Je « blâme, je condamne cette conduite, et suis prêt à appuyer la première motion « qu'on présentera pour mander à la barre de la chambre les aldermen qui ont « voulu s'opposer à l'exécution des warrants de l'amirauté. »

La conduite des ministres vis-à-vis de l'Espagne fut attaquée avec non moins de vigueur dans la chambre des communes; mais alors la désorganisation s'était mise dans l'opposition. Grenville venait de mourir, et sa mort n'avait pas eu seulement pour résultat immédiat de priver l'opposition d'un chef important; la plupart de ses amis personnels s'étaient ralliés au ministère, qui, dès ce moment, pouvait braver impunément les menaces de ses adversaires.

Cependant les négociations avec l'Espagne ne prenaient pas une tournure rassu-rante. M. de Grimaldi, ministre d'Espagne, dont le plan était de faire traîner les choses en longueur jusqu'au moment où le roi de France prendrait ouvertement parti dans la querelle, répondait toujours évasivement aux demandes du cabinet britannique; mais à ce moment même, une intrigue, conduite par le duc d'Aiguil-lon et la comtesse Dubarry, maîtresse du roi de France, renversa brusquement Choiseul du pouvoir (24 décembre 1770). Cet événement enlevait à l'Espagne tout espoir d'être secourue par la France; dès lors le cabinet de Madrid changea de ton, et moins d'un mois après il concluait avec celui de Saint-James une con-vention dans laquelle il était stipulé que l'Espagne rendrait les îles Falkland à la Grande-Bretagne dans l'état où elles se trouvaient au moment de l'expulsion de la garnison; mais que cette restitution ne préjugerait rien quant aux prétentions de Sa Majesté Catholique sur la souveraineté de ces îles, prétentions qui restaient réservées (janvier 1770).

Les adversaires du cabinet se récrièrent vivement contre la solution donnée à cette affaire; ils ne purent néanmoins empêcher le vote d'adresses d'approbation dans les deux chambres. Les échecs nombreux et successifs reçus par l'opposition ne décourageaient pas lord Chatham; sans cesse battu, il reprenait sans cesse, sous des formes habilement variées, les thèmes qu'il jugeait les plus propres à entretenir l'excitation des esprits. Il s'éleva surtout contre l'étrange théorie que le lord grand-juge Mansfield avait imaginée au sujet des procès de presse, et qu'il voulait faire mettre en pratique à l'occasion de l'action intentée à plusieurs libraires qui avaient imprimé des lettres de Junius. Selon lord Mansfield, les jurés devaient examiner seulement si le sens des passages inculpés dans l'écrit déféré au tribunal était tel que le signalait l'accusation; si le sens était jugé différent, le prévenu devait être acquitté; s'il était tel que l'avait énoncé l'accusation, il devait être déclaré coupable. C'était par le fait transférer au ministère public le jugement des délits de presse. Cette prétention exorbitante du lord grand-juge fournit à Chatham le texte d'un des plus beaux discours qu'il eût jamais prononcés, et lui donna de nouveaux droits à l'admiration et à la reconnaissance des amis des libertés publiques. Cependant la passion l'entraînait souvent à des exagérations telles, qu'il se vit plusieurs fois abandonné par ses propres amis. La turbulente Cité de Londres applaudissait seule à ses plus fougueuses motions; elle faisait plus, elle les traduisait en actes.

Malgré les lois qui défendaient de rendre compte des débats du parlement, les journaux avaient depuis longtemps l'habitude de publier les discours prononcés par les principaux membres des deux chambres, et, suivant l'opinion du journal et celle des orateurs, ces discours étaient, ou reproduits en totalité, ou complétement tronqués et défigurés. Pendant la session de 1771, un membre des communes accusa deux éditeurs de journaux, nommés Thomson et Wheble, d'avoir calomnié plusieurs députés en altérant gravement leurs discours, et il demanda que ces éditeurs fussent arrêtés et traduits à la barre de la chambre. Wheble fut arrêté en effet; mais on le conduisit d'abord devant l'alderman Wilkes, qui le fit mettre sur-le-champ en liberté. Le lord-maire alla plus loin encore; il fit emprisonner le messager d'état chargé de l'exécution des ordres des communes. Aussitôt la chambre, indignée, fit comparaître à sa barre le lord-maire et l'alderman, et ordonna leur incarcération immédiate à la Tour. Mais, lorsqu'on voulut exécuter cet ordre, la populace, qui entourait les abords du parlement, détela les chevaux de la voiture du lord-maire et le traîna jusqu'à Mansion-House, où elle le réinstalla en triomphe; puis, se livrant à mille excès; elle pendit et décapita en effigie les ministres et leurs principaux partisans (mars 1771). Ces émeutes parvenaient bien à troubler la tranquillité matérielle de la capitale, mais elles n'ébranlaient pas plus le ministère que les attaques incessantes auxquelles il était en butte dans le sein du parlement. Par l'habileté de sa conduite et le charme de ses manières, lord North était parvenu à acquérir dans la chambre des communes une influence presque égale à celle que Walpole y avait jadis exercée; il s'y était créé une majorité dévouée et permanente à l'aide de laquelle il allait pouvoir mettre fin « à ces brusques revirements qui, depuis l'avénement de Georges III, et même depuis la chute de Walpole, n'avaient cessé de dissoudre et de recomposer les partis, de diviser et de réunir successivement les hommes politiques, sans autre motif, sans autre prétexte même que leurs intérêts ou leurs ressentiments. »

La chute du duc de Choiseul avait sauvé l'Angleterre d'une guerre imminente, et la paix régnait entre toutes les grandes puissances européennes. Cependant, des événements d'une haute importance se passaient sur le continent. Après l'assassinat de son mari, Pierre III, Catherine de Russie avait pris avec une vigueur peu commune la direction des affaires, et sa politique ambitieuse et habile songeait à continuer l'œuvre de Pierre-le-Grand. Le but de la czarine était de rendre la Russie de plus en plus européenne par l'asservissement des états voisins, et d'assurer sa domination en Orient par la possession de la mer Noire et l'affaiblissement de l'empire ottoman, dont la décadence commençait déjà. La mort du roi de Pologne, Auguste III, ouvrit les voies au premier de ces desseins. Quoique la Russie eût jusqu'alors trouvé dans les rois de Pologne de la maison de Saxe de dociles instruments de sa politique, elle n'en redoutait pas moins l'indépendance que ces princes pouvaient tirer de leurs états héréditaires d'Allemagne et de leurs alliances avec les autres princes de l'empire. Catherine résolut donc de donner pour roi aux Polonais un homme entièrement à sa dévotion. Elle choisit un de ses amants, Stanislas Poniatowski, jeune seigneur polonais, jadis ambassadeur à Saint-Pétersbourg, et le fit élire par la diète sous le canon de cinquante mille Russes (septembre 1764).

Roi par la volonté de Catherine, Stanislas ne pouvait être que l'instrument de la politique de cette princesse; aussi ses sujets ne tardèrent-ils pas à se soulever contre la domination étrangère qu'il voulait leur imposer. En 1768, ils formèrent la confédération dite de Bar, pour la défense de leur indépendance et de leur religion menacées, et demandèrent des secours à toute l'Europe. Mais la Prusse et l'Autriche, calculant déjà ce qu'elles auraient à gagner à la ruine de la Pologne, voulurent rester neutres; la Suède, dominée par son aristocratie vendue à la Russie, imita leur exemple; quant à l'Angleterre, que l'ambition de Catherine aurait dû effrayer, elle ferma les yeux sur les dangers que l'agrandissement continu de la puissance russe devait faire courir à l'équilibre européen. Le cabinet de Saint-James était séduit par les avantages immédiats d'une alliance qui ouvrait à son commerce le vaste débouché de l'empire moscovite; il y voyait d'ailleurs un contre-poids à la force nouvelle apportée à la France par le pacte de famille. Le cabinet de Versailles prêta seul l'oreille aux sollicitations des Polonais. Le duc de Choiseul avait protesté contre l'élection de Stanislas; il envoya aux confédérés de Bar des subsides et des officiers; il effraya Marie-Thérèse en lui montrant les barbares du Nord prêts à descendre jusque dans le midi de l'Allemagne; il excita le roi de Suède à secouer le joug de son aristocratie; il procura aux Polonais un allié immédiat en décidant la Turquie à reprendre les armes contre la Russie; il voulait enfin que la France se déclarât ouvertement en leur faveur. Mais c'eût été la guerre universelle. Louis XV hésita et disgracia son ministre. La chute de Choiseul fut le signal de la ruine de la Pologne.

Le duc d'Aiguillon, qui lui succéda, voulut d'abord continuer sa politique; mais l'Angleterre intervint, et lord North, certain que les velléités belliqueuses du ministre tomberaient devant une menace de guerre, lui signifia que toute tentative en faveur de la Pologne et de la Turquie serait regardée par la Grande-Bretagne comme une déclaration de guerre. Le duc d'Aiguillon recula en effet. Abandonnés à eux-mêmes, les confédérés ne purent lutter contre les Russes; leurs provinces furent envahies et ravagées. Les Turcs n'étaient pas plus heureux; leurs armées de terre avaient été défaites, leur flotte fut anéantie à Tchesmé; les Russes, arrivés sur le Danube, avaient fait révolter les Grecs, leurs coreligionnaires. Cependant la Prusse et l'Autriche s'effrayaient des progrès de Catherine; la czarine ferma la bouche à leurs représentations en leur proposant de partager la Pologne. C'était tout ce que voulaient Marie-Thérèse et Frédéric. L'accord fut bientôt conclu (5 août 1772). Les trois puissances couvrirent la Pologne de leurs troupes, mirent à exécution le traité de partage, et obligèrent la diète à le sanctionner. Marie-Thérèse eut sur la rive droite de la Vistule et du Dniester un territoire de deux mille cinq cents lieues carrées, qu'elle érigea en royaume de Gallicie; Frédéric obtint un territoire de dix-neuf cents lieues qui forme la Pologne prussienne; Catherine s'attribua pour sa part trois mille lieues carrées situées à la droite de la Dwina et sur la gauche du Dniéper. C'était le tiers de la Pologne qu'on démembrait; le reste fut laissé provisoirement à la créature de Catherine, au faible Stanislas.

Le parlement anglais se réunit quelques mois après la signature de cet infâme traité (novembre 1772), et cependant le roi ne daigna pas en faire mention dans son discours. Comme s'il eût approuvé tout ce qui avait été fait, Georges III se contenta d'exprimer sa satisfaction de ce que la guerre, qui durait depuis si longtemps en Europe, paraissait enfin devoir se terminer. Chose inouïe et honteuse, les deux chambres imitèrent ce silence; pas une parole ne fut prononcée à la tribune anglaise pour protester contre le démembrement et l'annihilation politique de la Pologne; pas un mot ne fut dit sur les monstrueuses cruautés commises par les Russes; pas un mot sur l'agrandissement menaçant de l'empire moscovite.

Cependant la Russie, poursuivant sans relâche sa carrière de conquêtes, envahissait la Turquie et menaçait la Suède. Le cabinet de Versailles, réveillé de sa torpeur par les supplications de ces deux puissances, donna ordre d'équiper une flotte à Brest et à Toulon; mais à la première nouvelle de ces armements, lord North signifia au duc d'Aiguillon « que, malgré le désir qu'avait le roi d'Angleterre d'éviter tout ce qui pourrait troubler la bonne intelligence entre les deux « cours, il croyait devoir déclarer que si une flotte française paraissait dans la « Baltique ou la Méditerranée, elle serait aussitôt suivie d'une flotte anglaise, et « que l'Angleterre ne consentirait jamais à ce que la France eût un armement « dans l'une ou l'autre de ces mers. » Les flottes de Brest et de Toulon furent désarmées. « Ainsi, dit un historien anglais, grâce à la manifestation d'une résolution énergique, non-seulement l'Angleterre évita les malheurs d'une guerre, mais encore elle servit la cause de son alliée de Russie et facilita la paix avantageuse que cette puissance fit avec la Turquie l'année suivante. » En effet, cette paix, signée à Kaïnardji (11 juillet 1774), donna à la Russie la Crimée avec les clefs de la mer Noire et de la mer d'Azoff. L'empire ottoman ne s'est pas encore relevé du coup mortel qui lui fut porté par ce désastreux traité.

Cette facilité aveugle du ministère britannique était du reste, jusqu'à un certain point, justifiable. Les affaires d'Amérique se compliquaient de jour en jour; une révolution dans ce pays semblait imminente. Le gouvernement anglais n'avait pas trop de toute son attention, de toutes ses forces pour conjurer un aussi grave péril.

L'agitation causée dans les colonies par les taxes sur le verre, les couleurs, le thé et autres denrées avait été comprimée un instant par la force militaire; mais, sans éclater en émeutes, le mécontentement s'était étendu et avait incessamment grandi dans l'esprit des populations; il était même devenu plus dangereux en revêtant des formes régulières et quasi-légales. Les associations formées contre l'importation des marchandises anglaises se propageaient activement, et partout les prescriptions qu'elles ordonnaient étaient observées avec une conscience scrupuleuse. L'effet de cette prohibition se fit bientôt sentir en Angleterre; le commerce avec l'Amérique fut complétement anéanti. Réduits à la plus grande détresse, les marchands de Londres eurent recours au parlement. Après avoir exposé, dans une pétition adressée à la chambre des communes, l'importance qu'avait naguère le commerce de la métropole avec l'Amérique, et le tort qui résultait pour le pays de la cessation complète de ces relations si utiles et si fructueuses pour les deux peuples, ils concluaient en demandant que le parlement remédiât à ce fâcheux état de choses. Le cabinet profita avec empressement d'une occasion qui lui permettait de revenir sur des actes antipathiques aux Américains, sans avoir cependant l'air de céder à leurs démonstrations; et lord North présenta un bill qui supprimait toutes les taxes, excepté celle sur le thé. Le bill fut adopté (mars 1770); mais, pendant que le parlement cherchait les moyens d'apaiser l'esprit d'insurrection, de nouveaux levains de discorde naissaient dans les colonies. Le mécontentement causé par les actes de la mère-patrie avait été plus vif à Boston que partout ailleurs; et si la force armée avait prévenu la sédition, elle n'avait pu empêcher les querelles journalières entre les militaires et les colons. Une de ces rixes dégénéra en émeute violente; un détachement de soldats anglais, assailli de toutes parts, fut obligé de tirer sur la foule pour se défendre; plusieurs personnes furent tuées ou blessées. Le gouverneur de Boston fit traduire le capitaine et sa troupe devant un jury composé d'habitants de la ville, et par conséquent peu suspect de partialité pour les soldats; mais il fut si bien établi que ceux-ci avaient été provoqués, qu'ils furent acquittés à l'unanimité. L'animosité contre les Anglais n'en devint toutefois que plus ardente; la suppression des droits sur une partie des marchandises d'importation ne suffit pas pour la calmer. D'ailleurs la mesure n'était pas complète; en conservant la taxe sur le thé, la métropole annonçait bien clairement qu'elle ne renonçait pas au principe, et qu'elle se réservait de le mettre en pratique à la première occasion favorable. D'autres griefs se joignaient en outre à celui-ci; jusqu'alors, le traitement des gouverneurs avait été voté par les différentes assemblées provinciales; le ministère leur attribua un traitement fixe et entièrement indépendant du vote des assemblées; il manifestait l'intention d'en agir de même à l'égard des juges. L'assemblée de Massachussets s'éleva énergiquement contre une innovation qui changeait radicalement la constitution des colonies, et pour s'assurer du concours des autres provinces dans la lutte qu'elle entamait à ce sujet avec le gouverneur, elle institua un comité de correspondance chargé de s'entendre avec les diverses assemblées locales. Cet exemple fut imité, et dès lors l'esprit de résistance devint universel. Les associations formées contre l'importation des diverses marchandises soumises aux taxes, furent unanimement maintenues relativement au thé; partout on renonça à cet objet de consommation ou on le demanda à la contrebande. Ne recevant plus de commandes d'Amérique, la Compagnie des Indes, qui avait le monopole du commerce du thé, se trouva en peu de temps encombrée; alors elle eut recours à un expédient qui devait faciliter l'écoulement de cette denrée. Elle établit en

Amérique des agents chargés de recevoir ses cargaisons et d'acquitter les droits. Mais par là le principe de la taxe était sauvé; les Américains ne voulurent pas laisser établir ce précédent. Dans un grand nombre de provinces, on força les agents de la compagnie à fermer leurs magasins; plusieurs vaisseaux furent renvoyés sans avoir pu décharger leur cargaison. A Boston, le gouverneur voulut protéger les consignataires; aussitôt le peuple irrité envahit les bâtiments chargés de thé et jeta les caisses à la mer (novembre 1773).

A la nouvelle de cet acte de révolte ouverte, le ministère proposa aux chambres des mesures répressives. « Le temps est venu, dit lord North, de montrer aux « colons que nous sommes déterminés à ne pas leur céder et que nous ne les crai- « gnons pas. » Dans les deux chambres, la majorité approuva la résolution du ministre, et, malgré les efforts de l'opposition, le parlement déclara que le port de Boston serait fermé pendant un temps illimité; de plus, la forme du gouvernement de la province de Massachussets fut modifiée. L'ancienne charte fut retirée, et on investit la couronne du droit de nommer les membres du conseil provincial, les magistrats, les jurés, et jusqu'aux employés de l'administration. Ces droits avaient jusqu'alors été exercés par le peuple ou par l'assemblée provinciale. Un autre acte, faisant revivre un statut passé sous le règne de Henri VIII, ordonna que les individus prévenus du crime de haute trahison ou de meurtre seraient enlevés à l'autorité du jury américain, et transportés en Angleterre pour y être jugés (1774).

Le parlement anglais avait cru, par ces mesures sévères, dompter la résistance des habitants de Boston, et imposer aux autres colonies : il n'en fut pas ainsi. L'assemblée du Massachussets, loin de se laisser abattre, protesta énergiquement contre l'illégalité de ces actes, en appela à toutes les autres provinces et les engagea à persévérer, comme elle le ferait elle-même, dans toutes les mesures prises jusqu'alors pour assurer les droits et les libertés de l'Amérique. Cet appel fut entendu. La plupart des assemblées législatives ordonnèrent que le jour où commencerait la fermeture du port de Boston serait consacré au jeûne et à la prière, afin d'implorer l'intervention divine contre les malheurs qui menaçaient les Américains, et de demander au ciel le courage nécessaire pour résister à tout envahissement de leurs libertés; elles déclarèrent en même temps que l'attaque faite sur une colonie serait regardée comme une attaque générale. Plusieurs d'entre elles furent aussitôt dissoutes; mais, avant de se séparer, elles convoquèrent un congrès général à Philadelphie. Grâce à l'activité des comités de correspondance, une ligue et alliance solennelle unit les patriotes de toutes les provinces; les signataires s'engagèrent à suspendre toute relation commerciale avec l'Angleterre, à n'acheter ni ne consommer aucune marchandise anglaise jusqu'à ce qu'on eût révoqué le bill contre le port de Boston, la taxe sur le thé et tous les actes contraires aux chartes des colonies; ceux qui ne se conformeraient pas à cette convention devaient être désignés publiquement comme ennemis de leur pays. L'arrivée à Boston de troupes venues d'Angleterre ne fit que développer cet état d'exaltation. Partout des milices furent organisées, et des fonds publiquement votés pour les armer.

C'était surtout vers le congrès convoqué à Philadelphie que se tournaient les

regards et les espérances; par lui, les diverses parties de l'Amérique anglaise
n'allaient plus faire qu'un seul corps animé d'un même esprit; par lui, toutes les
résistances éparses et impuissantes allaient être concentrées et mises en état de
lutter avec succès contre la puissance de la mère-patrie. Ce fut le 5 septembre 1774
que les députés de douze provinces (la Georgie n'envoya les siens que plus tard)
ouvrirent leur mémorable session. Réunis à Carpenters-Hall au nombre de cin-

Carpenters-Hall, Philadelphie.

quante-cinq, ils choisirent Peyton Randolph, de la Virginie, pour président,
et s'organisèrent aussitôt en assemblée délibérative. Il fut décidé que chaque
colonie n'aurait qu'un vote, quel que fût d'ailleurs le nombre de ses représentants; que les délibérations seraient secrètes et ne seraient publiées que par
ordre du congrès. Passant ensuite à l'examen des affaires publiques, l'assemblée
approuva les mesures prises pour résister aux actes du parlement, déclara que si
l'Angleterre voulait les mettre à exécution, l'Amérique tout entière devait s'y opposer, ordonna la suspension de toute relation commerciale avec la Grande-Bretagne, enfin recommanda des souscriptions en faveur des malheureux habitants
de Boston. En même temps, un comité spécial, chargé de rechercher et d'établir
quels étaient les droits des colonies et quelles violations avaient été commises

par le parlement anglais, soumit au congrès un manifeste qui fut adopté et publié sous le nom de *déclaration des droits des colonies*. Le préambule contenait une énumération de tous les griefs dont les Américains avaient eu à se plaindre depuis la fin de la dernière guerre. Les principaux étaient : l'acte de déclaration, qui établissait la suprématie absolue de l'Angleterre sur l'Amérique; l'assujétissement aux taxes et impôts; le changement de l'organisation judiciaire; le rétablissement du statut de Henri VIII; la fermeture du port de Boston; enfin les bills qui changeaient la constitution du Massachussets et celle du Canada[1]. C'était en conséquence de ces actes que le bon peuple des colonies avait nommé des députés à un congrès général, pour garantir d'un renversement total sa religion, ses lois, sa liberté. Ces députés, imitant la conduite tenue par les Anglais leurs ancêtres dans de semblables cas, avaient rédigé une déclaration où ils exposaient quels étaient leurs droits et leurs libertés.

« Les ancêtres des colons actuels, était-il dit dans cette déclaration, possédaient « tous les droits, libertés et priviléges des Anglais et ne les ont point perdus par « l'émigration. Leurs descendants ont donc les mêmes titres à en jouir. Or, la base « de tout gouvernement libre étant le droit pour le peuple de participer à un con- « seil législatif, et l'Amérique étant par sa position dans l'impossibilité d'être « représentée dans le parlement anglais, ces descendants réclament liberté entière « de législation en matière d'impôts et d'administration intérieure, quoique toute- « fois ils consentent à se soumettre aux actes du parlement anglais en ce qui con- « cerne les règlements du commerce; mais ils repoussent toute idée de taxations, « soit intérieures, soit extérieures. Ils ont droit à la loi commune de l'Angleterre, « aux avantages des statuts qui existaient à l'époque de la fondation de la colonie, « et surtout à l'inestimable privilége du jugement par leurs pairs et dans leur « pays même; ils ont droit à toutes les immunités concédées par leurs chartes et « garanties par les lois provinciales; ils ont le droit de convoquer des assemblées « pour délibérer sur leurs griefs. Toute défense à cet égard est illégale, ainsi « que le séjour d'une armée en temps de paix, dans une des colonies, sans le con- « sentement des habitants. Enfin l'exercice d'un corps législatif nommé par la « couronne est inconstitutionnel, dangereux et destructif de la liberté de légis- « lation. Ces droits ne peuvent être légalement enlevés, ni altérés, ni diminués « par quelque pouvoir que ce soit sans le consentement des colons exprimé par « leurs représentants dans les différentes législatures provinciales. »

Le congrès adressa ensuite une pétition au roi. Tous les malheurs, dangers et craintes qui désolaient les colonies y étaient attribués au système funeste d'ad-

---

1. Le parlement venait en effet de modifier l'ancienne constitution du Canada. Désormais, le conseil législatif de cette colonie devait être, ainsi que les juges et les officiers civils et militaires, à la nomination de la couronne. Ces changements ne produisirent point dans ce pays les mêmes effets que dans les autres colonies de l'Amérique anglaise. Les habitants du Canada, presque tous Français et habitués au régime despotique du gouvernement de France, ne se préoccupaient que d'une chose, du libre exercice de leur religion, et le parlement anglais n'avait pas songé à le leur enlever. Ce fut cette insouciance pour leurs droits et libertés, ainsi que la différence de religion, qui les empêcha de répondre aux appels qui leur furent faits par le congrès de Philadelphie pour les engager à se joindre aux autres colonies américaines dans leur lutte contre la mère-patrie.

ministration coloniale adopté depuis la fin de la guerre de Sept-Ans. « Si Dieu,
« notre créateur, disait cette pétition, nous eût fait naître sur une terre esclave,
« l'ignorance ou l'habitude eût adouci le sentiment pénible de notre condition;
« mais, grâce à sa bonté divine, nous sommes nés libres. Nous parlerons donc
« le langage des hommes libres.... le roi est fier de régner sur des hommes libres;
« ce langage ne peut lui déplaire. Que son indignation retombe plutôt sur les
« ministres dangereux et coupables qui s'interposent entre lui et ses fidèles
« sujets; sur ces hommes qui depuis plusieurs années n'ont pas cessé de rompre
« tous les liens qui existaient entre deux peuples frères, en trompant l'autorité
« royale, en poursuivant les projets d'oppression les plus dangereux, et en accu-
« mulant sur les malheureux habitants des colonies des outrages trop graves pour
« être plus longtemps supportés. Ces sentiments, Sire, nous sont arrachés malgré
« nous; nous ne doutons point que la pureté de notre intention et la franchise de
« notre conduite ne nous justifient devant ce grand tribunal qui doit juger tous
« les hommes. Nous ne demandons que la paix, la liberté et la sécurité. Nous ne
« voulons ni diminuer les prérogatives de la couronne, ni en exiger de nouvelles
« libertés. Nous reconnaissons l'autorité royale et notre parenté avec l'Angleterre,
« et nous mettrons toujours tous nos soins à les conserver. Notre pétition n'a pour
« objet que d'obtenir le redressement de nos griefs et d'être délivrés des craintes
« et défiances qu'ont fait naître les statuts et règlements adoptés depuis la dernière
« guerre. »

D'autres manifestes furent adressés au peuple anglais pour le convaincre de la
justice des réclamations de l'Amérique, aux habitants du Canada et des Florides
pour leur prouver qu'ils avaient les mêmes intérêts que les colons d'origine
anglaise; puis, après avoir indiqué une autre réunion à Philadelphie, le congrès
se sépara (26 octobre). Les mesures qu'il avait recommandées furent adoptées;
partout le commerce avec l'Angleterre fut suspendu; partout les milices s'organisèrent; partout des magasins d'armes et de munitions furent formés. Dans le
Rhode-Island, une troupe de patriotes s'empara de quarante pièces de canon
appartenant à la couronne, et l'assemblée locale approuva cette conduite. Dans le
New-Hampshire, des miliciens se rendirent maîtres d'un petit fort appelé Wil-
liam-et-Marie, et ne relâchèrent la garnison que lorsqu'elle leur eut remis l'artillerie, la poudre et les munitions que contenait le fort (décembre).

Ces événements justifiaient tout ce qu'avaient prédit les adversaires du cabinet
en combattant les derniers actes adoptés par le parlement; leur opposition y puisa
de nouvelles forces. Dans la chambre haute, lord Chatham proposa une adresse
pour demander au roi d'apaiser la fermentation qui existait dans les colonies en éloignant les troupes de Boston. « Rien, dit-il, à moins que je ne sois cloué sur mon
« lit par l'excès de la maladie, ne m'empêchera de donner une attention conti-
« nuelle à un objet aussi important. Je frapperai à la porte de ce ministère endormi
« et déconcerté; je le réveillerai au sentiment du danger qui le menace; et, my-
« lords, quand je parle ici de l'importance des colonies et des dangers prêts à
« fondre sur notre patrie par suite de la conduite inhabile de l'administration, je
« ne veux point que l'on pense que c'est l'indulgence que je réclame pour l'Amé-

« rique; non, ce n'est pas l'indulgence, c'est la justice. Je combattrai toujours
« pour que les Américains nous rendent l'obéissance qu'ils nous doivent, et ils la
« doivent à nos ordonnances de commerce et de navigation; mais il faut tirer une
« ligne de démarcation entre les objets compris dans ces ordonnances et leurs
« droits de propriété. Que ces droits de propriété restent à jamais inviolables et
« sacrés. Ne leur imposons des taxes que de leur consentement exprimé dans leurs
« assemblées provinciales, autrement ce droit de propriété est nul.... La résistance
« à vos actes était nécessaire, parce qu'elle était juste; elle était d'ailleurs facile à
« prévoir; elle résultait nécessairement de la nature des choses, des droits de
« l'homme, et surtout de l'amour de la liberté, si puissant en Amérique. L'esprit
« d'opposition qui se manifeste dans ce pays contre vos taxations, est le même que
« celui qu'ont rencontré en Angleterre les prêts et les dons gratuits. C'est le même
« esprit que celui qui a jadis soulevé la nation anglaise tout entière, et auquel est
« dû l'établissement de cette grande maxime, fondement de nos libertés, qu'aucun
« sujet de l'Angleterre ne peut être soumis à une taxe que de son propre consen-
« tement. La cause de l'Amérique est liée à celle de tout véritable whig. Toute la
« nation irlandaise, tous les vrais whigs de l'Angleterre forment plusieurs mil-
« lions d'hommes ennemis de ce système. C'est ce noble amour de la liberté qui
« enflamme trois millions d'Américains. Ils préfèrent tous la pauvreté avec la liberté
« à des chaînes dorées et à une opulence honteuse; ils mourront tous pour défendre
« leurs droits d'hommes, leurs droits de citoyens libres. D'ailleurs, quels sont les
« moyens dont on se sert pour réduire nos compatriotes à l'esclavage? Ils sont
« ridicules et faibles dans la pratique autant que faux et injustes en principe. A
« cette force indomptable que donne l'amour de la patrie, quelle force opposerez-
« vous? Quelques régiments en Amérique, et les dix-sept ou dix-huit mille hommes
« que vous avez en Angleterre? La supposition est trop ridicule pour s'en occuper
« un instant. Je l'avouerai, j'éprouve l'inquiétude la plus vive de la situation du
« général Gage (gouverneur du Massachussets) et des troupes qui sont sous ses
« ordres. C'est une armée condamnée à l'impuissance. Vous l'appelez, vous, une
« armée destinée à défendre et conserver vos possessions; mais moi je l'appelle une
« armée condamnée à l'impuissance et au mépris. Et, pour que l'extravagance soit
« égale à la honte, on en fait une armée qui opprime et exaspère. Songez-y, la
« première goutte de sang répandue dans une guerre civile et contre nature peut
« être *immedicabile vulnus*.... Ce n'est cependant point en entassant des papiers
« sur votre table, ni en comptant les votes dans cette chambre qu'on éloignera
« l'heure du danger. Elle arrivera cette heure fatale, à moins que vous n'annuliez
« tous ces actes funestes; elle arrivera avec toutes ses horreurs. Et alors, ces
« ministres si orgueilleux, malgré toute leur sécurité et toutes leurs manœuvres,
« seront forcés de cacher leurs têtes; ils seront forcés d'abandonner honteusement
« leurs mesures et leurs principes; ils seront forcés de reconnaître que la vaine
« déclaration de la toute-puissance du parlement, que leurs impérieuses doctrines
« sur la nécessité de la soumission des colonies, seront également impuissantes
« pour convaincre ou pour réduire à la servitude un peuple brave et opprimé.
« Aussi, croyez-moi, soyez cléments pendant qu'il vous reste des voies de récon-

« ciliation, ou du moins préparez-vous les moyens de l'être. Apaisez la fermen-
« tation qui se répand en Amérique, en éloignant de ce pays la cause hostile
« qui l'a produite. Cette armée est nuisible et sans utilité, puisque tout son
« service est dans l'inaction ; rappelez-la. Faites ce mouvement rétrograde, tandis
« que vous le pouvez encore, et n'attendez pas qu'on vous y contraigne. Évitez cette
« nécessité honteuse, humiliante. Prenez la dignité qui convient à votre supério-
« rité, et faites les premières avances pour la concorde, la paix et le bonheur des
« deux pays. Vous n'aurez une véritable dignité que lorsque la prudence et la jus-
« tice vous guideront. La politique la plus sage et la plus raisonnable veut que
« vous fassiez les premiers pas : les concessions ont meilleure grâce et des effets
« plus salutaires quand elles viennent du pouvoir le plus fort, les hommes con-
« sentent plus volontiers à reconnaître cette supériorité, et une confiance durable
« s'établit alors sur l'attachement et la reconnaissance. Telle était l'opinion d'un
« poète, qui était en même temps un sage politique, l'ami de Mécène et le pané-
« gyriste d'Auguste. C'est lui qui donna au fils adoptif du premier César, au maître
« du monde, ce conseil plein de sagesse et de dignité :

> « Tuque prior, tu parce, genus qui ducis Olympo,
> « Projice tela manu.... »

« D'un autre côté, tous les dangers vous menacent si vous persistez dans ces désas-
« treuses mesures. La guerre étrangère est à vos portes. La France et l'Espagne
« observent votre conduite et attendent les suites de vos fautes pour en profiter.
« Si les ministres continuent à donner au roi des conseils aussi funestes et à le con-
« duire dans une route aussi mauvaise, je ne dis pas qu'ils feront perdre au souve-
« rain l'amour de ses sujets, mais j'affirme qu'ils dégraderont la couronne ; je ne
« dis pas qu'ils trahiront le roi, mais je déclare que le royaume est perdu. »

Malgré cet éloquent discours et l'appui du duc de Richmond, du marquis de
Rockingham et des lords Shelburne et Cambden, la motion fut rejetée. Quelques
jours après, Chatham revint à la charge, en présentant, pour les affaires d'Amérique, un plan d'arrangement qu'il avait préalablement soumis à l'approbation de
Francklin ; mais ce projet, que plusieurs des amis du noble lord refusèrent d'ailleurs
d'appuyer, fut repoussé par une majorité considérable. Aux communes, diverses
motions analogues, quoique soutenues par les déclamations passionnées du colonel
Barré, par l'inépuisable éloquence de Burke, par les véhémentes argumentations
du jeune Fox [1], vinrent également échouer contre la majorité compacte dont disposait le ministère. Cependant ces voix puissantes ne restaient point sans écho ; la
presse presque tout entière, et à son exemple une grande partie de la nation, prenaient parti pour l'Amérique. La plupart des grandes villes et des cités de commerce adressaient au parlement des pétitions pressantes, en le suppliant de revenir sur les funestes mesures qu'il avait prises. Mais lord North se montra inflexible,
et loin de céder à ces supplications, il présenta aux communes une suite de
mesures répressives qui toutes furent adoptées à une grande majorité. L'armée de

---

1. C'était le fils de celui qui, en 1763, avait été promu à la pairie sous le nom de lord Holland.

terre et de mer fut augmentée, le Massachussets déclaré en état de rébellion, la pêche au banc de Terre-Neuve interdite à ses marins; un bill dit de restriction défendit en outre aux Américains toute relation commerciale avec d'autres nations que l'Angleterre. Cependant, pour laisser une porte ouverte au repentir et à la conciliation, lord North fit adopter par le parlement une déclaration portant que : lorsque le gouverneur, le conseil ou l'assemblée d'une province proposeraient de fournir leur contingent dans la répartition des impôts pour la défense commune, lorsqu'ils s'engageraient à contribuer, pour leur part, aux dépenses du gouvernement civil et de l'administration de la justice, il conviendrait, si leur proposition était approuvée par le roi, de défendre de lever aucun droit ou taxe dans ces colonies, excepté pour les règlements de commerce (février 1775). Cette déclaration, si elle eût été adoptée dès le commencement de la querelle, aurait peut-être pu alors y mettre un terme; maintenant il était trop tard. La lutte était engagée en Amérique, et déjà le sang avait coulé.

L'assemblée du Massachussets s'était réunie malgré la défense du général Gage; elle avait établi des magasins d'armes et de munitions en différents endroits, s'était occupée de la formation de la milice et avait organisé des compagnies d'hommes prêts à marcher au premier signal, et que pour cela on nomma hommes à la minute (*minute men*). Le gouverneur ayant appris qu'un magasin d'armes avait été formé à Concord, près de Boston, résolut de le détruire. Il y avait réussi, lorsqu'à son retour il fut attaqué, près de Lexington, par les hommes à la minute. Un renfort de deux mille Anglais vint de Boston à son secours, mais il ne rentra dans cette ville qu'en laissant trois cents des siens sur le champ de bataille, tandis que les miliciens ne perdirent que quatre-vingts hommes (19 avril 1775).

Ce fut le commencement de la guerre. A la nouvelle du combat de Lexington, l'autorité de la Grande-Bretagne fut anéantie dans toutes les provinces. Le congrès se rassembla à Philadelphie, et, quoique reconnaissant encore l'autorité du roi, il décréta la levée d'un corps de mille hommes par colonie à la solde de l'Union, et l'émission de trois millions de dollars de papier-monnaie. « Nous avons « compté les frais de la lutte, disait-il dans le manifeste qui accompagnait cet « acte, et nous avons trouvé que rien n'est aussi ruineux que l'esclavage. » Le Massachussets réunit en peu de jours treize mille hommes de milice, et cette armée, augmentée des secours des autres provinces, compta bientôt trente mille soldats qui entreprirent aussitôt le blocus de Boston. L'arrivée en cette ville des généraux anglais Howe, Burgoyne et Clinton, avec un renfort de troupes, n'empêcha pas les miliciens de s'emparer d'une hauteur qui la dominait, et le général Gage ne parvint à les en déloger qu'après plusieurs attaques meurtrières où il perdit plus de onze cents hommes et dix-huit officiers. Le blocus n'en continua pas moins. Georges Washington, de la Virginie, qui avait servi avec distinction au Canada dans la guerre contre les Français, fut alors appelé au commandement général par le congrès. Washington n'ignorait pas la triste situation des armées coloniales; il savait qu'une partie des soldats, engagés seulement pour un temps déterminé, demanderait bientôt à quitter les drapeaux; que les armes manquaient, et qu'un seul combat eût épuisé toutes les munitions; il connaissait enfin toute la responsabilité qu'il assumait sur sa tête. Son patriotisme n'hésita cependant point, et il vint se mettre à la tête des troupes qui assiégeaient Boston. Son habileté sut cacher aux Anglais l'état de dénûment de son armée, et bientôt il les força à évacuer la ville. Une expédition sur Québec, dirigée par les généraux Arnold et Montgommery, n'eut pas le même succès. Après d'héroïques efforts que les éléments rendirent infructueux, Montgommery fut tué, Arnold blessé, et une partie de leurs troupes obligée de se rendre.

Malgré l'insuccès de cette tentative, la première campagne avait été toute à l'avantage des Américains. Des soldats d'un jour, à peine armés, avaient battu de vieilles troupes qui avaient fait la guerre sur le continent; une ville importante, Boston, était restée en leur pouvoir. Le ministère britannique mit tout en œuvre pour réparer ces honteux échecs; les armées de terre et de mer reçurent de puissantes augmentations; la marine fut remise sur un pied redoutable; en outre, l'on acheta aux princes de Brunswick, de Waldeck et de Hesse dix-sept mille soldats allemands qui furent transportés en Amérique. Cette mesure n'échappa pas aux amères censures de l'opposition. « L'Angleterre, s'écria lord Cavendish, est dés-« honorée aux yeux de l'Europe; on la montre affaiblie, appauvrie, réduite à avoir « recours à de petits états d'Allemagne et à faire avec eux le pacte le plus honteux, « le plus humiliant, le plus infâme : un marché de chair humaine. Mesure double-« ment funeste, car l'intervention d'une puissance étrangère dans la querelle « mettra nos adversaires dans la nécessité de prendre un parti semblable et d'ap-« peler à son secours notre formidable rivale, la France, et alors toute réconcilia-« tion deviendra impossible. » Quelques membres prédirent dès lors l'inévitable séparation de l'Angleterre et de l'Amérique. « Jetez les yeux sur la carte du monde, « dit lord Coventry; regardez l'Angleterre et l'Amérique septentrionale; comparez « leur étendue; examinez le sol, les rivières, le climat et la population croissante « de ce dernier pays, et dites-moi s'il ne faut pas l'aveuglement le plus obstiné et « la partialité la plus étrange pour croire qu'un pays aussi vaste puisse rester « longtemps dans la dépendance de l'Angleterre. Aussi, pour moi, la question « n'est pas de savoir comment nous pourrons réaliser un vain et ridicule projet de « domination, mais comment nous ferons pour que les Américains nous restent « alliés fidèles et amis sincères. Assurément ce ne sera pas avec des flottes et des « armées que nous obtiendrons ce résultat. Au lieu de méditer des conquêtes et « d'épuiser nos forces dans une lutte inutile, nous devrions renoncer sagement « à des voies de répression, profiter du seul avantage réel que nous puissions « attendre, celui d'un commerce étendu, de l'appui utile d'un allié puissant et « d'un traité de défense et d'assistance réciproques. »

Mais ces conseils, dont le temps a depuis démontré la justesse, ne pouvaient être alors ni compris, ni accueillis. Chatham, Fox, Burke, ces grands esprits, l'honneur de leur siècle, croyaient sincèrement, comme les ministres, que la perte de l'Amérique serait la ruine de l'Angleterre, et ils ne différaient avec le cabinet que sur la manière de prévenir cette séparation. Selon eux, le rappel de tous les actes passés depuis 1763 était le seul mode possible de conciliation; le gouvernement, au contraire, considérait une pareille concession comme un abandon lâche et inutile de l'honneur, de la dignité, des intérêts de la mère-patrie, et soutenait que l'Angleterre ne devait déposer les armes que lorsque l'Amérique aurait reconnu la suprématie législative du parlement. La majorité des deux chambres se prononça dans ce sens, et donna son approbation à toutes les mesures coercitives prises par l'administration.

Au moyen des auxiliaires allemands, les forces dont on allait disposer contre l'Amérique s'élevaient à près de cinquante mille hommes. De fortes escadres trans-

Costumes militaires. Infanterie.

portèrent cette armée en Amérique; elles devaient soutenir les efforts des troupes de terre en réduisant les villes maritimes et en agissant dans l'intérieur du pays sur les rivières et sur les lacs. Cependant les premières opérations ne furent pas heureuses. Une flotte de quarante voiles, convoyant une armée nombreuse, alla mettre le siége devant l'importante ville de Charlestown, capitale des Carolines et centre des forces américaines dans les colonies du sud. Mais le général Lee, avec deux mille soldats et quatre mille miliciens, défendit la ville avec tant de vigueur, que la flotte anglaise, fortement endommagée, fut obligée de lever le siége (28 juillet 1776).

Pendant que les armes à la main les Américains défendaient ainsi leurs libertés attaquées, le congrès les assurait à jamais par une mesure hardie et définitive, en proclamant l'indépendance de l'Amérique. Jusqu'alors, personne n'avait osé émettre hautement le vœu de séparer les colonies de la métropole; le nom de Georges III était toujours prononcé dans les prières publiques, et jusqu'au commencement de 1776 on n'avait cessé d'adresser au gouvernement des pétitions où l'on se contentait de demander le redressement des griefs. Maintenant ces dispositions étaient changées; le ministère, en persistant dans la voie fatale où il était entré, avait exaspéré les esprits les plus modérés; la nation américaine presque tout entière demandait sa séparation complète de la mère-patrie. Avant d'adopter cette grande mesure, le congrès s'enquit des vœux des diverses colonies. À l'exception de la Pensylvanie, du Maryland et du New-York, toutes se déclarèrent pour la séparation. Alors un comité, composé de Jefferson, John Adams, Franklin, Sherman et Livingston, fut chargé de rédiger une déclaration d'indépendance; ce travail, soumis à l'assemblée, fut adopté à l'unanimité (4 juillet).

« Lorsque dans le cours des événements, y était-il dit, il devient indispensable
« pour un peuple de rompre les liens politiques qui l'attachaient à un autre peuple,
« afin de prendre parmi les nations le rang que lui ont assigné Dieu et les lois de
« la nature, il doit hautement proclamer les causes qui le forcent à cette sépa-
« ration. »

Après ce préambule, le congrès rappelait tous les griefs qui avaient contraint ses compatriotes à prendre les armes; son manifeste se terminait ainsi :

« En nous déclarant la guerre, le roi d'Angleterre a abdiqué la royauté de notre
« pays; il a pillé nos vaisseaux, ravagé nos côtes, brûlé nos villes et massacré nos
« citoyens, et maintenant il envoie de grandes armées de mercenaires étrangers
« pour accomplir l'œuvre de mort, de désolation et de tyrannie, déjà commencée
« avec des circonstances de cruauté et de perfidie dont on aurait peine à trouver
« des exemples dans les siècles les plus barbares, et qui sont indignes du chef
« d'une nation civilisée; il a forcé nos citoyens faits prisonniers sur mer à porter
« les armes contre leur pays, à devenir les bourreaux de leurs amis et de leurs
« frères, ou à tomber eux-mêmes sous les coups de leurs concitoyens; il a excité
« parmi nous des troubles domestiques, et il a cherché à détruire les habitants de
« nos frontières en excitant contre eux les Indiens, ces sauvages sans pitié, dont la
« manière connue de faire la guerre est de tout massacrer sans distinction d'âge,
« de sexe et de condition. A chaque époque de cette série d'oppressions, nous
« avons demandé justice dans les termes les plus humbles; nos pétitions réitérées
« n'ont reçu pour réponse qu'injustices répétées. Un prince dont le caractère est
« ainsi marqué par toutes les actions qui peuvent désigner un tyran, devient inca-
« pable de gouverner un peuple libre. Et nous n'avons pas manqué d'égards pour
« nos frères de la Grande-Bretagne; nous les avons souvent avertis des tentatives
« faites par leur gouvernement pour étendre sur nous une injuste juridiction; nous
« leur avons rappelé les circonstances de notre émigration et de notre établisse-
« ment dans ces contrées; nous en avons appelé à leur justice et à leur magnani-
« mité naturelles, et nous les avons conjurés, par les liens de notre origine

« commune, de désavouer ces usurpations qui devaient inévitablement amener
« l'interruption de nos liaisons et de notre commerce mutuel. Eux aussi ont été
« sourds à la voix de la justice et de la parenté. Nous devons donc nous conformer
« à la nécessité qui ordonne notre séparation, et les regarder ainsi que nous regar-
« dons le reste du genre humain, comme ennemis pendant la guerre et comme
« amis pendant la paix.

« En conséquence, nous, les représentants des États-Unis, assemblés en congrès
« général, attestant le juge suprême de la droiture de nos intentions, nous publions
« et déclarons solennellement, au nom et sous l'autorité du bon peuple d'Amé-
« rique, que ces colonies sont et ont droit d'être des *États libres et indépendants*;
« qu'elles sont dégagées de toute obéissance envers la couronne de la Grande-Bre-
« tagne; que tout lien politique entre elles et la Grande-Bretagne est et doit être
« entièrement rompu, et que, comme états libres et indépendants, elles ont pleine
« autorité de faire la guerre, de conclure la paix, de contracter des alliances, de
« faire tous les actes que les états indépendants ont droit de faire. Pleins d'une
« ferme confiance dans la protection divine, nous engageons mutuellement au
« soutien de cette déclaration nos vies, nos fortunes et l'honneur, notre bien le
« plus sacré. »

Le gouvernement national se constitua immédiatement en une république fédérative formée des treize colonies, qui prit le nom de République des États-Unis
d'Amérique.

Première monnaie frappée par ordre du congrès [1].

La déclaration du congrès produisit un enthousiasme universel. Lue à la tête des
régiments, elle enflamma encore davantage le courage des soldats, qui dès lors ne
combattaient plus seulement pour la défense de quelques libertés, mais pour l'en-

1. Face : CONTINENTAL CURRENCY. 1776. *Monnaie courante du continent.* 1776. Un cadran
solaire et cette devise latine : FUGIO, *je fuis.* Plus bas, cette devise anglaise : MIND YOUR BUSINESS,
Songe à tes affaires. Cette manière de faire songer chacun au prix du temps qui *fuit irréparable,* et ce
conseil de songer à ses affaires, rappelle *le bon sens du bonhomme Richard.* Franklin lui-même a
peut-être dirigé la composition de cette monnaie; en tout cas, ses ouvrages l'ont certainement inspirée.
Revers : Sur une banderole, les noms des treize États de l'Union : N. HAMPS (New-Hampshire),

tière indépendance de leur nation. Cependant mille dangers environnaient encore la nouvelle république. La déclaration d'indépendance avait trouvé des opposants dans les états du centre et du midi, et de nombreuses armées menaçaient son territoire. La plus considérable, celle du général Howe, envahit alors le New-York, province où le royalisme avait un parti important, et dans laquelle l'Hudson, fleuve partout navigable, donnait aux Anglais la facilité de pénétrer de toute part. En effet, pendant que lord Howe assiégeait New-York, son frère, avec une partie de la flotte, entrait par l'Hudson jusqu'au cœur du pays. Washington se porta d'abord avec son armée au secours de New-York; mais il fut complétement battu, et bientôt forcé d'évacuer la ville. Après cet échec, le général américain se vit abandonné des miliciens et d'une partie des soldats dont le temps de service était expiré. Il lui fallut avec moins de quinze mille soldats, découragés par une défaite récente, sans artillerie et sans munitions, tenir tête à une armée de trente mille hommes, pourvue de toutes les ressources militaires et secondée par une flotte nombreuse. Forcé de se retirer derrière la Delaware, il dut laisser ses ennemis occuper toute la province de New-York, celles de New-Jersey et de Rhode-Island. Howe regardait la guerre comme terminée, et offrait déjà une amnistie à tous ceux qui se soumettraient à l'autorité royale; mais, avant la fin de la campagne, Washington reprit l'offensive, battit les Anglais près de la Delaware et sauva la ville de Philadelphie.

Pendant les désastres de cette campagne, le congrès avait montré la plus admirable fermeté. Forcé de quitter Philadelphie, menacée par les troupes britanniques, il se retira à Baltimore. « Notre situation est des plus alarmantes, lui écrivait alors « Washington, et je suis forcé d'avouer que je n'ai aucune confiance dans la plus « grande partie de mes troupes. » Dans ce moment-là même Howe faisait des offres de conciliation. Le congrès resta inflexible. « Tout espoir d'accommodement « est passé, répondit-il au général anglais; jamais les Américains ne se soumet- « tront à un gouvernement qui a ordonné à ses agents d'incendier leurs cités sans « défense, d'exciter les sauvages à massacrer les habitants et les esclaves à égor- « ger leurs maîtres, et qui maintenant couvre ces contrées de troupes mercenaires « pour les inonder de sang. » Reconnaissant alors la faute qu'il avait commise en se fiant aux seules milices pour la défense du pays, l'assemblée ordonna la formation d'une armée qui devait servir pendant trois années au moins, promit une gratification de cent acres de terre à tous les soldats qui s'engageraient pour la durée de la guerre, et concentra le commandement général de toutes les troupes entre les mains de Washington, auquel les pouvoirs les plus étendus furent dévolus. En même temps, des agents partirent pour l'Europe, chargés de solliciter l'appui des puissances étrangères. Le plus célèbre comme le plus habile de ces envoyés, Franklin, se rendit à Paris.

CONNECT. (Connecticut), R. ISLAND (Rhode-Island), N. YORKE (New-York), N. JERSEY (New-Jersey), PENSILV. (Pensylvanie), DELAWARR (Delaware), MARYLAND (Maryland), VIRGINIA (Virginie), N. CAROLIN (Caroline du Nord), S. CAROLIN (Caroline du Sud), GEORGIA (Georgie), MASSACHS (Massachussets). Au milieu, ces mots : WE ARE ONE, *Nous ne sommes qu'un*, et autour, en banderole : AMERICAN CONGRESS, *Congrès américain*.

La cause des Américains avait, du reste, déjà commencé à intéresser l'Europe. Frédéric se déclarait hautement leur admirateur ; à la cour du roi de France, Louis XVI (il avait succédé, en 1774, à son aïeul Louis XV), la sympathie pour ces républicains si sages, si courageux, était beaucoup plus vive encore. A l'arrivée de Franklin, l'engouement devint universel. « Celui qui avait arraché la foudre aux cieux et le sceptre aux tyrans » se vit entouré, flatté, prôné par les philosophes, les femmes, les courtisans. On demandait la guerre à grands cris : le peuple par sympathie pour des démocrates et des opprimés, la noblesse pour affaiblir l'Angleterre de treize provinces et laver les affronts de la guerre de Sept-Ans, le commerce pour s'ouvrir un marché inépuisable en Amérique, les hommes d'état pour rendre à la royauté quelque popularité par la gloire, enfin tout le monde par l'entraînement de ces idées de générosité, de philanthropie, de dévouement qui passionnaient la France. Louis XVI, presque seul, répugnait à la guerre, sentant bien, comme disait Joseph II, que son métier à lui était d'être royaliste ; mais il n'était pas homme à résister à une opinion publique qui ne se manifestait pas seulement par des vœux pour les insurgés, mais qui leur envoyait de l'argent et des armes, qui recevait leurs corsaires, qui couvrait d'applaudissements les jeunes nobles qui allaient offrir aux Américains le secours de leur épée [1]. Parmi ces derniers, le plus célèbre était le marquis de Lafayette. A peine âgé de dix-neuf ans, Lafayette résolut de consacrer à la défense de l'Amérique opprimée sa vie et sa fortune. Il équipa à ses frais un bâtiment qu'il chargea d'armes et de munitions, et, bravant les ordres de sa cour, il s'embarqua dans un port d'Espagne avec quelques officiers français. Il arriva à Charlestown au mois d'avril 1777. Le congrès lui conféra immédiatement le grade de major-général ; mais il le refusa modestement, et demanda seulement à servir comme volontaire sous les ordres de Washington.

Malgré ces témoignages de sympathie et les efforts déployés par le congrès, les Anglais conservaient encore à l'ouverture de la campagne de 1777 une grande supériorité. Washington avait à peine sept mille hommes à opposer aux trente mille du général Howe ; toute sa cavalerie consistait en cent trente chevaux. Aussi, forcé d'accepter le combat près de la rivière de Brandywine, il fut battu et laissa treize cents hommes sur le champ de bataille ; l'armée anglaise s'empara de Philadelphie. Mais ces revers du général en chef furent compensés dans le nord par d'éclatants succès.

Un vaste plan d'opérations avait été concerté entre les généraux anglais pour rendre décisive la campagne de 1777. Pendant que lord Howe tenait Washington en échec dans la Pensylvanie, deux armées, sous les ordres des généraux Clinton et Burgoyne, devaient partir, la première de New-York, la seconde du lac Champlain, s'avancer à la rencontre l'une de l'autre en suivant le cours de l'Hudson, se joindre à Albany, et de là, ayant ouvert les communications avec le Canada, marcher de concert contre le Massachussets et les colonies septentrionales qui se trouvaient isolées des provinces du centre et du midi. Burgoyne commença son mouvement le premier. Son armée, forte de sept mille hommes, était regardée comme

---

1. Théophile Lavallée, t. III, p. 514.

l'élite des troupes anglaises et allemandes; il y joignit un corps considérable de
Canadiens et d'Indiens, ces derniers destinés à lui servir de guides et d'éclaireurs

Indiens de l'Amérique du Nord,
d'après les dessins et les costumes rapportés par le voyageur Georges Catlin.

dans les bois qu'il allait avoir à traverser, à empêcher les désertions et à intercepter toute communication entre les corps ennemis et les mécontents de la province.
Malgré des obstacles toujours renaissants dans un pays sans routes tracées et au
milieu de forêts presque impénétrables, les premières opérations de Burgoyne
furent heureuses. Les forts de Tyconderoga et de Crown-Point se rendirent à
l'apparition des troupes anglaises, et dans plusieurs rencontres successives les
Américains furent complétement battus. Déjà Burgoyne n'était plus qu'à trente-
six milles d'Albany; mais alors les affaires changèrent de face. Les débris des
différents corps américains battus par les Anglais s'étaient successivement ralliés
sous le commandement du général Gates; ils furent renforcés d'un corps considérable de miliciens de la province qu'exaspéraient les cruautés atroces commises par
les Indiens. Lorsque Burgoyne arriva sur l'Hudson, l'armée américaine comptait
déjà treize mille hommes décidés à vaincre ou à périr; quelques jours après, en
effet, un corps de mille soldats allemands, envoyés en avant pour se procurer
des vivres, fut attaqué à Benington par les miliciens et complétement anéanti

(16 août). Burgoyne n'en continua pas moins sa marche en avant, et, traversant l'Hudson, il se posta sur les hauteurs du lac de Saratoga. Il y trouva le général

Lac de Saratoga.

Gates et son armée prêts à lui disputer le passage, et après une lutte opiniâtre, fut repoussé de tous côtés. Sa position devint dès lors extrêmement critique. La saison était trop avancée pour qu'il pût regagner le Canada, et Gates lui fermait le chemin d'Albany. Il résolut de se maintenir à Saratoga jusqu'à ce que sir Henry Clinton, qu'il avait fait prévenir de sa situation, pût venir le dégager. Mais ce dernier n'était entré en campagne qu'au commencement d'octobre. Avant qu'il eût pu seulement approcher d'Albany, Burgoyne, entouré de toutes parts, manquant de vivres, battu dans deux tentatives qu'il fit pour forcer les lignes ennemies, avait été réduit à capituler. Les Anglais abandonnèrent leurs armes, leur artillerie, leurs munitions; ils durent être conduits à Boston, et de là embarqués pour l'Angleterre, à la condition de ne plus servir en Amérique du reste de la guerre (17 octobre).

La capitulation de Saratoga était le plus beau succès obtenu par les armes américaines depuis le commencement de la lutte. Elle décida du sort de la guerre, moins par son importance réelle que par le retentissement qu'elle eut en Angleterre et sur le continent.

Avant que la nouvelle en parvînt à Londres, et dès l'ouverture du parlement (novembre 1777), l'opposition, dont la force s'accroissait chaque jour, avait réclamé, avec plus de violence que jamais, la cessation des hostilités. « Je pense, « dit lord Chatham, qu'il convient de proposer la cessation des hostilités comme « le premier pas vers un rapprochement que nous désirons tous voir s'effectuer « entre l'Angleterre et l'Amérique. Personne n'estime plus que moi le courage et « la valeur des troupes anglaises; je crois qu'elles pourraient venir à bout de tout « ce qui se peut exécuter; mais la conquête de l'Amérique est une chose impossible. « Vous ne pourrez jamais, je ne crains pas de le dire, vous ne pourrez jamais con- « quérir l'Amérique. Voyez ce qui s'est passé durant ces trois campagnes : tous « nos projets n'ont-ils pas été déconcertés, et n'avons-nous pas essuyé les plus « graves échecs? Je le répète, c'est une conquête impossible. Et cependant vous « avez redoublé vos préparatifs; vous avez porté vos dépenses à un point effrayant; « vous êtes allés de toutes parts acheter ou mendier des secours et trafiquer avec « de misérables petits princes d'Allemagne du sang de leurs sujets; mais vos efforts « seront impuissants, d'autant plus impuissants que vous comptez davantage sur « l'appui de ces troupes mercenaires. C'est le moyen d'aliéner encore l'esprit des « colons et d'enflammer leur ressentiment. Leur pays est inondé de soldats avides « qui ne respirent que pillage et destruction, et leurs personnes et leurs biens « sont dévoués à la rapacité et à la cruauté vénale de ces brigands. Pour moi, je « l'affirme, si j'étais Américain comme je suis Anglais, tant que des hordes mer- « cenaires couvriraient ainsi mon pays, jamais je ne voudrais poser les armes, « jamais! jamais! Je le demande, nos ministres ont-ils cherché d'autres alliés que « des assassins et des brigands? n'ont-ils pas osé associer à nos armes le *tomahawk* « et le *scalpel* des sauvages, provoquer une alliance avec ces féroces habitants des « bois, confier à des Indiens sans pitié la défense de nos droits contestés, et livrer « nos frères à toutes les horreurs de cette guerre barbare? Un tel crime doit être « puni, et s'il ne l'est pas, l'honneur de notre nation est à jamais souillé. Nos alliés « les Germains ont communiqué à notre armée leur esprit de brigandage et de « rapine; les sauvages l'ont familiarisée avec les scènes horribles de leur impi- « toyable cruauté. De longtemps elle ne méritera l'honneur de marcher sous nos « bannières. »

Lord Chatham nia ensuite que les puissances étrangères fussent dans des dispo- sitions pacifiques, et fit une peinture déplorable de l'état de dénuement et de faiblesse où se trouvait le pays. « A peine avons-nous, dit-il, cinq mille hommes « de troupes en Angleterre; à peine y en a-t-il trois mille en Irlande; à peine « trouverait-on vingt vaisseaux de ligne complètement ou suffisamment équipés « que l'on pût mettre à la disposition d'un amiral capable de les commander! Nos « ennemis dominent sur les rivages du Portugal. La mer est balayée par les cor- « saires américains, et ils viennent nous braver jusque dans le canal. Faible au « dedans, au dehors notre empire est humilié, menacé et insulté à la fois par « toutes les puissances voisines. Hier encore, pour me servir du langage d'un

« poëte dont les paroles ne sont pas mensongères, l'Angleterre était la première
« des nations du monde, et aujourd'hui le dernier des états ne la salue plus ; non-
« seulement la puissance et la force de notre patrie sont anéanties et éclipsées,
« mais l'on a compromis et même totalement sacrifié sa dignité, sa gloire et son
« honneur. La France vous a insultés ; elle a soutenu et encouragé l'Amérique. Et
« que, vis-à-vis de nous, l'Amérique ait eu tort ou raison, peu importe ; nous
« devrions également nous venger de ce secours insultant de la France. Les
« ministres et les ambassadeurs de ceux que vous avez déclarés ennemis et rebelles
« sont à Paris : c'est là que l'Amérique et la France traitent de leurs intérêts réci-
« proques. Nous fit-on jamais une insulte si cruelle ? Nos ministres reçurent-ils
« jamais des affronts aussi déshonorants ? De quel front les osent-ils supporter ?
« Et voilà cependant à quel état d'abaissement ils ont fait descendre cette Angle-
« terre, qui jusqu'à ce jour avait donné la loi à la maison de Bourbon ! »

Ce discours, et surtout le passage relatif à l'emploi des sauvages, auraient produit une vive impression sur la chambre si, cette fois encore, les paroles du noble
lord n'avaient pas été en opposition avec sa conduite lorsqu'il était ministre. Il fut
en effet établi que dans la guerre de Sept-Ans il avait lui-même ordonné d'armer
les sauvages contre les Français et avait signé un traité d'alliance avec des peuplades indiennes. Sa motion fut rejetée. Une proposition à peu près semblable,
faite par Fox à la chambre des communes, n'eut pas plus de succès. Soutenu par
sa majorité, le ministère persistait toujours dans ses desseins de répression. La
capitulation de Burgoyne et l'effet que cet événement produisit en Europe et
surtout en France, modifia ces idées. Le peuple français tout entier demandait la
guerre, et le bruit général était qu'un traité entre les États-Unis et la France avait
été signé ou allait l'être. Convaincu dès lors qu'il ne fallait plus songer à soumettre
l'Amérique par la force des armes, lord North présenta à la chambre des communes un nouveau plan de conciliation avec les colonies. Le ministre proposait au
parlement : 1° de renoncer à toujours au droit de taxation sur l'Amérique ; 2° d'autoriser Sa Majesté à nommer des commissaires, lesquels auraient pouvoir de traiter, soit avec le congrès comme avec un corps légalement constitué, soit avec les
assemblées provinciales, soit avec le général Washington et tous les commandants
civils et militaires ; de suspendre les hostilités, rétablir les chartes et constitutions,
nommer des juges, des gouverneurs ; le tout sauf approbation du roi.

Ces propositions étaient presque en tout point semblables à celles que Burke
avait soumises à la chambre trois années auparavant. Mais, depuis ce temps, les
circonstances avaient bien changé ; ce qui à cette époque eût été accepté avec
joie par les Américains livrés à leurs seules forces, et par conséquent inquiets
sur le résultat d'une guerre avec l'Angleterre, ne pouvait être accueilli de même
par les Américains vainqueurs dans plusieurs rencontres, assistés des sympathies
de l'Europe, et bientôt, selon toute probabilité, de l'alliance de la France. C'est
ce que l'opposition ne manqua pas de faire remarquer. « On ne peut qu'être ravi,
« dit Wilkes, par l'éloquence du premier lord de la trésorerie ; l'état, nous dit-il,
« renonce à se venger de ces rebelles obstinés ; désormais on n'entendra plus
« retentir le bruit des armes ; désormais une heureuse harmonie va régner dans

« toutes les parties de l'empire. En vérité, ceci est charmant. Mais je voudrais bien
« savoir de quand date la conversion du ministre. J'imagine qu'elle ne date pas de
« bien loin, et qu'elle a eu lieu lorsqu'il a su que les Américains avaient assuré
« leur indépendance par un traité avec la cour de Versailles. Aussi cette nouvelle
« négociation, si la chambre adopte les bills proposés, ne produira-t-elle que de
« nouvelles humiliations..... En octobre 1774, le congrès nous a humblement
« adressé des prières afin d'obtenir la liberté, la sécurité et la paix ; elles ont été
« durement rejetées. On a poussé les Américains à faire la guerre malgré eux ; on
« les a réduits à ne prendre conseil que du désespoir, on a brûlé leurs villes sac-
« cagées ; on a massacré sans pitié les hommes, les femmes, les enfants au berceau ;
« on a, de sang froid, égorgé les captifs, scalpé les mourants et les blessés, ravagé
« par le fer et la flamme les plus fertiles contrées. Exaspérés par ces cruautés, les
« Américains ont puisé dans leur courage et leur désespoir la force de nous résis-
« ter ; on les a contraints à désirer l'indépendance : ils ont su l'acquérir ; ils sau-
« ront la conserver, et ne se laisseront pas abuser, soyez-en sûrs, par un morceau
« de parchemin au moment où nos ministres sont forcés de déclarer qu'ils déses-
« pèrent de les soumettre. »

L'opposition ne fut pas moins vive dans la chambre haute. Néanmoins les deux
bills furent adoptés ; mais, ainsi que l'avaient prédit avec raison les adversaires
des ministres, il était trop tard ; les envoyés du congrès venaient de signer à
Versailles un traité d'alliance et de commerce avec la France (6 février 1778). Ce
traité ne devait, il est vrai, avoir d'effet offensif et défensif que dans le cas d'une
guerre entre la France et l'Angleterre ; mais, dans l'état actuel des esprits chez
les deux nations, c'était un événement qui ne devait guère tarder.

Le cabinet reçut communication officielle du traité par une note de l'ambassadeur français à Londres. Cette note était ainsi conçue : « Les États-Unis d'Amé-
« rique, qui sont en pleine possession de l'indépendance prononcée par leur acte
« du 4 juillet 1776, ayant fait proposer au roi de France de consolider par des
« conventions formelles les liaisons qui commençaient à s'établir entre les deux
« peuples, des plénipotentiaires respectifs ont signé un traité d'alliance et de com-
« merce. Sa Majesté étant résolue de cultiver la bonne intelligence qui subsiste
« entre l'Angleterre et la France par tous les moyens compatibles avec sa propre
« dignité et les intérêts de ses sujets, croit devoir faire part de cette démarche à
« la cour de Londres, et lui déclarer que les parties contractantes ont eu l'atten-
« tion de ne stipuler aucun avantage exclusif en faveur de la nation française, et
« que les États-Unis ont conservé la liberté de traiter avec toutes les autres nations
« sur le même pied d'égalité et de réciprocité. En faisant ces communications à la
« cour de Londres, le roi de France est dans la ferme persuasion que cette cour y
« trouvera de nouvelles preuves de ses dispositions constantes et sincères pour la
« paix, et que Sa Majesté Britannique, animée des mêmes sentiments, évitera tout
« ce qui pourrait altérer la bonne harmonie, et prendra surtout des mesures effi-
« caces pour empêcher que le commerce des Français avec les États-Unis d'Amé-
« rique ne soit troublé en aucune manière, et pour faire observer à cet égard tous
« les usages reçus entre les peuples commerçants et tous les règlements qui sub-

« sistent entre l'Angleterre et la France. Dans cette juste confiance, l'ambassadeur
« soussigné pense qu'il est superflu de prévenir le ministère anglais que le roi son
« maître étant déterminé à protéger efficacement le commerce légitime de ses
« sujets et à maintenir la dignité de son pavillon, a pris en conséquence des
« mesures éventuelles avec les États-Unis d'Amérique. »

Lord North répondit à cette communication en donnant à l'ambassadeur britannique l'ordre de quitter immédiatement Paris, et Georges adressa aux deux
chambres un message par lequel il les informait de ces événements, et déclarait
s'en reposer sur elles du soin de venger cette insulte et de soutenir l'honneur
national. Ce message, et les demandes d'hommes et d'argent faites par le ministère,
donnèrent naissance aux plus vifs débats. La plupart des membres de l'opposition
pensaient que les colonies révoltées étaient à jamais séparées de l'empire britannique. Prolonger les hostilités sur le continent américain leur semblait donc une
faute énorme. C'était morceler des ressources qu'il était urgent de concentrer, soit
pour éviter la guerre avec la maison de Bourbon, soit pour la faire avec gloire et
succès si elle était inévitable. Cette opinion fut développée avec talent dans la
chambre basse par M. Pownal, ancien gouverneur d'une des colonies. « Les
« Américains, dit-il, sont et doivent être indépendants ; déjà nous le reconnaissons
« nous-mêmes explicitement, et quoique nous cherchions par de vaines paroles à
« nous dissimuler encore notre perte, nous avons certainement résigné toute domi-
« nation sur eux. Jamais ils ne voudront s'écarter du système compris dans leurs
« quatre grands actes : la déclaration de leurs droits, leur manifeste à toutes les
« nations, la proclamation de leur indépendance et l'acte de leur confédération.
« Mais si le parlement autorise des plénipotentiaires à reconnaître leur indépendance
« à de certaines conditions, ils s'empresseront à leur tour de former avec nous un
« traité d'alliance offensive, défensive et commerciale. Le traité signé à Paris
« n'est pas encore ratifié par le congrès, et au moyen de mesures sincères et
« promptes, l'Angleterre peut tirer de grands avantages de la prédilection natu-
« relle des colonies pour leur mère-patrie ; elle peut faire annuler le traité de la
« France, ou du moins, en en concluant un elle-même à des conditions équitables,
« enlever aux Français tous les avantages qu'ils se promettent de leurs intrigues,
« les Américains devant nécessairement mieux aimer continuer leur commerce par
« le canal accoutumé que de s'engager avec des étrangers dont ils n'entendent pas
« même la langue. » Cette doctrine fut soutenue avec énergie, à la chambre haute,
par le marquis de Rockingham et le duc de Richmond. Ce dernier annonça même
que son intention était présenter, à un jour qu'il fixa, une adresse au roi pour
le supplier de cesser les hostilités et de rappeler les troupes anglaises d'Amérique.
On ne doutait pas que lord Chatham, que ses infirmités avaient depuis quelque
temps forcé de s'absenter de la chambre, ne s'associât aux idées de ses amis politiques. Avant que la France eût pris part à la querelle de la Grande-Bretagne avec
ses colonies, il avait plusieurs fois démontré l'impossibilité où était l'Angleterre de
vaincre l'Amérique, et maintenant la chose était plus impossible encore. Mais
jamais, dans les plans de transaction qu'il avait conçus en faveur des colons, la
pensée de lord Chatham n'était allée au-delà d'une combinaison qui, en laissant

au roi la souveraineté des provinces américaines, les eût seulement affranchies de la suprématie du parlement et leur eût donné une législation aussi bien qu'une administration particulière. Abandonner complétement les colonies, leur permettre de s'organiser en un état distinct et allié de la France, c'était une humiliation dont il ne pouvait supporter la pensée. Aussi, au jour fixé pour la discussion de la motion du duc de Richmond (7 avril 1778), malgré l'épuisement où le réduisaient ses souffrances, il se fit porter à la chambre des lords. L'émotion de l'assemblée fut profonde lorsqu'on le vit entrer pâle, exténué, dans l'appareil de la maladie, appuyé sur son jeune fils et sur son gendre, mais conservant encore dans son attitude, dans son regard, dans toute sa personne, cet aspect majestueux qui, depuis quarante ans, exerçait une telle fascination sur ceux qui l'écoutaient. Il prit la parole au milieu d'un profond silence. « Après une longue absence, dit-il, « une absence que je regrette, mais que mes infirmités m'ont imposée malgré « moi, j'ai fait un effort pour venir, la dernière fois peut-être qu'il me sera pos- « sible d'entrer dans cette enceinte, y manifester toute mon indignation de l'idée « que j'apprends y avoir été exprimée. Je me félicite de ce que la tombe ne s'est « pas encore fermée sur moi, de ce que j'ai encore assez de vie pour protester « contre le démembrement de cette noble et antique monarchie. Abattu comme je « le suis par la douleur, je suis peu capable d'assister mon pays dans ce moment « d'extrême danger; mais, mylords, tant que je conserverai le sentiment et la « mémoire, jamais je ne consentirai à priver le royal rejeton de la maison de « Brunswick, l'héritier de la princesse Sophie, de la plus belle partie de son « héritage. Où est l'homme qui osera conseiller une telle mesure? Mylords, Sa « Majesté a reçu de ses prédécesseurs un empire aussi vaste que glorieux; terni- « rons-nous la gloire de notre nation par un abandon ignominieux de ses droits et « de ses plus belles possessions? Ce grand royaume, qui a survécu tout entier « aux déprédations des Danois, aux incursions des Écossais, à la conquête des « Normands, qui a soutenu sans en être ébranlé les menaces de l'*Armada* espa- « gnole, tombera-t-il devant la maison de Bourbon? Nous ne sommes donc plus « ce que nous étions? Un peuple qui, il y a dix-sept ans, était la terreur du « monde, s'abaissera-t-il jusqu'à dire à son ancien, à son plus implacable ennemi : « Prenez-nous ce que nous avons de plus précieux, donnez-nous seulement la « paix?...... Au nom du ciel, s'il est absolument nécessaire d'opter entre la paix « et la guerre, si la première ne peut être conservée avec honneur, pourquoi ne « pas commencer la guerre sans hésitation? Je ne connais pas bien, je l'avoue, « l'état actuel des ressources de ce royaume; mais j'ai la confiance qu'elles suffiront « pour défendre ses justes droits. Quoi qu'il en soit, mylords, tout vaut mieux « que le désespoir. Faisons au moins un effort, et si nous devons succomber, suc- « combons comme des hommes! »

Le duc de Richmond prit la parole pour répondre à ce discours et soutenir sa proposition. « Personne, dit-il, ne se rappelait avec autant de reconnaissance que lui les services que le noble lord avait rendus à son pays. Mais le nom de Chatham ne pouvait seul enfanter des miracles, ni reporter la nation au point où elle était quand il la dirigeait de ses conseils. Alors, un financier habile, M. Pelham, avait mis les finances dans le plus florissant état; la flotte était sur un pied formidable; presque durant le cours entier de la guerre, l'Angleterre n'avait eu d'autre ennemi que la France, et quand l'Espagne s'était déclarée contre elle, le cabinet de Versailles, déjà réduit à la plus cruelle extrémité, voyait sa marine à peu près anéantie, et avait perdu dans le Nouveau-Monde ses plus importantes colonies. Alors, l'Amérique unissait ses efforts à ceux de la Grande-Bretagne contre la France et l'Espagne; tandis que la France, l'Espagne et l'Amérique étaient maintenant coalisées contre elle. Quant à la provocation de la France par sa conduite à l'égard de l'Amérique, elle ne devait pas, selon lui, entraîner la rupture de la paix : la reine Élisabeth avait ouvertement excité à la révolte les Pays-Bas espagnols; cependant Philippe II, loin de témoigner son ressentiment, avait paru à peine y prendre garde. Déjà suffisamment embarrassé, il n'avait pas cru que la politique ou l'honneur l'obligeassent à se donner plus d'ennemis qu'il ne pouvait en combattre, et pourtant Philippe était alors le prince le plus puissant de l'Europe. »

A la fin de ce discours, lord Chatham, animé d'indignation et impatient de répliquer, se leva de son siége; mais sa faiblesse ne comportait pas un tel effort, et il tomba aussitôt en défaillance. Le trouble et l'alarme se répandirent dans toutes les parties de la salle, et les débats furent interrompus. Transporté à sa résidence de Hayes, lord Chatham y expira quelques semaines après, dans la soixante-dixième année de son âge. Dès le lendemain de sa mort, la chambre des communes vota une adresse au roi dans laquelle elle demandait que les funérailles du grand homme qui venait d'expirer fussent faites aux frais de l'état, et qu'un monument lui fût élevé à Westminster. 20,000 livres sterling furent affectées au paiement de ses dettes, et une pension de 4,000 livres ajoutée au titre de comte de Chatham tant qu'il serait porté par les héritiers du noble lord. Ces résolutions, prises sans discussion par la chambre des communes, occasionnèrent de violents débats dans celle des lords; la proposition d'assister en corps aux funérailles de lord Chatham fut même rejetée à la majorité d'une voix. Cependant la chambre haute rendit quelques jours après un dernier honneur à la mémoire de son plus grand orateur, en rejetant la motion du duc de Richmond (8 juin).

Tout en refusant de rappeler les troupes d'Amérique, le cabinet ne négligeait rien pour amener la cessation des hostilités par des voies pacifiques. C'est ainsi qu'il n'attendit pas que les bills de conciliation eussent été votés par le parlement pour en faire parvenir la teneur en Amérique. Le général Howe reçut l'ordre de répandre une multitude d'exemplaires de ces bills, afin que les Américains fussent tous instruits des dispositions de l'Angleterre à leur égard. On espérait que le peuple des colonies, convaincu de la possibilité d'une réconciliation honorable avec la mère-patrie, obligerait le congrès, par la manifestation de ses sentiments, à refuser sa sanction au traité que ses envoyés négociaient alors avec la France. Mais quoique le congrès ignorât encore que ce traité était signé ou sur le point de l'être, il repoussa toute pensée de conciliation, et décréta que quiconque ferait un arrangement particulier avec les Anglais serait considéré comme ennemi public, et qu'on n'ouvrirait avec la cour de Londres aucune négociation tant que les ministres ne commenceraient pas, comme préliminaires, par rappeler la flotte et l'armée, et par reconnaître l'indépendance des États-Unis.

Tel était l'état des affaires lorsqu'un des envoyés américains, M. Silas-Deane, apporta le texte officiel du traité qui avait été définitivement signé à Versailles, le 6 février 1778. Cette nouvelle causa une joie immodérée dans toutes les colonies ; le traité fut publié et répandu avec profusion ; on le lut aux troupes, et partout il excita le plus vif enthousiasme et ranima la confiance que des échecs répétés avaient ébranlée. Il était temps, en effet, que la France intervînt dans la querelle, car jamais les Américains n'avaient été dans une position plus critique. Après la désastreuse campagne de 1778, Washington avait été forcé de prendre ses quartiers d'hiver près de Philadelphie, alors au pouvoir des Anglais, dans une sorte de désert appelé Walley-Forge. Cantonnées dans de misérables huttes qui les protégeaient à peine contre un froid rigoureux, les troupes étaient journellement décimées par la maladie ; elles furent bientôt réduites à quatre mille hommes. « Nous sommes dans un dénuement presque absolu d'armes et de vête-« ments, écrivait Washington au congrès ; plusieurs soldats, même parmi les der-« niers venus, n'ont pas de fusils, et la moitié de l'armée est sans chemises. Les « médecins pensent que le défaut de vêtements est la principale cause de la mort « de nos soldats, et je crois que c'est la même cause qui en fait déserter un si « grand nombre. » Une augmentation considérable de la solde, de grands avantages accordés aux officiers et soldats pour le reste de leur vie, remontèrent un peu le moral des troupes ; le traité signé avec la France releva tout à fait leur courage.

Cependant, le ministère anglais voulut tenter un dernier effort. Dès que les bills de conciliation eurent été votés par le parlement, lord North envoya des commissaires munis des pouvoirs nécessaires pour traiter sur les bases qui y étaient indiquées ; mais le congrès ne daigna même pas répondre à leurs propositions. Convaincus alors de l'inutilité de toute tentative d'accommodement, les commissaires ne gardèrent plus de mesure. Dans un manifeste adressé au peuple américain, ils déclarèrent que, puisque le congrès s'obstinait à chercher, par l'alliance de la France, à désunir pour toujours l'Angleterre d'avec ses colonies, la guerre allait devenir plus terrible que jamais. Jusque-là, la politique et la bienveillance pour un peuple frère avaient modéré ses ravages ; mais, puisque l'Amérique persistait dans une alliance méditée pour l'agrandissement de la France, et voulait se donner corps et biens à l'ennemie invétérée de la Grande-Bretagne, la contestation allait changer de nature ; les lois de sa propre conservation faisaient à l'Angleterre un devoir de rendre cette acquisition aussi peu profitable que possible à sa rivale.

La guerre recommença donc avec plus d'acharnement que jamais. Ce que les commissaires appelaient « la bienveillance pour un peuple frère, » c'est-à-dire les massacres des sauvages, le pillage et la brutalité des mercenaires allemands, allait faire place à une guerre plus terrible ; c'était annoncer que l'incendie, le meurtre et la dévastation allaient marcher sur les pas de l'armée anglaise. En ce faisant, les commissaires ne se montraient que les interprètes de l'esprit public en Angle-

terre. Après la capitulation de Burgoyne, la paix avec l'Amérique avait été désirée
par la nation anglaise tout entière ; mais l'intervention de la France changea complétement ces dispositions. Des souscriptions patriotiques furent ouvertes dans tous
les comtés ; il s'organisa des associations de volontaires qui s'équipèrent à leurs
frais ; les corporations fournirent des hommes et des vaisseaux tout armés. Le
ministère profita avec empressement de cette exaltation des esprits ; partout les
milices furent appelées sous les drapeaux, des camps formés ; la flotte fut incessamment renforcée, et le commandement donné à l'amiral Keppel.

L'amiral Keppel,
d'après l'original de sir Joshua Reynolds

Keppel était du parti de l'opposition ; mais sa grande réputation, l'amour que lui
portaient les marins, l'expérience de quarante années de service, le faisaient considérer comme le meilleur homme de mer de l'Angleterre. Sa nomination donna
une impulsion nouvelle à la réorganisation des forces maritimes, et en peu de temps
il eut sous ses ordres trente vaisseaux de ligne, avec lesquels il partit de Plymouth

pour aller chercher une flotte française d'égale force qui croisait dans les eaux de Brest, sous le commandement du comte d'Orvilliers. Un engagement eut lieu le 27 juillet, entre les îles d'Ouessant et les Sorlingues ; après une journée de combat, les deux flottes se séparèrent sans qu'il y eût avantage marqué pour l'une ou l'autre nation. C'était presque une victoire pour la France, depuis si longtemps battue sur mer par les Anglais ; l'orgueil britannique, au contraire, regarda cette journée douteuse comme un grave échec, et le mécontentement public fut si vif, que, pour se justifier, Keppel lui-même demanda à être traduit devant un conseil de guerre ; il prouva que tout ce qu'on pouvait faire il l'avait fait, et fut honorablement acquitté. Quelque temps avant le combat d'Ouessant, une flotte française de douze vaisseaux de ligne et de six frégates était partie de Toulon ; elle portait des troupes de débarquement et un agent français accrédité auprès du congrès. Le comte d'Estaing, célèbre par ses exploits dans l'Inde pendant la guerre de Sept-Ans, et connu pour sa haine contre les Anglais, avait le commandement de cette flotte, dont la destination était la Delaware. Il devait resserrer l'armée anglaise par mer, pendant que Washington, qui s'était rapproché de Philadelphie, la presserait par terre ; on se flattait ainsi de lui faire éprouver le même sort qu'à celle de Burgoyne. Mais le nouveau général en chef, sir Henry Clinton (Howe venait d'être rappelé), avait prévu cette manœuvre ; aussi, s'empressant d'évacuer Philadelphie, s'était-il mis en retraite sur New-York, où il parvint sans encombre, quoique constamment harcelé par les troupes de Washington.

Le comte d'Estaing, arrivé trop tard en Amérique pour s'opposer à la retraite de l'armée anglaise, concerta avec Washington une attaque contre New-Port, capitale de Rhode-Island. Les généraux Lafayette, Greene et Sullivan passèrent dans l'île avec dix mille hommes et investirent la place par terre, tandis que la flotte française l'attaquait par mer. Malgré l'infériorité numérique de sa flotte, lord Howe, commandant des forces navales anglaises, vint pour secourir New-Port. Le comte d'Estaing lui offrit le combat. Une tempête furieuse sépara les deux flottes au milieu d'une lutte acharnée ; elles allèrent se réparer, l'une à Boston, l'autre à New-York. Les Anglais furent les premiers en état de reprendre la mer ; leur arrivée devant New-Port força les Américains à lever le siége. Comme de grandes espérances avaient été fondées sur cette expédition, et comme on croyait que d'Estaing aurait pu en assurer le succès en restant devant New-Port, il s'éleva entre les généraux américains et le comte une mésintelligence que les opérations ultérieures de l'amiral français ne devaient faire qu'augmenter.

D'Estaing consuma en effet toute cette campagne en tentatives sans résultats. Apprenant, après la levée du siége de New-Port, que la flotte anglaise, renforcée de l'escadre de l'amiral Byron, venait de s'emparer de Sainte-Lucie, il fait voile pour cette île et n'y trouve que l'amiral Barrington avec seulement six vaisseaux, mais embossé de telle façon qu'il n'était pas abordable. D'Estaing attaque l'île par terre, mais il est repoussé et se voit forcé, par ses pertes et l'arrivée de Byron, à se réfugier à la Martinique pour y attendre des renforts. Cette inaction forcée fit jeter des cris d'indignation aux Américains, qui, depuis que la France s'était déclarée pour eux, restaient inactifs dans leurs foyers, se reposant sur leur alliée du soin de terminer la guerre. Les Anglais profitèrent de ce relâchement. Un détachement de l'armée de sir Henry Clinton envahit la Georgie et s'empara de la capitale, Savannah, et par suite de toute la province.

Il était réservé à l'habile diplomatie du cabinet de Versailles de réparer tous ces échecs. Suivant sa coutume constante, l'Angleterre avait profité d'événements survenus en Allemagne pour chercher à distraire la France de la guerre maritime en la jetant dans une guerre continentale. Maximilien-Joseph, électeur de Bavière, était mort le 30 décembre 1777, ne laissant pas de postérité. Son héritier légitime était l'électeur palatin Charles-Théodore; mais l'empereur Joseph II, s'appuyant sur des titres peu concluants, éleva des prétentions sur la succession de Maximilien-Joseph, et envahit l'électorat de Bavière. L'électeur palatin appela le roi de Prusse à son aide. Frédéric, heureux de se montrer le défenseur des princes de l'Empire contre l'ambition de la maison d'Autriche, entra aussitôt en Bohème et en Moravie avec deux cent mille hommes. De son côté, l'empereur réclama les secours que lui devait la France en vertu du traité de 1756. De la réponse du cabinet de Versailles allait dépendre l'embrasement de l'Allemagne. Par bonheur, les affaires étrangères étaient alors dirigées par le comte de Vergennes, héritier des plans du duc de Choiseul. L'habile ministre dévoila aux deux adversaires la conduite perfide du cabinet de Saint-James, qui cherchait à envenimer leurs dissentiments; bien plus, il approuva hautement la conduite de la Prusse, et répondit à l'empereur, qu'attendu qu'il avait été l'agresseur, il n'y avait pas lieu à lui donner l'assistance promise par les traités. L'impératrice de Russie, que la médiation de la France venait de délivrer de nouveaux démêlés qu'elle avait eus avec la Porte, appuya la réponse de M. de Vergennes par des représentations dans le même sens. Alors, l'empereur intimidé, contrecarré d'ailleurs par sa mère Marie-Thérèse dans ses projets belliqueux, consentit à accepter la médiation de la France et de la Russie. Par les soins du cabinet de Versailles, un congrès s'ouvrit à Teschen, en Silésie, et, le 13 mai 1779, la paix fut signée entre la Prusse et l'Autriche. L'électeur palatin, Charles-Théodore, fut mis en possession de la Bavière. « En cette occasion, dit un historien anglais [1], la France, avec une effronterie qu'on a de la peine à concevoir, se flatta d'avoir su concilier trois points d'une difficulté peu commune et tout à fait incompatibles en apparence : d'avoir servi les vues et les intérêts de la Prusse, conservé en même temps la confiance et l'amitié de l'Autriche, et fort avancé la rupture des liens d'étroite alliance qui unissaient depuis tant d'années l'Angleterre et la Russie. »

Le cabinet de Versailles ne s'en tint pas là; après avoir enlevé à l'Angleterre, par la conclusion de la paix de Teschen, l'espoir de voir engager la France dans une guerre continentale, il décida l'Espagne à unir sa marine à la sienne et à entrer ouvertement en lutte avec la Grande-Bretagne. La cour de Madrid, quoique décidée à rester fidèle au pacte de famille, ne s'était pas prononcée immédiatement; elle avait proposé sa médiation entre les puissances belligérantes et mis en avant divers plans d'accommodement. Mais, dans tous ses projets, l'indépen-

1. Adolphus, continuation de l'*Histoire d'Angleterre* de Hume.

dance des Provinces-Unies était reconnue directement ou indirectement ; ils furent tous rejetés par le cabinet de Saint-James. Alors l'ambassadeur espagnol quitta Londres, et les deux branches principales de la maison de Bourbon se réunirent étroitement contre l'Angleterre.

L'Espagne commença les hostilités par le siège de Gibraltar (13 mai), pendant que la France tentait une attaque contre l'île de Jersey (1er mai) ; mais cette der-

Château d'Élisabeth, Jersey.

nière expédition, commandée par le prince de Nassau-Siegen, échoua malgré l'intrépidité de ce célèbre aventurier. Après cette malencontreuse tentative, la flotte française, forte de trente-deux vaisseaux, sous les ordres du comte d'Orvilliers, fit sa jonction avec la flotte espagnole (25 juillet 1779). En même temps, quarante mille hommes, réunis sur les côtes de Bretagne et de Normandie, menaçaient l'Angleterre d'une descente. A la nouvelle de ces préparatifs, la terreur s'empara de tous les esprits. Cependant le patriotisme anglais n'oublia aucune des mesures qui pouvaient conjurer le péril. Chacun s'imposa les plus grands sacrifices pour venir en aide à la cause publique ; partout s'ouvrirent des souscriptions ; partout s'organisèrent des associations pour repousser l'invasion ; mais toute cette ferveur nationale ne donnait pas au gouvernement de troupes régulières à opposer à celles qui menaçaient le pays. L'Angleterre n'avait pas d'armée ; les milices étaient tout nouvellement enrôlées et à peine armés ; les côtes n'étaient pas en état de défense, et pour combattre les soixante vaisseaux coalisés on n'avait que trente-huit bâtiments, encore étaient-ils agités par tant d'indiscipline, que vingt capitaines avaient refusé de servir tant que le ministère ne serait pas changé. L'amiral Hardy, qui

Costumes militaires :
l'amiral Hardy ; le duc de Sutherland, colonel d'un régiment écossais ; life-guards (gardes du corps).

commandait cette flotte, dernier espoir de la patrie, n'osa pas la compromettre dans une action inégale, et recula devant les forces des alliés. Ceux-ci vinrent insulter Plymouth, qui, désarmé, était hors d'état de résister. Heureusement pour l'Angleterre, le comte d'Orvilliers et l'amiral espagnol, don Louis de Cordova, étaient jaloux l'un de l'autre ; leur désunion sauva l'empire britannique d'un des plus grands dangers dont il ait été menacé depuis les temps de l'*Armada*. La flotte combinée se contenta de s'emparer devant Plymouth d'un vaisseau de soixante-quatre. Après avoir inutilement tenu la mer pendant cinq mois entiers, et perdu plus de cinq mille matelots par suite de maladies, les amiraux rentrèrent à Brest.

En Amérique, l'inaction presque complète des colons permit au général Prevost, qui l'année précédente avait soumis la Géorgie, d'entreprendre la conquête de la Caroline du Sud. Le général Lincoln, chargé de la défense de cette province, n'ayant à opposer à l'ennemi que douze mille miliciens mal organisés, fut battu et se retira devant les Anglais, qui vinrent mettre le siége devant Charlestown. En même temps, des détachements dévastaient le pays, détruisant les troupeaux, ravageant les plantations, brûlant les villages, massacrant des familles entières. Ces atroces cruautés ranimèrent le courage endormi des Caroliniens ; ils reprirent les armes, accoururent en masse sous les drapeaux de Lincoln et forcèrent les Anglais à lever le siége de Charlestown.

Dans le nord, la guerre n'était pas moins impitoyable. Des villes florissantes étaient réduites en cendres ; tous les vaisseaux américains dont s'emparaient les Anglais étaient coulés ou brûlés ; on alla même jusqu'à exciter la férocité naturelle des sauvages en leur promettant des récompenses pour chaque chevelure de colon qu'ils apporteraient. Les souffrances des Américains étaient extrèmes, leurs pertes énormes, cependant, malgré l'emploi de ces odieux moyens, les Anglais ne réussissaient qu'à se maintenir sans avancer d'un pas.

La lutte était plus décisive sur mer. De nombreux corsaires sortis des ports des États-Unis faisaient la course jusque dans la Manche et ruinaient le commerce britannique. Paul Jones, Écossais, qui avait adopté l'Amérique pour patrie, se rendit surtout redoutable par l'audace et le bonheur de ses entreprises. Avec quatre petits bâtiments de guerre il jeta la terreur sur toute la côte orientale de l'Angleterre, y fit des descentes, attaqua la flotte marchande de la Baltique, s'empara des deux vaisseaux qui la protégeaient, et se retira avec ses prises dans un des ports de la Hollande (septembre 1779).

Pendant tout le commencement de cette campagne, le comte d'Estaing, se trouvant trop faible pour tenir la mer, était resté inactif à la Martinique ; enfin, ayant reçu des renforts commandés par les comtes de Grasse et de La Mothe-Piquet, il s'empara de l'île Saint-Vincent et se dirigea sur la Grenade. L'amiral Byron accourut avec vingt-un vaisseaux au secours de cette île ; mais il n'arriva qu'au moment où le pavillon français venait d'être arboré sur le fort. Un engagement eut lieu entre les deux flottes ; Byron, fort maltraité, fut forcé de se réfugier à Saint-Christophe. Après ce succès, le comte d'Estaing parut enfin sur les côtes des États-Unis, dont les habitants se plaignaient plus que jamais de l'abandon de la France. Il se joignit au général Lincoln pour reconquérir la Georgie, et, après avoir surpris sur les côtes quatre frégates anglaises dont il s'empara, il entreprit le siége de Savannah (4 octobre 1779). La saison s'avançant, la côte était trop peu sûre pour qu'on pût faire un siége régulier ; on résolut de livrer un assaut. Le comte d'Estaing conduisit lui-même une des colonnes d'attaque (9 octobre) ; mais, après des efforts réitérés, l'amiral français ayant été blessé, les assaillants furent définitivement repoussés. Le lendemain, le siége fut levé, et la flotte quitta les parages de l'Amérique.

La lutte soutenue par les États-Unis n'avait pas seulement le retentissement d'une guerre ordinaire ; les cris d'indépendance et de liberté se mêlaient au bruit du canon des révoltés, et ces mots faisaient battre les cœurs jusque dans l'Angleterre elle-même. Mais nulle part ils ne trouvaient autant d'écho qu'en Irlande.

Les vexations qui avaient soulevé les colonies ne devaient compter comme rien auprès des souffrances infinies qu'avait à supporter le malheureux peuple d'Irlande. Opprimé dans ses libertés, paralysé dans son commerce et dans son industrie par les restrictions les plus tyranniques, cet infortuné pays en était toujours au lendemain de la conquête. Il était donc naturel que les Irlandais cherchassent à profiter de la situation actuelle de l'Angleterre, ainsi que de l'alarme qu'avaient répandues les attaques des flottes française et espagnole et des corsaires américains pour obtenir du soulagement à leurs maux et quelques-unes des réformes que le parlement anglais avait toujours repoussées.

Au bruit de l'approche des flottes ennemies, de nombreuses associations de volontaires s'étaient formées en Irlande comme dans le reste de la Grande-Bretagne ; les patriotes irlandais comprirent tout le parti qu'ils pouvaient tirer de ces associations et les encouragèrent de tout leur pouvoir. Bientôt, en effet, ils eurent sur pied une véritable armée. Alors, confiants dans cette force nouvelle, ils commencèrent à faire entendre leur voix. Pour obtenir la liberté du commerce, ils firent comme avaient fait les Américains au début de la révolution ; tous les membres des associations de volontaires s'engagèrent publiquement à ne plus consommer aucune marchandise importée d'Angleterre, et à s'en tenir aux seuls produits des manufactures du pays, jusqu'à ce qu'on eût mis un terme aux restrictions injustes et partiales qui pesaient sur l'Irlande. Cet état de l'esprit public devait nécessairement influencer les délibérations du parlement de Dublin. Des paroles de liberté s'y firent entendre ; on réclama contre l'intolérance religieuse, contre la dîme payée par des catholiques à des ministres protestants, on protesta surtout contre l'autorité du parlement de la Grande-Bretagne, et il fut déclaré que l'Irlande, nation indépendante, ne devait être soumise qu'au roi et à son propre parlement. Enfin, pour tenir le gouvernement dans la dépendance du parlement irlandais, le parti populaire, dans la chambre basse, n'accorda les subsides que pour quelques mois, au lieu de les accorder pour l'année entière, ainsi qu'il était accoutumé de le faire.

Le gouvernement anglais n'était pas alors en mesure de repousser des vœux si énergiquement exprimés ; il était d'ailleurs harcelé par l'opposition, qui chaque jour gagnait de nouvelles forces ; aussi, peu de temps après l'ouverture de la session (novembre 1779), lord North soumit à la chambre des communes diverses propositions dont le but était, en modifiant les lois exceptionnelles et tyranniques dont se plaignaient les Irlandais, d'apaiser leur inquiétante exaltation. La concession la plus importante était la liberté du commerce avec la Grande-Bretagne et ses colonies. Ces propositions furent unanimement adoptées.

L'Angleterre avait contre la couronne des griefs moins douloureux que ceux de l'Irlande, mais elle en voulait le redressement avec non moins de persistance et d'énergie. Le plus grave, c'était l'énormité des dépenses du gouvernement et de la liste civile. Il y avait déjà plusieurs années que l'opposition murmurait de cette prodigalité funeste. En 1777, le roi avait réclamé des communes une augmentation de sa liste civile et le paiement de dettes considérables. Comme le genre de vie de Georges était excessivement simple, et même parcimonieux ; comme sa cour était moins brillante que celle des plus petits princes du continent, on ne pouvait expliquer cet excédant de dépenses que par la corruption parlementaire. Cependant les propositions des ministres avaient été accueillies; on avait voté 600,000 livres sterling pour payer l'arriéré, et la liste civile avait été portée de 800,000 livres à 900,000; mais une opposition plus nombreuse que jamais avait protesté contre ces augmentations, et le président de la chambre s'était fait l'organe de la minorité. En présentant le bill à la sanction du roi, il ne craignit pas de lui dire que, dans des temps de détresse publique, dans un moment où le peuple était surchargé d'écrasants fardeaux, les communes avaient cependant négligé toute affaire, non-seulement pour accorder sur-le-champ un subside considérable, mais encore pour augmenter largement les revenus de la couronne. « Cette augmentation, dit-il, est sans exemple jusqu'ici, et dépasse de beaucoup « tout ce que Votre Majesté peut avoir de dépenses. Mais tout cela, Sire, les « communes l'ont fait, dans la confiance bien fondée que vous emploierez avec « sagesse ce qu'elles ont voté avec tant de libéralité. » La chambre entière ajouta encore à la force de ces paroles en votant le lendemain des remerciements à son président, ainsi que l'impression de son discours.

Depuis cette époque, l'opposition n'avait cessé de protester contre la prodigalité de la couronne; mais ses plaintes avaient toujours été infructueuses. La gravité de la situation où se trouvait l'Angleterre, seule contre l'Amérique, l'Espagne et la France coalisées, les dépenses excessives que nécessitait la guerre, donnèrent à ces protestations une force qu'elles n'avaient pas eue jusqu'alors. A la chambre haute, le duc de Richmond proposa le vote d'une adresse dans laquelle les lords supplieraient Sa Majesté « d'avoir égard à la misère générale; de vouloir bien songer que la profusion ne faisait pas la force des États, et qu'il était devenu indispensable de diminuer les dépenses inutiles pour rendre au gouvernement le crédit qui lui était si nécessaire. » A l'appui de sa proposition, le duc démontrait que la guerre d'Amérique avait ajouté 63,000,000 liv. sterling à la dette publique; que le paiement des intérêts de la dette totale n'exigeait pas moins de 8,000,000 liv. sterling, et il représentait que c'était par l'économie, et par l'économie seule, que l'on pouvait espérer de sauver l'État d'une ruine imminente. Il ajoutait qu'il appartenait au roi de donner l'exemple; qu'une réduction importante de la liste civile serait un témoignage éclatant de son affection pour son peuple, et que ce désintéressement ne pourrait manquer d'être imité par tous les membres de la chambre haute honorés de fonctions publiques. Loin de lui la pensée de restreindre la splendeur et la dignité du trône; mais il rappelait qu'avant que le parlement eût porté la liste civile au chiffre énorme de 900,000 liv. sterling, la couronne était suffisamment éclatante et honorable; il demandait donc qu'on revînt au chiffre de cette époque. Cette motion attaquait trop d'intérêts particuliers : elle fut repoussée à une majorité considérable. Aux communes, ce fut Edmond Burke qui appela l'attention de la chambre sur la nécessité des réformes économiques, et il annonça la présentation prochaine d'un plan de réforme générale (décembre 1779).

Les réclamations de l'opposition contre les profusions du gouvernement devaient nécessairement trouver un écho dans la nation, écrasée sous le poids des impôts.

La Cité de Londres vota des remerciements au duc de Richmond, et promit à Burke son concours et son appui pour la motion qu'il allait faire. Dans les comtés, les dispositions étaient les mêmes. Une assemblée générale des francs-tenanciers du Yorkshire adressa à la chambre des communes une pétition en tout semblable à la proposition du duc de Richmond; elle établit en outre un comité permanent de soixante-un de ses membres, qu'elle chargea d'entretenir les correspondances nécessaires pour appuyer efficacement la pétition, préparer un plan d'association et seconder la réforme, ainsi que toutes les mesures dont l'objet serait de soustraire le parlement à l'influence corruptrice de la couronne.

Cet exemple fut imité dans tout le royaume par un grand nombre de villes et de comtés, et partout des comités de correspondance sollicitèrent la convocation de meetings populaires. Toutes ces assemblées adoptèrent des pétitions rédigées sur le modèle de celle du comté d'York; elles furent présentées aux communes au moment où Burke y développait son plan de réforme, dans un discours qui le plaça au premier rang des orateurs et des hommes pratiques (février 1780). Ce plan, fort simple d'ailleurs, consistait à rendre aux besoins de l'État l'argent qui jusqu'alors avait servi à l'entretien d'un grand nombre de fonctionnaires inutiles; il avait en outre pour effet de restreindre l'influence de la couronne, en tarissant les moyens de corruption dont elle disposait. L'ensemble du plan comprenait cinq bills qui devaient être successivement l'objet des délibérations de la chambre. Burke demandait :

1° La vente des forêts royales, dont les revenus étaient fort peu importants, et dont l'administration compliquée n'avait d'autre avantage que de donner au roi ou aux ministres la disposition d'une foule d'emplois;

2° L'abolition des juridictions de la principauté de Galles, du duché de Cornouailles et des comtés palatins de Chester et de Lancastre. Ces juridictions, restes barbares de la féodalité, étaient dispendieuses pour la couronne, gênantes pour les citoyens, et plus propres à favoriser l'oppression et l'influence corruptrice de la cour qu'avantageuse à la bonne administration de la justice [1]. Burke proposait de réunir ces cinq principautés à la couronne et de les soumettre à la juridiction commune;

1. La principauté de Galles est, ainsi que le duché de Cornouailles, l'apanage de l'héritier du trône. Ces deux provinces sont administrées séparément, à peu près comme le Dauphiné l'était en France sous l'ancien régime. Pour donner une idée des abus qui résultaient de cette anomalie, il suffit de dire qu'il y avait alors douze juges pour le pays de Galles, tandis qu'il n'y en avait que huit pour toute l'Angleterre.

Les comtés palatins de Chester et de Lancastre sont également possédés féodalement par le roi d'Angleterre comme comte de Chester et duc de Lancastre. Les comtes palatins, en Angleterre, jouissaient et jouissent encore aujourd'hui des droits régaliens, c'est-à-dire qu'ils rendent la justice en leur privé nom, et que tout délit ou crime est dit avoir été commis *contre leur paix*, et non contre celle *du seigneur roi*. Les rois d'Angleterre n'ayant pas voulu réunir les comtés de Chester et de Lancastre à la couronne, ils les administrent comme comtes palatins; aussi y a-t-il des offices particuliers pour ces petits États. Le chancelier du duché de Lancastre fait ordinairement partie du cabinet. Il n'y a plus en Angleterre qu'un seul comté palatin possédé par un particulier : c'est celui de Durham; il appartient à l'évêque, qui a dans ce pays tous les droits que le roi exerce dans le Lancashire ou dans le Chestershire. L'île d'Ely, quoique ne portant pas le titre de comté palatin, est une *franchise royale*. L'évêque y a, comme dans un comté palatin, les droits régaliens.

3° La suppression de toutes les fonctions inutiles. C'était principalement sur la liste civile que portaient les suppressions. L'administration de la maison du roi était encore composée féodalement, ce qui la rendait très-compliquée et très-dispendieuse; et la plupart des emplois étaient conservés plutôt dans l'intérêt de l'influence de la couronne que par nécessité. En conséquence, Burke réclamait l'abolition *de la cour du tapis vert*, de toute l'administration *de la grande garde-robe*, des charges de *trésorier de la chambre*, *maître de la chambre*, *garde des coffres*, et d'une foule d'autres. Il demandait encore la suppression des conseils de commerce et des travaux publics, comme complétement inutiles; son plan comprenait aussi une nouvelle organisation de l'armée, et la fixation de la somme affectée aux pensions à 60,000 liv. sterling, chiffre qui ne devrait jamais être dépassé, à moins d'un vote spécial des chambres.

Quoique sage et bien conçu, et quoique développé avec une merveilleuse habileté, le projet de Burke atteignait directement un trop grand nombre d'intérêts particuliers pour avoir chance d'être adopté. Bien plus radical que celui du duc de Richmond, c'était une véritable réforme du système financier de l'Angleterre; aussi, la suppression du conseil de commerce fut la seule de ses dispositions que la chambre adoptât. Mais, pendant les trois mois que dura la discussion, une foule d'abus criants furent dévoilés; et cet examen augmenta la force de l'opposition au dedans comme au dehors du parlement. Des pétitions étaient sans cesse présentées à la chambre; toutes demandaient une réforme dans les dépenses publiques. Au jour fixé pour discuter leur contenu (6 avril 1780), après lecture faite des diverses pétitions, un membre, M. Dunning, annonça qu'il allait résumer ce qu'elles demandaient en deux propositions posées de manière à ce qu'on ne pût tergiverser entre l'adoption ou le rejet. La première était, « que la couronne avait usurpé une influence funeste; que chaque jour elle l'étendait davantage, et qu'il fallait s'occuper de la restreindre. » La seconde, « que la chambre aurait le droit, quand elle le jugerait à propos, de rechercher l'emploi des revenus de la liste civile et d'en corriger les abus. » Malgré la vive opposition des ministres, et après de longs débats, ces deux propositions furent adoptées. Alors M. Thomas Pitt proposa de déclarer immédiatement, « qu'il était du devoir de la chambre de prendre des mesures promptes et efficaces pour remédier aux abus dont se plaignaient les pétitionnaires. » Cette nouvelle proposition fut également adoptée à une majorité considérable. Quelques jours après, M. Dunning, continuant ses attaques contre l'administration, demanda qu'à l'avenir, dans les sept jours qui suivraient l'ouverture du parlement, on mît sous les yeux de la chambre un état de toutes les sommes payées, à quelque titre que ce fût, aux membres des communes par la liste civile ou le ministère, et cette proposition fut encore adoptée, ainsi qu'une autre qui déclarait inhabiles à faire partie de la chambre des communes un certain nombre de fonctionnaires de la maison du roi.

Malgré ces échecs successifs, le cabinet ne songeait pas à se retirer, et la session étant près de finir, l'opposition avait tout lieu de craindre qu'il ne profitât de l'absence des chambres pour regagner les voix qui l'avaient abandonné. En conséquence, le 24 avril, M. Dunning proposa une adresse au roi dans laquelle

Sa Majesté serait suppliée de ne pas clore la session avant que l'on eût pris les mesures convenables pour restreindre l'influence de la couronne et remédié aux abus dont se plaignaient les pétitions adressées à la chambre. C'était aller trop loin; en voulant faire intervenir la chambre dans les fonctions les plus importantes de la prérogative royale, l'opposition alarma beaucoup d'hommes modérés, qui, tout en étant persuadés qu'il y avait des réformes à apporter dans les dépenses publiques, et ayant voté les propositions faites en ce sens, ne voulaient pas empiéter, par respect pour la constitution, sur ce qu'ils regardaient comme de l'essence même de la prérogative. Les esprits timorés croyaient déjà voir revivre la tyrannie du Long-Parlement; aussi se fit-il un revirement dans la majorité, et la proposition fut-elle rejetée. Diverses autres motions, mises en avant par l'opposition, furent également repoussées, et à une majorité toujours croissante. Par suite du trop grand empressement des réformateurs à poursuivre leurs avantages, le ministère retrouva tout à coup la majorité qui l'avait un instant abandonné. Dès lors les séances des chambres n'offrirent plus d'intérêt, et la session allait finir au milieu de débats devenus languissants, lorsque les déclamations d'un insensé réveillèrent le fanatisme populaire depuis si longtemps endormi, et provoquèrent une soudaine et effrayante explosion.

Un bill, inspiré par les idées de tolérance religieuse que propageait alors la philosophie française, avait révoqué, quelques années auparavant (1778), l'acte passé sous le règne de Guillaume III dans le but de s'opposer aux progrès ultérieurs du papisme. Protégés par ce bill, les évêques, les prêtres et les instituteurs catholiques n'avaient plus à craindre aucune persécution. Les papistes jouissaient du droit de tester, d'hériter, et de celui d'acquérir des terres de franche-tenure (*free-hold*), sous l'unique condition de prêter serment de fidélité à la dynastie régnante et de jurer qu'ils ne reconnaissaient en aucune façon l'autorité civile ou temporelle du pape dans le royaume. L'acte de révocation ne s'étendait pas aux catholiques d'Écosse; cependant, sur leurs réclamations, et en considération de la conduite qu'ils avaient tenue jusqu'alors, le gouvernement s'était déterminé à les admettre au bénéfice du nouveau bill, et l'assemblée générale de l'église d'Écosse avait elle-même donné une adhésion solennelle à la mesure prise par le gouvernement. Mais le fanatisme de quelques presbytériens s'alarma de cette disposition à la tolérance; on cria au papisme, et ce mot funeste suffit pour ranimer les vieilles haines religieuses. Des prédicateurs forcenés réveillèrent, par des discours incendiaires, les passions assoupies de la populace. A Édimbourg, à Glasgow, dans d'autres villes encore, la multitude soulevée brûla les chapelles catholiques, pilla les maisons des papistes et les menaça eux-mêmes dans leurs vies. Un comité de surveillance pour les intérêts du protestantisme se forma à Édimbourg, et il se mit aussitôt en correspondance avec les principales villes de l'Angleterre. En peu de temps, vingt-cinq comités semblables furent institués dans ce royaume. Ils prirent pour directeur suprême lord Georges Gordon, membre de la chambre des communes, démagogue exalté et protestant fanatique. Le but auquel tendaient les comités était la révocation de l'acte de 1778. D'abord ils se bornèrent à l'emploi des voies régulières, et se contentèrent d'adresser des pétitions au parlement. Gordon se chargea de celle de la ville de Londres; il la rédigea lui-même, la déposa dans sa maison pour que chacun pût venir la signer, et convoqua une assemblée générale de tous les véritables amis du protestantisme signataires de la pétition. L'assemblée fut nombreuse. Gordon la harangua, et il engagea tous les assistants à porter eux-mêmes leur pétition au parlement. Tous le jurèrent et promirent de défendre leur religion, fût-ce même aux dépens de leur vie. En conséquence, le vendredi 2 juin, plus de soixante mille individus se réunissent à Saint-George's-Fields, et de là se rendent à Westminster-House, dont ils envahissent tous les passages; d'abord cette multitude se contente de pousser de bruyantes acclamations, mais bientôt elle insulte ceux des membres du parlement qui s'étaient montrés favorables à l'adoption du bill de révocation, et enfin, pendant que Georges Gordon présente la pétition aux communes en demandant qu'on la prenne en considération sans délai, elle pénètre dans le vestibule de la salle des séances, dont elle frappe la porte à coups redoublés, aux cris de : *A bas les catholiques! plus de papisme!* Sans se laisser intimider par ces furieux, la chambre, à la presque unanimité, déclare qu'il n'y avait pas de liberté pour elle au milieu des cris et des menaces des émeutiers, et refuse de délibérer. Le général Murray signifie même à Gordon que si un seul de ses hommes pénètre dans la salle, il lui plongera à lui-même son épée dans le corps. Intimidé par cette menace, Gordon imposa silence à ses fanatiques. Quelque temps après, des troupes arrivées à Westminster les forcèrent à se retirer; mais ils ne se séparèrent pas, et incendièrent pendant la nuit les chapelles catholiques des ambassadeurs de Sardaigne et de Bavière.

Le lendemain fut assez tranquille; mais le dimanche, encouragée par la mollesse de l'autorité qui ne semblait prendre aucune mesure pour réprimer ses excès, la populace se rassembla de nouveau, se dirigea sur Moorfields, quartier généralement habité par des catholiques, y brûla les églises, puis pilla et incendia les habitations de tous ceux qui étaient suspectés de papisme. Alors, les protestants exaltés, mais sincères, qui avaient commencé le mouvement en accompagnant Gordon au parlement, s'étaient retirés en déplorant les malheurs que leur imprudence avait causés; et la foule n'était plus composée que de ce que la population de Londres avait de plus vil et de plus abject; aussi, pendant quatre jours, le désordre ne cessa de s'accroître. Les prisons, forcées et incendiées, jetèrent sur le pavé tous les bandits qu'elles contenaient. Guidée par ces misérables, la multitude envahit indistinctement les maisons des catholiques et des protestants; un pillage général commençait; les édifices publics étaient menacés. Il y avait cependant assez de troupes à Londres pour mettre fin à ces excès; mais tous les magistrats qui, d'après la teneur du *riot act* (acte contre l'émeute), pouvaient légaliser l'emploi des soldats, avaient disparu, d'abord par haine contre les catholiques, ensuite par crainte du danger, et les ministres n'osaient pas prendre sur eux de faire intervenir la force armée. Heureusement le roi jugea qu'en pareille occurrence il ne fallait pas s'attacher ridiculement à la lettre de la loi, et, assumant sur lui la responsabilité de l'illégalité qu'il allait commettre, il autorisa, par une proclamation, les troupes à agir, bien qu'il n'y eût pas de magistrats pour lire le *riot act*. Ce fut le salut de Londres. La populace ne tint pas contre le feu des soldats, et dès le surlendemain, l'émeute avait complétement cessé. Des ruines fumantes et de nombreux cadavres attestaient seuls la gravité des événements dont la capitale avait été le théâtre. On porte à plusieurs milliers le nombre des tués et des blessés. Les uns succombèrent sous le feu des soldats, d'autres périrent ensevelis sous les ruines des maisons qu'ils incendiaient après les avoir saccagées; beaucoup, enfin, moururent par suite des excès auxquels ils s'étaient livrés au milieu du pillage. On procéda immédiatement à l'arrestation des principaux coupables; Gordon fut enfermé à la Tour sous l'accusation de haute trahison.

La chambre se réunit le 9 juin; mais, quoique l'émeute fût entièrement apaisée, elle décida qu'elle ne s'occuperait pas des affaires publiques, parce que Londres, rempli de soldats, paraissait encore soumis à la loi martiale, et elle s'ajourna au 19. Ce jour-là, Georges se rendit au parlement; il exposa devant les deux chambres réunies les raisons qui l'avaient forcé à violer pour un instant la loi, et fit remarquer que si les mesures qu'il avait ordonnées avaient été adoptées plus tôt, elles auraient prévenu bien des malheurs et épargné la vie d'un grand nombre de ses sujets. Tous les partis s'accordèrent pour approuver la conduite du roi, mais un grand nombre de membres blâmèrent l'indécision et la mollesse du ministère. Dans la chambre haute, lord Mansfield démontra qu'en pareil cas il ne devait pas y avoir lieu à hésitation; que les derniers troubles constituaient des actes de haute-trahison bien caractérisés, et que, puisque tout citoyen, de son autorité privée, avait le droit d'intervenir pour réprimer une émeute, il avait, à plus forte raison, celui d'intervenir pour réprimer un acte de félonie, de trahison et de révolte. Ce qui était permis à un individu, l'était évidemment à plusieurs individus réunis; or, la force armée n'était que la réunion de simples particuliers exerçant les droits communs à tous les Anglais, et l'habit rouge qu'ils portaient ne devait pas empêcher qu'on ne pût réclamer leur secours. Cette opinion du grand-juge reçut l'approbation générale; elle a toujours été suivie depuis et a fait jurisprudence.

Quelques jours après la clôture de la session, on commença le jugement de ceux des mutins qui avaient été arrêtés; soixante furent condamnés à mort. Le procès de lord Georges Gordon n'eut lieu qu'un an après. L'habileté de ses avocats, et surtout la conviction où était le jury que l'accusé ne jouissait pas de toute sa raison, le firent acquitter.

L'orage passé, le ministère se trouva plus fort qu'auparavant. Il était évident que c'étaient les associations et les *meetings* pour la réforme des finances et celle de la constitution qui avaient donné naissance aux comités pour la défense du protestantisme; tous les esprits sages sentirent alors combien il est dangereux d'exciter la populace à prendre part aux affaires publiques; et pour prévenir le retour de pareils excès et consolider le pouvoir ébranlé, ils se rapprochèrent du ministère. De brillants succès obtenus par la flotte et l'armée contribuèrent aussi beaucoup à ce rapprochement.

L'amiral Rodney avait reçu, au commencement de l'année, l'ordre de ravitailler la place de Gibraltar, qui, bloquée de toutes parts, était réduite aux plus cruelles extrémités. La commission était difficile à remplir. Vingt-quatre vaisseaux, tant espagnols que français, sous le commandement de l'amiral don Gaston, devaient sortir de Brest à sa poursuite; l'escadre de don Louis de Cordova et celle de l'amiral Barcello, chargé du blocus, croisaient à l'entrée du détroit; et enfin don Juan de Langara, avec neuf vaisseaux de ligne, avait sa station en avant de Cadix, vers le cap Sainte-Marie. C'était à travers ces nombreux ennemis, qu'embarrassé encore par son convoi, Rodney devait essayer de pénétrer à Gibraltar. Un premier

Lord Georges Rodney,
d'après l'original de sir Joshua Reynolds.

coup de vent dispersa à trente lieues de Brest la flotte de don Gaston; un autre désempara la croisière du détroit et la força à aller se réparer à Cadix. Le seul Langara fut épargné, mais pour tomber entre les mains de Rodney. Son courage ne put le soustraire au sort inévitable qu'appelait son infériorité. Un de ses vaisseaux brûla, et trois autres furent pris (16 janvier 1780). Rodney entra en vainqueur dans la rade de Gibraltar, y introduisit son convoi, puis repassa le détroit sans obstacle et gagna les Antilles.

Les succès obtenus sur terre n'étaient pas moins importants. Après l'échec éprouvé au siége de Savannah (7 octobre 1779), la flotte du comte d'Estaing avait quitté les parages de l'Amérique, et en même temps les troupes du général Lincoln s'étaient débandées. Sir Henry Clinton résolut de profiter de ces circonstances favorables pour s'emparer de Charleston, capitale de la Caroline du Sud. Lincoln se jeta aussitôt dans la place avec les débris de son armée et se prépara à la plus vigoureuse résistance. En effet, le siége, commencé dans le mois de février 1780, dura jusqu'au mois de mai. A cette époque, la ville, bloquée par mer et par terre, manquant de vivres et de munitions, se vit forcée de capituler. Clinton, maître de la capitale, s'occupa de reconstituer la Caroline en province royale. Les partisans de l'Angleterre, ou loyalistes, étaient nombreux dans la Caroline; on les organisa et on leur donna des armes. La cause de la Grande-Bretagne parut définitivement triompher. Clinton reprit alors le chemin de New-York, laissant à lord Cornwallis le soin de compléter l'œuvre qu'il avait si heureusement commencée. Ces succès ne firent qu'augmenter la division qui régnait déjà parmi les Américains. Chaque province voulait garder ses soldats et son argent pour sa propre défense, et contrariait ainsi les vues du congrès et les opérations du général en chef; l'amour du gain avait remplacé celui de la patrie; personne ne voulait entrer dans l'armée sans un engagement exorbitant, faire la moindre fourniture sans percevoir d'avance des bénéfices démesurés, accepter un emploi sans être assuré d'un salaire scandaleux et de profits illégitimes. Washington déclara qu'il ne pouvait plus compter sur l'armée, et que c'en était fait de la république si la France n'envoyait promptement des troupes, de l'argent et des vaisseaux. Le marquis de Lafayette partit aussitôt, afin de décider le cabinet de Versailles à accorder ces secours; il revint à l'époque de la prise de Charleston, en annonçant l'arrivée d'une escadre portant six mille homme et dix millions. Le comte de Rochambeau commandait ces troupes; il devait servir sous les ordres de Washington, auquel le roi de France envoyait un brevet de lieutenant-général de ses armées.

Ce secours important changeait la face des choses, et Washington put alors reprendre l'offensive; mais bientôt son plan d'opérations fut dérangé par la défection du général Arnold. Cet officier occupait le fort de West-Point, poste qui pouvait seul assurer les communications des colonies du nord avec celles du centre, et qui servait de base aux mouvements de Washington. Mécontent du congrès qui venait de rejeter la demande qu'il avait faite d'une somme d'argent nécessaire à ses prodigalités, Arnold résolut de trahir la cause de son pays, et ouvrit une négociation avec le général anglais sir Henry Clinton, pour lui livrer le poste qu'il commandait. Clinton lui envoya son aide-de-camp, le major André, pour concerter avec lui les dispositions nécessaires à l'exécution du projet; mais André fut arrêté dans les lignes américaines, déguisé en simple particulier, et l'on trouva dans ses bottes les preuves du complot. Il fut condamné au gibet, supplice des espions. Ce fut en vain que Clinton employa tous les moyens qui étaient en son pouvoir pour essayer de le sauver; plusieurs officiers américains avaient déjà éprouvé le même traitement de la part des Anglais; Washington crut devoir rester inflexible. Arnold était parvenu à s'échapper; il reçut dans l'armée anglaise le rang de brigadier-général; mais les officiers témoignèrent hautement leur répugnance à servir sous lui. La défection d'Arnold changea les plans de Washington, et il dut se borner à envoyer des renforts à l'armée du sud que commandait le général Greene, auquel était opposé lord Cornwallis avec douze mille hommes.

Peu de temps avant l'arrivée du comte de Rochambeau en Amérique, Rodney avait débarqué à Sainte-Lucie (28 mai). Trois combats livrés en un mois au comte de Guichen, successeur du comte d'Estaing, signalèrent l'arrivée de l'amiral anglais; mais Guichen ne lui était inférieur ni en force, ni en habileté. Les trois combats restèrent indécis, et même Rodney, plus maltraité que son adversaire, ne put l'empêcher de faire sa jonction avec l'amiral espagnol Solano. Dès-lors les alliés furent maîtres des mers des Antilles. Pendant ce temps, les corsaires américains interceptaient la flotte de Québec à la hauteur de Terre-Neuve et lui prenaient quatorze bâtiments. Les Anglais eurent bientôt à déplorer un échec encore plus grave. Un convoi de près de cent vaisseaux, portant en Amérique quatre mille hommes et d'immenses provisions de guerre, fut pris par la flotte française de l'Océan et conduit à Cadix.

Déjà compromise par ces revers, la suprématie maritime à laquelle prétendait l'Angleterre allait être complétement anéantie par les efforts habiles de la diplomatie française. Abusant de la supériorité de leur marine, les Anglais s'étaient jusqu'alors arrogé le droit de visiter les bâtiments des puissances neutres, et le plus souvent de les confisquer, sous prétexte que ces bâtiments transportaient chez leurs ennemis des armes et des munitions, ou qu'ils trafiquaient avec des ports déclarés en état de blocus. L'Angleterre allait jusqu'à soutenir qu'un port, quoique non effectivement fermé par ses vaisseaux, devait être considéré comme tel par les autres nations, du moment qu'elle en avait notifié le blocus. L'Europe ne supportait qu'avec peine de pareilles prétentions. M. de Vergennes profita habilement de ces dispositions. Comme il fallait que le signal de la résistance aux prétentions de l'Angleterre vînt d'une des premières puissances du continent, ce fut à l'impératrice de Russie qu'il s'adressa; il fit remontrer à cette princesse la gloire qu'il y aurait pour elle à délivrer les puissances secondaires de ce joug odieux, et décida l'impératrice, fière de jouer le rôle de protectrice des mers, à prendre l'initiative. Catherine adressa à toutes les cours une déclaration contenant, indépendamment d'une longue série de plaintes et de récriminations, trois propositions fondées sur le droit des gens. Ces propositions pouvaient se résumer ainsi : Le pavillon couvre la marchandise; tout bâtiment neutre escorté par un vaisseau de guerre est affranchi de toute visite; un port n'est en état de blocus que lorsqu'il est réellement fermé par une force suffisante. Toutes les puissances maritimes du continent, et jusqu'à l'Autriche et la Prusse, adhérèrent avec empressement à la déclaration de la czarine; toutes équipèrent des vaisseaux pour en faire respecter les principes, et, sous le nom de *neutralité armée*, formèrent une ligue pacifique destinée à protéger le commerce de l'Europe contre les prétentions dominatrices de l'Angleterre.

La Hollande avait souffert plus que toute autre nation des insultes de la Grande-Bretagne; nombre de ses vaisseaux marchands avaient été saisis sous prétexte qu'ils portaient des secours et des munitions, soit en France, soit en Amérique. Au commencement de l'année 1780, le comte de Byland, chargé d'escorter une flotte hollandaise qui se rendait dans la Méditerranée, ayant voulu s'opposer à la visite de son convoi par une escadre anglaise, fut forcé d'amener son pavillon. Aux vives réclamations des états-généraux, l'Angleterre répondit d'abord en maintenant le droit qu'elle avait de visiter les vaisseaux des puissances neutres; puis en réclamant, comme elle l'avait déjà fait, l'assistance à laquelle la Hollande était tenue envers elle, en vertu des traités de 1678 et de 1716. Le stathouder, tout dévoué à l'Angleterre à cause de ses liens de famille avec la maison de Brunswick, désirait vivement céder à ces demandes; mais les états-généraux inclinaient vers l'alliance avec la France; ils refusèrent tout secours à la Grande-Bretagne et déclarèrent qu'ils adhéraient à la *neutralité armée*. C'était ce que demandait le cabinet de Saint-James, qui depuis longtemps convoitait les riches colonies hollandaise, et qui se flattait de compenser sur ces possessions mal défendues les pertes que ses autres ennemis pourraient lui faire éprouver. La guerre fut brusquement déclarée (décembre 1780), et Rodney reçut l'ordre de fondre sur les Antilles hollandaises avant qu'elles eussent le temps de se mettre en défense. Aussitôt l'amiral fait voile vers l'île Saint-Eustache, force la garnison surprise à se rendre à discrétion, et traite l'île comme une ville emportée d'assaut (3 février 1781). Les habitants sont dépouillés de tous leurs biens, les bâtiments de commerce qui se trouvent dans le port, capturés ou brûlés, les magasins pillés et détruits. De l'aveu des Anglais eux-mêmes, la valeur du butin s'éleva à plus de cent millions de francs. Ce désastre ne fut pas le seul que les Hollandais eurent à déplorer : une de leurs flottes, rencontrée près du Doggerbank par l'amiral Parker (5 août), désempara, il est vrai, une partie de la flotte anglaise; mais elle-même fut horriblement maltraitée et mise dans l'impossibilité de tenir la mer. En même temps, des corsaires anglais s'étaient emparés des îles de Demerary et d'Essequibo; enfin, une escadre britannique avait mis à la voile avec l'ordre de réduire les colonies hollandaises dans l'Inde.

Cependant la France, dont les États réclamaient instamment le secours, n'était pas restée inactive. L'amiral de La Motte-Piquet ayant rencontré à la hauteur des Sorlingues trente-deux bâtiments chargés des richesses enlevées à Saint-Eustache, en avait capturé vingt-six, malgré les quatre vaisseaux de ligne qui les escortaient (2 mai). Presque au même moment, le marquis de Bouillé reprenait Saint-Eustache elle-même; le comte de Grasse s'emparait de Tabago (10 mai), et battait l'amiral Hood qui croisait dans les Antilles avec vingt-un vaisseaux; enfin le bailli de Suffren était envoyé dans les mers de l'Inde avec six vaisseaux (29 avril).

Dans l'Océan, la flotte coalisée d'Espagne et de France fit voile vers les côtes d'Angleterre, après avoir escorté seize mille hommes qui, sous le commandement du duc de Crillon, débarquèrent dans l'île de Minorque (20 août). La terreur se répandit de nouveau dans la Grande-Bretagne; mais, comme la première fois, la division se mit entre les deux amiraux, tout se borna à de vaines démonstrations, et les flottes rentrèrent dans le port sans avoir rien fait.

C'était sur le continent américain qu'allaient se frapper les grands coups. Le comte de Grasse était à Tabago lorsqu'il reçut des dépêches de Rochambeau et de Washington, qui lui firent quitter précipitamment les Antilles pour se rendre au plus tôt sur les côtes d'Amérique. Le 18 août, il jeta l'ancre à l'extrémité de la baie de Chesapeak, et il commença à exécuter pour sa part le plan concerté à Rhode-Island entre les généraux alliés, et auquel il était invité à concourir. Ce plan consistait à enfermer lord Cornwallis dans la presqu'île de York-Town, de telle façon qu'il fût contraint de subir le même sort que Burgoyne.

Après divers succès qui avaient fait rentrer sous l'obéissance de la couronne d'Angleterre une partie des provinces méridionales du continent américain, lord Cornwallis était remonté vers la Virginie. Là il trouva plus de résistance; contrarié dans sa marche par le marquis de Lafayette, qui, avec un faible corps de milice, ne cessait de le harceler, il se vit forcé, par la jonction du général français avec les Américains Wayne et Greene, de gagner York-Town, à l'extrémité de l'étroite presqu'île formée dans la baie de Chesapeak par les rivières James et York. Dans cette position, il était en communication avec la flotte de l'amiral Arbuthnot, qui lui fournissait des vivres et devait lui amener des renforts détachés de l'armée de Clinton. Mais un faux avis et un mouvement prononcé de Washington et de Rochambeau sur New-York firent craindre à Clinton d'être lui-même attaqué; il suspendit l'envoi des renforts et rappela l'amiral Arbuthnot. Cette faute permit à M. de Grasse d'entrer sans obstacle dans la baie de Chesapeack, et de couper à lord Cornwallis toute retraite du côté de la mer. Aussitôt Washington et Rochambeau se dirigèrent sur la presqu'île; en quinze jours, après une marche de près de trois cents lieues, ils arrivèrent à Baltimore, à l'autre extrémité de la baie. Peu de jours après, ils étaient devant York-Town, où Lafayette avait déjà pris position. Le siége fut immédiatement commencé (7 octobre 1781). Enfermé de toutes parts et sans espérance d'être secouru, Cornwallis n'avait d'autre parti à prendre que de capituler (19 octobre); six mille hommes de troupes réglées et quinze cents matelots mirent bas les armes et furent faits prisonniers; treize bâtiments de guerre, cinquante vaisseaux marchands et un immense matériel tombèrent entre les mains des vainqueurs. D'après les conventions faites entre les alliés, tout ce qui dépendait de l'armée anglaise fut remis entre les mains des Américains; la flotte appartint aux Français.

La désastreuse capitulation de lord Cornwallis porta au ministère un coup dont il ne devait pas se relever [1]. Lord North le comprit, cependant il ne voulut pas

---

1. Sir N. W. Wraxall, dans ses Mémoires (*Historical memoirs of his own time*), dit que lord North reçut cette nouvelle comme il aurait reçu une balle dans la poitrine, en levant les bras au ciel et en s'écriant : « Grand Dieu, tout est perdu! » Le roi lui-même, malgré son sang-froid et son calme habituels, en éprouva un trouble inaccoutumé, car, en répondant à l'avis qui lui fut donné de cet événement par le ministre de la guerre, lord Georges Germaine, il oublia d'indiquer sur sa lettre l'heure et la minute précises auxquelles il l'avait écrite, chose qui ne lui était pas encore arrivée une seule fois dans tout le cours de sa vie.

céder sans combattre; il était soutenu par le roi, dont le caractère étroit et opiniâtre ne pouvait se déterminer à l'abandon de ses opinions, alors même que l'événement venait lui en démontrer la nécessité, et il fut décidé qu'on ferait tête à l'orage qui s'apprêtait dans le parlement. Dans le discours d'ouverture de la session (27 novembre), Georges déclara qu'il persistait dans la résolution de lutter contre les puissances coalisées tant qu'il n'en obtiendrait pas des conditions de paix compatibles avec les droits de son peuple, et il ajouta qu'on ne le verrait jamais consentir à sacrifier, soit à son désir particulier de la paix, soit au soulagement momentané de ses sujets, les droits inaliénables et les intérêts permanents de l'État.

Pour assurer le triomphe de ces sentiments, il aurait fallu qu'ils trouvassent de l'écho, sinon dans la chambre des communes, au moins dans le pays; mais partout le peuple murmurait contre les charges qui l'accablaient. Les comités de correspondance, qui avaient joué un si grand rôle dans les derniers troubles, n'avaient pas été dissous, et dans tous les comtés, ils organisaient des assemblées politiques où les vœux de la nation étaient énergiquement développés; la chambre était encombrée de pétitions rédigées par leurs soins, et qui toutes demandaient la paix et le renvoi des ministres. L'opposition, soutenue par ces manifestations, se montrait plus ardente que jamais. Elle s'était renforcée aux dernières élections de quelques jeunes membres, parmi lesquels on distinguait Shéridan, déjà célèbre par ses succès littéraires, et William Pitt, le second fils et l'élève favori de l'illustre lord Chatham. Les violences et les brigandages commis par Rodney à Saint-Eustache, l'inaction de cet amiral, la dispersion de sa flotte et son retour en Angleterre au moment où le comte de Grasse agissait sur les côtes d'Amérique, et par dessus tout la capitulation de lord Cornwallis, conséquence inévitable de cette inexplicable inaction, tout cela formait un faisceau de griefs formidables, que l'opposition exploita avec un infatigable acharnement. A chaque épreuve le ministère voyait s'amoindrir le chiffre de sa majorité; chaque jour d'ailleurs apportait de nouveaux sujets d'attaque, car, sur tous les points, la guerre était défavorable pour l'Angleterre. Après avoir repris Saint-Eustache, le marquis de Bouillé, protégé par la flotte de l'amiral de Grasse, s'était encore emparé de Saint-Christophe (13 février 1782). Les îles de Nevis et de Montserrat étaient tombées au pouvoir des Français; de toutes les îles Sous le Vent, il ne restait plus à la Grande-Bretagne que la Barbade et Antigoa; enfin, le fort Saint-Philippe, dans l'île de Minorque, venait de se rendre au duc de Crillon.

A cette nouvelle, Fox proposa de déclarer que les opérations maritimes avaient été mal dirigées pendant l'année 1781. Cette motion, repoussée par une faible majorité de 22 voix sur 338 votants, est suivie de vingt autres. Propositions d'enquête, d'adresse au roi, d'accusation; invectives, pétitions, l'opposition ne négligeait aucun moyen. Burke, Fox, William Pitt, Barré, étaient constamment sur la brèche. La majorité du ministère faiblissait chaque jour; cependant il ne paraissait pas songer à se retirer. Pour en finir, le général Conway présenta deux motions qu'il considérait comme décisives; par l'une, la chambre déclarait « que la continuation des hostilités en Amérique n'était propre qu'à paralyser les opérations militaires de l'Angleterre contre ses ennemis d'Europe, et à envenimer davantage une inimitié également funeste aux deux peuples. » La seconde considérait comme ennemis de l'État ceux qui conseilleraient à Sa Majesté de persister dans le projet de réduire les États-Unis à l'obéissance par la force. Ces deux motions furent adoptées. On crut que c'était le coup de mort du ministère : on se trompait. Lord North tenait, non pas à ses idées politiques, mais à son portefeuille ; il confondit les espérances de l'opposition en déclarant qu'il allait mettre tous ses soins à suivre les intentions de la chambre et à remplir les vues des deux motions qu'elle venait d'adopter, et il ajouta qu'il espérait que, dans le cas où il se méprendrait sur les désirs du parlement, il recevrait de lui de nouvelles instructions. A cette déclaration inouïe, l'opposition éclata ; il était impossible, soutinrent ses orateurs, qu'un ministère se conformât aux vœux du parlement, lorsque ces vœux étaient contraires à sa politique ; une pareille conduite était évidemment la ruine du gouvernement constitutionnel. Mais lord North resta impassible ; pensant avoir, par ses concessions aux nécessités du moment, satisfait ceux des membres de l'ancienne majorité qui, opposés à la continuation de la guerre d'Amérique, s'étaient joints à l'opposition, il déclara qu'on ne le verrait pas abandonner le ministère seulement parce que quelques hommes exaltés ou ambitieux s'acharnaient après lui, et qu'il était résolu d'attendre pour se retirer que Sa Majesté lui en eût donné l'ordre, ou que la chambre lui eût signifié clairement qu'il eût à s'éloigner. Alors Fox annonça que dans peu il proposerait une motion par laquelle la chambre supplierait formellement le roi de renvoyer ses ministres. Lord North paraissait attendre sans crainte le résultat de cette épreuve décisive, lorsqu'au jour fixé, au moment où Fox allait développer sa proposition, il déclara, à l'étonnement général, que Sa Majesté s'était occupée de cet objet, et ferait bientôt connaître son nouveau choix ; et il demanda qu'en conséquence la chambre voulût bien s'ajourner pendant cinq jours (19 mars 1782). L'ajournement voté, lord North prit congé de l'assemblée comme ministre, en la remerciant de l'appui bienveillant et déclaré qu'elle lui avait accordé pendant si longtemps ; il ajouta en finissant qu'il était prêt à rendre compte à son pays de tous les actes de son administration, et que si l'on voulait entreprendre l'examen de sa conduite, il s'offrait sans hésiter à le subir.

Mais si le ministre avait des adversaires, il n'avait pas d'ennemis ; son caractère aimable et conciliant lui avait fait de nombreux amis même parmi ceux qui s'étaient le plus vivement opposés à sa politique ; personne ne songea à l'inquiéter après sa chûte ; d'ailleurs, si les douze années du ministère de lord North furent une époque désastreuse pour la gloire comme pour la puissance de la Grande-Bretagne, cependant de ce mal même naquit un avantage pour le pays. La stabilité de l'administration eut pour effet de mettre enfin un terme à ces incessantes intrigues qui, depuis l'avénement de Georges III, avaient tour à tour divisé des hommes d'un même parti, rapproché des hommes de partis différents, et cela sans autre motif que leur intérêt ou leur haine du moment. Contre un ministre soutenu par une majorité compacte et décidée, les attaques de coteries étaient demeurées sans effet ; aussi leur règne avait passé pour faire place à celui des grands partis ; les whigs et les torys se retrouvaient en présence. La chûte de lord North décida du triomphe du parti whig; ce fut donc dans ses rangs que le roi dut chercher un nouveau cabinet. Deux hommes étaient alors considérés comme les chefs de ce parti : le marquis de Rockingham et le comte de Shelburne. Intimement unis dans leur opposition à lord North, il y avait cependant dans les principes de chacun d'eux quelques différences assez notables. Rockingham voulait, à l'intérieur, la restriction réelle et sincère de l'influence de la couronne, et une réforme efficace dans les finances; à l'extérieur, la paix, et comme premiers pas pour y arriver, la reconnaissance de l'indépendance des colonies. Lord Shelburne, au contraire, moins jaloux de restreindre la puissance de la prérogative royale, répugnait à l'idée d'obtenir la paix par la reconnaissance des États-Unis. Ces sentiments étaient aussi ceux du roi; en conséquence, ce fut à Shelburne que Georges s'adressa d'abord pour la formation d'un nouveau ministère. Mais il était évident qu'il n'y avait pas de durée possible pour un cabinet qui laisserait en dehors du pouvoir une fraction aussi importante que celle dont le marquis de Rockingham était le chef. Shelburne le comprit, et déclara au roi que le seul homme qui pût, pour le présent, composer un ministère whig et y occuper la première place, était le marquis de Rockingham. Celui-ci ne consentait à se charger du pouvoir qu'aux conditions suivantes : paix avec l'Amérique et reconnaissance de son indépendance; restriction de l'influence de la couronne; réforme économique d'après les plans antérieurement développés par Burke. Quelque antipathiques que ces conditions fussent au roi, il lui fallut néanmoins se résigner; Rockingham fut nommé premier lord de la trésorerie et chargé de former le nouveau cabinet. Afin d'opérer une fusion dans les deux fractions du parti whig, Rockingham fit entrer ses amis et ceux de lord Shelburne en nombre égal dans la nouvelle administration. Shelburne eut la place de secrétaire-d'état pour les affaires étrangères, avec Fox pour collègue à l'intérieur; lord Cambden fut président du conseil, le duc de Grafton gardien du sceau privé; l'amiral Keppel, créé vicomte, devint le premier lord de l'amirauté; lord John Cavendish, chancelier de l'échiquier; le général Conway, commandant des forces du royaume; M. Dunning, élevé à la pairie sous le nom de lord Ashburton, fut chancelier du duché de Lancastre; le duc de Richmond, maître général de l'artillerie. Par suite des vives sollicitations du roi, lord Thurlow conserva le poste de lord chancelier qu'il occupait sous le ministère North. Les autres places de l'administration supérieure, qui ne donnaient pas un siége dans le cabinet, furent remplies par le duc de Portland, lord-lieutenant d'Irlande; M. Burke, payeur-général de l'armée; MM. Townshend et Barré, secrétaire à la guerre et trésorier de la marine; Shéridan, sous-secrétaire-d'état, etc. On s'étonna de ce que le jeune William Pitt, qui s'était fait déjà au parlement une position considérable, n'entrait pas dans la nouvelle administration. Diverses places lui avaient été offertes; mais Pitt tenait peu à faire partie d'un cabinet composé d'éléments hétérogènes, et qui portait par conséquent en lui le germe d'une prompte dissolution. Il refusa.

Avant que le ministère eût pu s'occuper de mettre à exécution les mesures qui faisaient la base de sa politique, les affaires d'Irlande attirèrent exclusivement son attention.

Les patriotes de ce pays n'avaient pas été satisfaits des concessions à eux faites par la précédente administration, et non-seulement les volontaires armés, mais aussi les députés de la chambre basse continuaient de réclamer contre les entraves qui gênaient le commerce du royaume avec les puissances neutres, et surtout contre les prétentions du parlement britannique à gouverner l'Irlande par ses lois. Cependant, malgré leurs efforts et les récriminations éloquentes de M. Grattan, le plus célèbre orateur du parti populaire, ces réclamations demeurèrent sans effet, et la majorité de la chambre rejeta toutes les motions qui furent faites à ce sujet. Alors les membres des associations volontaires se décidèrent à agir. Réunis en armes à Dungannon (13 février 1782), ils déclarèrent que leur ferme intention était de poursuivre, par tous les moyens possibles, le redressement des griefs dont l'Irlande avait à se plaindre; une adresse de remerciements fut votée aux membres du parlement irlandais qui avaient défendu les droits du pays. « Poursuivez, leur « disait-on; la voix d'un peuple entier vous y engage, et dans un état libre il faut « que la voix du peuple l'emporte. Nous savons ce que nous devons à notre souve- « rain, mais nous nous connaissons aussi nous-mêmes et nous sommes résolus à « être libres. »

Soutenue par ces résolutions, la minorité de la chambre basse recommença ses attaques, et M. Grattan proposa de déclarer, dans une adresse au roi, que, malgré le droit de contrôle que s'était arrogé depuis longtemps le parlement britannique, l'Irlande revendiquait ses droits à une législature indépendante. « La liberté avec « l'Angleterre; mais à tout événement la liberté, » s'écria Grattan en finissant son discours, et ce cri devint aussitôt le cri de l'Irlande tout entière.

En présence de manifestations aussi éclatantes, le ministère, qui avait d'abord paru vouloir temporiser, ne pouvait plus hésiter. Il fallait choisir entre les mesures de rigueur ou les voies de conciliation; il prit le dernier moyen. Fox exposa devant la chambre les réclamations de l'Irlande, reconnut qu'elles étaient fondées sur la justice, et conclut en demandant la révocation de l'acte de Georges Ier [1]. Cette proposition fut adoptée dans les deux chambres et sanctionnée par le roi. Tout en pressant l'adoption des mesures propres à apaiser le juste ressentiment de l'Ir-lande, les ministres s'efforçaient de prouver, par une série d'actes aussi libéraux qu'éclairés, que leur arrivée au pouvoir ne leur avait pas fait oublier les doctrines qu'ils avaient professées dans l'opposition et lors de leur entrée au ministère. L'exclusion de la chambre des communes de tous ceux qui étaient engagés vis-à-vis de l'administration par un contrat, un marché, une fourniture; le droit de voter dans les élections retiré à tous les officiers du fisc [2], furent les premiers coups portés à l'influence de la couronne. La radiation, sur les registres des communes,

1. Cet acte déclarant que l'Irlande était inséparablement annexée à la couronne de la Grande-Bre-tagne et soumise aux lois du parlement britannique; que la chambre des lords irlandaise ne pouvait être considérée comme cour d'appel, et que les jugements en dernier ressort appartenaient à la chambre des lords de la Grande-Bretagne.

2. Le marquis de Rockingham démontra la nécessité de ce bill, en portant à la connaissance de la chambre que les officiers du fisc étaient presque entièrement maîtres des élections dans soixante-dix bourgs.

de la résolution prise en 1769 contre l'élection de Wilkes, et la franchise électorale retirée au bourg de Cricklade, dont presque tous les électeurs avaient été convaincus de corruption, signalèrent le retour aux principes de moralité et de légalité en matière d'élection. Enhardis par ces dispositions libérales, les délégués des associations populaires jugèrent le moment favorable pour obtenir ce qu'ils réclamaient vainement depuis si longtemps, une réforme parlementaire et la révocation de l'acte septennal. Dans la plupart des grandes villes, des comités convoquèrent de nombreux meetings, et partout la question de la réforme parlementaire fut énergiquement soutenue.

William Pitt saisit avec empressement l'occasion d'augmenter sa popularité en se faisant à la chambre des communes l'organe de ces assemblées, et en demandant la formation d'un comité chargé de faire un rapport sur l'état de la représentation parlementaire. A l'appui de sa motion, il traça à grands traits le tableau des calamités qu'avait occasionnées par le passé et que pouvait occasionner encore à l'avenir une représentation insuffisante. « Le gouvernement, dit-il, commande
« entièrement les élections dans certains bourgs, et si son influence est contre-
« balancée dans quelques-uns, c'est moins par les électeurs, que par quelques indi-
« vidus puissants dont les ancêtres se sont arrogé le droit de disposer des élections.
« Quelques-uns de ces bourgs, à qui il ne reste ni richesse, ni population, ni com-
« merce, n'ont d'importance politique que par le droit d'envoyer des représentants
« au parlement; d'autres n'ont de revenu que le prix honteux de leurs votes, qu'ils
« vendent publiquement au plus offrant. Ceux-ci sont les plus dangereux de tous :
« jamais ils ne consultent les intérêts nationaux; au contraire, ils donnent avec
« empressement leurs suffrages au dernier enchérisseur. Aussi est-ce un fait bien
« avéré que le nabab d'Arcate nomme sept ou huit membres dans la chambre.
« On a signalé fréquemment les dangers qu'il y aurait à être soumis à l'influence
« d'une puissance étrangère; cependant, si les nababs de l'Inde jouissent d'un
« si grand crédit dans les conseils nationaux, qui peut empêcher qu'une puis-
« sance ennemie de l'Angleterre n'acquière une influence semblable en disposant
« des mêmes moyens de corruption?... Différentes personnes, ajouta-t-il, pensent
« que la voie la plus sûre pour établir une liaison intime entre les représentants
« et le peuple est de réduire le nombre des membres envoyés par les *bourgs pourris*,
« d'augmenter d'autant les nominations à faire par les bourgs que leur importance
« intéresse au bien de l'État, et d'abréger la durée des parlements. Je ne me pro-
« pose pas de considérer actuellement moi-même l'utilité de pareilles mesures,
« mais je demande que le soin en soit confié à un comité librement nommé par
« la chambre. »

Fox, Shéridan, et quelques autres membres de l'administration, soutinrent énergiquement la motion; mais Burke, Thomas Townshend et quelques autres la désapprouvaient et s'abstinrent de prendre part à la discussion. Une réforme parlementaire devait avoir pour effet de diminuer l'influence de l'aristocratie whig aussi bien que celle de l'aristocratie tory. L'une et l'autre se montrèrent opposées à la motion qui fut rejetée, mais seulement à une majorité de vingt voix (161 contre 141). Nul doute que si le cabinet l'eût unanimement soutenue elle eût été adoptée.

Cette conduite du ministère causa dans la nation un mécontentement général, et sa popularité reçut au même moment un échec plus grave encore.

Après la prise de l'île Saint-Christophe, M. de Grasse était parti de la Martinique (8 avril) pour unir ses trente-cinq vaisseaux à dix-sept bâtiments espagnols qui l'attendaient à Saint-Domingue. De là, les flottes combinées devaient aller attaquer la Jamaïque. Mais Rodney, qui venait de joindre l'amiral Hood, et qui commandait à trente-huit bâtiments de haut bord, épiait de Sainte-Lucie l'amiral français, afin de prévenir sa jonction avec les Espagnols; il l'atteignit à la vue de la Guadeloupe et lui offrit le combat. Un vent contraire permit seulement aux deux avant-gardes de s'engager. Après avoir vigoureusement repoussé les Anglais, M. de Grasse continua sa route, et Rodney désespérait de l'atteindre, lorsque, pour dégager un de ses vaisseaux que des avaries faisaient dériver sur la flotte anglaise, l'amiral français rebrousse chemin et se met ainsi dans la nécessité d'accepter un combat inégal qu'il eût suffi d'éviter pour dominer dans ces mers. A la suite d'une lutte acharnée qui dura depuis sept heures du matin jusqu'à sept heures du soir, de Grasse fut vaincu; *la Ville-de-Paris*, vaisseau de 120 canons, qu'il montait, fut forcé d'amener son pavillon; quatre autres bâtiments furent pris, deux avaient sauté pendant le combat (12 avril 1782).

La nouvelle de cette victoire excita en Angleterre les plus vifs transports d'allégresse; mais, par malheur pour l'administration, au moment où elle arriva, lord Keppel, pour punir Rodney de sa conduite à Saint-Eustache, venait de le remplacer dans son commandement. L'indignation fut égale dans les chambres et dans la nation, et, quoique Fox justifiât la détermination du cabinet par la conduite passée de l'amiral, et ajoutât que la gloire dont il venait de se couvrir suffisait pour contre-balancer ses torts, quoique le roi élevât aussitôt Rodney à la pairie avec le titre de baron et une pension de 2,000 livres, l'impression fâcheuse causée par son rappel ne s'effaça pas.

Tel était l'état des esprits lorsque Burke présenta son bill de réforme financière. Il l'avait annoncé un mois auparavant dans les termes les plus pompeux; aussi s'attendait-on à y voir la réalisation des fameux plans si magnifiquement développés par lui en 1779. Mais, arrêté à chaque pas par le mauvais vouloir du roi et de quelques-uns de ses propres collègues, Burke n'avait pu réaliser qu'une partie de ses desseins, et au lieu de cette réduction de 200,000 livres sterling, qu'il avait proclamée naguère comme chose si facile à effectuer, il ne présentait qu'une diminution de dépense de 72,368 livres, dont les deux tiers provenaient de retranchements opérés sur ses propres émoluments [1]. Une foule de places, qu'il avait signalées lui-même comme complétement inutiles, étaient conservées; les duchés de Lancastre et de Cornouailles, la principauté de Galles maintenus tels qu'ils étaient. Une réforme aussi incomplète, après tout ce qui avait été promis,

---

1. Par un abus inconcevable, mais qu'un long usage avait sanctionné, le payeur-général de l'armée était autorisé à faire valoir pour son compte une somme de 1 million sterling (25,000,000 fr.), versée d'avance dans sa caisse pour les besoins de l'armée. Burke, quoique très-pauvre, n'hésita pas à renoncer à la plus grande partie de ces avantages; la nouvelle organisation qu'il donna à l'emploi de payeur-général sauva à l'État une somme annuelle de 47,000 liv. sterling.

devait donner naissance aux plus violentes critiques; les amis du cabinet eux-
mêmes ne dissimulèrent pas leur mécontentement. Cependant, comme c'était toujours un soulagement aux charges existantes alors, elle fut adoptée par les deux
chambres comme un premier pas vers de plus grandes améliorations.

Le ministère en méditait de réelles, mais pour les exécuter il lui fallait la paix.
Tous ses efforts se tournèrent vers ce but. Avant son entrée aux affaires, Fox avait
fréquemment donné à entendre qu'il lui serait facile de détacher les Hollandais de
la France; mais lorsqu'il proposa aux états-généraux de faire leur paix particulière, ses ouvertures furent reçues avec une froideur voisine du dédain. Exaltés par
les revers de l'Angleterre et les assurances de secours du cabinet de Versailles, les
états se refusèrent à tout traité dans lequel n'entreraient pas en même temps la
France et l'Espagne. L'amour-propre de Fox était réservé à une épreuve plus mor-
tifiante encore. Les Américains, dont il avait si souvent proclamé la modération
et la magnanimité, reçurent ses ouvertures pour la paix avec plus de froideur
encore que les états-généraux. Les prédictions de lord North étaient justifiées : les
whigs, en déclarant à tout propos que l'Angleterre n'était plus en état de tenir
tête à ses rivaux, avaient doublé l'audace des ennemis de l'Angleterre. Fox fut
obligé de se soumettre à l'humiliation de mendier de Catherine et de Joseph II une
médiation que ces souverains n'accordèrent que de mauvaise grâce. Alors un agent
secret fut envoyé à Paris; il devait offrir pour base des négociations la reconnaissance de l'indépendance des treize colonies américaines, et pour le reste, le
status ante bellum. Mais à cette époque, Rodney n'avait pas encore remporté sur
M. de Grasse sa glorieuse victoire, la France était maîtresse des Antilles, l'Espagne
croyait toucher au moment de s'emparer de Gibraltar que ses forces de terre et de
mer continuaient à bloquer; les propositions de Fox furent à peine écoutées.

Les ministres commençaient à désespérer de la conclusion de cette paix, qu'ils
s'étaient promis d'obtenir si facilement, lorsque la mort du marquis de Rockingham vint mettre un terme à l'existence du cabinet (1er juillet 1782). Aussitôt le roi,
heureux de se débarrasser des partisans du premier ministre, donna sa succession
au comte de Shelburne, sans même daigner consulter préalablement aucun des
amis de Rockingham; c'était déclarer que la couronne rompait définitivement avec
la fraction du parti whig dont ce ministre avait été le chef; Fox, Burke, lord
Cavendish et leurs adhérents donnèrent immédiatement leur démission. Le roi l'accepta avec une satisfaction non dissimulée, et les remplaça par des amis de lord
Shelburne : lord Grantham, Thomas Townshend, le colonel Barré. William Pitt,
âgé de vingt-trois ans, après avoir siégé pendant trois années seulement à la
chambre des communes, et sans avoir passé par aucun emploi intermédiaire, fut
élevé au poste important de chancelier de l'échiquier, et chargé en même temps
de diriger les débats de la chambre des communes. C'était le poste d'honneur du
cabinet; c'était aussi le plus périlleux. Après une guerre ruineuse, les finances
étaient embarrassées, et l'opinion demandait des réformes à grands cris. Le jeune
Pitt ne recula pas devant cette lourde tâche, et entra résolument dans la carrière
où il devait égaler, sinon surpasser la renommée de son illustre père.

Le ministère ainsi renouvelé, allait se trouver en face de l'opposition décidée de la fraction du parti whig qui venait d'être sacrifié. Il était dès lors évident qu'il serait obligé, pour trouver quelque force, d'incliner vers le parti tory. En exposant à la chambre les motifs qui l'avaient forcé de donner sa démission, Fox accusa formellement le premier ministre d'avoir déserté les principes politiques qu'il avait professés en entrant dans le ministère du marquis de Rockingham, et il prédit que, délivré de l'ascendant de cet homme d'état, lord Shelburne ne reculerait pas, pour se maintenir au pouvoir, même devant une coalition avec lord North, ce ministre que la nation et la chambre venaient de renverser. Pitt, qui avait jusqu'alors été dans de bons termes avec Fox, prit la défense de lord Shelburne, et répondit aux attaques du nouveau chef de l'opposition avec une violence qui amena entre eux une rupture et alluma cette haine implacable qui ne cessa dès lors d'animer l'un contre l'autre les deux plus grands orateurs de l'Angleterre.

Malgré la prédiction de Fox, les nouveaux ministres ne changèrent rien pour le moment à la conduite générale des affaires. Dans le discours de clôture de la session (11 juillet), le roi annonça qu'il ne désirait rien autant que de voir la fin de la guerre. « La victoire la plus éclatante, ajouta-t-il, ne me porterait pas « à rejeter des conditions équitables d'accommodement; mais aussi rien ne serait « capable de me faire accepter des conditions qui n'auraient pas ce caractère. »

Sous l'influence de ces dispositions, on ne pouvait pousser vigoureusement les opérations militaires; aussi, en Amérique, depuis la capitulation de lord Cornwallis, on n'avait vu survenir aucun événement important, et quelques rencontres insignifiantes témoignaient seules que la paix n'était pas encore signée. Dans les mers des Antilles, où la victoire de Rodney n'avait eu, malgré tout son retentissement, d'autre effet que d'empêcher l'attaque combinée contre la Jamaïque, la prise par une flotte espagnole des îles de Bahama, la ruine par La Peyrouse des établissements anglais de pelleterie situés sur la baie d'Hudson, et l'enlèvement par l'amiral de La Motte-Piquet d'un convoi anglais d'une valeur de seize millions, furent les seuls événements dignes de remarque. La guerre n'avait plus réellement que deux théâtres, la Méditerranée et les Indes orientales.

Après avoir balayé l'Océan, les escadres françaises et espagnoles avaient regagné la Méditerranée; le 12 septembre, elles jetèrent l'ancre devant Algésiras, afin de seconder les opérations dirigées contre Gibraltar, dont le duc de Crillon commandait le siége. A l'arrivée des flottes alliées, il résolut de commencer l'attaque du fort, du côté de la mer. On attendait le plus grand effet de dix batteries flottantes qu'un officier d'artillerie venait d'imaginer : c'étaient des vaisseaux rasés, doublés dans une profondeur de cinq pieds par de grosses planches revêtues de liége et recélant les moyens d'entretenir dans leur bordage une humidité constante, nécessaire pour les préserver de l'effet des boulets rouges. Attachées les unes aux autres, ces batteries présentaient au môle un front de cent cinquante bouches à feu. Le général Elliot, gouverneur de Gibraltar, ne s'épouvanta pas de leurs terribles attaques. Toute sa garnison fut employée au service des boulets rouges; longtemps ils ne produisirent aucun effet; mais enfin, après plus de six mille coups tirés, un boulet, engagé dans un des bordages, parvint à l'enflammer; la garnison redoubla ses efforts, et deux autres batteries prirent feu de la même manière. L'incendie se com-

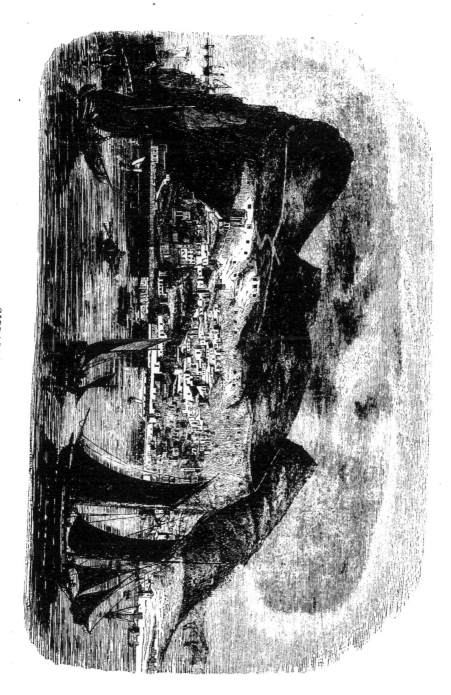

GIBRALTAR.

muniqua avec une telle rapidité que toutes en furent bientôt atteintes, et ceux qui les montaient se précipitèrent dans les flots. Tous y auraient trouvé la mort si le capitaine Curtis, qui commandait le corps de marine anglais, n'était venu à leur secours. Malgré les efforts d'un ennemi généreux, beaucoup périrent, et les Français eurent dans cette journée environ douze cents hommes tués ou faits prisonniers, tandis que les Anglais durent regretter à peine cent des leurs. Le parlement vota des remerciements aux officiers et aux soldats, et le général Elliot, créé chevalier de l'ordre du Bain, fut élevé à la dignité de pair avec le titre de baron Heathfield.

Auguste Elliot, lord Heathfield,
d'après l'original de sir Joshua Reynolds.

Les alliés reconnaissant alors l'impossibilité de s'emparer de vive force de Gibraltar, résolurent de le prendre par la famine. La place fut resserrée étroitement ; l'armée espagnole l'entourait du côté de la terre, et quarante-six vaisseaux semblaient rendre le blocus aussi assuré du côté de la mer. Cependant lord Howe partit de Plymouth dans l'intention de ravitailler la place. Un coup de vent, qui dispersa les escadres combinées dans la Méditerranée, le porta sur Gibraltar ; il y entra avec son convoi le 18 octobre, et le lendemain il avait repassé le détroit. Dès lors tout espoir de réduire la ville fut anéanti. Le siége ne fut continué que pour sauver aux alliés la honte d'une retraite.

Les mers de l'Inde devinrent alors le théâtre le plus actif de la guerre; déjà depuis quelque temps le bailli de Suffren y avait déployé une valeur et des talents dignes des plus beaux jours de la marine française; mais, à cette époque, la compagnie des Indes se trouvait arrivée à un degré de puissance qui lui permettait de tenir tète à la fois à tous ses ennemis, Européens et indigènes.

Le renversement de Suraj-u-Dowlah (voy. pag. 393) et l'intronisation de Meer-Jaffier (juin 1757), n'avaient été qu'un premier pas dans l'exécution des vastes desseins que le colonel Clive avait conçus. L'empire Mogol n'existait plus que de nom. Les successeurs de Mohammed XIV (1748) (voy. pag. 360), princes de plus en plus nuls, avaient contemplé du haut de leur trône, sans pouvoir l'empêcher, le pillage de leurs provinces et de leur capitale par les Afghans et les Mahrattes, qu'eux-mêmes avaient tour à tour appelés pour se soustraire à la domination de leurs visirs. Récemment encore, en 1758, Shazada, fils d'Allum-Geer, l'empereur régnant, en échouant dans ses efforts pour chasser Meer-Jaffier du Bengale, avait exposé au grand jour la faiblesse de cet empire en dissolution. Les Anglais le battirent; la trahison de ses alliés le laissa sans appui et réduit à demander à Clive un asile qu'il n'obtint pas. En face de tant d'impuissance, Clive voulait que la compagnie, et à son défaut le gouvernement anglais, s'emparât, sinon de la souveraineté nominale, au moins de la souveraineté de fait dans le Bengale. Ces idées, il les exposa dans un rapport qu'il adressa à Pitt, alors ministre dirigeant.

« La grande révolution, lui dit-il, qui a été effectuée en ces lieux par les armes de l'Angleterre, les vastes avantages obtenus par le traité qui en a été la conséquence, ont attiré l'attention du public; mais il me semble qu'on pourrait faire beaucoup plus que ce qui a été fait. Il faudrait seulement que les efforts de la compagnie fussent en rapport avec l'importance de ses possessions actuelles, avec les succès qu'il est permis d'attendre de l'avenir. J'ai représenté aux directeurs, dans les termes les plus forts, la nécessité d'envoyer et de maintenir constamment ici des troupes en nombre assez considérable pour leur permettre de ne pas laisser échapper la première occasion de s'agrandir encore, et cette occasion ne peut tarder à se présenter. Une longue connaissance du gouvernement de ce pays, une profonde étude du génie des peuples qui l'habitent, résultat de dix années d'expérience et de constante étude, m'autorisent à parler ainsi. Le nabab régnant, que la bataille de Plassey a mis sur le trône, conserve encore, il est vrai, son attachement pour nous; probablement il en sera de même tant qu'il ne pourra compter sur aucun autre appui; mais les Mogols sont tellement portés à l'ingratitude, que si le jour arrive où il puisse croire de son intérêt de rompre avec nous, les obligations qu'il nous a ne l'arrêteront nullement. Ce qui le prouve, c'est la conduite qu'il a tenue dernièrement en éloignant son premier ministre et en faisant périr deux ou trois de ses principaux officiers, attachés à nos intérêts, qui avaient participé à sa propre élévation. D'ailleurs il est avancé en âge, et son fils est à la fois si cruel, si capricieux, et, suivant toute apparence, tellement notre ennemi, qu'il serait fort imprudent de l'investir de la succession de son père. Un petit corps de 2,000 Européens

serait pourtant suffisant pour nous délivrer de toute appréhension d'un côté ou de
l'autre ; et, dans le cas où l'un des deux nous deviendrait trop incommode, permettrait à la compagnie de se saisir de la souveraineté pour son propre compte.
On trouverait d'autant moins de difficulté à agir de la sorte, que les indigènes
n'ont eux-mêmes aucune sorte d'attachement pour tel prince plutôt que pour tel
autre. Au contraire, aucune sécurité n'existant sous le gouvernement actuel,
ni pour leur vie, ni pour leur fortune, ils se réjouiraient de ce changement comme
du passage d'un gouvernement despotique à un gouvernement modéré. Il n'y a,
d'un autre côté, aucun doute à faire que nous n'obtenions aisément du grand
Mogol la confirmation de notre souveraineté, à la seule condition de lui payer pour
ces provinces la somme qu'il en tire maintenant, c'est-à-dire 50 lacs de roupies
par année. Ce tribut a été très-mal acquitté dans ces dernières années ; les embarras survenus à la cour du grand Mogol, dans le cœur de l'empire, l'ayant mis
dans l'impossibilité de songer à ses affaires dans les provinces éloignées ; des propositions m'ont même été faites de la part de la cour de Delhi pour que je me char-
geasse de percevoir moi-même ce revenu. Toutefois, j'ai décliné pour le moment
cette offre, ne voulant donner au subhadar aucun sujet de jalousie ou de mécontentement, surtout avant de savoir si la compagnie est disposée à nous accorder
des forces suffisantes pour remplir convenablement un emploi de cette importance, qui nous donnerait sans contredit les moyens de devenir nous-même
nabab. C'est pour cela, monsieur, que j'ai pris la liberté d'attirer votre attention
sur ce sujet. Pensez-vous que l'exécution de ce dessein et d'autres desseins plus
grands encore ne serait pas digne d'être conduite par la main du gouvernement?
Je me flatte d'avoir établi clairement à vos yeux que la possession absolue de
ces riches contrées n'entraînerait que peu ou point de difficultés, et cela avec le
consentement du grand Mogol lui-même, à la seule condition de lui payer moins
d'un cinquième de ce qu'elles rapportent. Maintenant je vous laisse à juger si un
revenu annuel de plus de 2 millions de livres sterling, joint à la possession de trois
grandes provinces abondantes en tout ce que l'art et la nature peuvent produire
de plus précieux, est un objet qui mérite l'attention publique ; je vous laisse à
juger s'il vaut la peine que la nation prenne les mesures convenables pour s'assurer
une telle acquisition, acquisition qui, sous votre gouvernement, je veux dire sous
le gouvernement d'un ministre capable et désintéressé, peut devenir la source
d'une immense richesse pour le royaume, et peut être en partie employée à diminuer le fardeau pesant de la dette publique sous lequel nous gémissons aujour-
d'hui. A ces avantages il faut encore ajouter l'influence que nous acquerrons par
là sur toutes les nations européennes qui font ici le commerce, et qui ne pourront
plus le continuer que sous notre bon plaisir, et dans les limites que nous trouverons
convenable de leur imposer ; enfin, il faut considérer que ce projet peut être
accompli sans épuiser la mère-patrie, comme ç'a été le cas pour nos possessions
d'Amérique. Une petite force européenne suffira toujours ; les troupes noires étant
à la fois mieux payées et mieux traitées par nous que par les princes indigènes,
nous ne pourrons jamais manquer d'en avoir à notre service un aussi grand
nombre que nous le voudrons. »

Clive trouvait le ministre fort disposé à le seconder dans l'exécution de ces importants desseins; mais sa mauvaise santé le força d'en ajourner l'exécution et de
retourner en Angleterre (25 février 1760); il y fut reçu avec enthousiasme, comblé
d'honneur et de distinctions de toute sorte, et nommé pair d'Irlande avec le titre

Robert, lord Clive,
d'après l'original conservé au palais du gouvernement, à Calcutta.

de baron de Plassaje. A Calcutta, son départ était envisagé comme une calamité
publique. « Il semblait, dit un historien contemporain, que l'âme abandonnàt le
corps du gouvernement anglais dans l'Inde. »
　Comme pour justifier ces craintes, de graves événements survenaient au Bengale. Peu de temps après le départ de Clive, l'empereur Allum-Geer périt victime
des complots de son visir, qui mit à sa place un arrière-petit-fils d'Aureng-Zeb,
au mépris des droits de Shah-Zada, fils du souverain assassiné. Shah-Zada, réfugié

alors chez le vice-roi de la province d'Oude, se fit proclamer empereur sous le
le nom de Shah-Allum; mais sans ressources pour reconquérir son trône et rentrer
en possession de sa capitale, dont le visir était maître, il se rejeta sur le Bengale,
pour essayer de nouveau de renverser Meer-Jaffier, et, secondé par le rajah d'Oude,
il marcha sur Moorshedabad, capitale de son ennemi. Il ne tarda pas à se trouver
en présence du fils de celui-ci, Meerun, dont les forces étaient réunies à celles du
colonel Caillaud, commandant des troupes anglaises. Au moment où le combat
s'engageait, Meerun tombe frappé de la foudre. Cette mort jette l'épouvante
parmi les indigènes, qui prennent tous la fuite; Caillaud, demeuré seul avec ses
Anglais, est obligé de s'enfermer dans Patna. Ce ne fut pas là le seul résultat de la
mort de Meerun; elle amena une nouvelle révolution au Bengale. En effet, les
troupes de Meer-Jaffier, mal payées par leur maître qu'épuisaient les exigences de
la compagnie, et n'étant plus contenues dans le devoir par la fermeté de son fils,
se révoltent et menacent la vie du nabab. Leur chef, Meer-Caussim, gendre de
Meer-Jaffier, séparant alors sa fortune de celle de son beau-père, lui promet la
vie sauve, mais exige qu'il le reconnaisse comme son héritier. Le nabab, cédant à
la nécessité, rachète sa vie au prix de son trône.

Les Anglais avaient d'abord songé à soutenir leur protégé; mais le conseil comprit bientôt qu'en appuyant son rival il se ferait payer cette complaisance par de
nouvelles concessions. Meer-Jaffier fut donc déposé; Meer-Caussim reconnu nabab
à sa place, et pour prix de cette connivence, l'usurpateur abandonna à la compagnie trois riches districts; de plus, il s'engagea à acquitter les dettes contractées
envers elle par Meer-Jaffier (septembre 1760).

Cependant la guerre désolait encore le cœur de l'empire mogol. Le visir, meurtrier d'Allum-Geer, avait, pour se soutenir, appelé les Mahrattes à Delhi. A peine
entrés dans la capitale, ces dangereux auxiliaires se saisirent de la personne du
jeune empereur tenu en tutelle par le visir et s'approprièrent les joyaux de la couronne. Une telle conduite ouvrit les yeux aux chefs mogols, jusque-là constamment
divisés par leur ambition effrénée; ils reconnurent le danger, et virent que la race
mogole était perdue s'ils laissaient le droit de disposer du trône à la nation indoue
des Mahrattes. Pour s'en défaire, ils réclamèrent le secours du roi des Afghans
qui accourut avec une armée nombreuse, et rencontra les Mahrattes dans ces
mêmes plaines de Panniput, où Nadir-Shah avait anéanti les troupes de Mohammed XIV. L'armée mahratte comptait soixante-dix mille hommes de troupes organisées et deux cent mille de bandes irrégulières; celle des Afghans, moins forte
en nombre, était composée de meilleures troupes, et avait en la personne de son
chef, Ahmed-Abdalli, un capitaine éprouvé. La victoire ne pouvait être douteuse;
elle fut éclatante : plus de cent mille Mahrattes tombèrent, dit-on, sous le fer des
Musulmans, Afghans et Mogols. Ce désastre réprima pour longtemps l'essor
jusque-là si rapide de la nation mahratte, mais ne ranima point le cadavre de
l'empire mogol.

Par suite de cet important succès, le roi des Afghans tenait en ses mains le sort
de Delhi et de l'Indoustan; toutefois, sans abuser de la victoire en opprimant ses
alliés mogols, il se contenta de regagner son pays après avoir rendu à Shah-Allum

la faculté de ressaisir la couronne de son père. Celui-ci n'avait pas cessé de guer-
royer contre les Anglais et leurs alliés du Bengale; mais après la bataille de Panniput, qui lui rouvrait le chemin du trône, il n'eut plus d'autre désir que d'aller
prendre possession de sa capitale. Le major Carnac, qui avait succédé au colonel
Caillaud, résolut de tirer parti de la conjoncture; il offrit la paix au Mogol,
n'exigeant pour toute condition que la reconnaissance formelle de Meer-Caussim.
Shah-Allum, trop heureux d'être débarrassé à ce prix de la guerre qui le retenait encore, reconnut Meer-Caussim pour soubab de Bengale, Bahar et Orissa,
sous la condition par lui de payer un tribut annuel de dix millions de francs.

Meer-Caussim ne fut pas longtemps à reconnaître les embarras du poste qu'il
venait de conquérir. Tourmenté par les exigences et les exactions des agents de
la compagnie, il eut bientôt épuisé son trésor particulier, et cette ressource éteinte,
se trouva au point où en était son prédécesseur lorsqu'il l'avait renversé. Moins
lâche que celui-ci, et à bout de condescendances, il résolut de tenir tête à ses
oppresseurs, et fit arrêter, à Patna, le résident britannique dont il avait surtout
à se plaindre, ainsi que tous les Anglais qui habitaient cette ville; puis, à la
nouvelle de la marche des troupes de la compagnie, il donna l'ordre de massacrer
tous ses prisonniers et s'enfuit à Allahabad, où il fut accueilli par l'empereur et le
rajah d'Oude, Sudja-Dowlah, devenu grand visir. Carnac se hâte d'aller à leur
rencontre; mais l'indiscipline était telle dans l'armée anglo-indoue, qu'il n'obtient
aucun avantage. La guerre menaçait de traîner en longueur, lorsque le colonel
Monroë vient prendre le commandement des mains de Carnac. Cet officier rétablit
la discipline par d'énergiques mesures, puis il se porte à la poursuite de l'armée
impériale, l'atteint à Buxar (24 octobre 1764), la défait, et oblige le rajah d'Oude
à fuir jusqu'à Bénarès.

Ce coup de vigueur eut des résultats inespérés, et modifia encore une fois la
position de l'empereur mogol. Découragé, et d'ailleurs impatient du joug de son
visir, dont le despotisme lui faisait payer cher l'appui qu'il en avait reçu jadis,
craignant aussi pour sa vie, Shah-Allum ne trouve pas de meilleur parti à prendre
que de se mettre à la discrétion des Anglais; il vient asseoir son camp près de
celui de Monroë et traite avec lui. Celui-ci s'engage à le mettre en possession des
états du rajah d'Oude; Shah-Allum, en échange, se charge de tous les frais de la
guerre, cède à la compagnie plusieurs provinces et reconnaît comme nabab du
Bengale Meer-Jaffier, que le conseil de Calcutta avait relevé depuis la tentative
désespérée de Meer-Caussim.

Ce retour à Meer-Jaffier n'avait point été gratuit; le nabab avait dû souscrire
aux conditions les plus onéreuses, et bientôt, hors d'état d'y satisfaire, harcelé
sans cesse par les agents de la compagnie, abreuvé d'ennuis et de chagrins, il
mourut (janvier 1765). Le conseil lui donna aussitôt pour successeur son fils
cadet, Houdjin-Dowla, frère de Meerun, jeune prince de vingt ans, qui renonça
en faveur des Anglais à tout pouvoir politique et militaire, ne se réservant que
l'administration civile.

Dans tous ces événements, le conseil de Calcutta s'était inspiré de la politique
de Clive; mais ce système, qui avait entraîné la compagnie dans une suite non

interrompue de guerres coûteuses, fut vivement critiqué par la cour des directeurs, à Londres. Là existait un parti hautement opposé à l'esprit d'ambition et
d'entreprise dont Clive avait animé le gouvernement du Bengale. Le chef de ce
parti, alors en majorité, était M. Sullivan, ancien président du gouvernement de
Bombay, dont l'opinion sur l'administration de la compagnie différait complètement de celle de Clive. Tandis que celui-ci voulait étendre le pouvoir des gouverneurs, celui-là voulait le restreindre et évoquer à Londres la décision de la plupart
des affaires. Ce dernier système devait être nécessairement goûté par la cour des
directeurs, qui y trouvait une extension d'autorité et d'influence; aussi, aux élections de 1763, M. Sullivan fut-il continué dans la présidence. Mais les nouvelles
du Bengale ne tardèrent pas à modifier ces dispositions. Lorsqu'en 1764 on apprit
la rupture avec Meer-Caussim, l'exécution des prisonniers anglais à Patna, et
l'accueil que le nabab avait reçu de l'empereur, l'alarme se répandit en Angleterre, et l'effroi s'empara de tous les actionnaires. Tous les yeux se tournèrent
alors vers Clive comme vers le seul homme capable de tirer la compagnie du péril
imminent qui la menaçait, et la majorité lui offrit la présidence du Bengale et le
commandement des forces militaires de la compagnie. Mais Clive voulait être le
maître de ses actions; il répondit nettement qu'il n'accepterait aucune fonction
tant que M. Sullivan conserverait la présidence. Le besoin qu'on pensait avoir de
ses services était si grand, la confiance en lui si entière, qu'aux élections de 1764
M. Sullivan ne fut point nommé. Alors Clive déclara qu'il était prêt à se mettre
aux ordres de la cour; en conséquence, il fut reconnu gouverneur du Bengale et
commandant des forces de la compagnie dans ce pays; un comité de quatre personnes, toutes prises parmi ses amis, lui fut adjoint; en lui recommandant de
consulter ce comité, dont il était le président, la cour ne lui en fit pas une obligation, et le laissa libre d'agir seul dans toutes les occasions qu'il jugerait convenable.

Clive partit aussitôt pour l'Inde (juin 1764); mais lorsque après une traversée
de dix mois il arriva au Bengale (10 avril 1765), les événements avaient marché,
et les affaires qui causaient tant de frayeur en Angleterre étaient déjà réglées.
Meer-Caussim était expulsé, ses partisans soumis, et l'empereur placé, pour ainsi
dire, sous le protectorat des Anglais. Clive comprit aussitôt tout le parti qu'on
pouvait tirer de cette situation. « Nous voici enfin, écrit-il à un de ses amis, au
moment que je prévoyais depuis fort longtemps; il faut maintenant que nous
soyons souverains du Bengale, sinon en titre, du moins en réalité. »

Mais avant de songer à l'exécution de ce plan, le gouverneur devait réformer
les abus innombrables qui s'étaient introduits dans l'administration. Le désordre
et le pillage le plus éhonté régnaient partout; la corruption était générale, et la
discipline, dans le civil comme dans le militaire, complétement oubliée. Faire
fortune rapidement, par tous les moyens, tel était le but des employés de tous les
degrés; partout l'intérêt général s'effaçait devant la multitude des intérêts particuliers. Il était devenu nécessaire de réprimer cette dilapidation qui ne pouvait
aboutir qu'à la ruine de la compagnie; ce fut là le premier soin de Clive. Il lui
fallut toute sa fermeté pour réussir : les employés civils et militaires auxquels
il défendit de recevoir des présents des indigènes, les troupes auxquelles il retira

une double indemnité de campagne, qu'une tolérance fâcheuse leur avait laissée, se réunirent pour entraver son pouvoir, et l'esprit d'insubordination alla même si loin dans l'armée, que tous les officiers donnèrent leur démission. Cependant, à force d'activité, de constance et d'habileté, le gouverneur parvint à faire taire les mécontentements et à rétablir le calme et l'ordre. Alors il s'occupa de régler les rapports de la compagnie avec les princes voisins, ce qu'il fit avec sa prévoyance ordinaire, et sans compromettre par trop de hâte les avantages qu'il devait attendre du temps.

Le rajah d'Oude, vaincu par le major Carnac, avait été obligé de se mettre à la discrétion des Anglais, qui dès lors pouvaient s'emparer de ses états, et tel était l'avis du conseil de Calcutta; mais Clive, bien qu'aussi désireux que qui que ce fût d'étendre la domination britannique dans l'Inde, ne voulait que des conquêtes utiles et sûres. Celle de la province d'Oude aurait toujours été remise en question par les insurrections des peuples conquis; il lui parut donc plus avantageux de faire du visir, en lui rendant ses états, qui devenaient ainsi un avant-poste des Anglais, un allié et un instrument pour tenir tête, soit aux Mahrattes, soit à l'empereur lui-même. En conséquence, Sudja-Dowla, moyennant le paiement de douze millions et demi, rentra en possession de sa vice-royauté, à l'exception du pays d'Allahabad, qui retourna à l'empereur. Ce dernier consentit, en échange, à ce que la dewani des trois provinces de Bengale, Bahar et Orissa, fût cédée en toute propriété à la compagnie, qui, de son côté, s'engageait à verser annuellement une somme de 7,000,000 au trésor impérial.

La cession de la dewani, c'est-à-dire du droit de disposer des terres et des revenus, de nommer les fermiers et les percepteurs, mettait le sceau à la souveraineté des Anglais sur le Bengale. Il ne restait au nabab que l'autorité civile, encore était-elle bien limitée par des conditions qui l'obligeaient à n'établir aucun délégué civil qui n'eût reçu l'agrément du conseil. La compagnie anglaise avait réalisé ce qu'à Paris et à Versailles on avait nommé les rêves de Dupleix.

La paix rétablie, les rapports de la compagnie et des souverains indigènes réglés, un grand nombre d'abus réprimés, ou du moins prévenus, la discipline raffermie et la corruption attaquée, voilà ce que Clive avait fait pendant les quatre années de son administration. Sa mission était remplie, et comme le climat de l'Inde détruisait sa santé et lui eût été mortel, il se hâta de retourner en Angleterre. Ainsi que la première fois, il y fut accueilli par d'unanimes acclamations. Il trouva toute la nation préoccupée de l'Inde; l'opinion, séduite par ses heureuses opérations et les richesses que rapportaient en Angleterre tous les employés de la compagnie, exagérait encore les vastes acquisitions territoriales qu'elle avait faites; l'élévation des dividendes des actionnaires de 6 à 12 pour 0/0 mit le comble à cette exaltation des esprits, et persuada au public que l'Inde allait devenir une source inépuisable de richesses. Il fallut bientôt revenir de ces illusions.

Clive avait beaucoup fait, sans doute, pour la prospérité des établissements du Bengale en réformant les abus; mais cette réforme, pour être efficace, avait besoin d'être soutenue par une main comme la sienne, et son départ du Bengale laissa sans protection les mesures salutaires qu'il avait fait adopter. Lui seul aurait pu lutter contre la cupidité effrénée dont les chefs mêmes du gouvernement donnaient l'exemple, et d'ailleurs il existait aussi des causes de désordre qu'il n'avait pu détruire. Les Anglais n'avaient encore qu'une connaissance incomplète du territoire de l'Inde, de l'esprit et des ressources de ses habitants; aussi, dans beaucoup de circonstances, le gouvernement, mal éclairé, perdait toute action sur les indigènes. En outre, on ne venait dans l'Inde que pour exploiter le pays, et quand on avait fait sa fortune, on se hâtait de regagner l'Angleterre pour en jouir. Cette manière d'envisager l'Inde comme un champ d'exploitation temporaire, influait même sur les transactions commerciales; ainsi les marchands anglais, en important dans l'Inde les produits de leurs manufactures, ne les échangeaient pas contre les produits, mais contre l'or du pays, et cette aveugle avidité épuisa en peu de temps le Bengale. Le numéraire y devint si rare, que les affaires finirent par y être impossibles; et l'une des plus riches contrées de l'univers se trouva en proie à une détresse véritable.

A ces causes de gêne vint s'en joindre une autre non moins grave, ce fut la guerre que le sultan de Mysore, Hyder-Ali, déclara alors aux établissements de la compagnie sur la côte de Coromandel. Arrivé par son activité, ses talents pour la guerre, et sa supériorité personnelle, à commander les troupes mysoréennes qui, pendant les guerres de Dupleix, s'étaient réunies aux Anglais contre les Français, Hyder-Ali gouverna le royaume de Mysore sous le nom du sultan son maître, jusqu'au moment où, las de cette dépendance, il finit par le déposer et prendre sa place (1763). Une fois sur le trône, il s'inquiéta de l'extension que la puissance anglaise avait prise par la défaite et l'expulsion des Français, et il résolut de chasser les Européens de la côte de Coromandel. Dès lors il se prépara en silence à la lutte, organisa son armée, et cherchant des alliés, il persuada au nizam du Dekhan de se joindre à lui. Celui-ci venait précisément de conclure un traité d'alliance avec la compagnie contre Hyder-Ali lui-même. Les Anglais lui avaient promis un tribut de trois millions et l'appui de leurs forces militaires en échange de la cession des Circars du nord, donnés jadis à Bussy. Le secours de la compagnie marchait déjà vers le Dekhan, lorsque, par un de ces revirements si communs dans la politique orientale, le nizam accepte tout à coup les propositions d'Hyder-Ali et marche sur Arcot pour se joindre au sultan de Mysore. Le colonel Smith, commandant des troupes envoyées par la compagnie, trop faible pour s'opposer aux forces combinées qui viennent l'attaquer (août 1767), est obligé de se replier sur Trinomoly et de s'y enfermer. Hyder fait ravager le Carnatique par son fils Tippoo-Saïb, qui pénètre jusque dans les faubourgs de Madras. Par bonheur pour les Anglais, le nizam, aussi peu constant dans l'alliance d'Hyder qu'il l'avait été dans la leur, renoue des négociations avec eux, sépare ses troupes de celles du sultan et signe un traité par lequel il confirme à la compagnie la cession des Circars et lui accorde en outre le privilége de la dewani d'une partie du Carnatique.

Libre de ce côté, le colonel Smith prend l'offensive et pénètre dans le Mysore, forçant ainsi son adversaire à venir défendre ses états; mais, par suite de son peu d'accord avec le conseil de Madras, qui veut diriger seul les opérations, cet officier est rappelé; Hyder-Ali, reprenant alors ses avantages, envahit de nouveau le

Carnatique, et son armée revient encore une fois jusque sous les murs de Madras. La compagnie, alarmée de la marche que prenait la guerre, fit aussitôt des propositions de paix. Si, d'un côté, les Anglais redoutaient les talents du sultan de Mysore et l'alliance qu'il se préparait à faire avec les Mahrattes pour pousser la guerre encore plus vivement, de son côté Hyder se voyait engagé loin de son royaume, et il ne se sentait d'ailleurs pas préparé à l'attaque des forteresses européennes. Il accepta les propositions de la compagnie; après restitution mutuelle des conquêtes, un traité d'alliance défensive fut conclu entre lui et les Anglais (4 avril 1769).

Hyder-Ali,
d'après une miniature indoue.

Le tort causé à la compagnie par cette guerre, aussi mal conduite que coûteuse, fut incalculable; la présidence de Madras, épuisée, fut obligée de s'adresser à celle de Calcutta pour avoir de l'argent; et comme dans ce gouvernement les abus avaient déjà repris toute leur force, comme la compagnie voyait augmenter ses charges et diminuer son commerce de jour en jour, la détresse financière ne tarda pas à atteindre un degré inquiétant. Pour comble de maux, à la suite de la guerre arriva la famine; une sécheresse extraordinaire fit manquer la récolte du riz. Malgré la défense expresse du conseil des directeurs à ses agents de se mêler du commerce intérieur, plusieurs d'entre eux profitèrent de cette malheureuse circonstance pour acquérir d'immenses richesses en spéculant sur la misère publique. Tout le riz qui avait été récolté fut acheté par eux, puis vendu au poids de l'or. Les malheureux indigènes auxquels leur pauvreté ne permettait pas d'arriver aux prix fixés par ces infàmes spéculateurs furent réduits à mourir de faim : plus de trois millions d'Indous périrent dans le cours de cette année.

Ces iniquités et ces désastres non-seulement détruisirent les brillantes illusions qu'on s'était faites naguère en Angleterre au sujet des affaires de l'Inde, mais répandirent partout l'inquiétude et la terreur. La compagnie des Indes n'était plus, en effet, une simple société de négociants trafiquant de leurs fonds particuliers sur une terre éloignée; tel était le lien intime des revenus de la compagnie avec les finances publiques, de son commerce avec la prospérité de l'État, et de ses intérêts avec ceux du gouvernement, que sa ruine paraissait devoir causer une effroyable perturbation en Angleterre. Dans une pareille situation, l'intervention du parlement était indispensable. C'était là une des choses que la compagnie redoutait le plus; mais elle était épuisée, à bout de ressources; elle devait à la banque des avances considérables, au trésor des sommes importantes pour droits de douane; aussi, malgré les objections des directeurs, elle ne put empêcher la chambre des communes de nommer un comité chargé d'inspecter l'état de ses affaires. En même temps, lord North, alors premier ministre, en exposant le besoin qu'avait la compagnie de contracter un emprunt, proposa à la chambre une série de mesures destinées à prévenir le retour de semblables embarras. De ces mesures, les unes étaient financières: on défendait à la compagnie de donner un dividende de plus de six pour cent jusqu'au remboursement de l'emprunt et le paiement des dettes, et, une fois ces dettes acquittées, le gouvernement se réservait une part dans les bénéfices. Les autres mesures, purement gouvernementales, faisaient intervenir le pouvoir dans l'administration de la compagnie. Le premier usage qu'on fit de cette intervention fut de centraliser l'autorité dans l'Inde en établissant la prééminence du conseil du Bengale sur les deux autres présidences. La chambre nomma même, mais pour cette fois seulement, le gouverneur général et les membres du nouveau conseil suprême de l'Inde. Elle ne s'en tint pas là. Le comité d'enquête, en examinant la nature, l'état, les conditions d'existence de la compagnie, en avait mis à jour les effroyables abus; actes de rapine, de corruption, de concussion, il avait tout signalé. Comme premier remède, le colonel Burgoyne, président du comité, proposa de déclarer : « 1° que toutes les acquisitions faites à l'aide de forces militaires, ou par suite de traités, appartenaient de droit à l'État; 2° que les agents de la compagnie au Bengale avaient acquis, de princes ou de grands personnages de cette contrée, à l'occasion de l'exercice de fonctions civiles et militaires, de grandes sommes d'argent, des propriétés considérables, et que ces sommes et ces acquisitions étaient illégales. » Ces résolutions adoptées par la chambre, Burgoyne annonça l'intention d'en poursuivre l'application avec vigueur, afin de forcer à restitution quiconque aurait gagné des biens ou de l'argent par des moyens semblables.

Cette sévérité était louable; mais, en agissant ainsi, la plupart des membres du comité se proposaient moins de punir les scandaleux abus de pouvoir qu'ils avaient dénoncés que de se venger d'un ennemi. L'opposition ouverte que lord Clive avait faite, en 1767, contre plusieurs membres de la cour des directeurs, en mettant leur exclusion pour condition première de son acceptation du gouvernement du

Bengale, et les réformes opérées par lui dans le service de la compagnie, lui avaient fait une foule d'ennemis mortels, dans l'Inde comme en Angleterre. Quelques-uns d'entre eux étaient membres du parlement, et leur haine acharnée parvint à soulever contre Clive les attaques du comité d'enquête. Sa conduite dans l'Inde, la fortune immense qu'il avait acquise [1], le faux traité avec Osmischund, la prise de Chandernagor, le renversement de Suraj-u-Dowlah, fournissaient des armes contre lui. Le comité passa en revue tous les actes de sa vie, passant légèrement sur toutes ses grandes actions, mettant en lumière et exagérant tous les faits répréhensibles; et Burgoyne proposa de déclarer que « Robert, lord Clive, abusant de l'autorité dont il était revêtu, avait reçu des sommes considérables; que, par cette conduite, il avait manqué à ses devoirs et donné un exemple funeste aux agents du gouvernement. » Mais la majorité de la chambre n'avait pas oublié que Clive était le véritable fondateur de la puissance anglaise dans l'Inde; elle refusa de s'associer au blâme que le comité voulait jeter sur lui, et déclara simplement que si Clive avait accepté des princes indiens des sommes considérables, il avait en même temps rendu à l'Angleterre de grands et méritoires services. Malgré l'issue favorable de ce débat, ces accusations portèrent à Clive un coup dont il ne devait pas se relever. Les charges accumulées contre lui, l'incertitude de savoir s'il l'emporterait dans l'enquête dont il était l'objet, la honte d'être mis en cause comme un coupable et la fatigue de longues et violentes discussions, achevèrent de ruiner sa santé : il tomba dans une mélancolie sombre dont il ne sortait que par des accès d'irritabilité nerveuse dans l'un desquels il mit fin à ses jours : il n'avait alors que quarante-neuf ans (21 novembre 1774).

Les sévérités du comité d'enquête, les déclamations, le blâme prononcé contre les procédés machiavéliques et vexatoires de Clive et du gouvernement de la compagnie dans l'Inde semblaient propres à intimider les gouverneurs à venir et à modifier leur conduite politique : il n'en fut cependant pas ainsi, et les affaires de l'Inde continuèrent d'être dirigées dans le même esprit. Le nouveau gouverneur général, Warren-Hastings, suivit et dépassa même les errements tant censurés de son prédécesseur. Ancien collègue et ami de Clive, Hastings était sans contredit l'homme le plus capable de tirer les affaires de la compagnie des embarras inextricables où elles se trouvaient; mais il se voua à cette œuvre en homme qui, s'inquiétant peu de moralité et de justice, est décidé à ne reculer devant aucun moyen. L'intérêt de la compagnie devint sa seule loi, sa seule raison, sa seule politique.

Avant sa nomination au poste de gouverneur général, quelques mesures avaient été prises pour rétablir le bon ordre dans les finances. Ainsi, à la mort du jeune nabab du Bengale, le revenu qu'on lui faisait avait été réduit de moitié pour son successeur. Mais ces économies n'étaient pas suffisantes, et l'argent manquait toujours. Afin de s'en procurer sans délai, Hastings vendit au rajah d'Oude, Sujah-

---

1. Pour avoir placé Meer-Jaffier sur le trône, Clive reçut de ce prince un don de 6 millions de francs; plus tard, ce nabab lui fit encore présent d'un fief de 750,000 francs de rente. Clive s'était en outre réservé, dans les monopoles commerciaux de la compagnie, des avantages qui élevaient sa fortune à environ 2 millions de revenu.

Dowlah, pour 25,000,000, le Rohilcund, ainsi que les provinces d'Allahabad et de Corah, pays qui n'étaient pas même tributaires de la compagnie, et sur lesquels elle n'avait aucun droit. Pour mettre à exécution cet infâme marché, une brigade anglaise se joignit aux troupes du rajah (avril 1774). Les Rohillas firent d'abord une énergique résistance; mais ils furent obligés de céder devant les troupes britanniques. Afin de s'affermir dans cette nouvelle acquisition, et d'empêcher pour l'avenir toute révolte ou insurrection, Sujah-Dowlah résolut d'exterminer les habitants. En présence des Anglais, qui restèrent spectateurs impassibles de ces atrocités, presque toute la population du Rohilcund fut impitoyablement massacrée, la contrée dévastée et ruinée. Les provinces d'Allahabad et de Corah subirent le même sort.

Le nabab ne devait pas jouir longtemps de ces infâmes conquêtes; il mourut l'année suivante (1775), et sa mort fournit à Hastings une nouvelle occasion de faire de l'argent, qui ne fut pas négligée. Son fils se vit confirmé dans la possession d'Allahabad, mais le gouverneur exigea en échange la cession du riche district de Bénarès, et stipula pour la compagnie de nouveaux avantages, c'est-à-dire qu'il vendit une seconde fois au jeune nabab ce que son père avait déjà payé.

La guerre avec la France vint donner à Hastings l'occasion d'employer plus noblement son activité. Dès que la nouvelle en fut parvenue dans l'Inde, il fit attaquer les établissements français du Bengale et du Coromandel, et, avant qu'on eût eu le temps de pourvoir à leur défense, Pondichéry, Mahé, Karikal, Chandernagor, Masulipatam tombèrent au pouvoir des Anglais.

Malgré ces échecs, que le cabinet de Versailles, avec un peu de prévoyance, eût pu facilement prévenir, la péninsule indienne offrait toujours à la France de puissants éléments de lutte contre l'Angleterre. Hyder-Ali était, il est vrai, en paix avec la compagnie; mais l'assurance d'auxiliaires comme les Français lui aurait, sans aucun doute, fait reprendre les armes. Une alliance avec les Mahrattes pouvait aussi compromettre les possessions anglaises; mais là encore la France fut prévenue par la vigilance de Hastings. Les peuplades mahrattes, réunies jusqu'alors sous des chefs illustres, s'étaient à cette époque divisées en deux partis qui se faisaient une guerre acharnée. L'un d'eux réclama l'appui des Anglais. Hastings crut voir dans cette demande une occasion favorable de soumettre ces peuples à l'influence de la compagnie, et aussitôt trois corps de troupes partirent, l'un de Calcutta, l'autre de Madras, le troisième de Bombay, pour le pays des Mahrattes. Hastings comptait sur la coopération d'Hyder-Ali; et, en effet, lors de la prise de Pondichéry, le sultan de Mysore avait félicité les Anglais de ce succès et leur avait témoigné le désir de se joindre à eux et à ceux des peuples mahrattes qu'ils allaient soutenir. Mais la prise de Mahé, établissement français qui se trouvait dans ses états, ses réclamations à ce sujet méprisées, l'espoir que fit renaître chez lui la défaite du corps anglo-indou parti de Bombay, enfin les dispositions hostiles dans lesquelles il trouva le nizam du Dekhan contre la compagnie, le firent revenir à son ancienne politique, l'expulsion des Anglais. A peine fut-il assuré de l'alliance du nizam, qu'il fondit sur le Carnatique avec une armée de soixante-dix mille hommes et cent pièces de canon; après avoir défait complétement deux corps anglo-indous d'environ quatre mille hommes, il s'avança sur Madras avec toute son armée. La terreur était dans cette ville, et peut-être Hyder s'en serait-il rendu maître; mais, au lieu de profiter de ses avantages, il alla consumer son temps au siége d'Arcot (septembre 1780), et perdit ainsi tout le fruit de sa campagne.

La présidence de Madras n'avait plus d'espoir que dans celle de Calcutta. Mais là de nouveaux embarras avaient surgi : le conseil suprême était agité par les plus violentes dissensions; une opposition opiniâtre s'était formée contre le gouverneur général; elle s'attaquait à tous ses actes et entravait sa marche par tous les moyens. L'animosité fut poussée si loin, que Hastings se vit dans la nécessité de se battre en duel avec le chef des opposants. A ces embarras se joignaient les difficultés de la guerre des Mahrattes, dans laquelle, outre l'échec éprouvé par le corps de Bombay, les troupes anglaises avaient subi plus d'un revers. Cependant il fallait secourir Madras ou se résigner à perdre cette ville importante; Hastings se hâta donc de faire partir le général Coote avec une brigade pour la côte de Coromandel.

La campagne qui venait de finir peut être considérée comme l'époque la plus critique que la compagnie ait eue à traverser. Jamais, en effet, les trois grandes puissances de la presqu'île indoue ne s'étaient réunies contre elle. Si le cabinet de Versailles eût alors envoyé des troupes et un chef habile qui eût su diriger les indigènes et établir quelque concert dans les opérations isolées de Sindiah, le plus puissant des chefs mahrattes opposés aux Anglais, de Hyder-Ali et du nizam, la puissance britannique eût couru les plus grands dangers; mais la France ne parut dans l'Inde que treize mois plus tard, et déjà la compagnie avait eu le temps de relever ses affaires. Ainsi, la campagne de 1781, sans produire de grands avantages, se décida en faveur des Anglais. Dans le Coromandel, Hyder-Ali fut arrêté; au nord, le colonel Carnac surprit, de nuit, le camp des Mahrattes ivres d'opium et plongés dans un pesant sommeil, et il en fit un horrible carnage. Abattu par ce coup inattendu, Sindiah demanda une paix particulière et l'obtint en s'engageant à faire ses efforts pour amener les chefs mahrattes ses alliés et même Hyder-Ali à poser les armes. En échange de cet engagement, la compagnie lui restituait tout le territoire dont elle s'était emparée. Cette paix était peu glorieuse, mais les Anglais en avaient besoin pour prêter toute leur attention aux événements dont les bords du Gange venaient d'être le théâtre.

Le gouvernement de Calcutta était toujours à court d'argent. Pour subvenir à ce besoin, Hastings pressurait avec sa violence ordinaire la ville et le district de Bénarès, récemment cédés à la compagnie par le rajah d'Oude. Les exactions des agents anglais furent si excessives, si répétées, que le fils de Cheyte-Syng, rajah de Bénarès, entreprit d'y résister. A cette nouvelle, le gouverneur se rend sur-le-champ à Bénarès, presque sans suite, et fait arrêter Cheyte-Syng (juillet 1781). C'était attaquer les habitants par le côté le plus sensible. Bénarès, en effet, est la ville sainte des Indous, le siége des superstitions brahminiques, et l'arrestation du rajah avait à leurs yeux toute la gravité d'un attentat à leur religion. Saisi d'une sainte horreur, le peuple court aussitôt aux armes, massacre deux compagnies de cipayes anglais, délivre le rajah, et laisse à peine à Hastings le temps de se réfugier dans une forteresse voisine. De Bénarès, l'exaspération se répand dans les campagnes et dans toutes les villes du district; un instant, on put croire à une révolution nationale. Cheyte-Syng se met à la tête du soulèvement et fait appel à tous les peuples de l'Indoustan; mais ces peuples énervés, sans lien social, restent sourds à sa voix; les troupes anglaises dissipent les insurgés; le rajah est forcé de fuir dans le Rohilcund, et ses trésors deviennent la proie du vainqueur. Un jeune prince de la famille de Cheyte-Syng, nommé rajah à sa place, achète, au prix d'un énorme tribut, le droit d'être l'esclave soumis de la compagnie.

Ce pillage ne suffisait pas encore à combler les vides que la guerre faisait dans les finances épuisées des conquérants; alors Hastings a recours à de nouvelles iniquités. La veuve et la sœur de Sujah-Dowla avaient conservé leurs fiefs et leurs trésors : le gouverneur force le jeune rajah à lui faire livrer les richesses de sa mère et de sa tante; un agent anglais préside à cette spoliation; il fait torturer les intendants des princesses, et en arrache ainsi 12,000,000. Reconnaissante de ces infâmes extorsions, la compagnie permit à Hastings de conserver pour lui-même une somme de 100,000 livres sterling (2,500,000 fr.).

La paix conclue par Sindiah avec les Anglais avait déterminé les autres chefs mahrattes à suivre cet exemple, et Hyder-Ali, privé de leur alliance et de celle du nizam, qui avait aussi fait sa paix particulière, allait se trouver isolé. Heureusement pour lui, la France s'était enfin décidée à agir. A la sollicitation de la Hollande, dont les Anglais menaçaient les possessions d'outre-mer, le cabinet de Versailles avait envoyé au secours de la colonie du Cap une escadre commandée par le bailli de Suffren. Après avoir pourvu à la sûreté de cet établissement, Suffren devait faire voile pour les mers de l'Inde. Il s'acquitta glorieusement de sa mission. S'élançant à la poursuite de l'amiral Johnstone, chargé d'attaquer le Cap, il l'atteint en vue de l'île de Madère, pénètre audacieusement dans la baie de la Praya, où l'Anglais était à l'ancre, et le maltraite au point de le mettre dans l'impossibilité de continuer sa route; il peut alors le précéder au Cap, qu'il met à l'abri de toute attaque en le ravitaillant et y laissant le marquis de Bussy, puis il fait voile vers les côtes de Coromandel. Il y trouve (février 1782) l'amiral anglais Hughes, qui venait d'enlever Trinquemale aux Hollandais, lui livre un combat dont l'issue reste indécise, et enfin prend terre à Porto-Novo, dans les états de Hyder-Ali, où il débarque trois mille hommes.

Pendant ce temps, le sultan de Mysore était rentré en force dans le Carnatique, et son fils, Tippoo-Saïb, après avoir détruit complétement, près de Tanjore, un corps anglo-indou de deux mille hommes, s'était emparé du poste important de Cuddalore. Les Anglais s'étaient repliés sur Madras. Suffren va trouver le sultan, et, après une entrevue dans laquelle ils concertent leurs opérations, l'amiral français reprend la mer pour inquiéter les possessions anglaises de la côte de Coromandel. Hughes avait mission de les protéger, et Suffren l'attaqua deux fois sans résultat; enfin, las de ces engagements inutiles, il fait voile pour Ceylan et reprend Trinquemale presque à la vue de Hughes, qui le suivait et n'arriva que pour être spectateur de la reddition de la place. Une rencontre (3 septembre) eut lieu cependant entre les deux flottes, mais non moins indécise que les trois précédentes elle aurait sans doute été suivie d'un nouveau combat, si un ouragan terrible n'eût fait échouer et désemparé une partie de la flotte anglaise, qui fut obligée de regagner Bombay. Ce départ et le progrès incessant des armes des Mysoréens mettaient la présidence de Madras dans la situation la plus critique, lorsqu'elle fut sauvée par la mort de Hyder-Ali (7 décembre 1782).

Cet événement priva tout à coup les Français de la coopération d'un allié puissant; en effet, l'armée mysoréenne du Carnatique restait sans chef, car Tippoo-Saïb était sur la côte de Malabar, où il tenait le colonel Mackensie enfermé dans Paniane et presque réduit à capituler. Ce prince se trouva alors dans la nécessité d'abandonner la campagne au Malabar, afin d'aller prendre le commandement de l'armée du Carnatique et de s'en faire reconnaître comme sultan de Mysore. Il leva donc le siége de Paniane; mais, à peine arrivé au Carnatique, il se vit obligé de revenir sur ses pas pour voler à la défense de ses propres états envahis par une nouvelle armée d'expédition partie de Bombay sous le commandement du général Mathews. Cet officier s'était déjà emparé de Bednore, capitale du Canara, où se trouvait un trésor de 20,000,000; il avait pris Anampore, où, par une barbarie sans motif, il massacra impitoyablement quatre cents femmes d'Hyder-Ali et de Tippoo-Saïb et des milliers d'Indiens sans défense. Tippoo arrive enfin; il attaque les Anglais, les met en déroute, fait l'armée prisonnière et reprend une partie de ses trésors et du butin conquis sur ses sujets. En expiation des atrocités commises par l'armée anglaise, Mathews et quarante-cinq de ses officiers furent condamnés à avoir la tête tranchée.

Ce succès éclatant dégageait les états de Tippoo, mais il commet la faute d'assiéger Mangalore au lieu d'aller reprendre ses opérations dans le Carnatique, où Bussy venait de débarquer avec trois mille hommes de troupes françaises. Ces troupes, réunies aux forces de Tippoo, pouvaient rendre aux alliés la supériorité sur ce point, tandis que la faute commise par le sultan laissait Bussy livré à ses seules forces et dans l'impossibilité de lutter contre celles de la présidence de Madras. Aussi fut-il bientôt forcé de se retirer dans Cuddalore, lieu de son débarquement; il ne tarda pas à y être resserré de tous côtés. Déjà même les ouvrages extérieurs de la place étaient emportés, et une capitulation semblait imminente, lorsque Suffren se présente en vue de la côte, offre le combat à l'amiral Hughes qui bloquait la ville par mer, et, grâce à une manœuvre habile, entre dans la rade. Les renforts qu'il amène rendent la supériorité à Bussy, et les Anglais allaient se voir forcés de lever le siége, lorsque la nouvelle de la signature de la paix entre la France et l'Angleterre vint terminer tout à coup les hostilités. Tippoo-Saïb, abandonné à lui-même, était dans l'impossibilité de continuer la lutte avec succès; il accepta les propositions de paix qui lui furent faites par la compagnie, et, le 11 mars 1784, signa avec les négociateurs anglais un traité dont la base était la restitution mutuelle des conquêtes.

Depuis longtemps déjà les puissances engagées dans la guerre d'Amérique ressentaient un égal besoin de la paix. L'Angleterre, si maltraitée aux États-Unis, n'avait plus d'avantages à espérer dans cette partie du monde, et la victoire de

Rodney ne pouvait lui faire illusion sur l'infériorité de ses forces maritimes comparées à celles de la France, de l'Espagne et de la Hollande coalisées. La France avait, il est vrai, fait une guerre glorieuse pour elle, mais qui lui devenait très-onéreuse par la position désastreuse de ses finances. L'Espagne, affaiblie par des embarras d'argent encore plus anciens, n'avait guère cherché, en s'engageant dans la guerre, qu'à rentrer en possession de Gibraltar; maintenant qu'elle reconnaissait l'impossibilité de cette entreprise, elle n'aspirait qu'à la fin d'une lutte sans avantages probables. Quant à la Hollande, presque toutes ses colonies étaient au pouvoir de l'Angleterre, et elle se trouvait dans un état d'épuisement plus grand encore que ses alliées. Enfin les Américains, malgré leur situation avantageuse, n'étaient pas moins portés à la paix; ils n'avaient plus rien à gagner en prolongeant les hostilités, puisque les Anglais étaient réduits, sur le nouveau continent, à l'impuissance et à l'inaction; ce qu'il fallait à ce peuple positif et marchand, c'était de tirer le profit le plus prompt et le plus grand de sa position actuelle et de celle de l'Angleterre, et il le fit avec un oubli complet de toute considération étrangère à son intérêt. Malgré le traité conclu avec la France, et sans s'inquiéter de la honte qu'il y avait à abandonner ainsi la nation qui les avait sauvés, les envoyés américains à Paris signèrent, à l'insu de M. de Vergennes, avec l'agent du ministère anglais, les articles préliminaires d'une paix particulière.

Cette ingrate conduite hâta la détermination du cabinet de Versailles, qu'elle privait d'un allié, et les propositions du cabinet de Saint-James furent écoutées. A la suite des conférences générales ouvertes à Paris, un traité préliminaire fut signé le 20 janvier 1783, entre l'Angleterre d'une part, la France, l'Espagne et les États-Unis de l'autre.

L'Angleterre reconnaissait l'indépendance des États-Unis et leur cédait une étendue considérable de territoire, déclarant en outre libre et commune aux deux peuples la pêche au banc de Terre-Neuve et la navigation du Mississipi; enfin, stipulant la restitution de toute propriété particulière, ainsi que la révocation de toute condamnation politique de part et d'autre.

La France était faiblement dédommagée de ses sacrifices; elle conservait le droit de pêche à Terre-Neuve et dans la baie de Saint-Laurent; elle recouvrait les îles de Sainte-Lucie, Saint-Pierre et Miquelon, et l'Angleterre lui cédait Tabago en échange de la restitution de la Grenade, de Saint-Vincent, de la Dominique, de Saint-Christophe, Newis et Montserrat. En Afrique, elle acquérait la possession exclusive de la rivière de Sénégal et de l'île de Gorée, garantissant, à ce prix, la possession du fort Saint-James et de la rivière de Gambie à l'Angleterre. Dans l'Inde, elle rentrait dans toutes les places conquises pendant la guerre, et obtenait liberté entière pour le commerce français dans ces parages. Enfin, les articles du traité d'Utrecht, relatifs à la démolition des murs de Dunkerque, étaient annulés.

L'Espagne était maintenue dans la possession de Minorque et des deux Florides, et en échange elle rendait à l'Angleterre Bahama, la Providence, et le droit de couper du bois dans la baie de Campêche, en lui accordant un territoire pour l'exploitation de ce commerce.

La Hollande, qui ne prit part d'abord qu'à la suspension des hostilités, traita ensuite avec moins d'avantage : elle dut abandonner son établissement de Negapatam à l'Angleterre, et laisser aux sujets britanniques la libre navigation dans toutes les parties de la mer des Indes, que la compagnie hollandaise s'était jusqu'alors exclusivement réservée.

Ces préliminaires furent soumis à la chambre des communes quelques jours après leur signature. Quoique l'Angleterre y eût obtenu des conditions aussi avantageuses que possible dans sa situation, quoique la France eût retiré peu de fruit de ses victoires, le ministère fut, à ce sujet, en butte aux attaques d'une opposition devenue menaçante

Inquiet sur sa faiblesse, le cabinet avait essayé de profiter de l'intervalle des deux sessions pour se fortifier, et lord Shelburne, justifiant la prédiction de Fox, avait mis en avant la pensée d'une alliance avec lord North; mais Pitt, sentant qu'il ne pouvait y avoir que honte et dommage dans une coalition avec l'homme contre lequel l'opinion s'était si vivement soulevée, rejeta loin de lui l'idée d'une pareille réconciliation. Le ministère voulut alors tenter un rapprochement avec Fox; mais, de ce côté, les obstacles n'étaient pas moins puissants. Deux hommes d'une aussi haute portée, d'une ambition aussi élevée que l'ancien secrétaire d'état et le chancelier actuel de l'échiquier, devaient difficilement consentir à se partager le pouvoir. Une entrevue eut cependant lieu entre eux; mais on ne put s'entendre. Fox commit alors la faute dans laquelle Pitt, avec sa haute sagacité, avait refusé de se laisser entraîner : il consentit à une alliance avec l'homme que depuis dix ans il avait journellement voué à l'exécration de l'Angleterre. L'opinion publique qualifia, avec quelque raison, de monstrueuse cette union inouïe entre les défenseurs les plus déterminés de la prérogative royale et « les plus humbles adorateurs de la majesté du peuple. » Fox entreprit de la justifier au parlement. « Je ne vois « pas pourquoi, dit-il, lorsque des hommes d'honneur se trouvent d'accord sur « les grands intérêts nationaux, leur coalition serait appelée monstrueuse. Il n'y a « ni magnanimité ni sagesse à nourrir d'éternelles inimitiés, et il n'est ni généreux « ni honnête de conserver de l'animosité dans son cœur alors qu'on n'en a plus « aucun sujet : ainsi la guerre d'Amérique ayant été le motif des longues querelles « qui ont éclaté entre lord North et moi, il est juste que, cette guerre terminée, « la malveillance, la rancune ou l'aigreur qu'elle avait fait naître soient totalement « oubliées. Depuis que je suis l'ami de lord North, je l'ai trouvé constamment « sincère et loyal, et pendant qu'il a été mon ennemi, il n'a jamais démenti la « noblesse et la fermeté de son cœur, jamais il n'a eu recours à ces subterfuges « honteux, à ces manœuvres pitoyables qui détruisent toute confiance entre les « hommes, et déshonorent également l'homme d'état et le citoyen. Pour moi, il « n'est pas dans mon naturel de me plaire dans la malveillance et la haine, et si « mon attachement est éternel, mon inimitié n'est que passagère. »

Après lui, lord John Cavendish, le médiateur de cette alliance, montra qu'une semblable transaction n'était point sans exemple, et il rappela la célèbre union des partis en 1757, union qui, en sauvant l'Angleterre des malheurs où les luttes des factions menaçaient de la précipiter, l'avait élevée à un degré de prospérité qu'elle n'avait encore jamais atteint.

Ces discours, ces justifications n'avaient, du reste, en vue que le public, car dans le parlement, la coalition, certaine de la majorité, n'en avait pas besoin. En effet, à peine la discussion sur les préliminaires fut-elle ouverte, que lord John Cavendish présenta aux communes une série de résolutions par lesquelles il proposait à la chambre de déclarer que, quoiqu'il ne fût pas dans son intention de porter atteinte au traité qui avait été signé, elle blâmait, comme exorbitantes, les concessions accordées aux ennemis de l'Angleterre; et ces propositions, quoique combattues par Pitt avec le plus admirable talent, furent adoptées par une majorité de dix-sept voix (21 février 1783).

Ce vote eut le résultat que s'en promettait l'opposition : dès le lendemain, lord Shelburne résigna ses fonctions. Le roi retombait ainsi de nouveau entre les mains de Fox. Par suite des désordres de sa vie privée et des attaques injurieuses qu'il avait incessamment dirigées contre la couronne, Fox était depuis longtemps particulièrement odieux à Georges; aussi ce prince fit-il tout au monde pour éviter de lui confier une place dans la nouvelle administration. Il s'adressa d'abord à Pitt, demeuré à son poste de chancelier de l'échiquier malgré la retraite de lord Shelburne, et lui offrit la direction du cabinet. Pitt ne jugea pas le moment opportun pour accepter cette mission; il prévoyait que ses adversaires une fois arrivés au pouvoir, ne tarderaient pas à se diviser, et qu'alors ils lui laisseraient le champ libre; tandis que s'il acceptait l'autorité en face de la coalition, il ne ferait que cimenter l'union de ses membres. A son refus, le roi eut recours d'abord à lord North, puis au duc de Portland, chef du parti whig à la chambre des pairs depuis la mort de Rockingham; mais aucun d'eux ne voulait se séparer de Fox, et, malgré des instances qui durèrent plus de deux mois, Georges ne put rien obtenir à cet égard. Désespéré, il songeait sérieusement à se retirer en Hanovre : lord Thurlow le fit renoncer à cette pensée par de sages paroles. « Votre Majesté, lui dit-il, « peut s'en aller dans ses possessions électorales, rien n'est plus aisé; mais lors-« qu'elle sera fatiguée de son séjour en ce pays, elle ne trouvera pas qu'il soit si « facile d'en revenir. »

Cependant la chambre, impatiente de ces hésitations qui laissaient le pays sans administration responsable, vota une adresse au roi, dans laquelle elle suppliait Sa Majesté de prendre en considération l'état du royaume, et de complaire aux vœux des communes en formant un cabinet qui, investi de la confiance du peuple, fût en état de mettre un terme aux divisions qui agitaient le pays. Cette démarche paraissant impuissante à triompher des répugnances du roi, il était question de voter une adresse encore plus énergique, lorsque l'avis fut donné que la couronne, cédant enfin à la coalition, avait nommé un nouveau ministère.

Le duc de Portland était créé premier lord de la trésorerie; lord North et Fox secrétaires d'état à l'intérieur et pour les affaires étrangères; le comte de Carlisle gardien du sceau privé; lord John Cavendish chancelier de l'échiquier. L'amiral Keppel, qui, à l'époque du traité de paix, s'était séparé du ministère Shelburne, rentrait à l'amirauté; lord Stormont avait la présidence du conseil; le grand sceau était mis en commission; enfin Burke se retrouvait payeur général de l'armée, Sheridan secrétaire à la trésorerie. Tous les autres emplois furent ainsi distribués entre les partisans de Fox et ceux de lord North; mais dans tous ces arrangements le parti whig eut l'avantage : des sept ministres qui formaient le cabinet, quatre, Fox, Portland, Cavendish, Keppel, appartenaient au parti Rockingham, et, sans en porter le titre, Fox était par le fait le chef de l'administration. Mais sa popularité, qui avait été immense, reçut l'atteinte la plus funeste de son union avec des hommes de principes, jusqu'à cette époque, constamment en opposition avec les siens; et l'on ne vit dans ce compromis d'opinions, de tout temps hostiles, que l'acte d'ambitions désordonnées. Aussi, tandis que cette conduite éloignait des ministres la faveur populaire, garantie puissante de stabilité, la haine presque déclarée du roi et de la cour nourrissait chez leurs ennemis l'espérance de les bannir bientôt du pouvoir.

Cependant, maître de la majorité dans les communes, le cabinet se croyait assez fort pour braver l'aversion du roi et la défaveur publique; et cette croyance n'eût peut-être pas été trompée, si dans le nombre des adversaires de l'administration n'eût figuré William Pitt. Pendant son court ministère, et surtout durant les six semaines qu'il resta aux affaires depuis la retraite de lord Shelburne jusqu'à l'avénement du ministère de la coalition, Pitt, soutenant lui seul tout le fardeau du gouvernement, avait su donner une haute idée de sa valeur comme homme d'état. Hors du pouvoir, son adroite politique ne négligea pas d'entretenir ces dispositions favorables. La réforme parlementaire était toujours un thème populaire; Pitt, qui s'en était déclaré l'avocat, aurait pu profiter de son séjour au ministère pour faire avancer cette grave question; il fut, en effet, vivement sollicité de proposer un plan de réforme. Mais déjà, à cette époque, lord Shelburne avait donné sa démission, et Pitt ne se souciait pas de prendre l'initiative d'une mesure qu'il lui aurait fallu laisser accomplir au nouveau cabinet, lequel s'en serait fait un instrument de popularité; au contraire, une fois l'administration formée, en proposant la mesure comme simple membre du parlement, toute la gloire lui en revenait si elle était adoptée; et en cas qu'elle échouât, il accroissait sa popularité aux dépens de celle des ministres et de leurs partisans.

Aussitôt après l'avénement de ses successeurs, Pitt présenta donc à la chambre trois résolutions : la première établissait qu'il y avait nécessité d'adopter des mesures capables de réprimer la vénalité des élections; la seconde, que si, à l'avenir, dans un bourg, la majorité des électeurs était convaincue de s'être laissé corrompre, le bourg perdrait son privilége électoral, la minorité non corrompue devant alors être admise à prendre part aux élections du comté; la troisième, qu'il y avait lieu d'augmenter de cent le nombre des représentants des comtés et de la capitale. Ainsi que Pitt s'y était attendu, cette question divisa le ministère. Lord North combattit la proposition : « En ajoutant au parlement, dit-il, cent ou seulement « cinquante nouveaux membres, on fera pencher la balance en faveur des intérêts « territoriaux, tandis que ce qui fait l'excellence de la constitution des communes, « c'est qu'elle maintient impartialement l'équilibre entre les intérêts divers de l'em- « pire, ceux des propriétaires, ceux des commerçants et ceux des capitalistes. « Opposons-nous donc à ce désir extravagant de réforme; réprimons-le dans ses « commencements, et comportons-nous comme des hommes prudents et déter-

« minés. Nous ne sommes pas seulement les députés du peuple, nous sommes ses
« représentants; nous n'avons pas besoin qu'il décide avant nous, afin de décider
« ensuite. Nous sommes ici comme s'il y était lui-même; nous y sommes pour nous
« conduire d'après nos lumières, et ne suivre d'autre impulsion que celle de notre
« conscience. En un mot, comme on n'a rien prouvé contre la constitution, et que
« l'on n'a fait entendre que des déclamations mensongères, je ne trouve rien de si
« méprisable, je le déclare, que cette idée d'une innovation dans la forme de ce
« palladium vénérable que tant de siècles ont consacré, et je vous conjure de la
« repousser si vous ne voulez être conduits à une véritable ruine. »

Fox, conséquent avec les principes qu'il avait toujours professés, déclara, au
contraire, que, dans son opinion, la constitution, comme toute chose au monde,
devait se modifier en proportion des besoins nouveaux que le temps faisait naître,
et que, par intervalles, elle réclamait une rénovation; il vota donc contre son
collègue, c'est-à-dire pour la prise en considération des mesures proposées. Mais
la majorité ne se divisa point comme le ministère; la chambre alors n'était pas
mûre pour de telles réformes, et la motion fut repoussée. Pitt avait prévu ce résultat; mais son but se trouvait atteint, puisqu'en montrant le peu qu'on devait
attendre d'une administration qui se divisait d'opinion sur la première question
importante, il avait, en même temps, affermi sa propre popularité, et s'était
posé aux yeux de la nation comme le soutien de la réforme parlementaire.

Fox, mal à l'aise dans la position fausse qu'il s'était faite en s'alliant à North,
sentait combien lui devenait fatale la rivalité d'un homme tel que Pitt, et voyant
chaque jour l'opinion se retirer de lui de plus en plus, il résolut de reconquérir
son ancienne popularité par quelque grande mesure. A l'ouverture de la session
(novembre 1783), il arriva à la chambre avec un vaste plan que Burke et lui
avaient combiné en commun, et qui soumettait à une réforme complète le gouvernement de l'Inde. Aucun sujet ne pouvait avoir plus d'importance, et n'était
plus fait pour captiver l'attention publique. Les intérêts du royaume se confon-
daient sur tant de points avec ceux de la compagnie des Indes, que l'Angleterre
ressentait le contre-coup de tout ce qu'il arrivait de sinistre ou d'heureux dans
l'Inde, et que les abus du gouvernement de ce pays lui étaient tout aussi nuisibles que ceux du sien propre. La persistance de ces abus, malgré les mesures
qui avaient été prises, la désobéissance continuelle des employés de la compagnie
aux ordres émanés des directeurs, enfin les divisions qui avaient agité le gouvernement du Bengale, et le dérangement des finances, démontraient suffisamment
la nécessité d'une réforme complète dans la constitution de la compagnie. Sur ce
point, tous les partis étaient d'accord; ils ne le furent pas sur les moyens.

Les mesures proposées par Fox étaient comprises dans deux bills distincts, l'un
relatif à la constitution de la compagnie en Angleterre, l'autre à l'administration de
l'Inde. Le premier abolissait les deux cours des propriétaires et des directeurs,
et instituait à leur place sept commissaires revêtus de pleins pouvoirs pour administrer et gouverner les possessions territoriales, le revenu et le commerce de
l'Inde, nommer et révoquer les employés de la compagnie, enfin disposer de
tout ce qui est du ressort de l'autorité exécutive. Ces commissaires devaient être

nommés la première fois par le parlement, et ensuite par la couronne; ils pouvaient être révoqués sur la demande de l'une des deux chambres. Le maniement des détails commerciaux était confié à neuf *directeurs assistants* subordonnés à l'autorité des sept commissaires et élus par l'assemblée des actionnaires.

Les commissaires étaient tenus d'instruire sans retard le gouvernement de toute discussion survenue entre les chefs des diverses présidences, ou bien entre les gouverneurs et leurs conseils, et de prononcer sur ces discussions dans le délai de trois mois. Enfin un rapport devait être présenté par eux, tous les six mois, aux actionnaires sur la situation de leurs affaires, et un autre, tous les ans, au ministère, lors de l'ouverture du parlement.

Le second bill réglait les pouvoirs du gouverneur général et du conseil suprême dans l'Inde; il était enjoint à l'un et à l'autre d'obéir aux ordres des commissaires; et désormais ils n'avaient plus le droit d'acquérir ou de conquérir aucune portion de territoire, de s'allier dans ce but avec les princes du pays, ou de leur louer les troupes de la compagnie. Les monopoles étaient abolis, et la défense aux fonctionnaires de recevoir aucuns présents renouvelée sous les peines les plus graves. On garantissait les propriétés des indigènes, et on ordonnait la réintégration de ceux qui avaient été dépossédés; enfin une série d'heureuses dispositions, prévenant toute oppression, donnait la faculté d'améliorer l'état politique, moral et physique des peuples de l'Inde.

Ce plan si vaste et si hardi, qui ôtait à la compagnie des Indes toute existence indépendante pour n'en faire qu'une administration secondaire subordonnée au gouvernement, devait nécessairement causer une profonde sensation dans la chambre et dans le public. Accueilli avec enthousiasme par tous les partisans de l'administration, il fut attaqué par l'opposition avec une incroyable violence. Tout en reconnaissant que le gouvernement de l'Inde réclamait une réforme, Pitt déclara qu'il n'en exigeait pas une aussi profonde; le projet de Fox n'était pas moins, disait-il, que la confiscation, au profit du ministère lui-même, de la propriété et des droits des membres de la compagnie. La nomination des commissaires, à peu près inamovibles, appelés à assumer sur eux l'immense patronage de cette gigantesque administration, et le pouvoir de disposer librement des trésors de l'Inde, allait, dit M. Dundas, député de l'opposition, introduire dans l'État un quatrième pouvoir destiné à perpétuer la puissance entre les mains du parti qui se trouverait appelé à nommer les membres de cette commission; le roi, le parlement, le peuple, demeuraient sans défense contre une autorité si exorbitante. Ces objections, qui au fond ne manquaient pas de gravité, semblaient trop exclusivement dirigées contre le cabinet pour influer sur l'opinion de la majorité des communes; aussi les deux bills furent-ils adoptés à la chambre par 217 voix contre 103. Mais une opposition plus sérieuse les attendait à la chambre des lords. Le roi avait d'abord vu avec faveur un plan qui transportait au gouvernement une puissance nouvelle et considérable; mais ses dispositions changèrent rapidement lorsqu'on lui eut représenté que les whigs, objets de sa haine constante, trouveraient dans cette nouvelle organisation des armes pour se maintenir indéfiniment au pouvoir. Lord Thurlow, un des conseillers les plus assidus et les plus écoutés de Georges, se fit l'écho de ces craintes en déclarant à la chambre haute qu'adopter de pareils bills c'était ôter la couronne de dessus la tête du roi pour la placer sur celle de M. Fox. Mais ce qui, plus que tous les discours, influa sur la détermination des pairs, ce fut la communication confidentielle d'une note écrite de la main même du roi et remise par ce prince à lord Temple. Dans cette note, Georges déclarait : « qu'il considérerait comme ses ennemis personnels tous ceux qui voteraient en faveur des bills ; lord Temple était autorisé à faire connaître les sentiments du roi, dans des termes encore plus énergiques que ceux que Sa Majesté avait employés. » Interpellé en pleine chambre par le duc de Portland sur la réalité de l'existence de cette note, lord Temple, sans s'expliquer ouvertement, ne la désavoua cependant pas. C'en fut assez pour décider du vote : tous les pairs appartenant à la maison du roi repoussèrent les bills, qui furent rejetés par 87 voix contre 79 (17 décembre 1783).

Le soir même de cet événement inattendu, et pour en neutraliser l'effet, la chambre des communes, sur la proposition d'un député ministériel, déclara à une immense majorité : 1° que rapporter l'opinion du roi sur un bill en discussion dans l'une des deux chambres, dans le but d'influencer les votes des membres du parlement, était un acte criminel, un attentat à l'honneur de la couronne, une violation des priviléges parlementaires et de la constitution ; 2° que la chambre s'assemblerait le lundi suivant pour prendre en considération l'état de la nation ; 3° qu'attendu qu'il y avait urgence à porter remède aux abus du gouvernement de l'Inde, toute personne qui donnerait à Sa Majesté l'avis de prévenir ou d'interrompre l'accomplissement de ce devoir, serait considérée comme ennemie du pays.

Malgré ces manifestations énergiques, le roi, bien résolu à saisir l'occasion que lui fournissait le vote des pairs de se débarrasser d'un cabinet qui lui était odieux, envoya, dès le lendemain, au ministère en masse l'ordre de résigner ses fonctions, et il offrit à Pitt, avec la direction du conseil, la place de premier lord de la trésorerie et de chancelier de l'échiquier. La situation était grave, et les difficultés de nature à effrayer un esprit moins ferme et moins audacieux. Pitt allait avoir à faire face, dans la chambre basse, à une majorité considérable, furieuse du renvoi de ses chefs et n'aspirant qu'à les venger des procédés inconstitutionnels à l'aide desquels ce renvoi avait été ménagé. Pour accroître ses embarras, plusieurs des hommes qu'il souhaitait d'avoir pour collègues se refusaient à entrer dans une administration destinée à peine, selon eux, à un mois d'existence ; néanmoins il comprit qu'il ne pouvait abandonner son souverain dans une position aussi critique, et dans laquelle lui-même avait contribué à le placer ; il sentait d'ailleurs qu'étant alors le seul homme politique en état de prendre la direction des affaires, il ne pouvait reculer sans faire un aveu tacite de faiblesse et d'incapacité. Il accepta donc la mission de former et de diriger le cabinet. Le marquis de Caermarthen et lord Sidney remplacèrent Fox et North ; lord Thurlow reprit le grand sceau, le comte de Gower fut créé président du conseil, le duc de Rutland gardien du sceau privé, le duc de Richmond grand maître de l'artillerie ; l'amirauté fut confiée à lord Howe.

Jamais, à aucune époque de l'histoire d'Angleterre, ministre n'était arrivé aux affaires dans une situation semblable à celle que rencontrait William Pitt. Des finances épuisées à restaurer, le crédit abattu à relever, le commerce anéanti à rétablir, des alliances rompues à renouer, l'Irlande impatiente à maintenir, le gouvernement des Indes à sauver d'une ruine imminente et à réformer complète- ment, voilà ce qu'avait à faire un jeune homme de vingt-quatre ans, seul avec des

William Pitt,
d'après l'original de Hopner.

collègues peu connus et peu influents, sans presque aucune de ces alliances aris- tocratiques qui sont en Angleterre une véritable puissance, et cela en luttant contre une coalition formée de presque tout ce que le pays contenait d'hommes politiques célèbres, d'orateurs éloquents, de familles nobles et puissantes. Pitt, assuré de l'appui du roi, envisagea d'un œil ferme toutes les difficultés de sa situation, et ne désespéra pas d'en triompher.

Le ministère n'était pas encore entièrement constitué que déjà les attaques avaient commencé dans les communes. La seule crainte de l'opposition était une dissolution immédiate qui remettrait en question la majorité certaine qu'elle possé- dait. Pour obvier à ce danger, elle vota une adresse au roi dans laquelle Sa Majesté était suppliée de ne pas dissoudre le parlement et de prêter l'oreille aux avis de ses fidèles communes, et non à ceux de certaines personnes qui, pour satisfaire leur ambition particulière, s'efforçaient de séparer ses intérêts véritables de ceux de son peuple. Les amis de Pitt l'engageaient, en effet, à recourir à des élections nouvelles pour briser la majorité opposante; mais, avec sa prévoyante sagacité, le jeune ministre comprit que le moment n'était pas venu d'employer ce moyen désespéré. La lutte inégale qu'il allait avoir à soutenir seul contre tant de puissants adversaires, excitait déjà la sympathie du public, encore indigné de la coalition des whigs avec les amis de lord North, et l'opinion commençait à se prononcer en sa faveur. Soutenu par les efforts du roi et de la cour, et plus tard il l'espérait par la majorité de la nation, Pitt prévit qu'il finirait par détacher de la coalition tous les esprits timides pour qui la voix du peuple est la souveraine loi, tous ceux qui reculaient devant l'idée de se mettre en opposition directe avec le roi, tous ceux enfin pour lesquels le pouvoir a toujours des séductions irrésistibles. En conséquence, Georges répondit à l'adresse des communes qu'il ne songeait pas en ce moment à faire usage de sa prérogative pour dissoudre ou proroger le parlement. Tranquille de ce côté, la majorité tourna alors tous ses efforts vers le renversement des ministres. Sur la proposition de lord Surrey, 196 voix contre 142 adoptèrent une nouvelle adresse. Il y était déclaré que, dans les circonstances où se trouvait le royaume, il était indispensable que l'administration possédât la confiance des communes et de la nation, et que les choix qui avaient été faits n'étaient pas de nature à inspirer cette confiance (janvier 1784). Mais, loin d'ébranler le roi, l'acharnement de l'opposition ne faisait que l'attacher davantage à son ministre; il répondit à la motion de lord Surrey en écrivant à Pitt pour lui confirmer la continuation de son appui; il l'assurait que rien ne pourrait le décider à subir le joug de la coalition, et que si, malgré ses efforts, elle finissait par l'emporter, il avait déjà arrêté la ligne de conduite qu'il aurait à tenir pour éviter de se soumettre à elle.

La lutte continua donc, calme, impassible du côté du ministère, ardente, acharnée, incessante du côté de l'opposition. Au reçu de la réponse du roi, lord Spenser fit adopter une motion où il était dit qu'après les déclarations formelles de la chambre, la continuation au pouvoir des ministres actuels était contraire aux principes constitutionnels et funeste aux intérêts du roi et du peuple. En même temps, la majorité refusait d'adopter toutes les mesures proposées par le cabinet, rejetait sans discussion un bill présenté par Pitt pour réformer le gouvernement de l'Inde, et autorisait Fox à en présenter un nouveau sur ce sujet.

Cependant cette lutte sans résultat affligeait plusieurs députés essentiellement amis de l'ordre, et qui, s'ils blâmaient les moyens par lesquels le ministère était arrivé au pouvoir, désiraient cependant la fin d'une crise qui suspendait l'expédition des affaires publiques. Une réconciliation entre les chefs des deux fractions qui divisaient la chambre leur semblait le seul moyen propre à mettre un terme à cet état de choses, et ils s'efforcèrent d'amener un accommodement entre M. Pitt et le duc de Portland, chef du dernier cabinet. Le duc et ses amis se montraient disposés à se réunir au premier ministre actuel dans un ministère de coalition, mais ils exigeaient avant toute chose que Pitt résignât des fonctions obtenues en violation des principes constitutionnels. L'idée d'un partage du pouvoir avait toujours répugné à ce dernier; il profita habilement de la faute de ses adversaires, qui exigeaient sa démission préalable. Céder, en effet, à leurs demandes, c'était reconnaître aux yeux de tous l'inconstitutionnalité du renversement du dernier ministère, et jeter un blâme indirect sur la conduite de Georges, chose qu'un ministre du roi ne pouvait pas faire. Le refus de traiter sur ces bases était donc parfaitement légitime; l'état de l'opinion publique autorisait du reste Pitt à se refuser à toute concession. La chambre des pairs, alarmée des prétentions des communes, venait de déclarer « : 1° que toute tentative de l'une des branches de la législature pour suspendre l'exécution de la loi en s'arrogeant un pouvoir discrétionnaire est inconstitutionnelle; 2° que le pouvoir de nommer aux grandes charges du pouvoir exécutif appartient au roi seul. » En outre, à l'aide de ses journaux, d'une foule de pamphlets et de caricatures, le ministère était parvenu à décrier complétement la coalition dans l'esprit du peuple. Il avait été puissamment aidé dans cette tâche par tout le corps de la compagnie des Indes, nécessairement hostile au parti qui voulait renverser de fond en comble sa constitution; et la compagnie avait entraîné à sa suite la Cité de Londres, naguère encore si passionnée de démagogie. Le conseil commun, Wilkes en tête, offrit à Pitt des lettres de bourgeoisie dans une boîte d'or, « en reconnaissance de la conduite habile et désintéressée avec laquelle il défendait les droits légitimes de la couronne ainsi que ceux du peuple. »

Le refus de Pitt redoubla l'irritation de la majorité; elle adopta aussitôt une déclaration portant que le maintien au pouvoir des ministres actuels était un obstacle à la formation d'une administration qui jouît de la confiance du parlement. En appuyant cette motion, Fox recommença ses déclamations habituelles, et accusa de nouveau le chef du cabinet de n'être qu'un ministre nominal, qu'un mannequin que faisait mouvoir une influence secrète. Jusqu'alors, et pendant tous les débats auxquels avaient donné lieu les différentes résolutions adoptées par la chambre, Pitt s'était presque constamment renfermé dans une réserve froide et digne. A toutes les interpellations qui lui étaient adressées, à toutes les attaques dirigées contre lui, il n'avait opposé qu'un dédaigneux silence ou que la simple énonciation des droits de la couronne; mais, dans la circonstance actuelle, bien décidé à ne pas reculer, soutenu par les symptômes sans cesse croissants de la réaction populaire qui s'opérait en sa faveur et dont l'influence commençait à se faire sentir au sein même de la majorité, il sortit enfin de la taciturnité qu'il s'était jusqu'alors imposée. « Non, » dit-il, en faisant allusion aux conditions humiliantes qu'on avait voulu lui imposer avant de traiter avec lui, « non, je « n'abandonnerai pas la position que j'occupe pour me livrer à la merci de mon « honorable adversaire. Il m'appelle un ministre nominal, le mannequin d'une « influence secrète; c'est parce que je ne veux pas devenir, en effet, un ministre « nominal de sa façon; c'est parce que je ne me soucie pas de devenir entre ses « mains un véritable mannequin que je ne donnerai pas ma démission. Je n'ad- « mets certes point que le terrain sur lequel je suis établi soit celui d'une influence

« *corrompue*; mais ce terrain, quel qu'il soit, je ne le quitterai pas pour me
» placer sous son patronage, pour accepter de lui mon investiture et devenir à sa
« suite un misérable ministre, condamné, par cette amende honorable, à l'humi-
» liation, à l'impuissance, dénué de toute force et incapable de faire aucun bien.
« Du reste, si, comme il le prétend, je me suis dégradé jusqu'à devenir le manne-
« quin et le favori de la couronne, comment pourrait-il consentir, à quelque
« condition que ce fût, à s'associer à moi; et si ce qu'on craint en moi c'est une
« trop grande part dans la confiance du roi, pense-t-on que cette part s'affaiblirait
« beaucoup parce que je resterais deux jours hors des affaires? Ce qu'on se pro-
« posait par de telles offres, c'était tout à la fois, si j'avais été assez aveugle pour
« donner ma démission, de me rendre un objet de dédain et de ridicule pour
« mes ennemis et de m'enlever l'estime de ceux dont le concours m'a soutenu jus-
« qu'à présent.... Ce n'est pas par mépris de la chambre, par amour du pouvoir,
« par point d'honneur personnel que je persiste à refuser de quitter mon poste,
« c'est parce que je crois que la situation du pays me fait un devoir de le défendre
« comme une forteresse. »

Malgré cet éloquent discours, 197 voix contre 177 adoptèrent la motion. Mais
le roi n'était pas moins décidé que son ministre, et il répondit à l'adresse qui
lui fut présentée que, quoique son plus grand désir fût de mettre un terme aux
dissensions publiques, il ne pensait pas que le renvoi de ses conseillers fût un
moyen d'y parvenir, puisqu'on ne lui alléguait contre eux aucun grief positif, et
que beaucoup de personnes lui témoignaient, au contraire, leur satisfaction du
dernier changement de cabinet. Pour triompher de cette résistance opiniâtre, il
ne restait à la chambre qu'un seul moyen, le refus des subsides. Mais c'était une
épreuve à laquelle Fox n'osait soumettre sa majorité, certain qu'un grand nombre
de voix refuseraient de le suivre jusque-là. Aussi se contenta-t-il de proposer une
nouvelle résolution conçue dans le même sens que la précédente. La discussion fut
longue et animée. Se sentant soutenus au dehors par le roi et le peuple, remar-
quant en outre parmi plusieurs membres de la majorité une lassitude de la lutte
et un vif désir d'en finir, les défenseurs du ministère se montrèrent avec plus
d'énergie que jamais. Leur cause était en effet en progrès : la nouvelle adresse ne
passa qu'à 12 voix de majorité. Dès lors l'opposition vit clairement qu'elle ne pouvait plus espérer la victoire; cependant elle voulut tenter un dernier effort, et
proposa le vote d'une remontrance dans laquelle la chambre exprimait le regret
de ce que le roi, au lieu de suivre les glorieux exemples de ses ancêtres de la
maison de Brunswick, semblait prendre pour modèle ceux des anciens rois qui
écoutaient les inspirations de leurs favoris plutôt que les conseils du parlement.
La remontrance passa, mais cette fois seulement à une majorité d'une voix.
Une telle victoire était une défaite réelle (8 mars). Elle fut considérée comme
telle par tous les partis et mit fin à la lutte. Les différents bills dont la majorité
avait jusqu'ici retardé le vote furent adoptés sans opposition; le triomphe de
Pitt était complet. Ce fut alors qu'il se décida à dissoudre la chambre. Quoique
vaincus, ses adversaires étaient encore formidables; il fallait profiter de l'état de
l'esprit public pour leur porter les derniers coups. Le 24 mars, le roi prorogea le

parlement, qui fut dissous le lendemain. Les élections, commencées presque aussitôt, donnèrent à l'administration la victoire la plus décisive dont les annales parlementaires de l'Angleterre fassent mention. 160 membres de l'opposition perdirent leur siége au parlement et furent remplacés par des partisans du ministère. La fermeté, le sang-froid, la sagacité déployés par le premier ministre pendant cette longue et terrible crise, l'avaient fait l'idole de la nation; et à l'àge de vingt-cinq ans il était universellement considéré comme le premier homme politique de l'Angleterre. Cette fois, inébranlablement assis au pouvoir, il allait justifier l'opinion qu'on avait de lui.

Deux sujets appelaient avant tout son attention : la situation actuelle des finances et celle de la compagnie des Indes. La guerre qui venait de finir avait mis les finances dans l'état le plus déplorable. Le budget des recettes était en déficit de plus de trois millions sterling sur celui des dépenses; d'énormes dettes restaient à acquitter; le fonds d'amortissement était complétement épuisé, et la rente, malgré le retour de la paix, était encore au-dessous du pair. Relever le crédit et créer de nouvelles sources de revenu, moins en établissant de nouveaux impôts qu'en faisant rendre à ceux qui existaient déjà tout ce dont ils étaient susceptibles, tel fut le but du ministre.

Rien ne s'opposait autant au produit des taxes que la contrebande, alors organisée sur une si vaste échelle que plus de quarante mille personnes s'y livraient habituellement. D'énergiques mesures de rigueur rendirent ce commerce illicite extrèmement difficile à exercer; un abaissement considérable des droits qui pesaient sur les denrées les plus recherchées lui portèrent un coup plus sensible encore en en annulant presque complétement les bénéfices. L'augmentation rapide de la consommation légale et par suite celle des recettes du trésor, montra toute la sagesse et l'habileté de cette mesure.

Pitt ne se borna pas à relever le revenu public, il apporta dans le maniement des finances l'esprit de désintéressement qui le caractérisait. Jusqu'alors les ministres s'étaient fait des emprunts un puissant moyen d'influence, en les distribuant à leurs amis ou à ceux dont ils voulaient acquérir l'appui; c'était encore de la corruption au détriment de l'État, et Pitt n'en voulait pas. Sans se réserver pour lui-même la disposition d'un seul schelling, il mit désormais les emprunts en adjudication publique sur soumissions cachetées.

L'ordre, sinon encore l'équilibre, rétabli dans les finances, Pitt s'occupa de la compagnie des Indes, et au mois de juillet 1784, il présenta un bill fondé sur les mêmes principes que celui qui avait été rejeté dans la session précédente. Six conseillers privés, parmi lesquels figuraient le chancelier de l'échiquier et un des secrétaires d'état, étaient nommés commissaires des affaires de l'Inde et formaient ce qu'on appela le bureau de contrôle. Ces commissaires étaient nommés par Sa Majesté, révocables à son bon plaisir; ils étaient revêtus d'un pouvoir de surveillance sur toutes les affaires civiles, militaires et financières. La cour des directeurs leur transmettait toute sa correspondance avec l'Inde, tant les lettres qu'elle écrivait que celles qu'elle recevait; ils renvoyaient ces lettres avec leur approbation ou leur improbation développées suivant le cas, et les dépêches partaient pour l'Inde ainsi amendées. La correspondance se trouvait donc dans les mains de ces commissaires. Dans tous les cas où le secret était jugé nécessaire, comme dans toutes les affaires qui touchaient à la guerre, à la paix, aux relations de la compagnie avec les princes de l'Inde, les commissaires transmettaient leurs ordres aux gouvernements locaux, mais par l'intermédiaire d'un comité secret de la cour des directeurs. Quant au gouvernement suprême dans l'Inde, il consistait en un gouverneur général et trois conseillers ; le commandant en chef, l'un d'eux, venait immédiatement après le gouverneur. En cas de partage, ce dernier avait voix prépondérante. Les gouvernements des présidences subordonnées de Madras et de Bombay étaient formés sur le même modèle que celui du Bengale. Le roi avait le droit de rappeler le gouverneur général ou tout autre officier de la compagnie ; alors celle-ci était tenue de remplacer, dans l'espace de deux mois, le fonctionnaire révoqué ; ce délai passé, ce droit appartenait à la couronne. Tout plan de conquête et d'agrandissement de territoire était formellement interdit comme contraire à l'honneur et à la politique de la Grande-Bretagne ; et il était défendu au gouverneur général et au conseil de commencer les hostilités, sauf le cas d'hostilités commises contre les établissements anglais, ainsi que contre les états et les princes dont les possessions étaient garanties par les traités déjà existants. En ce qui concernait la guerre et la paix, le gouverneur et le conseil ne devaient agir que d'après des ordres positifs de la cour des directeurs et du comité secret. Toute alliance offensive et défensive avec les princes de l'Inde leur était interdite. Le droit de guerre était également enlevé aux présidences subordonnées ; elles ne pouvaient la déclarer sans ordres du gouvernement du Bengale et de la cour des directeurs, le cas d'attaque soudaine et de préparatifs évidents toujours excepté. Le gouvernement suprême avait le pouvoir de suspendre tout gouverneur ou tout agent des présidences secondaires pour fait de désobéissance ; enfin une nouvelle cour, formée d'un nombre déterminé de membres de la chambre des lords ou de celle des communes, était créée pour le jugement de tous les crimes ou délits commis dans l'Inde. De grands pouvoirs la mettaient à même d'étendre sa juridiction sur des personnes qui auraient échappé aux tribunaux ordinaires.

Ce bill était, à peu de chose près, semblable à celui précédemment présenté par Fox, et on aurait pu reprocher à Pitt, comme on l'avait fait à son rival, d'augmenter à un degré dangereux le pouvoir et l'influence du ministère. Les six commissaires du bureau de contrôle, présidés par le chancelier de l'échiquier ou un des secrétaires d'état, étaient, encore plus que les directeurs suprêmes établis par Fox, sous la dépendance de l'administration, et n'absorbaient pas moins qu'eux la direction entière des affaires de l'Inde. Mais les temps étaient changés ; c'était contre Fox plutôt que contre son bill que le roi et, à son exemple, la chambre des lords, s'étaient déclarés. Rien ne motivait de leur part une semblable opposition contre Pitt : l'acte passa dans les deux chambres à de grandes majorités. Malgré quelques imperfections qui furent successivement réparées [1], ce bill modi-

---

1. Un bill passé en 1786 investit les directeurs de la faculté de confier les fonctions de gouverneur général au commandant en chef des forces anglaises dans l'Inde. En outre, le gouverneur général et

fiait avec bonheur l'état de choses actuel; une des principales améliorations était la concordance établie, par le moyen du bureau de contrôle, entre la politique du gouvernement métropolitain et celle du gouvernement de la compagnie, et l'impossibilité pour l'avenir de ces divergences de conduite si souvent funestes aux intérêts de l'Angleterre.

Le vote d'une mesure très-populaire, la restitution aux héritiers des rebelles écossais de 1715 et de 1745 des domaines qui leur avaient été alors confisqués mit fin à la session (20 août). Le nombre, la variété et la gravité des questions soumises par le premier ministre, pendant sa courte durée, aux délibérations des chambres, l'habileté, la perspicacité, les lumières et l'éloquence dont il fit preuve dans toutes les discussions auxquelles elles donnèrent lieu, lui conquirent l'estime et l'admiration universelles.

Dès les premiers jours de la session suivante (février 1785), la présentation d'un bill de réforme parlementaire prouva que Pitt était décidé à ne pas s'arrêter dans ses idées d'améliorations. Son projet de réforme n'avait rien, du reste, qui pût effrayer même les esprits timides pour lesquels la répression des abus et la ruine des anciennes institutions sont une seule et même chose. Pitt ne demandait pas, comme dans le plan qu'il avait précédemment présenté, une augmentation du nombre des électeurs; enlever la franchise électorale à certains bourgs complétement ruinés (la plupart; ne se composant plus que d'un petit nombre de maisons, étaient possédés par un seul individu) pour la transporter à des villes considérables qui n'avaient pas le droit d'élire de députés, ou qui ne pouvaient en nommer qu'un nombre trop faible pour leur importance, voilà tout ce qu'il proposait; encore ne voulait-il pas agir par la voie de l'expropriation forcée; une somme considérable était affectée au rachat des franchises, et les propriétaires des bourgs étaient libres de renoncer à leur droit de propriété ou de le conserver. Dans le premier cas, ils recevaient une indemnité stipulée dans le bill et proportionnée à l'importance des droits qu'ils abandonnaient; dans le second cas, la somme stipulée était placée à intérêts composés, jusqu'à ce que le propriétaire ou ses héritiers, séduits par l'augmentation provenant de l'accumulation des intérêts se fussent décidés à céder leurs priviléges. Par ce moyen, la réforme ne devait s'opérer que graduellement, et ne portait atteinte à aucun droit acquis. On le voit, il était impossible de réprimer des abus criants par des améliorations plus timides; cependant, c'était trop encore. Le parti whig seul soutint la mesure; la majorité la repoussa comme violant la constitution.

Repoussé de ce côté, Pitt en revint aux améliorations financières. L'ordre rétabli dans les comptes de l'État, la rentrée dans les caisses du trésor de sommes considérables dues depuis longtemps, la suppression de nombreuses fraudes jusqu'alors commises à la douane, et qui privaient l'échiquier de revenus importants, un nouvel aménagement des domaines de la couronne, qui les rendit plus productifs, la restauration du fonds d'amortissement dans sa destination primitive,

---

les gouverneurs des présidences de Bombay et de Madras reçurent le pouvoir d'agir dans certains cas, et sous leur propre responsabilité, sans le concours de leurs conseils.

et une foule d'autres mesures, soumises à l'adoption des chambres pendant les sessions de 1785 et de 1786, achevèrent de ramener l'équilibre dans les finances. La confiance revint, le crédit se releva, et le commerce britannique ne tarda pas à reprendre son ancienne prospérité; un important traité conclu avec la France vint encore favoriser son essor.

Par l'article 18 du traité de Paris, il avait été convenu que l'Angleterre et la France nommeraient des commissaires chargés de travailler à de nouveaux arrangements de commerce entre les deux nations. L'exécution de cet article entraîna plus de deux années de négociations et de pourparlers; enfin, le 26 septembre 1786, un traité conclu pour douze années consécutives fut signé entre les représentants des deux cours. C'est un des actes les plus habiles dus au génie du chancelier de l'échiquier, et Pitt avait raison de le placer au nombre des moyens sur lesquels son pays devait le plus compter pour restaurer complétement ses finances. Le traité semblait conçu dans l'esprit le plus libéral qui eût jamais, jusqu'alors, inspiré une convention de cette nature. Liberté réciproque de commerce, faculté pour les sujets de chaque puissance de voyager dans les deux pays sans empêchement d'aucune sorte, abaissement considérable sur la plupart des produits des deux pays, tels étaient les traits distinctifs du nouvel acte; mais, sous l'apparence d'une réciprocité parfaite, il était tout entier à l'avantage de l'Angleterre. En effet, la réduction de droits faite en faveur des produits français portait uniquement sur les vins et les marchandises de luxe, c'est-à-dire sur des articles qui ne conviennent qu'aux riches, minorité des consommateurs; tandis que la réduction faite sur les denrées britanniques portait sur les marchandises communes et sur les produits manufacturés, en un mot, sur les objets qui s'adressent au pauvre comme au riche, c'est-à-dire à toute la population. Du reste Pitt ne dissimula pas sa pensée à cet égard. « Ce traité, dit-il à la chambre, procurera sans doute aux Français des avantages; « il serait, en effet, ridicule d'imaginer qu'ils voulussent consentir à nous faire des « concessions sans aucune idée de retour; cependant je n'hésite pas à déclarer fer- « mement, et tandis que l'affaire est encore pendante, que, quoique avantageux à « la France, ce traité le sera bien plus à l'Angleterre. Cette assertion n'est pas « difficile à justifier. La France acquiert un marché de huit millions d'âmes, nous « un marché de vingt-quatre millions; la France, pour des produits à la préparation « desquels concourent un petit nombre de mains, qui encouragent peu la navigation « et ne rapportent pas grand'chose aux revenus de l'État; nous, pour nos manufac- « tures, qui occupent plusieurs centaines de milliers d'hommes; qui, en tirant de « toutes les parties du monde les matières premières qu'elles emploient, agran- « dissent notre puissance maritime, et portent à l'État des contributions consi- « dérables. La France ne gagnera pas un accroissement de revenu de 100,000 livres « sterling; l'Angleterre gagnera infailliblement dix fois plus. Ainsi, bien que le « traité puisse être profitable à la France, nos bénéfices seront en comparaison si « supérieurs, que nous ne devons pas avoir de scrupules de lui accorder quelques « avantages.... Il est dans la nature essentielle d'un arrangement conclu entre un « pays manufacturier et un pays doté de productions spéciales, que l'avantage soit, « en définitive, en faveur du premier. »

Ne pouvant attaquer le traité au point de vue commercial, l'opposition fut réduite à faire appel aux ressentiments nationaux de l'Angleterre contre la France. Fox, Sheridan, M. Grey, s'écrièrent à l'envi qu'il n'y avait pas de sincérité à attendre de la France, cette ennemie naturelle et invétérée de l'Angleterre; qu'il n'y avait pas d'intérêt qui pût changer ce qui était inhérent à sa propre nature, et que le traité proposé deviendrait nuisible et fatal à l'Angleterre. Ne prévoyant pas qu'il donnerait bientôt par ses actions un éclatant démenti à ses paroles, Pitt défendit chaudement l'alliance avec la France. « On proclame, dit-il, qu'il faut « éternellement se défier de la France; que veut-on dire ? Conseille-t-on à notre « pays une jalousie insensée ou aveugle, une jalousie qui lui fasse rejeter folle- « ment ce qui doit lui être utile, ou accepter aveuglément ce qui doit tourner à « sa ruine ? La nécessité d'une animosité éternelle contre la France est-elle donc « si bien démontrée et si impérieuse que nous devions lui sacrifier les avantages « commerciaux que nous pouvons espérer de nos bons rapports avec cette nation ? « ou bien une union pacifique entre les deux royaumes est-elle quelque chose de « si funeste que l'accroissement de notre commerce ne soit pas une compensation « suffisante ? Les querelles de la France et de la Grande-Bretagne ont duré assez « longtemps pour lasser ces deux grands peuples. A voir leur conduite passée, on « dirait qu'ils n'ont eu d'autre but que de s'entre-détruire; mais, j'en ai la con- « fiance, le moment approche où, se conformant à l'ordre providentiel, ils mon- « treront qu'ils étaient mieux faits pour des rapports de bienveillance et d'amitié « réciproques. — Je n'hésiterai pas à combattre, s'écriait-il ensuite, la doctrine, « trop souvent soutenue, que la France sera éternellement l'ennemie de la « Grande-Bretagne. Il est puéril et absurde de supposer qu'une nation soit l'en- « nemie inaltérable d'une autre nation. Cette opinion n'a de fondement ni dans la « connaissance de l'homme, ni dans l'expérience des peuples. Elle calomnie la « constitution des sociétés politiques, et attribue à la nature humaine un vice « infernal. »

Ces paroles n'étaient pas nécessaires pour décider la chambre. Les avantages résultant du traité étaient trop évidents et trop importants pour qu'elle hésitât un instant. Une adresse de remerciements au roi fut votée à la presque unanimité. L'événement ne tarda pas à justifier la sagesse des prévisions du premier ministre. Pendant les six années que le traité fut en vigueur, les exportations de l'Angleterre dépassèrent toujours de plus du double la valeur des importations françaises [1].

En même temps que Pitt exploitait ainsi, au profit de son pays, l'inexpérience commerciale du cabinet de Versailles, il profitait des troubles qui commençaient à agiter la France et des embarras où la jetait le désordre de ses finances pour lui ravir, auprès des puissances d'Europe, l'influence que lui avaient acquise les succès de la dernière guerre.

Dans l'année 1785, le turbulent Joseph II, cherchant à s'agrandir de tous les côtés, avait réclamé des Hollandais la libre navigation de l'Escaut et l'importante place de Maëstricht. Les Hollandais refusèrent d'abord de prendre ces demandes

1. Grimblot, *Politique commerciale de l'Angleterre*; Macpherson's *Annals of commerce*.

en considération ; mais les instances du cabinet de Versailles, qui voulait à tout prix prévenir une guerre dans laquelle il eût été obligé de prendre parti, déterminèrent les États-Généraux à racheter le droit que Joseph prétendait sur Maëstricht, moyennant vingt millions, dont la France consentit à payer la moitié (10 novembre 1785). Cette générosité fut reconnue de la part des États-Généraux par un traité qui établit entre la France et les Provinces-Unies une alliance fondée sur la garantie réciproque des territoires des deux états et des libertés hollandaises, sur l'engagement d'assurer la liberté des mers, et sur la promesse d'une convention commerciale. Pitt ne vit pas sans jalousie une alliance qui enlevait la Hollande à l'influence de l'Angleterre, et il ne chercha plus, dès lors, que l'occasion d'en neutraliser les effets. Elle ne tarda pas à s'offrir. Les États-Généraux, représentants du parti démocratique et républicain, avaient été, pendant la dernière guerre, contrecarrés dans toutes leurs mesures contre l'Angleterre par le dévouement du stathouder à la maison de Hanovre ; ils s'efforcèrent, au retour de la paix, de restreindre l'autorité de ce prince. Le traité de 1785, qui donna au parti français, c'est-à-dire au parti démocratique, une supériorité décidée, leur en fournit les moyens. Le prince d'Orange, privé de toutes les charges qu'il possédait, fut forcé de se retirer à Nimègue. Mais ce prince avait épousé la sœur du nouveau roi de Prusse, Frédéric-Guillaume II (le grand Frédéric était mort le 17 août 1786), et ce monarque résolut de rétablir son beau-frère dans son autorité primitive. Prétextant une prétendue insulte faite à la princesse d'Orange, sa sœur, il donna l'ordre à une armée de vingt-cinq mille hommes, commandée par le duc de Brunswick, d'entrer en Hollande. Le gouvernement français, lié par le traité de 1785, manifesta aussitôt l'intention de marcher au secours des Provinces-Unies ; mais c'était là que Pitt l'attendait. Il déclara que si la France intervenait dans la querelle, il interviendrait aussi ; et, pour appuyer sa déclaration, donna l'ordre de préparer un puissant armement. A cette époque, la direction des affaires étrangères de la France était passée des mains fermes et habiles de M. de Vergennes dans celles de M. de Montmorin ; ce dernier hésita devant l'idée de recommencer la guerre avec des finances épuisées et au milieu d'une agitation sans cesse croissante ; avant qu'il eût pris une détermination, les Prussiens étaient entrés à Amsterdam et avaient forcé les états à rétablir le stathoudérat. De nouvelles prérogatives assimilèrent le prince d'Orange à un véritable souverain ; le parti français fut complétement annulé ; et son anéantissement suivi de la conclusion d'une alliance offensive et défensive entre l'Angleterre et les Provinces-Unies (15 avril 1788). L'Angleterre garantissait non-seulement le territoire de la Hollande, mais encore la forme de son gouvernement et l'autorité du stathouder ; en outre, les deux états s'engageaient, en cas de guerre, à ne pas faire la paix l'un sans l'autre, et s'accordaient réciproquement les avantages commerciaux de la nation la plus favorisée. Le même jour, un traité semblable fut signé à Berlin, entre le stathouder et Frédéric-Guillaume, et un mois après, l'Angleterre et la Prusse contractaient aussi une alliance dont l'objet principal était le maintien de la tranquillité et de l'indépendance du gouvernement actuel des Provinces-Unies.

Ces événements si heureusement dirigés, ces négociations si habilement conduites et terminées, portèrent un coup terrible à la France, à laquelle ils firent perdre en un instant la considération qu'elle avait récemment acquise par ses succès militaires et diplomatiques. En excitant la Turquie à prendre les armes contre la Russie, Pitt ajouta encore à ses embarras. Si, en effet, la France demeurait neutre entre ces deux peuples, elle s'aliénait les Turcs, qui comptaient sur elle, et perdait l'influence qu'elle exerçait depuis si longtemps dans le Levant; si elle prenait part à la guerre, elle perdait l'alliance de la Russie, avec laquelle elle venait de conclure un traité extrêmement avantageux. Dans les deux cas, et quoi qu'elle fît, il y avait dommage pour elle. Pitt, au contraire, profitait de cette guerre pour former avec la Prusse et la Hollande une ligue à laquelle prenaient part la Suède et la Pologne, ces deux victimes de l'ambition moscovite. Ainsi l'Angleterre, qui, quelques années auparavant, seule, sans un allié dans toute l'Europe, menacée par la ligue des puissances maritimes, avait été obligée de demander la paix à la France, faisait maintenant plier partout devant elle l'influence française, anéantissait jusqu'au souvenir de la ligue de la neutralité armée, et se trouvait à la tête d'une coalition formée de la moitié des états de l'Europe.

A l'intérieur, les mesures financières de Pitt n'avaient pas produit des résultats moins éclatants; non-seulement l'équilibre était rétabli dans les finances, et la dette publique diminuée de 2,000,000 sterling, mais 7,000,000 avaient été employés à mettre la marine sur un pied formidable. En présence de tels faits, toute opposition était impossible; aussi les deux événements qui rendirent cette session remarquable, le commencement du procès de Waren-Hastings devant la chambre des pairs et l'ouverture de l'importante question de l'abolition de la traite des noirs, sont-ils en dehors de la politique des partis.

Dès l'année 1782, les actes d'illégalité et de tyrannie dont Warren-Hastings s'était rendu coupable dans le gouvernement de l'Inde avaient été signalés à la chambre des communes, et plusieurs fois déjà celle-ci avait demandé son rappel; mais cette demande avait toujours échoué contre la volonté formelle de la compagnie, à laquelle l'administration oppressive de ce gouverneur avait été si utile, et ce ne fut qu'à l'expiration du terme de ses fonctions qu'Hastings revint en Angleterre. Il y fut reçu avec une faveur presque unanime; la cour surtout l'accueillit avec un véritable enthousiasme, et, quoique Burke et quelques autres membres continuassent à faire de temps à autre des sorties virulentes contre les injustices, les violences dont il s'était rendu coupable, son affabilité, ses grands talents et son immense fortune lui avaient valu un nombre considérable de partisans. Il crut alors n'avoir rien à redouter, et pouvoir réduire ses accusateurs au silence; en conséquence, un jour qu'au parlement Burke renouvelait ses accusations, il fut sommé, par le major Scott, créature d'Hastings qui lui avait acheté un siége au parlement, de donner suite à ces accusations, que Scott traita hautement d'odieuses calomnies. Ainsi défié, Burke ne pouvait pas reculer, et peu de temps après, le 4 avril 1786, il présenta contre Hastings un acte d'accusation formulé en vingt-deux chefs que développèrent séparément Burke lui-même, Fox et Sheridan, et qui donnèrent lieu à des discussions rendues à jamais mémorables par l'éloquence de ces trois orateurs. Cependant les deux premiers chefs, combattus par le ministère, avaient été repoussés par la chambre, et tout portait à croire qu'il en serait ainsi des autres, lorsque sur le troisième, celui qui était relatif aux extorsions commises par le gouverneur contre le rajah de Bénarès, Pitt, ayant demandé la parole, se déclara forcé de reconnaître qu'Hastings s'était rendu coupable d'une intolérable oppression, et s'était, par ses exactions, placé sous le coup de la loi. Cette déclaration inattendue, et dont on ne s'expliqua pas d'abord les motifs [1], changea complétement les dispositions de la chambre. Le chef d'accusation, soutenu par Pitt, fut admis à une grande majorité. L'impulsion était donnée; dans la session suivante (1787), plusieurs autres griefs furent encore accueillis; un décret d'*impeachment* fut rendu contre Hastings, et l'acte d'accusation porté à la chambre des pairs. Hastings, arrêté, puis mis en liberté sous caution, reçut l'injonction de préparer ses défenses pour la prochaine session; et, le 13 février 1788, s'engagea dans la salle de Westminster ce procès solennel qui devait durer sept années [2].

Peu de temps après (mai 1788) s'ouvrait dans les communes une question qui avait été pour la première fois soumise au parlement par la société des quakers, et qui devait, tout autant que le procès de Hastings, exciter l'attention générale, c'était la question de l'abolition de la traite des noirs. Les philanthropiques efforts des quakers rendirent promptement cette cause populaire; les deux universités et plusieurs villes importantes présentèrent des pétitions pour l'appuyer; un membre du parlement, Wilberforce, voua à la réussite de cette œuvre son existence tout entière. Jeune, riche, doué d'une imagination vive, d'un beau talent de parole, Wilberforce, entraîné par l'ardeur de ses sentiments religieux, résolut de faire servir toute son influence à la défense des intérêts de la religion et de ceux de l'humanité. Convaincu que la traite des noirs était un fléau pour l'espèce humaine et un crime aux yeux de Dieu, il n'eut plus d'autre pensée que d'en obtenir la suppression. Une société, organisée sous sa direction, révéla bientôt, par de nombreuses publications, une foule d'abus jusqu'alors ignorés, et ses efforts agirent avec tant d'efficacité sur l'esprit public, qu'ils déterminèrent le gouvernement à faire procéder, devant un comité du conseil privé, à une enquête sur les faits allégués pour et contre l'abolition de la traite. Dans l'année 1788, Wilberforce se proposait de porter la question devant les communes; une grave maladie l'empêcha de le faire; mais Pitt, qui dans toute cette question lui avait prêté, même contre plusieurs de ses collègues, un appui constant et sincère, se chargea de le suppléer au parlement. Le 9 mai 1788, il proposa à la chambre de s'engager à prendre la question en considération au commencement de la session suivante, et non-seulement

---

1. Pitt, qui s'était d'abord opposé à la procédure entamée contre Hastings, se détermina tout à coup à la favoriser, parce qu'il apprit que le roi, qui avait pour l'ancien gouverneur de l'Inde un véritable engouement, se proposait de le faire entrer dans le cabinet, où son influence aurait pu balancer celle du premier ministre.

2. Le 23 avril 1795, Warren Hastings fut acquitté « de toutes les accusations portées contre lui par les communes; » mais sa fortune avait été presque entièrement absorbée par les frais du procès et de sa défense, son avenir politique était anéanti. C'était ce qu'avait voulu Pitt. Pour dédommager Hastings des pertes qu'il venait d'éprouver à cause d'elle, et reconnaître ses immenses services, la compagnie des Indes lui alloua une pension de 4,000 sterling.

cette proposition ne rencontra pas d'opposition, mais encore une très-forte majorité adopta un bill qui limitait le nombre des noirs reçus à bord de chaque bâtiment négrier et réglait la manière dont ils y seraient traités.

Pendant qu'au sein de la tranquillité la plus complète, la discussion de cette grande question d'humanité préoccupait toute la nation, abstraction faite de tout esprit de parti, un événement inattendu vint rendre aux adversaires du cabinet des espérances auxquelles ils avaient au moins momentanément renoncé. A la suite d'une courte indisposition, le roi tomba en démence (16 août 1788). Ses médecins, tout en conservant l'espérance d'une guérison, ne pouvaient en préciser l'époque, et il fallut songer à établir une régence. Le fils aîné du roi, Georges, prince de Galles, était majeur depuis longtemps ; c'était lui que l'opinion unanime de la nation désignait pour occuper ce poste, et c'était là ce qui causait la joie de l'opposition et le désespoir du premier ministre et de ses amis.

Adonné depuis longtemps à tous les excès de la jeunesse, semant l'or avec prodigalité, avide de plaisir et insoucieux du scandale, le prince de Galles avait nécessairement encouru le mécontentement d'un père dont la sagesse, l'économie, les vertus de famille étaient les qualités dominantes. Aussi de fréquentes ruptures avaient-elles déjà eu lieu entre eux. Dans ces occasions, Pitt avait dû prendre fait et cause pour le roi contre son fils, et récemment encore, le parti ministériel, faisant allusion à l'intimité qui existait entre l'héritier du trône et une Irlandaise catholique nommée madame Fitz-Herbert, avait accusé le prince en plein parlement d'avoir contracté avec cette femme un mariage secret. Ce fait, qui, s'il eût été prouvé, aurait, d'après la constitution, enlevé à Georges ses droits à la couronne, fut énergiquement démenti par Fox et Sheridan, amis intimes du prince, et ses compagnons de plaisirs et de débauches. Pitt, comprenant la gravité d'une pareille question, s'empressa lui-même d'étouffer la discussion ; mais cette intervention ne diminua pas la haine que le jeune prince lui avait ostensiblement vouée ainsi qu'à tout son parti. La maladie du roi allait lui fournir une occasion éclatante de satisfaire son antipathie, et personne ne doutait qu'une fois régent, sa première mesure ne fût de congédier le cabinet actuel et d'appeler ses amis au pouvoir. Pitt ne voulut pas cependant quitter son poste sans combat, et il résolut : d'abord, de retarder le plus possible l'accession du prince à la régence, dans l'espoir que, pendant ce temps, le roi recouvrerait la raison ; ensuite, de faire restreindre par le parlement l'autorité du futur régent, de manière à pouvoir se conserver toujours la majorité dans les deux chambres et se maintenir malgré lui au pouvoir.

En conséquence, aux discours de Fox et de ses amis, qui prétendaient que le prince de Galles avait à la régence un droit exclusif, inhérent à sa personne, que le parlement devait reconnaître sans discussion, Pitt répondit que l'héritier du trône n'était qu'un simple sujet dont le droit à la régence n'existait qu'à la suite d'un acte d'attribution émané du parlement. Après des débats prolongés avec intention par des nominations de comité, des rapports, des propositions dilatoires, la majorité des deux chambres, docile à la voix du ministre, déclara « qu'il était du *droit* et du *devoir* du parlement d'aviser aux moyens de suppléer au défaut de l'exercice personnel de l'autorité royale qui provenait de la maladie de Sa Majesté » (16 décembre).

En déclarant qu'à elles appartenait le droit d'attribuer la régence, les chambres constataient implicitement leur droit d'apporter à l'exercice de ces fonctions les restrictions qu'elles jugeraient nécessaires. C'est là que Pitt avait voulu en venir ; ce vote obtenu, il prépara et soumit au prince royal le projet d'un bill de régence. Le prince était investi de l'autorité royale ; il ne pouvait cependant créer de pairs, à l'exception des fils du roi qui viendraient à atteindre leur vingt-unième année ; il ne pouvait conférer aucun emploi à vie ou en survivance, non plus que disposer d'aucune des propriétés réelles ou personnelles du roi ; le soin de la personne de Sa Majesté et l'administration de sa maison étaient confiés à la reine. Dans le cas où la maladie du roi se prolongerait, ces dispositions pourraient être modifiées. Accepter ces conditions, c'était, pour le prince, se lier les mains et se placer à la tête d'un gouvernement sans force, qui ne pourrait résister aux volontés des ministres ; refuser était plus dangereux encore, car c'était fournir à Pitt un prétexte plausible d'offrir la régence à la reine. Le prince accepta, et le bill de régence fut soumis au vote des chambres ; mais pendant la discussion, le roi recouvra la raison, et la délibération fut dès lors indéfiniment ajournée (24 février 1789). Telles étaient la force de la constitution et la sagesse du peuple, que pendant les six mois que dura ce véritable interrègne, non-seulement aucun trouble n'eut lieu, mais pas la moindre inquiétude ne se fit sentir dans le pays. Le commerce continua de suivre sa marche ascendante ; il eut bientôt pris un tel développement, qu'au commencement de la session de 1790 Pitt put annoncer à la chambre des communes que le budget des recettes présentait cette année un excédant de un million sterling sur celui des dépenses.

Les graves événements qui se passaient alors en France, et dont le contre-coup devait se faire sentir dans le monde entier, n'allaient pas tarder à mettre un terme à cet état de prospérité inouïe. Les états généraux, convoqués par Louis XVI, le 5 mai 1789, s'étaient constitués eux-mêmes en assemblée nationale ; et, renversant en quelques mois tout l'ancien édifice féodal, ils avaient jeté, au milieu des décombres de l'ancienne monarchie, les premiers fondements de la liberté française. Cette incroyable révolution, accomplie au nom de principes chers à tous les Anglais, fit d'abord une profonde sensation dans la Grande-Bretagne. Les premiers actes de l'assemblée nationale y provoquèrent une sympathie universelle. Hommes et femmes se décorèrent à l'envi de rubans aux trois couleurs ; des clubs se formèrent qui se mirent en relation avec ceux de Paris et votèrent des félicitations à l'Assemblée nationale ; mais ce sentiment de sympathie ne tarda pas à cesser d'être général, et bientôt les émeutes sanglantes qui suivirent, les outrages commis le 6 octobre contre les personnes royales, la déclaration des droits de l'homme, enfin les principes de démoratie absolue sur lesquels on décida que la nouvelle constitution serait basée, produisirent dans beaucoup d'esprits une violente réaction. Si quelques génies ardents et exaltés accueillirent avec empressement des doctrines qu'ils auraient voulu voir triompher dans leur pays, le roi, les ministres, l'aristocratie, tout le parti tory enfin commencèrent à considérer la révolution de France avec une défiance inquiète qui ne tarda pas à se changer en hostilité déclarée. Les whigs eux-mêmes se divisèrent sur cette question, et l'on vit poindre alors les premiers symptômes de ces dissentiments qui devaient ramener au ministère un grand nombre de ses plus violents adversaires. Dès les premiers jours de la session (janvier 1790), la discussion s'étant ouverte sur le budget de l'armée, Fox vanta la conduite des soldats français, qui, le 14 juillet, refusant d'obéir aux ordres de la cour, s'étaient rangés sous les drapeaux de la liberté ; puis, en parlant de la révolution que l'assemblée nationale venait d'opérer : « C'est le plus grand pas, dit-il, « qui ait encore été fait pour l'affranchissement du genre humain. Une politique « nouvelle va gouverner et calmer l'Europe, et c'est la révolution française qui « m'en donne l'assurance. Ami de la liberté, j'applaudis au triomphe éclatant « qu'elle remporte chez la seule nation que nous reconnaissions pour rivale dans « tous les points élevés de la civilisation. » Cet élan d'enthousiasme trouva dans Burke, le maître et l'ami de Fox, un énergique contradicteur. Après avoir exprimé le chagrin qu'il éprouvait de différer d'opinion, pour la première fois de sa vie, avec l'homme qu'il chérissait le plus au monde, il peignit avec les plus sombres couleurs l'avenir qui menaçait la France. « Les Français, dit-il, se montrent aujour- « d'hui, plus que ne pourraient le faire des ennemis, artisans empressés de leur « propre ruine.... Quand la victoire, fidèle à nos drapeaux, eut humilié la France « courbée devant nous, nous aurions rougi d'imposer aux Français des conditions « aussi contraires à leurs intérêts que celles qu'ils s'imposent maintenant eux- « mêmes.... Quant à nous, ce que nous avons à craindre, c'est qu'une admiration « insensée de l'œuvre de nos voisins ne nous porte à vouloir les imiter dans leur « excès.... Je n'ai jamais aimé le despotisme dans aucun lieu du monde ; je l'eusse « poursuivi en France comme en Angleterre ; mais le despotisme dont on accuse le « roi de France est bien moins dangereux que le despotisme d'une démocratie dés- « ordonnée qui, pour racheter ses crimes, n'a pas une seule vertu républicaine. Je « regarde donc ce qui se passe en France comme si peu digne d'être imité, que je « le trouve au contraire fait pour exciter l'indignation de tous les gens de bien. »

Sheridan répliqua à Burke, et, emporté par la fougue de son caractère, il le fit dans des termes d'une incroyable rudesse, l'accusant de se constituer l'apologiste du despotisme, et de trahir son parti. Ce fut là le commencement de cette scission qui allait diviser le parti whig en deux fractions irréconciliables. Une occasion solennelle montra bientôt que Burke n'était pas le seul de son parti qu'effrayassent les doctrines émises par les révolutionnaires français. Depuis plusieurs années, les sectes religieuses dissidentes sollicitaient le rappel de l'acte du test et de celui des corporations. Cette question, soumise à la chambre des communes, avait toujours été repoussée ; cependant, à chaque session, elle avait trouvé de nouveaux partisans, et l'année précédente, malgré l'opposition du ministère, la motion des dissidents n'avait été rejetée que par une majorité de 20 voix. Cette année encore, la question reparut devant la chambre, et ce fut Fox qui se chargea de la soutenir. Mais les temps étaient changés. Malgré tous les efforts de son éloquence, une majorité de 294 voix contre 105 écarta une proposition qui, l'année précédente, avait presque également partagé l'assemblée. La réaction contre toute pensée d'innovation se manifesta plus vivement encore par l'accueil fait à un plan de réforme *électorale* présenté par l'Irlandais M. Flood. Wyndham, un des membres les plus distingués du parti whig, combattit cette proposition avec acharnement. « Ce « n'est pas, dit-il, au moment où des visionnaires bouleversent un pays voisin que « l'on doit entreprendre une œuvre aussi périlleuse qu'une réforme; ce n'est pas « au milieu de l'ouragan que l'on doit réparer l'édifice social. » Burke se prononça dans le même sens que Wyndham, et Pitt les appuya hautement tous les deux, en déclarant que, quoiqu'il eût toujours conservé les convictions de sa jeunesse, si quelqu'un reproduisait textuellement le projet qu'il avait jadis présenté, il serait le premier, dans l'état actuel des esprits, à en demander le rejet. Fox soutint la motion avec énergie; mais la grande majorité de la chambre était tellement hostile à toute espèce de réforme, que la proposition fut retirée avant que l'on allât au scrutin (mars 1790).

Dans tous ces débats, Pitt ne s'était exprimé, au sujet de la révolution française, qu'avec la plus grande retenue. On eût dit que, persuadé que la France entrait dans une voie où elle ne devait trouver que ruine et perdition, il semblait craindre de l'avertir de son erreur. Mais si ses sentiments contre la grande rivale de l'Angleterre ne se trahissaient pas par des paroles, ils se faisaient jour par des actes d'une hostilité plus réelle.

En effet, quoique la ligue anglo-prussienne semblât surtout dirigée contre la Russie et contre l'Autriche, qui s'était jointe à Catherine pour accabler les Turcs; quoiqu'elle soutînt la Belgique, qui venait de chasser les Autrichiens et de se constituer en république; quoiqu'elle prît parti pour la Pologne, qui cherchait à recouvrer son indépendance, c'était en réalité contre la France qu'agissaient les alliés et surtout l'Angleterre. Enlever à la France sa prééminence dans le Levant, substituer à son influence en Belgique et en Pologne l'influence de la Grande-Bretagne, montrer à toute l'Europe qu'il n'y avait plus aucun fond à faire sur elle, tel était le but que se proposait Pitt, tels furent les motifs qui réglèrent sa conduite dans une querelle qui éclata soudainement entre l'Angleterre et l'Espagne.

. Des négociants anglais avaient fondé à Nootka-Sound, sur la côte occidentale de l'Amérique du Nord, un établissement où ils s'occupaient tranquillement du commerce des fourrures. Tout à coup et sans avertissements préalables, le cabinet de Madrid, s'attribuant un droit de souveraineté sur toute cette côte, dirigea contre Nootka-Sound une expédition qui s'empara de l'établissement anglais et de quelques vaisseaux de commerce qui s'y trouvaient. Dès que Pitt eut connaissance de ces faits, il envoya à Madrid un plénipotentiaire chargé d'exiger la réparation la plus complète, et, pour appuyer sa réclamation, il commença aussitôt des armements formidables. L'Espagne, irritée du ton de hauteur pris par l'envoyé britannique, accueillit d'abord fort mal ses demandes; elle comptait, en cas de guerre avec l'Angleterre, sur la coopération armée de la France. Mais Pitt, lui aussi, et avec plus de raison, avait compté sur la neutralité forcée de ce pays. En effet, l'Assemblée nationale, exclusivement préoccupée des grandes réformes intérieures qu'elle opérait, montra peu de dispositions à s'immiscer dans une guerre étrangère, et ne répondit que d'une manière vague aux sollicitations du cabinet de Madrid. Reconnaissant alors qu'il n'y avait pas à faire fond sur la France, et que le pacte de famille n'était plus qu'une lettre morte; hors d'état d'ailleurs de lutter seule contre l'Angleterre, l'Espagne se hâta d'accepter les conditions du cabinet de Saint-James (28 octobre 1790).

Cependant les Turcs et les Suédois n'avaient éprouvé que des revers dans leur lutte contre la Russie, et l'Angleterre, qui leur avait promis son concours pour les décider à prendre les armes, allait se voir forcée de venir à leur secours. C'était une extrémité que Pitt redoutait. Toute sa politique n'avait eu qu'un but, de perdre complétement la France dans l'esprit des peuples, en montrant au monde entier qu'elle était hors d'état de soutenir ses amis et de tenir tête à ses ennemis. Ce but, il l'avait atteint, et il ne voulait pas, en le dépassant, compromettre l'heureuse situation financière que ses mesures habiles et surtout la paix avaient faite à son pays. Cependant il allait être obligé d'intervenir directement, lorsque l'empereur Joseph II mourut (22 février 1790). Son successeur, le sage et pacifique Léopold II, avait en politique de tout autres idées que lui. Effrayé du progrès des idées françaises, il pensait avec raison que les rois avaient assez à faire de se défendre contre leur envahissement, et avant de songer à des conquêtes sur les Turcs, il voulait faire rentrer la Belgique sous la domination de l'Autriche. Ses premières mesures furent donc d'entrer en négociations avec la Porte et avec le roi de Prusse. Il effraya Frédéric-Guillaume en lui montrant le fantôme de la propagande révolutionnaire. « Voyez, lui dit-il, déjà les démagogues ne se contentent plus de leurs triomphes intérieurs; ils ont, au mépris des traités, dépouillé plusieurs princes de l'empire de leurs droits; ils répandent leur système contagieux dans les provinces belgiques, et communiquent leurs idées aux têtes ardentes de la diète polonaise; leurs clubs ont établi des correspondances avec les clubs anglais; certains journaux d'Allemagne servent d'échos à leurs pamphlets; enfin ils dévoilent complétement le désir et l'espérance de rendre leur révolution universelle. » Frédéric-Guillaume écouta ces représentations, et, le 27 juillet 1790, il conclut à Reichembach la paix avec l'Autriche. La Suède profita de quelques succès assez éclatants pour se retirer sans désavantage de la guerre contre Catherine (4 août). Il ne resta plus en armes que la Russie et la Turquie. Pitt résolut de mettre fin à une guerre qui, si elle tournait à l'avantage de la Russie, romprait l'équilibre européen.

Comme Léopold négociait en ce moment avec la Porte un traité qui remettait les choses exactement sur le pied où elles étaient avant la guerre, l'Angleterre et la Prusse pensèrent que, seule vis-à-vis des Turcs, inquiète du côté de la Pologne, qui venait de profiter des préoccupations de ses voisins pour se donner une constitution monarchique propre à la délivrer enfin de l'anarchie qui avait causé sa faiblesse et sa ruine, la Russie accepterait une semblable paix, et ce fut dans ce sens qu'elles offrirent leur médiation. Mais Catherine ne voyait dans les embarras des autres puissances que le moyen de satisfaire son ambition; elle déclara qu'elle ne consentirait à traiter qu'autant que la Porte lui céderait la ville d'Oczakow et ses dépendances, et pour témoigner au cabinet de Saint-James le mécontentement qu'elle avait ressenti d'une offre de médiation faite avec des formes trop exigeantes, elle refusa de renouveler le traité de commerce conclu quelques années auparavant entre l'Angleterre et la Russie.

Pitt résolut alors d'assurer, par une politique hardie, l'influence que la Grande-Bretagne commençait à prendre à Constantinople. Isolée de toutes parts, la Russie ne pouvait lutter avec avantage contre les armes réunies de l'Angleterre et de la Turquie, et peut-être de la Prusse. Les chances de la guerre étaient donc toutes en faveur de la Grande-Bretagne, qui, en sauvant l'empire ottoman, y établissait pour jamais son patronage. En conséquence, Pitt démontra au parlement combien il importait à l'Angleterre d'arrêter la Russie dans ses rapides agrandissements, et d'empêcher qu'en accablant la Porte elle ne rompît l'équilibre européen; et il demanda que la chambre approuvât par une adresse au roi l'augmentation donnée aux forces maritimes (mars 1791). Mais la nation ressentait tellement les bienfaits de la paix, que l'idée d'une guerre la jetait dans l'effroi; le commerce se prononça avec violence contre les projets du ministre. L'opposition profita de cette disposition des esprits et nia la réalité du danger signalé par Pitt, en représentant comme un pays sans valeur les territoires que la Russie voulait garder pour prix de la paix. L'adresse fut néanmoins votée, mais seulement à la majorité de 93 voix. Ce n'était point assez, surtout dans une affaire où l'opinion publique se déclarait contre la politique du cabinet. Quoique convaincu de la faute qu'on lui faisait commettre, Pitt ne voulut pas lutter contre le sentiment général, et abandonna sa résolution. Les résultats ne tardèrent pas à justifier la sagesse de ses premiers desseins; la Porte, laissée à elle-même, se vit forcée de souscrire aux conditions imposées par la Russie (traité de Galatz, janvier 1792); et dès-lors celle-ci, libre de toute entrave, put reprendre ses projets contre la Pologne, anéantir la constitution qu'elle s'était donnée, et se préparer, avec l'Autriche et la Prusse, à démembrer de nouveau ce malheureux pays.

Le funeste avantage que venait d'obtenir l'opposition était, du reste, le dernier qu'elle devait remporter de longtemps. La division dont, l'année précédente, on avait vu poindre les premiers symptômes était maintenant complète et irrévocable. Effrayé de la marche de plus en plus révolutionnaire des affaires de France, voyant avec terreur la faveur avec laquelle les doctrines républicaines de ce pays étaient accueillies en Angleterre par un certain nombre d'esprits, Burke s'était voué, avec toute l'énergie, toute la fougue de sa nature, à la défense de l'ordre social qu'il croyait menacé; et, ne se bornant pas à manifester ses sentiments à la tribune, il leur avait donné un libre cours dans un livre intitulé *Réflexions sur la Révolution française*. Dans ce célèbre ouvrage, écrit tout entier avec une admirable éloquence, sa sagacité prophétique prédisait quelques-unes des funestes conséquences de la révolution; mais souvent aussi l'exaltation monarchique qui le possédait, le jetait dans d'impardonnables exagérations et l'aveuglait au point de lui faire condamner comme un crime la résistance à l'oppression. Dès lors Burke devint l'espoir et le soutien de tous les hommes qu'effrayait le progrès des idées nouvelles; ce fut à qui exalterait le plus et le livre et son auteur. Le retentissement donné à cet ouvrage devint, du reste, fatal à la cause qu'il défendait. Des milliers de pamphlets, écrits pour le réfuter, répandirent de plus en plus dans le peuple les doctrines révolutionnaires. L'un de ces écrits, les *Droits de l'homme*, par Thomas Payne, effaça presque complétement la sensation produite par les *Réflexions sur la Révolution française*. Bien au-dessous du livre de Burke comme composition littéraire, le pamphlet de Payne convenait, par son énergie concise et sauvage, à l'intelligence et aux passions de la multitude; aussi obtint-il un succès inouï ; nul ouvrage n'a plus fortement contribué à répandre en Angleterre l'esprit de la réforme et les principes de la démocratie.

Quoique séparé par le fait de l'opposition parlementaire, Burke n'avait pas encore rompu publiquement avec elle, et, grâce à l'interposition constante d'amis communs, l'affection qui depuis vingt-cinq ans l'attachait à Fox, le chef de cette opposition, semblait durer toujours. Mais, avec deux natures aussi expansives, aussi impétueuses, une telle situation ne pouvait durer longtemps. La discussion d'un bill proposé par le ministère pour le gouvernement du Canada fut le signal de l'explosion.

Depuis qu'il était devenu colonie anglaise, le Canada avait toujours été soumis à un régime provisoire. Pitt proposa de lui donner une organisation définitive. Le Bas-Canada, presque exclusivement habité par les anciens colons français, et le Haut-Canada, dont les habitants peu nombreux étaient de race anglaise, devaient former deux provinces distinctes. Toutes deux étaient admises à la jouissance des libertés possédées par les citoyens de la Grande-Bretagne, et dans chacune d'elles le pouvoir du gouverneur était limité par le concours d'une chambre basse élue par les propriétaires, et d'un conseil législatif, sorte de chambre haute formée de membres nommés à vie par le roi, qui aurait pu, à sa volonté, rendre par la suite ces fonctions héréditaires.

Fox attaqua vivement le projet ministériel, et versa à pleines mains le sarcasme et le mépris sur les titres d'honneur et les distinctions qu'on voulait établir dans les colonies ainsi que sur l'aristocratie héréditaire qu'on projetait d'y former. En demandant un conseil législatif électif au lieu du conseil nommé par le roi, et en réclamant un gouvernement fondé, comme celui des États-Unis, sur les véritables droits de l'homme, il se trouva amené à parler des doctrines émises par Burke dans son ouvrage : « Quelque faibles, dit-il, que soient mes arguments auprès de ceux
« de mon honorable ami (je devrais dire de mon maître, car tout ce que je sais en
« politique c'est à lui que je le dois), je serai cependant toujours prêt à maintenir
« mes principes, même contre son éloquence supérieure. Je maintiendrai que les
« droits de l'homme, qu'il traite de chimères et de visions, sont en réalité le fon-
« dement de toute constitution rationnelle, qu'ils sont même la base de la consti-
« tution britannique, ainsi que le prouve la déclaration des droits. Qu'est-ce, en
« effet, que ce pacte entre le roi et le peuple qui y est mentionné, si ce n'est la
« reconnaissance des droits que le peuple possède en sa qualité d'homme? Ces prin-
« cipes, dit-on, sont dangereux pour la constitution. C'étaient cependant là les
« principes de mon honorable ami; ce sont ceux qu'il m'a enseignés. Fidèle à ses
« premières leçons, je ne puis m'empêcher de me réjouir en voyant la constitu-
« tion de la France fondée sur les droits de l'homme; aussi rien, ni livre ni dis-
« cours, quelque éloquents qu'ils soient, ne pourra me déterminer à abandonner
« mon opinion, et, je le répète, j'admire la nouvelle constitution de la France
« comme le monument de liberté le plus étonnant et le plus glorieux qui ait été
« fondé dans aucun siècle et dans aucun pays. »

Les allusions faites par Fox aux opinions autrefois professées par Burke, parurent à celui-ci une insultante ironie. « Depuis quelque temps, répliqua-t-il, « on encourage dans ce pays des doctrines dangereuses et d'où découleront des « conséquences plus dangereuses encore. Mon seul désir, ma seule ambition, est « de prévenir ces conséquences. L'habitude d'un certain parti est d'exalter en toute « occasion la révolution ou la constitution française, et cet aveuglement a été « poussé si loin, que quiconque désapprouve l'anarchie et la confusion qui règnent « maintenant de l'autre côté du détroit, ou qui ne se range pas à cette opinion « que l'ordre et la liberté doivent émaner d'un pareil état, est considéré comme « un ennemi de la constitution britannique. Ces doctrines, je le répète, ont de « tout temps été dangereuses; elles le sont doublement lorsqu'elles sont sanction-« nées par un aussi grand nom, soutenues par un aussi grand talent que celui de « l'honorable préopinant.... Il y a folie à tout âge, mais surtout au mien, de se « faire de nouveaux ennemis, ou de donner à d'anciens amis une occasion de vous « abandonner; mais si une ferme et constante adhésion à la constitution britanni-« que devait me placer dans un pareil dilemme, je risquerais l'un et l'autre, et « jusqu'à mon dernier soupir je m'écrierais : gardez-vous de la constitution fran-« çaise. » — « Vous ne perdez pour cela aucun ami, » s'écria Fox. — « Si, répliqua « Burke, si, je perds mes amis. Je connais la portée de ma conduite; l'accompli s-« sement de mon devoir brise, anéantit une affection qui m'était chère; c'en est « fait de notre amitié et pour jamais. »

Fox, fondant en larmes, ému au point d'être quelque temps sans pouvoir parler, voulut essayer de faire revenir Burke sur sa détermination. Il invoqua avec une touchante éloquence tous les souvenirs d'une amitié de vingt-cinq ans, tous les combats qu'ils avaient soutenus, tous les travaux auxquels ils s'étaient livrés ensemble; mais, en essayant d'expliquer les paroles qui avaient offensé son ami, il se trouva entraîné à des récriminations qui donnèrent à son discours un nouveau degré d'amertume, et quoiqu'il continuât d'appeler Burke des noms les plus affectueux, il devint évident pour tous que leur ancienne liaison était à jamais finie. En effet, le lendemain, un meeting général des whigs fut tenu pour déli bérer sur le grand schisme qui venait de diviser le parti, et la résolution suivante fut adoptée par la majorité de l'assemblée : « Le grand corps des whigs d'Angle terre, fidèle à ses principes, déclare, au sujet de la discussion survenue entre M. Fox et M. Burke, que le premier a maintenu dans toute leur pureté les doc trines auxquelles tout le parti adhère, et d'après lesquelles il a toujours et invaria blement agi. »

Quoique les terreurs de Burke fussent exagérées, on ne pouvait cependant nier que l'agitation révolutionnaire ne fît dans le pays des progrès sensibles, grâce sur tout aux dissidents des différentes sectes, qui, privés d'une partie de leurs droits de citoyens par les tests et les lois religieuses, adoptaient avec empressement des doctrines d'où devaient venir pour eux l'émancipation et l'égalité civique. Dans diverses parties du royaume, des sociétés, organisées sur le plan de celle des jaco bins de Paris, et entretenant avec ce club des correspondances suivies, expri maient hautement leurs vœux en faveur d'une révolution semblable à celle de la

France. Un prêtre méthodiste, le docteur Priestley, homme recommandable par sa science et ses talents, prophétisait dans ses écrits la destruction de l'église anglicane et du trône, et à Birmingham, où il résidait, les clubs démagogiques célébrèrent dans un banquet public le second anniversaire de la prise de la Bastille; mais la populace de cette ville, dominée par le clergé anglican et partageant sa haine contre les révolutionnaires, envahit la maison où le banquet avait lieu, la démolit de fond en comble, saccagea et livra aux flammes les chapelles particulières des dissidents, ainsi que la maison du docteur Priestley et celles d'un grand nombre de personnes étrangères à l'église anglicane (14 juillet 1791).

Quoique plusieurs des coupables eussent payé de leur tête le crime qu'ils avaient commis, les événements de Birmingham fournirent à l'opposition le texte de nouvelles attaques contre le ministère (janvier 1792). Un jeune député, M. Whitbread, accusant le gouvernement et les magistrats de Birmingham de complicité dans les actes dont la populace de cette ville s'était rendue coupable, demanda qu'il fût procédé à une enquête; mais, depuis la querelle de Fox avec Burke, la plus grande partie de l'opposition avait suivi ce dernier et votait avec le ministère; la motion fut rejetée à une immense majorité.

Malgré ces agitations et les motifs d'inquiétude que pouvait donner à l'Europe l'état de la France, Pitt, confiant, au moins en ce qui touchait l'Angleterre, dans le maintien de la paix, poursuivait avec constance ses améliorations financières. Bien loin de songer, comme on l'en a fréquemment accusé, à se préparer sourdement à la guerre contre la France [1], il ne pensait qu'à restreindre les forces militaires du pays, réduisait peu à peu l'armée et la flotte, suspendait les subsides payés au landgrave de Hesse pour le maintien d'un corps de troupes aux ordres de l'Angleterre, et diminuait notablement les impôts. De son côté la chambre, partageant les illusions pacifiques du ministre, reprenait la question de la traite des nègres, décidait (par 238 voix contre 85) que cet odieux trafic serait interdit aux sujets anglais à partir du 1er janvier 1797, et même, paraissant dépouiller ses terreurs anti-révolutionnaires, ajoutait de nouvelles garanties aux libertés britanniques. Jusqu'alors, dans tous les procès de presse, les juges s'étaient attribué le droit d'apprécier la criminalité des écrits, ne laissant guère au jury que le droit de prononcer sur le fait de la publication. Un bill adopté dans cette session rétablit le jury dans l'intégralité de sa prérogative.

Cette tendance libérale ranima l'espoir des partisans de la réforme parlementaire. Il existait alors à Londres deux associations qui avaient pris la réforme pour but de leurs efforts; l'une d'elles, la *Société des Amis du peuple*, qui comptait dans son sein une trentaine de députés des communes, puisant dans l'attitude que semblait prendre la chambre l'espérance de faire triompher ses idées, chargea un de ses membres, M. Grey, d'annoncer la présentation d'un nouveau projet de réforme.

---

1. « Il n'est pas déraisonnable, disait-il en exposant à la chambre des communes la situation financière du royaume, d'espérer que le repos dont nous jouissons en ce moment durera au moins quinze « ans, puisqu'à aucune époque de notre histoire, soit que nous considérions la situation intérieure du « royaume, soit que nous tenions compte de ses rapports avec les puissances étrangères, la perspective « de la guerre n'a été plus éloignée qu'à présent. »

Mais à peine Grey eut-il cessé de parler, que Pitt se leva. Après avoir repoussé avec une vivacité extraordinaire les théories radicales invoquées par la Société des amis du peuple à l'appui de sa proposition, il déclara que, dans les circonstances où l'on se trouvait placé, il regarderait une pareille tentative comme uniquement propre à enfanter l'anarchie, et il protesta que s'il lui fallait opter entre les périls auxquels le pays serait exposé par de telles innovations et la nécessité de renoncer pour jamais à tout espoir de réforme, il n'hésiterait pas à prendre ce dernier parti.

Les applaudissements presque unanimes qui accueillirent cette déclaration prouvèrent aux réformateurs qu'ils s'étaient trompés sur les dispositions des communes; bientôt après, et pour décourager complétement les efforts des associations politiques, une proclamation royale, dont la rédaction avait été concertée avec Burke et ses amis, enjoignit aux magistrats de rechercher les auteurs et distributeurs des écrits séditieux, et, malgré les efforts de Grey, de Sheridan et de Fox, la chambre, s'associant aux vues du gouvernement, répondit à cette proclamation par une adresse remplie de témoignages de dévouement au roi et à la constitution. Une adresse semblable fut votée par la chambre des pairs; le duc de Portland et les autres amis de Burke se prononcèrent tous en faveur du cabinet, et, manifestation plus importante et qui prouvait combien la situation commençait à paraître dangereuse, le prince de Galles, prenant la parole pour la première fois, se rangea aussi du côté du ministère.

C'est qu'en effet, à ce moment, la paix extérieure, que peu de mois auparavant Pitt considérait comme si assurée, était sérieusement compromise. La plupart des rois du continent, sollicités par les émigrés français, levaient des troupes et manifestaient l'intention d'entrer en France pour détruire la révolution et délivrer Louis XVI, prisonnier entre les mains de l'assemblée législative. L'Autriche avait envoyé quarante mille hommes dans les Pays-Bas, maintenant rentrés sous sa domination, et vingt mille sur le Rhin; elle venait, en outre, de signer un traité d'alliance avec la Prusse. La mort de Léopold (1er mars 1792), prince pacifique qui ne se prêtait qu'avec répugnance à ces projets hostiles, fut le signal de la guerre; son successeur, François, mit pour condition à l'éloignement de ses troupes des frontières de France la restauration de la monarchie sur les bases de la déclaration du 23 juin 1789, le rétablissement des ordres, la restitution des biens du clergé, etc.; c'était une véritable déclaration d'hostilités. La France répondit à ces demandes par un cri général de guerre, et, sur la proposition de Louis XVI et de ses ministres, l'assemblée législative la décréta à l'unanimité (20 avril 1792).

De toutes les puissances qui avaient menacé la France de leurs armes, l'Autriche seule était disposée à commencer les hostilités. Le roi de Suède, cet ardent Gustave III qui voulait le premier ouvrir la croisade contre la révolution, venait de périr assassiné. La Prusse et le Piémont complétaient leurs armements; la Russie songeait à profiter des préoccupations de ses voisins plutôt qu'à marcher contre la France. Le général Dumouriez, ministre de la guerre, résolut de profiter de l'isolement de l'Autriche et de la surprendre en envahissant la Belgique, toujours mécontente sous la domination impériale. Mais les troupes françaises étaient alors dans un tel état d'indiscipline et de désorganisation, qu'à la vue de l'ennemi les deux premiers corps de l'armée d'invasion jetèrent leurs armes et s'enfuirent. Ces échecs, que l'on attribua à la trahison des chefs et aux intrigues de la cour, augmentèrent encore les défiances que le peuple nourrissait sans cesse contre la royauté; elles redoublèrent lorsqu'on apprit que la Prusse et le Piémont s'étaient positivement déclarés contre la France, et que huit mille Prussiens arrivaient à Coblentz pour donner la main aux Autrichiens. Alors, l'assemblée législative, depuis longtemps en permanence, déclare la patrie en danger; les gardes nationales reçoivent l'ordre de partir pour la frontière; des enrôlements volontaires sont sollicités par toute la France. Au milieu de l'effervescence causée par ces événements, arrive le manifeste publié par le duc de Brunswick en entrant en campagne : toutes les autorités françaises, civiles et militaires, y étaient sommées, sous peine de mort, de se soumettre sur-le-champ au roi, leur légitime souverain; en cas de refus, Paris était menacé d'une exécution militaire et d'une subversion totale. A cet arrogant langage, le peuple parisien répond, le 10 août, par la prise des Tuileries, l'assemblée par la suspension du roi et la convocation d'une convention nationale. Le 10 août est le signal de l'invasion prussienne; le 23, Brunswick entre dans Longwy et se porte sur Verdun, la seule place qui puisse arrêter sa marche sur Paris. Après quelques jours de siége, elle tombe en son pouvoir. A cette nouvelle, l'exaltation populaire ne connaît plus de bornes; de toutes parts on crie à la trahison; la commune de Paris ordonne des visites domiciliaires et l'arrestation de tous les suspects. Les prisons sont encombrées de nobles, de prêtres, de partisans de l'ancien régime; c'est sur eux que le peuple se venge de la lâcheté de l'armée; plus de mille périssent massacrés (du 2 au 6 septembre).

La prise de Verdun ouvrait aux Prussiens la route de Paris; mais, au lieu d'y voler par une marche rapide, Brunswick s'arrête, perd du temps, et laisse à Dumouriez le temps de le prévenir aux défilés de l'Argonne. Ce fut le salut de la France. Repoussé à Valmy par une armée de conscrits à peine vêtue, et intimidé par l'attitude générale de la nation, Brunswick songea à la retraite. L'invasion de la Pologne par les troupes russes et autrichiennes y décide tout à fait le roi de Prusse; il rappelle ses troupes pour assurer sa part dans le démembrement de ce malheureux royaume. Alors, d'assaillie, la France devient assaillante; Custine, commandant de l'armée d'Alsace, franchit le Rhin, s'empare de Worms, de Spire et de Mayence; Montesquiou et Anselme envahissent et soumettent la Savoie et le comté de Nice; Dumouriez, vainqueur des Autrichiens à Jemmapes, conquiert la Belgique jusqu'à la Meuse, et rouvre l'Escaut fermé depuis 1648 (décembre). A ces incroyables succès, la convention répond par des mesures non moins audacieuses : elle abolit la royauté (21 septembre 1792), commence le procès de Louis XVI, et déclare qu'elle accordera secours et fraternité à tous les peuples qui voudront secouer le joug des rois et recouvrer leur liberté (novembre).

Ces événements, tous accomplis en moins de six mois, frappèrent l'Europe entière de stupeur et de crainte. Pitt en fut sérieusement effrayé. Longtemps il avait été convaincu que, déchirée par les discordes civiles, la France s'anéantirait elle-même par ses propres excès, ou qu'elle succomberait sous la haine des gouvernements européens; mais, loin de s'annuler dans la guerre civile, ou de succomber sous les armes des rois du continent, les Français, soutenus par l'élan révolutionnaire, s'étaient posés en conquérants et menaçaient tous les trônes de l'Europe. Pitt comprit alors que la guerre était inévitable, et, pour la faire avec succès, il s'efforça d'abord de rallier toute la nation dans un sentiment unanime. Places, honneurs, argent, dignités de toute espèce, et jusqu'à la pairie, il prodigua tout avec une profusion inouïe pour faire des partisans au gouvernement; et même, afin de réunir autour du trône tout ce que la nation contenait d'hommes éminents, il détermina Burke à porter aux chefs du parti whig des paroles de conciliation, et de leur offrir dans l'administration des positions proportionnées à l'importance de chacun d'eux; mais Fox, aussi fier que s'il eût encore été à la tête de son ancienne majorité, exigeait avant tout que Pitt donnât sa démission de chef du cabinet; c'était une condition à laquelle celui-ci ne pouvait accéder, et la négociation fut rompue.

Repoussé de ce côté, Pitt porta toute son attention sur la défense du royaume. Les forces de terre et de mer furent augmentées, et les milices appelées sous les drapeaux. D'après la constitution anglaise, l'appel de la milice rend nécessaire la convocation immédiate du parlement; les chambres se réunirent en effet quelques semaines avant l'époque fixée par la dernière prorogation (13 décembre 1792). Dans le discours d'ouverture, le roi s'étendit longuement sur les périls dont les événements qui venaient de se passer en Europe, et surtout en France, menaçaient le pays et la constitution. « Jusqu'à présent, dit-il, j'ai gardé la plus stricte neu- « tralité dans la guerre du continent, et me suis abstenu de m'immiscer en rien « dans les affaires de France; mais il est impossible de voir sans une sérieuse « inquiétude cette puissance provoquer les autres peuples à l'insurrection, mécon- « naître les droits des neutres, poursuivre sans relâche ses vues de conquête et « d'agrandissement, et adopter même à l'égard de mon alliée la Hollande, qui a « gardé la même neutralité que moi, des mesures aussi peu conformes aux prin- « cipes du droit public qu'aux stipulations des traités. » Des adresses, approuvant les mesures défensives que le gouvernement avait prises, furent présentées aux chambres et votées à des majorités considérables, mais non sans une vive opposition de la part des adversaires du cabinet. Fox taxa d'exagération tout ce que les ministres avançaient sur l'état alarmant de l'intérieur du pays; « d'ailleurs, ajouta- « t-il, si les faits rapportés sont vrais, il faut se hâter d'y porter remède, et le « véritable remède consiste à satisfaire aux justes griefs de l'opinion publique en « ce qui touche la liberté religieuse et la réforme parlementaire. » Il se refusait, en outre, à voir dans les actes de la France une cause suffisante de guerre, et, loin de voter l'adresse telle qu'elle était conçue, il proposa de supplier le roi d'envoyer un ambassadeur à Paris pour remplacer celui qui avait été rappelé après le 10 août, et d'employer tous les moyens possibles pour maintenir la paix avec la république française. Mais, dans l'état des esprits, cette motion ne fut accueillie que par des cris d'indignation, et lorsque le ministère demanda à la chambre une loi (l'*alien bill*) qui lui concédât le droit d'expulser du pays les étrangers suspects, à peine Fox put-il rallier quelques voix pour repousser une proposition qu'en tout

autre temps une foule d'orateurs auraient combattue comme une conception tyrannique et une violation des institutions anglaises. L'opposition, réduite à l'impuissance, était même accusée d'intelligence avec les révolutionnaires de France.
« J'affirme, dit Burke, qu'il existe au milieu de nous une faction qui voudrait
« réformer notre gouvernement et le rendre semblable à celui de nos voisins. J'af-
« firme encore que les meneurs français encouragent cette faction, à laquelle ils
« offrent secours et assistance pour le renversement de notre constitution. » A l'appui de ces paroles, Pitt cita une lettre adressée par Monge, ministre de la marine
en France, aux amis de la liberté en Angleterre. « Le roi d'Angleterre et le parlement, disait cette lettre, ont le dessein de faire la guerre à la France; les républicains anglais le souffriront-ils? Non. Ces hommes, libres au milieu de tant d'esclaves, témoignent déjà, nous le savons, qu'ils ne porteront pas les armes contre
leurs frères, contre les Français. Eh bien, nous volerons à leur secours; nous des-
cendrons dans leur île; nous y jetterons cinquante mille bonnets de la liberté;
nous y planterons l'arbre sacré; nous y embrasserons les républicains, et la tyrannie sera détruite et les tyrans auront vécu. »

Cependant tous les ministres français ne partageaient pas l'exaltation révolutionnaire de Monge, et malgré cette lettre, la majorité du conseil exécutif de Paris,
effrayée de se voir déjà presque toute l'Europe à combattre, s'efforçait de maintenir
l'Angleterre dans la neutralité. Aux réclamations de lord Grenville, secrétaire
d'état pour les affaires extérieures, contre la réunion de la Savoie au territoire
français, l'occupation de la Belgique, l'ouverture de l'Escaut, les appels à la révolte
faits à tous les peuples par la convention, M. de Chauvelin, ambassadeur de France
à Londres, avait ordre de répondre en justifiant quelques-unes des mesures prises;
en promettant quelques garanties, subordonnées toutefois à la reconnaissance du
nouveau gouvernement français par l'Angleterre; en récriminant aussi à son tour
contre la conduite du cabinet britannique, qui avait fait mettre l'embargo sur les
bâtiments chargés de grains et destinés pour la France. Mais cette situation ne
pouvait durer longtemps, car aucune des deux parties ne voulait faire de concession. L'exécution de Louis XVI (21 janvier 1793) fut le signal de la rupture; M. de
Chauvelin reçut ordre de quitter l'Angleterre dans le délai de huit jours, et un
message royal, annonçant que des armements considérables allaient être faits,
réclama le concours du parlement pour protéger la sécurité du pays, soutenir les
alliés de l'Angleterre et arrêter la France dans ses projets d'ambition.

La discussion sur ce message fut ouverte par Pitt. Après avoir exprimé l'indignation universelle qu'inspirait l'atroce forfait commis par la convention, après
avoir établi qu'il était le résultat nécessaire des principes que la France avait
embrassés, après avoir montré en opposition le bonheur dont jouissait l'Angleterre
qui avait su s'en abstenir, il mit en regard la stricte neutralité gardée par la
Grande-Bretagne, et la politique du gouvernement français, qui, malgré ses promesses réitérées, travaillait sans cesse à s'agrandir et à propager partout ses principes d'insurrection. Dans ces circonstances, Pitt, regardant la guerre comme
à peu près inévitable, proposait de répondre au message du roi par une adresse
où la chambre déplorerait avec Sa Majesté l'atroce crime commis par les républi-

cains français, exprimerait sa volonté de s'opposer au système d'agression suivi par la France, et promettrait son concours pour l'augmentation des forces natio- nales. Fox et quelques-uns de ses amis opposèrent au vote de l'adresse de puissants arguments; réprouvant, dans les termes les plus énergiques, l'exécution de Louis XVI, ils demandèrent quel droit la chambre avait à émettre un jugement sur un fait passé dans un pays voisin et complétement en dehors des rapports de ce pays avec l'Angleterre. S'il plaisait à la France d'anéantir ses anciennes insti- tutions, elle ne portait atteinte à aucun des droits de la Grande-Bretagne, et celle- ci n'avait rien à y voir; aussi la guerre, fondée sur une pareille cause, leur parais- sait-elle totalement injuste. Quels dangers d'ailleurs menaçaient l'Angleterre, protégée par sa situation insulaire, ses ressources intérieures et l'attachement du peuple à sa constitution? Et quant à la sécurité des alliés de la Grande-Bretagne, n'était-ce pas la Prusse qui, la première, avait attaqué la France? La Hollande, il est vrai, était blessée par l'ouverture de l'Escaut; mais cependant elle n'en faisait pas un cas de guerre; elle n'avait encore adressé au cabinet aucune demande de secours. Était-ce à l'Angleterre de la pousser à commencer les hostilités, surtout quand le sujet de la guerre, la libre navigation de l'Escaut, était pour la Grande- Bretagne une chose plutôt avantageuse que nuisible, puisqu'elle lui offrait un nouveau canal pour l'écoulement, sur le continent, des produits de ses manufac- tures. Mais, dans la situation des esprits, ces arguments, quelques solides qu'ils fussent, ne pouvaient prévaloir; d'ailleurs, les motifs mis en avant par le ministère et ses amis n'étaient pas les seuls qui les décidassent à la guerre : ce qu'ils redou- taient, c'était moins les conquêtes des républicains français que l'invasion de leurs doctrines. Déjà trop d'esprits semblaient disposés à les adopter; il fallait changer cette direction funeste en réveillant l'ancienne antipathie nationale contre la France, et donnant la victoire pour but aux passions excitées. L'adresse fut votée à une majorité immense. C'était une véritable déclaration d'hostilité. Cependant Pitt voulait rejeter sur la France l'initiative de la guerre, et paraître avoir la main forcée. Alors « on écrivit presque sous sa dictée à des membres influents de la con- vention, et notamment à Brissot, que la déclaration de guerre serait le signal de la révolution anglaise; que tout était disposé à cet effet. La convention donna dans le piége, et, sur la proposition de Brissot, déclara formellement la guerre à la Grande-Bretagne et à la Hollande » (1er février 1793) [1].

La comparaison de l'état florissant où, sous la main puissante d'un habile ministre, l'Angleterre était arrivée, avec celui de la France, livrée à l'anarchie, déchirée par les discordes et par la guerre civile, faisait espérer au cabinet de Saint-James de prompts et faciles succès. Ses habiles négociations avec les puis- sances du continent semblèrent devoir assurer ce résultat, car en peu de temps l'Europe presque tout entière fut, par ses soins, ameutée contre la France. « Il ranima par des subsides la Prusse et l'Autriche; il promit des secours au roi de Sardaigne, irrité de la perte de la Savoie et de Nice, que la convention avait réunies au territoire français; il tira de son immobilité l'Espagne, qui, jusqu'alors,

1. Mémoires de Hardenberg, t. II, p. 94. Lavallée, t. IV, p. 126.

malgré ses rois Bourbons, avait résisté aux intrigues des émigrés, tant le pacte de famille était le pacte des nations! et pour cela, il fit tomber du ministère le sage d'Aranda, qui fut remplacé par Manuel Godoï, indigne favori du faible Charles IV; il fit entrer dans la coalition le Portugal, colonie anglaise depuis le traité de Methuen, le roi de Naples, récemment insulté dans sa capitale par une escadre française, qui l'avait forcé de reconnaître la république, le pape, irrité de la perte d'Avignon et des persécutions contre le clergé, et menacé par la France à cause de l'assassinat du consul français à Rome. Il parvint à secouer de sa torpeur la diète germanique, et prit à sa solde les princes de Bade, de Hesse et de Bavière; enfin il laissa la Russie, qui prétextait la nécessité de comprimer d'abord les jacobins du nord, renverser en Pologne la constitution de 1791, envahir ce royaume, et, d'accord avec la Prusse, en arracher encore deux lambeaux, l'un de douze cent mille, l'autre de trois millions d'habitants. Il ne resta dans la neutralité que la Suède, le Danemark, la Suisse, Venise et la Turquie. Tous les intérêts furent méconnus, toute la politique ancienne fut oubliée, toutes les alliances de position renversées; la Hollande et l'Espagne unissaient leurs vaisseaux à ceux de leur ennemie contre leur unique amie; la Prusse et l'Autriche faisaient alliance intime, l'Italie se livrait à l'Angleterre, l'Allemagne à l'Autriche; l'Angleterre laissait la Russie démembrer la Pologne! Il n'y avait plus qu'une ennemie, la révolution française [1]. »

La France, exaltée par ses premières victoires, ne s'alarma pas à la vue de cette formidable coalition; cependant elle avait à redouter des dangers plus grands encore que ceux dont la menaçaient ses ennemis : c'était la discorde qui régnait au sein du gouvernement. Dans la convention, qui avait remplacé l'assemblée législative, deux grands partis se disputaient avec acharnement le pouvoir. Les girondins, qui, s'appuyant sur les classes moyennes, avaient « espéré arrêter la révolution au 10 août et la sauver des dangers intérieurs, c'est-à-dire de l'anarchie, par une constitution républicaine où la bourgeoisie aurait le pouvoir; » les montagnards, hommes du peuple, « ignorants, positifs, audacieux, qui, s'appuyant sur la multitude, voulaient ouvrir un abîme entre la monarchie et la république, et jeter la révolution tellement en avant, qu'elle ne pût jamais revenir en arrière. » Le procès et le jugement de Louis XVI, où les girondins avaient montré leur penchant à l'indulgence, où les montagnards avaient dévoilé leur inflexible système de destruction, n'avait rendu que plus atroces les haines entre les deux partis. Ils s'accusaient journellement l'un l'autre, se prêtant réciproquement les plans de trahison les plus impossibles et les plus absurdes; mais il était bien évident que dans une pareille lutte le parti qui était soutenu par une multitude exaltée, furieuse, ne reculant devant rien, devait l'emporter sur les représentants d'une bourgeoisie riche, éclairée, honnête, mais timide et hésitante. Aussi les girondins, qui, aux premiers jours de la convention, étaient les maîtres partout, se virent-ils bientôt chassés de toutes leurs positions. Les revers des armées allaient encore diminuer leurs forces en exaltant la fureur de leurs ennemis.

1. Th. Lavallée, t. IV, p. 126.

La coalition avait sur pied environ quatre cent mille hommes, ainsi répartis : quatre-vingt mille Espagnols et Piémontais aux Pyrénées et aux Alpes, cent mille Prussiens devant Mayence, cent dix mille Autrichiens devant Maëstricht et dans le Luxembourg, quarante mille Anglo-Bataves en Hollande. A ces forces considérables la France ne pouvait opposer que deux cent cinquante mille soldats : cinquante mille aux Pyrénées, quarante mille aux Alpes, quatre-vingt mille sur le Rhin, vingt mille sur la Moselle et quatre-vingt mille en Belgique; encore presque toutes ces armées étaient-elles dans le plus complet état de délabrement. Pas de vêtements, de souliers, des armes à peine, pas de chevaux pour l'artillerie et la cavalerie. Les soldats, ceux de l'armée de Belgique surtout, étaient réduits pour vivre à piller le pays; aussi les Belges étaient-ils prêts à se soulever contre leurs libérateurs. Ce fut cependant ce moment que Dumouriez choisit pour envahir la Hollande, que le rapport de quelques émigrés bataves lui faisait croire prête à s'insurger contre le stathouder. Ses premiers pas furent heureux (février 1793); Breda et Gertruydenberg tombèrent sans coup férir au pouvoir des Français; mais bientôt la défaite de l'armée de la Meuse à Aix-la-Chapelle le força de revenir précipitamment sur ses pas. Une victoire lui était nécessaire pour retenir ses soldats, qui désertaient en masse, et pour maintenir les Belges, qui menaçaient de se soulever; en conséquence, il marcha au-devant des Autrichiens, commandés par le prince de Cobourg, les rencontra à Nerwinde et leur livra bataille; mais il fut vaincu et obligé de reculer sur Bruxelles. Déjà odieux aux jacobins et aux montagnards à cause de l'appui qu'il donnait aux girondins, Dumouriez se voyait, par la défaite de Nerwinde, exposé à leurs accusations et à leur fureur. Il résolut alors de mettre à exécution le plan qu'il méditait depuis longtemps. Ce plan consistait à marcher sur Paris avec son armée, à s'y rendre maître de la convention, à ramener la France à la constitution de 91, et à la réconcilier avec l'Europe en mettant sur le trône le jeune duc de Chartres, le fils d'Égalité, qui s'était distingué dans presque toutes les actions de cette guerre. En conséquence, il convint avec les Autrichiens de l'évacuation de la Belgique, et regagna la frontière de France. Mais il avait à tort compté sur son armée. Dès que ses projets furent connus, ses soldats l'abandonnèrent, et, pour éviter d'être fait prisonnier par eux et livré à ses ennemis, il fut obligé de se sauver, avec les princes d'Orléans, dans le camp des Autrichiens.

La trahison de Dumouriez fut le coup de mort des girondins. Soutenus par les manifestations des sections de la commune de Paris, les montagnards demandèrent que la convention s'emparât du pouvoir exécutif, trop faible et trop lent dans les mains des ministres, et firent décréter la création d'un comité de salut public, qui, composé de neuf membres renouvelés tous les mois, devait prendre d'urgence toutes les mesures de défense extérieure et intérieure. Pas un girondin ne fit partie de ce comité. L'insurrection soudaine de la Vendée et les succès des armées coalisées redoublèrent l'exaltation du peuple contre un parti qu'il considérait comme complice des Vendéens et de l'étranger. La commune de Paris résolut contre eux un nouveau 10 août, et, le 2 juin, la convention, entourée par quatre-vingt mille Parisiens armés, fut forcée de décréter l'arrestation de trente-un des girondins les plus célèbres.

Les montagnards étaient vainqueurs ; mais leur victoire n'avait fait qu'augmenter les dangers de la France. La plupart des députés proscrits s'étaient soustraits par la fuite à l'exécution du décret d'arrestation, et se mettaient en mesure de soulever leurs départements, indignés des attentats commis contre leurs représentants et jaloux des prétentions despotiques que Paris s'attribuait sur toute la France. Cinquante départements furent bientôt en insurrection déclarée contre la capitale ; en même temps, trente mille paysans des Cévennes arboraient le drapeau blanc, s'emparaient de Mende et de Marvejols, et menaçaient de se joindre à la Vendée par l'Auvergne et le Limousin. Les Vendéens avaient proclamé Louis XVII, formé une *grande armée royale et catholique* de soixante mille hommes, sous le commandement de Cathelineau, battu les républicains à Saumur, enfin enlevé cette ville, d'où ils menaçaient à leur gré Nantes, Tours ou la route de Paris. Condé, Valenciennes et Mayence venaient de se rendre ; Bellegarde était prise ; les armées des Pyrénées et des Alpes se trouvaient coupées de Paris par l'insurrection du midi. La Corse, insurgée, allait se donner aux Anglais, dont les vaisseaux dominaient toutes les mers. Les royalistes de la Provence, menacés dans Toulon par l'armée républicaine des Alpes, fermaient les portes de la ville, proclamaient Louis XVII, appelaient l'amiral Hood et livraient à la flotte anglaise le grand port de la Méditerranée. Pitt intriguait dans toutes les cours, fomentait les troubles de la France, arrêtait les ambassadeurs de la république sur le territoire suisse, trouvait tout bon et légitime pour tuer la révolution, et, par une mesure nouvelle dans les annales du monde, déclarait tous les ports français en état de blocus et prononçait la confiscation des navires neutres qui y porteraient des vivres. Enfin les émigrés se rapprochaient de toutes les frontières ; ils s'assemblaient à Jersey, sur le Rhin, en Suisse ; ils se jetaient dans Lyon, qui s'était mise en révolte ouverte contre la convention [1].

La situation était terrible ; mais le gouvernement révolutionnaire avait trouvé dans l'unité du pouvoir le moyen d'y faire face. A partir du 31 mai, toute l'autorité était tombée dans les mains du comité de salut public ; les ministres n'étaient plus que ses commis, la convention qu'un conseil d'état où les rapporteurs du comité venaient proposer des décrets adoptés sans discussion. Sur la proposition de ce comité, la convention dénonça à tous les peuples, et même au peuple anglais, la conduite du gouvernement britannique, qui soudoyait des assassins et des incendiaires ; déclara Pitt l'ennemi du genre humain ; prohiba l'entrée en France de toute marchandise anglaise ; décréta d'arrestation tous les sujets britanniques ; ordonna que la garnison de Mayence serait envoyée en poste dans la Vendée ; que la population de ce pays serait transplantée, les récoltes coupées, les maisons détruites, les bois brûlés, etc. ; décréta que dès ce moment jusqu'à celui où les ennemis seraient chassés du territoire, tous les Français seraient en réquisition permanente pour le service des armées, et que toutes les personnes suspectes seraient emprisonnées et détenues jusqu'à la paix ; enfin elle légalisa la dictature du comité, en plaçant sous sa surveillance le conseil exécutif, les généraux et tous les corps constitués.

---

1. Lavallée, t. IV, p. 148.

Le comité usa de cette dictature d'une manière terrible, mais il sauva la France.

Après la prise de Valenciennes, l'armée républicaine avait été forcée de se retirer derrière la Scarpe, et, réduite à trente-cinq mille soldats, contre les cent mille hommes du prince de Cobourg et du duc d'York, elle allait être accablée, lorsque Pitt, jaloux des Autrichiens, qui avaient déclaré Condé et Valenciennes possessions impériales, et voulant aussi s'assurer une conquête importante, donna l'ordre au duc d'York de se porter sur Dunkerque. Les deux armées se séparèrent. Aussitôt le comité écrivit à Houchard, commandant de l'armée du Nord : « L'honneur de la nation est à Dunkerque; Pitt ne peut se soutenir qu'en indemnisant le peuple anglais par de grands succès; portez des forces immenses dans la Flandre, et que l'ennemi en soit chassé. » Houchard obéit. Vaincu aux combats de Roxpeede et de Hondschoote (septembre), le duc d'York se mit en retraite, et revint se joindre à Cobourg, qui, vaincu lui-même par Jourdan à Wattignies, avait été obligé de renoncer à marcher sur Paris et de se retirer derrière la Sambre. Sur tous les autres théâtres de la guerre, les Pyrénées excepté, les armes républicaines obtinrent des succès plus éclatants encore. A la fin de décembre, les Français, maîtres de la ligne du Rhin, prenaient leurs quartiers d'hiver dans le Palatinat; Lyon était repris, la grande Vendée détruite, les Anglais chassés de Toulon (19 décembre). Ce dernier succès était dû à l'habile direction donnée aux opérations du siège par le commandant de l'artillerie, le jeune Napoléon Bonaparte. Mais, ainsi que le dit Pitt à la tribune, l'évacuation de Toulon valut pour la Grande-Bretagne la plus brillante victoire navale; car, en se retirant de cette ville, les Anglais mirent le feu aux arsenaux, aux chantiers et aux navires qu'ils ne pouvaient emmener. Des cinquante-six vaisseaux ou frégates que renfermait le port, il n'en resta que dix-huit.

Les succès remportés par la république pendant la campagne de 1793 fournirent à l'opposition de nouveaux arguments contre la continuation de la guerre; persévérer dans les hostilités, disait-elle, c'était obliger la France à de nouveaux efforts et la pousser à de plus importantes conquêtes. D'ailleurs, le but que se proposait l'Angleterre n'était-il pas atteint? Les Français avaient complétement évacué la Hollande; donc, à moins que l'on ne se proposât de rétablir les Bourbons sur leur trône, la guerre n'avait pas d'objet. A ces objections, la grande majorité des deux chambres répondait avec Pitt que le but de la guerre était et avait toujours été le même : la sécurité de la Grande-Bretagne et la tranquillité générale. Or, le système de gouvernement qui prévalait alors en France était tellement incompatible avec ces deux objets, que tant qu'il subsisterait la paix serait chose impossible. Mais, ajoutait le ministre, un pareil régime ne pouvait durer, et le peuple français n'attendait qu'un appui suffisant pour se soulever contre une si odieuse tyrannie; c'était cet appui que l'Angleterre s'efforçait de lui prêter. Toutes les motions de l'opposition furent donc rejetées, les contingents fixés à quatre-vingt-cinq mille hommes pour la marine, soixante mille pour l'armée de terre; et, pour faire face aux dépenses nécessitées par ce déploiement extraordinaire de forces, la chambre, grevant l'avenir au profit du présent, autorisa le ministre à contracter un emprunt de 11,000,000 sterling.

Cependant la guerre contre la France, loin de faire disparaître du pays les idées révolutionnaires, avait semblé leur donner un nouvel élan. Des clubs s'étaient formés dans tout le royaume; la société de la réforme parlementaire, établie à Londres, comptait alors dans cette ville plus de trente mille affiliés et plus de cinq cent mille correspondants dans les provinces; d'innombrables journaux et pamphlets invitaient partout le peuple à se réunir, et, dans ces assemblées, des orateurs populaires lisaient les ouvrages de Payne, en développaient les principes, et déclamaient hautement contre la constitution. Le gouvernement résolut de mettre un terme à ces manifestations; en conséquence, Pitt demanda aux chambres la suspension de l'*habeas corpus*, et l'obtint malgré l'ardente opposition de Fox et de ses amis. Alors les poursuites commencèrent dans les trois royaumes. En Angleterre, trois membres de la société de la réforme furent arrêtés sous la prévention d'avoir voulu établir une convention nationale et mettre les trois royaumes en république fédérative. Après un procès long et solennel, tous trois furent acquittés. C'était un grave échec pour le gouvernement, une victoire éclatante pour les républicains anglais. Le verdict du jury eut cependant des résultats tout différents de ceux qu'on attendait. Après le triomphe solennel d'un des priviléges nationaux les plus chers au peuple, le jugement par ses concitoyens, les esprits les plus factieux comprirent qu'ils n'avaient plus le droit de proclamer que les libertés britanniques étaient en danger. De son côté, la multitude, satisfaite de cette victoire remportée sur ceux qu'elle appelait ses oppresseurs, revint à ses anciennes habitudes de loyauté; et bientôt, ainsi que l'avaient espéré les ministres et leurs partisans, elle se passionna pour la guerre de France comme naguère elle s'était passionnée pour le renversement de la constitution. Les succès obtenus par la marine britannique contribuèrent, du reste, puissamment à ce résultat.

L'Angleterre possédait sur mer une supériorité telle que la France ne pouvait espérer de la balancer. Au commencement de la guerre, cette dernière puissance comptait soixante-six vaisseaux de ligne et quatre-vingt-seize frégates ou corvettes; mais, par suite de l'émigration, elle avait perdu presque tous ses officiers; par suite du défaut de commandement et de la licence révolutionnaire, les équipages étaient presque entièrement anéantis. L'Angleterre, au contraire, avait cent quatre-vingts vaisseaux de ligne, deux cent trente frégates et bâtiments inférieurs, tous commandés par d'habiles officiers et montés par d'excellents matelots. La destruction de l'escadre de Toulon avait encore augmenté cette effrayante disproportion. Aussi, peu de temps après le commencement des hostilités, l'île de Tabago, la Martinique, Sainte-Lucie, la Guadeloupe, enfin toutes les colonies françaises des Indes occidentales avaient été prises par des escadres anglaises. Dans la Méditerranée, le désastre de Toulon avait laissé le champ libre aux flottes britanniques; elles en profitèrent pour faire une descente en Corse. A la voix de Paoli, les habitants de cette île s'étaient soulevés presque partout contre le gouvernement républicain, et la ville de Calvi opposa seule quelque résistance aux envahisseurs. La couronne de Corse, offerte par Paoli au roi d'Angleterre, fut acceptée (août 1794), et l'on s'efforça aussitôt de faire adopter par les habitants une constitution calquée sur la constitution britannique : « projet aussi praticable, dit un historien anglais, que si l'on avait tenté de faire venir dans les plaines humides de la Grande-Bretagne les fruits qui mûrissent sur le sol brûlant de la Corse [1]. »

Un triomphe plus éclatant que cette conquête sans gloire et qui devait être sans résultat, attendait dans l'Océan les armes britanniques. Deux cents bâtiments chargés de grains étaient partis de Saint-Domingue pour la France, que dévorait depuis longtemps une horrible disette; aussi le comité de salut public n'avait-il rien négligé pour en assurer l'arrivée. L'infatigable activité, l'énergie despotique, les réquisitions tyranniques des représentants Prieur et Jean-Bon-Saint-André avaient en partie réparé le tort causé à la marine française par le désastre de Toulon, et une flotte de trente-six voiles était sortie de Brest pour protéger le convoi de Saint-Domingue, que l'amiral Howe, avec trente-huit vaisseaux, attendait au passage dans le golfe de Gascogne. La flotte française n'avait pour équipages que des paysans à qui il fallut apprendre les manœuvres pendant la route, et pour commandant qu'un simple capitaine, Villaret-Joyeuse. Cependant, à peine en présence des Anglais, et quoiqu'il eût été possible d'éviter un engagement, les Français demandèrent le combat avec un tel enthousiasme, que l'amiral ne crut pas devoir s'y refuser (1er juin 1794). Mais dans la guerre maritime la valeur ne peut suppléer à l'expérience, et bientôt, à la suite d'une habile manœuvre de l'ennemi, Villaret-Joyeuse vit son centre percé, sa gauche prise entre deux feux et écrasée, tandis que la droite était forcée de rester spectatrice inutile du combat. Les Français perdirent huit mille hommes et sept vaisseaux. Le Vengeur, prêt à couler bas, refusa de se rendre, continua son feu jusqu'à ce que l'eau eût éteint le feu de ses batteries, et s'engloutit aux cris de : Vive la république! Vive la France! La flotte anglaise avait tellement souffert, qu'elle fut obligée de regagner ses ports sans essayer d'intercepter le convoi, qui arriva en France sans obstacles.

Quelque incomplète qu'elle fût, cette victoire eut pour l'Angleterre d'inappréciables avantages. Jusqu'alors, et par suite de l'exaltation révolutionnaire qui régnait dans un grand nombre d'esprits, la guerre n'avait rencontré que peu de partisans dans le peuple. La victoire de Howe changea tout à coup les dispositions de la multitude; l'ancienne animosité contre la France reparut dans toute sa force, et de ce jour date cet ardent enthousiasme qui, sauf de courts intervalles, se continua jusqu'à la fin de la guerre, et permit à la Grande-Bretagne de sortir triomphante de la longue et terrible lutte dans laquelle elle était engagée.

Si l'Angleterre était victorieuse sur mer, ses armes et celles des alliés n'étaient pas sur terre couronnées par le même succès. Pitt avait cependant déployé toutes les ressources de son génie, toute l'habileté de sa diplomatie pour ranimer sur le continent une guerre qui permettait à la Grande-Bretagne de dominer sans conteste sur toutes les mers. Les contingents anglais furent augmentés, les milices tenues sur pied, et quarante mille émigrés ou étrangers pris à la solde britannique. La Prusse et l'Espagne témoignaient le désir de se retirer de la coalition ; 150,000 livres par mois décidèrent Frédéric-Guillaume à y conserver une armée de soixante-deux mille hommes; le ministre d'Espagne fut corrompu à force d'or. Par ses

1. Archibald Alison's *History of Europe, from the commencement of the french revolution to the restauration of the Bourbons*, t. 2, p. 235.

sollicitations ou par ses subsides, « Pitt ranima encore l'Autriche, la Hollande, la Sardaigne; il força Naples, Gênes, Florence d'abandonner la neutralité; il laissa la Russie égorger la Pologne, pourvu que ses flottes contraignissent le Danemark et la Suède à reconnaître le nouveau droit des gens que l'Angleterre imposait aux mers; il ordonna à ses vaisseaux d'enlever tous les bâtiments destinés pour la France, et fit saisir sur les navires américains des matelots pour garnir ses flottes; enfin il envoya dans les Antilles et dans les Indes des armements formidables. » Mais tous ces efforts furent vains en présence du terrible enthousiasme qui animait la France; la levée en masse de 1793 avait envoyé aux armées douze cent mille hommes, dont huit cent mille étaient prêts à entrer en ligne. Ce qui rendait ces forces plus formidables encore, c'était l'unité de direction, c'était l'habileté déployée par Carnot dans la conduite des opérations militaires; tandis que les alliés, persistant dans les anciennes routines, s'obstinaient à disséminer leurs forces sur une ligne d'une immense étendue, Carnot comprit qu'il fallait agir par masses, les concentrer sur les points importants et frapper là des coups décisifs. C'était à ce grand principe qu'on avait dû les succès de la campagne précédente; cependant, au commencement de celle-ci, on sembla un instant l'avoir mis en oubli. La prise de Landrecies par les Anglais et les Autrichiens (26 avril), la défaite de Troisville, les efforts réitérés et toujours infructueux de l'armée de la Sambre (10, 20, 26 mai) pour franchir cette rivière, ne tardèrent pas à y faire revenir. Dès lors, les troupes républicaines reprirent partout l'avantage. Charleroy, place importante, nœud de la campagne, fut emportée; la bataille de Fleurus gagnée (25 juin); et ces avantages furent rapidement suivis de la conquête de la Belgique, de la retraite des Anglais en Hollande, de celle des Autrichiens derrière la Meuse. Sur la Moselle et sur le Rhin, les opérations avaient été peu importantes; mais, aux Alpes et aux Pyrénées, les deux batailles de Saorgio (28 avril) et du Boulou (1er mai) ouvrirent aux armées françaises l'Italie et l'Espagne.

Les luttes intérieures qui amenèrent le 9 thermidor, la mort de Robespierre et la fin de la Terreur, suspendirent un instant l'élan des armées républicaines; des administrateurs intrigants et ignorants avaient succédé aux inflexibles mais habiles membres du comité de salut public; la misère et la pénurie ne tardèrent pas à régner dans les camps. Mais Carnot dirigeait encore les opérations militaires; au bout de six semaines d'inaction, l'offensive fut reprise partout; deux mois après, l'armée du Nord, commandée par Pichegru, avait rejeté l'incapable duc d'York entre l'Yssel et le Rhin. Par suite de l'ineptie de leur chef, cent mille Anglo-Hollandais n'avaient su, pendant toute cette campagne, que « se tapir successivement derrière une rivière, un canal, une place, » qu'ils abandonnaient dès que l'ennemi paraissait. Les soldats républicains de Sambre-et-Meuse et du Rhin répondirent aux succès de leurs frères par des succès non moins éclatants, et, au mois de novembre, les quatre armées du Nord, de Sambre-et-Meuse, de la Moselle et du Rhin se donnèrent la main sur ce fleuve, depuis Bâle jusqu'à la mer. Loin d'interrompre cette série d'incroyables triomphes, le terrible hiver de 1795 ne servit qu'à permettre de les continuer. L'armée du Nord y vit le moyen de conquérir la Hollande en franchissant à pied sec, sur la glace, le réseau de fleuves et de canaux qui défendent ce pays. Odieux à la majorité de la nation hollandaise, le stathouder ne s'était soutenu, depuis sa restauration, en 1787, que par l'appui de l'Angleterre et de la Prusse. Les défaites de ces deux puissances rendirent l'espoir et le courage au parti démocratique. Instruit de ces dispositions, Pichegru se dispose à en profiter; il traverse la Meuse gelée, surprend les Hollandais et les rejette sur Gorkum; puis, se tournant contre les Anglais, il force le général Walmoden, qui avait succédé au duc d'York, à se retirer derrière l'Yssel, et enfin à se rembarquer pour l'Angleterre. Le stathouder, effrayé, l'y avait précédé, après avoir abdiqué sa dignité. Sans souliers, sans bas, sans vêtements, obligés de couvrir leur nudité avec des tresses de paille, les Français entrent à Amsterdam aux acclamations des habitants (20 janvier 1795); enfin, « pour mettre le comble à cette campagne merveilleuse, des escadrons de hussards, courant au galop sur le Zuyderzée, vont sommer la flotte du Texel, immobile dans les glaces, et la forcent à se rendre. » Délivrés de leur stathouder et de la domination anglo-prussienne, les États-Généraux abolirent le stathoudérat, s'occupèrent de donner à la Hollande une constitution démocratique, et demandèrent l'alliance de la France.

Après la bataille de Saorgio, l'armée des Alpes allait marcher sur Turin, d'après un plan donné par Bonaparte, commandant de l'artillerie, aux conseils duquel étaient dus déjà les succès de la campagne précédente; mais la nouvelle du 9 thermidor jeta la confusion et la terreur dans cette armée, composée de révolutionnaires exaltés; elle rétrograda en désordre sur le col de Tende, et le reste de la campagne se passa en hostilités insignifiantes. Plus heureuse, l'armée des Pyrénées-Orientales prit Bellegarde, culbuta les Espagnols dans leur camp retranché de la Mouga, et s'empara de Figuières, tandis que Moncey, à la tête de l'armée des Pyrénées-Occidentales, débouchait par la vallée de Bastan, s'emparait de Fontarabie et de Saint-Sébastien, et terminait la conquête du Guipuscoa.

La pacification de la Vendée et de la Bretagne compléta cette prodigieuse campagne de 1794, qui assura le salut de la révolution au dedans et au dehors, et donna à la France la Belgique, la Hollande, la rive gauche du Rhin, une partie du Piémont, de la Catalogne et de la Navarre. La coalition était terrifiée; Frédéric-Guillaume et François se consolèrent de leur défaite en se partageant définitivement, avec Catherine, les restes de la malheureuse Pologne. Abandonnés à eux-mêmes, les Polonais avaient été forcés de subir le renversement de leur constitution et un nouveau démembrement (1793); mais lorsqu'en 1794 ils virent la Prusse et l'Autriche engagées dans une guerre sérieuse contre la France, ils se soulevèrent, reprirent les armes, et mirent à leur tête l'illustre Kosciusko. De brillantes victoires contre les Russes signalèrent leurs premiers efforts. Cependant cette lutte héroïque du désespoir contre le nombre ne pouvait durer. Soixante mille Moscovites conduits par Souwarow entrèrent en Pologne, battirent Kosciusko, enlevèrent Praga d'assaut et en massacrèrent les habitants. Alors la Russie, la Prusse et l'Autriche déclarèrent que, « convaincues par l'expérience de l'impossibilité où étaient les Polonais de se donner une constitution éclairée et durable, elles avaient, par amour de la paix et du bien de leurs sujets, résolu de partager la Pologne! »

Les incroyables succès des armes françaises amenèrent la dissolution de la coalition formée contre la république. La Prusse fut la première à se séparer de ses alliés. Au commencement de janvier 1795, des conférences se tinrent ouvertement à Bâle, et, avant la fin du mois, des préliminaires étaient signés entre les plénipotentiaires français et prussiens. Le roi de Prusse reconnaissait la république française, s'engageait à ne pas fournir de secours à ses ennemis, et abandonnait à la France, sauf compensation ultérieure, les conquêtes qu'elle avait faites sur la rive gauche du Rhin. Le 9 février suivant, le grand-duc de Toscane suivit l'exemple de la Prusse. La Hollande, occupée par les troupes françaises, fut trop heureuse d'obtenir l'indépendance en cédant la Flandre septentrionale, Venloo, Maëstricht, etc., en faisant avec la république une alliance offensive contre l'Angleterre, et en mettant à sa disposition trente vaisseaux et vingt-cinq mille hommes. Enfin, l'Espagne, ainsi que la plupart des petits princes d'Allemagne que la Prusse et l'Autriche avaient entraînés dans la coalition, témoignaient énergiquement du désir de s'en retirer, et des négociations s'étaient ouvertes à Bâle [1]. Seules, l'Autriche et l'Angleterre ne songeaient point à traiter. La première de ces puissances perdait trop par la conquête des Pays-Bas pour penser à la paix; et, d'un autre côté, les revers qu'elle avait éprouvés n'avaient pas été assez considérables pour diminuer sensiblement ses ressources; d'ailleurs elle trouvait dans l'Angleterre un allié sur lequel elle pouvait compter à tout événement. Le 4 mai 1795, un traité de subsides fut conclu entre les cabinets de Vienne et de Saint-James; l''Autriche s'engageait, contre le paiement de 6 millions sterling, à tenir deux cent mille hommes sur pied pendant la prochaine campagne. Les deux alliés espéraient beaucoup, pour le succès de leur cause, de l'intervention de la Russie, qui venait de conclure avec elles un traité d'alliance offensive et défensive (18 février 1795); mais l'adjonction de cette redoutable puissance n'eut pas les résultats que l'on en avait attendus. Catherine, tout occupée à assurer sa domination sur les possessions que lui avait values le partage de la Pologne, se contenta de joindre à l'escadre britannique de la mer du Nord une flotte de vingt vaisseaux et frégates qui n'eut pas même l'occasion de se rencontrer avec l'ennemi.

L'Angleterre fut des trois alliées celle qui déploya les plus gigantesques efforts. L'armée de mer fut portée à cent mille hommes, celle de terre à cent cinquante mille; de nouvelles taxes et un emprunt de 18,000,000 donnèrent au gouvernement les 27,000,000 sterling que nécessitait le maintien de ces forces extraordinaires. Ces énormes sacrifices d'hommes et d'argent ne furent pas cependant consentis sans une vive opposition; Pitt eut même le chagrin de voir plusieurs de ses amis, Wilberforce entre autres, se joindre à ses adversaires pour demander la fin de de la guerre. Il ne s'était pas fait illusion, du reste, sur l'effet que devait produire dans les esprits les succès de la république française, et il avait compris la nécessité de se fortifier en introduisant dans son ministère des éléments nouveaux

---

1. Le traité avec l'Espagne fut signé le 22 juin 1795, après que les premiers succès de Moncey et d'Augereau eurent convaincu la cour de Madrid de l'inutilité de continuer la lutte. La France rendit toutes ses conquêtes contre la cession de la partie espagnole de l'île de Saint-Domingue. Le landgrave de Hesse-Cassel traita aussi à Bâle avec la république (23 juin).

qui le présentassent aux yeux du pays comme investi d'un surcroît de force morale. Les chefs de cette portion aristocratique du parti whig, que l'effroi de la révolution française avait depuis deux ans séparée de l'opposition, mais qui, tout en appuyant le gouvernement, avait jusqu'alors refusé d'y participer, mirent de côté les scrupules de leur délicatesse. Le duc de Portland remplaça au département de l'intérieur Dundas, pour qui l'on rétablit l'office jadis supprimé de secrétaire d'état des colonies; le comte de Fitz-William devint président du conseil, le comte de Spencer premier lord de l'amirauté, enfin Wyndham fut nommé secrétaire de la guerre avec siége dans le cabinet. Burke resta en dehors de l'administration; il avait déclaré depuis longtemps qu'il n'accepterait plus de fonctions publiques. Cette modification ministérielle était nécessaire, car jamais les arguments en faveur de la paix n'avaient été si nombreux ni si puissants. Qu'avait-on jusqu'à présent recueilli de cette guerre, disait l'opposition, sinon de nombreux désastres, et comment espérer, lorsque l'Europe coalisée n'avait pu s'opposer aux triomphes de la France, que l'Autriche et l'Angleterre, laissées à leurs seules forces, pourraient le faire avec succès? D'ailleurs la chute du gouvernement révolutionnaire, et son remplacement par un régime modéré, avaient enlevé tout prétexte aux hostilités; il convenait donc de terminer au plus tôt une guerre injuste dans son origine et actuellement sans motif. A ces raisons, Pitt répondit que l'objet de la guerre n'était pas de forcer, comme on le prétendait, le peuple français à adopter une forme déterminée de gouvernement, mais simplement de garantir les voisins de la France de toute agression, et que, quoiqu'il fût à craindre que ce but ne pût être atteint tant que la monarchie ne serait pas rétablie dans ce pays, ce n'était cependant pas l'intention des alliés de faire de ce rétablissement une condition de la paix; mais il fallait bien prendre garde que le gouvernement républicain actuel était changé seulement dans sa forme, nullement dans son esprit, et qu'il était aussi redoutable pour l'Europe que lorsque la guerre avait d'abord été provoquée par les déclamations des girondins. Il ajoutait que, quelque coûteuse qu'eût été cette lutte, elle avait eu du moins pour effet de rétablir la tranquillité intérieure; que, malgré les grands succès de la France sur le continent, la balance des conquêtes était toute à l'avantage de l'Angleterre, et que les pertes de toute nature éprouvées par les Français depuis le commencement de la guerre étaient infiniment plus considérables que toutes celles faites par les alliés. En outre, les réquisitions forcées, qui avaient fourni jusqu'alors à la France les moyens de lutter avec avantage, ne pouvaient continuer sans des rigueurs impraticables depuis la fin de la Terreur; ses finances, consistant dans un papier-monnaie chaque jour plus déprécié, étaient complétement épuisées. Le moment était donc arrivé, disait le ministre, de redoubler d'efforts, afin de faire éclater une crise financière qui amènerait nécessairement à son tour la fin du gouvernement républicain. La majorité, toujours docile à la voix de Pitt, donna son approbation à ces arguments; cependant, une trentaine de voix nouvelles protestèrent par leur vote contre la continuation de la guerre.

Les embarras financiers sous le poids desquels la France, au dire de Pitt, ne devait pas tarder à succomber, étaient, en effet, d'une extrême gravité; ce n'était

cependant pas là, et il le savait bien, qu'était le véritable danger qui menaçait la
révolution. Le péril était dans la force de la réaction anti-terroriste qui avait suivi
le 9 thermidor. En effet, à la faveur de cette réaction, le royalisme releva la tête
par toute la France ; et à Paris même s'établit une agence qui correspondait avec
le comte de Provence, frère de Louis XVI, l'émigration et la Vendée. Dans plusieurs provinces du Midi, la cocarde tricolore était devenue un signe de proscription et de mort ; un grand nombre de départements eurent leur 2 septembre royaliste. La convention, où étaient rentrés les membres proscrits après le 31 mai,
avait secondé ces mouvements réactionnaires en poursuivant tous les hommes qui
avaient joué un rôle pendant la Terreur, en décrétant d'accusation, traînant sur
l'échafaud ou déportant presque tous les membres de ce fameux comité de salut
public qui avait sauvé la France. Ce mouvement en arrière s'était fait sentir jusque
dans les armées. Les généraux républicains y étaient remplacés par des royalistes
connus ; plus d'administration, d'organisation, de discipline ; aussi de prompts
revers suivirent-ils les succès de la campagne précédente. L'armée d'Italie, réduite
par les désertions à trente mille hommes contre soixante-dix mille Austro-Pié-
montais, fut obligée, d'envahissante qu'elle était, de se tenir sur la défensive.
Après être restées, faute de matériel, pendant six mois dans une complète inaction,
les armées du Rhin, commandées par Jourdan et Pichegru, furent forcées, par la
trahison de ce dernier, qui était en train de se vendre au comte de Provence, à
se retirer en désordre sur les lignes de Weissembourg.

Pendant ce temps, des événements non moins graves s'étaient passés dans
l'ouest de la France. La pacification de la Bretagne et de la Vendée n'avait été
qu'apparente, et, dans ces deux pays, les chefs royalistes n'attendaient qu'une
occasion de reprendre les armes. Le gouvernement anglais saisit avec empressement ce moyen de recouvrer, au cœur même de la France, l'entrée sur le continent
que la conquête de la Hollande lui avait fait perdre. A la sollicitation du royaliste
Puisaye, Pitt enrégimenta et prit à la solde de l'Angleterre tous les émigrés qui
étaient alors dans le royaume ; on en forma deux divisions, qui, avec du canon,
des armes et des uniformes pour quatre-vingt mille hommes, durent successivement prendre terre sur les côtes de Bretagne. Le débarquement exécuté, une troisième division, toute de troupes anglaises, devait venir soutenir les deux premières.
La première expédition mit à la voile au mois de juin ; elle se composait de trois
mille six cents émigrés, répartis sur neuf vaisseaux et frégates ; et protégés par
une forte escadre ; celle-ci rencontra, à la hauteur de Belle-Isle, une flotte française qui croisait dans la Manche, la battit et la força de rentrer à Lorient (23 juin).
C'était un heureux début ; mais, à partir de ce moment, on ne fit plus que des
fautes. Au lieu d'aller débarquer dans la Vendée, dont les habitants avaient
repris les armes, l'expédition se dirigea sur la Bretagne, où aucun soulèvement
n'avait encore eu lieu, et dont les habitants, détestant les Anglais, regardaient
comme suspect un armement préparé par le cabinet de Saint-James. Aussi l'armée
royaliste fut-elle seulement renforcée par huit ou dix mille chouans. Le reste des
habitants, ne voyant pas paraître le comte d'Artois, dont on avait annoncé la
venue, ne bougea pas. Ce désappointement fit naître entre les chefs d'interminables

disputes, et lorsque enfin ils se décidèrent à agir, il n'était plus temps. Le général Hoche, nommé par la convention commandant des armées républicaines de la Bretagne, avait profité de ces hésitations pour rassembler ses troupes; il marcha sur Quiberon avec sept mille hommes, rejeta les royalistes dans leur camp retranché et dans le fort Penthièvre, dont ils s'étaient emparés à leur arrivée, et les enferma dans la presqu'île. Ce premier échec augmenta la confusion que jetaient déjà dans l'armée d'invasion les ordres et les avis contradictoires donnés par les diverses agences royalistes de la France et de l'étranger. Cependant la seconde division, forte de dix-huit cents hommes, étant arrivée, Puisaye reprit l'offensive, et marcha sur les retranchements républicains; mais il fut écrasé par un feu terrible et rejeté dans la presqu'île; la prise du fort Penthièvre porta le dernier coup à l'expédition. Acculés à la côte, et exposés de toutes parts au feu des républicains, les royalistes n'avaient de salut que dans un prompt rembarquement; mais une violente tempête ne permettait l'approche des côtes qu'à quelques embarcations légères et insuffisantes; ceux qui ne purent pas y trouver place étaient résolus à se faire tuer en combattant, pensant bien qu'il n'y avait pas de capitulation possible, lorsque le cri de « rendez-vous, » poussé par quelques soldats, leur fit mettre bas les armes. Hoche ne pouvait être lié par quelques cris qu'il n'avait pas autorisés; cependant il référa au gouvernement du sort des prisonniers. La convention voyait alors avec effroi le progrès du royalisme; il fallait un exemple : on donna l'ordre d'exécuter la loi sur les émigrés, et tous les prisonniers furent impitoyablement fusillés.

Cependant, des trois expéditions préparées en Angleterre, deux seulement avaient été détruites, la troisième division, forte de deux mille cinq cents hommes, ayant avec elle les cadres de plusieurs régiments, et pour chef le comte d'Artois, rejoignit à l'île d'Ouat, où ils s'étaient réfugiés, les restes de l'expédition de Quiberon, et tous ensemble allèrent prendre terre à l'île Dieu, sur les côtes de la Vendée. Charette, prévenu, attendait le débarquement avec dix mille hommes; tout le pays était prêt à se soulever dès que le comte d'Artois aurait mis pied à terre : mais ce prince sans courage refusa de débarquer, écrivit au gouvernement anglais lettres sur lettres pour obtenir son rappel, et finit par retourner en Angleterre. « Il est triste de penser, dit un historien anglais, que le sort de ces expéditions aurait pu être complétement différent si la Grande-Bretagne avait voulu intervenir vigoureusement, et si, au lieu d'envoyer quelques mille hommes se faire tuer sur des côtes hérissées de baïonnettes, elle avait fait soutenir les différents corps d'émigrés par une armée qui leur aurait permis de soulever le pays, de l'organiser et de commencer une guerre régulière. »

L'échec de Quiberon fut pour les mécontents d'Angleterre un sujet de sanglants reproches; on alla jusqu'à accuser Pitt d'avoir envoyé exprès à la boucherie des corps français composés pour la plupart d'officiers de cette marine qui avait tant humilié l'Angleterre dans la guerre des États-Unis; et lorsque, au parlement, le ministre s'excusa du mauvais succès de l'expédition en disant que le sang anglais n'avait pas coulé : « Non, s'écria Sheridan, non, le sang anglais n'a pas coulé; « mais l'honneur anglais a coulé par tous les pores. » Ce revers redoubla le sentiment de fatigue que la guerre commençait à causer en Angleterre. Le peuple murmurait hautement des impôts qui l'accablaient. La cherté sans cesse croissante du pain mit le comble à son exaspération. Des meetings, dont le but était de voter des pétitions contre la guerre, furent tenus dans les principales villes du royaume; on y demandait à grands cris la réforme parlementaire; on y prononçait les discours les plus séditieux. Pitt ne pouvait sortir dans Londres sans s'exposer aux insultes de la populace, et quand le roi se rendit au parlement (29 octobre 1795), il fut accompagné par une multitude furieuse, aux cris de : A bas Georges! plus de roi! à bas Pitt. La voiture royale fut assaillie à coups de pierres, et l'une des glaces brisée par — un coup de fusil à vent. « Pitt, aussi impassible qu'à l'ordinaire, appela tous les événements de l'année des malheurs auxquels on doit être préparé quand on court la chance des armes, et fit d'ailleurs valoir beaucoup les derniers succès de l'Autriche sur le Rhin; comme d'usage, il soutint que la république touchait au terme de sa puissance; qu'une banqueroute inévitable allait la jeter dans une confusion et une impuissance complètes; qu'on avait gagné en soutenant la guerre une année de plus, de réduire l'ennemi commun à l'extrémité. Il demanda ensuite un nouvel emprunt de 20,000,000 sterling et des lois répressives contre les assemblées séditieuses et les attentats à la personne du roi. Sur ces deux points, l'opposition fit une énergique résistance; elle répondit, au sujet de la guerre, que les prétendues victoires sur le Rhin étaient seulement de quelques jours; que cette république, toujours réduite aux abois, renaissait plus forte à l'ouverture de chaque campagne; que si la France s'épuisait, la Grande-Bretagne s'épuisait bien plus vite qu'elle; que la dette, tous les jours accrue, était écrasante, et menaçait d'accabler les trois royaumes. Quant aux bills sur les assemblées séditieuses, Fox déclara que si l'on adoptait ces bills attentatoires à la liberté qu'avait le peuple anglais de se réunir pour délibérer sur des objets politiques, il ne resterait plus d'autre ressource que la résistance. Néanmoins toutes les propositions du ministère furent votées par une puissante majorité.

Telle était cependant la force de l'opinion en faveur de la paix, que Pitt crut devoir paraître y satisfaire; en conséquence, un message royal annonça aux chambres qu'un gouvernement régulier ayant été établi en France (le directoire exécutif), Sa Majesté ne se refuserait pas aux voies d'accommodement qui lui seraient offertes, si l'honneur de la nation lui permettait de les accepter. Mais la possession des Pays-Bas par la France rendait à Pitt insupportable toute idée de pacification; et le message du roi n'était qu'une simple démonstration destinée à calmer le ressentiment populaire qui allait chaque jour croissant. La division qui régnait entre le prince de Galles et sa jeune épouse, Charlotte de Brunswick, le scandale que causaient leurs incessantes querelles, contribuaient puissamment à exciter le mécontentement que le peuple manifestait contre le pouvoir. En mariant son fils, le roi avait espéré mettre un terme aux désordres de sa conduite; mais le choix qu'il fit de la princesse Charlotte de Brunswick, sa nièce, était trop malheureux pour pouvoir produire ce résultat, et le prince n'avait point renoncé à la vie de dissipation et de débauche qu'il menait auparavant [1]. L'abandon, l'isolement, le

1. La publication récente du Journal et de la Correspondance du comte de Malmesbury, qui fut chargé de demander la princesse Charlotte en mariage et de l'amener de Brunswick en Angleterre,

dépit, poussèrent la princesse de Galles, « femme, avait dit son père, qu'il fallait tenir serrée, » à suivre l'exemple de son mari, et, malgré l'intervention réitérée du roi, qu'affligeaient ces scandaleux désordres, les deux époux cessèrent bientôt de vivre sous le même toit.

Ces événements étaient d'autant plus fâcheux pour la cour qu'ils avaient lieu au moment du renouvellement de la chambre des communes. Aussi, pour s'assurer une majorité favorable, Pitt fut-il obligé d'avoir recours à tous les moyens de séduction et de corruption dont il pouvait disposer. Le succès répondit pleinement à ses désirs, et, sûr de sa majorité, il se prépara à continuer la guerre avec une nouvelle ardeur, sans être arrêté par les manifestations populaires en faveur de la paix. La domination de l'Angleterre sur toutes les mers ne lui paraissait pas trop payée par les cent millions dont la dette s'était accrue ; d'ailleurs, l'alliance de la Hollande avec la république française allait fournir à la Grande-Bretagne de vastes compensations. En effet, la guerre fut déclarée aux États-Généraux, plus de quatre-vingts de leurs vaisseaux furent aussitôt saisis dans les ports anglais, et avant la fin de l'année, le Cap, Trincomale, Malacca, Chinsura, Cochin, Demerara, enfin presque toutes leurs colonies d'Afrique et des Indes étaient tombées au pouvoir de l'Angleterre.

Il fallait, du reste, à Pitt de pareils succès ; car sur le continent la guerre allait être fatale à l'Autriche, la seule alliée qui lui restât. Victorieuse, au 13 vendémiaire, de l'insurrection royaliste, la convention avait déclaré sa mission terminée ; le 26 octobre 1795 avait commencé la mise à exécution de la constitution de l'an III, et, le 4 novembre, les cinq membres qui devaient, aux termes de cette constitution, former le directoire exécutif, avaient été solennellement installés.

jette le plus grand jour sur les causes qui rendirent cette union si malheureuse. Lord Malmesbury nous apprend d'abord qu'à l'arrivée de la princesse à Greenwich, le prince de Galles envoya au-devant d'elle, et en qualité de fille d'honneur, lady ***, sa maîtresse. La première entrevue des deux époux, qui eut lieu ensuite au palais de Saint-James, est digne de ce début. Nous citons lord Malmesbury : « Je présentai la princesse Caroline au prince, personne n'assistant à cette entrevue. Suivant les conseils que je lui avais donnés, elle voulut s'agenouiller devant lui ; il la releva assez gracieusement, l'embrassa, lui dit un seul mot, lui tourna le dos, se retira à une autre bout du salon, et m'appelant près de lui : « Harris, me dit-il, je ne me trouve pas bien ; faites-moi donner, je vous prie, « un verre d'eau-de-vie. » — « Monsieur, lui répondis-je, ne feriez-vous pas mieux de prendre un « verre d'eau ? » Ma réponse parut le contrarier vivement. « Non, s'écria-t-il en jurant, je vais aller « trouver la reine ; » et en disant ces mots il sortit. La princesse, que nous avions laissée seule durant cette courte conversation, était très-étonnée d'une pareille réception. « Mon Dieu, me dit-elle lorsque « je me fus approché d'elle, est-ce que le prince est toujours comme cela ? Je le trouve très-gras et « nullement aussi beau que son portrait. »

L'explication de cette réception peu gracieuse se trouve dans un autre passage du Journal de lord Malmesbury, où il est parlé, à côté « de la délicatesse du prince, » des résultats trop *sensibles* de la malpropreté de la princesse, qui était telle « qu'elle offensait les sens les moins délicats.... » « Au dîner, dit encore lord Malmesbury, auquel assistèrent toutes les personnes qui étaient venues au-devant de la princesse à Greenwich, je fus très-mécontent de sa tenue ; elle ne cessa de bavarder, de s'agiter, de faire du bruit, d'étaler son esprit railleur et de lancer de temps en temps de grossières et vulgaires épigrammes à lady ***, qui était présente et qui se taisait. *Mais le diable n'en perdait rien.* Le prince était évidemment dégoûté, et ce malheureux dîner lui inspira une antipathie que les manières vulgaires et inconsidérées de la princesse augmentèrent à un tel point qu'elle se changea tout à fait en haine.

(*Diaries and correspondence of James Harris, first earl of Malmesbury*. London, 1844.)

Le beau combat de Loano (24 novembre), gagné par Schérer sur les Autrichiens,
inaugura dignement ce retour de la France à un gouvernement légal; et, peu de
temps après, la pacification de la Vendée, complétement effectuée par l'habileté
de Hoche, mit à la disposition du directoire quatre-vingt mille hommes de troupes
aguerries. « Il résolut alors de venger l'inaction de la campagne de 1795. Porter
la guerre au cœur des états autrichiens, et marcher simultanément sur Vienne
par le Mein, le Danube et le Pô, tel fut son plan, qu'il confia à trois généraux
jeunes et entreprenants, Jourdan, Moreau et Bonaparte. Moreau eut l'armée de
Rhin et Moselle, Bonaparte l'armée d'Italie, Jourdan garda l'armée de Sambre-et-
Meuse. Bonaparte entra le premier en campagne : « Soldats, dit-il à son armée,
« vous êtes mal nourris et presque nus; le gouvernement vous doit beaucoup et ne
« peut rien pour vous. Je vais vous conduire dans les plus fertiles plaines du
« monde.... Vous y trouverez honneur, gloire et richesses. » Et, en effet, après
une campagne de quinze jours, signalée par les victoires de Montenotte, de Mille-
simo, de Dego et de Mondovi, les Autrichiens étaient séparés des Piémontais, et
la cour de Turin se hâtait de signer un armistice en vertu duquel les Français
occupèrent Ceva, Tortone et Alexandrie jusqu'à la paix; Nice et la Savoie devaient,
à cette époque, être cédées à la république (26 avril 1796). Maître d'une communication directe avec la France par Turin et la Savoie, Bonaparte marche à la
poursuite des Autrichiens. Beaulieu, leur général, se dirigeait sur Milan; Bonaparte l'atteint, le bat à Pizzighitone, à Lodi, entre dans Milan (14 mai), et, le
30 mai, toujours vainqueur, il vient mettre le siége devant Mantoue, place sans
laquelle on ne pouvait se dire maître de l'Italie supérieure. Mais la position des
Français, isolés au milieu d'états dont la malveillance était encore excitée par les
intrigues de l'Autriche et de l'Angleterre, n'était pas sans dangers; quarante mille
Autrichiens, sous Wurmser, descendant en ce moment le Tyrol, allaient faire
éclater toutes les intentions hostiles qui n'osaient encore se déclarer ouvertement.
Bonaparte laisse quinze mille hommes devant Mantoue, vingt mille sur l'Adige, et
marche sur la péninsule. La cour de Naples se hâte de se soumettre, et ferme ses
ports aux Anglais; Gênes en fait autant. Une division française chasse les Anglais
de Livourne; le pape, effrayé, demande un armistice; il l'obtient moyennant la
cession des légations de Bologne et de Ferrare, de la citadelle d'Ancône, d'une
contribution de 21,000,000, cent tableaux et cinq cents manuscrits. L'Italie, humi-
liée, courbait la tête; mais cette soumission n'était que momentanée. Dès que
Wurmser, avec soixante mille hommes, eut mis le pied dans la Lombardie, tout
se souleva. Bonaparte, abandonnant le siége de Mantoue, court au-devant de
lui, et, dans une campagne de six jours, tous marqués par une victoire, il lui
tue ou prend vingt mille hommes, le rejette derrière l'Adige, et recommence le
blocus de Mantoue. Après avoir rallié les débris de ses troupes, Wurmser
reprend l'offensive avec cinquante mille hommes; Bonaparte marche de nouveau
à sa rencontre (3 septembre), et en dix jours de combats, pendant lesquels le
général autrichien est sans cesse battu, il le force de s'enfermer dans Mantoue
avec les treize mille hommes qui lui restent (15 septembre).

Wurmser anéanti, le projet de Bonaparte était de se joindre par le Tyrol à

Moreau, qui venait de pénétrer en Bavière; mais, au moment de mettre ce plan à exécution, il apprit que Jourdan, dont les premières opérations avaient été heureuses, venait d'être battu par l'archiduc Charles d'Autriche, et rejeté derrière le Rhin, et que Moreau, se trouvant dès lors isolé dans la Bavière, avait été obligé de se mettre aussitôt en retraite, et n'était arrivé intact à Huningue que par des prodiges d'habileté et de valeur. La retraite des armées du Rhin laissait l'armée d'Italie dans un isolement périlleux. Venise et Rome prenaient les armes; l'Autriche, à l'aide des victoires de l'archiduc Charles, allait porter en Italie une nouvelle armée. Pitt, un instant terrifié, reprit confiance. Cependant le peuple anglais demandait la paix avec plus de force que jamais, et l'opposition allait faire valoir dans le parlement de graves et puissantes objections à la continuation de la guerre. En effet, la France venait de signer avec l'Espagne (18 août) un traité d'alliance, renouvellement du pacte de famille, par lequel les deux états se donnaient mutuellement un secours de vingt-quatre mille hommes et de quarante vaisseaux; elle avait conclu avec le Piémont, Gênes et Naples trois traités qui assuraient la neutralité de ces états et la fermeture de leurs ports aux Anglais; la Corse, où Bonaparte avait jeté des armes et quelques soldats, s'était soulevée et avait secoué le joug britannique. Ainsi, depuis la pointe de l'Italie jusqu'aux limites de la Hollande, l'Angleterre ne trouvait plus, le Portugal excepté, que des rivages hostiles. En outre, le Directoire, pensant avec raison qu'attaquer le commerce de la Grande-Bretagne c'était attaquer le principe de sa puissance, avait prohibé l'introduction des marchandises anglaises dans tous les pays avec lesquels il venait de traiter; enfin, il préparait à Brest un armement considérable, qui, sous la conduite de Hoche, devait aller soulever et soutenir les Irlandais mécontents. Dans une situation si critique, et surtout dans l'état des esprits, il n'eût pas été prudent aux ministres de se présenter au parlement sans donner au moins un gage, quel qu'il fût, de leurs intentions pacifiques. Pitt se décida à ouvrir des négociations avec la France, et envoya lord Malmesbury à Paris pour traiter avec le Directoire. Il put alors affronter sans crainte les objections de l'opposition, et justifia ses demandes d'hommes et d'argent en protestant de son sincère désir de faire la paix, mais en représentant que le meilleur moyen d'obtenir des conditions favorables était de se tenir prêt à continuer vigoureusement la guerre. Ces protestations pacifiques n'étaient rien moins que sincères. En effet, au moment même où lord Malmesbury partait pour Paris, le cabinet britannique concluait avec la Russie un traité par lequel cette puissance s'engageait à envoyer au secours de l'Autriche une armée de soixante mille hommes. D'ailleurs les conditions, qu'après des délais et des remises sans nombre lord Malmesbury présenta enfin au directoire, étaient évidemment inacceptables. L'Angleterre reconnaissait la république française et lui restituait toutes les colonies dont elle s'était emparée depuis le commencement de la guerre; mais elle exigeait que la France remît les Pays-Bas et le Luxembourg à l'empereur; à l'Empire les états allemands de la rive gauche; qu'elle évacuât toutes ses conquêtes en Italie, sauf Nice et la Savoie; qu'elle restituât à la Hollande certaines portions de territoire, telles que la Flandre maritime, etc.; elle consentait à rendre les colonies hollandaises, le Cap excepté, mais dans le cas seulement du rétablissement du stathoudérat en faveur du prince d'Orange. De pareilles propositions n'étaient évidemment pas sérieuses; aussi le directoire y répondit-il en enjoignant à lord Malmesbury de quitter Paris dans quarante-huit heures, et au même moment Hoche reçut l'ordre de mettre à la voile pour l'Irlande avec l'expédition dont il avait le commandement.

Le bill qui, en 1782, avait révoqué l'acte de Georges Ier et reconnu l'indépendance du parlement de Dublin, avait considérablement relâché les liens qui unissaient l'Irlande à la Grande-Bretagne, sans pour cela calmer le mécontentement du peuple irlandais. Afin de ramener les esprits irrités et de soulager la misère générale, cause de cette irritation, Pitt avait conçu la pensée d'abaisser les barrières commerciales que le régime des douanes et de la navigation opposait encore aux communications intimes de la Grande-Bretagne et de l'Irlande, et il présenta à cet effet une série de résolutions qui avaient préalablement été adoptées par le parlement irlandais. Mais les préventions de la nation anglaise contre l'Irlande étaient telles que le cabinet ne put faire passer ses propositions qu'en consentant à des amendements qui en défiguraient complétement la portée, et qui les firent rejeter par le parlement de Dublin lorsqu'elles lui furent de nouveau soumises. L'exaltation du peuple irlandais, que la perspective d'un adoucissement à ses maux avait un instant calmée, redoubla de violence; dans plusieurs comtés, des ouvriers et des cultivateurs, réduits à la plus horrible misère par l'avidité des propriétaires terriens, se réunirent en bandes nombreuses sous le nom de *Right Boys*, parcoururent les campagnes en se livrant à mille excès et en faisant jurer aux propriétaires et aux fermiers des pays où ils se trouvaient de se conformer pour les baux à un tarif qu'ils avaient fixé. La force armée parvint à disperser et anéantir leurs bandes, mais la tranquillité ne fut pas pour cela rétablie dans le pays (1787-1789).

Tel était l'état de l'Irlande lorsque arriva la révolution française. Cet éclatant réveil d'un peuple entier qui brisait ses chaînes devait exciter la plus vive sympathie chez une nation qui gémissait elle-même sous un joug oppresseur. Partout des meetings furent tenus pour célébrer ce grand événement; des adresses y furent votées à la nation française, des discours y furent prononcés pour inviter les Irlandais à réclamer de l'Angleterre, avec plus de force que jamais, la réforme parlementaire et l'émancipation des catholiques. A Dublin, papistes et protestants se réunirent et formèrent une société appelée Société des Irlandais unis, dont le but était d'obtenir une réforme de la représentation parlementaire, fondée sur le principe de la liberté civile, politique et religieuse. Une proclamation invita tous les volontaires à reprendre les armes et les engagea à s'unir cordialement avec les papistes, afin d'arriver au but que se proposait l'association. Cette union des sectateurs des deux cultes était, dans l'état des affaires européennes, d'une gravité extrême pour le gouvernement anglais; aussi les réclamations des Irlandais furent-elles prises en considération, et, au commencement de l'année 1792, un bill dit de redressement fut présenté à la chambre des communes. Les principales clauses de ce bill déclaraient les catholiques irlandais aptes à remplir tous les emplois civils et militaires, excepté ceux de lord lieutenant, lord chancelier, secrétaire d'état, juge dans les cours de record ou de l'amirauté, conseiller privé, shériff, etc. Les franchises électorales, sauf le droit de siéger au parlement, leur étaient accordées. *Quoiqu'un* grand nombre de membres des communes fussent opposés aux principes sur lesquels reposait le bill de redressement, il passa à la presque unanimité, tant était grande la terreur qu'avait la majorité des deux chambres de laisser aux doctrines républicaines de la France une cause pour s'introduire dans aucune partie des trois royaumes. Cependant, ceux qui avaient espéré enlever désormais à l'Irlande tout prétexte de plainte et d'agitation ne tardèrent pas à reconnaître combien ils s'étaient trompés. Le peuple irlandais accueillit, il est vrai, avec joie l'acte de redressement; mais ces concessions aux nécessités du moment lui parurent bientôt insuffisantes. D'ailleurs ce bill ne satisfaisait aucun parti. Aux catholiques il laissait encore à désirer le droit de siéger au parlement, dans les conseils de la couronne, etc., enfin une émancipation complète; aux protestants il refusait absolument la réforme parlementaire, objet de leurs vœux les plus ardents. Aussi papistes et protestants s'engagèrent-ils à rester unis comme auparavant, jusqu'à ce qu'on eût fait droit à leurs griefs. Leur association, reformée sur un nouveau plan, comprit tous les mécontents, à quelque classe et à quelque culte qu'ils appartinssent, et quoiqu'elle eût toujours pour but avoué et apparent la réforme parlementaire, sa tendance réelle était l'établissement d'une république. Il était cependant un moyen de dissoudre cette ligue formidable, d'enlever aux agitateurs leurs plus puissants auxiliaires, de rattacher réellement l'Irlande à la Grande-Bretagne, c'était de satisfaire aux vœux de la portion la plus nombreuse de la population, de faire droit aux réclamations des catholiques. Tel était l'avis de Burke et de plusieurs autres hommes d'état; c'était aussi celui du nouveau lord lieutenant, le comte de Fitz-William. En se ralliant, quelques années auparavant, par crainte des révolutionnaires, à la cause du gouvernement, le comte de Fitz-William avait conservé ses premières opinions sur l'émancipation des catholiques. Dès son arrivée en Irlande, il s'efforça de les mettre en pratique, s'entoura des hommes les plus influents de l'opposition, et s'engagea à appuyer un bill proposé par Grattan pour lever toutes les restrictions qui pesaient encore sur les sectateurs de l'Église romaine. Heureux de cette promesse, les papistes, c'est-à-dire la grande majorité du peuple irlandais, semblaient prêts à se rallier au gouvernement; mais le ministère refusa de sanctionner l'engagement pris par lord Fitz-William, et celui-ci donna sa démission. Lord Camden, fils de l'ancien chancelier, fut nommé pour le remplacer.

Les principes du nouveau gouverneur étaient diamétralement opposés à ceux de lord Fitz-William, et à sa voix, les protestants de plusieurs comtés s'organisèrent en association sous le nom d'*Orange men*, orangistes. Leur dogme politique était le maintien rigoureux de l'ordre de choses établi par Guillaume III, et de toutes les lois oppressives portées depuis le règne de ce prince contre les catholiques et les hommes de race irlandaise. Les orangistes du Connaught déployèrent, dès le commencement de leur association, un fanatisme qui les rendit redoutables à ceux de leurs voisins qui différaient de croyance ou d'origine. Près de quatorze cents familles émigrèrent vers le sud et vers l'est pour échapper à leurs persécutions. L'organisation des orangistes et la rigueur du nouveau lord lieutenant ravivèrent toutes les haines et causèrent de nouvelles agitations. Vainement le gouvernement eut recours à de vastes déploiements de force militaire, vainement les magistrats, agissant avec le plus odieux arbitraire, condamnaient aux peines les plus cruelles ou embarquaient de force comme matelots tous ceux qu'ils croyaient être coupables, l'irritation publique ne fit que s'accroître. Les associations révolutionnaires resserrèrent leurs liens ; à l'association patente ou substitua l'affiliation secrète, fondée sur le serment et sur l'obéissance passive à des chefs dont les noms n'étaient connus que d'un petit nombre d'affiliés. Parmi ces chefs, il s'en trouvait d'origine et de religion différentes : Arthur O'Connor, qui passait dans l'opinion populaire pour descendre du dernier roi de toute l'Irlande ; lord Édouard Fitz-Gérald, le seul de la noblesse anglo-irlandaise qui prit une part active et sérieuse à l'insurrection ; le père Quigley, Irlandais de naissance et papiste zélé ; Théobald Wolfe Tone, avocat, d'origine anglaise [1]. Ils entrèrent en négociations avec le gouvernement français, et présentèrent au directoire des mémoires dans lesquels ils réclamaient l'appui de la France pour soustraire l'Irlande au joug sous lequel elle gémissait et y établir un gouvernement républicain [2]. Leurs demandes ne furent pas infructueuses, et le plan d'une invasion et d'une insurrection fut arrêté dans une entrevue qui eut lieu entre lord Édouard Fitz-Gérald, Arthur O'Connor, et le général Hoche (juillet 1796).

L'armement destiné à cette invasion fut préparé à Brest ; il se composait de quinze vaisseaux, vingt frégates et cinquante bâtiments de transport : vingt mille hommes étaient à bord. L'amiral Morard de Galles commandait la flotte, Hoche l'armée de débarquement. L'expédition mit à la voile le 16 décembre pour aller débarquer dans la baie de Bantry, sur la côte sud d'Irlande. Grâce à une brume épaisse, elle avait échappé aux croisières anglaises et traversé la mer sans être

---

1. Sir Richard Musgrave, *Memoirs of the different rebellions in Ireland*, vol. 1, passim ; Augustin Thierry, *Histoire de la conquête de l'Angleterre par les Normands*, t. IV, p. 294 et suiv.

2. Wolfe Tone s'exprime ainsi dans ses Mémoires au Directoire :

« Les catholiques d'Irlande sont au nombre de 3,150,000, tous nourris dès l'enfance dans la haine et l'horreur héréditaires du nom anglais. Depuis cinq ans, ils ont les yeux incessamment fixés sur la France, qu'ils considèrent avec raison comme combattant pour leur cause, ainsi que pour celle de tous les peuples opprimés. De ces trois millions d'hommes, 500,000, j'y engage ma tête, viendraient se ranger sous l'étendard républicain s'ils le voyaient une fois déployé pour la cause de l'Irlande et de la liberté. On peut compter aussi en toute assurance sur le concours des protestants dissidents. Déjà ils ont formé de nombreux clubs dont l'objet est de proclamer l'indépendance de l'Irlande et d'établir une république sur les bases de l'égalité et de la liberté, et je ne doute pas qu'au moment favorable la province de l'Ulster ne se levât en masse. C'est aussi en clubs que se sont organisés les catholiques, et cette vaste association, qui comprend tous les campagnards du Connaught, du Leinster et de l'Ulster, a été formée avec un tel mystère, que le gouvernement anglais en soupçonne à peine l'existence. L'organisation de ces clubs est tout à fait militaire. Les membres de chaque district forment des compagnies commandées par des chefs qu'eux-mêmes ont élus. Le but de tous est l'émancipation du pays, le renversement du joug de l'Angleterre, l'amélioration de la désastreuse condition des cultivateurs irlandais : « Fidélité aux nations unies de la France et de l'Irlande, » voilà leur serment. A peine un général français aura-t-il mis le pied dans l'île, que tous accourront se ranger sous son étendard. Alors une convention nationale sera chargée de constituer un gouvernement républicain. Le premier acte de cette convention sera de conclure une alliance offensive et défensive avec la république française, et de déclarer que jamais la paix ne sera faite avec l'Angleterre tant qu'elle n'aura pas reconnu les deux républiques de France et d'Irlande. »

aperçue, lorsque, dans la nuit du 26 au 27, une tempête affreuse la dispersa. Cependant, deux jours après, l'escadre fut ralliée tout entière, à l'exception de quelques frégates, mais sur l'une d'elles étaient Hoche et Morard de Galles. Le gros de l'expédition n'en continua pas moins sa route vers le cap Clear [1], et, après avoir attendu plusieurs jours les deux chefs, entra dans la baie de Bantry

Baie de Bantry.

(24 décembre). Le temps était si mauvais que le débarquement devint impossible ; l'escadre fut rejetée de nouveau loin des côtes d'Irlande ; alors, privée de ses chefs, elle crut devoir regagner les côtes de France. Quelques jours plus tard, Hoche et Morard de Galles arrivèrent dans la baie de Bantry ; là ils apprirent que leur

1. Voyez au tome Ier la Carte générale des îles Britanniques.

escadre était retournée en France. Ils n'avaient plus qu'à en faire autant. Battus par la mer, poursuivis par les Anglais, ils n'atteignirent un port français qu'après des périls de tout genre.

L'expédition de Hoche, malgré son peu de succès, causa la plus profonde terreur à toute la nation anglaise, à laquelle elle prouvait que la domination des mers n'était pas suffisante pour garantir l'Angleterre contre une invasion. D'ailleurs, bien que tirée pour le moment d'un péril dont il est impossible de calculer l'étendue, la Grande-Bretagne se trouvait encore dans une situation véritablement effrayante. Au lieu d'être, comme quelques années auparavant, à la tête d'une coalition formidable, elle se voyait presque complétement isolée; plusieurs de ses anciens alliés étaient même devenus ses ennemis. Seules, la Russie et l'Autriche avaient persévéré dans son alliance; mais Catherine II venait de mourir (17 novembre), et les dispositions de Paul Ier, son successeur, faisaient craindre qu'il ne se hâtât pas de fournir le secours de soixante mille hommes auquel sa mère s'était engagée. On pouvait dès lors prévoir que l'Autriche, épuisée par la lutte désastreuse qu'elle venait de soutenir en Italie, exposée seule aux attaques des trois plus habiles généraux de la république française, Hoche, Moreau et Bonaparte, ne repousserait pas longtemps les propositions pacifiques que la France, désireuse d'isoler l'Angleterre, ne cessait de lui adresser. Tout le fardeau de la guerre allait donc retomber sur la Grande-Bretagne; et ce qui aggravait encore la situation, c'est que depuis la tentative de Hoche elle ne pouvait plus, comme auparavant, se croire à l'abri d'une invasion. Les esprits les plus fermes commençaient à être ébranlés par un pareil avenir; les gens craintifs se laissaient aller aux plus vives terreurs. Sous l'impression de ces idées, les fonds publics tombèrent rapidement beaucoup plus bas qu'aux plus mauvais temps de la guerre d'Amérique; leur dépression augmenta encore par l'empressement que chacun mettait à en retirer ses capitaux. Ce subit resserrement du numéraire produisit des effets désastreux : une foule d'établissements industriels, un grand nombre de banques de province furent forcées à de ruineuses faillites; la banque d'Angleterre elle-même fut ébranlée par le contrecoup de ces catastrophes partielles. Depuis le commencement de la guerre, le gouvernement avait toujours eu recours à elle et en avait tiré des avances énormes, soit en lui faisant acheter des rentes, soit en lui faisant escompter les bons de l'échiquier. Elle n'avait pu fournir à ces avances que par d'abondantes émissions de billets; l'épouvante s'emparant des esprits, tout le monde courut pour convertir ses billets en argent, avec un tel empressement qu'elle vit le moment où elle serait obligée de suspendre ses paiements. Dans cette extrémité, les directeurs eurent recours au gouvernement. Le cas était si grave, qu'un conseil extraordinaire, présidé par le roi, se réunit le dimanche (26 janvier 1797), chose qui n'avait jamais eu lieu jusqu'alors. L'opinion unanime du conseil fut que la banque devait suspendre tout remboursement en numéraire jusqu'à ce que le parlement eût avisé aux moyens de remédier à la crise actuelle; et dès le lendemain, un message royal invita la chambre des communes à s'occuper sans délai de cette question. Un comité fut immédiatement nommé pour l'examiner. Le rapport qu'il fit trois jours après était bien propre à rassurer les esprits, car il en résultait que l'actif de la banque était supérieur à son passif de près de quatre millions sterling ; cependant, le comité déclara qu'il était absolument indispensable de confirmer la mesure prise par le conseil privé. En conséquence, les deux chambres adoptèrent un bill par lequel la banque fut autorisée à rembourser en billets ceux qui viendraient pour retirer leurs fonds. « Mais, en autorisant la banque à ne pas remplir ses engagements en argent, on mettait les banquiers dans l'impossibilité d'acquitter les leurs de cette manière ; il fallut leur accorder aussi la faculté de payer en billets : c'était donner aux billets cours forcé de monnaie. Pour éviter cet inconvénient, les principaux commerçants de Londres se réunirent et donnèrent une preuve remarquable d'esprit public et d'intelligence. Comprenant que le refus d'admettre en paiement les billets de la Banque amènerait une catastrophe inévitable dans laquelle toutes les fortunes auraient également à souffrir, ils résolurent de la prévenir, et ils convinrent d'un commun accord de recevoir les billets en paiement. Dès cet instant, l'Angleterre entra dans la voie du papier-monnaie. Pour le rendre plus propre à la circulation, on le divisa en petites sommes, et l'on autorisa la banque, dont les moindres billets étaient de 5 livres sterling, à en émettre de 20 et 40 shellings, qu'on pût faire servir au paiement des ouvriers [1]. »

On était à peine sorti de cette crise lorsque le pays se vit sous le coup d'un péril plus grave encore. Une assez grande fermentation régnait depuis quelque temps parmi les marins. Mécontents de leur solde, qu'ils trouvaient insuffisante, de leurs vivres, qu'ils trouvaient de mauvaise qualité, les équipages des divers bâtiments en station à Portsmouth avaient établi entre eux une correspondance secrète et étaient convenus d'empêcher qu'aucun de ces bâtiments ne reprît la mer avant qu'on eût fait droit à leurs réclamations. Le 15 avril, en effet, lorsque l'amiral Bridport donna l'ordre d'appareiller, l'insurrection éclata. Les officiers furent arrêtés, et les insurgés déclarèrent qu'ils ne feraient leur soumission qu'autant que leur paie serait augmentée, leur nourriture améliorée, un traitement plus convenable fait aux malades et aux blessés, et que tous les matelots auraient à l'avenir le droit d'aller librement à terre lorsqu'on se trouverait dans un port. La flotte de Plymouth, qui était en correspondance avec celle de Portsmouth, imita son exemple et présenta les mêmes réclamations. A la nouvelle de cet événement, lord Spencer, premier lord de l'amirauté, lord Howe et plusieurs autres amiraux chéris des matelots accoururent sur le lieu de l'insurrection ; mais prières et menaces, tout fut inutile ; il fallut, pour ramener les révoltés, que le roi leur accordât une amnistie complète, et que le gouvernement s'engageât à faire droit à leurs demandes. L'ordre était à peine rétabli parmi eux, qu'un mouvement analogue, mais d'un caractère encore plus séditieux, éclata dans l'escadre de La Nore. Les insurgés, dont les prétentions étaient beaucoup plus élevées que celles des flottes de Portsmouth et de Plymouth, avaient pour chef un matelot nommé Parker, homme d'un caractère ferme et énergique, qui menaça, si l'on ne rendait pas justice à ses camarades, de livrer aux Français les onze vaisseaux et les treize frégates dont ils étaient maîtres. Cette fois cependant le gouvernement ne céda pas. Après une délibération solennelle, le

1. Thiers, *Histoire de la Révolution française*, t. IX, p. 157.

conseil déclara que les conditions des insurgés ne seraient pas acceptées ; un message royal demanda aux chambres·de nouvelles dispositions pénales contre les tentatives faites pour soulever les marins des escadres, et elles furent toutes votées à l'unanimité. Cette fermeté inattendue étonna les rebelles ; le découragement et la discorde se glissèrent parmi eux ; quelques équipages firent leur soumission, et bientôt tous les autres suivirent leur exemple. L'exécution de Parker et de plusieurs des principaux chefs prévint le retour d'une pareille insurrection.

Pendant que ces graves événements avaient lieu, la Grande-Bretagne perdait le dernier allié qui lui restàt sur le continent. L'Autriche avait vainement tenté d'arrêter les armes victorieuses de Bonaparte, en lui opposant le jeune général qui, l'année précédente, avait forcé Moreau et Jourdan à se retirer devant lui. L'archiduc Charles éprouva le même sort que ses prédécesseurs, et fut poussé par Bonaparte jusqu'au centre des possessions héréditaires de l'Autriche, pendant que Hoche et Moreau, ayant franchi le Rhin, s'avançaient pour donner la main à l'armée d'Italie. Dans cette extrémité, la cour de Vienne fut obligée de consentir à traiter ; les préliminaires de Léoben mirent fin aux hostilités (18 avril), et l'on commença les négociations à la suite desquelles l'empereur devait, en échange de Venise, du Frioul, de l'Istrie et de la Dalmatie, se soumettre à la possession par la France de la Belgique, de la rive gauche du Rhin, des îles Ioniennes, et reconnaître la république cisalpine, formée de la Lombardie, du Mantouan, des provinces enlevées au pape, à Venise et au duc de Modène. (Traité de Campo-Formio, 17 octobre 1797).

Abandonnée de tous ses alliés et réduite à ses propres forces, l'Angleterre courait de véritables périls. En effet, le directoire n'avait pas renoncé à ses projets d'invasion ; et, pour les exécuter d'une manière plus sûre, il voulait joindre aux forces maritimes de la France celles de la Hollande et de l'Espagne, les réunir à Brest, passer sur le corps aux croisières britanniques, et jeter de nouveau Hoche en Irlande avec une puissante armée. La vigilance et le courage des marins anglais ne permirent pas une jonction qui aurait eu de si fatales conséquences pour leur pays. L'amiral Jervis, chargé de surveiller les mouvements de la flotte espagnole, l'attaqua près du cap Saint-Vincent, sur les côtes d'Andalousie, et après un combat où le commodore Nelson fit éclater cette audace et cette habileté qui devaient le rendre si célèbre, il lui prit quatre vaisseaux et la força de rentrer dans le port de Cadix (15 février).

Cette victoire éloignait mais ne détruisait pas le danger ; en effet, la flotte espagnole comptait encore vingt vaisseaux de premier rang ; il suffisait d'un coup de vent qui éloignât l'amiral Jervis, pour qu'elle pût sortir de la rade et venir se joindre à la flotte française. En outre, la Hollande avait aussi réuni une nombreuse escadre ; elle avait reformé son armée, et dix-sept mille Hollandais, organisés par Hoche lui-même, étaient prêts à s'embarquer au Texel pour venir se joindre à l'expédition préparée à Brest. Le péril était donc sérieux et imminent. Pitt le comprit, et, quoique la famille royale fût toujours aussi ennemie de la révolution et de la paix, lui, qui n'avait en vue que l'intérêt de l'Angleterre, jugea qu'il fallait un instant de repos. Ce ne fut pas cependant sans difficulté qu'il fit prévaloir son avis dans le conseil. Les amis de Burke, et le secrétaire d'état des affaires étrangères, lord Grenville, se montraient entièrement opposés à toute tentative de pacification, prétendant que le Directoire ne voulait pas la paix, et que lui faire des avances c'était le rendre plus exigeant encore. Pitt l'emporta cependant en exposant à quel état d'épuisement était réduite l'Angleterre, et en faisant voir à ses collègues que si le directoire rejetait les propositions qui lui seraient adressées, ce refus aurait au moins pour effet d'imposer silence à ceux qui accusaient le cabinet de prolonger volontairement la guerre. En conséquence, lord Grenville écrivit au ministre des affaires étrangères de France pour lui proposer de rouvrir les conférences rompues l'année précédente. Le directoire accueillit la proposition ; Lille fut le lieu fixé pour la reprise des négociations. Cette fois, et par suite de la paix particulière pour laquelle l'Autriche traitait en ce moment avec le directoire, l'Angleterre n'avait plus à stipuler que pour elle-même ; aussi Pitt donna-t-il ordre à son plénipotentiaire, lord Malmesbury, d'accepter comme des faits accomplis, et en dehors de toute discussion, les conquêtes de la France en Belgique, en Allemagne et en Italie. Le débat ne porta donc que sur les colonies ; mais, sur ce point, il parut dès l'abord difficile de s'entendre. Lord Malmesbury offrait bien de restituer toutes les colonies françaises dont l'Angleterre s'était emparée, mais il demandait, à titre de compensation, la Trinité, le Cap, Ceylan, Cochin, possessions conquises sur la Hollande et l'Espagne, alliées de la France. Là était la difficulté. Le directoire avait promis à ses alliés, en les engageant dans la guerre, de maintenir l'intégrité de leurs possessions, et, pour remplir sa promesse, il exigeait la restitution pure et simple de toutes les conquêtes faites par la Grande-Bretagne ; il demandait, en outre, que le roi d'Angleterre renonçât au titre de roi de France, qu'il continuait de porter, et qu'il rendît tous les vaisseaux pris à Toulon. Malgré la position imposante que donnaient à la république ses victoires et ses conquêtes, tout demander pour elle et ses alliés et ne rien donner c'était renoncer à s'entendre ; lord Malmesbury avait repoussé ces exigences avec fermeté, en évitant toutefois ce qui eût pu donner lieu à une rupture, lorsqu'une circonstance survenue tout à coup donna beaucoup d'avantage aux négociateurs français : le Portugal, cédant aux menaces de l'Espagne et de la France, venait d'abandonner son antique allié et de faire alliance avec le directoire. L'Angleterre perdait ainsi sa précieuse station dans le Tage ; la paix lui devenait donc encore plus nécessaire. Les négociations, qui avaient traîné en longueur, furent reprises avec activité, et l'on parvint à s'arrêter aux points suivants : sans abdiquer formellement le titre de roi de France, le roi d'Angleterre devait cesser de le porter ; en échange des vaisseaux pris à Toulon, et qui maintenant, gréés et équipés à l'anglaise, faisaient partie de la marine britannique, le directoire acceptait 12 millions de francs ; le Cap était restitué à la Hollande, à la condition expresse que la France ne l'occuperait jamais. La Trinité et Ceylan restaient à l'Angleterre. Sur ces deux derniers points cependant, le Directoire voulait, avant de se décider, consulter ses alliés. Des démarches furent faites, en effet, auprès de la Hollande et de l'Espagne, et tout faisait présumer une réponse qui eût permis de conclure la paix aux conditions ci-dessus énoncées lorsque la révolution du 18 fructidor exclut du directoire et des deux conseils le parti modéré et pacificateur. De nouveaux négociateurs furent envoyés à Lille; à peine arrivés, ils invitèrent lord Malmesbury à leur faire savoir s'il avait des pouvoirs suffisants pour stipuler la restitution pure et simple à la république et à ses alliés de toutes les conquêtes faites par l'Angleterre, et, sur sa réponse négative, ils lui signifièrent qu'il eût dans les vingt-quatre heures à se retirer vers sa cour pour lui demander ces pouvoirs. La négociation fut rompue. C'était une faute immense de la part du directoire, qui perdait ainsi l'occasion de conclure une des paix les plus avantageuses que la France eût jamais faites. Une éclatante victoire navale, remportée peu de jours après par l'amiral Duncan, ne tarda pas à faire repentir le gouvernement français de sa détermination, en lui montrant que, malgré l'isolement de la Grande-Bretagne, il n'aurait pas si bon marché d'elle qu'il se l'imaginait.

Pour prévenir la jonction des flottes hollandaise et française, le cabinet de Saint-James avait établi dans la mer du Nord, sous le commandement de l'amiral Duncan, une croisière qui bloquait la flotte du Texel, comme l'amiral Jervis bloquait dans Cadix la flotte espagnole. Une violente tempête ayant forcé les Anglais à regagner leurs côtes, l'amiral hollandais Winter crut pouvoir profiter de son éloignement pour franchir le détroit; mais, à la hauteur du cap Camperdown, il rencontra la flotte britannique qui avait été prévenue de son départ. Un combat terrible s'engagea; l'issue en fut tout entière à l'avantage des Anglais. La flotte hollandaise, presque entièrement désemparée, laissa douze de ses vaisseaux entre les mains du vainqueur (11 octobre). Les victoires de Camperdown et du cap Saint-Vincent, en prévenant la réunion des forces maritimes françaises, espagnoles et hollandaises, sauvaient l'Angleterre des plus grands périls qu'elle eût courus depuis le temps de l'Armada; aussi excitèrent-elles toutes deux le plus vif enthousiasme. Les chefs des deux flottes furent élevés à la pairie (Jervis sous le nom de comte de Saint-Vincent, Duncan sous celui de vicomte de Camperdown), et reçurent de la libéralité du parlement une pension de 3,000 livres sterling. Des dignités et des gratifications nombreuses furent aussi accordées aux officiers et marins qui s'étaient le plus distingués; on célébra à Saint-Paul une messe solennelle d'action de grâces à laquelle le roi et les deux chambres assistèrent.

Le parlement se rassembla peu de temps après (2 novembre 1797). La récente victoire de Camperdown, les efforts réels que Pitt avait faits pour obtenir la paix, l'intention où il était toujours de traiter si la France lui permettait de le faire à des conditions honorables, lui valurent, ainsi qu'au roi, l'accueil le plus favorable. Les moyens de poursuivre la guerre avec vigueur furent accordés sans difficultés; une clause ajoutée aux bills de finance autorisa le trésor à recevoir toutes les contributions volontaires offertes pour concourir à la défense de l'état. Elles s'élevèrent en peu de temps à la somme de 1,500,000 livres sterling.

Malgré les défaites des flottes espagnole et hollandaise, le gouvernement français semblait persister avec plus d'ardeur que jamais dans ses projets de porter la guerre au sein même de l'Angleterre; une armée nombreuse était réunie sur les côtes de Normandie et de Bretagne, et le vainqueur de l'Italie, le général Bonaparte, avait été nommé commandant de cette armée, qui prit le nom d'armée d'Angleterre. Le gouvernement, inquiet de ces démonstrations, mit activement le pays en état de défense. Un bill, voté par les deux chambres, régla les mesures à prendre dans le cas du débarquement des Français; l'incorporation d'une partie de la milice dans l'armée, l'emploi des volontaires, la destruction des vivres, des bestiaux et de tout ce qui aurait pu faciliter la marche de l'ennemi. L'*alien bill*, qui autorisait l'expulsion arbitraire des étrangers suspects, fut renouvelé sans opposition, la presse maritime étendue; des majorités considérables votèrent l'arrestation préventive des individus soupçonnés de conspiration, ainsi que de nouvelles précautions contre la liberté de la presse.

A ce moment, des événements de la plus haute gravité, et qui semblaient se lier aux démonstrations de la France, vinrent ajouter encore aux préoccupations et aux craintes du gouvernement et du public. L'insurrection irlandaise éclata tout à coup. Un complot avait été formé par l'association secrète de Dublin pour surprendre dans la même nuit le château, le camp situé près de la ville, et le parc d'artillerie; mais un officier de milice, entré dans l'association pour connaître ses projets, prévint l'autorité et dénonça les principaux chefs des conjurés. Plusieurs d'entre eux furent arrêtés (mai 1798). Selon les instructions du comité directeur, l'insurrection aurait dû commencer partout le même jour et à la même heure; l'arrestation des chefs, en forçant les personnes compromises d'éclater pour n'être pas prévenues, détruisit le concert, aussi le mouvement ne s'opéra-t-il que de proche en proche. Néanmoins, l'étendard des Irlandais-unis, drapeau vert sur lequel était peinte une harpe surmontée d'un bonnet de liberté, fut arboré sur presque tous les points du pays; un corps de quinze mille insurgés marcha contre Wexford, battit la garnison qui était venue à sa rencontre, et s'empara de la place; plusieurs autres villes subirent le même sort. Toute l'Irlande était en feu; partout régnaient le pillage, le massacre, enfin toutes les horreurs compagnes ordinaires des guerres civiles et religieuses; et, quoique dans presque toutes les rencontres les troupes régulières eussent l'avantage sur les masses indisciplinées et mal armées qui les assaillaient, on pouvait prévoir qu'elles finiraient par succomber sous le nombre. Enfin des renforts arrivèrent d'Angleterre; le général Lake, qui les commandait, attaqua à Vinegar-Hill le principal corps des révoltés, au nombre d'environ trente mille hommes, le défit et le mit en déroute complète (21 juin). Ce fut le coup de mort de l'insurrection; Wexford et les autres places dont les insurgés s'étaient emparés ne tardèrent pas à ouvrir leurs portes; il ne resta plus en armes que quelques pillards dans le midi de l'Irlande. La nomination du marquis de Cornwallis, homme juste et modéré, au poste de vice-roi, à la place de l'implacable lord Camden, le pardon général qu'il promit à tous ceux qui mettraient bas les armes, ne tardèrent pas à ramener la tranquillité dans le pays. La révolte irlandaise fit périr en quelques semaines plus de trente mille personnes. Les cours d'assises et les conseils de guerre devant lesquels lord Camden avait traduit les prisonniers augmentèrent encore considérablement le nombre des victimes; pas un des Irlandais-unis pris les armes à la main n'obtint sa grâce. Heureusement cette effroyable boucherie dura peu; dès son arrivée, le marquis de Cornwallis se hâta d'y mettre fin. L'insurrection n'existait déjà plus lorsque un corps de douze cents Français, commandé par le général Humbert, débarqua à Killala (22 août); d'autres divisions plus nombreuses devaient le suivre. Grossie de cinq à six mille paysans, la petite armée de Humbert obtint d'abord quelque succès, et battit complétement les troupes anglaises à Castlebar; mais, entourée à Ballynah par les forces supé-

Ballynah.

rieures du général Lake, elle fut obligée de mettre bas les armes. Un second détachement arrivé peu de temps après n'échappa au même sort qu'en se rembarquant à la hâte; une troisième expédition, composée d'un vaisseau de ligne et de huit frégates chargés de troupes et de munitions, n'eût pas le même bonheur. Une flotte anglaise la rencontra et s'empara du vaisseau et de six des frégates.

L'inaction du gouvernement français pendant toute la durée de l'insurrection fut la perte des Irlandais et le salut de l'Angleterre. Cette inaction était, du reste, préméditée. Ce n'était plus, en effet, dans son île que le directoire voulait frapper son ennemie : c'était en allant dans l'Inde tarir une des sources principales de sa

VUE DE MALTE

richesse et de sa puissance. Ce projet avait été formé par le général Bonaparte, qui, ne se sentant pas encore assez fort pour s'emparer du gouvernement de son pays, voulait laisser tous les hommes médiocres s'user à Paris dans de mesquines intrigues, pendant qu'il étonnerait le monde par une expédition lointaine et merveilleuse. Il avait, en conséquence, proposé au directoire de faire la conquête de l'Égypte. Ce pays n'appartenait plus aux Turcs que nominalement; c'étaient des mamelucks ou esclaves circassiens, appelés par le sultan à sa défense, qui le dominaient et tenaient les habitants dans l'esclavage et l'abrutissement. En s'en emparant, on ruinait le commerce des Anglais dans l'Inde, soit qu'on fît de l'Égypte l'entrepôt de l'Asie et de l'Europe, comme dans l'antiquité, soit qu'on en fît une station militaire pour aller dans l'Hindoustan; de plus, on pouvait y créer la plus florissante colonie du globe, et par elle dominer la Méditerranée. Le directoire accéda difficilement à ce projet aventureux, qui exposait l'alliance de la France avec la Porte, privait le pays d'une armée et compromettait sa marine; mais il n'était pas facile de rejeter une demande de Bonaparte. Les directeurs furent d'ailleurs décidés par l'idée d'être débarrassés d'un homme dont la réputation les écrasait. Les préparatifs de l'expédition furent faits avec la plus grande activité et le but tenu dans le plus grand secret; les troupes qu'on rassemblait sur les côtes de la Méditerranée étaient, disait-on, l'aile gauche de l'armée d'Angleterre [1].

L'époque ne semblait pourtant pas favorable à une pareille entreprise, car la paix avec le continent n'était rien moins qu'assurée. Débarrassé, par le coup d'état du 18 fructidor, de tous ses ennemis intérieurs, et enivré des succès de ses généraux, le directoire s'était abandonné aux inspirations d'une ambition imprudente; il avait voulu démocratiser l'Europe et entourer la France d'une ceinture de républiques alliées ou vassales. Sous des prétextes qui n'étaient pas même spécieux, il avait occupé Rome, détrôné le pape, et aidé les démocrates romains à proclamer le rétablissement d'une république; il avait exigé de la Suisse l'expulsion du ministre d'Angleterre Wickham, qu'il accusait avec raison, du reste, de fomenter des conspirations en France, et, non content de ce résultat, il avait contraint, par une violence aussi odieuse qu'impolitique, les Suisses à remplacer le régime fédératif sous lequel ils vivaient depuis si longtemps par une constitution unitaire modelée sur celle de l'an III. Ces actes, d'une tyrannie inutile, avaient fait le plus grand tort à la France dans l'esprit des peuples, en même temps que la création de toutes ces républiques avait jeté l'alarme sur tous les trônes. L'Autriche, qui n'attendait qu'une occasion pour recommencer la guerre, exploitait tous ces mécontentements et faisait des armements considérables; le bruit courait d'une alliance entre l'Angleterre et la Russie. Malgré tous ces sujets de crainte, Bonaparte et le directoire persistèrent dans leurs projets sur l'Égypte; et, le 19 mai 1798, la flotte de Toulon mit à la voile, escortant un immense convoi chargé d'une armée de quarante mille hommes. Le 10 juin, Bonaparte s'emparait de l'île de Malte, abolissait la souveraineté de l'ordre, et, le 2 juillet, il arrivait devant Alexandrie, qu'il enleva d'assaut le jour même.

1. Th. Lavallée, t. IV, p. 290.

Le secret de l'expédition avait été si sévèrement gardé, que le cabinet de Saint-James ignorait complétement le but réel qu'elle se proposait; cependant les escadres britanniques avaient ordre de bloquer les ports de France et d'Espagne, afin d'empêcher la réunion des flottes de ces deux pays, et l'amiral Saint-Vincent, commandant la station de Cadix, avait détaché l'amiral Nelson devant Toulon pour surveiller les mouvements de la grande expédition française. Un violent coup de vent força Nelson d'aller se radouber dans les îles Saint-Pierre, et l'éloigna de l'escadre d'Égypte qu'il ne vit pas sortir du port. De retour le 1er juin devant Toulon, après avoir reçu de lord Saint-Vincent un renfort qui lui formait une flotte de treize vaisseaux de haut-bord, Nelson apprit le départ des Français; il courut aussitôt à Naples, de là à Malte sans pouvoir les joindre. Conjecturant, avec raison, qu'Alexandrie était leur destination, il fit aussitôt voile pour ce port; la flotte française n'y était pas encore arrivée. Alors il vola vers les Dardanelles pour tâcher de l'y rencontrer, et ne l'y voyant pas, retourna en Sicile. Pendant ce temps, les Français arrivaient et opéraient leur débarquement. Lorsque le mauvais succès de la poursuite de Nelson et le débarquement des Français fut connu en Angleterre, ce fut à qui blâmerait le comte de Saint-Vincent d'avoir confié à un aussi jeune officier une mission aussi importante, à qui demanderait la mise en accusation de Nelson. Celui-ci allait répondre d'une manière terrible pour la France à ces injustes accusations. Reprenant sa course dans la Méditerranée, il se dirigea de nouveau sur Alexandrie, et arriva enfin en vue de la flotte française, qui, forte de treize vaisseaux et de quatre frégates, était embossée dans la rade d'Aboukir (1er août). Quoiqu'il fût six heures du soir, il résolut d'attaquer sur-le-champ, détermination heureuse, car un tiers des équipages français était à terre. Par suite des dispositions imprévoyantes de l'amiral français Brueys, Nelson parvint à faire passer cinq de ses vaisseaux derrière la gauche et le centre de la ligne ennemie, qu'il prit ainsi entre deux feux, et il engagea le combat avec treize vaisseaux contre huit. La bataille dura toute la nuit avec un acharnement sans exemple, et, quoique Brueys eût été tué et trois de ses vaisseaux coulés bas, si les cinq navires qui formaient la droite s'étaient rabattus sur Nelson pour le prendre lui aussi entre deux feux, la flotte anglaise était tellement maltraitée, que la victoire serait restée au pavillon français; mais Villeneuve, qui commandait la droite, crut la bataille perdue sans remède, et s'enfuit à Malte avec deux vaisseaux et deux frégates; tout le reste de la flotte française fut pris ou détruit. Telle fut la célèbre bataille d'Aboukir, la plus désastreuse que la marine française eût encore soutenue. Les conséquences en furent bien funestes à la France. La flotte, qui devait secourir l'armée expéditionnaire, seconder ses mouvements, imposer au sultan mécontent de l'invasion de l'Égypte, et, en cas de revers, ramener les Français dans leur patrie, cette flotte n'existait plus. Aussi, bientôt la Porte, libre de toute crainte et circonvenue par les agents anglais, qui lui montrèrent la conquête de l'Égypte comme un sanglant outrage fait à sa puissance, fit alliance avec la Russie et l'Angleterre, et déclara la guerre à la France (12 septembre 1798). Une flotte russe, partie de Sébastopol, franchit le Bosphore et vint bloquer les îles Ioniennes; enfin les vaisseaux anglais, maîtres de la Méditerranée, s'emparèrent de tout le commerce du Levant. « Ainsi l'expédition d'Égypte livra l'empire turc aux deux puissances qui convoitaient sa ruine ; elle donna à l'Angleterre la Méditerranée, inaugura l'apparition de la puissance russe dans l'Europe méridionale, et fut le signal de la deuxième coalition. »

L'Angleterre fut encore l'âme de cette nouvelle confédération des puissances contre la France. Cette tâche, du reste, lui avait été rendue facile par la politique maladroite du gouvernement français. Depuis la paix de Campo-Formio, le directoire semblait avoir eu pour but de pousser à bout, par sa violence, ses usurpations, ses exigences, les peuples aussi bien que les rois. Les cinq républiques nouvelles qu'il avait formées autour de lui, étaient elles-mêmes devenues hostiles en voyant les baïonnettes françaises faire chez elles des coups d'état, modifier les constitutions, changer les magistrats, imposer des alliances onéreuses. Les exigences des plénipotentiaires français au congrès de Rastadt, où se négociaient les conditions du rétablissement de la paix entre la France et l'Allemagne, avaient mécontenté un grand nombre de princes de l'Empire et rapproché la Prusse de l'Autriche. Partout le directoire prétendait, non plus négocier, mais dicter la loi. Une politique aussi folle ne devait pas tarder à porter ses fruits. Tous les souverains brûlaient de s'affranchir du joug odieux qui pesait sur eux et de se délivrer des dangers auxquels les exposait la propagande révolutionnaire de la France ; Pitt exploita habilement cette disposition ; Naples, l'Autriche et la Russie répondirent avec empressement à ses sollicitations.

La Russie n'avait pris qu'une part nominale à la première coalition, occupée qu'elle était à anéantir la Pologne qui l'empêchait de devenir puissance européenne ; mais maintenant le temps lui semblait arrivé d'intervenir dans les affaires du Midi. A Catherine avait succédé son fils Paul Ier, prince emporté, bizarre, avide de renommée ; il prit les émigrés à sa solde, donna asile au prétendant Louis XVIII, à Mittau, et prépara cent mille hommes.

Le royaume de Naples était, depuis la création de la république romaine, dans une grande agitation. Le roi Ferdinand étant presque imbécile, tout le gouvernement était aux mains de la reine Caroline, sœur de Marie-Antoinette, qui haïssait les Français avec d'autant plus de fureur, que la noblesse et la bourgeoisie, imbues des idées républicaines, désiraient une révolution. Elle reçut Nelson en triomphe après la bataille d'Aboukir, lui ouvrit le port de Naples, se fit donner des subsides par l'Angleterre, et sollicita le Piémont et la Toscane de s'unir à elle pour délivrer l'Italie.

L'Autriche dissimulait encore ; quelques indemnités accordées comme compensation des agrandissements de la France en Suisse et en Italie, l'auraient peut-être maintenue dans la neutralité. Sur le refus du directoire de rien lui concéder, elle se prépara à reprendre les armes.

Ce fut dans ces circonstances que s'ouvrit la session du parlement britannique (novembre 1798). Le ministère n'avait pas à craindre cette fois les manifestations du mécontentement public, car l'Angleterre triomphante était dans l'enthousiasme. Les adresses furent adoptées sans opposition ; des remerciements, des récompenses, des pensions votés à l'unanimité aux vainqueurs d'Aboukir. Leur chef, nommé duc de Bronte par la cour de Naples, avait déjà été promu à la pairie sous le titre de baron du Nil.

Afin de rendre décisive la coalition nouvelle qu'il était parvenu à former contre la France, Pitt demanda aux communes deux cent cinquante mille hommes de troupes de terre et cent vingt mille matelots. Pour solder et entretenir toutes ces troupes, sans parler des subsides promis aux puissances étrangères, c'était 23,000,000 sterling qu'il fallait se procurer en dehors des ressources ordinaires. Pitt proposa de demander à l'emprunt seulement 14,000,000, et pour le reste, d'établir un impôt fixé au dixième sur tous les revenus supérieurs à 200 livres sterling; pour ceux qui étaient au dessous de ce chiffre jusqu'à la somme de 60 livres, l'impôt était fixé d'après une échelle de proportion décroissante; les revenus moindres de 60 livres restaient libres de toute charge; la répartition devait être faite par des commissaires spéciaux chargés d'apprécier la fortune de chacun..Pitt calculait que cet impôt rapporterait à peu près 10 millions sterling. Cette proposition excita dans les deux chambres comme dans le public de vives réclamations. Outre l'inconvénient de divulguer la position et la source de toutes les fortunes, chose grave, surtout pour ceux qui se livraient au commerce, la nouvelle taxe devait peser sur les personnes qui, par leur talent et leur industrie personnelle, gagnaient de quoi subvenir à leur existence, dans la même proportion que sur les propriétaires terriens et les capitalistes qui étaient au-dessus du besoin. D'ailleurs la foi publique ne s'opposait-elle pas à ce que les créanciers de l'État eussent à subir sur leurs rentes une diminution qui n'avait pas été stipulée? Ces objections, et une foule d'autres, étaient assez fondées; mais on avait contre toutes un argument sans réplique : la nécessité. Aussi cet impôt, qui prit le nom d'*income-tax* (taxe du revenu), fut-il voté à une immense majorité. Le ministère obtint avec la même facilité le maintien de la suspension de l'*habeas corpus*, le droit de transporter sur un autre point du royaume les personnes arrêtées, afin de les éloigner de leurs complices, celui de punir de l'amende, de la prison et de la déportation les membres des sociétés révolutionnaires. Le roi secondait de tout son pouvoir l'esprit de répression qui se ranimait avec la guerre extérieure, et, malgré la désapprobation de Pitt, il raya de la liste des membres du conseil privé, où figurent tous les anciens ministres, le nom de Fox : le crime de cet homme d'état était d'avoir bu, dans un banquet, à la souveraineté du peuple de la Grande-Bretagne.

Une question plus importante que les questions d'hommes, d'argent et de mesures répressives, qui, depuis plusieurs années, occupaient exclusivement les chambres, fut, pendant cette session, soumise aux délibérations du parlement. Depuis que la législature irlandaise avait été déclarée complétement indépendante du parlement britannique, plusieurs événements avaient signalé dans cet état de choses de graves inconvénients. Un, surtout, avait frappé tous les esprits. Lorsque, à l'époque de la démence du roi, les chambres anglaises avaient appelé le prince de Galles à la régence, elles avaient apporté à son pouvoir de nombreuses et importantes restrictions; le parlement irlandais, au contraire, avait investi le prince de tous les priviléges attribués à la royauté. De là auraient pu naître de graves difficultés gouvernementales. Le rétablissement du roi les avait prévenues; mais il fallait empêcher le retour d'une pareille situation. D'autres raisons rendaient d'ailleurs cette indépendance dangereuse ; la preuve en était dans les dernières tentatives faites par la majorité du peuple irlandais pour se séparer entièrement de la Grande-Bretagne, tentatives qui, dans l'état actuel de l'Europe, auraient pu avoir les plus funestes résultats pour l'Angleterre. Afin de remédier à l'affaiblissement de pouvoir causé par cette indépendance, Pitt résolut d'unir législativement les deux pays en fondant le parlement irlandais dans celui de la Grande-Bretagne, comme sous la reine Anne on avait fondu le parlement écossais dans le parlement anglais ; et il soumit le même jour (22 janvier 1799) cette importante question aux délibérations des chambres britanniques et irlandaises. En dépit d'une assez vive opposition, la proposition fut prise en considération dans la chambre basse de Westminster ; mais il n'en fut pas de même dans le parlement de Dublin. L'Irlande presque tout entière repoussait un projet dans lequel elle voyait la perte de sa nationalité, et malgré tous les efforts de lord Castlereagh, secrétaire du gouvernement, les communes, interprètes des sentiments à peu près unanimes de la nation, refusèrent d'accorder leur approbation à la mesure qu'on leur annonçait.

Cet échec ne découragea pas le premier ministre. La plupart des députés n'étaient que des créatures de l'aristocratie ; plus de deux cents étaient nommés par des bourgs pourris appartenant soit à des lords, soit à de riches propriétaires membres eux-mêmes de la chambre des communes ; un seul disposait quelquefois de vingt bourgs ; de sorte qu'il suffisait d'acheter quelques hommes pour les avoir presque tous. Quant aux moyens de corruption, ils ne manquaient pas. Le gouvernement avait à sa disposition une foule de charges de toute nature ; lorsqu'il n'en avait pas un nombre suffisant, il en créait de nouvelles ; il augmentait les emplois existants lorsque les titulaires ne les trouvaient pas assez rétribués. Quand la ressource des fonctions publiques était épuisée, on donnait des pensions sur le revenu irlandais. Cet argent était celui de la pauvre Irlande, qui fournissait ainsi à ses ennemis de quoi payer ceux qui la vendaient en se vendant eux-mêmes. La corruption était un moyen de gouvernement si habituel, qu'il était rare qu'un vice-roi d'Irlande sortît du pays sans y laisser un arriéré de 300,000 livres sterling [1]. Pitt pouvait donc espérer d'avoir facilement raison de la majorité opposée à son projet, et lord Castlereagh eut ordre de mettre en usage auprès des membres opposants tous les moyens dont le gouvernement pouvait disposer ; en même temps, pour bien prouver à l'Irlande que le cabinet était décidé à ne pas reculer, Pitt reporta de nouveau la question devant le parlement anglais. Dans un discours très-long et très-étudié, il développa toutes les raisons qu'il n'avait fait qu'indiquer lorsqu'il avait sollicité de la chambre des communes la prise en considération de son projet. A cette époque, Sheridan avait contesté aux parlements anglais et irlandais le droit d'anéantir des nationalités distinctes dont eux-mêmes tiraient leur existence et leurs pouvoirs. Pitt réfuta ces doctrines comme reposant sur le principe antisocial du suffrage universel, et, pour démontrer qu'un peuple ne renonçait pas à son indépendance en s'unissant à un autre peuple issu du même sang, parlant la même langue, doué

---

1. L'*Irlande sociale, politique et religieuse*, par G. de Beaumont, t. I, p. 153.

d'institutions analogues, il rappela l'exemple de l'Écosse, si heureuse maintenant par l'effet d'une union qu'on avait jadis repoussée avec tout autant de violence et par des pronostics non moins sinistres. La même perspective de bonheur était réservée à l'Irlande; l'Union allait assurer la sûreté et la tranquillité de ce pays, donner de l'extension à son commerce, y rappeler les capitaux anglais; elle aurait, en outre, pour effet d'augmenter considérablement les forces dont les deux pays pouvaient disposer contre l'ennemi commun. Quant aux conditions d'après lesquelles devait s'opérer ce grand changement, elles étaient celles-ci : union des deux couronnes; fusion des deux parlements par l'introduction dans les chambres britanniques d'un nombre déterminé de pairs et de députés irlandais; maintien de l'église épiscopale irlandaise; jouissance, pour tous les sujets des deux pays, des mêmes priviléges; remaniement des droits de douane; répartition entre les deux royaumes, et dans une juste proportion, des impôts destinés à couvrir les dépenses communes. Après de longs débats, les propositions ministérielles furent adoptées dans les deux chambres par de puissantes majorités. Pitt attendit, avant de les représenter au parlement de Dublin, l'effet de ses tentatives pour changer l'opinion publique en Irlande.

Pendant ces discussions, la guerre avait recommencé sur tout le continent. La cour de Naples avait donné le signal. Dès qu'elle apprit que les Russes étaient en marche dans la Pologne, elle envoya le général autrichien Mack, avec quarante mille Napolitains à peine armés, soulever les États romains (12 novembre 1798). Les Français, surpris, abandonnèrent Rome; mais bientôt ils reprirent l'offensive, et moins de six semaines après, la cour de Naples s'enfuyait honteusement sur la flotte anglaise, laissant la capitale au pouvoir des Français, qui y proclamèrent la *république parthénopéenne*. Au bruit de cette révolution, le Piémont, travaillé depuis longtemps par les idées républicaines, s'insurgea et appela les Français. Toute l'Italie fut bientôt en leur pouvoir.

Ces faciles succès remplirent le directoire d'une folle joie. Il résolut de prendre partout l'offensive, et déclara la guerre à l'Autriche. Mais l'enthousiasme révolutionnaire qui avait animé la France en 1793 n'existait plus. Personne n'avait confiance dans ce gouvernement médiocre, immoral, qui ne se soutenait qu'à force de coups d'état et de mesures arbitraires. Les finances étaient ruinées; les armées livrées à l'indiscipline et au désordre; des généraux qui avaient jeté tant de gloire sur les armes françaises pendant les précédentes campagnes, les uns avaient suivi Bonaparte, les autres étaient ou morts, ou disgraciés; aussi de prompts revers ne tardèrent-ils pas à dissiper les brillantes illusions dont on s'était bercé. Jourdan, qui, malgré ses défaites en 1796, avait été mis à la tête de la grande armée d'Allemagne, fut battu deux fois par l'archiduc Charles et rejeté sur le Rhin, découvrant ainsi Masséna qui défendait l'entrée de la Suisse. En Italie, Schérer fut vaincu par les Autrichiens, et lorsque Suwarow arriva sur le Mincio (14 avril) avec ses trente mille Russes, l'Italie presque tout entière seconda ses mouvements en se soulevant contre les Français, qui furent battus successivement à Cassano, à la Trebbie et à Novi. La république cisalpine n'existait plus; le roi de Piémont et le grand duc de Toscane étaient prêts à rentrer dans leurs capitales. Dans l'état de

Naples, les patriotes, après une lutte acharnée contre les montagnards calabrois soulevés par le cardinal Ruffo, furent complétement vaincus, les garnisons françaises obligées de se rendre. Les républicains de Naples capitulèrent à la condition de pouvoir rester dans la ville sans être inquiétés; mais Nelson et la reine Caroline eurent l'indignité d'annuler la capitulation : trente mille patriotes furent incarcérés, et pendant six mois on livra à l'échafaud tous ceux qui avaient pris la moindre part à l'établissement de la république; un des principaux chefs de la révolution, le prince Carraccioli, fut pendu sur le vaisseau même de l'amiral anglais.

Presque partout les Français étaient donc rejetés derrière leurs frontières; en même temps, un armement formidable sortait des ports d'Angleterre pour conquérir la Hollande et pénétrer en France par le nord; quarante mille Anglo-Russes, commandés par le duc d'York et soutenus par une puissante flotte, débarquèrent dans la presqu'île du Helder pendant que la flotte entrait dans le Texel et s'emparait des vaisseaux hollandais qui s'y trouvaient. Dans la Méditerranée, les forces navales de la Turquie et de la Russie prenaient possession de Corfou et des autres îles Ioniennes; les escadres britanniques soumettaient Minorque, tenaient Malte étroitement serrée pour la réduire par la famine, et bloquaient les ports d'Espagne et d'Égypte; en outre, on annonçait que Bonaparte, après avoir achevé la conquête de ce pays, avait échoué devant Saint-Jean-d'Acre, où le commodore Sidney Smith dirigeait la résistance des Turcs, et qu'il avait été obligé d'abandonner la Syrie; enfin, et pour mettre le comble aux triomphes de la Grande-Bretagne, l'obstacle le plus sérieux qu'elle pouvait rencontrer dans la conquête de l'Hindoustan, Tippoo-Saïb venait d'être tué en défendant sa capitale.

Depuis la paix de 1783 jusqu'à l'année 1789, aucun grand événement n'avait eu lieu dans l'étendue des possessions de la Compagnie des Indes; lord Cornwallis, désigné pour remplacer Hastings dans le poste de gouverneur général, s'était abstenu de poursuivre ces plans de conquête et d'agrandissement que le bill de l'Inde adopté en 1784 taxait de mesures contraires à l'honneur et aux intérêts de la Grande-Bretagne. Améliorer les finances et l'administration, organiser d'une manière plus stable les affaires intérieures du pays, créer de nouvelles institutions judiciaires, garantir par des traités d'alliance les possessions de la compagnie contre les attaques des princes voisins, telles furent les préoccupations constantes de lord Cornwallis. Sa fermeté et sa modération parvinrent à maintenir, pendant plusieurs années, sur un pied pacifique, les relations de la Compagnie avec les états indigènes; mais cette heureuse situation ne devait pas durer longtemps. Le sultan de Mysore, Tippoo-Saïb, persévérant dans les desseins d'Hyder-Ali, son père, était toujours poursuivi par le désir de chasser les Anglais de l'Hindoustan, et, dans ce but, il envoya, en 1787, à la cour de France, une ambassade chargée de s'assurer des dispositions du cabinet de Versailles et du parti qu'il prendrait dans le cas où la guerre viendrait à éclater dans la presqu'île hindoustanique. Les ambassadeurs reçurent à la cour de Louis XVI le plus pompeux accueil; mais leur mission n'obtint pas le résultat que Tippoo espérait. La France sortait à peine d'une guerre ruineuse; l'état intérieur du pays préoccupait vivement le gouverne-

ment. Le cabinet n'osa pas recommencer les hostilités et se borna à cimenter par
des assurances d'amitié et de splendides présents, l'alliance qui existait entre le
sultan de Mysore et la France.

Malgré le peu de succès de son ambassade, Tippoo ne se disposa pas moins à la
guerre. Avec l'aide de quelques officiers français du corps de Bussy, qui, à la paix
de 1783, étaient restés à son service, il avait reformé son armée et en avait organisé une partie à l'européenne. Il se crut dès-lors assez fort pour lutter seul contre
les Anglais, et commença les hostilités en attaquant le rajah de Travancore, leur
allié, contre lequel il prétendait avoir des répétitions à exercer (décembre 1789).

Tippoo-Saïb,
d'après une miniature hindoue.

Avec un ennemi aussi belliqueux, il fallait prendre des mesures promptes et
décisives. Plusieurs fois déjà le nizam du Dekhan et les Mahrattes, jaloux des
progrès de la puissance mysoréenne, avaient proposé à la Compagnie une alliance
contre Tippoo. Lord Cornwallis profita de ces dispositions, et, au commencement
de l'année 1790, deux traités furent conclus avec ces états; les parties contractantes s'obligeaient à ne pas faire de paix séparée, à se partager les conquêtes,
à faire restituer les territoires enlevés au nizam et aux Mahrattes par Hyder-Ali et
son fils, en un mot, à ramener l'état de Mysore à ses limites de 1760.

Tippoo prévint ses ennemis en enlevant les ligues étendues qui couvraient l'état
de Travancore (mai 1790). Le plus brillant succès couronna cette entreprise; mais
bientôt, attaqué lui-même de trois côtés à la fois, Tippoo fut forcé d'accourir au
secours de ses propres états. Pendant que l'armée de Madras, commandée par le
général Medows, s'emparait de la forteresse de Dindigul et de tout le pays jusqu'à

Coimbatore, le nizam s'avançait avec vingt mille hommes sur la Kistna, rivière que les Mahrattes et une expédition anglaise partie de Bombay avaient déjà franchie. Tippoo fit face à ses nombreux ennemis avec un courage, une activité et une habileté remarquables. L'armée de Madras marchait en trois divisions ; il les attaque l'une après l'autre, les rejette en arrière, reporte la guerre du Mysore dans le Carnatique, s'empare de Trinomally et de Permacoil, se met en communication avec Pondichéry et menace Madras. L'armée anglaise s'empresse de venir protéger cette ville ; mais Tippoo ne songeait point à l'attaquer. Il se borna à profiter de sa proximité de Pondichéry pour se mettre en relation avec les autorités françaises, et pour faire demander à Louis XVI, par leur intermédiaire, un secours de six mille hommes. Avec ces auxiliaires, Tippoo promettait de chasser les Anglais de l'Hindoustan. Mais au moment où ce message arriva en France, la royauté de Louis XVI n'était plus qu'un vain mot, et l'assemblée nationale, voulant se ménager l'appui de l'Angleterre, qu'elle croyait lui être favorable, contre les imminentes attaques des rois du continent, n'était pas disposée à accéder aux demandes du sultan de Mysore. Tippoo dut donc continuer seul une lutte qui menaçait déjà de lui être fatale, car, s'il était parvenu lui-même à repousser les Anglais jusque sous les murs de Madras (janvier 1791), sur la côte du Malabar ses lieutenants avaient été moins heureux ; le général Abercromby, gouverneur de Bombay, battit les Mysoréens près de Tellicherry et s'empara de toutes les places fortes du Malabar. En quelques semaines, il ne resta plus au sultan un seul district sur cette côte.

Malgré ces succès, la funeste issue de la campagne dans le Carnatique avait tellement effrayé la Compagnie, que lord Cornwallis crut devoir venir se mettre lui-même à la tête de l'armée anglaise. Pour étonner les Mysoréens par un coup d'audace, il se décida à aller tout d'abord mettre le siége devant Bengalore, l'une des plus fortes places de Tippoo, mais qui, s'il s'en emparait, avait l'avantage d'assurer à l'armée anglaise une ligne d'opérations facile à garder. Tippoo se hâte de prévenir ses ennemis devant cette place, qui lui est d'autant plus précieuse que toutes ses femmes y sont enfermées ; il y harcèle les Anglais par d'incessantes attaques suivies de succès divers, mais qui toutes les épuisent peu à peu et font traîner le siége en longueur. La disette commence à se déclarer dans l'armée anglaise ; une retraite désastreuse semble imminente ; avant de s'y résoudre, lord Cornwallis veut tenter un dernier effort. Un assaut de nuit est résolu. Pendant que l'armée et la garnison mysoréennes sont plongées dans le sommeil, les Anglais assaillent brusquement la place et l'enlèvent avant que Tippoo ait eu le temps de venir à son secours (mars 1791). La prise de Bengalore force Tippoo à la retraite ; les Anglais, au contraire, encouragés par ce succès inattendu, se décident à attaquer l'ennemi au cœur même de ses états, et marchent sur Seringapatam, capitale du Mysore. Mais Tippoo, dévastant devant eux les routes et les champs, les fatiguait par de continuelles escarmouches ; au passage de la Cavery, il leur fit perdre six cents hommes. La saison des pluies arrivait ; les moyens de transport et les approvisionnements manquaient presque totalement ; il fallut retourner en arrière. Lord Cornwallis fit détruire ses équipages de siége et ses bagages les plus pesants, et l'armée commençait tristement sa retraite (26 juin) lorsque le lendemain elle est jointe par les Mahrattes, qui depuis un mois marchaient à sa rencontre, et qui donnent à leurs alliés les vivres et les bêtes de trait dont ils manquaient. Ce secours nattendu sauve les Anglais; mais il était trop tard pour marcher de nouveau sur Seringapatam; lord Cornwallis continue sa retraite sur Bengalore. La prise des forts réputés inexpugnables de Nundydroog, Savendroog et Oostragood signale seule le

Fort de Savendroog.

reste de cette campagne. Dès le commencement de l'année suivante (février 1792), lord Cornwallis reprend sa marche vers Seringapatam; l'armée des Mahrattes, celle du nizam, et une division partie de Bombay, agissent de concert avec lui. Entouré d'ennemis, épuisé par la lutte qu'il a soutenue, Tippoo est réduit à demander la paix; Cornwallis la lui accorde à condition qu'il cédera aux alliés la moitié de son territoire, leur paiera 60 millions et donnera ses deux fils en otages. Par ce traité, les Anglais acquéraient, outre une vaste étendue de territoire sur la côte de Malabar, le district de Barahmal et les Ghauts inférieurs, sur la frontière du Carnatique; ce qui rendait l'invasion de cette province fort difficile, sinon impossible pour Tippoo.

Ce fut une circonstance fort heureuse pour l'Angleterre que la paix ne fût rompue entre elle et la France qu'une année après la conclusion du traité avec Tippoo-Saïb. Elle put ainsi avoir facilement raison de ses ennemis, qu'elle attaquait l'un après l'autre; aussi, lorsque la nouvelle de la déclaration de guerre contre la France arriva dans l'Inde, les possessions françaises, assaillies par toutes les forces de la Compagnie, se rendirent presque sans résistance. Il en fut de même des colonies de la Hollande, lorsqu'en 1795 cette puissance fit alliance avec la république. Malgré ces avantages, les affaires de la Compagnie étaient loin de présenter un aspect satisfaisant. La guerre contre Tippoo et l'envahissement des possessions françaises et hollandaises avait obéré ses finances; un danger plus grand encore semblait la menacer. Après le départ de Bussy, en 1783, un grand nombre de Français étaient restés dans l'Inde et s'étaient mis au service des princes indigènes. Chez le chef mahratte Sindiah, un Alsacien nommé Leborgne (il se fit depuis appeler le général de Boigne), chez le nizam, un autre Français nommé Raymond, avaient organisé des corps assez considérables d'Européens et introduit dans les armées de ces princes une discipline propre à les rendre redoutables aux Anglais. Sans doute tous ces moyens épars étaient faibles en eux-mêmes; mais si une circonstance fortuite les réunissait, si une force française leur prêtait son appui, ils pouvaient devenir formidables. C'est ce que l'Angleterre eut à craindre lorsque Bonaparte entreprit la conquête de l'Égypte. Le projet du général français était de s'établir d'abord solidement en Égypte; puis, assuré de cette excellente base d'opérations, de porter un corps de troupes d'élite sur la côte de Malabar pour y soutenir Tippoo [1], les Mahrattes et le nizam. Le désastre d'Aboukir et l'issue fatale du siége de Saint-Jean-d'Acre firent avorter ce plan audacieux. L'Angleterre, du reste, était sur ses gardes. A la nouvelle de l'armement de Toulon, cinq mille hommes de choix, tirés de Gibraltar et du cap de Bonne-Espérance, furent envoyés dans l'Inde; les flottes britanniques qui stationnaient dans ces parages reçurent de puissants renforts. La Compagnie avait alors pour gouverneur général le comte Mornington (bientôt après marquis de Wellesley), homme énergique et habile, partisan déclaré de l'extension de la puissance anglaise, et décidé à en finir avec Tippoo-Saïb, dont il suspectait toujours les desseins. Mais la situation critique dans laquelle, à son arrivée, il avait trouvé les affaires de la Compagnie l'avait empêché de mettre encore ce projet à exécution. En outre, les Mahrattes

---

1. Voici la lettre que Bonaparte écrivit du Caire à Tippoo-Saïb afin de l'instruire de ses projets :

« A Tippoo-Saïb, Bonaparte, membre de l'Institut national de France, général en chef.

« On vous a déjà instruit que j'étais arrivé sur les bords de la mer Rouge à la tête d'une armée innombrable et invincible, plein du désir de vous affranchir du joug de fer de l'Angleterre. Je saisis avec empressement cette occasion de vous faire connaître le désir où je suis d'apprendre de vous-même, par la voie de Mascate et de Moka, votre situation politique. Je désirerais même que vous pussiez envoyer à Suez ou au Caire une personne intelligente et revêtue de votre confiance qui pût s'aboucher avec moi. Que le Tout-Puissant augmente votre grandeur et détruise vos ennemis. »

et le nizam, quoique dans une attitude hostile vis-à-vis l'un de l'autre, n'étaient pas dans de meilleures dispositions à l'égard des Anglais. A la vérité, tous deux étaient aussi en rivalité ouverte contre Tippoo-Saïb; mais, avec la politique si changeante des princes de l'Orient, la moindre circonstance pouvait amener entre eux une réconciliation et une alliance contre l'Angleterre. Le péril eût alors été d'autant plus grand, que, pendant qu'ils avaient organisé à grands frais des corps européens, l'armée anglaise était tombée dans un état de délabrement complet. « Une guerre défensive, écrivait à lord Wellesley le commandant en chef des forces de Madras, serait ruineuse en ce moment, et il n'y a aucun moyen de songer à une guerre offensive. »

Pour prévenir tous ces dangers, lord Wellesley, en attendant la réorganisation de l'armée, entra en négociations avec les Mahrattes et le nizam. Ses efforts auprès de ce dernier obtinrent un succès complet; non-seulement le nizam renoua avec la Compagnie le traité d'alliance offensive et défensive qui existait en 1792, mais il consentit à renvoyer tous les Européens qui étaient à son service, et accepta à leur place six bataillons de troupes anglaises. Wellesley fut moins heureux avec les Mahrattes; mais, s'il ne put les amener à conclure une alliance offensive contre Tippoo-Saïb, il parvint du moins à les empêcher de joindre leurs forces à celles de ce prince. A ce moment, l'armée était réorganisée et avait reçu le renfort de cinq mille hommes dont nous avons parlé plus haut; Wellesley pouvait dès lors donner suite à ses projets contre Tippoo-Saïb; les gouverneurs de Madras et de Bombay reçurent l'ordre d'entrer en campagne (février 1799).

Quoique Tippoo eût bien formellement l'intention de recommencer la guerre, quoique depuis la dernière paix il n'eût cessé de chercher partout des ennemis à l'Angleterre, il ne comptait se déclarer qu'après s'être assuré de l'appui de la France, et n'était point préparé à cette brusque agression. Aussi, après quelques tentatives infructueuses pour surprendre ses ennemis, il fut obligé de se replier sur sa capitale, où il fut investi par les deux divisions anglaises et par le contingent du nizam que commandait le colonel Wellesley (depuis lord Wellington). La tranchée s'ouvrit le 7 avril, et le 3 mai la brèche étant praticable, un assaut général fut ordonné. Tippoo-Saïb le soutint avec le courage d'un lion, et, quoique les Anglais fussent entrés dans la place, il se défendait encore aux portes de son palais, lorsqu'il tomba frappé d'une balle. Son corps, retrouvé sous des monceaux de cadavres, fut déposé à côté de celui de son père, dans la sépulture des sultans de Mysore.

La mort de Tippoo-Saïb mettait fin à la guerre; elle fut le signal de la dissolution de son empire. D'après les stipulations formelles du traité passé avec le nizam, ses possessions devaient être partagées entre les alliés; cependant les Anglais trouvèrent un moyen habile d'éluder en partie cette disposition. Après s'être réservé tout le territoire appartenant au sultan sur la côte de Malabar, Wellesley donna au nizam un territoire équivalent et confinant à ses états; mais, au lieu de partager avec ce prince les provinces mysoréennes proprement dites, les Anglais rétablirent sur le trône de Mysore l'héritier de l'ancien rajah dépossédé par Hyder-Ali; restauration purement nominale, car un résident et une garnison bri-

SÉPULTURE DES SULTANS DE MYSORE.

tanniques, laissés à Seringapatam, réduisirent ce jeune prince, enfant de trois ans, à la condition des nababs du Carnatique et du Bengale et du vice-roi d'Oude, c'est-à-dire d'un esclave à la solde de l'Angleterre. « De cette manière, dit un historien anglais, ces possessions tombèrent en réalité sous la domination britannique, et le gouverneur put congédier le nizam avec une part de dépouilles bien moindre que celle qu'il aurait été en droit d'exiger si les Anglais s'étaient ouvertement emparés de l'état de Mysore. »

La nouvelle de la mort de Tippoo-Saïb arriva en Angleterre presque en même temps que celle de la levée du siége de Saint-Jean-d'Acre par l'armée française. Toutes les craintes que l'expédition d'Égypte avait pu causer relativement aux possessions de la Grande-Bretagne dans l'Inde s'évanouissaient donc à la fois, et ce qui redoublait la joie et l'orgueil de la nation, c'est que l'échec de Saint-Jean-d'Acre, le premier que Bonaparte eût jusqu'alors essuyé dans aucune de ses entreprises, était dû surtout à l'assistance fournie aux Turcs par l'escadre de Sidney Smith. Le débarquement du duc d'York en Hollande et la prise de la flotte du Texel ajoutèrent à l'enivrement causé par ces succès; mais cette joie ne fut pas de longue durée. Le peu d'accord des puissances alliées avait sauvé la France de la première coalition ; les mêmes causes la sauvèrent encore de la seconde. Paul Ier, qui n'était intervenu dans la guerre que pour renverser « le gouvernement impie et illégitime auquel la France était soumise, » s'indignait de l'ambition égoïste de la cour de Vienne, qui travaillait principalement à se rendre maîtresse de l'Italie et à s'en assurer la possession ultérieure. D'un autre côté, la hauteur farouche de Suwarow mécontentait les généraux autrichiens, qui refusèrent de lui obéir. Il fallut modifier le plan de campagne, et l'on convint que Suwarow, laissant les Autrichiens opérer seuls en Italie, irait en Suisse se réunir aux trente mille Russes que commandait Korsakoff, passerait sur le corps à Masséna, et pénétrerait en France par Bâle. Mais, avant que cette jonction eût pu être faite, Korsakoff fut écrasé lui-même à Zurich par Masséna, et rejeté en désordre derrière le Rhin avec quatorze mille hommes seulement; de sorte que lorsque Suwarow arriva en Suisse, il trouva, au lieu de son lieutenant, une armée française victorieuse, et fut forcé de se retirer à la hâte, laissant derrière lui douze mille morts ou prisonniers (septembre et octobre 1799). Les armes républicaines obtenaient dans le nord des succès non moins complets. Après son débarquement, le duc d'York, perdant un temps précieux, avait laissé au général français Brune le temps de réunir une armée de vingt-cinq mille hommes. Il fut battu à Bergen et à Kastrikum, perdit la tête, demanda à capituler, et signa à Alkmaer (18 octobre) une convention honteuse, en vertu de laquelle il lui était permis de se rembarquer, mais à la condition que huit mille Français, faits prisonniers dans la campagne précédente, seraient mis en liberté.

La victoire de Zurich et l'évacuation de la Hollande dégageaient la république au nord et à l'est; mais, au midi, les Français avaient été rejetés dans les Alpes maritimes. Une invasion de la Provence était à craindre, et causait de vives inquiétudes, lorsqu'on apprit tout à coup que Bonaparte avait abordé à Fréjus et qu'il était en route pour Paris. En même temps que lui, arrivait la nouvelle d'une éclatante victoire qu'il avait remportée avant son départ sur une armée turque débarquée à Aboukir. Alors toutes les craintes cessèrent; il semblait qu'avec lui on n'avait plus d'ennemis à redouter; sa route jusqu'à Paris fut un continuel triomphe. La France tout entière se jetait dans ses bras; tous les partis venaient lui demander d'être leur chef. Deux mois après, la révolution du 18 brumaire (10 novembre) et la constitution de l'an VIII lui donnèrent, avec le titre de premier consul, un pouvoir presque monarchique. Bonaparte commença aussitôt, avec autant de vigueur que d'habileté, la restauration de l'ordre social; et comme après une si longue tourmente la paix était le premier des biens que désirait la nation, le jour même de son installation en qualité de premier consul, il écrivit directement au roi d'Angleterre et à l'empereur d'Autriche pour les inviter à mettre un terme à la guerre (26 décembre).

Mais si, en 1797, alors que l'Autriche était obligée de signer à Campo-Formio la paix du continent, l'Angleterre, embarrassée dans ses finances, avait pu songer à traiter, maintenant que la création de l'*income-tax* ramenait l'aisance à l'échiquier, maintenant que l'Autriche était replacée en état de guerre avec la république, maintenant qu'on pouvait espérer d'enlever à la France les positions capitales de Malte et de l'Égypte, la paix devait être peu du goût du cabinet de Saint-James. Lord Grenville, s'appuyant sur la coutume constitutionnelle de communiquer de ministre à ministre, répondit à la lettre du premier consul par une note adressée à M. de Talleyrand. Cette note contenait la récapitulation, éternellement reproduite depuis quelques années, des commencements de la guerre; elle imputait la première agression à la république française, lui reprochait, dans un langage violent, les ravages commis en Allemagne, en Hollande, en Suisse, en Italie; elle joignait à ce reproche celui de vouloir renverser partout le trône et les autels; puis, arrivant aux dernières ouvertures du premier consul, le ministère anglais disait que ces feintes démonstrations pacifiques n'étaient pas les premières du même genre; que les divers gouvernements révolutionnaires successivement élevés et renversés depuis dix années en avaient fait plus d'une fois de semblables; que Sa Majesté le roi de la Grande-Bretagne ne pouvait voir encore dans ce qui se passait en France un changement de principes capable de satisfaire et de tranquilliser l'Europe; que le seul changement qui pourrait la rassurer complétement serait le rétablissement de la maison de Bourbon; qu'alors seulement l'ordre social pourrait ne plus paraître en danger; que, du reste, on ne faisait pas du rétablissement de cette maison la condition absolue de la paix avec la république française; mais que, jusqu'à de nouveaux symptômes plus significatifs et plus satisfaisants, l'Angleterre persisterait à combattre, tant pour sa sûreté que pour celle de ses alliés.

Malgré tout ce que cette note contenait de désobligeant, le premier consul ne se déconcerta pas, et, voulant profiter de la bonne position que lui donnait, aux yeux du monde, la modération de sa conduite, il fit une réponse douce et ferme, non plus en forme de lettre au roi, mais en forme de dépêche adressée au ministre des affaires étrangères. Récapitulant à son tour et en peu de mots les premiers événements de la guerre, il prouvait, avec une grande réserve de langage, que la France avait pris les armes uniquement pour résister à une conspiration européenne tramée contre sa sûreté; concédant les malheurs que la révolution avait entraînés pour tout le monde, il insinuait, en passant, que ceux qui avaient poursuivi la république française avec tant d'acharnement pouvaient se reprocher à bon droit d'être la vraie cause des violences si souvent déplorées. « Mais, ajoutait-il, à quoi bon tous ces souvenirs? la guerre sera-t-elle sans fin parce que tel ou tel aura été l'agresseur? Et, si on ne veut pas la rendre éternelle, ne faut-il pas en finir avec ces incessantes récriminations? Assurément on n'espère pas obtenir de la France le rétablissement des Bourbons : est-il dès lors convenable de faire des insinuations semblables à celles qu'on s'est permises? Et que dirait-on si la France, dans ses communications, provoquait l'Angleterre à rétablir sur le trône la famille des Stuarts [1]? Qu'on laisse donc de côté ces questions irritantes, et, si l'on déplore réellement les maux de la guerre, que l'on convienne d'une suspension d'armes, que l'on désigne une ville afin d'y rassembler des négociateurs. »

Cette attitude si calme provoqua de lord Grenville une réplique plus vive, plus amère, plus mal raisonnée que sa première note. Dans cette réplique, le ministre anglais cherchant à pallier la faute qu'il avait commise en parlant de la maison de Bourbon, répondait que ce n'était pas pour elle qu'on faisait la guerre, mais pour la sûreté de tous les gouvernements, et déclarait de nouveau que les hostilités seraient continuées sans relâche. Cette dernière communication était du 20 janvier 1800. Le parlement se rassembla le lendemain; les pièces de la correspondance qui avait eu lieu entre les ministres de France et d'Angleterre furent soumises aux deux chambres; elles donnèrent lieu à de longs débats. L'opposition se récria avec violence contre cette politique qui faisait rejeter les propositions de la France et prolongeait une guerre ruineuse, sur la foi d'espérances qu'on avait déjà tant de fois vues s'évanouir. Les ministres soutenaient qu'on ne pouvait négocier avec le gouvernement français, parce qu'il n'y avait pas sûreté à traiter avec lui; qu'il s'était successivement attiré, par son manque de foi, la guerre avec presque toute l'Europe; que la paix avec ce gouvernement était trompeuse et funeste, témoin les états d'Italie; qu'après avoir été l'agresseur envers les princes de l'Europe, il voulait les détrôner tous, car il était dévoré du besoin incessant de détruire et de conquérir; que le général Bonaparte n'offrait pas plus de garanties que ses prédécesseurs; que si le nouveau gouvernement français n'était plus terroriste, il était toujours révolutionnaire, et qu'avec la révolution française on ne devait espérer ni paix ni trêve; que, si on ne pouvait l'anéantir, il fallait l'épuiser, du moins jusqu'à ce qu'on l'eût tellement affaiblie, qu'elle ne fût plus à craindre.

« Sur quels fondements, dit Pitt, croirons-nous que Bonaparte est intéressé à « conclure une paix solide? Avec son caractère personnel, dans les circonstances « qui l'ont porté au pouvoir, a-t-il une autre garantie de la conservation de ce « pouvoir que celle qu'il trouve dans son épée? Est-il lié au sol, aux affections,

---

1. Il existait encore un descendant de cette famille, c'était Henri, cardinal d'York, petit-fils de Jacques II, et frère du prétendant Charles-Édouard. Quoiqu'il eût pris le titre de Henri IX, roi d'Angleterre, il n'éleva jamais aucune prétention à la couronne, et accepta même de Georges III, dans les dernières années de sa vie, une pension de 4,000 livres sterling. Il mourut à Rome, au mois d'août 1807.

« aux habitudes, aux préjugés du pays? Pour la France, il n'est qu'un étranger
« et un usurpateur; il réunit dans sa personne tout ce qu'un pur républicain doit
« détester, tout ce qu'a abjuré un jacobin fanatique, tout ce qu'un royaliste sincère
« et fidèle doit ressentir comme une insulte. Pour peu qu'il rencontre un obstacle
« dans sa marche, à quoi en appelle-t-il? A sa fortune, en d'autres termes, à son
« armée et à son épée. Plaçant toutes ses ressources, toute sa confiance dans l'appui
« de l'armée, peut-il se résigner à laisser son renom militaire s'effacer, le souvenir
« de ses exploits tomber dans l'obscurité? Et d'ailleurs, est-il certain que le jour
« où l'invasion des contrées voisines lui serait interdite il eût la possibilité d'entre-
« tenir une force assez nombreuse pour soutenir sa puissance? N'ayant d'autre but
« que la possession du pouvoir absolu, d'autre passion que celle de la gloire mili-
« taire, peut-il prendre au maintien de la paix un intérêt assez grand pour qu'il
« nous devienne possible de déposer les armes, de réduire nos dépenses, de renon-
« cer, sur la foi de ses engagements, aux mesures qui font notre sécurité? Croirons-
« nous qu'après avoir signé la paix il ne se rappellerait pas avec amertume les
« trophées de l'Égypte arrachés de ses mains par la glorieuse victoire d'Aboukir
« et les exploits de cette poignée de marins anglais dont l'influence et l'exemple
« ont rendu les Turcs invincibles dans Saint-Jean-d'Acre? Peut-il oublier que le
« résultat de ces exploits a mis l'Autriche et la Russie en état de recouvrer, en une
« campagne, tout ce que la France avait conquis, a dissipé le charme qui avait un
« moment fasciné l'Europe, et a prouvé aux puissances que leurs généraux, com-
« battant pour une juste cause, peuvent effacer les plus éblouissants triomphes
« d'une insatiable ambition? Avec tous ses souvenirs profondément imprimés dans
« son esprit, si, après une année, dix-huit mois de paix, les symptômes d'une
« autre insurrection irlandaise, encouragée par le rétablissement des libres com-
« munications avec la France et par une nouvelle infusion des principes du jaco-
« binisme, venaient à se manifester, si alors nous n'avions pas de flotte pour sur-
« veiller les ports de France ou pour garder les côtes d'Irlande, pas d'armée dis-
« ponible, pas de milice enrégimentée; si, de son côté, Bonaparte avait les moyens
« de transporter sur notre sol vingt ou trente mille soldats, croirons-nous que
« devant une tentation aussi puissante, son esprit ambitieux et vindicatif se laisse-
« rait arrêter par les clauses d'un traité? »

Fox, Sheridan, Tierney, aux communes, le duc de Bedford, lord Holland, à
la chambre des pairs, répondirent à toutes ces allégations. « Vous demandez
« quel a été l'agresseur, disaient-ils, et qu'importe cela? Vous dites que c'est la
« France; la France dit que c'est l'Angleterre. Faudra-t-il donc s'entre-détruire
« jusqu'à ce qu'on soit d'accord sur ce point d'histoire? Et qu'importe l'agresseur,
« si celui que vous accusez de l'avoir été offre le premier de déposer les armes?
« Vous dites que l'on ne peut pas traiter avec le gouvernement français; mais
« vous-mêmes avez envoyé lord Malmesbury à Lille pour traiter avec le directoire;
« la Prusse, l'Espagne, ont traité avec la république française et n'ont pas eu à
« s'en plaindre. Vous parlez des crimes de ce gouvernement; mais votre alliée, la
« cour de Naples, en commet qui sont plus atroces que ceux de la convention, car
« elle n'a pas l'excuse des entraînements populaires. Vous parlez d'ambition; mais

« la Russie, la Prusse et l'Autriche ont partagé la Pologne; mais l'Autriche vient
« de reconquérir l'Italie, sans rendre leurs états aux princes que la France avait
« dépossédés; vous-mêmes vous vous emparez de l'Inde, d'une partie des colonies
« espagnoles et de toutes les colonies hollandaises. Qui osera se dire plus désinté-
« ressé qu'un autre dans cette lutte de colère et d'avidité engagée entre tous les
« états? Ou vous ne traiterez jamais avec la république française, ou vous ne trou-
« verez jamais un moment plus favorable que celui-ci, car un homme puissant et
« obéi vient de se saisir du pouvoir et semble disposé à l'exercer avec justice et
« modération. Est-il bien digne d'ailleurs du gouvernement anglais de couvrir
« d'outrages un personnage illustre, chef de l'une des premières nations du monde,
« et qui est du moins un grand capitaine, quels que soient les vices ou les vertus
« que le temps pourra plus tard faire éclater en lui? A moins de dire qu'on veut
« épuiser la Grande-Bretagne, son sang, ses trésors, toutes ses ressources les plus
« précieuses pour le rétablissement de la maison de Bourbon, on ne peut pas
« donner une bonne raison du refus de traiter aujourd'hui. »

Il n'y avait rien à répondre à une argumentation aussi pressante et aussi vraie.
M. Tierney, profitant de la faute qu'avait commise le ministère anglais en parlant
dans ses notes du rétablissement de la maison de Bourbon, proposa d'émettre un
vœu formel, celui de séparer la cause de l'Angleterre de la cause de ces Bourbons
si funestes aux deux pays, « à la Grande-Bretagne, s'écriait-il, autant qu'à la
« France ! — J'ai entendu, continua-t-il, j'ai entendu bien des partisans de l'ad-
« ministration de M. Pitt dire que le gouvernement français n'ayant pas offert une
« négociation collective, on avait pu être fondé à refuser une négociation isolée,
« qui nous affaiblissait en nous séparant de nos alliés; mais je n'en ai vu aucun qui
« ne blâmât sévèrement cette manière de fixer le terme de la guerre au rétablisse-
« ment de la maison de Bourbon!... Et que diriez-vous si le général Bonaparte,
« victorieux, vous déclarait qu'il ne veut traiter qu'avec les Stuarts? D'ailleurs,
« est-ce par reconnaissance pour la maison de Bourbon que vous prodiguez notre
« sang et nos trésors; ou bien n'est-ce pas plutôt pour le principe qu'elle repré-
« sente? Dans le premier cas, souvenez-vous de la guerre d'Amérique; allez-vous
« donc, pour le second, déchaîner contre vous toutes les passions qui ont soulevé
« la France contre les Bourbons? Vous allez attirer sur vos bras tous ceux qui ne
« veulent plus de nobles, tous ceux qui ne veulent plus des dîmes, ni des droits
« féodaux, tous ceux qui ont acquis des biens nationaux, tous ceux qui ont porté
« les armes dix ans pour la révolution française. Vous voulez donc épuiser jusqu'à
« la dernière goutte le sang de tant de Français avant de songer à négocier? Je
« demande formellement que l'Angleterre sépare sa cause de celle de la maison de
« Bourbon. »

Dans une autre motion, le célèbre Sheridan, toujours le plus hardi, le plus
poignant des orateurs, Sheridan porta le débat sur le point le plus sensible au
cabinet britannique, l'expédition de Hollande, à la suite de laquelle les Anglais et
les Russes, vaincus par le général Brune, avaient été réduits à capituler. « Il paraît,
« disait Sheridan, que si notre gouvernement ne peut pas conclure avec la répu-
« blique française des traités de paix, il peut du moins conclure des capitulations.

« Je lui demande qu'il nous explique les motifs de celle qu'il a signée pour l'éva-
« cuation de la Hollande. » M. Dundas, interpellé, avait donné trois motifs de
l'expédition de Hollande : le premier était de détacher les Provinces-Unies de la
république française ; le second, de diminuer les moyens maritimes de la France
et d'augmenter ceux de l'Angleterre en prenant la flotte hollandaise ; le troisième,
de faire une diversion utile aux alliés ; et il ajoutait que le cabinet britannique
avait réussi en deux choses sur trois, puisqu'il tenait la flotte et qu'il avait contribué à faire gagner la bataille de Novi en attirant en Hollande les forces destinées
à l'Italie. « Oui, répliqua Sheridan, vous avez cru des rapports d'émigrés, et vous
« avez risqué sur le continent une armée anglaise pour la couvrir de honte. Vous
« avez voulu détacher la Hollande de la France, et vous la lui avez attachée plus
« que jamais en la remplissant d'indignation par l'enlèvement inique de sa flotte
« et de ses colonies. Vous tenez, dites-vous, la flotte hollandaise ; mais par un
« procédé inouï, odieux, en provoquant la révolte de ses équipages et en donnant
« un spectacle des plus funestes, celui de matelots se révoltant contre leurs chefs,
« violant cette discipline qui fait la force des armées de mer et la grandeur de
« notre nation. Vous avez ainsi dérobé ignominieusement cette flotte, mais pas
« pour l'Angleterre, pour le stathouder ; car vous avez été obligés de déclarer
« qu'elle était à lui, et non à l'Angleterre. Enfin, vous avez rendu un service à
« l'armée autrichienne à Novi, cela est possible ; mais vantez-vous donc, ministres
« du roi de la Grande-Bretagne, d'avoir sauvé une armée autrichienne en faisant
« égorger une armée anglaise ! »

Ces attaques si virulentes n'empêchèrent pas M. Pitt d'obtenir d'immenses ressources financières, onze cents millions environ (presque le double du budget de
la France à cette époque), l'autorisation de donner des subsides à l'Autriche et
aux états de l'Allemagne méridionale, d'importantes additions à l'*income-tax*, qui
déjà produisait 180 millions par an, et une nouvelle suspension de l'*habeas corpus*.

Les débats relatifs à la politique extérieure n'avaient pas empêché Pitt de poursuivre avec ardeur la question de l'union de l'Irlande à la Grande-Bretagne. Dans
l'intervalle des deux sessions, le secrétaire du gouvernement d'Irlande avait eu
recours à tous les moyens de séduction possibles pour s'assurer le concours des
députés et des pairs irlandais jusqu'alors opposés au projet d'Union, et la corruption
avait été pratiquée sur la plus vaste échelle. Dans la chambre des communes, sur
118 votants, 76 étaient ou pensionnaires de l'état ou fonctionnaires. Ce ne fut pas
tout. Une des grandes oppositions à l'abolition du parlement irlandais venait des
riches propriétaires d'Irlande, qui, au nombre de leurs priviléges aristocratiques,
possédaient celui de disposer souverainement de l'élection d'un certain nombre
de membres des communes. Ce privilége était à leurs yeux une fortune sacrée ; les
en priver serait une spoliation. Pour faire taire leurs plaintes, on estima que chaque
bourg pourri représentait pour le possesseur 15,000 livres sterling, et cette somme
fut promise comme indemnité à tous ceux qui, par l'effet de l'acte d'Union, per-
daient leurs priviléges politiques [1]. Enfin, pour ne négliger aucun moyen de succès,

---

1. G. de Beaumont, *L'Irlande*, t. I, p. 173.

on fit entendre aux catholiques que c'était pour eux la seule voie d'obtenir une émancipation qu'un parlement irlandais n'accorderait jamais. Cette insinuation, que quelques historiens taxent même de promesse formelle, eut un effet décisif, et dans beaucoup de comtés, des adresses furent votées par les catholiques en faveur du projet. Quant au parlement, il était complétement gagné; et lorsqu'un amendement désapprobatif de la mesure fut proposé aux communes, pendant la discussion de l'adresse, il fut rejeté à la majorité de plus de quarante voix. Peu de temps après, les résolutions qui réglaient la forme et les détails de l'Union furent adoptées dans les deux chambres par des majorités non moins considérables. Ces résolutions portaient que la part de la représentation irlandaise dans le parlement britannique serait : 1º de quatre lords spirituels et de vingt-huit lords temporels pris parmi les pairs d'Irlande, les premiers renouvelés à chaque session par une rotation régulière, les autres élus à vie par leurs collègues; 2º de cent députés des communes élus directement par le peuple irlandais comme ceux de la Grande-Bretagne; contrairement à ce qui avait lieu pour la pairie écossaise, les pairs d'Irlande avaient le droit de briguer dans les colléges électoraux de la Grande-Bretagne un siége à la chambre des communes. Les Églises épiscopales d'Angleterre et d'Irlande étaient déclarées unies; l'Église catholique avait le droit de porter ses réclamations devant le parlement de la Grande-Bretagne, lequel prit le nom de parlement impérial. Diverses précautions étaient prises pour protéger les intérêts commerciaux des deux pays; au bout de vingt-cinq ans, les charges communes devaient être réparties dans une proportion telle qu'un peu plus des sept huitièmes pesât sur la Grande-Bretagne.

Le bill d'Union voté par les chambres irlandaises fut adopté à la presque unanimité par le parlement britannique, et sanctionné aussitôt par le roi (2 juillet 1800). On profita de cette circonstance pour modifier les titres du roi et les armoiries de la couronne. Le titre de roi de France et les fleurs de lis, dont, aux conférences de Lille, la république avait exigé l'abandon, furent mis de côté, et le sceau royal ne porta plus que les mots : *Georgius tertius*, *Dei gratia*, *Britanniarum rex*, *fidei defensor*. (Voyez la gravure au commencement du règne, pag. 385.)

Cependant les espérances exprimées par le gouvernement au commencement de la campagne de 1800 avaient déjà reçu un cruel démenti. A cette époque, l'agitation violente et le découragement où était tombée l'armée française d'Égypte à la suite du départ du général Bonaparte, l'arrivée en Syrie d'une puissante armée turque, avaient persuadé aux ministres que c'en était fait de l'expédition. En outre, malgré le mécontentement causé à l'empereur de Russie par les désastres de Suisse et de Hollande, désastres qu'il attribuait à l'incapacité et à la lâcheté des généraux autrichiens et anglais, on n'avait pas perdu l'espoir de le retenir dans la coalition; enfin, quelques succès obtenus pendant l'hiver par l'Autriche avaient redoublé l'ardeur de cette puissance. Gênes était la seule ville importante qui restât aux Français en Italie, et Masséna, qui la défendait, y était bloqué de toutes parts; cette ville prise, les armées autrichiennes, secondées par les flottes britanniques, maîtresses de la Méditerranée, et par un corps de vingt mille Anglais réuni à Minorque, devaient tenter une invasion dans la Provence, où l'on comp-

tait sur un soulèvement royaliste. Toutes ces espérances furent rapidement et
complétement déçues. En Égypte, Kléber, auquel Bonaparte avait laissé le commandement, menacé par l'armée turque et par les escadres anglaises, et cédant à
un moment de découragement, signa, il est vrai, avec le commodore Sidney
Smith et le grand visir, chef de l'armée turque, la convention d'El-Arisch, d'après
laquelle les troupes françaises, en évacuant le pays, devaient être transportées en
France sur des bâtiments anglais; mais le cabinet de Saint-James, mal informé de
l'état des choses, et croyant les Français réduits à l'extrémité, commit la faute de
refuser sa ratification; il exigeait que l'armée française se rendît prisonnière et
livrât tous les vaisseaux contenus dans le port d'Alexandrie: « Soldats, dit Kléber
à ses troupes, on ne répond à de telles insolences que par des victoires; préparez-
vous à combattre. » Et quelques jours après, l'armée turque, attaquée à Héliopolis,
était complétement anéantie (20 mars). L'armée avait retrouvé son ardeur accoutumée, et l'œuvre de la colonisation avait repris son cours.

En Europe, les succès de la république allaient être plus éclatants encore. L'Autriche avait deux grandes armées, chacune de cent vingt mille hommes; l'une, sous
le général Kray, devait couvrir le Rhin de Mayence à ses sources, et donner la
main, par le Voralberg et les Grisons, à l'armée d'Italie, que commandait Mélas;
celle-ci était chargée d'enlever Gênes, de forcer le Var et de pénétrer en Provence,
où devaient venir le joindre les vingt mille Anglais rassemblés à Minorque. Bonaparte fit son plan en conséquence. Moreau, avec une armée de cent mille hommes,
eut ordre de franchir le Rhin, de prendre les Autrichiens en flanc, de les pousser
en Bavière et de couper leurs communications avec l'Italie. Moreau entra en campagne le 26 avril; le 15 mai, les Autrichiens étaient rejetés dans le camp retranché
d'Ulm, et la masse des Alpes était libre. Alors Bonaparte se met lui-même à la tête
d'une armée formée dans le plus grand secret sur les frontières de la Suisse, franchit le grand Saint-Bernard, et fond tout à coup au cœur de l'Italie, prenant à
revers l'armée de Mélas, occupé au siége de Gênes. Les Autrichiens, enfermés par
un réseau de troupes ennemies, veulent forcer le passage; mais Bonaparte remporte sur eux, à Marengo, une victoire tellement complète, que Mélas est trop
heureux d'acheter, par l'abandon du Milanais et du Piémont, un armistice qui lui
permet de se retirer sur Mantoue (14 juin). La victoire de Marengo, et les progrès
lents, mais continus, de Moreau au cœur de l'Allemagne, déterminèrent l'Autriche
à ouvrir des négociations. Il lui fallait gagner du temps pour reformer ses armées
détruites, et elle demanda un armistice qu'elle n'obtint qu'en livrant à la France
plusieurs des forteresses de l'Allemagne (20 septembre). Des pourparlers eurent
lieu vers la même époque entre la France et l'Angleterre. M. Otto, envoyé à
Londres par Bonaparte pour traiter de l'échange des prisonniers, fit à lord Grenville des ouvertures pour une paix générale; mais on ne put s'entendre. La France
demandait, avant d'aller plus avant dans la négociation, que les hostilités fussent
suspendues sur terre et sur mer; que la circulation fût permise à tous les vaisseaux
de commerce et de guerre des puissances belligérantes; que les ports appartenant
à la France ou occupés par ses armées, tels que ceux de Malte et d'Alexandrie,
fussent assimilés aux forteresses d'Allemagne, lesquelles, tout en étant bloquées

par les armées françaises, pouvaient cependant recevoir des vivres et des approvisionnements. Cet armistice eût été pour la république d'un énorme avantage, car il permettait à la grande flotte franco-espagnole, que les Anglais tenaient depuis plusieurs années enfermée dans Brest, de passer le détroit de Gibraltar et d'aller ravitailler l'Égypte, ainsi que l'île de Malte, réduite à l'extrémité par un blocus rigoureux de deux années. M. Otto convenait de tout cela; mais il répondait qu'il fallait de très-grands avantages pour dédommager la France de la concession qu'elle faisait à l'Autriche, alliée de la Grande-Bretagne, en laissant passer l'été sans achever la destruction de ses armées. L'Angleterre désirait vivement ne pas laisser écraser l'Autriche, ce qui l'aurait livrée isolée aux tentatives de Bonaparte, mais elle ne pouvait réellement consentir à un armistice qui assurait à la France, peut-être pour toujours, les importantes possessions de Malte et de l'Égypte. Les négociations furent rompues (septembre 1800); quelques jours après, l'île de Malte fut obligée de capituler.

La cour de Vienne, dont les forces n'étaient point encore réorganisées, aurait bien voulu continuer les négociations et gagner l'hiver avant la reprise des opérations militaires, mais le premier consul devinait cette intention, et ordonna aux armées d'Allemagne et d'Italie de recommencer les hostilités. Moins de deux mois après, l'Autriche, écrasée à Hohenlinden par Moreau, battue aussi sur le Mincio par Brune (2 et 10 décembre), demanda sérieusement la paix; elle fut signée à Lunéville (9 février 1801), sur les bases du traité de Campo-Formio, avec cette différence que l'empereur stipula non-seulement pour ses états particuliers, mais pour tout le corps germanique. Le roi de Naples imita l'exemple de l'Autriche et obtint la paix en fermant ses ports aux Anglais, et en livrant aux Français Tarente, Otrante et Brindisi.

De toutes les puissances qui avaient formé la seconde coalition, l'Angleterre restait donc seule en armes; et ce qui rendait sa situation plus critique que jamais, c'est qu'elle allait avoir à lutter, non plus contre la France isolée, mais contre la moitié de l'Europe, et cela pour une question d'où dépendait son existence : celle de la neutralité maritime. Depuis plusieurs années déjà, de graves discussions s'étaient élevées entre elle et les puissances navales de l'Europe restées en dehors de la guerre. Comme elles l'avaient toujours fait, les puissances neutres prétendaient : que le pavillon couvrait la marchandise, c'est-à-dire interdisait de rechercher la marchandise ennemie sur le pont d'un vaisseau étranger aux nations belligérantes; qu'il n'y avait de marchandise interdite que la contrebande de guerre, laquelle ne consistait que dans les objets confectionnés pour l'usage des armées, le blé et les munitions navales n'en faisant pas partie; qu'on ne pouvait déclarer en état de blocus qu'un port fermé par une force suffisante pour en interdire l'entrée; que les bâtiments marchands des puissances neutres ne pouvaient être visités par les vaisseaux de guerre des puissances belligérantes qu'autant qu'ils n'étaient pas eux-mêmes escortés par un vaisseau de guerre de leur nation.

L'Angleterre contestait absolument ces principes, qui permettaient au commerce des états avec lesquels elle était en guerre de se faire sans obstacle par le moyen des neutres, et elle prétendait saisir la marchandise ennemie sur quelque

bâtiment qu'elle fût; elle soutenait que certaines marchandises, quoique non con-
fectionnées, comme le blé et les matières navales, étaient un véritable secours
porté à une nation en temps de guerre; elle voulait qu'une déclaration de blocus
fût suffisante, sans la présence d'une force navale, pour interdire l'entrée de certains ports ou parages; elle exigeait que les neutres, même convoyés, ne pussent
pas échapper à la surveillance des puissances belligérantes. A l'égard des Américains, elle avait une prétention plus inique encore : c'était d'enlever leurs matelots
sous prétexte qu'ils étaient Anglais, confusion facile à faire, grâce à la conformité
des langues.

Pendant les premiers temps de la révolution française, les puissances navales de
l'Europe, faisant pour la plupart partie de la coalition formée contre la France
par le cabinet de Saint-James, avaient consenti à laisser visiter et même confisquer
leurs vaisseaux par les vaisseaux anglais. De son côté, la France, ainsi mise au ban
des nations, avait oublié ses principes maritimes, et déclaré aux neutres qu'elle les
traiterait de la même façon qu'ils souffriraient que les Anglais en usassent à leur
égard; elle avait visité, insulté, confisqué leurs bâtiments, et la mer fut abandonnée
à la force brutale et sauvage. Au 18 brumaire, Bonaparte, voulant effacer ce qui
pouvait rester aux puissances continentales de préventions contre la France, déclara
que la république revenait aux principes de 1780. Cette déclaration fut accueillie
avec joie par presque toutes les puissances maritimes, par la Suède et le Danemark
surtout, qui, dans de récentes circonstances, avaient cruellement souffert des exigences des Anglais. Pour échapper aux vexations des croiseurs britanniques, les
Danois et les Suédois naviguaient en nombreux convois, escortés par des frégates
portant pavillon royal. Cependant, même à l'égard de ces bâtiments convoyés, les
Anglais s'étaient obstinés à exercer le droit de visite; plusieurs fois même ils avaient
employé la force pour triompher de la résistance des vaisseaux d'escorte. Dans
l'année 1800, une flottille danoise, escortée par une frégate, fut, après un vif combat, enlevée par une escadre britannique. Le Danemark demanda avec instances
réparation de cette insulte. « Une simple chaloupe canonnière, répondirent les mi-
« nistres anglais, portant le pavillon d'un état neutre, pourrait donc convoyer
« le commerce du monde et soustraire à notre surveillance le négoce de nos enne-
« mis, qui se ferait en temps de guerre aussi facilement qu'en temps de paix. Une
« telle prétention est inadmissible. » Et non-seulement on repoussa la demande du
plénipotentiaire danois, mais on envoya à Copenhague un ambassadeur accompagné d'une escadre de seize vaisseaux de guerre. La présence de cette escadre
produisit une vive sensation parmi toutes les puissances de la Baltique; elle excita
au plus haut point la fureur de l'empereur de Russie. Déjà ce prince avait contre
l'Angleterre d'autres sujets de plaintes. Lorsque Bonaparte eut reconnu l'impossibilité de sauver Malte, il résolut d'en faire une pomme de discorde entre ses ennemis, et, dans ce but, il fit offrir à Paul Ier de lui transférer la propriété de cette île.
Paul accepta cette offre avec empressement, se déclara grand maître de l'ordre de
Jérusalem, et lorsque Malte se rendit à l'Angleterre, il demanda qu'on lui en fît
la remise comme au propriétaire légitime. Sur le refus formel qu'opposa le cabinet
de Saint-James à cette étrange réclamation, Paul fit mettre l'embargo sur les vais-

seaux anglais qui étaient dans les ports de Russie, et ne s'occupa plus que de chercher des ennemis à la Grande-Bretagne. La question des neutres lui en fournissait
de tout prêts qu'il ne manqua pas d'accueillir. Des négociations, dont le but avoué
était de préparer une nouvelle coalition contre la tyrannie maritime des Anglais,
s'ouvrirent à Saint-Pétersbourg, et furent bientôt suivies du renouvellement de la
ligue de 1780. Le 26 décembre 1800, les ministres de Russie, de Suède et de Danemark signèrent une déclaration par laquelle ces trois puissances s'engageaient à
maintenir, même par les armes, les principes du droit des neutres. Quelques jours
après, la Prusse, entraînée par la Russie et la France, adhéra à cette déclaration.
En même temps, le premier consul prenait avec l'Espagne et la Hollande d'habiles
mesures pour l'emploi de leurs marines respectives ; à Cadix, au Ferrol, à Rochefort, à Brest, au Texel, des escadres étaient prêtes à aller jeter des troupes en
Égypte, en Irlande, aux Antilles ; et, pour fermer aux Anglais tous les ports du
continent, Bonaparte négociait avec le cabinet de Madrid l'envoi en Portugal
d'une armée franco-espagnole, destinée à forcer la cour de Lisbonne à abandonner
l'alliance de la Grande-Bretagne et d'entrer dans la coalition formée contre cette
puissance. « L'Angleterre se trouvait donc en guerre avec la France et l'Espagne,
ses vieilles ennemies ; elle allait l'être avec les cours de Russie, de Suède, de Danemark et de Prusse, ses anciennes alliées ; elle venait d'être abandonnée par l'Autriche depuis la paix de Lunéville, par la cour de Naples depuis le traité de Florence ; le Portugal, son dernier pied à terre sur le continent, allait lui être enlevé
aussi. Sa situation était presque devenue celle de la France en 1793 ; elle allait être
réduite à lutter seule contre l'Europe entière. Ce qui ajoutait encore à cette simi-
litude de situation, c'était une affreuse disette qui, depuis plus d'une année, dévorait le pays. En outre, tous les impôts présentaient des déficits inquiétants ; l'income-tax, les droits sur la consommation faisaient craindre dans le revenu une
insuffisance de 3 à 4 millions sterling, et cependant les charges étaient de plus en
plus énormes. Il fallait, pour y suffire, ajouter aux recettes ordinaires un emprunt
de 25 ou 26 millions de livres. Le total des dépenses de l'année pour les trois
royaumes devait, avec les intérêts de la dette, s'élever à la somme de 69 millions
sterling, somme énorme en 1800. La dette s'élevait en capital à 484,365,474 livres
sterling ; elle exigeait annuellement, pour le service de l'intérêt et de l'amortissement, une dépense de 20,144,000 livres, sans compter la dette d'Irlande
et les emprunts garantis pour le compte de l'empereur d'Allemagne. Depuis le
commencement de la guerre, la dette publique s'était accrue de 298 millions
sterling.

« Mais il faut dire que l'Angleterre présentait un véritable phénomène d'accroissement en tout genre, et que la richesse y était augmentée dans la même proportion
que les charges. Outre la conquête de l'Inde, achevée par la destruction de Tippoo-
Saïb ; outre la conquête d'une partie des colonies françaises, espagnoles et hollandaises, à laquelle venait de s'ajouter l'acquisition de l'île de Malte, l'Angleterre
avait envahi le commerce du monde entier. D'après les états officiels, les importations, qui avaient été en 1781, vers la fin de la guerre d'Amérique, de 12,724,000
livres, et en 1792, au commencement de la guerre de la révolution, de 19,659,000,

venaient, en 1799, de s'élever à 29,945,000 livres. Les exportations en produits manufacturés de l'Angleterre, qui avaient été en 1781 de 7,633,000 livres, en 1792 de 24,905,000 livres sterling, venaient de s'élever, en 1799, à 33,991,000 livres. En 1788, le commerce anglais avait employé 13,827 navires et 107,925 matelots; il venait d'employer, en 1800, 18,877 bâtiments et 143,661 matelots. Le revenu des impôts de consommation était monté de 7,320,000 livres à 15,587,000. Dans le moment actuel, elle comptait cent quatre-vingt-treize mille hommes de troupes réglées, cent neuf mille de milices; en tout, trois cent deux mille hommes. Elle possédait huit cent quatorze bâtiments de guerre de toute grandeur, montés par cent vingt mille matelots. Malgré cet accroissement prodigieux de la richesse nationale, malgré ces forces imposantes, le danger qui menaçait l'Angleterre était immense. En effet, si la lutte durait, le général Bonaparte tenterait certainement quelque expédition formidable; et qui pouvait prévoir ce qui arriverait si un coup de vent, car il ne fallait que cela, lui permettait de traverser le détroit et de jeter sur les côtes une armée de cent mille hommes? En ce moment, d'ailleurs, d'autres causes d'inquiétude préoccupaient le gouvernement. Le peuple, réduit à une affreuse disette, se soulevait partout, pillait dans les campagnes les habitations de l'aristocratie et dévastait dans les villes les boutiques de boulangers ou les magasins de denrées. Toutes les souffrances du moment, c'était au ministère, et surtout à Pitt, qu'on les reprochait; on disait que c'était lui qui, en accablant le pays d'impôts, en doublant la dette, avait fait monter les objets de première nécessité à un prix exorbitant; que c'était lui qui, en s'obstinant à poursuivre une guerre insensée, en refusant de traiter avec la France, avait fini par tourner toutes les nations maritimes contre l'Angleterre, et par enlever au peuple anglais la ressource indispensable des grains de la Baltique [1]. »

Deux sessions du parlement venaient de se succéder l'une à l'autre, presque sans intervalle. En novembre 1800, s'était assemblé pour la dernière fois le parlement d'Angleterre et d'Écosse; en janvier 1801, en vertu du bill qui réunissait l'Irlande à la Grande-Bretagne, s'était assemblé pour la première fois le parlement impérial des trois royaumes. Dans ces deux sessions, l'opposition, voyant pour la première fois, depuis dix-sept ans, Pitt ébranlé, avait redoublé d'ardeur. Fox, qui avait depuis longtemps négligé de siéger au parlement, venait d'y reparaître. Sheridan, Tierney, Grey multipliaient leurs attaques, et avaient raison cette fois contre leurs adversaires. Pourquoi, demandait-on à Pitt, n'avait-il pas traité avec la France lorsque le premier consul proposait la paix avant la journée de Marengo? pourquoi tout récemment encore, et avant Hohenlinden, n'avait-il pas consenti, sinon à l'armistice naval, qui aurait donné aux Français des chances de se maintenir en Égypte, du moins à la négociation séparée qu'ils avaient offerte? pourquoi avait-il si maladroitement laissé perdre l'occasion de faire évacuer l'Égypte, en refusant de ratifier la convention d'El-Arisch? pourquoi avait-il répondu à la déclaration des neutres, qui n'était pas une déclaration de guerre, par des hostilités immédiates, au lieu d'imiter la conduite habile de lord North, qui, menacé en 1780 par

---

1. Thiers, t. II, p. 183 et suiv.

une coalition semblable, avait su par d'habiles ménagements, et sans cependant compromettre le droit de l'Angleterre, éviter de se mettre l'Europe entière sur les bras? pourquoi, enfin, dans le but d'interdire à la France l'arrivée de quelques bois de construction, de quelques fers, de quelques chanvres qui n'étaient pas capables de relever sa marine, exposait-il l'Angleterre à être privée de bois étrangers? A tout cela Pitt répondait en répétant toujours son argument favori, que, s'il n'avait pas fait la guerre, la constitution anglaise aurait péri, et il citait comme exemple Venise, Naples, le Piémont, la Suisse, la Hollande, les États ecclésiastiques d'Allemagne, comme si on pouvait croire que ce qui était arrivé à quelques puissances italiennes ou allemandes de troisième ordre serait arrivé à la puissante Angleterre et à sa constitution libérale. Il répondait encore, et cette fois avec plus de raison, que si la France avait beaucoup grandi sur terre, l'Angleterre avait beaucoup grandi sur mer; que sa marine s'était couverte de gloire; que si sa dette et ses impôts étaient doublés, sa richesse était doublée aussi, et que, sous tous les rapports, l'Angleterre était plus puissante aujourd'hui qu'avant la guerre. Tout cela ne pouvait être contesté. Pitt ajoutait, du reste, que le premier consul paraissant établi d'une manière plus solide, on était disposé à traiter avec lui; mais, quant à ce qui regardait les droits de la neutralité, il se montrait inflexible. « Si « l'Angleterre, disait-il, se rendait aux doctrines des puissances neutres, il « suffirait d'une chaloupe canonnière pour convoyer le commerce du monde entier. « L'Angleterre ne pourrait plus rien contre le négoce de ses ennemis; elle ne « pourrait plus empêcher l'Espagne de recevoir les trésors du Nouveau Monde, « ni la France de recevoir les munitions navales du Nord. Il faut, s'écriait-il, « nous envelopper de notre drapeau et nous ensevelir sous les mers plutôt que de « permettre l'admission de tels principes dans le droit maritime des nations. »

Ces discussions, qui se renouvelaient sans relâche et avec une singulière violence, affaiblissaient visiblement le cabinet, non pas sous le rapport du nombre des suffrages dans le parlement, mais sous le rapport de l'influence et de l'autorité morales. On doit cependant lui rendre la justice de reconnaître que, pendant cette affreuse disette, les mesures employées furent pleines de modération. Le *maximum*, que le peuple demandait avec violence, fut repoussé. On se contenta d'accorder des primes considérables à l'importation des grains, d'interdire l'emploi du froment dans la distillerie, de donner les secours des paroisses en matières alimentaires, telles que viandes salées, légumes, etc. Une proclamation royale, adressée à toutes les classes aisées qui pouvaient varier leurs aliments, les engageait à faire dans l'intérieur des maisons la moindre consommation possible de pain. Enfin on expédia des flottes nombreuses pour aller chercher du riz dans l'Inde, du blé en Amérique et dans la Méditerranée.

Cependant, au milieu de cette détresse, Pitt ne négligeait pas le soin de la guerre, et il avait tout disposé pour une campagne audacieuse dans la Baltique. Il voulait frapper le Danemark, puis la Suède, et se porter jusqu'au fond du golfe de Finlande pour y menacer la Russie. Mais on ignore encore si, en cet instant, il souhaitait sérieusement demeurer à la tête des affaires d'Angleterre. Toujours est-il qu'il souleva lui-même dans le sein du cabinet deux questions, dont l'une amena sa retraite. On a vu qu'après de grands efforts, tentés l'année précédente, il avait obtenu l'union de l'Irlande avec l'Angleterre ; cette mesure n'avait été arrachée à l'indépendance des Irlandais qu'en donnant aux catholiques l'espérance de leur émancipation. Quoique Pitt ait toujours affirmé qu'il n'avait pris aucun engagement à cet égard, il savait qu'il y avait en Irlande de vives espérances, et voulut accomplir ce qui lui semblait à la fois un acte d'équité et de convenance. Le plan qu'il avait imaginé consistait à substituer aux déclarations religieuses jusqu'alors exigées des membres du parlement et de la plupart des fonctionnaires publics, déclarations incompatibles avec la religion catholique, un simple serment d'allégeance envers le roi et la constitution. Au mois de février 1801, dès la première convocation du *parlement-uni*, Pitt communiqua son projet au roi ; mais ce prince, élevé dans les idées d'une étroite intolérance, déclara que le serment qu'il avait prêté, en montant sur le trône, de maintenir l'existence et les droits de l'Église établie, ne lui permettait pas de consentir à une mesure qui pouvait les mettre en péril.

Pitt demandait encore à Georges une autre chose qui ne fut pas mieux accueillie : c'était qu'il ne considérât pas l'occupation du Hanovre par la Prusse comme un acte d'hostilité, et que l'on continuât à ménager cette puissance, afin de se conserver au moins une relation sur le continent. C'était là un sacrifice trop grand pour un prince de la maison de Hanovre. Georges refusa de nouveau. La querelle entre le roi et le ministre s'échauffa, et, le 8 février 1801, Pitt donna sa démission avec la plupart de ses collègues, MM. Dundas, Wyndham et lord Grenville, etc. « Cette démission, après un ministère de dix-sept années, dans des circonstances si extraordinaires, produisit la plus vive surprise. On ne put se décider à la regarder comme naturelle ; on prêta au premier ministre des motifs secrets, et il s'établit dès lors une opinion populaire que les historiens ont propagée depuis, c'est que Pitt voyant venir la nécessité d'une paix momentanée, avait consenti à se mettre à l'écart pour quelques mois, afin de laisser faire cette paix par d'autres que par lui, et de revenir ensuite aux affaires quand cette nécessité d'un moment serait passée. Mais Pitt ne croyait pas la paix incompatible avec sa présence au pouvoir, puisqu'il avait consenti aux négociations de Lille en 1797, et que tout récemment encore il avait nommé M. Thomas Grenville pour se rendre à Lunéville. Ce qui est probable, c'est que, s'étant beaucoup avancé avec les catholiques, il sentait l'embarras de manquer à ses promesses dans une position grave où quelques ennemis de plus suffisaient pour l'accabler ; c'est encore, qu'entouré d'embarras effrayants, il ne fut pas fâché d'échapper à cette situation, sous le prétexte honorable d'une fidélité inviolable à ses engagements. Il donna sa démission, au grand désespoir du roi, au grand mécontentement du parti ministériel, au grand effroi de l'Angleterre, qui voyait avec une profonde anxiété des hommes nouveaux et inexpérimentés saisir en ce moment le timon des affaires. Pitt proposa au roi de nommer à sa place M. Addington, qui était sa créature, et qu'il avait fait porter à la présidence des communes pendant une longue suite d'années, et à celle de lord Grenville, lord Hawkesbury. C'étaient des hommes sages, modérés, mais peu capables, tous deux amis de M. Pitt, et pendant quelque temps dirigés par ses conseils; motif qui contribua, plus qu'aucun autre, à faire dire et croire que la retraite de M. Pitt était simulée [1]. »

Mais, avant que les nouveaux ministres eussent été officiellement investis de leurs emplois, le roi, dont la faible raison avait été mise à une épreuve trop forte par les luttes qu'il avait eu à soutenir contre ses conseillers, fut saisi d'un nouvel accès de démence. Cette maladie, survenue au moment où Pitt donnait sa démission, et dans la situation actuelle de l'Angleterre vis-à-vis de l'Europe, jeta le pays dans la consternation. Heureusement elle dura peu; au milieu de mars, le roi fut rétabli, et Pitt transmit les rênes du gouvernement aux nouveaux ministres. Addington le remplaça dans sa double qualité de premier lord de la trésorerie et de chancelier de l'échiquier; lord Hawkesbury fut secrétaire d'état des affaires étrangères; lord Pelham ministre de l'intérieur; lord Eldon reçut le grand sceau; lord Levesham (remplacé peu après par lord Castlereagh) la présidence du bureau de contrôle des affaires de l'Inde; l'amiral Jervis, comte de Saint-Vincent, eut la direction de l'amirauté; lord Chatham, frère de Pitt, celle de l'artillerie. Deux membres du dernier cabinet, le duc de Portland et lord Westmoreland, entrèrent dans le nouveau comme président du conseil et gardien du sceau privé. De hautes récompenses furent accordées à la plupart des ministres démissionnaires; Dundas, le plus habile des collègues de Pitt, fut promu à la pairie sous le titre de lord Melville; lord Grenville reçut une pension considérable. Pitt seul, malgré le dérangement de sa fortune, ne voulut rien accepter.

Les nouveaux ministres appartenaient tous au parti qui avait si longtemps et si énergiquement soutenu le cabinet qui venait de se retirer; aussi, à leur entrée en charge, ils déclarèrent à la tribune du parlement que, pleins d'estime pour leurs prédécesseurs, ils considéraient leur politique comme une politique salutaire qui avait sauvé l'Angleterre, et ils affirmèrent qu'ils se conduiraient d'après les mêmes principes et d'après les mêmes errements. Cette déclaration n'était pas faite pour leur concilier l'opposition : « Que venez-vous donc faire au pouvoir? « répondit-elle; si c'est pour tenir la même conduite, les ministres qui sortent « étaient beaucoup plus capables que vous de gérer les affaires du royaume. » Et, pour essayer ses forces, elle demanda une enquête sur la situation du pays. Mais le parti ministériel n'avait pas encore été ébranlé par la retraite de Pitt; 186 voix de majorité repoussèrent la motion.

Le nouveau ministère ne dissimulait pas le désir qu'il avait de donner enfin la paix au pays; mais la paix, en ce moment où l'Europe presque entière était armée contre l'Angleterre, ne pouvait se faire que dans des conditions trop défavorables; il fallait l'acheter par des victoires. L'armée, réunie à Minorque pour tenter une descente en Provence, fut embarquée sur les vaisseaux de l'amiral Keith et dirigée vers l'Égypte pour disputer ce pays aux Français; une flotte anglaise s'avança vers la Baltique. Jusqu'alors, la Prusse avait seule commencé les hostilités en interdisant toutes ses côtes au commerce britannique et en occupant le Hanovre; les puissances maritimes n'étaient point encore prêtes L'Angleterre résolut de les

---

1. Thiers, t. II, p. 390 et suiv.

prévenir, et, par un coup hardi, de jeter la division parmi elles. Le Danemark était, après la Russie, le plus ferme soutien de la coalition; c'était donc d'abord lui qu'il fallait frapper. L'amiral Parker parut devant Copenhague avec une flotte nombreuse. Onze batteries flottantes et deux citadelles protégeaient cette ville; l'enthousiasme le plus grand animait la population; ouvriers, matelots, étudiants demandaient le combat aux cris de : la mer libre ou la mort! Rien de cela n'effraya Nelson, que l'amiral Parker avait chargé de l'attaque, et il engagea la

Horatio Nelson,
d'après l'original de Hopner.

bataille (2 avril). Elle fut si terrible, qu'après deux heures de combat Parker fit arborer au haut de son mât le signal de la retraite. Mais les Danois n'avaient pas moins souffert que les Anglais, et quelques efforts bien dirigés pouvaient amener la victoire. Aussi, lorsque Nelson aperçut les signaux de l'amiral, il fut saisi de colère, et, plaçant sa lunette sur l'œil qu'il avait perdu à l'attaque de Bastia : « Sur mon honneur, dit-il, je ne vois pas les signaux de Parker; » et il ordonna de continuer le combat à outrance. Cette noble témérité fut couronnée du plus heureux succès. Quelque temps après, plusieurs des batteries flottantes des Danois, écrasées sous un feu terrible, sautèrent ou s'en allèrent à la dérive. Quoique la position des Anglais ne fût guère meilleure, et qu'ils fussent à peu près hors d'état de poursuivre leurs avantages, Nelson profita habilement du désordre jeté parmi les ennemis par la perte de leurs principaux moyens de défense pour envoyer proposer un armistice au prince de Danemark, qui dirigeait le combat dans une des batteries. La nouvelle d'un événement plus funeste à la coalition que le succès si chèrement obtenu par les Anglais décida le prince à l'accepter : Paul Ier venait de mourir (25 mars 1801).

La mort de l'empereur de Russie, et surtout les causes qui l'avaient amenée, ruinaient la confédération des puissances maritimes du Nord : Paul avait été assassiné par ses courtisans qu'exaspérait son despotisme autant que la nouvelle politique qu'il suivait à l'égard de l'Angleterre, politique qui, éloignant le commerce anglais de Saint-Pétersbourg, frappait la noblesse russe dans ses intérêts. Proclamé empereur par les assassins de son père, Alexandre Ier, dut, au moins pour le moment, se conformer à leur manière de voir, et il entama aussitôt des négociations avec la Grande-Bretagne. Elles aboutirent promptement à un traité de paix dans lequel les deux puissances se firent sur la grande question du droit maritime des concessions mutuelles, mais où l'Angleterre sut toutefois se conserver l'avantage. La Russie obtint : 1º que les céréales et les matières propres aux constructions navales dont l'Angleterre voulait interdire le transport aux bâtiments neutres ne seraient plus comprises dans la contrebande de guerre ; 2º que le blocus déclaré ne serait obligatoire qu'autant que le port bloqué serait fermé par une force suffisante. En revanche, on concéda à l'Angleterre que le pavillon ne couvrirait pas la marchandise, à moins que cette marchandise n'eût été acquise pour le compte du commerçant neutre. Le droit de visite, sujet de tant de contestations, cause déterminante de la dernière ligue, fut entendu d'une manière peu honorable pour le pavillon neutre. Les alliés n'avaient jamais voulu admettre que des bâtiments de commerce convoyés par un vaisseau de guerre pussent être visités. Le cabinet de Saint-Pétersbourg crut sauver la dignité du pavillon en faisant décider que le droit de visite ne serait plus exercé par tous les navires comme auparavant, mais par les navires de guerre seulement ; distinction futile, et qui dissimulait mal le honteux abandon du principe le plus important du droit maritime, car la visite de navires convoyés ne s'exerçait presque jamais autrement. Délaissés par leur plus puissant allié, le Danemark, la Suède et la Prusse ne se crurent pas assez forts, même avec l'aide de la France, pour lutter contre l'Angleterre ; et, sans régler les points contestés au sujet des neutres, ils rétablirent leurs relations avec la Grande-Bretagne.

Ces transactions avantageuses diminuaient le nombre des ennemis de l'Angleterre, mais non son isolement ; aussi la paix était-elle toujours le plus vif désir du peuple. Il n'était plus seul à la demander ; le roi lui-même, maintenant que Bonaparte avait dompté en France cet esprit révolutionnaire qui l'effrayait par dessus tout, désirait vivement la fin de la guerre. Le cabinet ne se refusait, du reste, pas à la paix, et il saisit avec empressement l'occasion que ses succès dans le nord

lui fournissaient, d'entrer honorablement en négociation. Lord Hawkesbury, secrétaire d'état pour les affaires étrangères, s'aboucha avec M. Otto, et les conférences s'ouvrirent. Tant de points étaient en discussion qu'il fut d'abord difficile
de s'entendre; d'ailleurs l'on ne pouvait tomber d'accord tant que l'on ne connaî-
trait pas l'issue de deux événements d'une haute importance. La cour d'Espagne
joindrait-elle ses forces à celles de la France pour obliger le Portugal à fermer ses
ports aux Anglais? L'expédition dirigée en Égypte par le cabinet de Saint-James
échouerait-elle ou parviendrait-elle à faire évacuer ce pays par les Français?

Pour obtenir ce dernier résultat, l'Angleterre avait fait de puissants efforts.
Comme on l'a déjà vu, vingt mille hommes, sous la conduite d'un général habile,
sir Ralph Abercromby, avaient été dirigés vers Alexandrie. En même temps, trente
mille Turcs se mettaient en marche par la Syrie, et sept mille cipayes partis de

Cipayes.

Bombay débarquaient à Cosséir, dans la mer Rouge. Bonaparte, de son côté,
n'était pas resté inactif, et, dès qu'il avait connu la destination de l'armée d'Aber-
combry, il s'était efforcé d'envoyer des secours à ses anciens compagnons. L'amiral
Gantheaume, avec sept vaisseaux, cinq mille hommes et des munitions de toute
espèce, était parti de Brest à la faveur d'une horrible tempête qui avait éloigné la
croisière anglaise; il avait franchi avec bonheur le détroit de Gibraltar; mais, une
fois dans la Méditerranée, il manqua d'audace pour continuer sa route et entra
dans Toulon où il fut bloqué. Livrée à ses propres forces, l'armée d'Égypte pou-

vait cependant faire face aux dangers qui la menaçaient. En se portant en masse sur chacune des trois armées qui allaient l'assaillir, et dont une seule, celle des Anglais, était réellement redoutable mais avait contre elle les périls d'un débarquement, elle pouvait les battre l'une après l'autre. Pour cela, il eût fallu un général actif et résolu; or, Kléber n'était plus à la tête de l'armée française. Assassiné peu de temps après sa victoire d'Héliopolis par un musulman fanatique, il avait été remplacé dans le commandement par l'incapable général Menou. Au lieu de s'opposer avec toutes ses forces au débarquement des Anglais, Menou les laissa s'établir et se retrancher dans la presqu'île d'Aboukir. Alors il vint les attaquer, fit les plus mauvaises dispositions et fut battu après un combat acharné dans lequel périt sir Ralph Abercromby, et qui coûta aux deux armées trois mille hommes (21 mars). Forcé de rentrer dans Alexandrie, Menou ne put empêcher les Anglais de faire leur jonction avec l'armée turque et les cipayes. Alors le général Belliard, qui défendait le Caire, se trouva enfermé dans cette place avec huit mille hommes par cinquante mille et fut obligé de signer une capitulation rédigée sur les bases de la convention d'El-Arisch. Menou, assiégé dans Alexandrie, tint jusqu'à la dernière extrémité; mais force lui fut de capituler aussi. Il obtint les mêmes conditions que Belliard (30 août), et tous les Français combattants ou non combattants qui étaient en Égypte s'embarquèrent sur des vaisseaux anglais.

Pendant ces événements, les négociations pour la paix s'étaient continuées, mais sans grand résultat. L'Angleterre, connaissant une partie des succès de ses soldats en Égypte, se montrait plus exigeante; elle voulait garder l'île de Malte, dans la Méditerranée, Ceylan et les possessions françaises dans les Indes, et demandait dans les Antilles une grande île, la Martinique ou la Trinité, au choix de la France. A l'objection des avantages remportés en Égypte par l'armée anglaise, M. Otto répondait par les événements qui avaient lieu en Portugal, où une armée franco-espagnole avait forcé la cour de Lisbonne à souscrire aux conditions qu'on voulait lui imposer; quant à la demande de la Martinique, c'était une île trop importante pour que la France pût se résigner à l'abandonner; la Trinité appartenait à l'Espagne, et le premier consul ne voudrait jamais dépouiller un allié. Cependant la nouvelle de la capitulation du général Belliard (celle de Menou n'était pas encore connue) avait affaibli la position du négociateur français, lorsque deux tentatives malheureuses de Nelson sur une flottille que Bonaparte avait réunie à Boulogne pour menacer l'Angleterre d'un débarquement, vinrent rendre à la France une partie de ses avantages. Déjà, quelques mois auparavant, le contre-amiral Linois, avec quatre vaisseaux seulement, avait, dans la baie d'Algésiras, soutenu contre huit vaisseaux de la flotte de l'amiral Saumarez, un combat à la suite duquel les Anglais, horriblement maltraités, avaient abandonné un de leurs bâtiments. Ce glorieux succès, le double échec de Nelson à Boulogne, et le rassemblement d'une flottille d'invasion dans ce port, diminuèrent la confiance des Anglais dans la supériorité de leurs flottes et redoublèrent les craintes qu'inspirait un débarquement, craintes d'autant plus vives que Bonaparte annonçait hautement son intention de profiter des brumes d'automne pour exécuter ses projets d'invasion. Les négociateurs se rapprochèrent de nouveau; l'abandon de l'île de la Trinité, consenti

par la France irritée de la conduite ambiguë de l'Espagne, leva les dernières difficultés, et, le 2 octobre 1801, les préliminaires furent signés au Foreign-Office par
lord Hawkesbury et M. Otto. L'Angleterre restituait à la France et à ses alliées
toutes les colonies et possessions dont elle s'était emparée, à l'exception de la
Trinité et de Ceylan; l'Égypte devait rentrer sous la domination de la Porte-Ottomane; Malte était rendu à l'ordre de Saint-Jean-de-Jérusalem sous la garantie
d'une puissance qui serait désignée dans le traité à intervenir; les îles Ioniennes
étaient reconnues indépendantes sous la protection de la Russie; les Français éva-
cuaient l'état de Naples et le Portugal. C'étaient là les points qu'il importait principalement d'arrêter; la solution des questions secondaires fut remise à des plénipotentiaires, lord Cornwallis pour l'Angleterre et Joseph Bonaparte pour la
France, qui durent se réunir à Amiens pour rédiger le traité définitif.

Quoique pendant cette guerre l'Angleterre eût acquis l'empire de l'Inde et la
domination incontestable de toutes les mers, la paix qu'elle venait de conclure
était la plus humiliante qu'elle eût jamais faite : deux îles étaient le prix de dix
années d'efforts et de quatre milliards de dette. « La France, au contraire, avait
changé la face du continent à son profit; elle avait conquis la formidable ligne des
Alpes et du Rhin, éloigné à jamais l'Autriche de ses frontières par l'acquisition
des Pays-Bas, arraché à cette puissance l'objet éternel de sa convoitise, c'est-à-dire
l'Italie, qui avait passé presque tout entière sous la domination française; elle
dominait la Suisse, la Hollande et l'Espagne, et si l'Angleterre s'était agrandie sur
mer, la France avait acquis de vastes moyens de puissance maritime, en ajoutant
à l'étendue de ses rivages les côtes de la Flandre, de la Hollande, de l'Espagne et
de l'Italie, pays complètement soumis à sa domination ou à son influence. Néanmoins, lorsque la nouvelle de la signature des préliminaires fut connue dans
Londres, la joie du peuple anglais éclata avec une violence qui tenait du délire.
Dans cet instant, malheureusement si court, le peuple anglais croyait presque
aimer la France; il criait *vive Bonaparte* avec transport [1]. »

La cessation de la guerre ne fut pas accueillie avec autant d'enthousiasme par le
parlement que par la nation. Lorsque les préliminaires furent portés à la connaissance des deux chambres, lord Grenville, Canning, Wyndham et tous les anciens
disciples de Burke en blâmèrent sévèrement les conditions; Pitt lui-même, tout
en défendant les ministres, tout en soutenant que la paix était nécessaire, laissa
entendre qu'on aurait pu obtenir des stipulations plus avantageuses. Ces récriminations furent encore bien plus vives lors du débat qui suivit la signature du traité
définitif (27 mars 1802). A cette époque, une espèce de revirement s'était fait
dans le pays, et notamment à Londres. Le haut commerce, auquel la guerre
avait valu le monopole universel, avait cru se dédommager de ce que la paix lui
allait faire perdre en faisant des expéditions nombreuses pour les ports de France;
mais il y avait trouvé des règlements prohibitifs qui étaient nés d'une lutte violente
et qu'on n'avait pas eu le temps d'adoucir. Le peuple, qui espérait l'abaissement
subit du prix des denrées alimentaires, n'avait pu encore voir réaliser ses espé-

1. Thiers, t. III, p. 178.

rances, car il fallait un traité définitif pour vaincre les spéculateurs qui tenaient le prix des céréales encore très-élevé; enfin les grands propriétaires, qui souhaitaient la réduction de tous les impôts, les classes moyennes, qui demandaient la suppression de l'*income-tax*, n'avaient point encore recueilli les fruits qu'ils attendaient de la pacification générale. Mais ce qui, plus que tout le reste, agissait sur l'esprit du peuple anglais, c'était les agrandissements incessants de la France. Tout récemment, la république batave, obéissant aux inspirations du premier consul, s'était donné une constitution, modelée sur celle de la France, qui devait avoir pour effet de resserrer encore les liens qui unissaient déjà les deux pays; la république cisalpine avait fait plus encore. Une *consulta* de cent cinquante-deux députés s'était réunie à Lyon; là, sous la direction immédiate de Bonaparte, elle avait adopté une constitution dans laquelle le pouvoir exécutif était confié à un président, et elle avait décerné cette présidence au premier consul. On savait, en outre maintenant, que la Toscane, érigée pour un infant d'Espagne en royaume d'Étrurie, avait été secrètement payée par la cession à la France de la Louisiane, et ce fait, joint à la puissante expédition que le premier consul venait de diriger sur Saint-Domingue pour replacer cette île sous la domination française, révélait les nouveaux et vastes projets que Bonaparte nourrissait pour la restauration de la marine française. Toutes ces circonstances étaient de nature à réveiller la jalousie un instant assoupie du peuple anglais; elles contribuèrent à renforcer dans le parlement le parti qui s'était jusqu'alors opposé à une paix qu'il repoussait comme « l'arrêt de mort de la patrie et le triomphe du jacobinisme. » Lord Grenville, à la chambre des lords, Wyndham, à celle des communes, demandèrent que l'adresse votée au roi au sujet de la signature du traité d'Amiens déclarât : « que la Grande-Bretagne ne pouvait voir sans de profondes alarmes la conclusion d'un traité dans lequel tous les sacrifices avaient été faits par elle, aucun par la France. » Ils voulaient, en outre, que l'on ajoutât : « que comme, au moment même où l'on signait la paix, la France donnait des preuves continuelles de l'ambition la plus effrénée et la plus dangereuse pour l'équilibre européen, les chambres se reposaient sur Sa Majesté du soin de surveiller la conduite du gouvernement français, l'assurant qu'elles étaient toutes prêtes à lui fournir tous les secours nécessaires pour résister aux empiétements que ce gouvernement voudrait faire sur les droits de la Grande-Bretagne. » Les ministres défendirent faiblement leur œuvre : « la nécessité, dirent-ils, les avait forcés à choisir la paix comme le moindre des maux ; » un d'eux ajouta même « que c'était un traité accordé à regret et en forme d'épreuve. » Néanmoins, dans l'une et l'autre chambre, les motions furent rejetées à des majorités considérables.

Malgré ce vote, il était facile de prévoir que la paix ne serait pas de longue durée. L'intervention armée de la France dans les affaires de la république helvétique; l'adoption d'une constitution nouvelle faite à Paris et sous les inspirations de Bonaparte, par une consulte de cinquante-six députés de ce pays, le renouvellement des alliances de la Suisse avec la France; l'érection du Valais en état indépendant sous la protection de la république française; la réunion définitive du Piémont à la France; la prise de possession de l'île d'Elbe; le règlement des indemnités des princes d'Allemagne dépossédés, règlement qui supprimait les états ecclésiastiques, donnait à la France une influence dominatrice sur l'Allemagne et équivalait à l'anéantissement de l'empire germanique; l'envoi en Égypte, en Syrie et dans les Iles Ioniennes du colonel Sébastiani, chargé de renouer les relations commerciales de la France avec le Levant; celui de l'amiral Linois et du général Decaen dans l'Inde, pour rendre la vie aux débris des possessions françaises dans ce pays, tout cela blessait et effrayait profondément l'Angleterre, et motivait de la part du cabinet de Saint-James les plus vives réclamations. A ces représentations, Bonaparte répondait « que la présidence de la république italienne lui avait été conférée; que la réunion du Piémont avait été opérée de fait avant la signature du traité d'Amiens; que les affaires de Suisse et d'Allemagne regardaient l'empereur, seul signataire du traité de Lunéville, et non pas l'Angleterre, qui n'avait pas voulu y intervenir. « Les relations de la France et de l'Angleterre, disait-il dans le *Moniteur*, sont le traité d'Amiens, tout le traité d'Amiens, rien que le traité d'Amiens; » or, la France, comme elle y était engagée, avait évacué Naples et le Portugal, tandis que l'Angleterre, contre les stipulations formelles du traité, gardait encore Malte, le Cap et l'île de Gorée. Ces récriminations étaient fondées; Bonaparte était moins juste lorsqu'il réclamait du cabinet britannique l'éloignement des émigrés de l'île de Jersey; le renvoi d'Angleterre des Français qui portaient encore les décorations de l'ancienne monarchie; la déportation au Canada de Georges Cadoudal et des autres émigrés qui avaient trempé dans le complot de la machine infernale; la condamnation des écrivains qui, dans leurs journaux, prodiguaient contre lui les calomnies et les outrages. C'était proposer à la Grande-Bretagne le sacrifice de sa constitution que de lui demander la violation des deux garanties fondamentales les plus chères à toute nation libre, celle de la presse et de l'*habeas corpus*, et cette exigence était d'autant plus impolitique qu'elle devait nécessairement rendre le premier consul odieux à tout le peuple anglais. De part et d'autre, l'irritation allait sans cesse croissant; la mission de lord Withworth, envoyé à Paris en qualité d'ambassadeur, n'était pas de nature à la calmer. Lord Withworth avait ordre de demander la cession de l'île de Malte en compensation des agrandissements de la France : « Aucune considération sur la terre, lui « répondit Bonaparte, ne pourrait me faire acquiescer à votre demande. J'aimerais « mieux vous voir en possession du faubourg Saint-Antoine que de Malte. » Pour l'Angleterre, qui était décidée à ne point se dessaisir de cette importante conquête, une pareille réponse était la guerre. Le roi annonça, le 8 mars 1803, à la chambre des communes, « qu'en raison des préparatifs considérables qui se faisaient dans « les ports de France et de Hollande, il jugeait convenable d'adopter de nouvelles « mesures de précaution pour la sûreté de l'état; et que, bien que ces préparatifs « eussent été présentés comme ayant pour but des expéditions coloniales, attendu « qu'il existait actuellement avec le gouvernement français des discussions d'une « grande importance dont le résultat demeurait incertain, il comptait que ses « fidèles communes le mettraient en état d'employer toutes les mesures que les « circonstances paraîtraient exiger pour l'honneur de sa couronne et les intérêts « essentiels de son peuple. » Ce message fut accueilli dans les deux chambres par un enthousiasme unanime; Fox lui-même, dont l'éloquence s'était naguère encore élevée avec force contre les exagérations du parti de la guerre, Fox appuya l'adresse votée au roi en réponse à son message. Dès le lendemain, la milice fut convoquée; la presse maritime commença; les amiraux partirent pour les ports militaires; Nelson prit le commandement général des forces de la Méditerranée, et trois fortes escadres se remirent en mer.

Cependant les négociations continuaient toujours; mais l'Angleterre voulait rompre à tout prix, et lord Withworth reçut de sa cour l'ordre de demander : 1° que Sa Majesté Britannique conservât ses troupes à Malte pendant dix ans, et jusqu'à ce que l'île de Lampedouze, que le roi de Naples céderait à l'Angleterre, pût être établie comme port militaire; que les troupes françaises évacuassent la Hollande, ainsi que la Suisse; à ces conditions, l'Angleterre reconnaîtrait le roi d'Étrurie et les républiques italienne et ligurienne. Le premier consul avait sept jours pour admettre cet ultimatum, faute de quoi l'ambassadeur devait prendre ses passe-ports. Ces propositions, injurieuses dans la forme, étaient inadmissibles dans le fond. Néanmoins Bonaparte, jaloux de conserver la paix, s'efforça encore de prolonger la négociation, et demanda que Malte fût remise entre les mains du czar Alexandre. « Tout ce que Sa Majesté impériale décidera sur cette question, dit-il, je le ratifierai et je le tiendrai pour bien fait. » Le cabinet de Saint-James prétendit, ce qui était faux, que le czar se refusait à cet arrangement, et lord Withworth quitta la France (13 mai). Aussitôt, et suivant son habitude, l'amirauté britannique mit l'embargo sur les vaisseaux français et hollandais, et lança ses escadres à la poursuite de ceux qui naviguaient sur la foi des traités. « Sur les vives réclamations du premier consul, les ministres anglais se contentèrent de répondre froidement que c'était leur usage, qu'ils l'avaient toujours fait. Mais les temps n'étaient plus pour la France de supporter patiemment une telle injustice, une telle humiliation. À la lecture de l'ironique et insolente réponse faite à ses plaintes, Bonaparte expédia, au milieu de la nuit même, l'ordre d'arrêter par toute la France et sur tous les territoires occupés par ses armes, tous les Anglais quelconques, et de les retenir prisonniers en représailles des vaisseaux français si injustement saisis [1]. » Sept mille Anglais furent ainsi arrêtés et restèrent prisonniers jusqu'en 1814, le cabinet de Saint-James ayant constamment refusé pour eux toute proposition d'échange, sous prétexte que leur arrestation était contraire au droit des gens. Ce fut ainsi que recommença cette terrible guerre qui ne devait plus finir que lorsqu'elle aurait amené la ruine d'une des parties belligérantes. La Hollande, soumise à l'influence absolue de la France, ne tarda pas à se trouver entraînée dans la lutte, le cabinet de Londres ayant déclaré qu'il ne pouvait voir en elle une puissance indépendante.

La rupture de la paix amena de vives discussions dans le parlement britannique. Fox condamna hautement cette violation injustifiable des traités. « On nous objecte, « dit-il, que le premier consul convoitait l'île de Malte. C'est chose évidente pour « tous; mais nous le voyions, nous le savions quand nous avons fait la paix, quand

1. Napoléon, *Mémorial de Sainte-Hélène*, t. II, p. 2.

« nous avons stipulé que l'île serait remise entre les mains d'une puissance neutre...
« Certes Malte est une possession d'une grande valeur ; il est cependant une chose
« qui a plus de valeur encore, c'est la bonne foi. » Mais les reproches de Fox s'adressaient à des esprits trop passionnés pour être entendus. « La Grande-Bretagne
voulait la guerre, dit un historien anglais [1] ; l'importance exagérée donnée à la
mission de Sébastiani en Égypte, le refus d'accepter la médiation de l'empereur
de Russie et d'abandonner Malte à une puissance neutre, l'empressement et la persistance de l'ambassadeur d'Angleterre à demander ses passe-ports, toutes ces
choses sont autant d'indications d'un esprit d'hostilité décidé et d'une résolution
irrévocablement formée de mettre un terme, sous quelque prétexte que ce fût, à
la paix qui existait entre les deux pays. » Aussi, malgré les efforts de Fox et de
ses amis, des adresses approbatives de la conduite du gouvernement furent votées
presque unanimement dans les deux chambres.

Le ministère voyait sa politique soutenue par des majorités considérables ; mais
il n'y avait pas à s'y tromper, c'était moins à lui-même qu'à la gravité de la situation qu'il devait la presque unanimité qui s'était déclarée en sa faveur. L'opinion
générale, dans le parlement comme dans le pays, était que, pour soutenir avec
gloire et succès la lutte terrible qui allait recommencer, il fallait au pouvoir des
hommes plus forts qu'Addington et ses collègues. Si Pitt avait, comme dans les
premiers temps, continué à prêter son appui au cabinet, le prestige de gloire et
de puissance qui s'attachait toujours au nom de ce grand ministre aurait communiqué un peu de force à ses successeurs ; mais il n'en était plus ainsi, et depuis
longtemps, de nombreuses dissidences avaient éclaté entre eux. Quelque amitié,
quelque reconnaissance qu'il eût pour l'homme qui l'avait introduit et poussé
dans la vie politique jusqu'au poste éminent où il était parvenu, Addington ne
pouvait manquer, à la longue, de supporter avec impatience une protection qui
semblait faire de lui un mannequin sans force et valeur personnelles ; secouer un
tel joug, sortir d'une telle position, devait être et était le but de ses désirs ; il
crut en avoir trouvé les moyens et le tenta.

Plusieurs membres de cette opposition qui avait si violemment attaqué Pitt et
ses collègues commençaient à se lasser, les uns par ambition, les autres par suite
du délabrement de leur fortune, d'être dans un parti sans cesse vaincu, sans
cesse tenu hors des affaires. Ils n'avaient pu se rapprocher du gouvernement tant
qu'il avait eu à sa tête l'homme incessamment dénoncé par eux à l'exécration
publique ; mais l'accession au pouvoir de l'administration nouvelle rendait ce rapprochement plus facile. Il fallait néanmoins dissimuler les motifs plus ou moins
désintéressés de ce changement ; pour cela, ces hommes, dont le plus considérable
était Sheridan, s'attachèrent à signaler une grande différence entre la politique de
Pitt et celle d'Addington, et, en approuvant la conduite du cabinet actuel, ils
continuèrent à diriger contre l'ancien premier ministre les attaques les plus violentes. Sans se rallier ouvertement à ces nouveaux auxiliaires, Addington les
ménageait, espérant trouver en eux la force qui lui manquait, et souvent il mit à

1. Archibald Alison, t. v, p. 61.

défendre Pitt contre leurs accusations une mollesse dont celui-ci devait, à bon droit, être vivement blessé. Pitt ne pouvait d'ailleurs voir avec une entière indifférence le ministère qu'il avait lui-même formé se dérober à sa protection et tenter de se créer un autre centre d'influence, et les efforts d'Addington pour se rendre indépendant étaient considérés par lui comme des actes d'ingratitude qui ne tardèrent pas à amener entre eux une rupture complète. Dès lors, les amis de Pitt, Canning à leur tête, s'occupèrent à préparer des manifestations d'opinion qui décidassent la retraite d'Addington et le retour de son rival au pouvoir, et ils formèrent au parlement un nouveau parti dont l'attitude, d'abord modérée, ne tarda pas à devenir tout à fait hostile. Le ministère se trouvait donc entre deux oppositions : l'ancienne, celle de Fox, qui venait de se grossir aux élections de façon à ce que l'on dût maintenant compter avec elle ; et la nouvelle, celle qu'on appelait le parti Grenville, parce qu'en l'absence de Pitt, qui se tenait encore à l'écart, lord Grenville et Thomas Grenville, son frère, en étaient les chefs dans les deux chambres. Le jour où ces deux oppositions s'entendraient, c'en devait être fait du ministère Addington ; mais, quoique tendant à se rapprocher, elles ne s'étaient pas encore mises d'accord ; et lorsque, au moment de la rupture avec la France, un membre de l'opposition nouvelle, c'est-à-dire du parti de Pitt et de la guerre, proposa à la chambre des communes un vote de censure fondé sur ce que les ministres auraient trompé la nation en entretenant dans le public des espérances de paix, lorsqu'ils connaissaient déjà les vues agressives de la France, une majorité considérable se déclara en faveur du ministère.

Cette épreuve semblait décisive, et Addington crut que son pouvoir, un instant ébranlé, était enfin solidement assis. Ce qui était vrai seulement, c'est qu'une chose préoccupait avant tout la majorité des deux chambres et de la nation : la nécessité de mettre aussitôt que possible l'Angleterre en état de résister aux attaques de la France. C'est pour cela que la majorité avait voté avec le ministère ; c'est pour cela que rien de ce qu'il demandait ne lui fut refusé. Soldats, marins, subsides, renouvellement de l'*income-tax*, levée en masse de la population, tout lui fut, en effet, presque unanimement accordé (session de 1803).

Ces mesures défensives étaient indispensables, car c'était au cœur même de leur île que Bonaparte voulait frapper les Anglais. Déjà une puissante armée se rassemblait sur les bords de la Manche ; les ports de Boulogne, d'Étaples, d'Ambleteuse, agrandis et fortifiés, devinrent le point de ralliement d'armements gigantesques qui furent simultanément entrepris depuis Brest jusqu'à Flessingues. En même temps, la France reprenait toutes les positions qu'elle occupait avant le traité d'Amiens ; quinze mille hommes rentrèrent dans le royaume de Naples et occupèrent Tarente, Otrante, Brindisi ; Tarente fut fortifiée et devint l'arsenal maritime de l'Italie ; la Toscane fut garnie de troupes, et sa défense se combina avec celle de l'île d'Elbe et de la Corse ; Alexandrie, que Bonaparte considérait comme la possession de toute l'Italie, devint un camp retranché pour une armée entière ; la Hollande fut occupée par trente mille hommes, et sa flotte mise à l'abri dans la rade d'Helvoët-Sluys. Enfin quatorze mille Français, commandés par Mortier, entrèrent dans le Hanovre, qui était gardé par vingt-deux mille hommes, poussèrent cette armée devant eux, et, après des engagements insignifiants, la forcèrent à signer une capitulation en vertu de laquelle le pays resta occupé par les troupes françaises, les soldats hanovriens se retirèrent désarmés dans leurs foyers, et les officiers furent prisonniers sur parole (5 juillet 1803). Le premier consul déclara qu'il garderait le Hanovre tant que l'Angleterre garderait Malte, et pour fermer le continent au commerce britannique, il défendit de recevoir dans les ports de France ou des pays occupés par ses armes aucune marchandise anglaise, aucun bâtiment expédié d'Angleterre ou qui aurait touché dans un port de la Grande-Bretagne.

A ces actes, les flottes anglaises, maîtresses absolues de la mer, répondirent par la prise des colonies françaises de Sainte-Lucie, Tabago, Saint-Pierre et Miquelon, des établissements hollandais de Demerari, Essequibo, Berbice, par le bombardement de Dieppe, Granville et de quelques ports de la Hollande. Cependant la guerre n'avait encore été signalée par aucun événement réellement important, parce que les deux puissances, maîtresses chacune sur un élément différent, n'avaient pu encore se rencontrer. L'invasion de l'Angleterre par une armée française, ou une nouvelle coalition qui aurait donné à la Grande-Bretagne entrée sur le continent, pouvaient seules permettre aux deux ennemis de se prendre corps à corps. Mais, quelque mal disposées que fussent les cours de l'Europe à l'égard de la France, avec quelque faveur qu'elles accueillissent les sollicitations des envoyés britanniques, elles n'osaient encore prendre parti contre la république. En attendant que ce moment fût arrivé, le cabinet de Saint-James continua la guerre sourde et infâme qu'il avait toujours faite à la révolution : il ranima les brigandages et les assassinats de la Vendée; il paya tous les troubles qui pouvaient amener la dissolution sociale de la France; il ourdit des complots contre la vie du premier consul avec Georges, Pichegru et les autres traîtres réfugiés à Londres. Les ministres anglais à Munich et à Stuttgard, MM. Drake et Spencer Smith, formaient, avec M. Wickham, ministre de la Grande-Bretagne en Suisse, « un triumvirat de complots contre le premier consul et la république. » Ces incessantes conspirations exaspérèrent Bonaparte; et, pour rendre à ses ennemis terreur pour terreur, il fit enlever la nuit, à Ettenheim, sur le territoire badois, le duc d'Enghien, petit-fils du prince de Condé. Le duc était venu s'établir dans ce pays « afin, dit Walter Scott, d'être toujours à même de se mettre à la tête des royalistes de l'est, ou même de ceux de Paris. » Amené à Vincennes, il y fut livré à une commission militaire, jugé, condamné et fusillé en vingt-quatre heures. Cette sanglante exécution, que Bonaparte n'avait, du reste, pas ordonnée, produisit une profonde et triste sensation en Europe. Déjà depuis longtemps de graves dissentiments existaient entre le cabinet des Tuileries et la cour de Saint-Pétersbourg; l'empereur Alexandre ne cessait de réclamer du premier consul l'évacuation du Hanovre et du royaume de Naples, et un nouvel arrangement des affaires d'Italie. L'enlèvement du duc d'Enghien sur un territoire neutre mit le comble au mécontentement que lui causait l'inutilité de ses réclamations; il rappela son ambassadeur. La cour de Stockholm imita son exemple. Bonaparte se justifia de la violation du territoire badois en communiquant à tous les ambassadeurs des puissances résidant à Paris les lettres de Drake et de Spencer Smith, desquelles il résultait que ces ministres payaient et dirigeaient des moteurs de guerre civile ainsi que des assassins contre le premier consul. Tous s'élevèrent vivement contre cette profanation du caractère sacré d'ambassadeur; les électeurs de Bavière et de Wurtemberg renvoyèrent de leurs états les auteurs de ces coupables manœuvres. Quant au cabinet de Saint-James, il ne désavouait pas ces odieuses machinations, et lord Hawkesbury déclara « que tout gouvernement sage se doit à lui-même de profiter de tout mécontentement qui existe dans le pays avec lequel il est en guerre, et par conséquent de prêter aide et assistance aux projets des mécontents. » L'infâme politique des ministres anglais ne servit, au reste, qu'à consolider et augmenter encore le pouvoir et la grandeur du premier consul. « Ces projets criminels, dit le corps législatif, feront mieux sentir le besoin d'appuyer de plus en plus les destinées de l'empire sur la colonne qui le porte tout entier; » et le sénat déclara Napoléon Bonaparte empereur des Français, par un sénatus-consulte qui fut en réalité une constitution nouvelle, et qui conféra au nouvel empereur la plénitude du pouvoir absolu (mai 1804).

L'élévation de Napoléon à l'empire, en mettant dans ses mains puissantes, sans contestation ni contrôle, la libre disposition de toutes les forces de la France, redoublait les dangers de l'Angleterre; mais le gouvernement de ce pays venait, par le retour de Pitt aux affaires, de prendre, lui aussi, une vigueur nouvelle. Malgré les efforts du cabinet Addington afin de faire preuve d'énergie, tous les partis étaient d'accord pour proclamer son insuffisance. Les deux oppositions s'étaient entendues; il ne manquait plus que l'adhésion de Pitt pour compléter et rendre toute-puissante la coalition qu'elles avaient formée. Celui-ci hésita longtemps à prendre pour alliés les hommes que pendant vingt années il avait combattus sans relâche; enfin il céda aux sollicitations de Canning et de plusieurs de ses amis, et se décida à joindre ses efforts à ceux des autres adversaires du cabinet. La coalition, formée du parti de Fox, de celui de lord Grenville et des adhérents immédiats de Pitt, comprenait donc, à peu d'exceptions près, tout ce que l'Angleterre renfermait de personnages considérables par le rang, la naissance, la fortune et le talent; et si elle ne formait pas encore la majorité, sa force morale compensait au delà ce qui lui manquait du côté du nombre.

Le premier acte par lequel Pitt proclama son accession à la coalition fut une demande d'enquête sur l'état actuel de la marine; il ne dissimula pas que le but de sa motion était de prouver le désordre et la négligence que lord Saint-Vincent, premier lord de l'amirauté, aussi mauvais administrateur que marin habile, avait laissés s'introduire dans son département; c'était là un acte d'hostilité ouverte, mais qui ne fut pas couronné de succès : 201 voix contre 130 refusèrent l'enquête. La coalition ne se découragea pas, et, le 23 avril 1804, Fox demanda que la chambre, formée en comité général, révisât tous les actes passés pour la défense du territoire; c'était encore là une critique, une accusation contre l'inhabileté du gouvernement. Pitt appuya vivement la motion en faisant ressortir l'insuffisance des mesures prises par le cabinet pour résister à une invasion. Cette fois encore le ministère eut l'avantage; 256 voix contre 204 repoussèrent la proposition de Fox.

Néanmoins Addington comprit que devant une opposition si supérieure en force morale, et qui d'ailleurs gagnait chaque jour de nouveaux adhérents, la lutte n'était plus possible; le 30 avril, il déclara que les ministres avaient donné leur démission, et que Sa Majesté s'occupait de leur trouver des successeurs. Le lord chancelier Eldon venait, en effet, d'être envoyé à Pitt pour l'inviter à former un ministère.

L'opinion de Pitt était que, dans les circonstances actuelles, et pour soutenir avec succès la terrible lutte dans laquelle l'Angleterre était engagée, il fallait rallier le parlement et le pays dans une puissante unanimité, et il pensait que, pour arriver à ce but, le nouveau cabinet devait comprendre les chefs principaux des grands partis qui divisaient le parlement. Il exposa cette opinion dans un mémoire qu'il chargea lord Eldon de remettre au roi. Mais les idées de Georges étaient tout autres; il avait été séduit par la douceur et la déférence d'Addington, par l'attachement profond de lord Eldon aux doctrines du pur torysme, par le respect que les autres membres du cabinet qui se retirait lui avaient sans cesse témoigné, et qui contrastaient vivement avec les manières hautaines et impérieuses de Pitt, et il tenait à conserver, dans le nouveau ministère, Addington et quelques-uns de ses collègues. Par dessus tout, il se refusait à former un ministère de coalition, et il traita le mémoire de Pitt de communication dépourvue de bon sens et de sincérité. Cependant, après une entrevue avec cet homme d'état, il consentit, non sans de nombreuses objections, à ce que lord Grenville fît partie du ministère; mais rien ne put vaincre les préventions qu'il nourrissait contre Fox, et il répondit par des refus si formels à toutes les instances de Pitt, que celui-ci ne jugea pas possible d'insister davantage.

Fox s'attendait, du reste, à ce résultat; sans en paraître aucunement blessé, il se contenta de faire savoir à Pitt qu'il avait des amis auxquels, dans les circonstances difficiles où se trouvait le pays, il conseillerait de se réunir au gouvernement, et qu'il espérait qu'une place leur serait faite dans l'administration. Sensible à la générosité de ce procédé, Pitt se montra tout prêt à condescendre aux désirs qui lui étaient exprimés; mais Grey et les autres adhérents de Fox ne voulurent pas entrer sans lui dans le cabinet; lord Grenville et ceux des membres de l'ancien cabinet présidé par Pitt qui avaient suivi sa bannière, signifièrent une résolution pareille. Par suite de ces divers refus, le plan que Pitt avait formé pour la composition de son ministère était complétement renversé; presque tous les hommes sur lesquels il avait compté lui manquaient, et force lui fut de conserver une grande partie des collègues d'Addington. L'amiral Saint-Vincent, les secrétaires d'état Yorke et lord Hobart furent, avec le premier ministre, les seuls qui se retirèrent. Le duc de Portland, lord Eldon, lord Westmoreland, lord Chatham, lord Castlereagh, lord Hardwicke restèrent au pouvoir en qualité de président du conseil, chancelier, garde du sceau privé, grand maître de l'artillerie, président du bureau de contrôle et vice-roi d'Irlande; lord Hawkesbury passa de la secrétairerie des affaires étrangères à celle de l'intérieur. Les nouveaux ministres furent : Pitt, premier lord de la trésorerie et chancelier de l'échiquier; lord Harrowby et lord Camden, secrétaires d'état des affaires extérieures et des colonies;

lord Melville (Dundas), premier lord de l'amirauté; lord Mulgrave, chancelier du duché de Lancastre avec siége au cabinet. Le fils de lord Melville, William Dundas, devint secrétaire de la guerre, Canning trésorier de la marine.

La composition de ce ministère n'était pas de nature à satisfaire l'opinion publique. Au lieu d'un cabinet qui, représentant toutes les opinions, aurait rallié toutes les forces de la chambre et du pays, on voyait une administration dont le chef, loin de ramener au gouvernement ses anciens adversaires, laissait en dehors du pouvoir une fraction considérable du parti même qui l'avait si longtemps soutenu. Évidemment l'opposition allait s'augmenter de tout ce que perdait le parti du gouvernement, et ce fut, en effet, ce qui arriva. Grenville, Wyndham, passionnés maintenant contre Pitt, qu'ils accusaient de mauvaise foi pour n'avoir pas exigé l'entrée de Fox dans le cabinet, firent cause commune avec ce dernier, tandis que Sheridan, Tierney et les autres membres de l'ancienne opposition, qui s'étaient ralliés à Addington, revenaient se grouper autour de leur ancien chef. Pitt se retrouvait donc, après vingt années, dans une situation presque aussi difficile que celle où il s'était vu en 1783, au commencement de son premier ministère. A cette époque, il est vrai, ce n'était pas contre une minorité, mais contre la majorité de la chambre des communes qu'il avait eu à lutter; mais alors il avait pour lui la force de la jeunesse, l'assentiment du pays, l'admiration même de ses ennemis; alors la Grande-Bretagne jouissait d'une paix profonde. Aujourd'hui, au contraire, malade, épuisé par le travail, il était abandonné de ses anciens amis, vu avec défiance par la nation, et avait à lutter au dehors contre l'ennemi le plus terrible qu'eût jamais rencontré l'Angleterre. Ces circonstances ne l'effrayèrent pas; la maladie avait affaibli son corps, mais non son âme; l'amour de son pays et la haine de la France lui rendirent la force qui lui manquait.

Le premier point auquel il avait à pourvoir était la défense de l'Angleterre, que Napoléon tenait toujours sous le coup d'une invasion. Les flottes anglaises, qui bloquaient toutes les côtes de France et de Hollande, n'avaient pu, en effet, empêcher la concentration à Boulogne et aux environs, de dix-huit cents des bâtiments de la flottille destinée à porter l'armée de débarquement, et cent vingt mille hommes de troupes d'élite n'attendaient plus qu'un signal pour fondre sur l'Angleterre. Pitt eut rapidement organisé d'immenses apprêts de défense; toutes les embouchures des fleuves et toutes les baies furent garnies de troupes, hérissées de canons; les routes furent minées, ainsi que les ponts; l'entrée de la Tamise fut fermée par une ligne de vaisseaux rasés. La même activité présida aux préparatifs maritimes. Le peu de succès des tentatives faites par les escadres britanniques contre les diverses divisions de la flottille française dans leur marche vers le rendez-vous général avait été un des grands reproches adressés au précédent ministère, et on avait attribué ces échecs aux désordres que la faiblesse de l'amiral Saint-Vincent avait laissés s'introduire dans l'administration de la marine. En peu de temps, lord Melville eut réformé tous les abus, et, avant la fin de l'année, l'Angleterre eut à la voile quatre cent soixante-treize bâtiments, dont quatre-vingt-cinq vaisseaux de ligne; plus de cent autres restaient sur les chantiers, tout prêts à prendre la mer. Alors, de nouvelles tentatives furent ordonnées contre la flottille française. Mais, quelque

ardeur et quelque habileté que déployassent les marins et les amiraux anglais,
tous leurs efforts contre ce qu'ils appelaient des *coquilles de noix* échouèrent complétement. Les bateaux français, armés de pièces de gros calibre et tirant à fleur
d'eau, voltigeaient inaperçus autour des vaisseaux de ligne, en n'offrant à leurs
coups qu'un but très-exigu et toujours mobile. De nouvelles attaques, faites avec
des brûlots et des bateaux sous-marins préparés à cet effet, n'eurent pas un résultat
plus heureux.

Ces échecs ébranlèrent si peu la fermeté de Pitt, qu'à ce moment-là même il
n'hésita pas à donner à l'Angleterre un nouvel ennemi. Engagée, par ses traités
avec la France, à fournir à cette puissance un secours d'hommes et de vaisseaux,
l'Espagne avait obtenu de rester neutre, moyennant le paiement d'un subside
de soixante-douze millions, et, jusqu'alors, le cabinet de Londres, ne voulant pas
augmenter le nombre de ses ennemis, avait jugé plus avantageux pour lui de ne
pas voir dans cet arrangement un motif de rupture; mais Pitt en jugea autrement. Persuadé que la cour de Madrid n'observerait pas longtemps cette espèce de
neutralité, il résolut de la prévenir, et, avant toute déclaration de guerre, donna
l'ordre de saisir quatre galions espagnols, chargés de trente-deux millions de
piastres, qui venaient d'Amérique. L'un d'eux périt en se défendant; les trois
autres furent enlevés et conduits en Angleterre (octobre 1804). Malgré la faiblesse
où elle était tombée sous le gouvernement honteux de Charles IV et de son favori,
le prince de la Paix, l'Espagne fut indignée de cette odieuse agression; elle signa
avec la France un traité d'alliance offensive et défensive, et déclara la guerre à
l'Angleterre (12 décembre).

L'alliance de l'Espagne était importante pour la France, à laquelle elle donnait
un allié dont les forces navales allaient faciliter la réussite de la grande expédition
de Boulogne, et ce n'était plus que par une nouvelle coalition des puissances continentales que Pitt pouvait détourner le péril qui, de jour en jour, menaçait plus
sérieusement son pays. Mais c'était un résultat dont les négociations qui, depuis
longtemps déjà, se suivaient avec le plus grand mystère entre les cours de Russie,
de Suède, d'Autriche et de Prusse, le rendaient à peu près certain. Aussi, lorsque,
à l'époque de son couronnement, Napoléon écrivit à George III pour lui proposer
de traiter de la paix, on répondit à M. de Talleyrand « que Sa Majesté britannique
« ne pouvait répondre à l'ouverture qui lui était faite jusqu'à ce qu'elle eût eu le
« temps de la communiquer aux puissances du continent avec lesquelles elle se
« trouvait engagée par des rapports confidentiels. »

C'était annoncer la formation prochaine d'une nouvelle coalition des puissances,
et cette nouvelle fut accueillie avec enthousiasme par toute la nation. Des résultats
aussi heureux et aussi rapidement obtenus étaient, ce semble, une protection suffisante contre les attaques de l'opposition; Pitt ne s'en contenta pas, et, pour
diminuer le nombre de ses adversaires, il consentit à se rapprocher d'Addington.
Le 14 janvier 1805, veille de l'ouverture du parlement, l'ancien premier ministre,
élevé à la pairie sous le titre de vicomte Sidmouth, entra dans le cabinet comme
président du conseil, à la place du duc de Portland, qui se retira volontairement.
Un de ses amis, lord Buckingham, frère aîné de lord Grenville, succéda, comme

chancelier du duché de Lancastre, à lord Mulgrave, appelé, par la retraite de lord Harrowby, au poste de secrétaire des affaires étrangères.

Le renfort de quelques voix que ce rapprochement procura au ministère ne lui fut pas inutile, car jamais l'opposition n'avait été si redoutable. Grey, Fox, Wyndham se récrièrent avec horreur contre l'attentat commis sur les vaisseaux espagnols, « contre l'assassinat de ces trois cents victimes, périssant en pleine paix à « cause de l'avidité anglaise pour les piastres d'Espagne. » « Il n'y a pas de trésor, « s'écria lord Grenville à la chambre des lords, qui puisse jamais laver la tache dont « ce sang innocent a souillé nos armes. » Pitt s'excusa en déclarant que l'Espagne nourrissait depuis longtemps les intentions les plus hostiles, et qu'il avait été nécessaire de diminuer, par une initiative énergique, les moyens qu'elle avait de les mettre à exécution. Comme toujours, en pareil cas, la majorité vint sanctionner par son vote cette politique infâme, mais utile. Le vote des subsides donna lieu aussi à de vifs débats. « Nous sommes engagés dans la lutte, dit Fox, par un « orgueil mal entendu et une avidité de domination que nous devrions au moins « dissimuler. » Néanmoins, toutes les demandes du ministère lui furent accordées. La chambre vota cent vingt mille hommes pour l'armée de mer et trois cent douze mille pour celle de terre ; et, pour arriver à l'énorme somme de 44 millions sterling (1,100 millions de francs), à laquelle s'élevait le budget, de nouvelles taxes furent votées, l'impôt du sel doublé, celui du revenu augmenté du quart. Toutes ces demandes importaient trop à l'honneur national et à la défense du pays pour que l'opposition eût chance de les faire rejeter ; aussi ne s'y opposa-t-elle que faiblement. Mais il était une question, toute de politique intérieure, dans laquelle elle pouvait espérer avoir l'avantage sur le chef du cabinet, c'était la question de l'émancipation des catholiques. Pour rentrer au pouvoir, Pitt avait été obligé de sacrifier sur ce point ses sentiments personnels à la volonté opiniâtre de Georges III, et, par conséquent, il avait donné à ses adversaires le droit de lui reprocher d'avoir abandonné, dans un intérêt d'ambition, les principes qu'il voulait faire triompher quelques années auparavant. La question fut entamée et soutenue dans les deux chambres par les membres les plus éminents des deux oppositions coalisées ; Pitt répondit à leurs attaques comme il l'avait fait pour le bill de réforme pendant les guerres de la révolution ; il déclara que la suppression des incapacités qui pesaient encore sur les Irlandais lui paraissait toujours juste et praticable, mais qu'il fallait prendre en considération les circonstances où l'on se trouvait. L'émancipation des catholiques était une mesure qui ne pouvait manquer de diviser l'opinion publique ; était-ce au moment où l'Angleterre se trouvait engagée dans la plus terrible lutte qu'elle eût encore soutenue qu'il était sage de jeter au sein du pays des brandons de discorde ? Ces raisons reçurent dans les deux chambres l'approbation de la majorité ; dans celle des lords, le prince de Galles, rentré dans l'opposition depuis le retour de Pitt au pouvoir, se déclara néanmoins contre les catholiques qu'il avait jusqu'alors soutenus.

Le ministère était donc sorti victorieux de toutes les épreuves auxquelles ses adversaires l'avaient soumis ; mais la session ne devait pas se terminer sans qu'il éprouvât un cruel échec. Une commission de la chambre des communes, chargée de rechercher les abus imputables à l'administration de la marine, découvrit, dans le cours de ses investigations, que de graves irrégularités avaient été commises par M. Dundas, maintenant lord Melville, pendant qu'il remplissait, dans le premier ministère de Pitt, les fonctions de trésorier de la marine. L'opposition, qui haïssait dans lord Melville le plus habile et le plus important des collègues du premier ministre, s'empressa de saisir une occasion qui lui offrait la possibilité de détruire son existence politique; et elle présenta à l'adoption de la chambre une série de résolutions dont l'une portait que lord Melville s'était rendu coupable d'une grave violation de ses droits et de ses devoirs. Pitt s'opposa vivement à l'adoption de cette résolution, et il demanda la formation d'un nouveau comité. Lorsqu'on alla aux voix sur sa proposition, les suffrages se trouvèrent également partagés. En pareil cas, c'est au président de la chambre à décider la question par son vote; il se prononça contre la demande de Pitt. C'était la condamnation de lord Melville. Le lendemain, celui-ci résigna toutes ses fonctions, et quelques jours après il fut décrété d'accusation devant la chambre des lords (11 juin). L'opposition triomphait doublement, car non-seulement, en obligeant Melville à quitter le ministère, elle frappait Pitt dans la personne de son plus habile soutien, mais elle était parvenue par ce moyen à jeter la division dans le cabinet. En effet, dans tout le cours de cette affaire, lord Sidmouth et ses adhérents avaient voté constamment avec l'opposition; leur vote amena des discussions à la suite desquelles Sidmouth et son ami lord Buckingham se retirèrent de l'administration.

Pitt perdait à la fois dans Melville l'auxiliaire le plus habile, dans lord Sidmouth le personnage le plus important de son administration; tout le poids des affaires retombait sur lui seul, et cela au moment où sa santé s'affaiblissait de jour en jour. Usé par le travail, accablé par les souffrances, il était obligé d'avoir recours au vin et à des boissons excitantes pour retrouver momentanément une partie de ses forces épuisées; mais cette habitude, qui bientôt avait dégénéré en besoin impérieux, en passion irrésistible, ne tarda pas à ruiner complétement sa constitution déjà si appauvrie. Cependant, malgré l'affaiblissement de son corps, la vigueur et la ténacité de son esprit ne l'avaient pas abandonné. Toutes ses facultés s'étaient concentrées vers un seul but, la formation d'une coalition nouvelle contre la France; il eut enfin la satisfaction de l'atteindre. Après de longues négociations, le 1er avril 1805, avait été signé à Saint-Pétersbourg, entre l'Angleterre et la Russie, un traité d'alliance qui devait servir de base à tous ceux qui seraient ultérieurement conclus avec les autres états du continent. Les deux puissances s'engageaient à fomenter une ligue générale de l'Europe, dont le but serait de contraindre la France à évacuer le Hanovre, le nord de l'Allemagne, l'Italie, l'île d'Elbe, à rentrer dans ses anciennes limites, à rendre l'indépendance à la Suisse et à la Hollande. Le roi de Sardaigne devait être rétabli dans la possession du Piémont, de Nice, de la Savoie, avec Gênes et Lyon, « s'il était possible. » La Belgique réunie à la Hollande ferait un royaume pour le prince d'Orange; la Lombardie serait donnée à l'Autriche. Les puissances s'engageaient à ne garder pour elles-mêmes aucune conquête, mais à réunir à la fin de la guerre un congrès général pour discuter et fixer le code des nations sur une base déterminée, et à en garantir l'exécution par l'établissement d'un système fédératif des états européens. La coalition devait mettre sur pied cinq cent mille hommes, sans compter les troupes maritimes ; le cabinet de Saint-James s'engageait à payer à chaque puissance qui entrait dans la confédération un subside annuel de 1,250,000 livres (31,250,000 francs) par cent mille hommes. « Mais l'Angleterre, à qui son argent donnait en quelque sorte la dictature de la coalition, et qui payait le continent pour qu'il attirât sur lui les coups dirigés sur elle, ne fournit pas ses guinées sans précautions et sans intérêts : des agents anglais étaient chargés de surveiller les opérations des armées, pour qu'elle pût compter les morts avant de solder ses comptes, et vérifier si les rois avaient légitimement gagné leur subside ; des avantages commerciaux et des entrepôts lui furent assurés dans tous les pays coalisés, par lesquels elle recouvrait avec usure l'argent donné par elle ; toutes ses prétentions sur mer furent reconnues [1]. »

Après avoir réglé dans ce traité, base de toutes les coalitions qui se succédèrent jusqu'en 1814, le but qu'on devait se proposer, on arrêta les moyens d'exécution. Jusqu'alors, la coalition ne se composait ouvertement que de la Russie et de la Suède ; mais le roi de Naples y avait accédé secrètement ; l'Autriche, effrayée des envahissements continus de Napoléon, qui venait de se faire proclamer roi d'Italie et de réunir Gênes à son empire, ne tarda pas à suivre l'exemple de la cour de Naples ; seulement, comme elle n'était pas prête, elle évita de se déclarer. La Prusse, portée par son intérêt vers la France, par ses sympathies vers la coalition, allant sans cesse d'Alexandre à Napoléon, finit par garder la neutralité.

Tous ces préparatifs n'avaient pas échappé à la clairvoyance de l'empereur, et il n'était pas dupe des protestations pacifiques de l'Autriche et de la cour de Naples. Mais lui non plus n'était pas encore prêt, car il voulait, avant que ses ennemis fussent entrés en campagne, les intimider en frappant l'Angleterre au cœur, et à ce moment même il commençait la mise à exécution de l'admirable plan qu'il avait formé pour assurer le libre passage de la Manche et le débarquement de son armée.

Craignant toujours que le moment de l'invasion ne fût arrivé, l'Angleterre, les yeux fixés sur la flottille rassemblée du Texel à Boulogne, croyait que l'empereur se proposait de franchir le détroit par la seule force de ses bateaux plats, et elle oubliait les vaisseaux disséminés dans tous les ports de France : c'était cependant sur ces vaisseaux que Napoléon faisait reposer tout le succès de son entreprise. Trois flottes étaient rassemblées : l'une à Brest, sous Gantheaume, de vingt vaisseaux et quinze autres bâtiments portant vingt-deux mille hommes ; l'autre à Rochefort, sous Missiessy, de six vaisseaux et quatre frégates, portant six mille hommes ; la troisième à Toulon, sous Villeneuve, de onze vaisseaux et huit frégates, portant huit mille hommes. Par suite du plan formé par l'empereur, ces trois escadres devaient tromper la vigilance des flottes britanniques qui bloquaient toutes les côtes de France, faire voile directement pour les Antilles, jeter des renforts dans les îles françaises ; puis, lorsqu'elles auraient entraîné à leur poursuite une partie des croisières anglaises de l'Océan et de la Méditerranée, se réunir soudain sur un point indiqué, revenir à toutes voiles en Europe, rallier les trente vais-

1. Th. Lavallée, t. IV, p. 403.

seaux espagnols qui étaient au Ferrol et à Cadix, et alors, formant une flotte de
plus de cent voiles, entrer dans la Manche, écraser les croisières anglaises, qui,
ensemble, ne comptaient pas plus de cinquante vaisseaux, et assurer le passage de
la flottille, ainsi que le débarquement de l'armée. Que l'on fût maître de la mer pendant trois jours seulement, et c'était assez pour donner le temps de jeter cent cinquante mille hommes en Angleterre. Les trois flottes reçurent en même temps leur
ordre de départ; Missiessy seul put l'effectuer (11 janvier 1805). Battues par les
tempêtes, les deux autres flottes furent obligées de rentrer dans leurs ports. Missiessy arriva aux Antilles sans avoir rencontré d'ennemis, débarqua des renforts à la
Martinique, détruisit la ville de Roseau à la Dominique, ravagea Saint-Christophe,
Newis, Monserrat, et délivra, dans l'île de Saint-Domingue, la ville de Santo-Domingo, qui appartenait encore à la France, et où les Français étaient bloqués par
vingt mille noirs; alors, ne trouvant nulle part de nouvelles de ses deux collègues,
il rentra à Rochefort après quatre mois de la croisière la plus heureuse (avril).
Villeneuve et Gantheaume n'étaient sortis de leurs ports que deux mois après lui
(mars); le dernier rencontra la flotte de l'amiral Cornwallis, forte de dix-huit
vaisseaux, et rentra aussitôt à Brest, où il fut étroitement bloqué. Villeneuve fut
plus heureux; le 30 mars, il sortit de Toulon, trompa la vigilance de Nelson, qui
était alors dans le golfe de Palma, franchit le détroit de Gibraltar, fit lever le blocus
de Cadix, rallia les sept vaisseaux espagnols qui étaient dans ce port, et, fort de dix-
huit vaisseaux de ligne et dix frégates, fit voile pour les Indes occidentales. Nelson
n'apprit que le 4 avril le départ de Villeneuve. Persuadé qu'il avait fait voile pour
l'Égypte, il se dirigea aussitôt vers Palerme; mais, assuré par les informations
de ses croiseurs que les Français n'avaient pas pris cette direction, il revint en
toute hâte à Gibraltar. Là il apprit d'une manière certaine que la flotte combinée
avait fait voile pour les Antilles (5 mai). Il n'avait que dix vaisseaux de ligne et
trois frégates; ses bâtiments tenaient la mer depuis environ deux ans; les équipages
étaient fatigués et malades; sa propre santé était si gravement altérée par cette
longue croisière, qu'un retour immédiat en Angleterre était déclaré indispensable
à son rétablissement. Malgré ces circonstances fâcheuses et l'infériorité de ses
forces, cet intrépide marin n'hésita pas à voguer à toutes voiles vers les Indes
occidentales. La flotte combinée avait environ trente jours d'avance sur lui; mais il
comptait sur son activité et sur l'habileté supérieure de ses matelots pour gagner
dix jours sur elle dans la traversée de l'Atlantique; et, en effet, Villeneuve arriva
à la Martinique le 14 mai, et lui aux Barbades le 4 juin. Il courut aussitôt vers la
Trinité, pensant que l'expédition française avait pour but de réduire cette colonie;
mais, pendant ce temps, Villeneuve se préparait à regagner l'Europe. Des instructions définitives qu'il reçut à la Martinique lui avaient enjoint de revenir au plus
vite en Europe faire lever le blocus du Ferrol, rallier les quinze vaisseaux français et espagnols qui étaient dans ce port, se joindre à Rochefort à l'escadre de
Missiessy, débloquer Gantheaume à Brest, et entrer dans le canal avec soixante
vaisseaux et trente frégates. Le 28 mai, Villeneuve partit de la Martinique, et le
3 juillet il était à la hauteur des Açores. Nelson n'apprit que le 13 juin, à Antigoa,
que les Français avaient quitté la Martinique; étonné de voir fuir devant lui une

flotte double de la sienne, il soupçonna une combinaison cachée, ainsi que le retour de Villeneuve en Europe, et envoya aussitôt plusieurs bâtiments fins voiliers en Angleterre pour faire part de ses conjectures au gouvernement; lui-même, sans donner à ses équipages un instant de repos, mit à la voile le même jour pour l'Europe, et le 18 juillet atteignit Gibraltar, ayant en soixante-dix-huit jours, avec une flotte qui avait deux ans de mer, traversé deux fois l'Atlantique et fouillé toutes les Antilles : rapidité jusqu'alors inouïe dans les annales maritimes.

L'amirauté reçut le 9 juillet les dépêches de Nelson; aussitôt, faisant ce que l'empereur voulait faire, et avec une promptitude de décision qui fut le salut de l'Angleterre, elle donna ordre à l'amiral Stirling, commandant de la croisière de Rochefort, de lever le blocus de ce port, d'aller joindre sir Robert Calder qui bloquait le Ferrol, et de croiser devant le cap Finistère pour attaquer la flotte de Villeneuve dans sa route vers Brest. Stirling reçut ces ordres le 13, et le 15 il effectuait sa jonction avec Calder. Ce dernier avait à peine établi sa croisière à la place qui lui avait été assignée, que la flotte franco-espagnole parut en vue (22 juillet). Calder n'avait que quinze vaisseaux et trois frégates contre les vingt vaisseaux et les huit frégates de Villeneuve; il n'hésita pas cependant à engager aussitôt le combat. Le résultat en fut incertain; un vaisseau anglais fut mis hors de combat, deux vaisseaux espagnols obligés d'amener leurs couleurs. Calder avait l'intention de recommencer le combat le lendemain; mais, ayant appris que Villeneuve avait envoyé pendant la nuit au Ferrol ses vaisseaux les plus maltraités, il craignit que l'escadre qui se trouvait dans ce port ne vînt au plus vite faire sa jonction avec la flotte de son adversaire, et, pour ne pas compromettre inutilement ses quatorze vaisseaux contre trente, il prit sa route vers l'île d'Ouessant, pour faire sa jonction avec la flotte de lord Cornwallis [1]. La retraite de l'amiral anglais laissait le passage libre à Villeneuve, qui put sans danger rallier à la Corogne seize vaisseaux espagnols; mais alors, au lieu de suivre ses instructions et de se porter au-devant de l'escadre de Rochefort qui était sortie à sa rencontre, et, la jonction opérée, de voguer sur Brest pour débloquer Gantheaume, il entra au Ferrol où il resta dans une inexplicable immobilité.

Pendant ce temps, la flottille avait achevé de se concentrer à Boulogne. L'aile gauche, formée en Hollande, avait accompli le passage de Flessingue à Ambleteuse en livrant aux Anglais, qui lancèrent contre elle jusqu'à quatre-vingt-quinze bâtiments, une multitude de petits combats qui tous se terminèrent à son avantage. La flotte comptait alors deux mille deux cent quatre-vingt-treize bâtiments armés de cinq mille canons; l'armée cent soixante-seize mille hommes, quatorze mille chevaux, cinq cent soixante-douze canons; tout était prêt lorsque l'empereur apprit que Villeneuve, au lieu de se diriger vers la Manche, était entré au Ferrol où il restait immobile. Il comprit de suite que tout était perdu. En effet, l'Autriche venait d'accéder à la coalition (9 août) et mettait ses armées en mouvement; quatre-vingt-dix mille hommes, sous les ordres de l'archiduc Ferdinand et du

1. Cette détermination, quoique commandée par la prudence, excita en Angleterre un si vif mécontentement, que Calder fut traduit devant une cour martiale et sévèrement réprimandé.

général Mack, se disposaient à envahir la Bavière, restée fidèle à la France; quarante mille, commandés par l'archiduc Jean, prenaient position dans le Tyrol, et cent mille, sous l'archiduc Charles, se dirigeaient vers l'Adige. Cependant, même en ce moment, un coup frappé au cœur de l'Angleterre, âme de la coalition, eût suffi pour intimider et arrêter l'Autriche. Villeneuve pouvait encore réparer ses fautes. Nelson, de retour en Europe depuis le 18 juillet, mais sans nouvelle de ce qui s'était passé sur mer, errant depuis ce temps de Gibraltar en Irlande, toujours à la recherche de la flotte franco-espagnole, Nelson était encore isolé. Cornwallis, renforcé de Calder, ne comptait que vingt-quatre vaisseaux, Villeneuve en avait trente-trois. Napoléon lui enjoignit, dans les termes les plus formels, de sortir aussitôt du Ferrol et de faire voile vers Brest pour y débloquer Gantheaume, fallût-il livrer bataille. L'amiral obéit; mais, à peine sorti du Ferrol, il apprit que Calder venait d'être détaché à sa rencontre avec vingt vaisseaux de ligne; alors il perdit la tête, et, pour éviter une bataille avec trente-trois vaisseaux contre vingt, il s'en alla se réfugier à Cadix, où il fut aussitôt bloqué par les escadres réunies de Collingwood et de Calder. A ce dernier coup, Napoléon ordonna de lever les camps; en vingt-quatre heures, tous les corps d'armée firent demi-tour à droite et se précipitèrent sur l'Allemagne comme un torrent (27 août). L'Autriche allait payer les fautes de Villeneuve.

En effet, quinze jours après le commencement de la campagne (2 octobre), le général Mack, continuellement battu dans une suite d'engagements partiels, était enfermé dans Ulm et capitulait avec trente mille hommes; et le 13 novembre, avant que les Russes eussent même eu le temps d'entrer en ligne, Vienne était occupée par les Français. Ces coups terribles renversaient tous les plans des coalisés. Cependant une éclatante victoire navale remportée par les Anglais sur la grande flotte franco-espagnole vint un instant ranimer leur espoir.

Après la levée du camp de Boulogne, Napoléon avait donné ordre à Villeneuve de profiter de la première occasion favorable pour gagner Toulon, où sa flotte devait concourir aux opérations de l'armée française d'Italie. Instruit de la colère de l'empereur, Villeneuve résolut de racheter ses fautes en livrant bataille, alors qu'une bataille, fût-elle gagnée, ne pouvait avoir aucun résultat immédiat. La flotte franco-espagnole comptait trente-trois vaisseaux de haut bord; la flotte de blocus n'en avait que vingt-sept; mais ces vingt-sept vaisseaux étaient commandés par Nelson. Le 21 octobre, s'engagea près du cap Trafalgar un des plus terribles combats qui aient jamais été livrés; il se termina par la ruine complète de la flotte combinée. Des trente-trois vaisseaux qui la composaient, dix-sept furent pris avec l'amiral français; quatre autres, qui étaient parvenus à s'échapper, tombèrent quelques jours après dans une escadre anglaise et furent forcés de se rendre. Les vainqueurs ne perdirent que trois mille hommes; mais parmi les morts était Nelson. Frappé d'une balle qui lui brisa l'épine dorsale, il expira en disant : « Dieu soit loué, j'ai accompli ma tâche. » En effet, sa tâche était achevée : la marine espagnole n'existait plus, et la marine française était réduite à un tel état d'affaiblissement, que l'Angleterre, définitivement maîtresse de l'Océan, n'eut plus à craindre ni coalition maritime ni invasion. Tous les honneurs que peut prodiguer la recon-

naissance d'un grand peuple furent rendus à la mémoire de l'homme qui avait payé
de sa vie ces immenses résultats. De magnifiques funérailles, un monument à
Saint-Paul, des statues dans toutes les grandes villes furent d'éclatants témoi-

Funérailles de Nelson.

gnages des regrets publics. La reconnaissance nationale s'exerça même sur la famille
de Nelson. Son frère, créé comte, reçut une pension de 6,000 livres ; 100,000 livres
furent votées à chacune de ses sœurs pour leur acheter de vastes domaines. L'on
n'oublia pas non plus les braves marins à l'habileté et au courage desquels revenait
une partie de l'honneur de la victoire ; des remercîments unanimes leur furent
votés par les deux chambres ; honneurs, dignités, pensions leur furent prodigués.
Le vice-amiral Collingwood, commandant d'une des divisions de la flotte, fut élevé
à la pairie.

La victoire de Trafalgar balança en Angleterre la funeste impression produite
par les événements d'Allemagne ; d'ailleurs, dans ce pays même, les choses reprenaient un aspect moins alarmant. Les Russes, entrés en ligne, avaient rallié les
débris de l'armée autrichienne ; l'archiduc Charles accourait d'Italie ; les Suédois
marchaient sur l'Elbe ; enfin, le roi de Prusse, cédant aux sollicitations des cours

d'Angleterre, d'Autriche et de Russie, et entraîné par l'ardeur belliqueuse de sa noblesse et de son armée, avait signé avec Alexandre un traité d'alliance et envoyé le comte d'Haugwitz offrir à Napoléon sa médiation pour conclure la paix aux conditions proposées par les puissances coalisées, et lui signifier qu'en cas de refus les forces de la Prusse se joindraient à celles des alliés. Les Français, entourés de toutes parts, semblaient perdus; mais, avant que l'envoyé prussien eût eu le temps de signifier à Napoléon l'ultimatum de sa cour, celui-ci avait détruit à Austerlitz les armées russe et autrichienne (2 décembre 1805); Alexandre était en pleine retraite; François venait lui-même demander la paix sous la tente du vainqueur; et le comte d'Haugwitz, changeant en félicitations les sommations menaçantes dont il était chargé, signait un traité d'alliance par lequel la Prusse fermait ses ports aux Anglais et acceptait la possession du Hanovre en échange du territoire d'Anspach, du duché de Clèves et de la principauté de Neufchâtel, qui étaient cédés à la France (15 décembre). Dix jours après (26 décembre), le traité de Presbourg mit fin à la guerre entre la France et l'Autriche. Cette puissance cédait au royaume d'Italie les États vénitiens, à la France l'Istrie et la Dalmatie, à la Bavière le Tyrol et le Voralberg, aux princes de Wurtemberg et de Bade ses possessions de la Souabe; les électeurs de Bavière, de Wurtemberg et de Bade étaient déclarés, les deux premiers rois, le dernier grand-duc, et, ce qui était le coup de mort de l'empire germanique, ils acquéraient le droit de jouir, sur les territoires à eux concédés comme sur leurs anciens états, de la plénitude de la souveraineté.

La ruine de cette coalition, fruit de tant d'efforts et dont on attendait de si vastes résultats, fut fatale à son auteur. Depuis longtemps, Pitt allait toujours s'affaiblissant; rien ne pouvait plus relever sa constitution détruite par le travail, les soucis et les excès auxquels il s'était livré pour la soutenir. La bataille d'Austerlitz et le traité de Presbourg lui portèrent le dernier coup. Jusqu'à ses derniers moments, sa pensée fut attristée par l'avenir de malheurs qu'il entrevoyait pour son pays. Après avoir examiné sur la carte les changements qu'allait apporter en Europe le traité de Presbourg : « Voici une carte, dit-il, qu'il nous faut fermer pour un demi-siècle. » Peu de jours après, il expira : « Hélas! ô mon pays ! » furent ses dernières paroles (23 janvier 1806). Il n'avait pas encore achevé sa quarante-septième année. Le lendemain, la chambre des communes, interprète de la douleur publique, vota, à la majorité de 258 voix contre 89, une adresse par laquelle le roi était prié d'ordonner que Pitt fût enterré à Westminster, à côté de son père, et qu'on lui élevât, aux frais de l'État, un monument avec une inscription qui exprimerait les regrets que laissait dans la nation une perte aussi grande qu'irréparable. Une somme de 40,000 livres sterling fut consacrée au paiement de ses dettes. Trois des fils du roi assistèrent à ses funérailles, qui furent célébrées avec la plus grande magnificence.

La mort de Pitt fut le signal de la dissolution du ministère. Il y avait cependant dans le cabinet des hommes d'habileté et d'expérience; mais tous étaient épouvantés de la situation critique où se trouvait de nouveau l'Angleterre. L'Autriche, cette fidèle alliée, était abaissée et démembrée; la maison de Naples venait d'être renversée de son trône et chassée de l'Italie; la Prusse, qui avait ratifié le traité

de Vienne, allait prendre possession du Hanovre; la Porte-Ottomane était disposée
à se rapprocher de la France; enfin, les relations de l'Angleterre avec les États-
Unis d'Amérique avaient pris un caractère marqué d'irritation et de mésintelligence qui indiquait d'imminentes hostilités.

Depuis que la Russie avait, par la convention de juin 1801, sacrifié la cause pour
laquelle ses sollicitations, poussées jusqu'à la menace, avaient armé les puissances
du Nord; depuis que des passions insensées avaient séparé le roi de Suède, Gustave IV, des intérêts des nations commerçantes, et par conséquent des intérêts
même de la nation suédoise, depuis que le Danemark, seul gouvernement qui se
fût dévoué pour les principes de la neutralité, avait été contraint de céder à la
force, tout en Europe avait fléchi sous le despotisme maritime de l'Angleterre.
C'était au Nouveau Monde seulement que sa tyrannie devait rencontrer une énergique résistance. Dans le cours de 1805, le commerce des États-Unis n'avait pas
été épargné par les croiseurs anglais; d'iniques condamnations suivaient de près
des arrestations arbitraires. Le moindre prétexte suffisait pour déterminer la confiscation des bâtiments et de leur cargaison. La *presse* s'exerçait sur ces bâtiments
de la manière la plus capricieuse et la plus violente. Une circonstance particulière vint encore multiplier les vexations. La France ayant permis aux neutres
le commerce de ses colonies, faculté que les gouverneurs des colonies anglaises
sont autorisés par le roi à accorder en certaines circonstances, cette imitation,
faite par la France de la conduite de l'Angleterre, devint pour cette dernière
puissance une occasion d'outrages sans nombre envers le commerce américain.
Ce que la France tolérait de la part du gouvernement anglais, ce gouvernement n'entendait pas le tolérer de la part de la France. C'en était fait, disait-il,
du commerce anglais s'il ne réprimait pas la *licencieuse neutralité* du commerce
des Américains. Alors furent réduites en un corps complet de doctrine, dans un
écrit publié par le juge Rogers, les prétentions isolées qui avaient été successivement émises par l'Angleterre à mesure que des conjonctures nouvelles avaient
fourni des aliments à sa cupidité. « Nous ne devons pas souffrir, écrivait ce publi-
ciste officiel, qu'il sorte une barrique de sucre des colonies de l'ennemi dans les
Indes occidentales, à moins qu'elle ne soit conduite dans un marché de la Grande-
Bretagne et qu'elle n'y soit chargée d'un droit qui puisse détruire l'avantage de
nos ennemis dans leur concurrence avec nos planteurs. »

Un ordre (septembre 1805) du cabinet britannique ayant autorisé l'arrestation
de tout bâtiment américain chargé de marchandises ou denrées qui ne provien-
draient pas des États-Unis, plus de cinquante bâtiments subirent les conséquences
de cet ordre et furent conduits dans des ports britanniques. On n'évaluait pas à
moins de trois mille le nombre des marins *pressés* par les vaisseaux de guerre
anglais. De telles insultes étaient intolérables. Le gouvernement des États-Unis
n'avait de prise que contre les Anglais qui résidaient sur son territoire; on les fit
rassembler dans un même lieu sous la surveillance d'un commissaire américain. En
ouvrant (3 décembre 1805) la session du congrès, le président Jefferson éleva la
voix contre des « vexations insupportables ayant leur source dans un système
« nouveau qu'on ne pouvait laisser subsister. » Par un message en date du 27 jan-

vier 1806, il réclama encore contre « les nouveaux principes interpolés par l'An-
« gleterre dans la loi des nations ; » mais ce qui valait mieux qu'un appel à la justice, toujours dédaigné par le cabinet britannique quand il peut le faire sans danger, une mesure courageuse, adoptée par le congrès relativement à la presse des
matelots américains, fit voir aux Anglais que, même pour des états dépourvus
d'une marine capable de lutter contre eux, il existe toujours des moyens de se
défendre contre l'oppression. « Tout individu qui pressera un matelot américain,
déclara le congrès, sera considéré comme pirate et puni de mort.—Tous les marins
américains sont autorisés à tuer les individus qui voudraient passer à leur bord.
Chaque matelot, pour prix de sa résistance en pareil cas, recevra deux cents
dollars. — Si le président des États-Unis apprend qu'un marin américain est
enrôlé par force, un semblable traitement sera fait à un marin de la puissance qui
aura commis l'offense. — Tout marin américain qui aura été pressé de cette manière recevra une indemnité de soixante dollars pour chaque mois qu'il aura passé
dans l'esclavage. » De pareilles mesures équivalaient presque à une déclaration de
guerre ; et ceci se passait au moment où Napoléon, vainqueur de la coalition, allait
pouvoir une seconde fois attaquer l'Angleterre corps à corps. Les collègues de Pitt
ne se sentirent pas la force de lutter contre d'aussi effrayantes difficultés, et donnèrent leur démission.

Quatre partis bien distincts divisaient alors le parlement et le pays. Le plus
considérable était celui des ministres qui se retiraient. Castlereagh, Canning,
Perceval, etc., hommes importants de ce parti, voulaient le maintien absolu de la
constitution et l'abaissement complet de la France. En hostilité complète avec
eux, étaient les whigs ardents, les hommes qui, malgré les horreurs et les excès
de la révolution française, étaient restés attachés aux principes démocratiques, et
qui avaient pour mot d'ordre la réforme parlementaire, l'émancipation des catholiques, le rappel des *tests*, l'abolition de l'esclavage et la paix avec la France ; Fox,
Erskine, lord Howick (autrefois M. Grey) étaient leurs chefs. A côté d'eux, et sortis
aussi du grand parti whig, se plaçaient les amis et disciples de Burke, qui au
commencement de la révolution française avaient abandonné la cause populaire
pour se rallier à Pitt ; fidèles soutiens de cet homme d'état pendant tout son premier ministère, ils s'étaient jetés dans l'opposition lors de sa rentrée aux affaires ;
ce troisième parti, dont les chefs étaient lord Grenville, le comte Spencer et
M. Wyndham, sans être aussi désireux de la paix que Fox et ses amis, était bien
revenu de son animosité contre la France ; il se rapprochait des whigs dans toutes
les questions empreintes d'un libéralisme modéré. Lord Sidmouth et ses adhérents formaient le quatrième parti ; torys au fond du cœur, l'accession de Pitt aux
affaires à la place de M. Addington les avait seule rangés parmi les adversaires du
pouvoir ; ils formaient, avec le parti Grenville, la nouvelle opposition, ou, pour
mieux dire, les trois partis de Fox, Grenville et Sidmouth n'en formaient plus
qu'une, encore divisée sur quelques questions, mais tendant tous les jours à se
rapprocher.

Dans cette situation, le choix de nouveaux ministres jetait le roi dans une perplexité extrême. Il eût volontiers chargé lord Grenville de former la nouvelle admi-

nistration; mais il savait que ce lord ne consentirait pas à entrer dans un cabinet où Fox ne serait point appelé, et ses répugnances contre ce dernier étaient toujours aussi vives. Cependant, former un ministère en dehors des partis qui avaient pour chefs ces deux hommes était chose impossible; il fallut se soumettre, et Grenville reçut mission de former un nouveau cabinet en s'adjoignant l'illustre chef des whigs

Charles James Fox,
d'après l'original d'Opie.

Le ministère choisi sous l'influence de ces deux hommes d'état se composa des principaux membres des trois oppositions [1]. Fox en était sans contredit le person-

---

1. Le cabinet fut composé ainsi qu'il suit : lord Erskine, lord chancelier; le comte de Fitz-William, président du conseil; le vicomte Sidmouth, lord du sceau privé; lord Grenville, premier lord de la trésorerie; lord Howick (M. Grey), premier lord de l'amirauté; le comte Moira, maître général de l'artillerie; le comte Spencer, secrétaire d'état pour l'intérieur; Fox, secrétaire d'état pour les affaires extérieures; Wyndham, secrétaire d'état pour la guerre; lord Henry Petty, chancelier de l'échiquier; lord Ellenborough, grand juge, avec siége dans le cabinet.

nage le plus important, et la place de premier lord de la trésorerie, à laquelle est attachée la suprême direction des affaires, lui semblait réservée de droit; mais il préféra le département des affaires étrangères comme le poste où il pourrait contribuer le plus efficacement à la réalisation de ses ardents et constants désirs, la pacification générale. Lord Grenville fut le chef de la trésorerie.

Une différence notable existait entre la politique du nouveau ministère et celle du cabinet qui se retirait. « Pitt et ses partisans voulaient avant tout affaiblir, anéantir la puissance française, sauf à faire sortir de l'abaissement de la France tous les avantages possibles pour l'Angleterre; dans le système de l'administration de Fox, le premier but était de tirer de la guerre tous les avantages possibles pour l'Angleterre, sauf à faire en même temps de grands efforts pour affaiblir la France ; en deux mots, Pitt et ses partisans voulaient le mal de la France d'abord, puis le bien de l'Angleterre; Fox et ses amis voulaient le bien de l'Angleterre d'abord, puis le mal de la France [1]. » C'est dans cet esprit que fut conçu le plan de finances présenté par lord Henry Petty aux délibérations du parlement. Le nouveau chancelier de l'échiquier avait basé ses calculs sur ce principe : « qu'il ne serait plus désormais formé de coalitions qui exigeassent de la part de l'Angleterre des paiements de subsides aux cours étrangères, et que, tout en se montrant disposée à poursuivre dans ses intérêts la guerre contre la France, de concert avec toute puissance qui voudrait y concourir, l'Angleterre ne continuerait pas à faire les frais des armements et des opérations de ces puissances. »

Cette politique nouvelle excita au dernier point la colère des membres de l'ancien cabinet. Sarcasmes, injures, accusations de connivence avec la France et de trahison furent prodigués aux ministres; l'opposition alla si loin que, lorsque Wilberforce ramena devant la chambre des communes, comme il le faisait tous les ans, la question de l'abolition de la traite des noirs, Canning, qui jusqu'alors avait été un des plus ardents comme un des plus éloquents défenseurs de cette motion, n'y trouva plus qu'un sujet d'amères récriminations et d'injustes attaques contre le ministère. Fox, fidèle aux principes de toute sa vie, appuya de tout son pouvoir la motion de Wilberforce; mais trop d'intérêts particuliers s'opposaient à son adoption; elle fut encore repoussée. Alors Fox proposa à la chambre de déclarer, au moins, que la traite étant contraire à tous les principes de justice, d'humanité et de sage politique, le gouvernement était invité à prendre les mesures les plus efficaces pour y mettre un terme : « Si, dit-il, j'étais assez heureux pour obtenir de la « chambre ce que je lui demande, un pareil vote suffirait à la gloire des quarante « années pendant lesquelles j'ai siégé sans interruption dans cette enceinte, et je « pourrais alors me retirer de la vie publique avec la satisfaction et la conscience « d'avoir accompli ma tâche. » Ces nobles paroles furent accueillies comme elles le méritaient. Une imposante majorité adopta la motion.

L'arrivée de Fox au pouvoir avait fait espérer à l'Angleterre comme à la France que des négociations pacifiques ne tarderaient pas à s'ouvrir; ces espérances ne furent pas trompées. Peu de jours après la formation du cabinet, un aventurier

---

1. Bignon, *Histoire de France depuis le* 18 *brumaire*, t. VI, p. 217.

français vint proposer au secrétaire des affaires étrangères d'assassiner Napoléon. Fox le fit aussitôt mettre en prison et en écrivit au prince de Bénévent (20 février 1806). « Nos lois, lui dit-il, ne nous permettent pas de détenir longtemps cet homme ; mais il ne partira qu'après que vous aurez eu le temps de vous mettre en garde contre ses attentats. » Napoléon fut vivement touché de cette communication. « Je reconnais là, dit-il, les principes d'honneur et de vertu qui ont toujours animé « M. Fox... Je me réjouis du nouveau caractère que, par cette démarche, la guerre « a déjà pris ; c'est le présage de ce que l'on peut attendre d'un cabinet dont je me « plais à apprécier les principes d'après ceux de M. Fox, un des hommes les plus « faits pour sentir en toutes choses ce qui est beau, ce qui est vraiment grand. » En rapportant ces paroles au ministre anglais, M. de Talleyrand lui adressa un billet par lequel il annonçait que l'empereur était toujours prêt à négocier sur les bases du traité d'Amiens. Dès lors une active correspondance commença entre les deux ministres, et les points principaux sur lesquels une négociation pouvait être entamée furent rapidement arrêtés. Pour abréger les lenteurs, Napoléon fit venir à Paris le comte d'Yarmouth, alors prisonnier à Verdun, et le chargea d'aller porter à Fox des paroles propres à le convaincre de la sincérité de ses sentiments (juin). Mais, quel que fût de part et d'autre le désir d'arriver à une pacification, c'était chose des plus difficiles. Fox, patriote sincère, devait nécessairement chercher à diminuer la grandeur démesurée de la France, et chaque jour cette grandeur allait encore s'augmentant. Le lendemain de la paix de Presbourg, l'empereur, pour punir la cour de Naples d'avoir accédé à la coalition et appelé dans ses états une armée anglo-russe, avait déclaré que « la dynastie de Naples avait cessé de régner, » et que le nouveau royaume de Naples, rétabli pour un prince français, ferait désormais partie des états fédératifs de l'empire. En effet, le 15 février 1806, son frère Joseph, reconnu pour roi de Naples, entrait dans cette ville que ses souverains légitimes avaient abandonnée pour se réfugier en Sicile.

L'Italie presque tout entière était dès lors soumise au sceptre de l'empereur ; il allait en être de même de la Hollande. Pour assurer plus intimement encore l'identité politique de ce pays avec la France, Napoléon lui imposa pour souverain son second frère, Louis, auquel il recommandait « de ne jamais cesser d'être Français » (5 juin). Ces deux intronisations ne suffisaient pas encore aux vastes projets de l'empereur ; « afin de procurer des centres de correspondance et d'appui au grand empire, » il avait donné à ses sœurs, à ses ministres, à ses maréchaux, des principautés en Italie et en Allemagne ; Murat était devenu souverain héréditaire des duchés de Berg et de Clèves (31 mars).

Tous ces agrandissements ne pouvaient être agréables à l'Angleterre et étaient autant d'obstacles à la marche rapide des négociations ; d'ailleurs, le cabinet de Saint-James exigeait une négociation commune avec la Russie, tandis que Napoléon voulait traiter séparément. Diverses circonstances vinrent donner à la France un immense avantage. La Prusse, qui, pendant que le comte d'Haugwitz signait à Vienne le traité du 15 décembre, sollicitait à Londres l'appui de l'Angleterre, la Prusse, cédant aux exigences de l'empereur et au désir de posséder le Hanovre, ce constant objet de sa convoitise, avait occupé l'électorat à titre définitif, et fermé ses ports aux vaisseaux britanniques. Irritée de cette conduite, que Fox stigmatisa en plein parlement en déclarant qu'elle « unissait tout ce que la rapacité a d'odieux « à tout ce qu'il y a de méprisable dans la servilité, » l'Angleterre avait répondu aux mesures du cabinet de Berlin en déclarant toutes les côtes de l'Océan, de la Manche et de la Baltique, depuis Brest jusqu'à l'Elbe, en état de blocus; mais ce n'en était pas moins un ennemi de plus qu'elle voyait se lever contre elle; c'étaient encore des ports qui se fermaient à son commerce, et cela au moment où l'alliance de la Russie allait aussi lui être enlevée. En effet, le czar, craignant d'être sacrifié par le cabinet de Saint-James dans une négociation commune, avait envoyé à Paris un plénipotentiaire autorisé à conclure une paix séparée, et le traité avait été signé le 20 juillet. Quelques jours auparavant, et à la suite de négociations qui s'étaient activement continuées pendant les pourparlers avec l'Angleterre, un traité avait été signé entre la France et la plupart des princes d'Allemagne, lesquels, se séparant à perpétuité de l'empire germanique, formaient entre eux une confédération dite confédération du Rhin, dont l'empereur des Français était déclaré le protecteur (12 juillet).

Des événements si importants, si avantageux pour la France ne pouvaient manquer d'influer sur la négociation. Les propositions que lord Yarmouth avait été chargé de transmettre à Fox portaient : que la France consentirait à ce que l'Angleterre conservât Malte, le Cap, une partie des possessions françaises dans les Indes; que le Hanovre serait restitué au roi Georges III au moyen d'une indemnité de territoire donnée à la Prusse; que l'Angleterre, de son côté, restituerait à la France et à ses alliés Pondichéry, Sainte-Lucie, Tabago, Surinam, Gorée, Demérari, Berbice et Essequibo; qu'elle reconnaîtrait les différents souverains créés par Napoléon. Les événements survenus en Europe peu de temps après la fixation de cette base devaient nécessairement augmenter les exigences de la France. Napoléon déclara que la possession de la Sicile était indispensable à la conservation du royaume de Naples; il offrait, du reste, d'indemniser le roi Ferdinand, qui l'occupait, par une cession de territoires dans une partie de l'empire que la négociation déterminerait. Mais, sur ce point, on ne put s'entendre. L'objet véritable de Napoléon, en exigeant la Sicile, était moins de procurer à son frère Joseph une augmentation de territoire, que de balancer l'influence que la possession de Malte donnait à l'Angleterre dans la Méditerranée; et c'était précisément à cause de cela que cette puissance opposait une si vive résistance aux prétentions de Napoléon; elle avait cependant admis la discussion sur le principe d'une indemnité à donner au roi Ferdinand, lorsque de nouveaux événements vinrent tout à coup changer sa position et celle de la France.

L'ouverture des négociations n'avait pas suspendu les hostilités, et, au commencement de juillet, le général anglais sir John Stuart, voulant faire révolter la Calabre, débarqua dans ce pays à la tête d'une petite armée de six à sept mille hommes. Le général Reynier, qui commandait en Calabre, réunit à la hâte un corps de force à peu près semblable, attaqua les Anglais auprès de la ville de Maïda et fut repoussé (6 juillet). Cet avantage était par lui-même sans importance, car bientôt Reynier ayant reçu des renforts, obligea sir John Stuart à se rembar-

quer; mais en Angleterre on donna à la victoire de ce général un retentissement
dont les conséquences devaient être bien autrement importantes que le combat lui-
même. Jusqu'alors les Anglais avaient toujours considéré les soldats français comme
aussi supérieurs aux leurs que les marins britanniques étaient supérieurs aux
marins français. La bataille de Maïda et surtout l'importance et l'éclat qu'on lui
donna les firent revenir de cette idée : « La bataille de Maïda a rompu le charme,
disait-on dans les journaux et au parlement; elle a montré à l'Angleterre, à la
France, au monde entier, le mérite comparatif des troupes des deux nations, et
elle a pleinement confirmé la supériorité décisive de la vaillance anglaise. » Ces
exagérations ridicules eurent un effet immense sur l'opinion, et la nation, qui
jusqu'alors avait vu avec faveur les négociations pour la paix, sembla ne plus respirer que la guerre. Cette attitude du peuple anglais devait d'autant plus être
prise en considération par le cabinet, qu'en ce moment un revirement subit s'était
opéré dans les dispositions du continent à l'égard de la France. La Prusse et la
Russie avaient été vivement blessées et effrayées de la nouvelle organisation donnée
par Napoléon à l'Allemagne centrale, ainsi que de l'augmentation de puissance
qu'allait apporter à l'empereur sa qualité de protecteur de la confédération du
Rhin; et le parti hostile à la France reprit tout à coup en Russie une telle supériorité sur celui de l'alliance française, que l'empereur Alexandre refusa de ratifier
le traité signé à Paris par son ambassadeur. Le roi de Prusse, plus indécis,
plus timide, n'exprima d'abord son mécontentement que par de sourdes menées,
qu'en semant par toute l'Allemagne d'odieux libelles contre la France; mais sa
colère était d'autant plus vive qu'il venait d'apprendre que, sans le consulter,
Napoléon, pour faciliter ses négociations avec l'Angleterre, avait offert à cette
puissance de lui restituer le Hanovre, dont lui-même avait exigé tout récemment que la Prusse s'emparât. Les intentions ouvertement hostiles de la Russie, la
défection dissimulée, mais imminente, de la Prusse, rendaient à l'Angleterre tout
l'avantage qu'elle avait perdu dans le commencement des négociations. Ses exigences devinrent d'autant plus grandes, qu'en ce moment l'homme qui dans le
cabinet pouvait seul balancer l'ascendant toujours croissant que prenait le parti de
la guerre, Fox, était atteint d'une maladie qui devait bientôt le conduire au tombeau. Il expira, en effet, le 13 septembre, au grand regret de tous les admirateurs
de son beau caractère et de tous ceux qui désiraient la cessation des hostilités.
Avec lui s'évanouit tout espoir de conciliation. Vainement Napoléon, sincèrement désireux d'obtenir la paix, abandonna ses prétentions sur la Sicile, ce qui
semblait devoir couper court à toute difficulté; le cabinet de Saint-James, sûr
des dispositions secrètes de la Prusse, et intimement uni avec la cour de Saint-
Pétersbourg, déclara qu'il voulait, non ses propres avantages, mais ceux de son
allié impérial, et, « par l'oubli le plus étrange de ses intérêts, des intérêts de toute
l'Europe, exigea que la France cédât à la Russie la Dalmatie et les îles Ioniennes,
c'est-à-dire les deux portes de l'empire ottoman. » C'étaient des concessions que la
France, partout victorieuse, ne pouvait pas faire. La négociation fut rompue
(26 septembre).

Cet événement fut vu sans regret par la grande majorité du peuple anglais

Depuis le combat de Maïda, tous les esprits étaient à la guerre et rêvaient déjà pour les armées de terre les succès que ne cessaient de remporter les flottes britanniques. Sur mer, en effet, les triomphes de l'Angleterre étaient nombreux et incontestés. Le 4 janvier 1806, une expédition, commandée par l'amiral sir Home Popham, s'était emparée du cap de Bonne-Espérance, que la paix d'Amiens avait rendu aux Hollandais. Peu de jours après (29 janvier), l'amiral français Linois, au retour d'une croisière de trois années pendant laquelle il avait fait au commerce anglais dans l'Inde la guerre la plus ardente et la plus destructive, était tombé avec ses quatre bâtiments au milieu de la flotte de l'amiral Warren, et avait été forcé de se rendre. La flotte de Gantheaume, que l'ineptie de Villeneuve avait laissé enfermée dans Brest, ne fut pas plus heureuse; on l'avait divisée en deux escadres : l'une, sous les ordres du contre-amiral Villaumez, avait été chargée de ravitailler le cap de Bonne-Espérance, menacé par les Anglais; l'autre, commandée par le contre-amiral Leissegue, devait porter des renforts aux Antilles françaises. La première de ces escadres fut dispersée par une horrible tempête qui lui fit perdre la moitié de ses bâtiments; la seconde, assaillie devant Saint-Domingue par l'amiral Duckworth, avec des forces supérieures, fut presque entièrement anéantie (6 février 1806). Quelques revers vinrent cependant se mêler à ces nombreux succès.

Exalté par la facilité avec laquelle il avait effectué la conquête du cap de Bonne-Espérance, sir Howe Popham conçut le projet d'une invasion dans les possessions espagnoles de l'Amérique méridionale. Vers le milieu d'avril, il quitta le Cap; le 24, il débarquait avec douze cents hommes dans les environs de Buénos-Ayres, et le 27 il entrait dans cette ville, que le gouverneur espagnol avait abandonnée à l'approche des Anglais, et que les habitants n'essayèrent pas de défendre. La nouvelle de cette riche et facile conquête, où le commerce voyait la base des plus fructueuses spéculations, excita en Angleterre des transports d'allégresse. Mais cette illusion ne fut pas de longue durée; les revers furent aussi prompts, aussi complets que la victoire. Au service des Espagnols était un Français, le colonel Linières; le 10 août, il parut tout à coup devant Buénos-Ayres à la tête de quelques milliers d'hommes, et, après un combat acharné, força les Anglais à se rendre; le peu qui échappa se rembarqua en toute hâte. C'était là un rude échec; cependant, la tentative de sir Home Popham rentrait trop dans les vues du cabinet actuel, qui recherchait surtout dans la guerre l'agrandissement et l'intérêt de l'Angleterre, pour qu'elle ne fût pas renouvelée. Une partie de l'expédition s'était maintenue dans le Rio de la Plata et y avait établi une espèce de blocus. Un nouvel armement, portant sept mille hommes de débarquement, fut dirigé vers ces parages. On devait, avant d'agir contre Buénos-Ayres, s'assurer de la ville de Montevideo. Cette place fut, en effet, enlevée après un combat violent qui coûta aux Anglais environ six cents hommes (2 février 1807). Enhardie par ce succès, et renforcée d'ailleurs par un corps de sept mille hommes, l'armée marcha contre Buénos-Ayres; mais le colonel Linières commandait alors dans cette place; et lorsque, le 5 juillet, les Anglais tentèrent une attaque générale, ils furent repoussés avec perte de près de trois mille hommes. Linières profita du découragement où ce revers inattendu avait jeté ses ennemis pour proposer au général Whitelocke, qui commandait l'expédition, de lui rendre tous les prisonniers qui étaient entre ses mains s'il voulait se retirer du Rio de la Plata. Whitelocke, désespérant du succès de sa mission, accepta la proposition et revint en Europe, ne ramenant qu'une faible partie d'une expédition dans laquelle l'Angleterre avait employé douze à quinze mille hommes, et sur laquelle la nation avait déjà bâti les plus magnifiques espérances. Whitelocke fut la victime du désappointement général. Traduit devant un conseil de guerre, il fut déclaré incapable de remplir désormais aucune fonction dans l'armée.

Le ministère n'avait pas borné à l'Amérique méridionale ses desseins d'agrandissement. Quatre frégates, dirigées contre les colonies hollandaises des Indes occidentales, avaient pris possession de l'île de Curaçao, pendant qu'un armement considérable, sous la conduite du général Fraser, jetait en Égypte huit mille hommes et s'emparait d'Alexandrie (mars 1807). Quoique ces expéditions fussent toutes entreprises dans l'intérêt de l'Angleterre, beaucoup de personnes, dans la nation comme au parlement, s'affligeaient de ces sacrifices d'hommes et d'argent, complétement inutiles à l'objet de la guerre. Leurs sentiments s'exhalaient en critiques amères contre la politique du ministère; les incroyables succès remportés par Napoléon sur ses ennemis donnaient chaque jour à ces plaintes plus d'à-propos et de valeur.

Après de longues hésitations, le roi de Prusse, emporté par l'ardeur guerrière de son armée et de sa cour, avait déclaré la guerre à la France (9 octobre 1806). Mais Napoléon était sur ses gardes. Cent vingt mille hommes, réunis dans la Westphalie, n'attendaient qu'un signal, et cinq jours après que la Prusse eut lancé son manifeste, son armée était détruite à Iéna. Au mois de février 1807, Napoléon avait presque achevé la conquête des états prussiens; il avait envahi la Pologne et défait en plusieurs rencontres les troupes que le czar Alexandre envoyait au secours de son malheureux allié. Mais ce n'était pas seulement la Prusse et la Russie que Napoléon avait cherché à écraser dans les champs de bataille d'Iéna et d'Eylau; l'ennemi qu'il voulait surtout atteindre, c'était l'Angleterre. Ne pouvant l'attaquer corps à corps dans son île, il la combattit avec ses propres armes, et répondit à l'ordre du conseil du 16 mai, qui avait déclaré toutes les côtes de France et de Hollande en état de blocus, en lançant contre l'Angleterre le grand acte de représailles connu sous le nom de décret de Berlin [1] (24 novembre 1806). Ce décret mettait les îles Britanniques en état de blocus et interdisait l'entrée des ports de

---

1. Voici les considérants et le texte de ce décret, base du système continental. Napoléon, empereur, etc., considérant :

1° Que l'Angleterre n'admet point le droit des gens, suivi universellement par les peuples policés ;

2° Qu'elle répute ennemi tout individu appartenant à l'état ennemi, et fait, en conséquence, prisonniers de guerre, non-seulement les équipages des vaisseaux armés en guerre, mais encore les équipages des vaisseaux de commerce et des navires marchands, et même les facteurs de commerce et les négociants qui voyagent pour les affaires de leur négoce ;

3° Qu'elle étend aux bâtiments et marchandises de commerce et aux propriétés des particuliers le droit de conquête qui ne peut s'appliquer qu'à ce qui appartient à l'état ennemi ;

4° Qu'elle étend aux villes et aux ports de commerce non fortifiés, aux hâvres et aux embouchures des rivières, le droit de blocus, qui, d'après la raison et l'usage de tous les peuples policés, n'est applicable qu'aux places fortes;

la France et de ses alliés à tout bâtiment, quel qu'il fût, venant directement d'Angleterre ou de ses colonies.

Le décret de Berlin porta au commerce britannique un coup d'autant plus terrible qu'il était inattendu. La saisie d'une immense quantité de marchandises anglaises en fut la suite, et dès lors tous les paiements à faire aux négociants anglais par leurs débiteurs du continent se trouvèrent arrêtés, les envois nouveaux furent rendus impossibles, le crédit et les manufactures frappés par conséquent d'un échec désastreux. La position des ministres était singulièrement difficile et embarrassante. Répondre aux mesures de Napoléon par une mesure équivalente, c'était ajouter de nouvelles rigueurs à celles dont se plaignaient déjà les états neutres, et en ce moment lord Grenville négociait avec les États-Unis un traité destiné à mettre un terme aux dissentiments qui régnaient entre les deux pays. Cependant le ministère

Qu'elle déclare bloquées des places devant lesquelles elle n'a pas même un seul bâtiment de guerre, quoiqu'une place ne soit bloquée que quand elle est tellement investie qu'on ne puisse tenter de s'en approcher sans un danger imminent;

Qu'elle déclare même en état de blocus des lieux que toutes ses forces réunies seraient incapables de bloquer, des côtes entières et tout un empire;

5° Que cet abus monstrueux du droit de blocus n'a d'autre but que d'empêcher les communications entre les peuples et d'élever le commerce et l'industrie de l'Angleterre sur la ruine de l'industrie et du commerce du continent;

6° Que, tel étant le but évident de l'Angleterre, quiconque fait sur le continent le commerce des marchandises anglaises, favorise par là ses desseins et s'en rend le complice;

7° Que cette conduite de l'Angleterre, digne en tout des premiers âges de la barbarie, a profité à cette puissance au détriment de toutes les autres;

8° Qu'il est naturel d'opposer à l'ennemi les armes dont il se sert et de le combattre de la manière qu'il combat, lorsqu'il méconnaît toutes les idées de justice et tous les sentiments libéraux, résultat de la civilisation parmi les hommes;

Nous avons résolu d'appliquer à l'Angleterre les usages qu'elle a consacrés dans sa législation maritime.

Les dispositions du présent décret seront constamment considérées comme *principe fondamental de l'empire* jusqu'à ce que l'Angleterre ait reconnu *que le droit de la guerre est un et le même sur terre et sur mer; qu'il ne peut s'étendre ni aux propriétés privées, quelles qu'elles soient, ni à la personne des individus étrangers à la profession des armes, et que le droit de blocus doit être restreint aux places fortes réellement investies par des forces suffisantes;*

Nous avons en conséquence décrété et décrétons ce qui suit :

Article 1er. Les îles Britanniques sont déclarées en état de blocus.

2. Tout commerce et toute correspondance avec les îles Britanniques sont interdits.

3. Tout individu sujet de l'Angleterre, de quelque état ou condition qu'il soit, qui sera trouvé dans les pays occupés par nos troupes ou par celles de nos alliés, sera fait prisonnier de guerre.

4. Tout magasin, toute marchandise, toute propriété, de quelque nature qu'elle paraisse être, sera déclarée de bonne prise.

5. Le commerce de marchandises anglaises est défendu, et toute marchandise appartenant à l'Angleterre ou provenant de ses fabriques est déclarée de bonne prise.

6. La moitié du produit de la confiscation des marchandises et propriétés déclarées de bonne prise par les articles précédents sera employée à indemniser les négociants des pertes qu'ils ont éprouvées par la prise des bâtiments de commerce qui ont été enlevés par les croisières anglaises.

7. Aucun bâtiment venant directement de l'Angleterre ou des colonies anglaises, ou y ayant été depuis la publication du présent décret, ne sera reçu dans aucun port.

8. Tout bâtiment qui, au moyen d'une fausse déclaration, contreviendra à la disposition ci-dessus, sera saisi et le navire et la cargaison confisqués, comme s'ils étaient propriétés anglaises.

10. Communication du présent décret sera donnée par notre ministre des relations extérieures aux rois d'Espagne, de Naples, de Hollande et d'Étrurie, et à nos autres alliés dont les sujets sont victimes, comme les nôtres, de l'injustice et de la barbarie de la législation maritime anglaise.

devait satisfaction aux cris du commerce; il devait répliquer par quelque mesure aux mesures du gouvernement français. Un nouvel ordre du conseil, en date du 7 janvier 1807, « interdit aux bâtiments neutres le commerce d'un port à un autre port, tous les deux français, ou sous la domination des alliés de la France, ou dans lesquels les bâtiments anglais ne seraient point admis. » Par suite de cet ordre, un navire neutre pouvait bien encore aborder les ports de la France ou de ses alliés; mais, une fois qu'il avait touché à un de ces ports, il ne pouvait aborder à un autre; il était donc forcé d'y vendre sa cargaison entière ou de la remporter invendue. C'était une nouvelle entrave mise à la navigation des neutres; toutefois, comme la mesure paraissait exclusivement dirigée contre le commerce français, elle n'était point de nature à rendre impossible toute conciliation avec les États-Unis.

Quelque funeste que fût au commerce britannique le décret de Berlin, son application, au moment où il fut rendu, se trouvait nécessairement bornée aux ports de France et à ceux des puissances alliées de l'empire, et l'Angleterre avait encore sur le continent de vastes et importants débouchés; mais chaque jour le succès des armes impériales lui en fermait quelques-uns. Écrasée à Austerlitz et maintenue dans la crainte par l'éclatante victoire d'Iéna, l'Autriche n'osait bouger; la Prusse, occupée tout entière par les armées impériales, n'avait qu'à courber la tête; la Russie seule tenait encore; mais, en attendant qu'il pût la frapper sur le champ de bataille, Napoléon venait de l'atteindre en décidant le sultan Sélim à déclarer la guerre au czar et à son allié Georges III. Ce fut contre ce nouvel ennemi que l'Angleterre résolut de se venger. En outre des vastes débouchés que lui offrait la Turquie, elle avait là une marine à prendre ou à détruire; en conséquence, une flotte fut envoyée dans la Méditerranée, et l'amiral Duckworth, qui la commandait, somma Sélim de renvoyer l'ambassadeur français Sébastiani, de faire alliance avec la Russie et l'Angleterre contre la France, de céder aux Russes la Moldavie et la Valachie, de remettre aux Anglais les Dardanelles, sa flotte et ses munitions. Sélim rejeta dédaigneusement ces demandes; mais, quoique sous le coup d'une attaque et malgré les instances de Sébastiani, il ne fit aucun préparatif de défense. Bientôt cependant Duckworth franchit les Dardanelles, que le capitan-pacha abandonne au premier coup de canon, et arrive devant Constantinople, qu'il menace d'un bombardement si la Porte n'accepte pas immédiatement ses conditions. A la vue des vaisseaux anglais, le divan, intimidé, ne songe qu'à se soumettre; Sélim envoie à Sébastiani l'ordre de partir. Mais celui-ci refuse : « Je suis à Constan- « tinople, dit-il aux messagers du sultan, par les ordres de mon souverain, je n'en « sortirai que par des ordres émanés de la même source.... Il ne s'agit en ce « moment, ajoute-t-il, de rien moins que de l'honneur, de la sûreté, de l'indépen- « dance du peuple ottoman. Le sultan Sélim ne voudra pas, par une faiblesse « indigne de lui, descendre du haut rang où l'ont placé ses glorieux ancêtres. Vos « remparts ne sont pas armés; mais vous avez du fer, des munitions, des vivres, « des bras; ajoutez-y du courage, et vous triompherez de vos ennemis. » Ces paroles raniment Sélim; il se décide à la résistance, et, pendant qu'il amuse l'amiral anglais au moyen d'une négociation qui dure huit jours, Sébastiani, aidé par quelques officiers français et par l'enthousiasme de la population turque, entoure Constantinople d'un réseau de six cents bouches à feu, de cent chaloupes canonnières et d'une ligne de vaisseaux embossés. Quelques jours encore et les fortifications des Dardanelles, complétées par des ingénieurs français, vont fermer le retour aux Anglais; mais Duckworth se hâte de battre en retraite; il ne peut cependant repasser le détroit qu'en perdant deux corvettes et sept cents hommes (février 1807).

Cet échec souleva contre le ministère de vives clameurs. Déjà au parlement (session de 1807) de nombreuses voix avaient demandé si les quinze mille hommes sacrifiés à des projets d'acquisition dans l'Amérique méridionale, si les cinq mille hommes envoyés en Égypte n'auraient pas été plus utilement employés dans le nord de l'Allemagne, et si ces vingt mille hommes, arrivant sur les derrières de Napoléon au moment où il venait de livrer la sanglante et indécise bataille d'Eylau, ne l'auraient pas forcé au moins à retourner sur ses pas. La conduite du cabinet à l'égard de la Russie et de la Prusse, le refus de les secourir l'une et l'autre d'hommes et d'argent, lui attira aussi les plus violents reproches de la part de Canning et de son parti. Vainement lord Grenville répondit que, « même après la « bataille d'Iéna, l'envoyé britannique auprès de Sa Majesté Prussienne n'avait « pu obtenir ni du roi ni de ses ministres une réponse satisfaisante au sujet de la « mission dont il était chargé; » c'était, suivant ses adversaires, une faute inexcusable de n'avoir pas deviné que, malgré la fermeture des ports prussiens, malgré la prise de possession du Hanovre, la cour de Berlin était toujours d'intention une alliée fidèle de l'Angleterre, par cela seul que, comme l'Angleterre, elle nourrissait une vive haine contre le gouvernement français. Néanmoins, quelque violentes que fussent les récriminations et les accusations de tout genre que Canning, Castlereagh, Perceval et leurs amis soulevaient tous les jours contre les ministres, ceux-ci paraissaient solidement assis au pouvoir lorsqu'un conflit survint entre eux et le roi qui détermina leur retraite.

Depuis le jour où la grande question de l'émancipation des catholiques avait été portée au parlement, elle avait toujours eu pour soutien la totalité du parti whig. Arrivés au pouvoir, les ministres voulurent conformer leur conduite aux discours qu'ils avaient tenus lorsqu'ils étaient dans l'opposition, et lord Howick demanda à la chambre basse l'autorisation de présenter un bill qui accordât à tous les sujets de Sa Majesté le droit de servir dans l'armée et dans la marine sans prêter de serment religieux, et en jurant simplement fidélité au roi et au pays. Cette proposition avait pour but de lever une exclusion d'autant plus injuste et choquante que le bill de 1793 avait déclaré les catholiques d'Irlande aptes à remplir toute espèce de grade dans l'armée, celui de commandant en chef et de maître général de l'artillerie excepté. La proposition du ministère fut vivement combattue par M. Perceval; mais ce fut surtout au moyen d'intrigues secrètes qu'on parvint à la faire échouer. Le roi, toujours animé d'un étroit esprit d'intolérance, n'avait qu'avec peine donné son assentiment à la mesure; le clergé anglican entreprit de le faire revenir sur ce consentement. On lui représenta cette émancipation, quelque incomplète qu'elle fût, comme devant compromettre à la fois l'église nationale et l'état, et c'en fut assez pour réveiller dans toute leur force ses scrupules religieux. Il déclara à ses conseillers que si certaines modifications n'étaient pas faites à la

mesure proposée, il retirait son consentement. Plutôt que d'adhérer à des modifications qui changeaient complétement l'esprit de leur bill, les ministres préférèrent le retirer; mais le roi ne se montra pas encore satisfait, et il exigea que les
ministres prissent par écrit l'engagement de ne jamais reproduire leur proposition
ni rien qui se rapportât à la question de l'émancipation. Un tel engagement eût été
contraire à toutes les règles du gouvernement représentatif, contraire au serment
que les ministres avaient prêté de donner au roi tous les conseils qu'ils croiraient
utiles au bien de l'état; tous refusèrent de le signer. C'était ce que voulaient les
ennemis du cabinet. Georges, qui, forcé de subir un ministère whig, n'avait jamais
cessé d'adhérer de cœur aux principes des torys, saisit avec empressement cette
occasion de rappeler ces derniers au pouvoir, et signifia aux ministres qu'il n'avait
plus besoin de leurs services (24 mars). Avant de se retirer, le cabinet voulut
attacher son nom à la grande mesure de l'abolition de la traite des noirs, qu'il
était enfin parvenu à faire passer dans les deux chambres. Le soir même de sa
résignation eut lieu la promulgation de ce grand acte d'humanité et de justice.
Le bill ordonnait qu'à partir du 1er mai 1807 aucun vaisseau anglais ne pourrait
sortir des ports d'Angleterre et de ses colonies pour se livrer au commerce des
esclaves, et qu'à partir du 1er mars 1808 il ne serait plus débarqué un seul nègre
non libre dans toute l'étendue des colonies britanniques.

Le roi avait chargé le duc de Portland, lord Hawkesbury, et M. Perceval, de
composer la nouvelle administration. Elle fut bientôt formée. Le duc de Portland,
premier lord de la trésorerie, eut la direction nominale du cabinet, dont le véritable chef fut M. Perceval. Avocat de grande réputation, discoureur habile,
fécond en expédients, M. Perceval était surtout remarquable par la connaissance
des tactiques parlementaires. Nommé chancelier de l'échiquier et du duché de
Lancastre, il eut la direction des débats à la chambre des communes. Les trois
nouveaux secrétaires d'état étaient lord Hawkesbury à l'intérieur, Canning aux
affaires étrangères, lord Castlereagh à la guerre et aux colonies. Lord Camden eut
la présidence du conseil, lord Mulgrave celle de l'amirauté, lord Eldon le grand
sceau.

Ce changement subit d'administration, dans lequel les débats et le vote des
chambres n'étaient entrés pour rien, devait nécessairement soulever de vives discussions au parlement. Dès la première séance qui suivit l'entrée en fonctions des
nouveaux ministres, un membre, M. Brand, faisant allusion à ce qui avait causé la
retraite du dernier cabinet, proposa à la chambre des communes de déclarer qu'il
était contraire au devoir des premiers serviteurs de la couronne de s'interdire, par
aucun engagement formel ou tacite, la faculté d'offrir au roi les avis que la nature
des circonstances pouvait rendre nécessaires pour le bonheur et la sécurité des états
de S. M. A l'appui de sa motion, il fit observer qu'une exigence semblable à celle
dont il s'agissait aurait nécessairement pour effet de détruire toute responsabilité
ministérielle, et rendrait le roi comptable de ses actions envers la nation, en annulant la maxime, base du gouvernement représentatif, « le roi ne peut mal faire. »
Canning lui répondit : « La question, dit-il, sur laquelle la dernière administration
« s'est mise en opposition avec les scrupules religieux et la haute sagesse du roi

« n'est pas un de ces sujets indifférents pour lesquels le souverain doit s'en rapporter
« au jugement de ses conseillers; c'est une question intimement liée à toute notre
« constitution, c'est une de ces bases *non tangenda non movenda* sur lesquelles
« repose tout l'édifice de l'église et des libertés anglicanes. Faut-il remettre aux
« catholiques l'épée de l'état? Faut-il donner la direction des forces militaires du
« royaume à un parti nécessairement et à jamais hostile à notre établissement
« religieux et politique? Faut-il nous forcer de faire droit à leurs incessantes
« réclamations? Faut-il permettre, en un mot, aux évêques catholiques de venir
« s'asseoir à la chambre des lords? Telle est la question. Est-il donc surprenant,
« dès-lors, que le roi ait insisté sur la solution définitive pour le présent et pour
« l'avenir d'une question aussi intimement inhérente à la sûreté de l'état et à la
« conservation de son trône? Et en admettant que S. M. fût sortie un instant des
« limites constitutionnelles dans lesquelles elle doit se renfermer, la faute n'en
« serait-elle pas à ceux qui, en voulant lui faire adopter une mesure téméraire et
« inutile, l'ont mise dans la nécessité d'agir par elle-même? » Ces raisonnements
reposaient sur une base fausse, puisque loin de forcer le roi à donner son consentement, les ministres avaient retiré leur proposition; aussi firent-ils peu d'impression sur la chambre : les dernières paroles de Canning la touchèrent davantage.
« Quelle que soit, dit-il, l'issue du vote qui va avoir lieu, les ministres de S. M.
« sont décidés, si les circonstances le requièrent, à en appeler au pays avant que
« d'abandonner leur souverain. » Comme Canning s'y attendait, la perspective
d'une dissolution intimida un assez grand nombre de membres de l'opposition,
qui prévoyaient que si les ministres étaient obligés de recourir à des élections,
rien ne serait négligé pour réveiller dans le peuple le fanatisme religieux, et
que dès-lors tous les partisans de l'émancipation des catholiques devaient s'attendre à perdre leur siége au parlement. Plutôt que de mettre le cabinet dans la
nécessité de dissoudre la chambre, ils préférèrent voter en sa faveur; 258 voix
contre 226 repoussèrent la motion de M. Brand. Toutefois, ce vote ne protégea
pas l'opposition contre la dissolution qu'elle redoutait. Dans la situation où se trouvait l'Angleterre, une majorité de 32 voix ne donnait pas au cabinet la force nécessaire pour faire face aux difficultés du moment; il lui fallait en appeler à la nation;
le parlement fut dissous le 27 avril.

Le résultat des élections était, du reste, chose certaine. Aux cris poussés de tous
côtés par le clergé et les journaux ministériels : « L'église est en danger; à bas le
papisme, » le vieux fanatisme anglican se réveilla; on ne vit plus dans les whigs
que des ennemis de l'église nationale, qui voulaient établir « une tyrannie papiste
sur une terre encore humide du sang des martyrs protestants. » Défaites sur
défaites leur apprirent qu'ils avaient trop présumé des lumières de leur siècle. Le
premier débat qui eut lieu aux communes après la réunion du nouveau parlement
constata une majorité de 195 voix en faveur des ministres (350 contre 155). Le
parti whig était de nouveau et pour de longues années repoussé du pouvoir.

Le changement du ministère fut suivi d'un changement complet dans la politique de l'Angleterre, au dedans comme au dehors. A l'intérieur, ce fut un redoublement de précautions de rigueur contre les catholiques. En effet, du moment

qu'on ne voulait pas se les attacher par de sages concessions, il fallait se tenir en
garde contre eux comme contre des ennemis. Un bill contre l'insurrection de l'Irlande fut présenté au parlement et voté avec empressement par les majorités dé-
vouées dont disposait le ministère. La mise hors la paix du roi, que le lord lieutenant fut autorisé à prononcer contre tout comté soupçonné d'agitation, l'obligation
pour chaque habitant de déclarer les armes qu'il possédait, la défense de forger
des piques, le droit de visites domiciliaires nocturnes, l'établissement de cours
martiales, la suspension des lois civiles, etc. ; telles étaient les principales dispositions de ce bill.

La marche de l'administration à l'intérieur indiquait assez celle qu'elle allait suivre
au dehors. Disciples de Pitt, imbus de toute la haine dont ce ministre avait été
animé contre les principes de la révolution, contre l'agrandissement de la France,
les hommes qui étaient maintenant aux affaires avaient vu avec rage la politique
suivie par le dernier ministère, ces refus de subsides faits à la Prusse et à la Russie,
ces expéditions inutiles à l'objet de la guerre. Désormais toutes les forces du pays
vont être dirigées vers un but unique, l'abaissement de la France. L'expédition de
Buénos-Ayres a échoué, on ne réparera pas cet échec. Bien plus, on ne poursuivra
pas des succès obtenus ; Fraser, abandonné en Égypte à ses propres forces, échouera
deux fois dans ses tentatives sur Rosette, sans recevoir les renforts nécessaires
pour s'emparer de cette ville indispensable à sa sûreté. Pressé par les Turcs, menacé
dans Alexandrie, il s'embarquera et quittera l'Egypte (23 septembre) sans qu'un
seul effort soit fait pour le secourir. C'est pour le nord de l'Europe que sont réser-
vés les hommes, les vaisseaux et l'argent ; et, en effet, à peine entré en fonctions,
Canning, éludant l'offre de médiation faite par la cour de Vienne, avance à la Prusse
cent mille livres sterling en argent, deux cent mille livres en armes et en munitions. La Russie et la Prusse viennent de signer à Bartenstein (25 avril) un traité
par lequel ces deux puissances s'engagent à faire rentrer la France dans ses anciennes
limites ; l'Angleterre y accède, promet de fournir aux puissances belligérantes des
secours en armes, en munitions et en argent, et d'envoyer trente mille hommes
dans la Poméranie pour agir avec les Suédois sur les derrières de l'armée française.
Le 27 juin, un nouveau traité, signé à Londres entre Canning et le ministre prussien, stipule un subside de un million de livres en faveur de la cour de Berlin.

Mais tous ces efforts étaient trop tardifs. Avant qu'on en pût éprouver les effets,
l'armée russe était détruite à Friedland (14 juin) par Napoléon, et le 25 du même
mois, Alexandre demandait à traiter. Les deux empereurs se virent à Tilsitt. A la
première entrevue, les premières paroles d'Alexandre exprimèrent tout le courroux
que lui avait causé la politique du dernier cabinet. « Je hais les Anglais, dit-il en
« embrassant Napoléon, autant que vous les haïssez : je serai votre second dans tout
« ce que vous ferez contre eux. — En ce cas, répondit l'empereur, la paix est faite. »

Napoléon avait donc atteint son but. C'était bien l'Angleterre qu'il avait frappée
à Iéna et à Friedland ; c'est elle qu'il va frapper encore dans le traité de Tilsitt
(7 juillet). Par ce traité, qui enlevait à la monarchie prussienne les provinces
situées entre le Rhin et l'Elbe, et les provinces polonaises, le roi de Prusse reconnaissait le blocus continental. « Un article séparé et secret portait en outre l'en-

gagement pour la Prusse de faire cause commune avec la France contre l'Angleterre si, au 1ᵉʳ décembre, cette puissance n'avait pas consenti à conclure la paix à
des conditions réciproquement honorables et conformes aux vrais principes du droit
maritime. » Les duchés d'Oldenbourg et de Mecklembourg étaient restitués à leurs
possesseurs, sous la condition que les ports auraient garnison française jusqu'à la
paix générale.

Le traité avec le czar stipulait que, pour toute guerre européenne que la
Russie ou la France seraient dans le cas d'entreprendre ou de soutenir, Napoléon
et Alexandre feraient cause commune, soit par mer, soit par terre. Si l'Angleterre
n'acceptait pas la médiation de la Russie, ou si, l'ayant acceptée, elle ne consentait
pas dans un délai déterminé à conclure la paix, en reconnaissant que les pavillons
de toutes les puissances doivent jouir d'une égale et parfaite indépendance sur les
mers, et en restituant en échange du Hanovre les conquêtes faites sur la France
et les alliés depuis 1805, la France et la Russie devaient sommer les trois cours de
Copenhague, de Stockholm et de Lisbonne de fermer leurs ports aux Anglais, et
se joindre à elles pour déclarer la guerre à la Grande-Bretagne.

Soit qu'en voyant Alexandre traiter avec Napoléon, le cabinet de Saint-James eût
pressenti les conventions qui allaient être arrêtées entre eux, soit que les intelligences qu'il entretenait à la cour de Russie eussent porté à sa connaissance les
articles du traité de Tilsitt qui concernaient l'Angleterre, il comprit qu'il allait se
trouver replacé en présence d'une nouvelle ligue de neutralité, et résolut de la
prévenir. De toutes les puissances qui, en 1800, s'étaient armées pour soutenir le
droit des neutres, c'était le Danemark qui avait montré le plus de vigueur. Depuis,
il était toujours resté fidèle à l'alliance française, et exécutait à la lettre les stipulations du décret de Berlin; c'était lui qu'il fallait, comme en 1800, frapper le
premier; c'étaient ses propres ressources qu'il fallait faire servir à la défense de
l'Angleterre.

Le 6 août, un plénipotentiaire anglais, accompagné d'une flotte de vingt-trois
vaisseaux de ligne, de neuf frégates et d'une armée de débarquement, parut
devant Copenhague, somma le prince royal de Danemark de faire alliance avec
l'Angleterre, et lui déclara que le gouvernement anglais, réduit à cette extrémité
par la nécessité de sa défense personnelle, exigeait la remise immédiate à la flotte
britannique de tous les vaisseaux de guerre que possédait le Danemark, s'engageant du reste à les rendre tous, à la conclusion de la paix générale, dans l'état où
ils auraient été livrés. Le gouvernement danois, qui ne connaissait pas même encore
la stipulation du traité de Tilsitt, n'avait pas fait le moindre préparatif de guerre;
il n'avait pas un bataillon à Copenhague, pas un canon en batterie. Néanmoins le
prince royal rejeta avec indignation les sommations des Anglais. « Il n'y a pas
« d'exemple dans l'histoire, dit-il, d'une agression aussi odieuse que celle dont le
« Danemark est menacé, et l'on doit maintenant attendre plus d'honneur des pi-
« rates de Barbarie que des Anglais. Vous nous offrez votre alliance! mais ne
« savons-nous pas ce qu'elle vaut! vos alliés, attendant vainement vos secours
« pendant une année entière, nous ont appris ce qu'il fallait attendre de votre
« amitié... Le Danemark ne se fait pas illusion sur les malheurs dont il est menacé;

« mais il croit qu'il y a plus de gloire dans la résistance de celui qui succombe sous
« la force que dans les victoires faciles de celui qui en abuse. »

Les Anglais n'avaient plus qu'à employer la violence. Copenhague, envahie par
terre et par mer, fut bombardée pendant six jours. Les Danois restèrent longtemps
inébranlables; enfin, voyant la moitié de leur ville brûlée, et n'ayant d'ailleurs
aucun espoir de secours, ils capitulèrent. Dix-huit vaisseaux, quinze frégates, six
bricks et vingt-cinq chaloupes canonnières, tombèrent au pouvoir des Anglais,
qui, sous prétexte que les munitions navales qui se trouvaient dans l'arsenal de
Copenhague appartenaient au gouvernement français, détruisirent les chantiers et
les arsenaux, emportèrent les bois, les fers et les cordages.

A la nouvelle de cet odieux abus de la force, un cri d'indignation retentit dans
toute l'Europe; en Angleterre et même au sein du parlement, des voix généreuses
protestèrent contre l'infamie de leur gouvernement. Le cabinet se justifia, en rappelant les efforts constants du Danemark en faveur des droits des neutres, et en
ajoutant qu'il était sur le point d'en faire encore de nouveaux. « L'expédition de
« Copenhague, dit Canning, a diminué les moyens de l'ennemi et augmenté la sé-
« curité de l'Angleterre; » et cet argument immoral fut considéré par la majorité
comme répondant victorieusement à toutes les objections.

L'attentat commis par les Anglais ne leur fut pas du reste profitable. Le gouvernement danois fit arrêter tous les sujets britanniques qui se trouvaient dans ses
états, confisqua leurs propriétés, séquestra toutes les sommes dues à des Anglais,
interdit sous peine de mort toute communication avec la Grande-Bretagne, et conclut un traité d'alliance offensive avec la France. L'empereur de Russie, indigné
d'un acte de violence dont l'histoire, disait-il, n'offrait pas d'exemple, déclara
qu'il rompait toute communication avec l'Angleterre jusqu'à ce qu'elle eût donné
satisfaction au Danemark, annula tout acte et convention conclus précédemment
entre la Grande-Bretagne et la Russie, proclama de nouveau les principes de la
neutralité armée, « ce monument de la sagesse de Catherine, » s'engagea à ne
jamais déroger à ce système, et fit exécuter le blocus continental avec la plus
grande rigueur; la Prusse et même l'Autriche suivirent son exemple.

A ce moment, tous les ports et fleuves d'Europe étaient fermés aux vaisseaux
anglais, ceux du Portugal et de la Suède exceptés. Mais, conformément aux
conventions de Tilsitt, la Russie et la France allaient forcer ces deux puissances
à se soumettre aux conditions du blocus continental. Napoléon, le premier,
somma le prince régent de Portugal de fermer ses ports aux vaisseaux britanniques et de déclarer la guerre à l'Angleterre; et, peu satisfait des réponses
ambiguës et des tergiversations de cette cour, toujours dévouée aux Anglais, il
résolut de détrôner la maison de Bragance. Junot, à la tête d'une armée de vingt-
cinq mille hommes, fut dirigé sur le Portugal, en traversant l'Espagne, qu'un
traité récemment signé avec la France engageait dans cette inique entreprise, et
il arriva sur la frontière portugaise avant que la cour de Lisbonne eût songé à
faire le moindre préparatif de défense. L'approche de Junot la remplit des plus
vives terreurs. Toute résistance était impossible; il fallait fuir ou se résigner à
tomber entre les mains des Français. Le choix n'était pas douteux. La cour se

décida à abandonner le Portugal pour aller régner au Brésil; et, le 27 novembre, toute la famille royale et quinze mille personnes, la plupart appartenant à la noblesse, s'embarquèrent en toute hâte, et firent voile pour Rio-Janeiro sous la protection d'une escadre anglaise. Le lendemain, Junot entrait dans Lisbonne. Toute la péninsule hispanique était fermée aux Anglais. Peu de temps après, l'envahissement de la Suède et la conquête de la Finlande par Alexandre donnèrent au système continental son exécution dans le nord comme dans le midi de l'Europe.

En présence d'une coalition aussi formidable, l'Angleterre vit bien qu'elle n'avait que le choix entre deux alternatives : désarmer la France en lui demandant la paix, ou obtenir des neutres le sacrifice absolu de leur pavillon. Elle aima mieux combattre que de fléchir. De nouveaux ordres du conseil, en date du 11 novembre 1807, déclarèrent bloqués tous les ports du continent qui étaient fermés au pavillon anglais, exigèrent des neutres, sous peine de confiscation de leurs bâtiments, qu'ils se soumissent à la visite des croisières britanniques, qu'ils relâchassent dans les ports anglais avant d'aller aborder un port étranger, et, en cas de réexportation de leurs chargements, qu'ils fussent soumis au paiement d'un droit.

Ces mesures ne pouvaient rester sans réponse. Si Napoléon se fût arrêté au décret de Berlin, son système se serait évanoui avant d'être appliqué. Il suivit hardiment son adversaire dans la voie où il s'était engagé, et lança ses décrets de Milan (19 novembre et 11 décembre 1807). Ces décrets déclarèrent dénationalisé, devenu propriété anglaise, et par conséquent confiscable, tout navire qui aurait souffert la visite de vaisseaux britanniques, qui aurait touché en Angleterre, qui y aurait payé un tribut quelconque, ou qui enfin serait simplement convaincu de destination pour un port anglais. Le décret de Berlin s'était borné à écarter des ports français la marchandise anglaise sous quelque pavillon qu'elle se présentât; les décrets de Milan allaient bien plus loin : ils allaient l'atteindre et la saisir en pleine mer sous le pavillon neutre qui lui servait de manteau.

Ces violentes mesures froissaient gravement les neutres, c'est-à-dire les États-Unis, car leur pavillon était presque le seul qui se fît encore jour à travers les obstacles apportées par la France et l'Angleterre à la navigation des puissances non belligérantes; et l'on pouvait penser que, pour faire cesser une situation qui leur était si préjudiciable, ils se joindraient à l'une des deux puissances, et déclareraient la guerre à l'autre. C'était là le désir et l'espoir de Napoléon. Connaissant les dispositions du gouvernement des États-Unis, sa sympathie pour les principes de la liberté des mers, et aussi les griefs qu'il avait contre l'Angleterre, il ne doutait pas qu'il ne fît cause commune avec la France.

Les violences exercées par les Anglais contre les bâtiments des Américains étaient en effet devenues intolérables. Malgré les plaintes réitérées du gouvernement de Washington, l'Angleterre s'arrogeait toujours le droit de *presse* sur les bâtiments américains, sans vouloir permettre la réciprocité sur les siens; et maintenant elle ne bornait plus aux bâtiments de commerce l'exercice de ce prétendu droit, elle voulait aussi l'exercer sur les vaisseaux de l'état. Le 22 juin 1807, la frégate *la Chesapeake*, surprise et attaquée par un vaisseau anglais d'une force supérieure, et faisant partie d'une escadre qui mouillait dans ce moment-là même sur les rivages d'Amérique, avait été complétement désemparée; un grand nombre de matelots avaient été tués ou blessés. Cette attaque avait été faite avec l'intention avouée d'enlever de force à ce navire une partie de ses équipages.

Lorsque l'on apprit aux États-Unis cette inique agression, des cris de vengeance éclatèrent de toute part; on fortifia les côtes, on leva les milices; mais toutes ces démonstrations devaient s'envoler en fumée. Le gouvernement, quoique redoutant l'issue d'une guerre avec l'Angleterre, la désirait sincèrement; mais le commerce, c'est-à-dire la grande majorité du peuple, ne la voulait pas. Depuis le commencement de la guerre, les négociants et armateurs américains étaient devenus les facteurs du commerce anglais avec l'Europe, les intermédiaires directs avec tous les marchés du continent, et ils avaient ainsi réalisé d'énormes bénéfices auxquels rien ne pouvait les décider à renoncer. Cette disposition des esprits, dont le gouvernement de Washington était forcé de subir l'influence, l'Angleterre la connaissait bien; aussi s'inquiétait-elle si peu des réclamations du gouvernement fédéral qu'au milieu des conférences de Canning avec les envoyés américains, la gazette de Londres publiait une instruction relative à la recherche des marins anglais à bord des bâtiments neutres. Cependant la patience des Américains parut avoir un terme. Le 11 mars 1808, un embargo fut mis sur tous les bâtiments anglais dans les ports des États-Unis, défense fut faite aux vaisseaux américains de continuer le commerce avec l'Angleterre, et une loi du congrès déclara que tout capitaine qui se soumettrait aux ordres du conseil britannique, qui accepterait une licence de ce gouvernement ou lui paierait une taxe quelconque, serait expatrié et privé à jamais des droits de citoyen des États-Unis.

Ce n'était donc plus l'Europe seulement, c'étaient toutes les nations civilisées du globe qui se réunissaient contre l'Angleterre. Cependant elle ne songea pas à se soumettre. Sans se laisser intimider par l'orage qui semblait devoir fondre sur elle de toutes parts, elle comprit que le pouvoir démesuré, inouï, que s'arrogeait la France sur le continent, ne pouvait durer, et que tôt ou tard cette force finirait par s'épuiser. Elle était d'ailleurs instruite de toutes les dispositions des cours étrangères, elle connaissait les haines amassées contre la France par sa révolution, ses conquêtes, sa domination tyrannique sur les peuples et les rois; elle savait que le système continental imposait trop de gêne pour qu'il pût se maintenir longtemps dans toute sa rigueur. Il ne fallait donc qu'attendre, et elle résolut de le faire, quelques souffrances qu'il dût en résulter momentanément pour elle. Les événements dont l'Espagne allait être le théâtre ne tardèrent pas à démontrer la sagesse de cette politique.

Maintenue par la crainte qu'inspirait Napoléon, la cour de Madrid était toujours restée fidèle à l'alliance française. Cependant la ruine de ses flottes et de ses finances, le détrônement des Bourbons de Naples, avaient inspiré à la nation espagnole un vif désir de secouer le joug de cette alliance; et lorsque Napoléon fut attaqué par la Prusse, le favori Godoï, véritable souverain de l'Espagne, publia une proclamation où il appelait les Espagnols à se lever en masse contre un ennemi qu'il ne nommait pas, mais qui était évidemment l'empereur. Dès lors, Napoléon vit qu'il ne pouvait plus compter sur l'alliance espagnole, et comme, sans elle, tout le système continental croulait, il résolut de rendre la Péninsule à jamais française, soit par une réforme politique, soit par le détrônement de sa dynastie ; mais, avant de prendre ce dernier parti, il voulut d'abord réunir à la France les provinces de l'Èbre, en compensation desquelles on donnerait à l'Espagne les états de la maison de Bragance dont il avait résolu le renversement. Godoï fut forcé de prendre part à cette œuvre d'injustice en envoyant une armée de vingt-cinq mille hommes en Portugal, et en accordant aux troupes françaises le libre passage à travers l'Espagne. Bientôt les scandaleuses discordes auxquelles était livrée la cour d'Espagne, les incessantes querelles de Charles IV avec son fils Ferdinand, les demandes d'intervention à lui adressées par le père contre le fils et par le fils contre le père, firent concevoir à l'empereur la possibilité de plus vastes desseins. Sous le voile de l'alliance, et en ayant l'air de menacer le Portugal et Gibraltar, quatre-vingt mille Français s'emparèrent des principales places de la Péninsule, de la Bidassoa au Tage. Alors Napoléon commença par déclarer à la cour de Madrid que l'état actuel de l'Europe exigeait la réunion à l'empire français des provinces situées entre les Pyrénées et l'Èbre, et qu'il offrait en compensation le Portugal. Godoï, n'ayant aucun moyen de résistance, fut obligé de consentir à ce honteux démembrement de la monarchie. Mais les Espagnols ne donnèrent pas leur sanction à cette humiliante transaction ; une révolte éclate à Madrid ; le peuple demande la tête de Godoï ; pour le sauver, Charles IV abdique en faveur de son fils Ferdinand. La révolte apaisée, le roi voulut revenir sur cette détermination, et sollicita l'appui de Napoléon pour remonter sur son trône, tandis que, de son côté, Ferdinand sollicitait contre son père le secours des armes françaises. Tous deux vinrent à Bayonne, où se trouvait Napoléon, pour le supplier en personne « Convaincu qu'il ne pourrait jamais compter sur l'Espagne tant que les Bourbons en occuperaient le trône, » Napoléon força Ferdinand à rendre la couronne à son père, et celui-ci à abdiquer en sa faveur (5 mai 1808). Le roi de Naples, Joseph Bonaparte, fut aussitôt proclamé roi d'Espagne.

Ces événements mirent le comble à l'irritation causée aux Espagnols par l'invasion des Français ; un soulèvement terrible éclata à Madrid, que Murat avait occupé ; le mouvement se propagea dans tout le royaume avec la rapidité de la foudre, au cri de : mort aux Français ! Partout des juntes d'insurrection se formèrent, et à côté d'elles une foule de petites armées. La junte de Séville se déclara junte suprême, et déclara une guerre à mort aux Français jusqu'à ce que les Bourbons eussent été rétablis et la nation rendue à son indépendance.

La nouvelle de l'insurrection espagnole fut un coup de fortune pour l'Angleterre. Au lieu de continuer à être un instrument de Napoléon contre la Grande-Bretagne, l'Espagne allait devenir dans les mains de la Grande-Bretagne un instrument terrible contre l'empereur. Les députés des juntes envoyés pour solliciter l'alliance et les secours du gouvernement britannique furent accueillis en Angleterre par les plus vives démonstrations d'enthousiasme. La Cité de Londres, la banque, les corporations les fêtèrent à l'envi et célébrèrent avec eux un événement qui rouvrait aux armées anglaises la porte du continent, au commerce britannique les vastes débouchés de la Péninsule et de l'Amérique. La noblesse et le peuple, l'opposition et le ministère ne formaient plus qu'un parti; la joie était extrême et universelle. Aussitôt, les arsenaux de la Grande-Bretagne, ses escadres, ses flottes, ses trésors sont mis à la disposition des insurgés; des envois de munitions, d'armes et d'argent, sont dirigés vers les ports d'Espagne; les prisonniers espagnols sortent des pontons où ils languissaient; ils sont habillés, armés, et renvoyés dans leur patrie; une déclaration proclame la cessation de toute hostilité contre les provinces d'Espagne non soumises à l'autorité française, ouvre les ports d'Angleterre à leurs bâtiments et assure la liberté de leur navigation (4 juillet).

En annonçant au parlement les efforts qu'il allait faire pour l'indépendance de l'Espagne, Georges avait exprimé la confiance que ces efforts auraient pour résultat le rétablissement des libertés de l'Europe. Un événement survenu quelques jours après sembla justifier ses paroles. Le 20 juillet, le général français Dupont, entouré par deux armées espagnoles, signait à Baylen, et sans avoir combattu, une capitulation à la suite de laquelle dix-huit mille Français rendirent leurs armes à un ramassis de soldats à peine armés. Cette honteuse capitulation, qui faisait perdre aux armes françaises ce prestige d'invincibilité qui avait tant ajouté à leur force, eut un retentissement immense; elle ranima tous les ennemis de la France et prépara une nouvelle coalition. Ses résultats immédiats ne furent pas moins désastreux. Tous les corps français durent se replier sur la rive droite de l'Èbre; Joseph évacua sa capitale où il venait à peine d'être salué roi; Junot, isolé en Portugal, allait être forcé d'abandonner sa conquête.

L'insurrection d'Espagne avait produit en Portugal une vive émotion. Les corps espagnols qui étaient entrés dans ce pays avec les Français donnèrent les premiers l'exemple de la révolte; alors, partout, à la voix des nobles et des prêtres, se fit entendre le cri d'indépendance et le rappel de la maison de Bragance. En se concentrant dans les places, les Français auraient pu se maintenir contre ces soulèvements désordonnés et sans force; mais ils allaient avoir affaire à des ennemis plus redoutables. L'Angleterre avait répondu à l'appel des juntes espagnoles en envoyant à la Corogne un corps de dix mille hommes sous les ordres de sir Arthur Wellesley, officier général qui s'était déjà acquis une grande illustration dans les guerres que l'Angleterre avait récemment soutenues dans l'Inde contre les Mahrattes. Mais les Espagnols, enivrés du succès de Baylen, auraient alors rougi de partager avec des troupes étrangères la gloire de chasser les Français de leur pays, et ne demandaient que des armes, des munitions et de l'argent. La junte de Galice refusa le secours de l'armée de Wellesley, qui se dirigea vers le Portugal. Débarqué à l'embouchure du Mondego, il y fut presque aussitôt renforcé par un autre corps anglais de onze mille hommes que devait bientôt rejoindre une troisième division de même force. Junot, obligé de garder avec vingt-huit mille hommes un royaume insurgé, dix places fortes et une capitale, n'avait que treize mille soldats à opposer aux vingt-deux mille Anglais qui s'avançaient sur Lisbonne et qui allaient bientôt recevoir de nombreux renforts. Un seul moyen de salut lui restait : c'était de battre et disperser les Anglais avant l'arrivée du corps d'armée qu'ils attendaient. En conséquence, il attaqua Wellesley, qui avait pris à Vimeiro une forte position. Mais la valeur de ses soldats ne put l'emporter sur le nombre;

il fut battu. Dès lors il ne lui restait plus qu'à évacuer le Portugal; il demanda à capituler, mais en exigeant les conditions les plus honorables : il consentait à céder le terrain, rien de plus; son armée, conservant ses armes, son artillerie, se bagages, devait être transportée en France sur des vaisseaux anglais, aux dépens de l'Angleterre; il lui serait permis de recommencer la guerre le lendemain. Wellesley hésitait : l'énergie et la fermeté du général français lui imposèrent; la capitulation fut signée à Cintra (30 août) et fidèlement exécutée.

La convention de Cintra excita en Angleterre une indignation universelle; on s'attendait à une nouvelle capitulation de Baylen; on espérait reléguer les vingt-deux mille hommes de Junot sur ces horribles pontons où des milliers de prisonniers français « périssaient victimes d'un abominable système de destruction, combiné de sang-froid et organisé avec une science si parfaite des phénomènes de la vie, que plusieurs mois de séjour dans ces réduits infects suffisaient pour briser la constitution la plus énergique. » Au lieu de cela, deux mois après la signature de la convention, les soldats de Junot combattaient déjà en Espagne. Les clameurs furent si vives, si générales, que le gouvernement ordonna une enquête. Sous le rapport militaire, la conduite des généraux et des troupes obtint l'approbation unanime; mais la convention fut l'objet d'un blâme sévère.

Pendant ce temps, l'armée de Portugal, privée de ses généraux qui avaient été appelés en Angleterre, était restée dans la plus complète inaction. En Espagne, c'était pis encore. Toujours exaltés par le souvenir de la capitulation de Baylen, les Espagnols rejetaient avec hauteur l'aide de soldats et de généraux anglais; et cependant rien n'égalait l'incapacité des chefs de leurs armées, si ce n'est l'indiscipline et le désordre des troupes. Les diverses juntes semblaient rivaliser entre elles d'orgueil, d'ignorance, d'ineptie et de rapacité; et, quoique l'Angleterre leur eût envoyé deux cent mille mousquets, des vêtements, des munitions, et plus de soixante millions, les troupes étaient dénuées de tout, mal nourries, à peine armées; et cependant elles allaient avoir à combattre l'empereur lui-même, qui venait de se mettre à la tête de ses soldats « pour couronner son frère dans Madrid et planter ses aigles sur le fort de Lisbonne. » Aussi, au premier souffle de Napoléon, toutes les armées de la Péninsule furent-elles balayées comme de la paille. Arrivé le 8 novembre à Vittoria, il entrait le 2 décembre dans Madrid, après avoir écrasé à Burgos, à Espinosa, Reynosa, Tudela, les armées qui voulaient s'opposer à son passage.

A la nouvelle de ces défaites, l'armée anglaise, dont sir John Moore avait pris le commandement, et qui s'était avancée jusqu'à Salamanque, se hâta de battre en retraite. Napoléon, maître de Madrid, voulait marcher aussitôt contre cette armée pour l'enlever ou la forcer à se rembarquer; mais à ce moment, apprenant que l'Autriche, qui déjà, depuis quelque temps, faisait des armements considérables, se disposait à recommencer la guerre, il laissa au maréchal Soult la poursuite des Anglais, en lui ordonnant « de les jeter dans la mer l'épée dans les reins »(3 janvier 1809). Soult exécuta cet ordre avec une remarquable vigueur; cinq jours après, les Anglais, toujours battus, entraient en désordre à la Corogne, ayant perdu dix mille hommes, leurs canons, leurs bagages. Pour se maintenir dans cette ville jusqu'à ce que les vaisseaux sur lesquels son armée devait s'embarquer fussent arrivés, Moore résolut de livrer bataille (10 janvier). Il fut vaincu et périt dans le combat. Mais sa résistance désespérée donna aux vaisseaux le temps d'arriver : les Anglais profitèrent de la nuit pour s'embarquer. Deux jours après, la Corogne capitula, et toute la Galice se soumit. Les mêmes succès avaient couronné partout les armes françaises ; il ne restait plus un soldat anglais en Espagne.

Ces revers n'ébranlèrent pas les ministres, et, dans le discours d'ouverture de la session (19 janvier 1809), le roi déclara qu'il était résolu à continuer ses secours au peuple espagnol aussi longtemps que celui-ci persévérerait à défendre la monarchie légitime et l'indépendance nationale. Cette déclaration fut reçue avec enthousiasme par les deux chambres; mais de vifs reproches éclatèrent contre le cabinet au sujet de la manière dont étaient conduites les affaires d'Espagne. « Comment s'étonner, disait l'opposition, de nos tâtonnements, de nos indécisions et par « suite de nos revers, puisque, avec tant de ressources à leur disposition, les mi- « nistres n'ont pas encore pu obtenir des renseignements exacts sur l'état réel de la « Péninsule, sur le véritable esprit public de ce pays, sur les dispositions des diffé- « rentes classes du peuple qui l'habite, sur les moyens de résistance des Espagnols? » Indépendamment de ces justes critiques, l'opposition s'éleva vivement contre le système de corruption qui s'était introduit dans toutes les parties de l'administration. Pour conserver leur majorité et se gagner de nouvelles voix, les ministres ne négligeaient aucun moyen. Places, argent, achat de sièges au parlement, tout leur était bon; le gouvernement n'était plus qu'un scandaleux marché où tout se vendait au prix d'un vote. C'était à lord Castlereagh particulièrement qu'étaient reprochés ces honteux trafics; mais l'opposition remonta plus haut encore, et un député, le colonel Wardle, accusa hautement le duc d'York, commandant en chef de l'armée, de permettre à sa maîtresse, madame Clarke, de vendre la plupart des emplois militaires, et de participer lui-même à ces infâmes bénéfices. Les faits articulés par le colonel Wardle étaient tellement positifs que la chambre ordonna une enquête; madame Clarke comparut à la barre des communes. Malgré l'habile défense du ministère et des jurisconsultes de la couronne, la vénalité de cette femme et la complicité du prince furent prouvées jusqu'à l'évidence. Cependant la chambre n'osa pas frapper de son blâme le frère aîné du roi; et, sur la proposition du chancelier de l'échiquier, elle consentit à déclarer « qu'éclairée par les témoignages recueillis dans l'enquête sur la conduite du duc d'York, elle était d'opinion que l'accusation élevée contre ce prince était sans fondement. » Néanmoins une minorité beaucoup plus considérable que la minorité ordinaire (196 voix contre 278) protesta contre cette décision. Une pareille absolution équivalait presque à une condamnation. Le lendemain, lord Castlereagh, le secrétaire d'état de la guerre, vint annoncer que le prince avait donné sa démission de tous ses emplois.

Pendant ce temps, l'armée de Portugal, que commandait le major général Beresford, avait été en plusieurs rencontres battue par le maréchal Soult. On songea alors à donner au général français un adversaire plus habile, et sir A. Wellesley, que sa victoire de Vimeiro avait placé très-haut dans l'opinion publique, fut promu au commandement suprême de toutes les forces anglaises en Portugal.

Menacé par l'armée de Beresford et par les vingt mille hommes que Wellesley avait amenés avec lui, Soult fut forcé de se replier sur l'Espagne; Wellesley y entra après lui.

L'intention du général anglais était de faire sa jonction avec les armées espagnoles de la Manche et de l'Estramadure, et de marcher rapidement sur Madrid, où il espérait surprendre le roi Joseph. Mais les officiers espagnols n'étaient pas plus que les juntes disposés à se soumettre aux plans d'un général étranger, et la jonction de l'armée d'Estramadure à celle de Wellesley ne fit qu'entraver les opérations de celui-ci. Joseph eut le temps de sortir de Madrid et de se porter à sa rencontre. La position des Anglais devenait critique, et si Joseph eût attendu l'arrivée et la coopération du maréchal Soult qui manœuvrait sur leurs derrières, Wellesley était perdu. Au lieu de cela, il voulut forcer seul son adversaire dans la forte position qu'il avait prise à Talavera de la Reyna et fut repoussé après un combat indécis et acharné où les deux armées perdirent chacune sept mille hommes. Cette demi-victoire ne changeait guère la position de Wellesley; il avait toujours devant lui l'armée de Joseph, sur ses derrières celle de Soult; trop faible pour leur tenir tête, et ne pouvant compter sur une coopération efficace de la part des généraux espagnols, il se mit en retraite et rentra en Portugal (8 août).

La bataille de Talavera eut un immense retentissement en Angleterre; l'avantage que Wellesley y avait remporté fut considéré comme une nouvelle victoire de Crécy ou d'Azincourt, et valut au général anglais le titre de vicomte Wellington de Talavera. Celui-ci ne se faisait cependant pas illusion sur son succès. La bataille de Talavera lui prouvait que les Anglais bien commandés pouvaient lutter contre les meilleures troupes de l'Europe; mais le peu d'appui qu'il avait trouvé dans l'armée d'Estramadure, ainsi que les victoires signalées d'Ocana et d'Alba de Tormes, que Soult et Kellermann venaient de remporter sur les Espagnols, lui montraient en même temps que les armées de cette nation étaient aussi incapables de tenir en ligne que de seconder un système général d'opérations. Dès lors il résolut de se borner à occuper le Portugal et à s'y faire une base solide d'opérations de laquelle il pourrait, suivant les circonstances, s'élancer dans la Péninsule, et où il trouverait, en cas de revers, un refuge assuré contre toutes les attaques de l'ennemi. Quittant en conséquence les rives de la Guadiana, il porta son quartier général près de Lisbonne, et commença les fameuses lignes de Torres Vedras, immense camp retranché de seize lieues de développement, flanqué à droite par le Tage, à gauche par la mer, et défendu par cent six redoutes.

Pendant que l'Angleterre s'établissait ainsi solidement en Portugal, Napoléon lui enlevait encore une fois l'alliée la plus fidèle qu'elle eût sur le continent. L'Autriche, en signant après Austerlitz la paix de Presbourg, avait déclaré tout bas cette paix « nulle comme extorquée par la violence; » et depuis ce temps elle n'avait attendu qu'une occasion favorable pour recommencer la guerre. Elle crut l'avoir trouvée dans l'insurrection espagnole. Cent millions de subsides payés par le gouvernement anglais achevèrent de la décider à reprendre les armes, et, au moment où Napoléon, se mettant lui-même à la tête de ses armées en Espagne, allait chasser les Anglais de la Péninsule, elle recommença les hostilités. Mais, après une campagne de six mois, les défaites d'Abensberg, d'Eckmühl, de Ratisbonne et de Wagram forcèrent la cour de Vienne à s'humilier de nouveau et à acheter la paix au prix d'immenses sacrifices (paix de Vienne, 14 octobre 1809).

En attirant sur elle les terribles armes de l'empereur, l'Autriche avait empêché ce prince d'achever la soumission de l'Espagne et sauvé l'Angleterre. Le cabinet de Saint-James reconnut mal un pareil service. En outre des cent millions de subsides au paiement desquels il s'était engagé, le gouvernement anglais avait promis d'effectuer, dès le commencement de la campagne, sur quelques points de l'Allemagne septentrionale, un débarquement qui décidât la Prusse et les états allemands du Nord à se soulever. Mais une expédition dans le nord de l'Allemagne n'offrait à l'Angleterre qu'un intérêt incertain et éloigné; le ministère, rentrant dans la politique étroite et égoïste qu'il avait tant reprochée à ses prédécesseurs, résolut de s'emparer d'Anvers, ce grand chantier de la marine française, « ce pistolet toujours chargé sur le cœur de l'Angleterre. » Une attaque sur Anvers, faite en temps opportun, sans être pour l'Autriche une diversion aussi utile qu'un débarquement en Allemagne, eût cependant rendu à cette puissance un important service; mais les préparatifs de l'expédition furent faits avec tant de lenteur, que la bataille de Wagram était livrée depuis près d'un mois avant qu'ils fussent terminés. Enfin, le 28 juillet, trente vaisseaux de ligne et plus de cinq cents bâtiments de transport portant trente mille marins et quarante mille hommes de débarquement firent voile vers les côtes de Hollande; l'amiral Strachan commandait la flotte; le grand maître de l'artillerie, lord Chatham, frère aîné de Pitt, était à la tête de l'armée. Le débarquement se fit sans obstacle dans l'île de Walcheren (2 août); mais, au lieu de se porter vivement sur Anvers, où rien n'était préparé pour la résistance, Chatham s'amusa à investir Flessingue. La place, mal défendue, exigea néanmoins douze jours de siége, et lorsque les Anglais se dirigèrent sur Anvers, ils trouvèrent la ville garnie de troupes, l'Escaut bordé de batteries, et cent mille hommes de troupes et de gardes nationales se pressant sur les bords du fleuve. Après quelques mouvements sans but comme sans résultat, le général anglais ordonna honteusement la retraite et retourna en Angleterre avec une armée que les fièvres et le mauvais air des marais de la Zélande avaient diminuée de plus de moitié. Quelques succès maritimes, la destruction à l'île d'Aix de seize bâtiments français, la prise de la Martinique, de Santo-Domingo, de la Guyane et du Sénégal, n'étaient pas suffisants pour consoler l'Angleterre de la ruine de la plus formidable expédition qu'elle eût encore entreprise. Les plus violentes accusations furent dirigées contre le cabinet, et surtout contre le ministre de la guerre, lord Castlereagh. C'était ce dernier, en effet, qui avait conçu et préparé toute l'entreprise; c'était lui qui en avait donné le commandement à l'incapable lord Chatham. Les critiques populaires trouvaient, du reste, de l'écho dans le ministère lui-même, où Castlereagh était jugé par presque tous ses collègues, comme au-dessous des fonctions importantes qu'il avait à remplir dans ce moment de crise. Après l'échec de Walcheren, Canning demanda formellement au roi le renvoi du ministre de la guerre; une rencontre entre ces deux hommes d'état fut la suite de cette démarche; Canning y fut grièvement blessé.

Avant de venir sur le terrain, les deux ministres avaient résigné leurs fonctions. Ces démissions et celle du duc de Portland, premier lord de la trésorerie, que son âge forçait à se retirer, nécessitaient un remaniement dans le cabinet. M. Perceval ajouta à ses fonctions de chancelier de l'échiquier celles de premier lord de la trésorerie; le marquis de Wellesley, frère aîné de lord Wellington, remplaça Canning aux affaires étrangères; lord Liverpool passa du département de l'intérieur à celui de la guerre et des colonies. L'entrée dans le cabinet du marquis de Wellesley, homme auquel son habile gouvernement de l'Inde avait valu l'estime générale, ne sauva pas aux autres ministres les attaques que devaient nécessairement leur attirer les désastres de la dernière campagne; mais, quoi que fît l'opposition, rien ne put entamer la majorité ministérielle (session de 1810). Cette approbation quand même, ce dévouement systématique, étaient de trop puissants arguments en faveur de la réforme parlementaire pour que les partisans de cette mesure les laissassent échapper. « N'est-il pas scandaleux, s'écria sir Francis Burdett, réfor- « miste passionné, qu'un désastre sans pareil dans nos annales n'ait pas fait la « moindre impression sur la majorité de cette assemblée, et que les ministres aient « trouvé pour les soutenir absolument le même nombre de voix qu'auparavant? « N'est-ce pas la plus forte preuve de la nécessité d'une réforme parlementaire? » Ces récriminations étaient impuissantes devant une majorité qui ne s'appartenait plus; sir Francis Burdett en appela à la nation, et écrivit à ses commettants une lettre dans laquelle il dénonçait en termes d'une extrême violence l'esprit de corruption de la chambre des communes, et insistait plus vivement que jamais sur la nécessité d'une réforme. Traduit pour ce fait à la barre de la chambre, il fut envoyé à la Tour. Mais le peuple prit à son tour le parti du défenseur de ses droits. L'arrestation de Burdett donna lieu à une émeute si violente que la troupe fut obligée de faire usage de ses armes. Deux personnes furent tuées et un grand nombre blessées. Les rigueurs exercées contre Burdett n'affaiblirent point son ardeur démocratique. Du fond de sa prison, il lança de nouveax pamphlets en faveur de la réforme. « Les lois, disait-il, pour commander le respect, doivent découler d'une source pure; elles doivent être transmises par un canal qui ne soit pas corrompu, c'est-à-dire par une chambre des communes librement élue. C'est dire qu'une réforme constitutionnelle est inévitable. Qui le nie? Qui? Ces hommes qui, se jouant des lois, se sont fait une propriété de leur place à la chambre des communes; ces hommes qui, selon le dire d'un grand poëte, tiennent l'Angleterre à bail comme un fief ou plutôt comme une misérable ferme... Le peuple anglais doit parler hautement; il doit faire mieux, il doit agir. Le moment décisif est arrivé... » Ces paroles, répétées et commentées chaque jour par de nombreux journaux, développaient à un tel point l'irritation publique que la majorité comprit enfin la nécessité de donner, au moins sur quelques points, satisfaction aux griefs populaires. Un blâme solennel flétrit l'incapacité dout le comte de Chatham avait fait preuve dans la conduite de l'expédition de Walcheren, et le força de se démettre de tous ses emplois.

L'union des partisans du ministère avec l'opposition ne s'étendit pas, du reste, plus loin que le blâme infligé à lord Chatham, et les propositions d'émancipation et de réforme parlementaire que quelques membres reproduisaient invariablement chaque année furent, comme toujours, repoussées par de puissantes majorités. Cependant un événement prévu déjà depuis longtemps vint rendre au parti whig la presque certitude d'arriver enfin au pouvoir. Le roi retomba en démence (décembre 1810). Les infirmités de la vieillesse, le malheur des temps, le mécontentement du peuple, avaient déjà sensiblement affaibli sa raison; la mort de sa fille favorite, la princesse Amélie, lui porta le dernier coup. Il fallut songer à constituer la régence. La situation était la même qu'en 1788; la marche suivie par les ministres fut aussi la même. M. Perceval soumit à l'adoption des chambres des résolutions entièrement conformes à celles qui, sur la proposition de Pitt, avaient été votées à cette époque; et toutes furent adoptées, mais non sans contestation. Comme en 1788, les whigs prétendaient que l'exercice de l'autorité royale devait être conférée au prince de Galles, Georges, sans aucune des restrictions que voulait y mettre le ministère, et un amendement fut proposé dans ce sens. Il fut repoussé. Cependant la chambre était tellement convaincue qu'aussitôt investi de la régence, le prince de Galles appellerait les whigs au pouvoir, que bien des voix abandonnèrent un ministère dont on considérait la chute comme prochaine, et que l'amendement ne fut écarté que par une majorité de vingt-quatre voix (5 février 1811). En recevant la commission des deux chambres chargée de lui présenter le bill de régence, le prince de Galles témoigna quelques regrets de ce qu'on ne s'en était pas reposé sur son respect et sa tendresse du soin de régler sa conduite envers son père et son roi. Néanmoins, et tout en déclarant qu'il persistait dans les sentiments qu'il avait jadis manifestés en pareille occurrence, il annonça que son intention était de ne déplacer aucun des hommes qui avaient joui jusqu'alors de la confiance de Sa Majesté. Cette déclaration semblait faite pour consolider la position du ministère; elle ne produisit cependant pas ce résultat. Les médecins du roi laissaient encore entrevoir la possibilité d'une guérison, et l'on pensa que le prince de Galles, regardant son pouvoir comme temporaire, ne voulait pas renvoyer les conseillers de son père tant que celui-ci aurait quelque chance de recouvrer la raison. La position des ministres n'en demeura donc pas moins précaire et incertaine; chose d'autant plus fâcheuse qu'au dedans comme au dehors la situation des affaires n'était rien moins que satisfaisante. Les flottes anglaises s'étaient emparées, il est vrai, de la Guadeloupe, dernière possession de la France dans les Antilles; de l'île Sainte-Maure, une des Ioniennes; des Iles de France et de Bourbon, des établisssements hollandais d'Amboine et de Banda; mais ces conquêtes, quelque belles qu'elles fussent, n'influaient en rien sur le sort de la guerre continentale. En Espagne, la situation était toujours à peu près la même. Fidèle au plan qu'il s'était proposé de ne point prendre l'offensive tant qu'il ne serait pas sûr de la victoire, Wellington s'était tenu renfermé dans son camp retranché de Torres-Vedras pendant presque toute la campagne de 1810. Tranquille dans ce refuge impénétrable, il avait laissé Masséna, que Napoléon avait chargé de le chasser du Portugal, s'épuiser en efforts inutiles; il ne sortit de ses lignes qu'au commencement de 1811, pour se mettre à la poursuite de l'armée française, lorsque celle-ci, diminuée de moitié par les maladies et le manque de vivres, fut obligée de se retirer en Espagne. Après s'être emparé de la place forte d'Alméida, il vint assiéger Badajoz (juin); puis, menacé par Soult et par Marmont, qui avait remplacé Masséna, il battit en retraite, et rentra en Portugal. C'était une campagne sans revers, mais sans résultat, et cependant d'éclatants succès étaient plus nécessaires que jamais. En effet, les Espagnols commençaient à se lasser de la guerre; ils n'aimaient pas les Anglais; ils s'alarmaient de l'anarchie interminable où leur pays était plongé, et une conciliation avec la France semblait non-seulement possible, mais prochaine. Les cortès, convoquées par la junte de Séville, s'étaient assemblées à Cadix; elles préparaient une constitution presque républicaine, et avaient entamé avec Joseph des négociations secrètes.

Telle était en 1811 la situation extérieure de l'Angleterre; la situation intérieure était bien autrement effrayante.

Les mesures de Napoléon contre le commerce britannique avaient enfin atteint leur but. A l'exception de l'Espagne, la Grande-Bretagne avait perdu en Europe tous ses points d'appui; ses alliés, la Suède elle-même, étaient tous tombés sous les lois de la France ou incorporés à son système. Chassé de toutes les places de l'Europe, ainsi que des États-Unis, le commerce anglais avait été réduit à placer ses entrepôts dans les îles d'Héligoland, de Jersey, de Sardaigne, de Sicile et de Malte; et pour faire pénétrer ses marchandises dans les pays qui leur étaient fermés, il était forcé d'avoir recours à la contrebande, et de les donner au prix, quelquefois au-dessous du prix de fabrication. Bientôt les magasins s'engorgèrent d'une manière effrayante. Les exportations, qui en 1809 s'étaient élevées à la somme de quarante-six millions sterling étaient tombées cette année à celle de vingt-huit millions : différence, dix-huit millions sterling ou quatre cent cinquante millions de francs. Le change baissa d'une manière effrayante; le papier-monnaie perdit 35 pour 100 de sa valeur; sur tous les points du royaume des banqueroutes éclatèrent; force fut d'arrêter la production, et par conséquent le travail; presque toute la population manufacturière de Manchester, de Birmingham, de Liverpool et de Londres tomba à la charge des paroisses. Cent quatre-vingts millions de francs votés par les communes pour venir au secours des négociants les plus malheureux ne réussirent pas à réparer les désastres; une affreuse détresse continua à régner dans les grandes villes industrielles et commerçantes; partout les ouvriers sans ouvrage brisaient les métiers, pillaient les propriétés, et se livraient aux plus affreux désordres. L'augmentation toujours croissante des impôts n'était pas faite pour arrêter ces misères et ces violences. Le budget de 1811 s'élevait à la somme effrayante de deux milliards trente-cinq millions deux cent seize mille sept cent soixante-quinze francs; la dette, depuis dix ans, s'était augmentée de neuf milliards.

La France, au contraire, n'avait jamais été si prospère ni si puissante; avec une armée de huit cent mille hommes, son budget ne s'élevait, pour 1811, qu'à la somme de un milliard cent trois millions trois cent soixante-sept mille francs que produisaient sans anticipation ni emprunt les recettes régulières de l'état. Napoléon venait de réunir à l'empire le Valais, la Hollande, le duché d'Oldenbourg, les villes anséatiques et toutes les côtes de la mer du Nord depuis l'Ems jusqu'à l'Elbe. Son mariage avec Marie-Louise, fille de l'empereur d'Autriche, l'élévation du maréchal

Bernadotte à la dignité d'héritier présomptif de la couronne de Suède, semblaient assurer à la France l'alliance et l'amitié constante de ces deux états.

Pour ajouter à la gravité des périls dont tant de grandeur et de puissance menaçait l'Angleterre, la guerre avec les États-Unis semblait cette fois inévitable; le 16 mai 1811, un engagement très-vif avait eu lieu entre la frégate américaine *le Président* et la frégate anglaise *le Petit-Belt*, et ce dernier avait été extrêmement maltraité. Lequel de ces bâtiments avait été l'agresseur? tous deux s'en défendirent, et tous deux furent désavoués par leurs gouvernements; mais l'irritation déjà très-grande qui régnait aux États-Unis fut accrue par cet événement, et les Américains s'abandonnèrent d'autant plus facilement à leur ardeur guerrière, que leur frégate avait eu dans le combat un avantage marqué sur la frégate anglaise, et que les craintes qu'avait jusqu'alors inspirées la perspective d'une guerre avec l'Angleterre se trouvaient par là en partie dissipées.

Pour faire face aux difficultés d'une pareille situation, un ministère fort, uni, investi de la confiance du souverain, soutenu par une imposante majorité, eût à peine été suffisant. Tel n'était pas, et bien loin de là, le ministère actuel. Homme initié à toutes les tactiques, à toutes les roueries parlementaires, habile à diriger les débats d'une assemblée, à éluder par de petits moyens, par des réponses évasives, par des expédients dilatoires, les arguments les plus pressants de ses adversaires, M. Perceval avait le talent nécessaire pour se maintenir au pouvoir, mais il manquait de cette grandeur dans les vues, de cette conviction dans les idées, nécessaires pour dominer une situation et la maîtriser. Point de système arrêté, à l'intérieur pas plus qu'à l'extérieur, et de là, dans toutes les mesures prises par l'administration, une indécision, une mollesse, une contradiction perpétuelles; de là aussi, entre les membres du cabinet, d'incessantes divisions qui ne tardèrent pas à amener sa dislocation. La guerre d'Espagne était la principale cause de ces divisions. Personne, dans les chambres comme dans le pays, ne doutait qu'à l'expiration des deux années fixées pour la durée des restrictions imposées au pouvoir du régent, ce prince ne forçât le cabinet à faire place à ses amis les whigs; et, dans cette conviction, la plupart des ministres attachaient peu d'importance à poursuivre avec vigueur une guerre que le parti whig condamnait unanimement comme inutile, et à laquelle il ne manquerait pas de mettre fin dès son arrivée aux affaires. Le marquis de Wellesley seul voulait qu'elle fût continuée à outrance, et ne pouvant obtenir de M. Perceval les secours en hommes, argent et munitions que son frère, lord Wellington, réclamait avec instances, il remit sa démission entre les mains du régent (février 1812). En se retirant, il déclara au prince que, dans son opinion, l'état actuel du pays réclamait un ministère de fusion qui prendrait pour principes, à l'intérieur, des concessions modérées aux catholiques; à l'extérieur, la concentration en Espagne des ressources dont l'Angleterre pouvait disposer. A ce moment, le temps fixé pour la durée des restrictions venait d'expirer, et on pensait que le prince de Galles allait profiter de la démission du marquis de Wellesley, laquelle nécessitait un remaniement du cabinet, pour renvoyer son ministère. Mais, comme il arrive presque toujours, les opinions libérales du prince s'étaient sensiblement modifiées depuis son arrivée au pouvoir, et la répugnance qu'il éprouvait jadis pour les doctrines conservatrices des torys, il la ressentait maintenant pour les idées réformatrices des whigs. D'ailleurs, un changement de ministère aurait nécessité des démarches, des négociations, des combinaisons, ennuis auxquels Georges ne voulait se soumettre qu'à la dernière extrémité. Agé à cette époque de cinquante et un ans, ce prince était tellement énervé par une suite non interrompue de débauches, qu'il portait déjà tous les signes d'une vieillesse prématurée. Rien n'avait plus d'attrait pour lui, rien ne pouvait réveiller son esprit de l'espèce d'engourdissement dans lequel il était tombé; et de toutes les passions qui avaient agité sa jeunesse, il ne lui restait plus qu'un goût démesuré pour le faste, l'ostentation et les hochets de la royauté, la haine la plus implacable contre son épouse, et un penchant irrésistible pour une indolence absolue. Avec de telles dispositions, Georges ne se souciait guère de se plonger dans les embarras d'un changement de cabinet. Cependant, comme l'opinion publique réclamait assez vivement un ministère de fusion, des ouvertures furent faites aux lords Grey et Grenville. Mais l'émancipation des catholiques était une des conditions mises par ces deux hommes d'état à leur entrée aux affaires; ils ne pouvaient, par conséquent, s'entendre avec M. Perceval, le plus ardent adversaire que cette mesure eût jamais rencontré. La négociation n'eut donc pas de suite; lord Castlereagh remplaça le marquis de Wellesley dans le poste de secrétaire des affaires étrangères. La nomination de lord Castlereagh, un des ennemis les plus prononcés de toute réforme, indiquait chez le prince régent la volonté de tenir les whigs à jamais éloignés du pouvoir; un événement inattendu vint tout à coup leur rendre l'espoir de rentrer aux affaires. Le 11 mai, M. Perceval fut tué d'un coup de pistolet, tiré à bout portant, au moment où il se rendait à la chambre des communes. On crut d'abord que ce meurtre était le résultat d'un complot politique et la suite de l'irritation qui régnait dans le peuple; mais on acquit bientôt la conviction que l'assassin n'avait commis ce crime que pour satisfaire un ressentiment personnel.

Ce tragique événement, qui remettait de nouveau le cabinet en dissolution, fit renaître les manifestations de l'opinion en faveur d'un ministère de coalition. La chambre des communes elle-même se prononça d'une manière formelle. Une adresse, demandant au prince régent la formation d'un cabinet pris dans tous les partis, fut votée par 174 voix contre 170. En conséquence, de nouvelles propositions furent faites à lord Grey et à lord Grenville. Après quelques jours de pourparlers, les principales difficultés se trouvaient aplanies; il avait été convenu que le ministère serait composé d'hommes de toutes les opinions, mais dans une proportion telle que les whigs y eussent une influence prépondérante, et tout semblait terminé, lorsqu'une question, peu importante par elle-même, anéantit ce qui avait été fait. Les whigs avaient demandé le renvoi de toutes les personnes qui composaient la maison du régent comme appartenant au parti tory, et pouvant, par suite de leurs relations de tous les instants avec le prince, exercer sur lui une influence contraire aux doctrines du ministère. Le régent avait d'abord consenti à cette demande; mais les intrigues de quelques-uns de ses courtisans, qui lui présentèrent les exigences des whigs comme un empiétement injustifiable sur la prérogative royale, le firent promptement revenir sur sa détermination. La demande des whigs fut repoussée et la négociation entamée, rompue. Le prince de Galles, heureux d'échapper aux difficultés d'un changement d'administration, se hâta de se replonger dans l'insouciance et l'oisiveté qui lui étaient si chères, en reconstituant son ancien ministère. Lord Liverpool, nommé premier lord de la trésorerie, remplaça M. Perceval. Le pouvoir s'échappait donc encore une fois des mains du parti whig; de longues années allaient s'écouler avant qu'il pût le ressaisir.

Cependant, le refus de faire droit aux justes demandes des lords Grey et Grenville, l'exclusion de whigs et la reconstitution de l'ancien cabinet, avaient vivement mécontenté sinon les communes, qui étaient toujours prêtes à soutenir le ministère quel qu'il fût, du moins la grande majorité de la nation. Les mesures de lord Liverpool tendirent à désarmer cette irritation. Ce que le pays redoutait le plus en ce moment, c'était une guerre avec l'Amérique; car, outre le tort que le commerce devait en éprouver, elle devait avoir pour effet d'éparpiller les forces de l'Angleterre, qu'il était si important de concentrer pour agir contre la France. C'était donc une rupture avec les États-Unis qu'il fallait éviter. Pour arriver à ce but, lord Liverpool résolut de donner satisfaction à une partie des réclamations des Américains, et il ordonna la révocation des ordres du conseil rendus en représailles des décrets de Berlin et de Milan. Cette mesure fut accueillie en Angleterre avec la plus vive satisfaction, et ramena au cabinet tout le commerce britannique; mais elle était trop tardive vis-à-vis des États-Unis. Avant que la révocation des ordres du conseil eût pu être officiellement annoncée, les Américains avaient déclaré la guerre à la Grande-Bretagne et envahi le Canada (juin 1812).

Prise une année plus tôt, cette détermination du cabinet de Washington eût été de la plus funeste conséquence pour l'Angleterre. Si, en 1810, au moment où Napoléon, vainqueur de l'Autriche, tenait tout le continent tremblant devant lui, les Américains eussent envahi le Canada et disputé aux Anglais l'empire de la mer, le cabinet de Saint-James, obligé par cette diversion de consacrer toutes ses forces à la défense de ses possessions attaquées, aurait été obligé de rappeler ses troupes d'Espagne, de laisser cette puissance se soumettre aux armes françaises, et dès lors la Grande-Bretagne, privée du seul marché qui lui restât sur le continent, eût été forcée de demander la paix. Dans le moment actuel, la position était bien différente : un ennemi redoutable venait de se lever contre Napoléon. Le czar Alexandre, irrité par la résistance de l'empereur à ses projets sur Constantinople, par la saisie du duché d'Oldenbourg, dont le souverain était son beau-frère, et surtout par les desseins de Napoléon sur la Pologne, avait témoigné son mécontentement en secouant le joug du système continental. Des négociations, qui durèrent près de deux années, n'avaient pu ramener la concorde entre les deux souverains, et depuis longtemps, de part et d'autre, on s'était préparé à la guerre. Elle éclata enfin; le 22 juin 1812, l'armée française, forte de quatre cent cinquante mille hommes, franchit le Niémen.

La rupture de la Russie avec la France, en déterminant le rétablissement de l'alliance entre les cours de Saint-James et de Pétersbourg et en rouvrant au commerce britannique un marché de quarante millions d'individus, mit fin à l'horrible crise qui agitait l'Angleterre. Ses autres effets ne furent pas moins avantageux pour la Grande-Bretagne. Elle empêcha Napoléon de tourner ses armes et son génie contre les armées anglaises de la Péninsule; et elle valut à l'Angleterre un allié important, la Suède. Le nouveau prince royal, Bernadotte, haïssait l'empereur; à peine arrivé dans ses nouveaux états, il se jeta dans les bras de la Russie, et par suite dans ceux de l'Angleterre. En échange de son alliance contre la France, ces deux puissances s'engagèrent à lui faire obtenir la possession de la Norvége.

Les efforts de la diplomatie britannique obtenaient à l'autre extrémité de l'Europe un succès non moins important. Depuis plusieurs années, la guerre existait entre la Russie et la Porte, et Napoléon comptait sur les Turcs pour faire une diversion favorable à ses armes; mais le divan fut gagné par l'or et les intrigues de l'Angleterre, et, au moment où les armées françaises franchissaient le Niémen, la Turquie signait la paix avec la Russie à Bucharest. Napoléon entreprenait donc de lutter seul contre le colosse moscovite, ses deux flancs dégarnis par la défection de la Suède et de la Turquie, laissant sur ses derrières déjà envahis une ennemie aussi acharnée que puissante. C'était une faute immense, et dont l'Angleterre allait s'efforcer de profiter. Au commencement de l'année 1812, deux heureux coups de main avaient fait tomber au pouvoir de Wellington les importantes places de Ciudad-Rodrigo et de Badajoz, toutes deux situées sur la frontière d'Espagne. C'était une excellente base d'opérations; elle permit au général anglais de prendre vigoureusement l'offensive au cœur de la Péninsule. Ses premiers pas furent marqués par des succès. Le 27 juin, il s'emparait de Salamanque; le 22 juillet, il battait Marmont aux Arapiles, et, quelques jours après, il entrait sans obstacle dans Madrid, que Joseph avait évacué. Alors il marcha sur Burgos; mais là commencèrent les revers. Le général Dubreton, enfermé dans le château avec quinze cents hommes, résista durant trente-cinq jours, et malgré cinq assauts, à toute l'armée anglaise. Cette glorieuse défense donna le temps à l'armée de Marmont de faire sa jonction avec celle de Soult, accouru d'Andalousie; et Wellington, obligé de battre précipitamment en retraite, ne rentra en Portugal qu'en sacrifiant son arrière-garde. C'était un grave échec; néanmoins la victoire des Arapiles avait porté ses fruits. Les cortès rompirent les négociations entamées avec Joseph et firent alliance avec l'empereur de Russie.

La retraite de Wellington en Portugal excita en Angleterre un vif mécontentement. Au parlement, elle fut présentée, par tous les adversaires de la guerre d'Espagne, comme la preuve de l'impossibilité de jamais chasser les Français de la Péninsule. « Voici trois fois, disait l'opposition, que lord Wellington pénètre « jusqu'au cœur de l'Espagne, et trois fois qu'il est forcé de rentrer à la hâte en « Portugal. Certes, ses victoires sont glorieuses pour les armes britanniques, mais « ce n'est que de la gloire sans résultat, et faut-il donc pour cela seul embarquer la « nation dans une cause sans espoir? » La majorité de la chambre fit justice de ces raisonnements, inspirés par l'aveuglement de l'esprit de parti. A ce moment même, les déserts glacés de la Russie venaient d'engloutir la plus puissante armée que la France eût jamais mise sur pied. Des quatre cent cinquante mille hommes qui avaient franchi le Niémen, quarante mille seulement avaient repassé l'Elbe;

Napoléon n'avait plus d'armée. Rappeler Wellington eût été commettre la faute la plus grave; c'était laisser à l'empereur la disposition des cent cinquante mille soldats répartis sur les divers points de la Péninsule; c'était lui rendre les moyens de combattre ses ennemis à armes égales. Loin d'approuver la politique de l'opposition, la majorité de la chambre donna son plein assentiment à toutes les mesures prises par le cabinet, afin de fournir à Wellington les moyens de poursuivre vigoureusement la guerre.

La désastreuse retraite de Russie rendait à l'Angleterre la possibilité d'atteindre enfin le but qu'elle poursuivait depuis si longtemps : une coalition universelle. Aussitôt sa diplomatie envahit toutes les cours du continent, réveillant partout les haines contre la France, décidant les indécis par ses subsides, les timides par ses menaces. Elle resserra son alliance avec la Russie au prix de sept millions sterling; elle en donna deux à la Prusse; elle prit à sa solde trente mille Suédois que devait commander Bernadotte, et s'engagea à faire avoir à ce prince la Norwége et la Guadeloupe; elle sollicita l'Autriche de se venger de ses défaites en lui promettant l'Italie et dix millions de subsides. Ces efforts furent couronnés de succès; au mois de février 1813, trois cent cinquante mille hommes, Russes, Prussiens, Suédois, menaçaient la ligne de l'Elbe que défendait Napoléon avec seulement cent quarante mille soldats.

En même temps, Wellington, renforcé d'hommes et d'argent, avait ordre de reprendre énergiquement l'offensive. La tâche était facile. Nommé au commandement général de toutes les forces espagnoles et portugaises, Wellington avait en ligne une armée de cent vingt mille hommes, dont près de la moitié étaient Anglais. Les Français, au contraire, affaiblis par les renforts dirigés sur l'Allemagne, ne comptaient plus que quatre-vingt mille hommes disséminés du Tage aux Pyrénées. Joseph et Jourdan, qui commandaient le corps principal, évacuèrent Madrid, se retirèrent derrière l'Èbre, et attendirent Wellington près de Vittoria, mais dans une position si désavantageuse que leur défaite était certaine. Elle fut complète (21 juin 1813). Les Français, enfoncés sur tous les points, perdirent quatre mille hommes, leur artillerie, leurs bagages, et repassèrent les Pyrénées en désordre. La bataille de Vittoria eut les conséquences les plus funestes pour Napoléon. Nonseulement elle devait permettre à Wellington de pénétrer cette année sur le sol de la France, mais elle allait décider l'Autriche, ébranlée par les défaites des Prussiens et des Russes à Lutzen et à Bautzen, à se joindre aux ennemis de la France. L'accession de l'Autriche fut décisive; elle compléta à la coalition un demi-million d'hommes. Avec ses cent cinquante mille soldats Napoléon ne pouvait lutter contre de pareilles masses. Vainqueur à Dresde, il fut trahi et accablé à Leipsick et ramené sur le Rhin. Au mois de janvier 1814, les armées alliées étaient en France. Au mois de février, un congrès réuni à Châtillon déclara qu'il fallait que la France rentrât dans ses anciennes limites. « Jamais je ne signerai un pareil traité, répondit Napo- « léon. J'ai juré de maintenir l'intégrité de la république, je n'abandonnerai pas les « conquêtes qui ont été faites avant moi. » Alors, et à l'instigation de Castlereagh, qui était venu lui-même sur le continent pour présider aux résolutions des souverains alliés, les coalisés conclurent le traité de Chaumont, par lequel ils faisaient alliance offensive et défensive pour vingt années, et s'engageaient, tant que la France refuserait d'accepter la paix en rentrant dans ses anciennes limites, à poursuivre la guerre avec toutes leurs ressources, et à ne jamais faire de paix séparée. La Grande-Bretagne promettait de payer aux trois alliés un subside annuel de cent vingt millions de francs.

Cependant, malgré la décision prise de continuer la guerre à outrance, les coalisés, qu'intimidaient les prodiges d'activité, d'audace et de génie accomplis par Napoléon à Montmirail, Montereau, Champ-Aubert, hésitaient à marcher sur Paris en laissant derrière eux un pareil adversaire. Les instances réitérées de lord Castlereagh et la volonté d'Alexandre décidèrent ce mouvement qui, par suite de honteuses défections, fut le salut des alliés et la perte de la France.

Pendant ce temps, Wellington avait franchi les Pyrénées et pénétré en France. Le maréchal Soult, nommé par l'empereur, après la bataille de Vittoria, au commandement des troupes françaises en Espagne, avait réorganisé l'armée et repris l'offensive. Mais, trop faible pour tenir tête aux Anglais, il avait été obligé de se retirer en défendant le terrain pied à pied, et arriva ainsi jusqu'à Toulouse. Là s'engagea une bataille terrible, effusion de sang inutile, car à cette époque les alliés étaient entrés dans Paris, le sénat avait proclamé la déchéance de Napoléon et rappelé les Bourbons, l'empereur avait abdiqué l'empire (2, 6 et 11 avril). Le jour même où Napoléon quittait Fontainebleau en exilé pour se rendre à l'île d'Elbe, qui lui avait été concédée en toute souveraineté, Louis XVIII faisait, comme roi de France, une entrée solennelle dans la ville de Londres [1]. « C'est « aux conseils de V. A. R., dit-il au prince régent, à ce glorieux pays ; et à la « confiance de ses habitants, que j'attribuerai toujours, après la divine Providence, « le rétablissement de notre maison sur le trône de ses ancêtres. » Louis XVIII partit aussitôt pour la France. Le 3 mai, il faisait son entrée dans la capitale ; et, le 30, il signait le traité de Paris. Un mois auparavant, son frère, le comte d'Artois, qui l'avait précédé en France, avait signé, en sa qualité de lieutenant général du royaume, une convention provisoire qui mettait fin aux hostilités, et réglait l'évacuation par les troupes alliées du territoire français tel qu'il était en 1792 ; les troupes françaises durent pareillement évacuer les places qu'elles occupaient hors du territoire de la France ainsi constituée. Cette convention, qui abandonnait aux alliés cinquante-trois places garnies de douze mille canons, trente et un vaisseaux, douze frégates, un matériel immense, privait la France des seules compensations qu'elle eût pu offrir en échange de ses réclamations ; et Louis XVIII n'eut plus qu'à accepter le traité de Paris sans en débattre une seule condition. Par ce traité, l'Angleterre rendait à la France ses établissements dans les Indes, à la condition qu'il n'y serait point élevé de fortifications ; des colonies et des possessions françaises elle

---

1. Après le traité de Tilsitt, le prétendant Louis XVIII avait été obligé de quitter Mittau, où sa présence « aurait pu gêner » les rapports d'Alexandre avec son nouvel allié. Le cabinet de Saint-James lui permit de venir habiter l'Angleterre, à la condition qu'il vivrait dans ce pays « d'une manière conforme à sa situation actuelle. » Il habita d'abord le château de Gosfield-Hall, dans le comté d'Essex, puis la résidence de Hartwell, dans le comté de Buckingham ; c'est là que le trouvèrent les événements qui le rappelaient au trône.

ARTHUR DE WELLESLEY, DUC DE WELLINGTON

D'après l'original de sir Thomas Lawrence.

gardait l'île de France et ses dépendances, Tabago, Sainte-Lucie, Malte, les îles Ioniennes. « C'était peu, ce semble, pour tant d'efforts et de dépenses; mais elle allait en outre exiger de la Hollande la cession du Cap, de Demerari, d'Essequibo. D'ailleurs les chétives colonies qu'elle consentait à rendre étaient incapables de faire jamais de la France une puissance coloniale, et, comme puissance continentale, elle allait l'enchaîner au congrès de Vienne en la bordant d'une ceinture d'états ennemis : le royaume des Pays-Bas, créé pour enlever à l'influence française la Belgique et la Hollande; le royaume de Prusse, qui s'étendait jusqu'à quatre-vingts lieues de Paris, etc., etc. Que lui importaient d'ailleurs quelques colonies, à elle qui, outre l'empire incontesté des mers, outre ses immenses possessions dans l'Inde, était maîtresse de toutes les positions maritimes du globe, à elle qui, par Gibraltar, Malte et Corfou, tenait la Méditerranée; par le cap Maurice, l'Afrique et la mer des Indes; et qui, par les Antilles, dominait l'Amérique du Sud, alors insurgée contre l'Espagne.

Aussi la chambre des communes approuva-t-elle unanimement le traité de Paris, et accueillit-elle lord Castlereagh, lors de son retour, par les plus vives acclamations. Mais rien n'égala l'enthousiasme qu'excita Wellington. Créé duc par le régent, il fut gratifié d'une somme de quarante mille livres sterling par les communes, qui voulurent le complimenter elles-mêmes, et à la messe solennelle d'action de grâces qui fut célébrée à l'église de Saint-Paul en l'honneur du triomphe définitif de l'Angleterre sur sa puissance rivale, il prit place à côté du prince de Galles, portant à la main l'épée de l'état.

L'article 32 du traité de Paris stipulait la réunion à Vienne d'un congrès chargé d'en compléter les stipulations, et de régler la disposition à faire des territoires auxquels la France renonçait. Les conférences furent ouvertes le 1er novembre. Un des premiers actes du congrès fut d'ériger en royaume l'électorat de Hanovre, agrandi d'une partie du royaume de Westphalie. Mais la concorde ne dura pas longtemps entre les puissances assemblées pour se partager les dépouilles de la France abattue. Bientôt la prépondérance que voulait s'arroger l'empereur de Russie excita les craintes de l'Angleterre et de l'Autriche. La discorde commençait à se mettre parmi les plénipotentiaires, et un traité secret avait été signé entre les cours de Londres, de Vienne et de Paris, dans le but de s'opposer aux exigences du czar, lorsque l'on apprit que Napoléon avait débarqué sur les côtes de France, que les troupes envoyées pour le combattre s'étaient toutes déclarées en sa faveur, et qu'il était rentré en triomphe dans sa capitale (20 mars 1815). Aussitôt, toutes les divisions cessèrent; les souverains alliés déclarèrent que « Napoléon s'était placé hors des relations civiles et sociales, et que, comme ennemi et perturbateur du repos du monde, il était livré à la vindicte publique; » ils renouvelèrent le traité de Chaumont, « afin de préserver de toute atteinte l'ordre de choses si heureusement rétabli en Europe, » et rassemblèrent un million de soldats. Deux mois après, cent soixante mille Anglais, Hollandais et Hanovriens, commandés par Wellington, et cent vingt mille Prussiens, commandés par Blücher, étaient en Belgique prêts à commencer les hostilités.

Napoléon n'avait à opposer à ces deux cent quatre-vingt mille hommes qu'une armée de cent vingt mille soldats; mais il espérait pouvoir surprendre et battre les Prussiens et les Anglais avant qu'ils eussent eu le temps de se réunir, et il marcha résolument au-devant d'eux (14 juin). La trahison de M. de Bourmont, qui passa aux Prussiens en entrant en Belgique, avertit les Prussiens et empêcha qu'ils ne fussent surpris. Néanmoins Blücher fut battu à Ligny le 16 : sans les hésitations du maréchal Ney, il aurait été écrasé. Cependant son armée était dispersée, et il suffisait d'un faible corps pour l'empêcher de se réunir et de se joindre aux Anglais. Napoléon chargea de ce soin le maréchal Grouchy avec trente-cinq mille hommes, et marcha contre les Anglais, dont Ney venait de battre l'avant-garde aux Quatre-Bras. Il les rencontra près du village de Waterloo, dans une position extrêmement forte, et au nombre de quatre-vingt-dix mille hommes. Napoléon n'en avait que soixante-cinq mille. Mais il comptait sur Grouchy, qui, après avoir empêché les Prussiens de se reformer, devait se replier sur le principal corps d'armée, et il engagea la bataille. Malgré la force de la position des Anglais, malgré l'arrivée, dès le commencement du combat, d'un corps de trente mille Prussiens, malgré la résistance de l'infanterie britannique, qui, immobile dans ses positions, semblait avoir pris racine dans la terre, la victoire semblait assurée aux Français. « L'armée anglaise, dit Jomini, n'avait plus un homme disponible; tout était ébranlé, abîmé; » une dernière charge de la vieille garde allait tout emporter, lorsque Blücher, que Grouchy avait laissé échapper, tomba tout à coup sur le flanc des Français avec trente mille hommes. A cette attaque inattendue, les Français hésitent, des cris de : « Nous sommes trahis; sauve qui peut, » mettent le désordre dans leurs rangs. Bientôt la déroute devient générale; elle ne s'arrête que sous les murs de Paris.

La bataille de Waterloo, décidée contre les Français, non pas par l'habileté du duc de Wellington, mais par les fautes grossières de Grouchy et par l'inébranlable fermeté de l'infanterie anglaise, qui donna à Blücher le temps d'entrer en ligne, la bataille de Waterloo renversa une seconde fois Napoléon du trône, et rendit la France aux Bourbons. Rien cependant n'était désespéré. « Que les dé- « putés me secondent, dit Napoléon en arrivant à Paris, et rien n'est perdu. » Mais, loin de le seconder, la chambre des députés, composée de traîtres et d'hommes incapables, le força à abdiquer, et nomma un gouvernement provisoire dont le président, Fouché, n'avait cessé de correspondre avec Wellington. Napoléon se rendit à Rochefort, où il voulait s'embarquer pour les États-Unis. Mais la mer était gardée par les croisières anglaises, averties par Fouché, et le passage impossible. Alors Napoléon résolut de se confier à la générosité britannique, et monta sur le *Bellérophon* pour être conduit en Angleterre. Cette noble confiance fut reconnue par la plus infâme déloyauté. Le ministère anglais signifia à Napoléon qu'il était prisonnier des nations alliées, et que l'intention de toutes les puissances de l'Europe était qu'il fût transféré à l'île de Sainte-Hélène. Le vaisseau le *Northumberland* le déposa en effet dans cette île, qui devait être sa prison, et dont le climat malsain devait précipiter sa mort.

L'abdication de Napoléon avait laissé la France sans chef et sans défense. Quinze jours après (5 juillet), les Anglo-Prussiens entrèrent dans Paris, ramenant avec eux le roi Louis XVIII. Et alors fut signé un nouveau traité de Paris qui enleva à la France cinq cent mille habitants, plusieurs places fortes, lui imposa une indemnité de guerre de sept cents millions, et mit dans ses places, pendant trois ans, cent cinquante mille étrangers entretenus à ses frais. « Les souverains s'étaient préparés à ce traité par un pacte mystérieux qui ne renfermait aucune stipulation précise, et qu'on appela la sainte-alliance. C'était simplement l'acte constitutif de la coalition formée en 1793 contre la révolution française, c'est-à-dire l'acte d'union des rois contre les peuples [1]. »

Le parlement britannique était assemblé lorsque parvint en Angleterre la nouvelle de la bataille de Waterloo; elle fut accueillie avec un enthousiasme qui tenait du délire. La première fois que les Anglais et Wellington se trouvaient en présence du vainqueur de l'Europe, ils remportaient sur lui une victoire non moins décisive que celles d'Iéna et d'Austerlitz! L'Angleterre était ivre d'orgueil. Les chambres votèrent d'unanimes remercîments à l'armée; tous les régiments qui avaient pris part au combat furent autorisés à inscrire sur leurs drapeaux le nom de Waterloo; les soldats reçurent une médaille commémorative; la journée fut comptée à elle seule comme deux années de service. Quant au duc de Wellington, toutes les formules, toutes les preuves de la reconnaissance nationale avaient été épuisées à son égard. Créé successivement, par le prince régent, baron de Douro, vicomte Wellington de Talavera, comte, marquis, duc de Vellington, et enfin feld-maréchal, la plus haute dignité militaire de l'Angleterre, il avait déjà reçu douze fois les remercîments du parlement, et la chambre des communes lui avait voté en différentes occasions, d'abord quatre mille livres sterling de rente viagère, puis des gratifications montant à cinq cent mille livres (12,500,000 fr.). Les chambres lui adressèrent de nouveau d'unanimes remercîments pour l'habileté consommée, la vigueur sans exemple, l'ardeur irrésistible déployées par lui dans la journée du 18 juin, et une somme de deux cent mille livres (5 millions) fut destinée à lui élever un palais et lui acheter un domaine « que lui et ses héritiers posséderaient en libre tenure, sans autre service, rente ni hommage que de présenter chaque année, le 18 juin, au roi et à ses héritiers, en leur château de Windsor, *un drapeau tricolore* [2]. »

Si la bataille de Waterloo permettait aux Anglais de se proclamer les vainqueurs des vainqueurs de l'Europe, la guerre qui venait de se terminer entre eux et les États-Unis aurait dû modérer leur orgueil, car elle était loin d'avoir été aussi honorable pour leurs armes. Aussitôt après la déclaration des hostilités (juin 1812), les Américains avaient envahi le Canada. Leurs premières tentatives ne furent pas heureuses : le général Hull, commandant de leur armée, capitula dès le commencement de la campagne de la manière la plus honteuse. La prise de la ville d'York, capitale du Haut-Canada, celle du fort Saint-Georges, la défaite de l'escadre anglaise sur le lac Érié, réparèrent cet échec, et signalèrent la campagne

1. Lavallée, t. IV, p. 621.
2. Les dames de Londres ne voulurent pas rester en dehors de l'enthousiasme universel; une souscription fut ouverte parmi elles, et le montant consacré à élever au duc de Wellington, en face de son palais, une statue colossale où il est représenté en Achille, complétement nu, et brandissant son épée victorieuse.

de 1813. Sur mer, les succès des États-Unis étaient plus remarquables encore : dans presque toutes les rencontres les vaisseaux anglais furent forcés de céder à l'habileté et à la supériorité de manœuvres de leurs adversaires. Le cabinet de Saint-James résolut de relever l'honneur de ses armes. La première paix de Paris rendait disponibles les troupes et les flottes employées en Europe : des renforts furent envoyés aux escadres et aux armées du Canada. Dès lors la guerre devint plus active; la flotte de l'amiral Cochrane menaça bientôt deux points importants, Baltimore et Washington. Cette dernière ville fut défendue avec vigueur par le général Winder, et les Anglais, dont les rangs avaient été plusieurs fois rompus par le canon américain, songeaient à la retraite, lorsque la milice d'Annapolis, saisie d'une terreur panique, se débanda et prit la fuite. Il fallut évacuer Washington. Les Anglais, commandés par le général Ross, livrèrent aux flammes tous les édifices publics, le palais du sénat et celui des députés, le palais du président, la bibliothèque du Capitole, la trésorerie, le bassin de construction, l'arsenal, l'hôtel de la guerre, et jusqu'au pont magnifique jeté sur le Potomack. Des peuples barbares n'eussent pas agi autrement. Ces inutiles cruautés, qui ne pouvaient avoir d'autre résultat que de redoubler la haine des Américains contre l'Angleterre, furent bientôt sévèrement expiées. Baltimore, assiégée, se défendit avec énergie; le général Ross fut tué, et lord Cochrane, après avoir inutilement tenté un débarquement où il perdit l'élite de ses troupes, se vit forcé de redescendre le Chesapeack, en abandonnant une partie de ses vaisseaux. Pendant ce temps, une escadre américaine avait un engagement très-vif avec une escadre anglaise plus forte qu'elle, et, grâce à l'habileté de ses manœuvres, remportait une victoire complète. Les Anglais ne furent pas plus heureux dans une attaque sur la Louisiane. Complétement défaits devant la Nouvelle-Orléans par le général Jackson, ils perdirent la moitié de leur armée, et furent obligés de se rembarquer.

Malgré ces succès, la guerre avait porté un coup funeste aux États-Unis. Leurs transactions avec l'Angleterre, base la plus solide de leur commerce, étaient complétement arrêtées. Le chiffre de leur commerce extérieur, qui en 1811 s'élevait à cinquante millions sterling (importations et exportations), était tombé en 1814 à quatre millions. Le revenu de la république, qui repose presque en entier sur les droits de douane, était à peu près réduit à rien, et le gouvernement avait été obligé de recourir à de nombreux emprunts. La perte du marché américain n'avait du reste pas été moins fatale au commerce britannique, et de part et d'autre on désirait vivement la cessation de la guerre. Des négociations s'ouvrirent entre les deux états, et le 24 décembre 1814 fut signé à Gand un traité de paix qui mit fin aux hostilités. Les stipulations principales portèrent sur la fixation des limites, objet de querelles sans cesse renaissantes. Il fut arrêté que les deux puissances nommeraient des commissaires chargés de les déterminer d'une manière positive. Quant au véritable sujet de la guerre, le droit de visite et de presse, comme aucun des deux états n'aurait voulu se départir de ses prétentions, que d'ailleurs la cessation de la guerre continentale avait ôté, pour le moment du moins, la plus grande partie de son importance à la question des neutres, il n'en fut fait mention ni dans les négociations ni dans le traité.

La mise en oubli de cette grave question était par le fait tout à l'avantage de l'Angleterre, qui n'était obligée de renoncer à aucun des principes qu'elle soutenait ; son habile politique obtint encore un nouveau succès en faisant insérer dans le traité un article qui stipulait que, attendu que le commerce des esclaves est inconciliable avec tous les sentiments d'humanité et de justice, et que S. M. Britannique et les États-Unis étaient tous les deux désireux d'arriver à l'abolition de ce commerce, les deux parties contractantes s'engageaient à user de tous leurs efforts pour obtenir un résultat aussi désirable.

Cette question de l'abolition de la traite des noirs, l'Angleterre l'avait introduite, avec une incroyable persistance, dans tous les congrès, dans toutes les négociations qui depuis quelques années avaient eu lieu en Europe. Le premier traité de Paris portait, dans un article additionnel, que Sa Majesté Très-Chrétienne, partageant sans réserve tous les sentiments de Sa Majesté Britannique relativement à un genre de commerce que repoussaient les principes de la justice naturelle et les lumières des temps actuels, s'engageait à unir, au futur congrès, tous ses efforts à ceux de Sa Majesté Britannique pour faire prononcer par toutes les puissances de la chrétienté l'abolition de la traite des noirs ; de telle sorte que ladite traite cessât universellement, comme elle cesserait définitivement, et dans tous les cas, de la part de la France, dans un délai de cinq années ; et qu'en outre, pendant la durée de ce délai, aucun trafiquant d'esclaves n'en pût importer ni vendre ailleurs que dans les colonies de l'état dont il était sujet. »

Au second traité de Paris, un nouvel article additionnel était ainsi conçu :

« Les hautes puissances contractantes désirant sincèrement donner suite aux mesures dont elles se sont occupées au congrès de Vienne, relativement à l'abolition complète et universelle de la traite des nègres, et ayant déjà, chacune dans ses états, défendu sans restriction à leurs colonies et sujets toute part quelconque à ce trafic, s'engagent de nouveau à unir leurs efforts pour assurer le succès final des principes qu'elles ont proclamés dans la déclaration du 4 février 1815, et à concerter sans perte de temps, par leurs ministres, aux cours de Londres et de Paris, les mesures les plus efficaces pour obtenir l'abolition entière et définitive d'un commerce aussi odieux et aussi hautement réprouvé par les lois de la religion et de la nature. »

Des conventions semblables, conclues successivement avec la plupart des états de l'Europe, auraient pu être considérées comme l'expression d'un puissant amour de la justice et de l'humanité, si la politique égoïste du cabinet de Saint-James n'avait pas été connue ; si on ne l'avait vu, à ce moment même, abandonner au régime de fer des Russes les infortunés Polonais ; forcer les Norvégiens à se soumettre à la Suède ; laisser l'Autriche imposer son joug odieux à la république de Gènes, en dépit de l'engagement solennel pris par l'Angleterre, lorsqu'elle voulait soulever l'Italie contre Napoléon, de garantir aux Génois leur indépendance et leurs libertés républicaines. Un motif autre que l'amour de la justice et de l'humanité guidait donc le cabinet de Saint-James lorsqu'il poursuivait avec une si active persévérance l'abolition de la traite et de l'esclavage des noirs : ce mobile, c'était l'intérêt de son commerce ; son but, c'était d'empêcher que le trafic auquel elle avait renoncé ne tombât entre les mains d'une autre nation; c'était de forcer la France, l'Espagne, le Portugal, la Hollande, à se priver des avantages qu'ils retiraient de leurs colonies en y supprimant l'esclavage; c'était de substituer aux produits de ces établissements les produits de son vaste empire de l'Inde, et de devenir ainsi la seule puissance coloniale; c'était, en assimilant la traite à la piraterie, de pouvoir surveiller, visiter, attaquer, toutes les marines du monde, et d'arriver ainsi à faire consacrer en temps de paix, par un long usage, ce droit de visite, objet incessant de ses vœux les plus ardents.

Le traité de Gottembourg et celui de Paris donnaient à l'Angleterre une paix qui ne devait plus être troublée pendant le reste du règne de Georges III; car on ne peut appeler du nom de guerre l'expédition que lord Exmouth dirigea en 1816 contre la régence d'Alger.

Depuis de longues années, les puissances barbaresques infestaient la Méditerranée, sans respect pour aucun pavillon. L'Angleterre résolut de mettre un terme à ces brigandages, et lord Exmouth, qui commandait les forces navales britanniques dans la Méditerranée, reçut du ministère des instructions pour intimer aux régences barbaresques l'ordre de faire la paix avec les royaumes de Naples et de Sardaigne, de traiter les habitants des îles Ioniennes à l'égal des Anglais, de rendre la liberté à tous les chrétiens qu'ils détenaient prisonniers, et de cesser désormais de les réduire à l'esclavage. Les beys de Tunis et de Tripoli adhérèrent sans difficulté à ces conditions; mais le dey d'Alger ne répondit aux sommations du consul anglais qu'en le faisant jeter en prison et en faisant massacrer par ses sujets les pêcheurs de corail rassemblés au cap de Bone. Aussitôt lord Exmouth fit voile vers Alger. Son escadre, accrue des vaisseaux d'une flotte hollandaise aux ordres de l'amiral van Capellen, bombarda la ville, en incendia la moitié, détruisit la marine algérienne, et força le dey à se soumettre aux conditions qui lui furent imposées, savoir : que l'esclavage des chrétiens serait à jamais aboli dans ses états; que tous les esclaves chrétiens, de quelque nation qu'ils fussent, seraient remis à l'amiral anglais; que les sommes perçues pour rachat d'esclaves depuis un an seraient restituées; que le consul anglais, emprisonné par ordre du dey, recevrait une indemnité proportionnée à ses pertes, ainsi qu'aux outrages qu'il avait subis.

La pacification extérieure se trouvait donc définitivement et pour longtemps assurée; il n'en était pas de même de la tranquillité intérieure. Après l'heureuse issue de la plus terrible guerre qu'elle eût jusqu'alors soutenue, l'Angleterre, enrichie des dépouilles de la France, de l'Espagne et de la Hollande, première puissance maritime et coloniale du monde entier, devait espérer voir s'ouvrir devant elle l'ère d'une prospérité nouvelle. Avec la guerre allaient cesser les charges qui pesaient si lourdement sur les contribuables; avec la guerre allaient tomber ces barrières que Napoléon avait élevées contre l'industrie britannique, et rien dès lors ne semblait plus pouvoir s'opposer à l'extension de ce puissant commerce dont les points d'appui embrassaient déjà le monde. Ces flatteuses espérances ne devaient cependant point se réaliser.

« Pendant l'orageux quart de siècle qui venait de s'écouler, la situation de la

Grande-Bretagne avait été précisément l'inverse de celle des pays continentaux directement engagés dans la guerre. Tandis que les préoccupations militaires absorbaient l'activité et les forces des puissances du continent, que l'Europe, labourée sans repos par les armées, souffrait tous les désastres matériels de la guerre, la Grande-Bretagne, seule à l'abri des perturbations violentes, offrait seule aussi aux capitaux un asile où ils pussent se livrer avec sécurité aux fructueuses transformations que recherche la richesse mobilière. Pendant quelque temps, l'Angleterre, disposant de tous les produits de l'Asie et de l'Amérique, fut presque la seule nation commerçante du monde; aussi, loin d'être comprimée comme sur le continent, son industrie prit-elle un prodigieux essor. D'énormes capitaux agglomérés, continuellement grossis et par leurs profits et par l'absorption progressive du capital flottant des nations continentales, la navigation et le commerce monopolisés, l'approvisionnement du monde à desservir, tels furent les merveilleux priviléges dont la Grande-Bretagne fut investie pendant la plus grande partie de la lutte. Ainsi secondée, l'industrie anglaise devait, on le comprend, suffire sans peine aux charges immédiates de la guerre; mais on comprend facilement aussi que la paix dut nécessairement rompre le cours de ces factices prospérités. En effet, la paix rappela vers les entreprises industrielles et commerciales les capitaux et l'activité du continent que la guerre en avait si longtemps détournés. Les souverains vainqueurs de Napoléon acceptèrent ses idées économiques, et pour développer dans leurs états les manufactures dont la politique impériale avait jeté les premières semences, ils s'entourèrent contre l'invasion des produits britanniques d'une formidable enceinte de tarifs. Les alliés que les Anglais avaient eus durant la guerre devinrent ainsi à la paix leurs rivaux commerciaux [1]. » La situation de l'industrie anglaise fut complétement altérée par ces mesures prohibitives. D'une expansion continue et rapide, elle passa à un resserrement subit d'autant plus douloureux que ses charges envers l'état, qui avaient triplé depuis 1793, continuèrent à peser sur elle du même poids, et qu'elle dut toujours contribuer à l'acquittement de cette rente de 500 millions que 50 milliards dépensés pendant la guerre avaient forcé l'Angleterre à attacher perpétuellement à son budget.

Les conséquences de ce nouvel état de choses ne tardèrent pas à se faire sentir. Les exportations, qui s'étaient élevées en 1809 à 46 millions sterling, en 1814 à 45 millions, en 1815 à 56 millions, descendirent, dès l'année 1816, à 41 millions sterling (différence : 15 millions sterling, ou 425 millions de francs). Cette énorme diminution produisit des effets d'autant plus désastreux qu'elle était moins attendue, et que l'industrie anglaise, croyant avoir désormais à fournir tous les marchés du continent, avait doublé sa production. Le travail fut aussitôt arrêté, et un nombre immense d'ouvriers se trouvèrent sans ouvrage. Pour comble de malheur, la récolte de cette année fut très-mauvaise, et le prix du pain augmenta avec la misère des classes pauvres. Une loi votée l'année précédente pour régler l'introduction des céréales étrangères en Angleterre aggravait encore cette position.

1. Forcade, *Politique commerciale de l'Angleterre.*

Jusqu'en 1814, les blés étrangers avaient pu être introduits en franchise lorsque le prix des blés indigènes s'élevait à 68 shellings (82 fr. 50 c.) par *quarter* (le *quarter* vaut huit boisseaux de France); mais les états continentaux, les uns ravagés par la guerre et fournissant à grand'peine à leur propre consommation, les autres exclus des ports anglais par suite de leur état d'hostilité contre la Grande-Bretagne, n'avaient pu profiter de cette faculté, et l'Angleterre avait dû demander à son propre sol les quantités de céréales nécessaires à sa consommation. Sous l'influence de ces circonstances, l'agriculture britannique avait pris en peu de temps une énorme extension, au grand avantage de tous les propriétaires terriens, qui virent les fermages s'accroître dans une rapide proportion. La paix, en rouvrant aux états du continent les ports de la Grande-Bretagne, en exposant la production indigène à la concurrence étrangère, devait nécessairement changer cette situation. Aussi les producteurs et les propriétaires fonciers, menacés de voir le blé indigène descendre du haut prix où il s'était jusqu'alors maintenu, le taux des fermages et la valeur des biens fonds décroître dans la même proportion, prirent-ils l'alarme et firent-ils retentir le royaume de leurs plaintes. Le ministère avait alors deux marches à suivre : il devait ou faire droit aux réclamations des propriétaires fonciers en frappant d'un droit considérable l'introduction des blés étrangers, ou laisser les choses dans l'état où elles étaient, c'est-à-dire faire jouir la masse des consommateurs, et surtout la classe pauvre, de l'abaissement de prix qui allait nécessairement résulter de la concurrence étrangère. Entre ces deux politiques, le cabinet n'hésita pas; la situation actuelle du pays et la sienne propre expliquaient d'avance le parti qu'il adopterait.

Les victoires de la coalition sur la France, victoires que les peuples avaient payées de leur sang, et dont les royautés et les aristocraties européennes avaient seules recueilli les fruits, avaient particulièrement profité à l'oligarchie britannique. Non-seulement la longue période de guerre contre la république et l'empire avait augmenté, bien loin de la restreindre, la fortune du petit nombre de grands propriétaires entre lesquels se partage aujourd'hui, comme au xvie siècle, le sol entier du royaume, elle lui avait, en outre, donné de nouveaux appuis. En effet, au-dessous de la grande noblesse (*nobility*), qui disposait des plus hauts emplois de l'état, se groupaient maintenant, plus compacts que jamais, d'abord la petite noblesse (*gentry*), habitante des comtés, toute composée de propriétaires terriens; puis encore au-dessous, les fermiers arrivés à l'opulence, grâce à l'exclusion des blés étrangers. Des baux à vie ou à long terme avaient associé à tous les sentiments de la propriété, en lui créant des intérêts identiques à ceux des propriétaires du sol, cette population agricole qui comptait pour l'Angleterre et l'Écosse près d'un million de familles, tenant presque toutes à l'établissement anglican ou à l'église presbytérienne écossaise, deux clergés unis d'intérêt. On le voit donc, la guerre avait encore rendu plus large et plus solide la base sur laquelle reposait la puissance de l'aristocratie britannique.

En face de cette population riche et nombreuse, forte de la communauté de ses vœux, de ses croyances, et même de ses préjugés, le centre et comme le cœur de la nationalité anglaise, avait grandi une population manufacturière beaucoup plus nombreuse encore, dont l'existence dépendait de chances de travail et d'alimentation fort incertaines. A l'une appartenait le sol des comtés, l'autre composait à elle seule des villes grandes, actives, riches, populeuses. Il y avait donc, pour ainsi dire, dans la Grande-Bretagne, deux nations en présence, celle des comtés et celle des villes. Au-dessous de ces deux grands rameaux d'une même famille, il existait encore, il est vrai, une autre classe, celle des catholiques. Sujets rejetés par la loi en dehors de la vie civile et politique, ils formaient la presque totalité de la population de l'Irlande; mais, peu nombreux dans la Grande-Bretagne, leur existence n'y était, à proprement parler, que tolérée, et les deux autres classes seules avaient une action directe sur le gouvernement par leurs organes dans les communes. Cette action était, du reste, fort inégale. Depuis que, sous Charles II, le parlement avait fait du droit électoral un privilége, en refusant à la couronne la faculté de le conférer à de nouvelles localités, la représentation nationale s'était trouvée en quelque sorte immobilisée. Cependant, pour les comtés, la situation était demeurée régulière et équitable; le nombre des représentants ayant été calculé, dès l'origine, sur l'état du territoire, base immuable et déterminée; mais pour les villes, tout avait bien changé; tandis que d'anciens foyers de population s'étaient éteints, que des villes, jadis florissantes, consistaient maintenant en quelques pauvres habitations, que d'autres s'étaient développées considérablement, qu'enfin il en était né d'entièrement nouvelles, le droit électoral était toujours resté le même; il était toujours demeuré attaché aux points où le pouvoir royal l'avait établi dans l'origine, et, dans la majeure partie du royaume, il avait passé aux mains des grands seigneurs terriens comme une sorte de propriété, par vente ou par héritage. Cette révolution tournait encore au profit de l'intérêt territorial, car les anciennes villes manufacturières, qui avaient pris un développement considérable, qui avaient décuplé, centuplé le nombre de leurs habitants, n'étaient point représentées au parlement en proportion de leur population; les villes de création moderne ne l'étaient pas du tout.

Telle était la situation de l'Angleterre quand eut lieu la secousse produite par le passage soudain de la guerre à la paix. Il ne pouvait y avoir, nous l'avons dit, aucun doute sur la marche que suivrait le ministère : sorti du sein de l'aristocratie, il devait favoriser l'aristocratie aux dépens du peuple. La voix de l'intérêt territorial fut donc seule entendue. Vainement les districts commerçants et manufacturiers élevèrent les plus vives réclamations contre une politique qui allait redoubler les difficultés de leur position; ces réclamations, dédaignées par les ministres, furent aussi impuissantes auprès du parlement. Il n'y avait rien, en effet, dans cette assemblée pour contre-balancer le concert de l'intérêt privilégié avec le pouvoir. Les whigs, tout puissants sous les deux premiers règnes de la maison de Brunswick, avaient succombé sous l'excès même de cette puissance. L'indépendance de l'individu dans le parti, le principal caractère qui distingue les whigs des torys, car tous deux sont également aristocratiques, et la crainte des idées démocratiques françaises, qui fit rétrograder une partie d'entre eux vers les conservateurs, enfin le triomphe éclatant de la politique tory dans la guerre contre la France, achevèrent de ruiner la force des whigs comme corps de parti. Ceux qui, en bien petit nombre, étaient restés fidèles aux traditions de famille, signalés aux antipathies de la majorité par le nom de *réformistes*, voyaient toutes leurs propositions invariablement rejetées, et ils en étaient réduits à faire une petite guerre de chicane, laborieuse pour le ministère, mais sans fruit pour le pays. Sans donc s'arrêter au cri de détresse poussé par les classes industrielles, que l'opposition n'était pas assez forte pour défendre, le ministère songea à faire droit aux réclamations des propriétaires fonciers, et proposa aux chambres un bill dont l'objet était de ne permettre l'introduction en franchise des blés étrangers que lorsque le prix des blés indigènes s'élèverait à 80 shellings (100 fr.) le quarter, c'est-à-dire que l'ancien taux étant de 68 shellings (82 fr. 50 c.), il proposait de frapper les grains dont se nourrissait le peuple d'une taxe de 14 shellings (17 fr. 50 c.) par quarter. Quelques voix généreuses s'élevèrent vainement contre une mesure marquée au coin d'un honteux égoïsme; le bill fut voté dans les deux chambres par de nombreuses majorités. Il restait cependant encore au ministère un moyen de calmer le mécontentement des classes souffrantes, c'était de modérer les taxes qui pesaient sur les objets de consommation et de conserver l'*income-tax*, impôt qui pesait sur les revenus et non sur les salaires, et dont les conséquences ne se faisaient pas sentir au-dessous des régions moyennes de la société. Mais c'eût été secourir la pauvreté aux dépens de la richesse : le ministère ne le voulut pas. Il venait, en faisant voter la nouvelle loi sur les céréales, d'élever le prix des fermages et d'augmenter la valeur des vastes domaines de l'aristocratie; il dégreva ces derniers des charges qui pesaient sur eux en supprimant l'*income-tax* et en maintenant les impôts de consommation; par là les revenus de l'aristocratie s'accrurent d'une somme égale à la taxe, c'est-à-dire de 10 pour 100; les classes qui recueillaient les bénéfices du gouvernement s'affranchissaient des charges qu'entraîne l'administration de l'état.

La paix, que le peuple appelait de tous ses vœux comme devant mettre un terme à ses maux, n'avait donc fait qu'aggraver ses souffrances. Les avantages qu'il pouvait en espérer : une plus grande extension du commerce et de l'industrie, et par conséquent du travail; un abaissement dans le prix du pain et dans les taxes de consommation, tout cela lui était refusé, et il avait à contribuer à l'acquittement des charges publiques, charges d'autant plus lourdes que, sans parler de l'énorme dette que l'Angleterre avait contractée, la profusion, inséparable de tout état de guerre, avait réagi sur les dépenses du gouvernement. Les frais des administrations s'étaient accrus; les places avaient été prodiguées aux adhérents du ministère, et celui-ci ne voulait pas, en revenant sur le passé pour opérer des économies, se priver de ces puissants moyens d'influence. Enfermées ainsi entre le privilége des possesseurs du sol et les besoins d'existence du pouvoir, les classes travailleuses devinrent aussitôt la proie de l'indigence et furent forcées de se mettre dans les rangs de cette population qui vivait des aumônes de la loi.

Un pareil état de choses était trop anormal pour ne pas enfanter de graves désordres; ils ne tardèrent pas à éclater sur tous les points du royaume. Dans la plupart des districts manufacturiers, où la classe ouvrière était sans ouvrage et sans pain, d'immenses meetings retentissaient journellement de récits des souffrances populaires et d'imprécations contre les ministres et les chambres. Une réforme radicale était présentée comme le seul remède aux maux du peuple, et les projets les plus exagérés, les plus insensés, pour la reconstitution de l'état, étaient chaque jour mis en avant, aux applaudissements frénétiques d'une multitude ignorante et livrée aux terribles conseils de l'oisiveté et de la faim. Des paroles on en passa bientôt aux actes, et, dans beaucoup d'endroits, le peuple brûla les fermes, dévasta les habitations de l'aristocratie. A Londres, une bande nombreuse, portant un drapeau tricolore, entra dans la Cité après avoir pillé plusieurs magasins d'armes, et se porta contre la banque; il fallut recourir à l'intervention de la force armée pour la dissiper. L'arrestation et l'exécution de quelques-uns des principaux coupables ne mit pas fin à ces troubles. Le 28 janvier 1817, jour de l'ouverture des chambres, le prince régent fut entouré, en se rendant au parlement, par une multitude furieuse qui lança contre sa voiture des pierres et de la boue; un coup de fusil fut même dirigé contre lui, et une balle brisa la glace de sa voiture. Alors les ministres s'émurent, et le jour même ils mirent sous les yeux des chambres des papiers saisis au domicile des personnes arrêtées, et prouvant la formation d'un grand nombre de sociétés révolutionnaires. Un comité secret, nommé par la chambre des communes pour examiner ces documents et les informations recueillis sur divers points, déclara que le danger était pressant : « Rien, dit le rapporteur, n'est « mieux constaté que l'existence d'un grand nombre de sociétés qui ne se bornent « point à discuter de vagues utopies, mais qui, demandant d'une voix impérieuse « une réforme absolue dans la représentation parlementaire, projettent pour l'ob- « tenir de renverser le gouvernement. La révolution française leur a fourni ses « couleurs, ses drapeaux, ses piques même, ainsi que ses doctrines. Chaque village « a son club de Hampden; chaque membre du club sa carte, sur laquelle sont « écrits ces mots : « Veille et sois prêt. » Le plan des conjurés est de s'emparer de « la Tour, de faire sauter les ponts, d'incendier les casernes. »

A la suite de ce rapport, lord Castlereagh demanda : 1° la suspension de l'*habeas corpus*; 2° une extension à l'acte voté en 1795 pour la sûreté du monarque; 3° de nouvelles mesures répressives contre les sociétés délibérantes; 4° des peines graves contre ceux qui tenteraient d'embaucher des soldats, dans la vue de les faire concourir aux projets des ennemis du gouvernement. Plusieurs orateurs de l'opposition s'élevèrent contre la suspension de l'*habeas corpus*, et essayèrent d'affaiblir par des amendements l'effet des autres mesures proposées par le ministère, mais ce fut en vain. Malgré leurs efforts, les bills passèrent dans les deux chambres à de fortes majorités. Aussitôt, les mesures de rigueur commencèrent. En Irlande, où les catholiques donnaient quelques signes d'agitation, on proclama la loi martiale, et l'on mit à exécution le tyrannique bill contre l'insurrection, dont une des clauses les plus modérées condamnait à la déportation tout individu trouvé hors de son domicile après le coucher du soleil. En Angleterre, les ouvriers des districts manufacturiers ayant voulu se réunir pour venir eux-mêmes présenter leurs pétitions au parlement, furent chargés par la troupe et dispersés, non sans grande effusion de sang.

Mais, à peine une émeute était-elle apaisée dans un endroit, qu'elle renaissai dans un autre, car, dans tous les districts manufacturiers du royaume, la détresse était la même, et partout elle devait produire les mêmes effets. Pendant deux années, l'insurrection fut, pour ainsi dire, en permanence dans les comtés d'York, de Stafford, de Warwick, de Nottingham, de Chester et de Leicester. Cependant, le ministère avait fini par ne plus s'inquiéter de ces troubles; il était maintenant convaincu que jamais tumulte populaire n'obtiendrait de résultats révolutionnaires sérieux. Quand un soulèvement paraissait vouloir prendre quelque extension, qu'il menaçait quelques propriétés publiques ou particulières, on envoyait contre lui une poignée de constables ou de soldats qui suffisaient à le disperser complétement. On continua donc à dépenser sans mesure, comme on l'avait fait pendant la guerre, à gorger l'aristocratie de pensions et de sinécures, à faire des bills favorables aux riches et aux propriétaires, et, pendant que le peuple mourait de faim, le ministère dépensait 25 millions pour construire de nouvelles églises et chapelles, et achetait, moyennant 35,000 livres, les sculptures dont lord Elgin avait dépouillé les ruines d'Athènes.

Le renouvellement du parlement, en 1818, donna un instant au peuple l'espoir de voir mettre un terme à ses souffrances. Mais cette espérance dura peu. Avec le système électoral actuel, et dans la situation du pays, l'aristocratie devait l'emporter dans presque toutes les élections. Ce fut ce qui arriva, et l'opposition, déjà moralement affaiblie par la mort de ses chefs les plus habiles, se trouva en outre amoindrie par les échecs que subirent un assez grand nombre de ses membres. Elle-même, d'ailleurs, était divisée en deux partis bien distincts : celui de l'ancienne opposition, et celui des radicaux. L'ancienne opposition, dont le chef était M. Tierney, considérait la constitution actuelle comme bonne dans son ensemble et en voulait le maintien, sauf la révision et le remaniement de quelques-unes de ses parties. Les radicaux, au contraire, et à leur tête M. Brougham, jeune avocat d'un immense talent, regardaient la constitution comme une machine usée, hors d'état d'être réparée, et qu'il fallait reconstruire en entier. L'ancienne opposition voulait principalement donner une autre direction à la politique intérieure et extérieure du gouvernement, et ses projets de réforme ne s'étendaient pas au delà de quelques changements apportés peu à peu dans la composition de la chambre des communes; les radicaux demandaient aussi un changement dans la politique du gouvernement, mais ils prétendaient qu'on ne l'obtiendrait pas, tant qu'on n'aurait pas renouvelé complétement les lois de la représentation nationale; car c'était, selon eux, à la constitution actuelle de la chambre des communes qu'il fallait attribuer les malheurs des classes ouvrières, les violations des libertés publiques, et tous les vices de la politique ministérielle. Quelque avancés que fussent M. Brougham et ses amis, ils étaient encore loin des doctrines émises par les ultra-radicaux. Deux ou trois hommes sans influence représentaient seuls dans le parlement le parti ultra-radical; ses véritables chefs étaient deux démagogues célèbres, Cobbett et Hunt. Dans un journal tiré à plus de cent mille exemplaires, le *Political register*, Cobbett discutait chaque jour, et de manière à les mettre à la portée de l'intelligence du peuple, toutes les théories, toutes les formes de gouvernement; et il n'était dans la constitution britannique aucune coutume, aucune institution dont il n'eût examiné, sous toutes ses faces, la valeur, la légalité et l'utilité. Parlements annuels, suffrage universel, suppression des sinécures, réduction de la liste civile et de l'armée permanente, tels étaient les changements qu'il réclamait, les doctrines qu'il développait par la voie de la presse avec une vigueur de style et une logique irrésistibles. Hunt était l'orateur du parti dont Cobbett était l'écrivain. Une voix éclatante et chaleureuse, la faculté de présenter ses idées dans des termes appropriés aux habitudes et aux sentiments de la multitude lui valurent bientôt une immense popularité. Parcourant sans cesse l'Angleterre, il réunissait le peuple dans toutes les villes où il passait, et répandait ses idées de réforme aux acclamations de populations accablées par la misère, qui réclamaient avec lui le parlement annuel et le suffrage universel, non pas tant pour acquérir des droits politiques que pour avoir du pain à meilleur marché et des taxes moins accablantes.

Pendant longtemps, le ministère ne s'effraya pas de ces réunions, dont les membres, après avoir couvert d'applaudissements frénétiques les discours les plus révolutionnaires, se dispersaient à la première sommation, remportant tranquillement chez eux les bannières belliqueuses qu'ils avaient arborées, et sur lesquelles on lisait : *Liberté ou la mort;* ou : *Nous mourrons comme des hommes, mais nous ne nous laisserons pas vendre comme des esclaves.* Toutes ces agitations servaient au contraire sa politique; c'était un épouvantail au moyen duquel il tenait en éveil les terreurs des classes moyennes, et ramassait comme en un faisceau autour de lui le roi, l'église, la propriété, tous ceux enfin qui dans le moindre trouble voyaient le retour de l'esprit révolutionnaire français. Cependant un meeting général de tous les radicaux et mécontents s'étant réuni à Manchester (16 août 1819), malgré la défense des magistrats de cette ville, ceux-ci crurent de leur devoir de le disperser, et à peine Hunt, qui présidait l'assemblée, eut-il commencé à haranguer cette multitude, qui comptait près de cent mille personnes de tout sexe, qu'une nombreuse troupe de cavalerie fut lancée contre elle. Seize cents personnes furent tuées ou blessées, Hunt et les principaux chefs arrêtés et conduits en prison.

A la nouvelle de ce massacre, l'opposition, soutenue cette fois d'un assez grand nombre de membres de la majorité, demanda la mise en accusation des magistrats de Manchester. Mais leur conduite fut énergiquement défendue par les ministres, et loin que les discussions auxquelles cette affaire donna lieu influassent sur la politique suivie jusqu'alors par le gouvernement, lord Sidmouth et lord Castlereagh vinrent demander aux chambres : de nouvelles mesures répressives contre les assemblées populaires, et les auteurs, imprimeurs et colporteurs d'écrits séditieux; une augmentation de timbre pour les brochures politiques; l'interdiction des exercices militaires aux ouvriers et habitants de la campagne; l'autorisation de faire des visites domiciliaires partout où l'on soupçonnerait des armes cachées. L'opposition s'éleva vainement contre des mesures aussi rigoureuses; les cinq bills demandés par le ministère furent votés à d'immenses majorités.

Ce fut au milieu de ces tristes circonstances que mourut Georges III, à l'âge de quatre-vingt-deux ans (29 janvier 1820), sans avoir recouvré un seul instant l'usage de sa raison.

La guerre d'Amérique, l'établissement définitif de l'empire britannique dans les Indes; la révolution française et les longues guerres qui en furent la suite, événements gigantesques où Georges ne fut mêlé que comme spectateur, remplirent et signalèrent ce règne de soixante années, pendant lequel l'Angleterre s'éleva au plus haut point de la grandeur et de la gloire. La privation de sa raison empêcha le roi de jouir du triomphe de la politique et des armes britanniques; mais aussi elle lui sauva le triste spectacle des misères qui, pendant les dernières années de sa vie, affligèrent son peuple, des malheurs qui frappèrent autour de lui sa propre famille. Dans l'année 1817, la princesse Charlotte, fille du prince de Galles et son héritière, était morte en couches, un an après son mariage avec le prince de Saxe-Cobourg. Une autre des filles de Georges, la princesse Charlotte Augusta, avait à peu de distance suivi sa nièce dans la tombe, et le 23 janvier 1820, le duc de Kent, quatrième fils du roi, prince très-populaire, avait succombé subitement à une attaque d'apoplexie foudroyante; il laissait pour héritière une fille unique, la princesse Victoria.

Georges III.

GEORGES IV

D'après l'original de sir Thomas Lawrence.

GEORGES IV.

(1820 – 1830)

Les commencements [1] d'un nouveau règne éveillent d'ordinaire des espérances ou des craintes ; on s'attend à un changement en bien ou en mal. Rien de tout cela n'eut lieu à l'avénement de Georges IV. Le pays n'avait plus, à son égard, d'expériences à faire, et chacun savait que son avénement ne changerait rien ni à la situation du pays, ni à l'opinion publique, ni à la position des partis.

La régence s'était fermée sur les rixes sanglantes de Manchester ; le règne de Georges IV s'ouvrit par des exécutions et des émeutes. Avant de dissoudre le parlement, comme la constitution le prescrit, dans les six premiers mois de l'avénement du nouveau souverain, le ministère parut aux chambres pour annoncer la découverte d'un complot contre la sûreté du gouvernement. Cette préparation aux débats électoraux ne pouvait avoir assez d'éclat et de retentissement ; aussi, en cette occurrence, tout l'appareil de la justice fut-il déployé.

Le promoteur et le chef de ce complot était un ancien officier subalterne de l'armée d'Amérique, nommé Thistlewood, homme qui s'était imbu d'idées républicaines pendant son séjour dans les colonies révoltées, et en France durant la tourmente révolutionnaire. Compromis récemment dans l'émeute de Manchester, il avait, au sortir de prison, envoyé un cartel au secrétaire de l'intérieur, lord

---

1. Sceau de Georges IV. Le roi, assis sur son trône, la couronne en tête, revêtu du manteau royal, tenant dans sa main droite un sceptre, dans la gauche un globe. A droite et à gauche, trois figures représentant la Religion, la Justice et la Force ; devant lui, les trois personnifications de l'Angleterre, de l'Écosse et de l'Irlande.

Sidmouth, et subi pour ce fait une amende et un nouvel emprisonnement. De ce moment il jura de se venger, et avec quelques hommes déterminés, tirés de la classe ouvrière, il forma le dessein de renverser le gouvernement en commençant par mettre à mort tous les ministres. La police eut vent de ce qui se passait, et pour saisir tous les fils de la conspiration et s'emparer à la fois de tous les conjurés, elle chargea un de ses agents de s'affilier au complot. Cet homme annonça aux conspirateurs qu'à un jour fixé tous les ministres devaient se réunir à dîner chez lord Harrowby, membre du cabinet. Dès lors leur détermination fut prise. Une partie se dévoua au massacre des ministres ; le reste se partagea le soin de s'emparer de l'artillerie des casernes, d'attaquer la banque, de mettre le feu en divers endroits de la capitale. On pourvut à constituer un gouvernement provisoire, et des proclamations furent préparées à cet effet. Mais, au jour et à l'heure marqués, des constables se présentèrent tout à coup au lieu des assemblées, et sommèrent ces malheureux de se rendre. Neuf seulement purent être saisis ; les autres s'échappèrent. Toutefois, dès le lendemain, une promesse de mille livres sterling de récompense procura l'arrestation de Thistlewood. Après des recherches et une instruction fort étendues, les accusés furent mis en jugement (29 mars 1820) comme coupables de haute trahison. Thistlewood et quatre de ses complices furent condamnés à mort, et exécutés au milieu d'un immense concours de peuple. Ils moururent avec résolution, en proclamant qu'ils avaient voulu venger le massacre de Manchester. La multitude les regarda comme les martyrs de sa cause.

Mais ce n'était pas sur le peuple que le ministère voulait agir ; c'était devant les électeurs qu'il voulait dresser le fantôme des révolutions. Des soulèvements d'ouvriers vinrent encore servir ses calculs. Dans le comté d'York, après un hiver passé dans les plus horribles souffrances, deux ou trois cents ouvriers s'assemblèrent en armes : un simple détachement de cavalerie suffit pour les disperser. A Glasgow, les choses allèrent plus loin : les mutins, pillèrent les magasins d'armes des environs, et se retranchèrent dans une position d'où la cavalerie ne les délogea qu'avec peine. Plusieurs furent grièvement blessés et dix-neuf arrêtés. Une commission spéciale prononça de nombreuses condamnations ; trois des plus compromis subirent la peine capitale. Malgré ces rigueurs, les rassemblements ne cessèrent point. En Écosse, les ouvriers s'assemblaient en armes, et s'exerçaient la nuit aux manœuvres militaires ; on sut qu'ils avaient formé le projet de s'emparer d'une manufacture d'armes et d'un parc d'artillerie. Ces faits, longuement commentés par les feuilles ministérielles, quelques proclamations incendiaires coïncidant avec la cessation soudaine des travaux dans les fabriques et les mines du nord, firent croire à l'existence d'un gouvernement occulte dont les ordres, transmis en secret, faisaient mouvoir toute la population laborieuse dans la prévision d'une révolution prochaine. Ce fut au milieu de ces agitations qu'eurent lieu les élections. Elles se ressentirent des terreurs répandues par tout le pays. Aucune des violences ordinaires ne les signala, parce que toutes les autorités étaient sur le qui-vive et le pays couvert de troupes ; mais les whigs firent de vains efforts pour l'emporter ; la terreur était plus forte que le besoin des réformes, et l'opposition se recruta à peine de quelques membres.

Le 27 avril 1820, le roi ouvrit la session du premier parlement de son règne. Il promit, dans son discours, d'imiter la sollicitude de son père pour le bien-être de la nation, et déclara que son intention était d'établir l'économie dans les dépenses publiques, et de soutenir la dignité royale sans imposer au peuple des charges plus pesantes. Puis, passant à l'état du pays, il déplora la détresse du peuple, accrue encore par l'esprit de sédition, exprima l'espoir de ramener les esprits égarés, et termina en protestant qu'il était résolu à maintenir la paix et la sécurité publiques.

La première communication du ministère semblait avoir pour but de donner un démenti solennel aux promesses faites par le roi d'établir l'économie dans les dépenses publiques. Lord Castlereagh demanda à la chambre le vote d'une liste civile dont le chiffre s'élevait à la somme de 1,057,000 livres sterling (celle votée au commencement du règne de Georges III n'était que de 800,000 livres). Faire adopter une liste civile aussi énorme au milieu de l'affreuse misère sous le poids de laquelle gémissait la moitié de la population, était une tâche difficile L'opposition réclama une enquête sévère sur les dépenses de la couronne; cependant lord Castlereagh parvint à faire repousser cette motion, et à obtenir un vote conforme à ses désirs. M. Brougham avait consenti à la fixation du chiffre demandé, mais à la condition que le roi renoncerait complétement à ses revenus héréditaires. Il fondait sa proposition sur ce principe que la couronne ne peut pas, constitution-nellement, avoir des possessions ni des revenus affranchis du contrôle du parle-ment. Canning, qui, avec son inconstance ordinaire, était revenu prendre place au ministère à côté de son ancien ennemi lord Castlereagh, et l'avait soutenu de tous ses efforts dans toutes les mesures de rigueur que celui-ci avait proposées aux chambres, Canning repoussa la motion de M. Brougham comme inconstitu-tionnelle, et surtout comme attentatoire à la majesté du trône... « Il existe, dit-il, « un grand motif politique qui doit surtout faire repousser l'innovation demandée. « Il ne convient pas de détruire tous les vestiges de la monarchie féodale. Je ne « doute pas que nous ne puissions établir un système d'administration aussi simple « que celui des États-Unis, et une royauté aussi intelligible que la place de prési-« dent de la république américaine; mais il serait très-contraire à la saine poli-« tique de réduire le roi d'une grande monarchie à n'être en dignité et en forme « que le fonctionnaire salarié du peuple; il suffit qu'il le soit dans le fond. Gar-« dons-nous bien d'enlever au trône un seul de ses antiques ornements; ce sont « autant de remparts qui le défendent contre les attaques de la trahison. »

Après le vote de la liste civile, le ministère demanda et obtint huit cent quatre mille livres pour augmenter les forces militaires destinées à contenir les popula-tions mécontentes. L'opposition protesta vainement contre ces demandes, en accu-sant la politique du cabinet, ses prédilections aristocratiques, les mesures res-trictives du commerce et de la liberté, d'être la cause du mécontentement des classes ouvrières; elle vit tous ses amendements successivement repoussés. Cependant elle parvint à faire adopter, malgré les vives répugnances du ministère, une réforme partielle de la législation pénale.

Cette réforme était le fruit des efforts faits pendant de longues années par sir Samuel Romilly. La persistance généreuse de cet éminent légiste avait ébranlé

l'inintelligente immobilité des conservateurs quand même; mais il ne vécut pas
assez pour jouir des résultats de ses nobles efforts. Après la mort de sir Samuel
Romilly, arrivée en 1818, sir James Mackintosh se voua à la continuation de son
œuvre. La législation pénale anglaise était si absurdement barbare, si entachée du
vice particulier aux institutions de ce pays, créées, la plupart du temps, pour un
besoin du moment et empreintes de l'intolérance des intérêts qui les provoquaient,
que la tâche de sir James Mackintosh semblait devoir être facile. Il n'était personne qui ne reconnût qu'à une époque où l'on commençait à attacher quelque prix
à la vie des hommes, une législation où la peine de mort était prodiguée pour le
moindre attentat contre la propriété devenait impraticable, car elle n'offrait au
juge, pour de simples délits, que l'alternative d'absoudre le coupable ou de le
faire périr du dernier supplice. Cependant, sur les six bills qui sortirent des travaux du comité nommé pour la révision de la loi pénale, trois seulement demeurèrent à l'épreuve des résistances de l'administration, et encore dans le premier
bill le chancelier, lord Eldon, adversaire opiniâtre de toutes les améliorations,
réussit-il à faire maintenir la peine capitale pour le vol dans les boutiques, en
haussant seulement le taux du vol de 40 shellings à 10 livres (de 50 fr. à 250). Le
second bill abolit la peine de mort qui frappait tout bohémien séjournant un an
dans le royaume, tout voleur noté résidant au nord de l'Angleterre, quiconque
serait surpris déguisé dans la Monnaie ou *dégradant le pont de Westminster*. Le
troisième révoqua la même pénalité qui était portée pour l'enlèvement de fille,
femme ou veuve, dans des vues d'intérêt; pour le recel, la dégradation des arbres
ou cultures, bris de clôtures, digues, et autres délits intéressant directement la
propriété. Des châtiments mieux proportionnés, l'emprisonnement, les travaux
forcés, la déportation furent laissés pour l'application au pouvoir discrétionnaire
des tribunaux. Cette rénovation, pourtant si nécessaire, de la législation pénale
rencontra la plus vive opposition; c'étaient, disaient les adversaires de la mesure,
ouvrir la porte aux autres réformes; c'était un premier pas vers le renversement de
la constitution; aussi lorsque, peu de temps après, lord John Russell et M. Brougham présentèrent, l'un un projet de réforme électorale, l'autre une motion relative à l'éducation des classes pauvres, leurs propositions furent repoussées par des
majorités considérables.

En face du pays, la situation du cabinet était plus difficile qu'au parlement. Là
des intérêts puissants et opposés étaient en souffrance; il fallait les ménager les
uns et les autres. Malgré les prohibitions, le prix des grains avait toujours été en
baissant, et les agriculteurs déclaraient que l'acte de 1815, si favorable à leur monopole, ne suffisant plus, il était nécessaire d'élever encore davantage les droits
prohibitifs. Écouter ces demandes, c'eût été soulever dans le pays un mécontentement général et se faire accuser de vouloir affamer les classes industrielles. Le
ministère résista; mais sa majorité, toute composée des propriétaires du sol, était
intéressée dans la question : elle se détacha du cabinet, et, malgré les ministres,
un comité fut nommé pour faire une enquête sur l'état de l'agriculture. Les classes
manufacturières, plus misérables encore que les classes agricoles, redoublèrent
leurs clameurs, il fallait de toute nécessité paraître au moins s'occuper de sou-

lager leurs souffrances. M. Baring, chef d'une des plus importantes maisons de banque de l'Angleterre, avait récemment présenté à la chambre des communes une pétition [1] où l'on réclamait énergiquement, comme un remède à la stagnation des affaires, le rappel des lois restrictives qui, loin de protéger le commerce, ne servaient plus qu'à l'entraver. Ces questions étaient si complexes, si embarrassées de détails, elles offraient une solution si éloignée, que la nomination d'un comité, réclamée par les manufacturiers, n'engageait à rien pour le moment : elle fut votée sans opposition.

Tout réussissait donc au cabinet, lorsque les passions du roi le jetèrent inopinément dans un dédale d'inextricables difficultés.

Après la séparation amiable qui avait eu lieu en 1796 entre le prince de Galles et son épouse, la princesse Caroline avait été habiter le château de Blackheath, continuant néanmoins à paraître à la cour et à y recevoir les honneurs dus à son rang. Les choses restèrent en cet état jusqu'en 1804, époque à laquelle son mari, constant dans la haine qu'il lui avait vouée, la fit accuser d'avoir donné le jour à un enfant adultérin. Un comité d'enquête, composé des principaux membres du cabinet, fut chargé de vérifier cette allégation. Des investigations des commissaires, il résulta que si l'accusation portée contre la princesse était fausse, on pouvait néanmoins élever des doutes sur l'innocence de ses relations avec un capitaine du nom de Manby. La princesse protesta vainement contre cette dernière inculpation; à partir de cette époque, défense lui fut faite de paraître à la cour. En 1814, ses conseils judiciaires, qui appartenaient au parti whig, et ne pouvaient

---

1. Nous empruntons au travail publié par M. Forcade, sous le titre de : *Politique commerciale de l'Angleterre*, les principaux passages de ce document, qui formule en termes très-remarquables le symbole économique auquel l'industrie et le commerce anglais allaient désormais se rallier :

« Le commerce extérieur, disaient les pétitionnaires, est du plus haut intérêt pour la prospérité de ce pays. C'est par ce commerce, en effet, que nous tirons du dehors les marchandises que le sol, le climat, le capital, l'industrie des autres contrées les mettent à même de fournir à de meilleures conditions que nous, et, qu'en retour, nous exportons celles à la production desquelles notre situation spéciale nous donne plus d'aptitude.

« L'affranchissement de toute restriction doit donner la plus grande extension au commerce extérieur et imprimer la meilleure direction possible au capital et à l'industrie de ce pays.

« La maxime que suit chaque négociant dans ses affaires : acheter dans le marché le moins cher et vendre dans celui où le prix est le plus élevé, doit être strictement appliquée au commerce de la nation tout entière.

« Une politique fondée sur ces principes ferait du commerce du monde un échange d'avantages mutuels et répandrait parmi les habitants de chaque contrée un accroissement de richesse et de bien-être.

« Malheureusement une politique contraire a prévalu et est encore pratiquée par le gouvernement de ce pays et les états étrangers. Chaque pays s'efforce d'exclure les productions des autres contrées, sous le prétexte d'encourager les siennes. Ainsi, chaque pays inflige à la masse de ses habitants qui sont consommateurs la nécessité de subir des privations sur la quantité ou la qualité des marchandises, et fait de ce qui devrait être une source de bénéfices réciproques et d'harmonie entre les états une occasion toujours renaissante de jalousie et d'hostilité.

« Les préjugés régnants en faveur du système prohibitif ou restrictif peuvent être attribués à la supposition erronée que toute importation de marchandises étrangères diminue et décourage d'autant notre propre production; mais il est très-facile de réfuter cette opinion : il ne peut y avoir importation pendant une certaine période de temps sans une exportation correspondante directe ou indirecte. Si une branche de notre industrie n'était pas en état de soutenir la concurrence étrangère, ce besoin

par conséquent lui prêter un appui efficace, la déterminèrent à se soustraire aux déboires de toutes sortes dont l'abreuvait son époux, en quittant l'Angleterre. La promesse d'une pension double de celle qu'elle recevait décida la princesse à suivre cet avis. Une fois sur le continent, et maîtresse de ses actions, elle se livra sans scrupule aux désordres de ses penchants, au point d'afficher publiquement sa liaison avec un simple valet de pied nommé Bergami. Cette conduite devait redoubler la colère et la haine de son mari; aussi à son avénement au trône s'opposa-t-il formellement à l'insertion du nom de la reine dans les prières publiques de la liturgie anglicane.

Caroline était en Toscane lorsqu'elle apprit la mort de Georges III et l'avénement de son époux. Reine de droit, elle voulut l'être de fait, et, aveuglée sur sa véritable position, et ne prenant conseil que de sa légèreté, elle résolut de se rendre aussitôt en Angleterre. Elle traversa rapidement la France, et la nouvelle de son départ parvint à Londres en même temps que celle de son arrivée à Saint-Omer. Elle s'était fait précéder d'un mémoire énumérant les avanies qu'elle avait subies à l'étranger, et d'une lettre au chef du cabinet, lord Liverpool, par laquelle elle réclamait l'insertion de son nom dans les prières publiques et un palais pour sa résidence. On faisait alors les préparatifs pour le couronnement du roi : le ministère, consterné, fit suspendre ces apprêts.

Tant de résolution après une si longue patience indiquait clairement que Caroline se sentait forte et soutenue. La reine avait en effet pour elle tout le parti radical. A cette époque, la grande majorité de la nation croyait la princesse entièrement innocente; les particularités de sa vie publique et privée depuis son départ

d'exportation encouragerait donc davantage les productions pour lesquelles nous aurions plus d'aptitude, et ainsi un emploi au moins égal, probablement plus considérable et à coup sûr plus avantageux, serait assuré à notre capital et à notre travail. »

A cet exposé préliminaire de principes, les pétitionnaires faisaient succéder des considérations sur les motifs d'opportunité qui devaient, suivant eux, porter l'Angleterre à effacer du tarif celles des restrictions qui ne compensaient pas, par les produits qu'elles rapportaient au revenu de l'état, les sacrifices qu'elles coûtaient au pays.

« Dans la conjoncture présente, ajoutaient-ils, une déclaration contre les principes anti-commerciaux de notre système restrictif serait d'autant plus importante, que récemment et à plusieurs reprises les négociants et les manufaturiers étrangers ont pressé leurs gouvernements d'élever les droits protecteurs et d'adopter des mesures prohibitives, alléguant en faveur de cette politique l'exemple et l'autorité de l'Angleterre, contre laquelle leurs instances sont presque exclusivement dirigées. Évidemment, si les arguments par lesquels nos restrictions ont été défendues ont quelque valeur, ils ont la même force, employés en faveur des mesures prises contre nous par les gouvernements étrangers.

« Rien donc ne tendrait plus à neutraliser les hostilités commerciales des autres nations qu'une politique plus éclairée et plus conciliante adoptée par ce pays.

« Quoique, au point de vue diplomatique, il puisse convenir quelquefois de subordonner la suppression de prohibitions spéciales, ou l'abaissement des droits sur certains articles, à des concessions proportionnelles de la part des autres états, il ne s'ensuit pas que, dans le cas où ces concessions ne nous seraient point accordées, nous dussions maintenir nos restrictions ; de ce que les autres états s'obstineraient dans un système impolitique, nos restrictions n'en porteraient pas moins préjudice à notre propre capital et à notre industrie. En ces matières, la marche la plus libérale est la plus politique.

« En faisant lui-même ces concessions, non-seulement ce pays recueillerait des avantages directs, il obtiendrait encore incidemment de grands résultats, par la salutaire influence que des mesures si justes, promulguées par la législature et sanctionnées par l'opinion nationale, ne sauraient manquer d'exercer sur la politique des autres peuples. »

d'Angleterre n'étaient que très-imparfaitement connues; on attribuait d'ailleurs tous les bruits qui circulaient contre elle à la malveillance du roi. Les chefs des radicaux n'ignoraient pas cette disposition des esprits : ils résolurent d'en profiter pour attirer la haine de la nation sur la personne de Georges et de ses ministres. Le retour de la reine en Angleterre devait rendre un procès public inévitable, et, quelle qu'en fût l'issue, il tournerait nécessairement au profit des mécontents en rendant le roi et le ministère également odieux. Un des principaux du parti, l'alderman Wood, membre du parlement pour Londres, fut envoyé à Caroline pour hâter sa venue et combattre les efforts du cabinet pour l'empêcher. Les ministres, craignant en effet que les mécontents ne se servissent du nom de la reine pour soulever le pays, avaient en toute hâte envoyé à sa rencontre lord Hutchinson, chargé de lui proposer un arrangement dont la condition principale était de rester sur le continent et de ne jamais mettre le pied en Angleterre ni sur aucun point des possessions britanniques, et de renoncer à prendre le titre et exiger les droits et honneurs dus à une reine d'Angleterre. Pour prix de son adhésion on lui assurait la jouissance d'un revenu annuel de cinquante mille livres sterling, tandis qu'en cas de refus, on lui signifiait qu'une enquête criminelle allait être commencée contre sa personne, et qu'elle s'exposait à être frappée des peines les plus sévères. M. Brougham, son conseiller légal et confidentiel, l'engageait vivement à accepter ces propositions; mais le tableau fait à Caroline par l'alderman Wood des dispositions favorables de la nation à son égard l'empêchèrent de prêter l'oreille à ces sages avis : des craintes adroitement jetées dans son esprit lui firent redouter que le gouvernement français n'intervînt, à l'instigation de son mari, pour la retenir; et dès lors elle n'eut plus de repos qu'elle n'eût quitté le sol de la France. Le 6 juin, elle touchait les côtes d'Angleterre. A Douvres, le peuple l'accueillit avec enthousiasme et l'accompagna longtemps au sortir de la ville. Il en fut de même dans les autres cités qu'elle traversa; partout sur son passage les populations se levèrent pour l'escorter, et sa marche jusqu'à la capitale fut un véritable triomphe. A Londres, plus de deux cent mille habitants coururent à sa rencontre, faisant retentir l'air d'acclamations; et ils l'eussent conduite, établie même dans le palais du roi, à Carlton-House, si Wood n'eût persuadé à la reine de descendre à son hôtel, et d'y établir provisoirement sa résidence.

Cependant le ministère, averti par le télégraphe de l'arrivée de la reine à Calais, avait, la nuit même, assemblé le conseil privé, et, dès le 6 au matin, la résolution était prise de procéder contre elle à des poursuites criminelles. D'un côté, le roi, irréconciliable dans sa haine, résolu à implorer toute la force du pouvoir; de l'autre, la reine, un moment soumise à l'empire de la nécessité, mais bien déterminée maintenant à faire agir le zèle énergique des radicaux et les aveugles sympathies du peuple, instrument obéissant de désordre et de confusion : tels étaient les deux adversaires entre lesquels s'engageait la lutte; le pays, inquiet et attentif, en attendait l'issue : le parlement allait juger.

Le jour même de l'arrivée de la reine, un message de Georges annonça aux deux chambres l'intention où il était de procéder immédiatement contre la reine à des poursuites criminelles, et les papiers relatifs à la conduite de cette princesse depuis qu'elle avait quitté le royaume furent déposés sur le bureau des deux présidents. La chambre haute répondit à cette communication par une adresse, et nomma un comité chargé de prendre connaissance des documents présentés. La chambre basse, au contraire, manifestant tout d'abord sa répugnance à entrer dans le débat, écouta avec faveur les défenseurs de la reine, qui protestèrent en son nom contre l'établissement de toute commission spéciale ou secrète. Lord Castlereagh chercha à rassurer les scrupules de l'assemblée. « Le ministère, dit-il, n'est ni persécuteur « ni même poursuivant; la chambre est simplement consultée afin de savoir s'il « y a quelque mesure à prendre, et quelle mesure doit être choisie. Or la nomina- « tion d'un comité est le premier pas dans cette voie. » M. Brougham soutint qu'un tel procédé était attentatoire à l'honneur de la reine, et entra ensuite dans une amère critique des négociations tentées à Saint-Omer. M. Canning lui répondit que les propositions faites à la reine venaient de lui-même, M. Brougham, lorsque, en 1819, Caroline semblait avoir perdu toute pensée de retour; mais en même temps il saisit l'occasion d'exprimer le respect que lui inspirait la princesse, et assura que, pour sa part, il ne se placerait jamais vis-à-vis d'elle dans la position d'un accusateur. En effet, les poursuites commencées, il résigna tous ses emplois.

Cette déclaration mettait lord Castlereagh dans une position embarrassante, lorsque Wilberforce vint le tirer de peine. Sur la proposition de ce dernier, la chambre s'ajourna à quelque temps, espérant que, dans cet intervalle, un compromis aurait lieu entre les deux parties. Des conférences furent tenues, en effet, entre les commissaires des deux époux, les lords Wellington et Castlereagh pour le roi, MM. Brougham et Denman pour la reine; mais, après de longues discussions, on ne put s'accorder sur le point principal, le roi ne consentant à accorder aucun rang à la reine, et celle-ci persistant à demander que son nom fût inséré dans les prières publiques. Les conférences furent rompues, et l'affaire revint aux communes. Après avoir fait succéder les délais aux délais, celles-ci se résignèrent enfin, sur la proposition de Wilberforce (22 juin), à voter à la reine une adresse dans laquelle on la suppliait de faire quelques concessions pour le bien de la paix.

Il devenait difficile à Caroline de se soustraire aux conséquences d'une position ainsi faite. Ses conseillers whigs, après avoir échoué dans les conférences, semblaient pencher à accepter un compromis; mais d'autres conseillers lui restaient, les radicaux, qui, la voyant chaque jour sur le point de leur échapper, redoublaient d'efforts pour l'engager plus avant dans la lutte. « Soyez convaincue, lui écrivait William Cobbett, le plus célèbre d'entre eux, qu'aucunes raisons, aucunes conditions, aucuns adoucissements, ne pourront affaiblir, dans l'opinion publique, l'impression défavorable que produira votre consentement à quitter le pays. Les fatales conséquences d'une telle concession, je les vois claires comme le jour; mais je n'ai pas le courage de les retracer. » Puis, indiquant à la reine la fausse position dans laquelle l'adresse de Wilberforce la mettait, en ne lui laissant que l'alternative ou de blesser la chambre ou de céder aux ministres, il ajoutait : « Tout dépend de votre réponse. Vous pouvez repousser absolument les vœux des communes sans blesser et même en flattant leur orgueil. Que Votre Majesté déclare qu'elle est résolue, quoi qu'il arrive, à ne pas quitter son pays. Ce mot, si doux à

. des oreilles anglaises, si électrisant de la part de Votre Majesté, ne saurait manquer de vous gagner tous les cœurs. » Cette lettre décida la reine; la députation des communes reçut un refus poli, mais formel, et fut reconduite avec des huées par la populace. La reine appartint dès lors au parti radical.

Tout espoir de conciliation était perdu; lord Castlereagh, auquel l'hésitation de la chambre basse inspirait de la défiance, et qui était plus assuré du concours des pairs, proposa aux communes de s'ajourner pour laisser aux lords l'initiative de la procédure. Cette proposition fut adoptée. Le comité secret de la chambre haute fit son rapport (4 juillet), et déclara : « que les charges imputées à la reine étaient de nature à compromettre, non-seulement l'honneur de cette princesse, mais aussi la dignité de la couronne, et que, dans l'opinion des commissaires, il était nécessaire de procéder à une enquête solennelle qui ne pouvait mieux se faire que dans le sein de la législature. » Le lendemain, la reine protesta, par l'organe de lord Dacre, contre toute information secrète; mais la chambre refusa d'avoir égard et à la protestation et à la demande des conseils de la reine, qui s'offrirent à combattre le rapport, et le surlendemain, lord Liverpool réclama « un acte du parlement qui, conformément aux précédents des âges passés, déclarât la reine coupable d'adultère, la dégradât de son rang et prononçât la dissolution de son union avec le roi. » Il fut fait du bill une première lecture : c'était le prélude du procès; copie en fut envoyée à la reine par l'huissier à la verge noire, et le 17 août suivant fut fixé pour la seconde lecture : c'était l'ouverture des débats.

Dans l'intervalle, la reine demanda communication des charges réunies contre elle, ce qui lui fut refusé. Ses amis firent les dernières tentatives pour éviter le scandale d'un procès; mais tous leurs efforts demeurèrent impuissants; l'acharnement du roi était tel, qu'il ne voulut pas même entendre parler de propositions nouvelles. Ce fut alors que la reine lui adressa une lettre qui fut rendue publique, et dans laquelle, passant en revue sa vie tout entière depuis qu'elle était son épouse, elle lui reprochait, avec autant d'énergie que de justice, la longue série d'outrages dont elle avait été l'objet, l'oubli complet des égards les plus vulgaires dont il s'était rendu coupable envers elle, en la livrant, comme un jouet, au milieu des débauches et des désordres de son palais, pour la forcer ensuite à errer dans le monde sans un appui. Parlant ensuite de la chambre haute, elle ajoutait : « Regarder un tel corps comme une cour de justice, ce serait profaner ce nom sacré, et consentir à me taire, ce serait moi-même donner les mains à ma perte, aider à en imposer à la nation, au monde entier. Je proteste contre ce simulacre de jugement; je demande à être jugée par une cour dont les jurés seront pris avec impartialité dans le peuple, dont la procédure sera toute publique et droite. Je ne me soumettrai point, si ce n'est contrainte par la force, à une sentence qui n'aura pas été prononcée par une telle cour de justice. »

Cette lettre, dont on fit honneur aux radicaux, et qui était tout à fait dans le caractère de la reine, femme habituée à braver ses ennemis, ne fit qu'activer les ressentiments et les préparatifs de part et d'autre. La presse, plus exaltée que jamais, avait propagé l'effervescence dans tout le pays; les débats parlementaires, la publication des négociations et des conférences, tout cela, accru des commentaires de chaque parti, se répandit dans la province, et le royaume fut transformé en une arène de discussions dans lesquelles tout autre intérêt était absorbé. De toutes parts, les populations furent mises en mouvement. Déjà, depuis l'arrivée de la reine, Londres était envahi par une multitude oisive qui, se pressant autour de sa demeure, l'avait forcée de transférer sa résidence à Bradenburg-House, sur les bords de la Tamise. Cette bruyante escorte l'accompagnait de ses acclamations toutes les fois qu'elle parcourait à cheval les rues de la capitale; mais le mouvement prit un accroissement bien plus considérable encore dès que le procès fut entamé. Chaque jour il venait des adresses et des députations de tous les coins du royaume, et Londres se vit bientôt inondé de ces représentants des comtés. Chaque députation, en arrivant, s'arrêtait régulièrement sous les fenêtres du roi, faisant retentir ses malédictions avec une telle force, « qu'eût-il été dans les nuages, il les eût entendues. » Obligé quelquefois de sortir de Londres et d'y rentrer, Georges n'osait se risquer qu'à la faveur de la nuit, et, malgré ses précautions, le peuple, comme s'il eût été instruit de tous ses mouvements, le saluait au passage avec des hourras de mépris. La capitale était au dedans encombrée de populace, au dehors entourée de forces considérables dont une partie était occupée sans relâche à maintenir la multitude.

De son côté, le gouvernement employait le temps qui lui restait à faire venir rapidement d'Italie ce qu'il pouvait ramasser de témoins, gens obscurs, mercenaires, la plupart gagnés à prix d'argent. Une escouade de ces témoins étant venue débarquer à Douvres fut tellement maltraitée par la populace, qu'on fut forcé de la rembarquer et de la conduire en Hollande; de là elle fut convoyée à Londres, par la Tamise, jusqu'à Cotton-Garden, où le ministère avait fait loger tout ce qu'il avait été possible de réunir de ces tristes instruments du procès. Cette localité, contiguë aux deux chambres du parlement, était protégée par des troupes et par un bâtiment de seize canons à l'ancre dans la rivière. Jamais, de mémoire d'homme, Londres n'avait présenté, en pleine paix, un aspect semblable.

Enfin le 17 août arriva. Dès le matin, les pairs se rendirent à la chambre, en fendant les flots de la multitude qui encombrait déjà les abords du lieu des séances. Des groupes, effrayants à voir, s'attachaient aux voitures de ceux qu'on soupçonnait d'être contraires aux intérêts de la reine, et tous les membres du cabinet que reconnut la foule furent escortés jusqu'au parlement d'un concert d'injures et d'insultes de tout genre. La séance ouverte, lord Liverpool réclama la seconde lecture du bill. Les tentatives d'opposition des whigs et des partisans de la reine furent écartées; M. Brougham, admis à parler comme avocat de la princesse, en appela encore, mais vainement, à la sagesse, à l'honneur des pairs; l'ordre fut donné à l'avocat de la couronne d'exposer les griefs. Cet exposé dura deux séances, pendant lesquelles l'attorney général déroula devant la chambre le tissu le plus ignoble de scènes et de propos, que les tribunaux ordinaires se seraient fait un devoir de dérober à la pudeur publique. A l'arrivée de la reine, l'audition des témoins commença.

Caroline assistait avec calme à l'interrogatoire, lorsque tout à coup, soit impatience d'être mise en contact avec de pareils hommes, soit confusion, comme ses ennemis se hâtèrent de le publier, à l'appel du troisième témoin, domestique italien qu'elle avait renvoyé de son service, elle s'élança hors de la sal'e, abandonnant la chambre à l'impression fâcheuse que les circonstances de ce départ avaient produite. L'audition des témoins dura jusqu'au 6 septembre, et le surlendemain, à la requête des avocats de la reine, l'affaire fut remise à un mois de là, pour laisser à cette princesse le temps de produire ses témoins. L'audition de ces témoins, reprise le 5 octobre, dura encore jusqu'au 24; enfin, après les plaidoiries des avocats, les débats furent clos, et, à la suite de longues et violentes discussions, 123 voix contre 95 se prononcèrent pour la seconde lecture du bill. Ce vote équivalait à une déclaration de culpabilité. Beaucoup de pairs protestèrent contre la décision de la chambre, et la reine elle-même fit déposer en son nom une protestation solennelle de son innocence.

Cependant les radicaux répandaient de tous côtés des pamphlets dans lesquels, passant en revue la marche entière du procès, ils accablaient de toute la puissance du ridicule l'armée de témoins enrôlée et soudoyée par le gouvernement, et faisaient ressortir tout l'odieux des trafics corrupteurs dont les pairs s'étaient efforcés d'étouffer le retentissement; par là ils réussirent à rejeter sur le roi et ses ministres l'infamie destinée à la reine, et le cabinet, loin de pouvoir compter le vote de la chambre pour un succès, sentit son crédit s'ébranler, même dans son propre parti.

La majorité obtenue par le ministère était d'ailleurs très-faible, et une fois le bill adopté en principe, elle se morcela quand on en vint à la discussion des trois points dont ce bill se composait. Ceux mêmes qui se donnaient pour convaincus de la culpabilité de la reine refusaient de prononcer le divorce, et la majorité des évêques y était formellement opposée. L'un des ministres, lord Harrowby, opina aussi dans ce sens. En vain les évêques de Cantorbéry et de Londres, plus courtisans que les autres, citèrent l'Écriture à l'appui du divorce, les partisans de la reine et à leur tête le comte Grey, répondirent : « Le roi ne peut réclamer, comme « époux, une faculté que les cours ecclésiastiques refusent à tout individu qui ne « se présente pas devant elles *avec les mains pures.* » Le rapprochement qu'on ne cessait de faire entre la complaisance des lords et la servile obéissance des ministres de Henri VIII indisposait aussi tous ceux qui tenaient à la dignité de leur ordre, et, pour la troisième lecture, la majorité ne se trouva plus que de 108 voix contre 99. Restait encore à voter la clause sacramentelle : « Que ce bill passe maintenant. » Mais toutes ces discussions avaient porté au comble l'irritation publique. La lenteur des procédures, qui avaient encore à recevoir la consécration du vote des communes, menaçait la capitale d'une occupation indéfinie de la part des députations des comtés et des troupes qui pouvaient chaque jour en venir à une épouvantable collision; de toutes parts, on accusait hautement les ministres : « Voilà bientôt six mois, s'écriait-on, qu'ils tiennent en stagnation les affaires les « plus importantes; qu'ils trahissent leur roi, insultent leur reine et blessent la « morale par la publicité d'une procédure dégoûtante. » Dans le sein même du cabinet, l'unanimité n'existait plus; le ministère était ébranlé. La reine ayant demandé à être entendue une dernière fois, lord Liverpool saisit cette occasion pour déclarer à la chambre qu'avec une majorité aussi faible que celle qu'il avait obtenue à la troisième lecture, et dans l'état actuel de l'esprit public, le gouvernement abandonnait le bill. Aussitôt après cette déclaration, le parlement fut prorogé.

La nouvelle de l'abandon du bill se répandit avec rapidité par tout le royaume, et au bruit des discussions succéda le tumulte de la joie. Le 29 novembre, la reine se rendit en grande pompe à l'église de Saint-Paul pour adresser au ciel des actions de grâces ; une nombreuse escorte de citoyens l'y accompagna à cheval et lui fraya un passage à travers la multitude qui l'attendait déjà aux abords de la cathédrale, rangée sous des bannières de toutes sortes. Les illuminations, le bruit des cloches, les salves d'artillerie, les fêtes somptueuses, destinées à célébrer la victoire de la reine, firent place aux adresses populaires, et l'Angleterre tout entière reflua encore une fois vers Brandenburgh-House. De hauts personnages s'y montrèrent, et les whigs commencèrent à en prendre le chemin. Ils se flattaient d'arriver au pouvoir par la brèche que venaient de pratiquer les radicaux, et cherchèrent à supplanter ces derniers en se faisant les organes des intérêts de la reine dans le parlement.

Les grandes familles de ce parti engagèrent d'abord Caroline à cesser avec les chefs radicaux des relations qui pourraient la compromettre, et celle-ci, dépourvue de tout esprit de conduite, repoussa aveuglément, dès le premier succès, l'instrument qui l'avait si bien servie. Mais les whigs ne tardèrent pas à voir combien ils s'étaient fait illusion sur la force que pouvait leur donner le nom de la reine, maintenant qu'elle n'avait plus pour la soutenir la voix puissante du peuple ameuté par les radicaux. Dès le commencement de la session (janvier 1821), l'opposition ayant proposé un vote de censure contre le cabinet pour avoir omis le nom de la reine dans la liturgie, cette proposition fut repoussée par une majorité nombreuse. L'opposition revint à la charge en proposant de censurer la conduite du ministère dans le procès ; une majorité plus forte encore s'y refusa ; enfin, abordant franchement la question, les whigs demandèrent formellement l'insertion du nom de la reine dans la liturgie ; ce bill fut encore rejeté. Pour en finir avec cette princesse, lui ôter le droit de se plaindre et achever de la déconsidérer aux yeux de la nation, lord Castlereagh lui fit voter par les communes une allocation annuelle de 50,000 livres. Caroline refusa d'abord toute pension tant que son nom ne serait pas réintégré dans les prières parmi ceux de la famille royale, puis elle finit par accepter Dès lors elle tomba dans l'indifférence et l'oubli.

Privée de cette arme, l'opposition tenta de renverser le ministère en démasquant ses sympathies pour les principes de la Sainte-Alliance, alors en lutte avec les populations du continent. Les peuples de l'Europe, réagissant contre la compression puissante opérée sur eux à la suite des traités de 1815, étaient en ce moment de nouveau soulevés par les idées de liberté, et la France se trouvait, comme par le passé, le grand foyer de ces idées. A peine ce pays fut-il remis de l'occupation étrangère, que deux grands partis s'y trouvèrent en présence ; l'un, le parti absolutiste, cherchait à réunir entre ses mains toutes les ressources du pouvoir pour rétablir les priviléges anciens sur la ruine des institutions nouvelles ; il venait de recevoir une vive impulsion d'un coup destiné à le frapper au cœur, l'assassinat du duc de Berry, dernier rejeton de la branche régnante des Bourbons ;

l'autre, le parti libéral, défendait l'existence nouvelle acquise par les classes moyennes pendant la révolution, en s'appuyant sur la presse et s'aidant d'une propagande active qui s'étendait à toute l'Europe et y réveillait les idées de liberté comprimées, mais non étouffées par les gouvernements. Dans le Nord, ce mouvement fut bientôt arrêté; mais dans les royaumes du Midi, où le retour de la paix, sans introduire aucun élément de prospérité, n'avait fait que rétablir des princes incapables et des gouvernements abâtardis, l'explosion ne se fit pas attendre. L'Espagne, écrasée par des misères de tous genres, s'était déclarée la première; la constitution de 1812 avait été rétablie contre le gré de Ferdinand VII et en dépit de l'opposition des moines et d'une partie des nobles, qui s'étaient les uns et les autres levés sous le nom de parti de la foi; la guerre civile déchirait ce malheureux pays. A l'exemple de l'Espagne, le Portugal, dont le souverain résidait au Brésil, secoua le joug d'une régence despotique, renvoya les sujets anglais qui prêtaient appui à ce gouvernement, et établit aussi ses cortès. Vers la même époque, le royaume de Naples, empruntant à l'Espagne sa constitution, força son souverain à l'adopter. De Naples, l'incendie, parcourant l'Italie, gagna le Piémont, dont le roi se vit aussi contraint de subir un gouvernement constitutionnel; enfin Milan, Venise s'agitèrent, et l'Autriche commença à trembler pour ses possessions.

Dans ces circonstances, les empereurs d'Autriche et de Russie, et le roi de Prusse, réunis à Troppau, publièrent un manifeste où ils déclaraient leur intention de comprimer les mouvements révolutionnaires, conformément aux stipulations du traité de la Sainte-Alliance, par lesquelles les parties contractantes s'étaient garanties mutuellement leurs états; et comme il importait, avant tout, de faire cesser les craintes de l'Autriche, le roi de Naples fut invité à se rendre à un nouveau congrès convoqué à Laybach, sur la frontière de l'Italie, « afin, disaient les trois souve- « rains, que Sa Majesté Napolitaine les assistât dans leurs vues pleines de sollicitude « pour son bonheur et celui de ses sujets. »

Cette occasion fut saisie par l'opposition, qui demanda dans les deux chambres communication des négociations intervenues entre le gouvernement et les puissances alliées au sujet de la révolution napolitaine. Lord Grey flétrit éloquemment cette Sainte-Alliance qui prétendait se faire l'arbitre des griefs des peuples contre les rois; mais le ministère refusa les communications demandées, et la majorité approuva son refus. Néanmoins, comme le cabinet n'avait pas voulu reconnaître le gouvernement constitutionnel napolitain, et comme ce fut un vaisseau anglais qui transporta le roi de Naples à Laybach, cet appel fait au ministère ouvrit les yeux sur sa conduite, anima l'opinion déjà prévenue en faveur de changements politiques qui tendaient à rapprocher, par la conformité des institutions, un grand nombre d'états de l'empire britannique, et redoubla la défiance publique contre un cabinet convaincu d'être le fauteur du despotisme. Dans cet état de choses, toutes les questions de réforme furent soulevées, et, sans l'appui de la chambre haute, qui repoussa ou altéra les divers bills passés dans les communes, le ministère était débordé. Le sort d'un de ces bills, en mettant à découvert la politique du gouvernement, redoubla le mécontentement général et donna de nouvelles forces à l'opposition du pays. Les communes ayant privé, pour cause de corruption, le bourg de Grampound de son privilége électoral, le transférèrent à la ville populeuse et manufacturière de Leeds; la chambre haute se refusa à cette mesure de justice, et transféra le droit au comté d'York. Un cri général s'éleva contre ce système permanent d'exclure les classes industrielles de la jouissance des droits politiques, en refusant aux villes des représentants spéciaux. Sur ces entrefaites, arriva en Angleterre la déclaration du congrès de Laybach, qui proscrivait la constitution napolitaine. L'opposition s'éleva vivement contre cette intervention des rois contre les peuples, et proposa de voter à Georges une adresse dans laquelle ce prince serait supplié de faire aux souverains alliés des remontrances à ce sujet. Le ministère fit rejeter la motion, en objectant qu'en cette circonstance l'Angleterre devait conserver la plus stricte neutralité. Mais on apprit bientôt coup sur coup qu'une armée autrichienne était entrée dans le royaume de Naples; que, soutenue d'une escadre anglaise à l'ancre dans le golfe, elle avait rétabli le monarque napolitain dans la plénitude de son pouvoir despotique; que le Piémont était couvert des soldats de l'Autriche, et que la Sainte-Alliance faisait pleuvoir les proscriptions sur les malheureux Italiens. L'irritation publique fut au comble. Un événement qui survint au delà des mers, en ramenant les esprits vers un passé dont l'Angleterre souffrait toujours, fit faire de tristes réflexions sur le résultat de la dernière guerre terminée au profit de deux ou trois despotes, et acheva de tourner l'opinion nationale contre le système du gouvernement. Napoléon venait d'expirer à Sainte-Hélène (5 mai 1821), « léguant l'opprobre de sa mort à la maison régnante d'Angleterre. » Les détails des tourments qui avaient hâté sa fin soulevèrent l'indignation générale. On voua à une même horreur et l'affreux geôlier qui s'était fait l'instrument de ces tortures, et le ministre qui les avait ordonnées; lord Castlereagh se vit chargé des malédictions de quiconque éprouvait de la sympathie pour une si grande infortune, et de toutes parts on reprocha au ministère d'avoir jeté sur l'Angleterre la honte éternelle de cet assassinat. Afin d'amortir les effets de cette animadversion et de prévenir la réaction qui semblait commencer, le ministère annonça, pour la session suivante, des bills favorables à la liberté du commerce, apaisa les agriculteurs en les soulageant de quelques droits spéciaux; puis, après avoir pris quelques mesures financières destinées à venir en aide pour le moment à toutes les industries, il se hâta de clore la session par une prorogation (11 juillet 1821).

Le gouvernement avait besoin de toute sa liberté d'action pour le couronnement du roi, cérémonie qui, par suite de la présence de la reine en Angleterre, ne laissait pas de lui inspirer quelque inquiétude. L'arrivée de cette princesse l'avait déjà retardée d'un an, et, dans l'état de l'esprit public, le ministère voulait la différer encore. Cependant Georges insistait, et il fallait le satisfaire; ses conseillers exigèrent seulement que, renonçant à la vie retirée qu'il menait depuis longtemps, il se montrât en public pour regagner les sympathies populaires que le procès de la reine lui avait fait perdre. Cette conduite était nécessaire, car, dès qu'une proclamation eut annoncé que, selon le bon plaisir du roi, la cérémonie du couronnement aurait lieu le 19 juillet, la reine se mit de nouveau en mouvement : comme le redoutaient les ministres, elle prétendait être couronnée en même temps que son époux.

Le conseil privé, les ministres, les dignitaires, et jusqu'à l'archevêque de Cantorbéry, furent sollicités par elle tour à tour, mais tous avaient leurs instructions, et tous lui signifièrent le refus du roi. Repoussée de tous côtés, elle publia une protestation solennelle, et annonça qu'elle se présenterait à l'abbaye de Westminster le jour du couronnement, au moins pour y assister. Londres avait appris à ses dépens quelle était en pareil cas l'escorte de la reine, et l'on s'attendit à des scènes de désordre. Le ministère prit aussitôt les mesures nécessaires : Westminster reçut une garnison tout entière, et les abords de l'église furent hérissés de troupes ; Georges crut prudent d'aller, dès la veille, passer la nuit dans l'hôtel de l'orateur des communes attenant à l'abbaye. Le jour venu, la reine arriva en carrosse à six chevaux. Elle se présenta à plusieurs portes, mais partout l'entrée lui en fut refusée ; partout on lui répondit qu'on ne la connaissait pas. Il ne restait plus qu'à forcer le passage, et la populace y paraissait disposée ; mais Caroline n'osa pas employer ce moyen extrême, et, voyant sa tentative inutile, elle reprit le chemin de sa demeure, en proie à la plus violente colère. L'outrage public qu'elle venait de recevoir lui causa une telle commotion, qu'il détermina une maladie inflammatoire à laquelle elle succomba quelques jours après (7 août). En mourant, elle défendit de laisser ses restes à l'Angleterre, ordonna qu'ils fussent transportés dans sa patrie, le Brunswick, et qu'on écrivît sur sa tombe ces paroles : « Ici repose Caroline, reine outragée d'Angleterre. » Quoique, depuis sa rupture avec les radicaux, cette princesse eût perdu l'importance politique qu'elle avait eue un moment, sa mort était un événement heureux pour le ministère ; cependant, ses funérailles soulevèrent une dernière et terrible tempête dans laquelle Londres faillit être bouleversé. Le corps avait à traverser la capitale dans toute sa longueur pour gagner Rumford, et de là le port de Harwich, où il devait être embarqué pour le Brunswick. Laisser le convoi marcher au milieu de Londres, au cœur de la Cité, et passer devant le palais du roi, n'entrait point dans les plans du ministère, qui redoutait quelque manifestation populaire ; il donna donc l'ordre de le diriger, par des rues détournées, sur les dehors de la capitale, afin de gagner la route de Rumford au-dessous de Londres, et il fit disposer des troupes pour fermer tout autre chemin. Mais le peuple, dépavant les rues, élevant des barricades, barra toutes les issues du chemin prescrit par l'autorité, et força le cortége à prendre la route interdite ; les soldats voulurent s'y opposer ; une rixe s'ensuivit, dans laquelle plusieurs individus furent tués ou blessés. A la faveur de la confusion causée par la lutte, la foule s'empara du char et l'entraîna, malgré toutes les résistances, du côté de la Cité. Arrivés aux portes, les insurgés en forcèrent l'entrée, et le lord maire voyant l'impossibilité de dompter l'émeute, prit le parti de se mettre en tête du convoi pour maintenir un semblant de bon ordre et éviter l'effusion du sang. Cette mesure épargna aux habitants les horreurs du carnage. Le corps, après avoir été promené dans toute la ville, sortit de Londres pour toujours.

A l'émeute dans la capitale succéda la révolte en Irlande. Georges venait de faire un voyage dans cette île (août 1821) ; il y avait été accueilli avec enthousiasme, sa présence faisant espérer quelque soulagement aux maux qui pesaient sur le

pays. Il montra beaucoup de reconnaissance de cet accueil ; à l'entendre, c'était
un besoin pour lui de voir, d'aimer l'Irlande ; cependant, après quelques jours
passés à Dublin en fêtes et en réceptions, il retourna en Angleterre, laissant aux
Irlandais pour adieu une proclamation dans laquelle il les exhortait à la concorde.
Quelque temps encore les populations attendirent ; mais le roi partit pour jouir des
plaisirs d'un nouveau couronnement dans son royaume de Hanovre. Protestants
et catholiques se plaignaient également du gouverneur lord Talbot ; du mécontentement, les derniers passèrent à la révolte ouverte. Aussitôt une commission fut
envoyée dans les districts soulevés, pour les réduire par la terreur ; elle fut impuissante, et le ministère se vit forcé de nommer un autre vice-roi, lord Wellesley, sur
la sévère justice duquel il comptait pour réprimer les désordres. L'*habeas corpus*
fut suspendu, et le bill contre l'insurrection de nouveau remis en vigueur.

Mais la situation de la malheureuse Irlande était plus désastreuse que jamais :
la dernière récolte des pommes de terre, le principal et presque le seul aliment
des classes pauvres, avait à peu près manqué, et les troubles ayant suspendu les
travaux industriels, le peuple se trouvait en proie à la plus affreuse misère. Pour
comble de maux, à la suite de la famine arriva le typhus, dont les ravages, sans
limite dans la population pauvre, menaçait déjà d'atteindre les classes plus fortu-
nées. Dès lors il ne s'agissait plus de répression politique ; il fallait de prompts et
d'énergiques secours ; 500,000 livres furent mises à la disposition de lord Wellesley
pour soulager le dénument des uns, employer les autres à des travaux d'utilité
publique, et, dans toute l'étendue du royaume, des souscriptions furent ouvertes
pour arracher l'Irlande au fléau qui la dévorait.

L'incurie du ministère, qui avait laissé le champ libre à ces maux, n'était pas un
texte stérile pour ses adversaires ; l'opposition se montrait cette année tout à fait
menaçante. Après la récolte, les fermiers, alarmés de la baisse constante de leurs
produits, avaient tenu des meetings dans les comtés ; les propriétaires s'y étaient
rendus et s'étaient engagés à s'unir aux whigs et aux réformistes pour arracher
au ministère des économies dans les dépenses et des retranchements dans les taxes
territoriales, cause première du prix élevé des baux. De nombreuses pétitions
conçues dans ce sens furent envoyées aux communes ; et M. Brougham commença
l'attaque en proposant à la chambre de déclarer, avant toute délibération, qu'il
était de son devoir de soulager la détresse agriculturale par la réduction des taxes
(session de 1822).

Lord Londonderry parvint à conjurer l'orage en promettant de présenter incessamment des mesures à cet effet ; mais cela ne suffisait pas. Les propriétaires se
retiraient de lui : il fallait de nouveaux éléments de force pour prolonger l'existence
du ministère. Ce fut dans l'ancien parti Grenville qu'il les chercha. Ce parti faisait
de l'opposition, non pas tant pour produire les vues plus libérales qu'il affectait de professer que pour se frayer un chemin au pouvoir ; il ne tenait point
aux whigs, mais pouvait donner au parti territorial des chefs assez influents pour
se substituer aux ministres actuels. Afin de détourner ce danger, le cabinet
l'admit au partage. Le marquis de Buckingham, qui, depuis que lord Grenville
s'était retiré des affaires publiques, était devenu le chef du parti, fut créé duc ;

BERTRAND

DUBLIN.

BRIGNUT Sc

M. Charles Wynne, nommé président du bureau de contrôle, et M. Robert Peel, utile acquisition pour le gouvernement, remplaça à l'intérieur lord Sidmouth, qui néanmoins conserva son siége au conseil. Restait encore un adversaire puissant à gagner, M. Canning. Mais le roi ne pouvait lui pardonner d'avoir désapprouvé le procès fait à la reine; d'ailleurs, ses principes, ses talents et son ambition, portaient ombrage à lord Londonderry; pour s'en défaire, le ministère le nomma gouverneur général de l'Inde. Quelque magnifique que fût ce poste, c'était une sorte d'exil; cependant Canning s'y résigna; mais, avant de partir, il résolut de donner à sa popularité un élan capable de contre-balancer l'hommage que lui rendaient les craintes du pouvoir. Saisissant la circonstance encore récente du couronnement auquel avaient comparu les pairs catholiques, presque tous des premières familles de l'ancienne noblesse, il remontra à la chambre des communes l'inconvenance de ne laisser aux héritiers des plus illustres noms du pays que le triste rôle de comparses dans les fêtes nationales, sans aucune part à l'administration d'un royaume dont leurs ancêtres avaient fondé la grandeur, et il présenta un bill par lequel les pairs catholiques étaient appelés à reprendre leurs siéges et leurs voix au parlement. Son éloquence entraîna la chambre, et le bill fut adopté malgré l'opposition de M. Peel. Les lords le rejetèrent; mais Canning pouvait désormais partir; il laissait un souvenir qui lui ménageait à son retour une influence au moins égale à celle qu'il allait perdre.

L'administration renouvelée, lord Londonderry, pour remplir ses engagements, proposa d'ouvrir aux agriculteurs un crédit d'un million sterling à hypothéquer sur les blés emmagasinés. Cette mesure, qui, après bien des plans ruineux, fut réalisée au moyen d'un traité avec la banque, parait aux embarras du moment, mais ne remédiait point au mal; d'ailleurs l'impulsion était donnée, et l'opinion exigeait avant tout des réductions dans les dépenses, des adoucissements dans les taxes. Dès le commencement de la session, la motion faite par l'opposition d'abolir la taxe sur le sel n'avait été repoussée que par une majorité de quatre voix. Ce vote lui fit reconnaître ses forces, et elle assaillit plus vivement le ministère. Des suppressions de hauts emplois elle passa à des réductions sur une plus grande échelle, et, encouragée par le succès, elle provoqua une enquête sur les dépenses diplomatiques qui s'étaient considérablement accrues depuis la guerre continentale. Là, plus qu'ailleurs, la distribution des sinécures offrait matière aux attaques contre le pouvoir; mais c'était un moyen d'influence trop puissant pour l'abandonner aux chances de la discussion. Lord Londonderry eut recours à un moyen de défense désespéré; il déclara à la chambre que, si elle persistait à vouloir se former en comité pour cette enquête, ce serait le signal de la retraite du cabinet. La menace fit son effet : les propriétaires des comtés, bien que désireux au dernier point des réductions demandées, et irrités de la mauvaise volonté du ministère, n'étaient nullement disposés à se mettre entre les mains des whigs en leur ouvrant l'entrée de l'administration; l'enquête fut rejetée à une forte majorité. Mais, pour prix de cet appui, le parti de la grande propriété insista de nouveau et avec plus de force pour que le gouvernement pourvût à l'avenir de l'agriculture, et tous les intérêts élevant la voix ensemble, les propositions succédant aux propositions, le ministère se vit engagé dans une polémique sans relâche où toutes les branches des intérêts nationaux passèrent tour à tour sous le feu de la discussion ; force lui fut de céder. Il fit de nouvelles concessions financières, et entra même, quoique timidement, dans l'application du principe de la liberté du commerce et de la navigation. Malgré ces sacrifices, il ne trouvait plus dans la chambre la même unanimité qu'autrefois : deux propositions de réformes parlementaires ne furent repoussées qu'à une très-faible majorité.

En présence de ces faits et des dispositions peu favorables des communes, le cabinet reconnut la nécessité de recourir à un système de concessions plus étendu ; il revint sur son refus d'abolir la taxe du sel, qui fut supprimée presque tout entière, et présenta au budget un plan de réductions desquelles devait résulter une économie totale d'environ 3,500,000 livres sur les dépenses ordinaires. Ces mesures, qui reçurent l'approbation unanime, lui permirent d'arriver sans encombre jusqu'à la fin de la session (6 août 1822).

Le roi, qui n'attendait que ce moment, partit pour l'Écosse, le seul de ses états où il ne se fût pas encore donné les plaisirs de la royauté. Mais, tandis qu'à Édimbourg, dans le palais d'Holy-Rood, rendu à son ancienne splendeur pour le recevoir, Georges IV, en costume de montagnard, recevait l'hommage féodal de ses sujets d'Écosse, un coup imprévu frappait le ministère. Deux jours seulement après le départ du roi, lord Londonderry, dans un moment d'aberration mentale, avait mis fin à ses jours. Cet acte d'égarement fut généralement attribué à la crainte qu'avait lord Castlereagh de se voir bientôt débordé au parlement et obligé de résigner le pouvoir, et aux remords qu'il ressentait en voyant dans quelle fausse voie politique il avait engagé son pays. En effet, on pouvait alors apprécier le manque de prudence qu'avait eu l'Angleterre en abandonnant le continent à la discrétion des trois grandes puissances et en négligeant ce qui aurait pu faire contrepoids au mouvement ultérieur de leur ambition. Ces puissances, liées l'une à l'autre par l'intérêt de leurs principes, et maîtresses par cette union de la supériorité, affichaient maintenant la prétention de juger comme tribunal souverain les affaires des autres nations, d'intervenir dans les différends des peuples avec les rois, et de faire respecter leurs arrêts, même par la force. Cette dictature européenne que l'Angleterre avait tant redouté dans la personne de Napoléon se trouvait donc, à peine détruite, reparaître en d'autres mains et sur de nouveaux fondements. Elle avait passé de la France au Nord, et quitté la bannière de la révolution pour celle de la légitimité, mais le fait était toujours le même pour l'Angleterre, et les conséquences non moins redoutables. Ces fautes, lord Londonderry les apercevait maintenant ; il succomba sous le poids de ses remords et de son impopularité. Cette impopularité était telle que la mort du ministre fut accueillie par des cris d'allégresse et des réjouissances publiques.

Quoique le marquis de Londonderry ne fût pas le chef du cabinet, il en était le personnage le plus influent, et le choix de son successeur était chose d'une haute importance. Dans les circonstances actuelles, et en présence de l'opposition chaque jour croissante des communes, il fallait à l'administration un homme populaire, quoique non par trop hostile aux doctrines des torys, un homme dont l'habileté fût assez grande pour tirer l'Angleterre de la fausse position où la politique de Castlereagh l'avait mise. Ces conditions, Canning seul les réunissait. Lord Liverpool demanda au roi d'oublier ses ressentiments au sujet de la conduite de Canning dans l'affaire de la reine, et Georges finit par y consentir. Au moment donc où le gouverneur général de l'Inde se préparait à s'embarquer pour se rendre à son poste, il reçut l'invitation de se charger des fonctions de secrétaire des affaires extérieures. Canning avait trop d'ambition, trop de désir de rentrer au pouvoir pour négliger l'occasion qui s'offrait, et, bien qu'en désaccord avec les autres membres du cabinet sur presque toutes les questions importantes, il accepta avec empressement. Quoique la conduite du nouveau ministre n'eût jamais été marquée par la conviction, quoique, véritable aventurier politique, il eût marché sans scrupule sous des bannières complétement différentes, quoiqu'il eût secondé Castlereagh dans toutes les mesures oppressives prises par ce ministre antilibéral, il était resté populaire. Sa retraite, lors du procès de la reine Caroline, avait fait oublier ses anciennes erreurs ; ses discours en faveur de l'émancipation des catholiques, cause qu'il soutenait maintenant avec chaleur, son improbation marquée de la politique absolutiste de Castlereagh, lui rendirent la faveur publique. Arrivé au pouvoir, il résolut de continuer à marcher dans la voie qui lui avait valu l'affection nationale. Indépendance au dehors, force et tolérance au dedans, telles furent ses maximes politiques, mais, entouré de torys qui tous avaient approuvé la politique de Castlereagh, il ne pouvait mettre ces maximes en pratique qu'avec la plus grande réserve. Le moment était cependant arrivé où il fallait se prononcer nettement.

Un congrès avait été indiqué à Vérone par les puissances qui faisaient partie de la Sainte-Alliance, pour mettre fin, disait-on, à l'occupation de Naples et du Piémont par les troupes autrichiennes, mais réellement dans le but de ramener au régime de l'absolutisme les peuples du midi de l'Europe. L'Espagne surtout était le grand objet des préoccupations des puissances ; il leur tardait de faire cesser la crise révolutionnaire qui agitait ce pays, en supprimant la constitution restaurée de 1812. Dans ces conjonctures, la situation de l'Angleterre était difficile. Laisser la Sainte-Alliance intervenir en Espagne et y étouffer le gouvernement constitutionnel, qui bientôt après serait aussi comprimé en France, c'était se résigner à voir l'Europe entière, de Madrid à Saint-Pétersbourg, concentrée et mise en un seul faisceau sous la loi des gouvernements absolus ; c'était montrer combien était fausse la sympathie que l'Angleterre avait affichée pour l'Espagne lorsque celle-ci s'était soulevée contre Napoléon ; c'était proclamer qu'en secourant alors cette nation elle n'avait été conduite que par la considération de son avantage personnel. En effet, le territoire de la Péninsule allait se trouver de nouveau envahi par l'étranger, le peuple espagnol outragé dans ses droits les plus sacrés, et cette fois l'Angleterre ne se croirait plus obligée, par humanité et par honneur, de venir comme précédemment au secours du faible opprimé ! Mais, tenter une contre-intervention en Espagne, était une question non moins grave. L'Angleterre était-elle assez forte pour se mettre en hostilité ouverte contre toute l'Europe? D'ailleurs, dans les circonstances présentes, avec le clergé et la noblesse contre soi, avait-on quelque chance d'être soutenu en Espagne comme en 1809? Enfin, la guerre rallumée, pouvait-on dire où l'on irait? ne réveillerait-on pas l'esprit révolutionnaire et ne replacerait-on pas l'Europe dans la situation d'où elle venait de sortir ? L'Angleterre avait, il est vrai, intérêt à voir maintenir en Espagne des institutions qui eussent établi des liens nouveaux entre ce pays et la Grande-Bretagne, et ouvert au commerce britannique un débouché d'autant plus abondant que le commerce et l'industrie de la Pénin- sule n'existaient plus que de nom. Mais cet intérêt, si grand qu'il fût, valait-il les embarras où on allait se plonger, les dépenses énormes qu'on allait faire, les ris- ques qu'on allait courir? Canning ne le pensa pas. Sans donc chercher à vouloir sauver le gouvernement constitutionnel en Espagne, il ne s'attacha qu'à une chose, à empêcher la Sainte-Alliance de faire dans cette affaire acte de corporation, à l'empêcher d'employer cette autorité fédérale qu'il redoutait. Il ne s'opposa pas à ce que l'Espagne fût réduite par la force, mais il ne voulut pas que le soin de cette exécution fût remis à la Sainte-Alliance. Ce fut la France seule qui s'en chargea. Une armée, commandée par le duc d'Angoulême et le duc de Bellune, entra en Espagne, réduisit les constitutionnels espagnols presque sans combat, et rétablit Ferdi- nand VII dans tous ses droits de souverain absolu.

Cette politique de juste-milieu, cet abandon du principe de la non-intervention armée, furent vivement attaqués au parlement. Dans la séance du 28 avril 1823, un membre de l'opposition fit dans la chambre des communes la proposition d'une adresse au roi, laquelle ne tendait à rien moins qu'à demander le renvoi des mi- nistres, à cause de la faiblesse de leur conduite dans l'importante question de la guerre d'Espagne ; mais cette proposition fut rejetée à une immense majorité. Pour un grand nombre d'esprits, c'était déjà beaucoup que d'avoir rompu le lien qui avait jusqu'alors uni l'Angleterre à la Sainte-Alliance ; le retour vers une politique plus digne et plus nationale était encore incomplet, sans doute, mais il fallait cependant savoir gré au ministre qui l'avait dirigé.

D'ailleurs si, par la restauration du despotisme en Espagne, l'Angleterre perdait l'alliance de ce pays, elle était sans crainte de ce côté pour l'avenir. Sous la main puissante de Napoléon, ou à la faveur des institutions démocratiques des cortès, l'Espagne aurait pu se relever de son abaissement, recréer une marine, une armée ; mais, avec le régime abrutissant sous lequel elle retombait, rien de sem- blable n'était à craindre, et l'Espagne absolutiste, c'est-à-dire sans soldats, sans finances et sans marine, n'avait rien dont pût s'alarmer la Grande-Bretagne. D'ailleurs l'intervention de la France rendait à Ferdinand son trône, mais elle ne lui rendait pas ses colonies de l'Amérique, qui, depuis 1809, s'étaient soulevées contre la mère-patrie.

La séparation de ces colonies était déjà effectuée en fait, sinon en droit ; Canning résolut de la rendre définitive ; et, sans s'expliquer sur la question de principe, il plaça ces jeunes républiques sous l'égide de l'Angleterre. C'était là une habile manœuvre politique. Par ce moyen, il enlevait à l'Espagne, ralliée à la ligue des monarchies, une partie de sa force ; il créait dans le Nouveau- Monde un contre-poids à la trop grande influence du pouvoir absolu dans celui-ci ; il maintenait dans le même état d'équilibre les affaires de la révolution, lui ren- dant en Amérique ce qu'elle venait de perdre en Espagne ; il faisait sentir à la

Sainte-Alliance ce que pourrait l'Angleterre au milieu d'une crise générale du monde, par un seul geste de protection adressé aux peuples révoltés. Enfin, cause non moins déterminante, il découvrait pour l'Angleterre une source de profits directs et matériels, c'est-à-dire de nouveaux débouchés pour son commerce et son industrie.

En conséquence de cette résolution, des consuls britanniques furent envoyés dans les principales places des colonies espagnoles. C'était reconnaître de fait leur indépendance, et le gouvernement français réclama au nom de l'Espagne. Canning répondit au ministre français, M. de Villèle : « La Grande-Bretagne, fidèle à son « système de neutralité, ne s'opposera à aucune tentative de l'Espagne pour recou- « vrer ses colonies; mais elle résistera, même par la force des armes, à toute inter- « vention à cet égard de la part d'une puissance étrangère. » L'Espagne, sous un prince imbécile et cruel, était hors d'état de reconquérir elle-même ses possessions de l'Amérique du Sud; la France, toute préoccupée de la réaction que tentaient les ultra-royalistes, n'était pas davantage dans une position à désirer la guerre; tout assurait donc à Canning l'entière réussite de son plan. Aussi l'année 1824 n'était pas encore écoulée que des traités de commerce et d'amitié, conclus avec les républiques de l'Amérique espagnole, ouvraient au commerce britannique de vastes territoires à exploiter. En même temps un traité avec la Russie réglait les droits des deux puissances sur la côte nord-ouest de l'Amérique, et une convention avec la Suède consacrait le principe du droit de visite, encore repoussé par la France, et l'un des moyens par lesquels l'Angleterre marchait à l'abolition totale de l'esclavage et à la suprématie maritime.

Non content de cette impulsion vigoureuse donnée à la politique extérieure, Canning avait assuré son influence dans le cabinet par la nomination de M. Robin-son, chancelier de l'échiquier, et de M. Huskisson, président du bureau de commerce. L'entrée de ce dernier dans l'administration eut pour effet de rallier au cabinet tout le parti commerçant et manufacturier, car nul homme ne comprenait mieux que M. Huskisson les véritables besoins du commerce et de l'industrie. Un des premiers en Angleterre il avait reconnu que, dans l'état actuel des progrès de l'industrie manufacturière sur le continent, il n'y avait d'autre moyen de soutenir le commerce anglais qu'en autorisant l'entrée de presque tous les objets de fabrique étrangère avec des droits assez forts pour protéger le fabricant national et pas assez élevés pour permettre à la contrebande énorme qui depuis la paix se faisait entre la France et l'Angleterre, de continuer ses transactions illicites; le premier aussi il avait conseillé d'admettre les navires des autres nations dans les ports de la Grande-Bretagne à des conditions si libérales, qu'elles annulaient dans presque toutes ses parties le fameux Acte de Navigation, cet acte considéré comme le palladium du commerce britannique. Mais, quelque habiles et quelque bien intention-nés que fussent Canning et ceux de ses collègues qu'il avait fait entrer dans le cabinet, ils ne pouvaient se séparer du reste de l'administration ni répudier l'héritage de leurs prédécesseurs; aussi se virent-ils souvent en butte à de violentes attaques. Cent mille livres avaient été votées pour les frais du couronnement, et le ministère Castlereagh s'était formellement engagé à ne point dépasser cette somme :

quelle fut la surprise de la chambre quand le chancelier de l'échiquier vint lui exposer que les dépenses se montaient à deux cent trente-huit mille livres, et que l'excédant avait été pris sur l'indemnité payée par la France en vertu des traités de 1815! Un murmure général se fit entendre. « A quoi bon, s'écria M. Hume, » l'un des radicaux les plus ardents à critiquer le système financier du gouvernement, « à quoi bon alléger les charges publiques en supprimant tant de petits emplois, « en privant de ressources et frappant de misère tant d'individus, si les sommes « épargnées par une si rigoureuse économie sont jetées avec une si folle pro- « fusion?... Le ministère est coupable de mauvaise foi; il a trompé la chambre : « certain qu'elle eût refusé cette somme, il l'a prise, sans l'avouer; et sur quoi? « sur des fonds auxquels il n'avait pas le droit de toucher, sur un argent sacré : il « a soustrait cent trente-huit mille livres de l'indemnité française, cette rançon « destinée à fermer les plaies de la guerre. La chambre manquerait à ses devoirs « en ne procédant pas à une enquête pour savoir quel est l'homme qui a pris sur « lui d'autoriser l'emploi de ces fonds contre la volonté du parlement. » L'accu- sation était grave; d'autres exemples de prodigalité, relevés par l'opposition, venaient encore lui donner plus de force : mais la dépense était consommée, et les nouveaux ministres n'y entraient pour rien. La chambre le sentit, et, repoussant la motion de M. Hume, elle accorda au cabinet un bill d'indemnité.

Il était une autre question sur laquelle l'opposition comptait pour ébranler le crédit du ministre des affaires étrangères : c'était celle de l'émancipation des catho- liques. La position était en effet embarrassante. Canning s'était montré, depuis quelques années, un des plus chauds défenseurs des catholiques d'Irlande; mais il avait contre lui au conseil la presque totalité de ses collègues. Se prononcer contre eux, c'était se mettre dans la nécessité de quitter le pouvoir; abandonner la cause de l'émancipation, c'était se mettre en contradiction formelle avec lui-même. Forcé cependant de faire face aux attaques qui de tous les côtés furent dirigées contre lui, Canning se jeta dans les faux-fuyants, réclama contre le sens qu'on avait donné à ses déclarations antérieures, et, en définitive, fit entrevoir que s'il était encore impossible de réunir dans le ministère toutes les opinions en faveur des catholi- ques, on pouvait cependant espérer que peut-être une nouvelle composition du parlement opérerait par la suite l'admissibilité des demandes faites par eux. A ces paroles équivoques, à ce langage entortillé, M. Brougham répondit avec véhé- mence, en déclarant qu'il était dès lors absolument inutile de conserver la moindre lueur d'espérance pour les catholiques; puis, profitant de la situation fausse où se trouvait le ministre, il le représenta siégeant à côté de ses ennemis et travaillant à faire triompher des opinions qu'il ne partageait pas. « Tout le monde sait, ajouta « M. Brougham, que lorsque ce ministre entra dans le cabinet son sort dépendait « du lord chancelier Eldon; il lui sacrifia son opinion sur la cause des catholiques : « c'est un exemple incroyable de soumission pour avoir une place; c'est un des actes « les plus honteux de tergiversation politique. » A cette insultante attaque, Can- ning ne se posséda plus : « Tout ceci n'est que mensonge, » s'écria-t-il enflammé de colère. Un profond silence accueillit d'abord cette réponse; puis la chambre ordonna que les deux membres fussent commis à la garde de l'huissier à la verge noire; cependant l'intervention d'amis communs ne tarda pas à arrêter les suites de cette affaire. Le calme rétabli, la discussion sur la question de l'émancipation reprit son cours. La motion fut, comme toujours, repoussée à une grande majorité, et les catholiques durent se résigner à attendre du temps le triomphe de leur cause.

Le tort que cette discussion avait fait à Canning dans l'opinion publique fut bientôt oublié en présence des résultats obtenus depuis son entrée aux affaires. Dans l'espace de trois sessions (1822-1825), le pays fut déchargé de quatre millions de taxes; le fonds d'amortissement, au lieu de fournir aux dépenses, alimenté d'une somme de sept millions. En même temps, la voie était ouverte aux réformes de la législation commerciale : chaque jour le principe de la liberté du commerce recevait de nouvelles applications; chaque jour des restrictions tombaient; l'Acte de Navigation était entièrement remanié; les ports des colonies anglaises s'ouvraient aux navires de toutes les nations; enfin l'abolition complète de tous droits de douane entre l'Angleterre et l'Irlande était consommée. Une ardeur nouvelle s'emparait de la nation, et cette masse de capitaux que la stagnation avait frappée d'immobilité après la paix, mise en mouvement par la renaissance du crédit public, refluait de nouveau sur l'industrie. L'Amérique du Sud était devenue un vaste champ d'entreprises, et partout se produisait une hardiesse de spéculation égale, sinon supérieure, à celle qu'avait éveillée la guerre continentale. L'agriculture même se ressentait de l'influence de ce progrès; ses besoins, moins impérieux, faisaient cesser les exigences du parti territorial, et, de toutes parts, on s'abandonnait avec confiance au courant de la prospérité.

Au parlement, les discussions avaient perdu toute leur vivacité. L'opposition plaçait maintenant tout son espoir dans Canning, et hâtait les progrès de son influence en appuyant toutes les mesures libérales du gouvernement. Les questions irritantes de réformes politiques semblaient être mises en oubli; l'Irlande se taisait, et à peine entendait-on encore les rares éclats des radicaux, les seuls qui ne fussent point entrés dans la conspiration générale du pays en faveur du secrétaire d'état des affaires étrangères. Tel était l'état du royaume, lorsque, le 6 juillet 1825, le parlement fut prorogé au milieu des apparences d'une prospérité extraordinaire.

Cependant la nation s'était jetée avec entraînement dans les voies nouvelles ouvertes à l'esprit d'entreprise. La perspective d'exportations abondantes avait donné un développement excessif aux manufactures; les capitaux y avaient bientôt disparu, et de tous côtés on avait usé du crédit jusqu'à ses dernières limites. La manie de la spéculation était devenue presque aussi générale qu'au temps des fameuses affaires de la mer du Sud. De tous côtés se formaient des sociétés en commandite : compagnies pour la construction de canaux, de tunnels, de docks; compagnies pour percer l'isthme de Darien, pour explorer les mines du Chili, du Brésil et du Pérou : projets sérieux ou imaginaires, mis en avant par des hommes probes ou par des fripons, tous, comme en 1720, trouvèrent des actionnaires; mais, comme en 1720 aussi, une débâcle générale ne tarda pas à avoir lieu. A la première faillite, en effet, on se rappela ce qui s'était passé à cette époque; la terreur devint universelle; chacun voulut rentrer en possession de ses fonds : la baisse des fonds publics augmenta encore la panique, et bientôt des faillites sans nombre éclatèrent sur tous les points du royaume. L'année 1825, commencée sous des auspices si fortunés, se termina au milieu des convulsions commerciales les plus alarmantes que la nation eût jamais ressenties.

Les mesures énergiques prises par le cabinet parvinrent à arrêter un peu le mal et à raffermir le crédit. Mais il était encore fort ébranlé, quand le parlement s'assembla (février 1826). La seule mesure qui fut demandée aux chambres à ce sujet eut pour objet de prévenir le retour d'une semblable crise. Un acte imposa des limites au crédit que tout particulier pourrait se créer, en restreignant l'émission du papier, et en même temps les priviléges des banques de provinces furent étendus, afin de fournir au commerce un appui plus solide. De nombreux prêts sur garantie, ouverts par l'échiquier, du consentement de la chambre, aux négociants nécessiteux, redonnèrent un peu d'impulsion aux entreprises arrêtées.

Mais le crédit, qu'un instant suffit pour renverser, ne peut se relever qu'à la longue, et les conséquences funestes d'un sinistre se prolongent encore bien longtemps après que la cause en a cessé. La panique avait de nouveau rejeté une partie de la classe ouvrière dans l'inaction, c'est-à-dire dans la misère la plus profonde et par conséquent dans le désordre. Dans le duché de Lancastre, une série d'émeutes et de dévastations dirigées surtout contre les machines appela l'attention sérieuse du gouvernement; mais ni répressions ni souscriptions ne pouvaient lutter contre un mal que la faim faisait naître : le ministère prit sur sa responsabilité de laisser pendant un certain temps l'entrée libre aux blés étrangers, et cette mesure eut pour effet de ramener dans le royaume une tranquillité passagère.

L'ouverture de la session (14 novembre 1826), hâtée par la disette qui avait obligé le ministère à permettre sur sa responsabilité une forte introduction de blés étrangers, appelait tout d'abord les partis à se mesurer sur le terrain des lois sur les céréales, lorsqu'un événement survenu au dehors détourna l'attention publique de ce sujet.

Depuis qu'au congrès de Vérone l'Angleterre avait rompu formellement avec le principe de l'absolutisme, elle s'était trouvée isolée des puissances continentales. L'influence de la France au sein de la Sainte-Alliance s'était accrue par ce fait d'abord et par l'accession au trône du roi Charles X. L'avénement de ce prince avait donné une nouvelle ardeur aux ultra-royalistes, et le parti absolutiste ne s'était pas contenté de poursuivre à l'intérieur ses plans réactionnaires avec une énergie alarmante pour tous les amis de la vraie liberté; il s'était mis à la tête de la répression des principes libéraux en Europe, et poussait ses attaques jusqu'au Portugal, où les institutions constitutionnelles s'étaient établies sous la protection de l'Angleterre.

A la mort de Jean VI (1826), son fils aîné, don Pedro, préférant au trône de Portugal la couronne du Brésil, désormais indépendante, avait abandonné ses droits sur le Portugal à sa fille Dona Maria, encore mineure; puis, afin de donner des garanties à tous les partis, il avait envoyé en Portugal une constitution nouvelle et l'ordre d'unir sa fille au prince Don Miguel, son frère. Ce furent ces dispositions que la France résolut d'exploiter au profit de l'absolutisme. De concert avec la reine douairière, l'ambassadeur français forma le dessein d'établir Don Miguel seul roi. Absolutiste obstiné, le nouveau monarque devait révoquer la constitution, et, soutenu par l'Espagne, rétablir l'ancienne forme de gouvernement. Des régiments déjà gagnés se retirèrent sur la frontière espagnole en proclamant Don Miguel, pendant qu'un parti puissant se mettait en pleine révolte contre la régence établie au nom de Dona Maria, et menaçait de la renverser. Dans cette extrémité, l'ambassadeur portugais à Londres réclama, en vertu des anciens traités, l'appui des armes anglaises pour réprimer la rébellion. La question était importante pour la politique britannique; car si le principe absolutiste que représentait la France l'emportait sur le principe de liberté, c'en était fait de l'influence anglaise, depuis si longtemps établie en Portugal.

Sur un message du roi (11 décembre 1826), requérant le parlement « de mettre Sa Majesté en état de remplir ses engagements envers le plus ancien de ses alliés, » Canning proposa à la chambre de voter une adresse qui prouvât l'appui qu'elle était prête à donner à cette politique. Après avoir exposé les faits qui se passaient en Portugal, et la conduite agressive de l'Espagne, qui, poussée par la France, agissait seule ouvertement : « Près de quatre ans d'expérience, dit-il, m'ont con- « firmé dans cette opinion que de la conduite de l'Angleterre dépendent la tran- « quillité et le bonheur de l'Europe. La première guerre qui éclatera sur le con- « tinent, si elle s'étend au delà des étroites limites de l'Espagne et du Portugal, « sera, j'ai tout lieu de le craindre, une guerre de la nature la plus effrayante : ce « sera une guerre d'opinions. Si l'Angleterre s'y engage, ce ne saurait être que pour « en adoucir les horreurs. Mais pourra-t-elle ne pas s'appuyer sur la partie re- « muante ou mécontente de la population dans les états qui seront en lutte avec « elle? » Après cette menace directe à l'Espagne, indirecte à la France, le secré- taire insista sur l'obligation où le cabinet britannique se trouvait de faire une dé- monstration vigoureuse pour prévenir les hostilités. « Allons en Portugal, ajouta- « t-il, mais seulement pour y faire flotter le pavillon de l'Angleterre; partout où « cet étendard flottera, la domination étrangère n'y viendra point. »

Son discours, qui s'adressait à la fois aux sympathies et aux intérêts du pays, fit sur la chambre la plus vive impression. « Sans doute, s'écria M. Brougham, les « charges du pays sont pesantes; mais la nation les portera avec joie en cas de « guerre, si la guerre doit suivre; car maintenant le pays est gouverné selon des « principes sages, libéraux et vraiment anglais. »

Quelques membres de l'opposition reprochèrent alors vivement à Canning de n'avoir pas montré une pareille vigueur et de n'avoir pas agi ainsi lors de l'entrée des Français en Espagne, cause première de la réaction qui maintenant appelait l'Angleterre aux armes; et ils demandèrent que ce blâme fût consigné dans l'a- dresse. Cette interpellation fournit à Canning l'occasion de défendre sa politique tout entière. « Faire la guerre à la France, dites-vous, était le moyen de maintenir « l'équilibre européen? C'est une étrange erreur. Telle était la politique au temps « de Guillaume III, de la reine Anne; mais consulter les maximes de cette politique, « l'appliquer à notre époque, ce serait méconnaître la marche des événements, « confondre les idées et les hommes... Oui, l'entrée d'une armée française en Es-

« pagne était une insulte à la Grande-Bretagne, une atteinte violente à nos sym-
« pathies. Oui, une réparation était nécessaire; mais quels étaient les moyens de
« la poursuivre? Il s'en offrait deux : faire la guerre à la France, comme vous le
« dites, la guerre sur le sol de l'Espagne; ou rendre l'occupation de ce pays inu-
« tile, bien plus, nuisible à la nation rivale. Ce dernier moyen est celui que j'ai
« choisi. Et croyez-vous que par là l'Angleterre n'ait pas été amplement dédom-
« magée du peu de cas qu'on a fait de ses représentations? L'Espagne, pour moi,
« n'était pas où le nom d'Espagne est écrit, mais là où survivait encore sa puis-
« sance dans les Indes occidentales; c'est de ce côté que je me suis tourné; un
« monde nouveau a été appelé à l'existence; là, la France a rencontré la Grande-
« Bretagne sur son chemin, et elle s'est arrêtée; l'équilibre européen était rétabli. »
Puis, revenant au Portugal : « Je le répète, ajouta-t-il, l'objet de l'expédition qu'on
« vous demande, ce n'est pas la guerre, c'est de ressaisir la dernière chance de
« paix qui nous reste. Si l'Angleterre ne vole pas au secours du Portugal, le Por-
« tugal sera foulé aux pieds, l'Angleterre méprisée, et alors viendra la guerre,
« mais la guerre à la suite de la honte. Oui, si nous attendons que l'Espagne prenne
« courage au succès de machinations qu'elle ourdit jusqu'à en venir à des hosti-
« lités, nous aurons la guerre; et qui peut dire où elle nous mènera? »

L'avis du parlement fut unanime, et, dix jours après (25 décembre 1826),
quatre mille hommes entraient dans le Tage. L'Espagne, alarmée, cessa ses
menées; la France rappela son ambassadeur à Lisbonne, et le nom de Canning
retentit dans toute l'Europe, objet d'espérance pour les partisans de la liberté, de
haine pour les gouvernements absolus, de sympathie pour toute l'Angleterre.

Tant de gloire inquiéta les torys, et brisa les faibles liens qui les rattachaient
encore au ministre. Un événement funeste à leur parti affaiblit encore leur position : le duc d'York mourut (5 janvier 1827). Héritier présomptif de la couronne
depuis la mort de la princesse Charlotte, deux fois il avait, par sa puissante
influence, fait échouer l'émancipation à demi conquise. A sa mort, un cri d'espoir
s'éleva parmi les partisans de la tolérance, et redoubla les inquiétudes des torys du
cabinet. Un dernier coup vint les faire trembler. Lord Liverpool, le chef du ministère, le seul lien qui en unît encore les deux fractions discordantes, fut frappé
d'une attaque de paralysie (17 février).

Telle était la situation du cabinet à l'ouverture de la session. La première question qui se présenta fut celle des lois sur les céréales (corn laws) : le bill que Canning présenta aux communes, élaboré par lord Liverpool, et adopté par le cabinet
entier, passa sans difficulté. Réglant enfin le long débat qui durait depuis près de
vingt ans entre les agriculteurs et les classes manufacturières, ce bill établissait
une échelle de droits d'entrée graduée d'après le cours des grains dans le royaume.
Le blé étant au prix de soixante shellings le quintal, l'agriculteur était protégé
contre l'importation par un droit d'entrée de vingt shellings par quintal sur le blé
étranger. A mesure que le prix du blé s'abaissait au-dessous de cette limite, le
droit d'entrée augmentait du double de la baisse; ainsi le prix du blé étant à cinquante shellings, le droit d'entrée était porté à quarante shellings par quintal. A
mesure, au contraire, que le prix du blé s'élevait au-dessus de la limite, le droit

d'entrée baissait graduellement jusqu'à ce que le cours eût atteint soixante-dix
shellings. Lorsqu'il avait atteint cette limite, l'entrée du blé étranger était libre et
exempte de tout droit. La moyenne légale de soixante shellings n'était ni trop
haute ni trop basse. Cependant, agriculteurs et manufacturiers réclamèrent vivement; mais, en dépit de leurs efforts réunis, la majorité de la chambre vit dans
la loi nouvelle une importante amélioration et lui donna son approbation. La question de l'émancipation n'eut pas le même succès que le bill sur les céréales; elle
fut encore repoussée. Canning l'avait prévu. « La cause des catholiques, dit-il à
« la chambre, a perdu du terrain dans cette enceinte, ainsi que dans le pays;
« mais je suis convaincu que toutes les impressions défavorables doivent céder
« à l'effet de discussions répétées; tout ce que réclament la droite raison, l'hu-
« manité et la justice ne saurait manquer de trouver de l'écho dans le cœur des
« Anglais. »

Cette déclaration, que Canning appuyait de l'autorité du grand nom de Pitt,
rendit encore plus profonde la dissidence qui le séparait de ses collègues torys.
Cependant, la santé de lord Liverpool ne laissait plus aucun espoir; il fallait lui
donner un successeur, ainsi qu'un chef au cabinet. Canning, consulté par le roi
sur la reconstruction du ministère, lui conseilla d'abord, vu les dispositions des
chambres relativement à l'émancipation des catholiques, de reformer un cabinet
unanime contre cette question, déclarant que, quant à lui, il était tout prêt à
quitter le ministère. L'expédient était impraticable; les collègues de Canning ne
pouvaient se passer de son concours; ils auraient voulu seulement le tenir en
échec comme par le passé, et ils lui firent proposer par le roi de laisser le ministère tel qu'il était, en remplaçant seulement lord Liverpool par un autre pair anti-
catholique. « Je ne ferai jamais partie, répondit Canning, d'une administration qui
« considère un homme professant mes opinions comme incapable de remplir le pre-
« mier emploi de l'état. » C'était signifier que, s'il consentait à rester aux affaires,
il voulait voir à la tête du ministère un partisan de l'émancipation. Résolu d'ailleurs de ne manquer ni au pays ni à sa fortune qui l'appelait au pouvoir, il ajouta
qu'il ne pouvait promettre son concours que comme chef du cabinet : « Le roi
« peut, si bon lui semble, ajouta-t-il, donner le titre à quelqu'un qui partage mes
« opinions; mais moi-même, ainsi que fit jadis lord Chatham, je me réserverai le
« pouvoir réel. » Après deux mois passés dans ces négociations, les torys firent
une nouvelle démarche auprès du roi : lord Rutland déclara à ce prince, dans une
audience particulière, qu'il était autorisé par un certain nombre de pairs à lui
soumettre respectueusement le dessein pris par eux de ne point appuyer Canning,
en cas qu'il le nommât premier ministre; mais cette espèce de sommation ne fit
qu'indisposer Georges et le porter plus fortement vers le secrétaire des affaires
étrangères. Repoussés de ce côté, les torys mirent en avant le duc de Wellington.
L'accession du duc devait, selon eux, résoudre toutes les difficultés. Cette proposition ayant été rejetée par un refus péremptoire, il fallut céder; le roi envoya à
Canning l'invitation formelle de procéder à la réorganisation du cabinet.

Mais il en coûtait trop aux ministres torys d'abandonner à un homme qui se
montrait indépendant des doctrines du parti, la disposition de ce pouvoir, devenu

pour eux, par une longue possession, comme une sorte de propriété. Tous se levèrent contre le nouveau chef du cabinet, fermement résolus à lui lier les mains par un redoutable concert d'opposition. Lord Wellington donna le signal, en envoyant au roi sa démission du commandement de l'armée. M. Peel, lord Bathurst, lord Eldon, et tous leurs amis résignèrent un à un leurs emplois.

Canning ne s'était pas attendu à ce déchaînement violent d'animosité; mais il n'en fut pas ébranlé. Resté seul avec les collègues qu'il avait introduits à sa suite au ministère, il résolut de s'appuyer sur les membres influents des partis modérés, et de former une administration mixte, fidèle image de ses propres opinions. Se réservant les fonctions de premier lord de la trésorerie et de chancelier de l'échiquier, il plaça M. Robinson, créé vicomte Goderich, à la tête du bureau des colonies, lord Harrowby à la présidence du conseil; le grand sceau fut donné à lord Lyndhurst, la secrétairerie des affaires extérieures à lord Dudley; le marquis d'Anglesey devint maître de l'artillerie, le vicomte Palmerston secrétaire de la guerre. Lord Lansdowne (sir Henry Petty, alors marquis de Lansdowne), chef d'une fraction du parti whig dans la chambre haute, fut nommé secrétaire de l'intérieur, et plusieurs whigs des communes acceptèrent des emplois secondaires. Afin de relever encore la considération de son ministère, Canning fit revivre la dignité de grand amiral d'Angleterre en faveur du duc de Clarence, frère du roi, héritier présomptif de la couronne, qui accepta ce titre pour prêter à Canning l'appui de son nom (1er mai 1827).

Ce mélange de whigs et de torys n'ayant rien de commun entre eux que les liens qui les rattachaient au premier ministre, ne satisfaisait aucun parti, et le cabinet se trouva dès son origine en proie aux attaques des diverses opinions. A la chambre haute, lord Grey déclara qu'il n'avait point de confiance dans le nouveau ministère : « On dit, poursuivit-il, que le nouveau cabinet adopte les « mêmes principes que l'administration de lord Liverpool; mais lord Liverpool « repoussait l'émancipation; le gouvernement adopte-t-il ce principe? » Repassant ensuite toute la carrière politique de Canning, il fit ressortir toutes les contradictions dans lesquelles le premier ministre s'était mis avec lui-même sur toutes les questions. « On dit encore, ajouta-t-il, que le chef du cabinet est un par- « tisan de la liberté civile et religieuse. Il a soutenu l'émancipation des catholiques, « cela est vrai; cependant, n'a-t-il pas en même temps proclamé son opposition « au rappel des actes du test et des corporations, sans parler de son opposition « bien connue à la réforme parlementaire. Je passerais encore sur cette dernière « question, qui n'est peut-être pas mûre aujourd'hui, mais ce que je ne puis me « dissimuler, c'est que, depuis un petit nombre d'années, il a été porté beau- « coup de lois hostiles à la liberté civile, et que toutes ont eu le suffrage de l'ho- « norable ministre. A moins qu'il ne revienne sur ses pas, qu'il n'efface de la « loi tous les statuts de cette nature qui existent encore, on ne saurait placer aucune « confiance en lui comme ami de la liberté. »

Comme pendant à cette déclaration, le roi ayant sur ces entrefaites déclaré à l'archevêque de Cantorbéry et à l'évêque de Londres « qu'il était aussi ferme- « ment résolu que son père dans son opposition aux exigences des papistes, » cette parole fut rendue publique par l'évêque de Londres qui la communiqua à la chambre des lords. Le ministère se trouvait donc complétement isolé; et l'opposition de la chambre haute se hâta de lui prouver, en rejetant sans discussion le bill sur les céréales, déjà voté par les communes, qu'elle se proposait de faire avorter tout ce qu'il chercherait à produire. Ces difficultés n'effrayèrent point Canning, et, sûr de l'appui du pays et du concours sincère de ses collègues, il résolut d'attendre. Sa popularité ne pouvait en effet s'élever plus haut qu'en ce moment : sa conduite habile et ferme depuis son entrée au pouvoir avait fait oublier ses erreurs antérieures; on attribuait ses fautes à l'empire des préjugés, aux nécessités de parti, et tout ce passé était déjà pardonné. On aimait son élévation, faite en dépit de cette oligarchie qui depuis si longtemps était en possession d'asservir à ses intérêts et le peuple et le roi, et l'éclat avec lequel il avait relevé la politique extérieure faisait présager en lui le successeur de Pitt, dont il se plaisait si souvent à citer les exemples. Mais ces espérances devaient être soudainement et fatalement anéanties. La santé du ministre était déjà depuis assez longtemps chancelante; elle ne put résister aux agitations de tout genre que lui causèrent son accession au pouvoir et les attaques de ses adversaires. Il succomba un mois après la clôture de la session (8 août 1827).

Quoique privée de l'homme qui faisait sa force, l'administration que Canning avait formée voulut essayer de se soutenir. Elle avait pour elle l'opinion publique, et croyait cet appui suffisant. Lord Goderich prit la place de Canning; mais jamais homme moins énergique ne s'était chargé d'une place aussi difficile à défendre. Ses premiers actes furent d'irréparables fautes. Pour se concilier les torys, Goderich offrit le commandement de l'armée au duc de Wellington, et celui-ci l'accepta, sans égard à l'éclat récent de sa démission. Mais c'était l'ennemi que le premier ministre avait introduit dans la place. Le premier coup qui allait atteindre ce cabinet sans force et sans homogénéité devait le renverser, et ce coup ne se fit pas attendre.

Canning, en isolant l'Angleterre des puissances continentales, n'avait suivi les mouvements de ces dernières qu'avec plus de vigilance. La France l'avait rencontré à l'instant où son action devenait agressive; avant de mourir, il venait encore de contrecarrer les desseins du nouvel empereur de Russie, Nicolas Ier, dont l'ambition conquérante menaçait d'étendre bientôt jusqu'à la Méditerranée une puissance déjà redoutable à l'Angleterre.

La décadence de l'empire ottoman avait rendu l'espoir aux populations grecques, qui gémissaient encore sous son joug sanguinaire. Le souffle des idées libérales était parvenu jusqu'à elles; et, en 1821, les intrigues secrètes de la Russie avaient déterminé un soulèvement général du pays. Trop faibles cependant pour soutenir seuls la lutte, les Grecs implorèrent le secours des puissances de l'Europe. Mais l'Autriche, inquiète sur les projets de la Russie, était plutôt portée à favoriser les oppresseurs; l'Angleterre, sous un ministre tel que Castlereagh, et la France, en pleine réaction absolutiste, n'avaient vu dans la lutte des Grecs contre la Porte que la rébellion de sujets coupables contre leur souverain. Seule, la Russie, trouvant dans l'insurrection grecque un moyen d'affaiblir l'empire ottoman, favorisait un soulèvement que ses manœuvres secrètes avaient décidé; aussi c'était vers elle que se tournaient les insurgés : la communauté de religion la leur faisait presque aussi considérer comme une seconde patrie. Dès son arrivée aux affaires, Canning sentit de quelle importance il était d'arrêter les Russes dans la voie où la politique étroite et fausse de lord Castlereagh les avait laissés pénétrer, et d'empêcher que, par le protectorat de la Grèce et la ruine de la Porte ottomane, ils ne s'acheminassent à l'empire de la Méditerranée. Les intérêts de la France étaient les mêmes que ceux de l'Angleterre : les deux cabinets de Saint-James et des Tuileries résolurent d'intervenir en faveur des Grecs, conjointement avec la Russie, afin de ne pas laisser à cette puissance seule les bénéfices de l'intervention, et de pouvoir au besoin modérer son action. En conséquence les ambassadeurs des trois cours signifièrent à la Porte leur désir de voir finir la guerre sanglante qui désolait la Morée, et ils offrirent leur médiation aux conditions suivantes : que le Grand-Seigneur conserverait la souveraineté nominale de la Grèce; qu'il en recevrait un tribut; qu'il aurait voix prépondérante pour la nomination des autorités, qui cependant seraient grecques et désignées par les Grecs; que tous les musulmans qui possédaient des biens en Grèce les abandonneraient moyennant indemnité. Les sommations des ambassadeurs ayant été repoussées par le divan, un traité fut signé à Londres entre les trois puissances (6 juillet 1827). Il stipulait que si, dans le délai d'un mois, la Porte n'acceptait pas l'intervention des puissances contractantes aux conditions sus-énoncées, ces dernières établiraient avec les Grecs des relations comme avec un état indépendant, et donneraient à leurs amiraux l'ordre de contraindre les parties belligérantes à poser les armes. La flotte combinée des trois puissances se réunit dans la Méditerranée sous le commandement des amiraux Codrington, de Rigny et Heyden. Ceux-ci eurent pour instructions d'empêcher qu'il fût transporté des troupes de la Turquie ou de l'Égypte dans la Grèce, mais d'éviter toutes hostilités, à moins que les Turcs ne tentassent de forcer le passage. En même temps de nouvelles négociations furent entamées, et le pacha d'Égypte fut invité à retirer ses troupes de la Morée, qu'elles dévastaient pour le compte du sultan.

Le traité communiqué à la Turquie ne fut pas même honoré d'une lecture; toute concession fut refusée. Alors la Russie proposa de forcer le divan à céder, en formant le blocus de Constantinople par le Bosphore et l'Hellespont. La France souscrivit à cette proposition; mais le cabinet de Saint-James s'effraya d'un tel projet : il n'en vit que la violence, tandis que ce moyen était le seul d'amener la Turquie, sans combat et surtout sans l'affaiblir, à subir les conditions des puissances. Pendant ce temps, l'armée d'Ibrahim, soutenue par la flotte turco-égyptienne, à l'ancre dans la baie de Navarin, continuait à dévaster le Péloponèse, malgré les représentations des amiraux. Un combat s'ensuivit, le combat de Navarin, dans lequel la flotte turque fut anéantie (20 octobre 1827).

La victoire de Navarin portait à la Turquie un coup tel qu'elle n'en avait point encore reçu depuis la journée de Lépante. Elle eut pour effet la suspension des hostilités contre la Grèce. En France, on en accueillit la gloire avec joie; mais, en Angleterre, il en fut autrement : on se récria avec violence contre cette atteinte

portée à un ancien allié, le plus sûr rempart de la puissance britannique contre la
Russie. La division se mit parmi les membres du cabinet; et le roi, certain dès
lors que le ministère ne serait pas de force pour faire face, à l'ouverture de la
session, aux attaques que les torys allaient diriger contre lui, donna au duc de
Wellington l'ordre de former un cabinet.

Ce fut, à quelques hommes près, parmi ses anciens collègues que Wellington
composa son administration; il y occupa la place de premier ministre; M. Peel eut
le département de l'intérieur, avec la direction des communes.

Sir Robert Peel,
d'après l'original de sir Thomas Lawrence.

Le nouveau ministère avait alors affaire à une puissante opposition. Pour la désarmer, il donna à ses adversaires toutes les satisfactions possibles sur les questions peu importantes. Mais celles desquelles il s'efforçait de détourner l'attention
publique n'acquéraient que plus de force de cette opposition indirecte, et peu de
jours après l'installation du cabinet, lord John Russell proposa à la chambre de
révoquer les actes du test et des corporations.

Ces actes, contemporains de la grande proscription du catholicisme, avaient consommé le triomphe de l'église anglicane aux dépens des dissidents protestants. Mais, n'étant point dirigés contre ces derniers, qui formaient un corps nombreux et puissant dans l'état, ils n'étaient guère observés à leur égard. Néanmoins ce classement en catégories avait quelque chose de blessant pour de fidèles sujets : les dissidents profitèrent des dispositions libérales dont la chambre semblait dominée, pour obtenir d'être relevés des actes portés contre eux. Les communes étaient, en effet, encore animées de l'esprit libéral que leur avait inspiré la politique de Canning; et, malgré les efforts énergiques du ministère, le rappel des actes du test et des corporations fut voté par une majorité de 237 voix contre 193. On s'attendait à la retraite du cabinet, et ce fut avec un grand étonnement que, contrairement aux coutumes constitutionnelles, on vit M. Peel déclarer que ses collègues ne prétendaient pas résister au vœu de la majorité, et le duc de Wellington introduire lui-même le bill à la chambre haute. Les évêques l'appuyèrent, espérant éloigner par là toute solution de la question catholique. Mais, loin d'être découragés, les partisans de l'émancipation avaient puisé dans ces événements une nouvelle ardeur. Sur la motion de sir Francis Burdett, un comité fut nommé pour examiner la question; et à la suite de cette mesure, le pas le plus grand qui eût encore été fait, la chambre décida qu'il y avait convenance à revoir les lois portées contre les catholiques, et qu'une conférence sur ce sujet serait demandée à la chambre des lords. Ceux-ci accordèrent la conférence; mais ils refusèrent leur coopération à toute mesure relative à l'émancipation.

Le cabinet poursuivait à l'extérieur, comme à l'intérieur, la destruction de l'œuvre politique de Canning. Lord Aberdeen, adepte de l'école de Castlereagh, avait remplacé lord Dudley au ministère des affaires étrangères : son premier acte fut de rompre le concert établi avec la France à l'occasion de la Grèce. La France, qui venait d'éprouver un retour vers les idées libérales par l'accession du ministère Martignac, se trouva seule chargée de l'exécution du traité de Londres, et envoya des troupes dans le Péloponèse pour le faire évacuer par l'armée égyptienne, tandis que le ministère anglais, désavouant la victoire de Navarin, travaillait à fortifier la résistance opiniâtre de la Turquie, au lieu de lui inspirer une politique plus saine et moins propre à fournir des prétextes d'agression à la Russie. En vain l'Autriche, plus vigilante, signalait les vues de cette dernière puissance sur la Pologne, ses entreprises dans la Perse, au Caucase, et rappelait les traditions de ce gouvernement qui le poussaient à l'asservissement de Constantinople : toute l'habileté du prince de Metternich échoua contre les idées arrêtées du chef du ministère, et la Russie, profitant de l'occasion favorable que lui offrait cette aveugle conduite, ne tarda pas à se détacher du traité de Londres, à déclarer la guerre à la Porte ottomane, et à franchir le Balkan, pour envahir la Turquie.

Le ministère semblait ne pas voir approcher ce résultat. Tout entier au soin de la conservation des abus consacrés par le temps ou les lois, c'était surtout contre l'émancipation des catholiques qu'étaient tendus tous ses efforts.

Cependant les incapacités qui pesaient sur les papistes, établies à une époque où le catholicisme était dangereux pour la nationalité anglaise, étaient maintenant

devenues aussi barbares qu'inutiles. L'Angleterre, en effet, n'avait plus à redouter
dans son sein l'action d'une influence étrangère. Les catholiques, comme tous les
autres citoyens, étaient intéressés à l'unité du royaume; ils avaient donné des
gages de leur attachement à la commune patrie, et la paix dont on jouissait au
dehors avait été conquise en partie par des soldats catholiques et cimentée de leur
sang. Tout cela, le ministère le savait; et s'il ne s'était agi que des papistes
d'Angleterre, faible minorité dans ce royaume, il eût volontiers consenti à l'émancipation; mais en Irlande la population presque entière était catholique, et il
semblait que proclamer son émancipation, c'était proclamer la révocation de la
conquête. Forcés par les circonstances, les torys avaient bien accordé autrefois aux
catholiques de ce pays le droit de concourir à l'élection des députés; mais ces députés étaient anglicans; les grandes charges publiques en Irlande étaient remplies
par des protestants; d'eux seuls émanait tout pouvoir, et la masse catholique était
restée le peuple conquis. Émanciper les Irlandais, c'était les relever à l'égal du
peuple conquérant, c'était établir dans l'état l'église catholique d'Irlande, rivale
de l'église d'Angleterre, et de là une lutte de sympathies, d'intérêts, une scission
complète dans le Royaume-Uni; puissantes raisons de politique, mais que venait
détruire l'éloquence des faits produits par la marche du temps.

Au milieu de cette masse de population esclave de la faim, s'étaient élevées insensiblement en Irlande une classe moyenne et une petite noblesse catholique, restes
échappés aux proscriptions. Elles avaient profité du progrès de la civilisation, et
pouvaient maintenant donner des chefs à la foule pour reconquérir par des
moyens moins chanceux que la guerre, l'existence politique que la conquête leur
avait ravie. Dès la fin de l'année 1823, les populations catholiques, guidées par
ces chefs, avaient renoncé à leur aveugle système de plaintes sans concert; et,
toutes les classes se rapprochant, la noblesse et la bourgeoisie faisant cause commune avec le peuple et ses prêtres, il avait été créé un instrument politique destiné à faire valoir leurs droits, l'*Association catholique*. De Dublin, son siége, elle
établit une correspondance active avec les comtés de l'Irlande, et nomma des agents
réguliers près de chaque paroisse catholique. Elle reconnut bientôt l'immense
ascendant qu'elle était appelée à exercer. Elle cherchait un simple concours, elle
trouva du dévouement; enhardie, elle osa lever un impôt sur tous les catholiques,
et le revenu de cet impôt volontaire, nommé *catholic rent*, produisit en peu de
temps des sommes énormes. De progrès en progrès, l'Association se trouva investie,
par le consentement des habitants, du pouvoir législatif et exécutif, que le gouvernement anglais n'exerçait qu'à l'aide de la force : c'était une espèce de gouvernement du peuple conquis en face de celui du peuple conquérant.

Ce rapide et presque miraculeux développement, l'esprit dont les catholiques
étaient maintenant animés, effrayèrent le ministère. Un bill, dont le but était
d'obtenir l'autorisation de dissoudre l'Association, fut présenté aux communes
(1825), appuyé par Canning, et adopté par la chambre. L'Association disparut,
mais pour renaître sous une autre forme. Se conformant aux prescriptions du
bill, elle effaça de son drapeau tout exclusisme religieux, tout ce qui rappelait
l'association politique; mais, se couvrant du manteau de la charité, elle releva

toutes ses institutions, et continua de marcher à son but impunément, sous prétexte de veiller au soulagement des classes souffrantes. La présence de Canning
au ministère rendant l'espoir aux catholiques, arrêta un instant leurs efforts.
Les intentions favorables du ministre étaient connues : on voulut en attendre
l'effet. Mais Canning mort, son ministère renversé, les ennemis des catholiques redevenus maîtres du pouvoir, tout espoir était anéanti. L'Association,
qui depuis deux ans sommeillait entre l'espérance et la crainte, se réveilla plus
implacable et plus terrible. Un homme s'était élevé, pendant ce temps, cachant
sous la robe d'avocat le tribun le plus puissant qui eût jamais remué les popu-

Daniel O'Connel,
d'après l'original de Carrick.

lations. C'était O'Connell. Quoique catholique, il suggéra aux électeurs du comté
de Clare l'idée de le nommer député au parlement, s'engageant à réclamer son
siége à la première session, et à prouver que les lois actuelles ne pouvaient

l'empêcher de prendre sa place dans la chambre des communes. Il fut nommé à l'unanimité.

Un redoutable déploiement d'énergie appuya cet acte audacieux. L'acte de 1825, qui avait ordonné la dissolution de l'Association, venait d'expirer; aussitôt l'Association catholique se réorganise à la face du gouvernement; le nom d'*agitateurs*, appliqué à ses chefs, comme marque de réprobation et de mépris, est accepté comme un titre d'honneur, et le plan de résistance est tracé. Briser les liens qui enchaînent le petit fermier de 40 shellings de revenu aux opinions des propriétaires protestants, repousser tout candidat au parlement qui ne s'engagera pas à se mettre en opposition contre l'administration de lord Wellington et à voter pour la réforme parlementaire et l'émancipation des catholiques; tels sont les principes. Pour les moyens : ordre est donné au peuple des campagnes de s'abstenir de toute démonstration hostile ou violente, et, comme par enchantement, cette longue guerre du pauvre au désespoir contre le riche cesse dans toute l'étendue de l'Irlande. Cependant les catholiques sont réunis en troupes considérables, exercés à la fatigue, au métier de la guerre; de petites armées se forment au sein de la paix, impatientes déjà d'user de leur force. La face de l'île est changée; tout est vie, mouvement, espérance sur cette terre qui nourrit à peine ses habitants. La guerre d'Amérique semble prête à renaître aux portes de l'Angleterre.

Au milieu de ce mouvement, effrayant par son ordre et sa régularité même, tomba une lettre du duc de Wellington, adressée au docteur Curtis, primat catholique d'Irlande. Le ministre exprimait un vif désir de voir la question de l'émancipation résolue, tout en prétendant qu'en ce moment il n'y voyait aucune possibilité; « mais, ajoutait-il avec une ambiguïté diplomatique, en la laissant reposer quelque temps, je ne désespère pas d'arriver à un résultat satisfaisant. » Le docteur Curtis communiqua cette lettre au gouverneur, le marquis d'Anglesey, qui lui répondit aussitôt : « Je diffère sur ce point d'opinion avec le duc : il ne faut pas « mettre un moment en oubli la question; d'abord parce que cela est impossible, « et ensuite, serait-ce possible, parce que l'on ne manquerait pas d'attribuer « ce retour du calme à l'influence des réactions protestantes en Irlande, et de « proclamer qu'il suffisait au gouvernement de se prononcer pour faire cesser « l'agitation catholique; alors toutes les misères passées renaîtraient. Je vous « recommande donc de ne pas perdre un moment de vue cette mesure; continuez « à manifester la même inquiétude, employez tous les moyens que la constitution « permet et qui ne sont contraires ni à la subordination ni aux lois. Que les catho- « liques se fient à la justice de leur cause et aux progrès des sentiments d'huma- « nité dans la société, mais qu'ils ne se désistent point de l'agitation. »

Cet avis rendu public fut accueilli avec une joie frénétique par toute la population irlandaise. Il motiva le rappel du vice-roi, mais l'effet de ses paroles était produit. Quand le duc de Northumberland, son successeur, arriva à Dublin, il trouva l'agitation couvrant tout le pays; les clubs protestants, sans espoir d'appui de la part du gouvernement, recommençant la guerre contre les agitateurs, des défis de part et d'autre, et tous les symptômes précurseurs de la guerre civile.

Quels que fussent pour l'avenir les dangers de l'émancipation, la position avait cessé d'être tenable. L'Association catholique, contre laquelle s'était déjà émoussé un premier bill de dissolution, avait enrôlé des millions d'hommes armés pour sa défense, huit mille agents exécutaient ses ordres et percévaient dans la cabane du pauvre un impôt payé avec empressement, car la haine sait féconder jusqu'à l'indigence. L'agitation de l'Irlande ainsi que les événements qui se passaient en Europe montrèrent alors au cabinet la faute qu'il avait faite en repoussant les traditions de Canning. Les Russes, vainqueurs des Turcs, marchaient à grands pas vers Constantinople, sourds aux représentations des puissances du continent. Le ministère était donc placé dans cette alternative ou de reconquérir une troisième fois l'Irlande, et, en même temps, de laisser peut-être la Russie s'établir à Constantinople sur les ruines de l'empire ottoman, ou bien de céder aux demandes de l'Irlande, afin de pouvoir intervenir avec toute sa liberté d'action dans les affaires du dehors. Ce dernier parti était seul conforme aux intérêts politiques de la Grande-Bretagne, mais il était contraire aux opinions déclarées des ministres, et les habitudes du gouvernement constitutionnel voulaient que le cabinet se retirât plutôt que d'accepter malgré lui une mesure qu'il n'était censé devoir exécuter qu'avec regret. Toutefois les torys ne purent se résoudre à renoncer d'eux-mêmes à un pouvoir que le hasard seul de la mort de Canning avait fait tomber en leurs mains. Renonçant donc à des principes jusque-là professés avec un véritable acharnement, peu soucieux des cris de réprobation qui allaient s'élever contre eux du sein du vieux parti tory et anglican, le duc de Wellington et M. Peel osèrent entreprendre eux-mêmes l'émancipation de l'Irlande, déterminés à l'imposer à leur propre parti et à méconnaître toutes les considérations puissantes qui avaient dirigé le cours entier de leur carrière politique.

Cette détermination une fois prise, il leur fallait attaquer et vaincre une à une les résistances du roi, du clergé, de leurs propres collègues, et celle de la majorité de la chambre haute.

A cette époque Georges IV était devenu encore plus indifférent que jamais aux affaires publiques. Jaloux de se décharger de tous les soucis de la royauté, paraissant rarement au parlement, dont les sessions n'étaient plus ouvertes ou fermées que par commission, il se rendait invisible à tous, et retiré dans le fond de son palais, il abandonnait à ses ministres le soin de pourvoir à toutes les nécessités du gouvernement. Dans cette disposition d'esprit il n'était pas homme à troubler son repos pour une question quelle qu'elle fût. Il ne fut donc pas difficile au duc de Wellington d'obtenir de lui le sacrifice d'une opinion qui était chez ce prince plutôt une habitude qu'un principe. L'assentiment du roi une fois acquis, le ministère s'occupa du soin de préparer le parlement.

A l'ouverture de la session (5 février 1829) le discours de la couronne signala la nécessité de supprimer l'Association irlandaise; « cette mesure devait précéder tout examen de l'état de l'Irlande, toute prise en considération des réclamations des catholiques. » Ces mots seuls suffirent pour faire comprendre aux torys le chemin que le ministère avait fait; les adversaires de l'émancipation poussèrent un cri général d'indignation contre ce qu'ils nommaient l'apostasie des ministres, et accusèrent hautement le duc de Wellington d'avoir caché son projet jusqu'à ce jour pour entraver l'opposition qu'il attendait de leur part. Le ministère ne répondit point, et le 10 février M. Peel demanda aux communes d'augmenter les pouvoirs du gouvernement afin de supprimer l'Association catholique. Le bill proposé laissait beaucoup à l'arbitraire, mais c'était le premier pas du système qui devait avoir pour résultat l'émancipation; les partisans de cette mesure l'appuyèrent et il passa sans difficulté. Le triomphe de l'émancipation était déjà si certain, que l'Association catholique annonça sa propre dissolution avant même que le bill fût passé en loi.

Le 5 mars, la chambre ayant été convoquée exprès, M. Peel se leva, et proposa à la chambre de se former en comité pour délibérer sur les lois qui frappaient d'incapacité les catholiques romains. Dans un discours composé avec art, il exposa à la chambre qu'il venait appuyer l'avis donné par le ministère à Sa Majesté. « Je sais, ajouta-t-il, les difficultés que présente cette matière, difficultés « qu'accroît encore ma position personnelle; mais ayant acquis la conviction que « le temps est venu, que le moyen le moins dangereux d'imposer silence aux « réclamations des catholiques est de leur faire des concessions, je suis préparé « à me conduire d'après cette conviction; l'expression de toutes les opinions con- « traires, quelque nombreuses et profondes qu'elles soient, la perte pénible d'ami- « tiés privées, me trouveront inébranlable. Depuis longtemps je sentais qu'en « face d'une chambre des communes favorable à l'émancipation catholique, ma « position de ministre opposé à cette mesure n'était plus tenable. Plus d'une fois « j'ai offert de résigner mes emplois, aujourd'hui même, j'ai tenu la même con- « duite; mais en même temps j'ai fait connaître au chef de l'administration que, « dans l'état actuel de l'opinion, j'étais prêt à sacrifier crédit et amitiés et à prêter « mon appui à la mesure, pourvu qu'elle fût poursuivie selon des principes tels « qu'il n'y eût aucun danger à appréhender pour les institutions de l'église angli- « cane. La chambre attend sans doute que je lui donne les raisons de ce change- « ment de politique : les voici. Les affaires d'Irlande ne peuvent rester dans « l'état où elles sont actuellement; trop de mal résulte des divisions que font « naître ce sujet; il faut donc de deux choses l'une; ou bien accorder aux « catholiques des droits plus étendus, ou bien révoquer entièrement ceux dont « ils se trouvent déjà en possession. Mais le second de ces moyens serait impra- « ticable ou du moins plus désastreux que le premier; force est donc d'admettre « le système des concessions. »

M. Peel entra ensuite dans le détail des dispositions du nouveau bill. Par cet acte : 1° toutes distinctions civiles entre les catholiques et les protestants étaient et demeuraient abolies; 2° les catholiques étaient appelés à jouir de droits poli- tiques égaux à ceux des protestants, à quelques exceptions près, dont les princi- pales étaient qu'ils demeuraient toujours incapables de remplir les fonctions de chancelier, de garde du grand sceau et de lord lieutenant d'Irlande; d'occuper des chaires ou emplois dans les universités et colléges protestants; enfin d'exercer, comme patrons laïques, tout droit de présentation aux dignités et bénéfices de l'église anglicane. Les catholiques, nommés à l'avenir membres du parlement, officiers publics ou membres de corporations, étaient astreints à prêter serment d'allégeance à la couronne et d'abjuration de tout dessein tendant à détruire la forme religieuse et politique du gouvernement actuel. Enfin l'acte prévenait le développement des instituts monastiques et surtout des jésuites, dont les progrès en France étaient un des principaux arguments des adversaires de l'émancipation.

Accueilli avec acclamations par les whigs et les réformistes, le bill d'émancipation fut attaqué par les torys avec la dernière violence : ils proclamèrent que ces concessions faites aux catholiques étaient la ruine de l'établissement protestant; qu'elles ne rendraient point le calme à l'Irlande, depuis des siècles nourrice de toute sédition; que d'ailleurs l'état alarmant de ce pays ne venait nullement des incapacités qui frappaient les papistes. Ils blâmèrent les ministres de n'avoir pas cherché plutôt à se former dans le cabinet une unanimité complète contre l'émancipation, et de n'en avoir pas appelé au pays. « Les ministres, dirent-ils, ont « manqué à leurs devoirs en ne recourant point à des élections nouvelles, en sur- « prenant l'opinion par l'introduction subite d'une mesure antipathique à tous les « vrais soutiens de l'Église et de l'État. »

A ces raisons, les défenseurs de l'émancipation répondirent que des élections, dans l'état d'agitation où était l'Irlande, eussent été le signal de la guerre civile, et que nulle force militaire ne pouvait plus contenir les Irlandais. « On nous accuse, « ajouta M. Peel, de faire violence à l'opinion du pays; voyons ce que le pays « demande. Parmi la multitude des pétitions déposées contre les catholiques, une « immense majorité est d'accord sur trois points principaux, savoir : 1° d'exiger « des catholiques des sûretés spéciales; 2° d'anéantir l'Association catholique; « 3° de hausser le cens électoral en Irlande et de supprimer l'ordre des jésuites. « Toutes ces dispositions n'entrent-elles pas dans le plan du gouvernement? »

Repoussés sur tous ces points, les torys attaquèrent le ministère sur le terrain où il était le plus faible; ils soutinrent, et avec raison, que l'acte d'émancipation ne satisfaisait nullement aux besoins de l'Irlande. « Quoi! s'écria M. Sadler, voilà le « résultat de cet examen que le roi vous a ordonné de faire de l'état de l'Irlande! « L'Irlande dégradée, désertée, opprimée, pillée, se soulève, et vous ne cherchez « pas à connaître autrement les causes de sa détresse; pourvu que vous calmiez la « surface agitée de la société, peu vous importe cet abîme sans fond, de misères, « de douleurs et de désespoir, dont les vagues se roulent dans l'ombre et ne mon- « tent pas jusqu'à vous. Et c'est cela que vous appelez du patriotisme! L'Ir- « lande vous demande du pain, et vous lui offrez l'émancipation catholique! »

Le ministère assura qu'il ne fermait point les yeux sur les maux de l'Irlande, mais que l'émancipation devait être le prélude du soulagement de ce pays et que cette mesure ne pouvait plus se reculer. Pour détruire l'effet des sorties violentes dont il était l'objet, M. Peel termina la discussion en se plaignant des haines que lui suscitait son dévouement à servir son pays. « Un temps viendra, « dit-il, je ne vivrai peut-être plus pour le voir, où pleine justice sera rendue par « les hommes de tous les partis aux motifs qui m'ont dirigé. Quand ces questions « auront fait leur temps, ceux qui viendront après nous reconnaîtront qu'il n'y « avait pas d'autre conduite à tenir que la mienne. » Le ministère insista, du reste, pour l'adoption de la proposition dans son intégrité; après deux lectures emportées sur une minorité qui grossissait chaque fois, tous les amendements des torys furent repoussés, et le bill, lu pour la troisième fois le 30 mars, fut adopté par la chambre.

Dès le lendemain M. Peel, accompagné d'un cortége extraordinaire de députés, se rendit à la barre de la chambre des lords et présenta le bill, qui fut lu une première fois sans opposition. Le duc de Wellington réclama lui-même la seconde lecture; il démontra aux pairs la nécessité de l'émancipation, et termina son discours par un appel au patriotisme des pairs. « Il a été dans ma destinée, leur dit-il, « de voir beaucoup de guerres, plus même que le grand nombre des hommes; « depuis l'enfance jusqu'à l'âge où les cheveux blanchissent j'ai toujours porté les « armes, et ma vie s'est passée tout entière au milieu des scènes de mort, au « milieu des tableaux de la souffrance humaine. Les circonstances m'ont placé « dans des pays déchirés par la guerre civile; j'ai vu ce que c'était que deux partis « armés l'un contre l'autre dans le sein d'une même nation, et, plutôt que de « laisser entrée dans un pays que j'aime, à toutes les calamités dont j'ai été le té- « moin, je courrais tous les risques, je ferais tous les sacrifices, celui même de « ma vie. »

La discussion, pleine d'amertume, n'offrit du reste aucun aspect nouveau, si ce n'est le singulier spectacle des lords, membres du ministère, défendant la mesure contre les raisons qu'eux-mêmes avaient employées naguères pour la repousser. Comme un grand nombre de pairs, jusqu'alors opposés à l'émancipation, étaient préparés d'avance à sacrifier leur opinion aux exigences du cabinet, tous les amendements des torys opposants furent rejetés, et le bill, adopté par une majorité de 217 voix contre 112 (7 avril), reçut trois jours après la sanction royale.

Comme annexe nécessaire, il fut aussitôt présenté au parlement un bill ayant pour objet d'élever le minimum du cens électoral en Irlande de quarante shellings (50 francs) à dix livres (250 francs). Par là fut rayée d'un seul trait du nombre des électeurs la grande majorité des petits fermiers catholiques; il ne resta dans le corps électoral que les plus aisés, classe avec laquelle les protestants se maintenaient dans une espèce d'équilibre. Ce bill passa rapidement par tous les degrés de la législature, et l'émancipation catholique en reçut pour longtemps un puissant contrepoids.

Cette concession tardive et incomplète, faite en présence de la rébellion, ne concilia point l'Irlande au ministère et lui jeta sur les bras l'opposition acharnée des torys, qui l'accusaient de les avoir trompés, et qui, dans leur ardeur de vengeance, firent cause commune avec les réformistes pour le renverser. A ces difficultés vint se joindre la détresse dont souffrait l'industrie anglaise depuis la crise de 1826. Dès la clôture de la session (24 juin 1829), le malaise reparut plus profond encore, car il pénétrait dans toutes les classes. Agriculteurs, manufacturiers, commerçants, tous se plaignaient. Le poids des impôts, l'énorme extension de la taxe des pauvres, qui croissait dans une proportion effrayante, absorbaient les ressources de cantons entiers, et, dans certains districts, les travailleurs abandonnaient le sol qui, grevé de ces deux fardeaux, ne suffisait plus à payer leurs sueurs. Une mauvaise récolte et l'hiver rigoureux de 1829 à 1830 mirent le comble à ces maux, et jetèrent un nouveau lit de population dans les rangs du paupérisme. Alors le désespoir s'empara de ces malheureux, dont l'existence était pire que celle des animaux; ils se tournèrent en fureur contre la propriété, portant partout la dévastation et le pillage. Spitalfields, Bethnal-Green, Macclesfield, Coventry, le comté d'York, tout le nord, étaient le théâtre constant de violentes émeutes; un nombre considérable de machines fut détruit par la population ouvrière.

Au milieu de ces difficultés, le ministère tout entier au soin d'armer le pouvoir de nouvelles ressources pour contenir le peuple, occupé à réorganiser la police, à modifier les lois pénales pour en former un système plus homogène et plus puissant, avait à peine assez de liberté d'action pour veiller aux affaires qui se traitaient en Europe et pour mettre un frein à l'ambition de la Russie, qui, après plusieurs victoires sur les Turcs, marchait sur Constantinople. Tout ce que put faire sa faible politique fut d'obtenir de la Porte la signature d'un traité qui assurait à la Russie les avantages que lui avait valus une campagne aussi heureuse que rapide. La Turquie était démembrée encore une fois; les limites de la Russie, à l'occident de la mer Noire, avançaient jusqu'au Pruth; le cabinet de Saint-Pétersbourg prenait sous sa protection les principautés de Moldavie et de Valachie, qui dès lors n'appartenaient plus à la Porte que nominalement. En Asie, à l'orient de la mer Noire, la Russie gagnait d'un trait de plume tout le littoral jusqu'au cœur de l'Arménie; la Géorgie et la Mingrélie, pays de tous temps soumis aux lois et aux mœurs musulmanes, étaient abandonnés à la discrétion du czar; la Turquie renonçait à établir aucune fortification sur ses frontières, et signait enfin l'indépendance de la Grèce, nouvel état européen dont une clause formelle du traité déterminait les limites.

Sans action au dehors, sans prévoyance au dedans, le chef du cabinet se présenta avec non moins d'imprudence, dès l'ouverture de la session (4 février 1830), à ce parlement dans lequel il s'était fait tant d'ennemis acharnés. Le duc de Wellington avait employé les loisirs que lui laissait la dernière prorogation, à parcourir l'Angleterre, au milieu des réceptions magnifiques que lui faisaient ses puissants amis. Dans ces somptueuses résidences, la misère publique n'avait point frappé ses regards; aussi le discours de la couronne en fit-il à peine mention; le duc affirmait que l'agitation venait des factions et non de la détresse. Les communes étaient alors pleines d'éléments inflammables qu'une étincelle pouvait embraser. Des torys exaltés faisaient cause commune avec les réformistes; et le grand tribun irlandais, O'Connell, apportant à la chambre toutes les violences de son éloquence, demandait raison de l'occupation de l'Irlande par une armée aussi considérable que celle qui maintenait la puissance anglaise dans l'Inde. Contre tous ces adversaires, le cabinet n'avait pour lui que l'appui précaire des whigs, qui voulaient bien ne point abandonner les auteurs de l'émancipation aux haines des torys, mais qui comptaient recevoir en échange de cet appui une part de pouvoir. « Lorsque je vois, dit sir Francis Burdett, le premier ministre d'An-
« gleterre si honteusement insensible aux souffrances et à la détresse dont l'aspect
« lamentable frappe les yeux dans toute l'étendue de ce pays; lorsqu'au lieu de

« venir au secours de cet excès de misère, avec quelques remèdes, quelques pal-
« liatifs ou .au moins quelques bonnes intentions, il cherche à étouffer toute en-
« quête à cet égard ; lorsqu'il nomme isolés et accidentels des maux qui sont uni-
« versels et permanents, je ne puis contempler cette crise déplorable, dans
« laquelle l'apathie ministérielle insulte encore au malheur public, sans nourrir
« la pensée que le système qui produit tous ces maux changera. Je sens un respect
« véritable et profond pour les talents militaires de l'illustre premier ministre,
« mais je ne puis m'abstenir de penser qu'il s'est rendu justice en déclarant, quel-
« ques mois avant d'accepter son emploi, que ce serait folie à lui de se charger
« d'un tel fardeau. Nous l'avons, plusieurs membres et moi, traité avec beau-
« coup de douceur, parce que nous sentions qu'il venait de rendre un immense ser-
« vice à son pays ; mais la gloire et les louanges ont été en proportion ; la recon-
« naissance s'est mesurée au bienfait dans le retour de notre confiance et de notre
« approbation ; il est temps aujourd'hui, il est nécessaire de faire davantage. »

Wellington n'était cependant pas disposé à comprendre ce langage et à admettre les whigs au partage du pouvoir ; aussi, à la discussion des dépenses, les échecs commencèrent. Les hauts emplois, les pensions, furent impitoyablement mis en question et subirent d'importants retranchements. L'opposition se récria contre le contingent de l'armée, qui s'élevait à plus de quatre-vingt mille hommes, triste argument en faveur de la prospérité d'un pays qu'il fallait contenir par un tel déploiement de forces. La nécessité impérieuse du salut du royaume fit cependant repousser par la chambre toute réduction. Enfin vint la question de la réforme parlementaire à laquelle un incident relevé par l'opposition donna tout à coup un élan plus puissant qu'elle n'en avait jamais reçu.

Le duc de Newcastle, un des principaux membres du parti tory, possédait, au bourg de Newark, partie en propre, partie en vertu d'un bail passé avec la couronne, de vastes domaines qui lui donnaient sur les élections du bourg une influence décisive. Le duc, pour tenir les électeurs dans sa dépendance, avait pour principe de ne jamais accorder à ses fermiers ou locataires aucun bail qui excédât la durée d'une année. Une pétition présentée à la chambre fit savoir que M. Sadler, créature du duc, l'avait emporté sur le candidat de l'opposition par la seule action de cette influence, tout fermier qui aurait voté contre le candidat du duc étant certain de se voir expulsé ; que, nonobstant cette espèce d'intimidation, un certain nombre d'électeurs, usant du droit de la liberté des suffrages, avaient donné leur voix au candidat de l'opposition, et que tous, depuis l'élection, avaient reçu l'ordre de quitter leurs tenures, maisons ou terres. Le duc ne désavoua aucun de ces faits, et se contenta de déclarer, pour toute justification, « qu'il avait le droit de disposer de son bien comme il lui plaisait. » Cette réponse péremptoire et significative fut aussitôt relevée, publiée, commentée, et de toutes parts on proclama que le parlement n'était plus que le produit d'une espèce de traite électorale, traite honteuse, surtout dans un pays qui s'était placé à la tête des nations en poursuivant l'abolition de l'esclavage. Le ministère fit la faute de défendre les prétendus droits du duc de Newcastle ; la presse s'empara de la question, et une révolution presque subite s'opéra dans l'opinion en faveur de la réforme parlementaire. Toutefois le parlement était encore trop indépendant de l'opinion des électeurs pour l'admettre ; une proposition de réforme présentée par lord John Russell fut repoussée ; mais une faible majorité de quarante-huit voix annonçait déjà que la question allait devenir un nouvel écueil pour le ministère, et qu'elle n'attendait plus qu'un concours heureux de circonstances pour être résolue.

Au milieu de ces débats, un événement prévu depuis quelque temps vint suspendre les travaux du parlement : Georges IV mourut. Le 15 avril, un premier bulletin avait annoncé une altération dans sa santé ; le 24 il ne pouvait plus signer, le 25 juin il expirait en pleine connaissance, succombant à une ossification des vaisseaux du cœur. Ce prince avait mené, dans ses dernières années, une vie si retirée, on le savait si indifférent à tout ce qui se passait autour de lui, que sa mort ne causa nulle sensation en Angleterre. Dès qu'il eut rendu le dernier soupir, Guillaume, duc de Clarence, son frère et le plus proche héritier de la couronne, fut proclamé roi de la Grande-Bretagne et d'Irlande sous le nom de Guillaume IV (28 juin 1830).

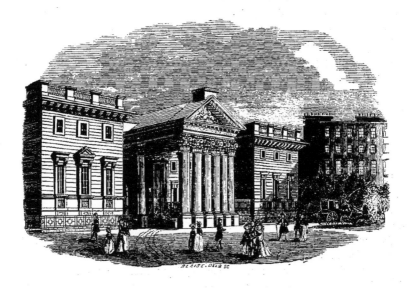

Carlton House
Résidence habituelle de Georges IV.

GUILLAUME IV,

d'après le portrait original de Morton

GUILLAUME IV.

(1830 – 1837.)

[1] Plus populaire que son frère, le nouveau roi avait, dans le cours de sa vie passée, donné des gages sincères de ses bonnes intentions. Il s'était recommandé de bonne heure à l'affection des Anglais par un genre de vie mâle et simple; et la nation salua avec enthousiasme le premier prince qui, élevé dans la carrière maritime, vint représenter sur le trône la puissance véritable de la Grande-Bretagne, la puissance navale. L'assistance qu'il avait prêtée à Canning, en acceptant le titre de grand amiral, pour relever l'éclat de son ministère, n'avait point été oubliée, et il passait généralement pour être porté vers les doctrines libérales dont les whigs s'étaient faits depuis cinquante ans les défenseurs. Cependant les opinions de la reine sa femme, qui professait toute la rigueur des principes torys, étaient de nature à contre-balancer puissamment les sentiments personnels d'un prince facile comme l'était Guillaume IV, si l'influence de la volonté royale eût pu s'exercer librement sur la marche du gouvernement; mais ce n'était plus le temps où le souverain pouvait faire efficacement intervenir dans la lutte des deux grands partis la médiation de sa volonté. Georges IV, jaloux par dessus tout de son repos, avait laissé les partis se disputer le pouvoir, sans jamais tenter de tenir la balance entre eux; il n'avait usé de la prérogative royale que pour réserver le ministère à la disposition du plus fort, et Guillaume IV ne pouvait faire autrement que d'accepter les conséquences d'une position toute faite.

1. Le roi, la couronne en tête, assis sur son trône, tenant le sceptre d'une main et le globe de l'autre. A sa droite, Minerve; à sa gauche, Neptune tenant le trident; sur les degrés du trône, à gauche, la Paix et l'Abondance; à droite, la Justice et la Religion. Exergue; un Caducée.

Le pouvoir était encore aux mains des torys, mais chaque jour leur force diminuait d'une manière sensible. La lutte de l'émancipation catholique avait divisé, désorganisé le parti, et le duc de Wellington, qui jusqu'alors s'était soutenu en opposant aux colères des intraitables défenseurs du vieux torysme l'appui momentané que les whigs lui prêtaient, se voyait à la veille d'être abandonné par ces derniers. Les whigs avaient en effet soutenu l'administration dans la question de l'émancipation; mais c'était uniquement pour faire triompher, non pas le ministère, mais le principe; ils comprenaient fort bien qu'ils n'avaient rien à attendre d'un cabinet dont les doctrines étaient, sur presque tous les points, opposées aux leurs, et ils étaient résolus à rassembler tous leurs efforts pour remonter à ce pouvoir dont ils étaient exilés depuis si longtemps. Qu'avaient-ils à combattre? Un parti divisé par des haines aussi vives qu'aveugles : jamais triomphe aussi facile ne s'était offert. Ils se mirent à l'œuvre, et, prenant pour arme la réforme parlementaire, ils appelèrent à leur aide les radicaux et le pays tout entier. Nourrir et envenimer la discorde au sein du parti tory, telle fut leur première opération : ils s'y employèrent avec ardeur jusqu'à l'approche des élections. L'attitude de la chambre des communes put un instant leur faire espérer le triomphe, même avant la dissolution du parlement. Quelques jours après son avénement, le roi avait envoyé aux deux chambres un message dans lequel il les priait de pourvoir temporairement aux services publics, de manière à ce qu'aucune difficulté ne s'élevât pendant le temps qui s'écoulerait entre la dissolution du parlement actuel et la réunion de celui qui devait être convoqué à sa place. Les whigs ne s'opposèrent pas au vote de subsides provisoires; mais, comme l'héritière présomptive de la couronne était mineure, ils demandèrent que le parlement ne se séparât pas avant qu'on eût nommé une régence, afin que, si le roi venait à mourir dans l'intervalle des deux sessions, le pays ne restât pas sans gouvernement légal. Une discussion très-vive suivit cette proposition, à laquelle le ministère s'opposa : plusieurs membres de cette fraction du parti tory qui ne pouvait pardonner au cabinet d'avoir fait triompher l'émancipation des catholiques se joignirent à l'opposition, et les ministres ne purent détourner l'échec qui les menaçait qu'en faisant de l'adoption de la proposition une question de cabinet. L'inopportunité d'un changement d'administration avant les élections générales sauva les possesseurs du pouvoir, et l'adresse fut votée dans les deux chambres, mais à une faible majorité. Bientôt après le parlement fut dissous (juillet 1830).

Le ministère survivait à la discussion des adresses; mais les whigs avaient réussi à rendre plus profonde la scission qui le séparait de son propre parti, et ils allaient soulever le pays contre lui. Ce fut surtout contre le duc de Wellington que se dirigèrent les attaques. Dans les journaux, dans les meetings, le chef de l'administration fut représenté comme un soldat dominateur, incapable de diriger seul le gouvernement du pays, et en même temps ne pouvant souffrir d'autres collègues que des hommes soumis et dociles ou d'obscures médiocrités. M. Peel était un instrument en ses mains; les lords Aberdeen, Ellenborough, Lyndhurst, des prête-noms. « Le pays est las, disait-on, de cette domination. Du temps que nous « avions un roi mobile et capricieux comme un enfant, aujourd'hui cherchant à se

« débarrasser de sa femme, au risque d'une guerre civile; demain voulant à toute
« force bâtir et décorer des palais au prix de millions enlevés au pays; ayant ici
« de petites amitiés à nourrir, là de petites piques, de sourdes haines à caresser,
« il pouvait être nécessaire d'entretenir près de lui un mentor, un homme assez
« ferme pour le ranger à son devoir. Mais maintenant à quoi peut être bon le
« premier ministre? Qu'est-il au dehors? le plus triste des politiques; au dedans?
« le plus aveugle et le plus entêté des ministres constitutionnels. Sous notre nou-
« veau prince, il nous faut une administration respectable; il faut ou que le duc
« de Wellington se retire ou qu'il consente à admettre des collègues capables de
« servir utilement l'État. » Ces discours répandus et propagés par une foule de
pamphlets trouvaient encore dans l'aveugle ressentiment des torys exaltés et du
parti de la haute église l'appui le plus efficace.

L'esprit d'opposition ainsi excité, un événement du dehors vint le porter au
comble et lui donner une puissance que les partis n'auraient en aucun temps pu
lui communiquer.

Une nouvelle convulsion politique venait de changer la face de la France. La
réaction libérale qui, pendant le ministère de Canning s'était produite dans ce
pays, avait été comprimée; le ministère Martignac, représentant de cette réaction, dissous; et le roi Charles X, en appelant au pouvoir le plus obstiné des chefs
du parti absolutiste, le prince de Polignac, avait rétabli la prépondérance d'une
faction pour laquelle le pays n'avait que haine et répulsion. Un an entier ce
ministère s'imposa à la France malgré les résistances de la législature et de l'opinion publique; et, désespérant de les soumettre, il résolut de les briser. Une
ordonnance royale, altérant la charte constitutionnelle, effaça d'un seul trait du
pays légal la masse entière des classes moyennes, fit du droit électoral un privilége exclusif des hautes classes, et anéantit la presse politique (25 juillet 1830). A
l'étonnement général succéda aussitôt une réaction unanime contre le pouvoir;
dans la capitale, les travaux furent interrompus, les ateliers fermés, et la classe
ouvrière commença l'insurrection. Mal préparé pour résister au mouvement qui
se manifestait, le gouvernement tenta de le comprimer avec des soldats; ses forces
se trouvèrent insuffisantes, mal disposées, et après trois jours de lutte sanglante
dans l'enceinte de Paris, Charles X, forcé de fuir devant l'émeute, se trouva isolé
au milieu du royaume, sans armée, sans ministres, sans partisans. Sa déchéance
fut prononcée par les députés de cette chambre que le ministère Polignac avait
dissoute, et la couronne offerte au chef de la seconde branche de la maison de
Bourbon, Louis-Philippe duc d'Orléans, qui fut proclamé sous le nom de roi des
Français (7 août 1830). Les princes déchus furent renvoyés dans l'exil.

La rapidité de ces événements extraordinaires causa en Europe une sensation
profonde. La souveraine puissance du peuple, manifestant sa volonté, éclata à tous
les yeux, et devant elle s'évanouit tout le prestige des royautés et des armées qui
les gardaient. Les souverains tremblèrent et les peuples s'agitèrent de nouveau.
On n'était pas encore revenu de la stupéfaction produite par la révolution de
Juillet qu'un nouveau mouvement éclata dans un pays voisin. Bruxelles, capitale
de ces Pays-Bas catholiques, que les traités de 1815 avaient enchaînés à la Hol-

lande protestante, se révolta contre une nationalité antipathique à ses croyances et à ses intérêts. Non moins heureuse que Paris, cette ville repoussa les soldats hollandais du roi des Pays-Bas, déclara le pays catholique séparé du pays protestant, l'érigea en un nouveau royaume, sous le nom de Belgique, et se prépara à faire élection d'un souverain.

L'Angleterre était toute disposée à recevoir le contre-coup de ces triomphes populaires; les whigs y reconnurent une chance de plus d'arriver au pouvoir, les radicaux les saluèrent comme l'aurore d'une nouvelle ère sociale, et le pays tout entier s'y associa par des vœux, des adresses, des souscriptions en faveur des victimes de l'absolutisme. De toutes parts les populations s'assemblèrent, et dans ces *meetings* échauffés du souffle des révolutions, on proclama avec enthousiasme la puissance et la souveraineté du peuple. L'excitation produite par cette effervescence générale influa d'une manière puissante sur les élections; la réforme parlementaire devint le gage obligé de toute candidature, et la force de l'exemple donné par les Parisiens fit naître en faveur de la réforme une foule de pétitions, terminées toutes par cette conclusion, retentissant comme une menace, « qu'il « fallait éviter un bouleversement général dans lequel les classes privilégiées pou- « vaient perdre plus qu'on ne leur demandait. »

Tel était l'état de l'Angleterre lorsque le parlement s'assembla. Dans la séance royale (2 novembre 1830), qui fut entourée d'une pompe inaccoutumée, Guillaume annonça aux chambres que son gouvernement avait assuré le maintien des relations amicales avec la nouvelle dynastie française; il leur fit part des efforts qu'il faisait de concert avec ses alliés pour rétablir le calme dans les Pays-Bas. « Tout « me porte à espérer, dit-il, que nous parviendrons à apaiser cette révolte contre « un gouvernement éclairé, et à maintenir, à l'égard de ce pays, l'exécution des « traités généraux qui ont reconstitué le système politique de l'Europe. » Du reste, il promit la plus stricte économie dans les dépenses, déclara s'en rapporter à l'attachement des communes pour l'établissement de la liste civile, et termina en déplorant les troubles qui agitaient le royaume, et en témoignant la résolution où il était d'employer tous les moyens que la constitution lui mettait entre les mains pour les faire cesser.

Le ministère espérait beaucoup de ce discours, mais il ne tarda pas à être désabusé. Dès l'ouverture des débats sur l'adresse, M. Brougham annonça que le 16 novembre il soumettrait à la chambre « une proposition spéciale de change- « ment dans la représentation nationale, reposant sur les principes de la consti- « tution, tels qu'ils étaient dans l'origine. » Puis, d'un commun accord, dans les deux chambres, la malencontreuse phrase relative à la Belgique fut relevée; les adversaires du ministère lui demandèrent « de quel droit il appelait « *révolte* l'expression des sentiments de toute une nation, et de quel droit il sem- « blait menacer la Belgique d'intervenir pour lui imposer un gouvernement? » Ils réclamèrent la mention dans l'adresse de la nécessité d'une réforme financière et parlementaire. Lord Wellington vit là l'occasion de rallier au cabinet les torys dissidents; en s'engageant à pousser les économies aussi loin que possible, il déclara résolument « que la représentation nationale n'avait pas besoin d'être

« réformée; qu'il ne connaissait point, et n'avait point encore vu surgir de sys-
« tème meilleur que celui dont le pays était actuellement en possession. » Aux
communes, M. Peel se prononça dans le même sens, quoique moins hardiment,
et tous deux parvinrent à faire voter les adresses. Mais elles étaient empreintes de
la vivacité des débats, et les déclarations des ministres répandues dans le royaume
avec les commentaires de l'opposition ne servirent qu'à propager les mécontentements, sans rendre au cabinet l'appui des torys exaltés, qui continuaient à se tenir
à l'écart, préférant s'ensevelir sous les ruines mêmes de leur parti, plutôt que de
secourir ceux qu'ils regardaient comme des apostats. C'était surtout au duc de
Wellington que s'adressaient toutes les haines, c'était sur lui seul que retombaient
tous les coups. Cette popularité qui avait élevé si haut le vainqueur de Waterloo
avait complétement disparu. Aux yeux de la nation, il était devenu le satellite
de la Sainte-Alliance, l'instrument des despotes du continent, et presque le tyran
de l'Angleterre. Ce déchaînement universel contre sa personne donna naissance
à un incident nouveau qui acheva de le compromettre dans l'opinion.

Le roi et la reine avaient promis, peu avant l'ouverture de la session, d'assister
au banquet annuel du lord maire à Guildhall; de grands préparatifs se faisaient
pour les recevoir, et cette fête était attendue avec impatience. Tout d'un coup une
lettre de M. Peel, devenu sir Robert Peel par la mort de son père, apprend au lord
maire que le roi, suivant l'avis de ses ministres, a résolu de remettre sa visite
à une prochaine occasion. « Le concours de citoyens, disait cette lettre, que devait
« attirer la présence de Sa Majesté, pourrait, dans les circonstances présentes,
« être une occasion de tumulte et de confusion, et le roi serait inconsolable de se
« voir la cause, même innocente, de quelque calamité publique. » En même temps
les rues retentissent du bruit des chevaux et de l'artillerie; tous les points principaux de la capitale sont garnis de troupes; les fossés de la tour sont inondés et
la forteresse mise en état de défense. On s'attendait à voir éclater quelque grande
insurrection, et l'alarme s'était répandue dans la ville. Deux jours se passent dans
ces terreurs; à la fin on apprend la cause de tout cet appareil. Les ennemis du
ministère se hâtent de le publier : « Ce n'est pas la sûreté du royaume, c'est la
sûreté du duc de Wellington qui était en danger. Sa Grâce a été avertie que la
populace devait se porter à des excès contre sa personne, et il a donné au roi
le conseil de ne point se rendre à la fête. »

Cet incident ridicule acheva de compromettre le ministère, et sa chute fut dès
lors généralement considérée comme certaine. En effet, lorsque le chancelier
de l'échiquier exposa à la chambre des communes les demandes du gouvernement relativement à la liste civile, un membre, un tory, se leva et proposa
de nommer un comité pour faire une enquête sur les divers chapitres dont se
composait le projet ministériel. Le cabinet se récria contre l'inouï de cette proposition; mais une majorité de deux cent trente-trois voix contre deux cent
quatre prononça la défaite du cabinet. Le lendemain, lord Wellington et sir
Robert Peel déclarèrent dans l'une et l'autre chambre, qu'en conséquence de la
décision prise par les communes, l'administration était dissoute et ne restait plus
aux affaires qu'en attendant la nomination d'un nouveau ministère (15 novembre).

Comme les torys exaltés, tout en poussant au renversement du ministère Wellington, n'avaient formé aucun plan pour s'assurer la possession ou du moins le partage du pouvoir, le parti whig se trouva appelé, par la force des circonstances, à recueillir l'héritage de l'administration déchue.

Pour former un ministère whig, un ministère partisan de la réforme, le choix de la couronne devait nécessairement tomber sur l'homme en qui, depuis la mort de Fox, se personnifiait cette opinion : lord Grey n'avait jamais pactisé ni fléchi ;

Charles, comte Grey.

n'ayant pas besoin de devenir ministre pour être quelque chose, homme de poids hors des affaires comme au pouvoir, son nom avait une portée comprise de tous : le ministère Grey, c'était, pour la couronne comme pour le pays, le ministère de la réforme. A cette seule condition que le roi appuierait la mesure, lord Grey accepta les fonctions de premier lord de la trésorerie ; les lords Melbourne, Palmerston et Goderich furent nommés secrétaires de l'intérieur, des affaires étrangères et des colonies ; sir Charles Wynne fut placé à la guerre, lord Anglesey au

gouvernement de l'Irlande, lord Lansdowne à la présidence du conseil; lord Althorp, en qualité de chancelier de l'échiquier, eut la direction des débats dans les
communes; enfin lord John Russell accepta l'emploi subordonné de payeur général de l'armée. Pour satisfaire M. Brougham, qui avait fait entendre qu'il préférait son rôle de chef des réformistes dans la chambre basse à tout emploi secondaire dans l'administration, le ministère se l'attacha par la concession de la pairie
et la dignité de grand chancelier. Le reste de l'administration fut pris de même
dans les rangs des whigs et des torys modérés qui avaient fait partie du court
ministère de Canning. Seul de l'ancien parti tory, le duc de Richmond y trouva
place comme maître général des postes. Le personnel du ministère en dehors et
des torys purs et des radicaux indiquait d'avance que la réforme ne serait poursuivie que dans les limites de la prudence.

La session, un moment interrompue, fut reprise par la discussion du bill de
régence. En vertu de cet acte, le roi mourant, et laissant un enfant ou posthume
ou mineur, la reine était déclarée régente; le roi mourant sans enfants, la duchesse
de Kent était appelée à ces fonctions pendant la minorité de la princesse Victoria,
sa fille, héritière présomptive; et cette dernière ne pouvait se marier avant sa
majorité sans le consentement du roi, ou, à son défaut, du parlement. Ce bill
voté, les chambres s'ajournèrent (23 décembre 1830) pour laisser aux nouveaux
ministres le temps de préparer les lois nouvelles qu'ils voulaient soumettre à leurs
délibérations, et surtout le plan de réforme qu'ils s'étaient engagés à produire
en entrant en fonctions.

Jamais mesure ne s'était présentée dans des conjonctures aussi favorables.
Tandis qu'à l'extérieur tout annonçait le commencement d'une régénération de la
société sur les bases nouvelles qu'avait cimentées le sang des peuples versé pendant vingt ans dans les cités et sur les champs de bataille, en Angleterre un mouvement lent et insensible avait achevé l'éducation des classes moyennes, et l'ancien
système représentatif, passé à l'épreuve de discussions constamment entretenues
pendant un demi-siècle, laissait voir à l'œil le moins clairvoyant ses défauts et ses
avantages. Cette représentation nationale, placée sous l'empire et sous la sauvegarde d'une noblesse puissante, assise dans l'origine sur le double principe de la
propriété territoriale et de la propriété mobilière, l'industrie des villes, n'était
repoussée de personne; la Grande-Bretagne la regardait toujours comme sa véritable constitution et la seule en harmonie avec les mœurs et les besoins du pays;
mais le temps avait exercé sur elle ses ravages; et, par une action directement
contraire au mouvement social, l'élément territorial avait presque entièrement
absorbé l'élément industriel. De là, était née une incroyable source d'abus [1].

1. Pour mieux faire comprendre la nature et le nombre de ces abus, nous empruntons au travail
publié par M. Roulin sur le bill de réforme, quelques détails relatifs à l'ancien système électoral anglais.
« Dans les comtés d'Angleterre ou du pays de Galles, le droit de voter appartenait exclusivement
aux propriétaires ou usufruitiers d'un *freehold* (franc fief) de 40 shellings au moins de revenu.
Dans les bourgs, les conditions exigées pour voter variaient beaucoup. Dans le plus grand nombre,
tous les *freemen*, c'est-à-dire les citoyens admis aux franchises de la ville, étaient électeurs; dans
d'autres, il n'y avait au contraire d'admis à jouir du droit de voter que les membres du corps municipal
et ce qu'on nommait les principaux bourgeois (*capital burgesses*). Dans quelques-uns, les *burgage*

On se plaignait de toutes parts de ce qu'un seul individu, possesseur du sol d'un ancien bourg ou même de plusieurs, envoyât au parlement des hommes à lui pour défendre ses opinions ou ses intérêts; on se plaignait encore de ce que, dans certains bourgs, en grand nombre, les anciens bourgeois en possession du droit électoral, refusant tout droit politique à ceux qui depuis étaient venus concourir à l'agrandissement de la cité, s'attribuassent le monopole des élections, qui devenaient un trafic entre leurs mains. Mais ces priviléges, si grossièrement exclusifs, étaient consacrés par d'antiques chartes qui les rendaient inviolables; et la noblesse, comme les corporations, opposait aux plaintes la puissance d'un fait depuis longtemps accompli. Il était urgent de porter remède à ces abus, et les whigs s'en chargèrent.

tenants (propriétaires ou usufruitiers de tenures dépendantes du bourg), les *lease holders*, les *scot and lot voters* (habitants payant contribution), et même les *pot-wallopers*, c'est-à-dire ceux qui avaient de quoi faire *bouillir le pot* sans recours aux secours de la paroisse, étaient admis à voter.

Dans les diverses parties d'une même ville les systèmes électoraux pouvaient être différents; ainsi à *Londres*, dans la *Cité*, le droit électoral n'appartenait pas à tous les *freemen* comme dans la plupart des bourgs, mais seulement aux *liverymen*, c'est-à-dire à ceux des *freemen* qui étaient officiers d'une corporation; à *Westminster* et à *Southwark*, autres quartiers de la même ville, les *scot and lot voters* prenaient part à l'élection. Les élections dans les *comtés d'Irlande* s'étaient faites jusqu'en 1829, comme dans les comtés d'Angleterre, par les *freeholders* de 40 shillings, depuis 1829 par les *freeholders* de 10 livres sterling. Dans les *bourgs* irlandais, les systèmes électoraux offraient la même variété que dans les bourgs anglais.

En *Écosse*, les héritiers ou représentants des anciens *tenanciers de la couronne* étaient les seuls électeurs des *comtés*. Quant aux *bourgs*, ils ne jouissaient pas du droit d'élection directe, ils nommaient seulement un certain nombre d'électeurs, en tout quatre-vingt-dix-neuf.

Les quarante *comtés* d'Angleterre envoyaient quatre-vingt-douze membres, quelques-uns ayant eu, dès le principe, en raison de leur étendue ou de leur importance, un nombre de députés supérieur à celui des autres; vingt cinq *cités* envoyaient chacune deux *citadins* (depuis longtemps cependant l'une de ces cités, Ély, avait perdu sa franchise électorale, et Londres envoyait quatre députés au lieu de deux); les cent soixante-sept *bourgs*, alors les plus importants, envoyaient également chacun deux membres, deux *bourgeois*; cinq bourgs moindres en envoyaient chacun un. Les douze *bourgs* de Galles en envoyaient douze; mais il y avait eu là aussi un changement: Merioneth avait cessé d'en nommer, et Pembroke en envoyait deux. Les *universités* d'Oxford et de Cambridge en nommaient chacune deux; enfin le district des *Cinque-Ports* en nommait huit. Ce district comprenait cinq ports situés sur la partie de la côte d'Angleterre la plus voisine de la France, ports qui, étant plus exposés aux invasions, avaient dû être mis sous une juridiction spéciale, afin de pouvoir offrir une résistance plus prompte et plus efficace. Deux autres ports y avaient été plus tard adjoints, sans que pour cela on changeât le nom.

Les députés des *comtés* étaient nommés chevaliers (*knights*); ils étaient les représentants de la propriété territoriale. Les *citadins* et *bourgeois* qu'envoyaient au parlement les *cités* et les *bourgs* étaient élus, soit par le peuple en masse, soit par les officiers municipaux et les prud'hommes des corps des métiers; ils représentaient les intérêts de l'industrie et du commerce. Enfin les deux *universités* nommaient aussi leurs députés, et à cette élection participaient non seulement les dignitaires du corps, mais tous ceux qui avaient pris le grade de docteur, et même celui de maître ès-arts, de manière que les *capacités*, comme on dit aujourd'hui, étaient représentées tout aussi bien que les intérêts matériels.

Cette répartition des députés entre les comtés et les bourgs de l'Angleterre était, dans le principe, assez conforme aux besoins. Il faut maintenant montrer jusqu'à quel point était venu le désaccord entre des intérêts qui avaient changé et une institution restée immuable. Les disproportions étaient parfois au-delà de tout ce qu'on pourrait imaginer.

Il y avait en Angleterre vingt-cinq bourgs dans lesquels le nombre des électeurs était moindre de cent, mais de plus de cinquante; il y en avait quarante-sept pour lesquels il était au-dessous de cinquante:

Cependant, si leurs principes généraux s'éloignaient beaucoup des doctrines aveuglément conservatrices des torys, ils se tenaient aussi à une égale distance de celles des radicaux : ils repoussaient le principe du suffrage universel; ils repoussaient le vote secret dans les élections, proclamé pour la première fois par O'Connell comme une nécessité, comme une garantie d'indépendance pour les électeurs; enfin ils repoussaient les parlements annuels, dont les radicaux demandaient l'établissement, et même les parlements triennaux, jadis opposés comme une digue aux empiétements de la couronne. Le pays ne pouvait donc attendre d'un ministère whig une réforme complète du système électoral, à moins que, poussé par l'opinion publique, il ne fût forcé d'entrer plus largement dans la voie de la réforme. Le rôle des radicaux, dont l'action était surtout puissante au sein des classes

parmi ces derniers, deux en comptaient treize, deux onze, deux autres huit seulement; enfin les bourgs de *Gatton* et *Old Sarum* n'avaient réellement chacun qu'un électeur.

Vingt-cinq villes d'Angleterre n'avaient pour électeurs que leur maire, leurs aldermen et leurs principaux bourgeois, qui souvent n'étaient qu'au nombre de douze, quelquefois même au nombre de six. En *Irlande*, quatorze villes, nommant quinze membres, n'avaient en tout que cent quatre-vingts électeurs. En *Écosse*, les représentants des anciens *tenanciers de la couronne*, seuls électeurs des trente-trois comtés, étaient, en 1820, au nombre de deux mille quatre cent cinq, et il y avait tel comté qui n'en présentait que six, tel autre que douze. Pour les *bourgs*, ils n'offraient pas moins d'inégalité dans la répartition des électeurs et de variété dans le mode d'élection. *Édimbourg*, ville de plus de cent mille âmes, n'avait qu'un député qui était nommé par trente-trois électeurs; les quatorze autres bourgs ne jouissaient point du droit d'élection directe: chacun d'eux se composait de quatre à cinq localités qui avaient leurs délégués pris dans le corps municipal; ces délégués (soixante-cinq en tout) nommaient quatorze membres de la chambre des communes; douze cent vingt-un habitants participaient à la nomination des délégués. Or, quand on mettrait ces douze cent vingt-un électeurs indirects sur la même ligne que les autres, cela n'en faisait encore, pour l'Écosse entière, que trois mille six cent cinquante-neuf. En résumé, on trouverait :

En Angleterre, 144 membres nommés par 2,912 électeurs.
En Irlande, 15 — — 180 —
En Écosse, 45 — — 3,659 —

Total 204 membres nommés par 6,741 électeurs.

Lord Grey, par une autre supputation, était arrivé à ce résultat que la majorité de la chambre (330 membres) était nommée par moins de quinze mille électeurs. On comprend quelle devait être l'influence des grands propriétaires et de la couronne sur ce petit nombre d'électeurs, et cette influence était si patente, que lord John Russel put dire en pleine chambre, en 1831, sans que personne se levât pour le contredire, que sept pairs faisaient nommer soixante-trois membres.

C'était surtout au moyen des *bourgs*, réduits à un nombre minime d'habitants, au moyen des *bourgs pourris*, comme on les appelle communément, que les pairs et les grands propriétaires jouissaient de cette immense influence sur les élections.

La constitution électorale des bourgs pourris présentait, comme celle des autres bourgs, une grande diversité. Dans les uns, le droit était attaché aux franchises de la ville, et tout homme qui en jouissait, tout *freeman*, était électeur; dans d'autres, il était attaché à la maison; l'occupant principal, *householder*, propriétaire ou locataire, prenait part à l'élection; dans le plus grand nombre, il était donné par la propriété ou l'usufruit de terres appartenant originairement à la commune, mais qui étaient souvent devenues, par prescription, des propriétés privées.

Les *freemen*, les *house-holders* des *bourgs pourris* étaient pour la plupart dans la dépendance absolue du patron du bourg, de qui ils n'obtenaient les terres ou les maisons qu'ils occupaient que sous la condition tacite de voter conformément à ses désirs, condition à laquelle la publicité du vote ne leur permettait pas de se soustraire impunément. S'ils manquaient à cet engagement, le patron avait toujours le pouvoir et souvent la volonté de les en faire sur-le-champ repentir. Un fait, qui date du commencement de ce siècle, montrera jusqu'à quel point sa vengeance pouvait être portée. A Ilchester, dans le comté de Somerset, les *house-holders* étaient électeurs, et les maisons qui leur confé-

déshéritées de la nation, fut de leur imposer cette contrainte salutaire. Dans toute l'étendue du royaume des meetings furent convoqués, de vastes associations politiques se formèrent pour réunir comme en un corps des milliers d'individus animés des mêmes sentiments : de là résultèrent des pétitions sans cesse renouvelées, destinées à appuyer la politique du nouveau ministère, et en même temps à lui dicter, sous toutes les formes, la volonté nationale. Presque toutes pouvaient être résumées en ces mots : « Une plus large part au principe démocratique dans la constitution britannique. »

Impassible devant ces manifestations, le ministère enveloppait ses intentions et ses travaux du plus profond secret, et rien n'avait transpiré de ce qu'il admettait ou rejetait des doctrines proclamées par la presse et par les assemblées poli-

raient ce droit, au nombre de trois cents environ, appartenaient presque toutes à *sir Williams Manners*. Aux élections générales de 1802, les électeurs furent *achetés* à 750 francs par tête, et votèrent contre le candidat de *sir Williams*. Celui-ci, pour s'en venger et pour réduire le nombre des électeurs, fit abattre deux cent quarante maisons, et construire, pour les gens qu'il délogeait si brutalement, une sorte d'hospice où ils demeurèrent depuis 1803 jusqu'en 1818.

D'autres propriétaires, qui peut-être auraient reculé devant l'exécution, ont du moins eu recours à des moyens d'intimidation de même nature ; ainsi la *Revue d'Édimbourg* cite les faits suivants : « Un propriétaire, aux approches d'une élection, avait eu la précaution de n'affermer qu'à la semaine, pour que ses locataires pussent, à la première désobéissance, être promptement congédiés. »

D'ailleurs on pouvait, en certains cas, créer des *freemen*, quand cette qualité emportant celle d'électeur, il y avait intérêt à en augmenter le nombre. On devient en effet *freeman* de plusieurs manières : 1° par naissance, lorsqu'on est le fils d'un *freeman* (dans quelques localités il suffit d'en être le gendre); 2° par service, lorsqu'on a été sept ans comme *apprenti* dans le bourg chez un *maître* du bourg ; 3° par concession, les corporations ayant eu dès le principe le droit de s'adjoindre de nouveaux membres quand elles le jugeraient opportun. On supposait que l'intérêt des maîtres contiendrait ces droits dans des limites assez étroites; mais les corporations en ont usé quelquefois sans réserve dans des vues électorales ; ainsi celle de *Durham* créa dans une nuit deux cents *freemen* pour assurer l'élection vivement contestée de M. *R. Gowland*; et celle de *Carlisle*, humblement soumise aux volontés du comte de *Lonsdale*, créa en une seule fois quatorze cents *freemen*, presque tous ouvriers dans les mines du comté, et écarta ainsi le candidat porté par les électeurs indépendants.

La plupart des bourgs pourris étaient tellement inféodés à leurs patrons, que l'on pourrait en citer quarante pour l'Angleterre seule, où, de mémoire d'homme, il n'y avait pas eu d'élection contestée; il y en avait au moins vingt-cinq en Irlande qui étaient dans le même cas. Les propriétaires de ces bourgs les vendaient, les donnaient, les transmettaient à leurs héritiers. *William Henrick* avait hérité du bourg de Bletchingly, acheté par son père 250,000 francs ; il le revendit en 1820 pour la somme de 1,500,000 francs ; mais, avant de s'en défaire ainsi, il avait usé de l'influence que cette possession lui donnait pour obtenir diverses places pour lui-même et pour ses proches.

Le bourg de *Gatton* fut acheté en 1795 au prix de 2,750,000 francs. Dans ce bourg il y avait six maisons, et le droit électoral n'appartenait qu'aux *propriétaires* des maisons qui les occupaient *eux-mêmes*. Le patron du bourg en louait cinq, s'en réservait *une*, et se trouvait ainsi *seul et unique électeur*.

Il y a quelques années, pour faire ressortir tout le ridicule d'une pareille élection, un particulier, nommé *Jennings*, se fit porter comme candidat à Gatton, et le scrutin fut demandé. Le résultat de ce scrutin fut :

M. Mark Wood, fils du propriétaire, unique électeur, sir Mark Wood,   **1** voix.
M. Jennings..   0
Majorité en faveur de sir Mark Wood...........................   **1** voix.

Dans les bourgs qui n'étaient pas propriété privée, on achetait les électeurs.

A Camelford, où il n'y avait qu'un très-petit nombre d'électeurs, on a offert, de l'aveu des agents qui ont fait les offres, jusqu'à 17,000 francs par vote. Dans les bourgs où les électeurs étaient très-nombreux, on ne pouvait pas évidemment les acheter aussi cher. Ainsi à *Liverpool*, aux élections de 1830, le prix du vote variait de 125 à 2,500 francs. Deux mille six cent quatre-vingt-un *freemen* furent ainsi achetés par les différents candidats.

tiques, lorsque le parlement reprit ses séances. Le 1er mars 1831, lord John Russell parut aux communes pour exposer le plan du gouvernement. Lord John Russell, membre du ministère comme payeur général de l'armée, n'avait point de siége dans le cabinet; mais, depuis dix ans, presque à chaque session, il avait plaidé dans la chambre la cause de la réforme, et il obtint l'honneur de présenter et de défendre le plan du ministère. Il commença par déclarer à la chambre que le cabinet s'était placé entre les deux partis hostiles, les adversaires déclarés de toute réforme, et ceux qui la réclamaient entière, absolue, c'est-à-dire entre les torys et les radicaux; « et cependant, dit-il, en principe, la question de droit est à l'avantage des « derniers. En effet, l'ancienne constitution de ce pays déclare que nul homme « ne doit être soumis aux taxes, qui n'y a point consenti par lui-même ou par « ses représentants. » Puis, passant au projet du ministère, « on s'est plaint, « ajouta-t-il, 1° de la nomination des députés par quelques individus; 2° de la no- « mination par les corporations; 3° des dépenses qu'occasionnaient les élections : « le plan du gouvernement vient remédier à ces trois sujets de plaintes. Relative- « ment aux deux premiers, je propose à la chambre : 1° de révoquer en tout ou en « partie le privilége d'un certain nombre de bourgs et de corporations jusqu'ici en « possession d'envoyer des députés au parlement; 2° de concéder ce droit à d'autres « lieux qui n'ont point encore été représentés; 3° d'abaisser le cens électoral pour « augmenter le nombre des électeurs dans tous les lieux qui conserveront tout ou « partie de leur privilége. Enfin, relativement au troisième grief énoncé, les dé- « penses des élections, l'administration a pensé qu'il était nécessaire de dresser « registre des électeurs, d'abréger la durée de l'élection, et en même temps d'y « faire procéder à la fois sur plusieurs points d'un même comté, en divisant chaque « comté en districts électoraux, afin d'éviter la lenteur, qui ne profite qu'à la cor- « ruption, et d'abréger les distances, devant lesquelles les électeurs reculent, à « moins qu'ils ne soient entraînés par des intérêts étrangers à l'intérêt du pays. » Lord John Russell exposa ensuite que le bill ainsi conçu appellerait à l'existence politique près d'un demi-million d'électeurs nouveaux, trois cent cinquante-cinq mille pour l'Angleterre (pour Londres seulement près de cent mille), soixante mille pour l'Écosse, et, pour l'Irlande, environ quarante mille; par suite de la suppres- sion des bourgs pourris, le nombre des députés était diminué de soixante-deux. Il termina en réclamant la liberté de produire son bill. Cette proposition souleva une discussion générale qui dura sept séances, et à l'issue de laquelle la demande de lord John Russell fut admise. La première lecture du bill eut lieu quelques jours après (14 mars).

Les torys étaient loin d'attendre des whigs une mesure aussi révolutionnaire; ils l'accueillirent avec une profonde stupeur. En établissant pour la première fois la doctrine d'uniformité dans la loi anglaise, le bill de réforme rompait avec tout le passé, et anéantissait d'un seul coup ce droit de la propriété, qui dominait toutes les institutions politiques du pays. A la place de ce droit si longtemps défendu avec succès, le gouvernement avait mis celui de cinq cent mille électeurs. La noblesse voyait déjà l'ancienne nation électorale noyée dans la masse de la nation nouvelle, la petite bourgeoisie partout maîtresse en vertu de sa masse. Mais ce qui causait tant d'étonnement aux torys n'était pas un moindre sujet de surprise pour les radicaux : ils n'avaient jamais jugé eux-mêmes un ministère whig capable de faire de son propre mouvement une si large concession. Mesurant déjà à l'épouvante que le bill causait dans les rangs ennemis les résistances qu'il allait essuyer, ils passèrent sur tout ce qui leur était refusé, pour aider à introduire dans la loi le principe fécond qui était consacré pour la première fois. Le ministère ne voulait pas aller plus loin ; ils résolurent donc, en appuyant le projet par tous les moyens légaux, de garder le silence sur le vote secret (*ballot*), sur le suffrage universel et les parlements annuels. Leur mot d'ordre fut : « Le bill, tout le bill rien que le bill. »

Mais les torys étaient revenus de leur stupeur ; ils s'étaient préparés à repousser vigoureusement l'œuvre révolutionnaire, et en cela ils étaient grandement favorisés par le premier mouvement de répulsion qu'inspira tout d'abord aux plus modérés d'entre eux un acte assez hardi pour se détacher de tout ce passé que l'on regardait comme la sûreté, la sauvegarde de la constitution britannique. Aussi, dès que lord J. Russell vint réclamer la deuxième lecture (21 mars), sir Richard Vyvyan, député tory de Cornouailles, proposa à la chambre la formule ordinaire de rejet, « que le bill soit renvoyé à six mois ; » et une seule voix de majorité repoussa la proposition. Ce vote préjugeait le sort du bill : il était évident qu'à peine soutenu sur l'ensemble, il échouerait à la discussion des détails. En effet, après de violents débats, la clause qui diminuait le nombre des membres de la chambre basse fut repoussée par la majorité. Lassé de voir ses adversaires prolonger par des discussions incessantes des délibérations qui promettaient d'amener un résultat négatif, le ministère résolut de dissoudre le parlement. Le roi se rendit à la chambre haute, et les communes, mandées sur-le-champ, reçurent avis que le parlement était prorogé au 10 mai. Le lendemain de cette séance, qui offrit le tableau le plus agité que jamais séance royale eût présenté, la dissolution fut prononcée.

Ce premier dénouement répandit par toute la Grande-Bretagne une agitation et une effervescence extraordinaires. La dissolution du parlement fut célébrée par des illuminations, et, à Londres, la populace, dont la seule politique est le désordre, se mit en campagne contre les principaux torys. Différentes attaques furent dirigées contre les hôtels des chefs du parti, et, entre autres, contre celui de M. Baring, le premier des commerçants anglais, et l'un des plus ardents adversaires des idées nouvelles ; ses fenêtres furent brisées, ainsi que celles du duc de Wellington. Dans les comtés, encore en éveil depuis les derniers troubles, les élections se firent avec calme, mais avec un redoublement d'énergie de la part des partisans du ministère et des radicaux, et le parti tory essuya une défaite complète.

Le 14 juin 1831, le roi ouvrit le nouveau parlement par un discours plein de fermeté ; les adresses d'usage furent votées sans amendements et, dès le 24, lord John Russell présenta aux communes le bill de réforme dont le ministère était résolu à pousser vigoureusement la discussion. Les torys s'étaient concertés, ils revenaient déterminés à poursuivre par tous les moyens la résistance si heureusement commencée ; mais, dès l'abord, leur infériorité visible les convainquit de l'impossibilité où ils étaient de remporter la victoire à guerre ouverte; ils eurent donc recours aux mesures dilatoires et parvinrent ainsi à reculer la seconde lecture du bill jusqu'au 4 juillet. Ce jour venu, la discussion fut entamée; et malgré tous leurs efforts et leurs sinistres prédictions, 231 voix contre 136 adoptèrent le principe du bill. Le 12, commença la délibération sur les articles. Chaque clause, chaque mot donna matière à de violents débats qui prolongèrent la discussion jusqu'au 12 septembre. Le 19, lord John Russel, impatient d'en finir, réclama la troisième lecture, qui fut votée par 113 voix contre 58. Quand il s'agit de l'adoption de la formule sacramentelle « que ce bill passe » les conservateurs reparurent au complet pour tenter un dernier effort. Deux jours furent encore consumés dans cette lutte inégale; tout ce que peut inspirer le désespoir à un parti près de se voir vaincu fut tenté, mais en vain, et 345 voix contre 236 décidèrent que le bill était adopté par les communes.

Le lendemain lord John Russell, accompagné d'un grand nombre de députés, parut à la barre de la chambre haute et remit le bill au lord grand chancelier; l'acte fut lu une première fois pour la forme, et la deuxième lecture fixée au 3 octobre. A la chambre des pairs se trouvaient les ennemis les plus acharnés de la mesure. Pour ces puissants propriétaires de bourgs, ces grands seigneurs territoriaux qui dominaient à la fois les comtés et les corporations, le bill était une espèce d'abdication de cette souveraineté qu'ils avaient passé la moitié du siècle écoulé à pousser jusqu'à ses dernières limites. Aussi les pétitions en faveur du bill, dont la chambre se vit inondée dès la matinée qui précéda la discussion, furent-elles reçues très-froidement. Lord Grey connaissait bien les sentiments de la noble assemblée, mais il était résolu à ne point reculer et à obtenir ce qu'il demandait ou à quitter le pouvoir. Avant de mettre aux voix la seconde lecture du bill, il traça en quelques paroles le tableau de sa carrière politique. Entré aux communes à une époque où l'essor des doctrines de liberté n'était pas encore arrêté par la crainte des idées françaises, il avait ardemment combattu pour elles. Pair d'Angleterre et premier lord de l'amirauté en 1806, successeur de Fox aux affaires étrangères, il avait toujours été fidèle à ses amis et à ses principes. Avocat constant et modéré de la réforme parlementaire, il l'avait soutenue durant près d'un demi-siècle, et cela dans les moments les plus difficiles et les plus dangereux, à des époques de convulsions politiques et de violences. Alors il exposa aux pairs la nécessité de faire des concessions au temps; puis se tournant vers le banc des évêques, il leur fit une sévère admonition, en leur disant que le pays avait les yeux sur eux; il finit en déclarant qu'il ne demeurerait pas au pouvoir, même une heure, dès qu'il ne verrait plus possibilité de faire ce qu'il regardait comme nécessaire au repos, au salut, au bonheur du pays. A peine avait-il cessé de parler que lord Wharncliffe, représentant du parti tory et chef de l'opposition, se leva; il reprocha au bill de transférer aux communes tout le pouvoir et tous les priviléges des lords et peut-être même ceux de la couronne, sans donner de contrepoids à cette augmentation de puissance accordée aux masses; puis après avoir analysé le projet de loi dans ses détails : « Une chambre des communes, ajouta-« t-il, formée sur une telle base ne représentera plus la société, mais le peuple;

« et il vous sera désormais impossible d'arrêter un seul des mouvements d'une
« pareille assemblée. Pour vous en convaincre, considérez l'étrange position dans
« laquelle nous nous trouvons aujourd'hui ; nous sommes en face d'une chambre
« des communes investie d'un mandat impératif ; elle adopte la mesure, et il ne
« nous reste plus, on nous le dit, qu'à prendre connaissance de son décret et
« à l'enregistrer. » Trois jours encore la discussion se soutint calme, mais sans
concession d'aucun côté. Les adversaires du bill, et à leur tête les lords Wellington, Dudley et Londonderry déclarèrent la réforme une violation flagrante
de la constitution, une mesure démocratique, dirigée contre l'intérêt de l'agriculture dans les comtés, contre l'existence de l'Église d'Angleterre ; l'adopter
c'était déclarer que la Grande-Bretagne n'avait jamais eu un bon gouvernement,
que le peuple avait toujours été privé de ses droits. Ils accusèrent les ministres de
s'être appuyés sur la populace, qui croyait follement que le bill allait accroître le
commerce, étendre les relations du pays, enfin donner de l'ouvrage aux classes
laborieuses et du pain à bon marché aux nécessiteux ; ils soutinrent encore la
légalité du privilége électoral, propriété inviolable, disaient-ils, autant que la
possession de la pairie, et ils se plaignirent de ce qu'on cherchait à rabaisser cette
dernière en la représentant partout comme le soutien né des préjugés et des abus.
« Que faisons-nous, demanda lord Lyndhurst, que soutenir une cause appuyée
« par les plus grands hommes d'état et les plus profonds philosophes du temps
« passé. Mais, sans parler des morts, le premier ministre n'a-t-il pas, jusqu'à ce
« moment, déclaré que ses vœux se bornaient à une réforme graduelle ? l'auteur
« nominal de ce bill, lord John Russell, a-t-il jamais, jusqu'à ce jour, proposé un
« plan aussi téméraire ? Enfin le lord chancelier n'a-t-il pas déclaré par écrit que
« jamais l'anéantissement du privilége électoral n'était entré dans ses projets de ré-
« forme ? Voulez-vous voir passer sous vos yeux les funestes conséquences que ce
« bill doit amener. D'abord on renversera l'Église d'Irlande ; ensuite on en viendra
« à une confiscation générale de la propriété ecclésiastique en Angleterre, et enfin
« le peuple, détruisant la pairie et ses priviléges, ôtera ce dernier appui à ses liber-
« tés qui n'y survivront pas. » La discussion étant épuisée, lord Grey se leva pour
résumer les débats ; la disposition dans laquelle était la chambre ne lui laissait
plus aucun doute ; aussi termina-t-il par une espèce d'adieu au pouvoir. L'amendement de lord Wharncliffe, qui demandait l'ajournement à six mois de la seconde
lecture, formule équivalente à un rejet définitif, fut en effet adopté à 41 voix de
majorité (7 octobre 1831).

La chambre se flattait que le ministère, forcé de céder à cette expression de sa
volonté, emporterait, en se retirant, la fortune de la réforme et que le pays se
soumettrait en silence. Il n'en fut pas ainsi. A peine le vote des pairs fut-il connu
que le pays tout entier se leva. Le jour même, à Londres, les corporations, le
commerce et la banque votèrent des adresses au roi et des résolutions d'appuyer
le ministère. A ces témoignages publics de sympathie se joignit le concours de la
chambre basse qui, sur la proposition de lord Ebrington, déclara (9 octobre)
« que la confiance des communes dans les ministres du roi demeurait entière, et
qu'elles étaient déterminées à adhérer au bill de réforme. » Forte de cette décla-

ration, l'administration se hâta de proroger le parlement pour se donner le temps d'arrêter les mesures qu'elle aurait à prendre.

L'effet du rejet du bill de réforme avait été si prompt que le gouvernement ne put prévenir les premiers mouvements populaires. A Londres, le lord maire et la corporation de la Cité s'étant rendus au palais de Saint-James pour présenter leur adresse, la procession se grossit en chemin d'une telle quantité de députations qu'avant d'arriver au palais le nombre des pétitionnaires se trouva porté à 50,000. A peine étaient-ils arrivés que les députations des paroisses survinrent. Les ministres, aidés des radicaux eux-mêmes, parvinrent à dissiper ce concours dangereux pour la tranquillité publique; mais, sur d'autres points, la populace soulevée manifestait, par des violences, ses sentiments contre les torys. Repoussée des hôtels des lords Wellington et Bristol, dont elle faisait le siége, elle se replia sur l'hôtel de lord Dudley que la police parvint à sauver encore. Arrêtée dans ses projets, la multitude se porta aux avenues du parlement, afin d'attendre au passage les pairs anti-réformistes et d'en faire prompte justice. Le marquis de Londonderry tomba entre les mains des factieux et ne dut son salut qu'à un pistolet, dont la vue effraya ses agresseurs assez de temps pour lui permettre de fuir à travers une grêle de pierres; le duc de Cumberland, prince du sang, ennemi connu de toute réforme, passant bientôt après, fut renversé de son cheval, et ne fut qu'à grand'peine dégagé par la police.

Dans les provinces, l'émeute était plus terrible encore. Les comtés de Derby et de Nottingham furent les premiers envahis; dans ce dernier, la multitude se porta vers le château du duc de Newcastle, le plus abhorré des chefs du parti tory, et en un instant enleva d'assaut et livra aux flammes cet antique édifice. A Bristol, l'arrivée du *recorder* sir Charles Wetherell, l'un des plus ardents adversaires du bill dans les communes, fut le signal de l'insurrection; au moment où ce magistrat se préparait à inaugurer, à l'hôtel de ville, la reprise de ses fonctions, la multitude se précipita vers les issues, lui laissa à peine le temps de fuir, caché sous un déguisement; puis, furieuse d'avoir manqué sa victime, elle mit en fuite les autorités, et incendia l'édifice. Bristol offrit les scènes déplorables qui avaient ensanglanté Londres en 1780. Les magistrats se cachèrent, la force militaire resta immobile, tandis que les insurgés, parcourant la ville, portaient partout la flamme et le pillage. Les prisons, le palais épiscopal, la douane et un quartier tout entier furent dévorés par l'incendie. Enfin l'étendue du désastre et les cris des victimes rappelèrent les magistrats au devoir; la force armée, convoquée, rétablit quelque tranquillité; deux cents coupables furent arrêtés, mais plus de cent victimes périrent dans ce sinistre. A Bath, à Worcester, à Coventry, tous les citoyens furent mis sur pied pour empêcher l'effusion du sang et la ruine des propriétés. L'émeute se dressa contre le clergé lui-même. L'archevêque de Cantorbéry fut insulté au milieu d'une assemblée religieuse, un autre évêque attaqué par la populace pendant la consécration d'une église; d'autres furent brûlés en effigie dans leur diocèse.

Une proclamation émanée du conseil privé (2 novembre) exhorta tous les sujets du roi à s'unir pour réprimer les tumultes, mais l'hiver approchait, et les alarmes redoublèrent. D'ailleurs le calme n'était nulle part. Les classes moyennes, groupées en associations formidables qui déjà s'étendaient sur toute la surface du royaume et tenaient entre leurs mains la paix du pays, pouvaient d'un moment à l'autre imprimer aux masses un nouveau mouvement. Leeds, Manchester, Birmingham, étaient devenus des centres d'agitation. On n'entendait plus que le langage des révolutions, que des appels à la dissolution de l'état pour le reconstruire au profit des intérêts populaires. Le gouvernement même était attaqué dans son principe; et comme si les grandes associations eussent voulu se mettre à l'œuvre à l'instant, elles nommaient des conseils dirigeants, des officiers. Avec la hardiesse de leurs discours croissait le nombre de leurs adhérents. Enfin, pendant que l'Angleterre était à la veille d'une révolution, O'Connell soulevait l'Irlande en demandant le rappel de l'Union. Une nouvelle proclamation (22 novembre) déclara toute association politique illégale, et annonça les peines dont la loi frappait ceux qui y étaient affiliés : O'Connell fut arrêté et mis en jugement. Ces mesures produisirent leur effet. Peu à peu le courant de l'indignation publique alla se perdre dans des adresses contre les pairs; et l'Irlande, un moment révoltée, rentra dans la guerre sourde qu'elle faisait, depuis l'émancipation, contre la dîme et la propriété.

L'agitation était cependant loin d'avoir complétement cessé lorsque arriva le terme de la prorogation du parlement (6 décembre). Le roi ouvrit encore la session en personne, et recommanda formellement aux chambres de donner à la question de la réforme une solution prompte et satisfaisante. « C'est une néces- « sité tous les jours plus pressante; elle est indispensable à la sécurité du royaume, « ainsi qu'à la satisfaction et au bien-être du peuple. » Le bill rejeté ne pou- vant être représenté aux votes du parlement, un nouveau projet de loi était néces- saire. Le ministère profita de cette circonstance pour modifier son œuvre dans quelques-unes de ses parties. Dans l'intervalle de la session, il avait fait faire un recensement qui constatait une augmentation de deux millions dans le chiffre approximatif de la population. Dès lors il put, sur cette base nouvelle, rectifier ses calculs, et retrancher de sa loi la clause qui supprimait soixante-deux siéges à la chambre basse, clause qui avait soulevé tant d'opposition. Le nombre des députés restait donc le même que par le passé; en outre, quelques changements de détail avaient été faits, concessions aux répugnances de l'opposition, qui n'al- téraient d'ailleurs en rien le principe du bill. Malgré ces modifications, les adver- saires de la réforme continuèrent à se récrier contre l'introduction que les ministres voulaient faire de l'élément démocratique dans la constitution; sir Robert Peel protesta contre la précipitation avec laquelle le gouvernement procédait dans l'alté- ration de la meilleure constitution qu'on eût jamais vue dans l'histoire. Mais l'état du pays avait converti à la réforme les plus opiniâtres de ses ennemis; ils le déclarèrent, et le bill fut voté à une forte majorité, « pour éviter des malheurs plus grands que la loi nouvelle n'en pouvait produire. » Les conservateurs se con- tentèrent donc d'introduire quelques stipulations favorables à l'intérêt territorial, de sauver quelques débris du patronage aristocratique sur les élections. L'acte ne sortit de la chambre définitivement adopté que le 23 mars 1832.

Ce temps n'avait point été perdu pour les partisans de la réforme. Assurés de son succès dans les communes, ils avaient travaillé uniquement à préparer son triomphe dans la chambre des lords : journaux, pamphlets, adresses, demandaient une création immédiate de pairs, assez forte pour imposer à la chambre haute l'adoption du bill. Cette mesure, qui, dans toute autre circonstance, et adoptée pour les intérêts du pouvoir, aurait soulevé un cri général de réprobation, la nation la réclamait : bien plus, elle accusait le ministère, le roi même, de compromettre l'état et de mépriser le vœu national en différant de la prendre. Mais c'était un remède désespéré, et le ministère voulait tout tenter avant d'y recourir. La situation du pays ne pouvait être sans influence sur la détermination des pairs. « Loin « de moi, dit lord Grey en réclamant la deuxième lecture, loin de moi la pensée de « vous dire : Cédez à l'intimidation ; cependant je ne puis m'empêcher de vous faire « remarquer la tranquillité imposante dans laquelle le pays vient de rentrer. Vous « vous tromperiez de croire que c'est oubli, fatigue ou dégoût de sa part ; sa solli- « citude pour la réforme est toujours la même ; il suit de l'œil nos travaux, et, s'il « se tait, ne croyez pas qu'il sommeille. Le peuple, dit-on, n'a point confiance en « cette chambre ; l'opinion s'est établie que ses intérêts sont séparés de ceux de « l'aristocratie : je n'accepte point cette séparation ; mais vous, croyez aussi avec « moi que le silence du pays est le langage de l'attente qui règne dans tous les « esprits. » Cette déclaration fit effet sur quelques pairs, et lord Wharncliffe, qui avait dirigé l'opposition dans la session dernière, déclara son intention de voter pour la seconde lecture, « afin d'éviter l'intrusion dans la chambre d'une bande d'agents « politiques destinés, sous le nom de pairs, à subvenir aux besoins du moment. » L'état d'excitation du pays exerça la même influence sur l'évêque de Londres, mais les lords Wellington, Londonderry, et un grand nombre d'autres, procla- mèrent que leur opinion demeurait la même, leur hostilité aussi forte.

La chambre, cette fois, avait quitté sa froideur ; une amertume violente inspirait les discours des adversaires de la réforme, et ce fut le reproche et l'anathème à la bouche que lord Ellenborough lança, en réponse au discours du ministre, la for- mule de rejet : « Que la lecture du bill soit remise à six mois. » Un discours plein de hauteur, prononcé par un pair catholique, le comte de Shrewsbury, acheva de porter au comble l'animosité des partis. « Mylords, s'écria-t-il, rendez au peuple « ses droits, ou le peuple les reprendra lui-même. C'est assez longtemps pousser « jusqu'à l'excès l'exaspération d'une nation depuis tant d'années asservie par une « oligarchie dominatrice. » Puis, se tournant vers le banc des évêques : « On dit « que vous entendez bien vos intérêts : faites-le voir en changeant de conduite, et « en cessant d'être, comme vous l'avez été jusqu'ici, les instruments de toute « tyrannie. »

« —Voilà les fruits de l'émancipation des catholiques, répliqua le comte de Lime- « rick ; mais quelque mal que j'en attendisse, je ne comptais pas être destiné à en- « tendre si tôt sortir de la bouche de l'un des premiers pairs catholiques du royaume « une philippique, non-seulement contre l'existence de cette chambre, mais contre « tout ce qui a existé depuis le dernier siècle. »

La discussion allait toujours s'envenimant ; l'évêque d'Exeter poussa enfin si loin les attaques contre le ministère et tous ses adhérents, que le lendemain le gendre du premier ministre, lord Durham, se leva encore bouillant de colère, et flétrit le discours du prélat de l'épithète la plus sanglante. Rappelé à l'ordre, sommé de rétracter ses paroles : « Mes termes ne sont peut-être pas les plus élé- « gants qu'on puisse employer, dit-il, mais ce sont les plus propres à stigmatiser « les discours faux et scandaleux du prélat. »

Mais lord Durham ne s'était pas seulement levé pour repousser une attaque blessante; le ministère avait différé jusque-là de montrer à cette aristocratie opi- niâtre que ce bill était le triste fruit de sa conduite, qu'à elle seule devait s'attribuer le reproche des larges concessions que réclamait le peuple, et que ce dernier ne criait que parce qu'elle l'écrasait : lord Durham se chargea de cette tâche, et déroula devant la chambre son histoire tout entière. « Deux nobles pairs, dit-il, ont accusé « les défenseurs du bill d'avoir créé eux-mêmes cette excitation de l'esprit public « qui en impose en quelque sorte l'adoption. Sur quoi fondent-ils cette accusation? « Y a-t-il eu, en aucun temps, un bill dont l'adoption ait été plus vivement sollicitée « au dedans et au dehors du parlement que la réforme? Depuis la révolution de « 1688, pas un homme éminent, dont le pays se fait gloire, qui n'ait dit son mot à « l'appui. Depuis l'année 1783, époque de la fameuse pétition du comté d'York, pour « demander la réforme, pas une plainte du peuple où elle ne se retrouve plus ou « moins énergiquement réclamée suivant le temps et les circonstances. La réforme « n'est point une demande nouvelle, encore moins une réaction des récentes révo- « lutions de France et de Belgique; voilà cinq ans qu'elle se présente chaque « année sous un aspect de plus en plus formidable. Mais n'est-ce pas plutôt l'effet « de vos refus réitérés d'accorder des priviléges électoraux aux grandes cités, « Leeds, Manchester, Birmingham, quand des occasions répétées se sont présen- « tées? N'est-ce pas plutôt encore l'effet de ces tableaux déplorables qu'ont offerts « les enquêtes parlementaires sur les corruptions électorales des bourgs pourris « qui l'ont rendue nécessaire? Enfin n'est-ce pas aussi que cette question représente « l'existence politique de cette imposante multitude, les classes moyennes, qui se « sont identifiées avec elle?

« Jusqu'à la révolution de 1688, l'objet de toutes les luttes a été d'empêcher le « souverain d'acquérir un pouvoir despotique. Cette révolution a consommé la « défaite de la couronne, et depuis celle-ci a toujours été dans la dépendance et à la « merci de deux partis formés dans les hautes classes. Entre ces deux partis, la « lutte a été acharnée, incessante : que le pays fût bien ou mal gouverné, peu « importait; le principal était de faire triompher les opinions du parti dominant. Le « peuple a longtemps acquiescé à cette suprématie des hautes classes et à la posses- « sion exclusive qu'elles se sont réservée des priviléges politiques; mais depuis un « demi-siècle un grand changement s'est opéré dans la société. Les hautes classes « sont demeurées stationnaires, tandis que les classes moyennes s'élevaient gra- « duellement à leur niveau. De là chez elles le désir d'avoir part aux priviléges « politiques, désir qui, comprimé, ne peut nous mener qu'à une convulsion néces- « sairement destructive, parce qu'elle brisera, en éclatant, le pouvoir trop faible « qui la comprime. »

« Ces priviléges, dit-on, sont une propriété acquise à titre onéreux, consacrée « par le temps, inviolable dans une société établie sur la base de la propriété;

« celui qui possède ne doit pas partager le fruit de son travail avec des pauvres et
« des mendiants? Des pauvres et des mendiants! mais les ressources de ces classes
« sont le double et le triple de celles des hautes classes; et, relativement à l'intelli-
« gence, tandis que la *gentry*, vivant à part dans ses domaines, en est encore
« aux passe-temps de ses ancêtres, voyez dans les grandes villes commerçantes,
« ces sociétés littéraires, ces instituts scientifiques, et ces mille associations ten-
« dant au perfectionnement de la race humaine, que les classes moyennes font
« vivre, qu'elles soutiennent de leur bourse et de leur exemple; voyez-les, quand
« l'occasion des assemblées publiques les met en contact avec la *gentry;* la supé-
« riorité de savoir et d'intelligence des premières ne frappe-t-elle pas aussitôt tous
« les regards? »

« Dans un tel état de choses, je vous demande si c'est une constitution saine et
« même convenable que celle qui exclut de la jouissance des priviléges et du pou-
« voir politique une masse de citoyens ayant pour elle, richesses, connaissances et
« talents, et cela simplement parce qu'ils ne se trouvent pas compris dans une
« classe particulière, dotée de priviléges concédés à des époques et dans des cir-
« constances qui ne sont plus. Je vous demande encore si ceux qui ont été appelés
« jusqu'ici par la constitution à représenter le peuple ont rempli fidèlement leur
« devoir. Non, certes, et les preuves sont sans nombre; mais quelques-unes suffi-
« ront. »

« Lorsque, à la révolution, ce système parlementaire corrompu a été consacré,
« la dette nationale était de seize millions sterling; elle est maintenant d'un milliard.
« Les dépenses du gouvernement, à cette époque, étaient de cinq millions; elles
« montent aujourd'hui à plus de quatre-vingt-quinze, et la taxe des pauvres,
« grandissant chaque jour, a été portée d'un million à sept. Sous un seul règne,
« celui de Georges III, vingt-sept millions ont été prodigués à soudoyer les puis-
« sances continentales, et le luxe de la guerre a coûté au pays plus d'un milliard.
« Dès que la guerre a été finie, la détresse a suivi; le mécontentement et les plaintes
« se sont élevés; qu'a-t-on fait? A-t-on cherché à concilier les intérêts, à entrer
« dans des concessions? Nullement. La répression, l'emploi de la force sous toutes
« les formes, telle a été la réponse; suppression des assemblées pour pétitionner,
« entraves à la liberté de la presse, suspension de l'*habeas corpus*, bill d'indemnité
« pour l'arbitraire, tout a été proposé et accepté par la chambre des communes.
« Les lords opposants applaudissaient, mais le peuple n'applaudissait pas à l'op-
« pression de ses libertés, à la dissipation de ses ressources par une chambre qui
« n'en était plus la gardienne qu'en théorie; et son attention s'est tournée alors
« sur le mode par lequel était élue cette assemblée qui ne représentait plus ses opi-
« nions, ne protégeait plus ses intérêts. Qu'a-t-il vu? Vous le savez..... »

Lord Durham entra ensuite dans les détails des vices qui avaient corrompu la
représentation nationale, et qui produisaient, suivant le langage de Burke, une
chambre faisant des adresses de congratulations pour représenter un peuple
signant des pétitions de griefs. « Le désir de réforme, ajouta-t-il, n'est ni une
« inspiration du ministère, ni la suite de ces révolutions de France et de Belgique
« qui offusquent si fort l'imagination du dernier chef du cabinet; il est né du

« besoin réel de concessions. Ces concessions, le temps est venu de les faire. La
« révolution de 1641, celle de France en 1789, la perte de l'Amérique, eussent
« été prévenues par des concessions sages et faites à propos... Vous parlez de résis-
« tance; mais avez-vous calculé les forces de chaque parti? Avez-vous réfléchi que,
« de notre côté, sont la couronne, la chambre des communes et le peuple; du vôtre
« environ deux cents pairs. Pourrez-vous vivre isolés dans vos châteaux entourés
« de canon (comme venait de le faire le duc de Newcastle) et gardés par des
« troupes qui ne vous défendront point si l'on vous y vient chercher? et d'ailleurs
« ne serait-ce pas là une existence révoltante pour des pairs de la Grande-Bretagne?
« C'est cependant ce qui peut vous arriver de plus heureux, si vous rejetez le bill.
« Enfin quel que soit votre choix entre l'affection du peuple ou sa haine, il n'est
« plus de retard possible; il faut que la question soit tranchée et tranchée sans
« retour. »

Ce discours était fait pour éclairer les pairs s'ils n'eussent été trop intéressés
dans la question pour convenir des vérités qui leur étaient adressées; aussi la discussion n'en fut-elle point amortie. Enfin, après quatre séances de plaidoyers
mêlés de défis et de personnalités, lord Grey, résumant les débats, rappela à eux-
mêmes ceux qui n'étaient point encore complétement aveuglés : « Les meilleurs
« publicistes constitutionnels, leur dit-il, reconnaissent que la création d'un grand
« nombre de pairs, pour un objet particulier, est une mesure grave à laquelle il
« faut rarement recourir; mais, ajoutent-ils, il y a des cas où, pour éviter une
« collision entre les deux chambres, elle peut être d'une nécessité absolue. J'ai
« toujours eu moi-même une profonde aversion pour de tels moyens de gouverne-
« ment; mais, dans les cas extrêmes, je les regarde comme parfaitement justi-
« fiables, et surtout conformes aux principes les mieux établis de la constitution.
« Je n'ai rien à dire de plus pour le moment. » Cet argument entraîna la majorité
en faveur de la seconde lecture; majorité bien faible, de neuf voix seulement.
Lord Wellington et soixante-quatre pairs protestèrent publiquement contre cette
décision de la chambre, qui n'était, du reste, que l'annonce d'un changement
d'opérations.

Le plan des opposants se trahit tout d'abord, aussitôt que le bill fut mis en
comité. Lord Lyndhurst, chef du complot, proposa de remettre à une discussion
postérieure la première partie du bill, celle qui privait certaines localités des droits
électoraux, pour voter, avant tout, sur la seconde, qui les concédait aux grandes
villes. La manœuvre était habile; après avoir apaisé les clameurs des cités manufacturières, les torys se flattaient de pouvoir sauver l'existence de leurs vieux bourgs.
Tous donnèrent leur adhésion à ce changement, en protestant qu'ils n'avaient
point l'intention de détruire la première partie du bill. Mais lord Grey rejeta cette
transaction insidieuse avec mépris, déclarant qu'il regarderait le vote de l'amendement comme la défaite du bill tout entier; cependant, malgré ses efforts, la majorité se prononça en faveur de l'amendement de lord Lyndhurst. Aussitôt, lord
Grey se leva, demanda que toute discussion fût ajournée et quitta la chambre
(7 mai 1832).

Le ministère n'avait plus d'autre recours que la fermeté du roi. Une création de

·pairs était nécessaire, et l'administration se montrait unanime à la demander ; mais Guillaume s'effraya du grand nombre de nouveaux pairs qu'il faudrait nommer pour contre-balancer la majorité qui s'opposait au bill ; les dangers d'un pareil précédent, et l'influence de sa famille, qui, un seul membre excepté, était toute attachée au parti tory, le firent reculer. Alors le ministère offrit sa démission, qui fut acceptée.

A la nouvelle de la faible majorité qui, dans la chambre des lords, avait voté la seconde lecture, l'alarme s'était répandue dans le pays ; les associations s'étaient déclarées en permanence jusqu'à l'entière adoption du bill, et des milliers d'hommes s'assemblaient chaque jour dans les comtés, poussant infatigablement vers la capitale de nouvelles députations chargées d'adresses et de pétitions ; mais personne ne s'était attendu à la résistance du roi et à la démission dn ministère. Quand on apprit que le cabinet était renversé, ce qui n'était que menace devint action. Les communes votèrent aussitôt une adresse au roi, dans laquelle, exprimant leurs regrets du changement d'administration et leur inquiétude sur l'intégrité du bill de réforme, elles suppliaient Sa Majesté « de n'appeler à ses conseils que des personnes « consentant à poursuivre cette mesure. » Quant au pays, il préludait déjà à une révolution véritable. Un placard lancé par l'*Union centrale de la réforme*, à Birmingham, et portant ces mots : AVIS. *Il ne sera plus payé de taxes jusqu'à ce que le bill de réforme ait passé*, fut répandu par tout le royaume ; et, conformément à cette déclaration, les adresses affluèrent vers la chambre des communes, l'iuvitant à nommer une commission chargée de percevoir les revenus publics, qui, désormais, ne devaient plus passer par les mains des lords de la trésorerie. L'*Union centrale* envoya à la chambre une pétition qui contenait cette phrase menaçante : « Les pétitionnaires trouvent écrit dans le bill des droits, que le peuple d'Angleterre peut avoir pour sa défense des armes selon sa condition et telles que la loi les autorise, et ils pensent que ce premier des droits doit être proclamé partout, afin que le peuple soit prêt à tout ce qui peut advenir. » L'Irlande suivait cet exemple, et jusqu'au fond de l'Écosse le soulèvement s'organisait. Partout les masses délibéraient : il n'y avait plus d'autre gouvernement.

Pendant cette fermentation, qui, heureusement, dirigée par des classes éclairées, ne produisait d'autre désordre qu'une cessation complète de toutes les transactions ordinaires, les torys se réjouissaient de leur triomphe. Ils publiaient « que lord Grey était un homme opiniàtre, insociable, qui, pour une simple question de forme, avait abandonné le roi et le pays, trahissant la cause dont il se disait le défenseur ; » mais leurs efforts pour ébranler sa popularité demeurèrent sans fruit, et leur joie ne fut pas de longue durée.

Le roi avait mandé lord Lyndhurst auprès de sa personne, non pour former un ministère, mais pour qu'il eût à sonder les hommes d'état qui voudraient se charger de faire passer le bill sans l'expédient d'une création de pairs. Il n'y avait qu'une administration tory qui semblât pouvoir obtenir de la chambre haute la résignation qui devait tout terminer, mais ni lord Wellington, ni sir Robert Peel n'osèrent accepter le pouvoir à ces conditions, et le roi se vit forcé de rappeler le comte Grey. En lui rendant son portefeuille, il s'engageait à surmonter ses répugnances pour une création de pairs, si leurs seigneuries ne cédaient pas enfin à la nécessité. La chambre aristocratique ne pouvait plus longtemps lutter contre l'accord du roi, du cabinet et des communes. Il fut convenu qu'un certain nombre de lords opposants s'absenteraient le jour du vote, et laisseraient ainsi au ministère la majorité dont il avait besoin.

Par suite de cette détermination, le bill, dont la discussion avait absorbé la chambre des communes pendant deux mois, fut expédié en six jours par la chambre des lords. Le 4 juin, eut lieu la troisième lecture, après quelques modifications purement verbales, qui furent acceptées le lendemain par l'autre chambre. La réforme pour l'Écosse et pour l'Irlande passa ensuite rapidement par tous les degrés de la législature, et, le 7 août 1832, le bill de réforme dans son entier devint loi de l'état.

« Ce bill ôtait la franchise électorale à tous les bourgs ayant moins de deux mille habitants, et n'accordait plus qu'un représentant au lieu de deux à tous ceux d'une population inférieure à quatre mille âmes. Le vide ainsi laissé sur les bancs de la chambre était rempli par les députés accordés aux villes non représentées jusqu'alors et aux principaux comtés, dont la représentation était doublée. Celle de Londres était également portée de huit à seize membres.

« Le résultat final fut d'attribuer soixante-six membres nouveaux aux comtés, soixante-trois à des villes d'Angleterre, huit à des villes d'Écosse, cinq à des villes d'Irlande; la représentation nationale fut maintenue au même nombre de six cent cinquante-huit députés : cinq cents à l'Angleterre, ou un pour vingt-huit mille âmes; cinquante-trois pour l'Écosse, ou un pour trente-huit mille âmes; cent cinq pour l'Irlande, ou un pour soixante-seize mille.

« Ces changements, pour lesquels on avait suivi les proportions de la population et de la richesse combinées, étaient graves par eux-mêmes. Le privilége des corporations était brisé pour l'avenir, et la franchise était accordée, dans les villes, à tout propriétaire et locataire d'une maison d'un revenu annuel de dix livres sterling. Pour les élections de comtés, les fermiers acquéraient la capacité électorale lorsqu'ils payaient une rente annuelle de dix livres sterling pour les baux de soixante ans, et cinquante livres sterling avec ou sans bail. Cette dernière clause, obtenue par l'opposition, maintenait le tenancier, vis-à-vis de son propriétaire, dans un état obligé de dépendance [1]. » Une stipulation toute en faveur de l'aristocratie, fut la conservation des droits électoraux à tout possesseur d'un franc fief, produisant quarante shellings de revenu. Lorsqu'au moyen âge on avait fixé à cette somme la limite inférieure des *freeholds*, qui donnaient à leur possesseur le droit de voter, cette somme suffisait alors pour faire vivre son homme et devenait une garantie d'indépendance, mais depuis bien longtemps cette garantie était devenue illusoire. Cependant, par respect pour les droits acquis, le droit électoral fut conservé au possesseur d'un franc fief de quarante shellings.

Tel fut le bill de réforme : « l'aristocratie s'était exagéré sans doute la portée de cette mesure, parce qu'elle la jugea d'abord sur la hardie nouveauté de ses prin-

_____

1. L. de Carné.

cipes; mais elle sembla bientôt se réconcilier graduellement avec elle, en pénétrant ce que ses dispositions laissaient de ressources à son influence, ce qu'elles lui en créaient même de nouvelles. D'une part, en effet, l'aristocratie restait maîtresse des élections de comté, surtout par l'amendement qui concédait la franchise aux fermiers sans baux; de l'autre, les innombrables liens qui lui rattachent les populations urbaines, la mirent en peu de temps en état de reconquérir sur les *householders* (bourgeois) à dix livres sterling, l'ascendant immémorial qu'elle exerçait sur les anciens *freemen* (bourgeois). Moins de deux ans après la réforme, on présentait à la chambre une pétition par laquelle il était établi qu'un noble duc (le duc de Buckingham) avait fait construire une multitude de petites maisons d'un loyer de dix livres sterling, pour opposer au vote des électeurs indépendants celui de gens à sa dévotion absolue [1]. »

L'adoption du bill de réforme fut célébrée par des fêtes et des réjouissances dans toute la Grande-Bretagne, et l'activité qu'avait créée le mouvement insurrectionnel se porta sur l'exercice des droits concédés à la masse de la nation. Un parlement, élu suivant les prescriptions du nouvel acte, devait être prochainement convoqué; et la formation des listes électorales absorba l'attention universelle. Le parlement, qui avait été prorogé le 16 octobre 1832, fut en effet dissous le 8 décembre, et les premières élections de la réforme commencèrent. Elles se firent presque partout avec ordre et régularité. Dans les endroits les plus populeux, comme dans ceux où il y avait une moindre agglomération d'électeurs, la formalité du vote fut accompli dans le délai de deux jours, délai fixé par le nouvel acte, afin de laisser moins de temps au négoce corrupteur et aux séductions des fêtes et des banquets destinés à gagner les électeurs. L'avantage demeura aux torys dans les comtés; mais, dans les villes, les élections donnèrent une supériorité complète aux ministériels et aux partisans de la réforme. En Écosse, le succès du cabinet fut encore plus décisif. Sur cinquante-trois représentants, onze conservateurs seulement et cinq ou six radicaux furent renvoyés à la chambre. En Irlande, les élections furent purement *irlandaises*, et les collègues d'O'Connell arrivèrent, comme lui, à la chambre, pour former une de ces phalanges d'opposition flottante avec lesquelles le pouvoir dut dès lors composer sur quelques intérêts, lorsqu'il voulut être sûr de la majorité pour certaines questions.

Le ministère de la réforme n'avait point terminé sa mission, et l'on attendait encore de lui que, poussant plus loin l'application du principe, il relevât le pays de cet état de langueur où l'avait plongé la longue et inerte domination des torys. Ces espérances ne furent point trompées. Le discours du roi, à l'ouverture de la première session du *nouveau* parlement (5 février 1833) déroula devant les chambres un programme de travaux d'autant plus nombreux que, depuis trois ans, le pays, occupé à secouer un joug oppresseur, n'avait pu ni demander ni recevoir d'améliorations. Des trois royaumes britanniques, le plus maltraité, c'était l'Irlande. L'émancipation lui avait donné une voix pour se plaindre; mais ni cette concession ni la réforme ne l'avaient affranchie de ses misères; aussi, voyant que

1. L. de Carné.

tous ces bienfaits tant vantés ne changeaient rien à son sort, elle recommença à s'agiter, et les troubles ne tardèrent pas à devenir sérieux. Les dîmes furent refusées par tout catholique, et l'autorité méconnue fut obligée d'obtenir chaque acte d'obéissance par la force de ses soldats. Il y eut encore du sang répandu, le sang des protestants d'abord, et, par représailles, celui des catholiques. Ce fut à celui-ci qu'O'Connell fit allusion lorsque, dans sa lettre aux réformateurs d'Angleterre, il disait : « Frères, il y a du sang sur la face de la terre ; ce sang, qui fume encore, « c'est du sang irlandais, et il demande vengeance contre ceux qui ont violé les « lois. Cette vengeance, le ciel seul nous la donnera-t-il ? ou les victimes de l'op- « pression anglaise trouveront-elles enfin des vengeurs chez leurs oppresseurs « jaloux de se faire pardonner cinq siècles de malaise et de tyrannie ? »

« La loi avait cessé d'exister en Irlande ; tout y était désordre et confusion ; aussi la première mesure du cabinet fut-elle de demander au parlement de puissants moyens de répression. Le bill de *coercition*, présenté à cet effet, fut adopté sur-le-champ par la chambre haute, où le parti conservateur se déclara en faveur de la mesure ; dans les communes, au contraire, une violente discussion l'arrêta près de deux mois. O'Connell, accusant les ministres de vouloir écraser l'Irlande, leur demanda comment ils osaient réclamer des mesures de rigueur sans apporter en même temps le moindre soulagement à cette malheureuse contrée. « Tous les « outrages, s'écria-t-il, qui sont adressés à la loi par les Irlandais, ce sont les protes- « tants qui les ont fait naître ; ce sont eux qui ont violé le traité de Limerick : dans « tous les temps, ils se sont montrés les plus mortels ennemis des catholiques. » Le ministère insista pour réprimer avant de secourir, et la majorité sanctionna le bill. Mais, dans la discussion, le cabinet s'était engagé à faire quelque chose pour l'Irlande. Un nouveau bill vint affranchir les catholiques du joug des redevances qu'ils étaient forcés de payer à un culte ennemi, possesseur déjà d'une opulence outrageante au pays. La contribution qui forçait les catholiques à aider de leurs deniers à la construction et à l'entretien des temples protestants, fut abolie ; dix évêchés anglicans sur vingt-deux furent supprimés. Lord Althorp demandait en outre que, d'après l'examen des revenus exagérés de l'église anglicane d'Irlande, on établît sur les évêchés et certains bénéfices un impôt proportionné à leur valeur, et que l'on appropriât aux besoins de l'Irlande les 3 millions sterling ainsi prélevés ; mais ce projet de loi, quelque utile, quelque modéré qu'il fût, rencontra une puissante opposition à la chambre haute, et la réduction des revenus du haut clergé ne passa qu'à la condition que les millions provenant de cette réduction, seraient appliqués spécialement à l'instruction religieuse dans le sein de l'église protestante.

L'organisation des jurys était encore une des plus mauvaises institutions de l'Irlande. Les grands jurys pesaient aux citoyens ; les jurys ordinaires entravaient l'action des lois et du pouvoir. La principale fonction des premiers était de présenter les projets pour les travaux publics, et principalement pour les routes ; ils s'acquittaient de cet emploi dans des intérêts tout personnels, toujours sans utilité pour le pays. Le nouvel acte établit qu'un certain nombre de personnes, les plus imposées dans chaque comté, seraient associées aux magistrats, et que les dépenses seraient contrôlées par des délégués de ceux qui payaient. Enfin, le choix impar-

tial des jurés fut assuré en matière criminelle, et l'intimidation des témoins prévenue. Deux commissions d'enquête furent nommées en même temps pour l'examen
de l'organisation communale (les corporations) et de la situation des classes laborieuses en Irlande.

Cependant la chambre basse, composée en grande partie d'hommes nouveaux,
et toute pénétrée de l'inspiration libérale qui lui avait donné naissance, entrait avec
ardeur dans la voie dont l'administration lui aplanissait l'entrée; les beaux jours de
Canning semblaient revenus, mais avec un esprit de libéralisme plus puissant, plus
fécond. Le cabinet poursuivait, de concert avec la chambre, une guerre vigoureuse
contre tout ce qui restait d'entraves pour gêner le mouvement social. Parmi les
grandes questions de ce genre, il en était une dont la solution avait fait reculer
toutes les administrations, que Canning lui-même avait cru dangereux de résoudre;
c'était l'abolition de l'esclavage des noirs. Le zèle des abolitionistes accroissant chaque jour les espérances et les facultés de la population asservie, il devenait urgent
d'imposer silence aux intérêts privés, afin d'éviter quelque révolution lointaine qui
eût compromis le sort des colonies anglaises. Au prix même d'un sacrifice, la servitude des nègres devait être détruite. Un bill, qui reçut une approbation unanime,
régla l'extinction de l'esclavage, la compensation à donner au propriétaire, et le
mode à suivre pour introduire dans la civilisation la race nouvellement dotée de la
liberté. A dater du 1er août 1834, l'esclavage devenait illégal; il cessait d'être protégé ou même reconnu par la loi dans toutes les possessions de l'empire britannique.
Une somme de 20 millions sterling était votée pour indemniser les propriétaires;
enfin des inspecteurs spéciaux, choisis et envoyés par la métropole, étaient appelés à présider à l'émancipation graduelle des esclaves qui, d'abord apprentis de
leurs maîtres, et assujettis à un travail dont la durée était fixée par la loi, devaient
ainsi apprendre à faire usage de la liberté.

La dépense de 20 millions sterling, qui était la conséquence de cette grande mesure, n'empêcha point le ministère d'affranchir le pays de quelques-unes des
taxes qui pesaient sur lui. Un sévère système d'économie, qui régit toutes les
branches du service public, produisit une réduction de 1,545,000 livres sterling;
l'excise même, dans laquelle la réforme n'avait jamais pénétré, qui avait résisté à
toutes les enquêtes, et était restée debout et intacte, l'excise que le tory Johnson
définissait « une taxe haïssable levée sur les denrées de consommation, et répartie
non par les juges ordinaires de la propriété, mais par des misérables à la solde de
ceux-là même à qui la taxe est payée, » l'excise fut soumise au contrôle. Au commencement de la session, le ministère s'occupa de pénétrer dans ce sanctuaire du
patronage, et d'atteindre les abus d'un système que tout le monde attaquait, mais
qui semblait destiné à se perpétuer. Une commission fut attachée à la recherche
de ce dédale, et les abus, traduits un à un à la barre de la chambre, furent impitoyablement tranchés.

En même temps qu'il supprimait des impôts onéreux au pauvre et sans utilité
pour l'état, le ministère simplifiait les comptes publics par un système qui désormais écartait toute déception. Cette œuvre commencée par Canning, et si heureusement poursuivie par le nouveau cabinet, lui gagnait les suffrages mêmes des

radicaux que la résistance du comte Grey à leurs exigences politiques irritait sur tant de points. « J'ai toujours dit que le pays tire un grand avantage de l'entrée « aux affaires de la présente administration, » disait M. Hume, cet ardent contrôleur de tous les comptes financiers du pouvoir, « elle a simplifié les dépenses de la « liste civile, et les a classés avec ordre. Je lui sais gré aussi d'abandonner à l'exa- « men de chacun tous les chapitres de dépenses; il n'en est aucun à présent « auquel les membres de cette chambre n'aient accès. »

Pour le commerce et l'industrie, les dernières années avaient été des périodes de crises sans cesse renaissantes, et le malaise était au comble lorsque le cabinet tory descendit du pouvoir aux cris de réprobation de tout le pays. La confiance, un moment rétablie par l'accession du nouveau ministère, avait été de nouveau ébranlée par les agitations du bill de réforme. De nombreux dégrèvements vinrent en aide à son progrès renaissant; un bill réduisit le travail des enfants dans les manufactures, assura leur éducation, et les mit sous la protection d'inspecteurs spéciaux.

Enfin, attaquant un corps redoutable, la magistrature et le barreau de Londres, centre où s'organisent toutes les résistances aux innovations dont l'utilité est le plus manifestement démontrée, le ministère simplifiait la procédure, prescrivait la codification des lois et statuts, abolissait certaines actions dont les termes sacramentels exposaient les plaideurs à la perte de leur fortune, par le seul fait d'un mot omis dans une formule barbare; il réformait surtout cette cour de chancellerie, dont rien ne saurait faire comprendre ni l'arbitraire des décisions, ni la lenteur des procédures, et portant la sape dans ces sombres régions du patronage et de la chicane, il diminuait les frais d'instance de plusieurs millions par année, et préparait pour l'avenir des résultats sociaux, tout en ne poursuivant dans le présent que des réformes sans caractère politique.

Deux actes non moins importants complétèrent ces heureuses innovations : ce fut le renouvellement du privilége de la banque d'Angleterre, et celui de la charte de la Compagnie des Indes.

Quoique le privilége de la banque fût attaqué par quelques radicaux insensés comme un odieux monopole, il ne rencontra dans les chambres aucune opposition sérieuse. Il n'en fut pas de même du renouvellement de la charte de la Compagnie des Indes. Cette question, touchant à des intérêts non moins graves, mais bien plus étendus et plus compliqués, devait donner d'autant plus matière à discussion que les événements survenus dans l'Inde depuis le commencement du siècle avaient complétement changé les conditions d'existence de la Compagnie.

La victoire remportée sur Tippoo-Saïb, la mort de ce prince, ainsi que de nouveaux succès remportés par le colonel Wellesley sur quelques princes voisins de l'état de Mysore, avaient porté partout dans l'Inde la gloire et la terreur du nom anglais. Ce fut à qui rechercherait l'alliance de la Compagnie. Le nizam, le premier, s'apercevant qu'il n'était pas en état de gouverner les nouvelles et vastes possessions que lui avait values le traité de partage du Mysore, remplies qu'elles étaient de hordes belliqueuses que le bras de fer d'une puissance militaire aurait seul pu contenir dans l'obéissance, demanda à être soulagé d'un fardeau trop pesant pour ses forces

PALAIS DU RÉSIDENT BRITANNIQUE, A HYDERABAD.

et pour son courage. Le marquis de Wellesley, gouverneur général, s'empressa d'acquiescer à sa demande, et un traité fut conclu immédiatement. La Compagnie garantissait au nizam l'intégrité de ses états contre toute attaque, et augmentait les forces auxiliaires cantonnées à Hyderabad de deux nouveaux régiments d'infanterie et d'un régiment de cavalerie. En reconnaissance de ce service, le nizam cédait à la Compagnie tous les territoires dont les traités de Seringapatam en 1792, et de Mysore en 1799, l'avaient rendu le maître nominal. Ces territoires avaient une étendue de vingt-cinq mille neuf cent cinquante milles carrés, ou plus de la moitié de toute l'Angleterre; ils produisaient un revenu de 450,000 livres sterling. L'établissement d'un résident anglais à Hyderabad acheva d'assujettir le nizam au joug britannique. Le rajah de Tanjore, jaloux de s'abriter aussi sous une efficace protection, traita sur les mêmes bases avec la Compagnie, et lui céda, pour l'entretien des troupes auxiliaires qui lui furent accordées, des territoires d'une étendue de quatre mille milles carrés. Enfin l'établissement portugais de Goa était abandonné volontairement aux autorités anglaises par ses maîtres affaiblis; les descendants des premiers conquérants de l'Inde reconnaissaient la suprématie de la race anglo-saxonne.

En même temps des relations amicales s'établissaient avec l'iman de Mascate, chef puissant qui possédait une force navale considérable et une grande étendue de côtes dans le golfe Persique et sur les confins de l'Arabie. Le shah de Perse était aussi entré en négociations avec la Compagnie, et avait conclu à Ispahan un traité à la fois politique et commercial, très-avantageux pour l'Angleterre. Ce traité assurait d'importants priviléges au commerce britannique dans l'intérieur de l'Asie, et une barrière puissante contre les seules nations qu'on supposait alors en état de menacer les provinces de l'Hindoustan. Il était stipulé que, le cas échéant d'une invasion des Afghans, ou de mesures hostiles tentées par la France, la Perse ferait cause commune avec l'Angleterre pour s'opposer aux progrès du survenant.

Délivré de tous dangers intérieurs par ces heureux événements et ces habiles négociations, le marquis de Wellesley se trouva dans la possibilité de disposer, même hors de l'Inde, des forces, désormais colossales, de la Compagnie. Les ressources du gouvernement étaient si grandes que, sans affaiblir sensiblement la force d'aucune des présidences, on put équiper à Bombay une expédition de sept mille hommes, qui furent envoyés en Égypte contre les Français (30 mars 1801), et qui, par l'opportunité de leur arrivée, contribuèrent puissamment à la prise du Caire.

Non content de ces résultats, le marquis de Wellesley songeait à accroître encore davantage la puissance de la Compagnie. Le royaume d'Oude était depuis longtemps occupé par un corps d'armée britannique; la faiblesse intérieure de ce gouvernement, et surtout sa situation sur la frontière septentrionale de l'Inde, qui l'exposait à succomber aux premières attaques d'une invasion, nécessitaient la présence des troupes anglaises. Par les traités existants, la Compagnie avait le droit d'augmenter le nombre de ces troupes, si elle le jugeait nécessaire pour le repos des deux puissances; mais, lorsqu'elle voulut user de ce droit, le nabab consentit bien à l'augmentation des troupes auxiliaires, mais ne voulut céder aucun territoire en échange des subsides qu'il devait payer pour leur entre tien. Enfin ses refus furent vaincus par la fermeté et l'habileté du diplomate anglais, M. Henry Wellesley : par un traité conclu à Lucknow (6 septembre 1801), le rajah céda au gouvernement britannique toutes les provinces frontières de l'état d'Oude. Le revenu de ces districts, d'une étendue de trente-deux mille milles carrés, était estimé très-inférieur au subside que le nabab aurait dû payer pour la solde des troupes auxiliaires; mais le gouvernement britannique fut amplement dédommagé de cette perte temporaire par l'augmentation de ce revenu, qui bientôt tripla sous l'administration anglaise, et surtout par l'état de dépendance absolu où se trouva dès lors réduit le rajah d'Oude.

Vers la même époque, une autre transaction, fondée sur les mêmes principes, mit les Anglais en possession de territoires d'une importance égale dans le Carnatique. Au milieu des papiers découverts dans les archives secrètes de Tippoo-Saïb, à Seringapatam, on avait trouvé une correspondance en chiffres entre ce chef et le nabab du Carnatique; cette correspondance ne permettait pas de douter que ce dernier n'eût été mêlé dans une combinaison hostile au gouvernement britannique. Il était de la plus haute importance qu'aucun ennemi secret ne pût exister dans cette riche et fertile contrée, si voisine des provinces britanniques, sur la côte de Madras; et comme, depuis longtemps, l'autorité du nabab n'était plus que nominale, lord Clive, gouverneur de Madras, reçut l'ordre de prendre militairement possession du pays (juin 1801). Après une négociation difficile, un traité fut enfin conclu, par lequel les Anglais obtinrent l'autorité absolue dans les états du nabab, sous l'unique condition de lui assurer un riche revenu. Les fertiles territoires acquis en cette occasion n'avaient pas moins de vingt-sept mille milles carrés; ils s'étendaient depuis le pied des montagnes du Mysore jusqu'à la côte de Coromandel. Ainsi, en quelques années seulement, la Compagnie s'était fait céder des contrées d'une incalculable richesse et d'une immense étendue, et cela sans tirer l'épée et par la seule terreur de son nom.

Mais il était encore dans l'Inde des peuplades guerrières que les victoires des Anglais n'intimidaient pas, et avec lesquelles ils n'allaient pas tarder à se trouver en hostilité. En détruisant l'empire de Tippoo-Saïb, en réduisant le nizam et le rajah de Mysore à la condition de tributaire, les Anglais s'étaient mis en contact avec leurs infatigables et entreprenants voisins, les Mahrattes. Depuis la mort de Sevadjee, fondateur de leur empire, les Mahrattes s'étaient considérablement étendus. Maîtres de la plus grande partie de l'empire de Dehli, tenant en leur possession le descendant dégénéré de Timour, ils étaient maintenant la puissance la plus considérable et la plus redoutable de tout l'Hindoustan; ils formaient une confédération dont le chef, le Peishwa, résidait dans la ville de Poonah. C'était au nom de ce prince que les traités de la Compagnie et des princes de l'Inde avec les Mahrattes étaient toujours conclus; mais son autorité ressemblait beaucoup à celle de l'empereur d'Allemagne sur le corps germanique; elle était plus nominale que réelle, et les principaux chefs de cette nation belliqueuse étaient, à vrai dire, complétement indépendants. Trois d'entre eux, le rajah de Bérar, Sindiah et Holkar, s'étaient élevés au-dessus de tous les autres, et c'était avec eux que les Anglais devaient lutter dans la guerre qui allait éclater.

SEVADJEE, FONDATEUR DE L'EMPIRE MAHRATTE,

d'après une miniature indoue conservée au Cabinet des Estampes de la Bibliothèque Royale de Paris.

Le rajah de Bérar avait formé un état de tout le territoire qui s'étend depuis la mer, sur la côte occidentale du golfe de Bengale jusqu'aux domaines du nizam, et qui touchait à l'est et au nord aux possessions de la Compagnie. Sa capitale était Nagpoor; il pouvait mettre sur pied vingt mille hommes de cavalerie disciplinée et dix mille hommes d'infanterie. La puissance de Sindiah était beaucoup plus considérable; outre dix-huit mille hommes d'excellente cavalerie, il avait seize bataillons d'infanterie régulière, commandée par des officiers européens, et environ deux cents pièces de canon. Sindiah s'était élevé à la cour du Peishwa par des services militaires, et quoiqu'il disposât à son gré des ressources de ce prince, il avait soin d'observer envers lui tout le cérémonial respectueux de l'Inde. Sindiah était de nom le sujet et de fait le maître du malheureux empereur Mogol Shah-Alum; l'ami apparent, mais l'ennemi secret de son rival Holkar; il se déclarait le dernier des chefs rajpoots de l'Inde centrale, dont il était en réalité le chef et l'oppresseur; enfin il se prétendait le soutien du trône chancelant du Peishwa, et il n'aspirait qu'à le renverser.

Holkar était issu d'une tribu de bergers. Ses ancêtres s'étaient élevés par leur courage et leurs talents au premier rang parmi les chefs mahrattes; sa puissance était telle qu'il pouvait mettre facilement sur pied une armée de quatre-vingt mille hommes. Pendant quelque temps, il avait été en guerre contre Sindiah; mais bientôt ces deux chefs, faisant trêve à leurs ressentiments, joignirent leurs forces pour détrôner le Peishwa, Badge-Row. Le 25 octobre 1802, leurs armées combinées en vinrent aux mains avec celles de ce prince près de Poonah; les révoltés remportèrent la victoire après un combat acharné. Badge-Row, obligé d'abandonner sa capitale, gagna avec peine le territoire britannique, où il vint implorer la protection de la Compagnie.

Depuis longtemps déjà, le Peishwa comprenait combien il lui importait de recourir à la protection de l'Angleterre pour maintenir son pouvoir sur les indociles chefs des Mahrattes; mais la crainte de la colère de Sindiah et de Holkar, jointe à une secrète jalousie des rapides progrès des Européens, l'avait jusques alors empêché de se rendre aux avances que lui avait faites fréquemment le gouverneur général. L'envahissement de ses états mit un terme à ses hésitations; et le lendemain du jour où il avait été obligé d'évacuer sa capitale, le prince fugitif sollicitait ardemment le secours d'une armée qui le mît en état de soumettre ses vassaux rebelles. Il fut reçu cordialement par les autorités anglaises; et, s'étant embarqué sur un vaisseau britannique, il se rendit à Bombay.

La politique anglaise avait toujours considéré comme un point de la plus haute importance d'empêcher l'établissement dans l'Inde d'une puissance considérable avec laquelle la France pût former de dangereuses relations; aussi l'extension rapide de la confédération mahratte, les forces considérables dont elle pouvait disposer lui donnaient-elles de vifs sujets d'inquiétude. Ce qui ajoutait à ces craintes, c'est que déjà une sorte d'état militaire s'était élevé, sous la conduite d'officiers français, et avec la protection de Sindiah, sur les rives de la Jumna. Perron, officier français au service de ce chef, avait organisé une armée de trente mille hommes d'infanterie et de huit mille cavaliers, admirablement équipés et disciplinés, avec près de trois cents pièces de canon. Pour l'entretien de cette armée auxiliaire, Perron avait obtenu, selon l'usage de l'Inde, la concession d'un vaste territoire qui s'étendant depuis les bords de la Jumna jusqu'à ceux de l'Indus, à travers le Punjaub, comprenait Agra, Delhi et une grande portion du Doab, plaine d'alluvion entre la Jumna et le Gange. Une circonstance importante de cet établissement militaire, c'est qu'il donnait à Perron une autorité absolue sur la personne du malheureux Shah-Alum; et l'on pouvait craindre qu'il ne se servît de cette autorité pour obliger le Grand-Mogol à transmettre à la France les droits de la maison de Timour sur la presqu'île de l'Inde. La guerre civile qui venait d'éclater entre les Mahrattes, la demande de secours du Peishwa, qui donnaient à la Compagnie le droit d'intervenir dans les affaires de la confédération, étaient des occasions que lord Wellesley se garda bien de laisser échapper.

Un traité d'alliance fut bientôt signé entre lui et la Compagnie à Bassein (31 décembre 1802). Les clauses importantes de ce traité étaient l'admission dans les états du Peishwa d'une armée auxiliaire anglaise de six mille hommes, la cession d'un territoire suffisant à l'entretien de cette troupe, l'engagement de ne plus faire la guerre sans le consentement de la Compagnie, et de se soumettre à son arbitrage pour tous les différends avec les états voisins.

Aussitôt après la signature du traité de Bassein, le général Arthur Wellesley marcha avec le corps du Dekhan sur Poonah, où il entra sans résistance, et opéra la restauration du Peishwa, qui revint dans ses états et fut replacé sur son trône en présence de l'armée anglaise. Pendant quelque temps, les Anglais purent se flatter de l'espoir d'avoir obtenu ce résultat, si important pour eux, sans effusion de sang; mais les jalousies et les querelles des chefs mahrattes se turent devant le danger qui menaçait la confédération; et bientôt l'agglomération de troupes qui se forma sur les frontières du Nizam annonça clairement que le rajah de Bérar et Sindiah se préparaient à des hostilités. Lord Wellesley se mit aussitôt en mesure. Vingt-cinq mille hommes étaient réunis dans le royaume d'Oude; lord Lake en prit le commandement. Toutefois, avant d'en venir aux mains, Wellesley essaya encore de la voie des négociations, et s'efforça de détacher Sindiah de la coalition des chefs mahrattes. Mais après beaucoup de pourparlers inutiles, pendant lesquels le rajah de Bérar complétait ses préparatifs, Sindiah leva le masque, et la guerre commença en même temps sur la frontière d'Oude et sur celle du Nizam.

La campagne qui suivit ne dura que cinq mois; elle n'en fut pas moins une des plus brillantes des annales britanniques. Les instructions données à lord Lake par le marquis de Wellesley ordonnaient à ce général de concentrer d'abord toutes ses forces contre l'armée de Perron, qui occupait les bords de la Jumna, puis de s'emparer de Delhi et d'Agra, ainsi que de la personne de Shah-Alum, et enfin de former des alliances avec les rajpoots et autres princes hindous au-delà de la Jumna, afin de fermer l'Inde septentrionale à Sindiah. Pendant ce temps, sir Arthur Wellesley avait pour mission d'agir contre les forces combinées de Sindiah et du rajah de Bérar sur la frontière du Nizam, et de les occuper par de vigoureuses opérations, tandis que des coups décisifs seraient portés par le général Lake au centre de leur puissance; des opérations subsidiaires devaient être conduites contre la province de Cuttack et la ville de Jaggernaut, dans le but d'ajouter aux possessions britanniques cet important district.

Le général Lake se mit en marche le 7 août. Le 28, comme il s'approchait de Perron, il reçut une lettre de cet officier, qui lui proposait un arrangement en vertu duquel ses troupes seraient restées neutres pendant la guerre; mais ce que les Anglais voulaient, c'était l'anéantissement complet de l'armée semi-européenne du général français; ses propositions furent rejetées. Le lendemain, Lake se trouva en face de l'armée de Perron, qui était en bataille dans une forte position couvrant l'important fort d'Allighur, et l'attaque commença immédiatement. Perron,

Fort d'Allighur.

qui depuis longtemps déjà était en pourparlers secrets avec les Anglais, se défendit mollement. Ses troupes furent mises en déroute, et Allighur se rendit.

Quelques jours après, lord Lake fut joint par le général Perron, qui, à la suite d'une convention particulière, abandonna son armée, traversa le camp anglais, et s'embarqua pour la France, avec l'immense fortune qu'il avait faite au service des Mahrattes. Il eut pour successeur dans le commandement de son armée un autre Français, nommé Louis, qui s'avança au-devant des Anglais avec des forces nombreuses et une imposante artillerie. Mais ses soldats étaient démoralisés par la trahison de Perron; il fut battu (11 septembre 1803), et la conséquence immédiate de sa défaite fut la prise de Delhi, l'ancienne capitale de l'Hindoustan. Le

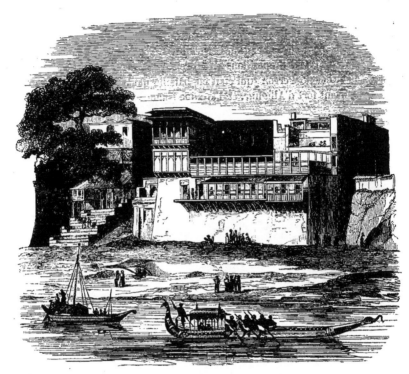

Vue de Delhi.

Grand-Mogol, Shah-Alum, délivré des mains des Mahrattes, ne fit que changer de maîtres. Toutefois la politique anglaise avait besoin de faire croire à l'indépendance du descendant de Timour pour pouvoir ensuite user de l'influence de son nom sur les populations Hindoues. En conséquence, la Compagnie feignit de lui rendre son pouvoir; Shah-Alum reçut le général Lake assis sur son trône, en grande pompe et entouré de tous les dignitaires de l'empire. La puissance britannique tira, en effet, un grand accroissement d'influence et de considération de cette prétendue alliance; et le nom de l'empereur de Delhi ne fut pas moins utile aux Anglais que leurs victoires mêmes.

En présence de ces événements, le général Louis désespéra de pouvoir lutter plus longtemps, et, imitant l'exemple de Perron, il traita avec les Anglais pour lui et la plupart des officiers français qui servaient sous ses ordres. Privée de chefs, son armée se retira néanmoins en bon ordre sur Agra; mais là elle fut atteinte par le général Lake, battue et complétement dispersée. La ville d'Agra tomba au pouvoir des Anglais.

Vue d'Agra.

Ces rapides succès frappèrent de terreur la plupart des princes du nord de l'Hindoustan; et un traité d'alliance fut conclu avec le rajah de Bhurtpoore, Runjet-Sing, qui envoya aux Anglais cinq mille de ses cavaliers. Cependant Sindiah ne perdit pas courage, quatorze bataillons de sa meilleure infanterie régulière, joints aux régiments échappés aux désastres de Delhi et d'Agra, lui eurent bientôt recomposé une armée redoutable. Mais le général Lake, laissant derrière lui son artillerie et la plus grande partie de son infanterie, s'était déjà mis à sa poursuite avec sa cavalerie et son infanterie légère; après quelques jours de marches forcées, il l'atteignit près du village de Laswaree. La bataille fut sanglante, mais la victoire décisive; soixante-dix canons, quarante-quatre drapeaux, toutes les munitions, les bagages, tombèrent entre les mains des Anglais; la puissance de Sindiah dans les provinces septentrionales était complétement anéantie.

Des succès moins brillants, mais cependant très-importants pour l'issue de la campagne, furent également obtenus dans les provinces de l'est. Au commencement de septembre, une armée britannique, sous les ordres du colonel Harcourt,

partit de la frontière du Bengale, envahit Cuttack, et peu de temps après atteignit la cité de Jaggernaut. Toute cette province, qui forme une lisière sur la côte,
entre les présidences de Bengale et de Madras, fut conquise sans coup férir et
ajoutée pour toujours aux possessions britanniques.

Le général Wellesley n'était pas moins heureux dans l'ouest, où il avait affaire
au rajah de Berar et à Sindiah en personne. Dès le commencement de la cam -
pagne, il s'empara des forteresses d'Achmednugger, d'Aurengabad et de Jalna.
Mais des événements plus décisifs approchaient. Les chefs confédérés, qui jusque-
là s'étaient contentés de harceler les troupes anglaises avec leur cavalerie et quelques milliers de fantassins irréguliers, rassemblèrent l'élite de leurs forces. Bientôt
leur armée compta cinquante mille hommes, dont trente mille étaient d'excellents
cavaliers.

N'osant attaquer de front cette armée formidable, le général Wellesley ordonna
au colonel Stevenson de se porter rapidement sur les derrières de l'ennemi, de manière à le prendre à revers, pendant que lui-même l'aborderait en face. Les deux
généraux se séparèrent aussitôt pour commencer leur mouvement. Arrivé à cinq
milles de l'ennemi, Wellesley reçut un avis portant que la cavalerie mahratte
avait battu en retraite, et qu'il ne restait plus à Sindiah que son infanterie qu'il
serait facile de détruire si on l'attaquait promptement. Comme la cavalerie faisait
la force principale des Mahrattes, Wellesley se décida à attaquer sur-le-champ,
et envoya au colonel Stevenson l'ordre de hâter son mouvement; mais l'avis était
faux, et, lorsque le général anglais arriva en vue de l'ennemi, il trouva son
armée tout entière, infanterie et cavalerie, disposée près du village d'Assaye, dans
une très-forte position, soutenue par cent pièces de canon et protégée par la
Kaitna, rivière qui coulait devant leur front de bataille et qu'on ne pouvait traverser qu'à un seul endroit. A cette vue, Wellesley hésita un instant; le colonel
Stevenson n'avait pu encore prendre sa position, et il n'avait que huit mille
hommes, infanterie et cavalerie, dont quinze cents Anglais seulement, et dix-
sept pièces de canon. Cependant, comprenant que la retraite était impossible
devant une aussi nombreuse cavalerie, et songeant que le parti le plus audacieux
était aussi quelquefois le plus prudent, il donna l'ordre d'attaquer immédiatement
le village d'Assaye. Les Anglais s'avancèrent résolument sous le feu des cent canons
de l'ennemi; mais aux approches d'Assaye, cette artillerie, dont quelques pièces
étaient servies par des Européens, fit un tel ravage dans leurs rangs, qu'en un
instant deux régiments furent presque complètement anéantis; au même moment,
un corps nombreux de cavalerie mahratte, sortant brusquement du village, vint
fondre au galop sur les lignes rompues des Anglais et acheva d'y porter le désordre.

Tout semblait perdu lorsqu'une heureuse charge que Wellesley fit faire par les
dragons anglais rétablit l'équilibre. Les dragons fondirent au galop sur la cavalerie
mahratte que le succès avait désorganisée, et après une vive mêlée la chassèrent
du champ de bataille l'épée dans les reins. L'infanterie, secourue si à propos, put
se réformer, et, profitant de l'hésitation des ennemis, elle se porta, Wellesley en
tête, sur l'artillerie qui, quelques instants auparavant, avait fait un tel ravage
dans ses rangs. La résistance des Mahrattes fut héroïque; les canonniers périrent

sur leurs pièces; des corps entiers d'infanterie se firent hacher en morceaux aux postes qui leur avaient été assignés, sans reculer d'un pas. Néanmoins, à la nuit, la bataille était gagnée complétement, et les Mahrattes en fuite de tous côtés; mais les Anglais avaient horriblement souffert : l'armée était diminuée de plus d'un tiers; un grand nombre d'officiers avaient péri dans le combat (22 septembre 1803).

Le colonel Stevenson, qui n'avait pu prendre part à la bataille, acheva la déroute des Mahrattes en les empêchant de se rallier; il les poursuivit avec une telle vigueur, un tel acharnement, que Sindiah, fatigué d'une guerre dont tout le fardeau pesait sur ses états, se décida à faire des propositions de paix; mais on ne put s'entendre sur les conditions, et la guerre continua. Le gain de la bataille d'Argaum (28 novembre) et la prise de la forteresse, jusqu'alors inexpugnable, de Gawilghur, déterminèrent Sindiah à rouvrir des négociations, et quelques jours après un traité fut conclu entre le général Wellesley, le rajah de Bérar et Sindiah. Il fut stipulé que le rajah céderait à la Compagnie tous les territoires qu'il avait possédés dans le Dekhan, le Cuttack et différents districts au sud des montagnes de Gawilghur. Sindiah abandonna tous ses territoires dans le Doab, les forteresses de Barorch et d'Achmednugger, et enfin tout le pays situé entre les monts Adjuntee et la Godavery. Ces deux princes s'engageaient en outre à n'accueillir aucun Européen à leur service sans la permission de la Compagnie. Par ces traités, trente-deux mille milles carrés, d'un revenu de trois millions sterling, renfermant Delhi, l'ancienne capitale des empereurs mogols, Agra, Gawlior, plusieurs autres forteresses de grande importance, furent acquises aux Anglais, dont l'influence devint sans égale dans tout le nord de l'Hindoustan.

Cependant, et malgré l'heureuse conclusion de la guerre, la Compagnie se trouvait engagée dans de très-grands embarras; les dépenses de ces lointaines expéditions étaient énormes; 1,700,000 livres envoyées dans l'Inde par la cour des directeurs, dans le courant de l'année, n'avaient pu suffire aux besoins de la campagne. En outre, les dangers de la guerre ayant été considérablement exagérés dans la métropole, le cours des actions de la Compagnie avait baissé de plus d'un tiers depuis le commencement des hostilités. Les actionnaires, ignorant le véritable état des affaires dans l'Orient, n'estimant la convenance des mesures prises par le gouvernement que par le cours des actions ou par le total de leurs dividendes, ne pouvaient comprendre que les sacrifices du présent étaient nécessaires pour procurer la sécurité à ce vaste empire, et murmuraient hautement contre l'administration de lord Wellesley. On disait généralement en Angleterre que son ambition démesurée avait entraîné la Compagnie dans des guerres interminables qui finiraient par devenir fatales à l'empire anglais dans l'Inde. Fatigué de ces accusations insensées et des entraves que la cour des directeurs mettait sans cesse à ses projets, lord Wellesley avait offert sa démission, et il ne consentit à rester aux affaires que sur l'assurance formelle d'être délivré de ses fonctions aussitôt qu'il aurait terminé la guerre des Mahrattes.

Mais la soumission de Sindiah n'entraînait pas la fin des hostilités; elle eut, au contraire, pour résultat de mettre les Anglais en contact avec un ennemi encore plus redoutable, avec Holkar. Quoiqu'il professât en apparence le plus grand désir de cultiver l'amitié de l'Angleterre, Holkar détestait les Anglais, mais il détestait encore plus Sindiah, et le désir de voir écraser son rival lui avait fait garder la neutralité pendant la dernière guerre. Les éclatants succès de lord Lacke et de sir Arthur Wellesley (il avait été créé chevalier de l'ordre du Bain après la bataille d'Assaye), la politique envahissante du marquis de Wellesley, lui montrèrent les dangers auxquels il était exposé, et, confiant dans ses forces, il résolut de les prévenir par de promptes hostilités. Il excita sous main les princes vassaux ou tributaires de la Compagnie à se liguer avec lui contre les Anglais; il pressa Sindiah de recommencer les hostilités, et pour punir le rajah de Jypore, allié de la Compagnie, qui refusait de se joindre à lui, il ravagea ses états.

Sortis vainqueurs des guerres contre Tippoo et Sindiah, les Anglais semblaient pouvoir s'en reposer sans inquiétude sur la puissance de leurs armes; mais leur nouvel ennemi était encore plus à craindre que les princes qu'ils venaient de vaincre, à cause du parti qu'il avait pris de recourir à l'antique stratégie orientale. Sans mépriser l'emploi des bataillons réguliers et de l'artillerie, Holkar se confiait principalement en sa cavalerie. Son plan était d'éviter toute action importante, de harceler sans relâche les colonnes anglaises, d'intercepter les vivres et les convois, de couper les corps de fourrageurs. Ce genre de guerre était d'autant plus redoutable que Holkar comptait sous sa bannière plus de cent mille cavaliers (*pendarries*), bandits intrépides, pillards audacieux, habiles aux invasions rapides, aux hardis coups de main.

Les Anglais ne tardèrent pas à comprendre les dangers dont les menaçait ce nouveau genre de guerre. D'après le plan de campagne arrêté par le marquis de Wellesley, lord Lake, avec l'armée du Bengale forte d'environ dix mille hommes, devait entrer par l'ouest dans le pays d'Holkar, tandis que de moindres corps, agissant de concert avec les troupes de Sindiah, maintenant l'auxiliaire de la Compagnie, se rendraient vers le même point en partant du Guzérate, du Malwa et du Dékhan. Les premiers pas des Anglais furent heureux: lord Lake chassa l'ennemi de toutes ses possessions dans l'ouest de l'Hindoustan, et, dès que la saison des pluies commença, convaincu qu'Holkar ne pouvait tenir nulle part devant une armée britannique, il fit revenir les troupes dans leurs premiers cantonnements, aux environs de Delhi. Le colonel Monson fut laissé seul à Malwa, à deux cents milles en avant; sa présence, croyait-on, devait suffire pour maintenir l'ennemi. Mais, dès que lord Lake se fut retiré, Holkar, réunissant rapidement ses bandes éparses, tomba sur la division du colonel Monson, tailla en pièces un corps de trois cents hommes (22 mai 1804), et sema partout la ruine et l'incendie. Cet échec ne fut que le prélude de plus grands malheurs. Monson ayant été renforcé par un corps de troupes anglaises, voulut reprendre l'offensive; mais bientôt, effrayé par l'approche d'Holkar et de ses quarante mille cavaliers, il se mit à la hâte en pleine retraite. Un corps de cavalerie de quatre mille hommes, qu'on avait laissé en arrière pour observer l'ennemi, fut enveloppé par des nuées de cavalerie mahratte et taillé en pièces (9 juillet).

A cette nouvelle, le général Lake envoya aussitôt deux nouveaux bataillons et trois mille cavaliers irréguliers au secours de son lieutenant; cependant Monson, ne se trouvant pas encore assez fort, continua son mouvement de retraite, sans cesse enveloppé par les Mahrattes, qui lui faisaient chaque jour éprouver des pertes considérables. Pour comble de désastre, la désertion se mit dans les troupes auxiliaires indigènes; les cavaliers de Sindiah et plusieurs compagnies de cipayes passèrent dans le camp d'Holkar. Monson n'avait plus qu'un petit corps d'infanterie pour faire face aux nuées de cavalerie qui le harcelaient sans cesse, et ce ne fut qu'avec les plus grandes difficultés qu'il parvint à atteindre Agra. Son armée qui, au début de la campagne, comptait douze mille hommes, était réduite à douze cents soldats.

On vit alors combien était précaire l'existence de l'empire anglais dans l'Inde. Le bruit de la défaite de Monson retentit à travers l'Hindoustan, d'une mer à l'autre. Les désastres de la déroute furent centuplés en passant de bouche en bouche; partout on représenta la puissance anglaise comme touchant à sa ruine. La fermentation était générale, alarmante; la conduite de quelques-uns des états alliés donnait de justes motifs de soupçonner leur fidélité; celle des autres ressemblait beaucoup à une hostilité ouverte. Sindiah intriguait secrètement, et même en quelques cas assistait ouvertement les Mahrattes; le rajah de Bhurtpoore les aidait aussi de ses trésors et de ses armes; l'esprit de désaffection se répandait parmi les chefs des provinces nouvellement soumises; enfin les derniers événements venaient de prouver quelle confiance on pouvait avoir dans la fidélité des cipayes. Le découragement, précurseur et souvent cause des calamités publiques, régnait sur toute l'Inde britannique.

Heureusement la direction des affaires était placée dans les mains d'hommes qu'un revers ne pouvait pas abattre, et dont l'énergie et la prévoyance n'étaient au-dessous d'aucun événement. Lord Wellesley et lord Lake se décidèrent à reprendre aussitôt l'offensive avec vigueur. Il était temps. Holkar, poursuivant les restes de l'armée battue sur les rives de la Jumna, était venu avec tout son monde mettre le siége devant Delhi (octobre 1804). L'approche des Anglais le força à la retraite.

Pour rendre sa marche plus facile, lord Lake avait partagé son armée en deux corps, l'un sous son commandement, l'autre sous les ordres du général Fraser; tous deux se mirent par des routes différentes à la poursuite d'Holkar. Après quelques jours de marche, Fraser rencontra l'armée mahratte, forte de plus de vingt-cinq mille hommes, dont vingt-deux mille d'infanterie, avec cent soixante pièces de canon; elle était appuyée sur la forteresse de Dieg à gauche, à droite sur un village; d'immenses marais protégeaient son front. Le général Fraser n'avait que dix mille hommes et dix-huit pièces de canon; il n'en résolut pas moins de livrer bataille. Le combat fut long et sanglant; les Anglais perdirent sept cents hommes tués ou blessés, mais les Mahrattes furent complétement battus et dispersés (novembre). Pendant ce temps, le général Lake poursuivait la cavalerie d'Holkar; il l'atteignit à Ferruckabad, et, à la suite d'une surprise de nuit, il en fit un horrible carnage. De la puissante armée qui venait de ravager l'Hindoustan, il ne restait que quelques milliers de cavaliers qui s'échappèrent avec leur chef et rejoignirent les débris de l'infanterie dans les murs de Dieg. Lord Lake, poursuivant sa victoire, et résolu d'en finir avec Holkar, réunit ses deux corps d'armée et vint assiéger cette ville, qui se rendit à discrétion (23 décembre). Ce succès fit tomber entre les mains des Anglais tout ce qu'Holkar possédait encore d'artillerie et d'immenses magasins; mais ce redoutable chef réussit à s'échapper avec quatre mille cavaliers et se réfugia à Bhurtpoore, où il fut accueilli par le rajah Runjeet-Sing, qui depuis trois mois avait abandonné l'alliance de la Grande-Bretagne.

Il devenait de la plus grande importance de s'emparer de Bhurtpoore, d'abord pour punir la trahison du rajah, puis pour se saisir de la personne d'Holkar Quinze jours après la reddition de Dieg, l'armée anglaise entourait la place; l'assaut fut donné le 9 janvier 1805. Mais les troupes du rajah pouvaient compter parmi les plus braves et les plus résolues de l'Hindoustan. Les Anglais furent repoussés sur tous les points; de nouvelles tentatives ne furent pas plus heureuses, et, malgré un renfort de cinq mille hommes, après cinq mois de tranchée ouverte et quatre vigoureux assauts qui coûtèrent plus de trois mille hommes, le pavillon du rajah flottait encore sur les murs de Bhurtpoore.

La position de Runjet-Sing n'en était pas moins très-critique. Son territoire était entièrement occupé par l'ennemi, ses ressources interceptées; ses magasins diminuaient rapidement, et même, en supposant qu'il fût toujours assez heureux pour repousser tous les assauts, il était certain que le blocus, et la famine qui en devait promptement résulter, le réduiraient irrésistiblement à capituler. De son côté, le gouvernement anglais désirait vivement faire un accommodement avec le rajah. En effet, Sindiah regrettait toujours les citadelles de Gwalior et de Gohud, qu'il avait été obligé de céder à la Compagnie; et, dès le commencement des hostilités avec Holkar, il avait été facile de s'apercevoir qu'il n'attendait qu'une occasion favorable pour en venir à une rupture ouverte avec les Anglais, ou au moins prendre avantage de leurs embarras pour obtenir la restitution de ces deux importantes places. Ses cavaliers, passant à l'ennemi, avaient attaqué le colonel Monson pendant sa retraite, et lui-même, levant le masque, avait récemment menacé de venir réclamer Gwalior à la tête d'une armée. La conduite du rajah de Berar était devenue aussi fort inquiétante; des hostilités, évidemment excitées par lui, avaient eu lieu dans le Cuttack et le Bundelcund; enfin, de toutes parts des symptômes alarmants annonçaient une disposition générale à repousser l'autorité britannique.

Dans de telles circonstances, les deux parties ayant également besoin de traiter, lord Lake et Runjeet-Sing en vinrent promptement à un arrangement. Les conditions furent que le rajah de Bhurtpoore paierait vingt lacs de roupies en quatre années; qu'il n'entretiendrait jamais aucune correspondance avec les ennemis de l'Angleterre, soit en Europe, soit en Asie; qu'il chasserait Holkar de ses états, et que, pour gage de la fidèle exécution de ce traité, il donnerait un de ses fils en otage. Le traité fut approuvé par le gouverneur général; le jour même de la signature (2 mai), le fils du rajah arriva au camp anglais, et Holkar quitta Bhurtpoore.

Holkar, dont les états étaient occupés par les troupes anglaises, n'avait plus d'autre ressource que de se mettre sous la protection de Sindiah, son ancien ennemi. Il se présenta donc avec ses trois ou quatre mille cavaliers devant ce prince, qui l'accueillit comme un ami; mais bientôt, effrayé par la marche rapide de lord Lake vers ses états, Sindiah exprima le désir d'en venir à un nouvel accommodement. Si le marquis de Wellesley était resté à la tête des affaires de la Compagnie, les propositions du chef mahratte eussent été rejetées, et ce prince eût expié par la perte de nouvelles provinces l'appui qu'il avait donné à Holkar; mais les principes du gouverneur général n'étaient pas partagés par la cour des directeurs, qu'effrayaient son ambition envahissante, et ils venaient de désigner le marquis de Cornwallis pour le remplacer. Les instructions données à Cornwallis lui enjoignaient de faire tous ses efforts pour terminer promptement la guerre avec les Mahrattes. Le nouveau gouverneur général ne vécut pas assez pour exécuter sa mission; il mourut à Bénarès le 5 octobre 1805, peu de temps après son arrivée dans l'Inde; mais cette mort ne changea rien à la conduite de la Compagnie: la politique pacifique avait définitivement pris de dessus sur l'esprit de conquête; les négociations entamées avec Sindiah, et plus tard avec Holkar, furent activement continuées par sir G. Barlow, successeur de lord Cornwallis. La paix avec les deux princes mahrattes fut conclue le 23 novembre 1805 et le 27 janvier 1806).

Sindiah gagnait, à sa dernière prise d'armes, la restitution des forteresses de Gwalior et de Gohud, et un léger agrandissement de territoire. Holkar dut aussi aux idées conciliatrices du nouveau gouverneur des conditions telles qu'il n'aurait jamais dû en espérer de pareilles. On lui rendit une grande partie de ses états. Au reste la Compagnie pouvait se montrer généreuse; souveraine incontestée de tout l'Hindoustan, désormais elle n'avait pas à redouter sérieusement la confédération mahratte. Ces immenses résultats, c'était au marquis de Wellesley qu'on les devait. Dans une administration de sept années, ce politique habile avait obtenu des·succès qui semblent être l'œuvre d'un siècle. L'influence française à la cour du nizam avait été détruite, l'empire de Tippoo-Saïb renversé; le Peishwa, rétabli à la tête de la confédération mahratte, était devenu l'allié soumis de la Compagnie; les troupes indo-françaises du général Perron avaient été dispersées; le Grand-Mogol n'était plus qu'un pensionnaire à la solde de l'Angleterre; les trônes renversés de Sindiah, d'Holkar et du rajah de Bérar, n'avaient été relevés que du consentement de la Compagnie; d'immenses territoires ajoutés à l'empire britannique avaient triplé son étendue, sa richesse et sa puissance. S'il restait encore dans l'Inde quelques princes indépendants, la Compagnie possédait des forces telles qu'elle n'avait rien à redouter de leur mauvais vouloir, et tous furent peu à peu forcés de se soumettre à son joug. Aussi, lorsqu'en 1818 et 1819 le Peishwa voulut profiter du soulèvement des Pindarries pour recouvrer sa liberté, lord Moira, alors gouverneur général, leva une armée qui comptait quatre-vingt-un mille hommes d'infanterie, trente-trois mille de cavalerie, trois cents bouches à feu, et l'imprudente prise d'armes du Peishwa ne servit qu'à lui faire perdre une partie de ses provinces. En 1824, toute la péninsule depuis l'Himalaya et l'Indus jusqu'au cap Comorin était soumise au sceptre britannique, soit sous la forme de possession directe, soit par des princes tributaires, soit par des alliés tenus à fournir des contingents; et c'était dès lors hors de l'Inde que la Compagnie allait chercher une proie pour ses armes victorieuses. Sous prétexte d'incursions hostiles faites par les Birmans sur le territoire britannique, le pays de ces peuples fut envahi. Malgré leur génie guerrier, les Birmans ne purent tenir contre les forces de la Compagnie. Une armée anglaise pénétrant jusqu'à la ville d'Ava, leur capitale, les força à la paix; la cession à la Compagnie de deux cents lieues de côtes, le long du golfe du Bengale, et le paiement d'une somme de 50 millions, en fut le prix.

Telle était la situation de la Compagnie en 1833, au moment où son privilége allait expirer. La question du renouvellement de sa charte avait depuis longtemps attiré l'attention des hommes politiques. L'Inde serait-elle gouvernée avec ou sans l'existence de la Compagnie? Cette assistance s'exercerait-elle dans la forme précédemment adoptée ou sous une forme nouvelle? Tels étaient les points sur lesquels s'exerçait la discussion à cette époque. Les principes du commerce s'étaient singulièrement modifiés en Europe, et le système de la liberté commerciale avait fait des prosélytes surtout en Angleterre. Là, presque tous les hommes éclairés s'accordaient à penser que le moment était venu d'abolir le monopole de la Compagnie, tant pour le commerce de l'Inde que pour celui de la Chine. Le ministère prit en considération cet état des esprits et présenta au parlement, qui l'adopta, un bill en vertu duquel la Compagnie renonçait au monopole du commerce sur la Chine, s'interdisait indéfiniment tout négoce, et était investie du gouvernement immédiat de l'empire hindou-britannique jusqu'au 30 avril 1854 [1]. Le bill proposé par le cabinet réunissait à un tel point l'assentiment unanime, que la chambre ne comptait pas plus d'une centaine de membres lorsqu'il s'agit de prononcer son adoption.

Libérale à l'intérieur, la politique du ministère ne l'était pas moins à l'extérieur. L'alliance avec la France de 1830 en fut la base. Cette politique consacra l'existence du nouveau royaume de Belgique, et le sauva des périls qui le menaçaient. En effet, à peine le prince Léopold de Saxe-Cobourg eut-il accepté le trône qui lui était offert par les Belges, que le roi de Hollande, Guillaume Ier, envahit le territoire du nouvel état. La France intervint pour porter secours à Léopold. Alors les cours du nord, alarmées de voir cette puissance mettre le pied dans les Pays-Bas, consentirent, à la suggestion du ministère britannique, à reconnaître l'existence

---

1. Voici les principales bases de la nouvelle charte :

1° La Compagnie conservait ses pouvoirs politiques, et continuait à gouverner l'Inde sous la direction de la chambre du contrôle;

2° Elle cessait d'être une compagnie commerciale, et renonçait en conséquence à son monopole du commerce tant avec l'Inde qu'avec la Chine ;

3° Le commerce avec ces contrées était libre pour tout sujet anglais;

4° Les sujets anglais pouvaient, sous certaines conditions, se fixer dans l'Inde, ce qui était auparavant sévèrement défendu : ils ne pouvaient cependant s'établir et acquérir que dans des arrondissements qui leur étaient assignés;

5° On assurait aux propriétaires d'actions un revenu de 10 et demi pour 100 sur le capital primitif de 15) millions, c'est-à-dire annuellement 16 millions, qui seraient perçus sur les revenus de l'Inde, et envoyés en Angleterre en thé, indigo, sucre, etc.;

6° Un fonds d'amortissement était créé pour rembourser les porteurs d'actions dans l'espace de quarante ans, sur le pied intégral de 300 millions, valeur actuelle des actions sur le marché de Londres : comme, à la même époque, la nouvelle charte de la Compagnie serait expirée, le gouvernement aviserait, s'il y avait lieu, à la prolonger ou à l'annuler.

du royaume de Belgique. Il fallait encore faire évacuer aux troupes hollandaises la citadelle d'Anvers, qui interceptait le commerce de l'Escaut, et les puissances se refusaient à rien faire pour obtenir ce résultat. Le ministère envoya bloquer tous les ports de la Hollande, tandis que la France entreprenait elle-même le siége de la citadelle, qui ne tarda point à être emportée. Ces mesures de vigueur déconcertèrent les calculs du roi de Hollande et des puissances absolutistes du continent; elles eurent pour conséquence la conclusion de la paix entre la Belgique et la Hollande.

Cependant le mouvement insurrectionnel de France, réprimé en Allemagne et en Italie, avait soulevé la Pologne contre la domination russe. Dans cette lutte inégale, n'ayant point de ports pour communiquer avec l'Angleterre, séparée de la France par la moitié de l'Allemagne, entourée par l'Autriche et la Prusse, qui étaient décidées à soutenir la Russie, la Pologne succomba. Une guerre générale pouvait seule l'empêcher d'être écrasée; mais ni la France, encore agitée de convulsions révolutionnaires, ni l'Angleterre, occupée à diminuer le fardeau que la dernière lutte avec Napoléon faisait encore peser sur elle, ne pouvaient songer à faire la guerre, et la Pologne périt victime de son isolement.

Plus heureux contre la Russie, le ministère arrêta cette puissance au moment où elle mettait le pied à Constantinople sous le prétexte de protéger le sultan contre la révolte de Méhémet-Ali, pacha d'Égypte, qui s'était avancé jusqu'en Asie-Mineure. Le cabinet, aidé de la France, intima au pacha l'ordre de quitter l'Asie-Mineure, et la Russie, n'ayant plus de prétexte plausible, fut encore une fois obligée d'abandonner Constantinople. En même temps le ministère faisait accorder à la Grèce de nouvelles frontières plus assurées contre l'agression de ses anciens maîtres; le prince Othon de Bavière fut nommé par les puissances roi du nouvel état.

Unie à la France par une renaissance politique commune, l'Angleterre, avec le concours de cette puissance, enlevait encore une fois le Portugal aux complots de l'absolutisme; tandis qu'une escadre britannique, mouillée dans le Tage, tenait en échec l'armée espagnole, arrêtée sur sa frontière, et se tenait prête à réprimer toute intervention, Dom Pédro, secouru de volontaires français et anglais, repoussait Dom Miguel, faisait proclamer à Lisbonne sa fille Dona Maria, reine de Portugal, et renvoyait dans l'exil le prince vaincu.

Le Portugal était le dernier boulevard des absolutistes dans l'occident de l'Europe; aussi la chute de Dom Miguel fut-elle un coup violent pour les torys, qui annonçaient déjà, avant de quitter les affaires, l'intention formelle de reconnaître le titre usurpé de ce prince. Dès l'ouverture de la session (4 février 1834), lord Wellington dirigea, en discutant l'adresse, une violente attaque contre la politique du gouvernement, mais cette protestation demeura isolée et impuissante.

Cependant les torys commençaient à revenir de l'étonnement où les avaient plongés l'adoption du bill de réforme et la réaction si rapidement poursuivie contre les vieux abus du gouvernement. D'un côté ils circonvenaient le roi; de l'autre, bien que réduits à cent cinquante membres dans la chambre basse, ils continuaient avec un redoublement d'énergie leur opposition aux actes du ministère, puissamment aidés en cela par les radicaux, impatients des lenteurs prudentes par lesquelles le cabinet se défendait contre l'entraînement démocratique qu'ils cherchaient à lui communiquer. Jusque-là le ministère avait résisté avec succès à cette double opposition, en s'appuyant tantôt sur l'un, tantôt sur l'autre de ces partis; mais le moment était arrivé où il n'était plus possible de tenir la balance; il fallait s'allier franchement à l'un ou à l'autre. Le cabinet voulut essayer de temporiser et ne réussit qu'à compromettre son existence.

L'Irlande avait obtenu quelques concessions, mais qui n'allégeaient point ses maux, et, malgré le bill de coërcition, malgré le concert qu'avait montré la chambre basse à repousser ses plaintes continuelles, elle n'avait point cessé de s'agiter. O'Connell, véritable roi du pays, avait de nouveau jeté son cri de guerre : « Le rappel de l'Union. » Ce fut là la pierre d'achoppement du cabinet. Lord Grey voulait absolument supprimer les meetings populaires, principal moyen d'influence d'O'Connell; lord Althorp, au contraire, inclinait pour les tolérer. Cependant ce dernier céda à l'influence du premier ministre, et consentit à appuyer au parlement la suppression des meetings. Mais son opinion était connue d'O'Connell; celui-ci prouva en pleine chambre qu'en appuyant la suppression des meetings, lord Althorp se mettait en contradiction avec l'opinion qu'il avait émise dans le conseil. Lord Althorp ne pouvait plus soutenir une mesure à laquelle son opposition personnelle était désormais connue; il se démit de ses fonctions, et sa sortie entraîna celle de lord Grey, qui, ne voulant plus gouverner sans lui, résigna son emploi de premier ministre. Le ministère était entièrement désorganisé, cependant il résolut de tenir encore; le secrétaire de l'intérieur, lord Melbourne, devint chef du cabinet; lord Althorp consentit à rentrer au pouvoir, et le bill de répression de l'Irlande fut présenté au vote de la chambre sans la clause qui concernait les meetings populaires.

La retraite de lord Grey, principal opposant aux exigences libérales qui venaient du dehors, augmentait beaucoup la prépondérance des principes réformistes dans l'administration; mais en même temps elle ôtait au cabinet la force que lui donnait la présence d'un homme toujours lié, malgré sa dernière lutte, avec la haute aristocratie, ayant une profonde connaissance des affaires, honoré de la considération et du respect du roi. Lord Grey pouvait seul contre-balancer la puissante action de cette foule de torys, qui étaient encore maîtres de toutes les avenues du palais. Lui tombé, les conservateurs avaient le champ libre; leur opposition redoubla de violence.

Les actes du ministère n'étaient pas de nature à calmer le mécontentement des torys et du parti de l'église. Tirant sa principale force de l'appui des non-conformistes protestants, lesquels formaient près de la moitié de la population en Angleterre, il travaillait à les affranchir des derniers liens de sujétion qui les enchaînaient encore à l'église anglicane; il réclamait leur admission aux degrés des universités anglaises; il demandait qu'il leur fût permis d'accomplir les cérémonies du mariage dans leurs propres chapelles, et non dans les temples anglicans comme la loi les y forçait; enfin il essayait de les relever de l'obligation où ils étaient de payer aussi la dîme à l'église établie, en même temps qu'ils avaient à soutenir les ministres de leur propre culte. Mais en procédant timidement, par crainte de pousser trop loin les attaques à l'église anglicane, le cabinet mécontenta les deux partis. Les non-conformistes réclamèrent directement l'abolition de toute taxe religieuse, et contestèrent la légalité d'un culte exclusivement protégé. De leur côté, les anglicans, heureux de voir les non-conformistes avouer leurs véritables intentions, prirent texte de là pour les représenter, ainsi que les ministres, comme voulant abolir tout établissement religieux dans l'empire britannique. Le ministère ne réussit pas davantage quand il entreprit de convertir la dîme d'Angleterre en taxe territoriale Le clergé et les propriétaires se déclarèrent à la fois contre lui, et toutes ses tentatives échouèrent.

Un acte cependant échappa à ces oppositions; quoiqu'il fût conçu dans un esprit décidé de réforme et appelé à modifier considérablement l'influence du clergé et de l'aristocratie : ce fut l'acte qui réformait la législation sur les pauvres (*poor law amendement act*). A peine le ministère Grey était-il sorti vainqueur de la grande lutte du bill de réforme, qu'il avait, de concert avec le nouveau parlement, ouvert dans le pays une enquête générale sur le paupérisme, cette charge si pesante qui augmentait chaque jour dans des proportions effrayantes. La législation ancienne, qui régissait cette matière, était tout entière fondée sur un acte passé au règne d'Élisabeth. Cet acte établissait un impôt destiné à soulager les besoins de la classe pauvre; il ordonnait aux juges de paix de nommer des inspecteurs chargés de faire travailler, sous peine de prison, les individus valides et sans moyen de subsistance, et prescrivait la construction d'hospices pour tous ceux qui étaient hors d'état de se livrer au travail. Mais l'exécution de cette loi étant confiée aux autorités locales, elle ne tarda pas à être observée fort inégalement et même complétement négligée; une seule de ses prescriptions subsista en son entier, celle qui établissait l'impôt destiné à subvenir aux besoins de première nécessité des gens sans ressource. Sous l'empire de cette clause, le nombre des pauvres s'accrut incessamment. Chaque paroisse eut sa caste d'indigents qui, sans rien posséder, sans rien produire, vivaient aux dépens de tous ceux qui possédaient ou qui travaillaient; quoique le prix des secours fût censé être acquitté par eux en travaux d'utilité communale, l'impossibilité de les employer utilement avait fait presque partout de cette obligation une pure fiction.

A l'époque de la révolution française, Pitt voulant assurer la tranquillité des basses classes en leur offrant une ressource qui les sauvât du désespoir, et désirant en même temps favoriser l'accroissement de la population à quelque prix que ce fût, fit surgir un nouveau principe de législation qui accrut encore les vices du précédent système; il fit décider dans le parlement que les secours accordés aux pauvres devaient être tels qu'ils pussent jouir d'une sorte de bien-être (*comfort*), et que ces secours seraient servis par les magistrats aux indigents à domicile. A la faveur des mesures protectrices prises en vertu de ce principe, la classe pauvre s'accrut avec une incroyable rapidité. En rendant la condition du pauvre inoccupé meilleure que celle du laboureur qui remplissait sans secours ses pénibles devoirs, Pitt avait accordé une prime à la paresse. Les pauvres, devenus les tyrans et l'effroi des communes, recevaient en effet chez eux, en pleine santé, et dans toute la vigueur de l'âge, des secours qui suffisaient à les faire vivre sans travail.

Un impôt de près de deux cents millions de francs ne fut pas le plus funeste résultat d'un tel état de choses. La condition du pauvre avait perdu son véritable caractère, et, en assurant à la paresse une existence plus facile que celle acquise à l'honnête ouvrier au prix de ses sueurs, on la faisait accepter avec joie, rechercher avec empressement, et les pauvres, de plus en plus démoralisés, formaient un corps de plus en plus compacte et redoutable.

La société devait rompre cette coalition menaçante sous peine d'être brisée par elle. C'est dans ce but que fut conçu l'acte du ministère Melbourne.

« Les facilités de la loi avaient multiplié les pauvres; il fallait que ses rigueurs en restreignissent désormais le nombre; il fallait surtout qu'elle leur imposât l'obligation de rechercher le travail avec le même soin qu'ils mettaient à l'éviter; et, tout en maintenant des secours aux hommes valides en cas de véritable nécessité, elle devait constater cette nécessité de la manière la plus irréfragable. Ce but était atteint si elle ne distribuait les secours que dans un lieu frappé de réprobation par la terreur populaire, et dont on ne pût franchir la porte sans abdiquer sa liberté.

« L'acte supprima tous les secours à domicile distribués aux mendiants valides. A la subvention en argent il substitua l'entretien dans des maisons de détention, où le travail est forcé, le régime sévère, la séquestration absolue. L'hospitalité de ces tristes demeures ne fut déniée à personne; mais quiconque y pénétrait poussé par le désespoir et la faim, voyait se rompre pour lui, tant qu'il en habitait la sombre enceinte, toutes les affections de la famille, tous les liens qui l'attachaient à la terre. La misère l'ensevelissait vivant, et le malheur lui préparait un sort aussi terrible que le crime [1]. »

C'était là une loi de fer, mais elle ne tarda pas à produire dans les classes pauvres un ébranlement général qui changea rapidement le cours d'habitudes invétérées, inspira aux paresseux le goût du travail, arrêta les unions imprudentes, éleva partout le prix des salaires, et, en moins de trois années, abaissa de plus de moitié le montant de la taxe [2].

La portée administrative de ce bill n'était pas moins remarquable : il remplaça les magistrats par des fonctionnaires spéciaux, salariés, choisis par tous les contribuables, et révocables, en cas de faute, par une autorité supérieure; à la place de la paroisse, il substitua les *bureaux des gardiens*, recrutés aussi par l'élection. Agents spéciaux, répartitions des taxes, règlements des maisons de travail, tout fut soumis aux gardiens, qui furent eux-mêmes soumis à un bureau supérieur établi à Londres, et composé de trois commissaires nommés par la couronne.

Le bureau central supérieur forma une administration nouvelle placée sous la direction du secrétaire d'état de l'intérieur, dont l'action et la surveillance s'exercèrent dès lors sur une division territoriale du pays toute nouvelle, savoir : les

---

1. L. de Carné, *L'Angleterre depuis la Réforme.*
2. Ibid.

unions de paroisses, qu'il eut le pouvoir de fixer lui-même en réunissant un certain nombre de communes pour l'entretien de leurs pauvres et la construction d'un dépôt de mendicité commun.

« C'est en ceci que se révélait la gravité d'une innovation qui ne tendait à rien moins qu'à diviser le sol du royaume selon des bases entièrement nouvelles, créant ainsi des intermédiaires tout nouveaux entre la paroisse et le comté, c'est-à-dire en dehors de l'action de l'église anglicane et de l'aristocratie territoriale [1]. » Aucun acte depuis la réforme n'était appelé à produire d'aussi vastes résultats.

Les pairs ne se préoccupèrent point des conséquences éloignées de cette mesure, et, sans songer à l'avenir, ils cédèrent à l'urgence de décharger le présent d'un intolérable fardeau, et laissèrent s'introduire dans l'administration anglaise un élément que le torysme n'en arrachera plus, élément si puissant déjà qu'il est le noyau autour duquel se groupent toutes les institutions que l'entrainement de la réforme a enlevées au patronage aristocratique et anglican, « affaiblissant par sa présence même tout ce qui existe encore et profitant de tout ce qui tombe. »

Cependant les résultats du bill des pauvres n'étaient point immédiats, et l'opposition ne vit d'abord que l'avantage qu'il promettait au pays. L'état des finances était prospère; l'administration faisait de continuels progrès dans la voie des économies, et lord Althorp annonçait pour l'année un dégrèvement de taxes d'un million et demi. Mais les agriculteurs ne pouvaient pardonner au ministère le refus qu'il leur avait fait d'abolir un impôt sur la drèche produisant un revenu annuel de 5 millions, et le reste de la nation conservait un vif ressentiment de ce qu'un cabinet porté au pouvoir par l'essor des classes industrielles refusait de supprimer l'odieux monopole des lois sur les céréales. Pour remplacer la loi de Canning, M. Hume avait proposé d'affranchir de toute entrave le commerce des blés, en établissant un droit d'entrée fixe et modéré, et d'accorder des primes pour l'exportation. « La détresse actuelle du pays, disait-il, provient « des lois sur les céréales. Le haut prix du blé fait hausser les prix de tous les « articles et nous empêche de les exporter dans des pays qui nous donneraient des « blés en échange. L'acte de 1815, qui a introduit presque de force le monopole, « n'a produit aucun bien; il devait rendre fixe le cours des blés, il n'a pu réussir à « le faire, et les prix ont toujours baissé; enfin, cette législation est si désastreuse « que, depuis 1815, il a été passé douze actes pour violer ses prescriptions dans « des occasions où elles causaient la famine. A l'étranger, elle ne nous a pas fait « moins de tort. Nous refusons d'admettre le blé américain; les Américains ont, « par leur tarif de douanes, qui n'est qu'une sorte de représailles, exclu de leurs « ports tous nos produits manufacturés. Nous refusons d'admettre le bois de con- « struction et le blé de la Prusse; la Prusse nous a bannis de l'Allemagne, c'est-à- « dire d'une grande partie de l'Europe, en établissant depuis dix ans un système « prohibitif et en enrôlant à sa cause les autres états qui forment l'union des « douanes allemandes. Il ne nous reste partout de ressource que la contrebande et « la fraude pour forcer les débouchés de notre commerce. Un tel système a besoin

1. L. de Carné.

« d'être changé ; il faut que les prix deviennent stables, et ce n'est que par la liberté
« du commerce que nous y parviendrons. » A cela les adversaires de la liberté
commerciale répondaient qu'on n'accordait au blé que la protection étendue à tous
les autres produits anglais qui étaient garantis par la prohibition contre la concurrence des produits manufacturés de l'étranger. D'ailleurs le nouveau système eût
opéré une révolution dans le système de la propriété foncière ; c'en fut assez pour
faire repousser tout changement.

Malgré la sage économie qui présidait aux dépenses de l'état, la détresse causée
par la stagnation des affaires était générale, et les ennemis du ministère s'en servaient pour saper sa popularité déjà fort ébranlée. A cela se joignait la guerre personnelle que la presse lui faisait, et dont lord Brougham, entre tous, était l'objet.
Les vives allures du chancelier blessaient les vieilles habitudes de gravité de la
chambre des lords ; et l'invective, le sarcasme, l'ironie comique, qu'il prodiguait
dans ses discours, étaient considérés là comme chose hautement inconvenante. Attaqué à la ville, rabaissé à la cour, le chancelier avait fini par inspirer au roi une aversion véritable, et Guillaume, cédant aux influences qui l'entouraient, ne tarda pas
à se dégoûter de tout son ministère. Ainsi disposé, il ne fallait qu'une occasion pour
qu'il cherchât à s'en débarrasser, et cette occasion s'offrit. Lord Althorp ayant été
appelé à la chambre des pairs comme héritier de son père, lord Spencer, qui venait
de mourir, ne pouvait désormais diriger les débats des communes, et il fallait lui
donner un successeur dans le cabinet. Le roi profita de cette circonstance, et déclara
à lord Melbourne que, ne voulant plus de lord Brougham pour chancelier, ni des
membres de l'administration, partisans de la spoliation de l'église anglicane d'Irlande, il le priait, en conséquence, de ne point s'occuper de reconstituer le cabinet.
« Je m'adresserai, ajouta-t-il, au duc de Wellington. » Lord Wellington proposa
au roi sir Robert Peel pour premier ministre, lord Lyndhurst pour chancelier.
Les autres emplois furent distribués entre les lords Wharncliffe, Aberdeen, Ellenborough, torys exaltés ; MM. Goulburn, Baring, et d'autres torys plus modérés ; mais
ni lord Stanley, ni sir James Graham, chefs des torys modérés, ne voulurent figurer
dans le gouvernement (novembre 1834).

Ce fut alors que les radicaux se repentirent de l'opposition violente qu'ils avaient
faite au ministère réformiste, et qu'O'Connel dut regretter lui-même cette série de
lettres outrageantes qu'il avait publiées pour l'écraser ; tous leurs efforts avaient
abouti à amener au pouvoir les ennemis déclarés de toute réforme et les premiers
appuis du clergé anglican. Toutefois la leçon ne fut pas perdue ; radicaux anglais
et irlandais se rallièrent franchement aux whigs et résolurent de hâter la chute de
ministres parvenus par surprise à les dominer.

La lutte allait bientôt s'ouvrir. Les ministres, certains d'être renversés par la
chambre basse, si les oppositions whig et radicale parvenaient à s'entendre, avaient
dissous le parlement. Les élections furent vivement contestées. Les torys avaient
mis toute leur fortune sur ce coup de dés ; ils ne négligèrent rien pour gagner ou
acheter des partisans aux intérêts conservateurs. Dans les comtés, leur succès fut
complet ; mais, dans les villes, ils échouèrent entièrement : les radicaux appuyèrent
les whigs partout où ils n'avaient rien à espérer pour eux-mêmes. Tout ce que

purent gagner les torys, ce fut une augmentation de cent membres pour leur parti, qui, par là, forma un tiers environ de la chambre basse.

Vainqueurs dans les hustings, les adversaires du cabinet se disposèrent contre lui à une vigoureuse campagne. A l'ouverture de la session (19 février 1835), le candidat de l'opposition fut nommé orateur de la chambre basse, et le ministère ne put empêcher dans l'adresse l'introduction de cet amendement significatif :
« La chambre espère que les conseils de Sa Majesté seront dirigés dans un esprit
« de réforme éclairé et sincère ; que, suivant cette même politique large et libérale
« qui a dicté la réforme parlementaire et l'abolition de l'esclavage des noirs, les
« corporations municipales seront placées sous le contrôle vigilant du peuple ; que
« toutes les plaintes bien fondées des non-conformistes protestants seront apaisées ;
« que les abus de l'église, qui entravent son action morale en Angleterre et trou-
« blent la paix de la société en Irlande, seront corrigés. Les fidèles communes
« prennent encore la liberté de représenter à Sa Majesté qu'elles ne peuvent que
« déplorer que la marche de ces réformes et d'autres encore ait été interrompue
« sans nécessité, et compromise par la dissolution du dernier parlement. »

Après le vote d'une pareille adresse, on s'attendait à ce que le ministère allait se retirer. Cependant le cabinet voulut faire tête à l'orage, et il déclara qu'il ne croyait pas devoir abandonner ainsi le poste que le roi lui avait confié ; mais, en présence de l'opposition compacte des communes, une pareille détermination était impraticable. Des adresses orangistes avaient été présentées au roi, qui y avait répondu favorablement ; il fut demandé compte au ministère de la reconnaissance de ces associations illégales, et force lui fut de les désavouer. Lord Londonderry venait d'être nommé ambassadeur en Russie ; l'opposition blâma dans les termes les plus violents la nomination du plus ardent apôtre des doctrines absolutistes ; et le ministère désavoua encore lord Londonderry. Lord Russell ayant proposé à la chambre « de se former en comité pour délibérer sur le temporel de l'église d'Irlande ; » la chambre adopta la résolution, malgré l'énergique opposition du cabinet. Les délibérations commencées, lord John Russell proposa la déclaration suivante : « L'opinion du comité est que tout excédant des fonds employés à l'in-
« struction spirituelle des membres de l'église établie en Irlande doit être appliqué
« à l'éducation générale de toutes les classes de chrétiens ; » déclaration qui fut encore sanctionnée par la majorité en dépit des efforts du ministère. Enfin, à la lecture du rapport du comité nommé, sur la demande du ministère, pour examiner l'état de l'église irlandaise, lord John Russell se leva, et proposa de déclarer : « que
« l'opinion de la chambre était qu'aucune mesure, au sujet des dîmes d'Irlande, ne
« pouvait conduire à un résultat satisfaisant et décisif, s'il ne renfermait pas le
« principe émis par la chambre dans sa déclaration précédente. » Cette déclaration ayant encore été adoptée, le cabinet comprit qu'il lui était impossible de résister plus longtemps. Le 8 avril 1835, le duc de Wellington et sir Robert Peel annon-cèrent dans l'une et l'autre chambre que l'administration était dissoute. Le 18, lord Melbourne rentrait dans son emploi, et lord John Russell était nommé secrétaire de l'intérieur avec la direction des communes ; lord Palmerston et M. Grant eurent les affaires étrangères et les colonies ; lord Lansdowne, la présidence du

conseil; lord Aukland, la marine; M. Spring-Rice, la chancellerie de l'échiquier : le comte de Mulgrave fut envoyé comme lord-lieutenant d'Irlande pour appuyer le ministère de la popularité de son nom dans ce pays.

Le cabinet réformiste était instruit par l'expérience à ne plus faire de conces- sions à ses adversaires; aussi se tourna-t-il résolument contre eux, en s'appuyant franchement et sur les radicaux et sur O'Connell. Pour inaugurer leur entrée au pouvoir par un nouveau pas dans la voie de la réforme, les ministres présentèrent aussitôt aux votes du parlement le nouveau système municipal.

Le régime municipal anglais datait de l'époque où les rois, cherchant dans le peuple un appui contre la noblesse féodale, vendaient à leurs sujets des libertés locales contre un service militaire ou maritime, plus souvent contre une rétribu- tion fixe en argent. « Les rapports du prince avec les villes de ses états prirent ainsi le caractère d'un bail perpétuel; et la charte, contrat primitif qui détermi- nait, d'un côté, les concessions, de l'autre les redevances, resta comme le gage et le titre même de toutes les libertés locales.

« Le texte de presque toutes ces chártes municipales établissait que les habitants et leurs successeurs seraient considérés comme bourgeois. Mais, lorsque ceux-ci furent en possession de ces avantages, ils imposèrent de telles conditions à l'acqui- sition du domicile, que tous les étrangers se trouvèrent exclus des prérogatives con- signées dans les chartes; de telle sorte que ces avantages se concentrèrent gra- duellement parmi les seuls descendants des bourgeois auxquels le titre originaire avait été concédé. Réunis dans leur maison commune (*guild*), ils s'arrogèrent bientôt le droit de se donner de nouveaux confrères, et, se recrutant à leur gré par l'élection, ils firent du pouvoir local une sorte de propriété indépendante de tout contrôle populaire. Les corporations, perdant alors tout caractère représen- tatif, ne furent plus guère que des communautés dotées de prérogatives person- nelles et toutes spéciales [1]. »

Plus tard, lorsqu'à la lutte de la royauté contre la noblesse succéda celle du pou- voir royal contre l'esprit démocratique uni au puritanisme religieux, les souverains, pour ôter à l'élément populaire toute puissance, exagérèrent encore la forme exclu- sive des corporations, et travaillèrent à les rendre indépendantes de la masse des citoyens. Ce fut une des grandes préoccupations des Stuarts, qui réussirent sur certains points, échouèrent sur d'autres, et furent interrompus par la révolution que provoqua la rapidité avec laquelle Jacques II voulut accomplir son œuvre.

Ainsi que le vieux système électoral, les vieilles corporations avaient subsisté sous Guillaume III, et la maison de Hanovre les avait respectées scrupuleusement comme le pilier de l'église et de l'état.

Avant de procéder à la rédaction de son bill, le ministère avait ordonné une enquête. Elle constata « qu'une séparation profonde existait partout entre la masse des citoyens probes et les corporations locales, et que l'influence exercée par celles-ci sur les classes inférieures, lors des élections parlementaires, était l'une des causes les plus actives de la démoralisation publique. Dans la distribution des

1. L. de Carné.

fonds des villes ou des fonds de la charité, les deux tiers, quelquefois les trois quarts, étaient répartis parmi les membres du corps administratif, tantôt appliqués à des bénéfices directs, le plus souvent à des réjouissances et festins, destinés au petit nombre d'individus aux mains desquels reposait un pouvoir irresponsable et sans contrôle. »

« L'élection politique avait été retirée aux membres des corporations par le bill de réforme; mais ils conservaient encore le monopole municipal, qu'ils exploitaient en véritables propriétaires. Ici une douzaine d'individus avaient héréditairement la jouissance des pâturages communaux; là on imposait lourdement la commune, et quelques citoyens s'en exemptaient par le seul titre de membres du corps municipal. Ces abus invétérés avaient leurs apologistes, se défendaient à titre de droits acquis, et forcèrent même le ministère à composer avec eux pour parvenir à les abolir. Tous les efforts du parti tory, dans les deux chambres, tendirent, en effet, à maintenir pour la génération présente des priviléges passés à l'état de propriété, et les larges principes posés pour l'avenir n'évitèrent le veto des lords qu'en se produisant derrière un grand nombre de concessions transitoires [1]. »

Le bill, soumis par le ministère au vote des chambres et adopté par elles, supprima toutes les anciennes chartes, et les remplaça par un système uniforme d'administration, accordant à tous les bourgs non incorporés la faculté d'être admis, sur leur seule demande, au bénéfice de la loi rendue commune à tout le royaume. Les fonctions municipales furent déclarées électives, et tout propriétaire ou locataire d'une maison ou d'une boutique payant depuis trois ans la taxe des pauvres dans sa paroisse, devint électeur; tout citoyen possédant un capital de mille à cinq cents livres sterling (25,000 à 12,500 fr.), selon l'importance des bourgs, fut éligible. Les *aldermen*, les conseillers et le maire furent appelés à former le corps administratif, rééligible tous les ans par tiers. Le maire, président du conseil de ville et chef de l'administration locale, choisi par le conseil entre les membres qui le composent devint, de droit, juge de paix dans l'année où il sortait de fonctions.

Le conseil règle dans quatre sessions trimestrielles tout ce qui se rapporte à l'administration locale, impose des taxes spéciales en cas d'insuffisance des revenus communaux, passe les baux n'excédant pas un certain terme, et se pourvoit pour les autres, aussi bien que pour toutes les ventes d'immeubles, de l'autorisation de la trésorerie.

Les électeurs nomment également des *auditeurs* chargés d'écouter et de débattre tous les comptes de finance; des *assesseurs*, pour réviser avec le maire les listes électorales. Enfin, des magistrats de l'ordre judiciaire, un *coroner*, un juge de paix ou un *shérif*, selon l'importance du bourg, viennent compléter cet ensemble, et créer des juridictions urbaines, indépendantes et rivales de celles des comtés où domine sans contre-poids l'influence aristocratique.

Ce bill fut accueilli par l'opinion libérale comme une arme puissante, et les résultats de la réforme qu'il introduisait se firent bien moins attendre que ceux de

1. L. de Carné.

la réforme politique. Les premières élections municipales, opérées conformément à ses prescriptions, assurèrent presque partout aux whigs et aux radicaux une éclatante victoire, succès d'autant plus précieux pour le ministère que la dissolution du parlement par sir Robert Peel avait renforcé l'opposition tory dans les communes.

La réforme de la chambre élective, le bill des pauvres et le bill de réforme municipale, renversant toute l'ancienne constitution, créaient un nouvel avenir pour l'Angleterre. Ce n'était cependant point assez pour les radicaux : de toutes parts on demandait la réforme de la chambre haute, seul pouvoir dans l'état qui ne fût responsable à personne du bien ou du mal qu'il faisait ; et, pour ôter à l'aristocratie les moyens d'influence que la richesse lui donnait encore sur cette masse dépendante qu'elle tenait à sa solde dans l'agriculture et dans les emplois, chaque session voyait régulièrement réclamer le vote secret dans les élections. Toutes les associations politiques encore debout, et avec elles la presse radicale, proclamaient cette nécessité de la nouvelle existence politique du pays ; l'opinion s'était émue comme aux jours du bill de réforme, et se levait unanime contre le seul corps politique qui fût resté intact au milieu de la réforme générale.

Les torys comprirent qu'il fallait détourner ce torrent par des concessions. En conséquence, ils laissèrent les non-conformistes se soustraire à la domination de l'église anglicane ; la liberté de célébrer leurs mariages dans leurs propres chapelles leur fut accordée, et du même coup l'église vit briser un des liens qui l'attachaient au pouvoir, elle perdit l'état civil. Jusqu'alors l'Angleterre n'avait pas eu de registres pour les naissances, mariages et décès ; ceux-ci n'étaient constatés que par la mention de la cérémonie religieuse, célébrée par les ministres de l'église établie. Les catholiques et les non-conformistes protestants, c'est-à-dire près des deux tiers de la population du royaume-uni, se trouvaient par conséquent sans véritable état légal. Un bill sanctionné par les deux chambres, non sans de vives discussions, enleva à l'église épiscopale ce qui pouvait être considéré comme sa plus haute prérogative. Les mariages furent désormais valides, aux yeux de la loi, lorsqu'ils avaient été célébrés par des ministres de toute religion et de toute secte. Des fonctionnaires civils furent établis pour recevoir les actes de mariage, naissance et décès, dans des formes et sous des pénalités analogues à celles de la loi française.

C'était là un changement d'une extrême gravité. La loi nouvelle arrachait à la religion de l'état son caractère public et le sceau même de sa suprématie ; cependant ni les whigs ni les radicaux ne surent gré aux lords de cette concession.

Tandis que le pays, par les associations et par les journaux, cherchait à pousser plus loin l'esprit entreprenant des communes, en réclamant le vote au scrutin secret, la réforme de la pairie, la suppression du banc des évêques à la chambre haute, le partage égal des successions en cas de mort *ab intestat*, c'est-à-dire un commencement d'abolition du droit d'aînesse, les communes s'efforçaient avec constance d'imposer aux lords des bills pour la réforme de l'église et des administrations religieuses en Irlande et en Angleterre, l'admission des dissidents au sein des universités, etc. ; mais les lords étaient à bout de concessions, et toutes les mesures de ce genre, adoptées par les communes pendant les sessions de 1836 et de 1837, vinrent tomber devant l'impassible *veto* de la chambre haute.

Ce fut au milieu de ces graves circonstances que mourut Guillaume IV, à l'âge de soixante-douze ans (20 juin 1837). La princesse Victoria, fille unique du duc de Kent, troisième fils de Georges III, fut proclamée reine de la Grande-Bretagne et de l'Irlande. Le Hanovre, fief masculin, fut, par le seul fait de son arrivée au trône, pour toujours séparé de l'Angleterre : ce royaume échéait au plus prochain héritier mâle, et le duc de Cumberland, quatrième fils de Georges III, partit pour prendre possession de ses nouveaux états (23 juin).

LITTÉRATURE, BEAUX-ARTS. La littérature anglaise depuis la reine Anne se divise en deux époques bien tranchées, dont les révolutions d'Amérique et de France sont comme la ligne de démarcation.

La première de ces deux époques est le règne de la prose et de l'éloquence. C'est alors que la tribune britannique retentit des accents nobles ou pathétiques, satiriques ou entraînants de Wyndham, de Shippen, de Pultney, de Chesterfield, de Chatham, de Burke, etc.; c'est alors qu'Horace Walpole écrit ces lettres qui, par l'intérêt, les curieux détails, l'élégance, la finesse, la variété, l'emportent peut-être sur celles même de Voltaire; c'est alors que Junius, l'écrivain national par excellence, le type le plus sévère, le plus vigoureux de la prose anglaise, lance ses mordantes et implacables satires. Alors l'histoire compte Hume, Robertson, Gibbon, « le plus érudit et le plus brillant des historiens modernes; » le roman, Richardson, Fielding, Sterne, si les *humouristes* fantaisies de ce dernier appartiennent au roman; la critique, Warburton et Samuel Johnson; le théâtre, Colman, Murphy, Cumberland et Sheridan. Alors Thomas Reid fonde l'école philosophique écossaise, Adam Smith la science nouvelle de l'économie politique. Chose singulière! pendant que la prose anglaise s'élève à une hauteur qu'elle n'avait jamais atteinte, la poésie, au contraire, tombe dans une décadence complète; elle est polie, façonnée avec soin, mais elle ne rend plus qu'un son, mélodieux il est vrai, mais sans pensée et toujours le même. « Alors, dit un critique anglais [1], les véritables voies de la nature sont délaissées; la muse cesse d'être naïve et passionnée; des fleurs artificielles dans les cheveux, couverte de prétentieuses broderies, elle quitte les grandes forêts, les torrents majestueux, et va, la harpe à la main, s'asseoir dans les grottes artificielles, au pied des cascades factices, auprès des nymphes de pierre et des faunes aux pieds fourchus. Les poésies basées sur la nature et la réalité sont tournées en ridicule; l'art du poëte n'est plus qu'une amplification monotone et laborieuse, et non l'expression vive et variée d'un sentiment parti du cœur. » Ce fut seulement au contre-coup de la révolution d'Amérique, aux approches de la révolution française, que la poésie britannique changea de ton et d'allure. Alors les idées d'égalité, de renouvellement social, préoccupaient tous les esprits; les questions de droit naturel étaient partout agitées, discutées. Jean-

---

1. Allan Cunningham, *Histoire biographique et critique de la littérature anglaise depuis cinquante ans.*

Jacques en France, Franklin aux États-Unis, peignant dans leurs écrits les classes pauvres jusqu'alors si méprisées, exaltèrent leurs vertus simples et rustiques, faisant litière de tous les préjugés, de toutes les formes, de toutes les conventions inventées par la civilisation fanée d'une société décrépite et usée, ramenèrent les esprits à l'appréciation de la vérité par la méditation de la nature. La poésie anglaise renaquit au souffle puissant de la liberté. Cowper en Angleterre, Burns en Écosse, furent les premiers à ressentir l'influence de ce changement; Crabbe, Cowper, Burns, Goldsmith, forment l'anneau intermédiaire qui rattache la littérature du commencement du XVIIIe siècle avec celle de cette grande école, gloire de l'Angleterre, où se groupent les glorieux noms de Wordsworth, Southey, Coleridge, Walter Scott, Thomas Moore et Byron.

La Grande-Bretagne, jusqu'alors si pauvre dans les arts qu'elle compte à peine un nom qui lui appartienne en propre, se releva pendant le XVIIIe siècle : pour la première fois, elle eut des artistes vraiment à elle. Hogarth, Josuah Reynolds, Gainsborough, Flaxmann, sont des noms qu'elle pourra, sans être taxée

WILLIAM COLLINS.

Tombeau du poëte William Collins, d'après Flaxmann.

de partialité nationale, citer toujours avec orgueil, et auxquels elle peut joindre ceux plus modernes de sir Thomas Lawrence, de Wilkie et de Chantrey.

Du reste, ce n'est pas dans les tableaux de quelques peintres, dans les bas-reliefs et les statues de quelques sculpteurs que réside la grandeur artistique de l'Angleterre; l'art qui lui est propre, elle le déploie dans ses canaux, dans ses docks, dans ses ports, ses chemins de fer, dans ses gigantesques manufactures, en un mot, dans tout ce qui touche à ce commerce à l'aide duquel elle est parvenue à conquérir la moitié du monde.

Costumes militaires (1830-1837).

CARTE
D'ANGLETERRE
divisée par Comtés.

CLASSEMENT DES GRAVURES SÉPARÉES.

(Le relieur devra avoir soin de mettre les gravures en regard de la page indiquée.)

	Pages.
Portrait de Victoria, entre le titre et le faux-titre.	
Portrait de Charles Ier.	1
Procès de Charles Ier.	62
Statue équestre de Charles Ier.	67
Portrait de Cromwell.	87
Statue de Charles II.	115
Londres avant l'incendie de 1666.	124
Ruines du château de Carlisle.	337
Le Prétendant Charles Édouard.	339
Costumes hindous. — Mariage d'un Brahmine.	348
Aureng-Zeb recevant la tête d'un de ses frères.	354
Vue de Québec	383
Vue de Gibraltar	494
Vue de Malte.	571
Sépulture des rois de Mysore.	582
Portrait du duc de Wellington.	655

Pages.

Portrait de George IV. 669

Vue de Dublin. 684

Portrait de Guillaume IV. 711

Palais du résident britannique à Hyderabad. 737

Sevadjee, fondateur de l'empire Mahratte. 738

Au commencement ou à la fin du volume, ou à la suite des Cartes du tome premier.

La Carte d'Angleterre par comtés.

TABLE DES MATIÈRES

DU TOME SECOND.

MAISON DE STUART.

Pages.

1625-1649. Charles Ier. 1
1649-1653. République. 67
1653-1658. Olivier Cromwell, protecteur. 87
1658-1659. Richard Cromwell, protecteur. 102
1659-1660. Interrègne. 106
1660-1685. Charles II. 116
1685-1688. Jacques II. 157

MAISON D'ORANGE ET DE STUART.

1688-1694. Guillaume III et Marie. 184

MAISON D'ORANGE.

1694-1702. Guillaume III seul. 216

MAISON DE STUART.

1702-1714. Anne. 233

MAISON DE BRUNSWICK HANOVRE.

1714-1727. George Ier. 283
1727-1760. Georges II. 308
1760-1820. Georges III. 385
1820-1830. Georges IV. 669
1830-1837. Guillaume IV. 711
1837. Victoria. 761